SACHVERSTÄNDIGENRAT
zur Begutachtung der
gesamtwirtschaftlichen Entwicklung

ZEIT FÜR REFORMEN

Jahresgutachten

16/17

Sachverständigenrat zur Begutachtung
der gesamtwirtschaftlichen Entwicklung
Statistisches Bundesamt
65180 Wiesbaden
Tel.:   0049 611 / 75 - 2390
Fax: 0049 611 / 75 - 2538
E-Mail: info@svr-wirtschaft.de
Internet: www.sachverstaendigenrat-wirtschaft.de

Erschienen im November 2016
Preis: € 29,-
Best.-Nr.: 7700000-17700-1
ISBN: 978-3-8246-1053-2

© Sachverständigenrat
Gesamtherstellung: Bonifatius GmbH Druck-Buch-Verlag, 33042 Paderborn

VORWORT

1. Gemäß § 6 Absatz 1 des Gesetzes über die Bildung eines Sachverständigenrates zur Begutachtung der gesamtwirtschaftlichen Entwicklung legt der Sachverständigenrat sein 53. Jahresgutachten vor. Das Jahresgutachten 2016/17 trägt den Titel:

ZEIT FÜR REFORMEN

2. Eine wachsende Skepsis gegenüber der Europäischen Union, die Flüchtlingsmigration und der demografische Wandel sind zentrale Herausforderungen für Europa und Deutschland. Im Euro-Raum gibt es nach wie vor erhebliche strukturelle Probleme. Der Reformeifer ist erlahmt, und einige Mitgliedstaaten lassen die notwendige Haushaltsdisziplin vermissen. In Deutschland hat die Bundesregierung die günstige wirtschaftliche Entwicklung nicht ausreichend für Reformen genutzt. Werden notwendige Reformen weiter verschleppt, drohen neben wirtschaftlichen Folgen Rückschläge für das europäische Projekt. Im vorliegenden Jahresgutachten skizziert der Rat Reformen für Europa und Deutschland, um die politische Handlungsfähigkeit und wirtschaftliche Leistungsfähigkeit zu stärken. Jetzt ist die Zeit, diese Reformen umzusetzen.

3. Der Bundespräsident hat Herrn Professor Dr. Lars P. Feld für eine weitere Amtsperiode bis Februar 2021 zum Mitglied des Sachverständigenrates ernannt.

4. Im Laufe des Jahres 2016 hat der Sachverständigenrat mit der Bundeskanzlerin, dem Bundesminister für Wirtschaft und Energie, dem Bundesminister der Finanzen und der Bundesministerin für Arbeit und Soziales aktuelle wirtschafts- und finanzpolitische Fragen erörtert.

5. Der Sachverständigenrat führte mit dem Präsidenten, Mitgliedern des Direktoriums und leitenden Mitarbeitern der Europäischen Zentralbank Gespräche zur Geldpolitik und zur derzeitigen Lage im Euro-Raum.

6. Mit dem Präsidenten, der Vizepräsidentin und weiteren Mitgliedern des Vorstands sowie leitenden Mitarbeitern der Deutschen Bundesbank erörterte der Sachverständigenrat eine Vielzahl aktueller wirtschafts- und finanzpolitischer Fragen, insbesondere zur Geldpolitik, zur Krise im Euro-Raum und zur Reform der Finanzmärkte. Zudem unterstützte das Forschungsdaten- und Servicezentrum der Deutschen Bundesbank die Arbeit des Sachverständigenrates mit Informationen und umfassendem Datenmaterial.

7. Mit Staatssekretären, Abteilungsleitern und leitenden Mitarbeitern aus dem Bundeskanzleramt, dem Bundesministerium für Wirtschaft und Energie und dem Bundesministerium der Finanzen wurden Gespräche über aktuelle wirtschafts- und finanzpolitische Fragen geführt.

8. Weiterhin führte der Sachverständigenrat Gespräche mit dem Präsidenten und leitenden Mitarbeitern der Bundesanstalt für Finanzdienstleistungsaufsicht über aktuelle Fragen der Finanzmarktregulierung.

9. Mit der Vorsitzenden und einem leitenden Mitarbeiter des Single Resolution Board erörterte der Sachverständigenrat Aspekte der Finanzmarktregulierung.

10. Mit einem Vorstandsmitglied der Bundesagentur für Arbeit sowie dem Direktor und dem Vizedirektor des Instituts für Arbeitsmarkt- und Berufsforschung konnte der Sachverständigenrat aktuelle arbeitsmarktpolitische Fragen, insbesondere die arbeitsmarktpolitischen Herausforderungen der Flüchtlingsmigration, erörtern. Darüber hinaus haben beide Institutionen dem Sachverständigenrat umfassendes Informations- und Datenmaterial zu verschiedenen arbeitsmarktrelevanten Themen zur Verfügung gestellt.

11. Der Sachverständigenrat führte jeweils mit den Präsidenten und weiteren Vertretern der Bundesvereinigung der Deutschen Arbeitgeberverbände, des Bundesverbandes der Deutschen Industrie, des Deutschen Industrie- und Handelskammertages sowie mit einem Vorstandsmitglied des Deutschen Gewerkschaftsbundes und mit dem Generalsekretär des Zentralverbandes des Deutschen Handwerks Gespräche zu aktuellen wirtschaftspolitischen Fragestellungen.

12. Vertreter der „Projektgruppe Gemeinschaftsdiagnose" standen dem Sachverständigenrat für Gespräche über die Lage der deutschen Wirtschaft sowie über nationale und weltwirtschaftliche Entwicklungen zur Verfügung.

13. Der Sachverständigenrat führte Gespräche mit Vertretern der Europäischen Kommission, der Organisation für wirtschaftliche Zusammenarbeit und Entwicklung und des Internationalen Währungsfonds.

14. Der Sachverständigenrat hat am 24. Juni 2016 die „International Conference of Councils on Economic Policy" in Berlin ausgerichtet. Ziel der Veranstaltung war es, die Zusammenarbeit und den Austausch auf internationaler Ebene zu intensivieren. An der Konferenz nahmen Vertreter von Institutionen aus Finnland, Frankreich, Japan, Kanada, den Niederlanden, Portugal, Spanien und den Vereinigten Staaten teil. Es wurden Gemeinsamkeiten und Unterschiede in der Arbeit der Institutionen diskutiert. Ein weiterer Schwerpunkt waren makroökonomische Themen, wie Herausforderungen für das Wirtschaftswachstum in den entwickelten Volkswirtschaften oder der Transformationsprozess in der Volksrepublik China. Der Sachverständigenrat dankt dem Bundesministerium für Wirtschaft und Energie für seine freundliche Unterstützung der Konferenz.

15. In China tauschte sich der Sachverständigenrat mit Vertretern der Botschaft der Bundesrepublik Deutschland, der Deutschen Handelskammer, des Internationalen Währungsfonds, der People's Bank of China, der China International Capital Corporation Ltd. und der Asian Development Bank zum Transformationsprozess und den wirtschaftlichen Perspektiven des Landes aus. Der Sachverständigenrat

dankt Jürgen F. Conrad, Peking, und Mali Chivakul, Frankfurt, für die kritische Durchsicht der Analysen zu China.

16. Prof. Axel Börsch-Supan, Ph.D., München, erstellte für den Sachverständigenrat eine Expertise zum Thema „15 Jahre Riester-Rente – eine Bilanz".

17. Frederik Eidam, Mannheim, führte für den Sachverständigenrat „Repräsentative Berechnungen zu Restlaufzeiten von verschiedenen Klassen von Staatsanleihen im Euro-Raum sowie der Durchdringung des Anleihenbestandes mit Collective Action Clauses" durch.

18. Dr. Ulrich Schüwer, Bonn, erstellte für den Sachverständigenrat eine Expertise zum Thema „Eine empirische Analyse des Risikoverbunds zwischen Staaten und Banken im Euro-Raum".

19. Prof. Dr. Martin Werding, Bochum, führte Simulationsberechnungen zu den Auswirkungen der Rentenreformen seit dem Jahr 2000 sowie der Flüchtlingsmigration auf die langfristige Tragfähigkeit der öffentlichen Haushalte durch.

20. Dr. Markus M. Grabka, Berlin, unterstützte den Sachverständigenrat bei Analysen zur Einkommens- und Vermögensverteilung in Deutschland und stand bei Fragen zum Sozio-oekonomischen Panel zur Verfügung.

21. Mit Prof. Dr. Daniel Gros, Brüssel, sprach der Sachverständigenrat über Fragen der Finanzmarktregulierung.

22. Der Sachverständigenrat erörterte beim RWI – Leibniz-Institut für Wirtschaftsforschung in Essen Aspekte der Flüchtlingsmigration mit Prof. Dr. Thomas K. Bauer sowie der Energie- und Klimapolitik mit Prof. Dr. Manuel Frondel, Dr. Mark A. Andor, Michael Themann und Philipp Großkurth. Für Fragen zum Thema Nudging stand Katja Fels zur Verfügung.

23. Tomi Kortela, Helsinki, und Peter Hördahl, Ph.D., Basel, aktualisierten für den Sachverständigenrat Berechnungen zur Geldpolitik.

24. Sina Aßhoff, Christoph Dörffel, Hendrik Ehmann, Alexander Engelhart, Christoph Eschenfelder, Ina Holl, Bernhard Kassner, Benjamin Läpple, Olivia Luh, Niklas Marquardt, Sarah Daniela Oppermann und Christian Zinnack haben den Sachverständigenrat und seinen wissenschaftlichen Stab im Rahmen ihrer Praktika tatkräftig unterstützt.

25. Der Sachverständigenrat dankt dem Statistischen Bundesamt für die ausgezeichnete Zusammenarbeit und wertvolle Unterstützung. Ein besonderer Dank gebührt den Mitarbeiterinnen und Mitarbeitern der Verbindungsstelle zwischen dem Statistischen Bundesamt und dem Sachverständigenrat, Geschäftsführerin Dipl.-Volkswirtin Birgit Hein sowie Jasmin Conrad, Anita Demir, Christoph Hesse, Chris-Gabriel Islam, M.Sc., Uwe Krüger, Dipl.-Volkswirt Peter Kuntze, Volker Schmitt und Hans-Jürgen Schwab, die mit hohem Einsatz die Arbeit des Sachverständigenrates unterstützten.

Das vorliegende Jahresgutachten beruht ganz wesentlich auf der Unterstützung durch den wissenschaftlichen Stab, der die Arbeiten des Sachverständigenrates mit einem enormen Engagement und vorzüglicher fachlicher Expertise begleitet hat. Ein herzlicher Dank geht daher an Dr. Bodo Aretz, Sebastian Breuer, M.Sc., Désirée I. Christofzik, M.A., Dr. Steffen Elstner, Dr. Jan Fries, Dr. Niklas Gadatsch, Dr. Anabell Kohlmeier (stellvertretende Generalsekretärin), Dipl.-Volkswirt Florian Kirsch, Dr. Tobias Körner (bis 31. August 2016), Dr. Henrike Michaelis, Dr. Wolf Heinrich Reuter, Alexander Schäfer, M.Sc., Dr. Uwe Scheuering und Dipl.-Volkswirtin Sabine Schmax. Ein besonders herzlicher Dank gebührt dem Generalsekretär des Sachverständigenrates, Dr. Jochen Andritzky.

Fehler und Mängel, die das Gutachten enthält, gehen allein zu Lasten der Unterzeichner.

Wiesbaden, 2. November 2016

Peter Bofinger   Isabel Schnabel

Lars P. Feld   Christoph M. Schmidt   Volker Wieland

INHALTSVERZEICHNIS

Kurzfassung
Zeit für Reformen 1

Fortgesetzter Aufschwung, zahlreiche Risiken 1
Reformen für Europa 1
Reformen für Deutschland 3
Zeit für Reformen 5

Erstes Kapitel
Wirtschaftspolitik: Zeit für Reformen 6

I. Mangel an Reformbereitschaft 7
II. Fortgesetzter Aufschwung mit Risiken 10
III. Reformen für Europa 13
 1. Europäische Union: Einheit in Vielfalt 14
   → Stärkung des Subsidiaritätsprinzips für mehr Systemwettbewerb 14
   → Neuausrichtung nationaler und gemeinschaftlicher Verantwortung 15
   → Globale Ausgestaltung der Klimapolitik 17
   → Finanzpolitik auf nationaler und EU-Ebene 18
 2. Euro-Raum: Politik für mehr Stabilität 18
   → Gute Gründe für eine weniger expansive Geldpolitik 19
   → Handlungsbedarf im Finanzsektor 20
   → Fehlende Elemente der Bankenunion 21
   → Solide Staatsfinanzen, wirkungsvoller Krisenmechanismus 23
IV. Reformen für Deutschland 25
 1. Fokus auf Chancengerechtigkeit 26
   → Schlussfolgerungen aus der Ungleichheitsdebatte 26
   → Für eine höhere Aufnahmefähigkeit des Arbeitsmarkts 27
   → Rahmenbedingungen für mehr Innovation 28
   → Voraussetzungen für die Integration anerkannter Asylbewerber 29
 2. Solide Finanzpolitik, demografiefeste Sozialsysteme 32
   → Kein Aktionismus bei öffentlichen Ausgaben 33
   → Reformen für eine wachstumsfreundliche Steuerpolitik 34
   → Mehr Markt in der Gesundheitsversorgung 37
   → Drei starke Säulen für die Altersvorsorge 38
V. Ausblick: Zeit für Reformen 40

Eine andere Meinung 41

Literatur 45

Zweites Kapitel
Internationale Konjunktur: Geldpolitik nicht überfordern 48

I. Weltwirtschaft: Verhaltenes Wachstum mit zahlreichen Risiken 50
 1. Konjunkturelle Lage 50
 2. Ausblick 55
 3. Chancen und Risiken 56

II. Konjunktur außerhalb des Euro-Raums 59
1. Vereinigte Staaten: Globale Rahmenbedingungen schwächen Unternehmensinvestitionen 59
2. China: Wachstum nach Plan 62
3. Japan: Aufschwung trotz geringer Zuwachsraten 64
4. Vereinigtes Königreich: Eintrübung nach Brexit-Votum 67

III. Euro-Raum: Erholung bei zu geringen strukturellen Fortschritten 69
1. Konjunkturelle Lage 69
2. Kurzfristige Impulse ohne langfristige Lösungen 72
   → Geldpolitik hält Wachstum über Potenzial 72
   → Expansive Impulse von der Fiskalpolitik 74
   → Anpassungsprozesse nicht abgeschlossen 76
   → Kreditvergabe erholt sich nur schleppend 79
   → Reformeifer der Mitgliedstaaten versiegt 80
3. Ausblick 80

Anhang 83

Literatur 85

Drittes Kapitel
Deutschland: Expansive Geldpolitik treibt Wachstum über Potenzial 88

I. Überblick 90
1. Aktuelle Lage 90
2. Konjunkturelle Effekte der expansiven Geldpolitik 95
   → Niedrigzins und schwache Konjunktur im Euro-Raum 95
   → Effekte diskretionärer geldpolitischer Impulse auf die Konjunktur 97
3. Ausblick 100

II. Die Entwicklung im Einzelnen 107
1. Rahmenbedingungen und Annahmen der Prognose 107
2. Niedriger Wechselkurs fördert Exportnachfrage 110
3. Deutliche Impulse von Konsum und Wohnungsbau 113
4. Unternehmensinvestitionen weiterhin moderat 115
5. Weiterhin schwacher Verbraucherpreisanstieg 117
6. Beschäftigungsaufbau setzt sich fort 119
7. Öffentliche Finanzierungsüberschüsse trotz expansiver Fiskalpolitik 121

III. Mittelfristprojektion 123

Anhang 127
1. Die schwache Produktivitäts- und Investitionsentwicklung 127
2. Abbildungen und Tabellen 130

Literatur 134

Viertes Kapitel
Brexit-Votum: Schaden abwenden, Europa durch Subsidiarität stärken 136

I. Einleitung 138

II. Ökonomische Folgen eines Brexit 141
1. Verflechtung des Vereinigten Königreichs mit der EU und Deutschland 141
2. Kurzfristige wirtschaftliche Auswirkungen 144

3. Langfristige wirtschaftliche Auswirkungen	146
III. Institutionelle Folgen eines Brexit	152
1. Verschiebung der Machtbalance in EU-Gremien	153
2. Möglicher Richtungswechsel in EU-Politikbereichen	154
3. EU-Haushalt und andere Verflechtungen	157
IV. Die EU auf dem Prüfstand	158
1. Subsidiarität stärken	158
2. Freizügigkeit bei verzögerter Integration in die Sozialsysteme	164
3. EU-Finanzen neu ordnen	170
V. Fazit: Das europäische Projekt durch mehr Subsidiarität stärken	171
Eine andere Meinung	173
Anhang	176
Literatur	178

Fünftes Kapitel
Niedrigzinsen weder für den Euro-Raum noch für Deutschland angemessen — 182

I. Negative Zinsen und Geldpolitik	184
II. Massive Lockerung noch ausgeweitet	185
III. Starke Auswirkungen der Geldpolitik	192
1. Zinsstruktur, Wechselkurse und Vermögenspreise	192
2. Gesamtwirtschaftliche Nachfrage und Inflation	197
IV. Geldpolitik für den Euro-Raum nicht angemessen	200
1. Geldpolitik und Inflation	200
2. Gleichgewichtszins, Zinsregeln und Schattenzinsen	204
3. Risiken für Finanzsektor und Konsolidierungspolitik	208
4. Debatte um die quantitative Interpretation des Preisstabilitätsmandats	213
V. Zinsniveau für Deutschland zu niedrig	215
1. Makroökonomische Entwicklung und Zinsniveau	215
2. Stabilisierungspolitische Optionen in Deutschland	219
VI. Fazit: Anleihekäufe beenden	223
Eine andere Meinung	224
Anhang	230
Literatur	232

Sechstes Kapitel
Europäisches Bankensystem instabil, Reformen müssen weitergehen — 242

I. Regulierungsbedarf besteht fort	244
II. Geringe Widerstandfähigkeit der Banken in Europa	245
1. Ungewichtete Eigenkapitalquoten zu niedrig	245
2. Niedrige Gewinne, hohe Dividenden	251
3. Europäische Banken unter Stress	253

4. Profitabilität der Banken zunehmend unter Druck ... 255
5. Zwischenfazit: Eigenkapital weiter stärken ... 259
III. Notleidende Kredite belasten Banken ... 260
IV. Bail-in: Erhöhte Marktdisziplin oder Verschärfung von Krisen? ... 265
1. Turbulenzen auf den Finanzmärkten ... 265
2. Glaubwürdigkeit des Bail-in-Regimes ... 266
3. Nachrangige Schulden kein Ersatz für Eigenkapital ... 268
V. Staaten-Banken-Nexus besteht fort ... 269
1. Hohe Forderungen der Sparkassen gegenüber öffentlichen Haushalten ... 270
2. Voraussetzungen für gemeinsame Einlagensicherung noch nicht erfüllt ... 274
VI. Leitlinien für ein stabileres Finanzsystem ... 278
Anhang: Einflussfaktoren des Staaten-Banken-Nexus ... 279
Literatur ... 282

Siebtes Kapitel
Altersvorsorge: Drei-Säulen-Modell stärken ... 288

I. Angst vor Altersarmut ... 290
II. Das Drei-Säulen-Modell ... 292
1. Umlageverfahren und Kapitaldeckung ... 292
2. Der Übergang zum Drei-Säulen-Modell ... 295
   → Gesetzliche Rentenversicherung ... 296
   → Betriebliche Altersvorsorge ... 298
   → Private Altersvorsorge ... 300
III. Reformbedarf in den drei Säulen ... 301
1. Gesetzliche Rentenversicherung ... 301
   → Finanzlage noch entspannt ... 301
   → Weiterhin Handlungsbedarf im Hinblick auf die Tragfähigkeit ... 304
   → Flexiblen Renteneintritt erleichtern ... 309
   → Rentenrecht vereinheitlichen ... 310
2. Betriebsrenten ... 312
   → Verbreitung der betrieblichen Altersvorsorge ausbaufähig ... 312
   → Handlungsbedarf verbleibt ... 314
3. Private Altersvorsorge: Die Riester-Rente ... 320
   → Fehlende Ersparnis führt zur Rentenlücke ... 320
   → Verbreitung der Riester-Rente stagniert ... 322
   → Akzeptanz und Transparenz erhöhen ... 324
IV. Fazit: Alle drei Säulen stärken ... 326
Eine andere Meinung ... 328
Anhang: Die implizite Rendite der Gesetzlichen Rentenversicherung ... 332
1. Methodik und Annahmen ... 332
2. Vorsicht bei der Interpretation ... 334
3. Ergebnisse ... 335
4. Vergleich mit anderen aktuellen Studien ... 336
Literatur ... 338

Achtes Kapitel
Flüchtlingsmigration: Integration als zentrale Herausforderung — 342

I. Bestandsaufnahme — 344
II. Auswirkungen auf die öffentlichen Finanzen — 347
1. Kurzfristige Mehrausgaben tragbar — 348
2. Geringe Auswirkungen auf langfristige Tragfähigkeit — 349
III. Herausforderungen der Integration — 358
1. Bildung fördern und fordern — 359
2. Wege in den Arbeitsmarkt — 362
3. Mobilitätsbeschränkungen und Integrationserfolg — 364
IV. Fazit: Fördern und fordern — 366

Literatur — 367

Neuntes Kapitel
Keine Kapitulation vor der verfestigten Arbeitslosigkeit — 370

I. Licht und Schatten am Arbeitsmarkt — 372
1. Erfolge bei der Reduktion der Arbeitslosigkeit — 372
2. Verfestigung der Langzeitarbeitslosigkeit — 374
3. Grenzen der Arbeitsmarktpolitik — 376
II. Der Niedriglohnsektor vor einer Bewährungsprobe — 380
1. Begrenzte Aufstiegschancen im Niedriglohnsektor — 380
2. Beschäftigungsdynamik als Schlüssel — 385
3. Auswirkungen des Mindestlohns — 387
III. Fazit: Langzeitarbeitslose nicht zurücklassen — 392

Literatur — 394

Zehntes Kapitel
Starke Umverteilung, geringe Mobilität — 398

I. Einleitung — 400
II. Starke Umverteilung der Einkommen — 401
1. Funktionale und personelle Einkommensverteilung — 401
2. Verteilung der Einkommen — 406
3. Verteilung der Löhne — 411
III. Vermögensbildung und -verteilung — 413
1. Vermögen der privaten Haushalte — 413
2. Vermögen im internationalen Vergleich — 419
IV. Herausforderung Einkommens- und Vermögensmobilität — 422

Eine andere Meinung — 424

Literatur — 427

Elftes Kapitel
Energiewende: Umsteuern zu einer globalen Klimapolitik — 430

I. Die klimapolitische Aufgabe — 432

II. Zwischenbilanz der Energiewende — 439
1. Ziele des Energiekonzepts 2010 — 439
2. Großteil der Ziele nicht erreicht — 440
3. Klimapolitische Einordnung — 443

III. Lehren aus dem Strommarkt — 447
1. Technologiemix bei der Stromerzeugung — 448
2. EEG-Novelle: Kosten immer noch zu hoch — 451
3. Potenziale der Sektorkopplung — 455

IV. Fazit: Mehr Arbeitsteilung anstreben — 457

Eine andere Meinung — 459

Literatur — 462

Zwölftes Kapitel
Transformation in China birgt Risiken — 464

I. Schwieriger Transformationsprozess — 466
1. Wirtschaftswachstum mit Schattenseiten — 466
2. Bisheriges Wachstumsmodell nicht zukunftsfähig — 468
3. Kann die Transformation gelingen? — 473
4. Risiken für die Weltwirtschaft — 478
   → Entkopplung des Handels vom Wirtschaftswachstum — 478
   → Risiken für das Finanzsystem — 479

II. Implikationen für die deutsche Wirtschaft — 483
1. Exportmarkt China: Nachlassende Dynamik — 483
2. China als Standort für Produktion und Vertrieb — 487
   → Von „Made in China" zu „Created in China" — 489
3. Konkurrenz für Deutschland auf internationalen Märkten — 491
4. China als Investor — 493

III. Fazit — 497

Eine andere Meinung — 498

Literatur — 499

Anhang

I. Sachverständigenratsgesetz — 503

II. Stabilitäts- und Wachstumsgesetz (Auszug) — 506

III. Gutachten und Expertisen des Sachverständigenrates — 507

VERZEICHNIS DER ABBILDUNGEN IM TEXT

1	Gesamtwirtschaftliche Entwicklung und Herausforderungen	12
2	Schema für die Restrukturierung von Staatsschulden im Rahmen eines ESM-Programms	24
3	Anteil des Bestands an ausgegebenen Schuldtiteln mit Creditor Participation Clauses (CPC) ab 2017	25
4	Indikatoren für den Wohnungsmarkt	31
5	Wirtschaftliche Entwicklung in Deutschland im Zeitvergleich	42
6	Entwicklung der Weltwirtschaft	51
7	Entwicklung des Welthandels	53
8	Leitzins und Taylorzins sowie Aktiva der Zentralbanken ausgewählter Länder und Ländergruppen	55
9	Voraussichtliche wirtschaftliche Entwicklung der Industrie- und Schwellenländer	56
10	Wirtschaftsindikatoren für die Vereinigten Staaten	61
11	Wirtschaftsindikatoren für China	63
12	Wirtschaftsindikatoren für Japan	66
13	Konjunkturprognose für das Vereinigte Königreich	68
14	Bruttoinlandsprodukt, Output-Lücke und Arbeitsmarkt im Euro-Raum	70
15	Investitionen und verfügbares Einkommen im Euro-Raum	71
16	Effekte der geldpolitischen Lockerung auf Wirtschaftswachstum und Verbraucherpreisinflation im Euro-Raum	73
17	Veränderung des strukturellen Primärsaldos im Euro-Raum und Beiträge der Mitgliedstaaten	75
18	Internationale Wettbewerbsfähigkeit des Euro-Raums und ausgewählter Mitgliedstaaten	77
19	Bruttoinlandsprodukt und Verbraucherpreise im Euro-Raum	82
20	Indikatoren der makroökonomischen Entwicklung	91
21	Vergleich der Verfahren zur Schätzung der Output-Lücke	93
22	Auswirkung von Schocks mit Ursprung im Euro-Raum ohne Deutschland auf das Bruttoinlandsprodukt	97
23	Voraussichtliche Entwicklung in Deutschland	100
24	Ausgewählte Indikatoren zur konjunkturellen Entwicklung	101
25	Prognoseintervalle für Bruttoinlandsprodukt und Verbraucherpreise	103
26	Erklärungsbeiträge für den BIP-Prognosefehler	106
27	Außenwirtschaftliches Umfeld, Zinsen, Kreditzyklus und strukturelles Defizit	109
28	Indikatoren des deutschen Außenhandels	112
29	Indikatoren für den privaten Konsum	113
30	Strukturelle Indikatoren für nichtfinanzielle Kapitalgesellschaften	116
31	BIP-Deflator, nominale Lohnstückkosten und Inflation	118
32	Wachstumsbeiträge der Komponenten des Produktionspotenzials	125
33	Trendarbeitsproduktivität	128
34	Komponenten des Bruttoinlandsprodukts	130
35	Abstimmungsverhalten bei der Volksbefragung zur EU-Mitgliedschaft 2016 im Vereinigten Königreich	140
36	Verflechtungen des Vereinigten Königreichs mit der EU und Deutschland	142
37	Ausgewählte Indikatoren zur konjunkturellen Entwicklung im Vereinigten Königreich	145
38	Sperrminorität und Mehrheit im Rat der EU bei Reihung der Länder nach der wirtschaftlichen Freiheit	154
39	Macht-Indizes der EU-Mitgliedstaaten vor und nach dem Brexit	155

40	Einnahmen und Ausgaben im EU-Haushalt 2015	157
41	Jüngste Wahlergebnisse EU-kritischer Parteien	159
42	Bestand an Zugewanderten und Abgewanderten nach Geburtsland in ausgewählten EU-Mitgliedstaaten	165
43	Umfrage zur Einschätzung der wirtschaftlichen Lage und zu den Präferenzen bezüglich der EU-Mitgliedschaft	174
44	EONIA-Tagesgeldsatz und Leitzinssätze der EZB sowie Struktur der EZB-Aktiva	186
45	Gezielte längerfristige Refinanzierungsgeschäfte (GLRG) und Ankaufprogramme der EZB	188
46	Entwicklung des ANFA-Bestands	189
47	Zinsstruktur und Renditeaufschläge für Unternehmensanleihen im Euro-Raum	194
48	Bankkredite, Kreditkosten und Kreditvergabestandards im Euro-Raum	195
49	Wechselkurse, Wohnungsbaukredite, Aktienkurse und Hauspreise	196
50	Beiträge zur jährlichen Wachstumsrate des Bruttoinlandsprodukts	199
51	Vergleich der Erholung nach der Finanzkrise im Jahr 2009 mit vorherigen Erholungsphasen	201
52	Inflationsmaße und Verbraucherpreisindex im Euro-Raum	202
53	Marktbasierte und umfragebasierte langfristige Inflationserwartungen	203
54	Schätzungen von Gleichgewichtszinsen	206
55	Zinsbänder geldpolitischer Regeln im Vergleich zum Hauptrefinanzierungszins, zu impliziten Terminkursen und zum Schattenzins	207
56	Leitzinsen und Vergütung von Zentralbankpassiva ausgewählter Zentralbanken	209
57	Risiken durch Niedrigzinsen	210
58	Kredit-BIP-Lücke und Hauspreis-Lücke ausgewählter Mitgliedstaaten des Euro-Raums	211
59	Inflationsmaße und deren Komponenten	217
60	Taylor-Zinsregel für Deutschland	218
61	Kurzfristiger Geldmarktzins und Taylor-Zinsregeln, Immobilienpreisentwicklung, Output-Lücken, Einkommen und Konsum der privaten Haushalte	227
62	Aktienindizes und Kurs-Buchwert-Verhältnis von Banken ausgewählter Länder und Ländergruppen	244
63	Eigenkapitalquoten von Banken in ausgewählten Mitgliedstaaten der Europäischen Union	246
64	Verteilung der Eigenkapitalquoten von EU-Banken im Jahr 2016	250
65	Beiträge zur Veränderung der Eigenkapitalquote von Banken im Zeitraum von 2007 bis 2015 für ausgewählte Länder und Ländergruppen	252
66	Verteilung der Eigenkapitalquoten für verschiedene Szenarien im Rahmen des EBA-Stresstests 2016	254
67	Profitabilität von Banken im internationalen Vergleich	255
68	Kosten und Konzentration im europäischen Bankensektor	256
69	Zinssätze für Kredite und Einlagen sowie Zinsniveau und Zinsstruktur	258
70	Bedeutung von zinsabhängigen und zinsunabhängigen Geschäften von Banken im Euro-Raum	259
71	Notleidende Kredite von Banken	261
72	Credit Default Swaps von Banken verschiedener Länder	266
73	Unterstützungswahrscheinlichkeit von Banken mit Support Rating	267
74	Staaten-Banken-Nexus	270
75	Forderungen von Sparkassen gegenüber öffentlichen Haushalten	271
76	Rentensysteme im Vergleich	294
77	Wichtige rentenpolitische Änderungen seit dem Jahr 2000	295
78	Durchführungswege der betrieblichen Altersversorgung	299
79	Handlungsbedarf in der Gesetzlichen Rentenversicherung	303

80	Hypothetische Rentenbeitragssätze, Sicherungsniveaus und Bundeszuschüsse ohne Reformen	304
81	Hypothetische Rentenbeitragssätze, Sicherungsniveaus und Bundeszuschüsse – Reformoptionen	305
82	Hypothetische Rentenbeitragssätze und Sicherungsniveaus bei Ausweitung des Versichertenkreises	308
83	Regionale Betrachtung der Bruttolöhne und -gehälter je Arbeitnehmer	311
84	Verbreitung der betrieblichen Altersvorsorge	313
85	Rentenlücke nach den Reformen und Beitrag der Riester-Rente zur Schließung	321
86	Verbreitung der Riester-Rente	323
87	Überschneidung von Grundsicherungsbedarf und Renten bei sinkendem Rentenniveau	330
88	Implizite Renditen der Gesetzlichen Rentenversicherung (GRV), Vergleich mit alter Rechtslage	336
89	Flüchtlingsmigration: Bestandsaufnahme	346
90	Stufen der Arbeitsmarktintegration und Empfänger von sozialen Leistungen im Basisszenario (2015 - 2017)	349
91	Annahmen zur Verfahrensdauer und Arbeitsmarktintegration von anerkannten Asylbewerbern	354
92	Ergebnis der Tragfähigkeitsanalyse zur Flüchtlingsmigration	355
93	Asylsuchende Kinder und Jugendliche im Basisszenario	361
94	Beschäftigungsaussichten und freier Wohnraum im regionalen Vergleich	366
95	Arbeitslosigkeit nach Rechtskreisen	373
96	Bedarfsgemeinschaften im Rechtskreis des SGB II nach Familientypen und Anzahl der Kinder	376
97	Ausmaß des Niedriglohnsektors in Deutschland und Westeuropa	382
98	Entwicklungen im Niedriglohnsektor in Deutschland	383
99	Beschäftigungsdynamik und Übergangswahrscheinlichkeiten nach ausgewählten Wirtschaftsabschnitten	386
100	Mindestlohnentwicklung im Vereinigten Königreich und Westeuropa	388
101	Relative Höhe des Mindestlohns unter Berücksichtigung der regionalen Mietpreise nach Arbeitsmarktregionen im Jahr 2014	391
102	Gesamtwirtschaftliche einkommensbezogene Entwicklungen	402
103	Darstellung unterschiedlicher Wachstumsraten verschiedener Einkommenskonzepte von 1991 bis 2013	405
104	Reale Einkommensentwicklung für Personen in Haushalten mit mindestens einem erwerbsfähigen Mitglied	408
105	Entwicklung der Einkommensungleichheit	410
106	Entwicklung der mittleren Einkommen und der Einkommensmobilität	411
107	Ungleichheit der Bruttoarbeitseinkommen	412
108	Verteilung der Nettovermögen von privaten Haushalten	416
109	Nettovermögen und -einkommen privater Haushalte in Deutschland nach Altersgruppen im Jahr 2014	417
110	Portfoliostruktur des Haushaltsvermögens nach Perzentilgruppen im Jahr 2014	418
111	Vermögensverteilung in ausgewählten Ländern im Jahr 2015	419
112	Verteilung der Nettovermögen und Rentenanwartschaften auf Personenebene im Jahr 2012	420
113	Wohneigentum nach ausgewählten Ländern und Eigentumsformen in Deutschland	421
114	Entwicklung der Nettoeinkommen für Personen in Haushalten mit mindestens einem erwerbfähigen Mitglied	425
115	Markteinkommen und Nettoeinkommen im oberen Einkommensbereich	425
116	Entwicklung der funktionalen Einkommensverteilung	426
117	Globale CO_2-Emissionen	435

118	EU-ETS: Preis für EU-Emissionsberechtigungen	438
119	Energiekonzept der Bundesregierung - Zwischenziele für das Jahr 2020	440
120	Klima- und energiepolitische Ziele des Energiekonzepts 2010	441
121	Analyse der Energiekostenentwicklung	446
122	Strommarkt und erneuerbare Energien in Deutschland	452
123	Strompreise für Privathaushalte und Industriekunden	453
124	Beitrag zum weltweiten Bruttoinlandsprodukt und Emissionsausstoß in China	467
125	Komponenten des Bruttoinlandsprodukts und Investitionsquoten im Ländervergleich	470
126	Leerstände bei Immobilien in China und privater Konsum in ausgewählten Ländern	471
127	Verschuldung und Bankeinlagen in China	472
128	Rentabilität und Verschuldungsquote von Industrieunternehmen in China	473
129	Erweitertes Staatsdefizit in China und Monatslohn im internationalen Vergleich	475
130	Wachstum der Anlageinvestitionen und der Kredite in China	477
131	Außenhandel und Wirtschaftswachstum in China	479
132	Chinesische Importintensitäten und Zollsätze	480
133	Chinas Aktienmarkt im internationalen Vergleich	482
134	Wichtige deutsche Warenexporte nach China in den Jahren 1995 und 2015	484
135	Indirekte Effekte einer Veränderung der chinesischen Nachfrage auf Deutschland	486
136	Wettbewerbsindikatoren für China	488
137	PKW-Verkäufe und Produktion in China	490
138	PKW-Verkäufe deutscher Hersteller und die Anteile der Antriebsarten in China	490
139	Weltmarktanteile und Zusammensetzung der chinesischen Gesamtexporte	491
140	Anti-Dumping-Maßnahmen in Kraft gegen China in den Mitgliedstaaten der WTO	492
141	FDI Regulatory Restrictiveness Index im Jahr 2015 und chinesische Direktinvestitionen im Ausland	493
142	Übernahmen von deutschen Unternehmen durch chinesische Investoren	495

VERZEICHNIS DER TABELLEN IM TEXT

1	Bruttoinlandsprodukt und Verbraucherpreise ausgewählter Länder	57
2	Bruttoinlandsprodukt, Verbraucherpreise und Arbeitslosenquote im Euro-Raum	81
3	Finanzpolitische Kennziffern ausgewählter Mitgliedstaaten des Euro-Raums	83
4	Konjunkturelle Lage der Mitgliedstaaten des Euro-Raums	84
5	Wachstumsbeiträge zum Bruttoinlandsprodukt nach Verwendungskomponenten	95
6	Wirtschaftliche Eckdaten	102
7	Vergleich der Frühjahrs- und Herbstprognose für das Jahr 2016	105
8	Zusammenfassung der Prognosefehler	105
9	Komponenten der Wachstumsprognose des realen Bruttoinlandsprodukts (in %)	107
10	Entwicklung der Löhne in Deutschland	119

11	Arbeitsmarkt in Deutschland	120
12	Einnahmen und Ausgaben des Staates sowie finanzpolitische Kennziffern	122
13	Ergebnisse der Mittelfristprojektion	124
14	Projektion wesentlicher Kennzahlen des potenziellen Arbeitsvolumens	125
15	Bruttoanlageinvestitionen, preisbereinigt	131
16	Die wichtigsten Daten der Volkswirtschaftlichen Gesamtrechnungen für Deutschland	132
17	Schätzungen der langfristigen Auswirkungen des Brexit (Jahr 2030 und darüber hinaus)	149
18	Kernelemente ausgewählter Wirtschaftsbeziehungen	151
19	Regressionsergebnisse zur Erklärung des „leave"-Stimmenanteils bei der Volksbefragung zur EU-Mitgliedschaft 2016	176
20	Abstimmungsverhalten bei der Volksbefragung zur EU-Mitgliedschaft 2016	177
21	Inflationsprognosen für den Euro-Raum	225
22	Chronologie der EZB-Maßnahmen seit Dezember 2015	230
23	Fiskalpolitik: Bestandsaufnahme ausgewählter Länder des Euro-Raums	231
24	Mindestkapitalanforderungen in der Europäischen Union ab dem Jahr 2019	245
25	Optimale Eigenkapitalquoten in der Literatur	248
26	Einflussfaktoren des Staaten-Banken-Nexus	281
27	Sparquote privater Haushalte von 1998 bis 2013 nach monatlichem Haushaltsnettoeinkommen	329
28	Annahmen zur Flüchtlingsmigration	353
29	Vergleich der Tragfähigkeitslücke mit derjenigen im Basisszenario	357
30	Übersicht über verschiedene Typen der aktiven arbeitsmarktpolitischen Maßnahmen	379
31	Einkommen im Jahr 2013 auf Grundlage des SOEP	407
32	Entwicklung der Nettovermögen in Deutschland über alle Haushalte	415
33	Ausgaben des Staates in ausgewählten Ländern im Jahr 2013	476

VERZEICHNIS DER KÄSTEN IM TEXT

1	Kernelemente einer Reformpolitik für Europa und Deutschland	9
2	Mechanismus zur Regulierung der Restrukturierung von Staatsschulden im Euro-Raum	23
3	Wie kann der steigende Bedarf an günstigem Wohnraum in Ballungsgebieten gedeckt werden?	31
4	Die Einigung zur Reform der Bund-Länder-Finanzbeziehungen	35
5	Schwaches Wachstum des Welthandels	52
6	Zur Zuverlässigkeit von Schätzungen der Output-Lücke	92
7	Zur Anpassung der Prognose für das Jahr 2016	104
8	Analyse des Abstimmungsverhaltens im Brexit-Votum	139
9	Die Bedeutung der Passporting-Rechte für das Vereinigte Königreich	147
10	Beispiele für existierende Wirtschaftsabkommen der EU mit Drittstaaten	150
11	Aktuelle Vorschläge zur Reform der EU	168
12	Staatsanleihekäufe im Rahmen von ANFA (Agreement on Net Financial Assets)	188
13	Helikoptergeld	191
14	Implementierung und Wirkung negativer Einlagezinsen	209
15	Optimale Eigenkapitalquoten von Banken	247

16	Erfahrungen im Umgang mit notleidenden Krediten	264
17	Die Schaffung sicherer Wertpapiere durch European Safe Bonds (ESBies)	272
18	Vorschläge für eine gemeinsame Einlagensicherung	275
19	Internationaler Vergleich von Alterssicherungssystemen	293
20	Zur Ermittlung der Rentenhöhe	297
21	Effekte einer Ausweitung des Versichertenkreises	307
22	Opt-out und Standardprodukte	316
23	Auswirkungen der Niedrigzinsen auf die Pensionsrückstellungen und Handlungsbedarf	319
24	Methodik und Annahmen zur Tragfähigkeitsanalyse für die Flüchtlingsmigration	351
25	Fördern und Fordern – Das Integrationsgesetz im Überblick	358
26	Aktive arbeitsmarktpolitische Maßnahmen	378
27	Erfahrungen mit der Mindestlohnkommission im Vereinigten Königreich	387
28	Warum gibt es in Deutschland so wenig selbstgenutztes Wohneigentum?	421
29	Globale Instrumente zur Vermeidung von Treibhausgasemissionen	436
30	Bedeutung der Energiekosten für die Produktions- und Investitionstätigkeit	444
31	Intelligente Netze (Smart Grids)	449
32	Grundzüge der EEG-Novelle 2017 (EEG 2017)	454
33	Automarkt China	489

Hinweise zum verwendeten Datenmaterial

Datengrundlage und methodische Anmerkungen

Angaben aus der amtlichen Statistik für die Bundesrepublik Deutschland stammen, soweit nicht anders vermerkt, vom Statistischen Bundesamt. Abweichende Gebietsstände sind ausdrücklich angemerkt.

Generell wurde in den Tabellen und Abbildungen aufgerundet beziehungsweise abgerundet. Dadurch können sich bei der Summierung von Einzelangaben geringfügige Abweichungen zur angegebenen Endsumme ergeben.

Saisonbereinigte Daten wurden mittels des Census-X-12-Arima-Verfahrens berechnet.

Online-Datenangebot

Alle in diesem Jahresgutachten enthaltenen Abbildungen und Tabellen sowie die dazugehörigen Daten (soweit sie nicht von kommerziellen Anbietern stammen) können von der Homepage des Sachverständigenrates heruntergeladen werden (www.sachverstaendigenrat-wirtschaft.de).

Darüber hinaus bietet der Sachverständigenrat auf seiner Homepage im Bereich „Statistik" (www.sachverstaendigenrat-wirtschaft.de/statistik.html) eine Vielzahl nationaler Indikatoren und lange Zeitreihen aus den verschiedenen volkswirtschaftlichen Bereichen an, die er für seine Arbeiten im Zusammenhang mit den Jahresgutachten, Sondergutachten und Expertisen nutzt. Das Datenangebot wird laufend aktualisiert und umfasst im Einzelnen:

- eine umfassende Zusammenstellung von **Konjunkturindikatoren für Deutschland** wie Auftragseingänge und Produktion in der Industrie und im Baugewerbe, Vertrauensindikatoren wie die ZEW-Konjunkturerwartungen und den ifo Geschäftsklimaindex, Handelsdaten und Daten für den Arbeitsmarkt sowie Quartalsdaten aus den Volkswirtschaftlichen Gesamtrechnungen,

- eine Auswahl von **langen Zeitreihen** zu zentralen Bereichen der **weltwirtschaftlichen Entwicklung** in der Europäischen Union und ausgewählten Industrieländern, unter anderem für die Bereiche Bevölkerung und Erwerbstätigkeit und Verbraucherpreise sowie für Schlüsselgrößen der Volkswirtschaftlichen Gesamtrechnungen,

- **lange Zeitreihen für Deutschland** zu den Bereichen Bevölkerung und Erwerbstätigkeit, Volkswirtschaftliche Gesamtrechnungen, Öffentliche Finanzen, Zahlungsbilanz, Geld, Kredite, Aktien und Zinssätze, Industrie und Handel, monetäre Indikatoren, Arbeitsmarkt, Soziale Sicherung und Energie.

Abkürzungen

ABSPP	-	Asset-Backed Securities Purchase Programme
AEUV	-	Vertrag über die Arbeitsweise der Europäischen Union
AFS	-	Ausschuss für Finanzstabilität
AHK	-	Deutsche Auslandshandelskammern
ANFA	-	Agreement on Net Financial Assets
AR	-	Aktueller Rentenwert
AT 1	-	Additional Tier 1
AVA	-	Altersvorsorgeanteil
BA	-	Bundesagentur für Arbeit
BAFA	-	Bundesamt für Wirtschaft und Ausfuhrkontrolle
BaFin	-	Bundesanstalt für Finanzdienstleistungsaufsicht
BAMF	-	Bundesamt für Migration und Flüchtlinge
bAV	-	Betriebliche Altersvorsorge
BBSR	-	Bundesinstitut für Bau-, Stadt- und Raumforschung
BCBS	-	Basel Committee on Banking Supervision
BDI	-	Bundesverband der Deutschen Industrie e.V.
BE	-	Bruttolöhne und -gehälter des durchschnittlichen Arbeitnehmers
BEPS	-	Base Erosion and Profit Shifting
BEZ	-	Bundesergänzungszuweisungen
BiBB	-	Bundesinstitut für Berufsbildung
BIP	-	Bruttoinlandsprodukt
BIZ	-	Bank für Internationalen Zahlungsausgleich
BLS	-	Bank Lending Survey
BMAS	-	Bundesministerium für Arbeit und Soziales
BMF	-	Bundesministerium der Finanzen
BMUB	-	Bundesministerium für Umwelt, Naturschutz, Bau und Reaktorsicherheit
BMWi	-	Bundesministerium für Wirtschaft und Energie
BoE	-	Bank of England
BoJ	-	Bank of Japan
BRRD	-	Bank Recovery and Resolution Directive
BVerfG	-	Bundesverfassungsgericht
CAD	-	Canadian Dollar
CBO	-	Congressional Budget Office
CBPP3	-	Third Covered Bond Purchase Programme
CDIC	-	Canada Deposit Insurance Corporation
CDM	-	Clean Development Mechanism
CDS	-	Credit Default Swap
CDU	-	Christlich Demokratische Union Deutschlands
CEPR	-	Center for Economic and Policy Research

Abkürzungen

CET 1	-	Common Equity Tier 1
CETA	-	Comprehensive Economic and Trade Agreement
CO_2	-	Kohlenstoffdioxid
CPC	-	Creditor Participation Clause
CRD	-	Capital Requirements Directive
CSPP	-	Corporate Sector Purchase Programme
CSU	-	Christlich-Soziale Union in Bayern e.V.
DAX	-	Deutscher Aktienindex
DGS	-	Deposit Guarantee Schemes
DIF	-	Deposit Insurance Fund
DIW	-	Deutsches Institut für Wirtschaftsforschung
DN	-	Danmarks Nationalbank
DSGE	-	Dynamic Stochastic General Equilibrium
DSGV	-	Deutscher Sparkassen- und Giroverband
EAPP	-	Expanded Asset Purchase Programme
EBA	-	European Banking Authority
ECOFIN	-	Rat für Wirtschaft und Finanzen
ECPS	-	Centre for European Policy Studies
EDIS	-	European Deposit Insurance Scheme
EE	-	Erneuerbare Energien
EEG	-	Erneuerbare-Energien-Gesetz
EFI	-	Expertenkommission Forschung und Innovation
EFTA	-	European Free Trade Association
EIB	-	Europäische Investitionsbank
EMA	-	Europäische Arzneimittelagentur
EP	-	Entgeltpunkte
ESBies	-	European Safe Bonds
ESM	-	Europäischer Stabilitätsmechanismus
ESRB	-	European Systemic Risk Board
ESZB	-	Europäisches System der Zentralbanken
ETS	-	Emissions Trading Scheme
EU	-	Europäische Union
EU-ETS	-	European Union Emissions Trading System
EuGH	-	Europäischer Gerichtshof
Eurostat	-	Statistisches Amt der Europäischen Union
EU-SILC	-	European Union Statistics on Income and Living Conditions
EUV	-	Vertrag über die Europäische Union
EVS	-	Einkommens- und Verbrauchsstichprobe
EWR	-	Europäischer Wirtschaftsraum

Abkürzungen		
EWU	-	Europäische Währungsunion
EZB	-	Europäische Zentralbank
FDIC	-	Federal Deposit Insurance Corporation
FDP	-	Freie Demokratische Partei
Fed	-	Federal Reserve
FHFA	-	Federal Housing Finance Agency
FINMA	-	Eidgenössische Finanzmarktaufsicht
FOMC	-	Federal Open Market Committee
FSGM	-	Flexible System of Global Models
FT	-	Financial Times
FVS	-	Flossbach von Storch
GDP	-	Gross Domestic Product
GKV	-	Gesetzliche Krankenversicherung
GLRG	-	Gezielte längerfristige Refinanzierungsgeschäfte
GRV	-	Gesetzliche Rentenversicherung
G-SIB	-	Global Systemically Important Bank
GVAR	-	Globales vektorautoregressives Modell
GW	-	Gigawatt
HFCS	-	Household Finance and Consumption Survey
HGB	-	Handelsgesetzbuch
HP	-	Hodrick-Prescott
HVPI	-	Harmonisierter Verbraucherpreisindex
IAB	-	Institut für Arbeitsmarkt- und Berufsforschung
IAQ	-	Institut Arbeit und Qualifikation
IBP	-	Fraunhofer-Institut für Bauphysik
IBRC	-	Irish Bank Resolution Corporation
ICOR	-	Incremental Capital Output Ratio
IEB	-	Integrierte Erwerbsbiographien
ifo	-	ifo Institut für Wirtschaftsforschung
IFRS	-	Internationale Rechnungslegungsvorschriften
IKT	-	Informations- und Kommunikationstechnologien
IRB	-	Interne Risikomodelle
IRC	-	Incremental Risk Charge
IT	-	Informationstechnik
IW	-	Institut der deutschen Wirtschaft Köln
IWES	-	Fraunhofer-Institut für Windenergie und Energiesystemtechnik
IWF	-	Internationaler Währungsfonds
IWH	-	Leibniz-Institut für Wirtschaftsforschung Halle
IZA	-	Forschungsinstitut zur Zukunft der Arbeit

Abkürzungen

JG	-	Jahresgutachten des Sachverständigenrates zur Begutachtung der gesamtwirtschaftlichen Entwicklung
KfW	-	Kreditanstalt für Wiederaufbau
KMU	-	Kleine und mittlere Unternehmen
kW	-	Kilowatt
kWh	-	Kilowattstunde
LBBW	-	Landesbank Baden-Württemberg
LGFV	-	Local Government Financing Vehicle
LEI	-	Long Term Economic Impact
LIAB	-	Linkend-Employer-Employee-Daten des IAB
LM	-	Longitudinal Model
LSE	-	London School of Economics and Politcal Science
MDA	-	Maximum Distributable Amount
MIT	-	Massachusetts Institute of Technology
MOFCOM	-	Ministry of Commerce China
MREL	-	Minimum Requirement for Own Founds and Eligible Liabilities
MW	-	Megawatt
NAFTA	-	North American Free Trade Agreement
NAIRU	-	Non-Accelerating Inflation Rate of Unemployment
NAPE	-	Nationaler Aktionsplan Energieeffizienz
NATO	-	North Atlantic Treaty Organization
NBER	-	National Bureau of Economic Research
NEST	-	National Employment Savings Trust
NEW	-	Norddeutsche Energiewende
NIESR	-	National Institute of Economic and Social Research
NiGEM	-	National Institute's Global Econometric Model
NPL	-	Non-performing Loan
OECD	-	Organisation for Economic Co-Operation and Development
ONS	-	Office for National Statistics
ÖPP	-	Öffentlich-Private Partnerschaften
PCE	-	Private Konsumausgaben
PHF	-	Private Haushalte und ihre Finanzen
PKV	-	Private Krankenversicherung
PKW	-	Personenkraftwagen
PRA	-	Prudential Regulation Authority
PSPP	-	Public Sector Purchase Programme
QDIA	-	Qualified Default Investment Alternatives
QE	-	Quantitative Easing
RAV	-	Regionale Arbeitsvermittlungen
REN21	-	Renewable Energy Policy Network for the 21st Century

Abkürzungen

RF	-	Rentenartfaktor
RQ	-	Rentenquotient
RVB	-	Beitragssatz zur Rentenversicherung
RWI	-	RWI – Leibniz-Institut für Wirtschaftsforschung
SAVE	-	Sparen und Altersvorsorge in Deutschland
SG	-	Sondergutachten des Sachverständigenrates zur Begutachtung der gesamtwirtschaftlichen Entwicklung
SGB	-	Sozialgesetzbuch
SIAB	-	Stichprobe der Integrierten Arbeitsmarktbiographien
SINTEG	-	Förderprogramm „Schaufenster intelligente Energie – Digitale Agenda für die Energiewende"
SNB	-	Schweizerische Nationalbank
SOE	-	State-Owned Enterprise
SOEP	-	Sozio-oekonomisches Panel
SPD	-	Sozialdemokratische Partei Deutschlands
SPF	-	Survey of Professional Forecasters
SR	-	Sveriges Riksbank
SRB	-	Single Resolution Board
SREP	-	Supervisory Review Process
SRM	-	Single Resolution Mechanism
SRU	-	Sachverständigenrat für Umweltfragen
SSM	-	Single Supervisory Mechanism
SUV	-	Sport Utility Vehicle
SVR Migration	-	Sachverständigenrat deutscher Stiftungen für Integration und Migration
SWIID	-	Standardized World Income Inequality Database
TARP	-	Troubled Asset Relief Programm
TCE	-	Tangible Common Equity
TFP	-	Totale Faktorproduktivität
TLAC	-	Total Loss Absorbing Capacity
TLTRO	-	Targeted Longer-Term Refinancing Operations
TPP	-	Trans-Pacific Partnership
TPP	-	Taxpayer Panel
TRIPS	-	Agreement on Trade-Related Aspects of Intellectual Property Rights
TTIP	-	Transatlantic Trade and Investment Partnership
TWh	-	Terawattstunde
UN	-	United Nations
US	-	United States
USD	-	United States Dollar
VAR	-	Vector Autoregression
VDA	-	Verband der Automobilindustrie
VGR	-	Volkswirtschaftliche Gesamtrechnungen

Abkürzungen		
VMU	-	Verfahren bei einem makroökonomischen Ungleichgewicht
VPI	-	Verbraucherpreisindex
WHO	-	World Health Organization
WindNODE	-	Wind in Nordostdeutschland
WTO	-	World Trade Organization
ZEW	-	Zentrum für Europäische Wirtschaftsforschung
ZF	-	Zugangsfaktor

Zeichenerklärung

—	=	nichts vorhanden
0	=	weniger als die Hälfte der kleinsten dargestellten Einheit
.	=	kein Nachweis
...	=	Angaben fallen später an
— oder |	=	der Vergleich ist durch grundsätzliche Änderungen beeinträchtigt
x	=	Nachweis ist nicht sinnvoll beziehungsweise Fragestellung trifft nicht zu
( )	=	Aussagewert eingeschränkt, da der Zahlenwert statistisch relativ unsicher ist

KURZFASSUNG DES JAHRES-GUTACHTENS 2016/17

Fortgesetzter Aufschwung, zahlreiche Risiken

Reformen für Europa

Reformen für Deutschland

Zeit für Reformen

Fortgesetzter Aufschwung, zahlreiche Risiken

1. Der Aufschwung in Deutschland und im Euro-Raum setzt sich fort. Für **Deutschland** rechnet der Sachverständigenrat mit Zuwachsraten des realen Bruttoinlandsprodukts (BIP) von 1,9 % im Jahr 2016 und 1,3 % im Jahr 2017. Der prognostizierte Rückgang der Zuwachsrate ist vor allem auf einen Kalendereffekt zurückzuführen. Die zugrunde liegende Wachstumsdynamik bleibt im Wesentlichen erhalten. Damit gerät die deutsche Wirtschaft in eine zunehmende Überauslastung. Für den **Euro-Raum** prognostiziert der Sachverständigenrat ein reales Wachstum von 1,6 % im Jahr 2016 und 1,4 % im Jahr 2017.

2. Die **Weltwirtschaft** wächst moderat. Die weitere Entwicklung ist jedoch **zahlreichen Risiken** ausgesetzt. Hierzu zählen geopolitische Risiken und die politische Unsicherheit in Europa, nicht zuletzt aufgrund der Volksbefragung zum Brexit. Hinzu kommen mögliche Turbulenzen auf den internationalen Finanzmärkten und der schwierige Transformationsprozess in China, der sich in den schwachen deutschen Exporten nach China widerspiegelt.

3. Die weltweit lockere Geldpolitik deutet auf eine falsche Aufgabenverteilung hin: Dauerhaft höheres Wachstum lässt sich mit geldpolitischen Maßnahmen nicht erzielen. Im Euro-Raum hat die außergewöhnlich **lockere Geldpolitik** der Europäischen Zentralbank (EZB) zwar wesentlich zum Aufschwung beigetragen, das Ausmaß der Lockerung ist aber angesichts der wirtschaftlichen Erholung nicht mehr angemessen. Da erhebliche **strukturelle Probleme** fortbestehen, ist der Aufschwung nicht selbsttragend. Der Reformeifer ist erlahmt, und einige Mitgliedstaaten lassen die notwendige Haushaltsdisziplin vermissen. Die Geldpolitik verdeckt diese Probleme und gefährdet zunehmend die Finanzmarktstabilität. Ein Ausstieg aus der expansiven Geldpolitik wird immer schwieriger.

4. Die Verschleppung der Probleme gefährdet das europäische Projekt. Die Krise im Euro-Raum hat die Skepsis gegenüber Europa verstärkt. Das Ergebnis der Volksbefragung im Vereinigten Königreich zum Brexit und der Zulauf zu europakritischen Parteien signalisieren eine zunehmende Abkehr von Europa. Ohne die Bereitschaft zu grundlegenden Reformen kann die **langfristige wirtschaftliche Leistungsfähigkeit der Europäischen Union (EU)** nicht gesichert werden. Dies könnte zu weiteren Rückschlägen für die europäische Integration führen.

Reformen für Europa

5. Angesichts der zunehmenden Fliehkräfte in der EU sollte dem **Subsidiaritätsprinzip** wieder mehr Raum gegeben werden. In einigen Bereichen wie der Klimapolitik, der Asylpolitik und der inneren Sicherheit ist eine stärkere Integration wünschenswert. Die Fiskal-, Arbeitsmarkt- und Sozialpolitik sollten hingegen in der Verantwortlichkeit der Mitgliedstaaten verbleiben.

6. Der Binnenmarkt mit den **vier Grundfreiheiten** – dem freien Verkehr von Waren, Dienstleistungen und Kapital sowie der Freizügigkeit – stellt den Kern der EU dar. Diese sollten nicht in Frage gestellt werden. Eine verzögerte Integration in die Sozialsysteme bei der Migration innerhalb der EU wäre hingegen angemessen. Eine Stärkung des Binnenmarkts durch einen besseren Marktzugang im Dienstleistungssektor ist wünschenswert. Gleichwohl lassen sich aus der Binnenmarktkompetenz keine umfangreichen Harmonisierungen und Vereinheitlichungen ganzer Rechtsbereiche ableiten.

7. Die Außenhandelspolitik der EU ist eine ureigene Gemeinschaftsaufgabe. **Protektionistische Tendenzen sind abzuwehren**. Sie mindern den Wohlstand in erheblichem Maße. Die EU sollte die Freihandelsabkommen mit Kanada (CETA) und mit den Vereinigten Staaten (TTIP) zum Abschluss bringen.

8. Die **Klimapolitik** muss angesichts der weltweiten Wirkung von Treibhausgasemissionen global gestaltet werden. Zumindest ist aber ein EU-weites Vorgehen gefordert. Die Zwischenbilanz der deutschen Energiewende ist ernüchternd. Die volkswirtschaftlichen Kosten sind hoch, obwohl der Beitrag zur Minderung des Klimawandels moderat ist. Dies verdeutlicht die Nachteile einer rein nationalen klimapolitischen Strategie.

9. Da im **Euro-Raum** der nominale Wechselkurs als nationaler Anpassungsmechanismus fehlt, muss sichergestellt sein, dass sich die notwendigen Anpassungen über andere Mechanismen vollziehen können. Deshalb sind weitere Strukturreformen notwendig, die eine **flexiblere Lohn- und Preisbildung** erlauben und die Arbeitskräftemobilität erhöhen.

10. Angesichts der makroökonomischen Entwicklung sind das Ausmaß der quantitativen Lockerung durch die **EZB** und die sich daraus ergebenden **Niedrigzinsen** weder für den Euro-Raum noch für Deutschland angemessen. Die EZB sollte bei geldpolitischen Entscheidungen weniger schwankungsanfällige Preisindizes, wie den BIP-Deflator oder die Kerninflation, stärker berücksichtigen. Angesichts der Risiken der Geldpolitik für die Finanzstabilität und die Konsolidierungs- und Reformbereitschaft der Mitgliedstaaten wäre es besser, die **Anleihekäufe zu verlangsamen** und **früher zu beenden**.

11. Die wiederholten Turbulenzen im europäischen Finanzsektor zeigen, dass dieser nach wie vor nicht hinreichend widerstandsfähig gegenüber Schocks ist. Insbesondere viele große **Banken** des Euro-Raums sind noch immer **nicht hinreichend kapitalisiert**. Der Sachverständigenrat hält eine ungewichtete Eigenkapitalquote (Leverage Ratio) von **mindestens 5 %** für angemessen.

12. Die Voraussetzungen für eine **gemeinsame europäische Einlagensicherung** sind derzeit nicht erfüllt. Zunächst müssen Risiken im Bankensystem abgebaut, eine funktionierende europäische Aufsicht und Abwicklung sichergestellt sowie die regulatorische Privilegierung von Forderungen der Banken gegenüber Staaten aufgehoben werden. Mittelfristig ist eine **gemeinsame Allfinanzaufsicht** außerhalb der EZB anzustreben.

13. Die **Europäischen Fiskalregeln** sollten endlich durchgesetzt werden. Da ein erneutes Aufflammen der Krise im Euro-Raum nicht ausgeschlossen werden kann, bleibt es wichtig, den Krisenmechanismus zu stärken. Dafür ist ein **Mechanismus für die Restrukturierung von Staatsschulden** im Krisenfall notwendig. Der Sachverständigenrat hat einen detaillierten Vorschlag unterbreitet. Dieser könnte dazu beitragen, durch eine Beteiligung privater Investoren an der Krisenbewältigung die Glaubwürdigkeit der Nicht-Beistandsklausel wiederherzustellen.

Reformen für Deutschland

14. Aus Sicht des Sachverständigenrates hat die Bundesregierung die gute ökonomische Entwicklung der vergangenen Jahre **nicht ausreichend für Reformen genutzt**. Einige Maßnahmen der Bundesregierung wie die Einführung des flächendeckenden Mindestlohns und das Rentenpaket könnten die Wirtschaftsentwicklung sogar schwächen. In den kommenden Jahren sollte sich die Wirtschaftspolitik stärker an der **Wettbewerbs- und Zukunftsfähigkeit** der deutschen Volkswirtschaft orientieren.

15. Die Debatte über die Entwicklung der **Ungleichheit von Einkommen und Vermögen** wird in Deutschland intensiv geführt. Allerdings ist die Ungleichheit im vergangenen Jahrzehnt weitgehend unverändert geblieben. Ein flexibler Arbeitsmarkt mit einer hohen Qualifikation der Arbeitnehmer ist langfristig am besten geeignet, um wirtschaftliche Teilhabe zu gewährleisten. Die Einkommens- und Vermögensmobilität sollten in erster Linie durch eine zielgerichtete **Bildungspolitik** erhöht werden. Durch eine bessere Durchlässigkeit des Bildungssystems und die Einführung eines verpflichtenden Vorschuljahrs kann die **Chancengerechtigkeit** verbessert werden. Eine Vermögensteuer ist aufgrund ihrer verzerrenden Wirkung auf die Investitionstätigkeit hingegen abzulehnen.

16. Der **Arbeitsmarkt** hat sich weiterhin erfreulich entwickelt. Herausforderungen bleiben die verfestigte Arbeitslosigkeit, die geringe Lohnmobilität sowie die Integration neuer Arbeitskräfte. Zur Behebung dieser Probleme dürfte der **Niedriglohnsektor** der Dreh- und Angelpunkt sein, dessen Aufnahmefähigkeit gestärkt werden sollte, statt diese durch eine weitere Verschärfung der Regulierung einzuschränken.

17. Die **Zugänge von Asylsuchenden** sind in diesem Jahr stark zurückgegangen. Angesichts des langfristig weiterhin zu erwartenden Migrationsdrucks sollte die Politik ihre Aufmerksamkeit auf die Fluchtursachenbekämpfung, klare europäische Regeln zur Migration und einen effektiven Schutz der Außengrenzen richten. Die zusätzlichen direkten **Ausgaben** für Flüchtlinge sind für Deutschland weiterhin **tragbar**. Entscheidend für die langfristigen Kosten der Flüchtlingsmigration ist vor allem die Arbeitsmarktintegration.

    Daher sollte die Bundesregierung der **Förderung von Qualifikation und Bildung** eine hohe Priorität einräumen. Neben Sprach- und Integrationskursen sollten teilqualifizierende Ausbildungen zum Einsatz kommen. Außerdem kommt der frühkindlichen und schulischen Bildung eine große Bedeutung zu. Für die Integration ist ein flexibler Arbeitsmarkt mit geringen Einstiegshürden wesentlich.

18. Die gute Konjunktur führt derzeit zu hohen Steuer- und Beitragseinnahmen. Dadurch ergeben sich in den kommenden Jahren **Haushaltsspielräume** trotz der Mehrausgaben aufgrund der Flüchtlingsmigration und eines höheren Staatskonsums. Mehrausgaben des Staates zur Konjunkturförderung sind derzeit nicht angebracht. Die Finanzpolitik ist bereits **prozyklisch**.

    Zusätzliche öffentliche Investitionen lassen sich durch Kürzungen bei den konsumtiven Ausgaben finanzieren. Die Einigung von Bund und Ländern auf eine Infrastrukturgesellschaft für Bundesfernstraßen ist ein richtiger Schritt zur Stärkung der öffentlichen Investitionstätigkeit. Die Herausforderungen der Zukunft geben Anlass, die **Schuldenquote weiter zurückzuführen**, damit Deutschland seiner Rolle als Stabilitätsanker im Euro-Raum gerecht werden kann.

19. Haushaltsspielräume könnten zudem für Reformen genutzt werden, welche die Wettbewerbsfähigkeit der deutschen Volkswirtschaft festigen und Effizienzreserven heben. Dazu gehört eine **Reform der Unternehmensbesteuerung**, bei der durch eine Zinsbereinigung des Grundkapitals Finanzierungsneutralität hergestellt wird. Weitere Spielräume sollten für eine vollständige Korrektur der Kalten Progression verwendet werden.

    Bei der **Erbschaftsteuer** schlägt der Sachverständigenrat weiterhin eine Kombination aus einer breiten Bemessungsgrundlage und niedrigen Steuersätzen mit großzügigen Stundungsregeln vor. Die jüngste Reform verkompliziert hingegen das Erbschaftsteuerrecht und lädt zur Steuergestaltung ein. Die Reform der Grundsteuer sollte rasch angegangen werden. Die von den Ministerpräsidenten der Länder zu Lasten des Bundes durchgesetzte **Reform der Bund-Länder-Finanzbeziehungen** erhöht die Ineffizienzen des Finanzausgleichssystems.

20. Um die **Gesetzliche Rentenversicherung** (GRV) demografiefest zu machen, ist eine weitere Erhöhung des gesetzlichen Renteneintrittsalters unausweichlich. Hierbei bietet sich eine **Kopplung des Renteneintrittsalters an die fernere Lebenserwartung** an. Die neuen Regelungen zur Flexibilisierung des Renteneintritts sind zu begrüßen. Zudem plädiert der Sachverständigenrat für eine Vorsorgepflicht für Selbstständige, allerdings nicht zwingend innerhalb der GRV. Der Sachverständigenrat hat für die **Vereinheitlichung des Rentenrechts** in West- und Ostdeutschland einen Vorschlag unterbreitet.

21. Selbst in Zeiten niedriger Zinsen kommt der zweiten und dritten Säule der Alterssicherung eine wichtige Rolle zu. Hemmnisse, die eine stärkere Verbreitung der betrieblichen und der privaten Altersvorsorge verhindern, sollten beseitigt werden. Bei der **betrieblichen Altersvorsorge** besteht Handlungsbedarf bei kleinen und mittleren Unternehmen und Geringverdienern. Der Sachverständigenrat schlägt eine **Abschaffung der Doppelverbeitragung** vor.

Bei der **Riester-Rente** wären eine Verbesserung des Finanzwissens, eine allgemeine Förderberechtigung und mehr Transparenz sinnvoll. Zudem sollten Eigenleistungen zur staatlich geförderten Altersvorsorge zumindest teilweise von der **Anrechnung auf die Grundsicherung** ausgenommen werden. Schließlich könnte ein nicht-staatlich angebotenes Standardprodukt sinnvoll sein.

22. Schließlich erneuert der Sachverständigenrat seinen Vorschlag einer einkommensunabhängigen Finanzierung der Gesetzlichen Krankenversicherung durch die Einführung einer **Bürgerpauschale mit integriertem Sozialausgleich**.

Zeit für Reformen

23. Die gute wirtschaftliche Entwicklung bietet die Chance für effizienzsteigernde Strukturreformen, um so die Grundlagen für eine nachhaltige Wohlfahrtssteigerung zu schaffen. Jetzt ist die **Zeit für Reformen**, die das Potenzialwachstum der deutschen Volkswirtschaft erhöhen, die Herausforderungen der Demografie, Globalisierung und Digitalisierung zu bewältigen helfen und die Stabilität und Leistungsfähigkeit Europas stärken. Statt sich auf den Erfolgen früherer Reformen, wie der Agenda 2010, auszuruhen oder sie sogar zu verwässern, sollte die Politik notwendige Reformen entschlossen umsetzen.

WIRTSCHAFTSPOLITIK: ZEIT FÜR REFORMEN

I. Mangel an Reformbereitschaft

II. Fortgesetzter Aufschwung mit Risiken

III. Reformen für Europa
 1. Europäische Union: Einheit in Vielfalt
 2. Euro-Raum: Politik für mehr Stabilität

IV. Reformen für Deutschland
 1. Fokus auf Chancengerechtigkeit
 2. Solide Finanzpolitik, demografiefeste Sozialsysteme

V. Ausblick: Zeit für Reformen

Eine andere Meinung

Literatur

I. MANGEL AN REFORMBEREITSCHAFT

1. Der **Aufschwung** in Deutschland und im Euro-Raum hat sich im vergangenen Jahr fortgesetzt. Eine wesentliche Stütze dieses Aufschwungs ist die außergewöhnlich lockere Geldpolitik der Europäischen Zentralbank (EZB), die wirtschaftliche Erholung von der Krise im Euro-Raum ist nach wie vor **nicht selbsttragend**. Vielmehr bestehen in Europa erhebliche **strukturelle Probleme** fort: In den Mitgliedstaaten der Europäischen Währungsunion bleiben die notwendigen Reformfortschritte aus. Die Konsolidierung der öffentlichen Finanzen im Euro-Raum ist weitgehend zum Stillstand gekommen.

2. Die **äußerst lockere Geldpolitik** verdeckt in einigen Mitgliedstaaten die Probleme eines schwachen Potenzialwachstums und einer unzureichenden Schuldentragfähigkeit, welche die Krise mitverursacht hatten. Die Geldpolitik schwächt den Anreiz, weitere Reformen durchzuführen, und mindert die Bereitschaft, die öffentlichen Haushalte zu konsolidieren. Sie ist deutlich expansiver, als es die makroökonomische Lage erfordern würde. ↘ ZIFFERN 407 FF., 417 Eine lang anhaltende Niedrigzinsphase bringt neue ernsthafte Probleme mit sich. So gefährdet die Geldpolitik zunehmend die Stabilität des europäischen Bankensystems. ↘ ZIFFERN 418 FF. Zudem wird der Ausstieg aus der sehr lockeren Geldpolitik umso schwerer, je länger sie sich fortsetzt.

3. Wenn Regierungen und Notenbanken dazu beitragen, Probleme zu verschleppen, birgt dies Gefahren für den Prozess der europäischen Integration. Die Krise hat bereits eine deutliche Skepsis der Bürger gegenüber der Europäischen Union (EU) geschürt. Das Ergebnis der Volksbefragung zum **Brexit** im Vereinigten Königreich und der **Zulauf zu europakritischen Parteien** signalisieren die voranschreitende Abkehr der Wähler von Europa. ↘ ZIFFERN 290 FF. Eine Politik, die der Konsolidierung der öffentlichen Haushalte und Strukturreformen Priorität einräumt, wird dadurch zusätzlich erschwert. Dies schwächt wiederum das Vertrauen in die langfristige wirtschaftliche Leistungsfähigkeit der EU und trägt weiter zur Verunsicherung über die zukünftige Wirtschaftsentwicklung bei.

   Die Bundesregierung hat in den Jahren der Krise des Euro-Raums eine durchaus angemessene Politik verfolgt und damit erheblich dazu beigetragen, dessen Architektur zu stärken (SG 2015 Ziffern 65 ff.). Doch sie hat es versäumt, stärker darauf zu dringen, dass die Mitgliedstaaten die Stabilität des gemeinsamen Wirtschafts- und Währungsraums in Europa durch **eigene Anstrengungen** festigen. Gleichzeitig lebt die Bundesregierung selbst einen solchen auf die Stärkung des Potenzialwachstums ausgerichteten wirtschaftspolitischen Kurs nicht hinreichend vor.

4. Denn Deutschland weist für die laufende Legislaturperiode eine enttäuschende Reformbilanz aus. Aus Sicht des Sachverständigenrates wurde die – nicht zuletzt auf der Reformpolitik der Vergangenheit beruhende – ökonomisch erfolgreiche Phase **unzureichend genutzt**, um die deutsche Volkswirtschaft auf die großen Herausforderungen der Zukunft vorzubereiten. Angesichts einer sinkenden Innovationsdynamik und disruptiver technologischer Veränderungen hätte die

Bundesregierung deutlich mehr darauf abzielen müssen, Marktkräfte zu stärken und den Strukturwandel durch geeignete Reformen zu fördern.

5. Diese Ziele sollten in der kommenden Legislaturperiode umso mehr auf der Agenda der nächsten Bundesregierung stehen. Denn die langfristigen wirtschaftlichen Herausforderungen sind keineswegs geringer geworden. Der **demografische Wandel in Deutschland** stellt zunehmend die Innovationsdynamik und die Stabilität der sozialen Sicherungssysteme infrage. Die Transformation in China ↘ ZIFFERN 919 FF. und die wachsende Bedeutung von digitalen Plattformen stehen stellvertretend für **Veränderungen**, mit denen sich Deutschland als offene, technologisch orientierte Volkswirtschaft arrangieren muss. Angesichts dieser Herausforderungen bleibt es erforderlich, die öffentliche Verschuldungsquote zurückzuführen und damit den **fiskalischen Spielraum** zu erweitern.

Zudem wird das große Projekt der **europäischen Integration** nicht erfolgreich fortgesetzt werden können, wenn es die Mitgliedstaaten nicht erkennbar zu mehr wirtschaftlicher Leistungsfähigkeit befähigt. Die größte Volkswirtschaft Deutschland sollte hier eine **Vorbildfunktion** erfüllen. Nur wenn Deutschland nachhaltig und überzeugend Wachstumspotenziale erschließt, kann glaubhaft vermittelt werden, dass sich wirtschaftlicher Wohlstand in der gesamten EU ohne eine Transferunion erzielen lässt.

6. Darüber hinaus stehen wir am Beginn erheblicher **globaler Veränderungen**, von denen sich Europa und insbesondere Deutschland nicht abschotten können. Der Klimawandel ist ein globales Phänomen, dem nur durch eine Rückführung der globalen Treibhausgasemissionen begegnet werden kann. Eine nationale Energiewende alleine reicht nicht aus. ↘ ZIFFERN 904 FF. Ein anderes Beispiel ist die hohe Flüchtlingsmigration des vergangenen Jahres. Sie hat vor Augen geführt, wie Konflikte oder Armut in anderen Teilen der Welt eine direkte Auswirkung auf Europa und Deutschland haben können. ↘ ZIFFERN 682 FF.

Alle denkbaren Lösungsansätze für diese auf globaler Ebene wirkenden Herausforderungen werden den entwickelten Volkswirtschaften **substanzielle finanzielle Beiträge** abverlangen. Diese Ansätze versprechen umso größere Aussicht auf Erfolg, je eher sie ökonomisch effizient ausgestaltet werden. Damit Deutschland seinen Beitrag zur Bewältigung dieser Herausforderungen leisten kann, muss die deutsche Volkswirtschaft leistungsfähig bleiben.

7. Es bestehen durchaus Möglichkeiten, diese Gestaltungsaufgaben erfolgreich anzugehen. Deutschland genießt zurzeit den **Rückenwind** der im Zuge der Agenda 2010 durchgeführten Reformen und eine demografische Atempause. So haben die Arbeitsmarktreformen des vergangenen Jahrzehnts mehr Marktwirtschaft zugelassen. ↘ ZIFFERN 730 FF. Zusammen mit einer Phase der Lohnzurückhaltung und einem funktionierenden System der bedarfsabhängigen Einkommensergänzung konnten sie zu stabilen verfügbaren Einkommen und somit zu einer gestiegenen privaten Konsumnachfrage beitragen. Zudem befindet sich der Großteil der Generation der geburtenstarken Jahrgänge noch in der Erwerbsphase, erst in den kommenden Jahren ist ein stärkerer Rückgang der Erwerbsbevölkerung zu erwarten. ↘ ZIFFERN 592 FF.

↘ KASTEN 1

Kernelemente einer Reformpolitik für Europa und Deutschland

Der Sachverständigenrat skizziert **Strukturreformen**, die dazu befähigen sollen, die Herausforderungen der Zukunft zu bewältigen:

Reformen für Europa

- **Mehr Systemwettbewerb in der EU.** Um Europa den Bürgern wieder näher zu bringen, sollten institutionelle Reformen das Subsidiaritätsprinzip stärken. In Bereichen wie der Klimapolitik, der Asylpolitik und der inneren Sicherheit ist mehr Integration wünschenswert. Die Fiskalpolitik und die Arbeitsmarkt- und Sozialpolitik sollten in nationaler Verantwortung bleiben. Eine verzögerte Integration von EU-Migranten in die Sozialsysteme ist angemessen.

- **Förderung des Freihandels.** Es ist im Interesse Europas, einen verlässlichen Ordnungsrahmen für die Organisation der internationalen Arbeitsteilung in der Weltwirtschaft zu schaffen. Daher sollte angestrebt werden, die Handelsabkommen CETA mit Kanada und TTIP mit den Vereinigten Staaten zum Abschluss zu bringen. Gleichfalls sollte ein Freihandels- und Investitionsabkommen mit China verfolgt werden.

- **Neuausrichtung der Klimapolitik.** Um Klimaschutz so effizient wie möglich zu gewährleisten, sollte der europäische Emissionshandel EU-ETS auf alle Sektoren ausgeweitet werden. Nationale Förderschemata wie das Erneuerbare-Energien-Gesetz (EEG) sollten abgeschafft oder zumindest technologie- und sektorneutral ausgestaltet werden. Stattdessen sollten Forschung und Entwicklung intensiver gefördert werden.

- **Stabilität im Euro-Raum.** Um die Bankenunion zu stärken, sind eine größere Glaubwürdigkeit der Bankenabwicklung und eine Herauslösung der gemeinsamen Bankenaufsicht aus der EZB notwendig. Die Bundesregierung sollte sich für eine Erhöhung der ungewichteten Eigenkapitalquote einsetzen, vor allem für systemrelevante Institute. Der Europäische Stabilitätsmechanismus (ESM) sollte mit Regeln für eine geordnete Staatsinsolvenz im Krisenfall gestärkt werden.

Reformen für Deutschland

- **Vorrang für wachstumsfreundliche Konsolidierung.** Angesichts der günstigen konjunkturellen Lage sind zusätzliche stimulierende Mehrausgaben des Staates nicht angebracht. Temporäre Haushaltsspielräume sollten nicht für neue strukturelle Ausgaben verwendet werden. Die Abwägung von Nutzen und Kosten sollte über die Realisierung von öffentlichen Investitionen entscheiden; zusätzliche Investitionen benötigen eine entsprechende Gegenfinanzierung.

- **Effizienzorientierte Steuerpolitik.** Um private Investitionen und Wertschöpfung in Deutschland attraktiver zu machen, sind die steuerlichen Anreize zu stärken. So sollte mit einer Reform der Unternehmens- und Einkommensbesteuerung die Zinsbereinigung des Grundkapitals eingeführt werden. Weitere Spielräume können für eine vollständige Korrektur der Kalten Progression verwendet werden. Weiterhin ist eine Neuordnung der Bund-Länder-Finanzbeziehungen anzustreben, die geringere Abschöpfungsquoten und eine stärkere Steuerautonomie herbeiführt.

- **Nachhaltige soziale Sicherungssysteme.** Zur Sicherung der langfristigen Tragfähigkeit der Gesetzlichen Rentenversicherung ist eine Kopplung des Renteneintrittsalters an die fernere Lebenserwartung unausweichlich. Zusätzlich sollten die betriebliche und private Altersvorsorge attraktiver gestaltet werden. Bei der Krankenversicherung sollte eine Bürgerpauschale mit integriertem Sozialausgleich eingeführt werden.

- **Flexibler Arbeitsmarkt und verbesserte Chancengerechtigkeit.** Um der verfestigten Langzeitarbeitslosigkeit zu begegnen, sollte die Flexibilität im Arbeitsmarkt, insbesondere im Niedriglohnsektor, nicht weiter beschränkt werden. Die stetige Ausweitung der Arbeitsmarktregulierung ist ein Schritt in die falsche Richtung. Gerade bei der Bildung sollte Chancengerechtigkeit stärker im Vordergrund stehen, etwa durch Verbesserungen bei der frühkindlichen Bildung.

- **Deregulierung des Dienstleistungssektors.** Ein freier Marktzugang zu den Dienstleistungsmärkten, insbesondere zu freien Berufen und Handwerk, kann den Wettbewerb als Entdeckungsverfahren und Wohlstandsmotor stärken. Die Mietpreisbremse sollte abgeschafft werden.

8. In Deutschland wie in anderen Mitgliedstaaten der EU herrscht gleichermaßen eine **erhöhte Verunsicherung**. Nicht zuletzt die wiederholten Turbulenzen auf den globalen Finanzmärkten sind hierfür eindrucksvoller Beleg. In Deutschland wird die Verunsicherung zusätzlich durch die hohe Flüchtlingsmigration, eine empfundene Bedrohung der inneren Sicherheit und den Eindruck steigender Ungleichheit genährt. ⇘ ZIFFERN 788 FF. In dieser Situation hat das Regierungshandeln der vergangenen Jahre stärkere Akzente zur Sicherung der Zukunftsfähigkeit vermissen lassen. Die laufende Legislaturperiode war von Maßnahmen geprägt, die einzelne Wählergruppen begünstigen (wie die Mütterrente und die Rente mit 63 Jahren für langjährig Versicherte) oder die Marktkräfte schwächen und potenziell negative Nebeneffekte haben (wie der Mindestlohn).

9. Dieser Politik ist es nicht gelungen, die Verunsicherung zu reduzieren und die Unzufriedenheit unter denjenigen zu beseitigen, die sich als Verlierer der Globalisierung und Digitalisierung sehen. Aus Sicht des Sachverständigenrates bleiben die richtigen Antworten auf die Herausforderungen des Strukturwandels die Steigerung der **Produktivität** und der **Anpassungsfähigkeit** (JG 2015 Ziffern 590 ff.). Die damit verbundene höhere Wettbewerbsfähigkeit kann die einzig solide Grundlage für mehr Investitionen, einen höheren Beschäftigungsstand und stärkere Lohnzuwächse schaffen. Das vorliegende Gutachten fasst die Position des Sachverständigenrates zu aktuellen wirtschaftspolitischen Debatten zusammen und skizziert **Reformen für die kommenden Jahre**. ⇘ KASTEN 1

II. FORTGESETZTER AUFSCHWUNG MIT RISIKEN

10. Die **Weltwirtschaft** ist in den zurückliegenden Jahren auf einen moderateren Wachstumspfad eingeschwenkt. Im langjährigen Vergleich liegt das momentane Wachstum allerdings nicht auffällig weit unterhalb des Durchschnitts. Daher ist die jetzige Phase als Normalisierung im Vergleich zu den außergewöhnlich starken Zuwachsraten und den Übertreibungen vor der globalen Finanzkrise zu sehen. Zwei wesentliche Merkmale der aktuellen Entwicklung sind der **schwache Zuwachs der Arbeitsproduktivität** und die gesunkenen Wachstumsraten des Welthandels. ⇘ ZIFFERN 120 F.

11. Eine wichtige Triebkraft für die aktuelle konjunkturelle Entwicklung ist die **Geldpolitik.** ⇘ ZIFFERN 122 F. Die von den Zentralbanken der Industriestaaten gesetzten Leitzinsen sind weiterhin auf außergewöhnlich niedrigem Niveau. Hinzu kommen insbesondere in Japan und im Euro-Raum umfangreiche quantitative Lockerungsmaßnahmen. Im Vereinigten Königreich reagierte die Bank of England mit neuen Stützungsmaßnahmen auf das Brexit-Votum, und in den Vereinigten Staaten wurde die Anhebung der Zinsen hinausgezögert.

12. Die umfangreichen geldpolitischen Impulse begründen **Zweifel an der Nachhaltigkeit des Wachstums** der Weltwirtschaft. Zudem deuten sie auf eine falsche Aufgabenverteilung hin: Dauerhaft höhere Wachstumsraten lassen sich nicht durch geldpolitische Maßnahmen erzielen. Aufgabe der Geldpolitik ist es,

stabilisierend auf Preise und Wirtschaftsaktivität einzuwirken. Ihre expansiven Effekte wirken nur temporär auf die Wirtschaftsleistung. Zudem resultiert aus der gegenwärtigen Situation, in der alle großen Zentralbanken eine extrem expansive Geldpolitik verfolgen, der **Fehlanreiz, die lockere Geldpolitik zu lange fortzusetzen**. Die Zentralbank, die zuerst aus der expansiven Geldpolitik aussteigt, riskiert eine kräftige Währungsaufwertung. Es besteht somit eine Art Gefangenendilemma, in dem ein gemeinsamer Ausstieg für alle am besten wäre. Jede Zentralbank allein hat aber den Anreiz, expansiv zu bleiben.

13. Im **Euro-Raum** setzt sich die wirtschaftliche Erholung weiter fort. ↘ ABBILDUNG 1 Die Zuwachsraten des aggregierten BIP liegen über dem Potenzialwachstum, und die Output-Lücke verringert sich. Zudem konnten viele Mitgliedstaaten Fortschritte bei der Reduktion der Arbeitslosigkeit erreichen. Problematisch ist allerdings, dass die Haushaltskonsolidierung trotz weiterhin hoher Schuldenstände in einigen Mitgliedstaaten eingestellt wurde und nur wenige marktorientierte Reformen erkennbar sind. ↘ ZIFFERN 172 FF., 189 F. Somit nutzen die Mitgliedstaaten die von der Geldpolitik geschaffenen Spielräume nicht zum Schuldenabbau, und die strukturellen Anpassungen kommen in vielen Mitgliedstaaten nur langsam voran. ↘ ZIFFERN 177 FF. Nicht zuletzt belasten mancherorts ungelöste Probleme bei notleidenden Krediten die Bilanzen der ohnehin schon unter dem Niedrigzinsumfeld leidenden Banken. ↘ ZIFFERN 506 FF., 514 FF.

14. Der Sachverständigenrat erwartet für die Jahre 2016 und 2017 **Wachstumsraten des BIP** im Euro-Raum von 1,6 % beziehungsweise 1,4 %. ↘ ZIFFER 193 Der bis Anfang 2016 anhaltende Ölpreisrückgang trägt dazu bei, dass die **Inflation** im laufenden Jahr gemessen am Harmonisierten Verbraucherpreisindex (HVPI) noch sehr gering bleibt. Diese Effekte dürften im Jahr 2017 auslaufen. Insgesamt prognostiziert der Sachverständigenrat für die Jahre 2016 und 2017 Inflationsraten von 0,2 % beziehungsweise 1,3 % und Kerninflationsraten von 0,9 % beziehungsweise 1,2 %. ↘ ZIFFER 193

15. Die konjunkturelle Entwicklung der Weltwirtschaft ist **Risiken** ausgesetzt. ↘ ZIFFERN 126 FF. Hierzu zählen neben fortbestehenden geopolitischen Risiken insbesondere ein krisenhafter Anstieg der politischen Unsicherheit in Europa, eine unerwartet starke Eintrübung der Wirtschaftslage in China und mögliche Turbulenzen auf den internationalen Finanzmärkten. Die Austrittsverhandlungen mit dem Vereinigten Königreich nach dem **Brexit-Votum** stellen eine weitere Herausforderung für die EU dar, die sich ohnehin zunehmenden Fliehkräften gegenübersieht. Sorge bereiten zudem die Lage in Italien und die Situation in kleineren, von Krisen betroffenen Mitgliedstaaten wie Griechenland und Portugal.

16. Der Aufschwung in **Deutschland** hält weiter an. ↘ ABBILDUNG 1 Für das reale BIP in Deutschland geht der Sachverständigenrat von Wachstumsraten von 1,9 % im Jahr 2016 und 1,3 % im Jahr 2017 aus. Der Wachstumsrückgang im kommenden Jahr ist im Wesentlichen auf einen negativen Kalendereffekt zurückführen. ↘ ZIFFER 225 Das BIP steigt in beiden Jahren stärker als das vom Sachverständigenrat geschätzte Produktionspotenzial. Mehrere Indikatoren wie die Kapazitätsauslastung im Verarbeitenden Gewerbe oder die sehr gute Arbeitsmarktsituation deuten sogar darauf hin, dass die gesamtwirtschaftlichen Produktionskapazitäten leicht überausgelastet sind. ↘ ZIFFER 194

Kapitel 1 – Wirtschaftspolitik: Zeit für Reformen

↘ ABBILDUNG 1

Gesamtwirtschaftliche Entwicklung und Herausforderungen

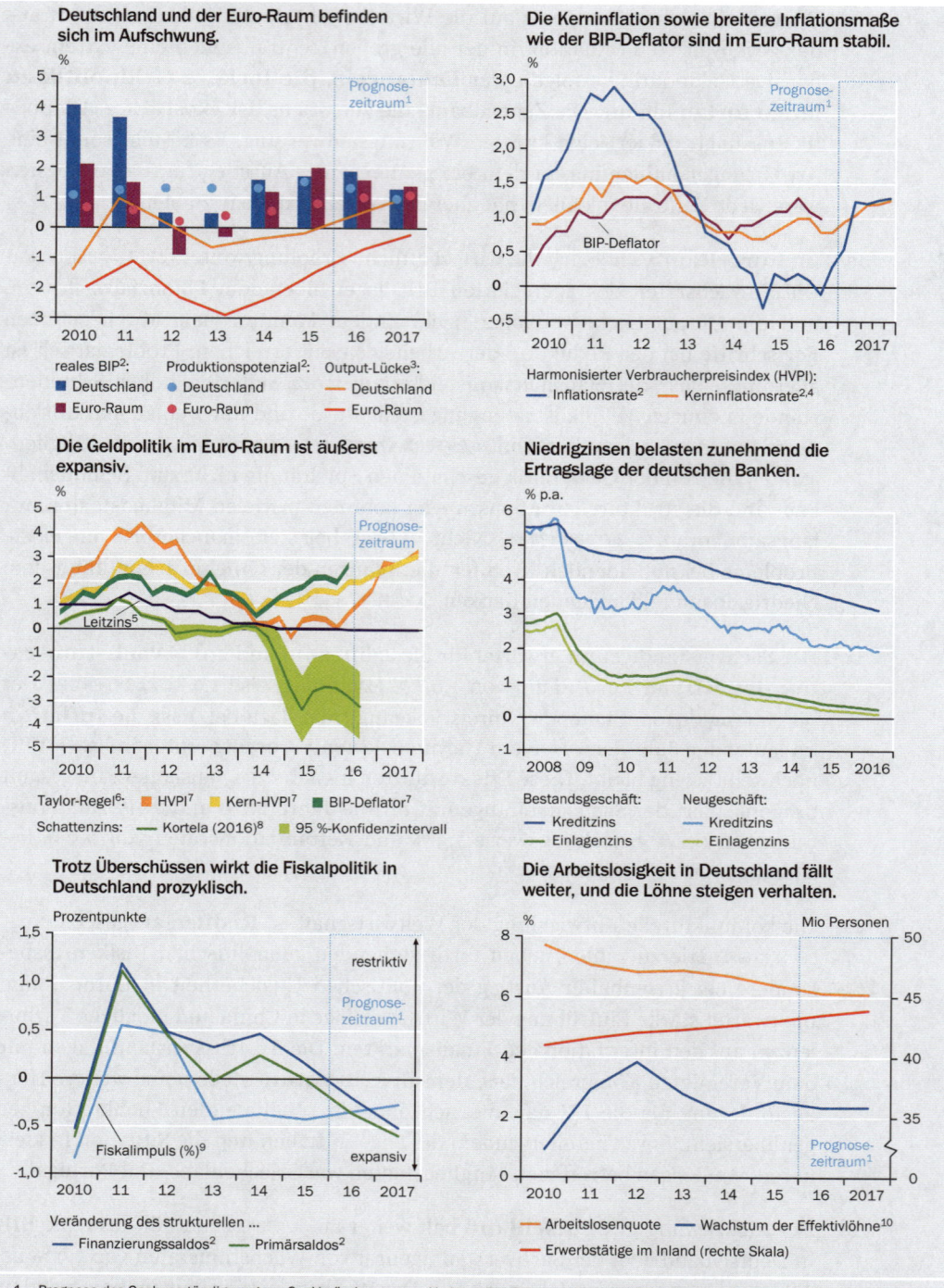

Deutschland und der Euro-Raum befinden sich im Aufschwung.

reales BIP[2]: Deutschland, Euro-Raum
Produktionspotenzial[2]: Deutschland, Euro-Raum
Output-Lücke[3]: Deutschland, Euro-Raum

Die Kerninflation sowie breitere Inflationsmaße wie der BIP-Deflator sind im Euro-Raum stabil.

BIP-Deflator

Harmonisierter Verbraucherpreisindex (HVPI):
Inflationsrate[2], Kerninflationsrate[2,4]

Die Geldpolitik im Euro-Raum ist äußerst expansiv.

Leitzins[5]

Taylor-Regel[6]: HVPI[7], Kern-HVPI[7], BIP-Deflator[7]
Schattenzins: Kortela (2016)[8], 95 %-Konfidenzintervall

Niedrigzinsen belasten zunehmend die Ertragslage der deutschen Banken.

Bestandsgeschäft: Kreditzins, Einlagenzins
Neugeschäft: Kreditzins, Einlagenzins

Trotz Überschüssen wirkt die Fiskalpolitik in Deutschland prozyklisch.

Fiskalimpuls (%)[9]
restriktiv / expansiv

Veränderung des strukturellen ...
Finanzierungssaldos[2], Primärsaldos[2]

Die Arbeitslosigkeit in Deutschland fällt weiter, und die Löhne steigen verhalten.

Arbeitslosenquote, Wachstum der Effektivlöhne[10]
Erwerbstätige im Inland (rechte Skala)

1 – Prognose des Sachverständigenrates. 2 – Veränderung zum Vorjahr. 3 – Relative Abweichung des BIP vom Produktionspotenzial. 4 – Gesamtindex ohne Nahrungsmittel und Energie. 5 – Zinssatz für Hauptrefinanzierungsgeschäfte. 6 – Gleichung: $i = 2 + \pi + 0{,}5(\pi - \pi^*) + 0{,}5(y)$. i bezeichnet das geschätzte Zinsniveau am Geldmarkt; es ist abhängig vom realen Zinssatz im langfristigen Gleichgewicht (geschätzt 2 %), von der laufenden Inflationsrate, π, in Abweichung vom Ziel der Notenbank, π^*, und von der Output-Lücke, y. 7 – Basierend auf Daten der EZB-Echtzeitdatenbank und AMECO: Für die Inflation wird der Wert des aktuellen Quartals, für die Output-Lücke der Wert des Vorquartals verwendet. 8 – Aktualisierte Schätzung zu Kortela (2016). 9 – Entspricht der Summe der diskretionären Maßnahmen relativ zum nominalen BIP. Aufstellung der diskretionären Maßnahmen den jährlichen Herbstgutachten (Gemeinschaftsdiagnose) entnommen. 10 – Bruttolöhne und -gehälter (Inlandskonzept) je Arbeitnehmerstunde.

Quellen: Deutsche Bundesbank, Europäische Kommission, Eurostat, EZB, IWF, Statistisches Bundesamt, eigene Berechnungen

© Sachverständigenrat | 16-414

17. Insbesondere die **Konsumausgaben** der privaten Haushalte und des Staates sowie der Wohnungsbau tragen zum Aufschwung bei. Die **Unternehmensinvestitionen** entwickeln sich hingegen mäßig. ↘ ZIFFERN 247 FF. Die Lage am **Arbeitsmarkt** ist weiterhin gut. Die Anzahl der Erwerbstätigen wird im Jahr 2017 auf über 44 Millionen Personen ansteigen. Von der **Fiskalpolitik** gehen trotz hoher Finanzierungsüberschüsse expansive Impulse aus. ↘ ZIFFER 228 ↘ ABBILDUNG 1 Im langjährigen Vergleich dürften die Ausfuhren nur moderat expandieren. Dies liegt an der moderaten Entwicklung der Weltwirtschaft.

18. Der Aufschwung der deutschen Wirtschaft ist ebenfalls im Lichte der expansiven Geldpolitik der EZB zu sehen. ↘ ABBILDUNG 1 Ihre unkonventionellen geldpolitischen Maßnahmen haben dazu beigetragen, dass sich das außenwirtschaftliche Umfeld für die deutsche Exportwirtschaft deutlich verbessert hat. Dies wird an der hohen **preislichen Wettbewerbsfähigkeit** insbesondere gegenüber den Ländern außerhalb des Euro-Raums ersichtlich. Der günstige Außenwert des Euro trägt wesentlich zum Anstieg der Ausfuhren in den Jahren 2016 und 2017 bei. Hierüber ergeben sich stimulierende Effekte auf die Unternehmensinvestitionen. Es besteht jedoch die Gefahr, dass sich die deutschen Exportunternehmen auf die temporär hohe preisliche Wettbewerbsfähigkeit verlassen und sich nicht auf eine zukünftige Normalisierung vorbereiten.

III. REFORMEN FÜR EUROPA

19. In den Verträgen von Rom, die vor fast 60 Jahren den Grundstein für die heutige EU legten, einigten sich die unterzeichnenden Staaten darauf, „durch gemeinsames Handeln den wirtschaftlichen und sozialen Fortschritt ihrer Länder zu sichern, indem sie die Europa trennenden Schranken beseitigen." (Präambel des Vertrags zur Gründung der Europäischen Wirtschaftsgemeinschaft) Dazu gehört die Beseitigung der Hindernisse für den freien Personenverkehr (Artikel 3 des Vertrags über die Europäische Union, EUV). Gerade jedoch die Migration – insbesondere innerhalb der EU – stellt heute den Kristallisationspunkt einer **europakritischen Strömung** dar, die einige Länder der EU jüngst verstärkt erfasst hat.

20. Dabei hat die europäische Integration in den vergangenen Jahrzehnten wesentlich zu **Frieden und Wohlstand** beigetragen. Ein wichtiger Baustein dafür war der gemeinsame Binnenmarkt in der EU. Zusätzlich hat es die EU mit ihrem stabilen institutionellen Rahmen vermocht, immer mehr Mitgliedstaaten in den gemeinsamen Markt einzubinden und so das Wachstum zu fördern. So wurde nicht zuletzt mit der Osterweiterung nach dem Fall des Eisernen Vorhangs in den Beitrittsländern eine stabile Transformation ermöglicht. Im März 2017 plant die Europäische Kommission, in einem Weißbuch ihre **Zukunftsvision für die EU** aufzuzeigen. Das europäische Projekt soll erfolgreich fortgesetzt werden.

21. Doch erweist es sich mittlerweile als schwierig, den Wählern die **wirtschaftlichen Vorteile des gemeinsamen Marktes** zu verdeutlichen. Beispielsweise

sind die Wohlfahrtsgewinne des freien Personenverkehrs in zahlreichen Studien belegt. ↘ ZIFFERN 341 FF. Dennoch konnte beim Referendum über den Verbleib des Vereinigten Königreichs in der EU die Kampagne der EU-Gegner mit teilweise falschen Behauptungen, insbesondere zur Migration, Wählerstimmen gewinnen. Dagegen kann eine **bessere Aufklärung** anhand von wissenschaftlichen Analysen in der aktuellen Phase moderaten Wachstums nur bedingt helfen. Es wäre mindestens ebenso wichtig, dass es der EU gelingt, durch wachstumsfreundliche Reformen wieder für alle deutlich erkennbar zum Wohlstandsmotor zu werden.

1. Europäische Union: Einheit in Vielfalt

22. Am 23. Juni 2016 stimmten in einer Volksbefragung 52 % der Wähler im Vereinigten Königreich für einen **Austritt aus der EU**. Bislang hat die britische Regierung allerdings lediglich angekündigt, im kommenden Frühjahr 2017 konkrete Schritte in diese Richtung zu unternehmen. Ein Austritt des Vereinigten Königreichs aus der EU wäre nicht nur wirtschaftlich, sondern vor allem politisch **ein großer Verlust**. Die EU würde eine marktfreundliche Stimme verlieren, und die Machtbalance innerhalb der EU würde sich verschieben. ↘ ZIFFERN 315 FF. Das beste Ergebnis der anstehenden Verhandlungen wäre es deshalb, wenn ein Brexit noch abgewendet werden könnte.

23. Doch selbst wenn man berücksichtigt, dass es im Vereinigten Königreich seit Langem eine verbreitete Skepsis gegenüber der EU gibt, sollte der Ausgang dieses Referendums nicht als Sonderfall abgetan werden. In vielen Mitgliedstaaten gewinnen Parteien mit europakritischen Positionen an Zustimmung. Bei den anstehenden Austrittsverhandlungen sollte daher die **Möglichkeit von Nachahmern** berücksichtigt und kein „Rosinenpicken" zugelassen werden, um die Gefahr einer wachsenden politischen Instabilität in der EU abzuwenden.

24. Angesichts der zugenommenen Fliehkräfte in der EU ist es keineswegs eindeutig, ob eine Weiterentwicklung in Richtung von **mehr oder von weniger europäischer Integration** den richtigen Weg darstellt, um die Unterstützung für den Integrationsprozess wieder zu festigen. Aus Sicht des Sachverständigenrates sollte das Subsidiaritätsprinzip in der EU gestärkt werden. Dies würde bedeuten, dass in einigen Bereichen mehr nationale Verantwortung eingeräumt und in anderen mehr gemeinschaftliche Verantwortung geübt wird.

Stärkung des Subsidiaritätsprinzips für mehr Systemwettbewerb

25. Bei Entscheidungen über diese Weichenstellungen sollte das **Prinzip der Subsidiarität** handlungsleitend sein, wie es in Artikel 5 EUV verankert ist. Demnach wird die EU in Bereichen, die nicht in ihre ausschließliche Zuständigkeit fallen, nur dann tätig, wenn die Ziele der in Betracht gezogenen Maßnahmen auf Ebene der Mitgliedstaaten nicht vollständig erreicht werden können und sie auf Gemeinschaftsebene besser erreicht werden können. Es lässt sich allerdings eine **Tendenz zur Kompetenzaneignung** der Europäischen Kommission beobachten, der weder vom Europäischen Gerichtshof (EuGH) noch durch Mechanismen der Subsidiaritätskontrolle wirksam begegnet wird. ↘ ZIFFER 338

26. Der Sachverständigenrat setzt sich dafür ein, das Subsidiaritätsprinzip zu stärken und dadurch in denjenigen Bereichen, in denen das selbstverantwortliche Handeln der Mitgliedstaaten vorgesehen ist, mehr **Systemwettbewerb** zuzulassen. Die in den europäischen Verträgen verankerte Absicht, einen „immer engeren Zusammenschluss der europäischen Völker" zu schaffen, sollte nicht dahingehend interpretiert werden, im Zweifel der EU mehr Kompetenzen zuzuweisen. Mit **geeigneten Strukturen** könnte in der Setzung und Ausübung des europäischen Rechts das Subsidiaritätsprinzip effektiv gewahrt werden. Ein seit längerer Zeit diskutierter Vorschlag dafür ist die Etablierung eines **Subsidiaritätsgerichts.** ↘ ZIFFER 340

Neuausrichtung nationaler und gemeinschaftlicher Verantwortung

27. Im Zentrum der EU steht weiterhin die Sicherstellung eines funktionsfähigen Binnenmarkts, dessen gemeinschaftliche Ausgestaltung für einen funktionierenden Wettbewerb zentral ist. Daher besitzt die EU eine **umfassende Binnenmarktkompetenz**. Allerdings sollte sie daraus keine Generalvollmacht zur Harmonisierung und Vereinheitlichung ganzer Rechtsbereiche ableiten, die den Standortwettbewerb behindern könnten.

28. Einschränkungen der **vier Grundfreiheiten** – des freien Verkehrs von Waren, Dienstleistungen und Kapital sowie der Freizügigkeit – sind höchst problematisch. Eine permanente Begrenzung der Migration von EU-Bürgern innerhalb der EU wäre nicht mit einem funktionsfähigen Binnenmarkt vereinbar, da die Freizügigkeit für einen gemeinsamen europäischen Arbeitsmarkt unabdingbar ist. Dies ermöglicht den effizienten Einsatz von Ressourcen in Europa. Für die Mitgliedstaaten der Europäischen Währungsunion stellt die Erwerbsmigration einen wichtigen Ausgleichsmechanismus bei asymmetrischen wirtschaftlichen Schocks dar. Bei einer beschränkten Arbeitskräftemigration würde den Mitgliedstaaten eine größere Preis- und Lohnflexibilität abverlangt, oder sie müssten sich auf zwischenstaatliche Transfers in größerem Umfang einigen. ↘ ZIFFERN 341 FF.

Mit dem Prinzip der Freizügigkeit ist allerdings eine **verzögerte Integration in die Sozialsysteme**, das heißt ein gradueller Übergang der Sozialansprüche von Migranten aus EU-Mitgliedstaaten vom Herkunfts- auf das Wohnsitzland, durchaus vereinbar. Bei der Personenfreizügigkeit geht es um Migration in die Arbeitsmärkte, nicht in die Sozialsysteme. Eine „gestufte Solidarität" könnte so geregelt werden, dass EU-Migranten erst nach einer gewissen Aufenthaltsdauer im Wohnsitzland dort einen Anspruch auf Sozialleistungen erwerben. Bis zur vollen Integration im Zielland bleiben sie in ihrem Herkunftsland anspruchsberechtigt (SVR Migration, 2013).

29. Insbesondere im Bereich des **Dienstleistungsverkehrs** bestehen weiterhin Defizite bei der Verwirklichung des Binnenmarkts. Dazu zählen in Deutschland und anderen Mitgliedstaaten unter anderem wettbewerbshemmende Marktzutrittsbarrieren wie die Pflichtmitgliedschaft in Berufskammern oder die Notwendigkeit eines Meisterbriefs zur Ausübung einer selbstständigen Handwerkstätigkeit (JG 2015 Ziffer 628). Verbindliche Honorarordnungen für zahlreiche

freiberufliche Dienstleister in Deutschland schränken ebenfalls den Wettbewerb durch Konkurrenten aus dem EU-Ausland ein.

30. Die **Außenhandelspolitik** der EU ist eine ureigene Gemeinschaftsaufgabe. Für den Wirtschaftsstandort Deutschland haben der Export und die mit weltweit offenen Märkten verbundene internationale Arbeitsteilung eine hohe Bedeutung. Daher sind zumindest langfristig von der Sicherstellung des Freihandels wesentliche positive Wohlfahrtseffekte zu erwarten (JG 2015 Ziffern 72 ff.). Protektionistische Tendenzen sollten abgewehrt und die derzeit diskutierten Freihandelsabkommen als Teil eines leistungsfähigen Ordnungsrahmens für die global integrierte Weltwirtschaft weiterverfolgt werden. Dies gilt insbesondere für das Umfassende Wirtschafts- und Handelsabkommen (CETA) mit Kanada sowie die Transatlantische Handels- und Investitionspartnerschaft (TTIP) mit den Vereinigten Staaten. Zudem sollten die Verhandlungen für ein Investitionsabkommen mit China weiter vorangetrieben sowie Verhandlungen für ein Freihandelsabkommen aufgenommen werden. ↘ ZIFFER 994

Vom Abbau nicht-tarifärer Handelshemmnisse beispielsweise durch TTIP lassen sich eine **Stärkung des Außenhandels** und eine Reduktion wohlfahrtsschädlicher Verzerrungen erwarten. Bei unterschiedlichen Auffassungen zu Produktnormen schließt TTIP bei berechtigten, schwerwiegenden Bedenken des Verbraucherschutzes kein Verbot aus. Eine angemessene Auszeichnungspflicht sollte in weniger schwerwiegenden Fällen Anwendung finden. Allgemein zu schließen, dass US-amerikanische Standards und Regeln schwächer sind als deutsche und so den deutschen Verbraucherschutz aushebeln, ist verfehlt. Vielmehr ermöglicht ein Abkommen eine vorbildliche Ausgestaltung von Standards und Regeln, die Ausstrahlungseffekte auf weitere Handelspartner haben dürften.

31. Im Bereich der **inneren Sicherheit** ist ebenfalls an denjenigen Stellen ein gemeinschaftlicher Ansatz angezeigt, an denen aus der Vermeidung von Parallelstrukturen hohe Effizienzgewinne geschöpft werden können. Allerdings sind die Kosten und Nutzen in diesem Politikbereich schwer messbar. Im Gegensatz zum Vorschlag der Europäischen Kommission für eine globale Strategie für die EU-Sicherheitsagentur sollte der Fokus auf eine Stärkung der bestehenden Strukturen wie Frontex und Europol gelegt werden. Der vermutlich langfristig höhere Finanzbedarf für die innere Sicherheit angesichts der Terrorgefahr kann und muss dabei innerhalb der gemeinschaftlichen Regeln, also den Defizitgrenzen des Stabilitäts- und Wachstumspakts, erfüllt werden und darf nicht als Vorwand für Ausnahmen von den Regeln dienen.

32. Ein weiterer Politikbereich, in dem die Zielerreichung ein gemeinschaftliches Handeln erfordert, ist die **Asyl- und Zuwanderungspolitik**. Die hohe Flüchtlingsmigration des vergangenen Jahres hat gezeigt, dass nationale Entscheidungen schwerwiegende Wirkungen auf andere Mitgliedstaaten haben können, weswegen ein gemeinschaftliches Handeln angezeigt ist. Die Freizügigkeit in der EU und der für die Mitglieder des Schengen-Raums kontrollfreie Grenzübertritt bedeuten, dass der effektive Schutz der Außengrenzen ebenfalls eine Gemeinschaftsaufgabe ist. Dabei gilt es, eine gute Balance zwischen der gemeinschaft-

lich organisierten Abwendung unerwünschter Zuwanderung und der gemeinschaftlichen Hilfe zur Entwicklung vor Ort zu finden.

Globale Ausgestaltung der Klimapolitik

33. Die **Klimapolitik** muss angesichts der globalen Wirkung von Treibhausgasemissionen letztlich **global gestaltet** werden. ↘ ZIFFERN 904 FF. Eine effiziente Klimapolitik basiert im Optimalfall auf einem globalen Zertifikathandelssystem, das alle Länder und Sektoren umfasst. Ersatzweise könnte eine globale Emissionsteuer zum Einsatz kommen, die aber mit größeren Problemen bei der praktischen Umsetzung behaftet ist. Aus dieser Einsicht über die Unverzichtbarkeit globaler Lösungsansätze erwächst gerade mit dem Klimaabkommen von Paris und dem G20-Vorsitz im kommenden Jahr eine Gestaltungsaufgabe für die deutsche Energie- und Klimaschutzpolitik. Solange keine wirksame globale Allianz gegen den Klimawandel geschmiedet werden kann, ist zumindest ein EU-weites Vorgehen isolierten, nationalen Ansätzen vorzuziehen.

34. National ausgerichtete Ansätze der Klimapolitik, die auf die **Vorzüge der internationalen Arbeitsteilung** verzichten und versuchen, die Emissionen an Treibhausgasen auf nationaler Ebene durch Auflagen, Ökosteuern und Subventionsmechanismen zurückzuführen, sind weder effizient noch klimapolitisch sinnvoll. Dies verdeutlicht die deutsche Energiewende, deren Zwischenbilanz ernüchternd ausfällt. Zum einen werden die selbstgesteckten Ziele der Emissionsvermeidung derzeit nicht erreicht, zum anderen verteuert die technologie- und sektorspezifische Förderung durch das EEG die Reduktion der Treibhausgasemissionen unnötig. ↘ ZIFFER 906

35. Es wäre daher deutlich besser, wenn der **EU-weite Emissionshandel** konsequent auf alle Sektoren ausgeweitet würde. Eine Entscheidung, durch die Konzentration auf einen gemeinsamen Umsetzungsmechanismus die volkswirtschaftliche Effizienz der europäischen Klimapolitik zu steigern, würde die Verteilung der aus den europäischen Verpflichtungen zur Emissionsreduktion entstehenden Lasten keineswegs vorwegnehmen. Volkswirtschaften, deren Wähler ein höheres Engagement für den Klimaschutz wünschen als diejenigen anderer Mitgliedstaaten, könnten schließlich ohne Weiteres eine geringere Anfangsausstattung mit Emissionszertifikaten akzeptieren.

    Ein einmaliger Eingriff zur Reduktion der Anzahl überschüssiger Zertifikate oder die Einführung eines Preiskorridors bei Auktionen von Emissionszertifikaten könnten das vom Emissionshandel ausgehende Preissignal stabilisieren und so die Unsicherheit für Investoren vermindern (JG 2015 Ziffer 701).

36. Zwar stellen die mit dem EEG 2017 eingeführten **Ausschreibungen**, selbst wenn sie nur teilweise technologieneutral ausgestaltet sind, einen Schritt in die richtige Richtung dar. Jedoch würde ein umfassendes Zertifikathandelssystem nationale Förderinstrumente und zahlreiche Subventionstatbestände für den Kapazitätsausbau für erneuerbare Energien überflüssig machen. Stattdessen könnten Investitionen in Infrastruktur und die klimabezogene Forschung und Entwicklung unterstützt werden.

Finanzpolitik auf nationaler und EU-Ebene

37. Für einen funktionierenden Standortwettbewerb zwischen den Mitgliedstaaten ist der **Verbleib der Finanzpolitik in der nationalen Verantwortung** wesentlich. Die EU-Verträge legen dies ausdrücklich so fest. Sollen Vereinbarungen zur Finanzpolitik auf europäischer Ebene getroffen werden, so entscheiden die Mitgliedstaaten einstimmig. Die Europäische Kommission unterbreitet Vorschläge und übernimmt ansonsten eine Koordinierungsfunktion. Bei den indirekten Steuern kam es etwa zu einer Harmonisierung der Umsatzbesteuerung mit Mindeststeuersätzen. Bei den direkten Steuern haben sich die Mitgliedstaaten auf Regeln für einen fairen Steuerwettbewerb (Code of Conduct) geeinigt, ohne diesen zu unterbinden (JG 2014 Ziffern 654 ff.). Die Mitgliedstaaten entscheiden im Rat der Wirtschafts- und Finanzminister zudem über das Verfahren bei exzessiven Defiziten. Sie behalten dabei letztlich ihre Haushaltsautonomie.

    Ohne die politische Bereitschaft der Mitgliedstaaten zu einer umfassenden Übertragung nationaler Souveränität in der Wirtschafts- und Finanzpolitik fehlt die Grundlage für eine Fiskalkapazität auf europäischer Ebene. Da hierdurch die **Einheit von Haftung und Kontrolle verletzt** würde, lehnt der Sachverständigenrat derzeit eine Verlagerung von Einnahmen und Ausgaben auf die europäische Ebene ab (SG 2015 Ziffer 110).

38. Der **EU-Haushalt** sollte **neu geordnet** werden. Die Fokussierung auf die Agrar-, Struktur- und Kohäsionspolitik ist nicht mehr zeitgemäß. Während das umfangreiche System der Agrarsubventionen hohe ökonomische Ineffizienzen erzeugt, ist die Effektivität der Struktur- und Kohäsionspolitik mittlerweile fraglich. Eine stärkere Verknüpfung der Zuteilung von Mitteln aus den Strukturfonds mit den länderspezifischen Empfehlungen der Europäischen Kommission wäre wünschenswert. ↘ ZIFFER 355 Zwar gibt es neue Herausforderungen, die eine angemessene Finanzierung erfordern. Dafür ist jedoch keine eigene EU-Steuer notwendig. Vielmehr sollte die Allokation der EU-Haushaltsmittel stärker flexibilisiert werden, als dies bisher auf Basis eines siebenjährigen Finanzrahmens möglich war.

2. Euro-Raum: Politik für mehr Stabilität

39. Innerhalb der EU haben sich 19 Mitgliedstaaten zu einer Währungsunion zusammengeschlossen. Aufgrund des Wegfalls der nationalen Geldpolitik sowie des Wechselkurses als schnell reagierendem Anpassungsmechanismus zwischen den Mitgliedstaaten der Europäischen Währungsunion muss sichergestellt sein, dass sich die notwendigen **Anpassungen über andere Mechanismen** vollziehen können. Die schleppende Erholung nach der Krise im Euro-Raum deutet darauf hin, dass solche stabilisierenden Prozesse zu schwach sind. Neben der Konsolidierung der öffentlichen Finanzen der Mitgliedstaaten sind deshalb weitere Strukturreformen notwendig, die zu einer flexibleren Lohn- und Preisbildung und zu Erleichterungen der Arbeitskräftemobilität beitragen. ↘ ZIFFER 428

Gute Gründe für eine weniger expansive Geldpolitik

40. Die EZB hat in diesem Jahr die quantitative Lockerung massiv ausgeweitet und verfolgt somit in noch größerem Maße eine **expansive Geldpolitik** als in der Vergangenheit. Zwar deuten Schätzungen von Gleichgewichtszinsen auf ein gesunkenes Zinsniveau hin, doch sind diese Schätzungen mit äußerst hoher Unsicherheit behaftet und eignen sich deshalb nicht zur Rechtfertigung der geldpolitischen Ausrichtung. Während der HVPI aufgrund gefallener Energiepreise, die wenig von der Geldpolitik beeinflusst sind, in den vergangenen Jahren kaum angestiegen ist, weisen andere Maße deutlich positive Inflationsraten aus, ohne Anzeichen von erhöhten Deflationsrisiken. ↘ ZIFFERN 405 FF.

    Der Sachverständigenrat schlägt daher vor, dass die EZB bei ihren geldpolitischen Entscheidungen **weniger volatile Preisindizes** stärker berücksichtigt, wie den BIP-Deflator oder die Kerninflation. Dies würde es ihr ermöglichen, das mit der Entwicklung der internationalen Rohstoffpreise eng verbundene geringe Wachstum der Konsumentenpreise mit größerer Gelassenheit zu begleiten. Insgesamt bekräftigt der Sachverständigenrat seine Einschätzung, dass es besser wäre, die **Anleihekäufe zu verlangsamen und früher zu beenden**. Zusätzlich sollte die EZB die bereits gekauften Anleihen bei Laufzeitende nicht automatisch ersetzen. ↘ ZIFFER 417

41. Angesichts der Entwicklung von Inflation und Wirtschaftswachstum im Euro-Raum sowie der Risiken anhaltend niedriger Zinsen hält der Sachverständigenrat das niedrige Zinsniveau weder für den Euro-Raum noch für die deutsche Volkswirtschaft für angemessen. Tatsächlich bewegt sich die deutsche Volkswirtschaft zunehmend in eine **Überauslastung** hinein. ↘ ZIFFER 194 Dies erhöht das Risiko, dass die expansive Geldpolitik zu destabilisierenden Entwicklungen führt, etwa stark steigenden Vermögenspreisen, zunehmenden Zinsänderungsrisiken und zur Aushöhlung der Geschäftsmodelle von Banken und Versicherungen. Zusammen mit dem gefallenen Ölpreis nährt der schwache Euro den hohen deutschen Leistungsbilanzüberschuss.

+

Die stetig gestiegenen Preise am **deutschen Wohnimmobilienmarkt** haben kritische Schwellenwerte überschritten (BIZ, 2016). ↘ ZIFFER 424 Die Kredit/BIP-Lücke ist unauffällig, sodass keine gefährliche Kreditausweitung attestiert werden kann. Um ein rasches Entgegensteuern zu ermöglichen, sollte die vor über einem Jahr abgegebene Empfehlung des AFS (2015) zügig umgesetzt werden. Diese beinhaltet das Schließen von Datenlücken sowie die Einführung makroprudenzieller Instrumente für den Wohnimmobilienmarkt, etwa Grenzen für Beleihungs- und Schulden-Einkommensquoten (JG 2015 Ziffer 417). Ferner empfiehlt der AFS (2015), die besonders lückenhafte Datenbasis bei Gewerbeimmobilien zu schließen. Bei diesen zeichnet sich in Teilen des Euro-Raums eine Überbewertung ab.
↘ ZIFFER 425

42. Die steigenden Risiken für die Finanzstabilität dürften es immer schwieriger machen, aus der lockeren Geldpolitik auszusteigen. So wäre es denkbar, dass zu einem zukünftigen Zeitpunkt eine Straffung der Geldpolitik mit Rücksicht auf die Finanzstabilität unterbleibt, obwohl diese aus geldpolitischer Sicht angezeigt

wäre („**Financial Dominance**"). Zudem dürften die Niedrigzinsen den Druck auf Regierungen vermindert haben, die Konsolidierungs- und Reformpolitik weiterzuführen. Die Risiken aus der hohen Staatsverschuldung könnten somit zu einer Situation führen, in der die Zentralbank eine erforderliche Zinserhöhung unterlässt („**Fiscal Dominance**"). In beiden Fällen wird die EZB zur Gefangenen ihrer eigenen Politik. ↘ ZIFFER 421

43. Das Fehlen der nationalen Geldpolitik und des Wechselkurses als Anpassungsmechanismen zwischen den Mitgliedstaaten des Euro-Raums macht in gewissen Bereichen eine stärkere **wirtschaftliche Integration** notwendig, um asynchrone Konjunkturzyklen abzufedern und durch Ungleichgewichte verursachte Krisen zu verhindern. Dabei müssen jedoch die Einheit von Haftung und Kontrolle bewahrt werden. Der Sachverständigenrat hat dazu in den vergangenen Jahren sein Konzept eines „**Maastricht 2.0**" erarbeitet (JG 2012 Ziffern 174 ff.) und im Kontext eines Sondergutachtens verfeinert (SG 2015). Viele der darin enthaltenen Elemente sind mittlerweile umgesetzt worden. Es verbleibt jedoch Handlungsbedarf.

Handlungsbedarf im Finanzsektor

44. Die wiederholten Turbulenzen im europäischen Finanzsektor zeigen, dass dieser nach wie vor nicht hinreichend widerstandsfähig gegenüber Schocks ist. Zwar haben die europäischen Banken seit der Krise ihre Eigenkapitalquoten deutlich erhöht. Dennoch sind aus Sicht des Sachverständigenrates insbesondere viele große Banken gemessen an den ungewichteten Eigenkapitalquoten **nicht hinreichend kapitalisiert**. ↘ ZIFFERN 478 FF. Dies liegt nicht zuletzt daran, dass viele Banken in großem Umfang Dividenden ausgeschüttet haben, statt ihr Eigenkapital zu stärken.

Der Sachverständigenrat hält die avisierte Leverage Ratio von 3 % für zu niedrig und erneuert daher seine Forderung nach einer **Leverage Ratio von mindestens 5 %**. Zudem sollte in Erwägung gezogen werden, diese analog zur risikogewichteten Eigenkapitalquote **makroprudenziell** auszugestalten, wie es im Vereinigten Königreich bereits der Fall ist. Insbesondere sollten systemrelevante Banken höhere ungewichtete Eigenkapitalquoten erfüllen. So könnte sichergestellt werden, dass die Leverage Ratio bei erhöhtem systemischen Risiko neben den gewichteten Eigenkapitalquoten einen wirksamen Backstop darstellen kann.
↘ ZIFFERN 488 FF.

45. Die **geringe Profitabilität** erschwert den Aufbau von Eigenkapital für die Banken des Euro-Raums. ↘ ZIFFERN 500 FF. Diese war allerdings bereits vor der Krise niedrig, was auf **strukturelle Ursachen** hindeutet. So zeigt sich in Deutschland seit Langem eine geringe Kosteneffizienz im internationalen Vergleich. Zusätzlich wird die Ertragslage durch zwei weitere Faktoren belastet: Zum einen höhlt die **andauernde Niedrigzinsphase** das Geschäftsmodell von Banken aus (JG 2015 Ziffern 381 ff.). Die Belastungen aus dem Niedrigzins dürften in der Zukunft deutlich zunehmen. Zum anderen belasten in den ehemaligen Krisenländern hohe Bestände an **notleidenden Krediten** das Vertrauen in die Banken. Eine rasche Bereinigung der Bankbilanzen ist dringend geboten. Hier-

bei ist neben der Aufsicht die Politik gefordert, die Rahmenbedingungen für die Verwertung von notleidenden Krediten zu verbessern. ↘ ZIFFERN 514 FF.

46. Die Politik sollte sich **dem Druck der Banken**, die Regulierung zurückzudrehen oder zumindest nicht weiter zu verschärfen, **nicht beugen**, wenn dies der Wahrung der Systemstabilität zuwiderläuft. Gleichzeitig ist eine **Vereinfachung der Regulierung** anzustreben, statt die Regulierung immer komplizierter auszugestalten. So ist eine Stärkung der ungewichteten Eigenkapitalquoten einer weiteren Verfeinerung des auf internen Modellen basierenden Ansatzes der Eigenkapitalregulierung vorzuziehen. ↘ ZIFFERN 485 FF.

47. Eine **Finanztransaktionsteuer** lehnt der Sachverständigenrat hingegen ab. Diese könnte sich nachteilig auf die Liquidität und die Preisfindung auf den Finanzmärkten auswirken und würde so auch die Märkte für Eigenkapital beeinträchtigen (JG 2013 Ziffer 388). Zudem würde sie die Fragmentierung im europäischen Kapitalmarkt erhöhen. Schließlich könnte sie durch eine Verlagerung von Kapitalströmen umgangen werden. Zur Stabilisierung des Finanzsystems dürfte eine Finanztransaktionsteuer daher kaum beitragen.

Fehlende Elemente der Bankenunion

48. Die Gründung der **Bankenunion** stellt einen wesentlichen Schritt in Richtung einer stabileren europäischen Architektur dar. Der im Jahr 2014 in Kraft getretene **Einheitliche Aufsichtsmechanismus** (Single Supervisory Mechanism, SSM) ermöglicht eine kohärente Aufsicht der signifkanten Banken auf europäischer Ebene und erschwert die Verschiebung von Risiken durch die Banken auf die Zentralbankbilanz (JG 2014 Ziffern 297 f.).

49. Zu Beginn des Jahres 2016 sind die **europäischen Abwicklungsregeln** unter dem Einheitlichen Abwicklungsmechanismus (Single Resolution Mechanism, SRM) in Kraft getreten. Sie sollen die Marktdisziplin stärken und die Erwartungen über die Rettung von Banken durch den Staat zurückführen. Tatsächlich gibt es Hinweise auf eine steigende Marktdisziplin. Angesichts der wiederholten Turbulenzen auf den Finanzmärkten und der infolgedessen auftretenden Diskussionen über mögliche Rettungen einzelner Banken bleiben jedoch **Zweifel an der Glaubwürdigkeit des Abwicklungsregimes**. Daher stellt sich die Frage, ob es sinnvoll war, in der neuen Regulierung so stark auf bail-in-fähige Schuldtitel zu setzen, anstatt das Eigenkapital weiter zu erhöhen. ↘ ZIFFERN 524 FF.

50. Während das neue Abwicklungsregime die Risikoübertragung von Banken auf Staaten abmildert, besteht der Risikokanal von Staaten in Richtung Banken fort. Dies wird wesentlich durch das Halten hoher Forderungen der Banken gegenüber ihren Sitzstaaten getrieben. Der Sachverständigenrat wiederholt daher seinen Vorstoß zur **Entprivilegierung der Forderungen gegenüber Staaten** in der Bankenregulierung (JG 2015 Ziffern 52 ff.).

Hiervon wären in Deutschland neben vielen größeren Banken die **Sparkassen** betroffen, die substanzielle Forderungen gegenüber inländischen Kommunen und Ländern halten, wie Berechnungen auf Basis von Einzelbankdaten der

Deutschen Bundesbank zeigen. Die Analyse verdeutlicht eine enge Verflechtung deutscher Banken mit untergeordneten staatlichen Ebenen. Zum Schutz der Finanzstabilität sollten diese Klumpenrisiken abgebaut werden. ↘ ZIFFERN 539 FF.

51. In der europäischen Debatte erscheint eine Entprivilegierung derzeit politisch schwer durchsetzbar. Gleichzeitig hat der Vorschlag zur Schaffung **europäischer sicherer Wertpapiere (ESBies)** Rückenwind bekommen (Brunnermeier et al., 2011). Dieser sollte nur dann in Betracht gezogen werden, wenn er mit einer Entprivilegierung der Forderungen gegenüber Staaten einhergeht und wenn es gelingt, implizite Haftungsrisiken zu begrenzen. ↘ KASTEN 17

52. Für eine weitere Lockerung des Risikoverbunds schlägt die Europäische Kommission eine **gemeinsame europäische Einlagensicherung** (European Deposit Insurance Scheme, EDIS) vor. Aus Sicht des Sachverständigenrates sind die **Voraussetzungen** dafür derzeit **nicht erfüllt**. Zunächst müssen bestehende Risiken im Bankensystem abgebaut, eine funktionierende europäische Aufsicht und Abwicklung sichergestellt und die regulatorische Privilegierung von Forderungen der Banken gegenüber Staaten aufgehoben werden. Außerdem könnte eine weitergehende **Harmonisierung** beispielsweise im Bereich des Insolvenz- und des Zwangsvollstreckungsrechts sinnvoll sein. ↘ ZIFFERN 546 FF.

53. Die Europäische Kommission hat im Laufe des Jahres 2016 eine Konsultation zum neuen **makroprudenziellen Rahmenwerk** abgehalten (Europäische Kommission, 2015a). Der Sachverständigenrat sieht in mehreren Bereichen Handlungsbedarf zur Stärkung der Wirksamkeit der makroprudenziellen Regulierung und Aufsicht.

    – Erstens ist die derzeitige Organisationsstruktur kritisch zu sehen, insbesondere die große **Abhängigkeit des ESRB von der EZB** (Gurlit und Schnabel, 2015). Es ist fraglich, ob das ESRB auf Gefährdungen für die Finanzstabilität, die aus der Geldpolitik erwachsen, mit Nachdruck reagieren würde. Außerdem ist das Entscheidungsgremium zu groß (JG 2014 Ziffer 376).

    – Zweitens besteht beim makroprudenziellen Instrumentenkasten die Gefahr einer **übermäßigen Feinsteuerung** (JG 2014 Ziffer 393). Robusten Instrumenten sollte der Vorzug gegeben werden. Daher sollte die Leverage Ratio mehr Aufmerksamkeit in der makroprudenziellen Regulierung erfahren.

    – Drittens besitzt die EZB im Rahmen des SSM weitreichende makroprudenzielle Aufsichtskompetenzen. So darf sie nationale makroprudenzielle Maßnahmen verschärfen (JG 2014 Ziffer 376). Damit soll ein „inaction bias" auf nationaler Ebene verhindert werden. Allerdings kann es ebenso einen **„inaction bias" auf europäischer Ebene** geben, wenn die Anwendung makroprudenzieller Maßnahmen in Konflikt mit den Zielen der Geldpolitik steht.

54. Mittelfristig plädiert der Sachverständigenrat weiterhin für eine gemeinsame **mikro- und makroprudenzielle Allfinanzaufsicht außerhalb der Zentralbank**, idealerweise auf EU-Ebene (JG 2014 Ziffer 381). Dies wäre aber nur im Rahmen einer Änderung der europäischen Verträge möglich.

Solide Staatsfinanzen, wirkungsvoller Krisenmechanismus

55. Im Bereich der Finanzpolitik sollten die **europäischen Fiskalregeln** endlich eingehalten werden. Im vergangenen Jahr haben wiederum viele Länder die Regeln verletzt oder die vereinbarten Konsolidierungsziele verfehlt. ↘ ZIFFERN 172 FF., 427 Die Europäische Kommission hat aufgrund politischer Erwägungen erneut darauf verzichtet, auf Sanktionen gegen die Mitgliedstaaten zu drängen, welche die Regeln verletzt haben. Diese Unterlassung hat zu einer weiteren Erosion der Glaubwürdigkeit des Rahmenwerks des Euro-Raums geführt.

56. Daher bleibt es wichtig, den **Krisenmechanismus** zu stärken, da ein erneutes Aufflammen der Krise im Euro-Raum nicht ausgeschlossen werden kann. Da die mangelnde Umsetzung der europäischen Fiskalregeln nicht erwarten lässt, dass die Schuldenstandsquoten reduziert werden, ist eine Regulierung von Umschuldungen staatlicher Kredite unbedingt notwendig. Dies würde sicherstellen, dass der ESM selbst bei hohen Schuldenständen effektiv Krisenbeistand leisten kann und private Investoren von Staatsanleihen einen Beitrag zur Krisenbewältigung liefern. Der Sachverständigenrat hat hierzu einen detaillierten Vorschlag unterbreitet. ↘ KASTEN 2

57. In der Gesamtschau warnt der Sachverständigenrat vor **übereilten Integrationsschritten**. Dazu zählen zum Beispiel eine europäische Arbeitslosenversicherung oder eine gemeinsame Fiskalkapazität. ↘ KASTEN 11 Solche Integrationsschritte setzen als unverzichtbare Bedingung voraus, dass Haftung und Kontrolle jeweils auf der gleichen Ebene angesiedelt bleiben. Solange die Mitgliedstaaten nicht zu einer Übertragung nationaler Souveränität für ihre Wirtschafts- und Finanzpolitik auf die europäische Ebene bereit sind, müssen alle Reformvorschläge einer kritischen Überprüfung der durch sie gesetzten Anreize für die nationale Wirtschafts- und Finanzpolitik standhalten.

↘ KASTEN 2

Mechanismus zur Regulierung der Restrukturierung von Staatsschulden im Euro-Raum

Der ESM wurde eingerichtet, um im Fall einer erneuten Staatsschuldenkrise Notfallkredite an Mitgliedstaaten zu vergeben. **Hohe Schuldenstände** beeinträchtigen jedoch die Wirkmächtigkeit des ESM. Zum einen führt der höhere Schuldendienst zu einem erhöhten Finanzierungsbedarf. Angesichts begrenzter ESM-Ressourcen zehrt dies an der Schlagkraft und mindert so ex ante die Glaubwürdigkeit des ESM, Notkredite in ausreichendem Umfang bereitstellen zu können. Zum anderen besteht die Gefahr, dass ein Krisenland die hohen Schuldenstände in Zukunft nicht bedienen kann und daher ein Ausfallrisiko für den ESM entsteht. Der ESM kann aber nur eine Übergangsfinanzierung bereitstellen. Eine Kreditvergabe an einen Mitgliedstaat mit einer hohen Schuldenlast, die nicht eindeutig nachhaltig erscheint, unterwandert die Nicht-Beistandsklausel des Artikel 125 AEUV.

Diese Probleme könnten durch geeignete **Regeln für eine geordnete Umschuldung** im Krisenfall gemildert werden. Hierzu hat der Sachverständigenrat einen detaillierten Vorschlag ausgearbeitet (Andritzky et al., 2016a). Der Vorschlag sieht einen **zweistufigen Prozess** vor, der mit dem Gesuch eines Krisenlandes für ein ESM-Hilfsprogramm beginnt. ↘ ABBILDUNG 2

Auf der ersten Stufe entscheidet der ESM, ob die Auszahlung von Hilfskrediten mit einer Zustimmung der Gläubiger verknüpft wird, die **Laufzeit** ihrer Kredite zu verlängern, um den Schuldendienst zu reduzieren und alle Gläubiger bei der Krisenbewältigung zu beteiligen. Als mögliche Auslöseschwellen schlägt der Sachverständigenrat einen Schuldenstand in einer Bandbreite zwischen 60 % und 90 % des BIP oder einen Refinanzierungsbedarf zwischen 15 % und 20 % des BIP vor. Eine Laufzeitverlängerung sollte zudem verlangt werden, wenn die Regierung des Krisenlandes in den letzten fünf Jahren mindestens zwei oder mindestens drei Mal gegen die Fiskalregeln verstoßen hat.

Auf einer nachgelagerten, zweiten Stufe wird während der Laufzeit des Hilfsprogramms entschieden, ob ein **Schuldenschnitt** notwendig ist. Dieser Schritt erfolgt später, weil die Notwendigkeit oder das Ausmaß einer solchen Maßnahme dann besser beurteilt werden können.

Umgesetzt werden können die Umschuldungen der ersten und zweiten Stufe durch einen Mehrheitsbeschluss der Gläubiger von Anleihen und sonstigen Forderungen. Dies bedarf der **Einführung von Klauseln in Kreditverträgen**, die eine Änderung der Kreditverträge durch einen aggregierten Mehrheitsbeschluss erlauben. Entsprechende Standardklauseln für Staatsanleihen wurden etwa von der International Capital Market Association entwickelt und finden international Anwendung. Anleihen mit diesen Klauseln stellen eine Verbesserung gegenüber den bereits seit dem Jahr 2012 im Euro-Raum verwendeten Klauseln dar, bei denen separat für jede Anleiheserie abgestimmt wird.

↘ ABBILDUNG 2
Schema für die Restrukturierung von Staatsschulden im Rahmen eines ESM-Programms

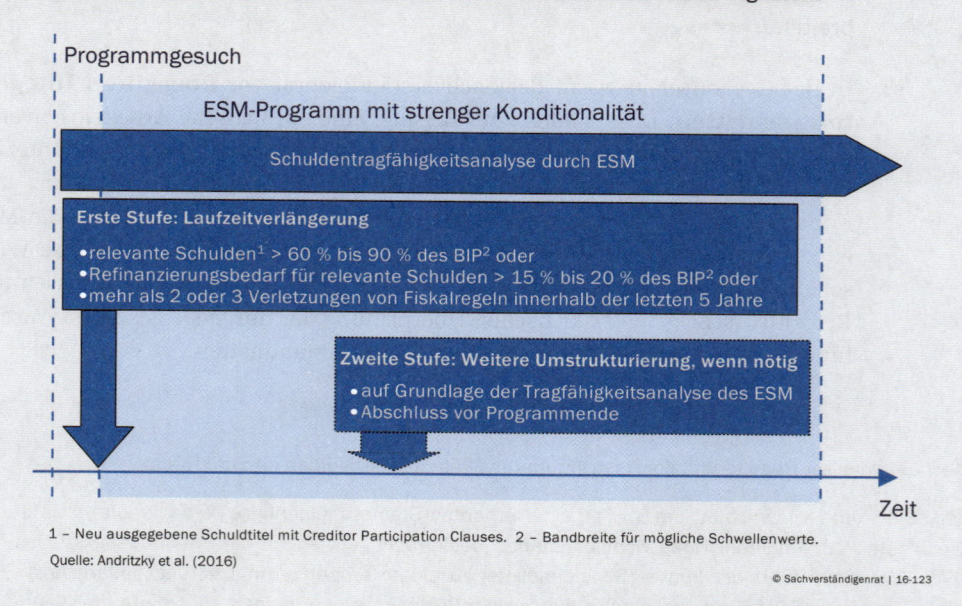

1 – Neu ausgegebene Schuldtitel mit Creditor Participation Clauses. 2 – Bandbreite für mögliche Schwellenwerte.
Quelle: Andritzky et al. (2016)

© Sachverständigenrat | 16-123

Die Einführung des Mechanismus bedarf daher im Wesentlichen einer **Verständigung der Emittenten** auf die Emission neuer Anleihen, welche die hier vorgeschlagenen Creditor Participation Clauses (CPC) enthalten. Nur diese Anleihen würden unter den neuen Regeln Gegenstand der Umschuldung, während Altschulden wie bisher fallabhängig behandelt werden müssten. Zusätzlich bedingt die Einführung einer solchen Umschuldungsregel die Entprivilegierung von Forderungen gegenüber Staaten (Andritzky et al., 2016b)

Über die Emission von neuen Anleihen zur Finanzierung von Haushaltsdefiziten oder fälligen Altschulden würde der Bestand an Anleihen mit CPC allmählich steigen. ↘ ABBILDUNG 3 Würde der gesamte Finanzierungsbedarf der Mitgliedstaaten durch solche Anleihen gedeckt, würde dieser Anleihebestand zum Beispiel in Italien den kritischen Schwellenwert von 60 % des BIP im Jahr 2021 erreichen. Andere Spielarten für die Geschwindigkeit der Einführung des Mechanismus sind denkbar, um den Mitgliedstaaten mehr Zeit zur Rückführung ihrer **Altschulden** zu geben. Die allmähliche Ausgabe dieser neuartigen Anleihen erlaubt es, sich bereits heute glaubwürdig auf die Einführung eines solchen Mechanismus festzulegen.

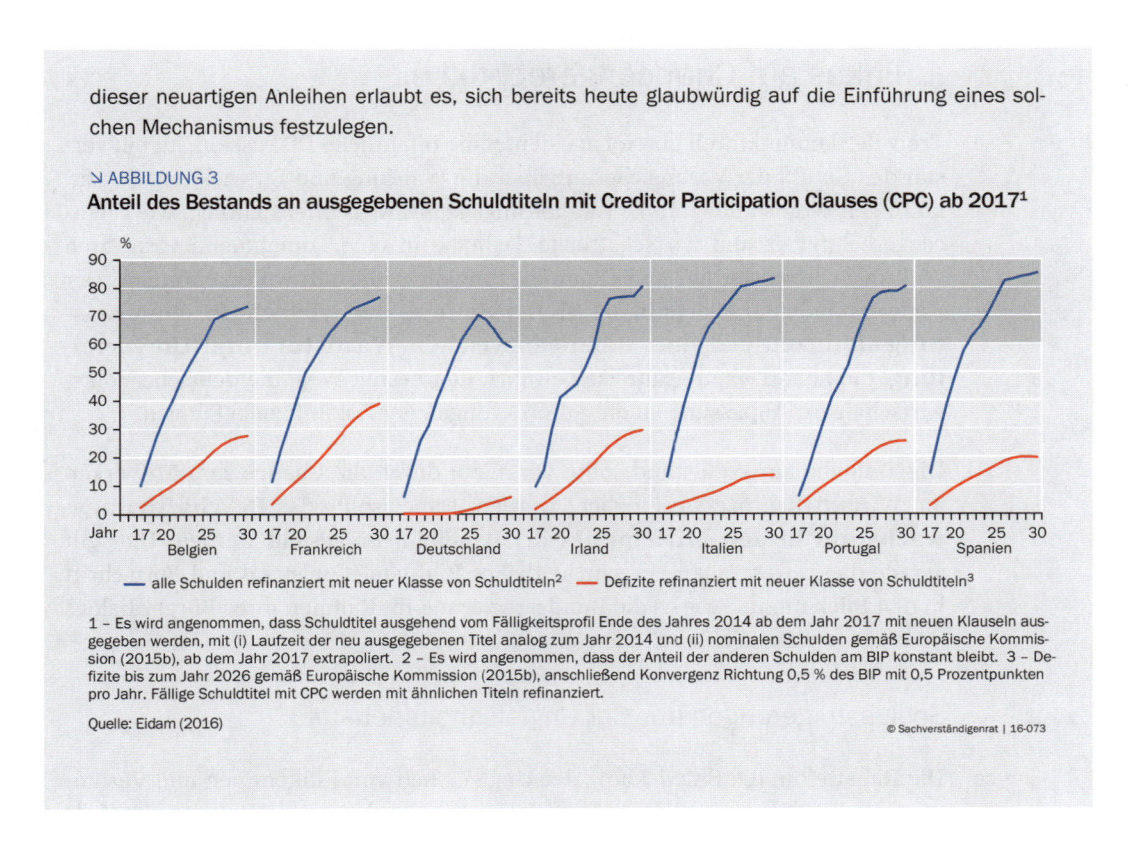

↘ ABBILDUNG 3

Anteil des Bestands an ausgegebenen Schuldtiteln mit Creditor Participation Clauses (CPC) ab 2017[1]

[Diagramm zeigt für Belgien, Frankreich, Deutschland, Irland, Italien, Portugal und Spanien jeweils den Verlauf von 2017 bis 2030]

— alle Schulden refinanziert mit neuer Klasse von Schuldtiteln[2] — Defizite refinanziert mit neuer Klasse von Schuldtiteln[3]

1 – Es wird angenommen, dass Schuldtitel ausgehend vom Fälligkeitsprofil Ende des Jahres 2014 ab dem Jahr 2017 mit neuen Klauseln ausgegeben werden, mit (i) Laufzeit der neu ausgegebenen Titel analog zum Jahr 2014 und (ii) nominalen Schulden gemäß Europäische Kommission (2015b), ab dem Jahr 2017 extrapoliert. 2 – Es wird angenommen, dass der Anteil der anderen Schulden am BIP konstant bleibt. 3 – Defizite bis zum Jahr 2026 gemäß Europäische Kommission (2015b), anschließend Konvergenz Richtung 0,5 % des BIP mit 0,5 Prozentpunkten pro Jahr. Fällige Schuldtitel mit CPC werden mit ähnlichen Titeln refinanziert.

Quelle: Eidam (2016)

© Sachverständigenrat | 16-073

IV. REFORMEN FÜR DEUTSCHLAND

58. Die **vergangene Legislaturperiode** wurde nicht hinreichend genutzt, um weitere Reformen zur Stärkung des Wirtschaftstandorts umzusetzen. Der vor allem auf Weichenstellungen der Vergangenheit beruhende wirtschaftliche Erfolg hätte die Möglichkeit geboten, Maßnahmen umzusetzen, die das Wohlstandswachstum fördern. Stattdessen kam es unter anderem zur Einführung eines flächendeckenden Mindestlohns und seiner Erhöhung, der Umsetzung eines frühere Reformen konterkarierenden Rentenpakets und zu regulatorischen Eingriffen in das Marktgeschehen wie der Mietpreisbremse und dem Gesetzesentwurf zur Lohngleichheit. Diese Weichenstellungen erfüllen Verteilungswünsche, erodieren aber die Basis für künftiges Prosperitätswachstum, zum Nachteil künftiger Generationen.

In den kommenden Jahren sollte sich die Wirtschaftspolitik stärker dem Ausbau der **Wettbewerbs- und Zukunftsfähigkeit** der deutschen Volkswirtschaft widmen (JG 2015 Ziffern 68 ff.). Dabei wäre ein größeres Vertrauen in Marktprozesse anzuraten, um soziale Teilhabe nicht erst durch Umverteilung, sondern bereits durch eigenen wirtschaftlichen Erfolg zu ermöglichen (JG 2014 Ziffern 8 ff.).

1. Fokus auf Chancengerechtigkeit

59. Trotz der konjunkturell guten Lage deutet die öffentliche Diskussion auf ein verstärktes Gefühl der Verunsicherung über die Wahrung und Entwicklung des zukünftigen Wohlstands hin. Es ist allerdings keineswegs offensichtlich, wie Chancengerechtigkeit und wirtschaftliche Teilhabe in einer zunehmend vernetzten Welt der Globalisierung und Digitalisierung sichergestellt werden können. Der Sachverständigenrat sieht in der **Sicherstellung der wirtschaftlichen Leistungsfähigkeit** und einer **Balance zwischen Wachstum und Umverteilung**, die hohe Leistungsanreize bewahrt, den besten Weg, die deutsche Volkswirtschaft zur Anpassung an die Anforderungen der Zukunft zu befähigen.

Die Teilhabe am Wohlstand sollte vor allem durch die Chance zum Mitwirken am Wirtschaftsprozess ermöglicht werden. Daher sollte das **Beschäftigungswachstum in den Mittelpunkt** der Bemühungen gestellt werden. Dies gilt gerade dann, wenn man ein ganzheitliches Bild von Wohlstand und Fortschritt in den Blick nimmt, wie es die Bundesregierung im Rahmen ihres Bürgerdialogs „Gut leben in Deutschland" anstrebt (JG 2015 Ziffer 576).

Schlussfolgerungen aus der Ungleichheitsdebatte

60. Die Debatte um die Entwicklung der Ungleichheit von Einkommen und Vermögen hat die globale Agenda erobert. In Deutschland wird die Debatte ebenfalls intensiv geführt. Die **Ungleichheit in Deutschland** ist im vergangenen Jahrzehnt im Großen und Ganzen unverändert geblieben. ↘ ZIFFER 812 Die gute Situation am Arbeitsmarkt hat dazu beigetragen, eine weitere Spreizung der Einkommen zu verhindern. Gleichzeitig verteilt das deutsche Steuer- und Transfersystem in erheblichem Maße Einkommen um.

61. Ein **flexibler Arbeitsmarkt** mit einer **hohen Qualifikation** der Arbeitnehmer und entsprechenden Anreizen, produktive Leistung zu erbringen, ist langfristig am besten geeignet, um Beschäftigung sicherzustellen und wirtschaftliche Teilhabe zu gewährleisten. Ein gutes Beispiel dafür sind die Reformen der Agenda 2010, die in Wechselwirkung mit einer allgemeinen Lohnzurückhaltung dazu beigetragen haben, die Arbeitslosigkeit zu drosseln und damit einen weiteren Anstieg der Einkommensungleichheit zu verhindern. Eine höhere Umverteilung der Einkommen ist somit immer gegen die Schwächung des Anreizes abzuwägen, durch Qualifikationserwerb und Leistungsbereitschaft hohe Markteinkommen zu erzielen. ↘ ZIFFER 842

62. Allerdings ist die Vermögensungleichheit in Deutschland hoch, und die Einkommens- und Vermögenspositionen sind verfestigt. Die verfestigte Einkommensverteilung stellt ein Spiegelbild zum stabilen und hohen Anteil derjenigen Haushalte dar, die mittlerweile in der Einkommensverteilung zur Mittelschicht gezählt werden können. Der **geringe Aufbau von privaten Nettovermögen** hat verschiedene Gründe. So reduziert beispielsweise das bereits umfangreiche Steuer- und Sozialversicherungssystem gerade für einkommensschwächere Haushalte die Anreize und Möglichkeiten zur privaten Vermögensbildung.

Aufgrund ihrer verzerrenden Wirkung auf die Investitionstätigkeit ist es nicht ratsam, die **Vermögensteuer** wiederzubeleben. Als Substanzsteuer würde eine Vermögensteuer gerade kleine und mittelständische Unternehmen belasten. Sie würde zudem Anreize für eine Standortverlagerung ins Ausland setzen. Nicht zuletzt hat die Vermögensteuer hohe Erhebungs- und Entrichtungskosten (Spengel et al., 2013 ; JG 2013 Ziffern 594 ff.; Brülhart et al., 2016).

63. Eine zielgerichtete Bildungspolitik kann helfen, die Verfestigungen in Einkommens- und Vermögenspositionen in der langen Frist zu reduzieren. Dabei ist der Fokus auf die Verbesserung der **Chancengerechtigkeit** zu legen, die zu verbesserten Bildungsmöglichkeiten und -ergebnissen führt. Dazu zählen Maßnahmen, die das Bildungssystem durchlässiger machen, sowie ein verpflichtendes, kostenfreies Vorschuljahr. Ein funktionierender und flexibler Arbeitsmarkt bildet die Grundlage dafür, dass die Arbeitnehmer ihre Qualifikation möglichst passgenau zum Einsatz bringen können. ↘ ZIFFER 786

Für eine höhere Aufnahmefähigkeit des Arbeitsmarkts

64. Der Arbeitsmarkt hat sich **weiterhin erfreulich entwickelt**. Im August 2016 gab es mit 43,6 Millionen Personen so viele Erwerbstätige in Deutschland wie nie zuvor. Doch stellen insbesondere eine verfestigte Arbeitslosigkeit sowie die Aufgabe der Integration von anerkannten Asylbewerbern große Herausforderungen dar. ↘ ZIFFERN 738 FF. Langzeitarbeitslose weisen vielfach multiple Vermittlungshemmnisse auf, neben einer langen Arbeitslosigkeitsdauer etwa ein hohes Alter oder gesundheitliche Einschränkungen. Für sie dürften sich nur solche arbeitsmarktpolitischen Maßnahmen als wirkmächtig erweisen, welche die individuellen Potenziale stark berücksichtigen.

65. Der Niedriglohnsektor ist für die Bewältigung dieser Herausforderungen der Dreh- und Angelpunkt. Die vermehrte Arbeitsaufnahme von niedrigproduktiven Erwerbstätigen, die unter anderem auf die Arbeitsmarktreformen Mitte der 2000er-Jahre zurückgeführt werden kann, hat zu einer Erhöhung des Anteils der **Beschäftigung im Niedriglohnsektor** beigetragen. Statt ehemals vieler junger Menschen befinden sich heute vermehrt ältere Menschen im Niedriglohnsektor. Diese Veränderung reduziert das Potenzial für den Aufstieg in eine höhere Bezahlung, da die Lohnmobilität bei jungen Beschäftigten ausgeprägter ist. ↘ ZIFFER 757

66. Aufgrund des zu erwartenden Anstiegs des Arbeitsangebots im niedrigproduktiven Bereich, beispielsweise durch den Arbeitsmarkteintritt von anerkannten Asylbewerbern, muss die Aufnahmefähigkeit des Niedriglohnsektors weiter gestärkt werden. Maßnahmen der aktiven Arbeitsmarktpolitik, wie Lohnkostenzuschüsse, sind oft nur kurzfristig erfolgreich und aufgrund von Mitnahmeeffekten teuer. Hingegen kann eine **verbesserte Unterstützung bei der Arbeitssuche** helfen, Arbeitsangebot und -nachfrage besser aufeinander abzustimmen. **Qualifikations- und Fortbildungsangebote** können langfristig die Produktivität von Arbeitnehmern heben und erhöhen so die Beschäftigungschancen.

Zusätzlichen Maßnahmen, die Neueintritte behindern und Schutzwälle um die bereits Beschäftigen errichten, sollte eine Absage erteilt werden. Um die Arbeitnehmer von übermäßigen Anpassungserfordernissen abzuschirmen, dürften die **bestehenden Mechanismen am Arbeitsmarkt** wie Kündigungsschutz und Tarifbindung bereits hoch genug sein.

67. Ein erleichterter Zugang in geschützte **Dienstleistungsbereiche**, etwa durch Abschaffung des Meisterzwangs bei nicht gefahrgeneigten Berufen, könnte die Selbstständigkeit fördern. Die Pflichtmitgliedschaften in den Berufskammern und die staatlich festgelegten Gebührenordnungen sollten kritisch geprüft werden (OECD, 2016). Die Notwendigkeit zur Liberalisierung einzelner Dienstleistungsbereiche, etwa im Güter- und Personenfernverkehr sowie im Mobilfunkbereich, ist seit Jahren bekannt. Internationale Organisationen und die Monopolkommission haben wiederholt darauf hingewiesen (JG 2015 Ziffern 623 ff.).

68. Der **Mindestlohn** stellt dabei eine Hürde für die Aufnahmefähigkeit des Niedriglohnsektors dar, weil er die Entstehung von Arbeitsplätzen für Niedrigproduktive behindert. Diese Hürde ist im derzeitigen Konjunkturaufschwung mit Rekordbeschäftigungsstand und steigenden Löhnen geringer als bei einem Konjunkturabschwung. Die für das Jahr 2017 beschlossene Erhöhung des Mindestlohns von 8,50 Euro auf 8,84 Euro ist zwar moderat. Durch den Einbezug von jüngeren, höheren Tarifabschlüssen wich die Mindestlohnkommission allerdings bereits bei ihrem ersten Beschluss vom vormals vereinbarten Lohnindex ab. Dies dürfte Unternehmen hinsichtlich des zukünftigen Niveaus des Mindestlohns verunsichern und so der Schaffung von Arbeitsplätzen entgegenstehen.

69. In der Gesamtschau ist der Arbeitsmarkt in Deutschland im internationalen Vergleich stark reglementiert. Jede neue Regulierungsmaßnahme muss daher umso mehr einer strengen Abwägung zwischen zusätzlichen Nutzen und Kosten standhalten. Das **Lohngleichheitsgesetz**, auf das sich die Koalition vor kurzem geeinigt hat, erfüllt dieses Kriterium nicht. Betriebe mit mehr als 200 Mitarbeitern sollen demnach auf Anfrage eines Beschäftigten Auskünfte über durchschnittliche Löhne von Beschäftigten des anderen Geschlechts in vergleichbarer Tätigkeit erteilen. Der **zusätzliche Verwaltungsaufwand** ist dabei im Hinblick auf das Ziel von gleicher Bezahlung bei gleicher Leistung aus Sicht des Sachverständigenrates unverhältnismäßig, zumal ungewiss ist, ob dieses Ziel mithilfe des Gesetzes überhaupt erreicht werden kann.

Rahmenbedingungen für mehr Innovation

70. Ein Klima des stetigen Strukturwandels entfaltet sich am besten bei einem funktionierenden Marktwettbewerb. Erlangen einzelne Unternehmen Marktmacht, führt dies zu Missbrauch und wirtschaftlicher Ineffizienz, wohingegen **Wettbewerb** die Triebfeder für unternehmerische Innovation ist. Diese Einsichten begründen regulatorische Eingriffe, um die Marktmacht von Unternehmen zu begrenzen und Kartellabsprachen zu unterbinden. Die Politik sollte eine gute Infrastruktur bereitstellen und einen funktionierenden Wettbewerb im Rahmen einer „horizontalen" Innovations- und Industriepolitik sicherstellen.

71. Jedoch sollte der Staat keine **„vertikale" Innovations- und Industriepolitik** verfolgen, bei der er selbst versucht, Zukunftsmärkte und -technologien als

strategisch bedeutsam zu identifizieren und dort Unternehmen gezielt zu unterstützen. Ausnahmen liegen dann vor, wenn die externen Effekte der Forschungsleistung groß sind, wie bei der Grundlagenforschung. **Gezielte Förderung** sollte das Ergebnis eines offenen Wettbewerbs um Fördermittel sein, zeitlich begrenzt gewährt werden und einer strengen Erfolgskontrolle unterliegen.

72. Die Innovationszyklen dürften sich durch die fortschreitende Digitalisierung weiter verkürzen. Die Organisation von Arbeit dürfte fortlaufend flexibler werden, und weitere neue Formen der Beschäftigung dürften entstehen. Statt erst alle Bedingungen der **Digitalisierung der Arbeitswelt** aushandeln zu wollen, sollte diese von Anfang an aktiv mitgestaltet werden. Dann dürften verloren gehende Arbeitsplätze durch andere, neu entstehende ersetzt werden, und man müsste weder wesentliche Beschäftigungsverluste noch eine substanziell höhere strukturelle Arbeitslosigkeit aufgrund der Digitalisierung erwarten (Wolter et al., 2015; Eichhorst, 2015).

73. Eine verbesserte Qualifikation erhöht die Arbeitsmarktchancen gerade angesichts der Herausforderungen von Digitalisierung und Globalisierung. Dabei wäre eine stärkere Förderung der Qualifikation am unteren Ende der Qualifikationsskala wünschenswert. Dies könnte zum Beispiel durch eine **stärkere Modularisierung von Ausbildungswegen** erreicht werden. Lebenslanges Lernen muss eine Selbstverständlichkeit sein. Daher sollten für Erwerbstätige selbststrukturierte Weiterbildungsangebote in Kombination mit Freistellungsregeln ausgebaut werden.

Voraussetzungen für die Integration anerkannter Asylbewerber

74. Nach der hohen und teilweise unkontrollierten Flüchtlingsmigration im vergangenen Jahr sind die **Zugänge von Asylsuchenden** in diesem Jahr stark zurückgegangen. Migration aus Regionen, die von Armut und Konflikten geprägt sind, dürfte dennoch ein wichtiges Thema für die Politik bleiben, nicht zuletzt aufgrund des politischen Nachhalls der hohen Flüchtlingsmigration des vergangenen Jahres. Dabei ist eine größere Aufmerksamkeit auf die **Fluchtursachenbekämpfung** zu richten. Zusammen mit klaren europäischen Regeln zur Migration und einem effektiven Schutz der Außengrenzen ist dies das richtige Rezept für den Umgang mit Migrationsdruck. ↘ ZIFFER 683

75. In Deutschland gilt es nun, die anerkannten Asylbewerber in Arbeitsmarkt und Gesellschaft zu integrieren. Die zusätzlichen **direkten Ausgaben**, die für den Lebensunterhalt und die Integrationsmaßnahmen von der öffentlichen Hand aufgewendet werden müssen, schlagen kaum auf die Tragfähigkeit der öffentlichen Finanzen durch. Allerdings gibt es andere, schwer quantifizierbare gesamtwirtschaftliche Kosten, die nicht übersehen werden dürfen. ↘ ZIFFER 701

76. Entscheidend für die langfristigen Auswirkungen der Flüchtlingsmigration ist vor allem die Arbeitsmarktintegration. Hierzu sind **Qualifikation und gute Bildung** die Grundlage, um die Potenziale der anerkannten Asylbewerber zu heben und ihnen so Chancen auf dem Arbeitsmarkt zu eröffnen. Entsprechend sollte die Bundesregierung der Förderung von Qualifikation und Bildung eine

hohe Priorität einräumen. Diese sollten mit den bereits bestehenden Angeboten von Betrieben, Sozialpartnern und Bürgerinitiativen gut verzahnt sein.

77. Die **Verfügbarkeit und Qualität von Sprach- und Integrationskursen**, verbunden mit den Anreizen des Integrationsgesetzes zu Integration und Spracherwerb, bilden eine wichtige Grundlage. Für den Zugang in viele Bereiche des Arbeitsmarkts ist jedoch eine weiterreichende berufliche Ausbildung notwendig. Aufgrund der Schwierigkeit des Qualifikationsnachweises sollten die Zugangsbedingungen durch **geeignete Eingangsprüfungen** erweitert werden. Anreize zur Qualifizierung können durch die Ausweitung von **teilqualifizierenden Ausbildungen** gesetzt werden. Ein besonderer Fokus sollte auf die **frühkindliche und schulische Bildung** gelegt werden, da in diesem Bereich Integrationsfortschritte besonders zügig erzielt werden können. Zusätzlich könnten Altersgrenzen für den Schulbesuch erhöht und die Berufsschulpflicht bis zur Vollendung des 21. Lebensjahres in allen Ländern ausgeweitet werden.
↘ ZIFFER 709

78. Die Integration in den Arbeitsmarkt wird von einer im Integrationsgesetz vorgesehenen **gestärkten Rechtssicherheit über den Aufenthaltsstatus** begünstigt. Dabei setzt das Prinzip „Fördern und Fordern" die richtigen Anreize. Ziel sollte eine **nachhaltige Integration** von anerkannten Asylbewerbern in den Arbeitsmarkt sein. Abzuwägen ist dabei zwischen einer raschen Arbeitsaufnahme und einer eingehenderen Qualifizierung, die zunächst die Verdienstmöglichkeiten reduziert.

79. Bei **arbeitsmarktpolitischen Maßnahmen** sollten Migranten keine Privilegien gegenüber anderen Arbeitsmarktteilnehmern eingeräumt werden, sie sollten aber auch nicht schlechter gestellt werden. Fördermaßnahmen, wie Arbeitsgelegenheiten oder Lohnzuschüsse könnten sich für anerkannte Asylbewerber eher als für andere Arbeitslose als geeignet erweisen, um sie an den Arbeitsmarkt heranzuführen. Die administrativ aufwändige Vorrangprüfung sollte dauerhaft abgeschafft werden. Die Einstiegshürden in den Arbeitsmarkt sollten niedrig gehalten werden. Denn flexible Beschäftigungsmöglichkeiten, beispielsweise Zeitarbeit und Werkverträge, sowie selbstständige Arbeit bieten Chancen für den Einstieg in den Arbeitsmarkt. ↘ ZIFFER 719

80. Ein Seitenaspekt der Flüchtlingsmigration ist die **Verfügbarkeit von bezahlbarem Wohnraum**. Gerade in Großstädten ist Wohnraum im unteren Preissegment knapp. ↘ KASTEN 3 Aus Sicht des Sachverständigenrates ist es kontraproduktiv, aufgrund eines vermeintlichen Marktversagens die Marktkräfte zu schwächen. Es ist zu befürchten, dass die Mietpreisbremse das Angebot auf dem Mietwohnungsmarkt schmälert und Bauinvestitionen gerade im Segment für bezahlbaren Wohnraum hemmt.

Es wäre falsch, die schwache Investitionsneigung durch **Sonderabschreibungen** oder eine Erhöhung des **sozialen Wohnungsbaus** zu kompensieren. Dieser hat sich in der Vergangenheit als ineffizient erwiesen und wurde daher folgerichtig eingeschränkt. Richtig wäre es vielmehr, Marktkräfte zu stärken, die ausreichende Bereitstellung von Bauland mittels einer langfristigen strategischen Planung zu sichern und administrative Hürden abzubauen.

↘ KASTEN 3

Wie kann der steigende Bedarf an günstigem Wohnraum in Ballungsgebieten gedeckt werden?

Wohnraummangel in Ballungsgebieten und steigende Preise und Mieten nähren seit einigen Jahren eine Diskussion über geeignete Politikmaßnahmen in diesem Bereich. Seit Längerem bleibt der Wohnungsbau hinter den Bedarfsschätzungen zurück, wobei eine Tendenz zum Überangebot in ländlichen Regionen mit einem Mangel an Wohnraum in Ballungsgebieten einhergeht.

Entsprechend sind die **Immobilienpreise und -mieten** in den Ballungsgebieten deutlich gestiegen, während deutschlandweit die Steigerungen moderat sind. Vielerorts war der relative Anstieg der Mieten für das gehobene Segment stärker als in den unteren Preissegmenten. Im internationalen Vergleich fällt Deutschland durch moderate Wohnkosten relativ zum Einkommen auf. ↘ ABBILDUNG 4 Dämpfend wirkt sich dabei der hohe Mietanteil mit oft geringeren Bestandsmieten für Langzeitmieter aus, wobei Mietpreisbindungen zunehmend auslaufen.

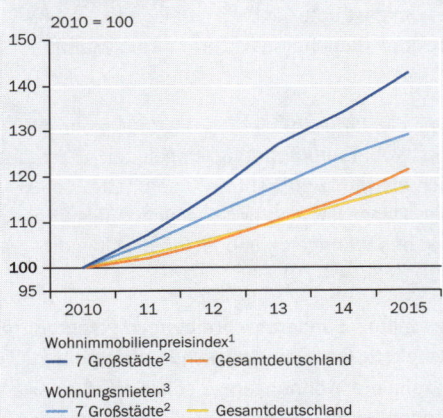

↘ ABBILDUNG 4
Indikatoren für den Wohnungsmarkt

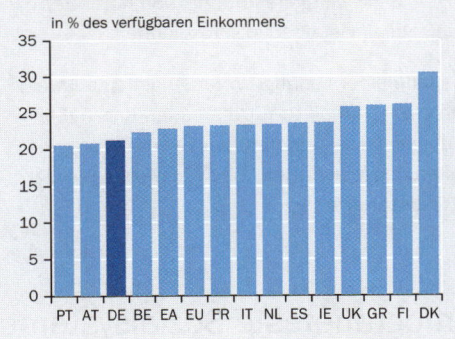

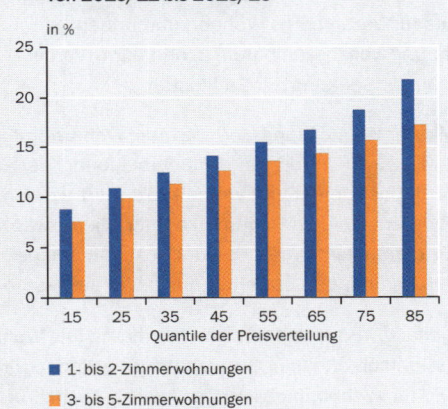

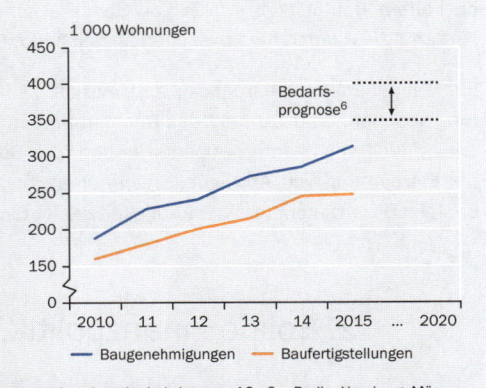

1 – Bestandsgewichtet. Berechnungen der Deutschen Bundesbank auf Basis von Angaben der bulwiengesa AG. 2 – Berlin, Hamburg, München, Köln, Frankfurt am Main, Stuttgart, Düsseldorf. 3 – Angebotsmieten aus Erst- und Wiedervermietung. 4 – PT-Portugal, AT-Österreich, DE-Deutschland, BE-Belgien, EA-Euro-Raum, EU-Europäische Union, FR-Frankreich, IT-Italien, NL-Niederlande, ES-Spanien, IE-Irland, UK-Vereinigtes Königreich, GR-Griechenland, FI-Finnland, DK-Dänemark. 5 – In Wohn- und Nichtwohngebäuden. 6 – Jährlicher Bedarf von 2015 bis 2020; Annahme des BMUB.

Quellen: BBSR, BMUB, Deutsche Bundesbank, Eurostat, Mense (2016), Statistisches Bundesamt

© Sachverständigenrat | 16-413

Der seit Mitte der 2000er-Jahre anhaltende **Zuzug in die Städte** ist eine der Ursachen für den Druck auf die Wohnungsmärkte in Ballungsgebieten. Während die Bevölkerung in ländlichen Räumen in den Jahren 2008 bis 2013 um 1,7 % abnahm, stieg sie in Städten um 1,1 % an (BBSR, 2015). Hierzu tragen der Bevölkerungszuwachs insbesondere aufgrund höherer Migration und die weiter sinkende Haushaltsgröße bei. ↘ ZIFFER 803

Angesichts steigender Genehmigungszahlen ist zu erwarten, dass der Wohnungsbau das Angebot sukzessive ausweiten wird. Hohe Grundstücks-, Planungs- und Baukosten sowie umfassende Auflagen und anspruchsvolle Standards, beispielsweise im Hinblick auf die Energieeffizienz, tragen zu höheren **Bereitstellungskosten von Neubauten** bei.

Allerdings mangelt es insbesondere an einem höheren Angebot an bezahlbarem Wohnraum (BMUB, 2015). Die Bundesregierung hat ihrem Koalitionsvertrag folgend im Juni 2015 eine **Mietpreisbremse** eingeführt. Dieser Eingriff in die Marktpreisbildung kann zu Verunsicherung führen und so den Anreiz für die Bereitstellung von Mietraum reduzieren. Eine erste empirische Auswertung belegt etwas stärkere Mietsteigerungen und etwas geringere Immobilienpreissteigerungen nach der Einführung der Mietpreisbremse (Kholodilin et al., 2016).

Im November 2015 hat die Bundesregierung einen **Maßnahmenkatalog** im Rahmen des „Bündnisses für bezahlbares Wohnen und Bauen" veröffentlicht. Er umfasst unter anderem eine stärkere Förderung von bezahlbarem Wohnraum, Verbesserungen bei der Baulandmobilisierung und Maßnahmen zur Senkung der Baukosten.

Mit der Aufstockung der **sozialen Wohnraumförderung** für die Jahre 2016 bis 2019 auf mehr als 1 Mrd Euro wurde eine Wiederbelebung der öffentlichen Wohnraumförderung eingeleitet. Dieses Förderinstrument war vormals reduziert worden, da es sich als wenig effizient erwiesen hatte, unter anderem weil die Bedürftigkeit der Mieter weggefallen war. Daher hat sich der Sachverständigenrat für die Subjektförderung durch entsprechende Festsetzung des Wohngelds und gegen die Objektförderung über den Sozialwohnungsbau ausgesprochen (JG 2013 Ziffer 879).

Vielfach wird eine staatliche Förderung des Wohnungsbaus mittels **Sonderabschreibungen** gefordert. Ein entsprechender Gesetzentwurf ist jedoch jüngst gescheitert. Generell sind Sonderabschreibungen für Wohnimmobilien der falsche Ansatz, um mehr bezahlbare Wohnungen zu schaffen. Zum einen sind sie selbst bei einer Beschränkung auf relativ niedrige Quadratmeterpreise wenig zielgenau, da die Grenzen willkürlich gesetzt werden müssen. Baupreise unterscheiden sich aber je nach Region. Zum anderen bergen Sonderabschreibungen die Gefahr von Mitnahmeeffekten. Evidenz für eine höhere Bautätigkeit infolge von Sonderabschreibungen fehlt weitgehend. Eine undifferenzierte Förderung wie durch die inzwischen abgeschaffte Eigenheimzulage ist ebenfalls abzulehnen.

Ein Mangel an verfügbarem Bauland wird oft als Kernursache einer verlangsamten Angebotsausweitung gesehen. Eine **Öffnung des Rechtsrahmens** könnte die Hemmnisse für die Innen- und Außenentwicklung von Städten abbauen helfen. Die Beschleunigung von **Genehmigungsverfahren** sowie die Einräumung von Abwägungsspielräumen bei **Regulierungsvorschriften**, beispielsweise bei der Energieeffizienz, könnte die Bautätigkeit erleichtern und Baukosten senken.

2. Solide Finanzpolitik, demografiefeste Sozialsysteme

81. Die gute Konjunktur führt derzeit zu **hohen Steuer- und Beitragseinnahmen**. Dies hängt zum einen mit der guten Beschäftigungslage zusammen, die sich positiv auf die Einnahmen aus der Lohnsteuer und den Sozialversicherungsbeiträgen auswirkt. Über den mit höherer Beschäftigung verbundenen

steigenden Konsum steigt zudem das Aufkommen der Umsatzsteuer merklich an. Zum anderen nehmen derzeit die Einnahmen aus Gewinnsteuern stark zu.

In der Gesetzlichen Rentenversicherung macht sich eine **demografische Atempause** bemerkbar. Da die Anzahl der Rentenzugänge in den vergangenen Jahren relativ niedrig war, stehen der erfreulichen Entwicklung bei den Einnahmen relativ moderate Ausgabensteigerungen bei den Rentenauszahlungen gegenüber. Zudem sinken die Zinsausgaben des Staates infolge des niedrigen Zinsniveaus derzeit Jahr für Jahr. Dadurch ergeben sich trotz der Mehrausgaben in Zusammenhang mit der Flüchtlingsmigration und dem Anstieg des Staatskonsums in der laufenden Legislaturperiode in den kommenden Jahren **Haushaltsspielräume**.

Kein Aktionismus bei öffentlichen Ausgaben

82. Bei der derzeit günstigen konjunkturellen Lage sind stimulierende Mehrausgaben vonseiten des Staates nicht angebracht. Vielmehr geben die Herausforderungen der Zukunft sowie Deutschlands Funktion als Stabilitätsanker im Euro-Raum Anlass zu einer weiteren Schuldenrückführung. Bei einer Wachstumsabschwächung sollten automatische Stabilisatoren ihre Wirkung entfalten dürfen. Jedoch sollte **keine diskretionäre Fiskalpolitik** angestrebt werden, deren Wirksamkeit mit großen Unsicherheiten verbunden ist, beispielsweise durch Implementierungsverzögerungen (Elstner et al., 2016).

83. Wenngleich die Abgrenzung des staatlichen Investitionsbegriffs problematisch ist (JG 2013 Kasten 19) und nicht alle Investitionen per se sinnvoll sind, gibt es in den vergangenen Jahren Anhaltspunkte, die dafür sprechen, die öffentliche Investitionstätigkeit zu stärken. Dabei zeigen sich große Unterschiede zwischen den Ländern und zwischen den Gemeinden. Die Bundesregierung hat in dieser Legislaturperiode ein Investitionsprogramm in Höhe von 10 Mrd Euro aufgelegt, das Zusagen an die Gemeinden umfasst. Die Ausrüstungsinvestitionen der Bundeswehr steigen ebenfalls. Zusätzliche Finanzierungsbedarfe für öffentliche Investitionen können aus Sicht des Sachverständigenrates im Rahmen bestehender Spielräume durch Kürzungen bei konsumtiven Ausgaben finanziert werden, sodass **keine weiteren Ausgabensteigerungen** notwendig sind.

84. Darüber hinaus sollten Strukturen geschaffen werden, mit denen Investitionen effizient durchgeführt werden können. Hierzu könnte die **Neuordnung der föderalen Finanzbeziehungen** beitragen, auf die sich Bund und Länder am 14. Oktober 2016 verständigt haben. ↘ ZIFFER 86 Diese sieht die Schaffung einer **staatlichen Infrastrukturgesellschaft für Bundesfernstraßen** vor. Dabei handelt es sich um eine Einrichtung, die Bau, Instandhaltung und Betrieb der Bundesfernstraßen nach dem Lebenszyklusansatz verantworten soll. Eine solche Infrastrukturgesellschaft bietet den Vorteil, heute bestehende Ineffizienzen in der Ländergrenzen überschreitenden Bundesauftragsverwaltung, in der Genehmigungspraxis und der Durchführung zu reduzieren. Sie bietet zudem die Chance zur privaten Investitionsbeteiligung. Nicht zuletzt könnte die Finanzierung der Bundesfernstraßen, insbesondere der Autobahnen, durch nutzungsabhängige Gebühren damit ermöglicht werden.

Allerdings sollte eine Finanzierung über Nutzungsentgelte nicht zu einer Mehrbelastung der PKW-Nutzer führen, indem sie zusätzlich zur KfZ-Steuer erhoben werden. Im Falle einer eigenen Kreditaufnahmemöglichkeit sollten keine staatlichen Garantien gegeben werden, um eine klare Abgrenzung zum Staatssektor zu gewährleisten (Expertenkommission, 2015).

85. Eine stärkere Gewichtung von **Öffentlich-Privaten Partnerschaften (ÖPP)** bei öffentlichen Investitionen sieht der Sachverständigenrat kritisch. Zum einen ergeben sich mögliche Kostenvorteile vor allem bei großen Projekten, sodass kommunale Investitionsprojekte effizienter konventionell durchgeführt werden können. Zum anderen sind die Kostenvorteile gegen die Probleme abzuwägen, die Qualität der Infrastruktur vertraglich verifizierbar zu machen (Wissenschaftlicher Beirat beim BMF, 2016).

Weiterhin besteht die Gefahr, dass sich aus **ÖPP** ergebende **Finanzierungslasten** des Staates nicht im Schuldenstand wiederfinden und damit **verschleiert** werden (JG 2010 Ziffer 352, Wissenschaftlicher Beirat beim BMF, 2016). Beispielsweise ist dies für Gemeinden durch die Forfaitierung mit Einredeverzicht möglich. Dabei überträgt der private Partner seine Forderungen an ein Kreditinstitut, und der öffentliche Partner erklärt sich bereit, die Forderungen unabhängig von der Leistungserbringung des privaten Partners zu erfüllen. Eine solche Vereinbarung entspricht einem Kreditvertrag, taucht bei der öffentlichen Verschuldung aber nicht als solcher auf. Zumindest wäre es daher angezeigt, die strengeren Regeln im Hinblick auf die Bestimmung des Haushaltsdefizits aus den europäischen Fiskalregeln für die deutsche Schuldenbremse zu übernehmen.

Reformen für eine wachstumsfreundliche Steuerpolitik

86. Die **Einigung zu den Bund-Länder-Finanzbeziehungen** vergibt die Chance zu einer effizienteren Ausgestaltung des Finanzausgleichssystems, vor allem weil sie erneut keine Steuerautonomie für die Länder vorsieht. ↘ KASTEN 4 Stattdessen begeben sich die Länder mit weiteren Bundesergänzungszuweisungen, der Übertragung wesentlicher Kompetenzen in der Verkehrspolitik auf den Bund, der Erweiterung der Mitfinanzierungskompetenzen des Bundes im Bereich der kommunalen Bildungsinfrastruktur für finanzschwache Gemeinden, neuer Kontrollrechte des Bundes bei der Mitfinanzierung von Länderaufgaben und der Stärkung der Rechte des Bundes bei der Steuerverwaltung verstärkt in die Hände des Bundes.

Diese **Vertikalisierung** schreitet voran, geradezu nebenbei werden Reformfortschritte der Föderalismusreform I im Bereich der Mischfinanzierung zurückgedreht. Wenn sich dieser Prozess in den kommenden Jahren weiter fortsetzen sollte, wird das **Bundesstaatsprinzip ausgehöhlt**.

87. Der zurzeit bestehende Haushaltsspielraum könnte für Reformen genutzt werden, welche die Wettbewerbsfähigkeit der deutschen Volkswirtschaft festigen und Effizienzreserven heben. Dazu gehört eine Reform der Unternehmens- und Einkommensbesteuerung. Dabei sollte die Finanzierungsneutralität in der Un-

ternehmensbesteuerung über eine **Zinsbereinigung des Grundkapitals** hergestellt werden. Diese stellt einen weiteren Schritt in Richtung der Dualen Einkommensteuer dar, die mit der Abgeltungsteuer richtigerweise eingeschlagen wurde. Aufgrund des niedrigen Zinsniveaus wäre dies derzeit nur mit geringen Mindereinnahmen verbunden. Die Zinsbereinigung hat nichts mit einer negativen Vermögensteuer zu tun, weil bei diesem Konzept im Falle von Verlusten keine staatlichen Erstattungen in Höhe des Abzugsbetrags vorgesehen sind (JG 2015 Ziffern 728 ff.).

↘ KASTEN 4

Die Einigung zur Reform der Bund-Länder-Finanzbeziehungen

Das **heutige Finanzausgleichssystem** besteht aus vier Stufen (JG 2014 Ziffern 592 ff.):

- Auf einer **ersten Stufe** werden Bund, Ländern und Gemeinden die Einnahmen aus den Gemeinschaftssteuern (Lohn- und Einkommensteuer, Körperschaftsteuer, Umsatzsteuer) und aus ihren originären Steuerquellen (Erbschaftsteuer, Grunderwerbsteuer und andere) zugeordnet.

- Die **zweite Stufe** regelt die Verteilung der den Ländern aus der ersten Stufe zustehenden Steuererträge auf die einzelnen Länder. Das Einkommensteueraufkommen wird gemäß dem Wohnsitzprinzip, das Aufkommen der Körperschaftsteuer nach dem Betriebsstättenprinzip zugeteilt. Das den Ländern zustehende Umsatzsteueraufkommen wird zu drei Vierteln nach der Einwohnerzahl der Länder und zu einem Viertel im Zuge des Umsatzsteuervorausgleichs nach Finanzausgleichskriterien verteilt. Dieser stellt vor allem die ostdeutschen Länder besser.

- Auf der **dritten Stufe**, dem Länderfinanzausgleich im engeren Sinne, zahlen die überdurchschnittlich finanzkräftigen Länder an die unterdurchschnittlich finanzkräftigen Länder.

- Die **vierte Stufe** umfasst allgemeine Bundesergänzungszuweisungen (BEZ), welche die Länder, die nach der dritten Stufe des Finanzausgleichs noch eine unterdurchschnittliche Finanzkraft haben, weiter in ihrer Finanzkraft anheben. Außerdem werden durch Sonderbedarfs-BEZ weitere, politisch identifizierte Mehrbedarfe abgegolten.

Dieses System ist **erheblicher Kritik ausgesetzt**, weil die Landespolitik aufgrund einer fehlenden Steuerautonomie eine Tendenz zu übermäßigen Ausgaben und, zumindest bis zum Inkrafttreten der Schuldenbremse, zu übermäßigen Schulden hat. Zudem bringt das System vor allem für die Nehmerländer hohe Grenzabschöpfungsraten mit sich (JG 2014 Ziffern 601 ff.; Büttner und Görbert, 2016; Kronberger Kreis, 2016). Von jedem Euro, den ein Nehmerland durch Neuansiedlung von Unternehmen oder durch Zuwanderung an Steuereinnahmen zusätzlich einnimmt, verbleiben ihm nur etwa 20 Cent. Dies gilt insbesondere bei Einnahmen aus der Lohn- und Einkommensteuer. Es ist daher nicht verwunderlich, dass der Finanzausgleich sich **wachstumsschädlich** auswirkt (Baskaran et al., 2016).

Im Dezember 2015 haben die Ministerpräsidenten der Länder ein **Konsensmodell für die Reform des Finanzausgleichssystems** vorgelegt, das nahezu unverändert in der Einigung mit dem Bund vom Oktober 2016 übernommen wird. Dieses Modell sieht eine radikale Abkehr vom derzeitigen System vor. Der horizontale Länderfinanzausgleich im engeren Sinne und der Umsatzsteuervorausgleich werden abgeschafft. Stattdessen findet die Umverteilung zwischen den Ländern vollständig im Rahmen der Umsatzsteuerverteilung statt, allerdings mit einem abgesenkten Umverteilungstarif. Damit kein Land finanziell schlechter gestellt wird, erhalten die Länder einen zusätzlichen Festbetrag aus dem Umsatzsteueraufkommen in Höhe von 2,6 Mrd Euro und zusätzliche Umsatzsteuerpunkte im Gegenwert von 1,4 Mrd Euro, die künftig mit dem Umsatzsteueraufkommen ansteigen.

Zudem werden die allgemeinen **Bundesergänzungszuweisungen** aufgestockt sowie neue Bundesergänzungszuweisungen zum Ausgleich der kommunalen Finanzkraft und für die Forschungsförderung leistungsschwacher Länder geschaffen. Brandenburg erhält zusätzliche Sonder-BEZ für Kosten der politischen Führung. Das Saarland und die Hansestadt Bremen werden mit Konsolidierungshilfen in Höhe von 800 Mio Euro weiterhin unterstützt. Mindestens drei Länder oder der Bund können nach dem Jahr 2030 eine Neuordnung einfordern.

Mit dieser Reform haben sich die Ministerpräsidenten nicht nur zu Lasten des Bundes durchgesetzt. Das neue System verschärft zudem die Ineffizienzen des bestehenden Systems, obwohl die Grenzabschöpfungsraten etwa bei der Lohn- und Einkommensteuer aufgrund der Absenkung des Tarifs in der Umsatzsteuerverteilung günstiger sind (Büttner und Görbert, 2016; Kronberger Kreis, 2016). Zwar fällt zukünftig eine Stufe im Finanzausgleichssystem weg. Trotzdem wird keine Erhöhung der Transparenz erreicht. Im heutigen Länderfinanzausgleich im engeren Sinne müssen Zuweisungen an finanzschwache Länder im ordentlichen Haushaltsverfahren beschlossen werden. Die Landtage der finanzschwachen Länder können die Zahlungen aus den anderen Ländern und die durch höhere eigene Einnahmen verlorenen Finanzausgleichszahlungen nachvollziehen. Mit dem neuen System wird es aus Sicht der Landtage keine Geber- und Nehmerländer mehr geben. Die **Verteilung der Einnahmen findet deutlich intransparenter** vorab statt.

Der Ausbau der BEZ trägt ebenfalls zu den Ineffizienzen bei. Kosten der politischen Führung werden hier weiterhin abgegolten und zudem für ein zusätzliches Land aufgestockt. Länder mit relativ höheren Verwaltungsausgaben werden dadurch belohnt. Sie haben keinen Anreiz, ihre Verwaltungsausgaben zu senken. BEZ für die Forschungsförderung finanzschwacher Länder widersprechen den Grundsätzen der Forschungsförderung des Bundes, die an der Forschungsqualität ausgerichtet ist. Mit diesem neuen Instrument werden **Länder mit schlechter Forschungsleistung belohnt**. Die Anreize in diesem für die gesamtwirtschaftliche Entwicklung Deutschlands so wichtigen Bereich könnten kaum schlechter gesetzt werden.

Besonders problematisch ist die Anreizwirkung der vorgesehenen **Gemeindefinanzkraft-BEZ**. Sie führen zu einer **Überabschöpfung der Gemeindesteuereinnahmen**, wenn diese sich marginal erhöhen. Für die fünf ostdeutschen Flächenländer und das Saarland resultieren erhebliche Grenzabschöpfungsraten (Büttner und Görbert, 2016; Kronberger Kreis, 2016). Dies führt zu **Änderungen der Finanzkraftreihenfolge** und hat daher ungünstige Anreizwirkungen. In dieser Hinsicht dürfte der Reformvorschlag zudem sogar verfassungswidrig sein (BVerfGE 1, 117, 131 f.). Überhaupt muss festgestellt werden, dass die **Bundesergänzungszuweisungen** an die Stelle des Länderfinanzausgleichs im engeren Sinne treten und diesen in weiten Teilen ersetzen. Dahingehend könnte sich der Reformvorschlag ebenfalls als verfassungswidrig erweisen (BVerfGE 72, 330, 402).

Keinerlei Fortschritte werden in Richtung einer größeren **Einnahmeautonomie der Länder** erzielt. Der Großteil der Länder wehrt sich vehement selbst gegen das kleinste Ausmaß an Steuerautonomie bei der Lohn- und Einkommensteuer in einem eng gefassten Korridor von Steuersätzen. Dies führt bei den Bürgern der Länder zu der Illusion, dass andere Länder und der Bund für ihre Ausgabenwünsche aufkommen. Dass dies letztlich zu höheren allgemeinen Steuersätzen führen kann, schlägt sich nicht in ihrem Kalkül nieder. Daher kann sich die Landespolitik nur über die Ausgabenseite des Landeshaushalts politisch profilieren. Im Resultat sind die Ausgaben der Länder übermäßig hoch.

88. Weitere Spielräume sollten für eine umfassende Korrektur der Mehrbelastungen der Einkommensteuerzahler durch die **Kalte Progression** genutzt werden. Zwar wurden die Steuerzahler durch die Erhöhung des Grundfreibetrags und des Kinderfreibetrags für die Jahre 2015 und 2016 zusammen mit der Erhöhung der übrigen Tarifeckwerte des Einkommensteuertarifs 2016 um rund 3,3 Mrd

Euro entlastet. Die seit dem Jahr 2010 aufgelaufenen Mehrbelastungen betragen jedoch zusätzlich 5,1 Mrd Euro (JG 2015 Ziffern 843 ff.)

89. Für eine grundlegende Reform der Einkommensbesteuerung reichen die budgetären Spielräume nicht aus. Die Abschaffung des **Mittelstandsbauchs** durch eine Abflachung des steilen Tarifverlaufs in der ersten Progressionszone wäre je nach Ausgestaltung des neuen Tarifs mit Mindereinnahmen von bis zu 30 Mrd Euro pro Jahr verbunden (JG 2011 Ziffern 361 ff.). Bei einer Variante, die tatsächlich nur mittlere Einkommen entlasten würde, müsste der Spitzensteuersatz bereits wesentlich früher greifen. Die zunehmende Stauchung des Tarifs wird darüber hinaus bei einer Rückgabe der Kalten Progression abgemildert, und es werden ähnliche Einkommensgruppen entlastet, sodass der Sachverständigenrat hier keinen weiteren Handlungsbedarf sieht.

90. Bei der **Erbschaftsteuer** schlägt der Sachverständigenrat eine Kombination aus einer breiten Bemessungsgrundlage und niedrigen Steuersätzen mit großzügigen Stundungsregeln vor (JG 2015 Ziffern 808 ff.). Der derzeit beschlossene Vorschlag führt hingegen zu einer Verkomplizierung des Erbschaftsteuerrechts und lädt daher zur Steuergestaltung ein.

91. Im Juni dieses Jahres haben die Finanzminister der Länder eine Bundesratsinitiative zur **Reform der Grundsteuer** beschlossen. Handlungsbedarf besteht vor allem aufgrund der veralteten Ermittlung der Bemessungsgrundlage (Wissenschaftlicher Beirat beim BMF, 2010; JG 2013 Ziffer 613; JG 2015 Ziffer 807). Der vom Bundesrat vorgelegte Vorschlag beinhaltet ab dem Jahr 2022 ein einfacheres Bewertungsverfahren, das bei unbebauten Grundstücken auf den Bodenrichtwerten aufbaut sowie bei bebauten Grundstücken auf die Gebäudeart und das Baujahr abstellt. Dadurch soll eine Neubewertung in regelmäßigen Abständen vereinfacht werden. Die Reform soll insgesamt aufkommensneutral ausgestaltet werden. Dafür soll es den Ländern ermöglicht werden, eigene Steuermesszahlen festzulegen.

Unausweichlich sind dabei zum einen Verteilungseffekte zwischen den Grundbesitzern, die daher rühren, dass sich die Werte der Grundstücke seit der letzten Bewertung unterschiedlich entwickelt haben und dies bislang nicht berücksichtigt wurde. Zum anderen sind die Gemeinden durch heterogene Wertentwicklungen unterschiedlich betroffen. Da die Hebesätze für die Grundsteuer von diesen festgelegt werden, hängt die tatsächliche Belastung der Grundbesitzer von der Reaktion der Gemeinden auf die veränderte Bemessungsgrundlage ab. Die Grundsteuer stellt eine **ökonomisch relativ effiziente Steuer** dar, da mit ihr nur geringe Ausweichreaktionen verbunden sind. Die Reformvorschläge gehen in die richtige Richtung, wenngleich sie hinter Vorschlägen aus der Wissenschaft zurückbleiben (Wissenschaftlicher Beirat beim BMF, 2010).

Mehr Markt in der Gesundheitsversorgung

92. Die **Gesundheitsausgaben** beeinflussen die Tragfähigkeit der öffentlichen Haushalte in erheblichem Maße. ↘ ZIFFER 594 ↘ ABBILDUNG 79 Perspektivisch werden sie infolge des demografischen Wandels und der kostensteigernden Wirkung des

medizinisch-technischen Fortschritts ansteigen. Umso wichtiger ist es zu verhindern, dass sie durch Ineffizienzen im Gesundheitswesen zusätzlich gesteigert werden. Deshalb hat der Sachverständigenrat bereits in der Vergangenheit Vorschläge unterbreitet, mit denen diese Ineffizienzen im Gesundheitswesen abgebaut werden können.

Dazu zählen die Stärkung der Vertragsfreiheit durch Ausweitung der Nutzung von Selektivverträgen (JG 2012 Ziffern 629 ff.), der Übergang zur monistischen Krankenhausfinanzierung (JG 2012 Ziffer 635), die Wiedereinführung und zielführende Weiterentwicklung der Praxisgebühr (JG 2012 Ziffer 594), die Aufhebung des Fremd- und Mehrbesitzverbots von Apotheken (JG 2010 Ziffer 425) und die Ausdehnung von Kosten-Nutzen-Analysen im Arzneimittelbereich auf den Bereich der alternativen Medizin (FAZ, 2016). Das jüngste Urteil des EuGH, das die Preisbindung für verschreibungspflichtige Medikamente in Deutschland im Widerspruch zu EU-Recht sieht, könnte mehr Wettbewerb unter Apotheken ermöglichen.

93. Außerdem hält der Sachverständigenrat die einkommensunabhängige Finanzierung der Gesetzlichen Krankenversicherung (GKV) durch die Einführung einer **Bürgerpauschale mit integriertem Sozialausgleich** nach wie vor für die beste Finanzierungsform (JG 2012 Kasten 23).

Drei starke Säulen für die Altersvorsorge

94. Der **demografische Wandel** wird in absehbarer Zeit unausweichlich einen erheblichen Druck auf die **Gesetzliche Rentenversicherung** (GRV) ausüben. Obwohl die bisherigen Reformen die GRV mittelfristig stabilisiert haben, wird es ohne weitere Anpassungen etwa ab dem Jahr 2030 aufgrund des steigenden Altenquotienten zu einem deutlichen Anstieg des Beitragssatzes auf über 22 % und einer weiteren Absenkung des Sicherungsniveaus auf unter 43 % kommen müssen, um das Budget der GRV auszugleichen. Höhere Beitragssätze und damit steigende Arbeitskosten wirken aber negativ auf die Beschäftigung.

95. Die Folgen des demografischen Wandels in der GRV lassen sich nicht beseitigen, aber abmildern. Dazu ist aus Sicht des Sachverständigenrates eine weitere **Erhöhung des gesetzlichen Renteneintrittsalters nach 2030** notwendig. ↘ ZIFFERN 599 FF. Angesichts der steigenden ferneren Lebenserwartung bietet sich eine Kopplung an diese an, damit die relative Rentenbezugsdauer über die Zeit nicht weiter ansteigt. Dies würde bis zum Jahr 2080 bei einer Lebenserwartung von 88 Jahren für Männer und 91 Jahren für Frauen zu einem gesetzlichen Renteneintrittsalter von 71 Jahren führen. Dieses Renteneintrittsalter würde erstmals für Geburtsjahrgänge ab 2009 gelten. Zum Vergleich: Im Jahr 2010 lag die Lebenserwartung bei 78 Jahren für Männer und 83 Jahren für Frauen bei einem Renteneintrittsalter von 65 Jahren.

96. Eine solche Erhöhung des Renteneintrittsalters sollte durch bildungs- und arbeitsmarktpolitische Maßnahmen unterstützt werden. Beispielsweise dürften die von der Bundesregierung beschlossenen Regeln zum **flexibleren Renteneintritt** helfen, eine freiwillige Erhöhung der Lebensarbeitszeit zu fördern. Diese

sind ebenfalls wichtig, um Arbeitnehmern, die nicht bis zur gesetzlichen Regelaltersgrenze arbeiten können, den Übergang in die Rentenphase zu erleichtern. Darüber hinaus könnten gerade ältere Arbeitnehmer durch lebenslanges Lernen Tätigkeiten ausführen, die ihren Fähigkeiten entsprechen. Zudem sind Arbeitgeber gefordert, Arbeitszeitmodelle für ältere Arbeitnehmer zu entwickeln.

97. Eine Ausweitung des Versichertenkreises durch eine Pflichtversicherung von Selbstständigen in der GRV ist keine Lösung des Nachhaltigkeitsproblems. Sie dürfte zu einer Leistungsausweitung für die heutige Rentnergeneration führen, während sich das Nachhaltigkeitsproblem für zukünftige Generationen verschärft. Der Sachverständigenrat plädiert hingegen für eine **Vorsorgepflicht für Selbstständige**, wobei Wahlfreiheit darin bestehen sollte, diese über die gesetzliche oder private Altersvorsorge zu erfüllen.

98. Neben der finanziellen Stabilisierung der GRV in der langen Frist steht die Vereinheitlichung des **Rentenrechts in West- und Ostdeutschland** auf der politischen Tagesordnung. Hierfür bietet sich die vom Sachverständigenrat in seinem Jahresgutachten 2008/09 zur Diskussion gestellte verteilungs- und kostenneutrale Umbasierung der rentenrechtlichen Größen an (JG 2008 Ziffern 624 ff.). Sollte der hierfür notwendige politische Mut nicht vorhanden sein, könnte es die bessere Lösung sein, das bisherige, auf eine automatische Angleichung setzende System einige Zeit beizubehalten, anstatt durch eine Heraufsetzung der Ostgrößen auf Westwerte einen kostenintensiven Weg zu beschreiten. Die Vereinheitlichung des Rentenrechts sollte spätestens dann durchgeführt werden, wenn der Aktuelle Rentenwert Ost das Niveau des Aktuellen Rentenwerts West erreicht haben wird.

99. Außerhalb der GRV sind ebenfalls weitere Anstrengungen notwendig, um den Arbeitnehmern langfristig eine angemessene Altersversorgung zu ermöglichen. Dazu ist eine **Stärkung der zweiten und dritten Säule der Alterssicherung** in Deutschland angezeigt. Mit einem stärkeren Gewicht auf die betriebliche und private, Riester-geförderte Altersvorsorge wird das System insgesamt krisenfester und federt gleichzeitig verschiedene Risiken ab. ↘ ZIFFER 570

In der derzeitigen schwierigen Phase des demografischen Wandels ist es trotz niedriger Zinsen **nicht angebracht, die kapitalgedeckte Altersvorsorge für gescheitert zu erklären** und mit einer vorübergehenden Erhöhung der gesetzlichen Renten zusätzlichen Druck auf die langfristige Tragfähigkeit der GRV auszuüben. Stattdessen sollten Hemmnisse beseitigt werden, die eine stärkere Verbreitung der Abdeckung in der zweiten und dritten Säule verhindern.

100. Bei der betrieblichen Altersvorsorge (bAV) besteht Handlungsbedarf insbesondere bei kleinen und mittleren Unternehmen (KMU) und Geringverdienern. Um die bAV für Geringverdiener durch eine Zulagenförderung attraktiver zu machen, wäre die **Abschaffung der Doppelverbeitragung** im Rahmen der Riester-Rente innerhalb der bAV notwendig. Eine stärkere Verbreitung der bAV bei den KMU könnte durch eine Reduktion von Informationsbeschaffungs- und Verwaltungskosten erreicht werden. Dafür bietet sich beispielsweise ein stärkeres Engagement der Unternehmensverbände an. Zudem könnten die Tarifvertragsparteien ein Standardprodukt anbieten.

101. In der privaten Altersvorsorge muss es darum gehen, den Verbreitungsgrad der **Riester-Rente** vor allem bei Geringverdienern zu erhöhen. Dabei dürften die Unkenntnis der Förderberechtigung, die (falsche) Annahme, später auf die Grundsicherung im Alter angewiesen zu sein, Marktintransparenz und fehlende finanzielle Bildung für den unzureichenden Verbreitungsgrad verantwortlich sein. Eine Verbesserung des Finanzwissens, eine allgemeine Förderberechtigung und mehr Transparenz wären daher sinnvoll.

102. Zudem sollten Eigenleistungen zur staatlich geförderten Altersvorsorge, gegebenenfalls durch einen Freibetrag pauschaliert, von der **Anrechnung auf die Grundsicherung ausgenommen** werden. Schließlich könnte ein nicht staatlich angebotenes Standardprodukt für die Verbreitung förderlich sein. Lückenlose Erwerbsbiografien schützen am besten gegen Versorgungslücken im Alter. Daher ist eine geringe Arbeitslosigkeit das beste Heilmittel gegen Altersarmut.

V. AUSBLICK: ZEIT FÜR REFORMEN

103. Die gute wirtschaftliche Entwicklung bietet die Chance für effizienzsteigernde Strukturreformen, um so die Grundlagen für eine nachhaltige Wohlfahrtssteigerung zu schaffen. Jetzt ist die **Zeit für Reformen**, die das Potenzialwachstum der deutschen Volkswirtschaft erhöhen, die Herausforderungen der Demografie, Globalisierung und Digitalisierung zu bewältigen helfen und die Stabilität und Leistungsfähigkeit Europas stärken. Statt sich auf den Erfolgen früherer Reformen, wie der Agenda 2010, auszuruhen oder sie sogar zu verwässern, sollte die Politik notwendige Reformen entschlossen umsetzen.

104. In **Europa** sollte die Aufgabenverteilung zwischen nationaler und europäischer Ebene dem Subsidiaritätsprinzip folgen. In Bereichen wie der Klimapolitik, der Asylpolitik und der inneren Sicherheit ist eine stärkere Integration wünschenswert. Für die Fiskal-, Arbeitsmarkt- und Sozialpolitik gilt dies nicht. Die Förderung des Freihandels, die Gestaltung der Klimapolitik und die Stärkung der Stabilität des Euro-Raums stellen wichtige europäische Projekte dar, die mit Nachdruck vorangetrieben werden sollten.

In **Deutschland** sollte sich die Wirtschaftspolitik stärker auf die Sicherung der Wettbewerbs- und Zukunftsfähigkeit der Volkswirtschaft ausrichten. Dabei ist eine wachstumsfreundliche Konsolidierung der Staatsfinanzen weiterhin von großer Bedeutung. Reformpotenziale bieten sich bei der Steuerpolitik, der Ausgestaltung der sozialen Sicherungssysteme und der Regulierung im Dienstleistungssektor. Um der Verfestigung der Langzeitarbeitslosigkeit entgegenzuwirken und die Einkommens- und Vermögensmobilität zu erhöhen, muss die Flexibilität des Arbeitsmarkts gewahrt und der Chancengerechtigkeit ein hoher Stellenwert eingeräumt werden.

Eine andere Meinung

105. Ein Mitglied des Rates, Peter Bofinger, kann sich nicht den von der Mehrheit in diesem Kapitel präsentierten wirtschaftspolitischen Reformvorschlägen für Deutschland und Europa anschließen.

106. Die Mehrheit attestiert der Bundesregierung für die laufende Legislaturperiode „eine **enttäuschende Reformbilanz**". Die Politik hätte „deutlich mehr darauf abzielen müssen, Marktkräfte zu stärken und den Strukturwandel durch geeignete Reformen zu fördern". Die von ihr vorgenommenen Weichenstellungen erodierten „die Basis für künftiges Prosperitätswachstum zum Nachteil künftiger Generationen." Diese Einschätzung der Mehrheit deckt sich mit ihrem Befund aus dem Jahr 2013, wonach eine „**rückwärtsgewandte Wirtschaftspolitik**" die die Reformschritte, die Deutschland erzielen konnte, zunichte zu machen drohte.

107. Diese Kritik steht in einem Kontrast zur **gesamtwirtschaftlichen Entwicklung der Jahre 2014 bis 2017**. Gemessen an den Zielen, die im Gesetz über die Bildung eines Sachverständigenrates zur Begutachtung der gesamtwirtschaftlichen Entwicklung formuliert sind, ist die laufende Legislaturperiode ausgesprochen positiv zu beurteilen.

    – Das prognostizierte durchschnittliche **Wirtschaftswachstum** des Zeitraums 2014 bis 2017 wird mit voraussichtlich 1,7 % über dem Wachstum des Produktionspotenzials und den durchschnittlichen Zuwachsraten der Jahre 2000 bis 2013 sowie 2005 bis 2013 liegen. ↘ ABBILDUNG 5 Selbst das **Produktivitätswachstum**, das im vergangenen Jahrzehnt deutlich an Fahrt verloren hatte, konnte wieder etwas zulegen.

    – Die Zahl der **Erwerbstätigen** wird im Zeitraum 2014 bis 2017 voraussichtlich um durchschnittlich 1 % pro Jahr und damit wesentlich stärker steigen als in den beiden Vergleichszeiträumen. Ein negativer Effekt des Mindestlohns ist dabei nicht erkennbar.

    – Bei der **Preisentwicklung** sind keine inflationären Verspannungen zu erkennen. ↘ ABBILDUNG 5

    – Aus dem Rahmen fällt lediglich der enorm hohe **Leistungsbilanzüberschuss**, der eine erhebliche Divergenz zwischen dem gesamtwirtschaftlichen Angebot und der in Deutschland bestehenden gesamtwirtschaftlichen Nachfrage indiziert. Hierin sieht die Mehrheit jedoch kein gesamtwirtschaftliches Problem.

    Nach den bereits für das Jahr 2018 vorliegenden Prognosen (Projekt Gemeinschaftsdiagnose, 2016) wird sich an diesem Bild auch **über das Jahr 2017 hinaus** nichts Grundsätzliches ändern.

108. Zu diesen positiven Entwicklungen hat die expansive **Geldpolitik der EZB** einen wichtigen Beitrag geleistet. ↘ ZIFFERN 203 FF. Auch diese Politik wird von der Mehrheit stark kritisiert. Sie sei **„unangemessen"** und zwar nicht nur für Deutschland, sondern auch für den gesamten Euro-Raum. ↘ ZIFFERN 374 FF. Förderlich für die deutsche Wirtschaft war zudem die wieder einsetzende Wachstumsdynamik im Euro-Raum, die nicht zuletzt auf die Abkehr vom Konsolidierungskurs der Jahre 2011 bis 2013 zurückzuführen ist. Dies sieht die Mehrheit ebenfalls kritisch.

109. Bei einer deutschen Wirtschaftspolitik und einer europäischen Geldpolitik, die beide von der Mehrheit als unangemessen beurteilt werden, ist es somit gleichwohl möglich gewesen, in Deutschland die **Beschäftigung um mehr als eine Million Arbeitsplätze zu erhöhen** und im Euro-Raum die Zahl der Arbeitslosen immerhin um drei Millionen Personen zu reduzieren. Diese Entwicklung steht in einem auffälligen Kontrast zur Rezession des Euro-Raums in den Jahren 2012 und 2013, die von einer straffen Konsolidierungspolitik und der im internationalen Vergleich sehr konservativ ausgerichteten Geldpolitik der EZB unter dem früheren EZB-Präsidenten Trichet ausgelöst wurde.

110. Die Mehrheit setzt weiterhin auf eine **wirtschaftspolitische Grundkonzeption**, die darauf abzielt, „die Marktkräfte zu stärken und den Strukturwandel durch geeignete Reformen zu fördern." Bei den vorgeschlagenen Maßnahmen ist jedoch fraglich, ob die Vorteile einer größeren Marktorientierung die Nachteile einer dementsprechend schwächeren Stellung des Staates überwiegen.

    – Die **Förderung des Freihandels**, insbesondere durch CETA und TTIP führt zur Schaffung von Sondergerichten für einzelne Gruppen von Rechtsuchenden, für die es weder eine Rechtsgrundlage noch eine Notwendigkeit gibt (Deutscher Richterbund, 2016). Bei der „Reduktion wohlfahrtsschädlicher Verzerrungen", zu denen insbesondere unterschiedliche Produktnormen zählen, ist zu fragen, ob der mögliche Wohlfahrtsgewinn eine damit verbundene Verminderung von Schutznormen rechtfertigt.

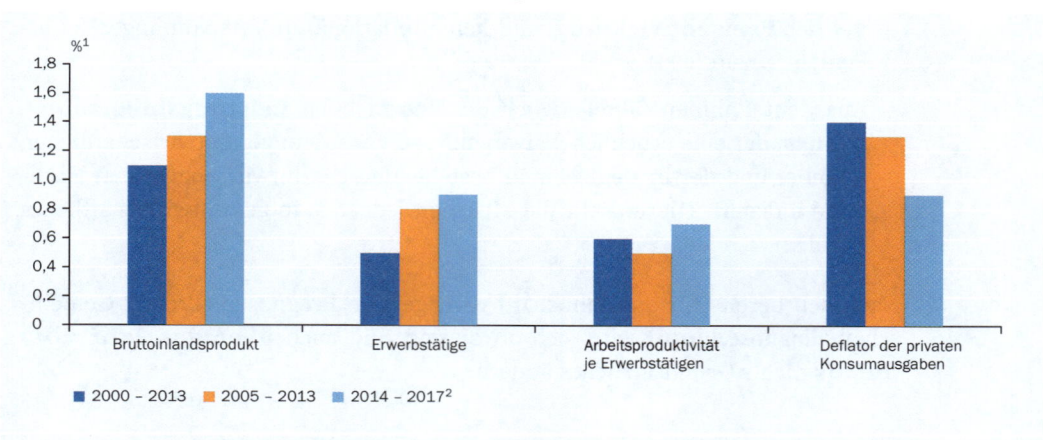

↘ ABBILDUNG 5
Wirtschaftliche Entwicklung in Deutschland im Zeitvergleich

1 – Durchschnittlich jährliche Veränderung. 2 – Prognose des Sachverständigenrates für 2016 und 2017.
Quelle: Statistisches Bundesamt

- Die von der Mehrheit geforderte **Insolvenzordnung** für den Euro-Raum und die Entprivilegierung von Staatsanleihen sollen die „Marktdisziplin" stärken. Dies kann jedoch dazu führen, dass die Stabilität des Euro-Raums insbesondere in wirtschaftlichen Schwächephasen existenziell gefährdet wird (JG 2015 Ziffern 95 ff.; SG 2015 Ziffern 112 ff.). Die Erfahrung mit der Eurokrise der Jahre 2010 bis 2012 zeigt, dass die Finanzmärkte zu selbstzerstörerischen Prozessen tendieren können, die sich nur durch ein beherztes Eingreifen der Notenbank stoppen lassen.

- Der von der Mehrheit geforderte Verzicht auf **kreditfinanzierte öffentliche Investitionen** nimmt dem deutschen Staat die Möglichkeit, das dafür besonders günstige Nullzinsumfeld für zukunftsorientierte Investitionen in Infrastruktur, Bildung sowie Forschung und Entwicklung zu nutzen, und dabei über eine höhere Nachfrage am Kapitalmarkt zugleich einen Beitrag zu höheren langfristigen Zinsen zu leisten. Damit wird die Basis für künftiges Prosperitätswachstum zum Nachteil künftiger Generationen geschwächt.

- Eine **Steuersenkung für Unternehmen** in der besonderen Form einer asymmetrischen negativen Vermögensteuer (JG 2015 Ziffern 813 ff.), die von der Mehrheit unter dem Begriff der „Zinsbereinigung des Grundkapitals" gefordert wird, würde dem Staat finanzielle Ressourcen entziehen, ohne dass dabei eine höhere Investitionstätigkeit gewährleistet ist. Nach der massiven Reduktion der Unternehmensteuern im Jahr 2009 bewegen sich die Ausrüstungsinvestitionen in Relation zum nominalen Bruttoinlandsprodukt auf einem im historischen Vergleich sehr niedrigen Niveau.

- Eine **Abschaffung des „Erneuerbare-Energien-Gesetzes"** würde dem Staat die Möglichkeit nehmen, Investitionen in erneuerbare Energien zu fördern und damit weiterhin einen Beitrag zu einer Reduktion der Kosten dieser Form der Energieerzeugung zu leisten. Da diese nationalen Anstrengungen bei der Festlegung der Ziele des europäischen Emissionshandels berücksichtigt werden, ist die von der Mehrheit festgestellte Inkonsistenz der beiden Instrumente nicht gegeben. ↘ ZIFFERN 908 FF.

- Ein Festhalten an der **Förderung der betrieblichen Altersvorsorge** in Form der Beitragsfreiheit zur Sozialversicherung entzieht dem finanziell ohnehin angespannten System der Gesetzlichen Rentenversicherung (GRV) Beitragsmittel. Zudem stellt sich dabei das Problem, dass die implizite Rendite in der GRV derzeit deutlich höher ist als die am Kapitalmarkt zu erzielende Rendite von Anleihen. Eine Förderung der bAV zu Lasten der GRV führt dann zu einer Schlechterstellung der Versicherten. ↘ ZIFFERN 670 FF.

- Die Forderung der Mehrheit, für bisher **nicht sozialversicherte Selbstständige** zwar eine Versicherungspflicht zur Altersvorsorge zu etablieren, diese jedoch nicht verpflichtend in die GRV einzubeziehen, wirkt sich ebenfalls zu Lasten der GRV und ihrer Versicherten aus. Der mit einer Versicherungspflicht in der GRV verbundene Einführungsgewinn würde es erlauben, das System der GRV über Jahrzehnte hinweg finanziell zu stärken und somit ein höheres Rentenniveau mit geringeren Beitragssätzen ermöglichen.

111. Generell rät die Mehrheit ein „**größeres Vertrauen in Marktprozesse**" an, „um soziale Teilhabe nicht erst durch Umverteilung, sondern durch eine breite

Teilhabe am Wirtschaftserfolg zu ermöglichen." „Die Teilhabe am Wohlstand sollte vor allem durch die Chance zum Mitwirken am Wirtschaftsprozess ermöglicht werden. Daher sollte das Beschäftigungswachstum in den Mittelpunkt der Bemühungen gestellt werden."

112. Die **„breite Teilhabe am Wirtschaftserfolg"** ist jedoch alles andere als selbstverständlich. So ist in Deutschland der gesamtwirtschaftliche Wohlstand, gemessen am BIP je Einwohner, von 1991 bis 2013 preisbereinigt um 29 % gestiegen. Das Median-Nettoeinkommen für Personen in Haushalten mit mindestens einem Erwerbsfähigen hat in der gleichen Zeit jedoch nur um 8 % zugenommen. Besonders problematisch ist die Entwicklung im unteren Bereich der Einkommensverteilung. Für die unteren 10 % und 20 % der Einkommensbezieher sind die realen Nettoeinkommen um 10 % beziehungsweise 4 % gesunken. **Bis zum dritten Dezil stagnieren die Einkommen**. Die Einkommen der unteren 20 % der Verteilung waren im Jahr 2013 nicht höher als im Rezessionsjahr 2005 mit über 5 Millionen Arbeitslosen.

113. Wenn die Globalisierung dazu führt, dass das untere Drittel der Einkommensverteilung über eine ganze Generation hinweg nicht mehr am allgemeinen Anstieg des Wohlstands partizipieren kann und sich dabei zugleich einer größeren Unsicherheit in Bezug auf den Arbeitsplatz und die soziale Absicherung gegenübersieht, ist es nicht überraschend, dass der **Konsens für offene Märkte** weltweit im Schwinden begriffen ist. Dies lässt sich für **Deutschland** anhand einer aktuellen Analyse der Einstellungen von Anhängern einzelner Parteien erkennen (Köcher, 2016). Anhänger der AfD sehen sich besonders stark von der gesellschaftlichen Wohlstandsentwicklung abgekoppelt. Zugleich sind sie – im Gegensatz zu den Anhängern anderer Parteien – mehrheitlich der Auffassung, dass ein EU-Austritt für Deutschland vorteilhafter sei als eine EU-Mitgliedschaft. Für das **Vereinigte Königreich** zeigt sich ein ähnlicher Befund (Zoega, 2016; ⇘ KASTEN 8).

114. Wenn die EU wie von der Mehrheit gefordert „wieder **deutlich für alle erkennbar zum Wohlstandsmotor**" werden soll, erscheint somit eine Agenda, die allein auf mehr Marktkräfte setzt, nicht zielführend zu sein. Sie läuft vielmehr Gefahr, den Konsens für offene Märkte noch weiter zu erodieren.

LITERATUR

AFS (2015), *Empfehlung vom 30. Juni 2015 zu neuen Instrumenten für die Regulierung der Darlehensvergabe zum Bau oder Erwerb von Wohnimmobilien*, AFS/2015/1, Ausschuss für Finanzstabilität, Berlin.

Andritzky, J., D.I. Christofzik, L. Feld und U. Scheuering (2016a), *A mechanism to regulate sovereign debt restructuring in the euro area*, Arbeitspapier 04/2016, Sachverständigenrat zur Begutachtung der gesamtwirtschaftlichen Entwicklung, Wiesbaden.

Andritzky, J., N. Gadatsch, T. Körner, A. Schäfer und I. Schnabel (2016b), *A proposal for ending the privileges for sovereign exposures in banking regulation*, VoxEu.org, 4. März.

Baskaran, T., L.P. Feld und S. Necker (2016), *Depressing Dependence: Transfers and Economic Growth in the German States*, Regional Studies 51, 2017, im Erscheinen.

BBSR (2015), Wachsende und schrumpfende Städte und Gemeinden in Deutschland, bbsr.bund.de, 13. August.

BIZ (2016), International banking and financial market developments, *BIS Quarterly Review* September 2016, Bank für Internationalen Zahlungsausgleich, Basel.

BMUB (2015), *Bericht zum Bündnis für bezahlbares Wohnen und Bauen und zur Wohnungsbauoffensive*, Bundesministerium für Umwelt, Naturschutz, Bau und Reaktorsicherheit, Berlin.

Brülhart M., J. Gruber, M. Krapf und K. Schmidtheiny (2016), *Taxing Wealth: Evidence from Switzerland*, CESifo Working Paper 5966, München.

Brunnermeier, M.K. et al. (2011), *European safe bonds (ESBies)*, http://personal.lse.ac.uk/vayanos/Euronomics/ESBies.pdf, abgerufen am 25.10.2016.

Büttner, T. und T. Görbert (2016), *Zum Vorschlag der Länder zur Neuordnung der föderalen Finanzbeziehungen: Verteilungseffekte und Implikationen*, Arbeitspapier, Universität Erlangen-Nürnberg.

Deutscher Richterbund (2016), *Stellungnahme zur Errichtung eines Investitionsgerichts für TTIP – Vorschlag der Europäischen Kommission vom 16.09.2015 und 12.11.2015*, Stellungnahme Nr. 4/16, Bund der Richterinnen und Richter, Staatsanwältinnen und Staatsanwälte, Berlin.

Eichhorst, W. (2015), *Do we have to be afraid of the future world of word?*, IZA Policy Paper No. 102, Bonn.

Eidam, F. (2016) *Repräsentative Berechnungen zu Restlaufzeiten von verschiedenen Klassen von Staatsanleihen im Euro-Raum sowie der Durchdringung des Anleihenbestandes mit Collective Action Clauses*, Arbeitspapier 11/2016, Sachverständigenrat zur Begutachtung der gesamtwirtschaftlichen Entwicklung, Wiesbaden.

Elstner, S., H. Michaelis und C.M. Schmidt (2016), Das leere Versprechen der aktiven Konjunktursteuerung, *Wirtschaftsdienst* 96, 534-540.

Europäische Kommission (2015a), *Consultation Document - Review of the EU Macro Prudential Policy Framework*, Brüssel.

Europäische Kommission (2015b), *Fiscal Sustainability Report*, Brüssel.

Expertenkommission (2015), *Stärkung von Investitionen in Deutschland*, Bericht der Expertenkommission im Auftrag des Bundesministers für Wirtschaft und Energie, Sigmar Gabriel, Berlin.

FAZ (2016), Heilpraktiker schwer unter Beschuss, www.faz.net/aktuell/wirtschaft/wirtschaftspolitik/f-a-z-exklusiv-heilpraktiker-schwer-unter-beschuss-14406931.html?printPagedArticle=true#pageIndex_2, abgerufen am 27.10.2016.

Gurlit, Elke und I. Schnabel (2015), *The New Actors of Macroprudential Supervision in Germany and Europe – A Critical Evaluation*, Journal of Banking Law and Banking 27, 349-362.

IWF (2016), *Germany: Selected issues*, IMF Staff Country Report No. 16/203, Washington, DC.

Kholodilin, K.A., A. Mense und C. Michelsen (2016), Die Mietpreisbremse wirkt bisher nicht, *DIW Wochenbericht* 22/2016, 491-499.

Köcher, R. (2016), *Die AfD – Außenseiter mit Rückhalt*, Frankfurter Allgemeine Zeitung, Frankfurt am Main, 20. Oktober.

Kronberger Kreis (2016), *Für eine echte Reform der Bund-Länder-Finanzbeziehungen*, Kronberger Kreis-Studien Nr. 62, Stiftung Marktwirtschaft, Berlin.

OECD (2016), *OECD-Wirtschaftsberichte Deutschland 2016*, OECD Publishing, Paris.

Mense, A., E. Lohse, J. Mutl, H. Kirchhain, R. Braun und A. Dombret (2016), Steigende Immobilienpreise und steigende Wohnungsnot: Wohnungsmarkt aus dem Gleichgewicht?, *ifo Schnelldienst* 16/2016, 3-25.

Projekt Gemeinschaftsdiagnose (2016), *Deutsche Wirtschaft gut ausgelastet – Wirtschaftspolitik neu ausrichten*, Gemeinschaftsdiagnose Herbst 2016, im Auftrag des Bundesministeriums für Wirtschaft und Energie, Berlin.

Rodrik, D. (2016), *Put globalization to work for democracies*, www.nytimes.com/2016/09/18/opinion/sunday/put-globalization-to-work-for-democracies.html?_r=0, abgerufen am 26.10.2016.

Shiller, R.J. (2016), *What's Behind a Rise in Ethnic Nationalism? Maybe the Economy*, www.nytimes.com/2016/10/16/upshot/whats-behind-a-rise-in-ethnic-nationalism-maybe-the-economy.html, abgerufen am 26.10.2016.

Spengel, C., L. Evers, M.T. Evers, U. Scheuering und F. Streif (2013), Die Folgen von Substanzsteuern für Familienunternehmen, Staat und Gesellschaft, Gutachten im Auftrag der Stiftung Familienunternehmen, München.

SVR Migration (2013), *Erfolgsfall Europa? Folgen und Herausforderungen der EU-Freizügigkeit für Deutschland*, Jahresgutachten 2013 mit Migrationsbarometer, Sachverständigenrat deutscher Stiftungen für Integration und Migration, Berlin.

Voigtländer, M. und T. Hentze (2015), *Bedeutung der Grunderwerbsteuer für das Wohnungsangebot*, Kurzexpertise, Institut der deutschen Wirtschaft Köln.

Wissenschaftlicher Beirat beim BMF (2016), *Chancen und Risiken Öffentlich-Privater Partnerschaften*, Gutachten 02/2016, Wissenschaftlicher Beirat beim Bundesministerium der Finanzen, Berlin.

Wissenschaftlicher Beirat beim BMF (2010), Reform der Grundsteuer, Stellungnahme, Dezember 2010, Wissenschaftlicher Beirat beim Bundesministerium der Finanzen, Berlin.

Wolter, M.I. et al. (2015), *Industrie 4.0 und die Folgen für Arbeitsmarkt und Wirtschaft*, IAB-Forschungsbericht 8/2015, Nürnberg.

Zoega, G. (2016), *On the causes of Brexit: Regional differences in economc prosperity and voting behavior*, VoxEU.org, 1. September.

INTERNATIONALE KONJUNKTUR: GELDPOLITIK NICHT ÜBERFORDERN

I. Weltwirtschaft: Verhaltenes Wachstum mit zahlreichen Risiken
   1. Konjunkturelle Lage
   2. Ausblick
   3. Chancen und Risiken

II. Konjunktur außerhalb des Euro-Raums
   1. Vereinigte Staaten: Globale Rahmenbedingungen schwächen Unternehmensinvestitionen
   2. China: Wachstum nach Plan
   3. Japan: Aufschwung trotz geringer Zuwachsraten
   4. Vereinigtes Königreich: Eintrübung nach Brexit-Votum

III. Euro-Raum: Erholung bei zu geringen strukturellen Fortschritten
   1. Konjunkturelle Lage
   2. Kurzfristige Impulse ohne langfristige Lösungen
   3. Ausblick

Anhang

Literatur

DAS WICHTIGSTE IN KÜRZE

Die **Weltwirtschaft wächst** momentan zwar nur **verhalten**, im langjährigen Vergleich sind die Wachstumsraten jedoch nicht außergewöhnlich gering. Nach den kräftigen Zuwachsraten und den Übertreibungen im Vorfeld der globalen Finanzkrise im Jahr 2008 scheint sich das Wachstum vielmehr wieder zu normalisieren. Nichtsdestotrotz zeigen sich bei der globalen Entwicklung **drei problematische Aspekte**: Das Produktivitätswachstum ist gering, die Investitionstätigkeit ist schwach und der Welthandel wächst deutlich langsamer als vor der Krise.

Konjunkturell hat sich die Erholung in den **Industriestaaten** im Jahr 2016 fortgesetzt. Das unerwartete Brexit-Votum im Vereinigten Königreich hat zwar vorübergehend zu einem Anstieg der Unsicherheit auf den Finanzmärkten geführt, doch die realwirtschaftlichen Effekte waren bisher begrenzt. Für die **Schwellenländer** hat sich der Ausblick wieder etwas aufgehellt. Die Transformation der chinesischen Wirtschaft ist trotz der Turbulenzen zu Jahresbeginn bislang ohne größere Wachstumseinbrüche gelungen.

Problematisch ist, dass das Wachstum zu wesentlichen Teilen von der Geldpolitik getragen wird. Insbesondere in den großen Industriestaaten sind die **geldpolitischen Impulse stark**. Während in den Vereinigten Staaten die Federal Reserve die geldpolitische Straffung hinauszögert, haben sich die Bank of Japan und die Europäische Zentralbank für eine Negativzinspolitik und eine Ausweitung ihrer Aufkaufprogramme für Anleihen entschieden. Wenngleich es der Geldpolitik auf diesem Weg gelingen kann, die Wachstumsraten kurzfristig zu steigern, ist sie mit der Aufgabe überfordert, den Wachstumspfad langfristig zu heben.

So muss bezweifelt werden, dass die von geldpolitischen Impulsen gestützte konjunkturelle Erholung im Euro-Raum selbsttragend ist. Zwar sind die Zuwachsraten des Bruttoinlandsprodukts (BIP) etwa doppelt so hoch wie das Potenzialwachstum, sodass die Unterauslastung seit dem Jahr 2013 stetig zurückgeht. Zudem sinkt die Arbeitslosigkeit und die Beschäftigung steigt. Jedoch sind die strukturellen **Anpassungsprozesse**, insbesondere der Abbau der Verschuldung, nach der Krise noch **nicht abgeschlossen**. Zudem bleiben wichtige Reformen aus. So ist die Konsolidierung der öffentlichen Haushalte weitgehend eingestellt worden, und der politische Ehrgeiz bei effizienzsteigernden Reformen hat nachgelassen.

Für die zukünftige Entwicklung der Weltwirtschaft bestehen derzeit **zahlreiche Risiken**. Hierzu zählen neben den fortbestehenden geopolitischen Risiken insbesondere ein krisenhafter Anstieg der politischen Unsicherheit in Europa, das Wiederaufflammen der Euro-Krise, eine unerwartete Eintrübung der Wirtschaftslage in China und mögliche Turbulenzen auf den internationalen Finanzmärkten.

Der Sachverständigenrat erwartet insgesamt eine **Fortsetzung des moderaten Wachstums** der Weltwirtschaft. Für die Jahre 2016 und 2017 prognostiziert er einen Zuwachs des Welt-BIP von 2,5 % beziehungsweise 2,8 %. Die Vereinigten Staaten dürften nach der vorübergehenden Schwäche im ersten Halbjahr 2016 wieder stärker wachsen. In Japan und im Euro-Raum wird sich die Erholung voraussichtlich fortsetzen. Das Wachstumstempo wird aber wohl wieder nachlassen, da die Effekte der Geldpolitik und die positiven Realeinkommenseffekte des Ölpreisverfalls auslaufen. Im Einklang mit den leicht ansteigenden Ölpreisen wird zudem die Inflation wieder zunehmen. Für China wird weiterhin kein abrupter Einbruch der Wirtschaftsleistung erwartet, und in den übrigen Schwellenländern dürfte sich der begonnene Stabilisierungsprozess fortsetzen.

I. WELTWIRTSCHAFT: VERHALTENES WACHSTUM MIT ZAHLREICHEN RISIKEN

115. Die Turbulenzen auf den internationalen Finanzmärkten zum Jahresbeginn 2016 und das unerwartete Ergebnis der Volksbefragung im Vereinigten Königreich im Sommer 2016 haben das Expansionstempo der Weltwirtschaft nicht nachhaltig gedämpft. Sie befindet sich weiterhin in einer **moderaten Wachstumsphase**. In den großen Industrieländern war die Dynamik aufgrund der schwächeren Entwicklung in den Vereinigten Staaten zwar rückläufig. Die Auslastung der Produktionskapazitäten nahm jedoch weiter zu. Gleichzeitig stabilisierte sich die Lage in den Schwellenländern, woran vor allem die Festigung der Konjunktur in China einen Anteil hatte. In den rohstoffexportierenden Schwellenländern dürfte sich die Stabilisierung des Ölpreises positiv ausgewirkt haben.

1. Konjunkturelle Lage

116. In den zurückliegenden Jahren mussten fast alle Organisationen ihre Wachstumsprognosen für die Weltwirtschaft kontinuierlich nach unten revidieren. Die Realität blieb meist hinter den Prognosen zurück, und die Weltwirtschaft konnte an die Dynamik der Vorkrisenzeit nicht wieder anknüpfen. Während das **globale BIP zu Marktwechselkursen** im Zeitraum der Jahre 1980 bis 2008 noch durchschnittlich um etwa 3 % pro Jahr gestiegen war, lagen die Wachstumsraten seit dem Jahr 2011 nur noch bei 2,6 %. ↘ ABBILDUNG 6 LINKS Gleichzeitig nahm das Expansionstempo des Welthandels drastisch ab. ↘ ABBILDUNG 6 RECHTS

117. Dieses Bild relativiert sich, wenn die Kaufkraftunterschiede zwischen den Volkswirtschaften berücksichtigt werden. So liegen die Wachstumsraten des **globalen BIP zu Kaufkraftparitäten** seit dem Jahr 2011 annähernd im langjährigen Durchschnitt. Verantwortlich hierfür ist, dass die Wirtschaftsleistung der Schwellenländer in Kaufkraftparitäten gemessen ein höheres Gewicht erhält. Während ihr Anteil an der Weltwirtschaft in Marktwechselkursen etwa 40 % beträgt, haben sie in Kaufkraftparitäten einen Anteil von etwa 60 %. Ihr höheres Wachstum kompensiert die geringeren Wachstumsbeiträge der Industrieländer. ↘ ABBILDUNG 6 LINKS Hinzu kommt, dass die Erwerbsbevölkerung langsamer wächst als in früheren Jahren. So liegt das Wachstum des **BIP je Person im erwerbsfähigen Alter** derzeit sogar etwas oberhalb des langjährigen Durchschnitts (BIZ, 2016).

Insgesamt zeigt sich im langjährigen Vergleich, dass sich vor allem in den Industrieländern das Wachstumstempo verlangsamt hat. Nach den außergewöhnlich kräftigen und nicht nachhaltigen Zuwachsraten im Zeitraum von 2004 bis 2007 dürfte das allerdings teilweise eine Normalisierung darstellen. Schließlich ging der Boom im Vorfeld der globalen Finanzkrise mit einer enormen Verschuldung sowie fehlgeleiteten Investitionen einher.

↘ ABBILDUNG 6
Entwicklung der Weltwirtschaft

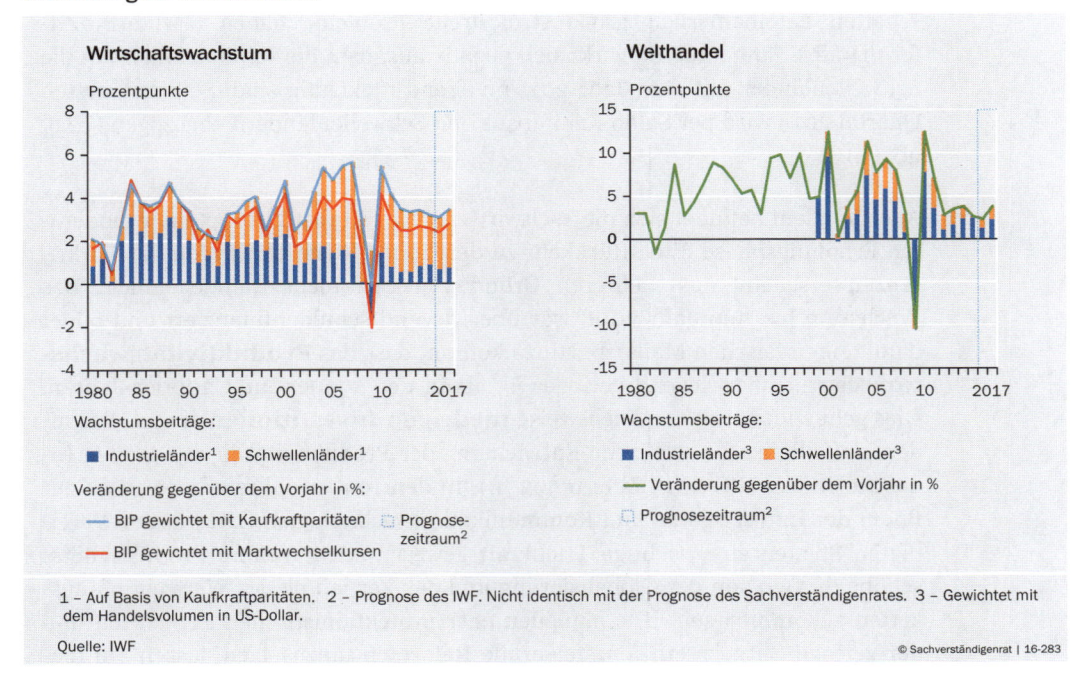

Wirtschaftswachstum

Prozentpunkte

Wachstumsbeiträge:
- ■ Industrieländer[1] ■ Schwellenländer[1]

Veränderung gegenüber dem Vorjahr in %:
— BIP gewichtet mit Kaufkraftparitäten   ▫ Prognosezeitraum[2]
— BIP gewichtet mit Marktwechselkursen

Welthandel

Prozentpunkte

Wachstumsbeiträge:
- ■ Industrieländer[3] ■ Schwellenländer[3]

— Veränderung gegenüber dem Vorjahr in %
▫ Prognosezeitraum[2]

1 – Auf Basis von Kaufkraftparitäten. 2 – Prognose des IWF. Nicht identisch mit der Prognose des Sachverständigenrates. 3 – Gewichtet mit dem Handelsvolumen in US-Dollar.
Quelle: IWF

© Sachverständigenrat | 16-283

118. Die Industrieländer befinden sich in einer **konjunkturellen Erholungsphase**. Die Unterauslastung auf den Produkt- und Arbeitsmärkten konnte in den meisten **Industrieländern** im ersten Halbjahr 2016 weiter verringert werden. Insbesondere im Euro-Raum und in Japan stieg die Wirtschaftsleistung schneller als das geschätzte Produktionspotenzial. Demgegenüber blieb in den Vereinigten Staaten das Wachstum im ersten Halbjahr 2016 etwas hinter den Erwartungen zurück. ↘ ZIFFER 131 Dies senkte die annualisierte Zuwachsrate des BIP in den Industrieländern im ersten Halbjahr gegenüber dem Vorhalbjahr auf 1,4 %. Die US-amerikanische Wirtschaft dürfte allerdings nahezu normalausgelastet sein, der Arbeitsmarkt zeigt sich in guter Verfassung. In den meisten Industrieländern trägt die zunehmende Beschäftigung, mit den daraus folgenden Einkommenszuwächsen, dazu bei, dass die Konjunkturerholung überwiegend binnenwirtschaftlich getragen ist.

119. In den **Schwellenländern** hat sich die konjunkturelle Lage im ersten Halbjahr 2016 stabilisiert. Die chinesische Wirtschaft konnte trotz der Turbulenzen zu Jahresbeginn robust expandieren. Zudem blieb das Wachstumstempo in Indien hoch. Mit Raten von fast 7,5 % steigt die Wirtschaftsleistung dort von allen großen Schwellenländern am stärksten. Dies dürfte unter anderem damit zusammenhängen, dass Indien im Unterschied zu vielen anderen Schwellenländern ein Rohstoffimporteur ist. In den übrigen großen Schwellenländern ist die Lage im Vergleich dazu nach wie vor weniger günstig. In Russland und Lateinamerika zeichnet sich aber immerhin ein **Ende der Rezessionen** ab. Die Stabilisierung der Rohstoffpreise dürfte hieran einen entscheidenden Anteil haben.

Weder in Russland noch in den Schwellenländern Lateinamerikas ist allerdings mit einer Rückkehr zu den hohen Zuwachsraten der Vergangenheit zu rechnen.

Zum einen ist dies darauf zurückzuführen, dass Russland und die Volkswirtschaften Lateinamerikas große strukturelle Probleme haben (JG 2015 Ziffern 119 ff.). Zum anderen wirkt sich negativ aus, dass die Kapitalzuflüsse in die Schwellenländer seit dem Jahr 2011 im Trend rückläufig sind. Seit dem ersten Quartal 2014 wird per Saldo Kapital aus den Schwellenländern abgezogen (EZB, 2016a).

120. Alles in allem befindet sich die Weltwirtschaft im Herbst 2016 in einer moderaten Erholungsphase. Eine Rückkehr zu den hohen Wachstumsraten der Vorkrisenzeit erscheint aus mehreren Gründen jedoch nicht wahrscheinlich. Das Wachstum bis zum Jahr 2008 war überwiegend schuldenfinanziert und bildet damit einen falschen Maßstab. Hinzu kommt, dass das **Produktivitätswachstum** derzeit überwiegend geringer ist als in den 1990er- und 2000er-Jahren. Dies geht zudem mit vergleichsweise **niedrigen Investitionen** einher. Besonders auffällig ist die schwache Entwicklung der Produktivität in den großen Industrieländern (JG 2015 Ziffern 593 ff.). In den 1990er-Jahren dürfte etwa der Boom der Informations- und Kommunikationstechnologien (IKT) in den Vereinigten Staaten eine wichtige Triebkraft gewesen sein. Weitere Produktivitätsschübe dürften von der Globalisierung und der Vertiefung der Wertschöpfungsketten gekommen sein. Die aktuellen eher protektionistischen Tendenzen und der geringe Ehrgeiz, effizienzsteigernde Reformen umzusetzen, lassen auf diesem Gebiet vorerst keine großen Fortschritte erwarten.

121. Die **geringeren Wachstumsraten des Welthandels** lassen sich einerseits durch das schwächere Wachstum der Weltwirtschaft erklären. ⬊ KASTEN 5 Andererseits spielen die regionale Verlagerung des Wirtschaftswachstums in die weniger offenen Schwellenländer, strukturelle Anpassungen von großen Volkswirtschaften wie etwa China und ein vorläufiges Ende der Vertiefung der internationalen Arbeitsteilung eine Rolle. Zwar nahm der Protektionismus nach der globalen Krise nicht so stark zu wie nach der Weltwirtschaftskrise 1929, trotzdem zeigen viele Staaten eine Tendenz, ihre Wirtschaft gegen Konkurrenz aus dem Ausland abzuschirmen.

> ⬊ KASTEN 5
>
> **Schwaches Wachstum des Welthandels**
>
> In den Jahren seit der globalen Krise im Jahr 2009 ist der **Welthandel langsamer gewachsen** als in den beiden Jahrzehnten zuvor. Nachdem der Welthandel im Zeitraum von 1990 bis 2008 jährlich durchschnittlich um 6,7 % zugenommen hatte, betrug das durchschnittliche Wachstum im Zeitraum von 2011 bis 2015 nur noch 3,9 %. Dies ist einerseits auf das langsamere Wachstum der Weltwirtschaft zurückzuführen (2,6 % statt 2,9 %). Andererseits hat aber die Elastizität des Welthandels in Bezug auf die Wirtschaftsleistung, das heißt das Verhältnis der Wachstumsraten von Welthandel und globalem BIP, abgenommen (JG 2014 Ziffer 101; JG 2015 Ziffern 126 ff.). Die Elastizität sank in den genannten Zeiträumen von durchschnittlich 2,2 auf 1,5. ⬊ ABBILDUNG 7 LINKS Diese Beobachtung hat eine breite Diskussion über die Ursachen und die Einordnung als ein konjunkturelles oder strukturelles Phänomen ausgelöst.
>
> Mit einer einfachen ökonometrischen Schätzung lässt sich der Rückgang der Wachstumsraten des Welthandels zerlegen: in einen Elastizitätseffekt und einen Effekt, der sich aus dem schwächeren BIP-Wachstum ergibt. Hierbei wird anhand von Quartalsdaten eine lineare Gleichung geschätzt, die

das Wachstum des Welthandels durch das Wachstum der globalen Produktion erklärt. **Änderungen der Elastizität** werden durch eine Dummy-Variable berücksichtigt. Laut dieser Schätzung sind für den Zeitraum von 2012 bis 2015 etwa 44 % der Abweichungen der Jahreswachstumsrate des Welthandels von ihrem Vorkrisentrend der veränderten Elastizität zuzuordnen. ↘ ABBILDUNG 7 RECHTS

Als mögliche Gründe für die Verringerung der Elastizität zwischen Welthandel und Weltproduktion lassen sich zwei wichtige **Kompositionseffekte** ausmachen. Der erste bezieht sich auf die regionale Verteilung des Wachstums zwischen verschiedenen Staaten. In den zurückliegenden Jahren haben sich die **Wachstumsbeiträge zum Welt-BIP** von den Industrieländern zu den Schwellenländern **verschoben**. Damit hat der relative Beitrag solcher Staaten zugenommen, die eine geringere Handelselastizität aufweisen. Diese Verschiebung des Wirtschaftswachstums führt dazu, dass die globale Handelselastizität abnimmt. Nach Berechnungen der Deutschen Bundesbank (2016a) lässt sich bei Annahme konstanter länderspezifischer Elastizitäten etwa die Hälfte des Rückgangs der Handelselastizität durch den Verlagerungseffekt erklären.

↘ ABBILDUNG 7
Entwicklung des Welthandels

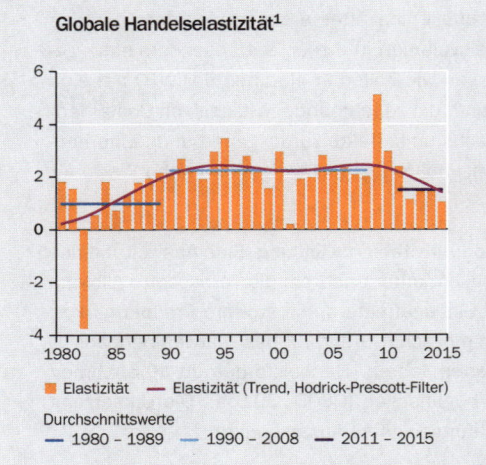

Globale Handelselastizität[1]

Trendabweichung der Wachstumsrate
Prozentpunkte

Elastizität — Elastizität (Trend, Hodrick-Prescott-Filter)
Durchschnittswerte
— 1980 – 1989 — 1990 – 2008 — 2011 – 2015

Elastizitätseffekt[2] BIP-Effekt[3] Rest
— Trendabweichung[4]

1 – Verhältnis der Wachstumsraten von Welthandel und Welt-BIP (zu Marktwechselkursen). 2 – Abweichung, die sich aus neuer Elastizität bei angenommenem trendmäßigen Wachstum des BIP ergibt. 3 – Abweichung, die sich bei neuer Elastizität zusätzlich durch das schwächere Wachstum des BIP erklärt. 4 – Differenz zwischen der tatsächlichen Wachstumsrate des Welthandels und der bei Trendwachstum des BIP und alter Elastizität zu erwartenden Wachstumsrate.

Quellen: CPB, IWF, eigene Berechnungen
© Sachverständigenrat | 16-397

Der zweite Kompositionseffekt betrifft die Nachfragekomponenten des BIP. Betrachtet man die Entwicklung seit der Krise, zeigt sich eine **relative Schwäche der Investitionen**. Da die Investitionen mit einem größeren Importanteil als andere Verwendungskomponenten verbunden sind, führt dies zu einem relativen Rückgang der Importnachfrage (Bussière et al., 2013). Die schwachen Investitionen in vielen Volkswirtschaften sind einerseits zyklischer Natur. Andererseits gibt es länderspezifische Entwicklungen wie die Wandlungsprozesse in der chinesischen Volkswirtschaft, die auf eine strukturelle Abschwächung der Nachfrage nach Investitionsgütern hindeuten. ↘ ZIFFER 959

Neben diesen beiden Effekten gibt es noch weitere Gründe, die ein geringeres Wachstum des Welthandels teilweise erklären können: So wurde für die Jahre seit der Krise eine **Ausweitung handelsbeschränkender Maßnahmen** beobachtet (Evenett und Fritz, 2016; OECD, 2016a). Zudem dämpft die zunehmende inländische Produktion von Rohöl in den Vereinigten Staaten den Welthandel.

Ein wichtiger Faktor, der in den Vorkrisenjahren zu einer Ausweitung der Handelsintensität geführt hat, war die Vertiefung **globaler Wertschöpfungsketten**. Verschiedene Maße deuten auf ein Ende dieser Entwicklung hin. Nach einem Einbruch während der Krise hatte sich der Grad globaler Arbeitsteilung zunächst wieder etwas erhöht. Allerdings wurde das im Jahr 2008 verzeichnete Niveau nicht wieder erreicht. Bei den Schwellenländern hatte bereits vor der Krise eine Stagnation des Exportanteils von mit globalen Wertschöpfungsketten verbundenen Exporten eingesetzt (IRC Trade Task Force, 2016). Ein Grund hierfür könnte unter anderem eine zunehmende Unsicherheit über die Stabilität stark ausgeweiteter Wertschöpfungsketten sein. Protektionistische Maßnahmen, die eine Produktion vor Ort erforderlich machen, dürften ebenfalls eine Rolle spielen. Am aktuellen Rand zeigt ein von der OECD erstellter Indikator, basierend auf dem Anteil der Zwischenprodukte an der inländischen Nachfrage, eine weitere Abschwächung an (OECD, 2016a). Da die Zahlen zum Welthandel im Gegensatz zum globalen BIP die Zwischenprodukte abbilden, ist die Entwicklung der globalen Wertschöpfungsketten von großer Bedeutung für die globale Handelselastizität.

Bei der Beurteilung der relativ schwachen Entwicklung des Welthandels und für eine Prognose stellt sich die Frage, ob die Handelselastizität des Zeitraums von 1990 bis 2008 ein geeigneter **Referenzwert** für die zu erwartende Entwicklung ist. So war die Zeit seit dem Jahr 1990 durch eine Reihe **historisch einmaliger Ereignisse** geprägt, die zu einer Ausweitung des Welthandels geführt haben: Die vormals sozialistischen Staaten wurden in den Welthandel integriert, es entstanden neue Staaten (und somit neues Potenzial für den Außenhandel), der europäische Binnenmarkt wurde geschaffen, die Welthandelsorganisation (WTO) wurde gegründet, und China öffnete sich zunehmend für den Welthandel. All dies trug dazu bei, dass das Welthandelsvolumen in dieser Zeit besonders stark gestiegen ist. Neben der Reduktion von Handelshemmnissen wie Zöllen im Rahmen der WTO hat eine weitere Reduktion der Handelskosten beispielsweise durch die zunehmende Nutzung von Containern zu dieser Entwicklung beigetragen. Wenn nun diese Wachstumseffekte zurückgehen und **keine neuen Impulse** für mehr Welthandel sorgen, dürften auf absehbare Zeit nicht wieder so hohe Werte für die Handelselastizität erreicht werden.

Der Handel ist potenziell ein wichtiger Faktor für die **Produktivitätsentwicklung**. Eine Ausweitung des globalen Handels und globaler Produktionsketten ermöglicht unter anderem die verbesserte Allokation von Ressourcen, internationale Spezialisierung und Skaleneffekte durch größere Produktmärkte. Das schwache Wachstum des Welthandels ist somit ein möglicher Grund für das weltweit beobachtete schwache Produktivitätswachstum in den vergangenen Jahren. Handelsfördernde Maßnahmen könnten ein wieder stärkeres Produktivitätswachstum begünstigen (OECD, 2016a). Die Umsetzung der Freihandelsabkommen CETA, TTIP und TPP bietet dafür geeignete Ansatzpunkte.

122. Das Wachstum der Weltwirtschaft wird vor allem von der **sehr expansiven Geldpolitik** getragen. In den Industrie- und Schwellenländern ist das Zinsniveau außergewöhnlich niedrig und unterhalb jener Zinsen, die gemäß einfacher Taylor-Regeln angemessen wären. ↘ ABBILDUNG 8 LINKS In den zurückliegenden Jahren haben die großen Zentralbanken der Industrieländer die gesamtwirtschaftliche Nachfrage zudem mit umfangreichen quantitativen Lockerungsmaßnahmen unterstützt. Die Zentralbankbilanzen sind in Relation zum Welt-BIP drastisch gestiegen. ↘ ABBILDUNG 8 RECHTS

Während die US-amerikanische Federal Reserve (Fed) die Bilanzausweitung inzwischen beendet hat, steigen die Bilanzsummen der Europäischen Zentralbank (EZB) und der Bank of Japan (BoJ) weiter deutlich an. Durch die massiven Käufe von Staatsanleihen und weiteren Wertpapieren nähert sich die Bilanzsumme der BoJ inzwischen der Höhe des japanischen BIP an. Die Bank of England (BoE) hatte die Lockerungsmaßnahmen bereits gestoppt. Nach dem Brexit-Votum lockerte sie jedoch die Geldpolitik erneut und behält sich im Falle negativer Entwicklungen weitere Maßnahmen vor.

↘ ABBILDUNG 8
Leitzins und Taylorzins sowie Aktiva der Zentralbanken ausgewählter Länder und Ländergruppen

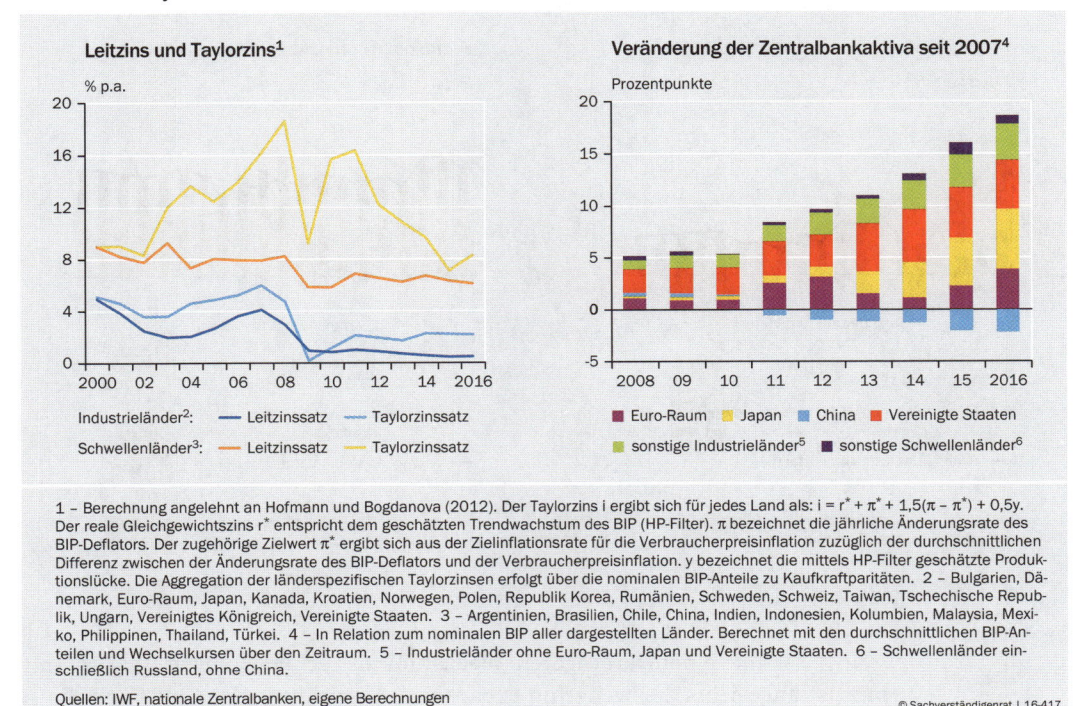

Leitzins und Taylorzins[1]
% p.a.

Industrieländer[2]: — Leitzinssatz — Taylorzinssatz
Schwellenländer[3]: — Leitzinssatz — Taylorzinssatz

Veränderung der Zentralbankaktiva seit 2007[4]
Prozentpunkte

■ Euro-Raum ■ Japan ■ China ■ Vereinigte Staaten
■ sonstige Industrieländer[5] ■ sonstige Schwellenländer[6]

1 – Berechnung angelehnt an Hofmann und Bogdanova (2012). Der Taylorzins i ergibt sich für jedes Land als: $i = r^* + \pi^* + 1{,}5(\pi - \pi^*) + 0{,}5y$. Der reale Gleichgewichtszins r^* entspricht dem geschätzten Trendwachstum des BIP (HP-Filter). π bezeichnet die jährliche Änderungsrate des BIP-Deflators. Der zugehörige Zielwert π^* ergibt sich aus der Zielinflationsrate für die Verbraucherpreisinflation zuzüglich der durchschnittlichen Differenz zwischen der Änderungsrate des BIP-Deflators und der Verbraucherpreisinflation. y bezeichnet die mittels HP-Filter geschätzte Produktionslücke. Die Aggregation der länderspezifischen Taylorzinsen erfolgt über die nominalen BIP-Anteile zu Kaufkraftparitäten. 2 – Bulgarien, Dänemark, Euro-Raum, Japan, Kanada, Kroatien, Norwegen, Polen, Republik Korea, Rumänien, Schweden, Schweiz, Taiwan, Tschechische Republik, Ungarn, Vereinigtes Königreich, Vereinigte Staaten. 3 – Argentinien, Brasilien, Chile, China, Indien, Indonesien, Kolumbien, Malaysia, Mexiko, Philippinen, Thailand, Türkei. 4 – In Relation zum nominalen BIP aller dargestellten Länder. Berechnet mit den durchschnittlichen BIP-Anteilen und Wechselkursen über den Zeitraum. 5 – Industrieländer ohne Euro-Raum, Japan und Vereinigte Staaten. 6 – Schwellenländer einschließlich Russland, ohne China.

Quellen: IWF, nationale Zentralbanken, eigene Berechnungen
© Sachverständigenrat | 16-417

123. Die weltweit expansive Ausrichtung der Geldpolitik ist mit mehreren Problemen verbunden. Das derzeitige **Wachstum** der Weltwirtschaft dürfte sich als **nicht nachhaltig** erweisen. Dauerhaft höhere Wachstumsraten lassen sich durch geldpolitische Maßnahmen nicht erzielen. Eine nachhaltig stärkere Expansion der Wirtschaft kann nur durch Steigerungen der Produktivität und der Wettbewerbsfähigkeit in den einzelnen Ländern erreicht werden. Aufgabe der Geldpolitik ist es hingegen, stabilisierend auf Preise und Wirtschaftsaktivität einzuwirken. Ihre expansiven Effekte wirken nur temporär auf die Wirtschaftsleistung.

Zudem resultiert aus der gegenwärtigen Situation, in der alle großen Zentralbanken eine extrem expansive Geldpolitik verfolgen, der **Fehlanreiz, die lockere Geldpolitik zu lange fortzusetzen**. Denn die Zentralbank, die aufgrund einer besseren konjunkturellen Lage zuerst aus der expansiven Geldpolitik aussteigt, riskiert eine kräftige Währungsaufwertung. Dies hätte negative Folgen für die Exportwirtschaft, wie zuletzt in den Vereinigten Staaten zu beobachten war. Es besteht somit eine Situation ähnlich zu einem Gefangenendilemma, in dem ein gemeinsamer Ausstieg für alle am besten wäre. Jede Zentralbank allein hat aber den Anreiz, expansiv zu bleiben.

2. Ausblick

124. Für den Prognosezeitraum ist in den Industrieländern mit einer Fortsetzung des moderaten Aufschwungs zu rechnen. ↘ ABBILDUNG 9 LINKS In den **Vereinigten Staaten** dürfte die Wirtschaft, gestützt auf die gute Arbeitsmarktentwicklung, in der zweiten Jahreshälfte 2016 wieder stärker expandieren und für das

ABBILDUNG 9
Voraussichtliche wirtschaftliche Entwicklung der Industrie- und Schwellenländer

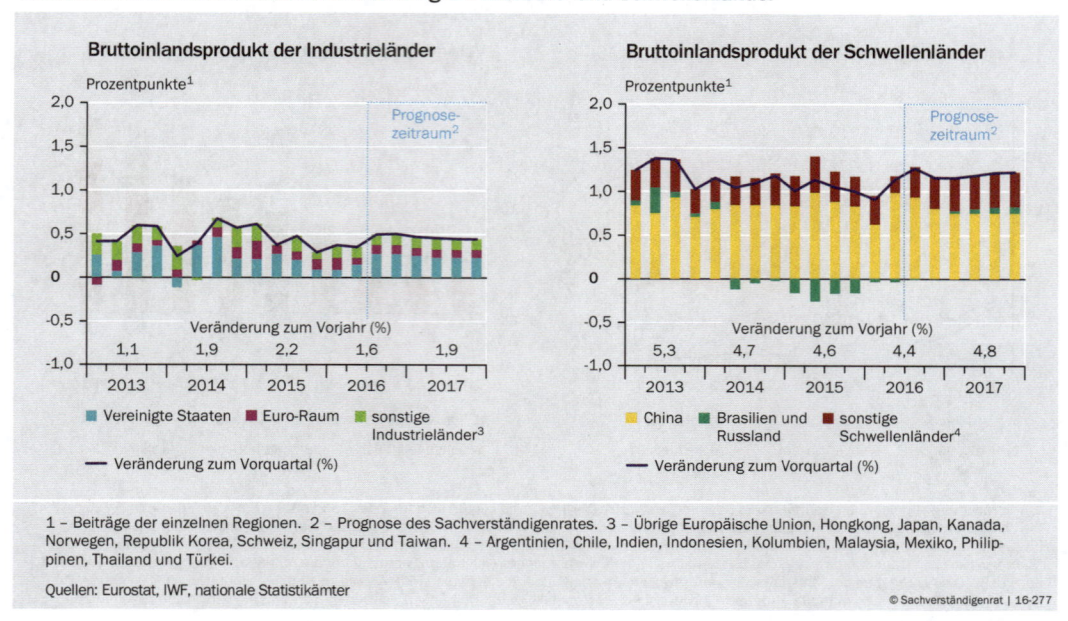

Bruttoinlandsprodukt der Industrieländer — Prozentpunkte[1]
Veränderung zum Vorjahr (%): 1,1 | 1,9 | 2,2 | 1,6 | 1,9
Kategorien: Vereinigte Staaten, Euro-Raum, sonstige Industrieländer[3]
— Veränderung zum Vorquartal (%)

Bruttoinlandsprodukt der Schwellenländer — Prozentpunkte[1]
Veränderung zum Vorjahr (%): 5,3 | 4,7 | 4,6 | 4,4 | 4,8
Kategorien: China, Brasilien und Russland, sonstige Schwellenländer[4]
— Veränderung zum Vorquartal (%)

1 – Beiträge der einzelnen Regionen. 2 – Prognose des Sachverständigenrates. 3 – Übrige Europäische Union, Hongkong, Japan, Kanada, Norwegen, Republik Korea, Schweiz, Singapur und Taiwan. 4 – Argentinien, Chile, Indien, Indonesien, Kolumbien, Malaysia, Mexiko, Philippinen, Thailand und Türkei.

Quellen: Eurostat, IWF, nationale Statistikämter
© Sachverständigenrat | 16-277

Jahr 2017 ist mit einem kräftigeren Wachstum zu rechnen. ↘ ZIFFERN 131 FF. In **Japan** ist angesichts der weiterhin expansiven Ausrichtung der Geld- und Fiskalpolitik ebenfalls von einer Fortsetzung des Aufschwungs auszugehen. Aufgrund des vor allem demografisch bedingt niedrigen Potenzialwachstums können hier aber keine hohen Wachstumsraten erwartet werden. ↘ ZIFFERN 147 FF.

Für das **Vereinigte Königreich** ist trotz des Brexit-Votums im Juni des Jahres 2016 eher nicht mit einem Einbruch der Konjunktur zu rechnen. ↘ ZIFFERN 153 FF. Für den **Euro-Raum** erwartet der Sachverständigenrat eine Fortsetzung der Erholung. Diese bleibt jedoch vornehmlich durch die expansive Geldpolitik getrieben und verdeckt ungelöste strukturelle Probleme. ↘ ZIFFERN 157 FF.

125. In den **Schwellenländern** erwartet der Sachverständigenrat einen Anstieg der Zuwachsraten. ↘ ABBILDUNG 9 RECHTS Zwar hat sich das chinesische Wachstum verlangsamt, im Prognosezeitraum ist dort jedoch weiterhin mit Wachstumsraten über 6 % zu rechnen. ↘ ZIFFERN 141 FF. Zudem wird sich das starke Wachstum in Indien fortsetzen. Die Stabilisierung der Rohstoffpreise trägt dazu bei, dass in vielen Schwellenländern mit einer wirtschaftlichen Erholung zu rechnen ist.

Insgesamt geht der Sachverständigenrat für das Jahr 2016 von einem **Zuwachs der Weltproduktion** um 2,5 % aus. Für das Jahr 2017 wird ein Anstieg um 2,8 % erwartet. Im Einklang damit ergibt sich für die Jahre 2016 und 2017 eine Prognose für den Zuwachs des Welthandels nach dem Messkonzept des niederländischen Centraal Planbureau (CPB) um 0,3 % beziehungsweise 2,7 %. ↘ TABELLE 1

3. Chancen und Risiken

126. Die Entwicklung der Weltwirtschaft unterliegt zahlreichen **Risiken**. Hierzu zählen neben den fortbestehenden geopolitischen Krisen ein Anstieg der politischen

Unsicherheit in den Vereinigten Staaten und in Europa, eine unerwartete Eintrübung der Wirtschaftslage in China und mögliche Turbulenzen auf den internationalen Finanzmärkten. Für die Prognose wird angenommen, dass keines dieser Risiken eintritt. Neben den genannten Risiken ergeben sich **Chancen** für ein stärkeres Wachstum. So scheint eine besser als erwartete Entwicklung in den Vereinigten Staaten etwa infolge einer dynamischeren Erholung des Häusermarkts denkbar. Die Stabilisierung der Rohstoffpreise könnte zudem in den Schwellenländern eine kräftigere Belebung begünstigen.

↘ TABELLE 1
Bruttoinlandsprodukt und Verbraucherpreise ausgewählter Länder

Land/Ländergruppe	Gewicht in %[1]	Bruttoinlandsprodukt			Verbraucherpreise		
		Veränderung zum Vorjahr in %					
		2015	2016[2]	2017[2]	2015	2016[2]	2017[2]
Europa	29,8	1,8	1,6	1,6	1,4	1,1	2,0
Euro-Raum	17,8	2,0	1,6	1,4	0,0	0,2	1,3
Vereinigtes Königreich	4,4	2,2	1,9	1,4	0,0	0,7	2,4
Russland	2,0	− 3,7	− 1,4	1,2	15,5	7,2	6,3
Mittel- und Osteuropa[3]	1,7	3,6	3,0	3,3	− 0,4	− 0,3	0,9
Türkei	1,1	4,0	3,2	3,4	7,7	8,0	8,3
andere Länder[4]	2,8	1,8	1,8	1,9	0,3	0,9	1,3
Amerika	36,8	2,0	1,1	2,1	1,9	3,1	3,4
Vereinigte Staaten	27,7	2,6	1,5	2,3	0,1	1,1	2,2
Lateinamerika[5]	3,9	2,5	0,5	1,9	9,7	13,5	10,0
Brasilien	2,7	− 3,9	− 3,3	0,2	9,0	9,0	7,0
Kanada	2,4	1,1	1,0	1,5	1,1	1,5	1,9
Asien	33,4	5,1	4,9	4,8	1,7	2,0	2,2
China	17,2	6,9	6,6	6,3	1,4	2,4	2,3
Japan	6,3	0,5	0,6	0,7	0,8	− 0,3	0,4
asiatische Industrieländer[6]	3,8	2,1	2,1	2,4	0,6	1,0	1,4
Indien	3,2	7,6	7,3	7,4	4,9	5,3	5,2
südostasiatische Schwellenländer[7]	2,8	4,6	4,8	4,9	3,3	2,3	3,1
Insgesamt	100	3,0	2,5	2,8	1,7	2,1	2,6
Industrieländer[8]	67,0	2,2	1,6	1,9	0,2	0,7	1,7
Schwellenländer[9]	33,0	4,7	4,4	4,8	4,6	5,0	4,4
nachrichtlich:							
exportgewichtet[10]	100	2,3	2,1	2,3	.	.	.
nach dem Messkonzept des IWF[11]	100	3,1	3,0	3,4	.	.	.
Welthandel[12]		2,5	0,3	2,7	.	.	.

1 – Anteil des nominalen BIP des Jahres 2015 in US-Dollar der aufgeführten Länder beziehungsweise Ländergruppen am nominalen BIP insgesamt. 2 – Prognose des Sachverständigenrates. 3 – Bulgarien, Kroatien, Polen, Rumänien, Tschechische Republik und Ungarn. 4 – Dänemark, Norwegen, Schweden und Schweiz. 5 – Argentinien, Chile, Kolumbien und Mexiko. 6 – Hongkong, Republik Korea, Singapur und Taiwan. 7 – Indonesien, Malaysia, Philippinen und Thailand. 8 – Asiatische Industrieländer, Euro-Raum, Mittel- und Osteuropa, Dänemark, Japan, Kanada, Norwegen, Schweden, Schweiz, Vereinigtes Königreich und Vereinigte Staaten. 9 – Lateinamerika, südostasiatische Schwellenländer, Brasilien, China, Indien, Russland und Türkei. 10 – Summe der aufgeführten Länder. Gewichtet mit den Anteilen an der deutschen Ausfuhr im Jahr 2015. 11 – Gewichte nach Kaufkraftparitäten und hochgerechnet auf den Länderkreis des IWF. 12 – Nach dem Messkonzept des CPB.

Quellen: CPB, Eurostat, IWF, nationale Statistikämter, OECD

127. Besondere Aufmerksamkeit gilt den politischen Entwicklungen in Europa. Ein zentraler Punkt ist die ungeklärte politische und ökonomische Beziehung zwischen dem **Vereinigten Königreich** und der EU. Bislang hatte die **Volksbefragung** keine schwerwiegenden realwirtschaftlichen Folgen. Dies deutet darauf hin, dass überwiegend eine Lösung erwartet wird, die den wirtschaftlichen Schaden begrenzt. Sollte sich keine Annäherung zwischen den politischen Standpunkten abzeichnen, ist mit erheblich stärkeren Effekten auf die Investitionen, den Handel und die Beschäftigung im Vereinigten Königreich zu rechnen.

128. Die politischen Risiken in Europa sind nicht auf die Unsicherheit rund um das Brexit-Votum beschränkt. Besorgniserregend ist, dass in vielen Mitgliedstaaten Parteien an den Rändern des politischen Spektrums einen hohen Zulauf verzeichnen. Die **Fliehkräfte innerhalb Europas** sind hoch, und es ist unklar, in welche Richtung sich Europa politisch entwickeln wird. Einige Mitgliedstaaten weisen zudem instabile Regierungsverhältnisse auf. So steht in Italien ein Referendum über eine Verfassungsreform bevor, dessen politische Auswirkungen momentan nicht absehbar sind.

129. Nicht zuletzt besteht nach wie vor das Risiko eines **Wiederaufflammens der Euro-Krise**. Anlass zur Sorge bietet etwa die Lage in Portugal. Mit Ausnahme der kanadischen Ratingagentur DBRS haben alle relevanten Ratingagenturen portugiesische Staatsanleihen inzwischen auf ein Niveau unter „Investment Grade" heruntergestuft. Sollte DBRS diesem Beispiel folgen, würden portugiesische Staatsanleihen nicht länger die Bedingungen des Staatsanleihekaufprogramms der EZB erfüllen. Zudem könnten sie von portugiesischen Banken nicht mehr im Rahmen ihrer Refinanzierungsgeschäfte mit der EZB verwendet werden. Ein neues Hilfsprogramm für Portugal wäre dann nicht auszuschließen. Mögliche Risiken für den Euro-Raum bergen zudem die ungelösten Probleme im Bankensektor, insbesondere die geringe Kapitalisierung und die weiterhin hohen Bestände an notleidenden Krediten, beispielsweise in Italien und Portugal.
↘ ZIFFERN 478 FF., 514 FF.

130. Risiken für **die Stabilität der internationalen Finanzmärkte** gehen von der zögerlichen geldpolitischen Straffung in den Vereinigten Staaten aus. Ein rechtzeitiger Ausstieg aus der expansiven Geldpolitik wäre wichtig, um das Tempo der Zinsschritte moderat zu halten. Momentan scheint die Fed den Ausstieg jedoch zu verzögern. ↘ ZIFFER 136 Dies könnte später eine zügigere Straffung erforderlich machen. Hieraus erwächst die Gefahr, dass die internationalen Kapitalströme sich abrupt umkehren und die Währungen einiger Schwellenländer stark abwerten. Vor allem für jene Schwellenländer, die stark in Fremdwährung verschuldet sind, birgt dies ein Risiko.

II. KONJUNKTUR AUSSERHALB DES EURO-RAUMS

1. Vereinigte Staaten: Globale Rahmenbedingungen schwächen Unternehmensinvestitionen

131. Die Konjunkturindikatoren der Vereinigten Staaten senden derzeit **unterschiedliche Signale**. Auf der einen Seite zeigt sich der Arbeitsmarkt in einer guten Verfassung. Auf der anderen Seite sind die Zuwachsraten des BIP seit dem dritten Quartal des vergangenen Jahres deutlich zurückgegangen. Die annualisierte Zuwachsrate gegenüber dem Vorhalbjahr betrug im ersten Halbjahr 2016 nur noch 1,0 %. Im Vergleich hierzu konnte die Wirtschaft im gesamten Jahr 2015 um 2,6 % zulegen.

Vor allem die Unternehmensinvestitionen haben sich schwach entwickelt. So war insbesondere ein **Rückgang der Investitionstätigkeit** in der Ölindustrie zu beobachten. ⬊ ABBILDUNG 10 OBEN LINKS Ferner hat sich das Investitionsklima der exportorientierten Unternehmen verschlechtert. Ursache ist die deutliche effektive Aufwertung des US-Dollar in den Vorjahren, die dazu beitrug, dass die Exportnachfrage nahezu stagnierte. Im zweiten Quartal kam es darüber hinaus zu einem Rückgang der Wohnungsbauinvestitionen. Der private Konsum nahm im ersten Halbjahr 2016 mit annualisiert 2,4 % weiterhin kräftig zu, wenngleich weniger stark als im gesamten Jahr 2015 mit 3,2 %.

132. Die konjunkturelle Entwicklung seit der Finanzkrise im Jahr 2008 ist gekennzeichnet durch eine **historisch schwache Produktivitätsentwicklung**. Im Zeitraum von 2011 bis 2015 lässt sich der weit überwiegende Teil des Produktionsanstiegs durch eine Zunahme des Arbeitsvolumens erklären. ⬊ ABBILDUNG 10 OBEN RECHTS Verbesserungen der Arbeitsproduktivität machen hingegen nur 0,4 Prozentpunkte der jahresdurchschnittlichen Zuwachsrate von 2,1 % des BIP aus. Der geringere Anstieg der Arbeitsproduktivität dürfte neben Kompositionseffekten auf dem Arbeitsmarkt – durch die Wiedereinstellung von geringqualifizierten Beschäftigten – vor allem auf strukturelle Faktoren zurückgehen (Gordon, 2012; Fernald, 2015; IWF, 2015a). Zu nennen sind die auslaufenden Effekte der IKT-Innovationen. Für die kommenden Jahre ist daher nicht von deutlichen Impulsen der Arbeitsproduktivität auf das Wachstum des Produktionspotenzials auszugehen.

133. Der Arbeitsmarkt entwickelt sich weiterhin dynamisch. Die Beschäftigung stieg im bisherigen Jahresverlauf mit durchschnittlich 178 000 Personen im Monat weiter deutlich an. ⬊ ABBILDUNG 10 UNTEN LINKS Nach Schätzungen des Congressional Budget Office (CBO) ist der Arbeitsmarkt aber noch leicht unterausgelastet (CBO, 2016). So befindet sich die aktuelle Arbeitslosenquote von 5,0 % im September 2016 leicht über der vom CBO geschätzten natürlichen Arbeitslosenquote von 4,7 %. Zudem liegt die Partizipationsquote laut CBO leicht unter ihrem Potenzialniveau. Jedoch sind die Schätzungen der natürlichen Arbeitslosenquo-

te und der potenziellen Partizipationsquote mit Unsicherheit verbunden. So geht etwa die OECD (2016b) von einem Wert von 4,9 % für die gleichgewichtige Arbeitslosenquote aus. Gemessen an diesem Wert wäre der Arbeitsmarkt im Jahresverlauf sogar zeitweise leicht überausgelastet gewesen. Frühere wissenschaftliche Studien weisen zudem deutlich höhere Werte für die natürliche Arbeitslosenquote NAIRU auf (Weidner und Williams, 2011; Daly et al., 2012). Für eine gute Lage am Arbeitsmarkt spricht ferner, dass die Nominallöhne zuletzt wieder stärker anstiegen.

134. Die gute Arbeitsmarktsituation ging mit einem kräftigen Anstieg der realen verfügbaren Einkommen und der privaten Konsumausgaben einher. Positiv auf die Konsumnachfrage dürfte zudem die **verbesserte Vermögenssituation der privaten Haushalte** gewirkt haben (Vermögenseffekt). Hierzu haben die gestiegenen Aktienkurse und Immobilienpreise beigetragen. Es ist davon auszugehen, dass in den Vereinigten Staaten bei einem Anstieg des Nettovermögens um 1 % der private Verbrauch um etwa 0,1 % zunimmt (Iacoviello und Neri, 2010; Projektgruppe Gemeinschaftsdiagnose, 2013). In Relation zum verfügbaren Einkommen stiegen die Nettovermögen seit den Tiefstständen nach der Krise kräftig an und befinden sich nahezu wieder auf dem Niveau der Vorkrisenjahre.

Die bessere Nettovermögensposition fiel mit einer **sinkenden Verschuldungsquote** der privaten Haushalte zusammen. Das nominale Volumen der ausstehenden Hypothekenkredite liegt derzeit sogar noch etwa 10 % unter dem Vorkrisenwert. Die Quote der Hypothekenkredite in Relation zu den verfügbaren Einkommen ist entsprechend seit dem Höchststand im Jahr 2007 um 31 Prozentpunkte gefallen. ↘ ABBILDUNG 10 UNTEN RECHTS

135. Die Erholung am **Immobilienmarkt** hat sich zuletzt verlangsamt. Nach zum Teil kräftigen Anstiegen der Investitionen in Wohnbauten war zur Jahresmitte 2016 ein Rückgang der Bautätigkeit zu verzeichnen. Insgesamt ist immer noch davon auszugehen, dass ein gewisser Nachholbedarf seitens der Wohnungsbauinvestitionen vorhanden ist. Darauf deuten Indikatoren wie die Baugenehmigungen, Baufertigstellungen oder die relativ niedrige Wohnungsbauinvestitionsquote hin. Die Hauspreise sind seit dem vergangenen Jahr weiter gestiegen. Der Hauspreisindex der Federal Housing Finance Agency (FHFA) liegt seit Ende des Jahres 2015 nominal über den Vorkrisenhöchstständen. Bereinigt um die Verbraucherpreisinflation liegen die Hauspreise aber noch deutlich unter den Höchstständen des Jahres 2007.

136. Die **US-amerikanische Zentralbank Fed** hat am Jahresende 2015 zum ersten Mal seit Juni 2006 ihren Leitzins erhöht. Seitdem hat die Fed den Leitzins aber nicht weiter angehoben. Im Dezember 2015 lagen die Medianwerte der Prognosen der Mitglieder des Federal Open Market Committee (FOMC) für die Steigerungsraten der Konsumentenpreise und des BIP im Jahr 2016 bei 1,6 % beziehungsweise 2,4 %. Aufgrund dieser Erwartungen wurden für den Leitzins weitere Zinserhöhungen unterstellt, sodass zum Jahresende 2016 ein Niveau von 1,4 % erreicht worden wäre.

Jedoch mussten diese Konjunkturerwartungen im bisherigen Jahresverlauf 2016 nach unten revidiert werden. So blieb der **Preisanstieg** für private Konsumausgaben (PCE) mit durchschnittlich 0,9 % gegenüber dem Vorjahresmonat bisher deutlich **unter dem Zielwert** von 2 %. Hierzu trugen maßgeblich die gefallenen Energiepreise und die Aufwertung des US-Dollar bei. Hingegen fällt die Kerninflationsrate deutlich höher aus. Für den PCE-Preisindex lag diese im August 2016 bei 1,7 % und für den Verbraucherpreisindex sogar bei 2,3 %. Die schwache Entwicklung der **Unternehmensinvestitionen** dürfte ebenfalls dazu beigetragen haben, dass die Fed damit zögert, die Zinsen zu erhöhen. Ferner ist davon auszugehen, dass die Ausrichtung der Geldpolitik in anderen Regionen der Welt eine Rolle spielt. Mit einer geldpolitischen Straffung der Fed könnte eine weitere Aufwertung des US-Dollar verbunden sein, mit dämpfenden Effekten auf Konjunktur und Preisentwicklung in den Vereinigten Staaten.

↘ ABBILDUNG 10
Wirtschaftsindikatoren für die Vereinigten Staaten

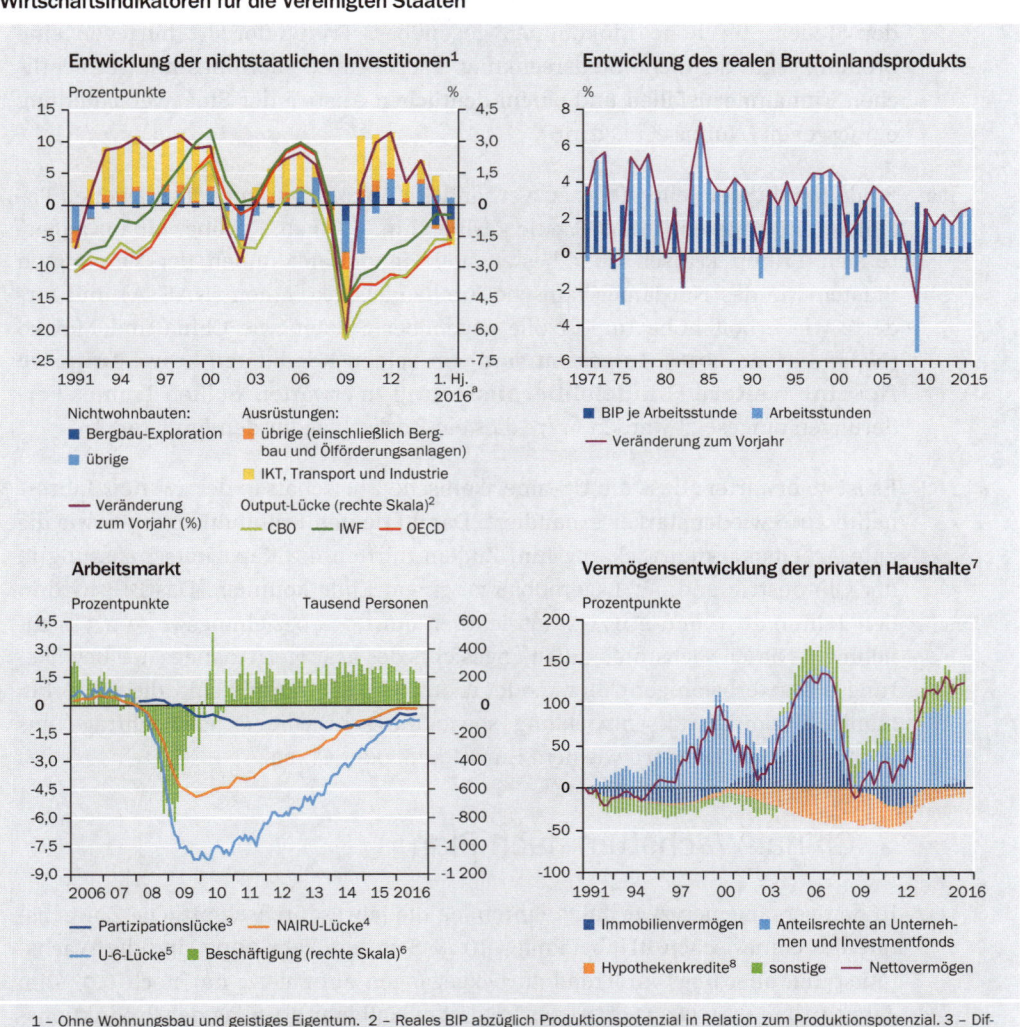

1 – Ohne Wohnungsbau und geistiges Eigentum. 2 – Reales BIP abzüglich Produktionspotenzial in Relation zum Produktionspotenzial. 3 – Differenz zwischen tatsächlicher und potenzieller Partizipationsquote (eigene Berechnung anhand einer Schätzung des CBO, 2016). 4 – Strukturelle Arbeitslosenquote (CBO, 2016) abzüglich der Arbeitslosenquote. 5 – Vorkrisendurchschnitt der Arbeitslosenquote U-6 (8,9 % für den Zeitraum 1994 bis 2007) abzüglich der Arbeitslosenquote U-6 (Arbeitslose zuzüglich Personen, die theoretisch dem Arbeitsmarkt zur Verfügung stehen, und Teilzeitbeschäftigten, die eine Vollzeitstelle suchen, in Relation zu den zivilen Erwerbspersonen zuzüglich der Personen, die theoretisch dem Arbeitsmarkt zur Verfügung stehen). 6 – Veränderung zum Vormonat. 7 – In Relation zum verfügbaren Einkommen; Veränderung der Quoten im Vergleich zum 1. Quartal 1991; einschließlich private Organisationen ohne Erwerbszweck. 8 – Negativer Wert entspricht einem Anstieg. a – Investitionen: annualisierte Veränderungen zum Vorhalbjahr. Output-Lücke: Schätzungen für das Gesamtjahr 2016.

Quellen: BEA, BLS, CBO, Europäische Kommission, Fed, IWF, OECD, eigene Berechnungen
© Sachverständigenrat | 16-348

137. Von der **Fiskalpolitik** werden im Jahr 2016 wohl keine Impulse auf die Konjunktur ausgehen. In den vergangenen Jahren wurde das öffentliche Finanzierungsdefizit im Wesentlichen dadurch reduziert, dass die Einnahmen deutlich stärker stiegen als die Ausgaben. Gegenüber einem Defizit in Höhe von 2,5 % im Fiskaljahr 2015 geht das CBO für das Jahr 2016 von einem Anstieg des Defizits auf dann 3,2 % aus. Im März 2017 läuft eine im Jahr 2015 beschlossene Aussetzung der gesetzlichen Schuldenobergrenze aus. Inwiefern hieraus erneute politische Unsicherheiten entstehen, hängt insbesondere vom Ausgang der **Präsidentschaftswahl** am 8. November 2016 ab.

138. Fiskalpolitisch planen die beiden aussichtsreichsten Kandidaten, Clinton und Trump, die öffentlichen Investitionen auszuweiten. Im Wahlprogramm von Clinton sind zusätzliche Mehrausgaben für die Finanzierung der Hochschulausbildung vorgesehen. Den **Ausgabensteigerungen** steht bei ihr eine Erhöhung der Steuern für hohe Einkommen gegenüber. Trump fordert hingegen eine breitangelegte deutliche Steuersenkung. Diese würde allerdings mit beträchtlichen Einnahmeausfällen und einem deutlichen Anstieg der Staatsverschuldung einhergehen (Nunns et al., 2016).

139. Beide Kandidaten lehnen das ausverhandelte Abkommen mit verschiedenen Pazifikanrainerstaaten (Trans-Pacific Partnership, TPP) ab. Darüber hinaus äußerte sich Trump kritisch über bestehende Handelsabkommen der Vereinigten Staaten wie das Nordamerikanische Freihandelsabkommen (NAFTA) und forderte wiederholt hohe Importzölle gegenüber Staaten wie China und Mexiko (Noland et al., 2016). Insgesamt sind von beiden Kandidaten **keine Impulse für eine weitere Handelsliberalisierung** zu erwarten. Sollten Trumps Forderungen umgesetzt werden, wäre dies ein Rückschlag für den Freihandel.

140. Es ist zu erwarten, dass die US-amerikanische Wirtschaft in der zweiten Jahreshälfte 2016 wieder stärker expandiert. Darauf deuten Frühindikatoren sowie die gute Arbeitsmarktentwicklung hin. Zudem dürften die Kapazitätsanpassung in der Ölindustrie und der Lagerabbau zu einem Ende kommen. Das BIP wird in den Jahren 2016 und 2017 voraussichtlich um 1,5 % beziehungsweise 2,3 % zunehmen. Die Zuwachsraten fallen angesichts des kräftigen Anstiegs der Bevölkerung im erwerbsfähigen Alter moderat aus. Gründe hierfür sind die weiterhin mäßige Produktivitätsentwicklung sowie die schwache Exportnachfrage aus wichtigen Absatzländern wie dem Euro-Raum oder China.

2. China: Wachstum nach Plan

141. In den vergangenen zwei Jahrzehnten lag die jahresdurchschnittliche Zuwachsrate des chinesischen BIP bei knapp 10 %. Seit dem Jahr 2007 sind die Wachstumsraten allerdings im Trend zurückgegangen auf zuletzt nur noch 6,9 % im Jahr 2015. ↘ ABBILDUNG 11 OBEN LINKS Im ersten Halbjahr 2016 lag der Produktionsanstieg annualisiert mit knapp 6 % sogar noch niedriger. Jedoch war im zweiten Quartal eine deutliche Belebung zu beobachten.

142. Die **Investitionen** tragen immer weniger zum Wachstum bei. ↘ ABBILDUNG 11 OBEN LINKS Während ihr Beitrag zum Wirtschaftswachstum im Zeitraum von 2006

bis 2010 durchschnittlich 6,3 Prozentpunkte betragen hatte, waren es in den vergangenen fünf Jahren nur noch 3,6 Prozentpunkte. Dabei ist das Wachstum der nichtstaatlichen Bruttoanlageinvestitionen kontinuierlich gesunken und zuletzt fast zum Erliegen gekommen. ↘ ABBILDUNG 11 OBEN RECHTS

143. In der Vergangenheit hat die chinesische Führung stark von ihren wirtschaftspolitischen Möglichkeiten Gebrauch gemacht, um die Ziele ihrer Fünfjahrespläne zu erreichen. Die **Fiskalpolitik** ist daher bereits stark expansiv. Das strukturelle Defizit der Regierung lag im Jahr 2015 bei 2,4 % (IWF, 2016a). Dabei sind die außerbudgetären Ausgaben, beispielsweise der regionalen Regierungen, noch nicht eingerechnet. Diese können in China bis zu 8,4 % des BIP ausmachen (JG 2014 Ziffer 115). ↘ ABBILDUNG 129 Seit Anfang des Jahres 2016 versucht der Staat zudem verstärkt, das sinkende Wachstum der Bruttoanlageinvestitionen mit staatlichen Investitionen auszugleichen. ↘ ABBILDUNG 11 OBEN RECHTS Daneben

↘ ABBILDUNG 11
Wirtschaftsindikatoren für China

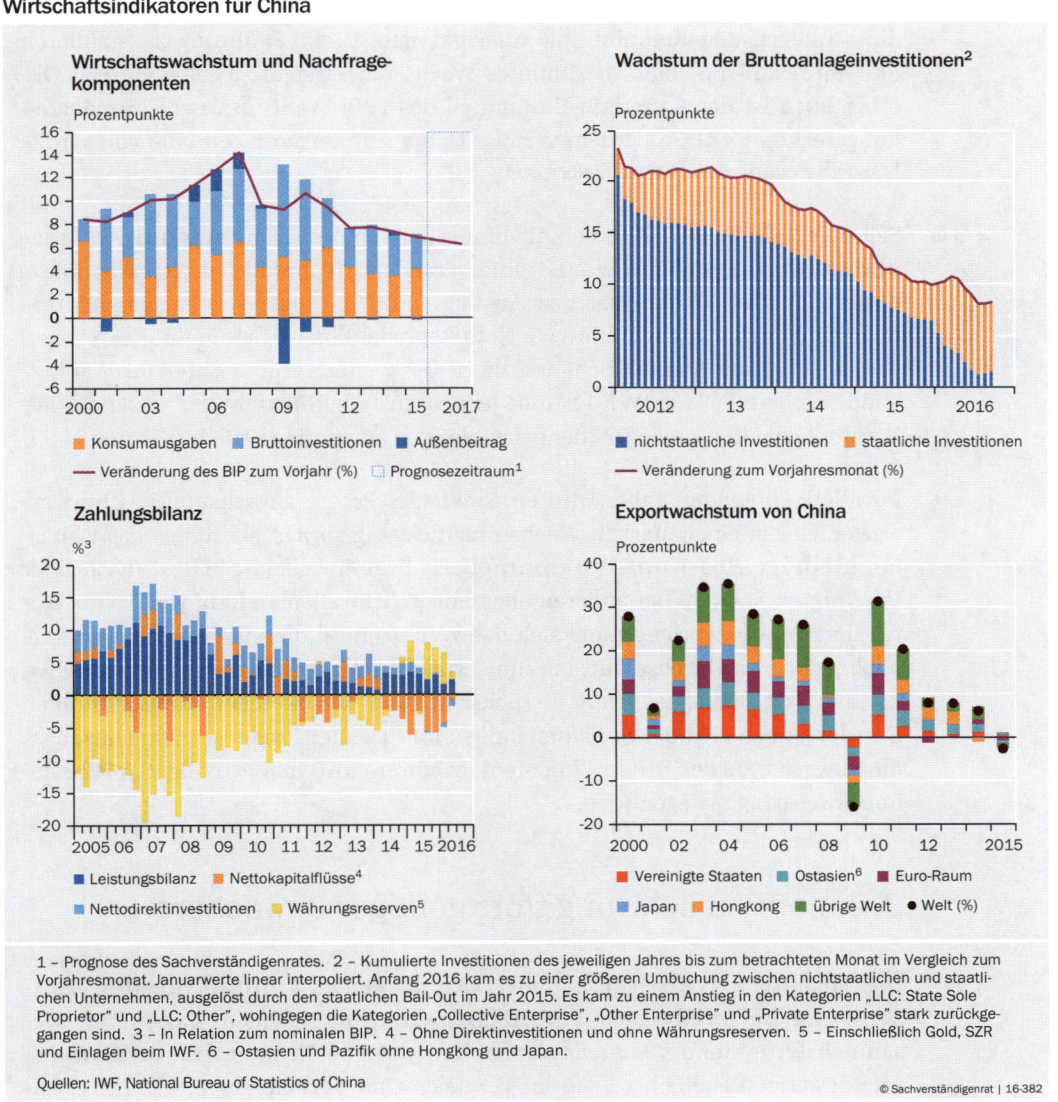

1 – Prognose des Sachverständigenrates. 2 – Kumulierte Investitionen des jeweiligen Jahres bis zum betrachteten Monat im Vergleich zum Vorjahresmonat. Januarwerte linear interpoliert. Anfang 2016 kam es zu einer größeren Umbuchung zwischen nichtstaatlichen und staatlichen Unternehmen, ausgelöst durch den staatlichen Bail-Out im Jahr 2015. Es kam zu einem Anstieg in den Kategorien „LLC: State Sole Proprietor" und „LLC: Other", wohingegen die Kategorien „Collective Enterprise", „Other Enterprise" und „Private Enterprise" stark zurückgegangen sind. 3 – In Relation zum nominalen BIP. 4 – Ohne Direktinvestitionen und ohne Währungsreserven. 5 – Einschließlich Gold, SZR und Einlagen beim IWF. 6 – Ostasien und Pazifik ohne Hongkong und Japan.

Quellen: IWF, National Bureau of Statistics of China

hat die **Geldpolitik** mit expansiven Maßnahmen dafür gesorgt, dass die kurzfristigen Realzinsen nur noch knapp über Null liegen.

144. Der Außenhandel trägt kaum zum Anstieg des BIP bei. ↘ ABBILDUNG 11 OBEN LINKS Im Jahr 2015 sind die chinesischen Exporte sogar gesunken. Die **schwache Ausfuhrentwicklung** ist unter anderem auf die effektive Aufwertung des Renminbi seit dem Jahreswechsel 2014/15 zurückzuführen (JG 2015 Ziffer 149). Regional sind in den zurückliegenden Jahren vor allem die Wachstumsbeiträge der Vereinigten Staaten, Hongkongs und des Euro-Raums zum chinesischen Exportwachstum auffällig zurückgegangen. ↘ ABBILDUNG 11 UNTEN RECHTS

Im August 2015 ließ die Regierung eine Abwertung des Renminbi zu. Um die Währung zu stützen und die Abwertung zu steuern, reduzierte China seit dem Jahr 2014 seine Währungsreserven um fast 20 %. Nach wie vor sind die Währungsreserven des Landes aber sehr hoch. Seit November 2015 hat die chinesische Zentralbank eine Orientierung weg vom US-Dollar hin zu einem Währungskorb vorgenommen, der aus 13 Währungen besteht. Damit verbunden ist die Strategie, den Renminbi als internationale Reservewährung zu etablieren und ein flexibleres, marktbestimmtes Wechselkurssystem zu schaffen. Seit Oktober 2016 ist der Renminbi Bestandteil des IWF-Währungskorbs (Sonderziehungsrechte, SZR). Außerdem verfolgt China seit längerer Zeit eine vorsichtige Liberalisierung des Finanzsystems.

145. Seit dem Jahr 2014 haben sich die hinter dem chinesischen **Leistungsbilanzüberschuss** liegenden Finanzströme verändert. Während die Nettokapitalexporte früher vor allem über den Anstieg von Währungsreserven zustande kamen, sind es nun vor allem private Nettokapitalabflüsse. ↘ ABBILDUNG 11 UNTEN LINKS Dies wird oft mit Kapitalflucht assoziiert. Der weitaus größte Anteil des Kapitalabflusses besteht laut IWF (2016b) jedoch aus der Rückzahlung ausländischer Verbindlichkeiten sowie Dividendenzahlungen an ausländische Investoren.

146. Für die kommenden Jahre wird ein sinkendes Potenzialwachstum in China erwartet. Gegen einen starken Wachstumsrückgang spricht allerdings das weiterhin **niedrige Pro-Kopf-Einkommen**. Es liegt etwa bei 25 % des Niveaus der Vereinigten Staaten. Bei anderen ehemaligen Schwellenländern, wie Japan, Korea und Taiwan, verlangsamte sich das Wachstum in diesem Bereich zwar, verblieb jedoch im Durchschnitt bis zum Erreichen deutlich höherer Einkommensniveaus klar über 5 %. Unter Berücksichtigung der aktuellen konjunkturellen Entwicklungen geht der Sachverständigenrat in seiner Prognose davon aus, dass die Zuwachsrate des BIP in China in den Jahren 2016 und 2017 bei 6,6 % beziehungsweise 6,3 % liegen wird.

3. Japan: Aufschwung trotz geringer Zuwachsraten

147. Die japanische Wirtschaft befindet sich in einem **konjunkturellen Aufschwung bei niedrigem Potenzialwachstum**. Nachdem das BIP im Gesamtjahr 2015 um 0,5 % zugenommen hatte, betrug die annualisierte Zuwachsrate des ersten Halbjahrs 2016 im Vergleich zum Vorhalbjahr 0,8 %. Dabei ha-

ben sich die Wachstumskräfte im Zeitverlauf verschoben. Während im vergangenen Jahr die Expansion der Wirtschaft zum Großteil durch den Außenbeitrag erklärt werden konnte, haben in diesem Jahr vor allem die Konsumausgaben zugenommen. Die Schwächephase des privaten Verbrauchs nach der Mehrwertsteuererhöhung im Jahr 2014 hat sich somit nicht fortgesetzt. Im Gegensatz hierzu ist seit Jahresende 2015 die Auslandsnachfrage rückläufig. Maßgeblich hierfür waren die schwächere Nachfrage aus China sowie die deutliche reale effektive Aufwertung des Yen um über 20 % seit Mitte des Jahres 2015.

148. Trotz der moderaten Wachstumsraten verbessert sich die Situation auf dem **Arbeitsmarkt** kontinuierlich. ↘ ABBILDUNG 12 OBEN LINKS Seit Jahresbeginn 2013 hat die Anzahl der Erwerbstätigen um 1,34 Millionen Personen zugenommen. Seit Jahresanfang 2016 konnten etwa 380 000 Personen eine neue Anstellung finden. Parallel ist die Arbeitslosigkeit bis August 2016 auf 3,1 % gefallen. Gleichzeitig hat die Anzahl der Erwerbspersonen zugenommen. Dies lässt sich durch die steigende Partizipationsrate erklären, insbesondere bei Älteren und Frauen. Es ist zu erwarten, dass die gute Entwicklung am Arbeitsmarkt weiter anhält. So war bis zuletzt ein **stetiger Anstieg der Anzahl offener Stellen** zu beobachten. Jedoch geht der Aufschwung auf dem Arbeitsmarkt nicht mit kräftigen Nominallohnsteigerungen einher. Infolgedessen betrug die Kerninflation im August 2016 nur 0,2 % im Vergleich zum Vorjahresmonat. Die Verbraucherpreisinflation befand sich zuletzt aufgrund fallender Rohstoffpreise und der Währungsaufwertung sogar im negativen Bereich.

149. Die niedrige Arbeitslosigkeit lässt sich auf zwei Faktoren zurückführen. Zum einen haben die **Geld- und Fiskalpolitik** starke expansive Effekte auf die Konjunktur. So wurde die bereits vom Jahr 2015 auf das Jahr 2017 verschobene Erhöhung der Mehrwertsteuer nun auf das Jahr 2019 vertagt. Stattdessen plant die Regierung jetzt in den Jahren 2016 und 2017 Mehrausgaben in Höhe von insgesamt etwa 1,5 % des BIP. Die BoJ hat zu Jahresbeginn 2016 negative Einlagezinsen eingeführt und im Juli ihre Wertpapieraufkaufprogramme deutlich ausgeweitet. Im September beschloss sie, zukünftig die Zinsstrukturkurve durch flexiblere Wertpapierankäufe zu kontrollieren, sodass die langfristigen Zinsen einem vorgegebenen Zielwert entsprechen. Darüber hinaus kündigte die BoJ an, ein eventuelles Überschießen des Inflationsziels zu tolerieren, bis die Inflationsraten stabil über dem Zielwert liegen. Eine Einschätzung in Bezug auf die Effektivität dieser Maßnahmen ist mit hoher Unsicherheit verbunden.

150. Zum anderen hat der **demografische Wandel** große Effekte auf das Arbeitsangebot. Die japanische Bevölkerung altert rapide. Die Anzahl der über 64-jährigen Personen ist im Verhältnis zu den Personen im erwerbsfähigen Alter zwischen 15 und 64 Jahren von 36 % im Jahr 2010 auf 45 % im Jahr 2016 angestiegen. Angesichts der restriktiven Zuwanderungspolitik können selbst ein Anstieg der Erwerbsquote sowie der Rückgang der Arbeitslosenzahlen diesen Alterungseffekt nur abmildern. Bei gegebener Arbeitsnachfrage der Unternehmen sorgt der demografiebedingte Rückgang des Arbeitsangebots für eine steigende Auslastung des Arbeitsmarkts. Ferner ist aufgrund des Bevölkerungsrückgangs die Entwicklung des BIP je Einwohner interessant. Dieses ist in Japan seit dem

Jahr 2008 etwa genauso stark angestiegen wie im Vereinigten Königreich. ↘ ABBILDUNG 12 OBEN RECHTS

151. Das schwache **Wachstum des Produktionspotenzials** von aktuell etwa 0,2 % ist jedoch nicht nur darauf zurückzuführen, dass der demografische Wandel das Arbeitsangebot dämpft. ↘ ABBILDUNG 12 UNTEN LINKS Die japanische Wirtschaft zeichnet sich zudem durch eine schwache Produktivitätsentwicklung aus. Ein Vergleich mit anderen entwickelten Volkswirtschaften zeigt, dass hier noch Fortschritte erzielt werden könnten. So lag die japanische Stundenproduktivität nur bei etwa 60 % des US-amerikanischen Niveaus. ↘ ABBILDUNG 12 UNTEN RECHTS Ein Ursache hierfür könnte sein, dass der japanische Arbeitsmarkt stark segmentiert und in weiten Teilen relativ rigide ist.

152. Für den **Prognosezeitraum** rechnet der Sachverständigenrat mit einer Fortsetzung des Aufschwungs der japanischen Wirtschaft. Bei dem niedrigen Potenzialwachstum dürften die Produktionskapazitäten daher eine höhere Auslastung

↘ ABBILDUNG 12
Wirtschaftsindikatoren für Japan

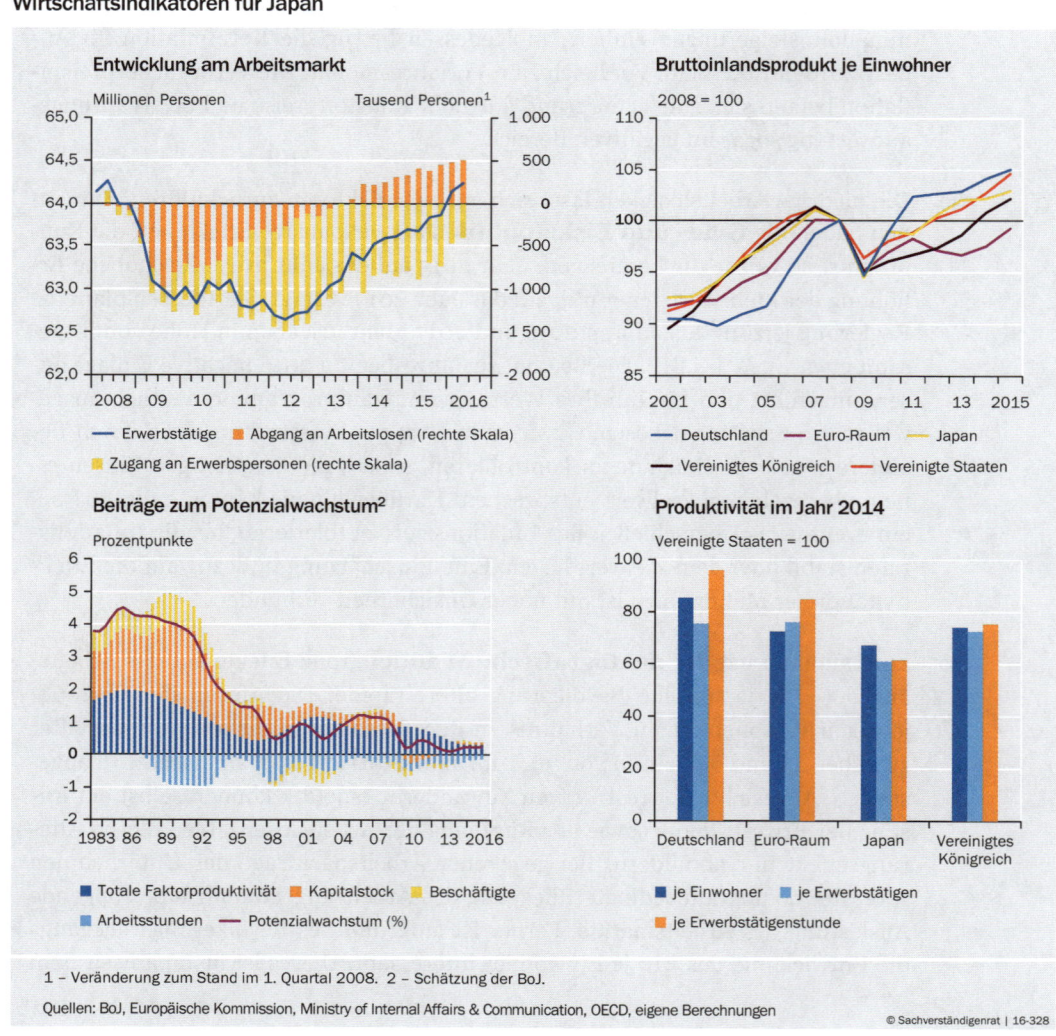

1 – Veränderung zum Stand im 1. Quartal 2008. 2 – Schätzung der BoJ.
Quellen: BoJ, Europäische Kommission, Ministry of Internal Affairs & Communication, OECD, eigene Berechnungen

aufweisen und zu leicht anziehenden Inflationsraten beitragen. Insgesamt ist davon auszugehen, dass das BIP im Jahr 2017 mit 0,7 % zunehmen wird, nach 0,6 % im Jahr 2016.

4. Vereinigtes Königreich: Eintrübung nach Brexit-Votum

153. Die Wirtschaft des Vereinigten Königreichs expandierte bis zum zweiten Quartal des Jahres 2016 kräftig. ↘ ABBILDUNG 13 OBEN LINKS Das BIP stieg im ersten Halbjahr 2016 annualisiert um 2,2 % gegenüber dem Vorhalbjahr. Das überraschende Ergebnis **der Volksbefragung** am 23. Juni 2016 löste jedoch eine Schockwelle auf den Finanz- und Devisenmärkten aus. Kurzfristig kam es zu großen Aktienkursverlusten und einer drastischen Abwertung des Britischen Pfund gegenüber dem Euro um etwa 9 % innerhalb der ersten Woche. Zudem erhöhte sich die politische Unsicherheit deutlich. Gleichzeitig trübte sich die Zuversicht von Verbrauchern sowie Unternehmen ein. ↘ ZIFFER 299 Viele Prognostiker reagierten hierauf mit kräftigen Abwärtsrevisionen des britischen Wirtschaftsausblicks. ↘ ABBILDUNG 13 OBEN RECHTS

154. In den ersten Wochen nach der Volksbefragung lagen zunächst kaum Indikatoren vor, mit denen die realwirtschaftlichen Reaktionen darauf zuverlässig eingeschätzt werden konnten. Zudem existieren **keine Erfahrungswerte aus der Vergangenheit**. Als Grundlage für die ersten Prognosen nach dem Referendum dienten daher oft Simulationsstudien, die vor dem Referendum erstellt wurden (wie etwa Baker et al., 2016; OECD, 2016c). Die tatsächliche Entwicklung der zurückliegenden Monate hat inzwischen gezeigt, dass viele Annahmen dieser früheren Simulationen nicht eingetroffen sind. So zeigt sich etwa trotz aller politischen Unklarheit in den Volatilitätsindizes kein anhaltender Anstieg der Unsicherheit auf den Finanzmärkten. ↘ ABBILDUNG 37

155. Der Sachverständigenrat stützt seine Kurzfristprognose für das Vereinigte Königreich auf eine ökonometrische Analyse der verfügbaren Monatsindikatoren. Hierzu wird im ersten Schritt eine große Anzahl von Einzelprognosen für die Entwicklung des BIP bis zum Jahresende 2016 erstellt. Anschließend wird im zweiten Schritt die Verteilung der Einzelprognosen bestimmt und hieraus die Punktprognose für das BIP abgeleitet. In der Gesamtschau lassen die Indikatoren keinen Konjunktureinbruch erwarten. ↘ ABBILDUNG 13 UNTEN Die Modellergebnisse deuten eher darauf hin, dass im dritten und vierten Quartal jeweils mit positiven Zuwachsraten in Höhe von etwa 0,3 % bis 0,5 % gerechnet werden kann. Bemerkenswert ist allerdings, dass die Verteilung der Prognosen linksschief ist. Dies ist ein Hinweis darauf, dass die **negativen Risiken für diese Prognose überwiegen**.

Aus technischer Sicht basiert diese Prognose auf etwa 40 Konjunkturindikatoren, die alle wesentlichen Teile der britischen Wirtschaft abdecken. Beispiele sind Produktionsindizes verschiedener Wirtschaftsbereiche, Einzelhandelsumsätze, Arbeitsmarktindikatoren, Auftragseingänge, Finanzmarktvariablen, Außenhandelsdaten, Unsicherheitsindikatoren und

Kapitel 2 – Internationale Konjunktur: Geldpolitik nicht überfordern

Stimmungsindikatoren. Mit Hilfe von einfachen ökonometrischen Gleichungen werden aus jedem einzelnen Indikator und aus Kombinationen von bis zu vier Indikatoren Prognosen für das BIP abgeleitet. Zusätzlich wird die Spezifikation der Gleichung variiert. Insgesamt erhält man auf diese Weise etwa 89 000 Einzelprognosen für die Entwicklung des BIP im dritten und vierten Quartal 2016. Das hier gewählte Vorgehen ähnelt den Ansätzen für die Kurzfristprognose einiger Forschungsinstitute (Carstensen et al., 2009; IWH, 2011; RWI, 2011) und wird bei der Prognose des Sachverständigenrates für alle wichtigen Industrieländer angewendet.

156. Der Sachverständigenrat geht vor diesem Hintergrund davon aus, dass es zu **keinem dramatischen Einbruch** der Konjunktur im Vereinigten Königreich kommen wird. Sie dürfte sich jedoch sichtbar eintrüben. Dämpfende Effekte sind etwa auf den Beschäftigungsaufbau und die Investitionstätigkeit zu erwarten. Beim Konsum der privaten Haushalte ist nur mit einem moderaten Effekt zu rechnen. Dabei ist allerdings zu beachten, dass die Konsumzuwächse des bisherigen Aufschwungs zu Teilen aus einem Rückgang der Sparquote finanziert

↘ ABBILDUNG 13
Konjunkturprognose für das Vereinigte Königreich

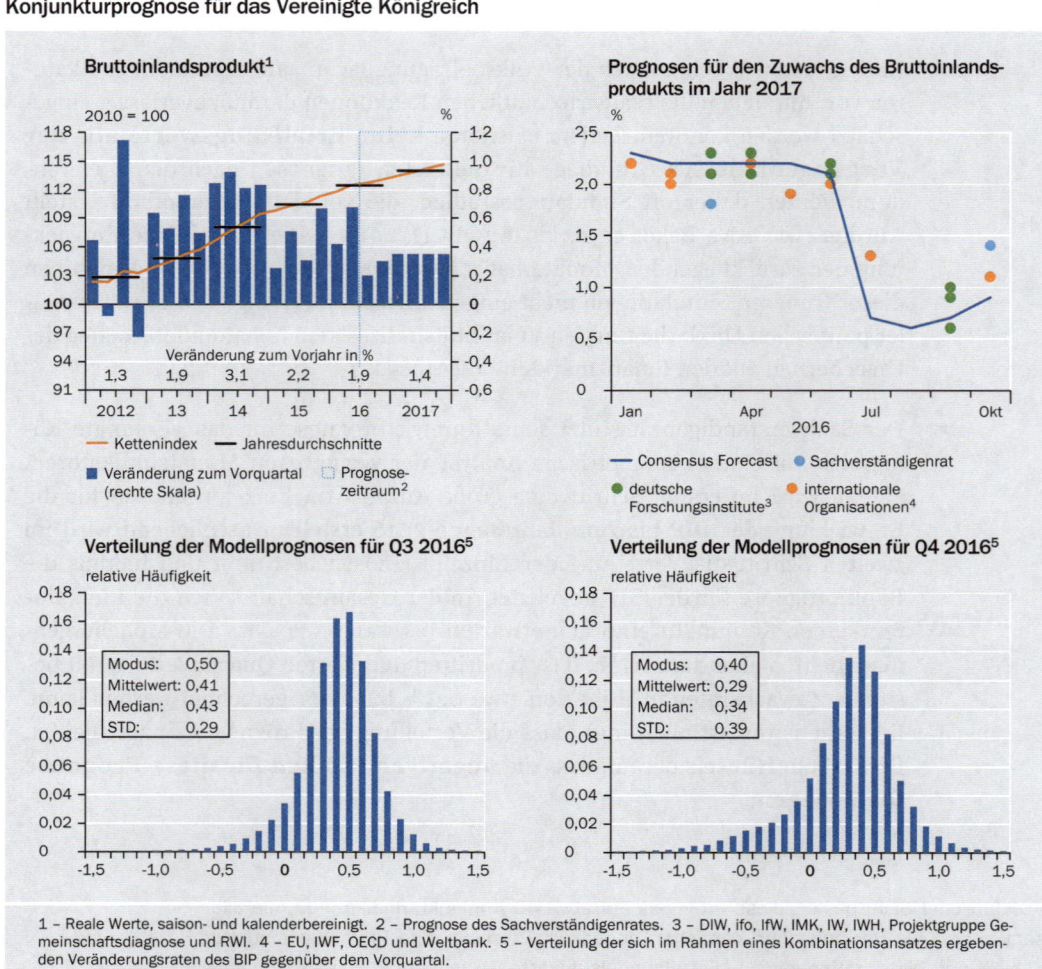

1 – Reale Werte, saison- und kalenderbereinigt. 2 – Prognose des Sachverständigenrates. 3 – DIW, ifo, IfW, IMK, IW, IWH, Projektgruppe Gemeinschaftsdiagnose und RWI. 4 – EU, IWF, OECD und Weltbank. 5 – Verteilung der sich im Rahmen eines Kombinationsansatzes ergebenden Veränderungsraten des BIP gegenüber dem Vorquartal.

Quellen: BoE, eigene Berechnungen

© Sachverständigenrat | 16-393

wurden (JG 2015 Ziffern 161 ff.). Die politisch unsichere Lage lässt keinen weiteren Rückgang der Sparquote erwarten. Insgesamt prognostiziert der Sachverständigenrat für die Jahre 2016 und 2017 Zuwachsraten des BIP in Höhe von 1,9 % beziehungsweise 1,4 %.

III. EURO-RAUM: ERHOLUNG BEI ZU GERINGEN STRUKTURELLEN FORTSCHRITTEN

157. Im Euro-Raum hat sich die **konjunkturelle Erholung** im bisherigen Jahresverlauf 2016 fortgesetzt. Seit nunmehr drei Jahren steigt die gesamtwirtschaftliche Produktion kontinuierlich an. In den meisten Quartalen überstiegen die Zuwachsraten dabei deutlich das von der Europäischen Kommission geschätzte Potenzialwachstum. Das BIP hat im ersten Halbjahr 2016 im Vergleich zum Vorhalbjahr annualisiert um 1,8 % zugenommen und dabei das Potenzialwachstum von 0,8 % um einen Prozentpunkt übertroffen. Problematisch ist allerdings, dass ein wesentlicher Teil des Wachstums auf die expansive Geldpolitik zurückgeht. Gleichzeitig nutzen die Regierungen der Mitgliedstaaten die ungewöhnlich günstige Lage nicht hinreichend, um die Staatshaushalte nachhaltig zu verbessern und marktorientierte Strukturreformen durchzuführen.

1. Konjunkturelle Lage

158. Die Wirtschaftsleistung des Euro-Raums hat im Zuge der konjunkturellen Erholung inzwischen das Vorkrisenniveau des Jahres 2008 übertroffen, bei großer Heterogenität zwischen den Mitgliedstaaten. Zudem wurde die **Produktionslücke merklich verringert,** und auf dem Arbeitsmarkt schreitet die Erholung voran. ↘ ABBILDUNG 14 OBEN UND UNTEN RECHTS Die Beschäftigung hat in den zurückliegenden Jahren sichtbar zugenommen, und die Arbeitslosenquote liegt mit einem Wert von 10,1 % auf dem niedrigsten Stand seit dem Jahr 2011. Getragen wird die konjunkturelle Erholung vor allem von der Binnennachfrage. Insbesondere die privaten Haushalte erhöhen beständig ihre **Konsumnachfrage**. ↘ ABBILDUNG 14 UNTEN LINKS Dies reflektiert die Einkommenszuwächse infolge der Wende auf dem Arbeitsmarkt. Darüber hinaus hat der Ölpreisverfall zum Anstieg der realen verfügbaren Einkommen beigetragen. ↘ ABBILDUNG 15 RECHTS Der Außenbeitrag lieferte bis ins erste Quartal 2016 eher geringe Wachstumsimpulse. Im zweiten Quartal 2016 kompensierte er aber eine vorübergehend schwächere Binnennachfrage.

159. Nachfrageseitige Impulse kamen im ersten Halbjahr 2016 außerdem von den **Investitionen**. Damit setzt sich der Mitte des Jahres 2013 begonnene Anstieg weiter fort. Im Jahr 2015 legten die Investitionen um 3,1 % zu und hier insbesondere die Ausrüstungsinvestitionen. Insgesamt lassen die Zahlen darauf schließen, dass sich die Absatzaussichten der Unternehmen allmählich verbessern und der Abbau von Überkapazitäten langsam zu einem Ende kommt. Allerdings befinden sich die aktuellen Zuwachsraten der Investitionen immer noch

auf einem niedrigen Niveau. Die Unternehmen agieren weiterhin zurückhaltend und scheinen keinen kräftigen und anhaltenden Aufschwung zu erwarten. In den meisten Mitgliedstaaten liegt das Volumen der Investitionen zudem weit unter den Vorkrisenwerten. ↘ ABBILDUNG 15 LINKS Die Investitionsquoten sind trotz der jüngsten Belebung gering.

160. Die wirtschaftliche Erholung im gesamten Euro-Raum ist durch eine **hohe Heterogenität** zwischen den einzelnen Mitgliedstaaten gekennzeichnet. Sie lassen sich hinsichtlich ihrer konjunkturellen Lage in drei Gruppen aufteilen. ↘ TABELLE 4 ANHANG In der **ersten Gruppe** sind Mitgliedstaaten, deren Wirtschaftsleistung das Vorkrisenniveau mehrheitlich übertrifft, deren Kapazitätsauslastung vergleichsweise hoch ist und deren Arbeitsmärkte in einer guten Verfassung sind. Hierzu zählt unter anderem Deutschland. Das deutsche BIP lag im Jahr 2015 bereits 6,3 % über dem Wert des Jahres 2008, und die Produktionskapazitäten sind seit Beginn des Jahres 2016 überausgelastet. ↘ ZIFFER 219 Zu dieser Gruppe

↘ ABBILDUNG 14
Bruttoinlandsprodukt, Output-Lücke und Arbeitsmarkt im Euro-Raum

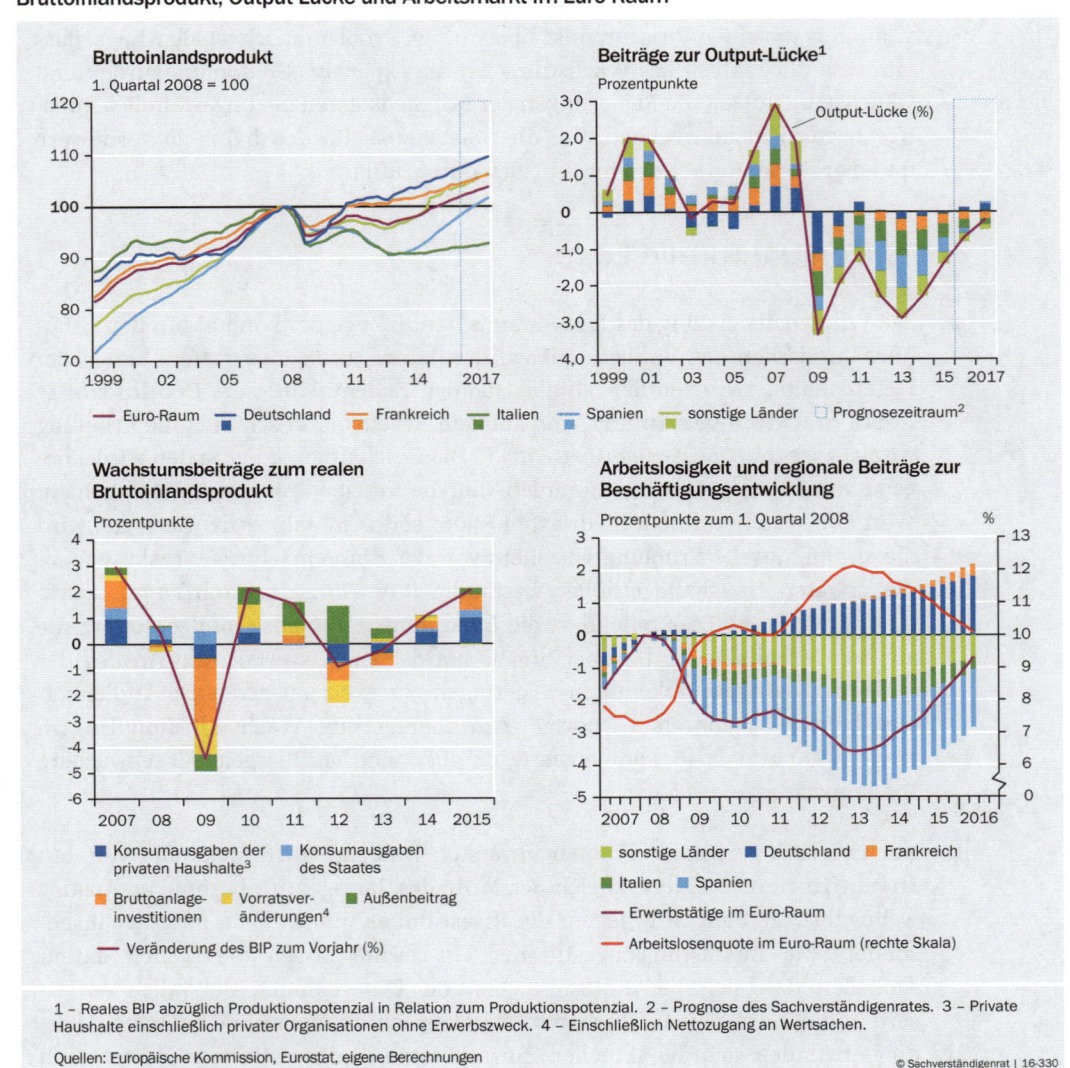

1 – Reales BIP abzüglich Produktionspotenzial in Relation zum Produktionspotenzial. 2 – Prognose des Sachverständigenrates. 3 – Private Haushalte einschließlich privater Organisationen ohne Erwerbszweck. 4 – Einschließlich Nettozugang an Wertsachen.

Quellen: Europäische Kommission, Eurostat, eigene Berechnungen

↘ ABBILDUNG 15
Investitionen und verfügbares Einkommen im Euro-Raum

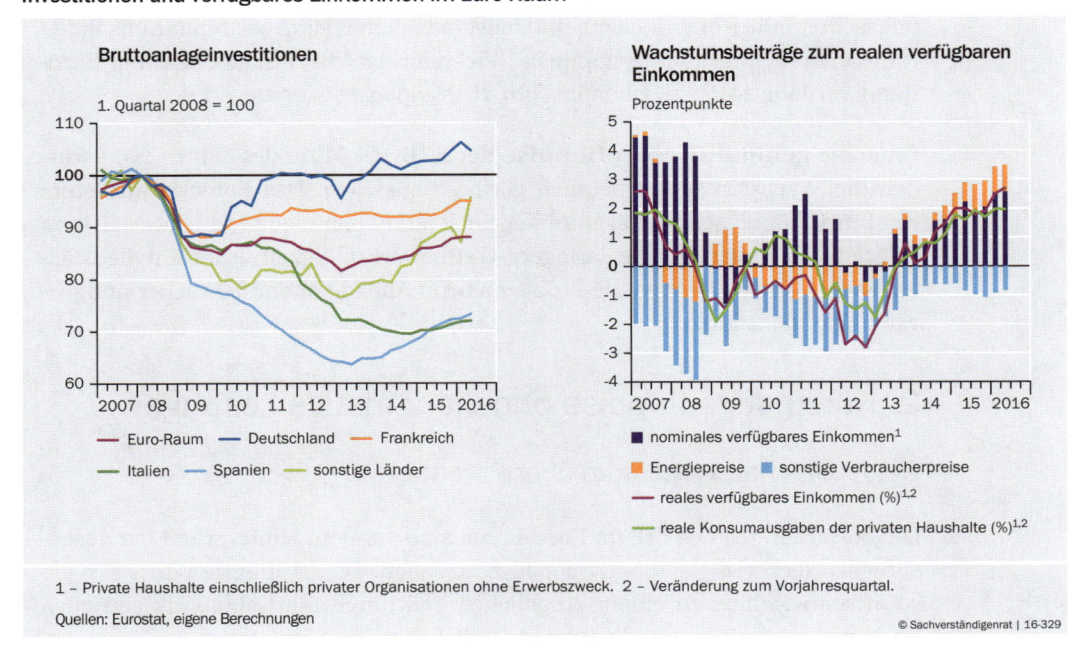

Bruttoanlageinvestitionen
1. Quartal 2008 = 100

— Euro-Raum — Deutschland — Frankreich
— Italien — Spanien — sonstige Länder

Wachstumsbeiträge zum realen verfügbaren Einkommen
Prozentpunkte

■ nominales verfügbares Einkommen[1]
■ Energiepreise ■ sonstige Verbraucherpreise
— reales verfügbares Einkommen (%)[1,2]
— reale Konsumausgaben der privaten Haushalte (%)[1,2]

1 – Private Haushalte einschließlich privater Organisationen ohne Erwerbszweck. 2 – Veränderung zum Vorjahresquartal.
Quellen: Eurostat, eigene Berechnungen
© Sachverständigenrat | 16-329

können zudem die drei baltischen Mitgliedstaaten, das ehemalige Krisenland Irland, Malta und die Slowakei gezählt werden.

161. Die zweite Gruppe lässt sich als das **konjunkturelle Mittelfeld der Währungsunion** beschreiben. Dieser Länderblock umfasst zum einen Staaten, deren Produktionskapazitäten noch deutlich unterausgelastet sind, deren Entwicklung in der jüngeren Vergangenheit aber recht positiv war. Dies gilt etwa für Spanien, Luxemburg, die Niederlande und Slowenien, deren Produktion mit relativ hohem Tempo zum Potenzialniveau strebt. Zum anderen lassen sich in diese Gruppe Mitgliedstaaten mit moderat unterausgelasteten Kapazitäten einsortieren, deren Wachstumstempo aber zuletzt eher schwach war. Hierzu zählen Frankreich, Österreich und Belgien.

162. Die **dritte Gruppe** fasst die Mitgliedstaaten zusammen, deren Wirtschaftsentwicklung kritisch gesehen werden muss. Sie sind mehrheitlich dadurch gekennzeichnet, dass sich ihre Wirtschaft nach der Krise nur schwach erholt hat, die Kapazitäten weiterhin stark unterausgelastet sind und das Potenzialwachstum gering oder gar negativ ist. So liegt etwa die Wirtschaftsleistung von Italien und Griechenland 8 % beziehungsweise 26 % unter dem entsprechenden Wert aus dem Jahr 2008. Zu dieser Gruppe können ferner Portugal, Zypern und Finnland gezählt werden.

163. Die jüngst zu beobachtende Erholung im Euro-Raum wird vor allem durch **geldpolitische Impulse** getragen. Die EZB hat durch ihr Bündel an unkonventionellen Maßnahmen die wirtschaftlichen Rahmenbedingungen für den Euro-Raum deutlich verbessert. Der Euro-Wechselkurs befindet sich auf einem niedrigen Niveau, und die Finanzierungsbedingungen für Unternehmen und Haushalte verbessern sich. Zusätzliche, wenngleich deutlich kleinere Impulse

kommen von der Fiskalpolitik. Die Regierungen in vielen Mitgliedstaaten haben ungeachtet hoher öffentlicher Schuldenstandsquoten keine weiteren Konsolidierungsanstrengungen unternommen. Vielmehr ist die Fiskalpolitik im Euro-Raum im Jahr 2016 wie schon im Jahr 2015 expansiv. ⇘ ZIFFERN 172 FF.

164. Ohne die **geldpolitischen Impulse** der EZB seit Mitte des Jahres 2014 würden die Wachstumsraten deutlich geringer ausfallen. Das Potenzialwachstum des Euro-Raums befindet sich immer noch auf einem niedrigen Niveau. Hierin spiegelt sich weiterhin eine geringere Wettbewerbsfähigkeit vieler Mitgliedstaaten wider. Hinzu kommen die Probleme beim Abbau hoher öffentlicher und privater Schuldenstände.

2. Kurzfristige Impulse ohne langfristige Lösungen

Geldpolitik hält Wachstum über Potenzial

165. Die Zuwachsraten des BIP im Euro-Raum sind vor dem Hintergrund der ausgesprochen lockeren Geldpolitik der EZB zu sehen. Da die jüngste positive Wirtschaftsentwicklung zu einem erheblichen Teil durch die Geldpolitik getrieben ist, kann nicht von einer selbsttragenden Erholung gesprochen werden.

166. Aus Sicht des Sachverständigenrates ist die **Geldpolitik der EZB** für den Euro-Raum momentan **nicht angemessen**. ⇘ ZIFFERN 454 FF. Insbesondere die Vielzahl an unkonventionellen Maßnahmen lässt sich mit den aktuellen Konjunkturdaten nur schwer in Einklang bringen. Es gibt angesichts des immer noch positiven Potenzialwachstums wenig Evidenz für einen dramatisch gefallenen, womöglich sogar negativen Gleichgewichtszins. Ferner befinden sich die – vorwiegend infolge des Ölpreisverfalls gesunkene – Verbraucherpreisinflation von zuletzt 0,2 % und die aktuelle Produktionslücke von etwa −1,4 % nicht in einem Bereich, der die aktuelle geldpolitische Ausrichtung rechtfertigen könnte. ⇘ ZIFFERN 407 FF. Ein Großteil der Lockerungsmaßnahmen der EZB seit Jahresmitte 2014 wirkt folglich wie ein diskretionärer geldpolitscher Impuls auf die gesamtwirtschaftliche Nachfrage. Die auf diesem Weg erzeugte Dynamik ist aber nur von kurzer Dauer, sie dürfte bereits im Prognosezeitraum wieder an Kraft verlieren. Zudem birgt sie das Risiko von Fehlallokationen infolge einer Verzerrung der Marktpreise.

167. Die EZB hat ihre Geldpolitik in den zurückliegenden Jahren stark gelockert. ⇘ ZIFFERN 377 FF. So wurden der Hauptrefinanzierungssatz auf 0 % und der Einlagezins auf −0,4 % gesenkt. Ferner versorgte die EZB die Banken über mehrjährige Refinanzierungsgeschäfte zu extrem günstigen Finanzierungskonditionen mit Liquidität im Umfang von aktuell 500 Mrd Euro. Zu guter Letzt weitete sie durch ihre Ankaufprogramme für Pfandbriefe, Asset-Backed Securities, Staatsanleihen und inzwischen sogar Unternehmensanleihen ihre Bilanz um über 1 300 Mrd Euro aus (rund 12 % des BIP des Euro-Raums).

168. Die **Lockerungsmaßnahmen** haben sich auf die wirtschaftlichen Rahmenbedingungen des Euro-Raums massiv ausgewirkt. Sie haben die Zinsstrukturkurve so weit nach unten verschoben, dass die Langfristzinsen auf Staatsanleihen ho-

her Bonität negativ wurden. Ferner trugen sie dazu bei, dass die Zinsen für Unternehmenskredite deutlich gefallen sind, die Vermögenspreise stark anstiegen und eine kräftige Abwertung des Euro zu beobachten war. Für die Bewertung der konjunkturellen Lage stellt sich daher die Frage, wie groß der Anteil dieser geldpolitischen Effekte an der Erholung ist.

169. Für die **gesamtwirtschaftlichen Effekte der Geldpolitik** liegen Schätzergebnisse von der EZB (Praet, 2016) und der Deutschen Bundesbank (2016b) vor. Auf Basis von nicht näher spezifizierten Modellen geht die EZB davon aus, dass der Wachstumseffekt der Lockerungsmaßnahmen in den Jahren 2015 und 2016 bei etwa 0,7 beziehungsweise 0,9 Prozentpunkten liegen dürfte. Ihre Berechnungen berücksichtigen die bis März 2016 beschlossenen Maßnahmen (Expanded Asset Purchase Programme (EAPP), Senkung des Einlagezinses und längerfristige Refinanzierungsgeschäfte). Die Deutsche Bundesbank gibt für das Jahr 2015 eine Bandbreite für den Wachstumseffekt von 0,5 bis 0,6 Prozentpunkten an, für das Jahr 2016 von 0,5 bis 1,5 Prozentpunkten. Die Schätzung der Deutschen Bundesbank beruht auf zwei strukturellen Modellen und berücksichtigt lediglich die Maßnahmen des EAPP nach den Plänen von Januar 2015.
↘ ABBILDUNG 16 LINKS UND RECHTS Gemäß den Schätzungen von EZB und Deutscher Bundesbank hatte die Geldpolitik zudem den angestrebten **positiven Effekt auf die Verbraucherpreisinflation**. ↘ ABBILDUNG 16 RECHTS

170. Die Ergebnisse der EZB (Praet, 2016) und der Deutschen Bundesbank (2016b) deuten darauf hin, dass die **Effekte der quantitativen Lockerung beträchtlich** sind. Die Deutsche Bundesbank geht dabei davon aus, dass ihre Ergebnisse in etwa die Bandbreite der Auswirkungen der quantitativen Lockerung, zumindest für die Klasse der DSGE-Modelle, abbilden. Sie weist aber darauf hin,

↘ ABBILDUNG 16
Effekte der geldpolitischen Lockerung auf Wirtschaftswachstum und Verbraucherpreisinflation im Euro-Raum

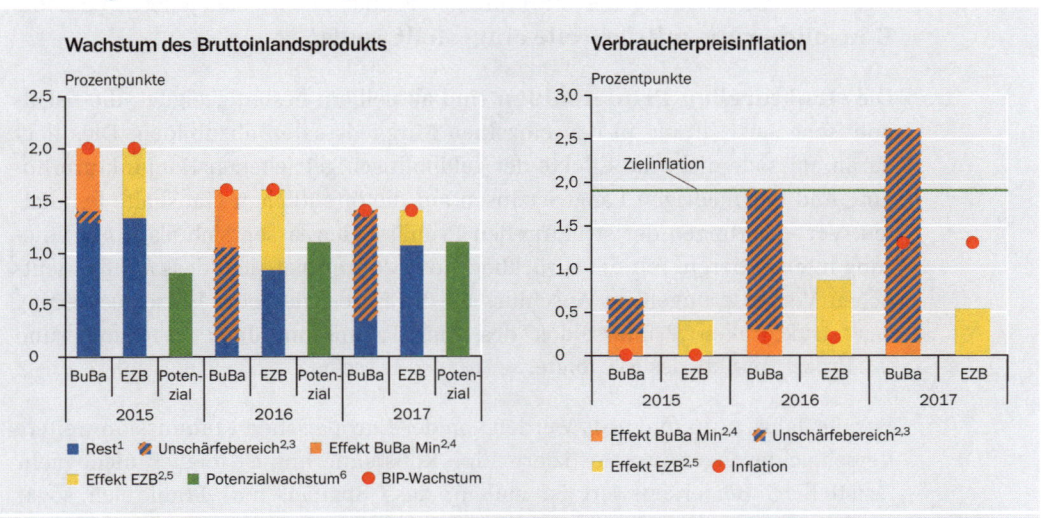

1 – Differenz von tatsächlichem oder erwartetem BIP-Wachstum und den jeweils geschätzten Effekten der Geldpolitik. 2 – Werte aus Abbildungen in den jeweiligen Veröffentlichungen abgelesen. 3 – Unschärfebereich reflektiert die Spannweite der von der Deutschen Bundesbank (2016b) geschätzten Effekte. 4 – Untergrenze der von der Deutschen Bundesbank (2016b) geschätzten Effekte des Expanded Asset Purchase Programme (EAPP). EAPP gemäß der Pläne von Januar 2015. 5 – Von der EZB (Praet, 2016) geschätzter Gesamteffekt des EAPP, der Senkung des Einlagezinses (DFR) und der längerfristigen gezielten Refinanzierungsgeschäfte (TLTRO). 6 – Gemäß Europäischer Kommission.

Quellen: Deutsche Bundesbank, Europäische Kommission, EZB

dass die Obergrenze der Effekte wohl als zu optimistisch angesehen werden könne und dass die Schätzergebnisse mit einer hohen Unsicherheit verbunden seien. Weder die EZB noch die Deutsche Bundesbank nennen exakte Werte, sodass die hier erwähnten Werte mit einem Ablesefehler behaftet sind. ⊻ ABBILDUNG 16

171. Aufgrund der diskretionären Eigenschaft eines Großteils der durch die EZB seit Jahresmitte 2014 ergriffenen Maßnahmen sind die Ergebnisse so zu interpretieren, dass etwa ein Drittel des derzeitigen Wirtschaftswachstums von der Geldpolitik induziert wurde. Kontrastiert man das tatsächliche Wachstum von etwa 2 % mit dem von der Europäischen Kommission (2016a) geschätzten Potenzialwachstum in Höhe von unter 1 %, wird deutlich, dass der Aufschwung im Euro-Raum sehr stark von den diskretionären Maßnahmen der Geldpolitik in den zurückliegenden zwei Jahren lebt. Die konjunkturelle Grunddynamik, ohne die Effekte der quantitativen Lockerung, dürfte also erheblich schwächer sein, als die tatsächlichen Wachstumsraten suggerieren (JG 2015 Ziffern 172 ff.).

Expansive Impulse von der Fiskalpolitik

172. Die Konjunktur im Euro-Raum erhält zusätzliche **expansive Impulse von der Fiskalpolitik**. Dabei haben die Mitgliedstaaten derzeit eigentlich eher Konsolidierungsspielräume bei den strukturellen Salden, die ihnen die Geldpolitik durch die niedrigeren Finanzierungskosten und die gestiegene gesamtwirtschaftliche Nachfrage verschafft. Gleichzeitig reduziert die EZB durch ihre Beeinflussung der Staatsanleiherenditen aber die Disziplinierungsfunktion der Märkte. Selbst Staaten mit hohen Schuldenständen können sich günstiger refinanzieren. Hieraus entstehen Anreize, eine aus politischer Sicht wenig attraktive Konsolidierung der öffentlichen Haushalte aufzuschieben. Ob diese Anreize für das Verhalten der Mitgliedstaaten maßgeblich sind, ist empirisch schwer zu belegen. Die Entwicklung der strukturellen Primärsalden zeigt jedoch, dass die **Konsolidierung mittlerweile eingestellt** wurde.

173. Die **strukturellen Primärsalden** sind aktuell am besten geeignet, die fiskalpolitische Ausrichtung in den einzelnen Mitgliedstaaten abzubilden. Dies liegt daran, dass sie nicht die Effekte der geldpolitisch getriebenen Konjunkturerholung und der niedrigen Langfristzinsen auf die öffentlichen Haushalte beinhalten. Verbesserungen der strukturellen Primärsalden lassen sich als Konsolidierung interpretieren. Für die zurückliegenden Jahre zeigt sich, dass auf die deutlichen Verbesserungen im Anschluss an die Euro-Krise eine Verschlechterung des strukturellen Primärsaldos des Euro-Raums im Jahr 2015 um rund 0,2 Prozentpunkte des BIP folgte. ⊻ ABBILDUNG 17 RECHTS

Für die Jahre 2016 und 2017 werden von der Europäischen Kommission weitere Verschlechterungen prognostiziert. Eine Konsolidierung ist folglich nicht mehr feststellbar. Bemerkenswert ist zudem, dass Spanien und Frankreich sogar strukturelle Primärdefizite ausweisen, also selbst bei Normalauslastung der Wirtschaft und ohne Zinszahlungen keinen ausgeglichenen Haushalt aufweisen würden. ⊻ ABBILDUNG 17 LINKS

ABBILDUNG 17
Veränderung des strukturellen Primärsaldos im Euro-Raum und Beiträge der Mitgliedstaaten

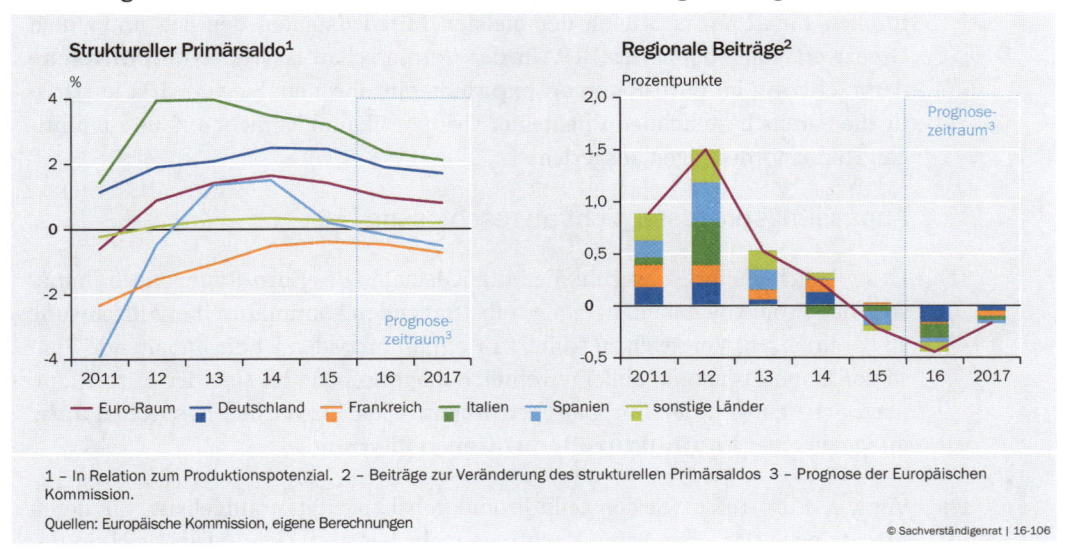

Struktureller Primärsaldo[1] (%) — Regionale Beiträge[2] (Prozentpunkte), 2011–2017, Prognosezeitraum[3]

— Euro-Raum ▬ Deutschland ▬ Frankreich ▬ Italien ▬ Spanien ▬ sonstige Länder

1 – In Relation zum Produktionspotenzial. 2 – Beiträge zur Veränderung des strukturellen Primärsaldos 3 – Prognose der Europäischen Kommission.

Quellen: Europäische Kommission, eigene Berechnungen

© Sachverständigenrat | 16-106

174. Das **Ende der Konsolidierungsbemühungen** ist aus mehreren Gründen **problematisch**. Zunächst fällt auf, dass selbst solche Staaten nicht mehr konsolidieren, die das Kriterium von maximal **3 % Haushaltsdefizit** bis zuletzt verfehlten. ↘ TABELLE 3 ANHANG In Anbetracht der konjunkturellen und der zinssenkenden Effekte der Geldpolitik ist es bemerkenswert, dass vier Mitgliedstaaten – Griechenland, Frankreich, Spanien und Portugal – selbst in diesem Umfeld ihre tatsächlichen Finanzierungssalden nicht in Einklang mit dem gemeinsamen Regelwerk bringen. Griechenland unterliegt noch einem Anpassungsprogramm. Die anderen drei Staaten befinden sich aufgrund der Defizitverstöße seit mindestens sechs Jahren ununterbrochen im **korrektiven Arm des Stabilitäts- und Wachstumspakts**.

175. Frankreich gelang es in seinem Defizitverfahren durch angepasste Konsolidierungspläne immer wieder, Zielanpassungen und Fristverlängerungen zu erreichen. Eine **Sanktionierung blieb bisher aus**. Spanien und Portugal dagegen attestierte die Europäische Kommission offiziell Versäumnisse (Europäische Kommission, 2016b, 2016c). Die eigentlich vorgesehene Strafzahlung in Höhe von 0,2 % des BIP hat der ECOFIN-Rat jedoch aufgrund der bereits erreichten Konsolidierungserfolge und der durchgeführten Reformen wieder zurückgenommen (Rat der Europäischen Union, 2016a, 2016b). Die **Sanktionierung der Defizitverstöße** bleibt somit weiterhin stark hinter den vertraglich vorgesehenen Möglichkeiten.

176. Das Ende der Konsolidierung ist ferner problematisch, weil der dringend notwendige Abbau der Altlasten verlangsamt und der **Aufbau von Krisenpuffern blockiert** wird. Die Schuldenstandsquoten sind nach wie vor hoch. ↘ TABELLE 3 ANHANG Sie liegen länderübergreifend oberhalb des Grenzwerts von 60 % des BIP, von fünf kleinen Mitgliedstaaten abgesehen. Zudem halten sich viele Mitgliedstaaten des Euro-Raums nicht an die im reformierten Stabilitäts- und Wachstumspakt vorgesehenen Abbaupfade der Ein-Zwanzigstel-Regel. Ähnlich gering ist die Bindungswirkung des 2013 ratifizierten Fiskalpakts. Ob-

wohl die Zinsausgaben durch die Niedrigzinsen gesunken sind, liegen die strukturellen Finanzierungssalden der meisten Mitgliedstaaten deutlich unter dem Grenzwert von −0,5 % des BIP. In der Gesamtschau ist die **fiskalpolitische Ausrichtung** im Euro-Raum als **expansiv** einzuordnen. Sie verstärkt kurzfristig die bereits bestehenden Effekte der Geldpolitik und ist nicht auf die zukünftigen Herausforderungen ausgerichtet.

Anpassungsprozesse nicht abgeschlossen

177. Es stellt sich die Frage, warum die Mitgliedstaaten des Euro-Raums noch immer so große Probleme haben, in einen selbsttragenden konjunkturellen Aufschwung zu kommen. Im Vergleich zu früheren Konjunkturzyklen ist die anhaltende Phase der Unterauslastung außergewöhnlich lang. So befindet sich der Euro-Raum nach Schätzungen der Europäischen Kommission inzwischen das **achte Jahr** infolge in einer **konjunkturellen Unterauslastung**.

178. Vor der Euro-Krise wurden teils Produktionskapazitäten aufgebaut, für deren Einsatz nach der Krise keine Nachfrage mehr bestand. Dies spiegelt sich in der Unterauslastung der Produktionskapazitäten wider. Die Basis der Nachfrage war eine schuldenfinanzierte Ausweitung des privaten Konsums, der Bauinvestitionen und des Staatssektors. Teile der dabei entstandenen Produktionsstrukturen sind durch die Krise obsolet geworden, und **Reallokationsprozesse** wurden nötig. Eine wichtige Ursache der langen Unterauslastung dürften die zwei zentralen Altlasten der Krise sein: die hohe private Verschuldung und die Fehlallokation von Produktionsfaktoren.

179. Ein wichtiger Faktor für einen selbsttragenden Aufschwung wäre die Wiedererlangung der **preislichen Wettbewerbsfähigkeit**. Seit Beginn der Währungsunion hatte die Mehrzahl der Mitgliedstaaten dramatisch an preislicher Wettbewerbsfähigkeit verloren. ↘ ABBILDUNG 18 OBEN RECHTS Überproportionale Lohnsteigerungen hatten die Absatzchancen für inländisch produzierte Güter im Ausland verringert und ausländische Güter relativ günstig werden lassen. Massive Leistungsbilanzverschlechterungen waren die Folge. ↘ ABBILDUNG 18 OBEN LINKS

180. Diese Fehlentwicklung konnte nach dem Jahr 2008 überwiegend wieder umgekehrt werden. Die Leistungsbilanzsalden der meisten Mitgliedstaaten sind inzwischen positiv. Parallel gelang es vor allem den kleineren Krisenländern ihre **Lohnstückkosten** und die realen effektiven Wechselkurse beachtlich zu verbessern. ↘ ABBILDUNG 18 OBEN RECHTS In Frankreich und Italien sind die Fortschritte dabei allerdings erheblich kleiner. Sie haben ihre preisliche Wettbewerbsfähigkeit seit dem Jahr 2008 kaum verbessert und die geringe Verbesserung lediglich über die Abwertung des Euro erreicht.

181. Die Umkehrung der Leistungsbilanzsalden und die Reduktion der Lohnstückkosten allein sind kein Beleg für eine hinreichende Korrektur der makroökonomischen Fehlentwicklungen. Es kommt auf die dahinterliegenden Triebkräfte an. Die **Umkehrung der Leistungsbilanzsalden** ist zwar vornehmlich auf einen Anstieg der Exporte relativ zum BIP zurückzuführen. ↘ ABBILDUNG 18 OBEN LINKS Die Betrachtung der Exporte im Niveau offenbart jedoch, dass die Exporte

↘ ABBILDUNG 18
Internationale Wettbewerbsfähigkeit des Euro-Raums und ausgewählter Mitgliedstaaten[1]

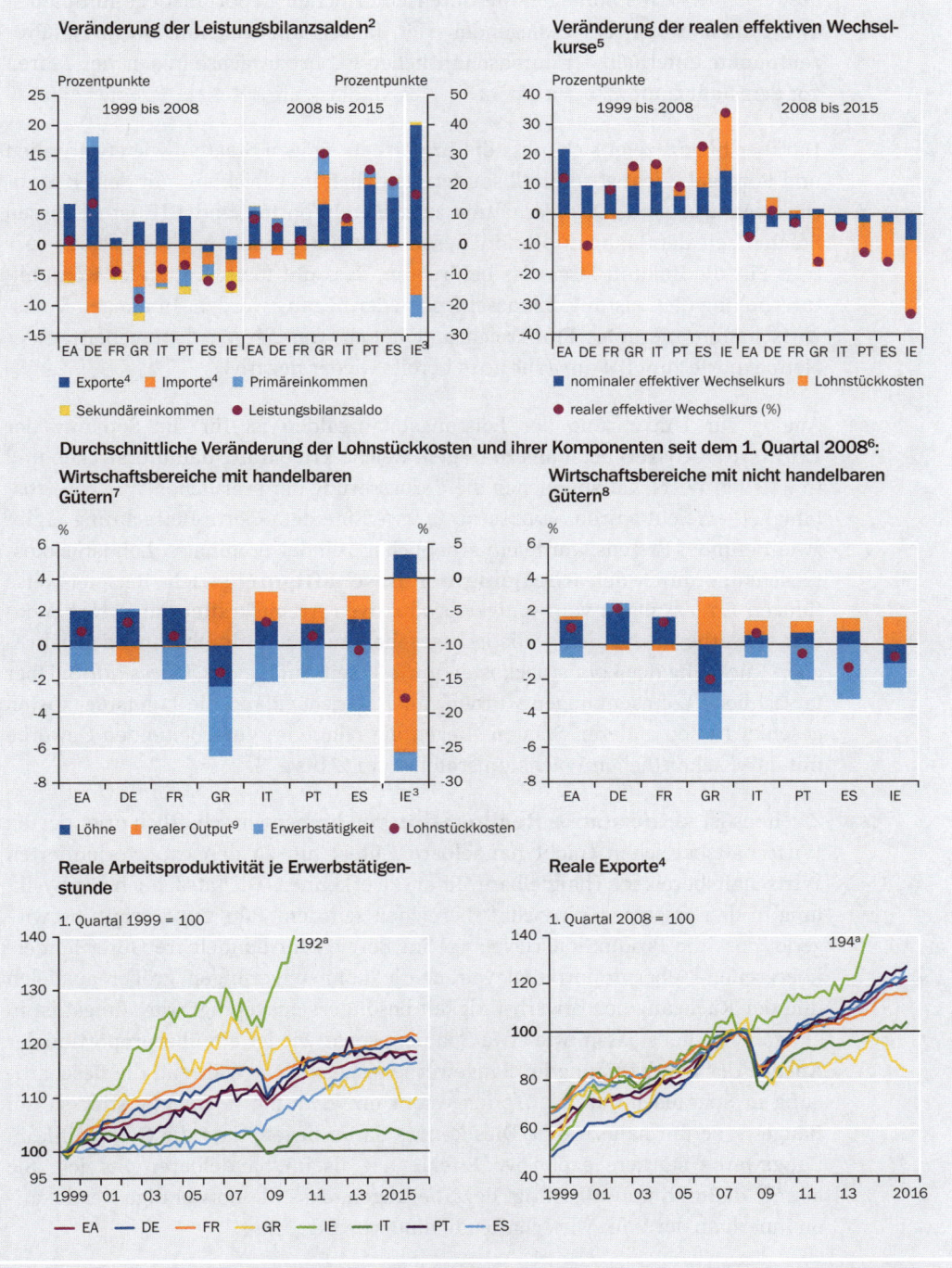

Veränderung der Leistungsbilanzsalden[2]

■ Exporte[4] ■ Importe[4] ■ Primäreinkommen
■ Sekundäreinkommen ● Leistungsbilanzsaldo

Veränderung der realen effektiven Wechselkurse[5]

■ nominaler effektiver Wechselkurs ■ Lohnstückkosten
● realer effektiver Wechselkurs (%)

Durchschnittliche Veränderung der Lohnstückkosten und ihrer Komponenten seit dem 1. Quartal 2008[6]:

Wirtschaftsbereiche mit handelbaren Gütern[7]

Wirtschaftsbereiche mit nicht handelbaren Gütern[8]

■ Löhne ■ realer Output[9] ■ Erwerbstätigkeit ● Lohnstückkosten

Reale Arbeitsproduktivität je Erwerbstätigenstunde

1. Quartal 1999 = 100

— EA — DE — FR — GR — IE — IT — PT — ES

Reale Exporte[4]

1. Quartal 2008 = 100

1 – EA-Euro-Raum, DE-Deutschland, FR-Frankreich, GR-Griechenland, IE-Irland, IT-Italien, PT-Portugal, ES-Spanien. 2 – In Relation zum nominalen BIP. 3 – Rechte Skala. 4 – Waren und Dienstleistungen. 5 – Gegenüber 37 Industrieländern, auf Basis der Lohnstückkosten. 6 – 1. Quartal 2008 bis zum 2. Quartal 2016. 7 – Verarbeitendes Gewerbe. 8 –Baugewerbe, Handel, Verkehr, Gastgewerbe, Finanz- und Versicherungsdienstleister, Grundstücks- und Wohnungswesen. 9 – Negativer Wert entspricht einem Anstieg der realen Bruttowertschöpfung.
a – Zur besseren Lesbarkeit werden die Werte von Irland ab der Skalierung 140 nicht dargestellt; Für die Arbeitsproduktivität: Höchststand im 2. Quartal 2016, für die Exporte: Höchststand im 4. Quartal 2015.

Quellen: Europäische Kommission, Eurostat, eigene Berechnungen

© Sachverständigenrat | 16-332

nach der Krise auf einen flacheren Expansionspfad eingeschwenkt sind. ↘ ABBILDUNG 18 UNTEN RECHTS So liegen die durchschnittlichen Exportanstiege in Spanien und Italien in den zurückliegenden vier Jahren 0,8 beziehungsweise 3,5 Prozentpunkte unterhalb der durchschnittlichen Exportzuwächse in den vier Jahren vor dem Jahr 2008.

Darüber hinaus zeigt sich, dass die Importe in einigen Staaten, wie etwa Italien und Portugal, nicht strukturell sondern lediglich im Gleichlauf mit dem BIP zurückgegangen sind. Das Verhältnis zwischen Importen und BIP ist in diesen Staaten seit dem Jahr 2008 annähernd konstant geblieben. ↘ ABBILDUNG 18 OBEN LINKS Für die Zukunft lässt dies befürchten, dass mit fortschreitender Konjunkturerholung die Leistungsbilanzsalden wieder negativ werden. In einigen Volkswirtschaften, hierunter Frankreich und Italien, war der Wachstumsbeitrag der Nettoexporte zum BIP im Jahr 2015 bereits wieder negativ.

182. Analog zur Umkehrung der Leistungsbilanzsalden ist für die Senkung der **Lohnstückkosten** ebenfalls zu fragen, welche Triebkräfte dahinterstecken und in welchen Wirtschaftsbereichen die Verbesserung der preislichen Wettbewerbsfähigkeit erreicht wurde. ↘ ABBILDUNG 18 MITTE Eine detaillierte Betrachtung ergibt zwei Befunde: Erstens wurde ein erheblicher Teil der nominalen Lohnstückkostensenkung durch den **Rückgang der Beschäftigung** erzielt. Beispielsweise führten Entlassungen von weniger produktiven Arbeitskräften im Verarbeitenden Gewerbe in Spanien statistisch gesehen zu einem durchschnittlich jährlichen Rückgang der Lohnstückkosten um 4 % seit Anfang des Jahres 2008. Über tatsächliche Lohnsenkungen wurden nur in Griechenland die Lohnstückkosten gesenkt. In den anderen Staaten stiegen die Löhne im Verarbeitenden Gewerbe mit durchschnittlichen Wachstumsraten von 1 % bis 2 %.

183. Zweitens ist **keine starke Reallokation** von binnenwirtschaftlich orientierten Wirtschaftsbereichen (nicht handelbare Güter) hin zu den exportorientierten Wirtschaftsbereichen (handelbare Güter) zu erkennen. Die tatsächliche Entwicklung in den einzelnen Wirtschaftsbereichen seit dem Jahr 2008 zeigt überwiegend, dass die Produktionsrückgänge im Bereich für handelbare Güter länderübergreifend überproportional waren, die Lohnsteigerungen größer ausfielen und der Rückgang der Erwerbstätigkeit besonders ausgeprägt war. Jüngst ist in einigen Mitgliedstaaten, wie etwa Spanien, sogar wieder ein überproportionaler Anstieg der Beschäftigung im Baugewerbe festzustellen. Während die Beschäftigung in Spanien im Jahr 2015 insgesamt um etwa 2,5 % zulegte, stieg sie im Baugewerbe um nahezu 6 %. Dies könnte daran liegen, dass die Geldpolitik im Baugewerbe stärkere expansive Effekte hat als im handelbaren Bereich. Sie könnte dadurch unbeabsichtigt dazu beitragen, dass die notwendige Reallokation innerhalb der Volkswirtschaften behindert wird.

184. Die mangelhafte Reallokation der Produktionsfaktoren zeigt sich in der **Arbeitsproduktivität**. ↘ ABBILDUNG 18 UNTEN LINKS In Griechenland ist die Stundenproduktivität im Durchschnitt seit dem Jahr 2008 jährlich um über 1 % gefallen, und in Italien stagniert sie seit rund 15 Jahren. Etwas besser stellt sich zunächst die Situation in Spanien und Portugal dar. Jedoch geht der Anstieg der Produktivität hier auf die Entlassung von weniger produktiven Arbeitskräften zurück.

Die Beschäftigungs- und Stundenrückgänge beschränken sich dabei nicht nur auf das vom vorangegangenen Bauboom aufgeblähte Baugewerbe, sondern betreffen auch den Bereich für handelbare Güter. Es fällt daher schwer, die bisherigen Anpassungsprozesse insgesamt als Erfolg zu werten.

Kreditvergabe erholt sich nur schleppend

185. Die Finanzierungsbedingungen im Euro-Raum sind ausgesprochen günstig. Die expansive Geldpolitik hat in den zurückliegenden Jahren zu deutlich sinkenden **Kreditkosten** geführt. Die Zinsen für Unternehmenskredite haben sich seit Anfang des Jahres 2012 auf unter 2 % halbiert. ↘ ABBILDUNG 48 Zudem zeigt der Bank Lending Survey, dass die Banken die Kreditvergabestandards für Unternehmen und Haushalte gelockert haben (EZB, 2016b).

186. Das **Kreditvolumen** im Euro-Raum erholt sich in diesem Umfeld nur zaghaft. Seit dem Jahr 2015 ist die Veränderung der bereinigten Buchkredite an nichtfinanzielle Kapitalgesellschaften gegenüber dem Vorjahr wieder positiv. Sie stieg auf zuletzt knapp 2 % im August 2016. Eine ähnliche Entwicklung ist bei den Krediten an die privaten Haushalte zu beobachten. Angesichts der günstigen Finanzierungsbedingungen verläuft die Krediterholung allerdings eher schleppend. Zudem sind die regionalen Unterschiede groß. So war die Kreditvergabe im Aggregat der früheren Krisenländer Griechenland, Irland, Italien, Portugal und Spanien noch bis in den Sommer 2016 hinein rückläufig.

187. Nachfrageseitig dürfte die verhaltene Kreditentwicklung mit der weiterhin hohen **privaten Verschuldung** zusammenhängen. In den zurückliegenden Jahren konnten zwar beachtliche Fortschritte bei deren Abbau erzielt werden. In vielen Mitgliedstaaten liegt die private Verschuldungsquote aber nach wie vor über den Werten zu Beginn des Aufschwungs Anfang der 2000er-Jahre. Dies dürfte ein Aspekt sein, der die schwache Investitionsdynamik und die verhaltene Kreditnachfrage erklärt. Der IWF (2016c) kommt auf Basis von Panelanalysen zu dem Ergebnis, dass die durchschnittliche Investitionsquote von Unternehmen um drei Prozentpunkte geringer ausfällt, wenn die Verschuldungsquote um zehn Prozentpunkte höher ist.

Der Abbau der privaten Verschuldung könnte dadurch behindert werden, dass die expansive Geldpolitik notwendige strukturelle Anpassungsprozesse im Unternehmenssektor verzögert. So besteht in der momentanen Niedrigzinsphase die Gefahr, dass die **Kapitalmärkte** ihre **Selektionsfunktion** nicht ausreichend erfüllen. In diesem Fall werden Unternehmen im Markt gehalten, deren Zukunftsperspektiven gering sind (Zombifizierung). ↘ ZIFFER 518

188. Überdies dürfte die schwache Kreditentwicklung in einigen Mitgliedstaaten mit angebotsseitigen Problemen zusammenhängen. Insbesondere in Italien, Portugal und Griechenland belasten **ausfallgefährdete Kredite** nach wie vor die Bankbilanzen und hemmen die Kreditvergabe. ↘ ZIFFERN 514 FF. Für die kommenden zwei Jahre ist davon auszugehen, dass die Erholung der Kreditnachfrage fortschreitet. Mit einer kräftigeren Erholung der Kredite und Investitionen ist

erst zu rechnen, wenn die Bilanzanpassungen im privaten Sektor weiter fortgeschritten sind.

Reformeifer der Mitgliedstaaten versiegt

189. Neben der Verbesserung der preislichen Wettbewerbsfähigkeit und der Reallokation von Produktionsfaktoren sind **Strukturreformen**, die über mehr Markt und Wettbewerb das Produktionspotenzial stärken, entscheidend für eine selbsttragende wirtschaftliche Erholung. Mehr Wettbewerb führt zu einem effizienteren Einsatz von Arbeit und Kapital. Es kommt zu einem Aufbau von Beschäftigung und zu mehr Wachstum. Langfristig ergeben sich daher positive Effekte auf die wirtschaftliche Aktivität (Forni et al., 2010; Gomes et al., 2013; Gerali et al., 2015; IWF, 2015b). Kurzfristig ist der Zusammenhang weniger eindeutig. Die Antizipation der positiven Beschäftigungs- und Einkommenseffekte kann jedoch bereits kurzfristig mehr Nachfrage bewirken (JG 2015 Ziffer 348). Insbesondere Produktmarktreformen können bereits in der kurzen Frist positiv wirken (Gal und Hijzen, 2016; IWF, 2016d).

190. Für den Euro-Raum zeigen mehrere aktuelle Analysen, dass der **Reformeifer** nach den entschlossenen Maßnahmen, die im Zeitraum der Jahre 2011 bis 2013 durchgeführt worden waren, **merklich nachgelassen** hat (OECD, 2016d; IWF, 2016c; EZB, 2016c). Problematisch ist dies vor allem, weil die wirtschaftlichen Rahmenbedingungen in vielen Mitgliedstaaten nach wie vor nicht ausreichend wettbewerbsfähig sind. So zeigt etwa eine Auswertung der EZB (2016c) auf Basis der Worldwide Governance Indicators, dass die Qualität der Institutionen im Euro-Raum gegenüber anderen Industriestaaten deutlich schlechter ist. Von den großen Mitgliedstaaten des Euro-Raums schneiden in diesem Vergleich Italien und Spanien besonders schlecht ab. Breiter gefasste Indikatoren wie der Global Competitiveness Indicator der Weltbank bestätigen diese Sicht. Für die wirtschaftliche Perspektive des Euro-Raums wäre es daher wichtig, dass die Mitgliedstaaten wieder größere Anstrengungen unternehmen, um die wirtschaftlichen Rahmenbedingungen zu verbessern.

3. Ausblick

191. Die Voraussetzungen für einen selbsttragenden Aufschwung sind im Euro-Raum trotz einiger Fortschritte nicht erfüllt. In vielen Mitgliedstaaten bestehen **strukturelle Probleme** aufgrund der zu geringen Wettbewerbsfähigkeit und der unzureichenden Reallokation von Produktionsfaktoren in produktivere Wirtschaftsbereiche. Den Ausblick trüben zudem die anhaltend hohe Verschuldung der öffentlichen und privaten Sektoren sowie der geringe politische Ehrgeiz bei der Umsetzung von produktivitäts- und wettbewerbsfördernden Reformen. Der Übergang in eine stabile und endogen getriebene Konjunkturerholung dürfte erst dann gelingen, wenn die Altlasten der Krise weiter abgebaut sind und sich größere Fortschritte bei den notwendigen Strukturanpassungen einstellen.

192. Die Wirtschaftsleistung des gesamten Euro-Raums wird in der **zweiten Hälfte des Jahres 2016** voraussichtlich dennoch weiter mit Raten oberhalb des Potenzials expandieren. Aus Sicht des Sachverständigenrates dürfte die wesentli-

che Triebkraft hinter dieser Entwicklung die Geldpolitik bleiben. Es ist davon auszugehen, dass die Ausrichtung der Geldpolitik bis in das Jahr 2017 hinein expansiv bleibt. Jedoch dürfte sich der Einfluss der diskretionären Maßnahmen auf die Wirtschaftsleistung mit zunehmendem Prognosehorizont verringern, sofern keine weiteren Maßnahmen beschlossen werden. Zudem laufen die positiven Realeinkommenseffekte des Ölpreisverfalls und die exportsteigernden Abwertungseffekte aus. Für das Jahr 2017 ist daher zu erwarten, dass die strukturellen Probleme wieder stärker zum Vorschein kommen und die Wachstumsraten wieder zurückgehen.

193. Der Sachverständigenrat erwartet für die Jahre 2016 und 2017 im Euro-Raum insgesamt einen Zuwachs des BIP von 1,6 % beziehungsweise 1,4 %. ↘ TABELLE 2 Die Verbraucherpreisinflation wird in diesem Jahr aufgrund der anhaltenden Basiseffekte des Ölpreisverfalls voraussichtlich noch bei 0,2 % liegen. Mit dem Auslaufen dieses Effekts dürfte jedoch die deutlich höhere Kerninflationsrate wieder kräftiger durchwirken. Diese beträgt im Jahr 2016 voraussichtlich 0,9 % und im Jahr 2017 1,2 %. Der Sachverständigenrat rechnet im Jahr 2017 mit einer Verbraucherpreisinflation von 1,3 %. ↘ ABBILDUNG 19

↘ TABELLE 2
Bruttoinlandsprodukt, Verbraucherpreise und Arbeitslosenquote im Euro-Raum

Land/Ländergruppe	Gewicht in %[1]	Bruttoinlandsprodukt Veränderung zum Vorjahr in %			Verbraucherpreise[2] Veränderung zum Vorjahr in %			Arbeitslosenquote[3] %		
		2015	2016[4]	2017[4]	2015	2016[4]	2017[4]	2015	2016[4]	2017[4]
Euro-Raum[5]	100	2,0	1,6	1,4	0,0	0,2	1,3	10,9	10,1	9,7
darunter:										
Deutschland	29,0	1,7	1,9	1,3	0,1	0,4	1,5	4,6	4,3	4,2
Frankreich	20,9	1,3	1,3	1,2	0,1	0,3	1,2	10,4	10,0	9,8
Italien	15,7	0,7	0,7	0,6	0,1	-0,1	0,8	11,9	11,5	11,2
Spanien	10,3	3,2	3,2	2,6	-0,6	-0,5	1,1	22,1	19,9	18,3
Niederlande	6,5	2,0	1,7	1,7	0,2	0,0	1,1	6,9	6,3	5,9
Belgien	3,9	1,5	1,5	1,5	0,6	1,8	2,1	8,5	8,2	8,1
Österreich	3,2	1,0	1,5	1,4	0,8	0,8	1,6	5,7	5,9	5,8
Irland	2,4	26,3	2,8	3,8	0,0	-0,1	1,0	9,4	8,2	7,4
Finnland	2,0	0,2	1,0	1,3	-0,2	0,3	1,3	9,4	8,9	8,5
Portugal	1,7	1,6	1,0	1,4	0,5	0,7	1,2	12,6	11,4	10,5
Griechenland	1,7	-0,2	-0,5	0,5	-1,1	0,0	0,9	24,9	23,4	22,4
Euro-Raum ohne Deutschland	71,0	2,3	1,6	1,5	0,0	0,2	1,2	13,1	12,2	11,6

1 – Anteil des nominalen BIP des Jahres 2015 am nominalen BIP des Euro-Raums. 2 – Harmonisierter Verbraucherpreisindex. 3 – Standardisiert. Für den gesamten Euro-Raum und den Euro-Raum ohne Deutschland gewichtet mit der Anzahl der Erwerbspersonen des Jahres 2015. 4 – Prognose des Sachverständigenrates. 5 – Gewichteter Durchschnitt der 19 Mitgliedstaaten des Euro-Raums.

Quelle: Eurostat

© Sachverständigenrat | 16-275

Kapitel 2 – Internationale Konjunktur: Geldpolitik nicht überfordern

↘ ABBILDUNG 19
Bruttoinlandsprodukt und Verbraucherpreise im Euro-Raum[1]

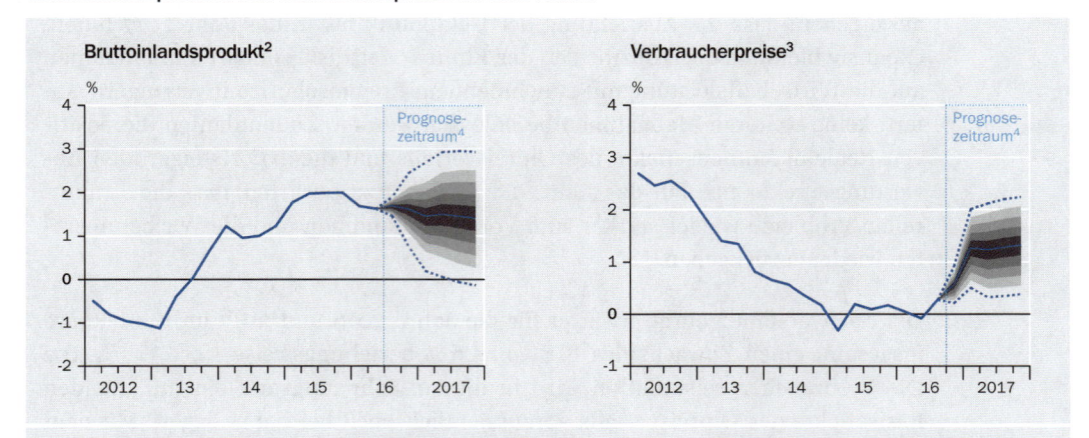

Bruttoinlandsprodukt[2]

Verbraucherpreise[3]

1 – Veränderung zum Vorjahr; Unsicherheitsmargen berechnet auf Grundlage des mittleren absoluten Prognosefehlers des Zeitraums 1999 bis 2015. Die Breite des symmetrisch um den wahrscheinlichsten Wert verteilten Bandes entspricht dem doppelten mittleren absoluten Prognosefehler; gestrichelte Linie: 68 %-Konfidenzintervall. 2 – Reale Werte, kalender- und saisonbereinigt. 3 – Harmonisierter Verbraucherpreisindex. 4 – Prognose des Sachverständigenrates.

Quellen: Eurostat, eigene Berechnungen

© Sachverständigenrat | 16-294

ANHANG

↘ TABELLE 3

Finanzpolitische Kennziffern ausgewählter Mitgliedstaaten des Euro-Raums

	2008	2009	2010	2011	2012	2013	2014	2015
Tatsächlicher Finanzierungssaldo[1]								
Euro-Raum	− 2,2	− 6,3	− 6,2	− 4,2	− 3,6	− 3,0	− 2,6	− 2,1
Deutschland	− 0,2	− 3,2	− 4,2	− 1,0	− 0,0	− 0,2	0,3	0,7
Frankreich	− 3,2	− 7,2	− 6,8	− 5,1	− 4,8	− 4,0	− 4,0	− 3,5
Griechenland	− 10,2	− 15,1	− 11,2	− 10,3	− 8,8	− 13,2	− 3,6	− 7,5
Irland	− 7,0	− 13,8	− 32,1	− 12,6	− 8,0	− 5,7	− 3,7	− 1,9
Italien	− 2,7	− 5,3	− 4,2	− 3,7	− 2,9	− 2,7	− 3,0	− 2,6
Portugal	− 3,8	− 9,8	− 11,2	− 7,4	− 5,7	− 4,8	− 7,2	− 4,4
Spanien	− 4,4	− 11,0	− 9,4	− 9,6	− 10,5	− 7,0	− 6,0	− 5,1
Primärsaldo[1]								
Euro-Raum	0,8	− 3,5	− 3,4	− 1,2	− 0,6	− 0,2	0,1	0,3
Deutschland	2,5	− 0,6	− 1,7	1,5	2,3	1,8	2,1	2,2
Frankreich	− 0,4	− 4,8	− 4,4	− 2,5	− 2,2	− 1,8	− 1,8	− 1,5
Griechenland	− 5,4	− 10,1	− 5,3	− 3,0	− 3,7	− 9,1	0,4	− 3,9
Irland	− 5,7	− 11,8	− 29,3	− 9,3	− 3,9	− 1,4	0,1	0,7
Italien	2,2	− 0,9	0,0	1,0	2,3	2,1	1,6	1,5
Portugal	− 0,7	− 6,8	− 8,2	− 3,1	− 0,8	0,0	− 2,3	0,2
Spanien	− 2,9	− 9,3	− 7,5	− 7,2	− 7,5	− 3,5	− 2,5	− 2,0
Konjunkturbereinigter Finanzierungssaldo[2]								
Euro-Raum	− 3,1	− 4,3	− 5,0	− 3,6	− 2,5	− 1,5	− 1,2	− 1,2
Deutschland	− 1,1	− 0,7	− 3,2	− 1,6	− 0,5	0,1	0,4	0,9
Frankreich	− 4,1	− 5,8	− 5,9	− 4,8	− 4,1	− 3,2	− 2,7	− 2,4
Griechenland	− 12,5	− 15,6	− 9,8	− 5,8	− 2,6	− 6,9	0,9	− 3,5
Irland	− 7,7	− 11,6	− 30,2	− 11,3	− 6,2	− 3,6	− 2,8	− 3,2
Italien	− 3,3	− 3,1	− 3,1	− 2,6	− 1,1	− 0,6	− 0,9	− 1,1
Portugal	− 4,0	− 8,5	− 10,7	− 6,3	− 3,1	− 2,2	− 5,2	− 3,2
Spanien	− 5,1	− 9,2	− 7,1	− 6,6	− 6,4	− 2,4	− 2,3	− 3,1
Schuldenstand[1]								
Euro-Raum	68,6	78,4	83,8	86,1	89,5	91,3	92,0	90,4
Deutschland	65,1	72,6	81,0	78,7	79,9	77,5	74,9	71,2
Frankreich	68,0	78,9	81,6	85,2	89,5	92,3	95,3	96,2
Griechenland	109,4	126,7	146,2	172,1	159,6	177,4	179,7	177,4
Irland	42,4	61,7	86,3	109,6	119,5	119,5	105,2	78,6
Italien	102,4	112,5	115,4	116,5	123,3	129,0	131,9	132,3
Portugal	71,7	83,6	96,2	111,4	126,2	129,0	130,6	129,0
Spanien	39,4	52,7	60,1	69,5	85,7	95,4	100,4	99,8

1 – In Relation zum nominalen BIP. 2 – In Relation zum Produktionspotenzial.

Quellen: Europäische Kommission, Eurostat

TABELLE 4
Konjunkturelle Lage der Mitgliedstaaten des Euro-Raums

Land	Abweichung der Niveauwerte vom Vorkrisenniveau		Abweichung der Niveauwerte vom Potenzialniveau		Potenzial-wachstum[5]	Veränderung zwischen den Jahren 2013 und 2015			
	BIP[1]	ALQ[2]	BIP[3]	ALQ[4]	BIP	Output-Lücke	BIP	ALQ	
	%	Prozent-punkte	%	Prozent-punkte	%	Prozent-punkte	%	Prozent-punkte	
Deutschland	6,3	– 2,8	– 0,2	0,2	1,5	0,5	3,3	– 0,6	
Estland	– 2,1	1,6	– 0,4	1,8	2,5	– 0,8	4,3	– 2,4	
Irland	27,5	4,7	0,2	– 0,1	4,0	7,4	37,0	– 3,7	
Lettland	– 5,3	3,8	0,6	1,4	2,2	1,1	4,9	– 2,0	
Litauen	4,0	4,8	0,7	0,9	2,5	0,7	5,3	– 2,7	
Malta	21,4	– 0,6	1,4	0,1	4,4	1,4	9,8	– 1,0	
Slowakei	12,2	1,9	– 0,2	– 0,0	2,7	1,8	6,5	– 2,7	
Belgien	5,5	1,5	– 0,4	– 0,6	1,1	1,1	3,2	0,1	
Frankreich	3,7	3,0	– 1,3	– 0,6	0,8	0,2	1,9	0,1	
Niederlande	1,3	3,2	– 0,7	– 0,9	0,8	2,0	3,4	– 0,4	
Luxemburg	14,4	2,2	– 0,5	– 0,7	2,9	2,0	8,4	0,5	
Österreich	3,3	1,6	– 0,8	– 0,3	0,9	– 0,0	1,6	0,3	
Slowenien	– 4,6	4,6	– 0,9	– 0,9	0,7	4,1	5,5	– 1,1	
Spanien	– 4,7	13,9	– 4,0	– 3,7	– 0,0	4,6	4,6	– 4,0	
Finnland	– 5,7	3,0	– 2,6	– 1,3	0,0	– 0,4	– 0,5	1,2	
Griechenland	– 26,4	17,1	– 8,1	– 4,9	– 2,1	4,7	0,1	– 2,6	
Italien	– 7,9	5,8	– 2,4	– 1,5	– 0,3	1,8	0,8	– 0,2	
Portugal	– 5,6	3,8	– 2,2	– 0,1	– 0,1	3,0	2,5	– 3,8	
Zypern	– 9,0	11,3	– 2,5	– 3,6	– 1,3	3,9	0,1	– 0,9	

1 – Für Estland, Irland, Griechenland, Italien, Lettland und Luxemburg: Abweichung des Jahres 2015 zum Hochpunkt im Jahr 2007. Für alle anderen Länder zum Hochpunkt im Jahr 2008. 2 – Für Estland, Irland, Spanien, Italien, Lettland, Litauen, Luxemburg: Abweichung des Jahres 2015 zum Tiefpunkt im Jahr 2007. Für alle anderen Länder zum Tiefpunkt im Jahr 2008. 3 – Reales BIP abzüglich Produktionspotenzial in Relation zum Produktionspotenzial; Produktionspotenzial Deutschland nach eigener Schätzung; BIP für Irland bereinigt um den sprunghaften Anstieg des BIP im 1. Quartal 2015. 4 – Differenz zwischen NAWRU und Arbeitslosenquote. 5 – Bezogen auf das Jahr 2015.

Quellen: Europäische Kommission, Eurostat, eigene Berechnungen

© Sachverständigenrat | 16-430

LITERATUR

Baker, J. et al. (2016), The short-term economic impact of leaving the EU, *National Institute Economic Review* 236, 108–120.

BIZ (2016), *86. Jahresbericht – 1. April 2015-31. März 2016*, Bank für Internationalen Zahlungsausgleich, Basel.

Bussière, M., G. Callegari, F. Ghironi, G. Sestieri und N. Yamano (2013), Estimating trade elasticities: Demand composition and the trade collapse of 2008-2009, *American Economic Journal: Macroeconomics* 5.3, 118–151.

Carstensen, K., S. Henzel, J. Mayr und K. Wohlrabe (2009), IFOCAST: Methoden der Kurzfristprognose, *ifo Schnelldienst* 23/2009, 15–28.

CBO (2016), *An update to the budget and economic outlook: 2016 to 2026 – August 2016*, Congressional Budget Office, Washington, DC.

Daly, M.C., B. Hobijn, A. Şahin und R.G. Valletta (2012), A Search and Matching Approach to Labor Markets: Did the Natural Rate of Unemployment Rise?, *Journal of Economic Perspectives* 26, 3–26.

Deutsche Bundesbank (2016a), Zur Schwäche des Welthandels, *Monatsbericht* März 2016, 13–37.

Deutsche Bundesbank (2016b), Zu den gesamtwirtschaftlichen Auswirkungen der quantitativen Lockerung im Euro-Raum, *Monatsbericht* Juni 2016, 29–54.

Europäische Kommission (2016a), European economic forecast - Spring 2016, Institutional Paper 25, Brüssel.

Europäische Kommission (2016b), *Empfehlung für einen Beschluss des Rates zur Feststellung, dass Spanien auf die Empfehlung des Rates vom 21. Juni 2013 nicht mit wirksamen Maßnahmen reagiert hat*, SWD(2016) 241 final, Brüssel.

Europäische Kommission (2016c), *Recommendation for a council decision establishing that no effective action has been taken by Portugal in response to the council recommendation of 21 June 2013*, SWD(2016) 240 final, Brüssel.

Evenett, S.J. und J. Fritz (2016), *Global trade plateaus - The 19th global trade alert report*, Centre for Economic Policy Research, London.

EZB (2016a), Jüngste Entwicklung der Kapitalströme in die Schwellenländer, *Wirtschaftsbericht* 5/2016, Frankfurt am Main, 20–23.

EZB (2016b), *The euro area bank lending survey - Third quarter of 2016*, Europäische Zentralbank, Frankfurt am Main.

EZB (2016c), Steigerung der Widerstandsfähigkeit und des langfristigen Wachstums: die Bedeutung stabiler Institutionen und Wirtschaftsstrukturen für die Länder des Euro-Währungsgebiets und die WWU, *Wirtschaftsbericht* 5/2016, 92–117.

Fernald, J. (2015), Productivity and potential output before, during, and after the great recession, in: Parker, J. A. und M. Woodford (Hrsg.): *NBER Macroeconomics annual 2014*, Volume 29, University of Chicago Press.

Forni, L., A. Gerali und M. Pisani (2010), Macroeconomic effects of greater competition in the service sector: The case of Italy, *Macroeconomic Dynamics* 14, 677–708.

Gal, P. und A. Hijzen (2016), *The short-term impact of product market reforms: A cross-country firm-level analysis*, Economics Department Working Paper 1311, Organisation for Economic Co-operation and Development, Paris.

Gerali, A., A. Notarpietro und M. Pisani (2015), *Structural reforms and zero lower bound in a monetary union*, Working Paper 1002, Banca d'Italia, Rom.

Gomes, S., P. Jacquinot, M. Mohr und M. Pisani (2013), Structural reforms and macroeconomic performance in the euro area countries: A model-based assessment, *International Finance* 16, 23–44.

Gordon, R.J. (2012), *Is U.S. economic growth over? Faltering innovation confronts the six headwinds*, NBER Working Paper 18315, Cambridge.

Hofmann, B. und B. Bogdanova (2012), Taylor Rules and Monetary Policy: A Global 'Great Deviation'?, *BIS Quarterly Review* September 2013, 37-49.

Iacoviello, M. und S. Neri (2010), Housing market spillovers: evidence from an estimated DSGE Model, *American Economic Journal: Macroeconomics* 2, 125–164.

IRC Trade Task Force (2016), *Understanding the weakness in global trade – What is the new normal?*,

Occasional Paper 178, Europäische Zentralbank, Frankfurt am Main.

IWF (2016a), *The People´s Republic of China: 2016 Article IV Consultation*, IMF Country Report No. 16/270, Washington, DC.

IWF (2016b), *The People´s Republic of China: Selected Issues*, IMF Country Report 16/271, Washington, DC.

IWF (2016c), *Euro Area Policies: Article IV Consultation*, IMF Country Report 16/219, Washington, DC.

IWF (2016d), *Too slow for too long, World Economic Outlook*, Internationaler Währungsfonds, Washington, DC.

IWF (2015a), *Uneven growth: Short- and long-term factors, World Economic Outlook*, Internationaler Währungsfonds, Washington, DC.

IWF (2015b), *Structural reforms and macroeconomic performance: Initial considerations for the fund, Staff Report*, Internationaler Währungsfonds, Washington, DC.

IWH (2011), Der IWH-Flash-Indikator, *Wirtschaft im Wandel* 1/2011, 13–14.

Noland, M., G.C. Hufbauer, S. Robinson und T. Moran (2016), *Assessing trade agendas in the US presidential campaign*, PIIE Briefing 16–6, Washington, DC.

Nunns, J., L. Burman, B. Page, J. Rohaly und J. Rosenberg (2016), *An analysis of Donald Trump's revised tax plan*, Tax Policy Center, Washington, DC.

OECD (2016a), *Cardiac arrest or dizzy spell: Why is world trade so weak and what can policy do about it?*, OECD Economic Policy Paper No. 18, Paris.

OECD (2016b), *Economic outlook - June 2016*, Organisation for Economic Co-operation and Development, Paris.

OECD (2016c), *The economic consequences of Brexit: A taxing decision*, OECD Economic Policy Paper 16, Paris.

OECD (2016d), *Economic Policy Reforms: Going for Growth - Interim report*, Organisation for Economic Co-operation and Development, Paris.

Praet, P. (2016), *The ECB's monetary policy response to disinflationary pressures*, Rede, ECB and Its Watchers XVII conference, Frankfurt am Main, 7. April.

Projektgruppe Gemeinschaftsdiagnose (2013), *Deutsche Konjunktur erholt sich - Wirtschaftspolitik stärker an der langen Frist ausrichten*, Gemeinschaftsdiagnose im Auftrag des Bundesministeriums für Wirtschaft und Technologie, Berlin.

Rat der Europäischen Union (2016a), *Recommendation for a council implementing decision on imposing a fine on Portugal for failure to take effective action to address an excessive deficit*, Brüssel.

Rat der Europäischen Union (2016b), *Recommendation for a council implementing decision on imposing a fine on Spain for failure to take effective action to address an excessive deficit*, Brüssel.

RWI (2011), Ein System von Brückengleichungen für die Kurzfristprognose, *RWI Konjunkturberichte* 62, 65–67.

Weidner, J. und J.C. Williams (2011), What is the new normal unemployment rate?, *FRBSF Economic Letter* 5.

DEUTSCHLAND: EXPANSIVE GELDPOLITIK TREIBT WACHSTUM ÜBER POTENZIAL

I. Überblick
  1. Aktuelle Lage
  2. Konjunkturelle Effekte der expansiven Geldpolitik
  3. Ausblick

II. Die Entwicklung im Einzelnen
  1. Rahmenbedingungen und Annahmen der Prognose
  2. Niedriger Wechselkurs fördert Exportnachfrage
  3. Deutliche Impulse von Konsum und Wohnungsbau
  4. Unternehmensinvestitionen weiterhin moderat
  5. Weiterhin schwacher Verbraucherpreisanstieg
  6. Beschäftigungsaufbau setzt sich fort
  7. Öffentliche Finanzierungsüberschüsse trotz expansiver Fiskalpolitik

III. Mittelfristprojektion

Anhang
  1. Die schwache Produktivitäts- und Investitionsentwicklung
  2. Abbildungen und Tabellen

Literatur

DAS WICHTIGSTE IN KÜRZE

Die deutsche Wirtschaft wird im Jahr 2016 voraussichtlich kräftig wachsen. Der Sachverständigenrat prognostiziert eine Zunahme des realen Bruttoinlandsprodukts (BIP) von 1,9 %. Die Wirtschaftsleistung steigt damit stärker als das Produktionspotenzial, das sich um 1,3 % erhöht. Die Auslastung der Produktionskapazitäten nimmt weiter zu, und der **Aufschwung**, der im Frühjahr 2013 begonnen hat, setzt sich fort. Einige Indikatoren, wie die Kapazitätsauslastung im Verarbeitenden Gewerbe, deuten darauf hin, dass die Produktionskapazitäten der deutschen Wirtschaft aktuell sogar **leicht überausgelastet** sind. Getragen wird der Aufschwung von deutlich höheren privaten und öffentlichen Konsumausgaben sowie den Wohnbauinvestitionen. Die verbesserte Konsumentenstimmung spiegelt zudem die gute Lage auf dem Arbeitsmarkt wider. So wird die Anzahl der Erwerbstätigen in diesem Jahr voraussichtlich um gut 500 000 Personen auf 43,6 Millionen ansteigen.

Im Jahr 2017 dürfte sich der Aufschwung fortsetzen. Zwar ist zu erwarten, dass sich die Zunahme des realen BIP auf 1,3 % abschwächt, jedoch lassen sich allein 0,4 Prozentpunkte des Wachstumsrückgangs auf eine geringere Anzahl an Arbeitstagen zurückführen. Ohne diesen Sondereffekt würde die deutsche Wirtschaft nahezu im gleichen Tempo expandieren wie im Jahr 2016. Es ist daher davon auszugehen, dass die Auslastung der Produktionskapazitäten weiter zunimmt. Gegen eine stärkere Produktionsausweitung spricht allerdings die **moderate Exportentwicklung**. Wichtige Handelspartner Deutschlands erholen sich nur verhalten, und der Welthandel wächst schwach.

Die **expansive Geldpolitik** der Europäischen Zentralbank (EZB) dürfte maßgeblich zum Aufschwung der deutschen Wirtschaft beitragen. Die EZB hat mit ihren unkonventionellen Maßnahmen bewirkt, dass sich das außenwirtschaftliche Umfeld für die deutsche Exportwirtschaft trotz der mäßigen Weltnachfrage seit Jahresmitte 2014 deutlich verbessert hat. Ersichtlich wird dies an der hohen preislichen Wettbewerbsfähigkeit. Die positiven Impulse auf die deutschen Ausfuhren gehen einher mit spürbaren Effekten auf die Unternehmensinvestitionen und den Arbeitsmarkt. Ohne die expansive Geldpolitik würden die Exporte vermutlich weniger zum Anstieg des BIP beitragen. Die deutsche Wirtschaft dürfte ohne diese geldpolitischen Impulse nicht stärker wachsen als ihr Produktionspotenzial.

Trotz der aktuell guten konjunkturellen Lage ist die deutsche Wirtschaft nicht autark von der Entwicklung des restlichen Euro-Raums. Ein spürbarer Abschwung des restlichen Euro-Raums und eine unvorhergesehene Aufwertung des Euro könnten dazu führen, dass sich der Produktionsanstieg merklich verlangsamt. Der momentane Aufschwung darf nicht darüber hinwegtäuschen, dass das **Potenzialwachstum gering** ist und in Zukunft voraussichtlich nicht steigen wird. Viele Unternehmen ziehen es daher vor, im Ausland zu investieren. Das lässt sich deutlich am hohen deutschen Leistungsbilanzüberschuss ablesen. Er spiegelt unter anderem vergebene Investitionsmöglichkeiten für Unternehmen wider, die sich aus investitionshemmenden Standortbedingungen in Deutschland ergeben.

I. ÜBERBLICK

1. Aktuelle Lage

194. Die aktuelle deutsche Wirtschaftsentwicklung liefert auf den ersten Blick ein **positives Bild**. Im Jahr 2016 wird die deutsche Volkswirtschaft mit voraussichtlich 1,9 % kräftig wachsen. Das reale Bruttoinlandsprodukt (BIP) steigt damit stärker als das Produktionspotenzial, dessen Wachstum nach Berechnungen des Sachverständigenrates in diesem Jahr bei 1,3 % liegt. ↘ ABBILDUNG 20 OBEN LINKS Die Auslastung der Produktionskapazitäten nimmt somit weiter zu. Einige Indikatoren, wie die Kapazitätsauslastung im Verarbeitenden Gewerbe oder die gute Arbeitsmarktentwicklung, deuten darauf hin, dass die **Produktionskapazitäten** der deutschen Wirtschaft seit Jahresbeginn 2016 sogar **leicht überausgelastet** sind. Allerdings sind Schätzungen der Output-Lücke, definiert als relative Abweichung des BIP vom Produktionspotenzial, allgemein mit einer hohen Unsicherheit behaftet. ↘ KASTEN 6

195. Aber selbst die Unsicherheit bei der Schätzung der Produktionslücke ändert nichts an der Aussage, dass die deutsche Wirtschaft sich im **Aufschwung** befindet. Getragen wird dieser von einer deutlichen Ausweitung der privaten und öffentlichen Konsumausgaben sowie der Wohnungsbauinvestitionen. Allein die Ausweitung der Konsumausgaben kann in diesem Jahr 1,6 Prozentpunkte des Anstiegs des BIP erklären. ↘ TABELLE 5 SEITE 95 Schon im vergangenen Jahr fiel der Wachstumsbeitrag mit ebenfalls 1,6 Prozentpunkten erheblich aus.

196. Die verbesserte Konsumentenstimmung spiegelt die gute Lage auf dem **Arbeitsmarkt** wider. So wird die Erwerbstätigenzahl in diesem Jahr voraussichtlich erneut um gut 500 000 Personen auf nunmehr 43,6 Millionen Personen ansteigen. ↘ ABBILDUNG 20 OBEN RECHTS Allerdings sind in diesem Jahr immer noch mehr als 2,7 Millionen Personen arbeitslos. Eine große Herausforderung für die deutsche Wirtschaftspolitik liegt daher darin, diese Arbeitslosen und die hohe Anzahl anerkannter Asylbewerber in den Arbeitsmarkt zu integrieren. ↘ ZIFFERN 702 FF., 738 FF. Nichtsdestotrotz ist die Entwicklung der vergangenen Jahre auf dem deutschen Arbeitsmarkt bemerkenswert.

197. Das positive Bild der deutschen Wirtschaft verblasst etwas bei einem Blick auf die Entwicklung der **Unternehmensinvestitionen** und der Ausfuhren. Sie nehmen zwar zu, doch ist ihre Expansion eher als moderat zu bezeichnen. So dürften die Ausrüstungsinvestitionen einen Wachstumsbeitrag von gut 0,1 Prozentpunkten zum Anstieg des BIP im Jahr 2016 ausmachen, nach 0,2 Prozentpunkten im Jahr 2015. ↘ TABELLE 5 Zudem werden die gewerblichen Bauinvestitionen in diesem Jahr voraussichtlich wieder sinken.

198. Die Zuwachsrate der **Exporte** im Jahr 2016 wird mit 3,3 % im Vergleich zum Vorjahreswert von 5,2 % ebenfalls zurückgehen. Zwar werden die Ausfuhren immer noch einen Beitrag von 1,5 Prozentpunkten zum Anstieg des BIP leisten. Jedoch zeigen sich in der moderaten Expansion der Ausfuhren die immer noch recht verhaltenen wirtschaftlichen Erholungsprozesse wichtiger Handelspartner.

Trotz einer deutlich steigenden Binnennachfrage und einer nur mäßigen Ausweitung der Ausfuhren haben die Nettoexporte zum Anstieg des BIP beigetragen. Im Vergleich zu den Exporten fiel die Importentwicklung noch schwächer aus. Der Wachstumsbeitrag dürfte mit 0,2 Prozentpunkten im Jahr 2016 eine ähnliche Größenordnung aufweisen wie im Jahr 2015.

199. Ein möglicher Grund für den positiven Wachstumsbeitrag der Nettoexporte liegt in einer deutlichen realen Abwertung des Euro zwischen der Jahresmitte 2014 und dem Frühjahr des Jahres 2015. Seitdem verharrt der reale Wechselkurs im Großen und Ganzen auf dem niedrigeren Niveau. Dies steht in engem Zusammenhang mit der expansiven Geldpolitik der Europäischen Zentralbank (EZB). Als Reaktion auf den deutlichen **Rückgang der Inflationsraten**, auch in Deutschland ↘ ABBILDUNG 20 UNTEN RECHTS, hat die EZB ein ganzes Bündel an Maßnahmen ergriffen, um die Inflationserwartungen zu stabilisieren sowie die ge-

↘ ABBILDUNG 20
Indikatoren der makroökonomischen Entwicklung[1]

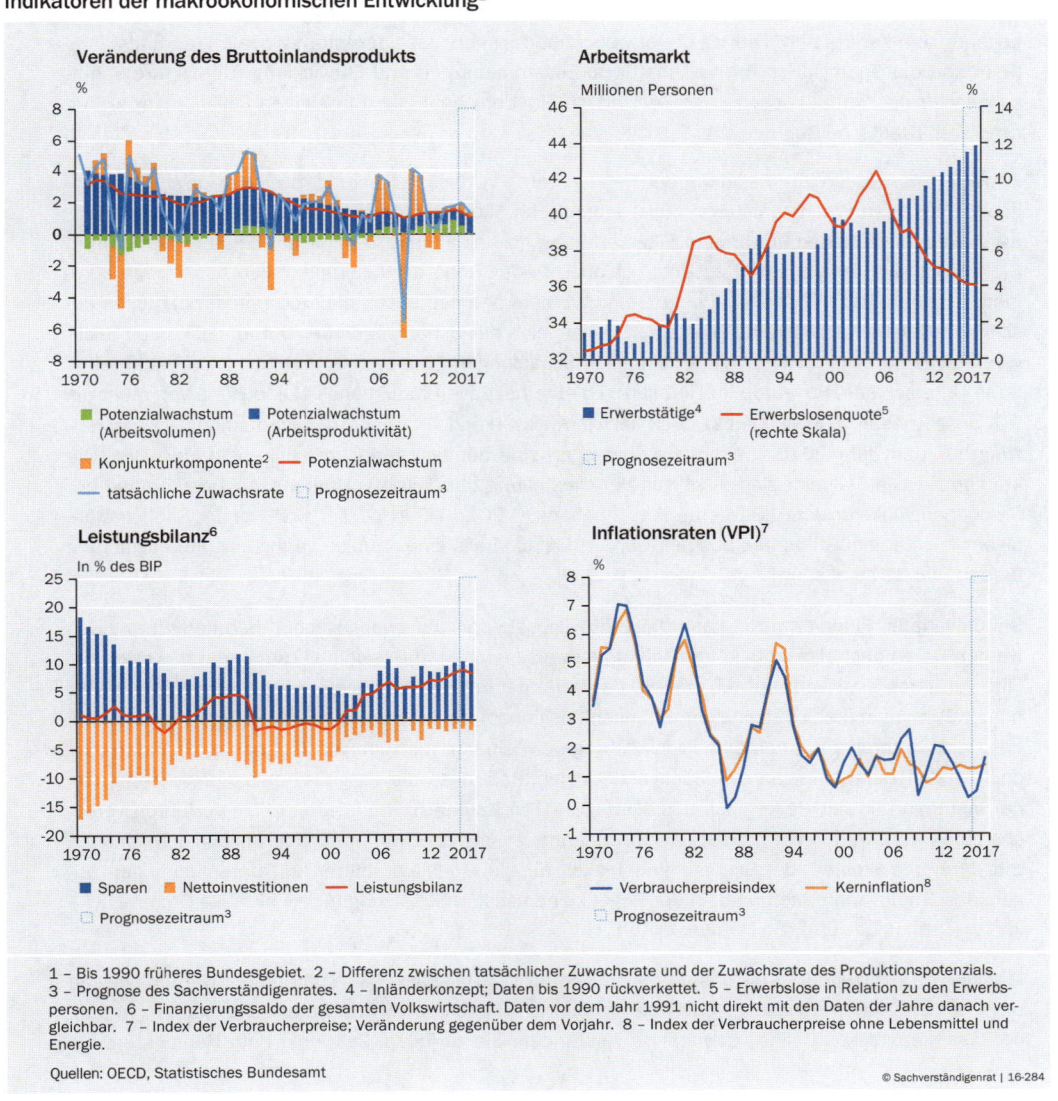

Veränderung des Bruttoinlandsprodukts
- Potenzialwachstum (Arbeitsvolumen)
- Potenzialwachstum (Arbeitsproduktivität)
- Konjunkturkomponente[2]
- Potenzialwachstum
- tatsächliche Zuwachsrate
- Prognosezeitraum[3]

Arbeitsmarkt
- Erwerbstätige[4]
- Erwerbslosenquote[5] (rechte Skala)
- Prognosezeitraum[3]

Leistungsbilanz[6]
In % des BIP
- Sparen
- Nettoinvestitionen
- Leistungsbilanz
- Prognosezeitraum[3]

Inflationsraten (VPI)[7]
- Verbraucherpreisindex
- Kerninflation[8]
- Prognosezeitraum[3]

1 – Bis 1990 früheres Bundesgebiet. 2 – Differenz zwischen tatsächlicher Zuwachsrate und der Zuwachsrate des Produktionspotenzials. 3 – Prognose des Sachverständigenrates. 4 – Inländerkonzept; Daten bis 1990 rückverkettet. 5 – Erwerbslose in Relation zu den Erwerbspersonen. 6 – Finanzierungssaldo der gesamten Volkswirtschaft. Daten vor dem Jahr 1991 nicht direkt mit den Daten der Jahre danach vergleichbar. 7 – Index der Verbraucherpreise; Veränderung gegenüber dem Vorjahr. 8 – Index der Verbraucherpreise ohne Lebensmittel und Energie.

Quellen: OECD, Statistisches Bundesamt

© Sachverständigenrat | 16-284

samtwirtschaftliche Nachfrage zu steigern. Gleichzeitig haben die überwiegend unkonventionellen geldpolitischen Maßnahmen bewirkt, dass die Binnennachfrage im restlichen Euro-Raum wieder anzieht. Allerdings verschlechtern sich als Konsequenz dort die bilateralen Leistungsbilanzsalden gegenüber Deutschland.

> ↘ KASTEN 6
>
> **Zur Zuverlässigkeit von Schätzungen der Output-Lücke**
>
> Das Konzept der Output-Lücke – definiert als relative Abweichung des realen BIP vom Produktionspotenzial – spielt in der Beurteilung der aktuellen Geld- und Fiskalpolitik sowie in der Konjunkturanalyse eine wichtige Rolle. Hierbei sei unter anderem die Rolle der Output-Lücke für Inflationsprognosen sowie zur Bestimmung des strukturellen Fiskaldefizits erwähnt (Mourre et al., 2013). Die Bestimmung der Output-Lücke, insbesondere in „Echtzeit", stellt jedoch eine große Herausforderung dar (Elstner et al., 2016; Orphanides und van Norden, 2002). So zeigen Jarocinski und Lenza (2016), dass ihre Modelle Schätzungen einer Output-Lücke für die Wirtschaft des Euro-Raums im Bereich von −6 % bis −2 % für die Jahre 2014 und 2015 liefern. Je nach Wert ergibt sich eine andere Beurteilung der aktuellen Ausrichtung der Geldpolitik. Die Wirtschaftspolitik ist somit mit einem großen Informationsproblem konfrontiert. Es mag daher wenig überraschen, dass der Internationale Währungsfonds (IWF) und die Organisation für wirtschaftliche Zusammenarbeit und Entwicklung (OECD) ihre Schätzungen für die Output-Lücken in großen Industrieländern häufig und in einigen Fällen sogar kräftig revidieren (Deutsche Bundesbank, 2014).
>
> In der Praxis werden zur Trennung der beobachteten Wirtschaftsleistung in eine zyklische Komponente und einen Wachstumstrend meist statistische Filterverfahren herangezogen. Hier zeigt sich, dass die verschiedenen univariaten Filterverfahren im Nachhinein zu ähnlichen Ergebnissen führen. Gleichwohl kann es vereinzelt zu Unterschieden in der Höhe der konjunkturellen Ausschläge kommen. ↘ ABBILDUNG 21 OBEN LINKS Ein größeres Problem bereitet jedoch die Messung der aktuellen Position im Konjunkturzyklus in „Echtzeit". Ein Vergleich der Schätzungen der Output-Lücke des Sachverständigenrates in Echtzeit mit der aktuellen Schätzung der früheren Output-Lücken offenbart eklatante Unterschiede. So wurde im Herbst 1975 eine negative Produktionslücke in Höhe von mehr als 9 % ausgewiesen. ↘ ABBILDUNG 21 OBEN RECHTS Rückwirkend – anhand der Produktionslückenschätzung aus dem Jahr 2016 – ergibt sich hingegen eine deutlich geringere Lücke von etwa 3 %. Die kräftige Revision scheint sich nicht aus der Umstellung des Schätzverfahrens zur Bestimmung der Produktionslücke im Jahr 2014 ergeben zu haben (JG 2014 Ziffern 202 ff.). So hat der Sachverständigenrat in seinem Gutachten aus dem Jahr 1994 ebenfalls eine deutlich geringere Unterauslastung für das Jahr 1975 ausgewiesen.
>
> Bei univariaten Filterverfahren kann dieser Revisionsbedarf auf zwei Ursachen beruhen. Zum einen werden Daten nach der Erstveröffentlichung teilweise noch kräftig revidiert. Zum anderen weisen die Filterverfahren ein Randwertproblem auf, das heißt der letztveröffentlichte Wert geht mit einem sehr hohen Gewicht in die Schätzung der aktuellen Position im Konjunkturzyklus ein. Häufig wird versucht, das Randwertproblem durch eine Verlängerung der Zeitreihe mit Hilfe von Prognosen zu lindern. Jedoch zeigen Berechnungen des Sachverständigenrates, dass die Prognosefehler, unabhängig von der Institution, in der Regel hoch ausfallen (JG 2015 Kasten 6). Multivariate Filterverfahren versuchen, das Randwertproblem durch die Hinzunahme zusätzlicher Informationen abzumildern. Jedoch tritt dann das Problem der Schätzungenauigkeit für die Modellparameter auf. Untersuchungen zeigen, dass multivariate Methoden in der Regel keine bessere Schätzung für die aktuelle Output-Lücke liefern (Orphanides und van Norden, 2002).
>
> Mithilfe von Echtzeitdaten für das deutsche BIP auf Quartalsbasis kann untersucht werden, welche Ursache den größten Revisionsbedarf der Produktionslücken hervorruft. Unter Echtzeitdaten wird eine Zusammenfassung aller Datenstände verstanden, die zu jedem Zeitpunkt dem Konjunkturprog-

nostiker zur Verfügung standen. Anhand des Hodrick-Prescott-Filters wird zu jedem Zeitpunkt mit den damals vorhandenen Daten eine Produktionslücke geschätzt. ↘ ABBILDUNG 21 UNTEN LINKS Für andere Filterverfahren wie den Baxter-King-Filter ergeben sich ähnliche Ergebnisse.

↘ ABBILDUNG 21
Vergleich der Verfahren zur Schätzung der Output-Lücke
Abweichung vom Trend

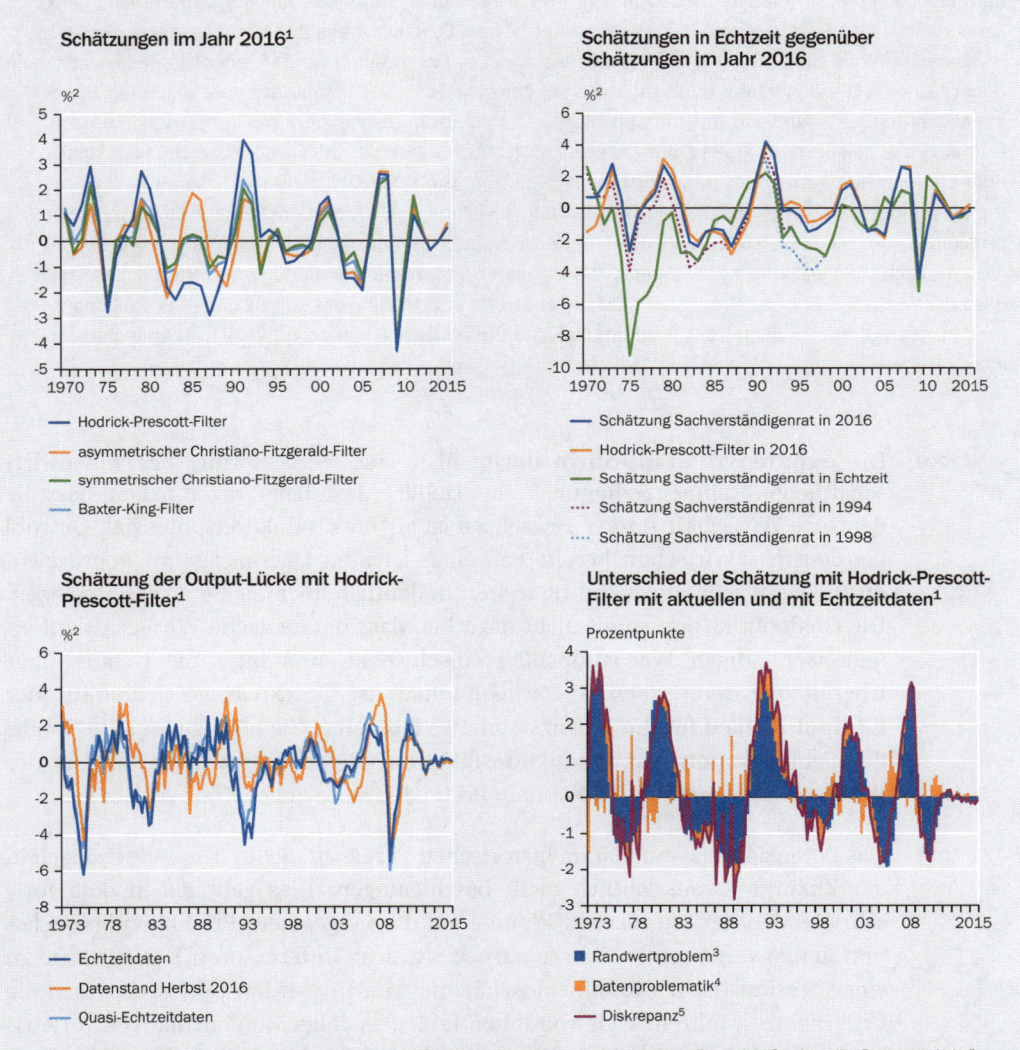

Schätzungen im Jahr 2016[1]

%[2]

— Hodrick-Prescott-Filter
— asymmetrischer Christiano-Fitzgerald-Filter
— symmetrischer Christiano-Fitzgerald-Filter
— Baxter-King-Filter

Schätzungen in Echtzeit gegenüber Schätzungen im Jahr 2016

%[2]

— Schätzung Sachverständigenrat in 2016
— Hodrick-Prescott-Filter in 2016
— Schätzung Sachverständigenrat in Echtzeit
⋯ Schätzung Sachverständigenrat in 1994
⋯ Schätzung Sachverständigenrat in 1998

Schätzung der Output-Lücke mit Hodrick-Prescott-Filter[1]

%[2]

— Echtzeitdaten
— Datenstand Herbst 2016
— Quasi-Echtzeitdaten

Unterschied der Schätzung mit Hodrick-Prescott-Filter mit aktuellen und mit Echtzeitdaten[1]

Prozentpunkte

■ Randwertproblem[3]
■ Datenproblematik[4]
— Diskrepanz[5]

1 – Ohne Berücksichtigung von Prognosen am aktuellen Rand. 2 – Prozentuale Abweichung vom Potenzial. 3 – Aktueller Datenstand abzüglich Quasi-Echtzeitdaten. 4 – Quasi-Echtzeitdaten abzüglich Echtzeitdaten. 5 – Aktueller Datenstand abzüglich Echtzeitdaten.

Quellen: Statistisches Bundesamt, eigene Berechnungen

© Sachverständigenrat | 16-379

Vergleicht man diese geschätzten Output-Lücken mit der Schätzung aus dem Datensatz, der im Herbst 2016 verfügbar war, zeigt sich, dass die Revisionen im Bereich zwischen −3 und 4 Prozentpunkten liegen. ↘ ABBILDUNG 21 UNTEN RECHTS Die Abweichungen sind somit eklatant und weisen die gleiche Volatilität auf wie die eigentlich zu messende Output-Lücke (hier Ex-post-Schätzung). Sie offenbaren damit die hohe Unsicherheit der Messung der aktuellen Position im Konjunkturzyklus. Ferner ergibt sich eine hohe Persistenz der Revisionen. Dies deutet auf eine fehlerhafte Einschätzung des Potenzialniveaus durch das Filterverfahren hin. Anders gewendet geht eine schwächere Entwicklung des tatsächlichen BIP, die sich später als anhaltend herausstellt, zuerst mit einer negativen Output-Lücke einher. Erst im Zeitverlauf passt sich der Filter an die schwächere wirtschaftliche Entwicklung an, sodass im Nachhinein aus der negativen Output-Lücke eine positive werden kann. Dieses Beispiel offenbart das große Problem der Bestimmung des Wachstumspotenzials einer Volkswirtschaft (Identifikationsproblem). Abrupte Änderungen, etwa in Zeiten des disruptiven Wandels, können meist nicht adäquat erfasst werden.

Zur Einschätzung der relativen Bedeutung von Datenrevisionen für die beobachteten Abweichungen kann anstatt der Echtzeitdaten ein sogenannter „Quasi-Echtzeitdatensatz" herangezogen werden. Hierbei handelt es sich um den aktuellen Datenstand. Die Datenreihen werden jedoch zu jedem Zeitpunkt, an dem die Schätzung durchzuführen ist, genauso wie die Echtzeitdaten am aktuellen Rand abgeschnitten. Ein Vergleich der anhand dieses Datensatzes geschätzten Werte mit der aktuellen Output-Lücke zeigt erneut große Differenzen. ↘ ABBILDUNG 21 UNTEN LINKS Diese Abweichungen resultieren jedoch einzig aus dem Randwertproblem, da der „Quasi-Echtzeitdatensatz" die aktuellen Daten verwendet. Es zeigt sich, dass ein Großteil der Revisionen der Output-Lücken auf das Randwertproblem zurückzuführen ist. Datenrevisionen und Definitionsänderungen spielen eher eine untergeordnete Rolle. ↘ ABBILDUNG 21 UNTEN RECHTS Insgesamt lassen die Berechnungen darauf schließen, dass die Verlässlichkeit der Produktionslückenschätzung in Echtzeit nicht sehr hoch ist. Schlussfolgerungen, die auf dem Konzept der Produktionslücke beruhen, sind daher grundsätzlich vorsichtig zu interpretieren.

200. Die **expansive Geldpolitik** dürfte über eine Verbesserung der außenwirtschaftlichen Rahmenbedingungen maßgeblich dazu beigetragen haben, dass die deutsche Wirtschaft stärker gewachsen ist als ihr Produktionspotenzial. Obwohl die deutsche Wirtschaft bereits von einer leichten Überauslastung geprägt ist, dürfte das Wachstum zukünftig weiterhin deutlich über der Potenzialrate liegen. Die Geldpolitik trägt somit nicht dazu bei, dass die deutsche Wirtschaft auf einen nachhaltigen Wachstumspfad einschwenkt, und birgt die Gefahr einer Überhitzung. ↘ ZIFFERN 438 FF. Darüber hinaus ist die expansive Geldpolitik der EZB mit Risiken für die Finanzstabilität verbunden. Sie birgt zudem die Gefahr der Fehlallokation von Produktionsfaktoren in der Gesamtwirtschaft, da der Preismechanismus auf den Kapitalmärkten teilweise außer Kraft gesetzt ist.

201. Das Potenzialwachstum ist im historischen Vergleich nicht hoch und wird sich in der Zukunft voraussichtlich nicht beschleunigen. Dies geht neben dem fortschreitenden demografischen Wandel auf das langsamere Produktivitätswachstum in den vergangenen Jahren zurück (JG 2015 Ziffern 590 ff.). Dies dürfte zu einer pessimistischen Renditeeinschätzung von Investitionsprojekten durch die Unternehmen führen. Viele von ihnen finden es daher wohl attraktiver, im Ausland zu investieren. Dies spiegelt sich im **hohen deutschen Leistungsbilanzüberschuss** wider. Der starke Rohstoffpreisverfall seit Jahresmitte 2014 hat zusätzlich dazu beigetragen, dass der deutsche Leistungsbilanzüberschuss in diesem Jahr mit 8,8 % des nominalen BIP einen neuen Rekordstand aufweist.
↘ ABBILDUNG 20 UNTEN LINKS

202. Der Sachverständigenrat sieht in dem hohen Leistungsbilanzüberschuss **kein gesamtwirtschaftliches Ungleichgewicht** (JG 2014 Ziffern 480 ff.). Jedoch könnte dieser geringer ausfallen, wenn investitionshemmende Standortbedingungen beseitigt würden. Ein Großteil des Leistungsbilanzüberschusses kann durch den hohen positiven Finanzierungssaldo der nichtfinanziellen Kapitalge-

↘ TABELLE 5
Wachstumsbeiträge zum Bruttoinlandsprodukt nach Verwendungskomponenten[1]
Prozentpunkte

	2011	2012	2013	2014	2015	2016[2]	2017[2]
Inländische Verwendung	2,8	− 0,8	0,9	1,3	1,5	1,7	1,5
Konsumausgaben	0,9	0,9	0,6	0,7	1,6	1,6	1,2
Private Konsumausgaben[3]	0,8	0,7	0,4	0,5	1,1	0,9	0,7
Konsumausgaben des Staates	0,2	0,2	0,2	0,2	0,5	0,7	0,5
Bruttoanlageinvestitionen	1,4	− 0,1	− 0,2	0,7	0,3	0,5	0,4
Ausrüstungsinvestitionen	0,5	− 0,2	− 0,1	0,4	0,2	0,1	0,1
Bauinvestitionen	0,8	0,1	− 0,1	0,2	0,0	0,3	0,2
Sonstige Anlagen	0,2	0,0	0,0	0,1	0,1	0,1	0,1
Vorratsveränderungen	0,4	− 1,6	0,5	− 0,1	− 0,5	− 0,4	− 0,0
Außenbeitrag	0,9	1,3	− 0,4	0,3	0,2	0,2	− 0,2
Exporte	3,5	1,3	0,9	1,9	2,4	1,5	1,8
Importe	− 2,6	0,0	− 1,3	− 1,6	− 2,1	− 1,3	− 2,1
Bruttoinlandsprodukt (%)	3,7	0,5	0,5	1,6	1,7	1,9	1,3

1 – Reale Werte; Abweichungen in den Summen rundungsbedingt. 2 – Prognose des Sachverständigenrates. 3 – Einschließlich privater Organisationen ohne Erwerbszweck.
Quelle: Statistisches Bundesamt

© Sachverständigenrat | 16-326

sellschaften erklärt werden. Dahinter verbirgt sich im Wesentlichen eine zurückgehende Investitionstätigkeit in Deutschland, begleitet von einem Anstieg der Unternehmensersparnis. Diese bildet in erheblichem Maß die Auslandsinvestitionen deutscher Unternehmen ab. Die gedämpfte Entwicklung der Investitionstätigkeit der Unternehmen wird stark von strukturellen Faktoren beeinflusst. Die expansiven Effekte durch die Geldpolitik scheinen daher weniger deutlich durch.

2. Konjunkturelle Effekte der expansiven Geldpolitik

203. Die geldpolitischen Lockerungsmaßnahmen der vergangenen Jahre dürften sich im Wesentlichen über eine Stimulierung der gesamtwirtschaftlichen Nachfrage auswirken. Für die deutsche Wirtschaft erscheint es jedoch überraschend, dass sich die **langjährige Niedrigzinsphase** sowie der günstige Euro-Wechselkurs nicht in einer deutlichen Überauslastung der Produktionskapazitäten zeigen. Die expansive Geldpolitik kann anscheinend die Nachfrage in vielen Bereichen nur schwach anheben. So haben Kreditvolumen und Investitionen nur mäßig zugenommen, die Sparquote ist zuletzt sogar gestiegen. Jedoch können die Effekte der Geldpolitik auf die Realwirtschaft (Transmission) durch viele andere Effekte überlagert sein, wie etwa die schwache Konjunktur in den Schwellenländern.

Niedrigzins und schwache Konjunktur im Euro-Raum

204. Für eine Analyse, inwieweit die Geldpolitik den Aufschwung treibt, ist es hilfreich, zwischen der systematischen (endogenen) Komponente und darüber hinausgehenden Maßnahmen zu unterscheiden. Die **systematische Komponente** erfasst die in der Vergangenheit übliche Reaktion der EZB auf die Konjunk-

tur- und Inflationsentwicklung im Euro-Raum. Am besten veranschaulicht dieses Verhalten eine Zinsregel. ↘ ZIFFERN 416 F. Die systematische Komponente reagiert auf Schocks, die sich in Wachstum und Inflation niederschlagen, und wirkt daher stabilisierend.

205. Eine **expansive Geldpolitik** kann durch die schwache Konjunktur- und Preisentwicklung im Euro-Raum gerechtfertigt werden, nicht jedoch das Ausmaß der quantitativen Lockerung der EZB. ↘ ABBILDUNG 55 SEITE 208 Eine mäßige Wirtschaftsentwicklung lässt sich vor allem in anderen Mitgliedstaaten des Euro-Raums beobachten und weniger in Deutschland. Für die exportorientierte deutsche Wirtschaft ergeben sich zwei gegenläufige Effekte:

– Auf der einen Seite übt die schwache Wirtschaftsentwicklung in vielen Mitgliedstaaten einen dämpfenden Effekt auf die Exportwirtschaft aus (**Exporteffekt**). Die Entwicklung der Exportwirtschaft wirkt dann auf die Unternehmensinvestitionen und den Arbeitsmarkt.

– Auf der anderen Seite löst die endogen bewirkte Zinssenkung in der deutschen Binnenwirtschaft expansive Effekte aus, etwa beim privaten Verbrauch oder den Bauinvestitionen (**systematischer Zinseffekt**). Ferner stabilisiert sie die Konjunktur in den anderen Mitgliedstaaten des Euro-Raums. Hinzu kommen expansive Impulse durch Wechselkurseffekte.

206. Die **negativen Auswirkungen** des Exporteffekts auf das deutsche BIP dürften momentan die Nachfragestimulierung durch den systematischen Zinseffekt **überdecken**. Dies bedeutet nicht, dass die Geldpolitik keinen expansiven Effekt auf die deutsche Wirtschaft hätte. So stabilisiert sie zum einen die Konjunktur in den anderen Mitgliedstaaten des Euro-Raums. Zum anderen stimuliert sie die Binnennachfrage in Deutschland.

207. Der **Gesamteffekt** aus dem dämpfenden Export- und dem stimulierenden systematischen Zinseffekt auf das deutsche BIP ist nur schwer zu bestimmen. Er hängt wesentlich davon ab, welche Faktoren zum Abschwung in den anderen Mitgliedstaaten geführt haben. Nichtsdestotrotz können makroökonomische Modellsimulationen (DSGE-Modelle) herangezogen werden, um eine Gesamteinschätzung beider Effekte vorzunehmen.

Hierbei handelt es sich um Modelle, die speziell für länderspezifische Analysen im Euro-Raum erstellt wurden (Gadatsch et al., 2016; Rabanal, 2009; Quint und Rabanal, 2014). Diese Modelle bilden zwei Ländergruppen ab. Im Folgenden handelt es sich hierbei um Deutschland und den Euro-Raum ohne Deutschland. Es werden dynamische Anpassungsprozesse der jeweiligen Volkswirtschaften auf 13 verschiedene negative makroökonomische Schocks analysiert. Diese negativen Schocks treten nur im Euro-Raum ohne Deutschland auf und führen im Zeitverlauf zu einer negativen Output-Lücke in dieser Ländergruppe von einem Prozent. ↘ ABBILDUNG 22

Die Zentralbank reagiert auf diesen Abschwung und senkt die Zinsen, jeweils in Abhängigkeit von den Entwicklungen der Inflation und der Output-Lücke. Es zeigt sich, dass der Gesamteffekt auf das deutsche BIP von den jeweiligen makroökonomischen Schocks abhängt und in der Vielzahl der Fälle eher klein aus-

↘ ABBILDUNG 22

Auswirkung von Schocks mit Ursprung im Euro-Raum ohne Deutschland auf das Bruttoinlandsprodukt¹

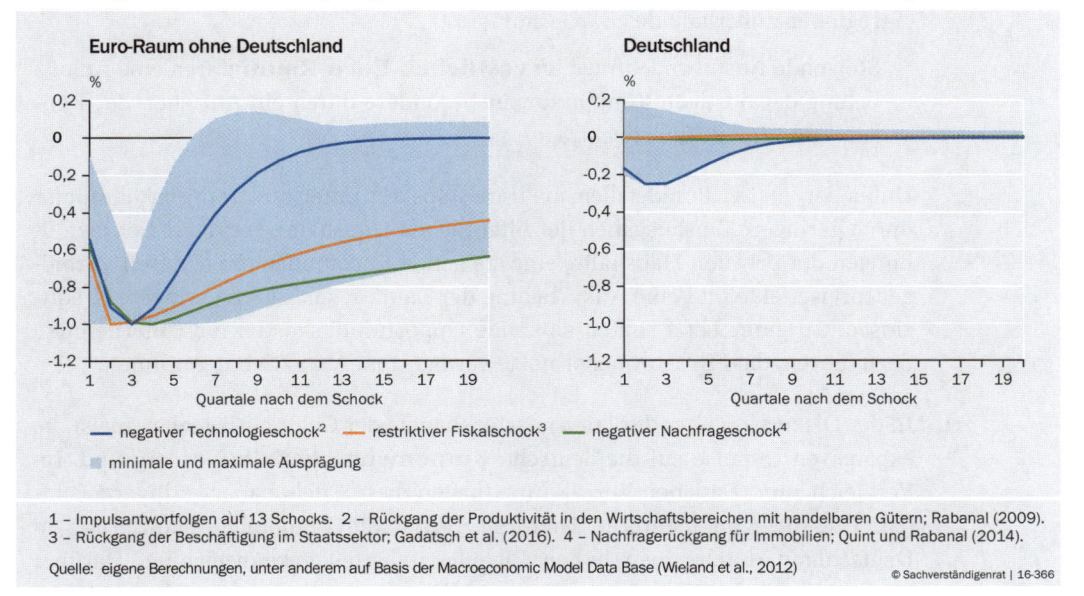

Euro-Raum ohne Deutschland | Deutschland

— negativer Technologieschock²   — restriktiver Fiskalschock³   — negativer Nachfrageschock⁴
▨ minimale und maximale Ausprägung

1 – Impulsantwortfolgen auf 13 Schocks. 2 – Rückgang der Produktivität in den Wirtschaftsbereichen mit handelbaren Gütern; Rabanal (2009). 3 – Rückgang der Beschäftigung im Staatssektor; Gadatsch et al. (2016). 4 – Nachfragerückgang für Immobilien; Quint und Rabanal (2014).

Quelle: eigene Berechnungen, unter anderem auf Basis der Macroeconomic Model Data Base (Wieland et al., 2012)
© Sachverständigenrat | 16-366

fällt. Diese Untersuchungen stützen somit die These, dass ein Großteil der expansiven Impulse der Geldpolitik auf die deutsche Wirtschaft durch die schwache Auslandsnachfrage im restlichen Euro-Raum verdeckt wird.

Effekte diskretionärer geldpolitischer Impulse auf die Konjunktur

208. Alle geldpolitischen Maßnahmen einer Zentralbank, die über eine systematische Reaktion hinausgehen, werden als **diskretionäre Impulse** bezeichnet. Diese werden in der wissenschaftlichen Literatur als geldpolitische Schocks definiert (Christiano et al., 1999). Die konjunkturellen Auswirkungen infolge dieser Schocks sind daher geldpolitisch induziert. Der Sachverständigenrat stuft einen Großteil der geldpolitischen Maßnahmen seit der Jahresmitte 2014, die insbesondere die Wertpapierkäufe umfassen, als diskretionäre Maßnahmen ein (JG 2014 Ziffer 250; JG 2014 Ziffer 290; JG 2015 Ziffer 351). ↘ ZIFFERN 416 F. Diese diskretionären Maßnahmen haben erheblich dazu beigetragen, dass seit dem Jahreswechsel 2014/2015 die Zinsen im Euro-Raum deutlich gefallen sind und der Euro effektiv massiv abgewertet hat.

209. Trotz dieser Maßnahmen seit Jahresmitte 2014 ist die Sparquote aber gestiegen und das gesamtwirtschaftliche Kreditvolumen in Relation zum BIP gesunken. Es stellt sich daher die Frage, ob die diskretionären Maßnahmen einen expansiven Effekt auf die Realwirtschaft haben und, sofern dies zutrifft, über **welche Kanäle die Transmission primär** stattfindet.

210. Ohne auf die spezifischen Details einzelner Transmissionskanäle der Geldpolitik einzugehen ↘ ZIFFERN 400 F., lassen sich die wesentlichen Transmissionseffekte für Deutschland in drei Bereiche einordnen:

– Generierung **expansiver Impulse** auf die deutsche **Binnenwirtschaft**;

– Schaffung von Exportnachfrage durch den **Wechselkurseffekt** für Absatzregionen außerhalb des Euro-Raums;

– Steigende Ausfuhrnachfrage im **restlichen Euro-Raum** durch eine Ankurbelung der dortigen Konjunktur, insbesondere durch ein Anziehen der Konsum- und Investitionsnachfrage.

Unter den ersten Punkt fallen mehrere Aspekte: unter anderem Fiskalimpulse durch geringere Zinsausgaben der öffentlichen Haushalte, geringere Sparbemühungen der privaten Haushalte, eine steigende Konsumnachfrage durch Vermögenspreiseffekte und eine Ankurbelung der Bautätigkeit durch geringere Kreditzinsen. Zu guter Letzt sollten sinkende Opportunitätskosten für Unternehmen dazu führen, dass Investitionsprojekte vermehrt an Attraktivität gewinnen.

211. In der Diskussion über die Transmissionskanäle der Geldpolitik stehen meist die expansiven Impulse auf die deutsche **Binnenwirtschaft** im Vordergrund. Im Vergleich zum restlichen Euro-Raum dürften diese Effekte aber geringer ausfallen. Dies liegt an mehreren Faktoren. So ist die Immobilienfinanzierung in Deutschland durch einen hohen Eigenkapitalanteil gekennzeichnet. Darüber hinaus dürfte der Vermögenseffekt auf die private Konsumnachfrage kleiner ausfallen. Eine Erklärung liegt in der geringeren Wohneigentümerquote im Vergleich zu anderen Mitgliedstaaten des Euro-Raums (Europäische Kommission, 2016). Zu guter Letzt liegt die private Verschuldungsquote in Deutschland unter dem Durchschnitt des Euro-Raums. Dies könnte dazu führen, dass durch den Einkommenseffekt von Zinssenkungen die expansiven Effekte auf den privaten Konsum geringer ausfallen.

Bemerkenswert ist zudem, dass die konjunkturelle Erholung im Vergleich zu früheren Erholungsphasen zwar in Bezug auf das BIP ähnlich zügig verläuft, der Konsum jedoch deutlich langsamer zunimmt. Dies könnte damit zu tun haben, dass Haushalte, die für den Ruhestand sparen und von einer lang anhaltenden Niedrigzinsphase ausgehen, mehr als in der Vergangenheit ansparen müssen. Dieser Effekt wirkt der üblichen Transmission der lockeren Geldpolitik entgegen. ↘ ZIFFER 404 ↘ ABBILDUNG 51

212. Für die deutsche Volkswirtschaft dürften hingegen die **Effekte über die Exportnachfrage** auf das BIP größer ausfallen als im restlichen Euro-Raum. Dies liegt an der starken Exportorientierung, deutlich zu sehen an einem relativ hohen Exportanteil von gut 47 % des nominalen BIP im Jahr 2015. Berechnungen des Sachverständigenrates zeigen, dass die deutlich gestiegene preisliche Wettbewerbsfähigkeit infolge der kräftigen Abwertung des Euro seit Jahresmitte 2014 alleine einen Wachstumsbeitrag für die deutschen Exporte von 1,5 bis 3 Prozentpunkten im Jahr 2015 und 0,5 bis 2,0 Prozentpunkten im Jahr 2016 ausgeübt haben könnte. ↘ ZIFFER 235 Ohne diesen Preiseffekt wären die Exporte in den Jahren 2015 und 2016 um weniger als 5,2 % beziehungsweise 3,3 % angestiegen.

213. Die erhöhte Exportnachfrage aufgrund der preislichen Wettbewerbsfähigkeit wirkt stimulierend auf die **Unternehmensinvestitionen**. Sie umfassen die Investitionen in Ausrüstungen, Sonstige Anlagen und in den gewerblichen Bau.

Die Wachstumsbeiträge dürften in einer Größenordnung von 1,0 bis 2,0 Prozentpunkten für die Jahre 2015 und 2016 liegen. Im Vergleich hierzu betragen die tatsächlichen Zuwachsraten der Unternehmensinvestitionen für diese beiden Jahre 2,0 % beziehungsweise 1,4 %.

214. Ferner schlägt sich die erhöhte Exportnachfrage in einer stärkeren **privaten Konsumnachfrage** nieder. Dies geschieht primär über höhere verfügbare Einkommen infolge steigender Beschäftigung im Verarbeitenden Gewerbe. So wuchs die Anzahl der Beschäftigten in diesem Wirtschaftsbereich seit Jahresmitte 2014 um 55 000 Personen. Die gestiegene Erwerbstätigenzahl bei Unternehmensdienstleistern um 310 000 Personen dürfte ebenfalls zum Teil auf die höhere preisliche Wettbewerbsfähigkeit zurückzuführen sein. Der gesamte Effekt auf die Erwerbstätigen sowie die Einkommen ist schwierig zu quantifizieren.

215. Bislang bezogen sich die Aussagen über die Exportnachfrage nur auf den **Wechselkurseffekt** für Absatzregionen außerhalb des Euro-Raums. Jedoch dürfte die Exportnachfrage aus dem **restlichen Euro-Raum** infolge der lockeren Geldpolitik ebenfalls erheblich gestiegen sein. Studien der Bundesbank sowie der EZB zeigen, dass die unkonventionellen Maßnahmen seit Jahresmitte 2014 einen Effekt auf das Wachstum des BIP im Euro-Raum (mit Deutschland) im Jahr 2015 in der Größenordnung von 0,5 bis 0,6 Prozentpunkten hatten. Für das Jahr 2016 werden die Effekte auf 0,5 bis 1,5 Prozentpunkte beziffert (Deutsche Bundesbank, 2016). ↘ ZIFFERN 169 F. Diese Effekte dürften ebenfalls positiv auf die Unternehmensinvestitionen und den privaten Verbrauch gewirkt haben. Die Geldpolitik der EZB leistet somit einen entscheidenden Beitrag zum hohen **deutschen Leistungsbilanzüberschuss**. Zum einen hat sie dazu beigetragen, dass der Euro deutlich abgewertet hat. Zum anderen schlagen die niedrigen Zinsen stärker auf die Binnennachfrage im restlichen Euro-Raum durch als in Deutschland. Die Folge hieraus ist eine Erhöhung der Nachfrage dieser Länder nach deutschen Exporten.

216. Es deutet vieles darauf hin, dass die zu lockere Geldpolitik der EZB einen wesentlichen Wachstumsbeitrag zu den Zuwachsraten des deutschen BIP in den Jahren 2015 und 2016 geleistet hat. Das Konjunkturbild in Deutschland ist daher nicht so günstig, wie es auf den ersten Blick wirkt. Ohne die expansive Geldpolitik der EZB wäre die deutsche Wirtschaft in den Jahren 2015 und 2016 zwar weiter gewachsen, aber voraussichtlich nicht stärker als mit ihrer Potenzialwachstumsrate. Die Auslastung der Produktionskapazitäten hätte nicht zugenommen.

217. Die **Fortsetzung des Aufschwungs** der deutschen Wirtschaft ist Risiken ausgesetzt. Die derzeitige konjunkturelle Entwicklung wird begünstigt durch eine schwächere Währung. Die hohe preisliche Wettbewerbsfähigkeit ist daher nicht nachhaltig. Ferner dürften die expansiven geldpolitischen Impulse im Zeitverlauf nachlassen.

3. Ausblick

218. Für die zweite Jahreshälfte 2016 deuten die Frühindikatoren auf eine schwächere Expansion des BIP hin. So haben sich die **realwirtschaftlichen Indikatoren** besonders in der Industrie im dritten Quartal bisher schwach entwickelt. Das Niveau des Produktionsindex des Verarbeitenden Gewerbes der Monate Juli und August befindet sich im Mittelwert 0,2 % unter dem Durchschnittsniveau des zweiten Quartals 2016. ↘ ABBILDUNG 24 OBEN LINKS Im Gegensatz hierzu konnte der Auftragseingang im Verarbeitenden Gewerbe für den betrachteten Zeitraum um 0,6 % zulegen. Grund ist ein Anstieg der Auftragseingänge aus dem Ausland. Die Inlandsaufträge sind hingegen rückläufig. ↘ ABBILDUNG 24 OBEN RECHTS

219. Die **umfragebasierten Indikatoren** zeichnen ein positiveres Bild und deuten auf einen Anstieg des BIP im zweiten Halbjahr 2016 hin. Die Unternehmen schätzen ihre Produktions- und Auftragslage mehrheitlich als gut ein. So weist das ifo Geschäftsklima für die gewerbliche Wirtschaft einen positiven Saldo aus. ↘ ABBILDUNG 24 MITTE RECHTS Ferner befinden sich die **Einkaufsmanagerindizes** für das Verarbeitende Gewerbe und den Dienstleistungsbereich deutlich über der Schwelle von 50 Punkten, was Wachstum signalisiert. Hier war insbesondere beim Index für das Verarbeitende Gewerbe seit Jahresbeginn ein kontinuierlicher Anstieg zu beobachten. ↘ ABBILDUNG 24 MITTE LINKS

Eine **Kurzfristprognose** anhand der Frühindikatoren legt nahe, dass das saison-, kalender- und preisbereinigte BIP im dritten und vierten Quartal um voraussichtlich 0,3 % beziehungsweise 0,4 % zunehmen wird. ↘ ABBILDUNG 24 UNTEN Für das **Gesamtjahr 2016** dürfte daher die jahresdurchschnittliche Zuwachsrate des BIP bei etwa 1,9 % liegen. ↘ ABBILDUNG 23 Die Frühjahrsprognose des Sachverständigenrates muss daher um 0,4 Prozentpunkte nach oben revidiert werden. ↘ KASTEN 7 Die Produktionskapazitäten der deutschen Wirtschaft sind

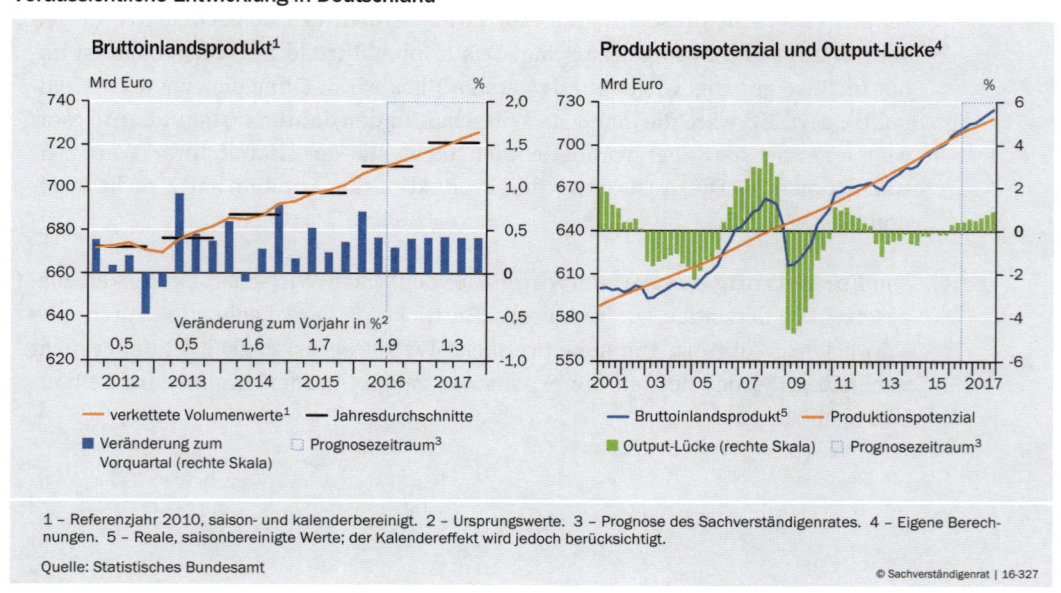

↘ ABBILDUNG 23
Voraussichtliche Entwicklung in Deutschland

1 – Referenzjahr 2010, saison- und kalenderbereinigt. 2 – Ursprungswerte. 3 – Prognose des Sachverständigenrates. 4 – Eigene Berechnungen. 5 – Reale, saisonbereinigte Werte; der Kalendereffekt wird jedoch berücksichtigt.

Quelle: Statistisches Bundesamt

Deutschland: Expansive Geldpolitik treibt Wachstum über Potenzial – **Kapitel 3**

↘ ABBILDUNG 24
Ausgewählte Indikatoren zur konjunkturellen Entwicklung

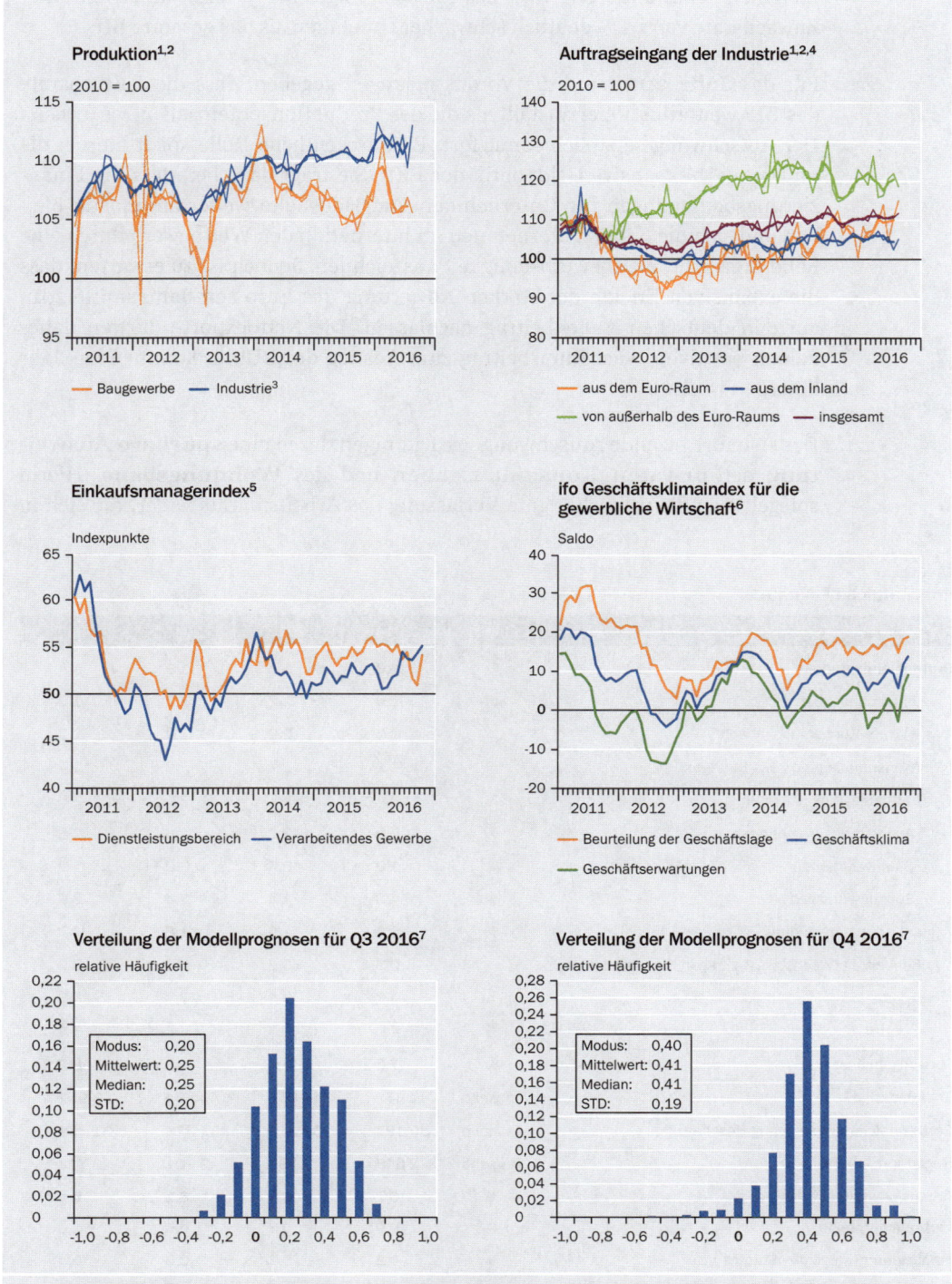

Produktion[1,2]
2010 = 100
— Baugewerbe — Industrie[3]

Auftragseingang der Industrie[1,2,4]
2010 = 100
— aus dem Euro-Raum — aus dem Inland
— von außerhalb des Euro-Raums — insgesamt

Einkaufsmanagerindex[5]
Indexpunkte
— Dienstleistungsbereich — Verarbeitendes Gewerbe

ifo Geschäftsklimaindex für die gewerbliche Wirtschaft[6]
Saldo
— Beurteilung der Geschäftslage — Geschäftsklima
— Geschäftserwartungen

Verteilung der Modellprognosen für Q3 2016[7]
relative Häufigkeit
Modus: 0,20
Mittelwert: 0,25
Median: 0,25
STD: 0,20

Verteilung der Modellprognosen für Q4 2016[7]
relative Häufigkeit
Modus: 0,40
Mittelwert: 0,41
Median: 0,41
STD: 0,19

1 – Dünne Linie: Monatswerte; dicke Linie: gleitende 3-Monatsdurchschnitte. 2 – Volumenindex; saisonbereinigte Werte. 3 – Produzierendes Gewerbe ohne Energie und Baugewerbe. 4 – Verarbeitendes Gewerbe ohne Ernährungsgewerbe und Tabakverarbeitung sowie ohne Kokerei, Mineralölverarbeitung, Herstellung und Verarbeitung von Spalt- und Brutstoffen, Recycling. 5 – Der Einkaufsmanagerindex basiert auf einer monatlichen Umfrage in der verarbeitenden Industrie, an der etwa 500 Einkaufsleiter und Geschäftsführer teilnehmen. 6 – Verarbeitendes Gewerbe, Bauhauptgewerbe, Groß- und Einzelhandel. 7 – Verteilung der sich im Rahmen eines Kombinationsansatzes ergebenden Veränderungsraten des BIP gegenüber dem Vorquartal.

Quellen: ifo, Markit, Statistisches Bundesamt, eigene Berechnungen

© Sachverständigenrat | 16-053

nach Schätzung des Sachverständigenrates leicht überausgelastet. Aufgrund der hohen Nettozuwanderung wird das preisbereinigte BIP je Einwohner mit einer Zuwachsrate von 1,1 % deutlich schwächer zunehmen als das gesamte BIP.

220. Für das **Jahr 2017** sind die Voraussetzungen gegeben, dass die Zuwachsrate des BIP weiterhin höher ausfällt als die des Produktionspotenzials. ↘ ABBILDUNG 23 Der Aufschwung setzt sich somit fort. Eine wesentliche Rolle spielt hierbei die unverändert expansive Geldpolitik der EZB. Sie trägt dazu bei, dass die Finanzierungsbedingungen für Unternehmen und Haushalte weiterhin günstig bleiben und sich die Exportunternehmen im internationalen Wettbewerb durch eine hohe preisliche Wettbewerbsfähigkeit auszeichnen. Jedoch ist zu erwarten, dass die expansiven Effekte der starken Abwertung des Euro seit Jahresmitte 2014 auf den deutschen Außenbeitrag nachlassen. Die Nettoexporte dürften daher keinen positiven Wachstumsbeitrag zum Anstieg des BIP im kommenden Jahr liefern. ↘ TABELLE 5

221. Der sich fortsetzende Aufschwung wird getragen durch eine **spürbare Ausweitung** der **privaten Konsumausgaben** und des **Wohnungsbaus**. Hierin spiegelt sich die weiterhin gute Verfassung des Arbeitsmarkts wider, die sich in

↘ TABELLE 6
Wirtschaftliche Eckdaten

	Einheit	2014	2015	2016[1]	2017[1]
Bruttoinlandsprodukt[2]	%	1,6	1,7	1,9	1,3
Konsumausgaben	%	1,0	2,2	2,2	1,6
Private Konsumausgaben[3]	%	0,9	2,0	1,7	1,3
Konsumausgaben des Staates	%	1,2	2,7	3,8	2,4
Bruttoanlageinvestitionen	%	3,4	1,7	2,5	2,0
Ausrüstungsinvestitionen	%	5,5	3,7	1,6	1,8
Bauinvestitionen	%	1,9	0,3	3,0	1,9
Sonstige Anlagen	%	4,0	1,9	2,6	2,9
Inländische Verwendung	%	1,4	1,6	1,8	1,7
Außenbeitrag (Wachstumsbeitrag in Prozentpunkten)		0,3	0,2	0,2	− 0,2
Exporte	%	4,1	5,2	3,3	3,9
Importe	%	4,0	5,5	3,4	5,4
Leistungsbilanzsaldo[4]	%	7,3	8,4	8,8	8,2
Erwerbstätige	Tausend	42 662	43 057	43 554	43 952
Sozialversicherungspflichtig Beschäftigte[5]	Tausend	30 197	30 822	31 379	31 768
Registriert Arbeitslose[5]	Tausend	2 898	2 795	2 701	2 713
Arbeitslosenquote[5,6]	%	6,7	6,4	6,1	6,1
Verbraucherpreise[7]	%	0,9	0,3	0,5	1,6
Finanzierungssaldo des Staates[8]	%	0,3	0,7	0,6	0,4
Bruttoinlandsprodukt je Einwohner[9]	%	1,2	0,8	1,1	1,2

1 – Prognose des Sachverständigenrates. 2 – Preisbereinigt; Veränderung zum Vorjahr. Gilt für alle angegebenen Bestandteile des BIP.
3 – Einschließlich privater Organisationen ohne Erwerbszweck. 4 – In Relation zum nominalen BIP. 5 – Quelle für die Jahre 2014 und 2015: BA.
6 – Registriert Arbeitslose in Relation zu allen zivilen Erwerbspersonen. 7 – Veränderung zum Vorjahr. 8 – Gebietskörperschaften und Sozialversicherung in der Abgrenzung der Volkswirtschaftlichen Gesamtrechnungen; in Relation zum nominalen BIP. 9 – Eigene Berechnungen; Veränderung zum Vorjahr.

Quelle: Statistisches Bundesamt

einer stetigen Zunahme der Beschäftigung ausdrückt. Für die Ausfuhren ist mit keiner deutlichen Wachstumsbeschleunigung zu rechnen. Dies liegt an der weiterhin nur moderaten Erholung der Weltkonjunktur. ↘ ZIFFER 120 Die Auswirkungen der Volksbefragung über den Austritt des Vereinigten Königreichs aus der EU (**Brexit**) auf die deutsche Konjunktur dürften gering ausfallen. So rechnet der Sachverständigenrat aufgrund der aktuellen Indikatorlage für die kommenden Quartale nicht mit einem Einbruch des britischen Wirtschaftswachstums. ↘ ZIFFERN 155 F.

222. Die Zuwachsrate des preisbereinigten BIP wird **im Jahr 2017** aller Voraussicht nach bei 1,3 % liegen. ↘ TABELLE 6 Der Rückgang der Zuwachsrate um 0,6 Prozentpunkte von 1,9 % in diesem Jahr stellt keine deutliche Verlangsamung des konjunkturellen Aufschwungs dar. So lassen sich durch die unterschiedliche Anzahl an Arbeitstagen der beiden Jahre (Kalendereffekt) 0,4 Prozentpunkte des Rückgangs der Zuwachsrate des BIP erklären. Das **Produktionspotenzial** dürfte nach Schätzungen des Sachverständigenrates in den Jahren 2016 und 2017 um 1,3 % beziehungsweise 1,0 % zunehmen.

223. Angesichts dieser günstigen konjunkturellen Entwicklung wird sich die Situation auf dem **Arbeitsmarkt** weiter verbessern. Die Beschäftigung dürfte im Jahr 2017 um gut 400 000 Personen auf insgesamt 44,0 Millionen Erwerbstätige ansteigen. Für das Jahr 2016 beträgt die Zunahme etwa 500 000 Personen. Aufgrund der stark gefallenen Energiepreise zu Jahresbeginn 2016 wird der Anstieg der **Verbraucherpreise** nur 0,5 % betragen. Für das kommende Jahr ist jedoch eine höhere Inflationsrate zu erwarten. Zum einen werden höhere Energiepreise angenommen, zum anderen eine langsam steigende Kerninflationsrate wegen der zunehmenden Auslastung der Produktionskapazitäten. Für das kommende Jahr 2017 wird eine jahresdurchschnittliche Inflationsrate von 1,6 % er-

↘ ABBILDUNG 25
Prognoseintervalle für Bruttoinlandsprodukt und Verbraucherpreise[1,2]

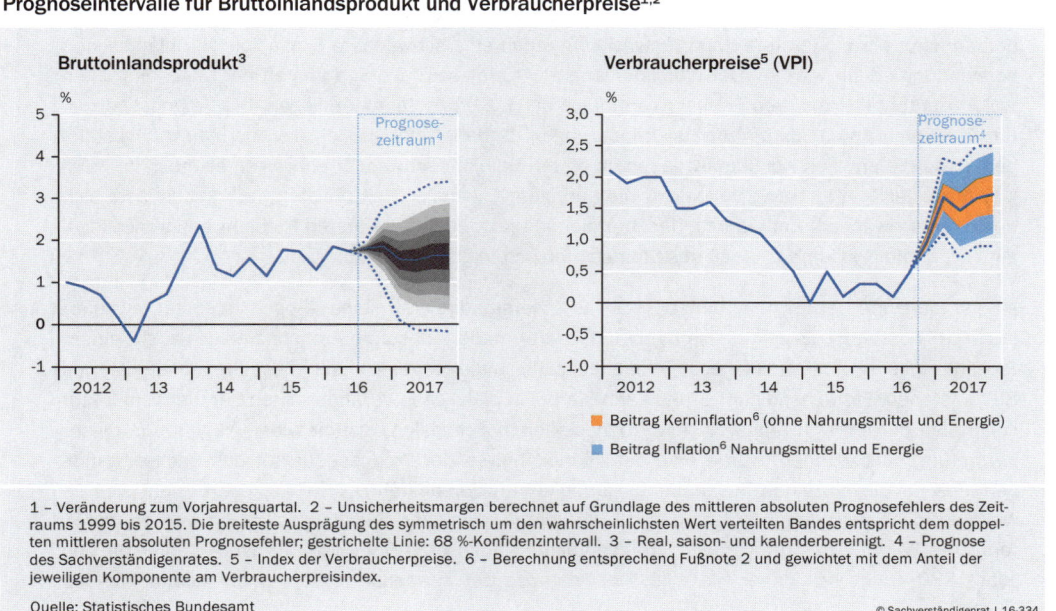

1 – Veränderung zum Vorjahresquartal. 2 – Unsicherheitsmargen berechnet auf Grundlage des mittleren absoluten Prognosefehlers des Zeitraums 1999 bis 2015. Die breiteste Ausprägung des symmetrisch um den wahrscheinlichsten Wert verteilten Bandes entspricht dem doppelten mittleren absoluten Prognosefehler; gestrichelte Linie: 68 %-Konfidenzintervall. 3 – Real, saison- und kalenderbereinigt. 4 – Prognose des Sachverständigenrates. 5 – Index der Verbraucherpreise. 6 – Berechnung entsprechend Fußnote 2 und gewichtet mit dem Anteil der jeweiligen Komponente am Verbraucherpreisindex.

Quelle: Statistisches Bundesamt

wartet. Aller Voraussicht nach wird der **gesamtstaatliche Haushalt** in den Jahren 2016 und 2017 positive Finanzierungssalden von 18,2 Mrd Euro beziehungsweise 12,4 Mrd Euro aufweisen. Die strukturellen Überschüsse dürften dabei gut 0,6 % und 0,1 % des nominalen BIP ausmachen.

224. Die Konjunkturprognose unterliegt einer **hohen Unsicherheit**. Das betrifft insbesondere unerwartete Veränderungen des außenwirtschaftlichen Umfelds. ↘ ZIFFERN 126 FF. Eine Auswertung der Prognosen des Sachverständigenrates zeigt, dass sich gut zwei Drittel der Variation des Prognosefehlers für das BIP durch die Vorhersagefehler bei der Ausfuhr erklären lassen. ↘ KASTEN 7 Um der Prognoseunsicherheit Rechnung zu tragen, weist der Sachverständigenrat zusätzlich zu seinen Punktprognosen der Wachstumsraten für das preisbereinigte BIP Prognoseintervalle aus. ↘ ABBILDUNG 25 Das anhand historischer Prognosefehler (ab dem Jahr 1991) kalibrierte 68 %-Konfidenzintervall liegt für die Zuwachsrate des BIP im kommenden Jahr zwischen -0,2 % und 2,9 %.

↘ KASTEN 7

Zur Anpassung der Prognose für das Jahr 2016

Der Sachverständigenrat revidiert seine Prognose aus dem Frühjahr für die Zunahme des BIP im Jahr 2016 um 0,4 Prozentpunkte auf insgesamt 1,9 % nach oben. In der Frühjahrsprognose wurde angenommen, dass die internationalen Finanzmarktturbulenzen und der deutliche Rohölpreisverfall Hinweise auf ein schwächeres außenwirtschaftliches Umfeld liefern. Ferner wurde die damalige Einschätzung durch eine schwache Ausfuhrentwicklung im zweiten Halbjahr 2015 gestützt. Dies führte zu der Erwartung, dass der Außenbeitrag einen negativen Wachstumsbeitrag zum Anstieg des BIP liefern würde. In der Prognose wurden daher für die ersten beiden Quartale 2016 Zuwachsraten des BIP von jeweils 0,35 % unterstellt. Im Herbst 2016 zeigt sich jedoch, dass das BIP mit Raten von 0,7 % im ersten und 0,4 % im zweiten Quartal stärker zugelegt hat. Dabei haben sich die Exporte besser und die Importe schwächer entwickelt als im Frühjahr angenommen. Anders als damals erwartet wird der Außenbeitrag daher voraussichtlich mit 0,2 Prozentpunkten zur Zuwachsrate des BIP im Gesamtjahr 2016 beitragen. ↘ TABELLE 7

Neben einer Unterschätzung der Effekte der hohen preislichen Wettbewerbsfähigkeit auf den Außenbeitrag kann die moderatere Importentwicklung durch eine schwächere Expansion der inländischen Verwendung erklärt werden. Der Wachstumsbeitrag für dieses Jahr wird anstatt der angenommenen 2,1 Prozentpunkte aus dem Frühjahr vermutlich bei 1,7 Prozentpunkten liegen. Die Prognosekorrektur ergibt sich primär durch Vorratsveränderungen. Daneben haben sich die Ausrüstungsinvestitionen sowie die privaten Konsumausgaben im ersten Halbjahr schwächer entwickelt als noch im Frühjahr unterstellt. ↘ ABBILDUNG 34 ANHANG Die geringere Expansion des privaten Verbrauchs lässt sich durch die schwächere Entwicklung der Bruttolöhne und -gehälter im ersten Halbjahr erklären. Hingegen legten die Konsumausgaben des Staates preisbereinigt kräftiger zu.

Im vergangenen Jahresgutachten hat der Sachverständigenrat seine Prognosequalität evaluiert (JG 2015 Kasten 6). Es zeigte sich hierbei, dass der mittlere absolute Prognosefehler bei gut einem Prozentpunkt lag. Angesichts dieser Tatsache stellt sich die Frage, wodurch diese Prognosefehler des BIP entstehen. Ein wesentlicher Grund kann hierbei in plötzlichen Veränderungen der Weltkonjunktur liegen. Sie dürften sich primär in den Prognosefehlern der realen Ausfuhr widerspiegeln. Um dieser Vermutung nachzugehen, wurde eine detaillierte Analyse der Prognosequalität des Sachverständigenrates für die einzelnen Verwendungskomponenten durchgeführt. Die Prognose bezieht sich jeweils auf die Entwicklung der Komponente im kommenden Jahr. Für die Realisation wird der veröffentlichte Wert im darauffolgenden Jahresgutachten angesetzt. Der Ausfuhrprognosefehler für das Jahr 1980 ergibt sich daher wie folgt: Die Prognose der Zuwachsrate der realen Ausfuhr für das

Jahr 1980 wird aus dem Jahresgutachten 1979 entnommen, die Realisation für das Jahr 1980 aus dem Jahresgutachten 1981. Der Prognosefehler ist definiert als Realisation der Zuwachsrate abzüglich des Prognosewerts. Ein positiver Fehler entspricht somit einer pessimistischen Prognose.

↘ TABELLE 7
Vergleich der Frühjahrs- und Herbstprognose für das Jahr 2016

	Prognose des Sachverständigenrates					
	23. März 2016		JG 2016/17		Differenz	
	Veränderung zum Vorjahr[1]	Wachstumsbeiträge[2]	Veränderung zum Vorjahr[1]	Wachstumsbeiträge[2]	Veränderung zum Vorjahr[2]	Wachstumsbeiträge[2]
Bruttoinlandsprodukt[3]	1,5	x	1,9	x	0,4	x
Inländische Verwendung	2,3	2,1	1,8	1,7	– 0,4	– 0,4
Konsumausgaben	2,1	1,6	2,2	1,6	0,1	0,1
Private Konsumausgaben[4]	2,0	1,1	1,7	0,9	– 0,2	– 0,1
Konsumausgaben des Staates	2,6	0,5	3,8	0,7	1,2	0,2
Ausrüstungsinvestitionen	3,0	0,2	1,6	0,1	– 1,3	– 0,1
Bauinvestitionen	3,1	0,3	3,0	0,3	– 0,0	– 0,0
Außenbeitrag	x	– 0,6	x	0,2	x	0,8
Exporte	2,4	1,1	3,3	1,5	0,8	0,4
Importe	4,5	– 1,8	3,4	– 1,3	– 1,1	0,4

1 – In %; Abweichungen in den Differenzen rundungsbedingt. 2 – In Prozentpunkten. 3 – Preisbereinigt; gilt auch für alle angegebenen Bestandteile des BIP. 4 – Einschließlich privater Organisationen ohne Erwerbszweck.

Quelle: eigene Berechnungen © Sachverständigenrat | 16-333

Eine deskriptive Auswertung zeigt, dass die Prognosefehler des BIP, der Exporte und der Importe hoch miteinander korreliert sind. ↘ TABELLE 8 Auffällig ist zudem, dass die Ausfuhrprognosefehler keinen Zusammenhang mit den Vorhersagefehlern des privaten Konsums aufweisen. Insgesamt bekräftigen die Statistiken die Vermutung, dass der Prognosefehler des BIP erheblich von Schocks der Weltkonjunktur beeinflusst wird. Um eine Vorstellung hinsichtlich der Größenordnung dieses Einflusses zu erhalten, kann eine lineare Regression des BIP-Prognosefehlers auf den Exportprognosefehler

↘ TABELLE 8
Zusammenfassung der Prognosefehler[1]
Betrachtungszeitraum 1975 bis 2015

	BIP	Private Konsumausgaben	Konsumausgaben des Staates	Ausrüstungsinvestitionen	Bauinvestitionen	Exporte	Importe
Mittlerer Fehler (Prozentpunkte)	0,24	0,20	– 0,26	1,41	0,86	– 0,28	– 0,36
Mittlerer absoluter Fehler (Prozentpunkte)	1,02	0,83	0,82	4,32	2,49	3,55	3,00
Root Mean Squared Error[2] (Prozentpunkte)	1,54	1,09	1,07	5,55	3,20	4,83	3,85
Korrelationskoeffizient BIP mit ...	1,00	0,42	0,05	0,60	0,53	0,81	0,74
Korrelationskoeffizient Exporte mit ...	0,81	0,03	– 0,05	0,50	0,24	1,00	0,81

1 – Eigene Berechnungen; bis 1994 werden Prognosen für das BIP in Westdeutschland, danach für Deutschland insgesamt betrachtet.
2 – Wurzel des mittleren quadratischen Prognosefehlers.

Quelle: eigene Berechnungen © Sachverständigenrat | 16-391

herangezogen werden. Wesentliche Annahme hierbei ist, dass der Exportprognosefehler nur durch Veränderungen der Weltkonjunktur getrieben wird, die wiederum unabhängig von Einflüssen der deutschen Konjunktur sind (kleine offene Volkswirtschaft). Diese Annahme ist jedoch insbesondere für die Rezession nach der Wiedervereinigung problematisch.

Die Regression zeigt, dass der Erklärungsbeitrag des Ausfuhrprognosefehlers auf den BIP-Prognosefehler erheblich ist. ↘ ABBILDUNG 26 LINKS Ungefähr zwei Drittel der Variation lassen sich durch ihn erklären. In einem weiteren Schritt kann zudem genauer untersucht werden, inwieweit die globalen Einflüsse über die binnenwirtschaftlichen Komponenten auf den BIP-Prognosefehler ausstrahlen. Dafür werden die Prognosefehler aller Verwendungskomponenten (inklusive Importe) auf den Exportprognosefehler regressiert. Anhand der Erklärungsbeiträge dieser Regressionen kann der BIP-Prognosefehler in außen- und binnenwirtschaftliche Faktoren zerlegt werden. ↘ ABBILDUNG 26 RECHTS Die außenwirtschaftlichen Faktoren setzen sich hierbei aus zwei Bestandteilen zusammen: Zum einen scheinen die globalen Einflüsse im Außenbeitrag durch. Zum anderen erklären die Ausfuhrprognosefehler einen Teil der Prognosefehler der binnenwirtschaftlichen Verwendungskomponenten. Bei dieser detaillierten Betrachtung können erneut gut zwei Drittel des BIP-Prognosefehlers durch die Zusammenhänge mit dem Ausfuhrprognosefehler erklärt werden. Es gibt aber Jahre, in denen andere Faktoren (Restkomponente) einen wesentlichen Beitrag des BIP-Prognosefehlers ausmachen. Zu nennen sind die Jahre 1988 und 1990 oder etwa die schwache Entwicklung in der ersten Hälfte der 2000er-Jahre.

↘ ABBILDUNG 26
Erklärungsbeiträge für den BIP-Prognosefehler

Erklärungsbeiträge durch den Exportprognosefehler[1]

- erklärter Beitrag durch den Exportprognosefehler[2]
- nicht erklärter Beitrag durch den Exportprognosefehler
- BIP-Prognosefehler

Zerlegung in außen- und binnenwirtschaftliche Wachstumsbeiträge[1]

- Prognosefehler Außenbeitrag[3]
- Prognosefehler Binnenkomponenten erklärt durch Ausfuhrprognosefehler[4]
- Restkomponente Binnenprognosefehler[5]

1 – Ein positiver Wert stellt eine Unterschätzung des BIP für das kommende Jahr dar (zu pessimistische Prognose). 2 – Erklärter Beitrag ist definiert durch die erklärte Variation des BIP-Prognosefehlers durch den Exportprognosefehler mithilfe einer linearen Regression. 3 – Ergibt sich aus dem Exportprognosefehler abzüglich des erklärten Beitrags des Importprognosefehlers durch den Exportprognosefehler (mithilfe einer linearen Regression). 4 – Erklärter Beitrag ist definiert durch die erklärte Variation des jeweiligen Prognosefehlers durch den Exportprognosefehler mithilfe einer linearen Regression. Die Binnenkomponenten sind hierbei Ausrüstungsinvestitionen, Bauinvestitionen, private Konsumausgaben, Konsumausgaben des Staates. 5 – Nicht erklärter Beitrag des BIP-Prognosefehlers durch den Exportprognosefehler.

Quelle: eigene Berechnungen
© Sachverständigenrat | 16-390

II. DIE ENTWICKLUNG IM EINZELNEN

225. Der Sachverständigenrat erwartet, dass das BIP im Gesamtjahr 2016 um jahresdurchschnittlich 1,9 % zunehmen wird. ↘ TABELLE 9 Für das Gesamtjahr 2017 dürfte die Zuwachsrate auf 1,3 % sinken. Der Großteil der Verlangsamung des Produktionsanstiegs lässt sich durch den Kalendereffekt erklären. Während er im Jahr 2016 mit 0,1 Prozentpunkten schwach positiv zur jahresdurchschnittlichen Veränderungsrate beiträgt, ergibt sich für das Jahr 2017 ein deutlich negativer Effekt von 0,3 Prozentpunkten. Dies liegt daran, dass im kommenden Jahr mehr Feiertage in die Arbeitswoche fallen. Die Grundtendenz der Konjunkturentwicklung im Jahr 2017 bleibt jedoch aufwärtsgerichtet. Dies zeigt die Jahresverlaufsrate, also die arbeitstäglich bereinigte Veränderung des vierten Quartals gegenüber dem Vorjahresquartal, die mit 1,7 % nahezu gleich hoch ausfällt wie im Jahr 2016.

↘ TABELLE 9

Komponenten der Wachstumsprognose des realen Bruttoinlandsprodukts (in %)

	2011	2012	2013	2014	2015	2016[1]	2017[1]
Statistischer Überhang am Ende des Vorjahres[2]	0,3	– 0,2	0,7	0,7	0,5	0,6	0,6
Jahresverlaufsraten[3]	2,4	0,2	1,6	1,6	1,3	1,8	1,7
Jahresdurchschnittliche Veränderungsrate des Bruttoinlandsprodukts, kalenderbereinigt	3,7	0,7	0,6	1,6	1,5	1,8	1,6
Kalendereffekt (in % des Bruttoinlandsprodukts)	– 0,1	– 0,2	– 0,1	0,0	0,2	0,1	– 0,3
Jahresdurchschnittliche Rate des Bruttoinlandsprodukts[4]	3,7	0,5	0,5	1,6	1,7	1,9	1,3

1 – Prognose des Sachverständigenrates. 2 – Prozentuale Differenz zwischen dem absoluten Niveau des BIP im letzten Quartal des Jahres t und dem durchschnittlichen Niveau der Quartale im Jahr t (siehe JG 2005 Kasten 5). 3 – Veränderung des vierten Quartals zum vierten Quartal des Vorjahres. 4 – Abweichungen in den Summen rundungsbedingt.

Quelle: Statistisches Bundesamt

© Sachverständigenrat | 16-384

1. Rahmenbedingungen und Annahmen der Prognose

226. Eine weiterhin expansive Wirtschaftspolitik bestimmt die konjunkturellen Rahmenbedingungen der deutschen Wirtschaft. Die schon seit Längerem günstigen **Finanzierungsbedingungen** haben sich nochmals verbessert. Die Kapitalmarkt- und Darlehenszinsen sind seit Jahresbeginn weiter gefallen ↘ ABBILDUNG 27 MITTE LINKS und die Kreditvergabe durch die Banken wird von Unternehmen als sehr günstig eingeschätzt. Für den Prognosezeitraum der Jahre 2016 und 2017 dürfte sich dies aufgrund der geldpolitischen Ausrichtung der EZB kaum ändern.

227. Das Kreditvolumen der Banken an die inländischen Unternehmen und die privaten Haushalte hat im Juli und August 2016 um 3,4 % beziehungsweise 3,3 % gegenüber dem Vorjahreszeitraum zugenommen. Das ist auf einen Anstieg der Wohnbaukredite und des Kreditvolumens an die nichtfinanziellen Kapitalgesellschaften zurückzuführen. Gleichwohl gehen die **Verschuldungsquoten** der privaten Haushalte und der Unternehmen weiter zurück. Das Kreditvolumen in Relation zum nominalen BIP sinkt daher leicht. Die Kredit-BIP-Lücke, ein Indi-

kator für die Finanzstabilität (Tente et al., 2015), befindet sich anhaltend im negativen Bereich und signalisiert keine Stabilitätsgefahren. ↘ ABBILDUNG 27 MITTE RECHTS Doch selbst bei moderatem Kreditwachstum dürften sich derzeit im Bankensektor Risiken aufbauen, insbesondere in Form von zunehmenden Zinsänderungsrisiken. ↘ ZIFFERN 421, 509

228. Die **Fiskalpolitik** bleibt im Prognosezeitraum weiter **expansiv**. In diesem Jahr werden die diskretionären fiskalpolitischen Maßnahmen (Fiskalimpuls) voraussichtlich 0,3 % bis 0,4 % des nominalen BIP umfassen. Dazu tragen insbesondere Entlastungen bei der Einkommensteuer und zusätzliche Investitionsausgaben bei. Im Jahr 2017 wirken sich vor allem zusätzliche Ausgaben der Sozialversicherungen im Pflege- und Gesundheitsbereich aus. Im Vergleich zum Vorjahr wird der Fiskalimpuls etwa 0,2 % bis 0,3 % des nominalen BIP betragen.

Zudem entstehen expansive Effekte auf die deutsche Konjunktur über zusätzliche Ausgaben für soziale Leistungen an Asylsuchende im Jahr 2016 in Höhe von 0,2 % des nominalen BIP. Für das kommende Jahr dürften diese Ausgaben jedoch zurückgehen, sodass dieser spezifische Impuls leicht negativ wird. Trotzdem fallen die Ausgaben im Jahr 2017 höher aus als im Jahr 2015. ↘ ZIFFER 267

229. Die Fiskalpolitik lässt sich anhand von zwei Indikatoren einschätzen: dem **Fiskalimpuls** und der Veränderung des **strukturellen öffentlichen Finanzierungssaldos**. ↘ ABBILDUNG 27 UNTEN Beide Indikatoren weisen in der Regel einen hohen Gleichlauf aus. So zeigt eine Auswertung für den Zeitraum der Jahre 2005 bis 2016, dass die Veränderung des strukturellen Finanzierungssaldos – geschätzt mit dem Verfahren des Sachverständigenrates – und der Fiskalimpuls eine Korrelation von annähernd 0,9 aufweisen.

230. Jedoch liefern beide Indikatoren seit dem Jahr 2013 größtenteils **unterschiedliche Signale**. Während der Fiskalimpuls eine expansive Ausrichtung anzeigt, stieg der strukturelle Finanzierungssaldo bis zum Jahr 2015 stetig an. Der Grund hierfür liegt darin, dass eine Verbesserung des strukturellen Finanzierungssaldos nicht nur durch diskretionäre Maßnahmen hervorgerufen werden kann. So hat in den vergangenen Jahren neben den abnehmenden Zinsausgaben aufgrund des Niedrigzinsumfelds ebenfalls der spürbare Rückgang der strukturellen Arbeitslosenquote zu einem Anstieg des strukturellen Finanzierungssaldos geführt. Für die Beurteilung der fiskalischen Einflüsse auf die deutsche Konjunktur sind jedoch die tatsächlichen fiskalischen Maßnahmen entscheidend, daher ist der Fiskalimpuls für eine Einschätzung der Fiskalpolitik vorzuziehen.

231. Die **außenwirtschaftlichen Rahmenbedingungen** sind gekennzeichnet durch eine hohe preisliche Wettbewerbsfähigkeit und eine moderate Auslandsnachfrage. Letztere spiegelt die verhaltene Wirtschaftserholung in wichtigen Exportregionen wie dem Euro-Raum wider. Für das kommende Jahr ist nur mit einer leichten Verbesserung zu rechnen. So dürfte zwar die Wirtschaftsleistung in den Vereinigten Staaten stärker expandieren, jedoch wird sich die Konjunkturerholung im Euro-Raum im Gegenzug voraussichtlich etwas abschwächen.

↘ ABBILDUNG 27
Außenwirtschaftliches Umfeld, Zinsen, Kreditzyklus und strukturelles Defizit

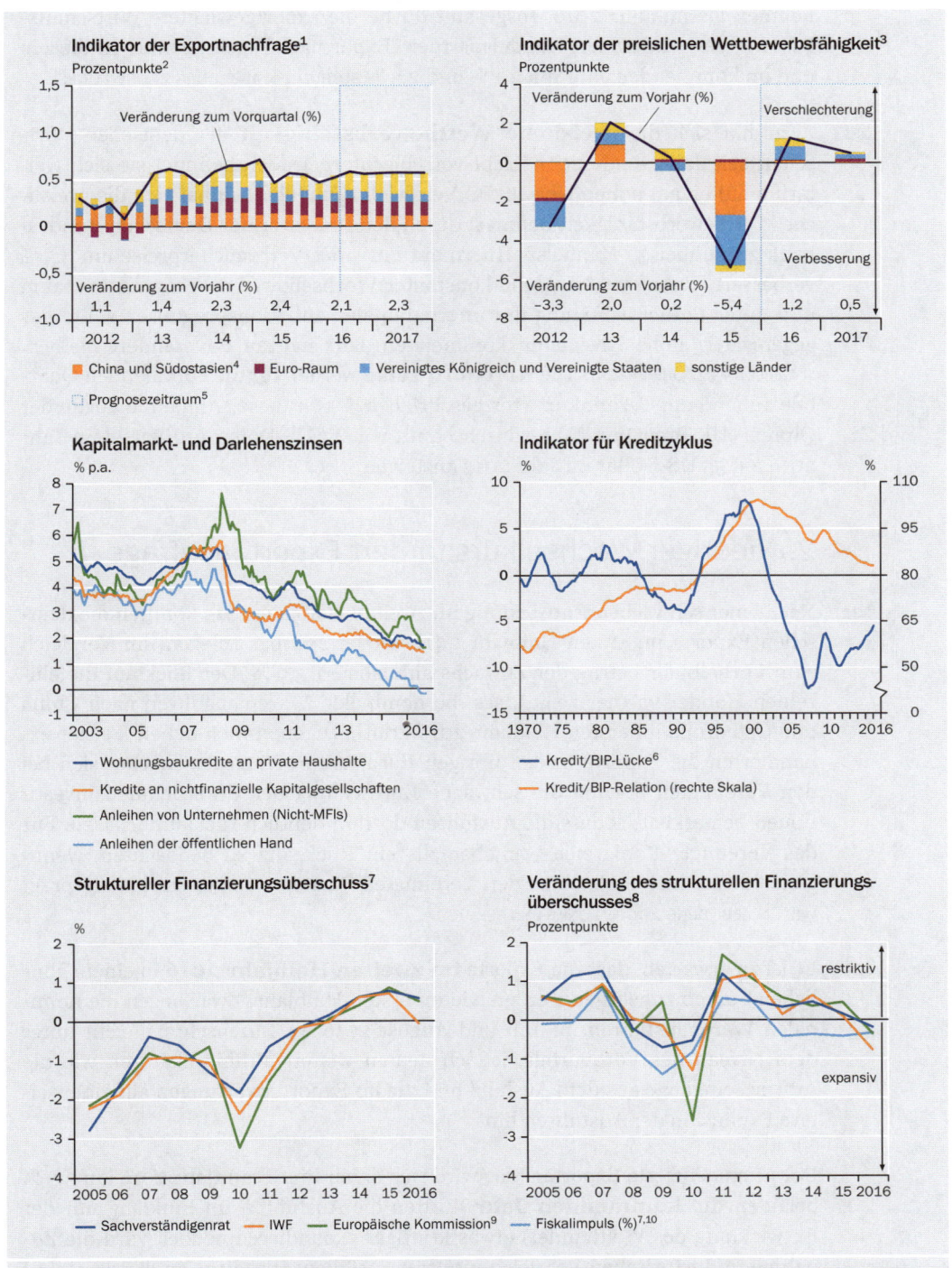

Indikator der Exportnachfrage[1]
Prozentpunkte[2]

Veränderung zum Vorquartal (%)

Veränderung zum Vorjahr (%)
1,1   1,4   2,3   2,4   2,1   2,3
2012   13   14   15   16   2017

■ China und Südostasien[4]   ■ Euro-Raum   ■ Vereinigtes Königreich und Vereinigte Staaten   ■ sonstige Länder
☐ Prognosezeitraum[5]

Indikator der preislichen Wettbewerbsfähigkeit[3]
Prozentpunkte

Veränderung zum Vorjahr (%) — Verschlechterung / Verbesserung

Veränderung zum Vorjahr (%)
−3,3   2,0   0,2   −5,4   1,2   0,5
2012   13   14   15   16   2017

Kapitalmarkt- und Darlehenszinsen
% p.a.

2003 05 07 09 11 13 2016

— Wohnungsbaukredite an private Haushalte
— Kredite an nichtfinanzielle Kapitalgesellschaften
— Anleihen von Unternehmen (Nicht-MFIs)
— Anleihen der öffentlichen Hand

Indikator für Kreditzyklus
%   %

1970 75 80 85 90 95 00 05 10 2016

— Kredit/BIP-Lücke[6]
— Kredit/BIP-Relation (rechte Skala)

Struktureller Finanzierungsüberschuss[7]
%

2005 06 07 08 09 10 11 12 13 14 15 2016

— Sachverständigenrat   — IWF   — Europäische Kommission[9]   — Fiskalimpuls (%)[7,10]

Veränderung des strukturellen Finanzierungsüberschusses[8]
Prozentpunkte

restriktiv / expansiv

2005 06 07 08 09 10 11 12 13 14 15 2016

1 – Der Indikator basiert auf der Entwicklung des BIP von 48 Handelspartnern. Die Gewichtung eines Landes ergibt sich aus dem jeweiligen Anteil am deutschen Export. 2 – Beiträge der einzelnen Regionen. 3 – Gegenüber 37 Ländern; eine positive Veränderung zeigt eine verringerte preisliche Wettbewerbsfähigkeit deutscher Produkte an. Nach der Methode der Deutschen Bundesbank. 4 – Hongkong, Japan, Republik Korea und Singapur. 5 – Prognose des Sachverständigenrates. 6 – Berechnet durch die BaFin. 7 – In Relation zum nominalen BIP. 8 – Veränderung zum Vorjahr. 9 – Tatsächlicher Finanzierungssaldo abzüglich einer Konjunkturkomponente. Diese ergibt sich durch Multiplikation einer landesspezifischen Elastizität von 0,56 mit der Output-Lücke; Quelle: Mourre et al. (2013). 10 – Fiskalimpuls entspricht der Summe der diskretionären Maßnahmen in Relation zum nominalen BIP. Aufstellung der diskretionären Maßnahmen aus den jährlichen Herbstgutachten (Gemeinschaftsdiagnose) entnommen.

Quellen: BaFin, Deutsche Bundesbank, EU, IWF, nationale Statistikämter, eigene Berechnungen

© Sachverständigenrat | 16-331

Die Nachfrage aus den Schwellenländern wird im Jahr 2017 nicht stärker zunehmen als im Jahr 2016. Insgesamt dürfte die exportgewichtete Wirtschaftsleistung der wichtigsten Handelspartner (Exportnachfrageindikator) in diesem und im kommenden Jahr um 2,1 % und 2,3 % steigen. ↘ ABBILDUNG 27 OBEN LINKS

232. Zwar hat sich die **preisliche Wettbewerbsfähigkeit** der deutschen Wirtschaft seit Jahresende 2015 leicht verschlechtert, jedoch befindet sie sich weiterhin auf einem hohen Niveau. Im Vergleich zum Juli 2014 hat sich die preisliche Wettbewerbsfähigkeit definiert durch den Indikator der Deutschen Bundesbank gegenüber 37 Handelspartnern auf Basis der Verbraucherpreise um 4,5 % verbessert. Unter der Annahme konstanter Wechselkurse im Prognosezeitraum und unter Berücksichtigung der internationalen Inflationsprognosen sollte das gegenwärtig hohe Niveau im kommenden Jahr nahezu unverändert bleiben. ↘ ABBILDUNG 27 OBEN RECHTS Die **Rohstoffpreise** werden für die kommenden Quartale anhand der Terminkurse fortgeschrieben. Unter dieser Annahme dürfte der Ölpreis (UK Brent) im Jahresdurchschnitt von 45 US-Dollar pro Barrel im Jahr 2016 auf 55 US-Dollar im Jahr 2017 ansteigen.

2. Niedriger Wechselkurs fördert Exportnachfrage

233. Nach einer schwachen Entwicklung im zweiten Halbjahr 2015 konnten die deutschen Exporte im ersten Halbjahr 2016 wieder spürbar zulegen; im Vergleich zum Vorhalbjahr betrug der Zuwachs annualisiert 3,9 %. Der Blick auf die einzelnen Handelspartner zeigt, dass die nominalen Warenausfuhren nach China und Osteuropa im ersten Halbjahr 2016 kräftig zugenommen haben. Ferner expandierten die Exporte in den übrigen Euro-Raum. Hingegen machte sich bei den Vereinigten Staaten die schwache Entwicklung der Unternehmensinvestitionen bemerkbar, sodass die Ausfuhren dorthin deutlich rückläufig waren. Für das Vereinigte Königreich war ebenfalls ein Rückgang zu beobachten, wenngleich dieser im Vergleich zu den Vereinigten Staaten weniger stark ausgeprägt war. ↘ ABBILDUNG 28 OBEN LINKS UND RECHTS

234. Es ist zu erwarten, dass die Exporte **im zweiten Halbjahr 2016** in einem ähnlichen Tempo zunehmen werden wie im ersten Halbjahr. Zwar liegen die nominalen Warenausfuhren im Juli und August 2016 im Durchschnitt leicht unter dem Niveau des Vorquartals, jedoch deuten weitere Frühindikatoren wie die Auftragseingänge aus dem Ausland und die ifo Exporterwartungen auf eine weitere Expansion der Ausfuhren hin.

Der prognostizierte Exportanstieg wird sich daher im Gesamtjahr 2016 auf 3,3 % belaufen. Im **kommenden Jahr** dürften die Ausfuhren im Einklang mit der Entwicklung des Welthandels etwas kräftiger expandieren, jedoch wird die Zunahme im historischen Vergleich moderat ausfallen. Dies liegt an der weiterhin verhaltenen Produktionszunahme in wichtigen Absatzregionen, die durch den Exportnachfrageindikator des Sachverständigenrates gemessen wird. ↘ ZIFFER 231 Die Zunahme der Ausfuhr wird voraussichtlich 3,9 % im Jahr 2017 betragen.

235. Die **Verbesserung der preislichen Wettbewerbsfähigkeit** gegenüber den wichtigsten 37 Handelspartnern seit Jahresmitte 2014 hat einen erheblichen Einfluss auf die jüngste Entwicklung der Ausfuhren ausgeübt. Nach Berechnungen des Sachverständigenrates – anhand von Fehlerkorrekturmodellen – liegt die Langfristelastizität der Exportnachfrage auf eine Veränderung der preislichen Wettbewerbsfähigkeit bei 0,6 bis 0,7. Eine Verbesserung der preislichen Wettbewerbsfähigkeit um 1 % geht folglich mit einer Erhöhung der Exporte um 0,6 % bis 0,7 % einher. In der kurzen Frist dürften die Effekte etwas geringer ausfallen. Zu ähnlichen Ergebnissen kommen andere Studien (Breuer und Klose, 2014; Grimme und Thürwächter, 2015). Anhand empirischer Modelle wird geschätzt, dass die gestiegene preisliche Wettbewerbsfähigkeit seit Jahresmitte 2014 für sich genommen einen Wachstumsbeitrag auf die deutschen Exporte von 0,5 bis 2,0 Prozentpunkten im Jahr 2016 hatte. Gleichzeitig verdeutlichen diese Berechnungen, dass eine effektive Aufwertung des Euro ein erhebliches Risiko für die Exportentwicklung darstellt, wenn sie nicht mit einem Aufschwung im restlichen Euro-Raum einhergeht. ↘ ABBILDUNG 28 UNTEN LINKS

236. Die **Importe** sind nach einem starken Auftakt ins Jahr 2016 im zweiten Quartal leicht zurückgegangen. Dieser Rückgang der Einfuhren fällt zusammen mit einer nachlassenden inländischen Verwendung. Für den **Prognosezeitraum** ist jedoch zu erwarten, dass die Binnennachfrage wieder zunimmt. Getragen wird sie hierbei von den steigenden privaten Konsumausgaben und der moderaten Expansion der Unternehmensinvestitionen. Dies dürfte zusammen mit dem Anstieg der Ausfuhr dazu beitragen, dass die Importe wieder zunehmen. Insgesamt wird für dieses und das kommende Jahr eine Zunahme der Importe in Höhe von 3,4 % beziehungsweise 5,4 % erwartet.

237. Für den weiteren Prognosezeitraum ist zu erwarten, dass die expansiven Effekte der preislichen Wettbewerbsfähigkeit auf den **Außenbeitrag** nachlassen. Der niedrige reale Wechselkurs trug maßgeblich dazu bei, dass in diesem Jahr von den Nettoexporten ein positiver Wachstumsbeitrag von 0,2 Prozentpunkten auf die Zuwachsrate des realen BIP ausgeht. Im kommenden Jahr ist mit einem leicht negativen Wachstumsbeitrag von 0,2 Prozentpunkten zu rechnen.

238. Die **Terms of Trade** – das Verhältnis des Export- zum Importdeflator – werden sich nach 2,6 % im vergangenen Jahr mit voraussichtlich 1,5 % in diesem Jahr erneut verbessern. Verantwortlich hierfür ist der starke Ölpreisverfall zu Jahresbeginn 2016. Für das kommende Jahr wird angenommen, dass sich die Entwicklung umkehrt. Aufgrund des deutlichen Anstiegs des Ölpreises im Prognosezeitraum, der aus den aktuellen Terminkursen abgeleitet wird, dürfte der Importdeflator stärker ansteigen als der Exportdeflator. Die Terms of Trade werden sich daher im kommenden Jahr um 0,7 % verschlechtern.

239. Die Preiseffekte infolge der erheblichen Verbesserung der Terms of Trade führen in diesem Jahr erneut zu einem steigenden **Leistungsbilanzüberschuss**. Er dürfte sich im Jahr 2016 auf 8,8 % des nominalen BIP belaufen. Nach Berechnungen des Sachverständigenrates dürfte allein die vom Ölpreisrückgang seit Jahresmitte 2014 ausgehende Verbesserung der Terms of Trade etwa zwei Prozentpunkte des Leistungsbilanzüberschusses in diesem Jahr erklären. Ferner

trägt die Verbesserung der preislichen Wettbewerbsfähigkeit seit Juli 2014 gut einen Prozentpunkt zum diesjährigen Leistungsbilanzüberschuss bei. Für das kommende Jahr dürften diese Effekte leicht abnehmen, aber nicht verschwinden. Es ist daher anzunehmen, dass sich im Jahr 2017 der Leistungsbilanzüberschuss auf 8,2 % des nominalen BIP belaufen wird. Die geldpolitisch stimulierte Konjunkturerholung im restlichen Euro-Raum hat zudem dazu beigetragen, dass dessen regionaler Anteil am deutschen Leistungsbilanzüberschuss zunimmt. ↘ ABBILDUNG 28 UNTEN RECHTS

↘ ABBILDUNG 28
Indikatoren des deutschen Außenhandels

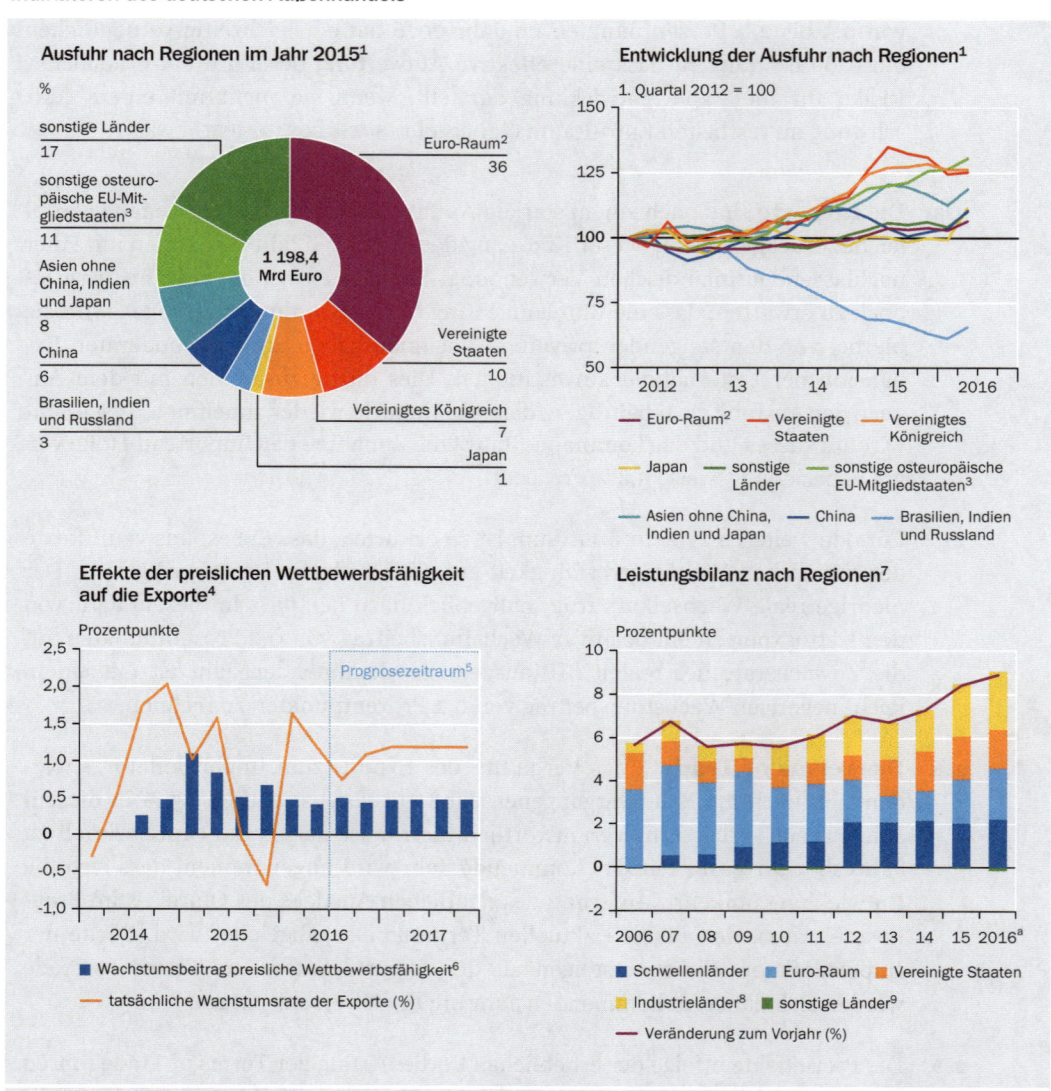

1 – Spezialhandel. 2 – Gebietsstand: 01.01.2015. 3 – Bulgarien, Kroatien, Polen, Rumänien, Tschechische Republik und Ungarn. 4 – Effekte wurden mit Hilfe eines Fehlerkorrekturmodells ermittelt. Dieses beinhaltet neben den realen Gesamtexporten den Welthandel der OECD und die preisliche Wettbewerbsfähigkeit gegenüber den 37 Handelspartnern auf Basis der Verbraucherpreise. 5 – Prognose des Sachverständigenrates. 6 – Zur Ermittlung des Wachstums-beitrags wurde für die kontrafaktische Situation unterstellt, dass die preisliche Wettbewerbsfähigkeit sich seit dem zweiten Quartal 2014 nicht verändert hat. 7 – In Relation zum nominalen BIP. 8 – Ohne Euro-Raum und Vereinigte Staaten. 9 – Internationale Organisationen und nicht ermittelte Länder. a – Halbjahreswert.

Quellen: Deutsche Bundesbank, Statistisches Bundesamt, eigene Berechnungen

3. Deutliche Impulse von Konsum und Wohnungsbau

240. Die Ausweitungen der privaten Konsumausgaben und der Wohnungsbauinvestitionen werden im Jahr 2016 erneut deutlich zum **Anstieg der Binnennachfrage** beitragen. Jedoch ist der private Verbrauch im ersten Halbjahr 2016 mit einem annualisierten Wert von 1,3 % spürbar schwächer gewachsen als im Gesamtjahr 2015 mit 2,0 %. Dies liegt an einer geringeren Expansion der nominal verfügbaren Einkommen. Im Gegensatz hierzu hat die schwache Verbraucherpreisinflation weiterhin stützend auf die real verfügbaren Einkommen gewirkt.
↘ ABBILDUNG 29 LINKS

241. Die **nominal verfügbaren Einkommen** werden dennoch mit 2,5 % in diesem Jahr deutlich zunehmen. Die gute Arbeitsmarktsituation trägt hierzu maßgeblich bei. So ist die Beschäftigung im bisherigen Jahresverlauf erneut kräftig gestiegen. Die Effektivlöhne steigen ebenfalls, doch mit einem niedrigeren Tempo als in den Vorjahren. Die geringeren Lohnabschlüsse können mit der anhaltend niedrigen Inflation, dem schwächeren Anstieg der Arbeitsproduktivität sowie einer stärkeren Berücksichtigung von nicht-monetären Aspekten bei den Tarifvertragsparteien (zum Beispiel Regelungen zur Altersteilzeit etwa in der Metallindustrie oder der Übernahme der Auszubildenden im Öffentlichen Dienst bei Bund und Gemeinden) zusammenhängen.

In diesem Jahr wurden die Einkommen der privaten Haushalte zudem durch eine Anhebung des Grund- und des Kinderfreibetrags sowie einer teilweisen Rückgabe der Kalten Progression steuerlich entlastet. Daneben liefern erneut die **monetären Sozialleistungen** einen kräftigen Wachstumsbeitrag zum Anstieg der verfügbaren Einkommen. Hierin spiegeln sich etwa die Rentenerhöhungen wider. ↘ ABBILDUNG 29 RECHTS

↘ ABBILDUNG 29
Indikatoren für den privaten Konsum[1]

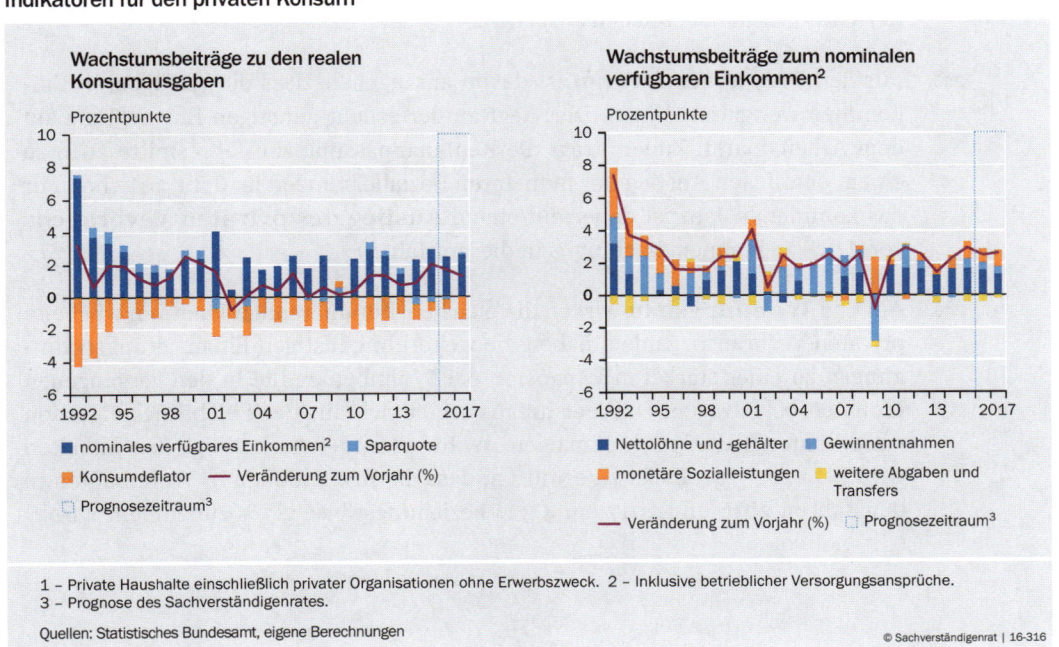

1 – Private Haushalte einschließlich privater Organisationen ohne Erwerbszweck. 2 – Inklusive betrieblicher Versorgungsansprüche.
3 – Prognose des Sachverständigenrates.

Quellen: Statistisches Bundesamt, eigene Berechnungen

242. Die **Sparquote** der privaten Haushalte wird sich in diesem Jahr wieder leicht erhöhen. Seit dem Jahr 2013 ist die Sparquote somit um 0,8 Prozentpunkte auf nun 9,8 % des verfügbaren Einkommens gestiegen. Die Auswirkungen der expansiven Geldpolitik, die primär über einen Substitutionseffekt – zwischen heutiger und zukünftiger Konsumnachfrage – ein Sinken der Sparquote bewirken soll, scheinen von anderen Effekten wie dem Einkommenseffekt und der Demografie überdeckt zu werden. Zudem dürfte der jüngste Anstieg der Sparquote auf ein Konsumglättungsmotiv der privaten Haushalte zurückzuführen sein, das mit den Energiepreisen zusammenhängt: Die geringeren Energiekosten werden nur als temporäres Phänomen angesehen und ein Teil der durch sie gewonnenen real verfügbaren Einkommen gespart.

243. Im Vergleich zu anderen Mitgliedstaaten des Euro-Raums stechen die privaten Haushalte durch eine **auffallend hohe Sparquote** hervor. Die Europäische Kommission (2016) hat sich daher in ihrem diesjährigen Bericht zum makroökonomischen Ungleichgewichtsverfahren ausführlich mit dem Spar- und Konsumverhalten der privaten Haushalte in Deutschland auseinandergesetzt. Sie kommt zu dem Ergebnis, dass sich im Sparverhalten nicht zuletzt eine hohe Risikoaversion sowie die Reformen des gesetzlichen Rentensystems seit der Jahrtausendwende widerspiegeln.

244. Ferner dürften die institutionellen Charakteristika des deutschen Immobilienmarkts beim Spar- und Konsumverhalten eine Rolle spielen. So mindert die geringe Eigentümerquote den Vermögenseffekt steigender Immobilienpreise auf den privaten Verbrauch. Im Vergleich zu den anderen Mitgliedstaaten dürften daher die positiven Impulse der expansiven Geldpolitik auf die Binnennachfrage in Deutschland geringer ausfallen. Trotz allem ist davon auszugehen, dass die expansive Geldpolitik stimulierend auf den privaten Verbrauch sowie die Wohnungsbauinvestitionen wirkt. Ein erheblicher Teil dieser expansiven Effekte dürfte von einem Anstieg der **verfügbaren Einkommen** aus den exportorientierten Wirtschaftsbereichen ausgehen.

245. Für den **Prognosezeitraum** ist davon auszugehen, dass die verfügbaren Einkommen weiter zunehmen. Dies liegt an der erneut günstigen Entwicklung auf dem Arbeitsmarkt. Zudem trägt die Rentenanpassung zur Jahresmitte 2016 zu einem deutlichen Anstieg der monetären Sozialleistungen im Jahr 2017 bei. Für das kommende Jahr ist daher mit einem **Anstieg des privaten Verbrauchs** von 1,3 % zu rechnen, nach 1,7 % in diesem Jahr.

246. Auf den **Wohnungsbau** wirken die gleichen stimulierenden Faktoren wie beim privaten Verbrauch. Zudem haben die weiterhin günstigen Finanzierungsbedingungen zu einer stärkeren Expansion der Wohnbaukredite in den vergangenen Monaten beigetragen. Darüber hinaus ergibt sich aus der Flüchtlingsmigration ein erhöhter Bedarf nach günstigem Wohnraum, der noch einige Zeit anhalten wird. ⇘ ZIFFERN 723 F. Es ist zu erwarten, dass die Investitionen in Wohnbauten in den Jahren 2016 und 2017 um 4,3 % beziehungsweise 2,7 % zunehmen. ⇘ TABELLE 15, ANHANG

4. Unternehmensinvestitionen weiterhin moderat

247. Die Unternehmensinvestitionen – gemessen an den Investitionen in Ausrüstungen, Sonstige Anlagen und in den gewerblichen Bau (nichtstaatliche Nichtwohnbauten) – werden in diesem Jahr mit voraussichtlich 1,4 % moderat zunehmen. In den Jahren 2014 und 2015 hatten die Unternehmensinvestitionen um 3,8 % beziehungsweise 2,0 % zugenommen. ↘ TABELLE 15, ANHANG

248. Das **Investitionsumfeld** der Unternehmen zeichnet sich zwar durch günstige Finanzierungsbedingungen aus. Jedoch wirkt einer kräftigeren Investitionsbelebung die **moderate Exportentwicklung** entgegen. Zudem basiert ein wesentlicher Teil des zuletzt beobachteten Anstiegs der Ausfuhr auf dem niedrigen Euro-Wechselkurs. Die Absatzperspektiven sind daher mit Unsicherheit verbunden. Erweiterungsinvestitionen in die bestehenden Produktionsanlagen fallen derzeit geringer aus, da die Produktionskapazitäten in der Industrie nur leicht überausgelastet sind. Dies wird ersichtlich an der Kapazitätsauslastung im Verarbeitenden Gewerbe sowie am Order-Capacity-Index.

249. Die **hohe Bedeutung der Absatzaussichten im Ausland** zeigt sich insbesondere bei den Ausrüstungsinvestitionen. So weisen die ifo Exporterwartungen mit den Quartalswachstumsraten der Ausrüstungsinvestitionen eine Korrelation von fast 0,7 auf. Jedoch bewegt sich der leicht positive Saldo der ifo Exporterwartungen seit Jahresbeginn in der Tendenz nur seitwärts. Für die gesamten Unternehmensinvestitionen und die Ausfuhrentwicklung kann durch ein Fehlerkorrekturmodell ebenfalls ein empirischer Zusammenhang nachgewiesen werden. So lässt sich eine Nachfrageelastizität der Unternehmensinvestitionen bezüglich der Auslandsnachfrage von 0,3 bestimmen. Eine Ausweitung der Exporte um 1 % geht demnach mit einem Anstieg der Unternehmensinvestitionen von 0,3 % einher. Es ist daher davon auszugehen, dass die Auslandsimpulse der Geldpolitik wesentlich zum Anstieg der Unternehmensinvestitionen in diesem Jahr beigetragen haben. ↘ ZIFFER 213

250. Für den **Prognosezeitraum** ist kein deutlicher Anstieg der Unternehmensinvestitionen zu erwarten, da die internationalen Absatzaussichten nur moderat sind. ↘ ZIFFER 231 Insgesamt dürften die Unternehmensinvestitionen im kommenden Jahr um 1,6 % zunehmen. Für die gesamten Bruttoanlageinvestitionen, die neben den Unternehmensinvestitionen noch die Wohnungsbauinvestitionen und die öffentliche Investitionstätigkeit enthalten, ergibt sich eine Zuwachsrate von 2,5 % im Jahr 2017 nach 2,0 % im Jahr 2016. ↘ TABELLE 15, ANHANG

251. Der **Unternehmenssektor** (nichtfinanzielle Kapitalgesellschaften) weist seit dem Jahr 2009 eine niedrige nominale Investitionsquote – nominale Bruttoinvestitionen in Relation zur Bruttowertschöpfung – auf. Die schwache Entwicklung der nominalen Investitionen ist im Wesentlichen durch Preiseffekte zu erklären (JG 2014 Ziffer 435). Jedoch reichen selbst die preisbereinigten Bruttoanlageinvestitionen kaum aus, um über die Erweiterung des Kapitalstocks einen deutlichen Wachstumsbeitrag zum Anstieg der Arbeitsproduktivität zu liefern. ↘ ZIFFERN 279 FF. Gleichzeitig steigt die Unternehmensersparnis, die sich zum Großteil aus der Zunahme der einbehaltenen Unternehmensgewinne speist. Der

daraus resultierende Anstieg des ohnehin schon positiven **Finanzierungssaldos des Unternehmenssektors** trägt somit erheblich zur Zunahme des Leistungsbilanzüberschusses bei.

252. Bei den Unternehmensgewinnen ist es wichtig, zwischen Gewinnen aus der laufenden Produktion (Nettobetriebsüberschuss) und den Vermögenseinkommen (zum Beispiel reinvestierte Gewinne, Gewinnausschüttungen) zu unterscheiden. ↘ ABBILDUNG 30 OBEN LINKS Die zweite Komponente berücksichtigt hierbei nicht die Ausschüttungen an die Unternehmenseigentümer und ist seit dem Jahre 2000 von 5 Mrd Euro auf 101 Mrd Euro im Jahr 2015 angestiegen. ↘ ABBILDUNG 30 UNTEN LINKS Die **Unternehmensteuerreform des Jahres 2001** dürfte einen Beitrag zum Anstieg der Vermögenseinkommen geliefert haben. Durch diese wurde

↘ ABBILDUNG 30
Strukturelle Indikatoren für nichtfinanzielle Kapitalgesellschaften

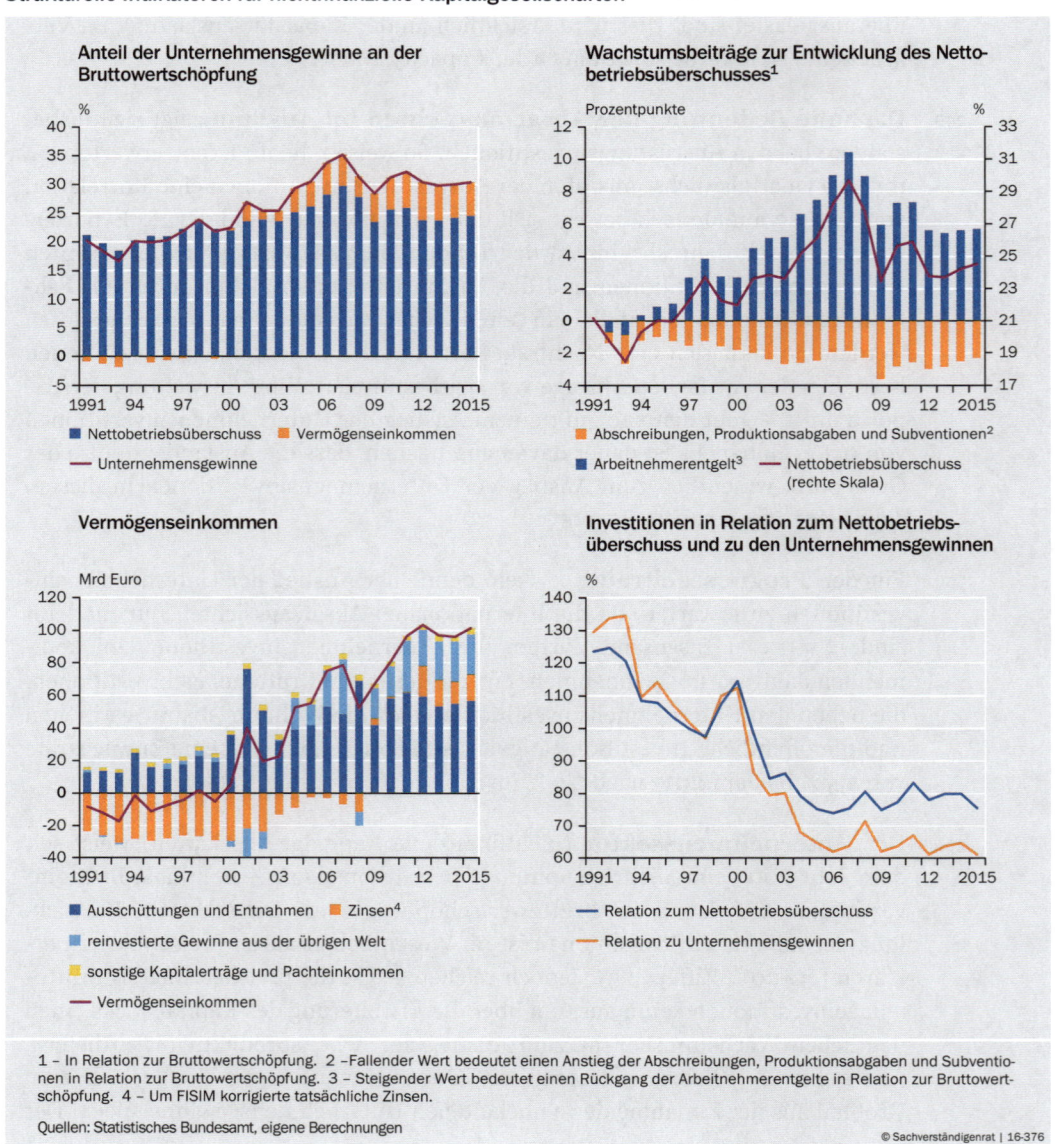

1 – In Relation zur Bruttowertschöpfung. 2 – Fallender Wert bedeutet einen Anstieg der Abschreibungen, Produktionsabgaben und Subventionen in Relation zur Bruttowertschöpfung. 3 – Steigender Wert bedeutet einen Rückgang der Arbeitnehmerentgelte in Relation zur Bruttowertschöpfung. 4 – Um FISIM korrigierte tatsächliche Zinsen.

Quellen: Statistisches Bundesamt, eigene Berechnungen

die vorherige steuerliche Diskriminierung von Dividenden und Veräußerungsgewinnen ausländischer Tochtergesellschaften abgeschafft (JG 2014 Ziffer 427).

253. Der Anstieg der Vermögenseinkommen resultiert ferner aus **fallenden Zinsausgaben** als Folge der sinkenden Verschuldungsquote der Unternehmen sowie aus steigenden Gewinnen durch die Beteiligung an anderen Unternehmen insbesondere im Ausland (JG 2014 Ziffern 421 ff.). Es ist anzunehmen, dass das niedrige Zinsniveau in den vergangenen Jahren maßgeblich zu den positiven Nettoeinkommen aus Zinsen beigetragen hat. Die Unternehmen haben insgesamt mehr an Zinsen durch Kapitalüberlassung an andere verdient, als sie selbst für Kredite ausgegeben haben.

254. Die Entwicklungen der einbehaltenen Unternehmensgewinne und der Vermögenseinkommen ähneln sich über den Zeitverlauf. Im Gegensatz hierzu folgt die Gewinnausschüttung an die Unternehmenseigentümer eher dem Verlauf der Nettobetriebsüberschüsse. Jedoch haben sich diese in den Jahren 2014 und 2015 leicht entkoppelt.

Für die inländische Investitionsentwicklung dürfte die Entwicklung der Nettobetriebsüberschüsse eine größere Rolle spielen als diejenige der gesamten Unternehmenseinkommen. ↘ ABBILDUNG 30 UNTEN RECHTS Sie spiegelt stärker die Absatzperspektive für die heimische Produktion wider. Es zeigt sich aber, dass sich die **Gewinnrendite** – Anteil der Nettobetriebsüberschüsse an der Bruttowertschöpfung – aus der Unternehmensproduktion in den vergangenen Jahren tendenziell nicht erhöht hat. ↘ ABBILDUNG 30 OBEN RECHTS Diese eher strukturelle Analyse deutet deshalb ebenfalls nicht auf einen Investitionsaufschwung hin.

5. Weiterhin schwacher Verbraucherpreisanstieg

255. Die **Verbraucherpreisinflation** war im bisherigen Jahresverlauf erneut niedrig; im September 2016 lag der Verbraucherpreisindex (VPI) gerade einmal 0,7 % über dem Vorjahresniveau. Ohne die stärker schwankenden Energie- und Nahrungsmittelpreise sind die Verbraucherpreise um 1,2 % gestiegen (Kerninflation). Der Harmonisierte Verbraucherpreisindex (HVPI) nahm mit 0,5 % im September 2016 ebenfalls nur geringfügig zu.

256. Der **geringe Anstieg der Kerninflationsrate** entspricht dem langjährigen Durchschnitt. Der Anstieg der Arbeitskosten der Unternehmen – gemessen durch die nominalen Lohnstückkosten – hat sich seit dem Jahr 2014 von 1,7 % auf 1,3 % im Jahr 2016 verlangsamt. ↘ ABBILDUNG 31 OBEN RECHTS Daher übten sie keinen starken Druck auf die Verbraucherpreise aus. Ein wichtiger Grund ist ein schwächerer Anstieg der Effektivverdienste auf Stundenbasis. ↘ TABELLE 10

257. Der Anstieg des **BIP-Deflators** wird sich von durchschnittlich 1,9 % in den Jahren 2013 bis 2015 auf 1,5 % im Jahr 2016 verlangsamen. Der Rückgang lässt sich durch die Entwicklung der Terms of Trade erklären. Sie werden sich zwar in diesem Jahr erneut verbessern, jedoch bei Weitem nicht so stark wie im vergangenen Jahr. Auf der Verteilungsseite dürften die Wachstumsbeiträge der Arbeit-

Kapitel 3 – Deutschland: Expansive Geldpolitik treibt Wachstum über Potenzial

nehmerentgelte sowie der Unternehmensgewinne und Vermögenseinkommen nachlassen. ↘ ABBILDUNG 31 OBEN LINKS

258. Basierend auf der Annahme, dass die Rohstoffpreise anhand der Terminkurse **im Prognosezeitraum** ansteigen, ist von deutlich höheren Verbraucherpreisen im Jahr 2017 auszugehen. ↘ ABBILDUNG 31 UNTEN RECHTS Es ist zu erwarten, dass die Gesamtinflationsrate nach 0,5 % in diesem Jahr 1,6 % im kommenden Jahr beträgt. Die Kerninflationsrate wird voraussichtlich von 1,3 % im Jahr 2016 auf 1,4 % im Jahr 2017 zunehmen. ↘ ABBILDUNG 31 UNTEN LINKS Grund ist ein etwas stärkerer Anstieg der nominalen Lohnstückkosten im kommenden Jahr durch eine

↘ ABBILDUNG 31
BIP-Deflator, nominale Lohnstückkosten und Inflation

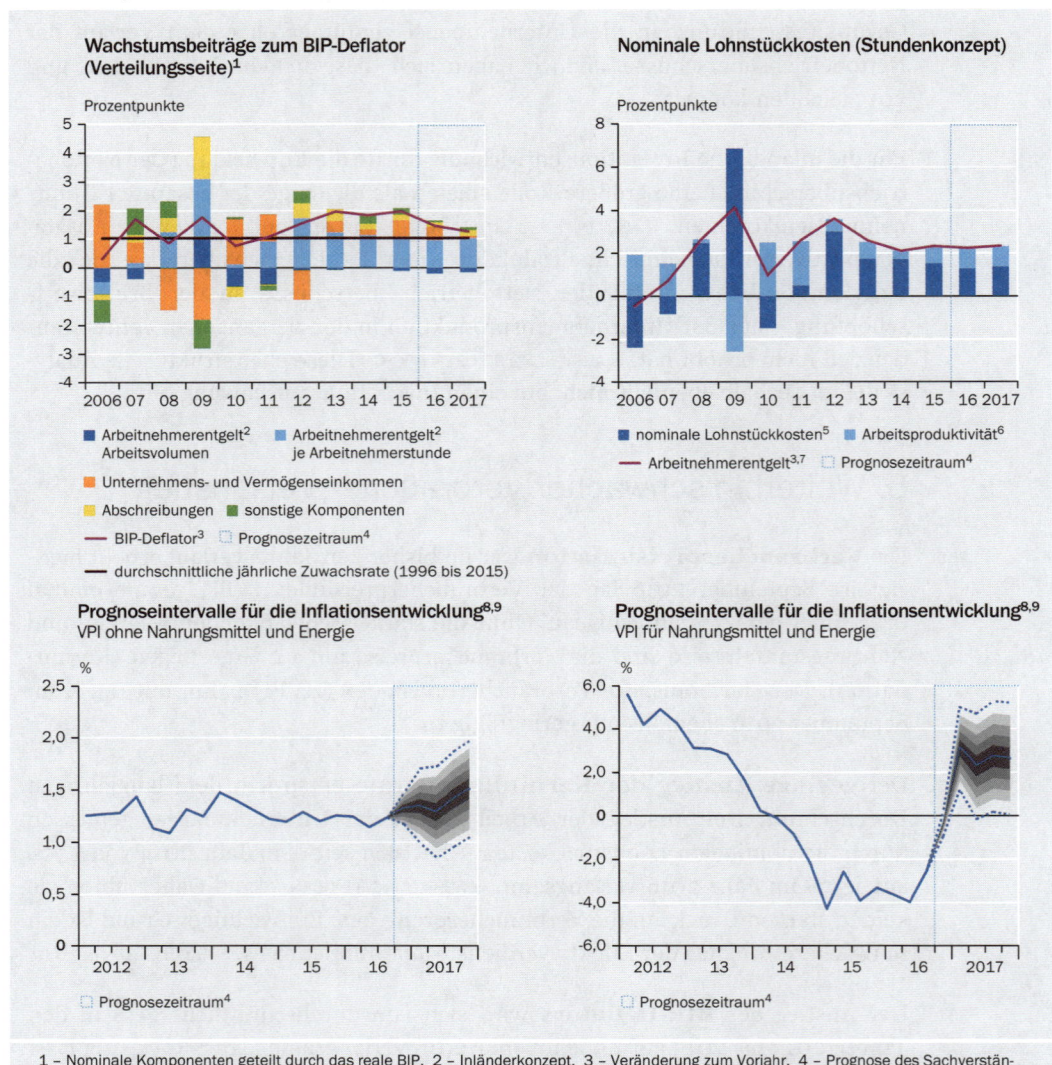

1 – Nominale Komponenten geteilt durch das reale BIP. 2 – Inländerkonzept. 3 – Veränderung zum Vorjahr. 4 – Prognose des Sachverständigenrates. 5 – Arbeitnehmerentgelt je Arbeitnehmerstunde geteilt durch Arbeitsproduktivität. 6 – Reales BIP je Erwerbstätigenstunde. 7 – Nominales Arbeitnehmerentgelt je Arbeitnehmerstunde. 8 – Unsicherheitsmargen berechnet auf Grundlage des mittleren absoluten Prognosefehlers des Zeitraums 1999 bis 2015. Die breiteste Ausprägung des symmetrisch um den wahrscheinlichsten Wert verteilten Bandes entspricht dem doppelten mittleren absoluten Prognosefehler; gestrichelte Linie: 68 %-Konfidenzintervall. 9 – Veränderung gegenüber dem Vorjahresquartal.

Quelle: Statistisches Bundesamt

kräftigere Zunahme der Bruttolöhne und -gehälter je Arbeitnehmerstunde. Der wesentliche Teil der beschleunigten Zunahme des Effektivlohns auf Stundenbasis von 2,3 % im Jahr 2016 auf 2,4 % im Jahr 2017 ergibt sich jedoch durch den Kalendereffekt. Die Zunahme der Effektivverdienste je Arbeitnehmer wird hingegen im kommenden Jahr mit etwa 2,0 % schwächer ausfallen als in diesem Jahr mit 2,2 %. Die Stundenproduktivität dürfte weiter nur schwach ansteigen. ↘ TABELLE 10 Für den BIP-Deflator zeichnet sich eine Inflationsrate von 1,3 % im kommenden Jahr ab.

↘ TABELLE 10
Entwicklung der Löhne in Deutschland
Veränderung gegenüber dem Vorjahr in %

	Tariflöhne (Stundenkonzept)	Effektivlöhne[1]	Lohndrift[2]	Arbeitnehmerentgelt je Arbeitnehmerstunde	Arbeitsproduktivität[3]	Lohnstückkosten (nominal)[4]	Lohnstückkosten (real)[5]
2012	2,7	3,9	1,2	3,6	0,6	3,0	1,4
2013	2,5	2,8	0,3	2,6	0,8	1,7	- 0,2
2014	3,0	2,1	- 0,9	2,1	0,4	1,7	- 0,1
2015	2,4	2,5	0,1	2,3	0,8	1,5	- 0,4
2016[6]	2,2	2,3	0,1	2,2	0,9	1,3	- 0,2
2017[6]	2,2	2,4	0,2	2,3	1,0	1,4	0,1

1 – Bruttolöhne und -gehälter (Inlandskonzept) je Arbeitnehmerstunde. 2 – Differenz zwischen dem Anstieg der Effektivlöhne und dem der Tariflöhne in Prozentpunkten. 3 – BIP (preisbereinigt) je Erwerbstätigenstunde. 4 – Arbeitnehmerentgelt je geleisteter Arbeitnehmerstunde in Relation zum realen BIP je geleisteter Erwerbstätigenstunde. 5 – Arbeitnehmerentgelt je geleisteter Arbeitnehmerstunde in Relation zum nominalen BIP je geleisteter Erwerbstätigenstunde. 6 – Prognose des Sachverständigenrates.
Quellen: Deutsche Bundesbank, Statistisches Bundesamt, eigene Berechnungen
© Sachverständigenrat | 16-401

6. Beschäftigungsaufbau setzt sich fort

259. Der **kräftige Beschäftigungsaufbau** auf dem Arbeitsmarkt hält weiter an. Im Jahresdurchschnitt 2016 dürfte die Anzahl der Erwerbstätigen um 500 000 Personen auf fast 43,6 Millionen Personen ansteigen. ↘ TABELLE 11 Dabei war insbesondere das erste Halbjahr 2016 durch eine hohe Beschäftigungsdynamik gekennzeichnet. Diese hat sich zu Jahresmitte verlangsamt. Jedoch deuten Frühindikatoren auf eine weiterhin positive Beschäftigungsentwicklung hin.

260. Generell ist die **Arbeitsnachfrage** der Unternehmen ungebrochen hoch. Dies zeigt sich am steigenden Stellenangebot der Bundesagentur für Arbeit. Die Arbeitsnachfrage trifft hierbei auf ein wachsendes Erwerbspersonenpotenzial. Dieses steigt nicht zuletzt durch eine hohe Nettozuwanderung. In diesem Jahr dürfte das Erwerbspersonenpotenzial um etwa 380 000 Personen auf rund 46,4 Millionen Personen zunehmen.

261. Wie in den Vorjahren wird der Beschäftigungszuwachs durch neue **sozialversicherungspflichtige Beschäftigungsverhältnisse** getrieben. So ist zu erwarten, dass in diesem Jahr rund 550 000 zusätzliche sozialversicherungspflichtige Arbeitsplätze entstehen. Insgesamt ist für das Jahr 2016 mit rund 31,4 Millionen sozialversicherungspflichtig Beschäftigten und 7,4 Millionen geringfügig beschäftigten Personen zu rechnen. Nachdem im Vorjahr die **geringfügige Be-**

TABELLE 11
Arbeitsmarkt in Deutschland
Tausend Personen

	2014	2015	2016[1]	2017[1]	2016[1]	2017[1]
	Jahresdurchschnitte				Veränderung zum Vorjahr in %	
Erwerbspersonenpotenzial[2]	45 791	45 991	46 368	46 731	0,8	0,8
Erwerbspersonen[3,4]	44 692	44 929	45 302	45 699	0,8	0,9
Erwerbslose[5]	2 090	1 950	1 831	1 831	− 6,1	− 0,0
Pendlersaldo[6]	60	78	82	83	5,6	0,4
Erwerbstätige[7]	42 662	43 057	43 554	43 952	1,2	0,9
Selbstständige	4 402	4 336	4 305	4 277	− 0,7	− 0,7
Arbeitnehmer	38 260	38 721	39 249	39 675	1,4	1,1
sozialversicherungspflichtig Beschäftigte[8]	30 197	30 822	31 379	31 768	1,8	1,2
marginal Beschäftigte[9]	5 668	5 518	5 472	5 509	− 0,8	0,7
geringfügig entlohnt Beschäftigte insgesamt[8,10]	7 452	7 338	7 384	7 423	0,6	0,5
ausschließlich geringfügig entlohnt Beschäftigte	5 029	4 856	4 821	4 855	− 0,7	0,7
im Nebenerwerb geringf. entlohnt Beschäftigte	2 423	2 482	2 563	2 568	3,3	0,2
Registriert Arbeitslose[8]	2 898	2 795	2 701	2 713	− 3,4	0,4
Unterbeschäftigung (ohne Kurzarbeit)[8,11]	3 803	3 631	3 579	3 613	− 1,4	0,9
Kurzarbeiter (Beschäftigungsäquivalent)[8]	38	37	34	41	− 5,9	18,6
Arbeitsvolumen (Mio Stunden)[12]	58 343	58 895	59 447	59 657	0,9	0,4
Arbeitslosenquote[8,13,14]	6,7	6,4	6,1	6,1	− 0,3	− 0,0
ILO-Erwerbslosenquote[14,15]	5,0	4,6	4,3	4,2	− 0,4	− 0,0

1 – Prognose des Sachverständigenrates. 2 – Quelle: IAB. 3 – Personen im erwerbsfähigen Alter mit Wohnort in Deutschland (Inländerkonzept). 4 – In der Abgrenzung der Volkswirtschaftlichen Gesamtrechnungen. 5 – ILO-Konzept. 6 – Erwerbstätige Einpendler aus dem Ausland/Auspendler in das Ausland. 7 – Erwerbstätige mit einem Arbeitsplatz in Deutschland unabhängig von ihrem Wohnort (Inlandskonzept). 8 – Quelle: BA. 9 – Arbeitnehmer, die keine voll sozialversicherungspflichtige Beschäftigung ausüben, aber nach dem Labour-Force-Konzept der ILO als erwerbstätig gelten, insbesondere ausschließlich geringfügig Beschäftigte und Personen in Arbeitsgelegenheiten. 10 – Beschäftigte mit einem Arbeitsentgelt bis zu 450 Euro (§ 8 Absatz 1 Nr. 1 SGB IV). 11 – Gemäß Unterbeschäftigungskonzept der BA. 12 – Geleistete Arbeitsstunden der Erwerbstätigen (Inland). 13 – Registriert Arbeitslose in Relation zu allen zivilen Erwerbspersonen. 14 – Jahresdurchschnitte in %; Veränderung zum Vorjahr in Prozentpunkten. 15 – Erwerbslose in Relation zu den Erwerbspersonen, jeweils Personen in Privathaushalten im Alter von 15 bis 74 Jahren; Quelle: Eurostat.

© Sachverständigenrat | 16-400

schäftigung, unter anderem durch die Einführung des Mindestlohns, deutlich zurückgegangen ist, wird sie in diesem Jahr wieder leicht ansteigen. Zurückzuführen ist dies darauf, dass mehr Personen im Nebenerwerb einer geringfügig entlohnten Beschäftigung nachgehen.

262. Der Rückgang der **registrierten Arbeitslosigkeit** hat sich in den ersten drei Quartalen des Jahres 2016 fortgesetzt. Bedingt durch die Flüchtlingsmigration wird die Anzahl der Arbeitslosen aus den acht nichteuropäischen Asylherkunftsländern Afghanistan, Eritrea, Irak, Iran, Nigeria, Pakistan, Somalia und Syrien in diesem Jahr zwar um rund 170 000 Personen ansteigen. Dieser Zuwachs wird jedoch durch den Rückgang der übrigen Arbeitslosen mehr als ausgeglichen. Mit rund 2,7 Millionen Personen dürften im Jahresdurchschnitt 2016 so wenige registriert Arbeitslose gemeldet sein wie seit der Wiedervereinigung nicht mehr.

263. Für das **Jahr 2017** rechnet der Sachverständigenrat mit einem weiteren Anstieg der Erwerbstätigen. Dieser dürfte mit etwa 400 000 Personen jedoch etwas schwächer ausfallen als in diesem Jahr. Im Jahresdurchschnitt wird angenommen, dass sich die Anzahl der Erwerbstätigen auf knapp 44,0 Millionen Personen erhöht, von denen rund 31,8 Millionen Personen sozialversicherungspflichtig beschäftigt sein werden. Aufgrund der Arbeitsmarktintegration von anerkannten Asylbewerbern dürfte der sinkende Trend der Arbeitslosigkeit im kommenden Jahr enden. Rund 250 000 anerkannte Asylbewerber dürften am Jahresende 2017 arbeitslos gemeldet sein. ↘ ZIFFER 690 Damit würde der Anteil der registriert Arbeitslosen, die anerkannte Asylbewerber sind, fast 10 % an allen Arbeitslosen ausmachen.

7. Öffentliche Finanzierungsüberschüsse trotz expansiver Fiskalpolitik

264. Der **gesamtstaatliche Finanzierungssaldo** wird im laufenden Jahr mit 18,2 Mrd Euro (0,6 % in Relation zum nominalen BIP) voraussichtlich ähnlich hoch liegen wie im vergangenen Jahr. Im kommenden Jahr wird er mit 12,4 Mrd Euro (0,4 % in Relation zum nominalen BIP) etwas niedriger ausfallen. Durch diese Überschüsse dürfte die Schuldenstandsquote im Jahr 2017 auf 65,7 % sinken und dem Referenzwert des Maastricht-Kriteriums von 60 % immer näher kommen. Der strukturelle Finanzierungssaldo beträgt im laufenden Jahr 0,6 % in Relation zum nominalen BIP. ↘ TABELLE 12 Die im Vergleich zum Jahr 2014 höheren Ausgaben für Asylsuchende bleiben dabei teilweise als Sondereffekte unberücksichtigt. Im kommenden Jahr bleibt der strukturelle Finanzierungssaldo mit 0,1 % in Relation zum nominalen BIP ebenfalls positiv. Der deutliche Rückgang wird durch Sondereffekte aufgrund der Versteigerung der Mobilfunklizenzen und sinkenden Mehrausgaben für Asylsuchende getrieben.

265. Der beachtliche **Finanzierungsüberschuss** im Jahr 2016 hängt vor allem mit der erfreulichen konjunkturellen Entwicklung zusammen. Die hohe Beschäftigung und die gute Gewinnsituation führen zu hohen Einnahmezuwächsen. Gleichzeitig fallen die Ausgaben für Sozialleistungen relativ gering aus. Zudem sinken die Zinsausgaben des Staates nach wie vor. Im kommenden Jahr werden die Beschäftigungsentwicklung und die Unternehmens- und Vermögenseinkommen an Dynamik verlieren. Dadurch steigen die Steuern und Sozialbeiträge weniger stark. Allerdings werden einmalig Sondererlöse durch die Versteigerung von Mobilfunklizenzen in Höhe von 3,8 Mrd Euro verbucht.

266. Die **gesamtstaatlichen Einnahmen** steigen im Jahr 2016 um 3,5 %. Die Steuereinnahmen erhöhen sich um 3,7 %. Diese Zuwachsrate ist aufgrund von Steuerrechtsänderungen zwar niedriger als im Vorjahr. Insbesondere die Anhebung des Grund- und des Kinderfreibetrags und die Rückgabe der Kalten Progression dämpfen das Aufkommen. Jedoch führt die gute Konjunktur zu vergleichsweise hohen Steuereinnahmen zum Beispiel bei den gewinnabhängigen Steuern, der Lohnsteuer und der Umsatzsteuer. Die Sozialbeiträge steigen aufgrund der hohen Beschäftigung und der Lohnabschlüsse im Jahr 2016 kräftig. Zudem wurden die Beitragssätze angehoben. Bei den gesetzlichen Krankenkas-

sen ist im Jahr 2016 der durchschnittliche Zusatzbeitrag um 0,2 Prozentpunkte angestiegen.

Im **Jahr 2017** dürfte sich der Beitragssatz zur Sozialen Pflegeversicherung um 0,2 Prozentpunkte erhöhen. Zudem sind weitere Entlastungen der Steuerzahler geplant. Insgesamt dürften die Einnahmen des Staates im Jahr 2017 um 2,8 % zunehmen.

267. Die **gesamtstaatlichen Ausgaben** steigen im gesamten Prognosezeitraum dynamisch. Hierbei schlagen die Ausgaben im Zusammenhang mit der Flücht-

↘ TABELLE 12
Einnahmen und Ausgaben des Staates[1] sowie finanzpolitische Kennziffern

	2015	2016[2]	2017[2]	2016[2]	2017[2]
		Mrd Euro		Veränderung zum Vorjahr in %	
Einnahmen	1 354,8	1 402,1	1 441,7	3,5	2,8
Steuern	700,0	726,2	744,8	3,7	2,6
Sozialbeiträge	500,8	520,6	539,2	4,0	3,6
sonstige Einnahmen[3]	154,0	155,3	157,7	0,8	1,5
Ausgaben	1 333,9	1 383,9	1 429,2	3,8	3,3
Vorleistungen	139,5	148,4	152,4	6,3	2,7
Arbeitnehmerentgelte	228,6	235,5	241,3	3,0	2,5
geleistete Vermögenseinkommen (Zinsen)	47,3	42,3	40,8	– 10,6	– 3,5
Subventionen	27,5	27,3	28,1	– 0,8	3,1
monetäre Sozialleistungen	471,0	486,5	505,4	3,3	3,9
soziale Sachleistungen	252,4	269,5	284,7	6,8	5,6
Bruttoinvestitionen	64,3	68,2	71,8	6,2	5,2
sonstige Ausgaben[4]	103,3	106,2	104,8	2,9	– 1,4
Finanzierungssaldo	20,9	18,2	12,4	x	x
Finanzpolitische Kennziffern (%)[5]					
Staatsquote[6]	44,0	44,1	44,4	x	x
Staatskonsumquote	19,2	19,6	19,9	x	x
Sozialbeitragsquote[7]	15,4	15,5	15,6	x	x
Steuerquote[8]	23,5	23,4	23,3	x	x
Abgabenquote[9]	38,8	38,8	39,0	x	x
Finanzierungssaldo	0,7	0,6	0,4	x	x
struktureller Finanzierungssaldo[10]	0,8	0,6	0,1	x	x
Schuldenstandsquote[11]	71,2	67,9	65,7	x	x
Zins-Steuer-Quote[12]	6,7	5,8	5,4	x	x

1 – In der Abgrenzung der Volkswirtschaftlichen Gesamtrechnungen (nominale Angaben). 2 – Prognose des Sachverständigenrates. 3 – Verkäufe, empfangene sonstige Subventionen, empfangene Vermögenseinkommen, sonstige laufende Transfers, Vermögenstransfers. 4 – Sonstige laufende Transfers, Vermögenstransfers, geleistete sonstige Produktionsabgaben sowie Nettozugang an nichtproduzierten Vermögensgütern. Die Erlöse aus Mobilfunklizenzen senken die Ausgaben über einen niedrigeren Nettozugang an nichtproduzierten Vermögensgütern. 5 – Jeweils in Relation zum nominalen BIP. 6 – Gesamtstaatliche Ausgaben. 7 – Sozialbeiträge, ohne unterstellte Sozialbeiträge. 8 – Steuern einschließlich Erbschaftsteuer und Steuern an die EU. 9 – Steuern einschließlich Erbschaftsteuer, Steuern an die EU und tatsächliche Sozialbeiträge. 10 – Um konjunkturelle Einflüsse und transitorische Effekte bereinigter Finanzierungssaldo, siehe JG 2007 Anhang IV D. 11 – Schulden des Staates in der Abgrenzung gemäß dem Vertrag von Maastricht. 12 – Zinsausgaben in Relation zu den Steuern einschließlich Erbschaftsteuer.

© Sachverständigenrat | 16-399

lingsmigration mit rund 12,8 Mrd Euro im Jahr 2016 und 10,2 Mrd Euro im Jahr 2017 zu Buche. Im Vergleich zum Jahr 2015 sind dies 5,1 Mrd Euro oder 2,6 Mrd Euro mehr. Die Ausgaben für Asylbewerber wirken sich vor allem bei den Vorleistungen und den sozialen Sachleistungen im laufenden Jahr aus, da im Jahr 2017 mit weniger neuen Asylsuchenden zu rechnen ist. ↘ ZIFFER 691 Im kommenden Jahr werden durch die gestiegene Anzahl anerkannter Asylbewerber vor allem die monetären Sozialleistungen steigen.

Bei den sozialen Sachleistungen wären selbst ohne Mehrausgaben im Zusammenhang mit der Flüchtlingsmigration starke Zuwächse zu erwarten gewesen. Diese hängen beispielsweise mit den Leistungsausweitungen im Bereich der Pflege und der Krankenhäuser zusammen. Das Gleiche gilt für die monetären Sozialleistungen, die nach den Leistungsausweitungen durch das Rentenpaket, dem starken Zuwachs der Renten im laufenden Jahr und der Anhebung des Kindergeldes mit 3,3 % im Jahr 2016 und 3,9 % im Jahr 2017 wachsen werden. Die Arbeitnehmerentgelte steigen aufgrund der hohen Tarifabschlüsse im Öffentlichen Dienst und der steigenden Anzahl der Beschäftigten im Jahr 2016 ebenfalls stärker als in den vergangenen Jahren. Die Investitionen dürften aufgrund des Investitionsprogramms des Bundes und der zusätzlich veranschlagten Mittel für die Verteidigungsausgaben merklich zulegen.

268. Insgesamt steigt die Staatsquote um 0,4 Prozentpunkte von 44,0 % im Jahr 2015 auf 44,4 % im Jahr 2017. Die **Fiskalpolitik** ist damit nach wie vor **leicht expansiv ausgerichtet**. Dies zeigt sich nicht zuletzt bei den diskretionären fiskalpolitischen Maßnahmen. Diese dürften in diesem Jahr voraussichtlich einen Umfang von 0,3 % bis 0,4 % des nominalen BIP haben, im kommenden Jahr von 0,2 % bis 0,3 %.

III. MITTELFRISTPROJEKTION

269. Der Sachverständigenrat schätzt die **Zuwachsraten des Produktionspotenzials** für die Jahre 2016 und 2017 auf 1,3 % beziehungsweise 1,0 %. Für den Zeitraum zwischen 2015 und 2021 wird der Anstieg im Jahresdurchschnitt voraussichtlich 1,2 % betragen. Das materielle Wohlstandsniveau, gemessen durch das preisbereinigte BIP je Einwohner, wird gemäß der Mittelfristprojektion im Zeitraum der Jahre 2015 bis 2021 nur unwesentlich geringer steigen und zwar um jahresdurchschnittlich 1,0 %. ↘ TABELLE 13

270. Den größten Wachstumsbeitrag zum Anstieg des Produktionspotenzials liefert die **Totale Faktorproduktivität** mit 0,6 Prozentpunkten. Im historischen Vergleich ist deren Wachstumsimpuls jedoch relativ gering. Seit dem Jahr 1995 ging die Trendzuwachsrate von 1,3 % auf 0,5 % im Jahr 2009 zurück und verharrt seitdem auf diesem Niveau. Ursachen für diese Entwicklung sind Kompositionseffekte auf dem Arbeitsmarkt, die weitgehende Beendigung von Auslagerungsprozessen innerhalb der Wertschöpfungsketten und wirtschaftsbereichsspezifische Entwicklungen (JG 2015 Ziffern 590 ff.).

↘ TABELLE 13
Ergebnisse der Mittelfristprojektion[1]

	1995 bis 2015				2015 bis 2021	
	tatsächlich		potenziell			
Bruttoinlandsprodukt	1,3		1,3		1,2	
Kapitalstock	1,6	(0,6)	1,6	(0,6)	1,2	(0,4)
Solow-Residuum	0,7	(0,7)	0,7	(0,7)	0,6	(0,6)
Arbeitsvolumen	0,1	(0,1)	0,0	(0,0)	0,2	(0,1)
Bevölkerung im erwerbsfähigen Alter	0,0	(0,0)	0,0	(0,0)	0,0	(0,0)
Partizipationsquote	0,4	(0,3)	0,4	(0,2)	0,3	(0,2)
Erwerbslosenquote	0,2	(0,1)	0,2	(0,1)	− 0,0	(− 0,0)
durchschnittliche Arbeitszeit	− 0,6	(− 0,4)	− 0,5	(− 0,3)	− 0,1	(− 0,1)
nachrichtlich:						
Bruttoinlandsprodukt je Einwohner	1,2		1,2		1,0	

1 – Berechnungen des Sachverständigenrates; jahresdurchschnittliche Veränderungsraten in %. In Klammern: Wachstumsbeiträge. Abweichungen in den Summen rundungsbedingt.

Quelle: Statistisches Bundesamt

271. Für den Zeitraum bis zum Jahr 2021 ist davon auszugehen, dass die Trendzuwachsrate der Totalen Faktorproduktivität **nur moderat zunehmen** wird. Zwar dürfte der nachlassende Anstieg an geringer produktiven Arbeitskräften im Dienstleistungsbereich die Produktivitätsentwicklung weniger stark dämpfen. Jedoch sprechen strukturelle Hemmnisse im Verarbeitenden Gewerbe gegen einen dynamischeren Anstieg. ↘ ZIFFERN 282 FF.

272. Das leicht beschleunigte Produktivitätswachstum dürfte dazu führen, dass die Bruttoanlageinvestitionen in den kommenden Jahren ebenfalls zunehmen. Jedoch führt dies über den Projektionszeitraum nur allmählich zu einer höheren Zuwachsrate des **Kapitalstocks**. Sie wird unwesentlich zunehmen und jahresdurchschnittlich etwa 0,4 Prozentpunkte des Wachstums des Produktionspotenzials erklären.

273. Das potenzielle **Arbeitsvolumen** dürfte nach einem deutlichen Anstieg im Jahr 2015 und einer Stagnation im Jahr 2016 in den darauffolgenden Jahren weiter leicht expandieren. ↘ ABBILDUNG 32 Es leistet damit einen positiven Wachstumsbeitrag zum Produktionspotenzial, der mit 0,1 Prozentpunkten im Projektionszeitraum jedoch gering ausfallen wird.

274. Im Vergleich zu den Ergebnissen aus dem Vorjahr erfolgt beim Arbeitsvolumen die **größte Revision** der Mittelfristprojektion (JG 2015 Ziffern 254 ff.). Dies liegt an den deutlich veränderten Annahmen zur Nettozuwanderung und hier insbesondere an der Flüchtlingsmigration. Diese wirkt sich auf die einzelnen Komponenten des Arbeitsvolumens aus: die Bevölkerung im erwerbsfähigen Alter, die Partizipationsquote, die Erwerbslosenquote und die durchschnittliche Jahresarbeitszeit je Erwerbstätigen (JG 2014 Kasten 10).

275. Die **Bevölkerung im erwerbsfähigen Alter** (Personen im Alter zwischen 15 und 74 Jahren) wird für die kommenden Jahre anhand der Standardannahmen der 13. koordinierten Bevölkerungsvorausberechnung des Bundes und der Länder fortgeschrieben. Jedoch muss diese um die Annahmen zur **Nettozuwande-**

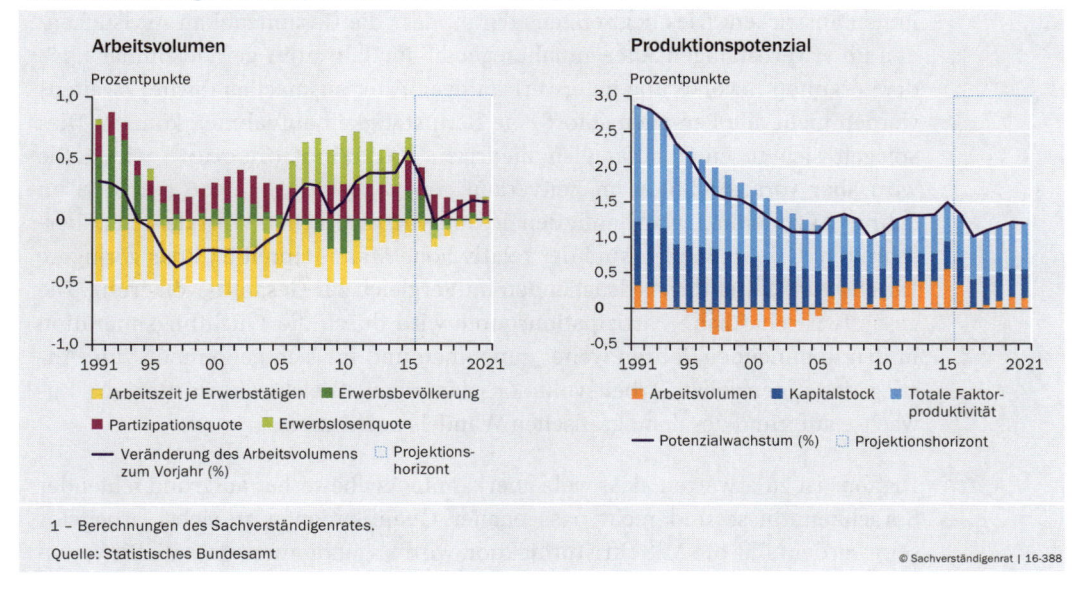

↘ ABBILDUNG 32
Wachstumsbeiträge der Komponenten des Produktionspotenzials¹

Arbeitsvolumen (Prozentpunkte): Arbeitszeit je Erwerbstätigen, Erwerbsbevölkerung, Partizipationsquote, Erwerbslosenquote, Veränderung des Arbeitsvolumens zum Vorjahr (%), Projektionshorizont

Produktionspotenzial (Prozentpunkte): Arbeitsvolumen, Kapitalstock, Totale Faktorproduktivität, Potenzialwachstum (%), Projektionshorizont

1 – Berechnungen des Sachverständigenrates.
Quelle: Statistisches Bundesamt
© Sachverständigenrat | 16-388

rung korrigiert werden. Hierbei geht der Sachverständigenrat in seiner Mittelfristprojektion davon aus, dass die asylbedingte Nettozuwanderung in den kommenden Jahren im Vergleich zum Jahr 2015 deutlich abnehmen wird. ↘ TABELLE 14 Im Jahr 2017 wird sogar ein negativer Saldo erwartet, da annahmegemäß weniger neue Asylsuchende einreisen, als abgelehnte Asylbewerber ausreisen. Der Rückgang der Nettozuwanderung im kommenden Jahr erklärt im Wesentlichen die fallende Potenzialwachstumsrate von 1,3 % in diesem Jahr auf 1,0 % im kommenden Jahr.

↘ TABELLE 14
Projektion wesentlicher Kennzahlen des potenziellen Arbeitsvolumens¹

		2015	2016	2017	2018	2019	2020	2021
Bevölkerung²								
Gesamte Nettozuwanderung	Tausend	1 139	441	206	371	326	287	128
darunter: Flüchtlinge	Tausend	767	101	– 84	131	136	147	38
im erwerbsfähigen Alter	Tausend	903	375	192	309	269	233	108
darunter: Flüchtlinge	Tausend	575	76	– 63	98	102	110	29
Strukturelle Partizipationsquote³								
Insgesamt	%	72,3	72,5	72,8	73,0	73,1	73,3	73,4
Flüchtlinge	%	10,4	34,4	64,8	71,5	74,1	75,7	81,4
Anteil der Flüchtlinge⁴ an der Bevölkerung⁵	%	0,9	1,1	1,0	1,1	1,3	1,5	1,5
Strukturelle Erwerbslosenquote⁶								
Insgesamt	%	4,2	4,2	4,3	4,3	4,3	4,3	4,3
Flüchtlinge	%	80,0	74,6	65,9	56,4	48,5	42,6	37,4
Anteil der Flüchtlinge an den Erwerbspersonen⁷	%	0,1	0,5	0,8	1,1	1,3	1,5	1,7

1 – Annahmen des Sachverständigenrates. 2 – Stichtag: 31.12. des jeweiligen Jahres. 3 – Fortschreibung der Partizipationsquote ohne Flüchtlinge erfolgt anhand eines Bevölkerungsmodells, das alters-, kohorten- und geschlechterspezifische Entwicklungen abbildet. Die Trendbereinigung erfolgt mithilfe des HP-Filters. 4 – Anteil der Flüchtlinge wurde bestimmt durch Aufsummierung der Flüchtlinge im erwerbsfähigen Alter seit dem Jahr 2014. 5 – Im erwerbsfähigen Alter. 6 – Die strukturelle Erwerbslosenquote ohne Flüchtlinge wird durch Zustandsraummodelle bestimmt, die verschiedene Inflationsmaße und Inflationserwartungen berücksichtigen (NAIRU). 7 – Anteil der Flüchtlinge wurde bestimmt durch Aufsummierung der erwerbssuchenden Flüchtlinge seit dem Jahr 2014.

© Sachverständigenrat | 16-395

276. Die **Flüchtlingsmigration** dürfte sich insgesamt **moderat** auf das Arbeitsvolumen auswirken. Dies liegt erstens daran, dass die Gesamtzahl an Asylsuchenden im erwerbsfähigen Alter annahmegemäß im Jahr 2021 gerade einmal 1,5 % der gesamten Bevölkerung im erwerbsfähigen Alter ausmachen dürfte. Zweitens werden nicht alle Personen sofort eine Berufstätigkeit aufnehmen können. Dies spiegelt sich in einer anfänglich niedrigen **Partizipationsquote** wider. Sie wird aber voraussichtlich im Zeitverlauf von 34 % im Jahr 2016 auf 81 % im Jahr 2021 zunehmen und damit den gesamtwirtschaftlichen Wert deutlich überschreiten. Gründe hierfür sind der relativ hohe Männeranteil und das geringere Durchschnittsalter der Asylsuchenden im Vergleich zur Gesamtbevölkerung. Die gesamtwirtschaftliche Partizipationsquote wird durch die Flüchtlingsmigration in den kommenden Jahren weiter zunehmen und für sich genommen zum Anstieg des potenziellen Arbeitsvolumens beitragen. Gleichwohl dürften die Zuwächse aufgrund des demografischen Wandels nachlassen.

277. Drittens ist zu erwarten, dass viele anerkannte Asylbewerber aufgrund fehlender Sprachkenntnisse und nicht passgenauer Qualifikationen zunächst arbeitslos sein werden. Für die Mittelfristprojektion wird angenommen, dass die Erwerbslosenquote der Flüchtlinge erst allmählich von 75 % im Jahr 2016 auf etwas weniger als 40 % im Jahr 2021 fällt. Trotz dieses Rückgangs der Erwerbslosenquote ist zu erwarten, dass in den kommenden Jahren die gesamtwirtschaftliche strukturelle **Erwerbslosenquote (NAIRU)** leicht ansteigt. Im Vergleich zu den Jahren nach 2005 liefert sie somit keinen Wachstumsbeitrag zum Anstieg des Produktionspotenzials.

278. Die Zuwachsraten des Produktionspotenzials werden anhand des Verfahrens des Sachverständigenrates erneut **erheblich niedriger** geschätzt als die Ergebnisse anhand des **Verfahrens der Europäischen Kommission** (Projektgruppe Gemeinschaftsdiagnose, 2016). Die Gemeinschaftsdiagnose gelangt mit diesem Verfahren zu einer Potenzialwachstumsrate in der mittleren Frist von 1,6 %, was sich zum Großteil durch eine unterschiedliche Fortschreibung der Partizipationsquote erklären lässt. Im Unterschied zum Verfahren der Europäischen Kommission verwendet der Sachverständigenrat bei der Projektion der Partizipationsquote ein umfangreiches Bevölkerungsmodell, welches alters-, kohorten- und geschlechterspezifische Elemente berücksichtigt (JG 2014 Kasten 10).

ANHANG

1. Die schwache Produktivitäts- und Investitionsentwicklung

279. Der Anstieg des deutschen BIP in den vergangenen Jahrzehnten wurde primär durch eine steigende gesamtwirtschaftliche Arbeitsproduktivität erzielt. Insbesondere seit der Rezession in den Jahren 2008 und 2009 hat sich jedoch der deutsche Produktivitätsfortschritt markant abgeschwächt. Die Verlangsamung des Produktivitätsfortschritts ist aber nicht nur eine Erscheinung der jüngeren Vergangenheit. So ist die Potenzialwachstumsrate der Arbeitsproduktivität seit Beginn der 1990er-Jahre von über 2 % auf 0,8 % im Jahr 2009 gefallen und verharrt seitdem auf diesem Niveau.

280. Die Veränderung der Stundenproduktivität kann – unter Annahme einer Cobb-Douglas-Produktionsfunktion – in zwei Komponenten zerlegt werden: die **Totale Faktorproduktivität (TFP)** und die **Kapitalintensität**. Die TFP ist ein Indikator für den Stand an technologischem Wissen, der sich durch Produkt- und Prozessinnovationen ergibt. Sie erfasst zudem Effekte der Reallokation von Produktionsfaktoren, Steigerungen des Qualifikationsniveaus der Erwerbstätigen sowie Spezialisierungsvorteile durch eine Veränderung der Fertigungstiefe in den Wertschöpfungsketten (JG 2015 Kästen 8 und 22). Die Kapitalintensität beschreibt die Ausstattung eines Arbeiters mit Kapital wie etwa Maschinen oder Software. Im Folgenden wird die Kapitalintensität definiert als Bruttoanlagevermögen je Erwerbstätigenstunde. Kapital unterteilt sich in Bauten sowie Ausrüstungen und Sonstige Anlagen. Ausrüstungen und Sonstige Anlagen umfassen etwa Maschinen, Fahrzeuge, Software sowie Forschung und Entwicklung.

281. Die Zuwachsraten der Kapitalintensitäten für Bauten sowie Ausrüstungen und Sonstige Anlagen haben im Zeitverlauf abgenommen. ↘ ABBILDUNG 33 OBEN LINKS Insgesamt ist ihr Anteil an der Zuwachsrate der Stundenproduktivität von über einem Prozentpunkt im Jahr 1992 auf 0,3 Prozentpunkte im Jahr 2009 gefallen und nimmt seitdem weiter leicht ab. Die Zuwachsraten der TFP sind ebenfalls seit Beginn der 1990er-Jahre rückläufig. Ihr Wachstumsbeitrag ist von gut einem Prozentpunkt im Jahr 1992 auf 0,5 Prozentpunkte im Jahr 2009 gesunken und seitdem stabil. Die öffentliche Diskussion verbindet mit dem mäßigen Anstieg der Kapitalintensität oft zu geringe Investitionen, die einen höheren Produktivitätsanstieg verhindern (JG 2015 Ziffern 632 ff.). Jedoch sind die **Wechselwirkungen zwischen Investitionen und Produktivitätsfortschritten** hochkomplex und erfordern eine disaggregierte Analyse, um die Ursachen hinter der schwachen Zunahme der Kapitalintensitäten sowie der TFP besser zu verstehen.

282. Eine Betrachtung der einzelnen Wirtschaftsbereiche offenbart schwächere Produktivitätsanstiege in den Dienstleistungsbereichen und im Verarbeitenden Gewerbe. ↘ ABBILDUNG 33 OBEN RECHTS Die einzelnen Entwicklungen der TFP und Kapitalintensität unterscheiden sich hierbei eklatant zwischen dem Verarbeitenden Gewerbe und den Dienstleistungsbereichen. ↘ ABBILDUNG 33 UNTEN

283. So ist die Produktivitätsentwicklung im Verarbeitenden Gewerbe durch relativ hohe Zuwachsraten der TFP gekennzeichnet. Abgesehen von der Periode um die Jahrtausendwende mit höheren Produktivitätszuwachsraten liegt die Trendzuwachsrate stabil bei 1,8 %. Jedoch ist ein deutlicher Rückgang der Zuwachsraten bei der Kapitalintensität zu beobachten. Die gesamte Kapitalintensität war in den vergangenen Jahren sogar rückläufig. Hierin spiegelt sich eine **schwache Investitionstätigkeit** der Unternehmen wider.

284. Abgesehen vom Fahrzeugbau ging die Kapitalintensität in nahezu allen wichtigen Wirtschaftsbereichen des Verarbeitenden Gewerbes im Zeitraum der Jahre 2010 bis 2014 zurück. Für diese Entwicklung lassen sich mehrere mögliche Gründe nennen:

↘ ABBILDUNG 33
Trendarbeitsproduktivität[1]

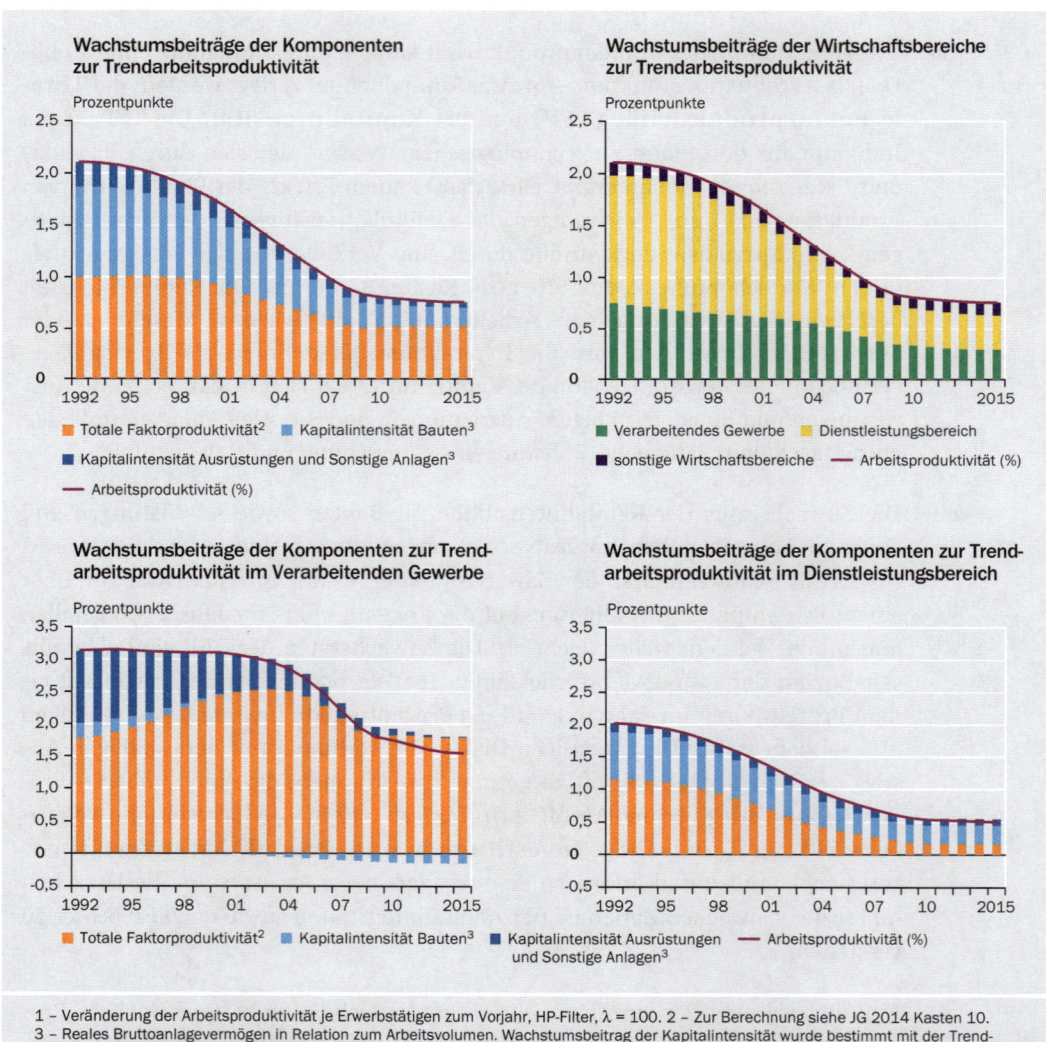

1 – Veränderung der Arbeitsproduktivität je Erwerbstätigen zum Vorjahr, HP-Filter, λ = 100. 2 – Zur Berechnung siehe JG 2014 Kasten 10. 3 – Reales Bruttoanlagevermögen in Relation zum Arbeitsvolumen. Wachstumsbeitrag der Kapitalintensität wurde bestimmt mit der Trendwachstumsrate der Kapitalintensität gewichtet mit Eins minus der Arbeitseinkommensquote. Die Arbeitseinkommensquote entspricht der Relation des Arbeitnehmerentgelts, angepasst um die Selbstständigen, zur nominalen Bruttowertschöpfung. Zur Gewichtung des Bruttoanlagevermögens für Bauten und Ausrüstungen wurden die jeweiligen nominalen Anteile des Vorjahres verwendet. Ausrüstungen einschließlich militärischer Waffensysteme.

Quellen: Statistisches Bundesamt, eigene Berechnungen

© Sachverständigenrat | 16-358

- Seit den 1990er-Jahren bis zum Jahr 2008 fand verstärkt eine **Verlagerung von vorgelagerten Produktionsstufen ins Ausland** statt. Das macht den Kapitalstock für ausgelagerte Produktionsstufen überflüssig.

- Im internationalen Vergleich **hohe Energiekosten** haben ebenfalls negativ auf das Investitionsklima in Deutschland gewirkt. ↘ KASTEN 30

- Der **demografische Wandel** führt dazu, dass die Absatzmöglichkeiten auf dem heimischen Markt in den kommenden Jahrzehnten nur moderat zunehmen werden.

- Ferner bedingt der demografische Wandel einen **möglichen Angebotsrückgang an jungen Fachkräften**. Die Unternehmen passen daher ihren Kapitalstock schon heute an, um später weniger Fachkräfte nachfragen zu müssen.

- Seit der Finanzkrise entwickeln sich der Welthandel sowie die **Konjunktur** in wichtigen Absatzländern nur mäßig. Das dürfte die Absatzerwartungen der inländischen Exportunternehmen verändert haben und daher zu Anpassungen der Produktionskapazitäten führen.

Es bleibt festzuhalten, dass die rückläufige Zuwachsrate bei der Kapitalintensität nicht nur durch konjunkturelle, sondern ebenfalls durch strukturelle Faktoren zu erklären ist.

285. Im Unterschied zum Verarbeitenden Gewerbe liegen die Probleme in den **Dienstleistungsbereichen** weniger in den Investitionen, sondern vielmehr in der **schwachen Entwicklung der TFP** begründet. Aussagen über die Produktivitätsentwicklung im Dienstleistungsbereich stehen jedoch unter dem Vorbehalt, dass die Wertschöpfung in vielen Bereichen nicht annähernd so gut gemessen werden kann wie etwa im Produzierenden Gewerbe.

286. Ein Grund für die schwache Entwicklung der TFP ist ein **Kompositionseffekt** infolge der Arbeitsmarktreformen zu Beginn der 2000er-Jahre (JG 2015 Ziffern 599 ff.). Dieser Effekt tritt vor allem im Wirtschaftsbereich Handel, Verkehr und Gastgewerbe auf und spiegelt wider, dass mit dem Zugang von weniger produktiven Erwerbspersonen in den Arbeitsmarkt die durchschnittliche Produktivität gesunken ist. In den kommenden Jahren ist aber davon auszugehen, dass der Kompositionseffekt weniger dämpfend auf die Produktivitätsentwicklung wirken wird. Jedoch dürfte er wegen des Zugangs von Flüchtlingen in die Erwerbstätigkeit nicht vollständig verschwinden. ↘ ZIFFER 690 Gegen eine deutliche Beschleunigung des gesamtwirtschaftlichen Produktivitätswachstums sprechen aber die strukturellen Investitionshemmnisse im Verarbeitenden Gewerbe.

Kapitel 3 – Deutschland: Expansive Geldpolitik treibt Wachstum über Potenzial

2. Abbildungen und Tabellen

↘ ABBILDUNG 34

Komponenten des Bruttoinlandsprodukts

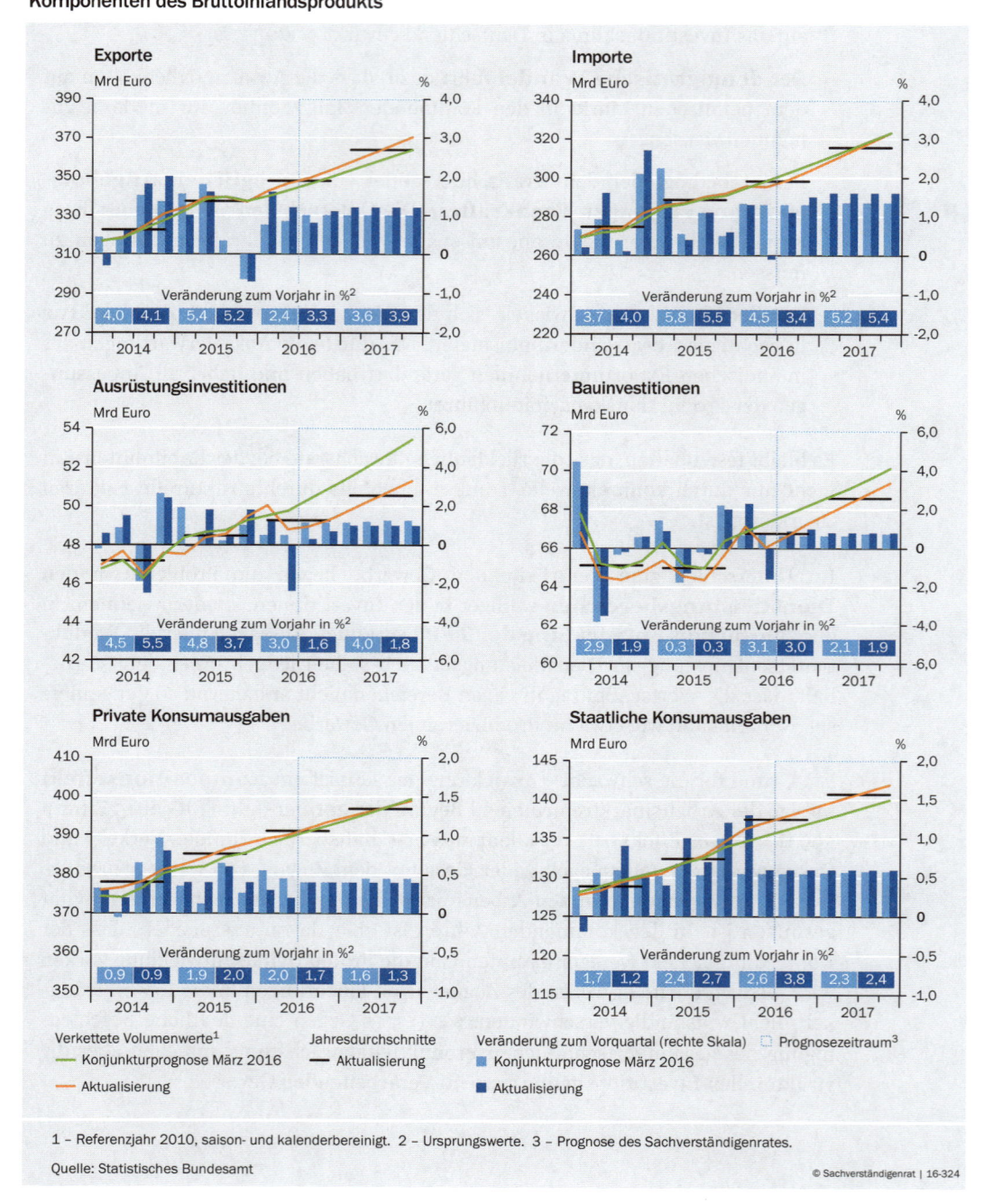

[Sechs Diagramme: Exporte, Importe, Ausrüstungsinvestitionen, Bauinvestitionen, Private Konsumausgaben, Staatliche Konsumausgaben]

Exporte – Veränderung zum Vorjahr in %[2]: 4,0 | 4,1 | 5,4 | 5,2 | 2,4 | 3,3 | 3,6 | 3,9

Importe – Veränderung zum Vorjahr in %[2]: 3,7 | 4,0 | 5,8 | 5,5 | 4,5 | 3,4 | 5,2 | 5,4

Ausrüstungsinvestitionen – Veränderung zum Vorjahr in %[2]: 4,5 | 5,5 | 4,8 | 3,7 | 3,0 | 1,6 | 4,0 | 1,8

Bauinvestitionen – Veränderung zum Vorjahr in %[2]: 2,9 | 1,9 | 0,3 | 0,3 | 3,1 | 3,0 | 2,1 | 1,9

Private Konsumausgaben – Veränderung zum Vorjahr in %[2]: 0,9 | 0,9 | 1,9 | 2,0 | 2,0 | 1,7 | 1,6 | 1,3

Staatliche Konsumausgaben – Veränderung zum Vorjahr in %[2]: 1,7 | 1,2 | 2,4 | 2,7 | 2,6 | 3,8 | 2,3 | 2,4

Verkettete Volumenwerte[1] — Konjunkturprognose März 2016 — Aktualisierung
Jahresdurchschnitte — Aktualisierung
Veränderung zum Vorquartal (rechte Skala) — Konjunkturprognose März 2016 — Aktualisierung
Prognosezeitraum[3]

1 – Referenzjahr 2010, saison- und kalenderbereinigt. 2 – Ursprungswerte. 3 – Prognose des Sachverständigenrates.
Quelle: Statistisches Bundesamt
© Sachverständigenrat | 16-324

↘ TABELLE 15
Bruttoanlageinvestitionen, preisbereinigt
Veränderung gegenüber dem Vorjahr in %

	Anteil im Jahr 2015	2015	2016[1]	2017[1]
Bruttoanlageinvestitionen	100	1,7	2,5	2,0
Ausrüstungsinvestitionen	33,2	3,7	1,6	1,8
Bauinvestitionen	48,9	0,3	3,0	1,9
Wohnbauten	29,5	1,5	4,3	2,7
Nichtwohnbauten	19,3	− 1,4	1,1	0,6
Gewerblicher Bau[2]	13,7	− 1,8	− 0,6	− 0,4
Öffentlicher Bau[3]	5,7	− 0,4	5,1	2,8
Sonstige Anlagen[4]	18,0	1,9	2,6	2,9
nachrichtlich:				
Unternehmensinvestitionen[5]	64,8	2,0	1,4	1,6

1 – Prognose des Sachverständigenrates. 2 – Investitionen des nichtstaatlichen Sektors in Nichtwohnbauten. 3 – Investitionen des staatlichen Sektors in Nichtwohnbauten. 4 – Geistiges Eigentum sowie Nutztiere und Nutzpflanzungen. 5 – Unternehmensinvestitionen umfassen Ausrüstungsinvestitionen, Sonstige Anlagen sowie Investitionen des nichtstaatlichen Sektors in Nichtwohnbauten.

Quelle: Statistisches Bundesamt
© Sachverständigenrat | 16-323

TABELLE 16
Die wichtigsten Daten der Volkswirtschaftlichen Gesamtrechnungen für Deutschland
Absolute Werte

	Einheit	2015	2016[1]	2017[1]	2016 1. Hj.	2016 2. Hj.[1]	2017[1] 1. Hj.	2017[1] 2. Hj.
Verwendung des Inlandsprodukts								
In jeweiligen Preisen								
Konsumausgaben	Mrd Euro	2 219,7	2 289,1	2 358,9	1 115,8	1 173,2	1 149,9	1 209,0
Private Konsumausgaben[2]	Mrd Euro	1 636,0	1 674,1	1 719,6	817,5	856,5	839,6	880,0
Konsumausgaben des Staates	Mrd Euro	583,7	615,0	639,3	298,3	316,7	310,3	329,0
Bruttoanlageinvestitionen	Mrd Euro	603,8	627,9	650,9	302,9	325,0	313,4	337,5
Ausrüstungsinvestitionen	Mrd Euro	200,2	205,2	210,0	98,7	106,5	100,5	109,6
Bauinvestitionen	Mrd Euro	295,0	309,8	323,2	149,1	160,7	155,6	167,5
Sonstige Anlagen	Mrd Euro	108,6	112,9	117,7	55,1	57,8	57,3	60,4
Inländische Verwendung	Mrd Euro	2 803,3	2 885,1	2 980,1	1 412,9	1 472,2	1 458,7	1 521,3
Exporte	Mrd Euro	1 418,8	1 449,2	1 518,0	714,2	735,0	750,6	767,4
Importe	Mrd Euro	1 189,3	1 199,1	1 282,2	583,5	615,6	623,6	658,6
Bruttoinlandsprodukt	**Mrd Euro**	**3 032,8**	**3 135,2**	**3 215,9**	**1 543,5**	**1 591,7**	**1 585,8**	**1 630,1**
Verkettete Volumenangaben								
Konsumausgaben	Mrd Euro	2 069,8	2 116,3	2 150,2	1 038,5	1 077,8	1 055,7	1 094,4
Private Konsumausgaben[2]	Mrd Euro	1 540,1	1 566,3	1 586,6	767,2	799,1	777,6	809,0
Konsumausgaben des Staates	Mrd Euro	529,6	549,6	563,0	271,1	278,5	277,8	285,2
Bruttoanlageinvestitionen	Mrd Euro	555,2	569,0	580,5	274,9	294,1	280,0	300,5
Ausrüstungsinvestitionen	Mrd Euro	194,7	198,0	201,5	94,7	103,3	95,9	105,6
Bauinvestitionen	Mrd Euro	260,4	268,3	273,4	129,9	138,5	132,4	141,0
Sonstige Anlagen	Mrd Euro	100,4	103,0	105,9	50,4	52,6	51,7	54,2
Inländische Verwendung	Mrd Euro	2 596,6	2 644,7	2 689,1	1 307,2	1 337,5	1 328,0	1 361,1
Exporte	Mrd Euro	1 353,0	1 397,1	1 451,9	689,7	707,4	719,6	732,3
Importe	Mrd Euro	1 157,1	1 196,7	1 260,9	585,2	611,4	615,6	645,3
Bruttoinlandsprodukt	**Mrd Euro**	**2 791,1**	**2 843,9**	**2 881,0**	**1 410,8**	**1 433,2**	**1 431,6**	**1 449,4**
Preisentwicklung (Deflatoren)								
Konsumausgaben	2010=100	107,2	108,2	109,7	107,4	108,9	108,9	110,5
Private Konsumausgaben[2]	2010=100	106,2	106,9	108,4	106,6	107,2	108,0	108,8
Konsumausgaben des Staates	2010=100	110,2	111,9	113,5	110,0	113,7	111,7	115,3
Bruttoanlageinvestitionen	2010=100	108,8	110,4	112,1	110,2	110,5	111,9	112,3
Ausrüstungsinvestitionen	2010=100	102,8	103,6	104,2	104,2	103,1	104,7	103,8
Bauinvestitionen	2010=100	113,3	115,5	118,2	114,8	116,0	117,5	118,8
Sonstige Anlagen	2010=100	108,2	109,6	111,2	109,4	109,9	110,9	111,4
Inländische Verwendung	2010=100	108,0	109,1	110,8	108,1	110,1	109,8	111,8
Terms of Trade	2010=100	102,0	103,5	102,8	103,9	103,2	103,0	102,7
Exporte	2010=100	104,9	103,7	104,6	103,6	103,9	104,3	104,8
Importe	2010=100	102,8	100,2	101,7	99,7	100,7	101,3	102,1
Bruttoinlandsprodukt	**2010=100**	**108,7**	**110,2**	**111,6**	**109,4**	**111,1**	**110,8**	**112,5**
Entstehung des Inlandsprodukts								
Erwerbstätige (Inland)	Tausend	43 057	43 554	43 952	43 284	43 824	43 666	44 238
Arbeitsvolumen	Mio Std.	58 895	59 447	59 657	29 250	30 197	29 383	30 274
Produktivität (Stundenbasis)	2010=100	104,7	105,7	106,7	106,6	104,9	107,7	105,8
Verteilung des Volkseinkommens								
Volkseinkommen	Mrd Euro	2 263,2	2 344,2	2 404,9	1 141,2	1 203,0	1 173,0	1 231,9
Arbeitnehmerentgelte	Mrd Euro	1 539,9	1 592,4	1 641,1	763,2	829,3	785,3	855,7
Bruttolöhne und -gehälter	Mrd Euro	1 260,6	1 305,3	1 345,5	624,4	680,9	642,7	702,9
darunter: Nettolöhne und -gehälter[3]	Mrd Euro	836,6	865,5	890,1	409,4	456,1	420,1	470,0
Unternehmens- und Vermögenseinkommen	Mrd Euro	723,4	751,8	763,8	378,0	373,8	387,7	376,1
Verfügbares Einkommen der privaten Haushalte[2]	Mrd Euro	1 763,1	1 808,0	1 856,0	896,6	911,4	918,8	937,2
Sparquote der privaten Haushalte[2,4]	%	9,7	9,8	9,7	11,2	8,5	11,0	8,5
nachrichtlich:								
nominale Lohnstückkosten[5]	2010=100	108,7	110,1	111,6	106,3	113,8	107,6	115,6
reale Lohnstückkosten[6]	2010=100	100,0	99,8	100,0	97,2	102,5	97,1	102,8
Verbraucherpreise	2010=100	106,9	107,4	109,1	106,9	107,9	108,6	109,7

1 – Prognose des Sachverständigenrates. 2 – Einschließlich privater Organisationen ohne Erwerbszweck. 3 – Arbeitnehmerentgelte abzüglich Sozialbeiträge der Arbeitgeber sowie Sozialbeiträge und Lohnsteuer der Arbeitnehmer. 4 – Ersparnis in Relation zum verfügbaren Einkommen. 5 – Arbeitnehmerentgelt je geleisteter Arbeitnehmerstunde in Relation zum realen BIP je geleisteter Erwerbstätigenstunde. 6 – Arbeitnehmerentgelt je geleisteter Arbeitnehmerstunde in Relation zum nominalen BIP je geleisteter Erwerbstätigenstunde.

Quelle: Statistisches Bundesamt, eigene Berechnungen

NOCH ↘ TABELLE 16
Die wichtigsten Daten der Volkswirtschaftlichen Gesamtrechnungen für Deutschland
Veränderung gegenüber dem entsprechenden Vorjahreszeitraum in %

2015	2016[1]	2017[1]	2016 1. Hj.	2016 2. Hj.[1]	2017[1] 1. Hj.	2017[1] 2. Hj.	
							Verwendung des Bruttoinlandsprodukts
							In jeweiligen Preisen
3,0	3,1	3,1	3,4	2,9	3,1	3,0	Konsumausgaben
2,6	2,3	2,7	2,5	2,1	2,7	2,7	Private Konsumausgaben[2]
4,0	5,4	4,0	5,8	5,0	4,0	3,9	Konsumausgaben des Staates
3,2	4,0	3,7	5,2	2,9	3,5	3,9	Bruttoanlageinvestitionen
4,6	2,5	2,4	5,2	0,1	1,8	2,9	Ausrüstungsinvestitionen
2,2	5,0	4,3	5,6	4,5	4,3	4,3	Bauinvestitionen
3,5	3,9	4,3	3,9	4,0	4,0	4,5	Sonstige Anlagen
2,6	2,9	3,3	3,3	2,5	3,2	3,3	Inländische Verwendung
6,3	2,1	4,7	1,9	2,3	5,1	4,4	Exporte
3,9	0,8	6,9	0,2	1,4	6,9	7,0	Importe
3,7	**3,4**	**2,6**	**3,9**	**2,9**	**2,7**	**2,4**	**Bruttoinlandsprodukt**
							Verkettete Volumenangaben
2,2	2,2	1,6	2,6	1,9	1,7	1,5	Konsumausgaben
2,0	1,7	1,3	2,1	1,4	1,4	1,2	Private Konsumausgaben[2]
2,7	3,8	2,4	4,1	3,4	2,5	2,4	Konsumausgaben des Staates
1,7	2,5	2,0	3,7	1,4	1,8	2,2	Bruttoanlageinvestitionen
3,7	1,6	1,8	4,2	− 0,6	1,3	2,3	Ausrüstungsinvestitionen
0,3	3,0	1,9	3,9	2,3	1,9	1,8	Bauinvestitionen
1,9	2,6	2,9	2,6	2,6	2,6	3,1	Sonstige Anlagen
1,6	1,9	1,7	2,5	1,2	1,6	1,8	Inländische Verwendung
5,2	3,3	3,9	3,2	3,3	4,3	3,5	Exporte
5,5	3,4	5,4	3,8	3,1	5,2	5,5	Importe
1,7	**1,9**	**1,3**	**2,3**	**1,5**	**1,5**	**1,1**	**Bruttoinlandsprodukt**
							Preisentwicklung (Deflatoren)
0,7	0,9	1,4	0,7	1,0	1,4	1,5	Konsumausgaben
0,6	0,6	1,4	0,5	0,8	1,3	1,5	Private Konsumausgaben[2]
1,3	1,5	1,5	1,6	1,5	1,5	1,4	Konsumausgaben des Staates
1,5	1,5	1,6	1,4	1,5	1,6	1,6	Bruttoanlageinvestitionen
0,9	0,8	0,6	1,0	0,7	0,5	0,6	Ausrüstungsinvestitionen
1,9	1,9	2,4	1,7	2,2	2,3	2,4	Bauinvestitionen
1,6	1,3	1,4	1,3	1,3	1,4	1,4	Sonstige Anlagen
0,9	1,0	1,6	0,8	1,2	1,6	1,5	Inländische Verwendung
2,6	1,5	− 0,7	2,3	0,7	− 0,8	− 0,5	Terms of Trade
1,1	− 1,1	0,8	− 1,3	− 0,9	0,7	0,9	Exporte
− 1,4	− 2,5	1,5	− 3,5	− 1,6	1,6	1,4	Importe
2,0	**1,5**	**1,3**	**1,6**	**1,4**	**1,2**	**1,3**	**Bruttoinlandsprodukt**
							Entstehung des Inlandsprodukts
0,9	1,2	0,9	1,3	1,1	0,9	0,9	Erwerbstätige (Inland)
0,9	0,9	0,4	1,7	0,2	0,5	0,3	Arbeitsvolumen
0,8	0,9	1,0	0,5	1,3	1,0	0,9	Produktivität (Stundenbasis)
							Verteilung des Volkseinkommens
3,8	3,6	2,6	4,3	2,9	2,8	2,4	Volkseinkommen
3,7	3,4	3,1	3,7	3,1	2,9	3,2	Arbeitnehmerentgelte
3,9	3,5	3,1	4,0	3,2	2,9	3,2	Bruttolöhne und -gehälter
							darunter: Nettolöhne und
3,6	3,5	2,8	4,0	3,0	2,6	3,0	-gehälter[3]
							Unternehmens- und Vermögens-
4,2	3,9	1,6	5,5	2,4	2,6	0,6	einkommen
							Verfügbares Einkommen der privaten
3,1	2,5	2,7	2,7	2,4	2,5	2,8	Haushalte[2]
.	.	.	.	.	.	.	Sparquote der privaten Haushalte[2,4]
							nachrichtlich:
1,5	1,3	1,4	1,1	1,4	1,1	1,6	nominale Lohnstückkosten[5]
− 0,4	− 0,2	0,1	− 0,4	0,1	− 0,2	0,4	reale Lohnstückkosten[6]
0,3	0,5	1,6	0,2	0,7	1,6	1,7	Verbraucherpreise

1 – Prognose des Sachverständigenrates. 2 – Einschließlich privater Organisationen ohne Erwerbszweck. 3 – Arbeitnehmerentgelte abzüglich Sozialbeiträge der Arbeitgeber sowie Sozialbeiträge und Lohnsteuer der Arbeitnehmer. 4 – Ersparnis in Relation zum verfügbaren Einkommen. 5 – Arbeitnehmerentgelt je geleisteter Arbeitnehmerstunde in Relation zum realen BIP je geleisteter Erwerbstätigenstunde. 6 – Arbeitnehmerentgelt je geleisteter Arbeitnehmerstunde in Relation zum nominalen BIP je geleisteter Erwerbstätigenstunde.

© Sachverständigenrat | 16-389

LITERATUR

Breuer, S. und J. Klose (2015), Who gains from nominal devaluation? An empirical assessment of Euro Area exports and imports, *The World Economy* 38, 1966-1989.

Christiano, L., M. Eichenbaum und C. Evans (1999), Monetary Policy Shocks: What have we learned and to what end?, in: Woodford, M. und J. B. Taylor (Hrsg.): *Handbook of Macroeconomics, Volume 1*, Elsevier, Amsterdam, 65–148.

Deutsche Bundesbank (2016), Zu den gesamtwirtschaftlichen Auswirkungen der quantitativen Lockerung im Euro-Raum, *Monatsbericht* Juni 2016, 29-54.

Deutsche Bundesbank (2014), Zur Verlässlichkeit der Schätzungen internationaler Organisationen zur Produktionslücke, *Monatsbericht* April 2014, 13-38.

Elstner, S., H. Michaelis und C.M. Schmidt (2016), Das leere Versprechen der aktiven Konjunktursteuerung, *Wirtschaftsdienst* 96, 534-540.

Gadatsch, N., K. Hauzenberger und N. Stähler (2016), Fiscal policy during the crisis: A look on Germany and the Euro Area with GEAR, *Economic Modelling* 52, 997–1016.

Mourre, G., G.-M. Isbasoiu, D. Paternoster und M. Salto (2013), *The cyclically-adjusted budget balance used in the EU fiscal framework: an update*, European Economy - Economic Papers 478, Europäische Kommission, Generaldirektion Wirtschaft und Finanzen, Brüssel.

Europäische Kommission (2016), *Macroeconomic imbalances – Germany 2016*, Generaldirektion Wirtschaft und Finanzen, Brüssel.

Grimme, C. und C. Thürwächter (2015), Der Einfluss des Wechselkurses auf den deutschen Export – Simulationen mit Fehlerkorrekturmodellen, *ifo Schnelldienst* 68, 35-38.

Jarocinski, M. und M. Lenza (2016), *An inflation-predicting measure of the output gap in the Euro Area*, Working Paper 1966, Europäische Zentralbank, Frankfurt am Main.

Orphanides, A. und S. van Norden (2002), The unreliability of output gap estimates in real time, *Review of Economics and Statistics* 84, 569-583.

Projekt Gemeinschaftsdiagnose (2016), *Deutsche Wirtschaft gut ausgelastet – Wirtschaftspolitik neu ausrichten*, Gemeinschaftsdiagnose Herbst 2016, im Auftrag des Bundesministeriums für Wirtschaft und Energie, Berlin.

Quint, D. und P. Rabanal (2014), Monetary and macroprudential policy in an estimated DSGE model of the Euro Area, *International Journal of Central Banking* 10, 169–236.

Rabanal, P. (2009), Inflation differentials between Spain and the EMU: A DSGE perspective, *Journal of Money, Credit and Banking* 41, 1141–1166.

Tente, N., I. Stein, L. Silbermann und T. Deckers (2015), *Der antizyklische Kapitalpuffer – Analytischer Rahmen zur Bestimmung einer angemessenen inländischen Pufferquote*, Deutsche Bundesbank, Frankfurt am Main.

Wieland, V., T. Cwik, G.J. Müller, S. Schmidt und M. Wolters (2012), A new comparative approach to macroeconomic modeling and policy analysis, *Journal of Economic Behavior & Organization* 83, 523–541.

BREXIT-VOTUM: SCHADEN ABWENDEN, EUROPA DURCH SUBSIDIARITÄT STÄRKEN

I. Einleitung

II. Ökonomische Folgen eines Brexit
    1. Verflechtung des Vereinigten Königreichs mit der EU und Deutschland
    2. Kurzfristige wirtschaftliche Auswirkungen
    3. Langfristige wirtschaftliche Auswirkungen

III. Institutionelle Folgen eines Brexit
    1. Verschiebung der Machtbalance in EU-Gremien
    2. Möglicher Richtungswechsel in EU-Politikbereichen
    3. EU-Haushalt und andere Verflechtungen

IV. Die EU auf dem Prüfstand
    1. Subsidiarität stärken
    2. Freizügigkeit bei verzögerter Integration in die Sozialsysteme
    3. EU-Finanzen neu ordnen

V. Fazit: Das europäische Projekt durch mehr Subsidiarität stärken

Eine andere Meinung

Anhang

Literatur

DAS WICHTIGSTE IN KÜRZE

Im Juni 2016 stimmte eine Mehrheit der britischen Wähler für den Austritt aus der Europäischen Union (EU). Die britische Regierung beabsichtigt, ein entsprechendes **Austrittsgesuch bis Frühjahr 2017** zu stellen und den Austritt bis zum Frühjahr 2019 zu vollziehen. Der Austritt eines der drei größten Mitgliedstaaten wäre ein bedeutender Einschnitt für das europäische Projekt.

Der Sachverständigenrat erwartet, dass die **kurzfristigen ökonomischen Effekte** des Brexit-Votums **moderat** bleiben. Eine konjunkturelle Eintrübung im Vereinigten Königreich ist erkennbar, ein scharfer Einbruch erscheint jedoch nicht sehr wahrscheinlich. Die langfristigen ökonomischen Auswirkungen eines Austritts sind zurzeit nur schwer abschätzbar. Sie hängen maßgeblich von der Ausgestaltung der zukünftigen wirtschaftlichen Beziehungen zwischen der EU und dem Vereinigten Königreich ab.

Negative ökonomische Effekte dürften das Vereinigte Königreich selbst am stärksten treffen. Die Auswirkungen auf die verbleibenden EU-Mitgliedstaaten und insbesondere Deutschland wären voraussichtlich weniger stark. Aus institutioneller Sicht würde sich die **Machtbalance verschieben**, wenn mit dem Vereinigten Königreich einer der am stärksten marktorientierten Mitgliedstaaten aus der EU austreten würde. Zusätzlich würde einer der größten Nettozahler des EU-Haushalts wegfallen.

Bei den Verhandlungen über den Austritt des Vereinigten Königreichs gilt es, zwischen dem Erhalt der engen wirtschaftlichen Verflechtungen und der Gefahr abzuwägen, dass ein Präzedenzfall Nachahmer schafft. Der Sachverständigenrat plädiert dafür, durch konstruktive Verhandlungen einen Austritt zu verhindern oder zumindest ein Nachfolgeabkommen zu schließen, das für beide Seiten den Schaden minimiert. Die **vier Grundfreiheiten** der EU dürfen aus Sicht des Sachverständigenrates jedoch **nicht beeinträchtigt** werden. Dies lässt hinsichtlich der Personenfreizügigkeit möglicherweise verwaltungstechnische Korrekturen wie den in der Schweiz geplanten „Inländervorrang light" zu. Eine **verzögerte Integration in die Sozialsysteme** stellt hingegen keinen Verstoß gegen die Personenfreizügigkeit dar.

Ähnlich wie im Vereinigten Königreich haben in anderen Mitgliedstaaten europakritische politische Bewegungen Auftrieb erhalten. Auf der Suche nach Antworten auf diese Entwicklung dreht sich die aktuelle öffentliche Diskussion um einen grundlegenden Umbau der EU. Eine übereilte Integration wäre jedoch die falsche politische Antwort, insbesondere im Bereich der Fiskal-, Arbeitsmarkt- und Sozialpolitik. Der Sachverständigenrat plädiert stattdessen dafür, das **Subsidiaritätsprinzip** in den Vordergrund zu rücken und die EU effizienter auf ihre Kernaufgaben zu konzentrieren. Eine größere Rolle sollte die EU im Bereich der inneren Sicherheit, der Kontrolle der Außengrenzen und der Klimapolitik übernehmen. Zudem sollte die Kapitalmarktunion vorangetrieben werden.

I. EINLEITUNG

287. Am 23. Juni 2016 haben die Briten im Rahmen einer **Volksbefragung** mehrheitlich für den Austritt aus der Europäischen Union (EU), den „Brexit", gestimmt. Von 72 % der wahlberechtigten britischen Bevölkerung, die an der Volksbefragung teilnahmen, stimmten 52 % für den Brexit. Wenige Wochen nach dem Referendum trat Premierminister David Cameron zurück. Im Oktober 2016 verkündete die neue Premierministerin Theresa May, dass die britische Regierung bis März 2017 ein Austrittsgesuch nach Artikel 50 des EU-Vertrages (EUV) stellen wird.

288. Sollte der Austritt vollzogen werden, würde die EU einen ihrer größten Mitgliedstaaten verlieren, der 13 % der Bevölkerung der EU sowie 18 % ihres Bruttoinlandsprodukts (BIP) repräsentiert. Dies wäre ein schwerwiegender **Rückschritt für das europäische Projekt**, das in den Jahrzehnten nach dem Zweiten Weltkrieg als Friedensgarant und als Wohlstandsmotor gedient hat.

    Im Fall des Brexit ist zum einen mit negativen **ökonomischen Auswirkungen** zu rechnen. Kurzfristig dürften diese zwar moderat sein. Je nachdem, wie die zukünftigen wirtschaftlichen Beziehungen mit der EU ausgestaltet werden, können die negativen Effekte aber langfristig insbesondere für das Vereinigte Königreich erheblich ausfallen. Die verbliebenen Mitgliedstaaten der EU wären durch den Austritt ebenfalls negativ betroffen, jedoch in deutlich geringerem Ausmaß. Zum anderen ergeben sich **institutionelle Auswirkungen**, insbesondere weil die EU durch den Austritt des Vereinigten Königreichs eine wichtige Stimme für marktorientierte Positionen sowie den zweitgrößten Nettozahler verlieren würde.

289. Aufgrund der Tragweite sollten die politischen Akteure aus Sicht des Sachverständigenrates den **Brexit nicht zu früh als gegeben hinnehmen**. Selbst nach einer Benachrichtigung über die Absicht eines Austritts nach Artikel 50 EUV könnte dieser noch gestoppt werden. Die Rechtsmeinung zu der Frage, ob das Vereinigte Königreich diesen Prozess einseitig aufhalten kann, ist nicht eindeutig. Die Frage wird vom ehemaligen Richter des Europäischen Gerichtshofes (EuGH) David Edward bejaht (European Union Committee, 2016), die Verfassungsrechtler Barber, Hickman und King (2016) widersprechen dem jedoch, und der Rechtsdienst des Europäischen Parlamentes (2016) kommt zu keiner eindeutigen Aussage. Zusammen mit den anderen Mitgliedstaaten ist es jedenfalls möglich, einen Austritt nach Artikel 50 EUV aufzuhalten.

    Es besteht also nach wie vor eine Chance, durch konstruktive Verhandlungen einen Austritt zu verhindern oder zumindest ein Nachfolgeabkommen zu verhandeln, das für beide Seiten den Schaden minimiert. Letztlich ist hierbei die richtige Balance zu wahren. Zugeständnisse an das Vereinigte Königreich im Detail dürfen zwar nicht tabu sein. Die **vier Grundfreiheiten** sind aus Sicht des Sachverständigenrates gleichwohl unverzichtbar. Eine zu entgegenkommende Haltung könnte eine Signalwirkung mit unabsehbaren Folgen entfalten, indem sie Nachahmer animiert.

290. Die kritische Haltung gegenüber der EU ist kein Alleinstellungsmerkmal der britischen Bevölkerung. In vielen anderen Mitgliedstaaten haben **europakritische politische Bewegungen** hohen Zulauf erhalten. Als Reaktion auf dieses Votum ist es hilfreich, die Beweggründe derjenigen Briten zu verstehen, die bei der Befragung für den Brexit gestimmt haben. ↘ KASTEN 8 Bei dieser Analyse zeigt sich, dass viele Brexit-Befürworter vermutlich die Mitgliedschaft in der EU unter anderem für die eigene wirtschaftliche Misere oder diejenige ihrer Region verantwortlich gemacht haben. Dies dürfte auch in anderen Mitgliedstaaten Widerstände gegen die europäische Integration verstärken.

291. Es geht somit mehr denn je darum, die wirtschaftliche Leistungsfähigkeit der EU durch ein geeignetes Regelwerk zu stützen. Nach Einschätzung des Sachverständigenrates sollte sich die EU verstärkt auf ihre **Kernaufgaben** beschränken und das **Subsidiaritätsprinzip in den Vordergrund** rücken. Dabei sollten etwa Teile der inneren Sicherheit, die Sicherung der Außengrenzen, die Klimapolitik und die Finanzmarktaufsicht auf europäischer Ebene verortet sein. Die Arbeitsmarkt- und Fiskalpolitik gehören indes ebenso in die nationale Verantwortung wie die Ausgestaltung der sozialen Sicherungssysteme. Ein Verzicht auf eine weitergehende Integration in diesen Bereichen wäre aus Sicht des Sachverständigenrates die richtige politische Antwort, um den zunehmenden Fliehkräften innerhalb der EU wirksam zu begegnen.

↘ KASTEN 8

Analyse des Abstimmungsverhaltens im Brexit-Votum

Anhaltspunkte für die Gründe für das Abstimmungsverhalten der britischen Wähler finden sich in einer Analyse der Abstimmungsergebnisse von bis zu 398 britischen Regionen (für Details zu den Berechnungen siehe ↘ ANHANG). Regionen, die mehrheitlich für den Brexit gestimmt haben, sind **tendenziell wirtschaftlich weniger leistungsfähig**. ↘ ABBILDUNG 35 Sie weisen ein geringeres durchschnittliches Lohnniveau und Lohnwachstum, ein niedrigeres BIP je Einwohner und BIP-Wachstum je Einwohner sowie eine niedrigere Wettbewerbsfähigkeit auf. Ferner war der Stimmenanteil der Brexit-Befürworter in denjenigen Regionen besonders hoch, in denen ein höherer Anteil der Bevölkerung im Verarbeitenden Gewerbe arbeitet. Dies steht laut Arnorsson und Zoega (2016) mit einem starken Strukturwandel weg vom Verarbeitenden Gewerbe in Zusammenhang, was jedoch in eigenen ökonometrischen Schätzungen nicht bestätigt werden kann: Regionen, die durch einen starken Rückgang des Anteils des Verarbeitenden Gewerbes seit dem Jahr 1981 gekennzeichnet sind, weisen eher einen niedrigeren Stimmenanteil der Brexit-Befürworter auf. ↘ ANHANG

Die Regionen mit einer Mehrheit für den Brexit zeichnen sich zudem durch ein **geringeres Qualifikationsniveau** aus und sind ländlicher. Das niedrigere Qualifikationsniveau könnte darauf hindeuten, dass sich die Brexit-Befürworter in einer stärkeren Konkurrenzsituation mit geringer qualifizierten Migranten sehen und daher gegenüber der Personenfreizügigkeit innerhalb der EU besonders kritisch eingestellt sind. Die Regionen, in denen die Wähler mehrheitlich für den Brexit gestimmt haben, weisen einen kleineren Anteil von EU-Ausländern auf. Für diese Regionen war der Rückgang des Anteils der einheimischen Bevölkerung in den Jahren 2005 bis 2015 annähernd gleich groß, und die Arbeitslosenquote war sogar geringfügig höher als in jenen Regionen, die für den Verbleib in der EU stimmten. Dies lässt vermuten, dass der Wettbewerb mit geringqualifizierten Zuwanderern als Erklärungsfaktor allein nicht ausreicht.

Kapitel 4 – Brexit-Votum: Schaden abwenden, Europa durch Subsidiarität stärken

Bemerkenswert ist zudem, dass gerade jene Regionen für den Brexit gestimmt haben, die durchschnittlich stärker von der EU abhängig sind und mehr **Mittel aus den Struktur- und Regionalmitteln der EU** erhalten. Dass ausgerechnet diese Regionen für den Austritt stimmen, legt zwar die Interpretation nahe, dass es die EU versäumt hat, der Bevölkerung ihre Vorteile zu kommunizieren. Allerdings ist die finanzielle Förderung eher ein Symptom der Probleme als ein eigenständiger Erklärungsfaktor.

↘ ABBILDUNG 35

Abstimmungsverhalten bei der Volksbefragung zur EU-Mitgliedschaft 2016 im Vereinigten Königreich[1]
Regionen, die für "leave" gestimmt haben, im Vergleich zu Regionen, die für "remain" gestimmt haben, …

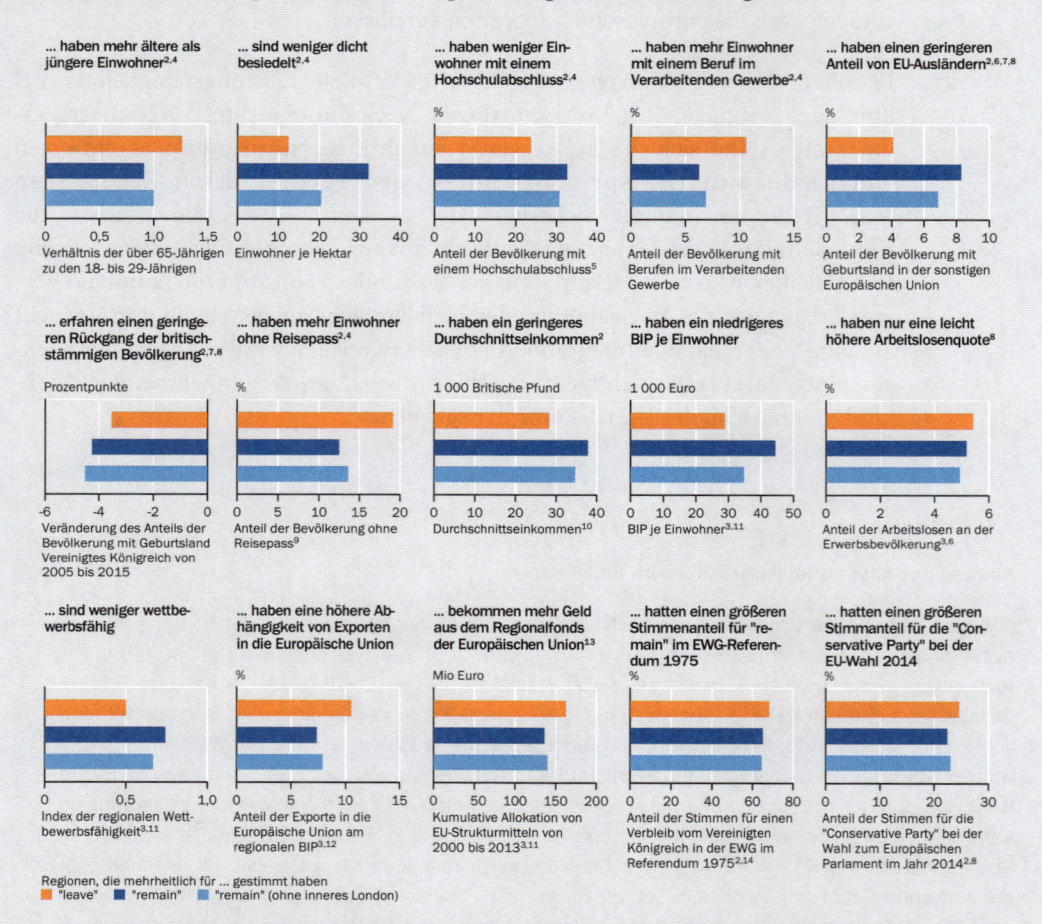

… haben mehr ältere als jüngere Einwohner[2,4]
Verhältnis der über 65-Jährigen zu den 18- bis 29-Jährigen

… sind weniger dicht besiedelt[2,4]
Einwohner je Hektar

… haben weniger Einwohner mit einem Hochschulabschluss[2,4]
Anteil der Bevölkerung mit einem Hochschulabschluss[5]

… haben mehr Einwohner mit einem Beruf im Verarbeitenden Gewerbe[2,4]
Anteil der Bevölkerung mit Berufen im Verarbeitenden Gewerbe

… haben einen geringeren Anteil von EU-Ausländern[2,6,7,8]
Anteil der Bevölkerung mit Geburtsland in der sonstigen Europäischen Union

… erfahren einen geringeren Rückgang der britischstämmigen Bevölkerung[2,7,8]
Veränderung des Anteils der Bevölkerung mit Geburtsland Vereinigtes Königreich von 2005 bis 2015 (Prozentpunkte)

… haben mehr Einwohner ohne Reisepass[2,4]
Anteil der Bevölkerung ohne Reisepass[9]

… haben ein geringeres Durchschnittseinkommen[2]
Durchschnittseinkommen[10] (1 000 Britische Pfund)

… haben ein niedrigeres BIP je Einwohner
BIP je Einwohner[3,11] (1 000 Euro)

… haben nur eine leicht höhere Arbeitslosenquote[8]
Anteil der Arbeitslosen an der Erwerbsbevölkerung[3,6]

… sind weniger wettbewerbsfähig
Index der regionalen Wettbewerbsfähigkeit[3,11]

… haben eine höhere Abhängigkeit von Exporten in die Europäische Union
Anteil der Exporte in die Europäische Union am regionalen BIP[3,12]

… bekommen mehr Geld aus dem Regionalfonds der Europäischen Union[13]
Kumulative Allokation von EU-Strukturmitteln von 2000 bis 2013[3,11] (Mio Euro)

… hatten einen größeren Stimmenanteil für "remain" im EWG-Referendum 1975
Anteil der Stimmen für einen Verbleib vom Vereinigten Königreich in der EWG im Referendum 1975[2,14]

… hatten einen größeren Stimmanteil für die "Conservative Party" bei der EU-Wahl 2014
Anteil der Stimmen für die "Conservative Party" bei der Wahl zum Europäischen Parlament im Jahr 2014[2,8]

Regionen, die mehrheitlich für … gestimmt haben:
■ "leave"   ■ "remain"   ■ "remain" (ohne inneres London)

1 – Balken stellen Durchschnitte über britische Regionen (ohne Gibraltar) dar (gewichtet nach der Bevölkerungszahl aus dem Zensus 2011). Unterteilung der Regionen, je nachdem, ob sie überwiegend für "leave" oder "remain" gestimmt haben. 2 – Daten für Wahlkreise ("District" oder "Unitary authority"): insgesamt 398, 128 "remain", 270 "leave". 3 – Daten für NUTS2-Regionen: insgesamt 40, 13 "remain", 27 "leave". 4 – Aus Zensus 2011. 5 – Level 4 oder höhere Qualifikation ("Degree, Postgraduate qualifications, Masters, PhD, SVQ level 5 or equivalent, Professional qualifications"). 6 – Für das Jahr 2015. 7 – Annual Population Survey. 8 – Ohne Nordirland. 9 – Ohne Schottland. 10 – Survey of Personal Incomes 2013-14. 11 – Für das Jahr 2014. 12 – Für das Jahr 2010 von Springford et al. (2016), basierend auf den World Input-Output Database Tabellen mit interregionalen Erweiterungen. 13 – Europäischer Fonds für regionale Entwicklung. 14 – Resultate von 1975 aus Butler und Kitzinger (1976).

Quellen: Electoral Office for Northern Ireland, Europäische Kommission (Info-Regio), Eurostat, Northern Ireland Statistic & Research Agency (NISRA), Office of National Statistics (ONS), Springford et al. (2016), UK Electoral Commission, eigene Berechnungen

© Sachverständigenrat | 16-361

Die Bevölkerung der Regionen, in denen mehrheitlich für den Brexit gestimmt wurde, hat weitere charakteristische **demografische und soziale Merkmale**. So hat sie etwa einen höheren Anteil an Älteren und Rentnern. Zudem scheint die Bevölkerung weitaus seltener zu verreisen. Der Anteil der Einwohner ohne Reisepass ist fast doppelt so hoch.

Aus diesen Beobachtungen können nur mit großer Vorsicht Schlussfolgerungen für die **Beweggründe** gezogen werden. Insgesamt deuten die Ergebnisse jedoch darauf hin, dass jene Bevölkerungsgruppen verstärkt für den Brexit gestimmt haben, die in wirtschaftlich schwächeren und in den zurückliegenden Jahren weiter zurückgefallenen Regionen leben. Außerdem befinden sie sich durch ein niedriges Qualifikationsniveau und die Zunahme von ausländischen Arbeitskräften zumindest gefühlt in einer verstärkten Konkurrenzsituation. Mit dem Austritt des Vereinigten Königreichs aus der EU dürfte für manche Wähler die Hoffnung verbunden gewesen sein, dass die alten, vermeintlich besseren Zeiten wiederkommen, deren Rückkehr aus ihrer Sicht die EU im Wege steht.

Gleichzeitig darf nicht übersehen werden, dass Schuldzuweisungen und Fehlinterpretationen der wirtschaftlichen Entwicklung nur einen Teil des Abstimmungsausgangs erklären können. So gaben 49 % der Wähler, die angeben, für einen Brexit gestimmt zu haben, in der Nachwahlbefragung von Lord Ashcroft Polls (2016) an, dass die **Zurückgewinnung der Souveränität** ihr entscheidendes Wahlmotiv war. Die **Einschränkung der Migration** als Motiv nannten 33 % der Befragten. Zusätzlich zeigen Hobolt und Wratil (2016) dass ein generelles Misstrauen gegenüber Premierminister Cameron und der Regierung ein wichtiges Wahlmotiv gewesen ist. Eine bessere Aufklärung über die Vorteile der EU allein hätte diesen Beweggründen nicht begegnen können.

II. ÖKONOMISCHE FOLGEN EINES BREXIT

292. Die Europäische Union ist der **größte Binnenmarkt der Welt**. Ihr zentrales Charakteristikum sind die vier Grundfreiheiten. Diese ermöglichen den freien und unbeschränkten Austausch von Waren, Dienstleistungen sowie Kapital und erlauben den Einwohnern dank der Personenfreizügigkeit die freie Wahl ihres Wohn- und Arbeitsorts. Dies hat in den zurückliegenden Jahrzehnten zu einer ausgeprägten wirtschaftlichen Verflechtung der Mitgliedstaaten und so zu Wachstum und Wohlstand geführt (Baldwin, 1989, 1992; Landau, 1995; Henrekson et al., 1997; Feld, 2006).

1. Verflechtung des Vereinigten Königreichs mit der EU und Deutschland

293. Zwischen dem Vereinigten Königreich und den übrigen Staaten der EU bestehen **enge Handelsverflechtungen**. Zwar hat die Bedeutung der EU im Vergleich zu den außereuropäischen Partnern über die zurückliegenden Jahre im Trend abgenommen. Noch immer kommen aber über 50 % der britischen Importe aus den übrigen EU-Staaten und nahezu 44 % der britischen Exporte gehen in den Rest der EU. ↘ ABBILDUNG 36 OBEN LINKS Die spiegelbildlichen Anteile sind aufgrund des Größenunterschieds erheblich kleiner. Immerhin gehen aber rund 7 % der Exporte der übrigen EU-Staaten in das Vereinigte Königreich, und 6 % der Importe kommen aus dem Vereinigten Königreich.

294. Das Vereinigte Königreich ist der **fünftwichtigste Handelspartner Deutschlands**. Das Handelsvolumen betrug im Jahr 2015 rund 130 Mrd Euro (rund 4 % des deutschen BIP), und der Handelsüberschuss lag bei über 50 Mrd Euro. Rund ein Fünftel des gesamten deutschen Handelsüberschusses von fast

Kapitel 4 – Brexit-Votum: Schaden abwenden, Europa durch Subsidiarität stärken

ABBILDUNG 36
Verflechtungen des Vereinigten Königreichs mit der EU und Deutschland

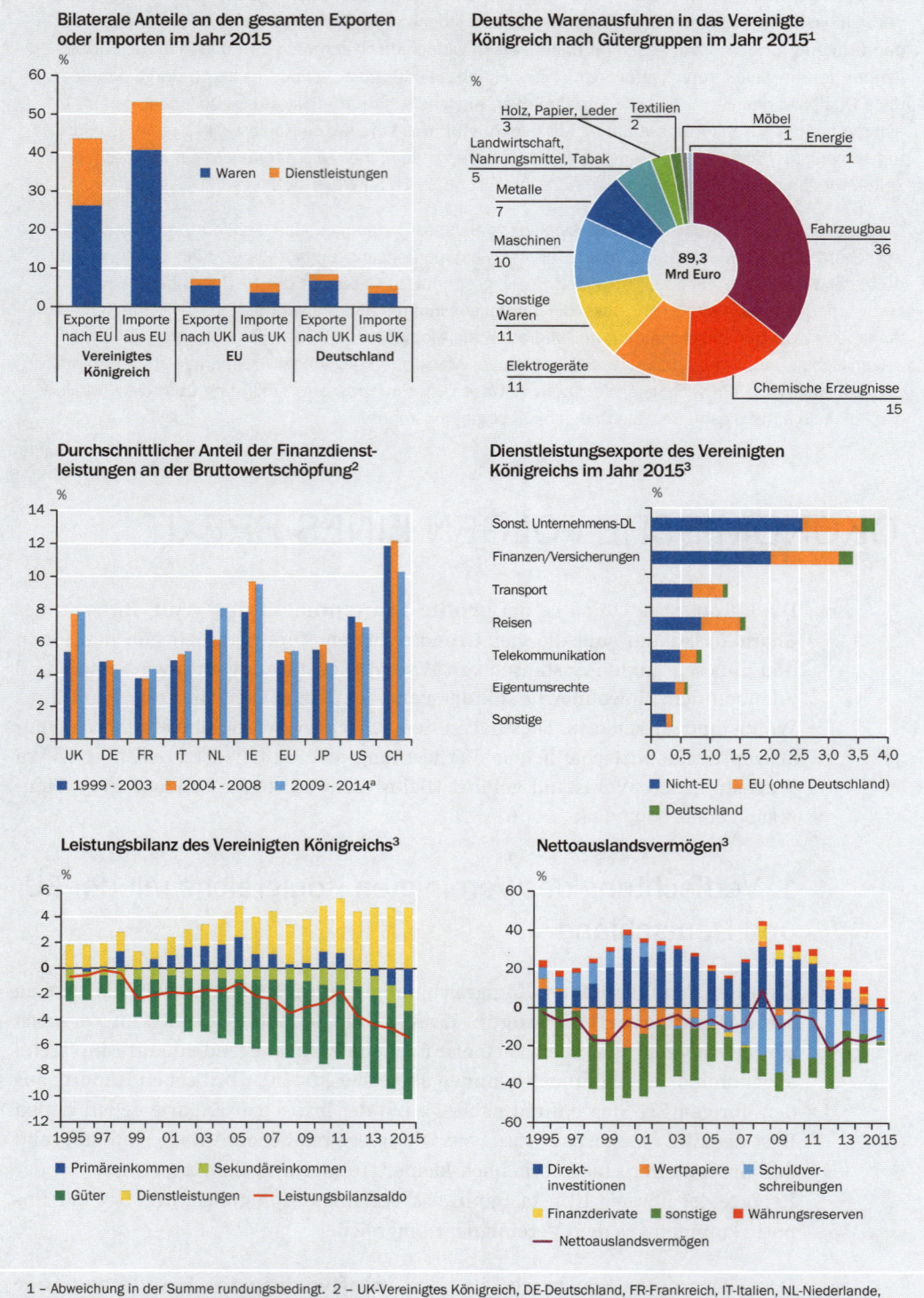

Bilaterale Anteile an den gesamten Exporten oder Importen im Jahr 2015 (%)
– Vereinigtes Königreich: Exporte nach EU, Importe aus EU
– EU: Exporte nach UK, Importe aus UK
– Deutschland: Exporte nach UK, Importe aus UK
(Legende: Waren, Dienstleistungen)

Deutsche Warenausfuhren in das Vereinigte Königreich nach Gütergruppen im Jahr 2015[1] (%), 89,3 Mrd Euro
- Fahrzeugbau 36
- Chemische Erzeugnisse 15
- Elektrogeräte 11
- Sonstige Waren 11
- Maschinen 10
- Metalle 7
- Landwirtschaft, Nahrungsmittel, Tabak 5
- Holz, Papier, Leder 3
- Textilien 2
- Möbel 1
- Energie 1

Durchschnittlicher Anteil der Finanzdienstleistungen an der Bruttowertschöpfung[2] (%)
Länder: UK, DE, FR, IT, NL, IE, EU, JP, US, CH
Zeiträume: 1999–2003, 2004–2008, 2009–2014[a]

Dienstleistungsexporte des Vereinigten Königreichs im Jahr 2015[3] (%)
- Sonst. Unternehmens-DL
- Finanzen/Versicherungen
- Transport
- Reisen
- Telekommunikation
- Eigentumsrechte
- Sonstige
(Legende: Nicht-EU, EU (ohne Deutschland), Deutschland)

Leistungsbilanz des Vereinigten Königreichs[3] (%), 1995–2015
(Primäreinkommen, Sekundäreinkommen, Güter, Dienstleistungen, Leistungsbilanzsaldo)

Nettoauslandsvermögen[3] (%), 1995–2015
(Direktinvestitionen, Wertpapiere, Schuldverschreibungen, Finanzderivate, sonstige, Währungsreserven, Nettoauslandsvermögen)

1 – Abweichung in der Summe rundungsbedingt. 2 – UK-Vereinigtes Königreich, DE-Deutschland, FR-Frankreich, IT-Italien, NL-Niederlande, IE-Irland, JP-Japan, US-Vereinigte Staaten, CH-Schweiz. 3 – In Relation zum nominalen BIP. a – Für Frankreich, Schweiz und Vereinigtes Königreich bis 2015.

Quellen: Eurostat, OECD, ONS, Statistisches Bundesamt, eigene Berechnungen

© Sachverständigenrat | 16-304

250 Mrd Euro resultiert somit aus dem Handel von Gütern und Dienstleistungen mit dem Vereinigten Königreich. Von großer Bedeutung sind dabei die deutschen Warenausfuhren, insbesondere von Fahrzeugen, Chemieerzeugnissen und Maschinen. ↘ ABBILDUNG 36 OBEN RECHTS

295. Während der Schwerpunkt der deutschen Exportwirtschaft traditionell bei Produkten des Verarbeitenden Gewerbes liegt, hat sich das Vereinigte Königreich im Zuge der internationalen Arbeitsteilung auf Dienstleistungsexporte spezialisiert. ↘ ABBILDUNG 36 MITTE RECHTS So ist der Anteil des **Finanzsektors** an der gesamten Bruttowertschöpfung in den zurückliegenden Jahren auf etwa 8 % gestiegen, ein Wert knapp 40 % oberhalb des EU-Durchschnitts. ↘ ABBILDUNG 36 MITTE LINKS Dieser Prozess wurde von einem beachtlichen Konzentrationsprozess bei einzelnen Finanzdienstleistungen begleitet. So wurde im Vereinigten Königreich im Jahr 2013 beispielsweise rund ein Drittel der gesamten europäischen Wholesale-Finanzdienstleistungen erbracht (PwC, 2014).

296. Die starken britischen Dienstleistungsexporte gehen einher mit einem hohen **Überschuss der Dienstleistungsbilanz** von zuletzt etwa 5 % des BIP. Dieser reicht jedoch nicht aus, um das **Defizit der Güterbilanz** auszugleichen, sodass die zusammengefasste Bilanz des Güter- und Dienstleistungsverkehrs seit nunmehr zwei Dekaden permanent defizitär ist. Auffällig ist die Entwicklung des Saldos der Primäreinkommensbilanz. Seit dem Jahr 2011 erklärt allein dessen Rückgang die Verschlechterung des Leistungsbilanzsaldos um mehr als 3 % des BIP. Ökonomisch reflektiert dies den relativen Anstieg der an Ausländer zu zahlenden Einkommen aus deren Investitionstätigkeit im Vereinigten Königreich.

Die **Leistungsbilanz** spiegelt diese Entwicklung wider: das Vereinigte Königreich ist seit den 1990er-Jahren Nettokapitalimporteur. Im Trend der zurückliegenden Jahre ist das Defizit der Leistungsbilanz deutlich gestiegen, auf zuletzt über 5 % des BIP. ↘ ABBILDUNG 36 UNTEN LINKS

297. Die Finanzierung des britischen Leistungsbilanzdefizits erfordert jedes Jahr einen Zustrom ausländischen Kapitals in gleicher Höhe. Hierdurch verschlechtert sich der Auslandsvermögensstatus des Vereinigten Königreichs. ↘ ABBILDUNG 36 UNTEN RECHTS Von den einzelnen Posten kommen den **Portfolioinvestitionen in Schuldverschreibungen** eine besonders große Rolle zu. Das Vereinigte Königreich ist seit dem Jahr 2003 Nettoschuldner in dieser Kategorie. Bei den **Direktinvestitionen** steht dieser Schritt kurz bevor. Der Bestand britischer Direktinvestitionen im Ausland wurde seit dem Jahr 2005 nur um 40 % ausgeweitet, während sich zeitgleich der Bestand ausländischer Direktinvestitionen im Vereinigten Königreich mehr als verdoppelte. Inzwischen liegt er bei über 1,3 Billionen Britischen Pfund im Jahr 2015 (75 % des BIP).

298. Rund die Hälfte dieser Direktinvestitionen kommt aus den übrigen EU-Staaten. Zudem erhält das Vereinigte Königreich aber unter allen Mitgliedstaaten der EU die höchsten **Zuflüsse an Direktinvestitionen aus dem außereuropäischen Ausland**. Insgesamt etwa ein Drittel der in die EU einfließenden Direktinvestitionen geht in das Vereinigte Königreich. Ein wichtiger Grund hierfür dürfte sein, dass das Vereinigte Königreich als Tor zum europäischen Binnenmarkt fungiert. Im Wettbewerb mit den übrigen Mitgliedstaaten könnte das

Vereinigte Königreich aufgrund der vergleichsweise geringen Regulierung der britischen Güter- und Faktormärkte besonders attraktiv sein.

2. Kurzfristige wirtschaftliche Auswirkungen

299. Das Vereinigte Königreich bleibt bis zur Umsetzung des Brexit ein Mitglied des europäischen Binnenmarkts. Die kurzfristigen ökonomischen Effekte des Brexit-Votums hängen daher vor allem davon ab, inwieweit die politischen Prozesse zu einem Anstieg der Unsicherheit und zu einer Eintrübung der Stimmung von Unternehmen und Haushalten führen. Nach Bekanntgabe des Abstimmungsergebnisses stiegen **Unsicherheitsindikatoren** zunächst sprunghaft an und strahlten vom Vereinigten Königreich auf andere Volkswirtschaften aus. ↘ ABBILDUNG 37 OBEN LINKS UND UNTEN RECHTS Parallel sackten die **Stimmungsindikatoren** für das Vereinigte Königreich zeitweise ab. ↘ ABBILDUNG 37 UNTEN LINKS Es ist daher zu erwarten, dass Unternehmen sich im zweiten Halbjahr 2016 zögerlicher bei Investitionen und Neueinstellungen zeigen. Zudem dürften ausländische Investoren ihre Direktinvestitionen reduzieren und Konsumenten geplante Anschaffungen verschieben.

300. Im Bereich der Geld- und Fiskalpolitik wurden Maßnahmen ergriffen, um einem möglichen Konjunktureinbruch entgegenzuwirken. So hat die neue Regierung bereits eine **Abkehr vom bisherigen Konsolidierungskurs** angedeutet und konkrete Pläne hierzu für das „Autumn Statement" des britischen Schatzkanzlers Hammond am 23. November 2016 angekündigt (Hammond, 2016). Zudem hat die **Bank of England** (BoE) im August **neue Lockerungsmaßnahmen** zur Stützung der Wirtschaft beschlossen (Bank of England, 2016). Unter anderem zählen dazu eine Leitzinssenkung auf 0,25 % und ein neues Ankaufprogramm für Staatsanleihen im Umfang von 60 Mrd Britischen Pfund über sechs Monate. Ferner wurden ein Ankaufprogramm für Unternehmensanleihen mit einem Volumen von 10 Mrd Britischen Pfund über 18 Monate beschlossen und die antizyklischen Kapitalpuffer von 0,5 % auf 0 % gesenkt.

301. Ein Wirkungskanal dieser Geldpolitik läuft über den **Wechselkurs**. Unmittelbar nach Bekanntwerden des Abstimmungsergebnisses war es auf den Devisenmärkten bereits zu einem Rückzug aus Anlagen in Britischen Pfund und einer **Abwertung** gegenüber den anderen wichtigen Währungen gekommen. ↘ ABBILDUNG 37 OBEN RECHTS Die anschließende Lockerung der Geldpolitik ging mit einer weiteren Abwertung einher. Hierdurch verbessern sich die preisliche Wettbewerbsfähigkeit und die Absatzaussichten für die britische Exportindustrie. Gleichzeitig führt der relative Anstieg der ausländischen Preise zu einer Substitution von Importgütern durch inländisch hergestellte Produkte. All dies wirkt dem Einbruch der Wirtschaftsleistung entgegen. Jedoch bringt die Abwertung einen Anstieg der Verbraucherpreise mit sich, der sich negativ auf die real verfügbaren Einkommen auswirkt. Zumindest ein Teil des ansonsten expansiven Effekts wird hierdurch wieder rückgängig gemacht.

302. Im langjährigen Vergleich ist die Verschlechterung der Indikatoren mehrheitlich nicht dramatisch. Bei vielen Indikatoren war bereits im Juli und August 2016 eine positive Gegenbewegung zu beobachten. Vor diesem Hintergrund erscheint

ein **drastischer Wirtschaftseinbruch** in der zweiten Jahreshälfte **unwahrscheinlich**. Kurzfristig sind eher moderate Effekte zu erwarten. Der Sachverständigenrat hat seine BIP-Prognose für das Vereinigte Königreich in den Jahren 2016 und 2017 um 0,1 beziehungsweise 0,4 Prozentpunkte auf 1,9 % beziehungsweise 1,4 % nach unten korrigiert. ↘ ZIFFER 156

303. Die Preis- und Nachfrageänderungen übertragen sich über den **internationalen Handel** vom Vereinigten Königreich auf die anderen EU-Mitgliedstaaten. Kurzfristig wirken die Abwertung des Britischen Pfund und der Nachfragerückgang negativ auf die Partnerländer. Dabei variiert das länderspezifische Ausmaß in Abhängigkeit der Handelsintensität. Angesichts der moderaten erwarteten Auswirkungen im Vereinigten Königreich ist für den **Rest der EU**, insbesondere den **Euro-Raum, nicht mit gravierenden konjunkturellen Effekten** zu rechnen. Dies deckt sich unter anderem mit den Einschätzungen der EZB, die in ihrer jüngsten Prognose für den Euro-Raum zwar von dämpfenden Effekten auf das Exportwachstum ausgeht, die Erholungsaussichten insgesamt aber weitgehend unberührt vom Abstimmungsergebnis sieht (EZB, 2016).

↘ ABBILDUNG 37
Ausgewählte Indikatoren zur konjunkturellen Entwicklung im Vereinigten Königreich

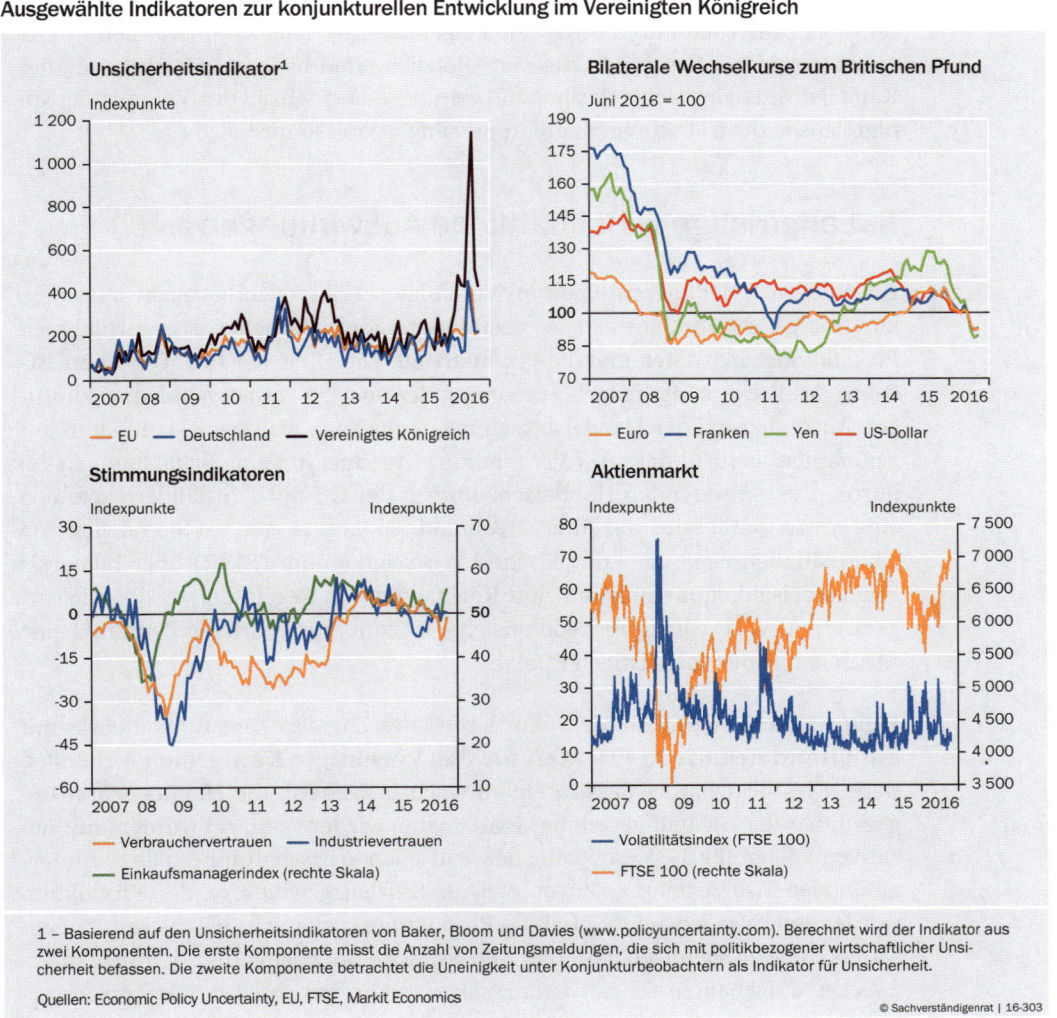

1 – Basierend auf den Unsicherheitsindikatoren von Baker, Bloom und Davies (www.policyuncertainty.com). Berechnet wird der Indikator aus zwei Komponenten. Die erste Komponente misst die Anzahl von Zeitungsmeldungen, die sich mit politikbezogener wirtschaftlicher Unsicherheit befassen. Die zweite Komponente betrachtet die Uneinigkeit unter Konjunkturbeobachtern als Indikator für Unsicherheit.

Quellen: Economic Policy Uncertainty, EU, FTSE, Markit Economics

© Sachverständigenrat | 16-303

304. Für **Deutschland** ist aufgrund der vergleichsweise engen Handelsbeziehungen zwar ein stärkerer Effekt über den Handelskanal zu erwarten als für den Durchschnitt der EU-Länder. Der unmittelbare Exporteffekt wird jedoch durch mehrere gegenläufige Effekte abgefedert. Zum einen muss ein entsprechender Rückgang der exportbedingten Importe berücksichtigt werden. Die gesamten deutschen Ausfuhren ins Vereinigte Königreich haben nur einen Anteil von etwa 2 % an der gesamten inländischen Wertschöpfung (Deutsche Bundesbank, 2016). Zum anderen dürfte die Unsicherheit über die zukünftige Zugehörigkeit des Vereinigten Königreichs zum Binnenmarkt die relative Standortattraktivität Deutschlands steigern, mit positiven Partialeffekten auf die Inlandsinvestitionen und die Beschäftigung. Insgesamt lassen aktuelle Umfrageindikatoren für Deutschland keine starken kurzfristigen Effekte erwarten. ↘ ZIFFER 221

305. Bei der Prognose der kurzfristigen Effekte ist zu beachten, dass **große Abwärtsrisiken** bestehen. Die Marktteilnehmer sind nervös und die politische Unsicherheit ist nach wie vor erhöht. ↘ ABBILDUNG 37 OBEN LINKS Erst jüngst, als Premierministerin May verkündete, Artikel 50 EUV im Frühjahr 2017 aktivieren zu wollen, kamen schlagartig Sorgen vor einem folgenschweren, harten Brexit auf. Kräftige Kapitalabflüsse innerhalb weniger Tage und eine weitere Abwertung des Britischen Pfund waren die Folge. Die Lage hat sich inzwischen wieder etwas beruhigt. Allerdings hätte eine plötzliche und bleibende Umkehrung der Kapitalströme angesichts des hohen Leistungsbilanzdefizits des Vereinigten Königreichs in der Tat schmerzhafte Anpassungsprozesse zur Folge.

3. Langfristige wirtschaftliche Auswirkungen

306. Ein Rückgang der Investitionen im Vereinigten Königreich hat nicht nur einen kurzfristigen Nachfrageeffekt, er beeinflusst zudem die langfristig verfügbaren Produktionskapazitäten und die Produktivität. Die Höhe der **langfristigen Effekte** des Brexit hängt jedoch primär von der noch zu verhandelnden, zukünftigen Ausgestaltung der Handelsbeziehungen ab. Nach heutigem Stand kann angenommen werden, dass das Verhandlungsergebnis in keine Schablone passen dürfte. Die existierenden Handelsabkommen der EU mit Drittländern spannen eine ganze Bandbreite von Alternativen auf. ↘ KASTEN 10 SEITE 150 Sie reichen von einer Mitgliedschaft im Europäischen Wirtschaftsraum (EWR) über bilaterale Freihandelsabkommen bis hin zum Rückfall auf die Regeln der Welthandelsorganisation (WTO). Entsprechend unsicher ist zum gegenwärtigen Zeitpunkt eine Abschätzung der langfristigen Effekte.

307. Weitgehend unstrittig ist, dass ein Verlust des Zugangs zum Binnenmarkt mit **anhaltend negativen Effekten für das Vereinigte Königreich** verbunden wäre. Dies liegt daran, dass in einem solchen Szenario die Handelsschranken gegenüber der EU und gegenüber Drittstaaten wieder verstärkt würden, mit negativen Folgen für die Vernetzung der britischen Wirtschaft innerhalb der internationalen Arbeitsteilung. Zuvor erzielte Effizienzgewinne in der Produktion würden teilweise eingebüßt, und die Produktionskosten würden steigen. Zudem wären langwierige angebotsseitige Anpassungen notwendig, um den zu Exportzwecken aufgebauten Dienstleistungssektor zugunsten anderer Sektoren zu ver-

kleinern. Insbesondere für den großen Finanzdienstleistungssektor ist der Zugang des Vereinigten Königreichs zum EU-Markt wichtig. ↘ KASTEN 9

↘ KASTEN 9

Die Bedeutung der Passporting-Rechte für das Vereinigte Königreich

Das Vereinigte Königreich beheimatet mit London einen der wichtigsten Finanzplätze der Welt. Der Standort zeichnet sich durch eine hohe Attraktivität aufgrund der englischen Landessprache, des hohen Angebots an Fachkräften sowie der flexiblen Arbeitsmarktbedingungen aus (McMahon, 2016). Nicht zuletzt leistet aber die EU-Mitgliedschaft einen wichtigen Beitrag zur **Attraktivität des Standorts**. Einerseits können aufgrund der Freizügigkeit innerhalb der EU Fachkräfte leichter rekrutiert werden. Andererseits verleiht die EU-Mitgliedschaft Passporting-Rechte.

Das Passporting gewährt britischen Banken und im Vereinigten Königreich ansässigen Tochtergesellschaften außereuropäischer Banken das Recht, innerhalb der EU und dem EWR Zweigstellen zu eröffnen und grenzüberschreitende Bankaktivitäten durchzuführen (Jackson, 2016). Während **Zweigstellen** rechtlich unselbstständige Betriebsstätten eines Instituts sind und aus ihrem Heimatland heraus beaufsichtigt werden, sind **Tochtergesellschaften** rechtlich unabhängige Einheiten, die über eine eigene Banklizenz verfügen müssen und der jeweils national zuständigen Bankenaufsicht unterliegen (CEPS, 2014).

Rund 5 500 unter britischer Aufsicht zugelassene Firmen nutzen Passporting-Rechte, um Finanzdienstleistungen in den übrigen Mitgliedstaaten anzubieten. Demgegenüber nutzen rund 8 000 Firmen aus den übrigen EU-Staaten Passporting-Rechte, um Finanzdienstleistungen im Vereinigten Königreich anzubieten (Bailey, 2016). Etwa die Hälfte der **globalen Finanzunternehmen** unterhält derzeit ihren europäischen Hauptsitz in London, und etwa ein Viertel der Erträge aus europäischen Finanzdienstleistungen wird in London generiert (Hill, 2016). Der potenzielle Verlust der Passporting-Rechte ist insbesondere für die Finanzdienstleistungsexporte bedeutend. So flossen im Jahr 2015 rund 44 % der britischen Finanzdienstleistungsexporte in die EU, was etwa 1,4 % des britischen BIP entspricht.

Ohne Passporting-Rechte könnten Finanzdienstleistungen für das EU-Ausland über **Tochtergesellschaften in der EU** abgewickelt werden. Zum Teil unterhalten sowohl britische als auch nichteuropäische Banken Tochtergesellschaften in anderen Ländern der EU (Jackson, 2016; Schoenmaker, 2016). Der Regulierer des jeweiligen Landes legt dabei die Anforderungen an die Tochtergesellschaften fest. So wird verlangt, dass die Tochtergesellschaften einen substanziellen Teil der Bankgeschäfte, die sie in der EU anbieten, vor Ort durchführen. Es ist somit fraglich, ob die Regulierer anerkennen würden, dass Banken ihre Geschäfte weiterhin aus London heraus führen, sie jedoch lediglich über eine Tochtergesellschaft in anderen Ländern der EU verbuchen (McMahon, 2016).

Im Rahmen einer **Drittstaatenäquivalenzregelung** besteht die Möglichkeit, Zugang zum gemeinsamen Binnenmarkt zu erhalten. Dies ist möglich, sofern die Finanzmarktregulierung des Heimatlandes mit den Standards der EU vergleichbar ist (Woodford, 2015; Jackson, 2016). Äquivalenzentscheidungen werden jedoch einseitig von der Europäischen Kommission getroffen und können jederzeit widerrufen werden. Ein Vergleich der Drittstaatenregime zeigt, dass diese sehr komplex ausgestaltet sind und der Zugang zum gemeinsamen EU-Markt in Abhängigkeit des Geschäftsbereiches unterschiedlich stark eingeschränkt ist. Das bedeutet, dass im Vereinigten Königreich ansässige Finanzfirmen mit Drittstaatenregelungen in Zukunft einen eingeschränkten Zugang zum EU-Markt erhalten würden. Besonders betroffen wären dabei große integrierte Finanzinstitute (Lannoo, 2016).

Insgesamt lässt sich festhalten, dass ein Verlust der Passporting-Rechte **spürbare Folgen für den Finanzplatz London** haben könnte. Allerdings hängt das Ausmaß der erforderlichen Standortverlagerungen davon ab, inwieweit bestehende Tochtergesellschaften auf dem restlichen Gebiet der EU für ein Passporting anerkannt werden und inwieweit Drittstaatenregelungen vereinbart werden können.

308. Ohne einen Fortbestand der Personenfreizügigkeit wäre mit einem Rückgang der **Migration** zu rechnen. Entgegen den Äußerungen der Brexit-Kampagne war die Zuwanderung in den vergangenen Jahren eine wichtige Stütze des Wirtschaftswachstums im Vereinigten Königreich (OECD, 2016; IWF, 2016a).

309. Darüber hinaus wäre mit einem dauerhaften **Rückgang der Direktinvestitionen** zu rechnen. Mehrere Studien legen nahe, dass eine enge Verbindung zwischen den zufließenden Direktinvestitionen und dem Zugang zum Binnenmarkt besteht (Fournier et al., 2015; Bruno et al., 2016). In den vergangenen Jahren leisteten die Nettokapitalimporte positive Impulse für den Kapitalstock und die Produktivität des Vereinigten Königreichs, ein Rückgang dieser würde daher langfristig die Wachstumsperspektiven trüben. All diesen langfristig negativen Effekten stünde lediglich die Möglichkeit zusätzlicher Steuervergünstigungen sowie einer weitergehenden Deregulierung der Güter- und Faktormärkte gegenüber. In Anbetracht der im Vereinigten Königreich bereits erfolgten Deregulierung dürften die daraus erwachsenden Effizienzgewinne eher gering sein.

310. Die **Quantifizierung aller Teileffekte** ist mit hoher Unsicherheit behaftet. Gleichwohl liegen zahlreiche Studien vor, die mit verschiedenen Modellen versuchen, den langfristigen Effekt für das BIP des Vereinigten Königreichs abzuschätzen. Der Unsicherheit über die künftige Ausgestaltung der Handelsbeziehungen begegnen die Studien in der Regel durch unterschiedliche Szenarien. Dies und die Variation anderer Annahmen führen in der Mehrzahl der Studien zur Angabe einer Bandbreite von denkbaren Effekten. ↘ TABELLE 17

311. Die in den Studien gewählten Modelle zur Schätzung der langfristigen Auswirkungen lassen sich grob in zwei Gruppen einordnen. Die erste Gruppe bilden jene Studien, die auf **statische allgemeine Gleichgewichtsmodelle** zurückgreifen. Diese modellieren detailliert den Handel für eine Vielzahl von Ländern und Sektoren. Ein Ausscheiden des Vereinigten Königreichs aus der EU wäre aufgrund des Anstiegs von tarifären und nicht-tarifären Handelsbeschränkungen mit einer Erhöhung der Handelskosten verbunden. Die Autoren der Studien treffen für die verschiedenen Szenarien Abschätzungen über die Höhe dieses Kostenanstiegs und erhalten endogen aus dem Modell den Gesamteffekt der Handelsverschiebungen auf das BIP. Die unterschiedliche Höhe der Effekte hängt vor allem mit den gewählten Szenarien und den unterstellten Handelskostensteigerungen zusammen.

Dem aus dem Modell resultierenden Handelseffekt stellt ein Teil der Studien abschließend einen geschätzten Wert für die in der Zukunft eingesparten Nettobeitragszahlungen des Vereinigten Königreichs an die EU gegenüber, um so einen Nettoeffekt zu bestimmen. Ein Nachteil dieser Modelle besteht darin, dass sie den zeitlichen Übergang in das neue Gleichgewicht nicht abbilden.

312. Um den zeitlichen Übergang in das neue Gleichgewicht abbilden zu können, greifen Studien der zweiten Gruppe auf **dynamische makroökonomische Modelle** zurück. Auf Basis von empirischen Analysen, Ergebnissen der wissenschaftlichen Literatur oder sonstigen Abschätzungen werden bei diesen Studien zunächst separat die Auswirkungen des Brexit über verschiedene Kanäle be-

stimmt, wie etwa Handel, Direktinvestitionen, Migration, Unsicherheit und Regulierung. Die so bestimmten Effekte werden dann in makroökonomische Modelle übertragen. Beispiele sind große strukturelle makroökonometrische Modelle wie das kommerziell vertriebene NiGEM oder große DSGE-Modelle wie das vom IWF (2016b) verwendete Modell von Vitek (2015).

313. Die Bandbreite der geschätzten Effekte ist relativ groß. Die langfristigen Auswirkungen auf das BIP-Niveau variieren zwischen −9,5 % und 4 %. Dies liegt vor allem daran, dass die Studien unterschiedliche Kanäle berücksichtigen und abweichende Szenarien unterstellen, etwa bezüglich der Handelsbeziehungen mit der EU. Überwiegend kommen die Studien aber zu dem Ergebnis, dass die **langfristigen Effekte** des Brexit **für das Vereinigte Königreich deutlich negativ** wären. Die langfristigen Auswirkungen für Deutschland und die übrigen verbleibenden EU-Mitgliedstaaten dürften erheblich geringer sein, da sich der

↘ TABELLE 17
Schätzungen der langfristigen Auswirkungen des Brexit (Jahr 2030 und darüber hinaus)[1]

Studie	Handelsabkommen				einbezogene Kanäle					
	EWR[2]	FTA[3]	WTO[4]	Sonstiges	Handel	FDI	(De-)Regulierung	Beitragszahlungen	Migration	Sonstiges[5]
Statische Handelsmodelle[6]										
Bertelsmann Stiftung[7]	−0,6		−1,5 bis −2,8	−1,6 bis −3,0[a]	•					
CEP/LSE/Dhingra et al. (2016)	−1,3	−1,3	−2,6	−1,0 bis −2,3[b]	•				•	
Ottaviano et al. (2014)		−1,1	−3,1		•				•	
Dynamische Makromodelle										
HM Treasury (2016)	−3,4 bis −4,3	−4,6 bis −7,8	−5,4 bis −9,5		•	•			•	•
IWF (2016b)	−1,5		−4,5		•	•				
NIESR[8]	−1,5 bis −2,1	−1,9 bis −2,3	−2,7 bis −3,7	−7,8[c]	•	•			•	
OECD (2016)				−2,7 bis −7,7[d]	•	•	•	•	•	•
Open Europe[9]		−0,8 bis 0,6	−2,2	1,55[e]	•	•	•		•	
Oxford Economics (2016)[10]				−0,1 bis −3,9[f]	•	•	•	•	•	
PwC (2016)		−1,2	−3,5		•	•			•	
Sonstige Analysen										
Mansfield (2014)[11]	0,1		−2,6	1,1[g]	•	•	•	•		•
Minford (2016)[12]				4,0[h]	•					

1 – Prozentuale Abweichung des Niveaus des BIP vom Basisszenario. Bei Bertelsmann Stiftung (2015) und Dhingra et al. (2016): BIP je Einwohner. 2 – EWR: Mitgliedschaft im Europäischen Wirtschaftsraum. 3 – FTA: Freihandelsabkommen vergleichbar mit den Abkommen der EU mit der Schweiz. 4 – WTO: Rückfall auf die Regeln der Welthandelsorganisation. 5 – Unterschiedlich je nach Studie, beispielsweise zusätzliche Produktivitätseffekte, Unsicherheit oder Finanzmarktbedingungen. 6 – Jeweils Ergebnis der statischen Analyse. 7 – Aichele und Felbermayr (2015). 8 – Ebell und Warren (2016). 9 – Booth et al. (2015). 10 – Angaben gemäß Executive Summary. 11 – Szenarien anhand verschiedener Abschätzungen der Einzeleffekte. 12 – Statisches Makromodell mit vier Regionen mit jeweils vier Produktionssektoren. Es wird angenommen, dass nach Abschaffung der Handelsbarrieren für Konsumenten und Produzenten die Weltmarktpreise für Güter gelten. a – Wenn der bevorzugte Zugang zu EU-Handelspartnern ebenfalls verloren geht. b – Um 0,3 Prozentpunkte geringere Kosten bei einseitiger Abschaffung aller Zölle. c – Bei zusätzlichem negativen Produktivitätsschock. d – Optimistische und pessimistische Annahmen für die Stärke der Effekte. e – Starke zusätzliche Deregulierung. f – Best- und Worst-Case-Szenarien. g – Best-Case-Szenario mit „großzügigem" Austrittsabkommen, weiteren Handelsabkommen mit Drittstaaten und Deregulierung. h – Einseitige Abschaffung aller Handelsbeschränkungen durch das Vereinigte Königreich.

© Sachverständigenrat | 16-362

Nachfragerückgang des Vereinigten Königreichs auf viele Staaten verteilt und die verbleibenden Effekte durch gegenläufige Entwicklungen abgefedert werden.

> **KASTEN 10**
>
> **Beispiele für existierende Wirtschaftsabkommen der EU mit Drittstaaten**
>
> Der Brexit würde eine Neuverhandlung der Handelsbeziehungen zwischen der EU und dem Vereinigten Königreich bedeuten. Die bestehenden Beziehungen der EU zu Drittstaaten zeigen eine Bandbreite der Möglichkeiten auf. Von einer Mitgliedschaft im EWR über bilaterale Freihandelsabkommen und eine Zollunion bis zu den WTO-Handelsregeln sind verschiedene Varianten möglich, die sich hinsichtlich der gegenseitig verbrieften Rechte und Pflichten unterscheiden. ↘ TABELLE 18
>
> Eine **Mitgliedschaft im EWR** gewährleistet den größtmöglichen Zugang zum Europäischen Binnenmarkt und kommt den Handelsbeziehungen als EU-Mitgliedstaat am nächsten. **Island, Liechtenstein und Norwegen** befinden sich aktuell im EWR und sind damit Teil des europäischen Binnenmarkts. Hierzu müssen die vier Grundfreiheiten des unbeschränkten Waren-, Dienstleistungs-, Kapital- und Personenverkehrs innerhalb des Binnenmarkts anerkannt werden. Gesetzestexte oder -änderungen, die den europäischen Binnenmarkt betreffen, müssen in nationales Recht umgesetzt werden. Von verbindlichen Vorschriften ausgenommen sind dabei die Bereiche Fischerei- und Agrarpolitik sowie die Zollunion, Handelspolitik, Außen- und Sicherheitspolitik, Justiz und Inneres sowie die Wirtschafts- und Währungsunion. Das Recht auf einen Sitz oder die Stimmabgabe im Europäischen Parlament oder Europäischen (Minister-) Rat besteht nicht. Einfluss auf die Gesetzgebung besteht ausschließlich über die Teilnahme in Expertengruppen und Komitees sowie durch die Abgabe nicht bindender EWR-EFTA-Kommentare. Darüber hinaus werden Zahlungen an die EU entrichtet. Die Nettozahlungen von Norwegen und Island im Jahr 2015 machten 0,17 % beziehungsweise 0,12 % des BIP aus. Das Vereinigte Königreich zahlte im Vergleich dazu für die Mitgliedschaft in der EU einen Nettobeitrag von 0,42 % seines BIP, hatte aber Einfluss auf die Gesetzgebung in der EU.
>
> Einen eingeschränkteren Zugang zum Europäischen Binnenmarkt hat die **Schweiz** über umfangreiche **bilaterale Abkommen**. Da die Schweizer eine Mitgliedschaft im EWR in einem Volksentscheid im Jahr 1992 abgelehnt hatten, wurden im Jahr 1999 die „Bilateralen Abkommen I" zu den Dossiers Personenfreizügigkeit, technische Handelshemmnisse, öffentliches Beschaffungswesen, Landwirtschaft, Land- und Luftverkehr sowie Forschung unterzeichnet. Im Jahr 2004 folgten die „Bilateralen Abkommen II" zu den Dossiers Reisefreiheit im Schengen-Raum, Asyl und Migration (Dublin-Abkommen), Zinsbesteuerung, Betrugsbekämpfung, Landwirtschaftliche Verarbeitungsprodukte, Umwelt, Statistik, MEDIA (Zugang Schweizer Filmschaffender zu EU-Förderprogrammen), Ruhegehälter und Bildung. Die insgesamt über 120 sektorspezifischen bilateralen Abkommen, deren **Verhandlungen insgesamt über sieben Jahre** andauerten, beinhalten bezüglich der vier Freiheiten größtenteils die gleichen Bestimmungen wie der EWR-Vertrag. Im Vergleich zu diesem sind die bilateralen Abkommen jedoch statisch, weshalb über ein institutionelles Rahmenabkommen zur Lösung der Anpassungsprobleme verhandelt wird.
>
> Nachdem im Februar 2014 die Volksinitiative „Gegen Masseneinwanderung" in der Schweiz angenommen wurde, stagnieren diese Verhandlungen allerdings, da die Volksinitiative die Grundsätze des Binnenmarkts berührt, insbesondere den freien Personenverkehr. Darüber hinaus gilt für die „Bilateralen Abkommen I" die „Guillotine-Klausel", wonach bei ausbleibender Verlängerung oder Kündigung eines Abkommens des Gesamtpakets alle Abkommen der „Bilateralen Abkommen I" gekündigt werden. Der Schweizer Nationalrat hat zur Umsetzung der Masseneinwanderungsinitiative im September 2016 einen „**Inländervorrang light**" beschlossen. Demnach kann der Bundesrat bei einer hohen Zuwanderung festlegen, dass offene Stellen den Regionalen Arbeitsvermittlungen (RAV) vor der öffentlichen Ausschreibung gemeldet werden müssen und in dieser Zeit Inländer einen Vorrang bei der Arbeitsvermittlung haben. Einen Einstellungszwang für Inländer soll es allerdings nicht geben.

Zurzeit debattieren die beiden Kammern des Eidgenössischen Parlaments, Nationalrat und Ständerat, ob dieser Vorschlag die **Masseneinwanderungsinitiative** adäquat umsetzt. Die Rechtsdienste der Kommission und des Ministerrats warnen vor einer Diskriminierung nach Herkunft, Wohnsitz oder Nationalität, sehen aber Möglichkeiten der EU-rechtskonformen Ausgestaltung dieses Vorschlags, sodass kein Verstoß gegen das Freizügigkeitsabkommen bestünde. Die Schweizer Bundesverwaltung und die Schweizerische Post nutzen eine solche Regelung bereits seit dem Abschluss der bilateralen Abkommen, ohne dass die EU dies beanstandet hätte. Daher scheint eine Lösung greifbar.

Das Schweizer Modell der Handelsbeziehungen zur EU beinhaltet zudem Zahlungsverpflichtungen, die in Relation zum BIP jedoch geringer als diejenigen Norwegens sind. Entscheidungs- und Gesetzesbefugnisse werden nicht an eine supranationale Ebene abgegeben, Gesetzestexte oder -änderungen, welche die bilateralen Abkommen betreffen, müssen jedoch umgesetzt werden. Ferner kommt es im Rahmen des **autonomen Nachvollzugs** zu einer weiteren Rechtsharmonisierung. Dies geschieht jedoch nicht aufgrund der Bindung durch die bilateralen Abkommen, sondern basiert auf einer freiwilligen und autonomen Rechtsangleichung. Die Kommission möchte die Verhandlungen um den Inländervorrang light nutzen, um im institutionellen Rahmenabkommen eine dynamischere Anpassung an die Regeln des Binnenmarkts zu erreichen.

↘ TABELLE 18
Kernelemente ausgewählter Wirtschaftsbeziehungen[1]

		EU	EWR[2]	Schweiz	Kanada[3]	Türkei[4]	WTO[5]
Freiheiten	Waren	✓	✓	✓	(✓)	(✓)	(✓)
	Dienstleistungen	✓	✓	✓	(✓)		(✓)
	Kapital	✓	✓	✓			
	Personen	✓	✓	✓			
Pflichten	Zahlungen	✓	✓	✓			
	Rechtsangleichung	✓	(✓)	(✓)			
Rechte	politische Partizipation	✓	(✓)				

1 – In Klammern stehende Haken zeigen eine eingeschränkte Gültigkeit an. 2 – Europäischer Wirtschaftsraum: Island, Liechtenstein, Norwegen. 3 – Comprehensive Economic and Trade Agreement (CETA). 4 – Zollunion. 5 – Regeln für die Mitgliedstaaten der World Trade Organization.

© Sachverständigenrat | 16-431

Die Handelsbeziehungen zu **Kanada** sollen im Rahmen des **Freihandelsabkommens CETA** (Comprehensive Economic and Trade Agreement) vertieft werden. Dieses sieht eine gegenseitige Öffnung der Märkte für Waren, Dienstleistungen und Investitionen vor. Zölle zwischen Kanada und der EU sollen in großem Umfang abgebaut und die gegenseitige Teilnahme an der Vergabe öffentlicher Aufträge ermöglicht werden. In Bezug auf Investitionen soll die Beilegung von Investitionsstreitigkeiten vereinfacht und beschleunigt werden. Die Verhandlungen zum Freihandelsabkommen wurden im Jahr 2009 aufgenommen und im Jahr 2014 abgeschlossen. Die Unterzeichnung durch den Rat der EU sowie die Zustimmung des Europäischen Parlaments stehen noch aus. Zudem hat die EU den nationalen Parlamenten ein Mitbestimmungsrecht eingeräumt. Nachdem das Bundesverfassungsgericht den Antrag auf eine einstweilige Anordnung ablehnte, steht dem Abschluss von CETA nichts mehr im Wege.

Weitere Freihandelsabkommen der EU bestehen unter anderem mit **Mexiko, Chile** und der **Republik Korea**. Mit Mexiko wurde im Jahr 1997 das Abkommen über wirtschaftliche Partnerschaft, politische Koordinierung und Zusammenarbeit („Globales Abkommen") geschlossen. Im Rahmen dessen kam es im Jahr 2000 zu einem Freihandelsabkommen für Waren und im Jahr 2001 für Dienstleistungen. Seit Mai 2016 verhandeln die EU und Mexiko die Modernisierung und Ausweitung des Abkommens. Mit Chile wurde im Jahr 2002 ein Assoziierungsabkommen getroffen, das die Bereiche politischer Dialog, Zusammenarbeit zur Förderung einer nachhaltigen wirtschaftlichen, sozialen und ökologischen Entwicklung sowie eine Freihandelszone umfasst. Die Freihandelszone wurde für Waren, Dienstleistungen und das öffentliche Beschaffungswesen errichtet. Mit der Republik Korea wurde im Jahr 2010 eine strategische Partnerschaft begründet, die seit dem Juli 2011 ein Freihandelsabkommen umfasst. Es beinhaltet den Abbau von Zöllen für landwirtschaftliche und industrielle Güter, den Abbau nicht-tarifärer Handelshemmnisse sowie den erleichterten Marktzugang für Dienstleistungen und Investitionen.

Abschließend sind die Stabilisierungs- und Assoziierungsabkommen mit den westlichen Balkanstaaten zu nennen, das Europa-Mittelmeer-Assoziierungsabkommen, das Assoziierungsabkommen mit Zentralamerika, das Handelsübereinkommen mit der südamerikanischen Andengemeinschaft, welche die politische Zusammenarbeit und Freihandelsabkommen bilateral behandeln.

Die Handelsbeziehungen zwischen der EU und der **Türkei** sind seit dem Jahr 1996 durch eine **Zollunion** gekennzeichnet. Für gewerbliche Waren gilt freier Warenverkehr, der EU-Außenzolltarif ist zu übernehmen, und es kommt zur Harmonisierung handelspolitischer Maßnahmen. Im Fall des Vereinigten Königreichs könnte eine – auf weitere Sektoren ausgedehnte – Zollunion verhindern, dass es im bilateralen Handel mit der EU wieder Zölle gibt und zudem wohl, dass das Vereinigte Königreich die vielen EU-Handelsabkommen individuell neu verhandeln muss. Allerdings wären die Briten an die EU-Außenhandelspolitik gebunden, ohne mitentscheiden zu können. Insbesondere ist der für das Vereinigte Königreich so bedeutende Dienstleistungshandel nicht Teil der Zollunion mit der Türkei.

Den **eingeschränktesten Zugang zum Europäischen Binnenmarkt** ermöglicht die Mitgliedschaft des Vereinigten Königreichs sowie der EU in der im Jahr 1995 gegründeten Welthandelsorganisation **WTO**. Das von den Mitgliedern ausgehandelte Regelwerk dient dem Abbau von Handelshemmnissen zum Zwecke der Förderung des internationalen Handels. Hauptsächlich behandeln die WTO-Regeln den Abbau von Zöllen und die Gleichbehandlung von Handelspartnern in Bezug auf den Handel mit Waren und Dienstleistungen sowie die Rechte an geistigem Eigentum. Für Handelsbeziehungen auf Grundlage der WTO-Regeln entstehen keine Zahlungsverpflichtungen, und es werden keine Entscheidungs- und Gesetzgebungsbefugnisse an eine supranationale Ebene abgegeben. Im Vergleich zu den anderen vorgestellten Modellen werden auf Grundlage der WTO-Regeln nicht-tarifäre Handelshemmnisse jedoch in einem geringeren Maße abgebaut. Nicht-tarifäre Handelshemmnisse entstehen zum Beispiel durch die Regulierung von Lizenzen, Produktstandards oder technischen Vorschriften und haben für den internationalen Handel eine große Bedeutung.

Aktuell ist das Vereinigte Königreich als Mitglied der EU ein Mitglied der WTO. Der Austritt aus der EU bei einer fortbestehenden Mitgliedschaft in der WTO würde einen Präzedenzfall darstellen, sodass der nötige Zeithorizont zur Aufnahme von Handelsbeziehungen zwischen dem Vereinigten Königreich und der EU auf Grundlage der WTO-Regeln unsicher ist.

III. INSTITUTIONELLE FOLGEN EINES BREXIT

314. Der Brexit hätte schwerwiegende institutionelle Konsequenzen. Der **Austritt eines der drei größten Mitgliedstaaten** würde die Machtbalance in der EU verschieben. Schon heute bringt sich das Vereinigte Königreich nicht mehr in alle Entscheidungsprozesse der EU ein. Allerdings erlaubt ein Austritt des Vereinigten Königreichs möglicherweise Fortschritte in Politikbereichen, in denen das Vereinigte Königreich bisher eine blockierende Haltung einnahm. Schließlich hätte ein Brexit direkte Auswirkungen auf den EU-Haushalt.

1. Verschiebung der Machtbalance in EU-Gremien

315. Der Austritt eines großen Mitgliedstaats wäre für Abstimmungen auf EU-Ebene bedeutsam. Ungefähr 80 % aller Rechtsvorschriften der EU werden mit dem ordentlichen Gesetzgebungsverfahren (Artikel 294 AEUV) erlassen. Seit dem 1. November 2014 ist im Rat der EU eine **qualifizierte Mehrheit** für die Annahme eines Vorschlags der Kommission oder des Hohen Vertreters erforderlich. Eine qualifizierte Mehrheit kommt dann zustande, wenn mindestens 55 % der Mitgliedstaaten, die mindestens 65 % der Bevölkerung repräsentieren, für einen Vorschlag stimmen. Nur in wenigen politisch sensitiven Bereichen, beispielsweise bei der Sicherheits- und Verteidigungspolitik, dem EU-Finanzrahmen oder bei der Harmonisierung von Gesetzen zu Steuern oder sozialer Sicherheit, ist **Einstimmigkeit** im Rat erforderlich.

316. Reiht man die EU-Mitgliedstaaten nach dem Economic Freedom Index der Heritage Foundation, der die wirtschaftliche Freiheit und damit indirekt das Ausmaß einer liberalen Einstellung eines Landes misst, hatte Deutschland vor dem Brexit eine Schlüsselrolle inne: Die sechs liberalsten Länder plus Deutschland hatten eine **Sperrminorität**. ↘ ABBILDUNG 38 Wenn alle Länder gemäß ihrer Position im Ranking abstimmen würden, fiele Deutschland die entscheidende Stimme für Annahme oder Ablehnung eines Vorschlags zu. Nach einem Brexit würde diese Schlüsselrolle auf andere Länder, zum Beispiel Polen, übergehen.

317. Schätzungen der Präferenzen eines Mitgliedstaats anhand seines historischen Abstimmungsverhaltens im Rat der EU (Badinger et al., 2014) zeigen, ähnlich wie der Economic Freedom Index, dass mit dem Vereinigten Königreich ein Mitgliedstaat mit einer der liberalsten Positionen die EU verließe. Bisher konnte **Deutschland** sich oft in der Mitte zwischen der Fraktion um Frankreich und derjenigen um das Vereinigte Königreich positionieren und als **Vermittler** auftreten. In einer Konstellation ohne das Vereinigte Königreich würde es notwendig, dass Deutschland eine **klarere marktfreundliche Position** bezieht.

318. Die Abstimmungsmacht eines Landes ohne festgelegte Abstimmungspositionen lässt sich durch **Macht-Indizes** berechnen. Einer der am häufigsten verwendeten Macht-Indizes ist der Index nach Banzhaf (1965). Dieser misst die Macht eines Landes als Anteil an möglichen Abstimmungskombinationen aller Länder, in denen ein betrachtetes Land entscheidend für den Ausgang der Abstimmung ist. Die Berechnung der Indizes für den Rat der EU zeigt, dass die großen Mitgliedstaaten, Deutschland, Frankreich, Italien, Spanien und Polen, am stärksten von einem Brexit begünstigt würden. ↘ ABBILDUNG 39

Durch das Erfordernis der qualifizierten Mehrheit, das heißt die Notwendigkeit der Zustimmung von 55 % der Mitgliedstaaten, die 65 % der Bevölkerung repräsentieren, haben kleine Länder deutlich mehr Abstimmungsmacht, als ihrem Bevölkerungsanteil entspricht. Durch einen Brexit würde die Zahl der für eine Mehrheit notwendigen Mitgliedstaaten jedoch von bisher 16 auf 15 sinken. Zusammen mit einem proportionalen Anstieg der Bevölkerungsanteile würde dies die größeren Mitgliedstaaten begünstigen. Nach einem Brexit würden die Abstimmungen in der EU zudem effizienter, sodass die Wahrscheinlichkeit der An-

Kapitel 4 – Brexit-Votum: Schaden abwenden, Europa durch Subsidiarität stärken

↘ ABBILDUNG 38
Sperrminorität und Mehrheit im Rat der EU bei Reihung der Länder nach der wirtschaftlichen Freiheit

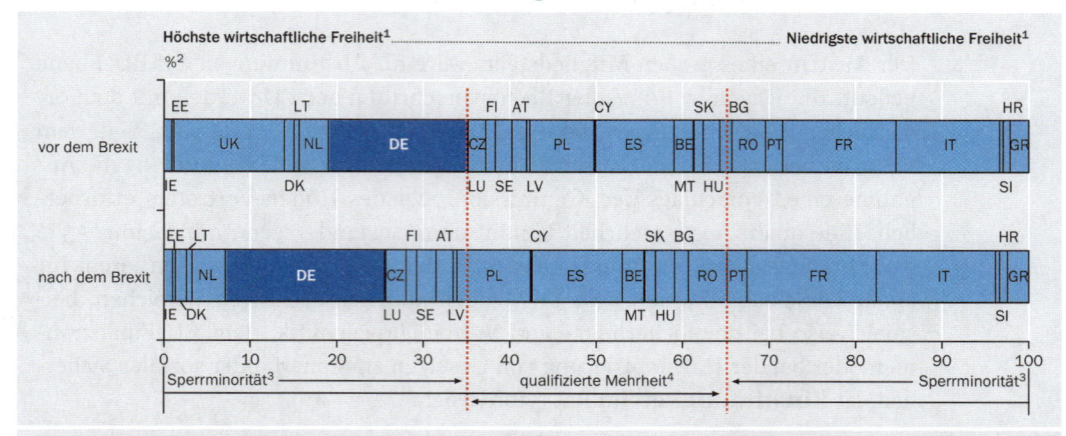

[Figure: Bar chart showing voting shares "vor dem Brexit" and "nach dem Brexit", with country codes ordered by Economic Freedom Index from highest (left) to lowest (right): EE, LT, UK, IE, DK, NL, DE, CZ, FI, AT, LU, SE, LV, PL, CY, ES, BE, MT, HU, SK, BG, RO, PT, FR, IT, SI, HR, GR. Scale 0–100%. Sperrminorität up to ~35%, qualifizierte Mehrheit 35–65%, Sperrminorität above 65%.]

1 – Reihung der Länder absteigend nach Economic Freedom Index (Heritage Foundation) von 2016. IE-Irland, EE-Estland, UK-Vereinigtes Königreich, DK-Dänemark, LT-Litauen, NL-Niederlande, DE-Deutschland, LU-Luxemburg, CZ-Tschechische Republik, FI-Finnland, SE-Schweden, AT-Österreich, LV-Lettland, PL-Polen, CY-Zypern, ES-Spanien, BE-Belgien, MT-Malta, SK-Slowakei, HU-Ungarn, BG-Bulgarien, RO-Rumänien, PT-Portugal, FR-Frankreich, IT-Italien, SI-Slowenien, HR-Kroatien, GR-Griechenland. 2 – Anteil an der Gesamtbevölkerung der EU. Bevölkerungsangaben für das Jahr 2015 (Bevölkerung am üblichen Aufenthaltsort). 3 – Im ordentlichen Gesetzgebungsverfahren der EU: Sperrminorität mit 35 % der Gesamtbevölkerung und mindestens vier Mitgliedstaaten. 4 – Im ordentlichen Gesetzgebungsverfahren der EU: qualifizierte Mehrheit mit 65 % der Gesamtbevölkerung und 55 % der Mitgliedstaaten.

Quellen: Eurostat, Heritage Foundation
© Sachverständigenrat | 16-301

nahme eines Vorschlags stiege. Zudem würde die Proportionalität ansteigen, sodass die Verteilung der Abstimmungsmacht aufgrund des qualifizierten Mehrheitsverfahrens weniger von der Verteilung der Bevölkerung abweichen würde.

319. Zugleich würde sich durch einen Brexit eine **Machtverschiebung zugunsten der Mitgliedstaaten des Euro-Raums** ergeben. Während bisher 67 % der EU-Bevölkerung innerhalb des Euro-Raums leben, wären es nach einem Brexit 76 %. Für die mediterranen Staaten („EU-Med": Frankreich, Griechenland, Italien, Malta, Portugal, Spanien und Zypern) ändert sich der Bevölkerungsanteil von 39 % auf 44 % und für die Visegrád-Gruppe (Polen, Tschechien, Slowakei und Ungarn) von 13 % auf 14 %.

2. Möglicher Richtungswechsel in EU-Politikbereichen

320. Obwohl im Rat der EU die meisten Abstimmungen einstimmig fallen, ist das Vereinigte Königreich das Land, das sich in Abstimmungen mit Abstand am häufigsten enthalten hat oder einer Mehrheit unterlegen war. In den Jahren 2009 bis 2015 befand sich das Vereinigte Königreich bei 12,3 % der Abstimmungen im Rat der EU in der **Verliererkoalition** (Hix et al., 2016). Die Situation im EU-Parlament ist ähnlich. Die britischen Parlamentarier stimmten auch dort mit Abstand am häufigsten gegen die Mehrheit (Hix et al., 2016). Offenbar weichen die politischen Vorstellungen des Vereinigte Königreichs somit besonders oft von denen der übrigen EU-Mitgliedstaaten ab.

321. Aus den Abstimmungsergebnissen der Vergangenheit sollte man jedoch nicht schließen, dass der Einfluss des Vereinigten Königreichs auf die Gesetzgebung der EU gering ist. Geht man davon aus, dass die Mitgliedstaaten im Rat der EU und die Parlamentarier im Europäischen Parlament nach ihren Präferenzen zu

↘ ABBILDUNG 39
Macht-Indizes der EU-Mitgliedstaaten vor und nach dem Brexit[1]

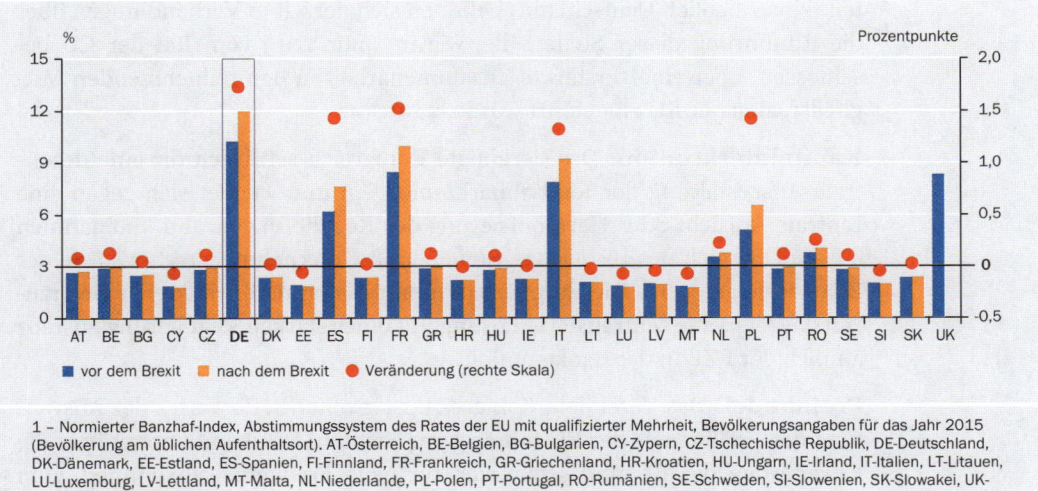

1 – Normierter Banzhaf-Index, Abstimmungssystem des Rates der EU mit qualifizierter Mehrheit, Bevölkerungsangaben für das Jahr 2015 (Bevölkerung am üblichen Aufenthaltsort). AT-Österreich, BE-Belgien, BG-Bulgarien, CY-Zypern, CZ-Tschechische Republik, DE-Deutschland, DK-Dänemark, EE-Estland, ES-Spanien, FI-Finnland, FR-Frankreich, GR-Griechenland, HR-Kroatien, HU-Ungarn, IE-Irland, IT-Italien, LT-Litauen, LU-Luxemburg, LV-Lettland, MT-Malta, NL-Niederlande, PL-Polen, PT-Portugal, RO-Rumänien, SE-Schweden, SI-Slowenien, SK-Slowakei, UK-Vereinigtes Königreich.

Quellen: Europäische Kommission, eigene Berechnungen

einem bestimmten Vorschlag gereiht werden können und entsprechend abstimmen, so kommt den **Gegenstimmen eine wichtige Rolle** zu. Es kann davon ausgegangen werden, dass lediglich Vorschläge zur Abstimmung gelangen, die eine Chance auf Annahme haben. Ein Vorschlag muss daher nahe genug an den Präferenzen einer mehrheitsfähigen Ländergruppe liegen. Ein Vorschlag am Rande des Spektrums der Präferenzen wird also gar nicht erst zur Abstimmung gebracht.

Befindet sich ein Land mit großem Stimmanteil, wie das Vereinigte Königreich, relativ nahe an einem der Ränder, so wird es aufgrund seiner Präferenz zwar besonders oft überstimmt. Die Existenz seiner deutlich abweichenden Position sorgt jedoch dafür, dass bereits der Vorschlag in Richtung seiner Präferenzen und damit einer extremeren Position als im sonstigen politischen Spektrum der Mitgliedstaaten korrigiert wird. Dies verdeutlicht, dass das Vereinigte Königreich, selbst wenn es häufiger gegen die Mehrheit stimmt, großen Einfluss auf die Gesetzgebung der EU nimmt.

322. Einige Vorhaben konnte das Vereinigte Königreich **blockieren**, teilweise weil seine Zustimmung bei einer einstimmigen Entscheidung notwendig war. Diese Blockade bestünde bei einem Brexit nicht fort. Ein aktuelles Beispiel ist die Verteidigungspolitik, bei der das Vereinigte Königreich stets eine engere Zusammenarbeit im Rahmen der EU abgelehnt hat. Bereits beim ersten inoffiziellen EU-Treffen ohne britische Beteiligung in Bratislava im September 2016 wurde eine engere Kooperation (im Rahmen einer ständigen strukturierten Zusammenarbeit nach Artikel 42 Absatz 6 und Artikel 46 EUV) im Bereich der Verteidigung diskutiert. Weitere Politikbereiche, in denen das Vereinigte Königreich eine Gegenposition eingenommen hatte, sind beispielsweise:

– **Finanztransaktionsteuer**: Das Vereinigte Königreich führt die Opposition der Mitgliedstaaten gegen eine EU-weite Finanztransaktionsteuer an und hat im Jahr 2013 gegen das Vorhaben vor dem EuGH geklagt. Zehn Mitgliedstaaten (einschließlich Deutschland) befinden sich derzeit in Verhandlungen über die Einführung dieser Steuer, die, wie im Jahr 2013 vom Rat der EU beschlossen, über eine verstärkte Zusammenarbeit in den teilnehmenden Mitgliedstaaten der EU eingeführt würde. ↘ ZIFFER 47

– **Kapitalmarktunion**: Das Vereinigte Königreich setzt sich für eine dezentrale Ausgestaltung der Kapitalmarktunion ein und wendet sich gegen eine zentrale Aufsicht oder Harmonisierung der Regulierungen und Maßnahmen etwa im Bereich des Insolvenz-, Steuer- und Unternehmensrechts sowie der Bilanzierungsregeln. Die Europäische Kommission und Frankreich bevorzugen dagegen eine zentralisierte Lösung mit einer starken Regulierungsinstanz ähnlich der EZB in der Bankenunion.

– **Freihandel:** Das Vereinigte Königreich ist größter Befürworter der Ausweitung des Freihandels der EU mit anderen Staaten. Das Land unterstützte die Erweiterung der EU und setzte sich für neue Freihandelsabkommen, zum Beispiel mit China, ein. Während sich dies in weiten Teilen mit der Position der Bundesregierung deckt, sind andere Mitgliedstaaten wie Frankreich zurückhaltender.

– **Staatliche Beihilfen**: Das Vereinigte Königreich hat immer wieder auf Deregulierung und ein hartes Durchgreifen gegen staatliche Beihilfen und Subventionen gedrängt. Andere Mitgliedstaaten wie beispielsweise Frankreich wünschen mehr nationalen Entscheidungsspielraum für staatliche Beihilfen.

– **Fiskalpakt:** Wegen der britischen Opposition konnte eine Verschärfung der Maastricht-Kriterien, insbesondere die finanziellen Sanktionen und die Stärkung der nationalen fiskalischen Rahmenbedingungen, nicht in EU-Recht überführt werden. Stattdessen wurde ein separater zwischenstaatlicher Vertrag (Fiskalpakt) unter den 25 teilnehmenden Staaten geschlossen.

– **Klimapolitik**: Das Vereinigte Königreich spricht sich gegen konkrete Ziele für den Ausbau von erneuerbaren Energien oder die Erhöhung der Energieeffizienz aus. Stattdessen treten die Briten für strengere Ziele für die Emissionsreduktion im Rahmen des EU-Emissionshandels (ETS) und eine Beibehaltung der Stromerzeugung aus Kernenergie ein.

323. Die Beispiele zeigen, dass mit dem Austritt des Vereinigten Königreichs in einigen Politikfeldern der EU eine gewichtige Gegenstimme wegfällt. Dadurch könnten einige Entscheidungen auf EU Ebene anders getroffen werden. Es zeigt sich jedoch, dass das Vereinigte Königreich nicht die entscheidende Hürde war, wenn eine Gruppe von Mitgliedstaaten **mehr Integration** wollte. So verdeutlichen beispielsweise der Fiskalpakt, die Finanztransaktionsteuer oder die Verteidigungspolitik, dass mehr Integration für eine Gruppe von Mitgliedstaaten und ohne Vertragsänderung prinzipiell möglich ist. Größere Hürden für mehr Integration dürften daher eher die Uneinigkeit der Mitgliedstaaten und die Ablehnung in der Bevölkerung darstellen.

3. EU-Haushalt und andere Verflechtungen

324. Derzeit ist das Vereinigte Königreich nach Deutschland der **zweitgrößte Nettozahler** der EU. ↘ ABBILDUNG 40 Das Land trägt netto 0,42 % seines BIP zum EU-Haushalt bei. Dies schließt den seit dem Jahr 1985 gewährten Sonderrabatt von ungefähr 66 % der Nettozahlungen ein. Bleibt der EU-Haushalt nach einem Brexit unverändert, müssten die anderen Mitgliedstaaten 7,9 % (Anteil der Nettozahlung des Vereinigten Königreichs an den Gesamtausgaben der EU) mehr einzahlen, um den Nettobeitrag des Vereinigten Königreichs zu ersetzen.

325. Allerdings könnte ein Folgeabkommen **Zahlungen** des Vereinigten Königreichs an den EU-Haushalt bedingen. So tragen die Schweiz, Liechtenstein und Norwegen netto 0,01 % bis 0,17 % ihres jeweiligen BIP zum EU-Haushalt bei (Darvas, 2016). ↘ ABBILDUNG 40 Zudem würden sich bei Wiedereinführung von Zöllen zwischen dem Vereinigten Königreich und der EU aufgrund der hohen Handelsvolumina die **Zolleinnahmen** der EU erhöhen. So würde ein durchschnittlicher Zollsatz von 2 % auf das aktuelle Volumen der Warenimporte der EU aus dem Vereinigten Königreich im Umfang von 184 Mrd Euro Zolleinnahmen in Höhe von ungefähr einem Drittel des bisherigen Nettobeitrags entsprechen.

326. Weiterhin müssten bei einem Brexit die finanziellen Verpflichtungen verhandelt werden, die sich aus laufenden **Zahlungen** und **Finanzierungszusagen** der EU ergeben. Dies betrifft nicht zuletzt Pensionsverpflichtungen für aktuelle und ehemalige britische EU-Beamte. Weiterhin ist die Frage der Fortführung der **Kapitalbeteiligung** des Vereinigten Königreichs an europäischen Institutionen wie der Europäischen Investitionsbank (EIB) und der EZB zu klären.

↘ ABBILDUNG 40
Einnahmen und Ausgaben im EU-Haushalt 2015[1]

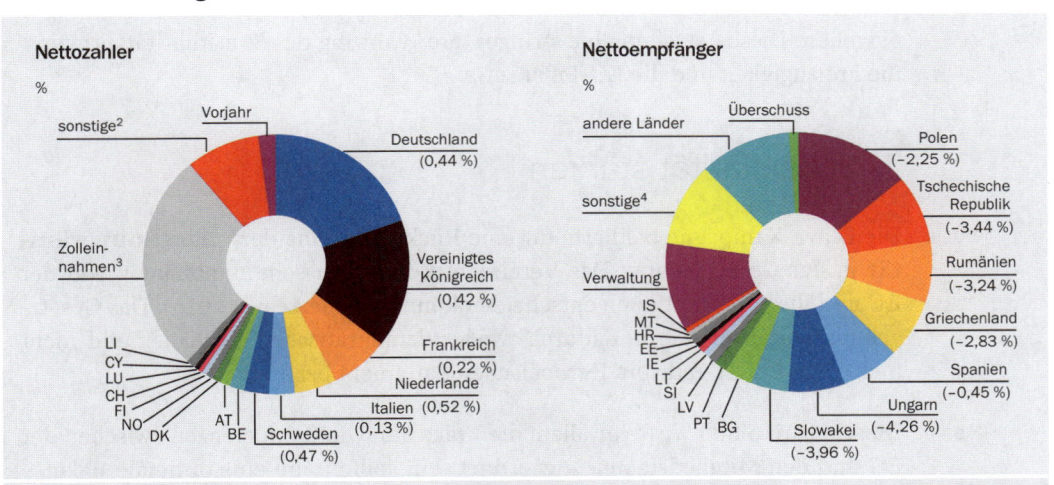

[Kreisdiagramm Nettozahler: sonstige[2], Vorjahr, Deutschland (0,44 %), Vereinigtes Königreich (0,42 %), Frankreich (0,22 %), Niederlande, Italien (0,52 %), Schweden (0,13 %), Zolleinnahmen[3], LI, CY, LU, CH, FI, NO, DK, AT, BE (0,47 %)]

[Kreisdiagramm Nettoempfänger: andere Länder, Überschuss, Polen (−2,25 %), Tschechische Republik (−3,44 %), Rumänien (−3,24 %), Griechenland (−2,83 %), Spanien (−0,45 %), Ungarn (−4,26 %), Slowakei (−3,96 %), sonstige[4], Verwaltung, IS, MT, HR, EE, IE, LT, SI, LV, PT, BG]

1 – Die Nettoangaben ergeben sich für jedes Land aus der Differenz zwischen den gesamten Zahlungen des Landes an die EU (Mehrwertsteuer-Eigenmittel und Bruttonationaleinkommen-Eigenmittel) und den Zahlungen der EU an das betreffende Land (ohne Verwaltung). Rabatt für Vereinigtes Königreich eingerechnet; Zahlungen von und an die Schweiz, Norwegen, Liechtenstein und Island aus Darvas (2016). Werte in Klammern: In Relation zum nominalen BIP des jeweiligen Landes. AT-Österreich, BE-Belgien, BG-Bulgarien, CH-Schweiz, CY-Zypern, DK-Dänemark, EE-Estland, FI-Finnland, HR-Kroatien, IE-Irland, IS-Island, LI-Liechtenstein, LT-Litauen, LU-Luxemburg, LV-Lettland, MT-Malta, NO-Norwegen, PT-Portugal, SI-Slowenien. 2 – Unter anderem Steuern auf EU-Gehälter, Beiträge anderer Nicht-EU-Staaten, Strafzahlungen von Unternehmen.
3 – Alle Zölle auf Importe in die EU werden von den Mitgliedstaaten erhoben. Dafür behalten diese 25 % der Zolleinnahmen zur Deckung der Erhebungskosten und leiten 75 % an den EU-Haushalt weiter. 4 – Zweckgebundene („earmarked") und sonstige Ausgaben.

Quellen: Darvas (2016), Europäische Kommission

Der Verbleib europäischer Behörden im Vereinigten Königreich, wie der Europäischen Bankenaufsichtsbehörde (EBA) und der Europäischen Arzneimittelagentur (EMA), müsste ebenfalls überdacht werden.

IV. DIE EU AUF DEM PRÜFSTAND

327. Wie im Vereinigten Königreich haben in vielen anderen Mitgliedstaaten **europakritische Parteien** mittlerweile einen hohen Wähleranteil erreicht. ↘ ABBILDUNG 41 Zudem geben die Bürger in einigen Mitgliedstaaten in Umfragen an, dass ihr Land nicht von der EU profitiert habe. Laut Eurobarometer (2011) ist dieser Anteil in Griechenland (50 %), Ungarn (49 %), Litauen (47 %), Zypern (47 %) und Österreich (46 %) nach dem Vereinigten Königreich (54 %) besonders hoch.

Um politisch angemessen auf diese Entwicklung reagieren zu können, ist es notwendig, die **Argumente** und die mögliche **Motivation der Brexit-Befürworter** zu verstehen. Anhaltspunkte dafür ergeben sich zum einen aus einer Analyse ihrer wirtschaftlichen und sozialen Situation. ↘ KASTEN 8 SEITE 134 Zum anderen sind die Kritikpunkte aufzuarbeiten, welche die Schwerpunkte der Referendumskampagne für einen Brexit bildeten. Viele der Hauptkritikpunkte ähneln durchaus denjenigen, die EU-skeptische Gruppierungen in anderen Mitgliedstaaten vorbringen.

328. Aus Sicht des Sachverständigenrates sind nach dem Brexit-Referendum solche Reformen noch dringlicher geworden, welche die Leistungsfähigkeit der EU zu steigern vermögen. Dieser Abschnitt fokussiert auf **drei wesentliche Reformbereiche**, die aus Sicht des Sachverständigenrates besondere Aufmerksamkeit verdienen und teilweise auf die Kritikpunkte der „Leave"-Kampagne eingehen. Diese betreffen eine stringentere Wahrung des Subsidiaritätsprinzips, die Freizügigkeit und die EU-Finanzen.

1. Subsidiarität stärken

329. Die Leave-Kampagne plädierte für eine Rückgewinnung der vollen **Souveränität** in der Gesetzgebung. Das Vereinigte Königreich solle unabhängig von der EU und ihren Institutionen entscheiden können (Vote Leave, 2016). Das Gesetzgebungsverfahren werde dadurch wieder demokratischer als bisher und nicht mehr vom EuGH und vom Europäischen Parlament bestimmt.

330. Dieser Kritikpunkt wirft vor allem die Frage auf, wie Kompetenzen zwischen der EU und den Mitgliedstaaten zugeordnet sein sollten, um eine optimale Balance zwischen supranationaler und nationaler Zuständigkeit zu erzielen. Die Kompetenzverteilung in der EU orientiert sich am **Subsidiaritätsprinzip**. Gemäß Artikel 5 Absatz 3 AEUV darf die EU in den Bereichen, die nicht in ihre ausschließliche Zuständigkeit fallen, nur dann tätig werden, sofern und soweit die Mit-

↘ ABBILDUNG 41
Jüngste Wahlergebnisse EU-kritischer Parteien

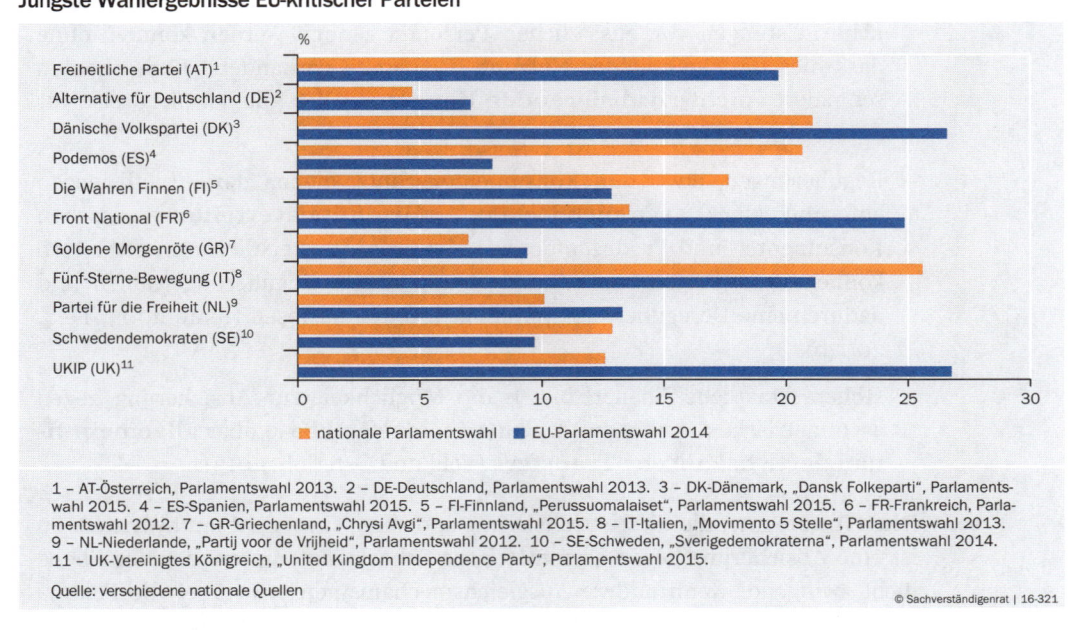

Partei	nationale Parlamentswahl	EU-Parlamentswahl 2014
Freiheitliche Partei (AT)[1]	~21	~20
Alternative für Deutschland (DE)[2]	~5	~7
Dänische Volkspartei (DK)[3]	~21	~27
Podemos (ES)[4]	~21	~8
Die Wahren Finnen (FI)[5]	~18	~13
Front National (FR)[6]	~14	~25
Goldene Morgenröte (GR)[7]	~7	~9
Fünf-Sterne-Bewegung (IT)[8]	~26	~21
Partei für die Freiheit (NL)[9]	~10	~13
Schwedendemokraten (SE)[10]	~13	~10
UKIP (UK)[11]	~13	~27

1 – AT-Österreich, Parlamentswahl 2013. 2 – DE-Deutschland, Parlamentswahl 2013. 3 – DK-Dänemark, „Dansk Folkeparti", Parlamentswahl 2015. 4 – ES-Spanien, Parlamentswahl 2015. 5 – FI-Finnland, „Perussuomalaiset", Parlamentswahl 2015. 6 – FR-Frankreich, Parlamentswahl 2012. 7 – GR-Griechenland, „Chrysi Avgi", Parlamentswahl 2015. 8 – IT-Italien, „Movimento 5 Stelle", Parlamentswahl 2013. 9 – NL-Niederlande, „Partij voor de Vrijheid", Parlamentswahl 2012. 10 – SE-Schweden, „Sverigedemokraterna", Parlamentswahl 2014. 11 – UK-Vereinigtes Königreich, „United Kingdom Independence Party", Parlamentswahl 2015.

Quelle: verschiedene nationale Quellen
© Sachverständigenrat | 16-321

gliedstaaten bestimmte politische Ziele nicht ausreichend verwirklichen können und die Unionsebene dafür besser geeignet ist.

Das philosophische, in der katholischen Soziallehre verankerte Subsidiaritätsprinzip reicht zwar weiter als diese verfassungspolitische Interpretation, indem es eine Abgrenzung zwischen privaten und staatlichen Tätigkeiten versucht (Feld und Kirchgässner, 1996). In beiden Interpretationen bleibt jedoch ungeklärt, wie über **Kompetenzverschiebungen** entschieden werden soll, insbesondere ob eine höhere staatliche Ebene eine Kompetenz mit der Behauptung an sich ziehen kann, die untere Ebene erfülle ihre politischen Aufgaben unzureichend, oder ob die untere Ebene die Kompetenzverlagerung aktiv vornehmen muss. Im ersten Fall ist die höhere staatliche Ebene in der Führungsrolle („Top down"-Verfahren), im zweiten Fall bleibt die untere staatliche Ebene Herrin des Verfahrens („Bottom up"-Verfahren).

331. Die ökonomische Interpretation im **Dezentralisierungstheorem** (Oates, 1972) stellt auf eine Stärkung unterer staatlicher Ebenen ab. Demnach sind die dezentrale Bereitstellung öffentlicher Leistungen und deren Finanzierung unter bestimmten Bedingungen effizient. Eine solche Bedingung ist die räumliche Kongruenz von Nutzern und Kostenträgern von öffentlichen Leistungen sowie deren Entscheidungsträgern (Prinzip der fiskalischen Äquivalenz). Diese Kongruenz wird nicht erzielt, wenn grenzüberschreitende externe Effekte auftreten, wie sie etwa für den Umweltbereich typisch sind. Die in der Finanzkrise beobachteten **Ansteckungseffekte** sind ebenfalls als Externalitäten einzuordnen.

332. Weitere Gründe für eine Kompetenzverschiebung auf höhere staatliche Ebenen finden sich in Kostenreduktionen durch **Skaleneffekte**, dem **Unterlaufen von Regulierungen** im zwischenstaatlichen Wettbewerb und im **Versicherungsmotiv** bei asymmetrischen makroökonomischen Schocks (Feld, 2007a):

- Kostenreduktionen durch Skaleneffekte lassen sich realisieren, soweit öffentliche Leistungen von zusätzlichen Personen genutzt werden können, ohne dass dies die Qualität der Nutzung für bereits vorhandene Konsumenten schmälert (**nicht-rivalisierender Konsum**). Dies gilt beispielsweise für die Landesverteidigung.

- Regulierungen, etwa zum Konsumentenschutz, dienen dazu, Ineffizienzen aufgrund einer **asymmetrischen Informationsverteilung** zwischen Konsumenten und Produzenten zu reduzieren. Im Regulierungswettbewerb können Produzenten einen Standort mit laxerer Regulierung wählen und dadurch eine Deregulierungsspirale nach unten auslösen (Sinn, 2003; Feld, 2007b).

- Höhere staatliche Ebenen bieten die Möglichkeit zur Absicherung gegen asymmetrische Schocks auf der untergeordneten Ebene über **allgemein finanzierte fiskalische Transfers** (Feld und Osterloh, 2013).

333. Diese Argumente, die für Zentralisierung sprechen, sind nicht unumstritten. So ist eine Absicherung gegen asymmetrische Schocks auf supranationaler Ebene nicht zwingend, wenn andere Ausgleichsmechanismen etwa über die Faktor- oder Kreditmärkte bestehen. Insbesondere aber muss der Vorteil dezentraler Leistungserstellung und Finanzierung, nämlich die **Berücksichtigung heterogener politischer Präferenzen** berücksichtigt werden (Tiebout, 1956; Spolaore, 2016). Zudem ermöglicht dies eine stärkere Kontrolle politischer Entscheidungsträger und mindert Moral-Hazard-Probleme. Es kommt somit zu Zielkonflikten und Abwägungsproblemen, die durch geeignete prozedurale Regeln zur Kompetenzverteilung gelöst werden müssen (Feld, 2007a).

334. Aus diesen Erwägungen lassen sich Anhaltspunkte dafür ableiten, welche Politikbereiche eher auf der europäischen Ebene anzusiedeln sind und welche in der Kompetenz der Mitgliedstaaten verbleiben sollten (Tabellini, 2003; Alesina et al., 2005; Feld, 2005a). Diese Bereiche müssen allerdings **differenziert betrachtet** werden. So lässt sich für den Bereich der öffentlichen Sicherheit feststellen, dass Polizeidienste nicht vollständig zentralisiert werden müssen, weil letztlich vor allem Terrorismus und organisierte Kriminalität international ausgerichtet sind und daher international bekämpft werden müssen.

Ähnliches gilt für den Umweltbereich. Einfache grenzüberschreitende Probleme lassen sich durch Vereinbarungen beteiligter Staaten lösen, ohne dass die EU aktiv werden müsste. Für den **Klimaschutz** gilt dies hingegen nicht. Für EU-Kompetenzen im Verteidigungsbereich sprechen die erheblichen Skalenvorteile. Allerdings sollte berücksichtigt werden, dass mit der NATO bereits eine internationale Organisation für die Verteidigung Europas tätig ist, deren räumliche Ausdehnung weit über Europa hinausgeht.

335. Im Rahmen der EU-Verträge, insbesondere dem seit dem Jahr 2009 gültigen AEUV (Lissabon-Vertrag), wurde festgelegt, in welchen Bereichen die EU weitgehend alleine zuständig ist. Dazu gehören die Agrarpolitik und der Außenhandel. In anderen Politikbereichen wird die **Zuständigkeit** zwischen der EU und den Mitgliedstaaten geteilt, beispielsweise beim Arbeits- oder Umweltschutz.

Insbesondere bei der Wirtschafts-, Finanz- und Beschäftigungspolitik sind die Mitgliedstaaten zuständig, wobei eine Koordination dabei möglich ist.

336. Aus Sicht des Sachverständigenrates ist eine **strenge Auslegung und konsequente Anwendung des Subsidiaritätsprinzips** der richtige Weg, um wirtschaftliche Effizienz und demokratische Legitimität zu gewährleisten. Aufgaben, für welche die EU ein gewisses Ausmaß an Kompetenzen haben sollte, umfassen dabei:

— **Außenpolitik und Verteidigung.** Insbesondere in der Außen- und Verteidigungspolitik ist aufgrund hoher Skaleneffekte ein gemeinschaftliches Vorgehen von Vorteil. Bei der Außenpolitik verleiht das gemeinsame Gewicht aller Mitgliedstaaten mehr Macht als die Summe der Gewichte der Einzelstaaten. Bei der Verteidigung sind Effizienzpotenziale durch die Bündelung militärischer Ressourcen zu vermuten. Eine Kompetenzverlagerung sollte jedoch nicht in Konkurrenz zur NATO stehen. Beim inoffiziellen EU-Treffen in Bratislava im September 2016 wurde eine engere Verzahnung der Verteidigung diskutiert.

— **Migration und Asyl.** Die Freizügigkeit, gerade innerhalb des Schengen-Raums, limitiert die Möglichkeit, eine nationale Migrations- und Asylpolitik umzusetzen. Die Flüchtlingsmigration als Beispiel der jüngsten Vergangenheit belegt, wie nationale Politik in Bezug auf den Grenzübertritt von Flüchtlingen Wirkungen auf andere Staaten entfalten kann. Die Sicherung der Außengrenzen gegen illegale Grenzübertritte ist im Schnittbereich von Migrationspolitik und Verteidigung prädestiniert für ein gemeinschaftliches Vorgehen. Mit der Aufwertung der seit dem Jahr 2005 bestehenden Agentur zur Kontrolle der EU-Außengrenzen (Frontex) und der Stärkung ihrer Kompetenzen geht die EU in die richtige Richtung.

— **Öffentliche Sicherheit und Strafverfolgung.** Der internationale Terrorismus und die organisierte Kriminalität halten sich nicht an nationale Grenzen. Dies gilt insbesondere für den Schengen-Raum. Die Vervollständigung des Binnenmarkts erlaubt es nicht nur, aus privatwirtschaftlichen legalen Aktivitäten Gewinne aus der internationalen Arbeitsteilung zu erzielen. Gleichermaßen nutzen kriminelle Organisationen die sich aus dem Binnenmarkt ergebenden Vorteile für ihre illegalen Aktivitäten. Dies spricht für eine größere Kompetenz der EU im Bereich der öffentlichen Sicherheit. Dies bedeutet vor allem eine Aufwertung der europäischen Polizeibehörde Europol.

— **Binnenmarkt, Wettbewerbspolitik, Außenwirtschaftspolitik.** Der gemeinsame Binnenmarkt erlaubt der europäischen Wirtschaft in ihrer Gesamtheit, Größenvorteile zu erzielen und sich Vorteile der internationalen Arbeitsteilung zu sichern. Im gemeinsamen Markt sollten keine tarifären und nicht-tarifären Handelshemmnisse bestehen. Insofern ist die Kompetenz für die Außenwirtschaftspolitik einschließlich der Erhebung von Zöllen an den EU-Außengrenzen eine logische Folge der Binnenmarktkompetenz. Die Nutzung von Größenvorteilen durch die Unternehmen sollte jedoch nicht zu marktbeherrschenden Stellungen oder anderen wettbewerbsbeschränkenden Maßnahmen führen. Die europäische Wettbewerbspolitik ergänzt die Binnenmarktkompetenz folgerichtig. Gleichwohl lassen sich aus der Binnenmarktkompetenz keine umfangreichen Harmonisierungen und Vereinheitlichungen ganzer Rechtsbereiche ableiten. Die Binnenmarktkompetenz droht zur Generalvollmacht zu werden, wenn jede mitgliedstaatliche Norm als Markthindernis eingeordnet werden kann (Grimm, 2016, S. 44). Zudem sollte der Standortwettbewerb nicht durch gemeinschaftliche Regeln zu stark beschränkt werden.

— **Finanzmarktaufsicht**. Der Sachverständigenrat hält es für den richtigen Weg, die Aufsicht über Banken, Versicherungen und Finanzmärkte auf der europäischen Ebene anzusiedeln. So ergibt sich die Notwendigkeit einer europäischen Bankenaufsicht zum einen aus der grenzüberschreitenden Tätigkeit von Banken im Binnenmarkt. Zum anderen besteht in einer Währungsunion die Gefahr, dass Risiken aus dem Bankensektor auf die Notenbank verschoben werden (JG 2012 Ziffern 299 ff.). Dabei sollte sich die Aufsicht auf die gesamte EU erstrecken (JG 2012 Ziffer 307). In ähnlicher Weise spricht sich der Sachverständigenrat für eine makroprudenzielle Allfinanzaufsicht auf EU-Ebene aus (JG 2014 Ziffer 381). Diese soll die nationale makroprudenzielle Aufsicht zwar nicht ersetzen, jedoch tätig werden, wenn grenzüberschreitende Ansteckungseffekte für das europäische Finanzsystem unzureichend berücksichtigt werden (JG 2014 Ziffer 369). Mittelfristig plädiert der Sachverständigenrat für eine gemeinsame **mikro- und makroprudenzielle Allfinanzaufsicht außerhalb der EZB** auf EU-Ebene (JG 2014 Ziffer 381). Hingegen muss die Finanztransaktionsteuer angesichts ihrer nachteiligen Wirkung auf Liquidität und Preisfindung auf den Finanzmärkten kritisch gesehen werden. ↘ ZIFFER 47

— **Kapitalmarktunion**. Eine stärkere Integration der europäischen Kapitalmärkte ist wünschenswert, da sie Möglichkeiten für eine wohlfahrtssteigernde Risikoteilung schafft (JG 2015 Ziffern 435 ff.). Die Europäische Kapitalmarktunion dürfte der Kapitalmarktfinanzierung in Europa durch eine Erhöhung der Marktgröße und -tiefe einen Schub verleihen. Dies dürfte beispielsweise im Bereich der Gründungsfinanzierung (JG 2015 Ziffern 684 ff.) oder bei der Schaffung von Märkten für notleidende Kredite ↘ ZIFFER 522 eine wichtige Rolle spielen. Für eine weitere Integration sind in einigen Bereichen Standardisierungen und Harmonisierungen sinnvoll, beispielsweise bei der Verbriefung von Unternehmenskrediten oder den rechtlichen Grundlagen der Stellung von Sicherheiten. Allerdings muss stets zwischen den Vorteilen einer stärkeren Standardisierung und Harmonisierung und den Nachteilen weniger passgenauer Lösungen abgewogen werden.

— **Klimapolitik**. Da Emissionen global auf das Weltklima wirken, ist in der Klimapolitik ein möglichst globaler Ansatz geboten. Bereits eine EU-weite Klimapolitik kann Ziele, zum Beispiel für den CO_2-Ausstoß, effizienter erreichen als ein nationales Vorgehen, da Emissionsvermeidungskosten regional variieren. So ist die nationale Förderung von erneuerbaren Energien ineffizient oder sogar kontraproduktiv im Vergleich zu einem europaweiten Emissionshandel. ↘ ZIFFERN 906 FF.

337. Im Gegensatz dazu gibt es Politikbereiche, die sich aufgrund sehr heterogener Präferenzen der Bevölkerung durch bessere Lösungen auf **nationaler Ebene**

auszeichnen und in erster Linie im Zuständigkeitsbereich der Mitgliedstaaten verbleiben sollten. Dazu gehören:

– **Fiskalpolitik**. Mitgliedstaaten und ihre nachgeordneten Gebietskörperschaften müssen die Möglichkeit haben, ihre Einnahme- und Ausgabenpolitik souverän zu gestalten. Damit wird der Standortwettbewerb, insbesondere der fiskalische Wettbewerb, sichergestellt. Die Beschränkung externer Effekte übermäßiger Verschuldung in der Europäischen Währungsunion lässt sich durch geeignete Regeln erreichen, wie sie der Sachverständigenrat in seinem Konzept Maastricht 2.0 (JG 2012 Ziffern 173 ff., JG 2013 Ziffern 269 ff., JG 2014 Ziffern 60 ff.) sowie in seinen Vorschlägen zur Entprivilegierung von Staatsanleihen (JG 2015 Ziffern 57 ff.) und für eine Insolvenzordnung für Staaten ↘ KASTEN 2 dargelegt hat. Diese sind aufgrund von Stabilitätsgesichtspunkten gerechtfertigt, da, wie die Schuldenkrise im Euro-Raum gezeigt hat, ansonsten das Prinzip der Einheit von Haftung und Kontrolle gefährdet ist. Andere Einschränkungen der Haushalts- und Steuerautonomie, etwa durch eine Vereinheitlichung der Bemessungsgrundlagen der Unternehmensteuern, werfen schwierigere Konflikte auf (JG 2014 Ziffern 590 ff.).

– **Arbeitsmarkt- und Sozialpolitik**. Die Ausgestaltung der Arbeitsmärkte und der sozialen Sicherungsnetze unterscheidet sich stark zwischen den Mitgliedstaaten und spiegelt unterschiedliche regionale Präferenzen wider. Eine Vereinheitlichung etwa von Mindestlöhnen, der Arbeitslosenversicherung oder des Kündigungsschutzes könnte kaum den heterogenen Präferenzen in der EU Rechnung tragen. Rigide Arbeitsmarktverfassungen würden die Mitgliedstaaten bei einer gemeinsamen EU-weiten Arbeitslosenversicherung zu Moral-Hazard-Verhalten einladen. Die mit Arbeitsmarktrigiditäten verbundene höhere Arbeitslosigkeit würde höhere Zahlungen von der europäischen Ebene auslösen. Da Haftung und Kontrolle auseinanderfallen, ist eine EU-weite Arbeitslosenversicherung ohne Vereinheitlichung vieler sozialstaatlicher Regulierungen somit nicht sinnvoll (JG 2015 Ziffer 61).

338. Kontrastiert man die bestehenden Kompetenzen der EU und ihre tatsächliche Gesetzgebungstätigkeit mit diesen Anhaltspunkten für die Kompetenzzuordnung zwischen der EU und ihren Mitgliedstaaten, lässt sich schon seit einiger Zeit eine nennenswerte Diskrepanz feststellen (Alesina et al., 2005). Dies hat nicht zuletzt mit einer Tendenz zur **Kompetenzaneignung** der Europäischen Kommission zu tun. Zwar bestimmen die Mitgliedstaaten über vertragliche Änderungen und somit über die EU-Kompetenzen im Primärrecht. Allerdings legt die Europäische Kommission dieses mithilfe ihres Initiativrechts in sekundär- und tertiärrechtlichen Akten (Richtlinien, Verordnungen, Beschlüsse, Komitologie-Entscheidungen) aus. Junge et al. (2015) belegen eine Zunahme der Aktivitäten der Europäischen Kommission auf Basis einer Auswertung aller sekundären und tertiären Rechtsakte der EU im Zeitraum von 1983 bis 2009. Dies gilt insbesondere, wenn ein gesetzgeberischer Stillstand zwischen den EU-Institutionen etwa aufgrund von Blockaden einzelner Mitgliedstaaten besteht.

Diese Tendenz zur Vergemeinschaftung hält der EuGH in der Regel nicht auf. Vielmehr trägt er mithilfe seines Interpretationsspielraums, geleitet vom Grundsatz der „immer engeren Union", tendenziell zu einer stärkeren Vergemeinschaftung von Politikbereichen bei (Hilpert und König, 2016). Der Präsident des EuGH, Koen Lenaerts, schreibt den großen Interpretationsspielraum der oft unspezifischen Formulierung der europäischen Rechtsakte zu, die schwierige politische Kompromisse widerspiegeln (Wall Street Journal, 2015).

Ungeachtet ihrer Ursachen ist diese Entwicklung bedenklich und weist auf eine ungenügende Subsidiaritätskontrolle hin. Vor diesem Hintergrund ist die Frustration in manchen Mitgliedstaaten nicht verwunderlich (Eurobarometer, 2015).

339. Zur **Wahrung des Subsidiaritätsprinzips** bestehen in der EU mehrere Mechanismen, wie die Blockademöglichkeit einer Mehrheit der nationalen Parlamente, ein Frühwarnsystem mit „Gelber Karte" oder „Orangefarbener Karte" oder eine Klage vor dem EuGH. Von diesen Möglichkeiten wurde bisher kaum Gebrauch gemacht (insgesamt zwei Mal "gelbe Karte" bis zum Jahr 2015; Europäische Kommission, 2013, 2014, 2015). Indirekt bleiben den nationalen Parlamenten Kontrollfunktionen, da sie im Rahmen ihrer Gesetzgebungskompetenzen sekundäres EU-Recht souverän umsetzen. Das gilt selbst, wenn diese Umsetzung gegen EU-Vorgaben verstößt und ein Vertragsverletzungsverfahren nach sich zieht, dessen Ausgang ungewiss ist. Letztlich vermag das Subsidiaritätsprinzip es jedoch nicht, den Kompetenzgewinn der EU nennenswert einzuschränken. Dies dürfte an seinem Mangel justiziablen Inhalts liegen (Grimm, 2016, S. 23).

340. Insgesamt ist die **Subsidiaritätskontrolle zu schwach**. Im Falle einer Klage vor dem EuGH ist keine stringente Subsidiaritätskontrolle gewährleistet. Lediglich die Entscheidungen nationaler Verfassungsgerichte, nicht zuletzt des Bundesverfassungsgerichtes, führen zu Kompetenzbeschränkungen der EU. Dies dürfte jedoch auf Dauer konfliktträchtig sein. Um das Subsidiaritätsprinzip und damit die Bürgernähe besser zu wahren, sollte die Architektur der EU in dieser Hinsicht weiter gestärkt werden. Ein Vorschlag, der von der European Constitutional Group (1993, 2003) vorgebracht wurde, ist die Etablierung eines **Subsidiaritätsgerichts**, das auf rotierender Basis mit Richtern der höchsten Gerichte der Mitgliedstaaten besetzt ist (Sinn, 2016).

2. Freizügigkeit bei verzögerter Integration in die Sozialsysteme

341. Werden öffentliche Güter von niedrigeren staatlichen Ebenen auf unterschiedlichem Niveau bereitgestellt, muss der Bürger je nach Präferenz seinen Wohnsitz dort wählen können, wo das Angebot öffentlicher Güter seinen Präferenzen am besten entspricht (Tiebout, 1956). Daher geht das **Subsidiaritätsprinzip Hand in Hand mit der Freizügigkeit**. Die „Leave"-Kampagne dagegen malte ein Bild, in dem die EU für einen außer Kontrolle geratenen **Strom an EU-Migranten** in das Vereinigte Königreich steht. Daher solle das Land die Kontrolle über die eigenen Grenzen wiedergewinnen.

Im Vereinigten Königreich lebten im Jahr 2015 laut UN Global Migration Database 8,6 Millionen Immigranten. Davon kommen 3 Millionen Personen aus der

EU, unter ihnen 1,3 Millionen aus den seit dem Jahr 2004 der EU beigetretenen Mitgliedstaaten. Damit liegt der **Anteil der Immigranten** im Vereinigten Königreich unter dem Durchschnitt der EU-15. ↘ ABBILDUNG 42

342. Die Personenfreizügigkeit, welche die Arbeitnehmerfreizügigkeit und Niederlassungsfreiheit beinhaltet, gehört seit dem Jahr 1993 zu den vier Grundfreiheiten der EU. Neben der Ausweitung der persönlichen Möglichkeiten der EU-Bürger und der Friedenserhaltung wird die Personenfreizügigkeit mit wichtigen gesamtwirtschaftlichen Vorteilen begründet: Durch die Freizügigkeit können Arbeitnehmer an dem Ort in der EU arbeiten, an dem sie den höchsten Grenzertrag erzielen. Zudem ermöglicht die Freizügigkeit den **Ausgleich asymmetrischer Faktorausstattungen**, sodass beispielsweise Arbeiter mit bestimmten Fähigkeiten aus einem Teil der EU, in dem diese im Überschuss vorhanden sind, in einen anderen Teil wandern können, in dem die Fähigkeiten knapper sind.

Im Euro-Raum bildet die Personenfreizügigkeit zudem einen essenziellen **Ausgleichmechanismus bei asymmetrischen Schocks**, da Wechselkursanpassungen zwischen den Euro-Mitgliedstaaten nicht möglich sind.

343. Eine steigende Zahl von Immigranten wird jedoch in der Öffentlichkeit oftmals mit sinkenden Löhnen, steigender Arbeitslosigkeit, höheren fiskalischen Kosten und einer Beeinträchtigung öffentlicher Güter in Verbindung gebracht. Die populäre Kritik der „Leave"-Kampagne an den Effekten der Migration hält jedoch einer **empirischen Überprüfung** nicht stand:

– Der **Effekt auf Löhne und Arbeitslosigkeit** hängt maßgeblich davon ab, ob die Fähigkeiten der Immigranten Substitute oder Komplemente zu den Fähigkeiten der einheimischen Bevölkerung darstellen. Im ersten Quartal 2016 hatten laut dem Office for National Statistics (ONS) 30 % der Immigranten bereits einen Arbeitsplatz im Vereinigten Königreich, und ein Anteil von 21 % kam zur Arbeitsplatzsuche in das Vereinigte Königreich. 27 % der

↘ ABBILDUNG 42
Bestand an Zugewanderten und Abgewanderten nach Geburtsland in ausgewählten EU-Mitgliedstaaten[1]

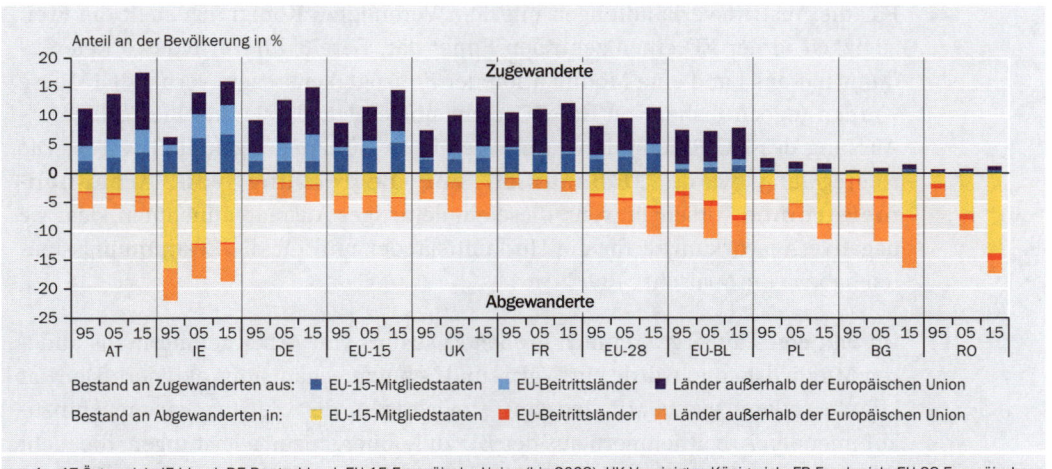

1 – AT-Österreich, IE-Irland, DE-Deutschland, EU-15-Europäische Union (bis 2003), UK-Vereinigtes Königreich, FR-Frankreich, EU-28-Europäische Union (ab 2012), EU-BL-Beitrittsländer zur Europäischen Union (ab 2004), PL-Polen, BG-Bulgarien, RO-Rumänien.

Quelle: UN

Immigranten kamen zu Ausbildung und Studium in das Vereinigte Königreich. Nickell und Salaheen (2015) stellen einen kleinen negativen Effekt der Immigration in das Vereinigte Königreich auf die Löhne von im Dienstleistungssektor geringer qualifizierten Beschäftigten fest. Wadsworth et al. (2016) finden keinen signifikanten Zusammenhang zwischen Immigration und Beschäftigung im Vereinigten Königreich. Der Befund eines insignifikanten oder kleinen Verdrängungseffekts ist konsistent mit zahlreichen anderen empirischen Studien, wobei der Effekt auf einem flexiblen Arbeitsmarkt wie demjenigen des Vereinigten Königreichs meist noch geringer ist als auf stärker regulierten Arbeitsmärkten. ↘ ZIFFER 768

− Im Durchschnitt sind die EU-Immigranten besser ausgebildet, jünger und eher in Beschäftigung als die im Vereinigten Königreich geborene Bevölkerung (Rienzo, 2016). Dadurch leisten sie einen positiven Beitrag zu den **öffentlichen Haushalten**. Dustmann und Frattini (2014) errechnen einen Nettobeitrag der EU-Migranten von 15 Mrd Britischen Pfund im Zeitraum 2001 bis 2011, wovon 5 Mrd Britische Pfund auf die Migranten aus den zehn nach dem Jahr 2004 beigetretenen osteuropäischen Staaten entfallen. Im Gegensatz dazu liegt der Nettobeitrag der einheimischen Bevölkerung in demselben Zeitraum bei −617 Mrd Britischen Pfund.

− Eine **Beeinträchtigung von öffentlich bereitgestellten Gütern**, beispielsweise Gesundheits- oder Sozialleistungen sowie öffentlicher Sicherheit, durch Immigranten ist empirisch kaum feststellbar. Giuntella et al. (2015) konnten keinen Effekt der Immigration auf die Wartezeiten im britischen Gesundheitssystem, dem National Health Service, feststellen. Im Gegenteil hängt das Gesundheitssystem im Vereinigten Königreich bereits stark von Immigranten ab. So verfügt laut dem Health and Social Care Information Centre ein Viertel der Ärzte nicht über die britische Staatsangehörigkeit. Zum Zusammenhang zwischen Immigration und Kriminalität gibt es wenige Studien. Bell et al. (2013) und Jaitman und Machin (2013) zeigen, dass die große Immigrationswelle ab dem Jahr 2004 keinen signifikanten Einfluss auf die Kriminalitätsrate im Vereinigten Königreich hatte.

344. Für die Austrittsverhandlungen mit dem Vereinigten Königreich stellt die Freizügigkeit in der EU einen zentralen Punkt dar. Bereits im Vorfeld des Referendums hat das Land eine Modifikation der Freizügigkeitsregeln verhandelt. Diese wurden jedoch bisher von der EU nicht umgesetzt, da sie an einen „remain"-Ausgang des EU-Referendums im Vereinigten Königreich geknüpft waren. Die Neuregelung würde **Maßnahmen zur Begrenzung von Arbeitnehmerströmen** vorsehen, wenn diese ein derartiges Ausmaß annehmen, dass sie negative Auswirkungen für die Herkunftsländer und für die Bestimmungsstaaten haben (Europäischer Rat, 2016).

Im Fall eines außergewöhnlich großen Zustroms von Arbeitnehmern aus anderen Mitgliedstaaten würde ein Warn- und Schutzmechanismus aktiviert. Der Rat könnte sodann einen Mitgliedstaat ermächtigen, den Zugang von neu hinzukommenden Arbeitnehmern aus der EU zu Lohnergänzungsleistungen, die nicht durch Beiträge finanziert sind, für einen Zeitraum von bis zu insgesamt vier Jahren ab Aufnahme der Beschäftigung zu beschränken. Damit soll die Funktion der sozialen Sicherungssysteme, des Arbeitsmarkts und das ordnungsgemäße Funktionieren der öffentlichen Dienste eines Mitgliedstaats sichergestellt werden. Zusätzlich können Leistungen für Kinder wie das Kindergeld an den Wohnort des Kindes gekoppelt werden.

345. Das Ausmaß der **Migration in die Sozialsysteme**, also der Migration zum Zwecke der Ausnutzung höherer Sozialstandards, erweist sich bisher als gering (De Giorgi und Pellizzari, 2009; Riphahn et al., 2010; Kahanec, 2012; Giulietti et al., 2013; Medgyesi und Pölöskei, 2013; Skupnik, 2014). Daran hat die Herstellung der vollen Freizügigkeit für EU-Länder mit relativ geringem Wohlstand und sozialem Sicherungsniveau wie Rumänien und Bulgarien wenig verändert. Für homogenere und damit wanderungsfreundlichere Wirtschaftsräume wie die Vereinigten Staaten gibt es jedoch uneinheitliche Ergebnisse (Borjas, 1999; Levine und Zimmerman, 1999; McKinnish, 2007; Kennan und Walker, 2010).

346. Die Analyse bietet somit wenig Anhaltspunkte, die eine Einschränkung der Freizügigkeit rechtfertigen ließen. Daher ist der durch den **Gleichbehandlungsgrundsatz** verankerte Anspruch auf Sozialleistungen von EU-Bürgern am frei wählbaren Wohnort bisher unproblematisch. Dies würde sich ändern, wenn Migration die Sozialsysteme in einer Art und Weise belasten würde, dass sie die alleinige Kompetenz der Mitgliedstaaten im Bereich der sozialen Sicherung aushöhlt (SVR Migration, 2013). In der EU würde ein Ungleichgewicht zwischen der Finanzierung, Regulierung und Inanspruchnahme von Sozialleistungen entstehen.

347. Um dies zu verhindern, könnten Mitgliedstaaten für EU-Migranten eine **verzögerte Integration in die Sozialsysteme** vorsehen (Wissenschaftlicher Beirat beim BMF, 2001), sodass sie erst nach Erhalt eines Daueraufenthaltsstatus vollen Anspruch auf Sozialleistungen erhalten. Während dieser Zeit sollten Erwerbstätige und nachweislich Arbeitsuchende sowie ihre Familienmitglieder einen Anspruch auf Sozialleistungen in dem Mitgliedstaat behalten, in dem sie zuvor einen Daueraufenthaltsstatus innehatten. Eine solche Regelung wäre weitreichender als die im Februar 2016 auf Wunsch des Vereinigten Königreichs verhandelte Einschränkung (Europäischer Rat, 2016).

348. Aktuelle Vorschläge für Reformen der EU gehen entweder den Weg weiterer Kompetenzübertragung auf die europäische Ebene oder plädieren dafür, dem Vereinigten Königreich weitgehend entgegenzukommen, um es im Binnenmarkt zu halten. ↘ KASTEN 11 Für **weiterreichende Integrationsschritte** in der Finanz-, Arbeitsmarkt- und Sozialpolitik sieht der Sachverständigenrat gegenwärtig keine Grundlage ↘ ZIFFER 362 (JG 2013 Ziffern 324 ff.; SG 2015 Ziffern 94 ff.; Feld et al., 2016). Sie lassen sich allenfalls erreichen, wenn die EU zu einem Bundesstaat geworden ist. Angesichts der zurzeit bestehenden Skepsis gegenüber der europäischen Integration in vielen Mitgliedstaaten würden übereilte Integrationsschritte in diese Richtung die EU auf eine Zerreißprobe stellen.

Zugleich muss davor gewarnt werden, dem Vereinigten Königreich, etwa im Rahmen einer kontinentalen Partnerschaft (Pisani-Ferry et al., 2016), zu weit entgegenzukommen. Ein vollständiger Zugang zum Binnenmarkt, ohne zugleich die volle Personenfreizügigkeit zu gewährleisten, sollte dem Vereinigten Königreich nicht erlaubt werden. Die **Personenfreizügigkeit** ist Voraussetzung für die **Entstehung eines gemeinsamen europäischen Arbeitsmarkts**. Sie hat damit eine wichtige Funktion im Binnenmarkt, insbesondere aber für die Europäische Währungsunion (EWU). Das Entgegenkommen gegenüber dem Vereinigten Königreich würde nicht zuletzt eine Einladung für Nachahmer bedeuten und könnte zu einer Bedrohung für die mit der Europäischen Wirtschafts- und Währungsunion erreichte Integration werden.

349. Ähnlich kritisch ist die Idee einer atmenden Währungsunion zu sehen (Sinn, 2016). Die institutionalisierte Option des Aus- und Eintritts in die Währungsunion würde das Versprechen ihrer Unumkehrbarkeit vollständig seiner Glaubwürdigkeit berauben. Die Währungsunion würde aus Sicht der Finanzmärkte zu einem festen Wechselkurssystem mutieren, gegen das zu spekulieren sich lohnen würde. Die **atmende Währungsunion** wäre **keine Währungsunion** mehr. Es wäre dann ehrlicher, ihre Abwicklung zu fordern. Dies lehnt der Sachverständigenrat allerdings angesichts der damit verbundenen wirtschaftlichen Kosten für die beteiligten Mitgliedstaaten ab. Dies bedeutet nicht, dass ein Mitgliedstaat in der Währungsunion bleiben kann, wenn er fortlaufend gegen deren Regeln und Vereinbarungen verstößt. In einem solchen Fall muss ein Ausscheiden aus der Währungsunion als Ultima Ratio möglich sein (SG 2015 Ziffer 93).

↘ KASTEN 11

Aktuelle Vorschläge zur Reform der EU

Die Brexit-Entscheidung und das bevorstehende 60-jährige Jubiläum der Verträge von Rom geben Anstoß zu einer Diskussion der Weiterentwicklung der EU. Diese komplementieren die Vorschläge zu Reformen der Währungsunion, die infolge der Eurokrise aufgeworfen wurden und sich in einigen Elementen auf die gesamte EU erstrecken.

Ayrault und Steinmeier (2016) schlagen eine Union für eine gemeinsame Sicherheits- und Verteidigungspolitik sowie eine gemeinsame europäische Asyl- und Einwanderungspolitik vor. Für Asylsuchende sollten Normen und Verfahren harmonisiert werden, unter anderem durch den Aufbau einer europäischen Asylagentur. Für den Umgang mit erhöhter Arbeitsmigration von außerhalb der EU soll die Einführung eines europäischen Einwanderungsrechts geprüft werden. Für die Währungsunion schlagen die Autoren unter anderem die Ernennung eines ständigen Präsidenten der Eurogruppe und den schrittweisen Aufbau einer Fiskalkapazität im Zuge von Fortschritten bei gemeinsamen haushalts- und wirtschaftspolitischen Entscheidungen vor.

Pisani-Ferry et al. (2016) konzentrieren sich auf das zukünftige Verhältnis der EU zum Vereinigten Königreich im Rahmen einer **kontinentalen Partnerschaft**, die allerdings eine neue Sichtweise auf die EU impliziert. Die Autoren betonen dabei die funktionale Definition des Binnenmarkts als Zollunion mit einheitlichen Regeln oder Mindeststandards und gemeinsamer Wettbewerbspolitik sowie einem Beitrag zu gemeinsamen öffentlichen Gütern. Damit wird die Bedeutung der vier Freiheiten beim Waren-, Dienstleistungs-, Kapital- und Personenverkehr herabgestuft. Die Autoren argumentieren, dass gewisse Elemente – wie etwa die Arbeitnehmerfreizügigkeit – eingeschränkt werden könnten, ohne den Binnenmarkt zu beeinträchtigen. Diese Einschränkungen würden eine Basis für ein Abkommen zwischen der EU und dem Vereinigten Königreich bilden. Andere Elemente des Vorschlages betreffen die Beteiligung der Partner bei der EU-Gesetzgebung sowie Beiträge zum EU-Haushalt. Die Autoren erwägen eine Ausweitung des Partnerschaftsmodells auf die Türkei, diskutieren aber nicht die Möglichkeit, dass andere Mitgliedstaaten zur Nachahmung angeregt werden.

Andere Beiträge schlagen Reformen der Europäischen Währungsunion und der EU vor. Der **Bericht der fünf Präsidenten** sieht eine zweistufige Vertiefung der Währungsunion hin zu einer politischen Union vor (Juncker et al., 2015). In einer ersten Stufe sollen die Wettbewerbsfähigkeit und strukturelle Konvergenz gefördert sowie eine vollständige Banken- und Kapitalmarktunion und eine verantwortungsvolle Haushaltspolitik durch Reform des europäischen Semesters und Etablierung eines europäischen Fiskalrats herbeigeführt werden. In einer zweiten Stufe sollen Zielvorgaben für den Konvergenzfortschritt vorgegeben werden, von deren Erreichung die Teilnahme an einer Fiskalunion zur makroökonomischen Stabilisierung geknüpft ist, also einem euroraumweiten Schatzamt. Das im Frühjahr 2017 erwartete Weißbuch der Europäischen Kommission wird den Fortschritt der ersten Stufe bewerten und Maßnahmen für den Übergang zur zweiten Stufe vorschlagen.

Enderlein et al. (2016) schlagen einen intergouvernementalen Ansatz aus drei Elementen vor. Zunächst solle die Europäische Währungsunion krisensicherer gemacht werden. Unter anderem gehöre dazu die Ausstattung des Europäischen Stabilitätsmechanismus (ESM) mit einem schnellen Reaktionsmechanismus (einem gemeinsam von den Mitgliedstaaten vorfinanzierten oder zweckgebundenen Fonds im Umfang von 200 Mrd Euro zur ersten Krisenreaktion, beispielsweise zum Aufkauf von Staatsanleihen auf dem Sekundärmarkt), die Ergänzung der Bankenunion durch eine Risikoteilung zwischen nationalen Einlagensicherungssystemen und eine Überarbeitung der Fiskalregeln. Dann sollten durch Strukturreformen und öffentliche sowie private Investitionen mehr Wachstum und eine fortschreitende Konvergenz in der mittleren Frist erreicht werden. Zuletzt soll die Währungsunion mittels Änderung der Verträge durch eine politische Union ergänzt werden.

Sinn (2016) schlägt vor, dass die EWU zu einer „**atmenden Währungsunion**" mit geregelten Ein- und Austritten umgebaut werden solle. Dies könne Mitgliedstaaten die Möglichkeit geben, durch eine mit einem Austritt verbundene Abwertung wieder wettbewerbsfähig zu werden und anschließend wieder in die EWU einzutreten. Für die EWU bedürfe es außerdem einer Konkursordnung für Staaten und einer Reihe von Änderungen im Zusammenhang mit der EZB. Für die EU werden die Einführung eines Subsidiaritätsgerichts, der Aufbau europaweiter Netze (etwa für Strom, Gas, Internet und Telefonie), die Einrichtung einer gemeinsamen Armee, eine gemeinsame Grenzsicherung und Sicherheitspolitik sowie neue gemeinsame Asyl- und Migrationsregeln gefordert. Außerdem schlägt Sinn (2016) vor, in der EU das Heimatlandprinzip für Migranten anzuwenden. Jeder EU-Bürger würde dabei lediglich die Sozialleistungen seines Geburtsstaats erhalten, wenn er innerhalb der EU migriert, sofern er nicht durch Steuern und Beiträge bereits genügend zu den sozialen Sicherungssystemen im Gastland beigetragen hat. Im Hinblick auf einen möglichen Brexit solle Ländern wie dem Vereinigten Königreich, der Türkei oder der Ukraine die Möglichkeit gegeben werden „assoziierte EU-Mitglieder" zu werden. Diese würden zwar die drei Grundfreiheiten der EU, freien Waren-, Dienstleistungs- und Kapitalverkehr, mit den EU-Mitgliedstaaten teilen, aber nicht die Personenfreizügigkeit.

350. Diese Einschätzungen des Sachverständigenrates verdeutlichen, dass Personenfreizügigkeit vor allem als Arbeitnehmerfreizügigkeit zu verstehen ist. Eine Migration in die Sozialsysteme ist hingegen nicht wünschenswert. Eine verzögerte Integration in die Sozialsysteme stellt aus dieser Sicht die Personenfreizügigkeit nicht infrage. Das Vereinigte Königreich könnte sich etwa an den in der Schweiz zur Umsetzung der Masseneinwanderungsinitiative im September 2016 beschlossenen „**Inländervorrang light**" anlehnen, um die Sorge der britischen Bevölkerung vor ungeordneter Zuwanderung aufzunehmen. Die Schweizer Regelung sieht bei hoher Zuwanderung eine Vorabmeldung offener Stellen an die Regionalen Arbeitsvermittlungen (RAV) vor der öffentlichen Ausschreibung vor. Die Unternehmen wären aber nicht gezwungen, die ihnen von den RAV vermittelten Inländer einzustellen. ↘ KASTEN 10 Dies dürfte keinen Verstoß gegen das Prinzip der Personenfreizügigkeit darstellen.

3. EU-Finanzen neu ordnen

351. Ein dritter größerer Kritikpunkt der „leave"-Kampagne richtete sich gegen die ineffiziente Mittelverwendung der EU. Die Kampagne argumentierte, dass der britische Beitrag zum EU-Haushalt besser im Inland eingesetzt werden könne.

352. Die Beiträge der EU-Mitgliedstaaten fließen in den EU-Haushalt. Dieser wird verwendet, um die Aufgaben der EU zu finanzieren, und konzentriert sich, gemäß seiner historischen Entwicklung, auf die **Agrar-, Struktur- und Kohäsionspolitik**. Das Vereinigte Königreich ist eines der Länder, das sich am stärksten gegen weitere Erhöhungen des EU-Haushalts und für eine Verschiebung der Ausgabenschwerpunkte von Verwaltung und Landwirtschaft zu Innovation, Wachstum sowie Forschung und Entwicklung ausgesprochen hat. Im Jahr 2015 gingen 40 % des EU-Haushalts an den Bereich „Nachhaltiges Wachstum: natürliche Ressourcen", der die Agrarausgaben beinhaltet, und 6 % an die Verwaltung. Für die „wirtschaftliche, soziale und territoriale Kohäsion" wurden 35 % des Budgets aufgewendet und für den Bereich „Wettbewerbsfähigkeit für Wachstum und Beschäftigung", der die Innovations- und Forschungsprogramme umfasst, lediglich 12 %.

353. Diese **Priorisierung** ist schon lange **nicht mehr zeitgemäß** (Feld, 2005b). Zum einen stellt sich die Lebensmittelversorgung in der EU als sicher und erschwinglich dar. Das umfangreiche System an Agrarsubventionen begünstigt Überproduktion und bevorteilt vor allem große landwirtschaftliche Betriebe und Grundeigentümer (Europäischer Rechnungshof, 2016). Zum anderen ist die aktuelle Struktur- und Kohäsionspolitik nicht effektiv, zumal die Mittel zugleich an wirtschaftlich schwächere und stärkere Regionen fließen. Zudem kann empirisch ein abnehmender Grenzertrag der Strukturmittel festgestellt werden (Becker et al., 2012). Es ist darüber hinaus nicht klar, ob die Strukturmittel einen positiven Effekt auf das Wachstum und die Konvergenz der geförderten Regionen haben (Mohl und Hagen, 2010) und ob dadurch keine negativen Effekte für die umliegenden Regionen entstehen können (Breidenbach et al., 2016).

354. Dagegen gibt es **neue Herausforderungen**, die durch eine angemessene Finanzierung besser zu bewältigen wären, wie etwa Ausgaben in Verbindung mit der Flüchtlingsmigration oder einer gemeinsamen Sicherheitspolitik. ↘ ZIFFER 336 Um aktuellen Herausforderungen besser begegnen zu können, sollte die Allokation der EU-Haushaltsmittel stärker flexibilisiert werden. Bisher wird auf Basis eines siebenjährigen Finanzrahmens die Allokation der Mittel zu verschiedenen Politikbereichen festgelegt. Dies sollte bereits bei den anstehenden Verhandlungen für den nächsten mehrjährigen Finanzierungsrahmen für den Zeitraum 2021 bis 2027 berücksichtigt werden. Um diese Aufgaben zu bewältigen, benötigt die EU keine eigene Steuer (Wissenschaftlicher Beirat beim BMF, 2016).

355. Eine stärkere **Verknüpfung von EU-Strukturmitteln mit den länderspezifischen Empfehlungen** der Europäischen Kommission ist wünschenswert. Das Europäische Semester zielt bereits auf eine engere Verbindung zwischen den länderspezifischen Empfehlungen und der EU-Strukturförderung. Insbesondere im Rahmen von Defizit- oder Ungleichgewichtsverfahren kann eine

Konditionalität auferlegt werden, welche die Freigabe der Finanzmittel von der Umsetzung vereinbarter Reformen abhängig macht. Hierdurch könnten die bisher schwachen Sanktionsmöglichkeiten der Europäischen Kommission gegenüber solchen Mitgliedstaaten, die Strukturmittel beziehen, gestärkt werden.

V. FAZIT: DAS EUROPÄISCHE PROJEKT DURCH MEHR SUBSIDIARITÄT STÄRKEN

356. Derzeit besteht wenig Klarheit über die **Verhandlungsziele oder -strategie** des Vereinigten Königreichs. Die Verhandlungen zwischen dem Vereinigten Königreich und der EU werden sich voraussichtlich länger hinziehen und einen ungewissen Ausgang haben. Über die **makroökonomischen Effekte** eines Brexit herrscht ebenfalls hohe Unsicherheit. In der kurzen Frist zeichnen sich bislang aber nur moderate Effekte ab. In der langen Frist hängen die ökonomischen Auswirkungen entscheidend vom Ergebnis der Austrittsverhandlungen ab.

357. Zunächst sollte versucht werden, die Unsicherheit sowie den möglichen Schaden für die EU und das Vereinigte Königreich zu minimieren. Das derzeit von der britischen Regierung bevorzugte individuelle Abkommen mit der EU darf jedoch nicht zum „Rosinenpicken" führen. Die **Verhandlungen für ein Nachfolgeabkommen** müssen die Konsistenz mit bestehenden Verhältnissen zu Drittstaaten wie der Schweiz oder Norwegen und die Gefahr der Nachahmung durch andere EU-Mitgliedstaaten berücksichtigen.

358. Selbst wenn die Europaskepsis im Vereinigten Königreich seit jeher größer war als in anderen Teilen der EU, so bereitet der verstärkte Trend europakritischer Stimmen in einigen Mitgliedstaaten Sorgen. Der EU muss dabei zur Last gelegt werden, dass sie es versäumt hat, die **Vorzüge der EU**, die Frieden und Wohlstand als oberste Ziele verfolgt, klarer zu vermitteln. Dass EU-Institutionen oft als Sündenbock von nationalen Regierungen dienen müssen, tröstet genauso wenig wie der Hinweis, dass im Brexit-Referendum der Protest der britischen Wähler gegen ihre Regierung zum Ausdruck gekommen sein könnte.

359. Daher müssen die richtigen **Lehren aus der Volksbefragung** im Vereinigten Königreich gezogen werden. Zur Stärkung von Souveränität und Demokratie spricht sich der Sachverständigenrat für eine stärkere Beachtung des **Subsidiaritätsprinzips** aus. Zusätzlich ist eine Neuordnung der EU-Finanzen dringend geboten. Während die hohen Agrarsubventionen erhebliche Marktverzerrungen bewirken, sollten die Strukturmittel besser auf die länderspezifischen Empfehlungen der Europäischen Kommission abgestimmt sein, um effizienter wirken zu können.

360. Eine Einschränkung der Personenfreizügigkeit würde die Entstehung eines gemeinsamen europäischen Arbeitsmarkts erheblich behindern und damit den Binnenmarkt in der EU, insbesondere aber in der Europäischen Währungsunion

schwächen. Allenfalls lassen sich Modifikationen vorstellen, die im Sinne des in der Schweiz geplanten „Inländervorrangs light" einen zeitlichen Vorsprung für Inländer bei der Arbeitsvermittlung vorsehen. Um Fehlanreizen vorzubeugen, ist eine **verzögerte Integration in die Sozialsysteme** denkbar. Bei der Personenfreizügigkeit geht es um Migration in die Arbeitsmärkte, nicht in die Sozialsysteme.

361. Ungeachtet der europaskeptischen Stimmen in der EU wurden im Kontext eines möglichen Brexit Vorschläge zur Vertiefung der Integration wiederbelebt. ↘ KASTEN 11 Der Sachverständigenrat warnt vor **übereilten Integrationsschritten** (SG 2015 Ziffern 94 ff.):

– Die Schaffung einer **gemeinsamen Fiskalkapazität** ist weder notwendig noch zielführend (JG 2013 Ziffern 324 ff.), da der politische Wille für eine europäische Finanzpolitik fehlt und die Gefahr von dauerhaften, einseitigen Transfers zwischen den Mitgliedstaaten besteht. Die Kapital- und Kreditmärkte können hingegen einen wesentlichen Beitrag zur Schockabsorption leisten (Feld und Osterloh, 2013).

– Ebenfalls nicht zielführend ist eine **europäische Arbeitslosenversicherung**, da sich die bestehenden Arbeitsmarktregeln in der EU stark unterscheiden. Die Ausgestaltung der Sozial- und Arbeitsmarktpolitik befindet sich in der Verantwortung der Mitgliedstaaten. Eine gemeinsame Arbeitslosenversicherung würde daher große Anreizprobleme mit sich bringen.

– Die **Harmonisierung der Wirtschaftspolitik**, etwa im Rahmen der Verfahren bei einem makroökonomischen Ungleichgewicht oder bei Vorschlägen für die Koordination von Lohnsetzungen, ist kritisch zu sehen. Zum einen ist aus ökonomischer Sicht die Frage zu stellen, ob eine Harmonisierung nicht den Wettbewerb und somit die Effizienz behindert. Zum anderen ist die Steuerungsfähigkeit der Staaten begrenzt. Eine Harmonisierung würde gleichzeitig einen höheren Interventionsgrad der Wirtschaftspolitik bedingen.

362. Der Sachverständigenrat sieht die Notwendigkeit **weiterer Integrationsschritte** vor allem in folgenden Bereichen:

– Eine größere Kompetenz der EU im Bereich der **inneren Sicherheit** und dem **Schutz der Außengrenzen** würde einen bedeutsamen Fortschritt bei der Bekämpfung der organisierten Kriminalität und dem Terrorismus darstellen. Zugleich ließe sich eine geordnete Migrations- und Asylpolitik in Europa betreiben. Dies erfordert eine Aufwertung von Europol und Frontex, läuft aber nicht einfach auf mehr Mittel für beide Institutionen hinaus. Vielmehr müssten ihnen mehr Kompetenzen zum eigenständigen Handeln zukommen. Hilfreich wäre zudem eine bessere Synchronisierung der Karrierewege von Europol und Frontex mit den jeweiligen nationalen Behörden, aus denen diese ihr Personal rekrutieren. So würde die Durchlässigkeit der Sicherheitsbehörden erhöht.

– Der Sachverständigenrat befürwortet eine stärkere Integration der europäischen Kapitalmärkte im Sinne einer **Kapitalmarktunion**, um wohlfahrtssteigernde Risikodiversifikationen zu ermöglichen. Dazu werden weitere

Standardisierungen und Harmonisierungen notwendig, etwa bei der Verbriefung von Unternehmenskrediten oder den rechtlichen Grundlagen der Stellung von Sicherheiten.

— Eine EU-weite **Klimapolitik** könnte klimapolitische Ziele, zum Beispiel für den CO_2-Ausstoß, effizienter erreichen als ein nationales Vorgehen, da Emissionsvermeidungskosten regional variieren. Dies ließe sich über eine Stärkung des europaweiten Emissionshandels erreichen.

Eine andere Meinung

363. Ein Mitglied des Rates, Peter Bofinger, kann sich nicht der Auffassung der Mehrheit anschließen, dass es zur Stärkung der Europäischen Union (EU) vor allem darauf ankommt, das Subsidiaritätsprinzip zu stärken.

364. Als „richtige Lehre" aus der Volksbefragung im Vereinigten Königreich plädiert die Mehrheit in erster Linie dafür, das **Subsidiaritätsprinzip** in den Vordergrund zu rücken und die EU effizienter auf ihre Kernaufgaben zu konzentrieren. Zudem müsse es der EU gelingen, ihre Vorteile klarer zu vermitteln.

365. Es stellt sich dabei die Frage, ob die Unzufriedenheit vieler Bürger mit der EU tatsächlich in erster Linie durch eine überzogene Kompetenzaneignung der EU und eine zu schwache Subsidiaritätskontrolle zu erklären ist. Befragungen wie beispielsweise das Eurobarometer (Europäische Kommission, 2016) zeigen, dass die **Einwanderung** aktuell von 48 % der Bürger als das vordringlichste **Problem der Europäischen Union** genannt wird. Als das wichtigste Problem, dem das **eigene Land** gegenübersteht, sieht ein Drittel der Europäer die **Arbeitslosigkeit**. Auch wenn die Gewichtung dieses Problems in den vergangenen Jahren zurückgegangen ist, spiegelt sich darin die nach wie vor hohe und gegenüber dem Höhepunkt im Jahr 2013 nur um knapp 2 Prozentpunkte zurückgegangene Arbeitslosenquote der EU wider. Dabei dürfte die hohe Arbeitslosigkeit einen wesentlichen Grund für die Befürchtungen vor der Migration darstellen.

366. Für **Deutschland** lässt sich zeigen, dass Anhänger der AfD mehrheitlich der Auffassung sind, eine Mitgliedschaft in der EU sei nachteilig für Deutschland. Gleichzeitig fühlt sich diese Gruppe in besonderer Weise von der gesellschaftlichen Wohlstandsentwicklung abgekoppelt (Köcher, 2016). ↘ ABBILDUNG 43 Der negative Zusammenhang zwischen der Einkommenssituation und der Einschätzung der wirtschaftlichen Integration zeigt sich auch in den Analysen zum Abstimmungsverhalten im Brexit-Referendum (Zoega 2016, ↘ KASTEN 8 SEITE 139). Eine Studie von Ioannou et al. (2015) kommt für die EU zu dem Befund, dass eine höhere Arbeitslosigkeit im eigenen Land und ein höherer öffentlicher Schuldenstand in anderen Ländern in einem negativen Zusammenhang zum Vertrauen in die EU stehen.

↘ ABBILDUNG 43
Umfrage zur Einschätzung der wirtschaftlichen Lage und zu den Präferenzen bezüglich der EU-Mitgliedschaft

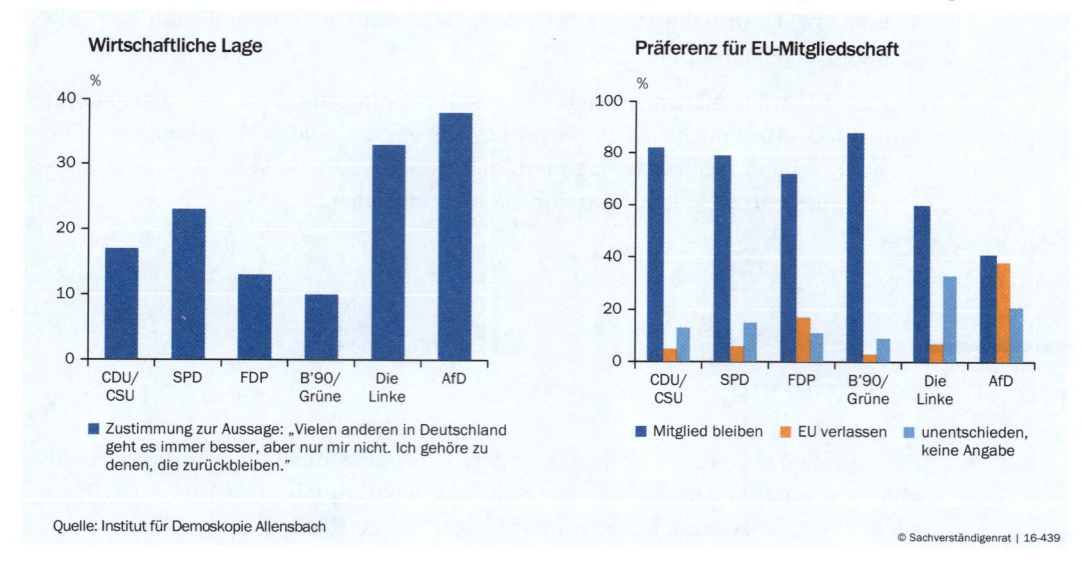

Wirtschaftliche Lage

Zustimmung zur Aussage: „Vielen anderen in Deutschland geht es immer besser, aber nur mir nicht. Ich gehöre zu denen, die zurückbleiben."

Präferenz für EU-Mitgliedschaft

Mitglied bleiben — EU verlassen — unentschieden, keine Angabe

Quelle: Institut für Demoskopie Allensbach

367. Bei der großen Bedeutung der Arbeitslosigkeit und des Pro-Kopf-Einkommens für die Einstellung zur EU erscheint es wenig zielführend, als Reaktion auf das Brexit-Votum allein die Subsidiarität zu stärken. Vielmehr sollte es darum gehen, alles zu tun, um das Wachstum zu fördern und die Arbeitslosigkeit möglichst deutlich zu reduzieren.

Wenn man – wie die Mehrheit – dafür Strukturreformen, die zu **Lohnsenkungen** führen, als besonders geeignet sieht, muss man sich der Problematik bewusst sein, dass diese Strategie innerhalb des Euro-Raums ein **Nullsummen-Spiel** darstellt. Es wäre damit nur eine Verbesserung der preislichen Wettbewerbsfähigkeit gegenüber Drittländern möglich. Bei der hohen Unsicherheit über die Determinanten des Euro-Wechselkurses ist jedoch völlig offen, ob sich dies tatsächlich realisieren lässt.

368. Es bietet sich daher an, die Wirtschaft des Euro-Raums durch ein breit angelegtes **Programm zur Förderung der Zukunftsfähigkeit** zu stärken. Es sollte nicht nur Infrastrukturinvestitionen, sondern auch zusätzliche Ausgaben im Bildungsbereich sowie für Forschung und Entwicklung umfassen. Um eine breite Wirkung zu entfalten, sollte es ein jährliches Volumen von 1 % des BIP haben und sich über einen Zeitraum von fünf Jahren erstrecken.

369. Die einfachste Form der Finanzierung bestünde darin, den Mitgliedstaaten, im Sinne der „Goldenen Regel" der Fiskalpolitik, hierfür einen entsprechenden zusätzlichen Spielraum bei den Regelungen des Stabilitäts- und Wachstumspakts einzuräumen. Dies würde nicht zwingend zu einem Anstieg der **Schuldenstandsquoten** führen. Die empirische Literatur (Batini et al., 2014) zeigt, dass Multiplikatoren in Phasen mit einer negativen Output-Lücke relativ hoch sind. Sie fallen noch stärker aus, wenn sich die Wirtschaft in einer Phase an der **Nullzins-Grenze** befindet; für Staatsausgaben werden dann sogar Werte von 2,3 bis 4 geschätzt (Batini et al., 2014). Dell'Erba et al. (2014) zeigen ebenfalls,

dass bei hartnäckigen Rezessionen die Multiplikatoren deutlich über den üblichen Werten liegen.

370. Eine die **Schuldenstandsquote senkende expansive Politik** ist dann bei relativ konservativen Parametern möglich. Unterstellt man einmal einen Multiplikator für zusätzliche Staatsausgaben in Höhe von 2 und zudem eine Relation der Steuereinnahmen zum BIP von 0,3, dann würde eine Erhöhung der Staatsausgaben um 1 Euro

— das BIP um 2 Euro erhöhen,

— die Verschuldung um 0,4 Euro erhöhen, weil den zusätzlichen Ausgaben zusätzliche Einnahmen von 0,6 Euro (30 % von den zusätzlich generierten 2 Euro) gegenüberstehen.

Bei einer hypothetischen Schuldenstandsquote von 100 % im Ausgangspunkt käme es dann zu einem Rückgang auf 98,4 %.

371. Die Möglichkeit, dass zusätzliche Staatsausgaben die Schuldenstandsquote reduzieren können, wurde kürzlich vom Vorsitzenden des US-amerikanischen Council of Economic Advisors, Jason Furman (2016), als Element eines **„new view" der Fiskalpolitik** präsentiert. In einer Situation, in der die Geldpolitik an Grenzen stößt, stelle die Fiskalpolitik eine besonders wirksame Ergänzung dar. Sie habe zudem des Potenzial eines „crowding-in" von privaten Investitionen durch stärkeres Wachstum. Dadurch würden die Inflationserwartungen steigen und damit auch die Realzinsen. Schließlich sei die Fiskalpolitik besonders wirksam, wenn sie in koordinierter Form erfolge, da dies zu positiven Spillover-Effekten führe.

372. Zudem hat man sich zu fragen, inwieweit ein **uneingeschränkter Steuerwettbewerb** innerhalb der EU mit deren Stabilität vereinbar ist. Wenn die gesellschaftliche Akzeptanz der Globalisierung allgemein und der Grundfreiheiten in der EU auf Dauer gesichert werden sollen, ist eine wirksame Umverteilung von den Gewinnern zu den Verlierern erforderlich. Der Steuerwettbewerb innerhalb der EU darf diese Distributionsaufgabe der Mitgliedstaaten nicht beeinträchtigen.

ANHANG

↘ TABELLE 19
Regressionsergebnisse zur Erklärung des "leave"-Stimmenanteils bei der Volksbefragung zur EU-Mitgliedschaft 2016[1]

	Wahlkreise		NUTS2-Regionen	
	(1)	(2)	(3)	(4)
Anteil der Bevölkerung mit Hochschulabschluss [Mittelwert: 26,7 %]	−1,01 *** (0,04)	−1,06 *** 0,04		
Anteil der Studierenden an der Bevölkerung [Mittelwert: 4,5 %]	−0,56 *** (0,07)			
Verhältnis der über 65-Jährigen zu den unter 15-Jährigen [Mittelwert: 96,8 %]	0,02 *** (0,01)			
Anteil der Bevölkerung mit Berufen im Verarbeitenden Gewerbe [Mittelwert: 9,4 %]	0,22 *** (0,08)	0,26 *** (0,09)	1,72 *** (0,30)	2,06 *** (0,29)
Veränderung des Anteils der Bevölkerung mit Berufen im Verarbeitenden Gewerbe (1981 – 2011) [Mittelwert: −17,2 Prozentpunkte]	0,07 * (0,04)	0,16 *** (0,03)	0,43 *** (0,11)	0,50 *** (0,13)
Veränderung des Wochenlohns (2002 – 2014) [Mittelwert: +29,0 %]	−0,04 *** (0,02)	−0,06 *** (0,02)		
Veränderung des Anteils der Bevölkerung mit Geburtsland außerhalb des Vereinigten Königreichs (2005 – 2015) [Mittelwert: 3,3 Prozentpunkte]	0,28 *** (0,07)	0,12 * (0,07)	0,57 * (0,36)	1,26 *** (0,43)
Anteil von Minderheiten [Mittelwert: 9,7 %]	−0,05 * (0,03)			
Einwohner je Hektar [Mittelwert: 14 700 Personen]		−0,96 *** (0,15)		
BIP je Einwohner [Mittelwert: 0,04 Mio Britische Pfund]			−1,72 *** (0,37)	
Durchschnittliches BIP-Wachstum (2004 – 2014) [Mittelwert: 2,2 %.]				−3,31 *** (0,82)
Schottland	−0,17 *** (0,01)	−0,18 *** (0,01)	−0,14 *** (0,01)	−0,12 *** (0,02)
Wales	−0,05 *** (0,01)	−0,07 *** (0,01)	−0,07 *** (0,02)	−0,07 *** (0,01)
Beobachtungen	375	375	39	39

1 – Fractional Logit-Regressionen mit 375 Wahlkreisen im Vereinigten Königreich (Spalten 1 und 2) und 39 NUTS2-Regionen (Spalten 3 und 4), jeweils ohne Nordirland. Abhängige Variable: Anteil der "leave"-Stimmen. Anteile beziehen sich auf Gesamtbevölkerung der jeweiligen Wahlkreise oder NUTS2-Regionen. Mittelwerte beziehen sich auf Stichprobe aus Regression in Spalte 1. Konstante ist in allen Regressionen inkludiert. Die Tabelle zeigt marginale Effekte an den Mittelwerten, außer für Länderdummies (Schottland und Wales) werden diskretionäre Effekte (von 0 bis 1) dargestellt. In den Klammern stehen robuste Standardfehler.

*, *** entsprechen einer Signifikanz auf dem 10 %- beziehungsweise 1 %-Niveau.

Quellen: Eurostat, UK Electoral Commission, ONS, eigene Berechnungen

© Sachverständigenrat | 16-402

↘ TABELLE 20
Abstimmungsverhalten bei der Volksbefragung zur EU-Mitgliedschaft 2016[1]

	Einheit	"remain" Regionen	"remain" Regionen (ohne inneres London)	"leave" Regionen	t-Statistik[2]
Anteil der Frauen an der Bevölkerung	%	50,9	51,0	50,9	0,0
Verhältnis der über 65-Jährigen zu den 18- bis 29-Jährigen		0,91	1,00	1,26	– 4,7 ***
Anteil der über 65-Jährigen an der Bevölkerung	%	14,5	15,4	17,6	– 2,8 ***
Medianalter		37,06	37,92	40,39	– 1,3
Anteil der Bevölkerung ohne formale Qualifikation	%	20,9	21,7	24,5	– 1,9 *
Anteil der Bevölkerung mit Hochschulabschluss (tertiäre Bildung)	%	32,7	30,7	23,7	4,5 ***
Anteil der Studenten an der Bevölkerung	%	7,5	7,1	4,3	4,2 ***
Anteil der britischstämmigen Bevölkerung	%	84,9	88,2	91,0	– 0,9
Anteil der Bevölkerung mit Geburtsort im gleichen Teil von UK	%	75,7	79,0	87,4	– 1,9 *
Anteil der Bevölkerung mit Geburtsland in der EU	%	8,3	6,9	4,1	6,4 ***
Anteil der Bevölkerung mit Geburtsland außerhalb der EU	%	18,2	15,1	5,7	8,1 ***
Veränderung des Anteils der britischstämmigen Bevölkerung von 2005 bis 2015	Prozentpunkte	– 4,3	– 4,5	– 3,6	– 1,3
Veränderung des Anteils der Bevölkerung mit Geburtsland in der EU von 2005 bis 2015	Prozentpunkte	2,9	2,7	2,2	1,8 *
Anteil der Bevölkerung ohne Reisepass	%	12,5	13,6	19,1	– 4,3 ***
Verhältnis der Teilzeitberufe zu den Vollzeitberufen		0,34	0,35	0,38	– 1,5
Anteil der Rentner und Pensionäre an der Bevölkerung	%	11,8	12,7	15,2	– 3,5 ***
Anteil der Bevölkerung mit Berufen in der Industrie und im Baugewerbe	%	14,7	15,8	20,4	– 4,2 ***
Anteil der Bevölkerung mit Berufen im Verarbeitenden Gewerbe	%	6,2	6,9	10,5	– 5,7 ***
Veränderung des Anteils der Bevölkerung mit Berufen im Verarbeitenden Gewerbe von 1981 bis 2011	Prozentpunkte	-16,9	-17,2	-19,0	1,1
Anteil der Bevölkerung mit Berufen in der Landwirtschaft	%	0,8	0,9	1,1	– 2,0 **
Anteil der Bevölkerung mit Berufen im Finanz- und Versicherungswesen	%	5,4	4,7	3,6	4,1 ***
Einwohner je Hektar		32,15	20,46	12,43	5,4 ***
Anteil der akademischen Berufe und Führungskräfte	%	31,0	30,0	25,6	2,7 ***
Anteil der Fachkräfte und Hilfsarbeitskräfte	%	43,7	45,4	51,2	– 2,0 **
Anteil der Bevölkerung mit guter und sehr guter Gesundheit	%	82,9	82,7	80,3	0,4
Anteil der weißen Bevölkerung	%	81,1	84,9	90,6	– 1,7 *
Anteil der afroamerikanischen Bevölkerung	%	5,3	3,5	1,7	4,9 ***
Anteil der asiatischen Bevölkerung	%	9,3	8,2	5,5	2,3 **
Durchschnittslohn (pro Jahr)	Pfund	32 960	30 733	25 694	3,6 ***
Durchschnittslohn (pro Woche)	Pfund	582	559	477	2,8 ***
Veränderung des Durchschnittslohns (pro Woche) von 2005 bis 2015	%	19	19	19	0,1
Medianeinkommen	Pfund	37 838	34 677	28 259	4,1 ***
Durchschnittspensionen	Pfund	17 531	17 412	15 281	2,0 **
Anteil der Stimmen für die "Conservative Party" bei der EU-Wahl 2014	%	22,9	23,5	24,3	– 0,9
Anteil der Stimmen für die "Labour Party" bei der EU-Wahl 2014	%	31,3	28,9	24,3	2,2 **
Anteil der Stimmen für "UKIP" bei der EU-Wahl 2014	%	18,3	19,8	33,3	– 7,3 ***
Wachstum des Bruttoinlandsprodukts in den letzten 10 Jahren	%	2,5	2,2	2,0	1,5
BIP je Einwohner	Euro	44 444,30	34 777,40	28 808,11	2,4
Arbeitslosenquote	%	5,2	4,9	5,4	– 0,2
Jugendarbeitslosenquote	%	14,9	14,2	14,7	0,1
Langzeitarbeitslosenquote	%	1,8	1,8	1,7	0,3
Index der regionalen Wettbewerbsfähigkeit		0,74	0,67	0,50	1,4
Zugesprochene EU-Regionalmittel (in Relation zum BIP)	%	0,26	0,30	0,40	– 0,6
Abhängigkeit von Exporten insgesamt in die EU	%	7,5	8,0	10,3	– 1,8 *
Abhängigkeit von Exporten des Verarbeitenden Gewerbes in die EU	%	23,5	23,6	30,8	– 1,5
Abhängigkeit von Dienstleistungsexporten in die EU	%	4,7	4,9	6,8	– 1,9 *

1 – Spalten zeigen Durchschnitte über britische Regionen (ohne Gibraltar) gewichtet nach der Bevölkerungszahl aus dem Zensus 2011. Unterteilung der Regionen, je nachdem, ob sie überwiegend für "leave" oder "remain" gestimmt haben. Die Regionen sind je nach Variable britische Wahlkreise (insgesamt 398, 128 "remain", 270 "leave") oder NUTS2-Regionen (insgesamt 40, 13 "remain", 27 "leave"). 2 – t-Test auf Signifikanz der Differenz zwischen "remain"- und "leave"-Regionen.
*, **, *** entsprechen einer Signifikanz auf dem 10 %-, 5 %- beziehungsweise 1 %-Niveau.
Quellen: UK Electoral Commission, Electoral Office for Northern Ireland, Office of National Statistics (ONS), Northern Ireland Statistic & Research Agency (NISRA), Eurostat, Springford et al. (2016), Europäische Kommission (Info-Regio), eigene Berechnungen

© Sachverständigenrat | 16-403

LITERATUR

Aichele, R. und G. Felbermayr (2015), *Costs and benefits of a United Kingdom exit from the European Union*, Studie im Auftrag der Bertelsmann Stiftung, Gütersloh.

Alesina, A., I. Angeloni und L. Schuknecht (2005), What does the European Union do?, *Public Choice* 123, 275–319.

Arnorsson, A. und G. Zoega (2016), *On the causes of Brexit*, Birkbeck Working Papers in Economics and Finance 1605, University of London.

Ayrault, J.-M. und F.-W. Steinmeier (2016), *Ein starkes Europa in einer unsicheren Welt*, https://www.auswaertiges-amt.de/DE/Europa/Aktuell/160624-BM-AM-FRA_ST.html, abgerufen am 25.10.2016.

Badinger, H., M. Mühlböck, E. Nindl und W.H. Reuter (2014), Theoretical vs. empirical power indices: Do preferences matter?, *European Journal of Political Economy* 36, 158–176.

Bailey, A. (2016), *Letter from Financial Conduct Authority to Committee Chair regarding passports*, 17. August 2016, Financial Conduct Authority, London.

Baldwin, R. (1992), Measurable dynamic gains from trade, *Journal of Political Economy* 100, 162–174.

Baldwin, R. (1989), The growth effects of 1992, *Economic Policy* 4, 247–281.

Bank of England (2016), *Monetary policy summary and minutes of the monetary policy committee meeting ending on 3 August 2016*, London.

Banzhaf, J.F. (1965), Weighted voting doesn't work: A mathematical analysis, *Rutgers Law Review* 19, 317–343.

Barber, N., T. Hickman und J. King (2016), *Pulling the article 50 'Trigger': Parliament's indispensable role*, U.K. Constitutional Law Blog, ukconstitutionallaw.org, 27. Juni.

Batini, N., L. Eyraud, L. Forni und A. Weber (2014), *Fiscal multipliers: Size, determinants, and use in macroeconomic projections*, IMF Technical Notes and Manuals, Washington, DC.

Becker, S.O., P.H. Egger und M. von Ehrlich (2012), Too much of a good thing? On the growth effects of the EU's regional policy, *European Economic Review* 56, 648–668.

Bell, B., F. Fasani und S. Machin (2013), Crime and immigration: Evidence from large immigrant waves, *Review of Economics and Statistics* 95, 1278–1290.

Booth, S., C. Howarth, M. Persson, R. Ruparel und P. Swidlicki (2015), *What if...? The consequences, challenges & opportunities facing Britain outside EU*, Report 03/2015, OpenEurope, London.

Borjas, G.J. (1999), Immigration and welfare magnets, *Journal of Labor Economics* 17, 607–637.

Breidenbach, P., T. Mitze und C.M. Schmidt (2016), *EU structural funds and regional income convergence - A sobering experience*, CEPR Discussion Paper 11210, London.

Bruno, R., N. Campos, S. Estrin und M. Tian (2016), *Technical appendix to 'The impact of Brexit on foreign investment in the UK' - Gravitating towards Europe: An econometric analysis of the FDI effects of EU membership*, Centre for Economic Performance, London School of Economics and Political Science.

Butler, D. und U. Kitzinger (1976), *The 1975 Referendum*, Macmillan, Basingstoke.

CEPS (2014), *ECB banking supervision and beyond - Report of a CEPS task force*, Center for European Policy Studies, Brüssel.

Darvas, Z. (2016), *Single market access from outside the EU: three key prerequisites*, bruegel.org, 19. Juli.

De Giorgi, G. und M. Pellizzari (2009), Welfare migration in Europe, *Labour Economics* 16, 353–363.

Dell'Erba, S., K. Koloskova und M. Poplawski-Ribeiro (2014), *Medium-term fiscal multipliers during protracted recessions*, IMF Working Paper 14/213, Washington, DC.

Deutsche Bundesbank (2016), *Monatsbericht* August 68 (8), Deutsche Bundesbank.

Dhingra, S., G. Ottaviano, T. Sampson und J. Van Reenen (2016), *The consequences of Brexit for UK trade and living standards*, Centre for Economic Performance, London School of Economics and Political Science.

Dustmann, C. und T. Frattini (2014), The fiscal effects of immigration to the UK, *Economic Journal* 124, F593–F643.

Ebell, M. und J. Warren (2016), The long-term economic impact of leaving the EU, *National Institute Economic Review* 236, 121–138.

Enderlein, H. et al. (2016), *Repair and Prepare: Der Euro und Wachstum nach dem Brexit*, Bertelsmann Stiftung und Jacques Delors Institut, Gütersloh und Berlin.

Europäische Kommission (2016), *Standard-Eurobarometer 85 – Spring 2016*, Generaldirektion Kommunikation, Brüssel.

Europäische Kommission (2015), *Jahresbericht 2015 über die Anwendung der Grundsätze der Subsidiarität und der Verhältnismässigkeit*, Brüssel.

Europäische Kommission (2014), *Jahresbericht 2014 über die Anwendung der Grundsätze der Subsidiarität und der Verhältnismässigkeit*, Brüssel.

Europäische Kommission (2013), *Jahresbericht 2013 über die Anwendung der Grundsätze der Subsidiarität und der Verhältnismässigkeit*, Brüssel.

Europäischer Rat (2016), Schlussfolgerungen des Europäischen Rates, 18./19. Februar 2016, EUCO 1/16, Brüssel.

Europäischer Rechnungshof (2016), *Stützung der Einkommen von Landwirten: Ist das Leistungsmessungssystem der Kommission gut konzipiert und basiert es auf soliden Daten?*, Sonderbericht 01/2016, Luxemburg.

Europäisches Parlament (2016), *Article 50 TEU: Withdrawal of a member state from the EU*, Briefing, Brüssel.

European Constitutional Group (2003), *An appraisal of the constitutional treaty proposed by the European Convention*, Berlin, 11. November.

European Constitutional Group (1993), *A proposal for a European constitution*, Springer, London.

European Union Committee (2016), *The process of withdrawing from the European Union, 11th Report of Session 2015-16*, European Union Committee, House of Lords, London.

EZB (2016), *Von Experten der EZB erstellte gesamtwirtschaftliche Projektionen für das Euro-Währungsgebiet - September 2016*, Europäische Zentralbank, Frankfurt am Main.

Feld, L.P. (2007a), Zur ökonomischen Theorie des Föderalismus: Eine prozeßorientierte Sicht, in: Heine, K. und W. Kerber (Hrsg.): *Zentralität und Dezentralität von Regulierung in Europa*, Lucius & Lucius, Stuttgart, 31–54.

Feld, L.P. (2007b), Regulatory competition and federalism in Switzerland: Diffusion by horizontal and vertical interaction, in: Bernholz, P. und R. Vaubel (Hrsg.): *Political Competition and Economic Regulation*, Routledge, London, 200–240.

Feld, L.P. (2006), Nettozahler Deutschland?: Eine ehrliche Kosten-Nutzen-Rechnung, in: Wessels, W. und U. Diedrichs (Hrsg.): *Die neue Europäische Union: im vitalen Interesse Deutschlands?*; Studie zu Kosten und Nutzen der Europäischen Union für die Bundesrepublik Deutschland, Netzwerk Europäische Bewegung, Berlin, 93–113.

Feld, L.P. (2005a), The European constitution project from the perspective of constitutional political economy, *Public Choice* 122, 417–448.

Feld, L.P. (2005b), European public finances: Much ado about nothing?, in: van der Hoek, M. P. (Hrsg.): *Handbook of Public Administration and Policy in the European Union*, Vol. 113, CRC Press, Boca Raton, 257–310.

Feld, L.P. und G. Kirchgässner (1996), Omne agendas agendo perficitur: The economic meaning of subsidiarity, in: Holzmann, R. (Hrsg.): *Maastricht: Monetary Constitution Without a Fiscal Constitution?*, Nomos, Baden-Baden, 195–226.

Feld, L.P. und S. Osterloh (2013), *Is a fiscal capacity really necessary to complete EMU?*, Freiburger Diskussionspapiere zur Ordnungsökonomik 13/5, Walter Eucken Institut, Freiburg.

Feld, L.P., C.M. Schmidt, I. Schnabel und V. Wieland (2016), Den Zugang zum Sozialsystem bremsen, *Frankfurter Allgemeine Zeitung*, Frankfurt am Main, 29. August.

Fournier, J.-M., A. Domps, Y. Gorin, X. Guillet und D. Morchoisne (2015), *Implicit regulatory barriers in the EU single market*, OECD Economics Department Working Paper No. 1181, Paris.

Furman, J. (2016), Five principles to follow for a new fiscal policy, *Financial Times*, London, 20. Oktober.

Giulietti, C., M. Guzi, M. Kahanec und K.F. Zimmermann (2013), Unemployment benefits and immigration: Evidence from the EU, *International Journal of Manpower* 34, 24–38.

Giuntella, G., C. Nicodemo und C. Vargas-Silva (2015), *The effects of immigration on NHS waiting times*, IZA Discussion Papers 9351, Bonn.

Grimm, D. (2016), *Europa ja - aber welches? Zur Verfassung der europäischen Demokratie*, C.H. Beck, München.

Hammond, P. (2016), Rede, Konferenz der Conservative Party, Birmingham, 2. Oktober.

Henrekson, M., J. Torstensson und R. Torstensson (1997), Growth effects of European integration, *European Economic Review* 41, 1537–1557.

Hill, J. (2016), Rede, Chatham House, Royal Institute of International Affairs, London, 9. Juni.

Hilpert, D. und T. König (2016), *How does legislative override affect judicial behavior? The European Court of Justice and the separation of powers in the European Union*, Arbeitspapier, mimeo.

Hix, S., S. Hagemann und D. Frantescu (2016), *Would Brexit matter? The UK's voting record in the council and European Parliament*, VoteWatch Special Report, VoteWatch Europe, Brüssel.

HM Treasury (2016), *HM Treasury analysis: The long-term economic impact of EU membership and the alternatives*, Her Majesty's Treasury, London.

Hobolt, S. und C. Wratil (2016), *Which argument will win the referendum – Immigration, or the economy?*, http://blogs.lse.ac.uk/brexit/2016/06/21/which-argument-will-win-the-referendum-immigration-or-the-economy/, abgerufen am 25.10.2016.

Ioannou, D., J.-F. Jamet und J. Kleibl (2015), *Spillovers and euroscepticism*, ECB Working Paper 1815, Frankfurt am Main.

IWF (2016a), *United Kingdom: 2016 Article IV Consultation*, IMF Country Report No. 16/168, Washington, DC.

IWF (2016b), *United Kingdom: Selected issues*, IMF Country Report 16/169, Washington, DC.

Jackson, P. (2016), *Brexit – What happens to banking?*, VoxEU.org, 9. August.

Jaitman, L. und S. Machin (2013), Crime and immigration: New evidence from England and Wales, *IZA Journal of Migration* 2 (19), 1-23.

Juncker, J.-C., D. Tusk, J. Dijsselbloem, M. Draghi und M. Schulz (2015), *Completing Europe's economic and monetary union*, Europäische Kommission, Brüssel.

Junge, D., T. König und B. Luig (2015), Legislative gridlock and bureaucratic politics in the European Union, *British Journal of Political Science* 45, 777–797.

Kahanec, M. (2012), *Labor mobility in an enlarged European Union*, IZA Discussion Paper 6485, Bonn.

Kennan, J. und J.R. Walker (2010), Wages, welfare benefits and migration, *Journal of Econometrics* 156, 229–238.

Köcher, R. (2016), *Die AfD – Außenseiter mit Rückhalt*, Frankfurter Allgemeine Zeitung, Frankfurt am Main, 20. Oktober.

Landau, D. (1995), The contribution of the European Common Market to the growth of its member countries: An empirical test, *Weltwirtschaftliches Archiv* 131, 774.

Lannoo, K. (2016), *EU financial market access after Brexit*, CEPS Policy Brief September 2016, Brüssel.

Levine, P.B. und D.J. Zimmerman (1999), An empirical analysis of the welfare magnet debate using the NLSY, *Journal of Population Economics* 12, 391–409.

Lord Ashcroft Polls (2016), *EU referendum 'How Did You Vote' poll*, http://lordashcroftpolls.com/wp-content/uploads/2016/06/How-the-UK-voted-Full-tables-1.pdf, abgerufen am 25.10.2016.

Mansfield, I. (2014), *A blueprint for Britain: Openness not isolation*, The Institute of Economic Affairs, London.

McKinnish, T. (2007), Welfare-induced migration at state borders: New evidence from micro-data, *Journal of Public Economics* 91, 437–450.

McMahon, M. (2016), The implications of Brexit for the city, in: Baldwin, R. E. (Hrsg.): *Brexit beckons: Thinking ahead by leading economists*, CEPR Press, London, 95–101.

Medgyesi, M. und P. Pölöskei (2013*)*, *Access of mobile EU citizens to social protection*, Research Notes 10/2013, Europäische Kommission, Brüssel.

Minford, P. (2016), Brexit and Trade: What are the options?, in: Bootle, R. (Hrsg.): *The economy after Brexit*, Economists for Brexit.

Mohl, P. und T. Hagen (2010), Do EU structural funds promote regional growth? New evidence from various panel data approaches, *Regional Science and Urban Economics* 40, 353–365.

Nickell, S. und J. Saleheen (2015), *The impact of immigration on occupational wages: Evidence from Britain*, Staff Working Paper 574, Bank of England, London.

Oates, W.E. (1972), *Fiscal federalism*, Harcourt Brace Jovanovich, New York.

OECD (2016), *The economic consequences of Brexit: A taxing decision*, OECD Economic Policy Paper 16, Paris.

Ottaviano, G., J.P. Pessoa und T. Sampson (2014), *The costs and benefits of leaving the EU*, Technical Paper, Centre for Economic Performance, London School of Economics and Political Science.

Oxford Economics (2016), *Assessing the economic implications of Brexit - Executive summary*, London.

Pisani-Ferry, J., N. Röttgen, A. Sapir, P. Tucker und G.B. Wolff (2016), *Europe after Brexit: A proposal for a continental partnership*, Bruegel, Brüssel.

PwC (2016), *Leaving the EU: Implications for the UK economy*, PricewaterhouseCoopers, London.

PwC (2014), *Total tax contribution of UK financial services - Seventh edition*, Research Report, Bericht im Auftrag der City of London Corporation, PricewaterhouseCoopers, London.

Rienzo, C. (2016), *Characteristics and Outcomes of Migrants in the UK Labour Market*, Briefing, The Migration Observatory, Oxford.

Riphahn, R.T., M. Sander und C. Wunder (2010), The welfare use of immigrants and natives in Germany, *LASER Discussion Paper* 44, Nürnberg.

Schoenmaker, D. (2016), *Lost passports: A guide to the Brexit fallout for the city of London*, bruegel.org, 30. Juni.

Sinn, H.-W. (2003), *The new systems competition: A construction principle for Europe*, John Wiley & Sons, University of Oxford.

Sinn, H.-W. (2016), *Der schwarze Juni*, Herder, Freiburg.

Skupnik, C. (2014), EU enlargement and the race to the bottom of welfare states, *IZA Journal of Migration* 3, 1–21.

Spolaore, E. (2016), The political economy of European integration, in: Badinger, H. und V. Nitsch (Hrsg.): *Routledge handbook of the economics of European integration*, Routledge, Abingdon, 435–448.

Springford, J., S. Tilford, P. McCann, P. Whyte und C. Odendahl (2016), *Technical Appendix for „The Economic Consequences of Leaving the EU: The Final Report of the CER Commission on Brexit"*, Centre for European Reform, London.

SVR Migration (2013), *Erfolgsfall Europa? Folgen und Herausforderungen der EU-Freizügigkeit für Deutschland*, Jahresgutachten 2013 mit Migrationsbarometer, Sachverständigenrat deutscher Stiftungen für Integration und Migration, Berlin.

Tabellini, G. (2003), Principles of policymaking in the European Union: An economic perspective, *CESifo Economic Studies* 49, 75–102.

Tiebout, C.M. (1956), A pure theory of local expenditures, *Journal of Political Economy* 64, 416–424.

Vitek, F. (2015), *Macrofinancial analysis in the world economy: A panel dynamic stochastic general equilibrium approach*, IMF Working Paper 15/227, Washington, DC.

Vote Leave (2016), *Why Vote Leave*, http://www.voteleavetakecontrol.org/why_vote_leave.htm, abgerufen am 25.10.2016.

Wadsworth, J., S. Dhingra, G. Ottoviano und J. Van Reenen (2016), *Brexit and the impact of immigration on the UK*, CEP Brexit Analysis 5, Centre for Economic Performance, London School of Economics and Political Science.

Wall Street Journal (2015), *ECJ President On EU Integration, Public Opinion, Safe Harbor, Antitrust*, http://blogs.wsj.com/brussels/2015/10/14/ecj-president-on-eu-integration-public-opinion-safe-harbor-antitrust/, abgerufen am 25.10.2016.

Wissenschaftlicher Beirat beim BMF (2016), *Reform der EU-Finanzierung: Subsidiarität und Transparenz stärken*, Gutachten, Wissenschaftlicher Beirat beim Bundesministerium der Finanzen, Berlin.

Wissenschaftlicher Beirat beim BMF (2001), *Freizügigkeit und soziale Sicherung in Europa*, Gutachten, Wissenschaftlicher Beirat beim Bundesministerium der Finanzen, Berlin.

Woodford (2015), *The economic impact of Brexit*, Discussion Paper, Woodford Investment Management, Oxford.

Zoega, G. (2016), *On the causes of Brexit: Regional differences in economc prosperity and voting behavior*, VoxEU.org, 1. September.

NIEDRIGZINSEN WEDER FÜR DEN EURO-RAUM NOCH FÜR DEUTSCHLAND ANGEMESSEN

I. **Negative Zinsen und Geldpolitik**

II. **Massive Lockerung noch ausgeweitet**

III. **Starke Auswirkungen der Geldpolitik**
    1. Zinsstruktur, Wechselkurse und Vermögenspreise
    2. Gesamtwirtschaftliche Nachfrage und Inflation

IV. **Geldpolitik für den Euro-Raum nicht angemessen**
    1. Geldpolitik und Inflation
    2. Gleichgewichtszins, Zinsregeln und Schattenzinsen
    3. Risiken für Finanzsektor und Konsolidierungspolitik
    4. Debatte um die quantitative Interpretation des Preisstabilitätsmandats

V. **Zinsniveau für Deutschland zu niedrig**
    1. Makroökonomische Entwicklung und Zinsniveau
    2. Stabilisierungspolitische Optionen in Deutschland

VI. **Fazit: Anleihekäufe beenden**

Eine andere Meinung

Anhang

Literatur

DAS WICHTIGSTE IN KÜRZE

Der Anteil der Staatsanleihen mit mittel- bis langfristig negativen Renditen hat deutlich zugenommen. Ursache dieser Entwicklung ist in erster Linie die **äußerst expansive Geldpolitik**, insbesondere die massive Ausweitung der Aufkaufprogramme für Staatsanleihen und andere Wertpapiere seit Anfang des Jahres 2015. Die geldpolitischen Lockerungsmaßnahmen schlugen sich in einer Abwertung des Euro und starken Anstiegen bei den Aktien-, Immobilien- und anderen Vermögenspreisen nieder. Damit trug die Geldpolitik zur wirtschaftlichen Erholung im Euro-Raum bei. Doch die verbliebene Unterauslastung der Wirtschaft im Euro-Raum und eine verhaltene Inflationsdynamik können das Ausmaß der gegenwärtigen Lockerungsmaßnahmen nicht rechtfertigen.

Die mit dem BIP-Deflator gemessene Entwicklung der Preise der im Euro-Raum produzierten Güter und Dienstleistungen zeigt schon seit einiger Zeit stabile Inflationsraten von über 1 % an. Die **Europäische Zentralbank (EZB)** könnte deshalb **gelassener** auf den Harmonisierten Verbraucherpreisindex (HVPI) schauen, der in ihrer selbst gewählten Strategie im Vordergrund steht. Denn dieser weist vor allem aufgrund wiederholter Ölpreiseinbrüche immer noch Änderungsraten von nahe 0 % auf. Zinsreaktionsfunktionen legen nahe, dass die Geldpolitik gestrafft werden sollte, um sie an die makroökonomische Entwicklung anzupassen. Dies gilt selbst, wenn man wie die EZB von einem deutlichen Rückgang des langfristigen Gleichgewichtszinses ausgeht. Verlässliche empirische Evidenz für einen solchen Rückgang gibt es jedoch nicht.

Der Sachverständigenrat bekräftigt deshalb seine Einschätzung, dass es besser wäre, die Anleihekäufe zu verlangsamen und früher zu beenden. Dies würde helfen, **Risiken der Niedrigzinsen** für die Finanzstabilität und für die Fortsetzung der Konsolidierungs- und Reformpolitik in den Mitgliedstaaten zu reduzieren. Die steigenden Zinsänderungsrisiken im Bankensystem und die unzureichende fiskalische Konsolidierung im Euro-Raum bergen die Gefahr, dass die Notenbank aus Rücksicht auf Banken und Staaten den Ausstieg aus dieser Geldpolitik verzögert. Dann drohen jedoch größere Verwerfungen zu einem späteren Zeitpunkt.

Die niedrigen Langfristzinsen passen zudem keineswegs zur gesamtwirtschaftlichen Situation in Deutschland, die von einer leichten Überauslastung geprägt ist. Die Verbraucherpreise (ohne Energie) nehmen mit der langjährigen Durchschnittsrate zu, und der BIP-Deflator zeigt sogar einen überdurchschnittlichen Preisanstieg. Die EZB muss sich jedoch am Euro-Raum orientieren. Die Bundesregierung sollte deshalb ihre **Handlungsmöglichkeiten** nutzen, um das Fehlen einer an der deutschen makroökonomischen Entwicklung ausgerichteten Geldpolitik auszugleichen. Konjunkturell bedingt steigende Steuereinnahmen sollten zur Reduktion der Staatsschulden verwendet werden.

Strukturreformen, die das Potenzialwachstum erhöhen, würden ebenfalls dazu beitragen, eine zukünftige Überhitzung zu vermeiden. So wäre eine Steuerreform, welche die Effizienz des Steuersystems verbessert, hilfreich. Forderungen, die Staatsausgaben zu erhöhen, um positive Ausstrahlungseffekte auf die anderen Mitgliedstaaten zu erzielen, gehen dagegen in die falsche Richtung.

I. NEGATIVE ZINSEN UND GELDPOLITIK

373. Seit Beginn des Jahres 2015 notieren die Zinsen auf mehrjährige Staatsanleihen von Mitgliedstaaten des Euro-Raums mit hoher Bonität im negativen Bereich. Der Anteil der **Staatsanleihen mit negativen Renditen** hat seither noch **deutlich zugenommen**. Für die Gründungsstaaten der Europäischen Währungsunion insgesamt (ohne Luxemburg) stieg er bei den ein- bis zweijährigen Anleihen von 10 % Ende 2014 auf 80 % Mitte des Jahres 2016. Bei einer Laufzeit von zehn Jahren lag der Anteil bei 20 %. **Ursache** dieser Entwicklung ist in erster Linie die **äußerst expansive Geldpolitik**. Der wichtigste Faktor ist dabei nicht der Leitzins von Null oder der negative Zins auf kurzfristige Einlagen der Banken bei der Europäischen Zentralbank (EZB). Entscheidend sind die Anleihekaufprogramme und langfristigen Refinanzierungsgeschäfte der EZB. Diese Maßnahmen hat sie im Laufe des Jahres 2016 noch stark ausgeweitet.

    Laut EZB-Präsident Draghi sei letztlich jedoch nicht die Geldpolitik, sondern der **weltweite Überschuss von erwünschter Ersparnis** im Vergleich zu geplanten Investitionen für das Niedrigzinsumfeld verantwortlich. So habe der demografische Wandel die Sparneigung erhöht, insbesondere in China und in Deutschland, während langsameres Produktivitätswachstum zu einer schwächeren Investitionsnachfrage führe. Der Ersparnisüberschuss schlage sich in einem **niedrigeren Gleichgewichtszins** nieder und mache es erforderlich, den Einsatz der Geldpolitik zu intensivieren (Draghi, 2016a, 2016b).

374. Dagegen kommt der Sachverständigenrat wie bereits im Jahresgutachten 2015/16 zu dem Ergebnis, dass es angesichts der makroökonomischen Entwicklung angemessen wäre, die **Staatsanleihekäufe zu reduzieren und früher zu beenden**. Dabei sind neuere Schätzergebnisse für Gleichgewichtszinsen ebenso berücksichtigt wie die Risiken für Konjunktur, Preisentwicklung, Finanzstabilität sowie die Konsolidierungs- und Reformpolitik in den Krisenstaaten des Euro-Raums. Insbesondere sind die häufig zur Rechtfertigung dieser Politik angeführten **Schätzungen mittelfristiger Gleichgewichtszinsen**, die einen starken Rückgang anzeigen, **mit äußerst großer Unsicherheit behaftet** und reagieren sehr sensitiv auf veränderte technische Annahmen der Schätzmethodik. Schätzwerte langfristiger Gleichgewichtszinsen sind dagegen vergleichsweise wenig zurückgegangen. ↘ ZIFFER 415

    Ferner legen derzeit mehrere Indikatoren nahe, dass die **EZB-Politik** im Verhältnis zur Wachstums- und Inflationsentwicklung im Euro-Raum selbst bei einem gewissen Rückgang des Gleichgewichtszinses **zu expansiv** ist. Während die EZB vor allem den sehr vom Ölpreis abhängigen Harmonisierten Verbraucherpreisindex (HVPI) im Blick hat, zeigt der Deflator des Bruttoinlandsprodukts (BIP) an, dass die Preise aller im Euro-Raum produzierten Güter deutlich schneller steigen.

375. Es gibt derzeit eine intensive Debatte, ob die **quantitative Interpretation des Preisstabilitätsmandats** durch die EZB geändert werden sollte. So wird angeraten, das Ziel von unter, aber nahe 2 % Inflation gemessen am HVPI zu er-

höhen, um der Geldpolitik mehr Spielraum für zukünftige Zinssenkungen zu verschaffen. Dagegen spricht, dass eine Anpassung die Glaubwürdigkeit der Notenbank nachhaltig beschädigen dürfte. Selbst niedrige positive Inflationsraten führen zu merklichen Verzerrungen von Arbeits- und Produktionsentscheidungen aufgrund nominaler Lohn- und Preisrigiditäten und progressiver Steuersätze. Die EZB sollte deshalb ihre operative **Definition von Preisstabilität nicht verändern**. Die **Ausrichtung** ihrer Strategie **auf die mittlere Frist** eröffnet ihr aber Spielraum, andere Preismaße stärker zu berücksichtigen, die weniger vom Ölpreis abhängen.

376. Die expansive Politik der EZB hat erhebliche Auswirkungen auf den Euro-Raum und auf die deutsche Volkswirtschaft. Bei annähernder Vollauslastung, Wachstum über Potenzial und Inflation zwischen 1 % und 2 % gemessen am Kern-HVPI (ohne Energie- und Nahrungsmittelpreise) und am BIP-Deflator wäre in Deutschland normalerweise ein Geldmarktzins von 3 % bis 4 % zu beobachten. Das derzeit **negative Zinsniveau** für die kurze, mittlere und längere Frist ist deshalb **der wirtschaftlichen Situation in Deutschland keineswegs angemessen**. Es trägt zu verschiedenen außergewöhnlichen, teils gefährlichen Entwicklungen bei. Dazu zählen der rasche Anstieg der Vermögenspreise, zunehmende Zinsänderungsrisiken, die Gefährdung von Geschäftsmodellen von Banken und Versicherungen, die schwache Währung und der hohe Leistungsbilanzüberschuss. Da die Geldpolitik in der Währungsunion jedoch nicht mehr für stabilisierungspolitische Ziele in der deutschen Volkswirtschaft zur Verfügung steht, sind verbleibende Optionen zu prüfen. **Handlungsmöglichkeiten** bestehen im Rahmen der Fiskal-, Struktur- und makroprudenziellen Politik.

II. MASSIVE LOCKERUNG NOCH AUSGEWEITET

377. Bereits im September 2014 erklärte EZB-Präsident Draghi, die EZB werde mit umfangreichen Maßnahmen die Kreditvergabe der Banken erhöhen und die **Bilanz des Euro-Systems auf das Niveau des Jahres 2012** zurückführen. Zunächst wurden ein negativer Einlagezins, neue Ankaufprogramme für gedeckte Schuldverschreibungen sowie neue vierjährige Refinanzierungsgeschäfte mit Festzins eingeführt. Am 22. Januar 2015 hat die EZB die geplanten **Wertpapierkäufe auf Staatsanleihen ausgedehnt und erheblich beschleunigt**. Im Rahmen des Expanded Asset Purchase Programme (EAPP) sollten bis September 2016 monatlich Anleihen im Wert von 60 Mrd Euro aufgekauft werden – ein Gesamtwert von 1 140 Mrd Euro oder 11 % des BIP des Euro-Raums im Jahr 2015. Das EAPP umfasst das dritte Covered Bond Purchase Programme (CBPP3) für Pfandbriefe, das Asset-Backed Securities Purchase Programme (ABSPP) für Kreditverbriefungen und das Public Sector Purchase Programme (PSPP) für öffentliche Anleihen (JG 2015 Ziffern 279 ff.).

378. **Seit Ende 2015** hat der EZB-Rat die **geldpolitische Lockerung noch ausgeweitet**. ↘ ABBILDUNG 44 Eine detaillierte Chronologie findet sich in ↘ TABELLE 22, ANHANG. Im Dezember 2015 beschloss der EZB-Rat, das EAPP bis März 2017 zu

ABBILDUNG 44
EONIA-Tagesgeldsatz und Leitzinssätze der EZB sowie Struktur der EZB-Aktiva

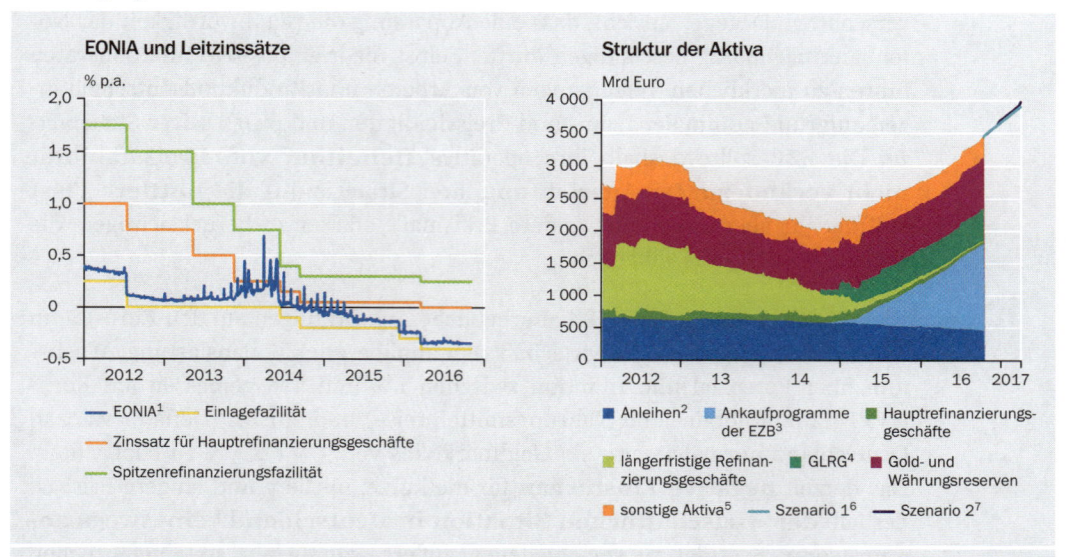

EONIA und Leitzinssätze (% p.a.)
— EONIA[1] — Einlagefazilität
— Zinssatz für Hauptrefinanzierungsgeschäfte
— Spitzenrefinanzierungsfazilität

Struktur der Aktiva (Mrd Euro)
■ Anleihen[2] ■ Ankaufprogramme der EZB[3] ■ Hauptrefinanzierungsgeschäfte
■ längerfristige Refinanzierungsgeschäfte ■ GLRG[4] ■ Gold- und Währungsreserven
■ sonstige Aktiva[5] — Szenario 1[6] — Szenario 2[7]

1 – Euro Overnight Index Average. 2 – Von Emittenten aus dem Euro-Raum, einschließlich der Käufe von Staatsanleihen (SMP, CBPP1 und 2) für geldpolitische Zwecke. 3 – CBPP3 (3. Covered Bond Purchase Programme), ABSPP (Asset-Backed Securities Purchase Programme), PSPP (Public Sector Purchase Programme) und CSPP (Corporate Sector Purchase Programme). 4 – GLRG-I und ab 29.06.2016 GLRG-II (Gezielte Längerfristige Refinanzierungsgeschäfte). 5 – Einschließlich sonstiger Kredite an Banken. 6 – Aktiva bleiben unverändert, bis auf die Ankaufprogramme. 7 – Szenario 1 zuzüglich GLRG-II des 1. und 2. Geschäfts auch im 3. und 4. Geschäft (jeweils rund 34 Mrd Euro).

Quelle: EZB

verlängern und damit um weitere 360 Mrd Euro zu erhöhen sowie Tilgungserlöse aus dem Bestand zu reinvestieren. Der Einlagezins wurde zunächst um zehn Basispunkte auf −0,3 % und im März 2016 auf −0,4 % reduziert. Zu diesem Termin senkte die EZB den Hauptrefinanzierungszins von fünf Basispunkten auf 0 %. Die EAPP-Anleihekäufe wurden ab April 2016 von 60 Mrd Euro auf 80 Mrd Euro erhöht, also bis März 2017 um 240 Mrd Euro insgesamt. Seit Juni 2016 umfassen die Anleihekäufe zusätzlich Unternehmensanleihen.

Nach derzeitigem Stand sollen bis zum Ende des EAPP **Anleihen im Wert von** 1 740 Mrd oder **16,6 % des BIP** im Euro-Raum gekauft werden. Ab Juni 2016 folgten **zusätzliche gezielte längerfristige Refinanzierungsgeschäfte** (GLRG II). Hiermit können sich Banken für vier Jahre zu einem negativen Festzins von bis zu −0,4 % refinanzieren, selbst wenn sie die Kreditvergabe nur wenig ausweiten.

379. Die EZB hat mit diesen Maßnahmen **negative Geldmarktzinsen durchgesetzt** ↘ ABBILDUNG 44 LINKS und die Bilanz des Euro-Systems mit einem Umfang von 3 450 Mrd Euro bereits deutlich über die vorherige Höchstmarke von 3 102 Mrd Euro vom Juli 2012 erhöht. ↘ ABBILDUNG 44 RECHTS Seit dem Tiefpunkt vom September 2014 mit 1 990 Mrd Euro nahm diese um 74 % zu (14 % des BIP). Bis März 2017 wird die **Bilanz etwa 4 000 Mrd Euro** erreichen und damit verdoppelt.

Während die gegenwärtige Ausweitung Ergebnis expansiver Maßnahmen ist, kam der vorherige Rückgang um etwa 11 % des BIP zwischen Sommer 2012 und Winter 2014 nicht durch restriktive Maßnahmen zustande. Vielmehr nutzten damals zahlreiche Geschäftsbanken die Möglichkeit der vorzeitigen Rückzahlung der dreijährigen Refinanzierungsgeschäfte vom Dezember 2011 und März 2012. Aufgrund von Spannungen an den Finanzmärkten trafen diese Geschäfte ursprünglich auf so große Nachfrage, dass die EZB-Bilanz von Mitte 2011 bis Mitte 2012 um etwa 1 000 Mrd Euro anstieg. Die Rückführung dieser Vorsichtskasse war somit ein Zeichen der Entspannung an den Finanzmärkten und des besseren Marktzugangs der Banken.

380. Die erste Serie **GLRG trug bereits erheblich zur bisherigen Bilanzausweitung** bei, indem sie die früher zurückgezahlten längerfristigen Refinanzierungsgeschäfte ablöste. ↘ ABBILDUNG 44 RECHTS Die ersten neun Geschäfte (GLRG I und GLRG II) beliefen sich insgesamt auf 492 Mrd Euro. ↘ ABBILDUNG 45 LINKS Im September und Dezember 2015 dürften die gestiegene Überschussliquidität und günstigere Finanzierungskonditionen die Nachfrage verringert haben. Im März 2016 zogen die Banken es vor, die neuen **vierjährigen GLRG II mit attraktiveren Konditionen** abzuwarten. Statt bisher bis zu 7 % können sie nun bis zu 30 % ihres ausstehenden Kreditvolumens aufnehmen. Theoretisch beläuft sich der Refinanzierungsspielraum auf etwa 1 500 Mrd Euro (de Groen et al., 2016).

Übertrifft die Nettokreditvergabe einer Bank vom 01.02.2016 bis 31.01.2018 eine individuelle Referenzgröße, wird der GLRG-II-Zins unter den Hauptrefinanzierungszins gesenkt. Die günstigste Finanzierung zum Einlagenzins von −0,4 % ergibt sich, wenn die Referenzgröße um 2,5 % überschritten wird. Zwischen 0 % und 2,5 % Überschreitung sinkt der Zins linear gestaffelt. Die Referenzgröße ist so gewählt, dass die Hürde niedrig bleibt. Lag die Nettokreditvergabe vom 01.02.2015 bis 31.01.2016 bei Null oder war positiv, ist Null die Referenzgröße. Bei negativer Nettokreditvergabe wird sie entsprechend reduziert. Das erste GLRG-II-Geschäft im Juni 2016 hatte einen Umfang von 399 Mrd Euro, etwa 8 % weniger als erwartet. 368 Mrd Euro wurden aus dem GLRG I getauscht, sodass die Nettonachfrage 31 Mrd Euro entsprach.

381. Der bei Weitem **größte Treiber der Bilanzausweitung** ist der Kauf von **Staatsanleihen** (PSPP). ↘ ABBILDUNG 45 RECHTS Seit Einführung des Programms wurden öffentliche Anleihen in Höhe von 1 100 Mrd Euro erworben. Damit beläuft sich der PSPP-Anteil auf knapp 32 % der Bilanzsumme. Gekauft werden Anleihen von Staaten, Emittenten mit Förderauftrag und europäischen Institutionen (JG 2015 Ziffer 282). Die Länderaufteilung richtet sich nach dem Kapitalschlüssel der EZB. Auf Deutschland entfällt mit 26,6 % der größte Anteil. Im Juni teilte die EZB (2016a) zudem mit, dass sie die Aufnahme griechischer Staatsanleihen in das PSPP prüft. Sollte dies geschehen, dürften die Renditen der griechischen Staatsanleihen erheblich sinken. Angesichts der geringen Fortschritte des Konsolidierungs- und Reformprozesses in Griechenland hält der Sachverständigenrat diesen Schritt für verfrüht.

382. Das Euro-System hält inzwischen einen erheblichen Anteil der nach den derzeitigen PSPP-Kriterien erwerbbaren Anleihen. Für die Gründungsstaaten (ohne Luxemburg) sind nur noch gut 50 % verfügbar. Die LBBW (2016a) rechnet damit, dass der erwerbbare Umfang für Deutschland im Februar nächsten Jahres erschöpft sein wird. Ein wichtiger Grund ist die Renditeuntergrenze: Für Deutschland liegen über 55 % der Anleihen unter dem Einlagenzins von −0,4 %

Kapitel 5 - Niedrigzinsen weder für den Euro-Raum noch für Deutschland angemessen

ABBILDUNG 45
Gezielte längerfristige Refinanzierungsgeschäfte (GLRG) und Ankaufprogramme der EZB

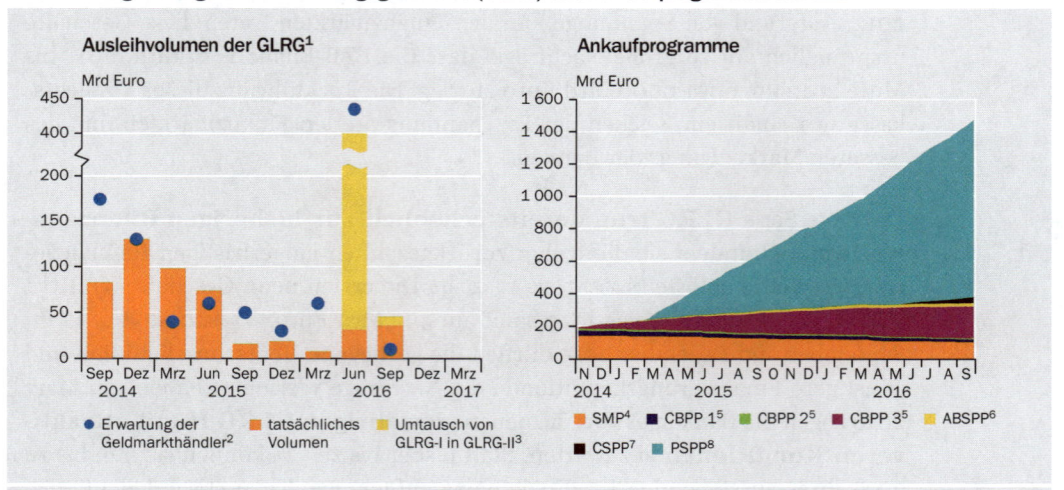

Ausleihvolumen der GLRG[1] (Mrd Euro)

- Erwartung der Geldmarkthändler[2]
- tatsächliches Volumen
- Umtausch von GLRG-I in GLRG-II[3]

Ankaufprogramme (Mrd Euro)

- SMP[4]
- CBPP 1[5]
- CBPP 2[5]
- CBPP 3[5]
- ABSPP[6]
- CSPP[7]
- PSPP[8]

1 – Zwei ausstehende Refinanzierungsgeschäfte im Rahmen des GLRG-II-Programms von Dezember 2016 bis März 2017. 2 – Befragung von Geldmarkthändlern durch Reuters laut Meldungen auf http://www.reuters.com/news/archive/economicNews. 3 – Einführung von GLRG-II am 29.06.2016, dadurch kam es zu einem Umtauschvolumen von GLRG-I in GLRG-II von 368 Mrd Euro im Juni und 9 Mrd Euro im September. 4 – Securities Markets Programme. 5 – Covered Bond Purchase Programme. 6 – Asset-Backed Securities Purchase Programme. 7 – Corporate Sector Purchase Programme. 8 – Public Sector Purchase Programme.

Quellen: EZB, Reuters

© Sachverständigenrat | 16-078

(Bindseil, 2016). **Vermutlich wird die EZB die PSPP-Kriterien lockern**. So könnte sie die Obergrenze des EZB-Anteils an Staatsanleihe-Emissionen von 33 % erhöhen, Anleihen zu Renditen unterhalb des Einlagezinses kaufen oder gar verstärkt Anleihen hochverschuldeter Länder wie Italien erwerben.

383. Neben den Anleihekäufen zu geldpolitischen Zwecken können **nationale Notenbanken auf eigene Rechnung Staatsanleihen** und Wertpapiere im Rahmen des **ANFA**-Abkommens (Agreement on Net Financial Assets) **kaufen**. ↘ KASTEN 12 Anfang dieses Jahres wurden die ANFA-Käufe vermehrt diskutiert, da der ANFA-Bestand zwischen den Jahren 2007 und 2011 stark zugenommen hatte. Anschließend ging er wieder auf das Niveau von 2007 zurück. Zwar handelt es sich dabei wohl nicht um illegale Staatsfinanzierung; mangels öffentlicher Informationen über die Zusammensetzung des ANFA-Bestands lässt sich dies jedoch nicht abschließend klären. Mehr Transparenz wäre dringend notwendig.

↘ KASTEN 12

Staatsanleihekäufe im Rahmen von ANFA (Agreement on Net Financial Assets)

Im Euro-System sind Wertpapierkäufe der nationalen Notenbanken auf eigene Rechnung möglich, sofern sie nicht im Konflikt mit der Geldpolitik der EZB stehen. Gewinne oder Verluste aus diesen Käufen verbleiben bei den nationalen Notenbanken. Sie werden im Gegensatz zu Geschäften, die zur Erfüllung der währungspolitischen Aufgaben des Euro-Systems dienen (Artikel 32 beziehungsweise 33 der ESZB-Satzung), nicht im Euro-System umverteilt. Die Details zu den Käufen waren bislang geheim. Hoffmann (2015) errechnete auf der Basis der Angaben zu einzelnen (nicht-geldpolitischen) Wertpapierkäufen in nationalen Notenbankbilanzen einen stark steigenden ANFA-Bestand. Vorwürfe wurden laut, einzelne Notenbanken hätten während der Krise Anleihen des eigenen Staates in großem Stil aufgekauft und damit Staatsfinanzierung betrieben (FAZ, 2015a; Die Welt, 2015; Süddeutsche Zeitung, 2015). Die EZB dementiert jedoch eine verdeckte Staatsfinanzierung (EZB, 2016b).

Am 5. Februar 2016 hat die EZB das ANFA-Abkommen schließlich veröffentlicht (EZB, 2016b). Demnach wird eine jährliche Obergrenze festgelegt. Jedoch ist weder die Höhe noch die Zusammensetzung der Bestände für die Öffentlichkeit ersichtlich. Insbesondere wären Details zu der starken Ausweitung bei der Banque de France und der Banca d'Italia zwischen 2007 und 2011 von Interesse. Die Obergrenze für ANFA-Käufe im Euro-System insgesamt ergibt sich als Restgröße aus dem Liquiditätsdefizit oder -überschuss, dem Umfang der geldpolitischen Operationen, den Mindestreserven und der Höhe des Banknotenumlaufs. ↘ ABBILDUNG 46 LINKS Von Ende 2009 bis Ende 2011 stieg der ANFA-Bestand stark an, danach verringerte er sich wieder und belief sich Ende 2015 auf 490 Mrd Euro (EZB, 2016b). Aktuell dürfte er bei knapp 300 Mrd Euro liegen. Der Bestand kann in einzelne Bilanzpositionen zerlegt werden. Für den Anstieg in den Jahren von 2007 bis 2011 sind folgende Positionen verantwortlich: auf der Aktivseite „Gold und Forderungen in Fremdwährungen" (um 425 Mrd Euro) und „Forderungen in Euro" (um 445 Mrd Euro); auf der Passivseite die „sonstigen Verbindlichkeiten" (um 425 Mrd Euro) und „Verbindlichkeiten in Euro" (um 170 Mrd Euro). ↘ ABBILDUNG 46 RECHTS

↘ ABBILDUNG 46
Entwicklung des ANFA-Bestands[1]

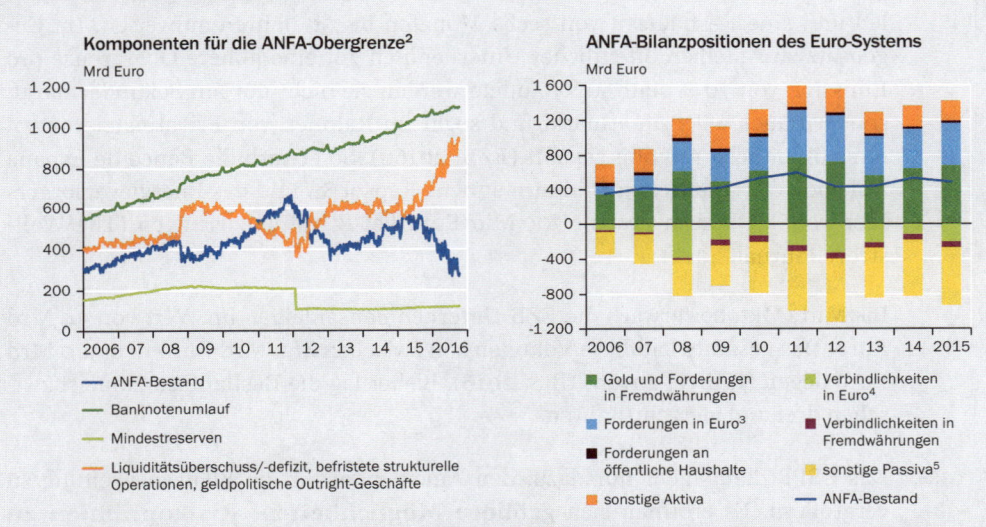

1 – Agreement of net financial assets. 2 – Obergrenze errechnet sich aus der Addition des Banknotenumlaufs und der Mindestreserven abzüglich der Summe aus Liquiditätsüberschuss/-defizit, befristeten strukturellen Operationen und geldpolitischen Outright-Geschäften. 3 – Forderungen in Euro an Ansässige außerhalb des Euro-Währungsgebiets, Forderungen aus Margenausgleich, sonstige Forderungen in Euro an Kreditinstitute im Euro-Währungsgebiet sowie sonstige Wertpapiere. 4 – Verbindlichkeiten aus Margenausgleich, sonstige Verbindlichkeiten in Euro gegenüber Kreditinstituten im Euro-Währungsgebiet sowie Verbindlichkeiten in Euro gegenüber Ansässigen im Euro-Währungsgebiet und gegenüber Ansässigen außerhalb des Euro-Währungsgebiets. 5 – Einschließlich Ausgleichsposten aus Neubewertung sowie Kapital und Rücklagen.

Quelle: EZB

Öffentliche Schuldtitel dürften sich unter den „sonstigen Wertpapieren" befinden, die unter den Bilanzpositionen „Forderungen in Euro" und „Sonstige Aktiva" verbucht werden. „Forderungen in Euro" nahmen besonders von Anfang 2007 bis Ende 2011 zu. ↘ ABBILDUNG 46 RECHTS Ende 2015 lag der Bestand bei 490 Mrd Euro und damit knapp 390 Mrd Euro über dem Wert zu Beginn des Jahres 2007. Vor allem in Italien und Frankreich wurden im Zeitraum von 2007 bis 2011 erheblich mehr Anlagen getätigt. Im Zusammenhang mit den „sonstigen Wertpapieren" könnten auf der Passivseite die Rückstellungen, Rücklagen (einschließlich Pensionsrücklagen) oder andere Passiva gestiegen sein. Die nationalen Notenbanken machen nur selten genaue Angaben, wie die „sonstigen Wertpapiere" auf der Passivseite gegenfinanziert sind. Dadurch lassen sie sich nur sehr ungenau zuordnen.

Eine illegale Staatsfinanzierung verbirgt sich vermutlich nicht hinter den ANFA-Käufen. Für eine definitive Aussage wären jedoch genaue Informationen zur Zusammensetzung nötig. Die EZB überwacht die Käufe der Notenbanken. Nach ihren Angaben gab es keine ungerechtfertigten Abweichungen (EZB, 2016b). Eine Ausnahme trat im Zuge der Bankenabwicklung in Irland auf. Bei der Abwicklung

> der Irish Bank Resolution Corporation (IBRC) wurden letztlich Notfallhilfen auf der Bilanz der irischen Notenbank mit langlaufenden Staatsanleihen ausgeglichen (JG 2013 Kasten 9; EZB, 2014, 2015a, 2016c). Mehr Transparenz über die Zusammensetzung der ANFA-Käufe wäre wichtig und könnte ungerechtfertigte Spekulationen verhindern. Da die ANFA-Käufe zu den eigenständigen Aufgaben der nationalen Notenbanken gehören, ist es ihnen überlassen, wie detailliert sie über die Bestände und die Anteile an Staatsanleihen durch die ANFA-Käufe informieren. Eine Veröffentlichung des Anteils an öffentlichen Schuldtiteln und anderen Wertpapieren würde jedoch das Vertrauen in die Notenbanken erhöhen, ohne Vertrauliches über die zukünftige Anlagepolitik preiszugeben.

384. Im Rahmen des CSPP (Corporate Sector Purchase Programme) erwirbt das Euro-System seit Juni 2016 **Unternehmensanleihen,** und zwar in Euro denominierte Investment-Grade-Anleihen von Unternehmen mit Sitz im Euro-Raum, ausgenommen Banken. ↘ TABELLE 22, ANHANG Die Anleihen müssen die Anforderungen des Sicherheitsrahmens für geldpolitische Refinanzierungsgeschäfte erfüllen und eine Restlaufzeit von sechs Monaten bis 30 Jahren aufweisen. Im Gegensatz zu Anleihen öffentlicher Unternehmen gilt eine höhere Obergrenze pro Emission von 70 % statt 50 %. Zudem werden sie nicht nur am Sekundärmarkt, sondern auch am Primärmarkt und sogar im Rahmen von Privatplatzierungen ohne öffentliche Auktion gekauft (EZB, 2016d). So erwarb die Banco de España Anleihen des spanischen Ölunternehmens Repsol SA und des Energieversorgers Iberdrola SA von insgesamt 700 Mio Euro bei Privatplatzierungen (The Wallstreet Journal, 2016).

Bis Mitte Oktober erwarb die EZB Unternehmensanleihen im Wert von 34 Mrd Euro. Das gesamte kaufbare Volumen soll zwischen 460 Mrd Euro und 520 Mrd Euro liegen (LBBW, 2016b; UBS, 2016). Bisher lag die Restlaufzeit zumeist zwischen drei und vierzehn Jahren.

385. Das CSPP dient nicht nur dazu, den Anleihepool für die Bilanzausweitung zu vergrößern. Es eröffnen sich **größere Möglichkeiten, Risikoprämien zu drücken**, denn nur ein Investment-Grade-Rating (besser als BBB-) ist notwendig. Ausreichend ist sogar, wenn nur das Beste der verfügbaren Ratings diese Bedingung erfüllt. Beispielsweise wurden Anleihen von Telecom Italia, EDP und Cellnex erworben (EZB, 2016e), die nur noch von der Ratingagentur Fitch als Investment-Grade eingestuft wurden. Ferner müssen diese Anleihen nicht abgestoßen werden, sollten sie das letzte Investment-Grade-Rating verlieren.

Insofern ist das CSPP eine **ungewöhnliche quantitative Maßnahme,** die besondere Probleme mit sich bringt. So hat etwa die US-Notenbank Fed kein Kaufprogramm für Unternehmensanleihen aufgelegt und damit mögliche Vorwürfe vermieden, sie begünstige ausgewählte Unternehmen und Sektoren. Das CSPP hilft vor allem großen Unternehmen. Zwischen März und Mai dieses Jahres stiegen ihre Wertpapieremissionen überproportional. Große Konzerne verfügen jedoch ohnehin über gute Finanzierungsbedingungen.

386. Zuletzt wird vermehrt die Möglichkeit von **„Helicopter drops of money"** diskutiert. ↘ KASTEN 13 Per Geldschöpfung überweist die Notenbank flächendeckend Geld an private Haushalte. Befürworter des **„Helikoptergelds"** sehen darin

ein effektives Mittel, die gesamtwirtschaftliche Nachfrage zu stimulieren und die Inflationsrate zu steigern (Buiter, 2014; Galí, 2014). Sie plädieren dabei für eine dauerhafte Ausweitung der Notenbankbilanz. EZB-Präsident Draghi hat erklärt, die EZB habe keine derartigen Pläne, und es sei nicht darüber im EZB-Rat gesprochen worden. Ihm zufolge ist es ein interessantes Konzept, das jedoch mit operationellen, rechtlichen und institutionellen Schwierigkeiten behaftet sei (Draghi, 2016c).

387. Direkte Transferzahlungen sind üblicherweise Aufgabe der Regierungen. Aus Sicht des Sachverständigenrates wären direkte Zahlungen der Notenbank an die Haushalte als **quasi-fiskalische, nicht geldpolitische Maßnahme** einzuordnen. Der Rechtsrahmen für die Währungsunion weist den Mitgliedstaaten die Verantwortung für die Wirtschaftspolitik zu. Das Helikoptergeld müsste einer rechtlichen Prüfung bezüglich der Trennung von Geld- und Wirtschaftspolitik sowie der monetären Staatsfinanzierung standhalten. Deutsche Bundesbank und Bundesregierung müssten dann entsprechende Entscheidungen des Bundesverfassungsgerichtes umsetzen.

Eine Notwendigkeit für Helikoptergeld gibt es nicht. Schließlich können bereits die derzeitigen Staatsanleihekäufe indirekt eine ähnliche Wirkung entfalten: Sie verbessern die Finanzierungskonditionen der Staaten. Nutzt eine Regierung diesen Spielraum für zusätzliche Transferzahlungen, ergibt sich ein fiskalischer Stimulus parallel zur monetären Bilanzausweitung.

↘ KASTEN 13

Helikoptergeld

„Helicopter drops of money" in Form von Transferzahlungen der Notenbank an alle privaten Haushalte wurden zuerst als Gedankenexperiment von Friedman (1969) diskutiert. Zu Beginn der 2000er-Jahre verwies Bernanke (2002, 2003) darauf als möglichen Weg, eine gefährliche Deflation zu bekämpfen. Manche Kommentatoren vergleichen die Wirkung von Helikoptergeld mit den „tax rebates", die in den Jahren 2008 und 2009 unter den Präsidenten Bush und Obama als Konjunkturstimuli eingesetzt wurden (Muellbauer, 2014). Ihre Nachfragewirkung ist umstritten und sinkt mit der Zahl der Haushalte, die Kreditbeschränkungen unterworfen sind (Taylor, 2009; Shapiro und Slemrod, 2009; Sahm et al., 2012; Parker et al., 2013; JG 2013 Ziffer 221).

Der Effekt von Helikoptergeld auf die Inflationsrate hängt jedoch vielmehr von der Entwicklung der Zentralbankgeldmenge ab. So muss in einem einfachen Neu-Keynesianischen Modell ohne kreditbeschränkte Haushalte die Notenbankbilanz permanent erhöht werden, um einen dauerhaften Anstieg des Preisniveaus zu erreichen (Buiter und Panigirtzoglou, 2003). Zudem führen monetär finanzierte Transferzahlungen der Notenbank zu einer Umverteilung von der Regierung zustehenden Seigniorage-Gewinnen an die privaten Haushalte. Es findet eine ähnliche Umverteilung statt wie bei einer kreditfinanzierten Erhöhung staatlicher Transferausgaben, die letztlich durch zukünftige Steuereinnahmen zu decken sind. Die Notenbank würde jedoch die Budgetverantwortung demokratisch legitimierter Parlamente unterlaufen.

Diese Beispiele zeigen, dass direkte Transferzahlungen durch die Notenbank quasi-fiskalische Maßnahmen sind. Sie lassen sich in den Bereich der Wirtschaftspolitik einordnen, für die im Euro-Raum die Regierungen der Mitgliedstaaten und nicht die EZB verantwortlich sind. Daran dürfte sich nichts ändern, wenn die Notenbank stattdessen das Bankensystem instrumentalisiert. So wäre der Vorschlag von Lonergan (2016), wonach Banken ewige Nullzinsanleihen gebührenfrei an alle Haus-

> halte durchreichen müssen, äquivalent zu einer direkten Transferzahlung. Einige Autoren verstehen die Monetarisierung von Staatsschulden und damit die direkte monetäre Finanzierung staatlicher Ausgaben als eine Form von Helikoptergeld (Turner, 2015; Cecchetti und Schoenholtz, 2016). Dies wäre durch das Primärrecht der Währungsunion untersagt (Artikel 123 des Vertrags über die Arbeitsweise der Europäischen Union (AEUV)).
>
> Schließlich lässt sich aus dem Preisstabilitätsziel der EZB keine zwingende Notwendigkeit für direkte monetär finanzierte Transferzahlungen an die privaten Haushalte ableiten. Die Notenbank verfügt bereits über ausreichende quantitative Instrumente, um eine sogenannte Liquiditätsfalle und gefährliche Deflationsspirale zu vermeiden (JG 2014 Kasten 13). Zudem können die derzeitigen Staatsanleihekäufe der EZB eine ähnliche indirekte Wirkung entfalten. Sie reduzieren die Finanzierungskosten der Regierungen, die diesen Spielraum teils für höhere Transferausgaben nutzen.

III. STARKE AUSWIRKUNGEN DER GELDPOLITIK

388. Die Zinssenkungen und Bilanzausweitung der EZB seit Herbst des Jahres 2014 beeinflussen die gesamtwirtschaftliche Entwicklung über unterschiedliche **Transmissionskanäle**. Eine wesentliche Rolle spielen dabei vor allem die Portfolioumschichtungen, die Erwartungen der Marktteilnehmer und der Bankensektor (JG 2015 Ziffern 284 ff.). Geringere Langfristzinsen, Währungsabwertungen, gelockerte Kreditkonditionen und höhere Vermögenspreise stimulieren die gesamtwirtschaftliche Nachfrage. Nach einiger Zeit steigen dann Nominallöhne und Preise (JG 2015 Ziffer 289). ↘ ZIFFERN 401 FF.

1. Zinsstruktur, Wechselkurse und Vermögenspreise

389. Insbesondere das EAPP dürfte die Preise für Staatsanleihen erhöht und die Renditen entlang der Zinsstrukturkurve in den negativen Bereich gedrückt haben. Über den **Portfolioumschichtungskanal** werden die Preise anderer Anleihen, Vermögensanlagen, Immobilien und Wechselkurse ebenfalls beeinflusst. Er beruht auf der unvollkommenen Substituierbarkeit von Vermögenswerten: Verkäufer der Anleihen, die das erhaltene Notenbankgeld nicht als perfektes Substitut erachten, schichten ihre Portfolios um und investieren in andere Anlagen im In- und Ausland. Die Umschichtungen führen zu höheren Vermögenspreisen und niedrigeren Risikoprämien. So bewegen sich nicht nur Preise der gekauften Wertpapierklassen, sondern es kommt zu einer breiten Reaktion über viele Klassen hinweg.

Die Ankündigung von Lockerungsmaßnahmen schlägt sich zudem in den Erwartungen der Marktteilnehmer nieder. Die EZB signalisiert, dass die Geldpolitik über eine längere Zeit expansiv und die Zinsen niedrig bleiben werden. Über diesen **Signalisierungskanal** dürften die Anleihekäufe ebenso wie die vierjährigen GLRG mit Festzins längerfristige Anleihe- und Kreditzinsen reduziert haben. Schließlich wirken die Maßnahmen über den **Bankenkanal**. Banken erhalten insbesondere über die GLRG I und II langfristig Liquiditätszugang zu extrem günstigen Festzinsen. Dies trägt zu höherer Kreditvergabe und größerer Risikoneigung bei. Anleihekäufe beeinflussen ebenfalls die Kreditvergabe. Höhere Preise steigern die Vermögenswerte der Banken. Dadurch verbessert sich ihr Zugang zu Finanzmitteln, und sie können die Kreditvergabe erhöhen.

390. Die **empirische Literatur** legt nahe, dass die Ankündigung, Staatsanleihen zu kaufen, die Zinsstrukturkurve senkte und abflachte. Nach Schätzungen von Altavilla et al. (2015) und Andrade et al. (2016) hat allein die Ankündigung des EAPP die Renditen zehnjähriger Staatsanleihen im Euro-Raum um 30 bis 50 Basispunkte reduziert. Middeldorp (2015), Middeldorp und Wood (2016) und de Santis (2016) erhalten etwas größere Schätzwerte. Ferner zeigen Andrade et al. (2016), dass die Aktienkurse von Banken stiegen, die mehr Staatsanleihen hielten. Indem die EZB zunehmend längerfristige Staatsanleihen in großem Umfang aufkauft, wird der **Langfristzins** tendenziell eine **Kontrollvariable der Geldpolitik**. So stieg seit Februar 2016 die durchschnittliche Laufzeit der von der EZB gehaltenen Anleihen von 7,0 Jahren für Deutschland auf 7,9 Jahre im September und länderübergreifend von 8,0 auf 8,4 Jahre.

Damit hat die EZB dazu beigetragen, dass sich die Zinsstrukturkurve wiederholt nach unten verschob und dabei noch abflachte. Derzeit liegen Anleihen der Mitgliedstaaten mit der höchsten Bonität (AAA) sogar bis zu einer Laufzeit von zehn Jahren im negativen Bereich. ↘ ABBILDUNG 47 LINKS Zweifellos spielen andere Faktoren ebenso eine Rolle. So dürften das Brexit-Votum und mögliche Konsequenzen für Wachstum, Inflation und Geldpolitik zu dem Rückgang Ende Juni beigetragen haben. EZB-Prognosen von mittel- bis längerfristig etwa 2 % realem Wachstum und knapp 2 % Inflation sind jedoch kaum mit längerfristigen (sicheren) Zinsen zwischen 0 und 70 Basispunkten für Laufzeiten von zehn bis 30 Jahren in Einklang zu bringen.

391. Die Wirkung der quantitativen Lockerungsmaßnahmen auf die Zinsstrukturkurve kann zudem mittels eines **Schattenzinses** geschätzt werden. ↘ ZIFFER 416 Der Schattenzins kann positive und negative Werte annehmen. Er **übersetzt die Wirkung quantitativer Geldpolitik auf langfristige Zinsen** in einen hypothetischen Kurzfristzins. Aktuelle Schätzwerte im Euro-Raum liegen zwischen −7 % und −1,7 % (Kortela, 2016; Krippner, 2016). Der Schattenzins dient zur Einordnung der Geldpolitik, wenn der Leitzins nahe Null liegt. Die Schätzwerte variieren jedoch stark je nach Modellspezifikation.

392. Nach der Ankündigung der EZB, **Anleihen nichtfinanzieller Unternehmen** zu kaufen, stiegen deren Wertpapieremissionen. Zudem gingen die Renditeabstände nach Bekanntgabe des Programms im März sowie der Ausgestaltung im April und dem Start im Juni zurück. ↘ ABBILDUNG 47 RECHTS Einer Ereignisstudie der EZB (2016f) zufolge sanken die Renditeaufschläge für Unternehmensanleihen mit Investment-Grade in den zwei Wochen nach Ankündigung um etwa elf Basispunkte. High-Yield-Anleihen, die nicht den Anforderungen des CSPP entsprechen, haben sich sogar um 25 Basispunkte verringert, was auf den Portfolioumschichtungskanal zurückzuführen sein dürfte.

Kapitel 5 – Niedrigzinsen weder für den Euro-Raum noch für Deutschland angemessen

↘ ABBILDUNG 47
Zinsstruktur und Renditeaufschläge für Unternehmensanleihen im Euro-Raum

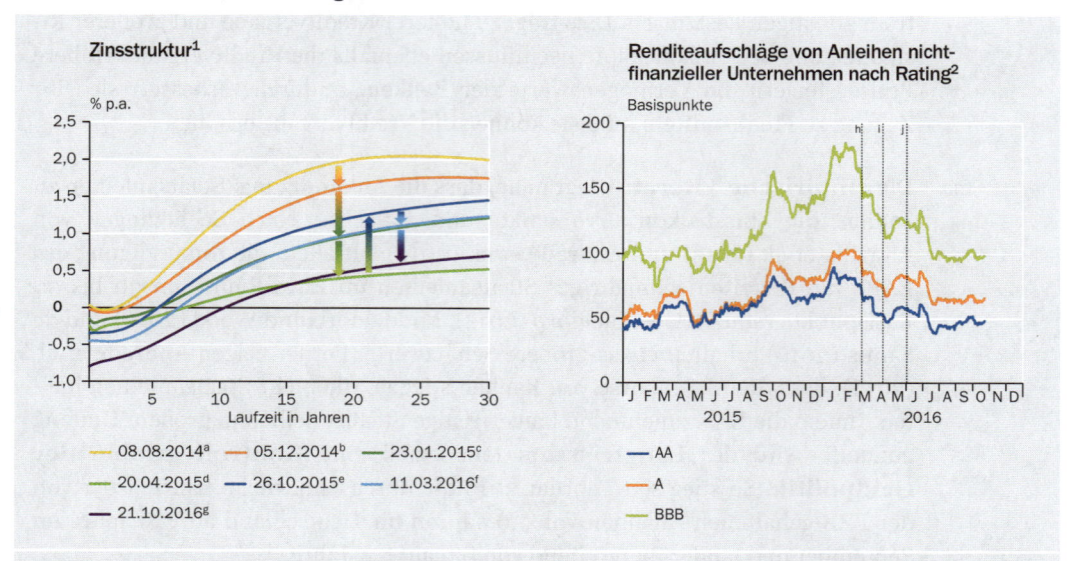

Zinsstruktur[1]
% p.a.

08.08.2014[a]   05.12.2014[b]   23.01.2015[c]
20.04.2015[d]   26.10.2015[e]   11.03.2016[f]
21.10.2016[g]

Renditeaufschläge von Anleihen nichtfinanzieller Unternehmen nach Rating[2]
Basispunkte

AA
A
BBB

1 – Spot Rate basierend auf Staatsanleihen mit Rating AAA. Zur Berechnung und Definition siehe: https://www.ecb.europa.eu/stats/money/yc/html/index.en.html. 2 – Differenzen der Renditen von Unternehmensanleihen gegenüber den 10-jährigen Staatsanleihen im Euro-Raum mit AAA-Rating (Quelle: Fitch; ohne Luxemburg). a – Tag nach der EZB-Sitzung (ohne weitere Maßnahmen). b – Tag nach der EZB-Sitzung, auf der weitere quantitative Maßnahmen in Aussicht gestellt wurden. c – Tag nach der EZB-Sitzung, auf der das EAPP verkündet wurde. d – Tiefstand der Beobachtungen in 2015 für längerfristige Laufzeiten. e – Stand vor Veröffentlichung JG 2015/16. f – Tag nach Verkündung von GLRG II und CSPP. g – Aktuellster Wert. h – Ankündigung von CSPP. i – Bekanntgabe weiterer Details zu CSPP. j – Start von CSPP.

Quellen: EZB, Fitch, Thomson Reuters, eigene Berechnungen

© Sachverständigenrat | 16-345

393. Über den Banken- und den Signalisierungskanal wirkten die EZB-Maßnahmen auf die Kreditmärkte. Die **Kosten für Neukredite** nahmen seit Mitte 2014 kontinuierlich ab. ↘ ABBILDUNG 48 MITTE Dieser Rückgang fiel in den südeuropäischen Mitgliedstaaten vergleichsweise stärker aus als in Frankreich oder Deutschland. Draghi (2016d) betont, dass die bisher implementierten unkonventionellen Maßnahmen sehr effektiv waren und die Fragmentierung der Kreditzinsen im Euro-Raum weitgehend beseitigt hätten. Das Wachstum der **Bankkredite an Unternehmen und Haushalte** im Euro-Raum erhöhte sich ebenfalls stetig seit dem Jahr 2014 und ist seit 2015 wieder positiv. ↘ ABBILDUNG 48 LINKS Zudem wurden die Kreditvergabestandards etwas gelockert. ↘ ABBILDUNG 48 RECHTS Angesichts der deutlich rückläufigen Kreditkosten sind die Wachstumsraten der Bankkredite jedoch verhalten.

394. Inwieweit die neuen **GLRG II** die Kreditvergabepolitik der Banken weiter stimulieren, bleibt abzuwarten. Eine Umfrage im Bank Lending Survey (BLS) weist darauf hin, dass die Banken sie zur zusätzlichen Kreditvergabe sowie für Refinanzierungszwecke — also zum Ersatz anderer Finanzierungsquellen — nutzen wollen (EZB, 2016g). De Groen et al. (2016) prognostizieren dagegen, dass diese Subvention sich kaum auf das Kreditwachstum auswirken wird. Banken mit negativer Nettokreditvergabe hätten ohnehin meist ein steigendes Kreditwachstum in den Folgejahren. Zudem dürften zunehmende Regulierung, hohe Bestände an notleidenden Forderungen (NPLs), niedrige Profitabilität und Risiken aus künftigen Zinsänderungen die Ausweitung der Kreditportfolios begrenzen.

395. Quantitative Geldpolitik kann einen großen **Einfluss auf den Wechselkurs** haben (Coenen und Wieland, 2003, 2004). Portfolioumschichtungen und fal-

↘ ABBILDUNG 48

Bankkredite, Kreditkosten und Kreditvergabestandards im Euro-Raum

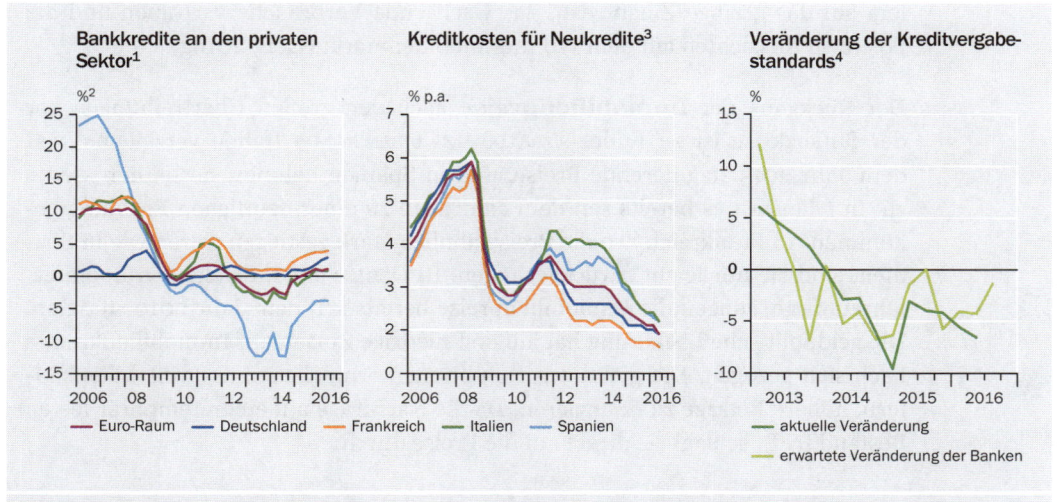

Bankkredite an den privaten Sektor¹ (%²)

Kreditkosten für Neukredite³ (% p.a.)

Veränderung der Kreditvergabestandards⁴ (%)

— Euro-Raum   — Deutschland   — Frankreich   — Italien   — Spanien

— aktuelle Veränderung
— erwartete Veränderung der Banken

1 – Nichtfinanzielle Kapitalgesellschaften und private Haushalte einschließlich private Organisationen ohne Erwerbszweck. 2 – Veränderung zum Vorjahresquartal. 3 – Composite Cost of Borrowing Indicator für nichtfinanzielle Unternehmen. 4 – Saldo der vierteljährlichen Umfrageergebnisse unter Banken zur Veränderung der Faktoren für die Standards bei der Gewährung von Krediten an nichtfinanzielle Unternehmen. Angaben der befragten Banken im Berichtsmonat für die letzten drei Monate. Differenz zwischen der Summe der Angaben „deutlich verschärft" und „leicht verschärft" und der Summe der Angaben „leicht gelockert" und „deutlich gelockert" in Relation zu allen Antworten (Bank Lending Survey, Juli 2016).

Quelle: EZB

© Sachverständigenrat | 16-346

lende Langfristzinsen bewegen die Währungsmärkte (JG 2015 Ziffern 292 ff.). Beispielsweise werden ausländische Anleihen gleicher Bonität attraktiver, woraufhin Investoren Anleihen in Euro verkaufen, um Anleihen aus Ländern außerhalb des Euro-Raums zu erwerben. Dies dürfte dazu beigetragen haben, dass der Euro insbesondere zwischen Mitte des Jahres 2014 und Frühjahr 2015 an Wert verlor und die darauf folgende Gegenbewegung den Rückgang nur teilweise ausgleichen konnte. ↘ ABBILDUNG 49 OBEN LINKS Tatsächlich zeigt die Ereignisstudie von Georgiadis und Gräb (2015), dass der Euro infolge der EAPP-Ankündigung im Januar 2015 abgewertet hat. Seit April 2016 verlor der Euro gegenüber dem US-Dollar wieder an Wert. Trotz der Aufwertung gegenüber dem Britischen Pfund nach dem Brexit-Votum liegt der Euro handelsgewichtet nach realer Kaufkraft weiterhin mehr als 10 % unter dem vorigen Höchstwert vom Frühjahr 2014.

396. Die **Aktienindizes im Euro-Raum** sind von Mitte 2014 bis Mitte 2015 stark gestiegen ↘ ABBILDUNG 49 UNTEN LINKS, was zu einem Großteil auf die Geldpolitik zurückzuführen sein dürfte. Einer empirischen Untersuchung von Haitsma et al. (2016) zufolge erhöhten die Lockerungsmaßnahmen Anfang 2015 den Aktienindex Euro Stoxx 50. Nach den Maßnahmen im März 2016 stieg der Index hingegen nur leicht. Allerdings werden Aktienpreise durch viele Faktoren beeinflusst. Die Unsicherheit an den Weltmärkten über die Wachstumschancen in China und über die Konsequenzen des Brexit-Votums dürfte sich negativ ausgewirkt haben.

397. Seit der Ankündigung und Umsetzung des PSPP stiegen die **Kredite für Wohnimmobilien** im Euro-Raum wieder stärker. ↘ ABBILDUNG 49 OBEN RECHTS Die im BLS befragten Banken berichten zudem über eine anhaltende Nachfrage nach

Wohnungsbaukrediten im zweiten Quartal 2016. Zurückzuführen sei dies vor allem auf das geringe Zinsniveau, das wachsende Verbrauchervertrauen und die positiven Aussichten auf dem Wohnimmobilienmarkt (EZB, 2016g).

398. Der Rückgang der **Immobilienpreise** nach den großen Übertreibungen vor der Finanzkrise ist zu Ende. ↘ ABBILDUNG 49 UNTEN RECHTS Italien verzeichnet seit dem Jahr 2015 stagnierende Preise, und in Spanien nehmen sie seither wieder zu. In Irland ist es bereits seit dem Jahr 2012 zu einer deutlichen Erholung gekommen. In Frankreich, wo die Preise ähnlich stark gestiegen waren wie in Spanien, sind sie nur leicht zurückgegangen. In Deutschland, das keinen Boom erfahren hatte, steigen die Immobilienpreise bereits seit dem Jahr 2010 stetig an. Die geldpolitische Lockerung hat äußerst niedrige Zinsen auf Immobilienkredite nach sich gezogen. Die günstigen Konditionen ermöglichen es Immobilienkäufern, höhere Beträge zu finanzieren. Da die Nachfrage auf einen temporär festen Bestand trifft, schlägt sie direkt auf die Preise durch.

↘ ABBILDUNG 49
Wechselkurse, Wohnungsbaukredite, Aktienkurse und Hauspreise

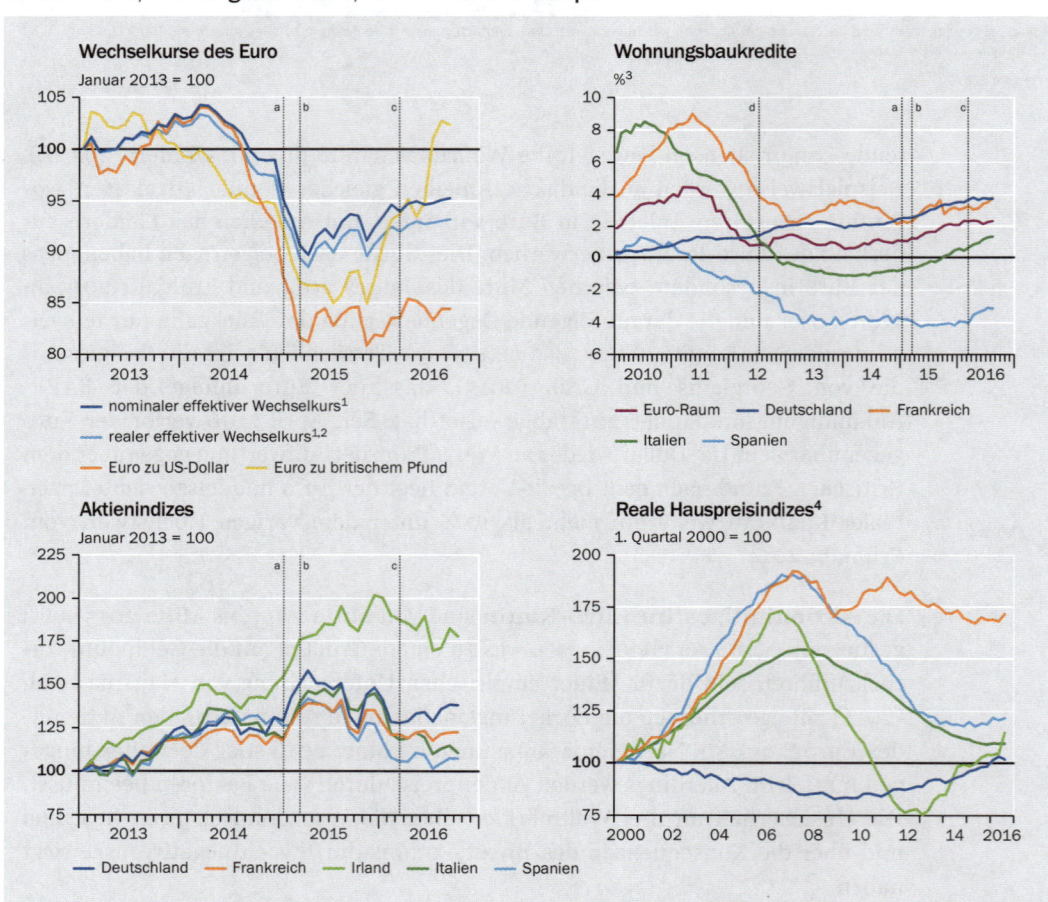

1 – Auf Basis gewichteter Durchschnitte der relativen Veränderungen bilateraler Wechselkurse des Euro gegenüber den Währungen von 19 Handelspartnern des Euro-Währungsgebiets. 2 – Deflationiert mit dem Verbraucherpreisindex. 3 – Veränderung zum Vorjahr; wegen einer größeren Verbriefung von Wohnungsbaukrediten im Mai 2014 in Frankreich wurden die Werte für Frankreich und den Euro-Raum von Mai 2014 bis April 2015 um diesen Effekt bereinigt. 4 – Deflationiert mit dem jeweiligen nationalen Verbraucherpreisindex. a – Ankündigung von PSPP. b – Start von PSPP. c – CSPP und Erweiterung von PSPP. d – Draghi-Rede: "Whatever it takes".

Quellen: EZB, nationale Börsen, OECD, Oxford Economics

399. **In Deutschland** stiegen die Preise über alle Immobiliensegmente im Jahr 2015 um 3,7 % und setzten so ihr positives Wachstum das elfte Jahr infolge fort (Bulwiengesa, 2016). Bei den Wohnimmobilien insgesamt **beschleunigte sich der Preisanstieg**. Im Jahr 2015 lag er bei 6 % und übertraf den durchschnittlichen jährlichen Anstieg von 4,5 % seit dem Jahr 2011 (Deutsche Bundesbank, 2016a). In den Städten waren die Preiserhöhungen besonders ausgeprägt. Im Jahr 2015 (und im Durchschnitt seit dem Jahr 2011) stiegen dort die Preise um 6 % (beziehungsweise 6,3 %) – in den sieben Großstädten sogar um 7 % (beziehungsweise knapp 8 %). Werden neben Immobilien Anteile an mittelständischen Familienunternehmen und Finanzvermögen berücksichtigt, stiegen die **Vermögenspreise für Deutschland** um 6,6 % im Jahr 2015 (FVS Research Institute, 2016a). Dieser Vermögenspreisindex erfasst die Preisänderungen von Vermögensgütern deutscher Haushalte, die gemäß der Studie „Private Haushalte und deren Finanzen" (PHF) von der Deutschen Bundesbank (2016b) ausgewählt werden. Die Gewichtung der Zeitreihen basiert auf den Umfrageergebnissen der PHF-Studie zum Jahr 2014 und entspricht dem Anteil der Vermögensgüter am Bruttowertvermögen (FVS Research Institute, 2016b).

2. Gesamtwirtschaftliche Nachfrage und Inflation

400. Kurz-, mittel- und längerfristige **reale Zinssätze** spielen eine wichtige Rolle in der **Transmission der Geldpolitik**. Grundsätzlich gehen die Notenbanken in ihren zinspolitischen Entscheidungen davon aus, dass Zinssenkungen zu mehr und Zinserhöhungen zu weniger Nachfrage führen sowie steigende Nachfrage zu höheren Inflationsraten beiträgt und weniger Nachfrage zu geringeren Inflationsraten. Aus dem negativen Wirkungszusammenhang zwischen Zinsen und Nachfrage folgt, dass eine stabilisierungsorientierte Geldpolitik auf einen Anstieg des BIP tendenziell mit einer Zinserhöhung reagiert und auf einen Rückgang mit einer Zinssenkung. Dies gilt ebenso für die Inflationsrate. Tatsächlich liefern empirische Reaktionsfunktionen zahlreiche Belege für dieses Verhalten von Notenbanken (JG 2013 Ziffern 177 ff.). ⟶ ZIFFERN 417, 441

Empirisch geschätzte makroökonomische Modelle belegen wiederum den **negativen Wirkungszusammenhang zwischen Zinsen und gesamtwirtschaftlicher Nachfrage**. Dies gilt für die Keynesianischen Modelle, die Notenbanken seit den 1960er-Jahren verwendet haben, ebenso wie für die Neu-Keynesianischen Modelle, die bereits seit den frühen 1990er-Jahren eingesetzt werden. Dementsprechend liefern die von der EZB verwendeten Euro-Raum-Modelle (Fagan et al., 2005; Christoffel et al., 2008) ebenso wie dasjenige der Fed (Brayton et al., 1997; Brayton et al., 2014) **empirische Evidenz** dafür, dass eine Zinssenkung zu Anstiegen der Konsum- und Investitionsnachfrage sowie der Nettoexporte führt.

Schätzungen auf der Basis von acht öffentlich verfügbaren Modellen, die teils von der EZB und der Europäischen Kommission entwickelt wurden, liefern folgenden **Referenzwert**: Eine unerwartete Zinssenkung um einen Prozentpunkt, die innerhalb eines Jahres wieder auf ein Viertel dieses Wertes zurückgeführt wird, erhöht das reale BIP im Euro-Raum durchschnittlich um 0,5 % innerhalb von vier Quartalen (www.macromodelbase.com; Wieland et al., 2016).

401. Die **Kausalzusammenhänge zwischen Realzinsen** und den **Komponenten der gesamtwirtschaftlichen Nachfrage** sind komplex. So werden die direkten partiellen Zinseffekte auf Konsum, Investitionen und Nettoexporte durch die indirekten Effekte über Einkommenserwartungen, Vermögen, Wechselkurse und verfügbare Einkommen überlagert. Deshalb sind gesamtwirtschaftliche Modelle notwendig, um den monetären Transmissionsmechanismus zu erfassen. Beispielsweise kann aus der einfachen Beobachtung, dass die Entwicklung der Sparquote in Deutschland kaum im Zusammenhang mit der Entwicklung der realen Gesamtrenditen des Geldvermögens der privaten Haushalten steht (Deutsche Bundesbank, 2015), nicht geschlossen werden, dass die Transmission der Geldpolitik auf den **privaten Konsum** nicht mehr funktioniere.

Haushalte versuchen, ihren Konsum zu glätten, sodass die Entwicklung des erwarteten Lebenszeiteinkommens letztlich entscheidend ist (Friedman, 1957; Ando und Modigliani, 1963; JG 2013 Ziffern 219 ff.). So ist seit Langem bekannt, dass der partielle Zinseffekt auf den Konsum schon deshalb empirisch schwer zu identifizieren ist, weil bei sparenden Haushalten gegenläufige Effekte auftreten (Campbell und Mankiw, 1989). Einerseits setzt der **Zinsrückgang** einen Anreiz, weniger zu sparen und mehr zu konsumieren (Substitutionseffekt). Bei sparenden Haushalten ergibt sich parallel ein dämpfender Effekt, denn das verfügbare Einkommen aus Zinserträgen geht zurück (gegenläufiger Einkommenseffekt).

Derzeit wirkt die geldpolitische Lockerung jedoch zusätzlich über verbesserte **Einkommenserwartungen** und steigende **Vermögenspreise** positiv auf den privaten Konsum. Die Vermögenselastizitäten in der empirischen Literatur liegen zwischen einem Drittel und einem Zehntel der Einkommenselastizitäten, je nachdem, ob Immobilienpreise, Aktienpreise oder andere Vermögensbestandteile berücksichtigt werden (Bandholz et al., 2006; Nastansky, 2007; EZB, 2009; Paiella, 2009). In Deutschland sind die Effekte etwas geringer als in den Vereinigten Staaten, aber trotzdem wirtschaftlich bedeutend (Hamburg et al., 2008).

402. Rückläufige Kreditkosten beleben die Kreditnachfrage und die **private Investitionstätigkeit**, da mehr Investitionsprojekte profitabel sind (JG 2015 Ziffer 284 ff.). Des Weiteren stimuliert der anhaltend schwache reale handelsgewichtete Wechselkurs die Nachfrage nach Gütern des Euro-Raums und erhöht zumindest temporär die Wettbewerbsfähigkeit der Exportindustrie. Insoweit die inländische und **ausländische Nachfrage** eine Zunahme der Produktion und Einkommen nach sich zieht, dürften zusätzliche Investitionen getätigt werden. Im Euro-Raum nimmt der Beitrag der Konsum- und Investitionsnachfrage zum Wachstum des BIP seit dem Jahr 2014 stetig zu. ↘ ABBILDUNG 50

403. Viele empirische Studien legen nahe, dass nicht nur Leitzinssenkungen, sondern auch **expansive quantitative Maßnahmen** eine positive Wirkung auf die gesamtwirtschaftliche Nachfrage entfalten (zum Beispiel Kapetanios et al., 2012; Baumeister und Benati, 2013; JG 2015 Ziffern 284 ff.; Deutsche Bundesbank, 2016c; Weale und Wieladek, 2016). Insoweit die nachfolgende Entwicklung der

↘ ABBILDUNG 50
Beiträge zur jährlichen Wachstumsrate des Bruttoinlandsprodukts

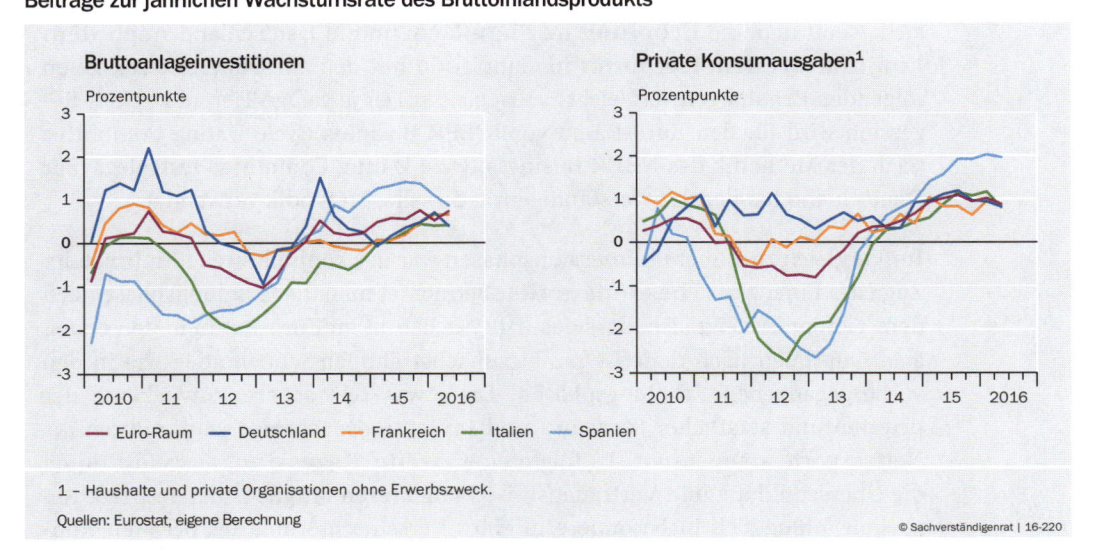

Bruttoanlageinvestitionen — Prozentpunkte

Private Konsumausgaben¹ — Prozentpunkte

— Euro-Raum — Deutschland — Frankreich — Italien — Spanien

1 – Haushalte und private Organisationen ohne Erwerbszweck.
Quellen: Eurostat, eigene Berechnung
© Sachverständigenrat | 16-220

mittel- und längerfristigen Realzinsen, Wechselkurse und Vermögenspreise auf die quantitativen Maßnahmen zurückzuführen ist, dürften die Effekte auf die Nachfrage bedeutend sein. Manche Studien kommen jedoch zu dem Ergebnis, dass die zusätzliche Wirkung der quantitativen Maßnahmen über die Leitzinserwartungen hinaus gering ist (Eggertsson und Woodford, 2003; Stroebel und Taylor, 2012; Bluwsten und Canova, 2016).

Gemäß **Schätzungen des Stabes des Euro-Systems** soll die geldpolitische Lockerung bereits ohne die zusätzlichen Maßnahmen vom März 2016 einen deutlichen Beitrag zur Stützung des BIP und der Inflation im Euro-Raum geliefert haben (EZB, 2016c; Praet, 2016). Demnach tragen die geldpolitischen Lockerungsmaßnahmen zu einer Erhöhung des BIP im Euro-Raum von 2015 bis 2018 um etwa 1,5 % und jährlich zwischen 0,7 % und 0,3 % bei. Die Inflation im Jahr 2015 wäre demnach ohne die Lockerung negativ und die Prognose für die Jahre 2016 und 2017 jeweils einen halben Prozentpunkt niedriger ausgefallen. Die Ausweitung des EAPP vom Dezember 2015 führt laut Einschätzung der **Deutschen Bundesbank** zu einem Anstieg der Inflationsrate um etwa 0,1 bis einen Prozentpunkt pro Jahr von 2016 bis 2018. Die Auswirkungen der im März 2016 beschlossenen Maßnahmen seien etwas geringer (Deutsche Bundesbank, 2016d). Die Werte variieren über verschiedene Modellansätze und weisen größere Schätzunsicherheit auf.

Insgesamt legen die Modellschätzungen jedoch eine **signifikante Wirkung der quantitativen Maßnahmen** auf die gesamtwirtschaftliche Nachfrage nahe. Zum Vergleich lässt sich fragen, wie stark der Leitzins unter normalen Umständen mit positiven Geldmarktzinsen hätte gelockert werden müssen, um eine ähnliche Wirkung zu erzielen. Entsprechend dem Referenzwert ↘ ZIFFER 400 auf der Basis öffentlich verfügbarer gesamtwirtschaftlicher Modelle des Euro-Raums entspräche die von der EZB geschätzte Wirkung der unkonventionellen Maßnahmen in etwa einer unerwarteten Leitzinssenkung von 1,5 bis 2 Prozentpunkten bei positivem Zinsniveau.

404. Ein anderer Blick auf die Entwicklung des BIP und seiner Komponenten ergibt sich, wenn man die **Erholung** im Euro-Raum und in Deutschland **nach dem konjunkturellen Tiefpunkt** im Jahr 2009 mit den auf frühere Rezessionen folgenden Erholungen vergleicht. ↘ ABBILDUNG 51 Der jeweilige Tiefpunkt einer Rezession wird für den Euro-Raum vom CEPR Business Cycle Dating Committee nach der Methodik des NBER Business Cycle Dating Committee festgelegt. Für Deutschland hat der Sachverständigenrat dieselbe Methodik verwendet.

Im Vergleich zu früheren Rezessionsphasen war der konjunkturelle Einbruch im Zuge der Finanzkrise **besonders tief**. Betrachtet man die Erholungsphase nach dem Tiefpunkt, zeigt sich, dass das BIP-Wachstum im Euro-Raum in den ersten acht Quartalen nach dem Tiefpunkt zunächst ähnlich schnell stieg wie in den vorhergegangenen Erholungsphasen. Die etwas schwächere Entwicklung der privaten und staatlichen Konsum- und Investitionsnachfrage wurde durch die Nettoexporte kompensiert. Es folgte eine **zweite Rezession**, ausgelöst durch die Überschuldung und Vertrauenskrise in mehreren Mitgliedstaaten. Diese Rezession schlug sich insbesondere in einer Verschlechterung des privaten Konsums und der privaten Investitionen nieder. ↘ ABBILDUNG 51 LINKS

Die **Erholung in Deutschland** setzte sich hingegen nach einer Pause fort. Das BIP entwickelte sich über sechs Jahre ähnlich wie im Durchschnitt der vergangenen Erholungsphasen. Dies gilt ebenso für die privaten Investitionen. Die Nettoexporte nahmen schneller zu. Dagegen erholte sich der **private Konsum sichtbar langsamer** als im Durchschnitt früherer Erholungsphasen. Möglicherweise liegt dies daran, dass manche Haushalte ein verringertes Lebenszeiteinkommen aufgrund der anhaltend niedrigen Langfristzinsen befürchten. ↘ ABBILDUNG 51 RECHTS

IV. GELDPOLITIK FÜR DEN EURO-RAUM NICHT ANGEMESSEN

1. Geldpolitik und Inflation

405. Um die Geldpolitik zu beurteilen, ist es hilfreich, zunächst die Inflationsentwicklung in den Blick zu nehmen, die im Zentrum des EZB-Mandats steht. Die jährliche Wachstumsrate des **HVPI im Euro-Raum** erreichte ihren letzten temporären Höhepunkt von knapp 3 % Ende des Jahres 2011. Danach ging sie stetig zurück, bis auf knapp unter 0 % Anfang des Jahres 2015. Anschließend verharrte sie bis zum ersten Quartal 2016 etwas über 0 %. Im zweiten Quartal fiel sie auf leicht negative Werte zurück. ↘ ABBILDUNG 52 LINKS Der HVPI erreicht erst in der mittel- bis längerfristigen Prognose die EZB-Zielgröße von unter, aber nahe 2 %.

↘ ABBILDUNG 51

Vergleich der Erholung nach der Finanzkrise im Jahr 2009 mit vorherigen Erholungsphasen[1]

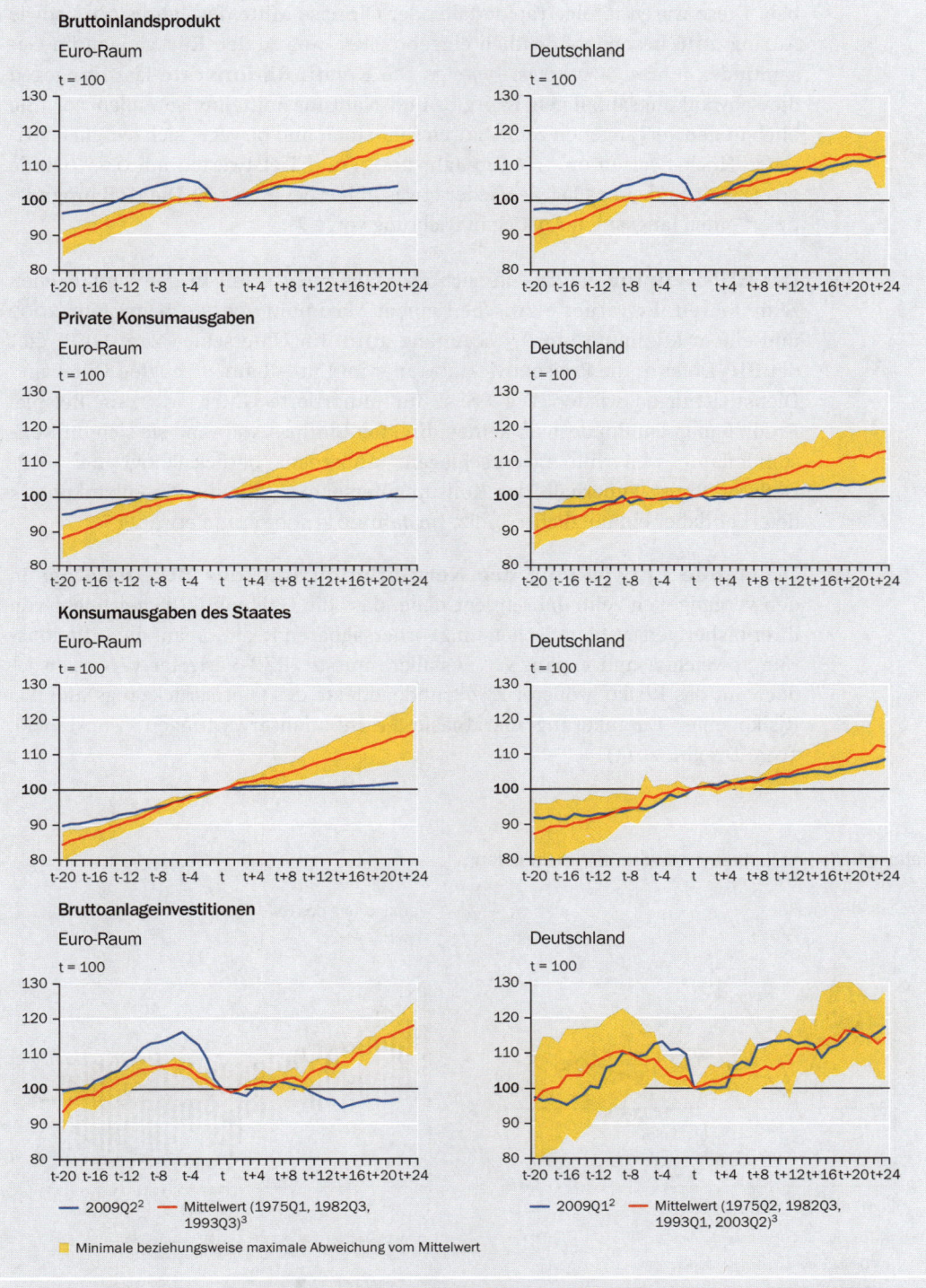

Bruttoinlandsprodukt
Euro-Raum / Deutschland

Private Konsumausgaben
Euro-Raum / Deutschland

Konsumausgaben des Staates
Euro-Raum / Deutschland

Bruttoanlageinvestitionen
Euro-Raum / Deutschland

— 2009Q2[2] / — 2009Q1[2]   — Mittelwert (1975Q1, 1982Q3, 1993Q3)[3] / Mittelwert (1975Q2, 1982Q3, 1993Q1, 2003Q2)[3]

▮ Minimale beziehungsweise maximale Abweichung vom Mittelwert

1 – t auf der Zeitachse stellt den jeweiligen Tiefpunkt der Rezessionsphasen dar. 2 – 2009Q2 beziehungsweise 2009Q1 ist der jeweilige Tiefpunkt der Rezession im Zuge der Finanzkrise im Euro-Raum beziehungsweise in Deutschland. Jeweilige Tiefpunkte im Euro-Raum nach CEPR-Datierungen. 3 – Mittelwert über die jeweiligen Tiefpunkte der vorherigen Rezessionen.

Quellen: Deutsche Bundesbank, EABCN, eigene Berechnungen

© Sachverständigenrat | 16-341

Der HVPI wurde jedoch in dieser Zeit, ebenso wie in den zehn Jahren zuvor, maßgeblich von meist unerwarteten Veränderungen der Energiepreise getrieben. Diese waren infolge rapide fallender Ölpreise Mitte des Jahres 2015 sowie Anfang 2016 besonders deutlich eingebrochen, was zu den Rückgängen im Gesamtindex führte. ↘ ABBILDUNG 52 RECHTS Die **Kerninflationsrate** lässt hingegen die schwankungsanfälligen Energie- und Nahrungsmittelpreise außen vor. Sie blieb in den vergangenen zehn Jahren sehr stabil und bewegte sich lediglich zwischen Höchstwerten um 2 % (im Jahr 2007) und Tiefstwerten um 0,7 % (Ende 2014). Seit Ende 2015 lag sie wieder etwas höher bei etwa 1 %. Die EZB prognostiziert einen langsamen Anstieg in Richtung von 2 %.

406. Der **BIP-Deflator** entwickelte sich ebenfalls recht stabil in den vergangenen zehn Jahren. Er variierte zwischen einem Maximum von 2,5 % im Jahr 2007 und einem Minimum um 0,3 % Anfang 2010. Im Unterschied zum HVPI gibt der BIP-Deflator die Preisentwicklung aller im Euro-Raum erzeugten Güter und Dienstleistungen wieder. Die Preise für importierte Güter, wie zum Beispiel Erdöl, haben auf ihn deshalb keinen direkten Einfluss, während sie sich im Konsumdeflator weiterhin niederschlagen. Außerdem berücksichtigt der BIP-Deflator Preise außerhalb des Konsumgütersektors. Für die Notenbankpolitik liefert er daher ein nützliches Indiz. Im Jahr 2015 stieg er um etwa 1,3 %.

407. Die **stabile Entwicklung der Kerninflation und des BIP-Deflators** in den vergangenen zehn Jahren legt nahe, dass die Geldpolitik derzeit nicht von ihrer bisherigen systematischen und vorhersagbaren Reaktion auf die Inflationsrate abweichen und expansiver ausfallen müsste. EZB-Vertreter verweisen jedoch auf das Risiko größerer Zweitrundeneffekte des Ölpreisrückgangs und das Risiko einer Entankerung marktbasierter Inflationserwartungen (Constâncio, 2015; Draghi, 2015).

↘ ABBILDUNG 52
Inflationsmaße und Verbraucherpreisindex im Euro-Raum

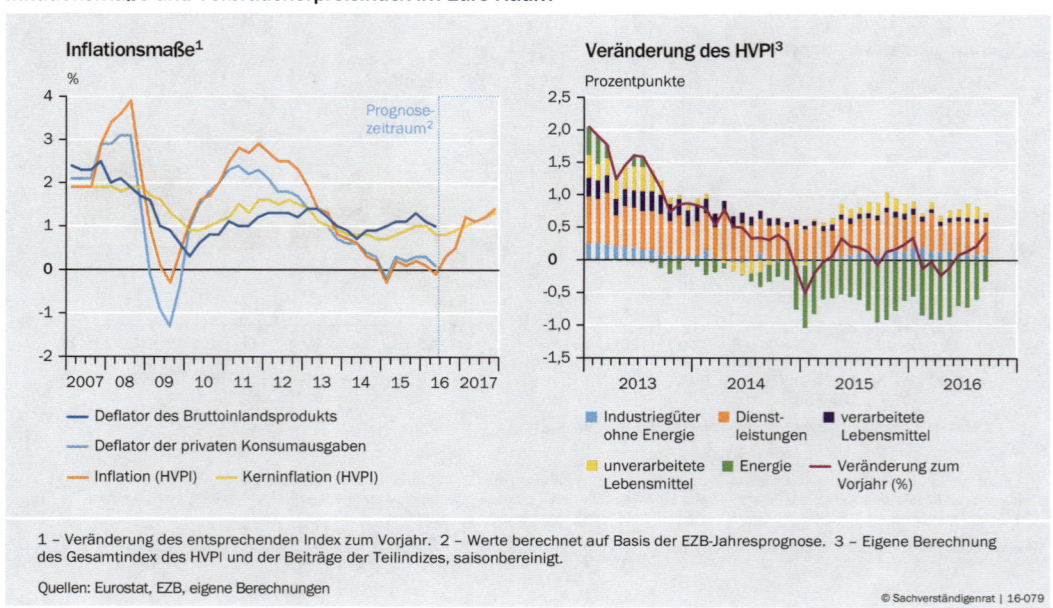

1 – Veränderung des entsprechenden Index zum Vorjahr. 2 – Werte berechnet auf Basis der EZB-Jahresprognose. 3 – Eigene Berechnung des Gesamtindex des HVPI und der Beiträge der Teilindizes, saisonbereinigt.

Quellen: Eurostat, EZB, eigene Berechnungen

© Sachverständigenrat | 16-079

408. **Indirekte Effekte des Ölpreises** auf den HVPI über Güter, deren Erstellung stark vom Öl abhängt, wie etwa Verkehrsdienstleistungen, wirken wie die direkten Effekte meist nur temporär. Darüber hinaus sind **Zweitrundeneffekte** möglich, über die sich der Energiepreisrückgang längerfristig in einer niedrigeren Inflationsrate niederschlägt. So könnten die fallenden Energiekosten niedrigere Lohnabschlüsse ermöglichen, da sie die verfügbaren Einkommen der Arbeitnehmer erhöhen. Bei guter konjunktureller Lage wie in Deutschland sind Arbeitgeber dagegen eher bereit, einen Teil der Kostenersparnis an die Arbeitnehmer weiterzugeben. Zweitrundeneffekte sind nur ungenau abzuschätzen. Bisher deuten sich keine größeren Effekte an (Deutsche Bundesbank, 2016e; EZB, 2016h).

409. Die Befürchtung, dass die ungewöhnlich niedrige Nullwachstumsrate des Gesamtindex zu einer **Entankerung der längerfristigen Inflationserwartungen** geführt hätte, bestätigt sich bisher nicht. Die umfragebasierten Inflationserwartungen des Survey of Professional Forecasters (SPF) zur Inflationsrate in fünf Jahren verharren seit Langem bei Werten zwischen 1,8 % und 1,9 %. ↘ ABBILDUNG 53 Dies entspricht genau der mittelfristigen Zielvorgabe von unter, aber nahe 2 %, die sich die EZB gegeben hat.

Dagegen sind die marktbasierten Erwartungen anscheinend stark eingebrochen. Das zeigt sich am deutlichen Rückgang der langfristigen Break-even-Inflationsraten im Verlauf des Jahres 2014, die sich aus inflationsindexierten Staatsanleihen oder Inflationsswaps berechnen. Dieser Rückgang verlief nahezu parallel zum Einbruch des Ölpreises, der sich eigentlich nur kurzfristig auf die Inflationsentwicklung auswirken dürfte (JG 2015 Ziffer 274). Tatsächlich können die Break-even-Inflationsraten aus Finanzinstrumenten erheblich schwanken. Sie spiegeln nicht Eins zu Eins die Inflationserwartungen der Marktteilnehmer wider, denn sie enthalten Prämien für Inflations- und Liquiditätsrisiken (Deutsche Bundesbank, 2016f; Draghi, 2016e).

↘ ABBILDUNG 53
Marktbasierte und umfragebasierte langfristige Inflationserwartungen

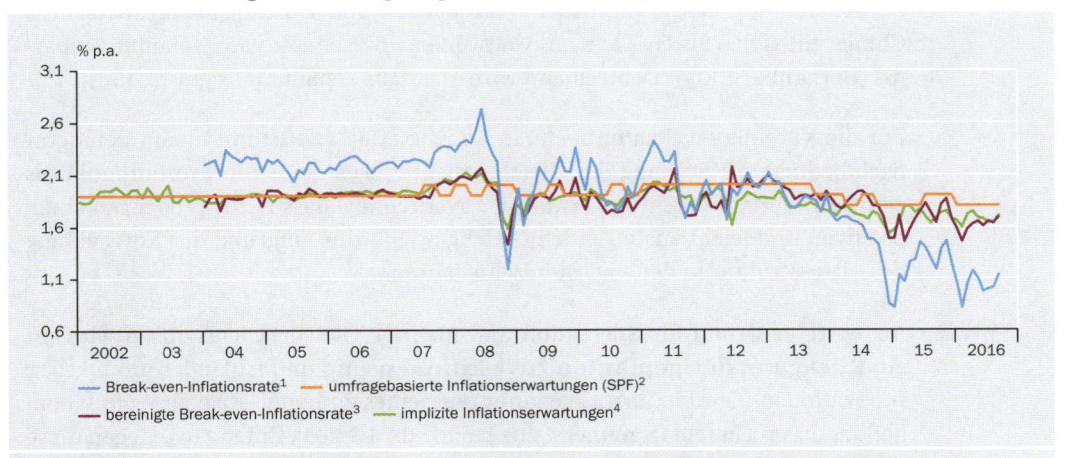

1 – Zehnjährige Break-even-Inflationsrate. 2 – SPF (Survey of Professional Forecasters), Erwartungen zur Inflation in fünf Jahren. 3 – Von Hördahl und Tristani berechnete bereinigte 10-jährige Break-even-Inflationsrate um Liquiditäts- und Inflationsrisikoprämien. 4 – Implizierte Inflationserwartungen über die nächsten zehn Jahre aus dem Modell von Hördahl und Tristani. Diese würden mit den bereinigten Break-even-Inflationsraten übereinstimmen, wenn alle Messfehler der Renditen bei Null lägen.

Quellen: aktualisierte Berechnungen von Hördahl und Tristani (2014), EZB

Hördahl und Tristani (2014) schätzen diese Risikoprämien, mit denen implizierte langfristige Inflationserwartungen extrahiert werden können. Die bereinigten Inflationserwartungen weisen auf ein weitgehend stabiles Niveau hin. ↘ ABBILDUNG 53 In den Jahren 2014 und 2015 gaben die bereinigten Inflationserwartungen jeweils leicht nach, allerdings nicht so stark wie die unbereinigten Werte. Hördahl und Tristani (2014) verweisen zudem darauf, dass in dieser Zeit erhöhte Messfehler der Risikoprämien vorliegen könnten.

2. Gleichgewichtszins, Zinsregeln und Schattenzinsen

410. Ein wichtiger Bezugspunkt für die Geldpolitik ist der Abstand des tatsächlichen Realzinses vom Gleichgewichtszins. Dieser **Gleichgewichtszins** stellt sich ein, wenn das BIP dem Potenzialniveau entspricht und die Inflation stabil ist. Dabei unterscheiden sich Gleichgewichtskonzepte nach der Fristigkeit (JG 2015 Ziffern 315 ff.). Der langfristige Gleichgewichtszins und das langfristige Produktionspotenzial spielen wiederum eine zentrale Rolle in **Taylor-Zinsregeln**. Diese Regeln reagieren auf Abweichungen der makroökonomischen Entwicklung vom Gleichgewicht und liefern eine Zinsempfehlung für die Notenbank (Taylor, 1993; Taylor und Wieland, 2012; JG 2015 Ziffern 301, 304, 370 ff.). Um zinspolitische und quantitative Maßnahmen zusammengefasst mit diesen Empfehlungen zu vergleichen, lassen sich **Termin- und Schattenzinsen** verwenden, die aus der Zinsstruktur berechnet werden.

411. EZB-Vertreter haben die weitere Lockerung der Geldpolitik mit einem **Rückgang des Gleichgewichtszinses** begründet (Constâncio, 2016; Draghi, 2016b). Dieser Rückgang sei Folge eines **weltweiten Überschusses von erwünschter Ersparnis** im Vergleich zu geplanten Investitionen. Ein möglicher Grund ist der demografische Wandel. Insbesondere wenn der Anteil der arbeitenden und sparenden Generation mittleren Alters relativ zur Generation im Ruhestand sehr groß ist, nimmt die Sparneigung zu (Bean et al., 2015). Gut zu beobachten ist diese Entwicklung in China, wo die Änderung der Altersstruktur besonders stark ausgeprägt ist. Der Ersparnis- und Leistungsbilanzüberschuss Chinas gilt vielen als Quelle eines weltweiten Überschusses an geplanter Ersparnis (Bernanke, 2005). Deutschland wird ebenfalls genannt (Draghi, 2016d).

Für die Vereinigten Staaten rechnen Ludwig et al. (2016) mit einem demografisch bedingten Rückgang des Gleichgewichtszinses um einen Prozentpunkt bis zum Jahr 2035. Für Europa erwarten Favero und Galasso (2015) dagegen einen positiven und leicht ansteigenden Gleichgewichtszins aufgrund der Entwicklung der Altersstruktur in den nächsten zehn Jahren.

412. Als weiterer Grund für Stagnation und niedrige Gleichgewichtszinsen wird oft ein **Rückgang der geplanten Investitionen** aufgrund fehlender produktiver Innovationen (Gordon, 2012) genannt oder eines zu hohen Realzinses in einem deflationären Umfeld (Summers, 2014a, 2014b; JG 2015 Ziffer 319). Gegen diese Thesen sprechen jedoch mehrere Faktoren. So wurde das Innovationspotenzial bereits früher immer wieder massiv unterschätzt. Zudem haben sich die Wachs-

tumserwartungen zumindest in den Vereinigten Staaten nicht deutlich verschlechtert (Bean et al., 2015), und die Kerninflation ist weiterhin positiv.

413. Inzwischen kommt eine Reihe **empirischer Studien** zum Ergebnis, dass der Gleichgewichtszins etwa seit dem Jahr 2010 stark zurückgegangen ist (Barsky et al., 2014; Cúrdia, 2015; Cúrdia et al., 2015; Lubik und Matthes, 2015; Holston et al., 2016; Laubach und Williams, 2016). Teils berechnen sie den Zins, der sich in einem kurzfristigen Gleichgewicht in einem Neu-Keynesianischen Modell einstellen würde, wenn das Preisniveau völlig flexibel wäre. Er schwankt häufig mehr als der tatsächliche Realzins und ist stark modellabhängig.

Dagegen liefert der vielzitierte Ansatz von Laubach und Williams (2003) einen **mittelfristigen Gleichgewichtszins**. Hierzu verwenden sie ein einfaches Keynesianisches Modell, bestehend aus Gesamtnachfrage- und Phillipskurve. In den Jahren 2014 und 2015 liegt der Schätzwert bei etwa 0 % für die Vereinigten Staaten (Laubach und Williams, 2016; JG 2015 Ziffer 323; Beyer und Wieland, 2016). Das Modell erklärt das Ausbleiben einer längeren Deflationsphase und den Anstieg der Inflation damit, dass sich die Lücke zwischen BIP und Potenzial trotz schwachen Wachstums bereits 2012 geschlossen und bis 2015 auf 1 % zugenommen hat. Der Gleichgewichtszins liegt somit nur wenig über dem tatsächlichen (negativen) Realzins.

Für den Euro-Raum schätzen Holston et al. (2016) mit dieser Methode die Output-Lücke und den Gleichgewichtszins im Jahr 2015 auf etwa −1 % beziehungsweise −0,4 %. Beyer und Wieland (2016) erhalten dagegen Werte um 0,5 % für Deutschland und den Euro-Raum. Die Schätzwerte mit der Laubach-Williams-Methode sind **mit sehr großer Unsicherheit behaftet** und reagieren **äußerst sensitiv** auf veränderte technische Annahmen (JG 2015 Ziffer 326; Beyer und Wieland, 2016). ↘ ABBILDUNG 54

414. Einige Studien legen jedoch nahe, dass die genannten **Schätzwerte für den Gleichgewichtszins verzerrt** sind, da **wichtige Bestimmungsfaktoren** in den Schätzgleichungen **vernachlässigt** werden. So weisen Taylor und Wieland (2016) darauf hin, dass eine kleinere Output-Lücke nicht unbedingt auf einen gesunkenen Gleichgewichtszins schließen lässt. Stattdessen könnte sie von anderen Faktoren herrühren wie zum Beispiel mehr Regulierung oder höherer Staatsverschuldung und Steuern. Ebenso müssten die ökonometrischen Schätzungen die anhaltende Abweichung der Geldpolitik von früher eingehaltenen Regeln (Hofmann und Bogdanova, 2012; Shin, 2016) berücksichtigen, die eine mögliche Erklärung für den niedrigen Realzins darstellt.

415. Eine weitere **vernachlässigte Variable** sind **Kreditbeschränkungen** infolge der **Schwäche des Finanzsystems**, deren dämpfende Wirkung mit einem Rückgang des Gleichgewichtszinses verwechselt werden kann (Cukierman, 2016). So dürften im Zuge der Finanzkrise fallende Preise von Vermögenswerten, die als Sicherheiten dienen, zu einem verschlechterten Kreditzugang für kleine und mittlere Kreditnehmer geführt haben. Wird für diesen Effekt nicht kontrolliert, sind die Schätzer für Gleichgewichtszinsen nach unten verzerrt. Zudem könnte die Zinspolitik der Notenbank eine Reaktion auf die Finanzstabilität beinhalten. Schätzverfahren, die Kreditrisiken und Finanzzyklus berücksichtigen,

ABBILDUNG 54
Schätzungen von Gleichgewichtszinsen

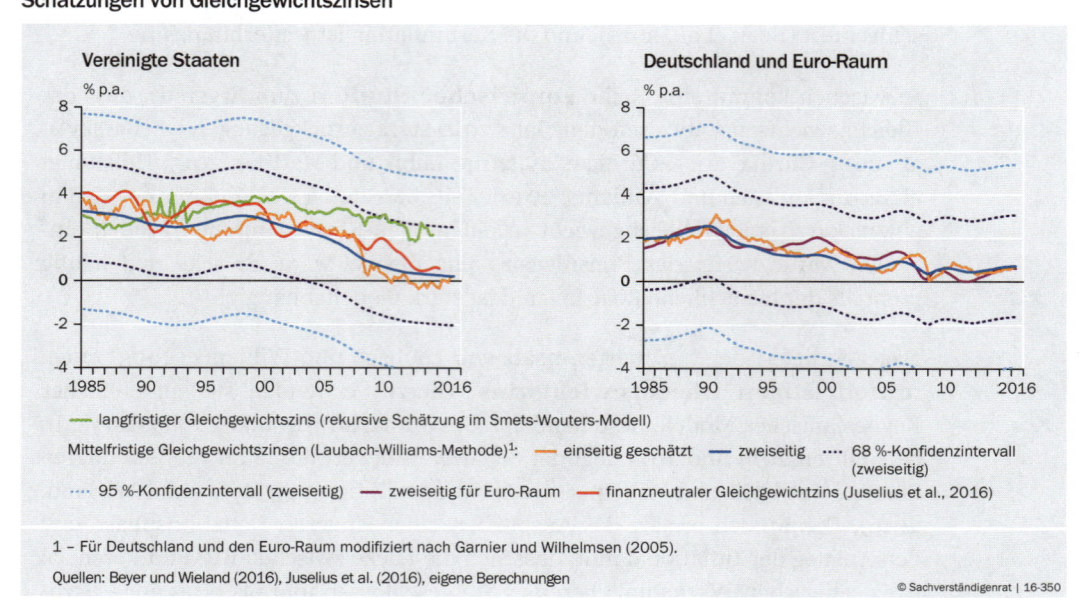

Vereinigte Staaten (% p.a.)

Deutschland und Euro-Raum (% p.a.)

— langfristiger Gleichgewichtszins (rekursive Schätzung im Smets-Wouters-Modell)
Mittelfristige Gleichgewichtszinsen (Laubach-Williams-Methode)[1]: — einseitig geschätzt — zweiseitig ···· 68 %-Konfidenzintervall (zweiseitig)
···· 95 %-Konfidenzintervall (zweiseitig) — zweiseitig für Euro-Raum — finanzneutraler Gleichgewichtszins (Juselius et al., 2016)

1 – Für Deutschland und den Euro-Raum modifiziert nach Garnier und Wilhelmsen (2005).
Quellen: Beyer und Wieland (2016), Juselius et al. (2016), eigene Berechnungen
© Sachverständigenrat | 16-350

liefern Gleichgewichtszinsen, die 0,5 bis 1,25 Prozentpunkte über den Laubach-Williams-Schätzungen liegen (Kiley, 2015; Juselius et al., 2016).

Schließlich sind Schätzwerte für langfristige Gleichgewichtszinsen für die Vereinigten Staaten – beispielsweise in einer Aktualisierung des vielfach verwendeten strukturellen makroökonomischen Modells von Smets und Wouters (2007) – bisher kaum unter 2 % gefallen (JG 2015 Ziffer 322; Taylor und Wieland, 2016). ABBILDUNG 54 Nach Auffassung des Sachverständigenrates sollten die bisher verfügbaren Schätzwerte kurz- und mittelfristiger Gleichgewichtszinsen nicht zum Anlass genommen werden, die Geldpolitik massiv zu lockern – solch eine Politik riskiert kurzfristig einen zu starken Anstieg der Vermögenspreise und längerfristig eine zu starke Inflation der Güter- und Dienstleistungspreise.

416. Ausgehend vom langfristigen Gleichgewichtszins und den Abweichungen der Inflation vom Ziel und des BIP vom Potenzialniveau liefert die **Taylor-Regel** (JG 2014 Ziffern 249 ff.; JG 2015 Ziffer 303) einen Richtwert für das nominale Zinsniveau. Die folgende Anwendung auf den Euro-Raum geht wie die ursprüngliche Regel für die Vereinigten Staaten von einem Gleichgewichtszins von 2 % aus. ABBILDUNG 55 RECHTS Dieser Wert entspricht dem langfristigen Durchschnittswachstum der US-amerikanischen Wirtschaft. Als Inflationsmaß sollte der BIP-Deflator (wie in der ursprünglichen Regel oder in Alcidi et al., 2016) oder die Kerninflation herangezogen werden (für Bandbreiten von Inflations- und Output-Lücke-Maßen siehe Hoffmann und Bogdanova, 2012; Shin, 2016).

Eine direkte Zinsreaktion auf den HVPI würde aufgrund der hohen Schwankungen, die aus den Energiepreisen resultieren, zu einer viel zu volatilen Zinspolitik führen. Bereits der Hauptrefinanzierungssatz liegt deutlich unter dem Taylor-Zins. Er erfasst jedoch noch gar nicht die Wirkung des negativen Einlagezinses und der quantitativen Maßnahmen. Diese Maßnahmen spiegeln sich in den impliziten antizipierten Kurzfristzinsen aus der Zinsstrukturkurve wider. Sie liegen

↘ ABBILDUNG 55

Zinsbänder geldpolitischer Regeln im Vergleich zum Hauptrefinanzierungszins, zu impliziten Terminkursen und zum Schattenzins

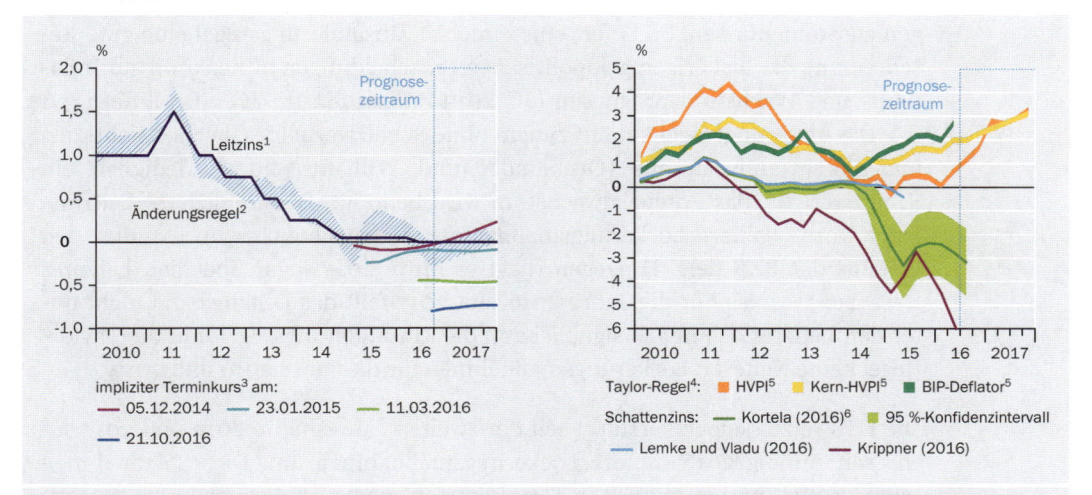

impliziter Terminkurs[3] am:
— 05.12.2014   — 23.01.2015   — 11.03.2016
— 21.10.2016

Taylor-Regel[4]: ■ HVPI[5]   ■ Kern-HVPI[5]   ■ BIP-Deflator[5]
Schattenzins: — Kortela (2016)[6]   ■ 95 %-Konfidenzintervall
— Lemke und Vladu (2016)   — Krippner (2016)

1 – Zinssatz für Hauptrefinanzierungsgeschäfte. 2 – Gleichung: $i_t = i_{t-1} + 0{,}5(\pi^p - \pi^*) + 0{,}5(\Delta q^p - \Delta q^*)$. i_t bezeichnet den geschätzten EZB-Leitzins, er ist abhängig vom Leitzins der Vorperiode, i_{t-1}, von der Abweichung der Inflationsprognose, π^p, vom Ziel der Notenbank, π^*, und von der Abweichung der Wachstumsprognose, Δq^p, vom geschätzten Potenzialwachstum, Δq^*. Die Schätzwerte des Potenzialwachstums beruhen auf Echtzeitdaten von der Europäischen Kommission. Die Prognosen basieren auf den Daten des Survey of Professional Forecasters: Für die Inflation wird der Prognosewert in drei Quartalen, für das Wachstum wird der Prognosewert in zwei Quartalen verwendet. 3 – Instantaneous Forward Rates aus AAA bewerteten Staatsanleihen im Euro-Raum mit einer Laufzeit von 3 Monaten und länger. Zur Datenauswahl siehe Abbildung 47. 4 – Gleichung: $i = 2 + \pi + 0{,}5(\pi - \pi^*) + 0{,}5(y)$. i ist der von der Taylor-Regel implizierte Zins für den Geldmarkt; er ist abhängig vom realen Zinssatz im langfristigen Gleichgewicht (geschätzt 2 %), von der laufenden Inflationsrate, π, in Abweichung vom Ziel der Notenbank, π^*, und von der Output-Lücke, y. 5 – Basierend auf Daten der EZB-Echtzeitdatenbank und AMECO: Für die Inflation wird der Wert des aktuellen Quartals, für die Output-Lücke der Wert des Vorquartals verwendet. 6 – Aktualisierte Schätzung zu Kortela (2016).

Quellen: eigene Berechnungen auf Basis von Daten der Europäischen Kommission und EZB

© Sachverständigenrat | 16-164

deutlich im negativen Bereich. Somit wäre die **EZB-Politik selbst bei** einem **Gleichgewichtszins von 0 % im Vergleich zur Taylor-Regel viel zu expansiv**. Der Abstand ist noch größer, wenn man die Wirkung der quantitativen Lockerungsmaßnahmen auf die Zinsstruktur in dem bereits genannten Schattenzins zusammenfasst.

Der Schattenzins wird in der Literatur vorgeschlagen, um den Stand der Geldpolitik abzuschätzen, wenn unkonventionelle Maßnahmen implementiert werden (Krippner, 2013; Lombardi und Zhu, 2014; Wu und Xia, 2014). Schattenzinsen reflektieren insbesondere die Veränderung der Zinsstrukturkurven und in einigen Modellen ihre Interaktion mit makroökonomischen Variablen. Der Schattenzins verläuft während „normaler Zeiten" nahe der kurzfristigen Geldmarktzinsen. Er kann jedoch weiter in den negativen Bereich fallen, wenn die kurzfristigen Zinsen bereits eine Untergrenze erreicht haben. Somit liefert er ein Indiz für die Auswirkung der quantitativen Maßnahmen auf die längerfristigen Zinsen über den Signalisierungs- und Portfolioumschichtungskanal. Er misst den ungewöhnlichen Druck auf längerfristige Zinsen in Form eines hypothetischen kurzfristigen Zinssatzes, der sich ohne Nominalzinsuntergrenze einstellen würde. Die verfügbaren Schätzergebnisse sind von großer Unsicherheit geprägt. Dabei spielen die Modellspezifikation und die Unsicherheit über die Zinsuntergrenze eine Rolle (Lemke und Vladu, 2016). So schätzt Kortela (2016) für den derzeitigen Schattenzins einen Wert von −3,2 % und ein 95 %-Konfidenzintervall, das von −4,5 % bis −1,7 % reicht. Krippner (2016) erhält einen sehr niedrigen Wert von −7 %. Allerdings verwendet er ein Modell, das für die Vereinigten Staaten kalibriert wurde.

417. Als weitere Referenzgröße können **empirisch geschätzte Regeln** herangezogen werden, welche die Reaktion der EZB auf makroökonomische Entwicklungen zusammenfassen. So liefert eine einfache Zinsänderungsregel eine gute Beschreibung der bisherigen geldpolitischen Entscheidungen in Reaktion auf Inflations- und Wachstumsprognosen (JG 2013 Ziffern 182 ff.; JG 2015 Ziffern 371 ff.). Die Änderungsregel kommt zudem ohne Schätzwerte für Gleichgewichtszins und Potenzialniveau aus (Orphanides und Williams, 2002); lediglich ein Schätzwert für das Potenzialwachstum wird benötigt. Das implizierte Leitzinsband würde weitere Lockerungsmaßnahmen signalisieren, wenn es unter den Leitzins der EZB fiele. Hingegen rückt es Mitte 2015 sogar über den Leitzins. ↘ ABBILDUNG 55 LINKS Für die Jahre 2016 und 2017 fällt das Leitzinsband nicht unter den Leitzins. Demnach signalisieren die Zinsänderungsregel und die Taylor-Regel keine weiteren Lockerungsmaßnahmen für die Jahre 2016 und 2017.

Die EZB setzte jedoch verstärkt seit der zweiten Jahreshälfte 2014 und 2015 sowie seit Anfang 2016 weitere Lockerungsmaßnahmen um. Diese Maßnahmen schlugen sich in den impliziten Terminkursen nieder, die weiter in den negativen Bereich rückten. Vor diesem Hintergrund hat die EZB ihre Geldpolitik bereits stärker als in der Vergangenheit üblich gelockert. Die Taylor- und Zinsänderungsregeln signalisieren dagegen schon seit einiger Zeit, dass das Ausmaß der quantitativen Lockerung durch die EZB der makroökonomischen Entwicklung im Euro-Raum **nicht angemessen** ist. Eine weitere Lockerung wäre demnach nicht angebracht. Im Gegenteil sollte die EZB ihre Anleihekäufe zurückfahren und früher beenden. Zudem sollte sie Tilgungserlöse aus dem Wertpapierbestand nicht weiter reinvestieren. Somit würde sie einen moderaten Rückgang des Bestands ermöglichen, infolgedessen die Risikoprämien bei mittel- und längerfristigen Anleihen wieder stärker die Nachfrage am Markt reflektieren würden.

3. Risiken für Finanzsektor und Konsolidierungspolitik

418. Es ist zu erwarten, dass die Langfristzinsen in näherer Zukunft niedrig bleiben, wenn die EZB weiterhin Anleihen in großem Stil aufkauft und das Kaufprogramm EAPP gar über den März 2017 hinaus verlängert. Dies birgt erhebliche **Risiken für die Finanzstabilität**. Zudem nimmt es den Druck von den Regierungen der Mitgliedstaaten, **die bisherige Konsolidierungs- und Reformpolitik** fortzusetzen.

419. Das anhaltende Niedrigzinsumfeld erzeugt **Druck auf die Profitabilität von Banken und Versicherungen** (JG 2015 Ziffern 381 ff.). Niedrige Marktzinsen und eine Abflachung der Zinsstrukturkurve verringern die Zinsmargen der Banken (Borio et al., 2015; EZB, 2015b; Claessens et al., 2016; Jobst und Lin, 2016). Der Druck auf die Margen dürfte sich in den kommenden Jahren noch deutlich erhöhen. ↘ ZIFFERN 506 FF. Hinzu kommen direkte Kosten für die Banken aufgrund des negativen Einlagezinses. Es hängt von deren Ausgestaltung ab, wie hoch die resultierende Belastung für die Banken ausfällt. ↘ KASTEN 14

↘ KASTEN 14

Implementierung und Wirkung negativer Einlagezinsen

In Europa haben die EZB, die dänische Nationalbank (DN), die schwedische Riksbank (SR) und die Schweizerische Nationalbank (SNB) negative Einlagezinsen eingeführt. ↘ ABBILDUNG 56 LINKS Unterschiede in der Implementierung beeinflussen, wie kostspielig es für Banken ist, Notenbankliquidität zu halten. So kann die marginale Vergütung jeder zusätzlichen Einheit an Reserven variieren (Bech und Malkhozov, 2016). EZB, DN und SNB verwenden eine Staffelung: Die durchschnittliche Vergütung für die Einlagen hängt demnach nicht nur vom Zins, sondern auch von der Freibetragsgrenze ab. ↘ ABBILDUNG 56 RECHTS Derzeit ist die Vergütung in Dänemark und Schweden am niedrigsten. Gestaffelte Vergütungen gab es schon früher. Im Euro-System erhielten Banken den Leitzins auf Mindestreserven (aktuell 0 %) und den Einlagezins auf Überschussreserven.

↘ ABBILDUNG 56
Leitzinsen und Vergütung von Zentralbankpassiva ausgewählter Zentralbanken

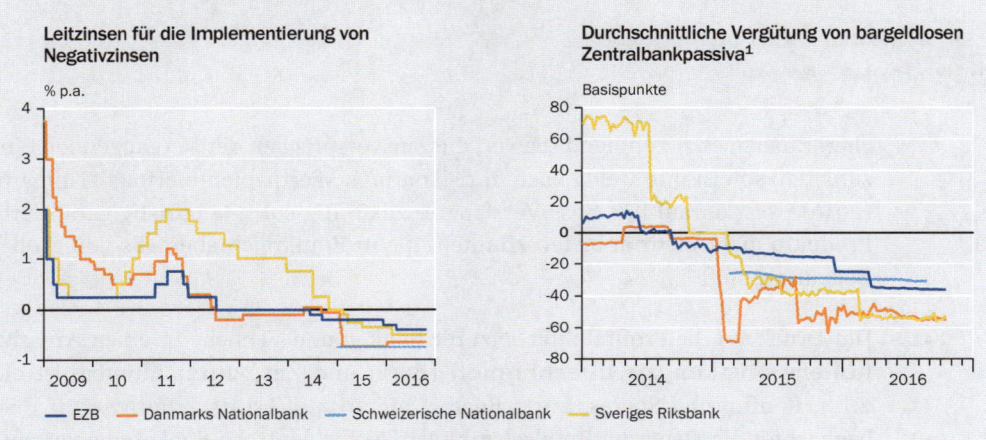

1 – Durchschnittlicher Zins bezahlt von den Zentralbanken, gewichtet mit den Beiträgen der jeweiligen Konten.
Quellen: EZB, nationale Zentralbanken, eigene Berechnungen

Die kurzfristigen Geldmarktsätze reagierten bisher ähnlich auf die Notenbankzinsen wie bei einem positivem Zinsniveau (Bech und Malkhozov, 2016). Der Tagesgeldsatz im Euro-Raum folgt dem Verlauf des Einlagesatzes. ↘ ABBILDUNG 56 LINKS Banken versuchen jedoch, negative Zinsen durch Laufzeitverlängerungen und höhere Risikobereitschaft bei der Kreditvergabe zu vermeiden. In den Peripherieländern des Euro-Raums dürfte sich der Marktzugang für Banken verbessert haben (Bech und Malkhozov, 2016). Daran könnten aber andere Faktoren, etwa der europäische Aufsichtsmechanismus SSM oder das EAPP-Programm, ebenfalls einen Anteil haben. Negative Notenbankzinsen werden an Einlagen institutioneller Kunden weitergereicht. Teilweise werden dabei verschiedene Schwellenwerte verwendet. Privatkunden sind bisher meist ausgenommen. Sie wären vermutlich eher geneigt, ihre Einlagen abzuziehen. In Reaktion auf die gefallenen Margen im Kreditgeschäft scheinen Schweizer Banken sogar Kreditzinsen angehoben zu haben – etwa im Hypothekengeschäft (Bech und Malkhozov, 2016).

420. **Lebensversicherungen** sind insbesondere dann von der Niedrigzinsphase betroffen, wenn sie Versicherungsverträge mit langjährigen Zinsgarantien anbieten, wie es in Deutschland traditionell der Fall ist (JG 2015 Ziffern 382, 427). Der durchschnittliche Garantiezins im Bestand deutscher Lebensversicherer lag im Jahr 2015 bei 2,97 % (Assekurata, 2016) und damit deutlich oberhalb der Umlaufrendite von 0,4 % zum Jahresende 2015. ↘ ABBILDUNG 57 LINKS Das heißt, Versi-

ABBILDUNG 57
Risiken durch Niedrigzinsen

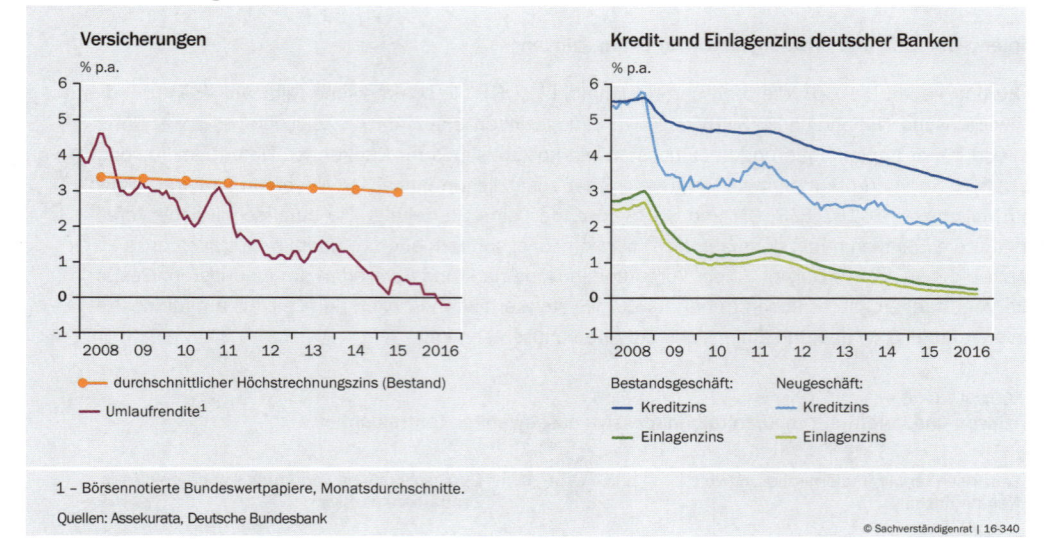

Versicherungen
- durchschnittlicher Höchstrechnungszins (Bestand)
- Umlaufrendite¹

Kredit- und Einlagenzins deutscher Banken
- Bestandsgeschäft: Kreditzins, Einlagenzins
- Neugeschäft: Kreditzins, Einlagenzins

1 – Börsennotierte Bundeswertpapiere, Monatsdurchschnitte.
Quellen: Assekurata, Deutsche Bundesbank

cherer haben es zunehmend schwer, die Zinsversprechen der Vergangenheit einzuhalten, sofern ihre Geldanlage in risikoarmen Wertpapieren erfolgt. Thimann (2016) weist darauf hin, dass Versicherer zukünftig solch langfristig garantierte Produkte nicht mehr anbieten könnten, die in Frankreich ebenfalls von großer Bedeutung sind.

421. Der Druck auf die Profitabilität setzt für Banken und Versicherer einen **Anreiz, höhere Risiken zu übernehmen** (Borio und Zhu, 2012; Altunbas et al., 2014; Bonfim und Soares, 2014; Buch et al., 2014; JG 2015 Ziffern 387 ff.). So beobachtet die Deutsche Bundesbank (2016g) für deutsche Banken derzeit eine Ausweitung der Fristentransformation. Damit werden erhebliche Zinsänderungsrisiken aufgebaut. Der Kreditzins im Neugeschäft fällt stetig. ↘ ABBILDUNG 57 RECHTS Wenn die Notenbank schließlich doch den Leitzins anheben muss, steigen Zinsen auf die kurzfristigen Einlagen bei den Banken. Ein zu später Ausstieg aus der Niedrigzinspolitik bedroht demnach die Solvenz der Banken (JG 2015 Ziffern 401, 412).

Besser wäre es, den Ausstieg aus der Niedrigzinspolitik früher zu beginnen, um dem Finanzsystem Zeit für eine Anpassung zu geben. Es besteht die Gefahr, dass die Notenbank aufgrund zunehmender Finanzstabilitätsrisiken einen rechtzeitigen Ausstieg verpasst, sodass größere Verwerfungen kaum mehr zu vermeiden sind („**Financial Dominance**").

422. Der Aufbau höherer **Risiken im Finanzsektor** lässt sich ferner mithilfe einer Reihe makroökonomischer Indikatoren überwachen (Alessi und Detken, 2009; Borio und Drehmann, 2009; Expertise 2010 Kasten 4; Dell'Arricia et al., 2012; BIZ, 2014, 2015, 2016; JG 2014 Kasten 14). Sie sollen helfen, gefährliche Entwicklungen für die Finanzstabilität rechtzeitig zu erkennen. So haben Borio und Drehmann (2009) Schwellenwerte für die Kredit-BIP-Lücke, die realen Immobilienpreise und die realen Aktienpreise vorgeschlagen. Diese Schwellenwerte sind so gesetzt, dass eine darüber hinausgehende Abweichung vom langfristigen

↘ ABBILDUNG 58
Kredit-BIP-Lücke und Hauspreis-Lücke ausgewählter Mitgliedstaaten des Euro-Raums[1]

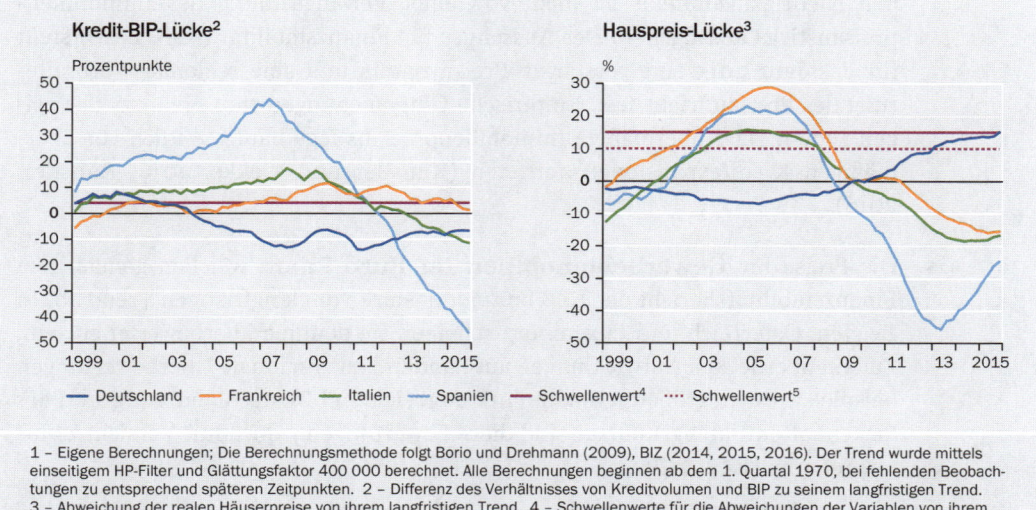

Kredit-BIP-Lücke[2] (Prozentpunkte) — Hauspreis-Lücke[3] (%)

— Deutschland — Frankreich — Italien — Spanien — Schwellenwert[4] ···· Schwellenwert[5]

1 – Eigene Berechnungen; Die Berechnungsmethode folgt Borio und Drehmann (2009), BIZ (2014, 2015, 2016). Der Trend wurde mittels einseitigem HP-Filter und Glättungsfaktor 400 000 berechnet. Alle Berechnungen beginnen ab dem 1. Quartal 1970, bei fehlenden Beobachtungen zu entsprechend späteren Zeitpunkten. 2 – Differenz des Verhältnisses von Kreditvolumen und BIP zu seinem langfristigen Trend. 3 – Abweichung der realen Häuserpreise von ihrem langfristigen Trend. 4 – Schwellenwerte für die Abweichungen der Variablen von ihrem Trend entsprechen denen von Borio und Drehmann (2009). 5 – BIZ (2014, 2015, 2016) verwenden für die Hauspreis-Lücke einen engeren Schwellenwert von 10 %.

Quellen: BIZ, OECD, eigene Berechnungen
© Sachverständigenrat | 16-347

Trend in der Vergangenheit auf Krisengefahren hingewiesen hätte. Dell'Arricia et al. (2012) haben einen alternativen Schwellenwert für das Wachstum der Kredit-BIP-Lücke entwickelt.

423. Diese Indikatoren haben in den Jahren **vor der Finanzkrise** den **Aufbau systemischer Risiken** deutlich angezeigt. Trotz entsprechender Warnungen (Borio und White, 2003) kam es damals jedoch nicht zu einem Umsteuern in der Finanzregulierung oder Geldpolitik. ↘ ABBILDUNG 58 zeigt an, zu welchem Zeitpunkt die **Schwellenwerte für die Kredit-BIP-Lücke und die Immobilienpreise** gemäß Borio und Drehmann (2009) in den vergangenen Jahren übertroffen wurden. In Spanien, Italien und Frankreich wurden vor der Finanzkrise Schwellenwerte für beide Indikatoren überschritten. Besonders gefährlich für die Finanzstabilität ist es, wenn Immobilienpreisanstiege mit einer starken Kreditexpansion einhergehen (JG 2015 Ziffer 408; Brunnermeier und Schnabel, 2016). Dies zeigte sich in dramatischer Form in Spanien. ↘ ABBILDUNG 58

Inzwischen sind die Kredit-BIP-Lücke und die Hauspreis-Lücke in Spanien, Italien und Frankreich wieder unter den Schwellenwert gefallen. Während dies in Spanien und Italien mit einem Rückgang der Hauspreise einherging, sind die Hauspreise in Frankreich weitgehend stabil geblieben. Dort schloss sich die Lücke aufgrund der Fortschreibung des früheren Trends.

424. Die stetig gestiegenen **Immobilienpreise in Deutschland** überschritten im vierten Quartal 2015 den 15 %-Schwellenwert von Borio und Drehmann (2009). Sie liegen zudem seit dem Jahr 2014 deutlich über dem 10 %-Schwellenwert, den die Bank für Internationalen Zahlungsausgleich (BIZ, 2014, 2015, 2016) verwendet. Die Entwicklung der Kredit-BIP-Lücke ist jedoch nicht gleichermaßen auffällig, sodass bisher keine gefährliche Kreditausweitung attestiert werden kann. Dennoch sollte der Immobiliensektor in Deutschland hinsichtlich mögli-

cher Fehlentwicklungen sorgfältig beobachtet werden. Im Kontext des anhaltenden Niedrigzinsumfelds ist nicht von einer Verlangsamung des Immobilienpreisanstiegs auszugehen. Der Ausschuss für Finanzstabilität (AFS, 2016) stellt für das Jahr 2015 eine verstärkte Preisdynamik und eine regionale Verbreiterung des Preisauftriebs fest. Empirische Untersuchungen zum Finanzzyklus zeigen zudem, dass übermäßige Immobilienpreisanstiege häufig zeitlich vor übermäßigen Kreditexpansionen auftreten (Rünstler und Vlekke, 2016; Rünstler, 2016).

425. Die Preise für **Gewerbeimmobilien im Euro-Raum** weichen gemäß dem Finanzstabilitätsbericht der EZB besonders stark vom langfristigen Trend ab. In Belgien, Österreich und Luxemburg scheinen sie deutlich überbewertet zu sein. Zudem überdecken Entwicklungen auf Länderebene regionale Überbewertungen, beispielsweise in größeren Städten in Österreich und Deutschland. Aufgrund der lückenhaften Datengrundlage sind diese Bewertungen jedoch mit Vorsicht zu interpretieren (EZB, 2016i).

426. Das niedrige Zinsniveau entfaltet nicht nur für den privaten Finanzsektor, sondern auch für die **Staatsfinanzen** eine sehr starke Wirkung. Zunächst erleichtert es die Tragfähigkeit der Staatsschulden. Allerdings sollten Regierungen nicht davon ausgehen, dass dieses günstige Umfeld dauerhaft anhält. Im Gegenteil: In dem Maße, wie sich die Wirtschaft des Euro-Raums wieder erholt, wird die EZB die Zinsen anheben müssen, um einem Anstieg der Inflation und Übertreibungen bei den Vermögenspreisen entgegenzuwirken.

Deshalb sollten Regierungen die **Gelegenheit nutzen, Schulden abzubauen**. Damit würden sie wieder fiskalischen Spielraum für zukünftige Rezessionen und krisenhafte Entwicklungen gewinnen. Leider nutzen die Regierungen diese Möglichkeit kaum oder gar nicht. Die fiskalischen **Konsolidierungsbemühungen haben** stattdessen **nachgelassen.** So zeigen die strukturellen Primärsalden, dass die Konsolidierungsbemühungen in den meisten Mitgliedstaaten gefallen sind oder sogar eingestellt wurden. ↘ ZIFFERN 172 FF.

427. Staatsfinanzierung und Geldpolitik stehen in einem strategischen Zusammenhang. Bei niedrigen Zinsen ergibt sich ein **Anreiz, den Konsolidierungsprozess aufzuschieben**. So könnten die bisherigen Zinssenkungen bereits zu höher als geplanten staatlichen Ausgaben beigetragen haben (Hachula et al., 2016). Insoweit die Konsolidierung notwendig ist, um die Anfälligkeit für Schuldenkrisen und Verzerrungen des Steuersystems zu reduzieren, bringt die Niedrigzinspolitik ein Risiko für das längerfristige Wachstum mit sich. Vor diesem Hintergrund ist die Nachsicht, welche die Europäische Kommission im Rahmen der Überwachung des Stabilitätspakts mit manchen Mitgliedstaaten übt, sehr problematisch. Eine Übersicht der Entwicklung für einzelne Länder ist in ↘ TABELLE 23, ANHANG zu finden.

Solide öffentliche Finanzen zählen zu den zentralen Vorbedingungen für eine stabilitätsorientierte Geldpolitik, wie etwa Bundesbankpräsident Weidmann erst kürzlich betont hat (Weidmann, 2016). Wenn die Tragfähigkeit der Staatsfinanzen nicht mit fiskalpolitischen Mitteln sichergestellt wird, droht die Gefahr, dass die Geldpolitik für diesen Zweck eingespannt wird (Sargent und Wallace, 1984;

Leeper und Leith, 2016). So kann der Staat höhere Seigniorage-Gewinne und günstigere Finanzierungskonditionen aus einer expansiveren Geldpolitik erzielen. Die Notenbank wäre dann angehalten, die Zinsen länger niedrig zu halten, als es aus Sicht der Preisstabilität erforderlich wäre („**Fiscal Dominance**").

428. Die Bereitschaft, marktorientierte Strukturreformen umzusetzen, hängt von politischen Konstellationen und dem Ausmaß anhaltender Wachstumsschwächen ab. Die Geldpolitik wirkt über die wirtschaftliche Lage und den Finanzspielraum der Regierung darauf ein. Sie schafft Spielräume, setzt aber ebenso **Anreize, politisch schwierige Reformen aufzuschieben** (Leiner-Killinger et al., 2007). Berücksichtigt man, wie lange die EZB nun schon mit verschiedensten Maßnahmen stützend eingreift, ist es nicht verwunderlich, wie schleppend der Reformprozess in Ländern wie Italien oder Frankreich vorankommt.

4. Debatte um die quantitative Interpretation des Preisstabilitätsmandats

429. Das **Mandat der EZB** unterscheidet sich von denjenigen der Notenbanken, die eine explizite Inflationssteuerung verfolgen. Es legt die EZB stattdessen auf das Ziel der **Preisstabilität** fest. EZB-Vertreter haben deshalb in der Vergangenheit regelmäßig betont, dass die EZB kein Inflationsziel hat. Die Preisstabilität soll zudem laut Mandat Vorrang gegenüber anderen Zielen genießen.

430. In ihrer Interpretation und technischen Umsetzung des Mandats in Form einer geldpolitischen Strategie im Jahr 1999 hat die **EZB selbst eine quantitative Definition von Preisstabilität** vorgenommen. Diese setzte eine jährliche Steigerungsrate des HVPI von unter 2 % als Zielwert, der in der mittleren Frist erreicht werden soll. Kurz darauf wies die EZB darauf hin, dass mit der Zieldefinition einer Steigerung eine Deflation ausgeschlossen ist (EZB, 1999). Preisstabilität bezog sich somit auf eine Spannweite erlaubter Inflationsraten (Castelnuovo et al., 2003). Im Jahr 2003 hat der EZB-Rat wiederum klargestellt, dass eine Wachstumsrate von unter, aber nahe 2 % in der mittleren Frist erreicht werden soll.

Die Höhe dieses quantitativen Ziels ergab sich aus einer Abwägung der Kosten der Inflation und möglichen Argumenten, **kleine positive Inflationsraten zu tolerieren** (Issing, 2003). Die Auswahl des HVPI wurde insbesondere mit dem hohen Maß an Transparenz, Verlässlichkeit, zeitnaher Verfügbarkeit und geringen Messfehlern begründet. Der HVPI reflektiert einen repräsentativen Warenkorb. Er enthält deshalb Importpreise und indirekte Steuern und reagiert stark auf Schwankungen der Energiepreise. ↘ ZIFFER 405 Zwar würde ein Kerninflationsmaß helfen, eine **Überreaktion auf temporäre Preisfluktuationen** zu vermeiden. Die EZB entschied sich jedoch für den Gesamtindex, da die Kerninflation Veränderungen der Kaufkraft der privaten Haushalte nicht voll erfasst. Außerdem wurde befürchtet, dass sich an der konkreten Definition der Kerninflation Kritik entzündet. Stattdessen sollte mit der **mittelfristigen Orientierung der EZB-Strategie** eine Überreaktion auf sehr volatile Preise vermieden werden (Camba-Mendez, 2003; Issing, 2003).

431. Die Inflationsentwicklung und die Geldpolitik der vergangenen Jahre haben eine **Diskussion um die Zielsetzung der Notenbanken** ausgelöst. So wurde wiederholt gefordert, ein **höheres Ziel von beispielsweise 4 %** Inflation anzuvisieren (Blanchard et al., 2010; Ball, 2014; de Grauwe und Ji, 2016). Damit solle mehr Spielraum für zukünftige Zinssenkungen gewonnen werden. Aufgrund der geschätzten niedrigeren Niveaus der mittelfristigen Gleichgewichtszinsen sei die Wahrscheinlichkeit von Phasen mit Zinsen nahe Null gestiegen (Williams, 2016). Andere Stimmen empfehlen dagegen, das Inflationsziel an die Realität anhaltend niedriger Inflationsraten anzupassen, um andauernde Zielverfehlungen zu vermeiden (FAZ, 2015b).

432. Nach **Einschätzung des Sachverständigenrates** sollte die EZB an der bisherigen Definition des Mandats festhalten. So dürfte eine Änderung der quantitativen Interpretation des Ziels in die eine oder andere Richtung die Glaubwürdigkeit der EZB nachhaltig beschädigen. Marktteilnehmer müssten davon ausgehen, dass es auch in Zukunft immer wieder zu Änderungen kommen wird. Die stabilisierende Wirkung des angekündigten Ziels auf die Inflationserwartungen würde möglicherweise ganz verloren gehen. Zudem könnte bei einer Zielrate von 4 % wohl kaum mehr ernsthaft von Preisstabilität gesprochen werden. Haushalte und Unternehmen könnten sich nicht mehr auf langfristig annähernd stabile Preise verlassen und die Inflationsentwicklung bei vielen Entscheidungen ignorieren (Bean et al., 2015).

Zudem verursachen selbst niedrige positive Inflationsraten signifikante volkswirtschaftliche Kosten aufgrund von Verzerrungen durch das Steuersystem (Feldstein, 1997; Tödter und Ziebarth, 1999). Des Weiteren führen nominale Lohn- und Preisrigiditäten zu Kosten positiver Inflationsraten (Goodfriend und King, 2001; Camba-Mendez et al., 2003; Coenen, 2003; Giannoni und Woodford, 2003; Amano et al., 2009), die hoch genug ausfallen können, um den Vorteil größeren Zinssenkungsspielraums relativ zur Zinsuntergrenze mehr als auszugleichen (Coibion et al., 2012; Dordal-i-Carreras et al., 2016). Hinzu kommt, dass Notenbanken an der Zinsuntergrenze immer noch quantitative Lockerungsmaßnahmen einsetzen können.

433. In den vergangenen Jahren lagen die Änderungsraten des HVPI aufgrund der Ölpreisrückgänge weit unter dem Preisstabilitätsziel der EZB. ↘ ZIFFER 405 Infolgedessen wurde infrage gestellt, ob der **HVPI** noch für die Zielsetzung angemessen ist. Beispielsweise wurde vorgeschlagen, **andere Preismaße wie die Kerninflation oder den BIP-Deflator** stärker ins Auge zu fassen, die weniger auf den Rückgang der Energiepreise reagieren (Alcidi et al., 2016). Um die Kosten, die aus nominalen Rigiditäten entstehen, zu reduzieren, wäre ein Maß der rigiden Preise anstelle eines breiten Preisindex, der viele flexible Preise enthält, die optimale Wahl als Ziel der Geldpolitik (Aoki, 2001; Goodfriend und King, 2001). Diesem Anspruch würde die Kerninflation eher gerecht als der Gesamtindex des HVPI. Berücksichtigt man zudem eine sektorale Struktur mit Zwischenprodukten, so sollte die Notenbank ebenso auf die Produzentenpreise achten (Huang und Liu, 2005) und einen Preisindex wählen, in dem sich die Lohnwachstumsraten widerspiegeln (Mankiw und Reis, 2003).

434. Nach **Einschätzung des Sachverständigenrates** muss das Inflationsmaß in der operationellen Definition des Preisstabilitätsziels nicht verändert werden. Stattdessen sollte die EZB die **mittelfristige Dimension der Strategie stärker betonen**. Diese Dimension dient dazu, eine Überreaktion auf kurzfristige Schwankungen im Gesamtindex des HVPI zu vermeiden, wie sie durch Fluktuationen der Energiepreise entstehen (Issing, 2003). Zudem sollte die EZB nicht aus dem Blick verlieren, dass ihr Mandat die Preisstabilität allgemein betrifft. Deshalb verdienen die unterschiedlichen Entwicklungen im HVPI, in der Kerninflation sowie in breiteren Preismaßen wie dem BIP-Deflator das besondere Augenmerk der EZB.

Ein ausschließlicher Fokus auf den HVPI würde dem Preisstabilitätsmandat nicht gerecht. Es gibt eine Reihe empirisch gut begründeter Argumente, breitere Inflationsmaße zu berücksichtigen. Da die Preise der im Euro-Raum produzierten Güter und Dienstleistungen gemessen am BIP-Deflator in den vergangenen Jahren deutlich schneller anstiegen als der HVPI, kann die EZB somit etwas gelassener auf die Entwicklung des HVPI reagieren. Letztere ist primär durch die flexiblen Preise importierter Energie getrieben.

V. ZINSNIVEAU FÜR DEUTSCHLAND ZU NIEDRIG

435. Die **Auswirkungen der Geldpolitik** der EZB zeigen sich **in Deutschland** besonders deutlich in Form eines extrem niedrigen Zinsniveaus. Die deutsche Volkswirtschaft hat sich jedoch nach der Finanzkrise wesentlich schneller erholt und seit Jahren deutlich besser entwickelt als die anderen Mitgliedstaaten des Euro-Raums. Deshalb passt das Zinsniveau noch viel weniger zur makroökonomischen Entwicklung in Deutschland als zu derjenigen im Euro-Raum. Das **geldpolitische Mandat der EZB** bezieht sich allerdings **auf den Euro-Raum als Ganzes** und kann daher nicht für stabilisierungspolitische Ziele in der deutschen Volkswirtschaft eingesetzt werden. Verbleibende **Handlungsmöglichkeiten für die deutsche Wirtschaftspolitik**, beispielsweise im Rahmen der Fiskalpolitik und Strukturreformen, sind daher zu prüfen.

1. Makroökonomische Entwicklung und Zinsniveau

436. Die **Renditen deutscher Staatsanleihen** bis zu einer Laufzeit von zehn Jahren liegen im negativen Bereich, und die Immobilienpreise steigen kräftig. ↘ ZIFFERN 390, 399 Deshalb überrascht es nicht, dass die Nebenwirkungen der quantitativen Lockerung in der deutschen Öffentlichkeit intensiv diskutiert werden. So werden die geringen Renditen sicherer Anlagen für Sparer, privater Altersvorsorge und Betriebsrenten und die Gefährdung des Geschäftsmodells von Banken und Lebensversicherungen beklagt. Dagegen wird der Staat zu den Gewinnern gezählt, ebenso wie die Exportunternehmen, denen der sehr niedrige Euro-Wechselkurs einen temporären Wettbewerbsvorteil verschafft. ↘ ZIFFER 402 Um zu prüfen, ob das Niedrigzinsumfeld für die deutsche Volkswirtschaft angemessen

ist, bietet sich das folgende Gedankenexperiment an: Welche kurzfristigen Notenbank- und **Geldmarktzinsen würden zu** der Inflationsentwicklung und der wirtschaftlichen Aktivität in **Deutschland passen**?

437. Die **Kerninflationsrate** des Verbraucherpreisindex (VPI) entspricht seit dem Jahr 2012 dem **Durchschnitt der vergangenen 20 Jahre** von 1,2 %. ↘ ABBILDUNG 59 LINKS In diesem Jahr lag sie zumeist knapp darüber bei etwa 1,3 %. Die Inflationsrate gemessen am Gesamtindex des VPI weist dagegen seit Ende 2014 lediglich Werte von knapp über 0 % auf. Ursache dafür ist, dass die Ölpreise immer wieder eingebrochen sind. Mit der sich abzeichnenden Stabilisierung des Ölpreises dürfte die Änderungsrate des VPI wieder zunehmen, da die Kerninflationsrate positiv ist. Gleiches gilt für den HVPI und dessen Kerninflation. Der VPI unterscheidet sich jedoch etwas vom HVPI, da er einen größeren Erfassungsbereich hat. Beispielsweise berücksichtigt er die Mietpreisentwicklung bei selbstgenutztem Wohneigentum (Statistisches Bundesamt, 2008).

Gemessen am **BIP-Deflator**, der die Preise aller in Deutschland produzierten Güter und Dienstleistungen umfasst, stieg das Preisniveau von 2013 bis Ende 2015 mit jahresdurchschnittlich etwa 2 %. ↘ ABBILDUNG 59 RECHTS Zwar ist er Anfang dieses Jahres etwas zurückgegangen, jedoch liegt er zuletzt mit 1,4 % und in der Prognose für das Jahr 2017 mit 1,2 % sogar **über dem Durchschnitt der vergangenen 20 Jahre** von 1,0 %. Im BIP-Deflator sind die Preise importierter Produkte wie zum Beispiel Erdöl nicht enthalten. Dagegen gibt er die Preise von in Deutschland produzierten Investitionsgütern und staatlichen Dienstleistungen wider. Diese werden ebenso wie die Preise für in Deutschland produzierte Konsumgüter und Dienstleistungen von der expansiven Geldpolitik der EZB direkt beeinflusst.

438. Ob die Änderungsrate des Preisniveaus der in Deutschland produzierten Güter stabil bleibt oder weiter zunimmt, hängt von der Auslastung der Produktionskapazitäten ab. Die **deutsche Wirtschaft** befindet sich derzeit **in einer leichten Überauslastung**. Seit dem Jahr 2014 wächst das BIP mit höherer Rate als das Potenzial, und seit Anfang 2016 ist die Output-Lücke positiv. ↘ ZIFFERN 219 FF. Die Output-Lücke misst die relative Abweichung des BIP vom Produktionspotenzial und beschreibt somit die Position im Konjunkturzyklus. Der Sachverständigenrat schätzt für das Jahr 2016 ein Potenzialwachstum von 1,3 % und eine Output-Lücke von 0,4 %. Demnach ist von einem weiteren Preisdruck auszugehen.

439. Aus der **Geldpolitik** der EZB ergibt sich **weiterer Aufwärtsdruck für Produktion und Preisniveau** in Deutschland. Das gegenwärtige kurz- und langfristige Zinsniveau passt somit nicht zur gesamtwirtschaftlichen Situation. Der kontrafaktische Fall eines langfristig stabilen Gleichgewichts stellt sich ein, wenn die Wirtschaft mit der Potenzialwachstumsrate expandiert, die Output-Lücke dauerhaft geschlossen bleibt und die Inflationsrate dem langfristigen Trend oder Ziel entspricht. Der nominale Gleichgewichtszins am Geldmarkt ist dann gleich der Summe des realen Gleichgewichtszinses und der Inflationsrate.

Ein möglicher Schätzwert für den langfristigen realen Gleichgewichtszins ergibt sich aus der langfristigen Wachstumsrate der Wirtschaftsleistung. Je nach Infla-

↘ ABBILDUNG 59
Inflationsmaße und deren Komponenten

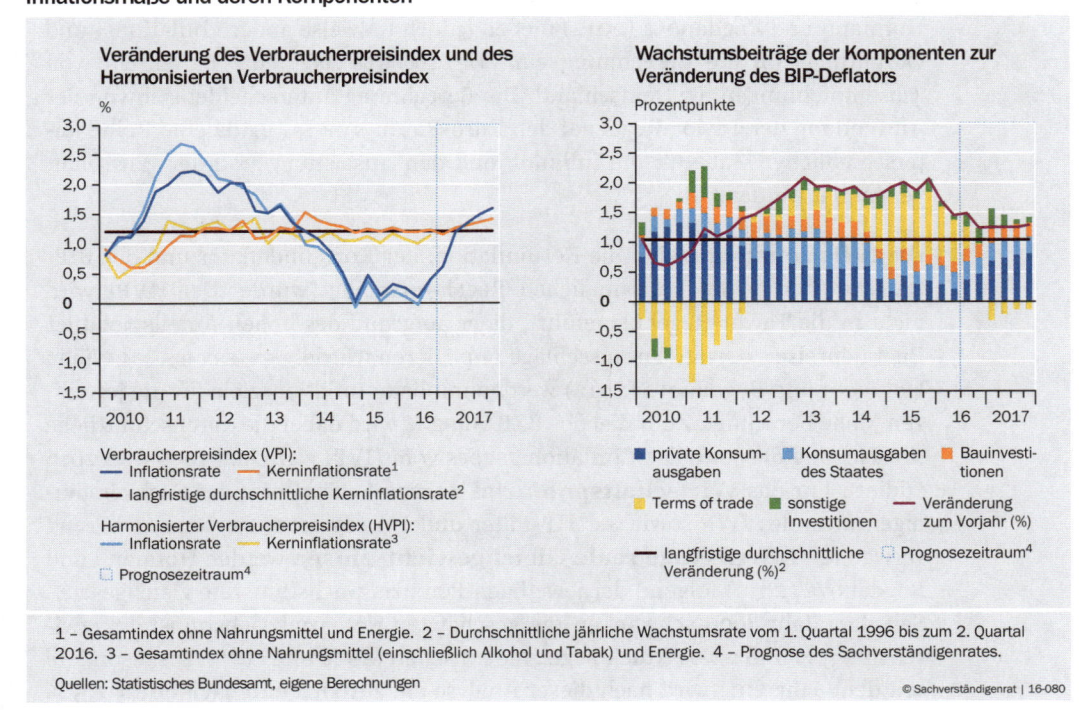

Veränderung des Verbraucherpreisindex und des Harmonisierten Verbraucherpreisindex

Wachstumsbeiträge der Komponenten zur Veränderung des BIP-Deflators
Prozentpunkte

Verbraucherpreisindex (VPI):
— Inflationsrate — Kerninflationsrate[1]
— langfristige durchschnittliche Kerninflationsrate[2]
Harmonisierter Verbraucherpreisindex (HVPI):
— Inflationsrate — Kerninflationsrate[3]
☐ Prognosezeitraum[4]

■ private Konsum- ■ Konsumausgaben ■ Bauinvesti-
   ausgaben   des Staates   tionen
■ Terms of trade ■ sonstige   — Veränderung
                    Investitionen   zum Vorjahr (%)
— langfristige durchschnittliche   ☐ Prognosezeitraum[4]
   Veränderung (%)[2]

1 – Gesamtindex ohne Nahrungsmittel und Energie. 2 – Durchschnittliche jährliche Wachstumsrate vom 1. Quartal 1996 bis zum 2. Quartal 2016. 3 – Gesamtindex ohne Nahrungsmittel (einschließlich Alkohol und Tabak) und Energie. 4 – Prognose des Sachverständigenrates.

Quellen: Statistisches Bundesamt, eigene Berechnungen
© Sachverständigenrat | 16-080

tionsmaß und Schätzwert für den langfristigen realen Gleichgewichtszins dürfte der **nominale Gleichgewichtszins** am Geldmarkt in Deutschland somit **zwischen 3 % und 4 %** liegen. Demnach wirkt die Geldpolitik der EZB in Deutschland weiterhin sehr expansiv.

440. Auf die deutsche Exportwirtschaft entfaltet die Geldpolitik über den **Wechselkurs** eine stark expansive Wirkung. Wäre Deutschland nicht Teil des Euro-Raums, so wäre der Wechselkurs wohl gestiegen, hätte dämpfend auf die Exporte gewirkt und die deutsche Nachfrage nach Importen aus den Nachbarländern erhöht. Der unter anderem von der Europäischen Kommission monierte Leistungsbilanzüberschuss von etwa 9 % des BIP fiele wohl deutlich geringer aus. ↘ ZIFFER 239 Wäre der Wechselkurs hingegen seit Jahresmitte 2014 konstant geblieben, dürfte der Leistungsbilanzüberschuss um etwa einen Prozentpunkt geringer gewesen sein. Die fallenden Ölpreise trugen im Jahr 2016 etwa zwei Prozentpunkte zum Überschuss der Leistungsbilanz bei. ↘ ZIFFER 239

441. Das **Gedankenexperiment,** welche **Geldpolitik** eine Notenbank implementieren würde, deren **Mandat auf die makroökonomische Entwicklung in Deutschland ausgerichtet** wäre, lässt sich mit einfachen Zinsregeln durchführen. So zeigt die empirische Literatur, dass die Zinsentscheidungen der Deutschen Bundesbank vor Gründung der Währungsunion mit einfachen Zinsregeln charakterisiert werden konnten (Clarida und Gertler, 1997; Gerberding et al., 2005; Beck et al., 2015).

442. Der Sachverständigenrat verwendet im Folgenden ein Verfahren, das von der BIZ eingesetzt wurde (Hofmann und Bogdanova, 2012; Shin, 2016). Dieses Ver-

fahren basiert auf der ursprünglichen Taylor-Regel. ⬇ ZIFFER 416 In Anlehnung an Hofmann und Bogdanova (2012) fließen jedoch teilweise andere Inflations- und Outputmaße in die Berechnung ein. ⬇ ABBILDUNG 60 zeigt eine Bandbreite von Zinsempfehlungen für Deutschland. Die Berechnung unterscheidet sich von der Anwendung der Taylor-Regel auf den Euro-Raum ⬇ ZIFFER 416, da eine Reihe unterschiedlicher Maße für die Inflation und den Auslastungsgrad der Wirtschaft verwendet werden.

Die **Inflationsmaße** sind die Kerninflation, der Konsumdeflator und der BIP-Deflator, der in der ursprünglichen Regel verwendet wurde. Der HVPI wird nicht in die Taylor-Regel eingeführt, da er aufgrund des hohen Anteils volatiler Energiepreise extreme Zinsausschläge implizieren würde. ⬇ ZIFFERN 405, 434 Wie in Hofmann und Bogdanova (2012) werden implizite Inflationsziele für die jeweiligen Maße berechnet: Zum Ziel der EZB von 2 % wird dabei die durchschnittliche Abweichung des jeweiligen Inflationsmaßes vom HVPI zwischen 1996 und 2016 addiert. Für das **Wirtschaftspotenzial** werden Schätzwerte des Sachverständigenrates, des IWF sowie der HP-Filter und ein segmentierter linearer Trend verwendet. **Langfristige reale Gleichgewichtszinsen** werden Hofmann und Bogdanova (2012) folgend der jeweiligen Potenzialwachstumsrate gleichgesetzt. Seit dem Jahr 1999 schwanken die geschätzten Potenzialwachstumsraten zwischen 0,5 % und 2 %. Aktuell liegen sie zwischen 0,8 % und 1,4 %. Insbesondere seit dem Jahr 2011 wird nach dieser Analyse ein **Zinsniveau zwischen 1,5 % und 4 %** für Deutschland **empfohlen**. Selbst wenn der HVPI in der Taylor-Regel verwendet würde, läge die untere Grenze des Bandes seit dem Jahr 2011 deutlich über dem Leitzins.

443. Diesem Vergleich gemäß würde im **Gedankenexperiment** die Schlussfolgerung gezogen, dass die gegenwärtige Geldpolitik für Deutschland keineswegs angemessen ist. Aufgrund des großen Abstands vom tatsächlichen Zinsniveau

⬇ ABBILDUNG 60
Taylor-Zinsregel für Deutschland

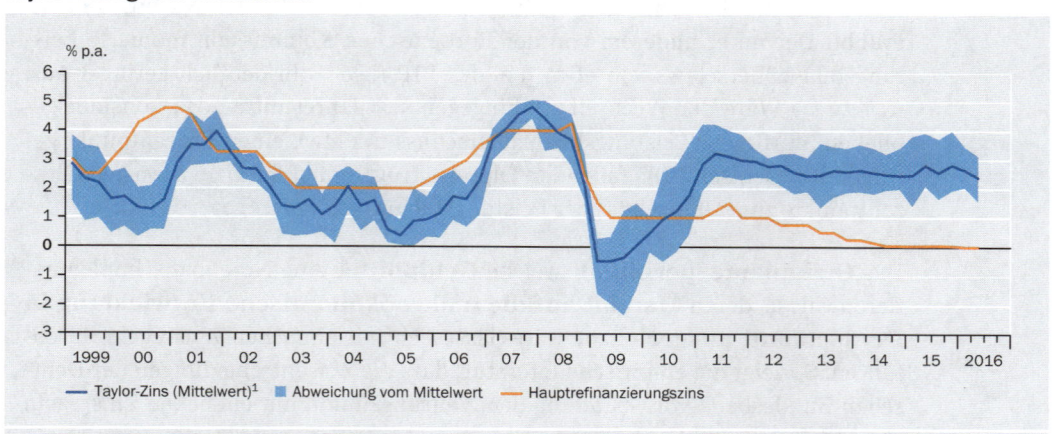

— Taylor-Zins (Mittelwert)[1]   ■ Abweichung vom Mittelwert   — Hauptrefinanzierungszins

1 – Berechnung basierend auf allen Kombinationen zwischen drei Inflationsmaßen (Kern-HVPI, BIP- und Konsum-Deflator) und vier Maßen für die Output-Lücke (SVR, IWF, HP-Filter und segmentierter linearer Trend). Gemäß Hofmann und Bogdanova (2012) sowie Taylor (1993) wird für den realen Gleichgewichtszins das langfristige jeweilige Trendwachstum verwendet. Dieses wird aus den entsprechenden Output-Lücken geschätzt (SVR, IWF, HP-Filter und segmentierter linearer Trend). Der segmentierte lineare Trend basiert auf einem break-point im 2. Quartal 2009. Dieser ergibt sich aus dem break-point unit root test nach Perron (1989). Für die drei verwendeten Inflationsmaße werden entsprechende implizite Inflationsziele gemäß Hofmann und Bogdanova (2012) berechnet: Zum Inflationsziel der EZB von 2 % wird die durchschnittliche Abweichung des jeweiligen Inflationsmaßes vom HVPI vom 1. Quartal 1996 bis zum 2. Quartal 2016 addiert.

Quellen: EZB, IWF, eigene Berechnungen

© Sachverständigenrat | 16-252

signalisiert die Regel zwar starken **Anpassungsbedarf**. Daraus folgt jedoch nicht zwingend, dass der Geldmarktzins umgehend auf dieses Niveau angehoben werden müsste. Schon eine kleinere Erhöhung des Zinses würde sich bremsend auf die makroökonomische Entwicklung auswirken. Insofern die Output-Lücke in solch einem kontrafaktischen Fall geringer ausfiele, würde der Taylor-Zins niedriger liegen.

Würde die EZB der Einschätzung des Sachverständigenrates im Hinblick auf den Euro-Raum folgen und ihre Anleihekäufe verlangsamen und früher beenden ↘ ZIFFER 417, dürfte dies zu steigenden längerfristigen Renditen führen und sich in Deutschland bremsend auf die makroökonomische Entwicklung auswirken. Dasselbe gilt für eine tendenzielle Aufwertung des Euro und eine Verlangsamung der steigenden Immobilienpreise.

2. Stabilisierungspolitische Optionen in Deutschland

444. Eine Geldpolitik, die sich allein an nationalen Gegebenheiten orientiert, steht aber nicht zur Verfügung. Die EZB-Politik sollte sich an der durchschnittlichen wirtschaftlichen Entwicklung im Euro-Raum ausrichten. So ist eine über das Gewicht Deutschlands im Euro-Raum hinausgehende **geldpolitische Stabilisierung der deutschen Konjunktur und Inflationsrate** in der Währungsunion **nicht vorgesehen**. Ebenso fällt der nominale Wechselkurs als schnell reagierender Anpassungsmechanismus gegenüber den Mitgliedstaaten weg. Notwendige Anpassungen des realen Wechselkurses innerhalb der Währungsunion müssen somit über eine Änderung der realen Preisniveaus erfolgen.

Deshalb kommt weiteren **Strukturreformen**, die zu einer flexibleren Lohn- und Preisbildung am Markt, zu besserer Arbeitskräfte- und Kapitalmobilität und zu einem höheren Potenzialwachstum beitragen, eine große Bedeutung in der Währungsunion zu. Zudem steht es den Regierungen der Mitgliedstaaten offen, die Mittel der **nationalen Wirtschaftspolitik** so einzusetzen, dass sie zur Stabilisierung der nationalen Konjunktur- und Inflationsentwicklung beitragen.

445. Dafür kommen insbesondere die Fiskalpolitik und strukturpolitische Maßnahmen infrage, die das Produktionspotenzial erhöhen. Unter bestimmten Umständen könnten makroprudenzielle Maßnahmen sinnvoll sein. Grundsätzlich ist die Stabilisierungspolitik besser bei einer unabhängigen Notenbank aufgehoben. Wie aus der empirischen Literatur zu politischen Konjunkturzyklen bekannt ist, neigen Regierungen dazu, eine Überhitzung der Volkswirtschaft vor einer Wahl zuzulassen (Nordhaus, 1975; Alesina, 1987, 1988; Clark, 2009; Aidt et al., 2011; de Haan und Klomp, 2013; Funashima, 2016). Deshalb sollte das **Hauptgewicht** auf **automatischen** oder **systematischen Mechanismen** statt auf diskretionären wirtschaftspolitischen Maßnahmen liegen.

446. Im Bereich der **Fiskalpolitik** kommen zunächst die **automatischen Stabilisatoren** ins Spiel. Dabei handelt es sich um konjunkturstabilisierende Effekte der öffentlichen Haushalte, die sich ohne zusätzliche gesetzgeberische Maßnahmen ergeben. Im Aufschwung geht die Arbeitslosigkeit zurück und damit die

Ausgaben für Arbeitslosenunterstützung. Die Steuereinnahmen nehmen aufgrund der höheren Beschäftigung, Lohn- und Gehaltserhöhungen sowie höheren Unternehmensgewinnen zu. Ein zusätzlicher Effekt ergibt sich aus der Steuerprogression („fiscal drag"): Mit zunehmenden Einkommen sind die privaten Haushalte höheren Steuersätzen unterworfen.

447. Eine **Handlungsmöglichkeit**, die systematisch und symmetrisch eingesetzt werden kann, ergibt sich in Bezug auf die Staatsverschuldung. Konjunkturell bedingt steigende Steuereinnahmen sollten primär zur **Reduktion der Staatsschulden** in Relation zum BIP verwendet werden. Auf diesem Weg kann die Regierung Spielraum für Rezessionen und Phasen niedrigen Wachstums aufbauen, in denen Steuereinnahmen einbrechen und Transferzahlungen, beispielsweise für Arbeitslose, steigen. Darüber hinaus sollte die Schuldenstandsquote von dem für das Jahr 2016 prognostizierten Stand von 68 % ↘ TABELLE 12 SEITE 122 so weit unter die Maastricht-Grenze von 60 % reduziert werden, dass ein hinreichender Sicherheitsabstand gewährleistet ist. Deutschland kommt in der Währungsunion eine wichtige Rolle als Stabilitätsanker zu. Die Märkte vertrauen darauf, dass Deutschland neben den eigenen Staatsschulden für gemeinschaftliche Rettungsprogramme garantieren kann.

Eine Fiskalpolitik, die konjunkturelle Boomphasen systematisch dafür nutzt, die deutsche Staatsverschuldung zu reduzieren, stärkt somit das Vertrauen in den Euro-Raum als Ganzes. Wachstumsraten über Potenzial und eine positive Output-Lücke bei einer weiterhin sehr expansiven Geldpolitik stellen zusätzliche Argumente dar, zumindest **ausgeglichene Haushalte** zu realisieren, besser aber weitere Überschüsse zur **fortgesetzten Schuldentilgung** einzusetzen. Die fehlende stabilisierende Wirkung einer nationalen Geldpolitik kann durch eine systematisch stärkere Konsolidierung der Staatsfinanzen wenigstens zum Teil ausgeglichen werden.

448. Darüber hinaus bietet zwar die **diskretionäre Fiskalpolitik** zusätzliche Handlungsoptionen. Dazu gehören Konjunkturpakete mit zusätzlichen Ausgaben und Transferleistungen in Rezessionen und temporäre Minderausgaben oder Steuererhöhungen in Boomphasen. Aufgrund von **Entscheidungs- und Implementierungsverzögerungen** können solch diskretionäre Maßnahmen jedoch kaum rechtzeitig ihre Wirkung entfalten, und die Effekte sind mit Unsicherheit verbunden (Michaelis et al., 2015; Elstner et al., 2016). Höhe und sogar Vorzeichen sind nicht nur vom Instrument selbst, sondern auch vom geplanten Ausgabenpfad, von den Erwartungen der Marktteilnehmer und den ökonomischen Rahmenbedingungen abhängig.

Die **empirische Literatur** zeigt, dass die **Wirkmächtigkeit temporärer Änderungen der Staatsausgaben und Steuern eher gering** ist (JG 2013 Ziffer 221; Michaelis et al., 2015; Taylor, 2016). Vergleichende Untersuchungen der europäischen Konjunkturprogramme aus den Jahren 2008 und 2009 ergeben eher moderate Effekte (JG 2009 Ziffern 247 ff.; Cwik und Wieland, 2011). Für Deutschland zeigen Gadatsch et al. (2016), dass expansive und restriktive fiskalische Schocks einen nennenswerten, aber im Vergleich zu anderen Einflussfaktoren recht geringen Beitrag zur konjunkturellen Entwicklung in den Jahren 2008 bis 2010 leisteten.

In Zeiten normaler Konjunkturschwankungen sollten deshalb Geldpolitik und automatische Stabilisatoren Vorrang erhalten. In **konjunkturellen Ausnahmesituationen** können diskretionäre fiskalpolitische Stabilisierungsmaßnahmen jedoch eine Rolle spielen, insbesondere insofern die Geldpolitik der EZB die deutsche Wirtschaftsentwicklung nur ungenügend berücksichtigt (Michaelis et al., 2015).

449. Trotz der bestehenden leichten Überauslastung der deutschen Volkswirtschaft wird von einigen Kommentatoren und Institutionen eine **expansive Fiskalpolitik gefordert** (Europäische Kommission, 2016; EZB, 2016j; IWF, 2016a). Da die Bundesregierung „fiskalischen Spielraum" habe, solle sie diesen nutzen, um mit höheren Staatsausgaben positive Ausstrahlungseffekte auf die anderen Mitgliedstaaten zu erzielen (Draghi, 2016d). Aus Sicht des Sachverständigenrates kämen Ausgabenerhöhungen für Deutschland jedoch zur Unzeit, da sie das BIP weiter über das Potenzialniveau treiben würden. Zudem ist die deutsche Fiskalpolitik bereits expansiv, unter anderem aufgrund höherer Ausgaben im Zusammenhang mit der Flüchtlingszuwanderung. ↘ ZIFFER 228

Schließlich dürften die Ausstrahlungseffekte auf andere Mitgliedstaaten selbst bei anhaltenden Niedrigzinsen sehr gering sein (JG 2015 Ziffern 341 ff.). Deshalb gehen die **Forderungen**, die **Staatsausgaben** zu **erhöhen**, in die **falsche Richtung**. Daran ändert der Verweis auf Investitionen anstelle von Konsum nichts. Werden öffentliche Investitionen gegenüber konsumtiven Ausgaben angemessen priorisiert, sind die erforderlichen staatlichen Investitionen ohne Erhöhung der Gesamtausgaben möglich. ↘ ZIFFER 83 Außerdem haben Investitionsausgaben nicht zwangsläufig allein durch ihre Klassifizierung einen langfristig positiven Effekt auf das Wirtschaftswachstum (JG 2013 Kasten 19). Darüber könnte eine detaillierte Kosten-Nutzen-Analyse besser Aufschluss geben.

450. Die Bundesregierung diskutiert derzeit mögliche allgemeine **Steuererleichterungen**. ↘ ZIFFERN 88 FF. Die gegenwärtige konjunkturelle Lage bietet jedoch keinen Anlass für eine Steuersenkung, die primär das Ziel verfolgt, die gesamtwirtschaftliche Nachfrage zeitnah zu stimulieren. Ein Beispiel dafür wären die „tax rebates" (Steuerrabatte), die in den Vereinigten Staaten als Konjunkturmaßnahmen eingesetzt wurden. Dagegen können effizienzsteigernde Steuerreformen, die auf der Angebotsseite ansetzen und Arbeits- und Produktionsanreize verbessern, das langfristige Produktionspotenzial erhöhen und damit die Abweichung des BIP vom Potenzial verringern.

Hierzu gehören Maßnahmen, die zu einer dauerhaften Reduktion der Grenzsteuersätze auf Einkommen und Gewinne führen (JG 2013 Ziffern 665 f., 669 ff.) oder, wie die vom Sachverständigenrat vorgeschlagene Zinsbereinigung des Grundkapitals, Finanzierungsneutralität in der Unternehmensbesteuerung herstellen (JG 2015 Ziffern 790 ff.). Sogar ausgabenneutrale Steuerreformen können einen positiven Effekt auf das Produktionspotenzial erzielen, falls sie Verzerrungen im Steuersystem reduzieren. Dies ist dann der Fall, wenn Ausnahmen abgeschafft werden und verstärkt der Konsum statt der Einkommen und Gewinne besteuert wird.

451. Im Rahmen der Regulierung von Faktor- und Gütermärkten haben die Mitgliedstaaten der Währungsunion noch große Handlungsspielräume. **Strukturreformen** mit dem Ziel, die Produktionsmöglichkeiten einer Volkswirtschaft langfristig zu steigern, hätten in der gegenwärtigen konjunkturellen Lage in Deutschland den positiven Nebeneffekt, dass sie die Output-Lücke verringern und zudem den Leistungsbilanzüberschuss reduzieren würden (JG 2014 Ziffern 458, 484). Eine Reihe von Reformen könnte das Wachstum in Deutschland langfristig stärken. Dazu gehören leistungsanreizende und innovationsfördernde Rahmenbedingungen, die das technologische Wissen erweitern (JG 2015 Ziffern 664 ff.), eine bessere Gründungsfinanzierung (JG 2015 Ziffern 680 ff.), die Reduktion von Markteintrittsbarrieren im Dienstleistungssektor (JG 2015 Ziffern 616 ff.) sowie weniger regulierte Arbeitsmärkte (JG 2015 Ziffern 566 ff.) und ein effizienterer Umbau der Energieversorgung. ↘ ZIFFERN 906 F. Grundsätzlich gilt: Maßnahmen, die das **Potenzialwachstum erhöhen**, tragen dazu bei, die **Gefahr einer Überhitzung** der deutschen Volkswirtschaft zu reduzieren.

452. Aufgabe der **makroprudenziellen Politik** ist es, die Stabilität des Finanzsystems zu sichern und die realwirtschaftlichen Kosten einer Finanzkrise zu vermeiden (JG 2014 Ziffern 362 ff.). Sie versucht unter anderem, die aus dem Finanzzyklus resultierenden Risiken zu verringern und die Prozyklizität des Finanzsektors abzumildern, indem beispielsweise antizyklische Eigenkapitalpuffer eingesetzt werden. Finanzzyklen unterscheiden sich von Konjunkturzyklen. Sie bilden die Dynamik der Wechselwirkungen zwischen Vermögenspreisen, Finanzierungsbedingungen und Ausfallrisiken ab, die finanzielle Auf- und Abschwünge auslösen. Sie sind tendenziell länger als Konjunkturzyklen und können durch eine Kombination aus Kreditaggregaten und Immobilienpreisen gemessen werden (Drehmann et al., 2012; BIZ, 2014). Zwar können Finanzzyklus und Konjunkturzyklus auseinanderlaufen. Allerdings kommt es oft zu besonders tiefen Rezessionen, wenn ein Finanzboom endet.

453. Für den Fall, dass ein **Aufbau von Risiken im Finanzzyklus** mit einem Anstieg der Wirtschaftsauslastung bei anhaltend niedrigen Zinsen zusammentrifft, hätten makroprudenzielle Maßnahmen einen doppelten Nutzen. Sie würden die Risiken im Finanzsystem begrenzen („leaning against the wind") und das Kreditwachstum verlangsamen sowie das Wirtschaftswachstum bremsen. Grundsätzlich steht der makroprudenziellen Aufsicht in Europa und Deutschland ein breiter Instrumentenkasten zu Verfügung (JG 2014 Ziffern 382 ff.). In Deutschland fehlen jedoch kredit- und kreditnehmerspezifische Instrumente, wie Beleihungs- und Schulden-Einkommensquoten, die in der Literatur als besonders effektiv gelten (JG 2015 Ziffer 417).

Derzeit ist die Bundesregierung aufgefordert, eine Empfehlung des AFS (2015) vom Juni 2015 zur Eindämmung möglicher Risiken aus dem Immobilienmarkt umzusetzen. Diese sieht unter anderem die Schaffung gesetzlicher Grundlagen für solche Instrumente vor. Sofern sich systemische Risiken im Wohnimmobilienmarkt aufbauen, sollten die verfügbaren makroprudenziellen Instrumente eingesetzt werden.

VI. FAZIT: ANLEIHEKÄUFE BEENDEN

454. Die Geldpolitik der EZB hat entscheidend zu einem massiven Anstieg der Anleihepreise und dadurch zu **extrem niedrigen mittel- und längerfristigen Renditen** beigetragen. Über verschiedene Wirkungskanäle hat sie sich in einer Abwertung des Euro sowie höheren Aktien-, Immobilien- und anderen Vermögenspreisen niedergeschlagen. Damit hat sie zur wirtschaftlichen Erholung im Euro-Raum beigetragen. Unterschiedliche Indikatoren weisen jedoch darauf hin, dass die **Politik der EZB inzwischen zu expansiv** ist. So zeigt die Entwicklung der Preise der im Euro-Raum produzierten Güter und Dienstleistungen (BIP-Deflator) schon seit einiger Zeit stabile **Inflationsraten über 1 %** an.

Die EZB könnte deshalb gelassener auf die Entwicklung des Harmonisierten Verbraucherpreisindex schauen, der in ihrer selbst gewählten Strategie im Vordergrund steht und aufgrund wiederholter Ölpreisrückgange immer noch Änderungsraten nahe 0 % aufweist. Stattdessen sollte sie die mittelfristige Dimension ihrer Strategie stärker betonen.

455. Zwar können eine gewisse Unterauslastung der Wirtschaft im Euro-Raum und eine verhaltene Inflationsdynamik noch als Argumente für eine expansiv orientierte Geldpolitik angeführt werden, jedoch nicht für das Ausmaß der gegenwärtigen geldpolitischen Lockerungsmaßnahmen. So zeigen **Regeln**, welche die bisherige Geldpolitik gut erklären, dass die EZB mit ihren quantitativen Lockerungsmaßnahmen stärker expansiv auf Inflation und Wachstum reagiert als in der Vergangenheit. Ebenso legt eine Anwendung der Taylor-Regel nahe, dass die Geldpolitik gestrafft werden sollte. Dies gilt selbst dann, wenn man von einem langfristigen **Gleichgewichtszins** in der Nähe von 0 % ausgeht. Die empirische Literatur liefert allerdings keine verlässliche Evidenz, dass der langfristige Gleichgewichtszins auf einen so niedrigen Wert gefallen ist.

456. Der Sachverständigenrat bekräftigt deshalb seine Einschätzung, dass die EZB die **Anleihekäufe verlangsamen und früher beenden** sollte. Dies dürfte den Druck auf die mittel- bis längerfristigen Renditen reduzieren. Eine Straffung der Geldpolitik würde helfen zu vermeiden, dass sich aus dem äußerst niedrigen Zinsniveau **Risiken** für die Finanzstabilität und die Fortsetzung der Konsolidierungs- und Reformpolitik im Euro-Raum ergeben. Insbesondere die zunehmenden Zinsänderungsrisiken im Bankensystem geben Anlass, besonders darauf zu achten, die expansiven Maßnahmen nicht zu spät zurückzufahren. Es besteht letztlich die Gefahr, dass die Notenbank aufgrund zunehmender Finanzstabilitätsrisiken den rechtzeitigen Ausstieg verpasst und größere Verwerfungen dann kaum mehr zu vermeiden wären.

457. Die **deutsche Volkswirtschaft** ist von einer leichten Überauslastung geprägt. Die Kerninflation liegt seit einigen Jahren am langjährigen Durchschnitt. Die Inflation gemessen am BIP-Deflator liegt ebenfalls schon länger nahe 2 % und damit etwa einen Prozentpunkt über dem langjährigen Durchschnitt. Demnach ist das **extrem niedrige Zinsniveau** der gesamtwirtschaftlichen Situation in Deutschland **nicht angemessen**. Die Bundesregierung sollte ihrerseits Handlungsmöglichkeiten nutzen, um das Fehlen einer stabilisierend ausgerichteten Geldpolitik in Deutschland möglichst auszugleichen.

Dazu gehört derzeit insbesondere eine Fiskalpolitik, die darauf ausgerichtet ist, konjunkturell bedingt steigende Steuereinnahmen primär zur **Reduktion der Staatsschulden** relativ zum Niveau des BIP zu verwenden. Darüber hinaus würden alle Maßnahmen und **Strukturreformen**, die das Potenzialwachstum erhöhen, dazu beitragen, die Überauslastung zu verringern und eine mögliche zukünftige Überhitzung der deutschen Volkswirtschaft zu vermeiden.

Eine andere Meinung

458. Ein Mitglied des Rates, Peter Bofinger, kann sich dem Befund der Mehrheit, dass die EZB-Politik weder für den Euro-Raum noch für Deutschland angemessen sei, nicht anschließen.

459. Die **Angemessenheit der Geldpolitik** der EZB ist vor dem Hintergrund ihres **Mandats** zu sehen, dass darin besteht, die Preisstabilität zu gewährleisten. In Anbetracht der langen Wirkungsverzögerungen geldpolitischer Maßnahmen sind für die Beurteilung der Geldpolitik Inflationsprognosen besonders geeignet. Die Inflationsprojektionen des EZB-Stabes werden von EZB-Präsident Draghi in seinen Pressekonferenzen regelmäßig erwähnt.

Die aktuellen Prognosen wichtiger Institutionen sowie Prognosen, die auf Umfragen von Analysten basieren, kommen einheitlich zu dem Befund, dass die Inflationsentwicklung des Euro-Raums bis zum Jahr 2018 noch **unterhalb des Zielwerts der EZB** von „nahe aber unter 2 %" liegen wird. ↘ TABELLE 21 Da bei diesen Prognosen die aktuelle Politik der EZB berücksichtigt wird, ist von daher der Befund einer für den Euro-Raum nicht angemessenen Geldpolitik nicht nachzuvollziehen.

460. Die zentrale Rolle, die **Inflationsprognosen** in der Strategie der EZB spielen, entspricht der **mittelfristigen Ausrichtung**, welche die EZB von Anfang an explizit für ihre geldpolitische Strategie gewählt hat. So gesehen ist es nicht verständlich, wieso die Mehrheit jetzt der EZB „eine Ausrichtung ihrer Strategie auf die mittlere Frist" empfiehlt.

↘ TABELLE 21

Inflationsprognosen für den Euro-Raum

		2016	2017	2018	Langfristig
EZB-Stab	September 2016	0,2	1,2	1,6	
Gemeinschaftsdiagnose	Oktober 2016	0,2	1,2	1,5	
Consensus Forecast	Oktober 2016	0,2	1,3		
Survey of Professional Forecasters	Juli 2016	0,3	1,2	1,5	1,8
IWF	Oktober 2016	0,2	1,1	1,3	

© Sachverständigenrat | 16-432

461. Für die Frage der Angemessenheit der Geldpolitik für den Euro-Raum ist zudem zu prüfen, inwieweit sich daraus **Risiken für die Finanzstabilität** ergeben können. Hierfür sind derzeit keine Anzeichen zu erkennen.

– Die von der Bank für Internationalen Zahlungsausgleich (BIZ) ermittelte „**Kredit-Lücke**" weist im 1. Quartal 2016 einen negativen Wert auf (−8,8 %).

– Die von derselben Institution publizierte „**Immobilienpreislücke**" bewegt sich für Frankreich, Italien, die Niederlande und Spanien im zweistelligen negativen Bereich. Deutschland und Portugal liegen mit Werten von 13,3 % beziehungsweise 12,4 % etwas oberhalb der Risikoschwelle von 10 %.
↘ ABBILDUNG 58, SEITE 211

– Für die **Stabilität des Bankensystems** zeigen sich bisher keine eindeutig negativen Effekte der Niedrigzinspolitik. ↘ ABBILDUNG 57, SEITE 210 Im Financial Stability Review 2016 weist die EZB darauf hin, dass sich die Ertragslage der Banken im Jahr 2015 gegenüber dem Vorjahr sogar leicht verbessert hat. Dazu hat vor allem ein geringerer Bedarf für Wertberichtigungen beigetragen. In dieser Hinsicht wirkt die Niedrigzinspolitik nach wie vor positiv auf die Rendite der Banken. Aber aufgrund eines steigenden Kreditvolumens haben sich selbst die Netto-Zinseinnahmen positiv entwickelt.

– Schließlich sind die Aktienkurse im Euro-Raum seit der Durchführung der quantitativen Lockerung nicht weiter gestiegen. So liegt der Euro Stoxx 50 sogar etwas unter dem Niveau zur Jahresmitte 2014, also einem Zeitpunkt, bevor EZB-Präsident Draghi umfangreichere Lockerungsmaßnahmen in Aussicht gestellt hatte. Die Effekte der Niedrigzinspolitik und insbesondere der quantitativen Lockerung auf die Vermögenspreise des Euro-Raums sind also äußerst begrenzt.

462. Die Mehrheit begründet ihre Kritik an der EZB vor allem mit Zinsregeln. Sie verwendet dafür zum einen die klassische **Taylor-Regel**. Ausweislich der traditionellen Taylor-Regel, die einen Gleichgewichtszins von 2 % und eine Gewichtung der Inflationslücke und der Output-Lücke mit jeweils 0,5 vorsieht, ist der Leitzins der EZB in der Tat zu gering. Dabei stellt sich jedoch die Frage, ob die von John Taylor bei seiner Beobachtung der US-Zinspolitik in den Jahren 1987 bis 1992 festgestellte Reaktion der Federal Reserve auch unter den aktuellen Bedingungen im Euro-Raum noch eine angemessene Orientierung für die Geldpo-

litik vermitteln kann. So hätte die klassische Taylor-Regel für die gesamte Phase seit Beginn dieses Jahrzehnts wesentlich höhere Leitzinsen erfordert. ↘ ABBILDUNG 55, SEITE 208 In Anbetracht der Rezession im Euro-Raum in den Jahren 2012 und 2013, der nach wie vor hohen Arbeitslosigkeit und der bis zuletzt deutlich negativen Output-Lücke hätte eine mechanistische Anwendung der Taylor-Regel aller Voraussicht nach erhebliche makroökonomische Kosten mit sich gebracht.

463. Der Abstand zwischen dem von einer klassischen Taylor-Regel ausgewiesenen Leitzins und dem tatsächlichen Leitzins vermindert sich deutlich, wenn man anstelle eines **Gleichgewichtszinssatzes** von 2 % einen Wert von 1 % oder 0 % unterstellt. Zudem besteht die Möglichkeit, das **Gewicht der Output-Lücke** von 0,5 auf 1,0 zu erhöhen. Wie Taylor (1999) zeigt, vermindert dies die Output-Varianz, ohne dass sich die Varianz der Inflation nennenswert erhöht. Bei einem Gleichgewichtszins von Null ergibt sich dann ein Taylor-Zins von aktuell −1,1 %. ↘ ABBILDUNG 61 OBEN LINKS Dieser Wert ist dann in Anbetracht der – auch von der Mehrheit betonten – sehr hohen Schätzunsicherheiten über den Gleichgewichtszins nicht völlig inkompatibel mit einer Schattenrate von −1,7 % (Untergrenze des 95 % Konfidenzintervalls), wie sie von Kortela (2016) ermittelt wurde.

464. Zum anderen verwendet die Mehrheit wie in den Vorjahren auch eine **Zinsänderungsregel** zur Beurteilung der EZB-Politik. Sie kommt dabei zu dem Befund, dass die EZB ihre Geldpolitik bereits stärker gelockert habe als in der Vergangenheit üblich. Diese, das Verhalten der EZB lediglich beschreibende, „Regel" kann jedoch nicht ohne weiteres als Befund für eine unangemessene Geldpolitik dienen. Schließlich hat sich das **makroökonomische Umfeld** des Euro-Raums insbesondere seit den Euro-Krisen in den Jahren 2010 bis 2012 fundamental gegenüber der Situation in den Jahren davor geändert. Es wäre somit eher überraschend, wenn sich das nicht auch in einem geänderten Verhalten der EZB niedergeschlagen hätte.

465. Generell sollte die Verwendung von Regeln nicht zu einer **mechanistischen Beurteilung** der Geldpolitik führen. Bernanke (2015) hat darauf hingewiesen, dass die Einfachheit der Taylor-Regel die Komplexität der geldpolitischen Entscheidungen verdecke, die von den Mitgliedern des Entscheidungsgremiums einer Notenbank getroffen werden müssen. Die Geldpolitik müsse **systematisch** angelegt sein, **nicht automatisch**.

466. Für **Deutschland** trifft es zu, dass die Zinspolitik der EZB expansiver ist als dies bei einer Geldpolitik unter der Ägide einer nationalen Notenbank der Fall wäre. In einer Währungsunion, in der sich die Geldpolitik immer nur am Durchschnitt der Wirtschaftsentwicklung orientieren kann, ist das kein überraschender Befund.

467. Es ist jedoch nicht nachzuvollziehen, wenn die Mehrheit hieraus „**außergewöhnliche(n), teils gefährliche(n)** Entwicklungen" ableitet, die Anlass für die Aufforderung an die Bundesregierung geben könnten, sie sollte deshalb „ihre Handlungsmöglichkeiten nutzen, um das Fehlen einer an der deutschen makroökonomischen Entwicklung ausgerichteten Geldpolitik auszugleichen":

Niedrigzinsen weder für den Euro-Raum noch für Deutschland angemessen – **Kapitel 5**

– Die von der BIZ ermittelte **Kredit-Lücke** liegt für Deutschland noch immer im negativen Bereich (−6,1 %). Die **Immobilienpreis-Lücke** bewegt sich etwas über dem Schwellenwert. Aber sie ist vor dem Hintergrund einer fast über ein Jahrzehnt anhaltenden Stagnation der Immobilienpreise zu sehen,

↘ **ABBILDUNG 61**
Kurzfristiger Geldmarktzins und Taylor-Zinsregeln, Immobilienpreisentwicklung, Output-Lücken, Einkommen und Konsum der privaten Haushalte

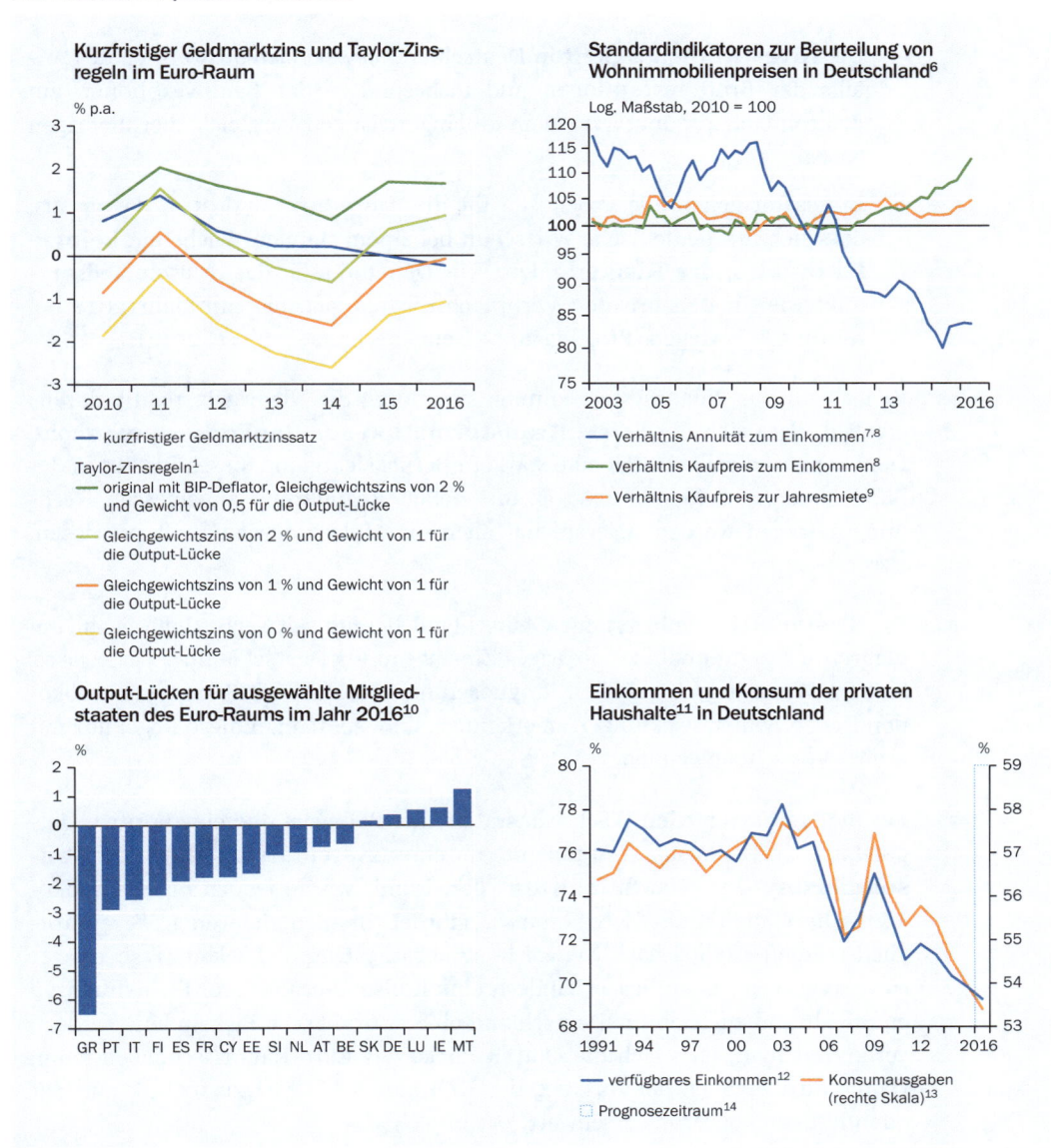

Kurzfristiger Geldmarktzins und Taylor-Zinsregeln im Euro-Raum

— kurzfristiger Geldmarktzinssatz
Taylor-Zinsregeln[1]
— original mit BIP-Deflator, Gleichgewichtszins von 2 % und Gewicht von 0,5 für die Output-Lücke
— Gleichgewichtszins von 2 % und Gewicht von 1 für die Output-Lücke
— Gleichgewichtszins von 1 % und Gewicht von 1 für die Output-Lücke
— Gleichgewichtszins von 0 % und Gewicht von 1 für die Output-Lücke

Standardindikatoren zur Beurteilung von Wohnimmobilienpreisen in Deutschland[6]

— Verhältnis Annuität zum Einkommen[7,8]
— Verhältnis Kaufpreis zum Einkommen[8]
— Verhältnis Kaufpreis zur Jahresmiete[9]

Output-Lücken für ausgewählte Mitgliedstaaten des Euro-Raums im Jahr 2016[10]

GR PT IT FI ES FR CY EE SI NL AT BE SK DE LU IE MT

Einkommen und Konsum der privaten Haushalte[11] in Deutschland

— verfügbares Einkommen[12]   — Konsumausgaben (rechte Skala)[13]
□ Prognosezeitraum[14]

1 – Gleichung: $i = r^* + \pi + 0{,}5(\pi - \pi^*) + 0{,}5(y)$. i ist der von der Taylor-Regel implizierte Zins für den Geldmarkt; er ist abhängig vom realen Zinssatz im Gleichgewicht, r^*, von der laufenden Inflationsrate, π, in Abweichung vom Ziel der Notenbank, π^*, und von der Output-Lücke, y. 2 – Berechnung der Deutschen Bundesbank auf Basis von Angaben des Verbands deutscher Pfandbriefbanken (vdp). 3 – Annuität eines Hypothekenkredits mit fester Zinsvereinbarung (zwischen 5 und 10 Jahren) bei hypothetischer Gesamtlaufzeit von 30 Jahren. 4 – Verfügbares Einkommen je Haushalt in Deutschland, nominal. Ein Anstieg repräsentiert eine Verteuerung in Relation zum verfügbaren Einkommen. 5 – Kaufpreis und Mieten von Eigentumswohnungen. 6 – Reales BIP abzüglich Produktionspotenzial in Relation zum Produktionspotenzial. Schätzung des IWF. GR-Griechenland, PT-Portugal, IT-Italien, FI-Finnland, ES-Spanien, FR-Frankreich, CY-Zypern, EE-Estland, SI-Slowenien, NL-Niederlande, AT-Österreich, BE-Belgien, SK-Slowakei, DE-Deutschland, LU-Luxemburg, IE-Irland, MT-Malta. 7 – Einschließlich private Organisationen ohne Erwerbszweck. 8 – In Relation zum verfügbaren Einkommen der Gesamtwirtschaft. 9 – In Relation zum nominalen Bruttoinlandsprodukt. 10 – Prognose des Sachverständigenrates.

Quellen: Deutsche Bundesbank, IWF, OECD, Statistisches Bundesamt, eigene Berechnungen

© Sachverständigenrat | 16-433

und der Anstieg der Immobilienpreise ist bei Weitem nicht so stark wie dies in einigen anderen Ländern in den Jahren 2000 bis 2007 der Fall gewesen ist. ↘ ABBILDUNG 49, SEITE 196 Gängige Indikatoren wie das Verhältnis der Immobilienpreise zu den Jahresmieten oder der Immobilienpreise zu den Einkommen lassen im längerfristigen Vergleich keine größeren Abweichungen erkennen. Lediglich das Verhältnis der Annuitätenzahlungen zum Einkommen ist deutlich gesunken. ↘ ABBILDUNG 61 RECHTS OBEN Auch der **DAX** hat sich gegenüber dem Stand zur Jahresmitte 2014 nicht nennenswert erhöht.

- Die **Investitionstätigkeit** in Deutschland bewegt sich ausweislich des Anteils der Bruttoinvestitionen und insbesondere der Bauinvestitionen am Bruttoinlandsprodukt auf einem im längerfristigen Vergleich eher niedrigen Niveau.

- Insgesamt gehen alle Prognosen für die Jahre 2017 und 2018 davon aus, dass sich für die deutsche Wirtschaft bei einem stabilen Wachstum **keinerlei inflationäre Risiken** zeigen. Die Deflatoren für das Bruttoinlandsprodukt wie für den privaten Verbrauch dürften sich bis zum Jahr 2018 bei rund 1,5 % bewegen (Projektgruppe Gemeinschaftsdiagnose, 2016).

468. Risiken für das Finanzsystem können sich durch die Niedrigzinspolitik daraus ergeben, dass sich die **Fristentransformation im Bankensystem** erhöht. Dem kann und sollte durch eine stärkere Berücksichtigung dieses Risikos in der Bankenaufsicht und der makroprudenziellen Regulierung angemessen Rechnung getragen werden. Hierauf hat auch die Mehrheit wiederholt verwiesen.
↘ ZIFFERN 421, 509

469. Die **Taylor**-Regel indiziert für Deutschland bereits seit sechs Jahren ein um mehrere Prozentpunkte zu niedriges Zinsniveau für Deutschland. ↘ ABBILDUNG 60, SEITE 218 Wenn jedoch bei allen Prognosen bis zum Jahr 2018 keine makroökonomischen Fehlentwicklungen zu erkennen sind, sollte man diese Regel nur mit großer Vorsicht anwenden.

470. Für die Mehrheit stellen Wachstumsraten über Potenzial und eine positive Output-Lücke in Deutschland Argumente für eine „**systematisch stärkere Konsolidierung der Staatsfinanzen**" dar. Damit würde jedoch die makroökonomische Stabilität des Euro-Raums gefährdet. In allen anderen größeren Mitgliedstaaten bestehen nach wie vor hohe negative Output-Lücken. ↘ ABBILDUNG 61 UNTEN LINKS Wenn man diesen Ländern eine Konsolidierung ihrer Staatsfinanzen empfiehlt und zugleich für Deutschland eine antizyklische Fiskalpolitik fordert, verhindert man, dass sich die Output-Lücke des Euro-Raums schließen kann. Damit wird zugleich der Ausstieg der EZB aus der Niedrigzinspolitik und der quantitativen Lockerung erschwert.

471. Der Euro-Raum benötigt anstelle einer asymmetrischen eine symmetrische Anpassung. Deutschland ist hierfür seit Jahren ein wesentliches Hemmnis. Dies gilt insbesondere für die **Lohnentwicklung**, die vor allem in der Phase bis zur Großen Rezession im Jahr 2009 maßgeblich zu einer **zu niedrigen Kerninflation** vor allem in Deutschland, aber auch im Euro-Raum, beigetragen hat. Für eine Preisentwicklung im Euro-Raum, die dem Zielwert der EZB entspricht,

müssten die Lohnstückkosten der Mitgliedstaaten mittelfristig um knapp 2 % ansteigen. Berücksichtigt man, dass in den Ländern mit hoher Arbeitslosigkeit die Lohnentwicklung etwas zurückhaltender ausfallen wird, ergibt sich für Deutschland ein Anstieg der Lohnstückkosten von über 2 %. Mit einem Anstieg von rund 1,5 % im Jahr 2015 und nur noch 1,3 % im Jahr 2016 liegt der Zuwachs deutlich darunter. Insgesamt sind deshalb die Lohnstückkosten im Euro-Raum im Jahr 2015 nur um 0,3 % gestiegen, was eine wesentliche Ursache für die zu geringe Preisentwicklung im Euro-Raum darstellt.

472. Der wirkungsvollste Ausweg aus der Niedrigzinspolitik der EZB würde somit darin bestehen, dass die **Löhne in Deutschland** in den kommenden Jahren etwas stärker steigen. Dies wurde zuletzt auch vom Chefökonomen des Internationalen Währungsfonds (IWF), Maurice Obstfeld, empfohlen (Der Spiegel, 2016). Für Japan, das seit Langem unter einer zu geringen Lohnentwicklung leidet, hat der IWF (2016b) sogar die Möglichkeit einer **Einkommenspolitik** ins Spiel gebracht, beispielsweise durch höhere Löhne im öffentlichen Sektor.

473. Die relativ schwach steigenden Löhne in Deutschland haben dazu geführt, dass in den vergangenen Jahren der Anteil der **Haushaltseinkommen** am verfügbaren Einkommen der Gesamtwirtschaft kontinuierlich gesunken ist. Spiegelbildlich hat sich der Anteil der Einkommen der Kapitalgesellschaften und des Staates erhöht. Dies hat sich in einer merklich gefallenen **Konsumquote** niedergeschlagen, die mit 53,4 % um 3,5 Prozentpunkte unter dem Niveau der Jahre 1991 bis 2009 liegt. Hierin liegt auch eine wichtige Ursache des steigenden deutschen Leistungsbilanzüberschusses. Ein stärkeres Wachstum des privaten Verbrauchs in Deutschland könnte somit einen wichtigen Beitrag zur Stimulierung des Wirtschaftswachstums im Euro-Raum und zum Abbau des deutschen Leistungsbilanzüberschusses leisten.

ANHANG

↘ TABELLE 22
Chronologie der EZB-Maßnahmen seit Dezember 2015

Maßnahme/ Programm	Ankündigung	Beginn	Voraussichtliches Ende	Details
Zinssenkung	03.12.2015	09.12.2015	–	Einlagezins um zehn Basispunkte auf –0,3 % gesenkt.
EAPP-Anpassungen	03.12.2015	01.01.2016	März 2017	Verlängerung der intendierten Laufzeit bis März 2017; Reinvestition der Tilgungszahlungen auslaufender Wertpapiere, Einbeziehung von in Euro laufenden Schuldverschreibungen regionaler und lokaler Gebietskörperschaften, die im Euro-Raum begeben wurden.
Vollzuteilung	03.12.2015	–	Ende 2017	Verlängerung der Abwicklung der Haupt- und längerfristigen Refinanzierungsgeschäfte (dreimonatige Laufzeit) bis zum Ende der letzten Mindestreserve-Erfüllungsperiode im Jahr 2017 als Mengentender mit Vollzuteilung.
Kommunikation	21.01.2016	–	–	Der EZB-Rat beschließt eine Überprüfung und gegebenenfalls Anpassung des geldpolitischen Kurses im März 2016.
Zinssenkung	10.03.2016	16.03.2016	–	Hauptrefinanzierungszins um fünf Basispunkte auf 0 % und den Einlagezins um zehn Basispunkte auf –0,4 % gesenkt.
EAPP-Anpassungen	10.03.2016	19.04.2016	März 2017	Erhöhung um 20 Mrd Euro auf 80 Mrd Euro pro Monat; Anhebung der Ankaufsobergrenze internationaler Organisationen und multilateraler Entwicklungsbanken von 33 % auf 50 %.
Gezielte längerfristige Refinanzierungsgeschäfte (GLRG II)[1]	10.03.2016	Juni 2016	März 2017	Refinanzierungsgeschäfte mit maximal vierjähriger Laufzeit. Banken können bis zu 30 % ihres zum Stichtag 31.01.2016 ausstehenden Kreditvolumens (an nichtfinanzielle Unternehmen und Haushalte, keine Immobilienkredite) abzüglich noch ausstehender Volumina aus den ersten beiden GLRG I aufnehmen. Banken konnten zudem im Juni 2016 alle ausstehenden GLRG I freiwillig zurückzahlen und gleichzeitig am ersten GLRG II teilnehmen. Der Zins ist abhängig von der Netto-Kreditvergabe vom 01.02.2016 bis 31.01.2018 relativ zur individuellen Referenzgröße[2] der Bank und variiert so zwischen dem Hauptrefinanzierungs- und dem Einlagezins. Eine Zuteilung zum Einlagezins erfolgt, wenn die Netto-Kreditvergabe relativ zur Referenzgröße um 2,5 % steigt. Bei Anstiegen zwischen 0 % und 2,5 % erfolgt eine linear gestaffelte Reduktion des Zinses.
Corporate Sector Purchase Programme (CSPP)[1]	10.03.2016	Juni 2016	März 2017	Einbeziehung des Ankaufprogramms für Unternehmensanleihen in das EAPP. Diese beziehen sich auf in Euro denominierte Anleihen von Unternehmen[3] (ohne Banken) mit Sitz im Euro-Raum, die mindestens mit BBB– bewertet sind. Sie müssen den Anforderungen des Sicherheitsrahmens des Euro-Systems für geldpolitische Refinanzierungsgeschäfte genügen und eine Restlaufzeit von sechs Monaten bis 30 Jahren aufweisen. Das Euro-System wird eine emissionsbezogene Obergrenze von 70 % verwenden. Die Ankäufe werden von sechs nationalen Notenbanken abgewickelt (Belgien, Deutschland, Finnland, Frankreich, Italien und Spanien) und von der EZB koordiniert. Sie dürfen am Primär- und Sekundärmarkt angekauft werden (Anleihen öffentlicher Unternehmen nur am Sekundärmarkt, hier wird die emissionsbezogene Obergrenze im Einklang mit den Regeln des PSPP niedriger festgelegt).

1 – Für weitere Details siehe Deutsche Bundesbank Monatsbericht Mai 2016. 2 – Die Referenzgröße für Banken mit negativer Nettokreditvergabe vom 01.02.2015 bis 31.01.2016 ist: Kreditvolumen zum 31.01.2016 abzüglich Nettokreditvergabe aus zwölf vorherigen Monaten. Die Referenzgröße für Banken mit positiver Nettokreditvergabe ist: Kreditvolumen zum 31.01.2016. 3 – Inklusive Versicherungen.

© Sachverständigenrat | 16-157

↘ TABELLE 23
Fiskalpolitik: Bestandsaufnahme ausgewählter Länder des Euro-Raums

	Deutschland			Frankreich			Italien			Portugal			Spanien		
Status Quo:	kein EDP[1], im "preventive arm" des SWP[2]			EDP läuft seit 2009, im "corrective arm" des SWP			kein EDP, im "preventive arm" des SWP			EDP läuft seit 2009, im "corrective arm" des SWP			EDP läuft seit 2009, im "corrective arm" des SWP		
Ziel:	Schuldenabbau im Rahmen der Zielvorgaben des Stabilitätsprogramms (SP)			Korrektur des Defizits im Jahr 2017			Schuldenabbau im Rahmen der Zielvorgaben des Stabilitätsprogramms (SP)			Ursprüngliches Abschlussziel des Verfahrens 2015 (Empfehlung von 2013). Ziel 2015 verfehlt, neue Empfehlung der Europäischen Kommission ist eine nachhaltige Korrektur bis 2016			Ursprüngliches Abschlussziel des Verfahrens war 2012. Dreimalige Verlängerung (bis 2013, 2014 und 2016), weil durch unerwartete Schocks eine Verschlechterung der Haushaltslage trotz Sparanstrengungen eingetreten war. Abschlussziel des EDP in 2016 wird wohl verfehlt werden		
Strafverfahren:	Nein, da Zielvorgaben 2015 erreicht			Nein, da Zielvorgaben 2015 erreicht			Nein, da Zielvorgaben 2015 erreicht			Eingeleitet, da Zielvorgabe 2015 nicht erreicht, keine Strafe verhängt			Eingeleitet, da Zielvorgabe 2015 nicht erreicht, keine Strafe verhängt		
	2015	2016[a]	2017[a]	2015	2016[a]	2017[a]	2015	2016[a]	2017[a]	2015	2016[a]	2017[a]	2015	2016[a]	2017[a]
Haushaltsdefizit/-überschuss (% des BIP)	0,7	0,2	0,1	-3,5	-3,4	-3,2	-2,6	-2,4	-1,9	-4,4	-2,7	-2,3	-5,1	-3,9	-3,1
Staatsverschuldung (% des BIP)	71,2	68,3	65,8	95,8	96,4	97,0	132,7	132,7	131,8	129,0	126,0	124,5	99,2	100,3	99,6
Zielwerte Defizit von 2015 (% des BIP)	0,3	0,0	0,3	-3,8	-3,3	-2,7	-2,6	-1,8	-0,8	-2,7	-1,8	-1,1	-4,2	-2,8	-1,4
Zielwerte Defizit von 2016 (% des BIP)	x	0,0	0,0	x	-3,3	-2,7	x	-2,3	-1,8	x	-2,2	-1,4	x	-3,6	-2,9
Zielabweichungen von 2015 bzw. 2016[3]	0,5	0,2	0,1	0,3	-0,1	-0,5	0,0	-0,1	-0,1	-1,7	-0,5	-0,9	-0,9	-0,3	-0,2
Einnahmen (% des BIP)	44,6	44,5	44,6	53,2	52,8	52,6	47,9	47,2	46,7	43,9	44,0	43,5	38,2	38,2	38,3
Ausgaben (% des BIP)	43,9	44,3	44,5	56,8	56,2	55,9	50,5	49,7	48,6	48,3	46,6	45,8	43,3	42,1	41,3
Gründe für Zielabweichung in 2015:															
Einnahmen:	Leicht höhere Einnahmen			Leicht geringere Einnahmen (-0,1 Prozentpunkte des BIP): Diskretionäre Maßnahmen reduzierten die Steuereinnahmen (-0,1 Prozentpunkte des BIP)			Leicht höhere Einnahmen			Geringere Einnahmen: niedrigere Steuereinnahmen (-0,3 % des BIP), niedrigere Einnahmen (-0,7 % des BIP) durch gesunkene EU-Transfers, höhere Einnahmen durch vorgezogene Unternehmenssteuern antizipativ (0,2 % des BIP)			Geringere Einnahmen: niedrigere Steuereinnahmen (-0,4 % des BIP) durch gesunkene Einkommen- und Unternehmensteuern, höhere Einnahmen durch Versteigerung von UMTS-Frequenzen (0,2 % des BIP), belastend wirkten Reklassifizierung von PPPs durch Eurostat (-0,1 % des BIP)		
Ausgaben:				Leicht geringere Ausgaben (-0,1 Prozentpunkte des BIP): niedrigere Zinsaufwendungen (-0,1 % des BIP), niedrigere Investitionen der Lokalverwaltungen (-0,2 Prozentpunkte des BIP), geringere Sozialtransfers, höhere Ausgaben für "Competitiveness & Employment Tax Credit" (0,3 Prozentpunkte des BIP)			Höhere Ausgaben für Bankenbeihilfen und Auszahlungen von Rentenrückständen an Pensionäre, da die De-Indexierung von 2012-13 von Verfassungsgericht abgelehnt wurde			Höhere Ausgaben: Mehrausgaben durch eine Bankenabwicklung (1,4 % des BIP), Minderausgaben durch geringere Zinsaufwendungen (-0,4 % des BIP) und geringe öffentliche Infestitionen (-0,4 % des BIP)			Höhere Ausgaben: Unterstützungen für den Finanzsektor (0,1 % des BIP), Auszahlung des nicht gewährten Weihnachtsbonuses für 2012 nach einer Gerichtsentscheidung (0,1 % des BIP), "Expenditure Slippages" auf der lokal- sowie zentralstaatlichen Ebene, Minderausgaben durch geringerer Zinsaufwendungen (-0,3 % des BIP)		

1 – EDP: Excessive Deficit Procedure. 2 – SWP: Stabilitäts- und Wachstumspakt. 3 – Grün: besser als geplante Zielwerte von 2015 und 2016; rot: schlechter als geplante Zielwerte 2015 und 2016. a – Schätzung der EU-Kommission.

Quellen: EU-Kommission, Stability Programme Assessment Reports 2015 und 2016 der jeweiligen Länder

© Sachverständigenrat | 16-297

LITERATUR

AFS (2016), *Dritter Bericht an den Deutschen Bundestag zur Finanzstabilität in Deutschland*, Financial Stability Commission, Berlin.

AFS (2015), *Empfehlung vom 30. Juni 2015 zu neuen Instrumenten für die Regulierung der Darlehensvergabe zum Bau oder Erwerb von Wohnimmobilien*, AFS/2015/1, Financial Stability Commission, Berlin.

Aidt, T.S., F.J. Veiga und L.G. Veiga (2011), Election results and opportunistic policies: A new test of the rational political business cycle model, *Public Choice* 148, 21-44.

Alcidi, C., M. Busse und D. Gros (2016), *Is there a need for additional monetary stimulus? Insights from the original Taylor Rule*, CEPS Policy Brief 342, Brüssel.

Altavilla, C., G, Carboni, und R. Motto. (2015), *Asset purchase programmes and financial markets: Lessons from the euro area*, Working Paper 1864, Europäische Zentralbank, Frankfurt am Main.

Alesina, A. (1988), Macroeconomics and politics, in: Fischer, S. (Hrsg.): *NBER Macroeconomics Annual 1988*, MIT Press, Cambridge, 13-62.

Alesina, A. (1987), Macroeconomic policy in a two-party system as a repeated game, *Quarterly Journal of Economics* 102, 651-678.

Alessi, L., und C. Detken (2009), *'Real time' early warning indicators for costly asset price boom/bust cycles: A role for global liquidity*, Working Paper 1039, Europäische Zentralbank, Frankfurt am Main.

Altunbas, Y., L. Gambacorta und D. Marques-Ibanez (2014), Does monetary policy affect bank risk?, *International Journal of Central Banking* 10, 95-136.

Amano, R., K. Moran, S. Murchison und A. Rennison (2009), Trend inflation, wage and price rigidities, and productivity growth, *Journal of Monetary Economics* 56, 353-364.

Ando, A., und F. Modigliani (1963), The "life cycle" hypothesis of saving: Aggregate implications and tests, *American Economic Review* 53, 55-84.

Andrade, P., J. Breckenfelder, F. De Fiore, P. Karadi und O. Tristani (2016), *The ECB's asset purchase programme: An early assessment*, Working Paper 1956, Europäische Zentralbank, Frankfurt am Main.

Aoki, K. (2001), Optimal monetary policy responses to relative-price changes, *Journal of Monetary Economics* 48, 55-80.

Assekurata (2016) *Marktausblick zur Lebensversicherung 2016/2017*, Eine Untersuchung der Assekurata Assekuranz Rating-Agentur GmbH, Köln.

Ball, L. (2014), *The case for a long-run inflation target of four percent*, IMF Working Paper 14/92, Washington, DC.

Bandholz, H., O. Hülsewig, G. Illing und T. Wollmershäuser (2006), Gesamtwirtschaftliche Folgen von Vermögenspreisblasen im internationalen Vergleich, *ifo Beiträge zur Wirtschaftsforschung* 23.

Barsky, R., A. Justiniano, und L. Melosi (2014), The natural rate of interest and its usefulness for monetary policy, *American Economic Review* 104, 37-43.

Baumeister, C. und L. Benati (2013), Unconventional monetary policy and the Great Recession: Estimating the macroeconomic effects of a spread compression at the zero lower bound, *International Journal of Central Banking* 9, 165-212.

Bean, C., C. Broda, T. Ito und R. Kroszner (2015), *Low for long? Causes and consequences of persistently low interest rates*, Geneva Reports on the World Economy 17, Center for Economic Policy Research, London.

Bech, M. und A. Malkhozov (2016), How have central banks implemented negative policy rates?, *BIS Quarterly Review* März 2016, 31-44.

Beck, G.W., R.C.M. Beyer, M. Kontny und V. Wieland (2015), *Monetary cross-checking in practice*, Beiträge zur Jahrestagung des Vereins für Socialpolitik 2015 „Ökonomische Entwicklung - Theorie und Politik", Session: Monetary Modelling, No. E23-V1, Münster, 6.-9. September.

Bernanke, B.S. (2015), *The Taylor rule: A benchmark for monetary policy*, www.brookings.edu/blog/ben-bernanke/2015/04/28/the-taylor-rule-a-benchmark-for-monetary-policy/, abgerufen am 26.10.2016.

Bernanke, B.S. (2005), *The global saving glut and the U.S. current account deficit*, Rede, Sandridge Lecture, Virginia Association of Economists, Richmond, 10. März.

Bernanke, B.S. (2003), *Some thoughts on monetary policy in Japan*, Rede, Japan Society of Monetary Economics, Tokio, 31. Mai.

Bernanke, B.S. (2002), *Deflation: Making sure „it" doesn't happen here*, Rede, National Economists Club, Washington, DC, 21. November.

Bernanke, B.S. und M. Woodford (1997), Inflation Forecasts and Monetary Policy, *Journal of Money, Credit and Banking* 29, 653-684.

Beyer, R.C.M. und V. Wieland (2016), *Schätzung des mittelfristigen Gleichgewichtszinses in den Vereinigten Staaten, Deutschland und dem Euro-Raum mit der Laubach-Williams-Methode*, IMFS Working Paper 100, Frankfurt am Main.

Bindseil, U. (2016), Aktuelle Entwicklungen beim Expanded Asset Purchase Programme (EAPP), Präsentation, DZ Bank Kapitalmarktkonferenz, Frankfurt am Main, 5. Juli.

BIZ (2016), *86. Jahresbericht – 1. April 2015-31. März 2016*, Bank für Internationalen Zahlungsausgleich, Basel.

BIZ (2015), *85. Jahresbericht – 1. April 2014-31. März 2015*, Bank für Internationalen Zahlungsausgleich, Basel.

BIZ (2014), *84. Jahresbericht – 1. April 2013-31. März 2014*, Bank für Internationalen Zahlungsausgleich, Basel.

Blanchard, O., G. Dell'Ariccia und P. Mauro (2010), Rethinking macroeconomic policy, *Journal of Money, Credit and Banking* 42, 199-215.

Bluwstein, K. und F. Canova (2016), Beggar-thy-neighbor? The international effects of ECB's unconventional monetary policies, *International Journal of Central Banking* 12, 69-121.

Bonfim, D. und C. Soares (2014), *The risk-taking channel of monetary policy - Exploring all avenues*, Working Paper 2/2014, Banco de Portugal, Lissabon.

Borio, C., L. Gambacorta und B. Hofmann (2015), *The influence of monetary policy on bank profitability*, BIS Working Paper 514, Bank für Internationalen Zahlungsausgleich, Basel.

Borio, C. und M. Drehmann (2009), Assessing the risk of banking crises - revisited, *BIS Quarterly Review* März 2009, 29-46.

Borio, C. und H. Zhu (2012), Capital regulation, risk-taking and monetary policy: A missing link in the transmission mechanism?, *Journal of Financial Stability* 8, 236-251.

Borio, C. und W.R. White (2003), *Wither Monetary and Financial Stability? The Implications of Evolving Policy Regimes*, BIS Working Paper 147, Bank für Internationalen Zahlungsausgleich, Basel.

Brayton, F., T. Laubach, und D. Reifschneider (2014), *The FRB/US Model: A tool for macroeconomic policy analysis*, www.federalreserve.gov/econresdata/notes/feds-notes/2014/a-tool-for-macroeconomic-policy-analysis.html, abgerufen am 26.10.2016.

Brayton, F., E. Mauskopf, D. Reifschneider, P. Tinsley und J. Williams (1997), The role of expectations in the FRB/US macroeconomic model, *Federal Reserve Bulletin* April 1997, 227-245.

Brunnermeier, M.K. und I. Schnabel (2016), Bubbles and central banks: Historical perspectives, in: Bordo, M.D., Ø. Eitrheim, M. Flandreau und J. F. Qvigstad (Hrsg.) *Central banks at a crossroads – What can we learn from history?*, Cambridge University Press, Cambridge, 493-562.

Buch, C.M., S. Eickmeier und E. Prieto (2014), In search for yield? Survey-based evidence on bank risk taking, *Journal of Economic Dynamics and Control* 43, 12-30.

Buiter, W.H. (2014), The simple analytics of helicopter money: Why it works – Always, *Economics* 8, 2014-2028.

Buiter, W.H. und N. Panigirtzoglou (2003), Overcoming the zero bound on nominal interest rates with negative interest on currency: Gesell's solution, *Economic Journal* 113, 723-746.

Bulwiengesa (2016), *Bulwiengesa property market index 1975-2015*, bulwiengesa AG, München.

Camba-Mendez, G. (2003), The definition of price stability: Choosing a price measure, in: Issing, O. (Hrsg.) *Background studies for the ECB's evaluation of its monetary policy strategy*, Frankfurt am Main, 31-41.

Camba-Mendez, G. , J.A. Garciá und D.R. Palenzuela (2003), Relevant economic issues concerning the optimal rate of inflation, in: Issing, O. (Hrsg.): *Background studies for the ECB's evaluation of its monetary policy strategy*, Europäische Zentralbank, Frankfurt am Main, 91-125.

Campbell, J.Y. und N.G. Mankiw (1989), Consumption, income and interest rates: Reinterpreting the time series evidence, in: Blanchard, O.J. und S. Fischer (Hrsg): *NBER Macroeconomics Annual 1989*, MIT Press, Cambridge, 185-246.

Castelnuovo, E., S. Nicoletti-Altimari und D.R. Palenzuela (2003), Definition of price stability, range and point inflation targets: The anchoring of long-term inflation expectations, in: Issing, O. (Hrsg.): *Background studies for the ECB's evaluation of its monetary policy strategy*, Frankfurt am Main, 43-90.

Cecchetti, S. und K. Schoenenholtz (2016), *A primer on helicopter money*, VoxEU.org, 19. August.

Christoffel, K., G. Coenen und A. Warne (2008), *The New Area-Wide Model of the Euro Area: A microfounded open-economy model for forecasting and policy analysis*, Working Paper 944, Europäische Zentralbank, Frankfurt am Main.

Claessens, S., N. Coleman und M. Donelly (2016), *„Low-for-Long" interest rates and net interest margins of banks in advanced foreign economies*, www.federalreserve.gov/econresdata/notes/ifdp-notes/2016/low-for-long-interest-rates-and-net-interest-margins-of-banks-in-advanced-foreign-economies-20160411.html, abgerufen am 26.10.2016.

Clarida, R., und Gertler, M. (1997), How the Bundesbank conducts monetary policy, in: Romer, C. und D. Romer (Hrsg.): *Reducing inflation: Motivation and strategy*, University of Chicago Press, Chicago, 363-406.

Clark, W.R. (2009), *Capitalism, not globalism: Capital mobility, central bank independence, and the political control of the economy*, University of Michigan Press, Ann Arbor.

Coenen, G. und V. Wieland (2004), Exchange-rate policy and the zero bound on nominal interest rates, *American Economic Review* 94, 80-84.

Coenen, G. und V. Wieland (2003), The zero-interest-rate bound and the role of the exchange rate for monetary policy in Japan, *Journal of Monetary Economics* 50, 1071-1101.

Coenen (2003), Downward nominal wage rigidity and the long-run Phillips curve: Simulation-based evidence for the euro area, in: Issing, O. (Hrsg.): *Background studies for the ECB's evaluation of its monetary policy strategy*, Europäische Zentralbank, Frankfurt am Main, 127-138.

Constâncio, V. (2016), *The challenge of low real interest rates for monetary policy*, Rede beim Macroeconomics Symposium, Utrecht School of Economics, Utrecht, 15. Juni.

Constâncio, V. (2015), *Understanding inflation dynamics and monetary policy in a low inflation environment*, Rede, ECB Conference on Challenges for Macroeconomic Policy in a Low Inflation Environment, Frankfurt am Main, 5. November.

Coibion, O., M.Y. Gorodnichenko und V. Wieland (2012), The optimal inflation rate in New Keynesian models: Should central banks raise their inflation targets in light of the zero lower bound?, *Review of Economic Studies* 79, 1371-1406.

Cukierman, A. (2016), *Reflections on the natural rate of interest, its measurement, monetary policy and the zero bound*, Discussion Paper 11467, Centre for Economic Policy Research, London.

Cúrdia, V. (2015), *Why so slow? A gradual return for interest rates*, FRBSF Economic Letter 32, San Francisco.

Cúrdia, V., A. Ferrero, G.C. Ng und A. Tambalotti (2015), Has U.S. monetary policy tracked the efficient interest rate?, *Journal of Monetary Economics* 70, 72-83.

Cwik, T. und V. Wieland (2011), Keynesian government spending multipliers and spillovers in the Euro Area, *Economic Policy* 26, 493-549.

de Grauwe, P. (2015), *Secular stagnation in the eurozone*, VoxEU.org, 30. Januar.

de Grauwe, P. und Y. Ji (2016), *Animal spirits and the optimal level of the inflation target*, VoxEU.org, 7. Juli.

de Groen, W.P., D. Gros und D. Valiente (2016), *The ECB's latest gimmick: Cash for loans*, VoxEU.org, 15. April.

de Haan, J. und J. Klomp (2013), Conditional political budget cycles: A review of recent evidence, *Public Choice* 157, 387-410.

Dell'Ariccia, G., D. Igan, L. Laeven, H. Tong, B.B. Bakker und J. Vandenbussche (2012), *Policies for macrofinancial stability: How to deal with credit booms*, IMF Staff Discussion Note SDN/12/06, Washington, DC.

de Santis, R.A. (2016), *Impact of the asset purchase programme on euro area government Bond yields using market news*, Working Paper 1939, Europäische Zentralbank, Frankfurt am Main.

Der Spiegel (2016), *IWF-Chefvolkswirt empfiehlt höhere Lohnabschlüsse*, www.spiegel.de/wirtschaft/soziales/internationaler-waehrungsfonds-chefvolkswirt-empfiehlt-hoehere-lohnabschluesse-a-1116654.html, abgerufen am 26.10.2016.

Deutsche Bundesbank (2016a), *Monatsbericht Februar 2016*, Frankfurt am Main.

Deutsche Bundesbank (2016b), Vermögen und Finanzen privater Haushalte in Deutschland: Ergebnisse der Vermögensbefragung 2014, *Monatsbericht* März 2016, 61-86.

Deutsche Bundesbank (2016c), *Monatsbericht März 2016*, Frankfurt am Main.

Deutsche Bundesbank (2016d), *Monatsbericht Juni 2016*, Frankfurt am Main.

Deutsche Bundesbank (2016e), *Monatsbericht April 2016*, Frankfurt am Main.

Deutsche Bundesbank (2016f), *Monatsbericht August 2016*, Frankfurt am Main.

Deutsche Bundesbank (2016g), *Monatsbericht Juli 2016*, Frankfurt am Main.

Deutsche Bundesbank (2015), *Monatsbericht Oktober 2015*, Frankfurt am Main.

Die Welt (2015), *Die umstrittene Vergangenheit des EZB-Chefs Draghi*, www.welt.de/wirtschaft/article149891846/Die-umstrittene-Vergangenheit-des-EZB-Chefs-Draghi.html, abgerufen am 26.10.2016.

Dordal-i-Carreras, M., O. Coibion, Y. Gorodnichenko und J. Wieland (2016). *Infrequent but long-lived zero-bound episodes and the optimal rate of inflation*, NBER Working Paper 22510, Cambridge.

Draghi, M. (2016a), *Delivering a symmetric mandate with asymmetric tools: Monetary policy in a context of low interest rates*, Rede, 200 Jahre Österreichische Nationalbank, Wien, 2. Juni.

Draghi, M. (2016b), *The international dimension of monetary policy*, Rede, ECB Forum on Central Banking, Sintra, 28. Juni.

Draghi, M. (2016c), *Introductory statement to the press conference*, Rede, Pressekonferenz der Europäischen Zentralbank, Frankfurt am Main, 21. April.

Draghi, M. (2016d), *Introductory statement to the press conference*, Rede, Pressekonferenz der Europäischen Zentralbank, Frankfurt am Main, 8. September.

Draghi, M. (2016e), *Introductory statement to the press conference*, Rede, Pressekonferenz der Europäischen Zentralbank, Frankfurt am Main, 21. Juli.

Draghi, M. (2015), *The ECB's recent monetary policy measures: Effectiveness and challenges*, Rede beim Internationalen Währungsfonds, Washington DC, 14. Mai.

Drehmann, M., C. Borio und K. Tsatsaronis (2012), *Characterising the financial cycle: Don't lose sight of the medium term!*, BIS Working Paper 380, Bank für Internationalen Zahlungsausgleich, Basel.

Eggertsson, G.B. und M. Woodford (2003), *Optimal monetary policy in a liquidity trap*, NBER Working Paper 9968, Cambridge.

Elstner, S., H. Michaelis und C.M. Schmidt (2016), Das leere Versprechen der aktiven Konjunktursteuerung, *Wirtschaftsdienst* 96, 534-540.

Europäische Kommission (2016), *Empfehlung für eine Empfehlung des Rates zum nationalen Reformprogramm Deutschlands 2016 mit einer Stellungnahme des Rates zum Stabilitätsprogramm Deutschlands 2016*, COM(2016) 326 final, Brüssel.

EZB (2016a), *ECB reinstates waiver affecting the eligibility of Greek bonds used as collateral in Eurosystem monetary policy operations*, Pressemitteilung, Europäische Zentralbank, 22. Juni.

EZB (2016b), *Was ist ANFA?*, www.ecb.europa.eu/explainers/tell-me-more/html/anfa_qa.de.html, abgerufen am 26.10.2016.

EZB (2016c), *Jahresbericht 2015*, Europäische Zentralbank, Frankfurt am Main.

EZB (2016d), *More details on the Eurosystem's corporate sector purchase programme (CSPP) – Questions & answers*, www.ecb.europa.eu/mopo/implement/omt/html/cspp-qa.en.html, abgerufen am 18.8.2016.

EZB (2016e), *Securities lending of holdings under the expanded asset purchase programme (APP)*, www.ecb.europa.eu/mopo/implement/omt/lending/html/index.en.html, abgerufen am 18.7.2016.

EZB (2016f), *Wirtschaftsbericht 5/2016*, Europäische Zentralbank, Frankfurt am Main.

EZB (2016g), *The euro area bank lending survey – 2nd quarter of 2016*, Europäische Zentralbank, Frankfurt am Main.

EZB (2016h), *Wirtschaftsbericht 3/2016*, Europäische Zentralbank, Frankfurt am Main.

EZB (2016i), *Financial stability review - May 2016*, Europäische Zentralbank, Frankfurt am Main.

EZB (2016j), *Wirtschaftsbericht 4/2016*, Europäische Zentralbank, Frankfurt am Main.

EZB (2015a), *Jahresbericht 2014*, Europäische Zentralbank, Frankfurt am Main.

EZB (2015b), *Financial stability review - November 2015*, Europäische Zentralbank, Frankfurt am Main.

EZB (2014), *Jahresbericht 2013*, Europäische Zentralbank, Frankfurt am Main.

EZB (2009), *Monatsbericht Januar 2009*, Europäische Zentralbank, Frankfurt am Main.

EZB (1999), *Monatsbericht Januar 1999*, Europäische Zentralbank, Frankfurt am Main.

Fagan, G., J. Henry und R. Mestre (2005), An Area-Wide Model for the euro area, *Economic Modelling* 22, 39-59.

Favero, C.A., und V. Galasso (2015), *Demographics and the secular stagnation hypothesis in Europe*, Discussion Paper 10887, Center for Economic and Policy Research, London.

FAZ (2015a) *Politiker fordern Offenlegung des EZB-Geheimpakts*, www.faz.net/aktuell/wirtschaft/eurokrise/politiker-fordern-offenlegung-des-anfa-geheimabkommens-der-ezb-13955388.html, abgerufen am 26.10.2016, Frankfurter Allgemeine Zeitung.

FAZ (2015b) *Ist das 2-Prozent-Inflationsziel der EZB noch zeitgemäß?*, www.faz.net/aktuell/finanzen/anleihen-zinsen/oekonomen-zweifeln-an-inflationsziel-der-ezb-13914077.html, abgerufen am 26.10.2016, Frankfurter Allgemeine Zeitung.

Feldstein, M.S. (1997), The costs and benefits of going from low inflation to price stability, in: Romer, C. und D. Romer (Hrsg.): *Reducing inflation: Motivation and strategy*. University of Chicago Press, Chicago, 123-166.

Friedman, M. (1957), *A theory of the consumption function*, Princeton University Press, Princeton.

Funashima, Y. (2016), The Fed-induced political business cycle: Empirical evidence from a time–frequency view, *Economic Modelling* 54, 402-411.

FVS Research Institute (2016a), *FVS Vermögenspreisindex – Überblick* www.fvs-ri.com/fvs-vermoegenspreisindex/ueberblick.html, abgerufen am 26.10.2016

FVS Research Institute (2016b), *FVS Vermögenspreisindex - Methodik*, www.fvs-ri.com/fvs-vermoegenspreisindex/methodik.html, abgerufen am 26.10.2016

Friedman, M. (1969), The optimum quantity of money, in: Friedman, M. (Hrsg.): *The optimum quantity of money and other essays*, Adline Transaction, Chicago.

Gadatsch, N., K. Hauzenberger, und N. Stähler (2016), German and the rest of euro area fiscal policy during the crisis, *Economic Modelling* 52, 997-1016.

Galí, J. (2014), *Thinking the unthinkable: The effects of a money-financed fiscal stimulus*, VoxEU.org, 3. Oktober.

Georgiadis, G. und J. Gräb (2015), *Global financial market impact of the announcement of the ECB's extended asset purchase programme*, Working Paper 232, Federal Reserve Bank of Dallas.

Gerberding, C., F. Seitz und A. Worms (2005), How the Bundesbank really conducted monetary policy, *North American Journal of Economics and Finance* 16, 277-292.

Giannoni, M.P. und M. Woodford (2003), *Optimal inflation targeting rules*, NBER Working Paper 9939, Cambridge.

Goodfriend, M. und R.G. King (2001), *The case for price stability*, NBER Working Paper 8423, Cambridge.

Gordon, R. (2012), *Is U.S. economic growth over? Faltering innovation confronts the six headwinds*, NBER Working Paper 18315, Cambridge.

Hachula, M., M. Piffer und M. Rieth (2016), *Unconventional monetary policy, fiscal side effects and euro area (im)balances*, DIW Discussion Paper 1596, Berlin.

Haitsma, R., D. Unalmis und J. de Haan (2016), The impact of the ECB's conventional and unconventional monetary policies on stock markets, *Journal of Macroeconomics* 48, 101-116.

Hamburg, B., M. Hoffmann und J. Keller (2008), Consumption, wealth and business cycles in Germany, *Empirical Economics* 34, 451-476.

Hördahl, P. und O. Tristani (2014), Inflation risk premia in the euro area and the United States, *International Journal of Central Banking* 10, 1-47.

Hoffmann, D. (2015), *Die EZB in der Krise - Eine Analyse der wesentlichen Sondermaßnahmen von 2007 bis 2012*, Pro Business, Berlin.

Hofmann, B. und B. Bogdanova (2012), Taylor rules and monetary policy: A global "Great Deviation"?, *BIS Quarterly Review* September 2012, 37-49.

Holston, K., T. Laubach und J. Williams (2016), Measuring the natural rate of interest: International trends and determinants, in: Clarida, R. und L. Reichlin (Hrsg.): *NBER International Seminar on Macroeconomics 2016*, im Erscheinen.

Hördahl, P. und O. Tristani (2014), Inflation risk premia in the euro area and the United States, *International Journal of Central Banking* 10, 1-47.

Huang, K.X.D. und Z. Liu (2005), Inflation targeting: What inflation rate to target?, *Journal of Monetary Economic*, 52, 1435-1462.

Issing, O. (Hrsg.) (2003), *Background studies for the ECB's evaluation of its monetary policy strategy*, Europäische Zentralbank, Frankfurt am Main.

IWF (2016a), *Germany: 2016 Article IV consultation*, IMF Country Report No. 16/202, Washington, DC.

IWF (2016b), *Article IV Consultation: Japan*, IMF Country Report No. 16/267, Washington, DC.

Jobst, A. und H. Lin (2016), *Negative interest rate policy: Implications for monetary transmission and bank profitability in the euro area*, IMF Working Paper 16/172, Washington, DC.

Juselius, M., C. Borio, P. Disyatat und M. Drehmann (2016), *Monetary policy, the financial cycle and ultra-low interest rates*, BIS Working Paper 569, Bank für Internationalen Zahlungsausgleich, Basel.

Kapetanios, G., H. Mumtaz, I. Stevens und K. Theodoridis (2012), Assessing the economy-wide effects of quantitative easing, *Economic Journal* 122, F316-F347.

Kiley, M.T. (2015), *What can the data tell us about the equilibrium real interest rate?*, Finance and Economics Discussion Series 2015-077, Board of Governors of the Federal Reserve System, Washington, DC.

Kortela, T. (2016), *A Shadow rate model with time- varying lower bound of interest rates*, Discussion Paper 19/2016, Bank of Finland Research, Helsinki.

Krippner, L. (2016), *Comparison of international monetary policy measures*, www.rbnz.govt.nz/research-and-publications/research-programme/additional-research/measures-of-the-stance-of-united-states-monetary-policy/comparison-of-international-monetary-policy-measures, abgerufen am 26.10.2016.

Krippner, L. (2013), Measuring the stance of monetary policy in zero lower bound environments, *Economic Letters* 118, 135-138.

Laubach, T. und J.C. Williams (2016), Measuring the natural rate of interest redux, *Business Economics*, im Erscheinen.

Laubach, T. und J.C. Williams (2003), Measuring the natural rate of interest, *Review of Economics and Statistics* 85, 1063-1070.

LBBW (2016a), *LBBW FITS - Fixed income trades and strategy No. 40*, Landesbank Baden-Württemberg, Stuttgart.

LBBW (2016b), *Blickpunkt Credits – EZB startet „CSPP" – Welche Bereiche des Corporate-Marktes profitieren am stärksten?*, Landesbank Baden-Württemberg, Stuttgart.

Leiner-Killinger, N., V. Lopez, R. Stiegert und G. Vitale (2007), *Structural reforms in EMU and the role of monetary policy - A survey of the literature*, Occasional Paper 66, Europäische Zentralbank, Frankfurt am Main.

Lemke, W. und A.L. Vladu (2016), *Below the zero lower bound - A shadow-rate term structure model for the euro area*, Discussion Paper 32, Deutsche Bundesbank, Frankfurt am Main.

Leeper, E.M. und C. Leith (2016), *Understanding inflation as a joint monetary-fiscal phenomenon*, NBER Working Paper 21867, Cambridge.

Lombardi, M. und F. Zhu (2014), *A shadow policy rate to calibrate US monetary policy at the zero lower bound*, BIS Working Paper 452, Bank für Internationalen Zahlungsausgleich, Basel.

Lonergan, E. (2016), *Legal helicopter drops in the Eurozone*, www.philosophyofmoney.net/legal-helicopter-drops-in-the-eurozone/, abgerufen am 26.10.2016.

Lubik, T.A. und C. Matthes (2015), *Calculating the natural rate of interest: A comparison of two alternative approaches*, Economic Brief EB15-10, Federal Reserve Bank of Richmond.

Ludwig, A., C. Geppert, und R. Abiry (2016), *Secular stagnation? Growth, asset returns and welfare in the next decades: First results*, SAFE Working Paper 145, Center for Financial Studies und Goethe-Universität, Frankfurt am Main.

Mankiw, N.G. und R. Reis (2003), What measure of inflation should a central bank target?, *Journal of the European Economic Association* 1, 1058-1086.

Michaelis, H., S. Elstner, C.M. Schmidt, P. Bofinger, L.P. Feld, I. Schnabel und V. Wieland (2015), *Keine Notwendigkeit einer Reform des Gesetzes zur Förderung der Stabilität und des Wachstums der Wirtschaft*, Arbeitspapier 02/2015, Sachverständigenrat zur Begutachtung der gesamtwirtschaftlichen Entwicklung, Wiesbaden.

Middeldorp, M. (2015), *Very much anticipated: ECB QE had a big impact on asset prices, even before it was officially announced*, https://bankunderground.co.uk/2015/08/14/very-much-anticipated-ecb-qe-had-a-big-impact-on-asset-prices-even-before-it-was-officially-announced/, abgerufen am 26.10.2016.

Middeldorp, M. und O. Wood (2016), *Too eagerly anticipated: The impact of the extension of ECB QE on asset prices*, https://bankunderground.co.uk/2016/03/04/too-eagerly-anticipated-the-impact-of-the-extension-of-ecb-qe-on-asset-prices/, abgerufen am 26.10.2016.

Muellbauer, J. (2014), *Combatting Eurozone deflation: QE for the people*, VoxEU.org, 23. Dezember.

Nastansky, A. (2007), *Modellierung und Schätzung von Vermögenseffekten im Konsum*, Statistische Diskussionsbeiträge 27, Universität Potsdam.

Nordhaus, W.D. (1975), The political business cycle, *Review of Economic Studies* 42, 169-190.

Orphanides, A. und J.C. Williams (2002), Robust Monetary Policy Rules with Unknown Natural Rates, *Brookings Papers on Economic Activity* 33, 63–146.

Paiella, M. (2009), The stock market, housing and consumer spending: A survey of the evidence on wealth effects, *Journal of Economic Surveys* 23, 947-973.

Parker, J.A., N.S. Souleles, D.S. Johnson und R. McClelland (2013), Consumer spending and the economic stimulus payments of 2008, *American Economic Review* 103, 2530-2553.

Perron, P. (1989), The great crash, the oil price shock, and the unit root hypothesis, *Econometrica* 57, 1361-1401.

Praet, P. (2016), *Transmission channels of monetary policy in the current environment*, Rede, Financial Times Festival of Finance, London, 1. Juli 2016

Projekt Gemeinschaftsdiagnose (2016), *Deutsche Wirtschaft gut ausgelastet – Wirtschaftspolitik neu ausrichten*, Gemeinschaftsdiagnose im Auftrag des Bundesministeriums für Wirtschaft und Energie, Berlin.

Rünstler, G., und M. Vlekke (2016), *Business, housing and credit cycles*, Working Paper 1915, Europäische Zentralbank, Frankfurt am Main.

Rünstler, G. (2016*), How distinct are financial cycles from business cycles?*, www.ecb.europa.eu/pub/economic-research/resbull/2016/html/rb160831.en.html, abgerufen am 26.10.2016.

Sahm, C.R., M.D. Shapiro und J. Slemrod (2012), Check in the mail or more in the paycheck: Does the effectiveness of fiscal stimulus depend on how it is delivered?, *American Economic Journal: Economic Policy* 4, 216-250.

Sargent, T.J. und N. Wallace (1984), Some unpleasant monetarist arithmetic, in: Griffiths, B. und G.E. Wood (Hrsg.): *Monetarism in the United Kingdom*, Palgrave Macmillan, London, 15-41.

Shapiro, M.D. und J.B. Slemrod (2009), *Did the 2008 tax rebates stimulate spending?*, NBER Working Paper 14753, Cambridge.

Shin, H. (2016), Macroprudential tools, their limits and their connection with monetary policy, in: Blanchard, O., R. Rajan, K. Rogoff und L.H. Summers (Hrsg.): *Progress and confusion: The state of macroeconomic policy*, MIT Press, Cambrigde, 99-106.

Smets, F. und R. Wouters (2007), Shocks and frictions in US business cycles: A Bayesian DSGE approach, *American Economic Review* 97, 589-606.

Statistisches Bundesamt (2008), *Unterschiede zwischen Verbraucherpreisindex und Harmonisiertem Verbraucherpreisindex für Deutschland*, https://www.destatis.de/DE/ZahlenFakten/GesamtwirtschaftUmwelt/Preise/VpiHvpi.pdf?__blob=publicationFile, abgerufen am 26.10.2016.

Ströbel, J.C. und J.Taylor (2012), Estimated impact of the Federal Reserve's mortgage backed securities purchase program, *International Journal of Central Banking* 8, 1-42.

Süddeutsche Zeitung (2015), *EZB soll geheimes Abkommen offenlegen*, www.sueddeutsche.de/wirtschaft/kaeufe-von-notenbanken-mehr-details-bitte-1.2771358, abgerufen am 26.10.2016., München.

Summers, L.H. (2014a), U.S. economic prospects: Secular stagnation, hysteresis, and the zero lower bound, *Business Economic* 49, 66-73.

Summers, L.H. (2014b), Reflections on the 'New secular stagnation hypothesis', in: Teulings, C. und R. Baldwin (Hrsg.): *Secular stagnation: Facts, causes, and cures*, CEPR Press, London, 27-38.

Taylor, J.B. (2016), Slow economic growth as a phase in a policy performance cycle, *Journal of Policy Modeling* 38, 649-655.

Taylor, J.B. (2009), The lack of an empirical rationale for a revival of discretionary fiscal policy, *American Economic Review: Papers and Proceedings* 99, 550-555.

Taylor, J.B. (1999), An Historical Analysis of Monetary Policy Rules, in: J.B. Taylor (Hrsg.): *Monetary Policy Rules*, University of Chicago Press.

Taylor, J.B. (1993), Discretion versus policy rules in practice, *Carnegie-Rochester Conference Series on Public Policy* 39, 195-214.

Taylor, J.B. und V. Wieland (2016), *Finding the equilibrium real interest rate in a fog of policy deviations*, IMFS Working Paper 103, Frankfurt am Main.

Taylor, J.B. und V. Wieland (2012), Surprising comparative properties of monetary models: Results from a new model data base, *Review of Economics and Statistics* 94, 800-816.

The Wallstreet Journal (2016), *Seller's paradise: Companies build bonds for European Central Bank to Buy*, www.wsj.com/articles/sellers-paradise-companies-build-bonds-for-central-bank-to-buy-1471815100, abgerufen am 26.10.2016.

Thimann, C. (2016) *Quantitative easing: The challenge for households long-term savings and financial security*, CESifo Working Paper 5976, München.

Tödter, K.-H. und G. Ziebarth (1999), Price stability versus low inflation in Germany, in: Feldstein, M. (Hrsg.): *The costs and benefits of price stability*, University of Chicago Press, Chicago, 47-94.

Turner, A. (2015), *The case for monetary finance – An essentially polictical issue*, Konferenzpapier, 16th Jacques Polak Annual Research Conference, Washington, DC, 5.-6. November.

UBS (2016), *Macro Keys – ECB corporate bond purchases: how much will they buy and what's priced in?*, Zürich.

Weale, M. und T. Wieladek (2016), What are the macroeconomic effects of asset purchases?, *Journal of Monetary Economics* 79, 81–93.

Weidmann, J. (2016), *Die Bundesbank: Notenbank für Deutschland in Europa*, Rede, Hauptstadtempfang der Deutschen Bundesbank, Berlin, 29. September.

Wieland, V., E. Afanasyeva, M. Kuete und J. Yoo (2016), New methods for macro-financial model comparison and policy analysis, in: Taylor, J.B. und H. Uhlig (Hrsg.): *Handbook of Macroeconomics, Volume 2*, Elsevier, im Erscheinen.

Williams, J.C. (2016), *Monetary policy in a low R-star world*, FRBSF Economic Letter 2016-23, San Francisco.

Wu, J.C. und F.D. Xia (2014), *Measuring the macroeconomic impact of monetary policy at the zero lower bound*, NBER Working Paper 20117, Cambridge.

EUROPÄISCHES BANKENSYSTEM INSTABIL, REFORMEN MÜSSEN WEITERGEHEN

I. Regulierungsbedarf besteht fort

II. Geringe Widerstandsfähigkeit der Banken in Europa
   1. Ungewichtete Eigenkapitalquoten zu niedrig
   2. Niedrige Gewinne, hohe Dividenden
   3. Europäische Banken unter Stress
   4. Profitabilität der Banken zunehmend unter Druck
   5. Zwischenfazit: Eigenkapital weiter stärken

III. Notleidende Kredite belasten Banken

IV. Bail-in: Erhöhte Marktdisziplin oder Verschärfung von Krisen?
   1. Turbulenzen auf den Finanzmärkten
   2. Glaubwürdigkeit des Bail-in-Regimes
   3. Nachrangige Schulden kein Ersatz für Eigenkapital

V. Staaten-Banken-Nexus besteht fort
   1. Hohe Forderungen der Sparkassen gegenüber öffentlichen Haushalten
   2. Voraussetzungen für gemeinsame Einlagensicherung noch nicht erfüllt

VI. Leitlinien für ein stabileres Finanzsystem

Anhang: Einflussfaktoren des Staaten-Banken-Nexus

Literatur

DAS WICHTIGSTE IN KÜRZE

Die globale Finanzkrise und die Krise im Euro-Raum haben Anstoß zu einer grundlegenden Reform der Bankenregulierung gegeben. Je länger die Krisenerfahrung zurückliegt, desto lauter werden die **Forderungen nach einer Regulierungspause**. Allerdings wurden wesentliche Regulierungsziele noch nicht erreicht: Erstens sind gemessen an der ungewichteten Eigenkapitalquote weite Teile des europäischen Bankensystems noch immer nicht hinreichend kapitalisiert, um widerstandsfähig gegenüber unerwarteten Schocks zu sein. Zweitens gibt es Zweifel an der Glaubwürdigkeit der neuen Abwicklungsregeln. Schließlich besteht der Risikoverbund zwischen Staaten und Banken fort.

Die Eigenkapitalanforderungen an Banken sind nach der Krise zwar deutlich erhöht worden, und die Eigenkapitalquoten der Banken sind gestiegen. Insbesondere viele große Banken sind jedoch gemessen an den **ungewichteten Eigenkapitalquoten** noch immer **nicht angemessen** kapitalisiert, was sich ebenfalls im jüngsten Stresstest zeigte. Die angestrebte ungewichtete Eigenkapitalquote in Höhe von 3 % (Leverage Ratio) ist aus gesamtwirtschaftlicher Sicht zu niedrig und sollte auf mindestens 5 % erhöht werden. Zudem sollte in Erwägung gezogen werden, sie analog zur risikogewichteten Eigenkapitalquote **makroprudenziell** auszugestalten.

Der **erhöhte Druck auf die Ertragslage** der europäischen Banken, der nicht allein auf die Niedrigzinsphase, sondern auch auf strukturelle Faktoren zurückgeht, erschwert den Aufbau von Eigenkapital aus einbehaltenen Gewinnen. Allerdings hätten viele Banken ihr Eigenkapital stärken können, wenn sie geringere Dividenden ausgeschüttet hätten. Vor allem in den ehemaligen Krisenländern belasten hohe Bestände an **notleidenden Krediten** das Vertrauen in das europäische Bankensystem. Eine **rasche Bereinigung der Bankbilanzen** ist daher geboten.

Zu Beginn des Jahres 2016 sind die neuen **europäischen Abwicklungsregeln** unter dem Single Resolution Mechanism (SRM) in Kraft getreten. Sie sollen die Marktdisziplin stärken und die Erwartungen über die Rettung von Banken durch den Staat wieder zurückführen. Tatsächlich gibt es Hinweise auf eine **gestiegene Marktdisziplin**. Die wiederholten Turbulenzen auf den Finanzmärkten deuten jedoch auf mögliche **destabilisierende Wirkungen** nachrangiger Schuldtitel hin. Es stellt sich die Frage, ob es sinnvoll war, in der neuen Regulierung so stark auf bail-in-fähige Schuldtitel zu setzen, statt das Eigenkapital weiter zu erhöhen.

Während das neue Abwicklungsregime die Risikoübertragung von Banken auf Staaten abmildert, besteht der Risikokanal von Staaten auf Banken fort, was wesentlich durch das Halten hoher Forderungen der Banken gegenüber ihren Sitzstaaten getrieben wird. Der Sachverständigenrat bekräftigt daher seinen Vorschlag zur **Entprivilegierung der Forderungen von Banken gegenüber Staaten** in der Bankenregulierung und zeigt deren Relevanz für deutsche Sparkassen und Genossenschaftsbanken auf. Die Schaffung **europäischer sicherer Wertpapiere (ESBies)** sollte nur dann in Betracht gezogen werden, wenn es gelingt, implizite Haftungsrisiken zu begrenzen.

Für eine weitere Lockerung des Risikoverbunds schlägt die Europäische Kommission eine **gemeinsame europäische Einlagensicherung** (European Deposit Insurance Scheme, EDIS) vor. Aus Sicht des Sachverständigenrates sind die **Voraussetzungen** dafür derzeit **nicht erfüllt**. Zunächst müssen bereits erkennbare Risiken im Bankensystem abgebaut, die europäische Aufsicht und Abwicklung handlungsfähig gemacht und die regulatorische Privilegierung von Forderungen der Banken gegenüber Staaten aufgehoben werden.

I. REGULIERUNGSBEDARF BESTEHT FORT

474. Die globale Finanzkrise und die Krise im Euro-Raum haben Anstoß zu einer grundlegenden Reform der Finanzmarktregulierung gegeben. Je länger die Krisenerfahrung zurückliegt, desto lauter werden die **Forderungen nach einer Regulierungspause**, die zunehmend bei der Politik Gehör finden. Dies betrifft die Eigenkapitalanforderungen und die neuen Abwicklungsregeln für Banken. Vor diesem Hintergrund ist es wichtig zu überprüfen, ob die bisherigen Regulierungsbemühungen das europäische Finanzsystem tatsächlich hinreichend widerstandsfähig gemacht haben und ob der Vorwurf einer Überregulierung möglicherweise gerechtfertigt ist.

475. Tatsächlich ist das **europäische Bankensystem** in einer **schwachen Verfassung**. Dies spiegelt sich in den niedrigen Aktienkursen und in den geringen Kurs-Buchwert-Verhältnissen im Vergleich zu den Vereinigten Staaten wider. ↘ ABBILDUNG 62 Das Kurs-Buchwert-Verhältnis der Banken aus den großen Euro-Ländern liegt weit unter Eins und damit noch niedriger als zum Zeitpunkt der umfassenden Bankenprüfung im Oktober 2014.

476. Zugleich wurden **wesentliche Regulierungsziele noch nicht erreicht**: Erstens sind weite Teile des europäischen Bankensystems gemessen an der ungewichteten Eigenkapitalquote noch immer nicht hinreichend kapitalisiert, um widerstandsfähig gegenüber unerwarteten Schocks zu sein. Zudem leiden viele Banken unter hohen Beständen an notleidenden Krediten. Zweitens bestehen Zweifel an der Glaubwürdigkeit der neuen Abwicklungsregeln. Schließlich besteht drittens der Risikoverbund zwischen Staaten und Banken fort. Statt die verschärfte Regulierung infrage zu stellen, sollten der Regulierungsrahmen weiter verbessert und die Bereinigung des Bankensystems vorangetrieben werden.

↘ ABBILDUNG 62

Aktienindizes und Kurs-Buchwert-Verhältnis von Banken ausgewählter Länder und Ländergruppen

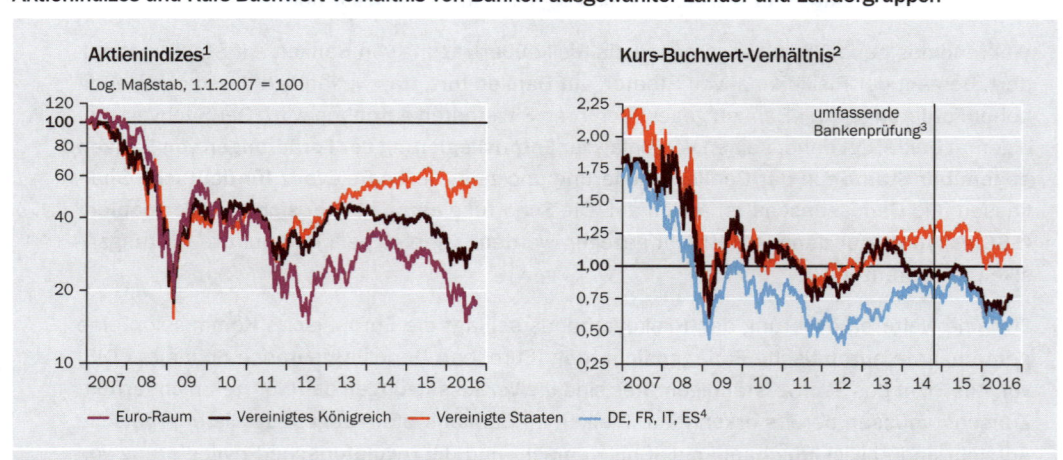

1 – Von Thomson Reuters gebildeter Aktienindex für Banken in den jeweiligen Ländern beziehungsweise im Euro-Raum. Euro-Raum: 82 Banken in 16 Mitgliedstaaten, Vereinigtes Königreich: 11 Banken, Vereinigte Staaten: 39 Banken. 2 – Durchschnitt der Kurs-Buchwert-Verhältnisse gewichtet mit der Marktkapitalisierung der einzelnen Banken in den jeweiligen Ländern oder in der Ländergruppe. Ländergruppe: 48 Banken, Vereinigtes Königreich: 5 Banken, Vereinigte Staaten: 51 Banken. 3 – Tag nach der Veröffentlichung der Ergebnisse der umfassenden Bankenprüfung durch die EZB am 26.10.2014. 4 – Deutschland, Frankreich, Italien, Spanien.

Quelle: Thomson Reuters

II. GERINGE WIDERSTANDSFÄHIGKEIT DER BANKEN IN EUROPA

477. Trotz der Regulierungsanstrengungen nach der Finanzkrise ist die Widerstandsfähigkeit der europäischen Banken gering, was sich in den wiederholten Turbulenzen im europäischen Bankensystem offenbart. Dieses weist drei wesentliche Schwachstellen auf. Erstens ist es gemessen an den ungewichteten Eigenkapitalquoten nach wie vor **nicht hinreichend kapitalisiert**, um widerstandsfähig gegenüber unerwarteten Schocks zu sein. Zweitens ist die Profitabilität gering, was den Aufbau von Eigenkapital erschwert. Drittens belasten hohe Bestände an **notleidenden Krediten** die Bankbilanzen in einigen Teilen Europas.

1. Ungewichtete Eigenkapitalquoten zu niedrig

478. Ein **zentrales Ziel** der Reformen nach der Finanzkrise war es, die **Kapitalisierung des Bankensektors zu verbessern**. So wurden einerseits die Kapitalanforderungen erhöht, andererseits wurden die Qualitätsanforderungen an das anrechenbare Eigenkapital verschärft. Gemäß Basel III müssen Banken 7 % hartes Kernkapital (CET 1) in Relation zu den risikogewichteten Aktiva halten. Mit diversen Puffern kann diese Anforderung auf mehr als das Doppelte steigen. ↘ TABELLE 24 Zusätzlich zu diesen Anforderungen nach Säule 1 können die Aufseher diskretionäre Puffer (Säule 2) festlegen. Ab dem Jahr 2018 soll zudem eine ungewichtete Eigenkapitalanforderung (Leverage Ratio) von voraussichtlich 3 % eingeführt werden.

479. Die neue Regulierung wird stufenweise eingeführt und tritt erst im Jahr 2019 voll in Kraft. Jedoch scheint der Druck durch die Finanzmärkte dazu geführt zu haben, dass viele Banken schon **frühzeitig die neuen Eigenkapitalanforderungen erfüllt** haben. Die risikogewichteten und die ungewichteten **Eigenkapitalquoten** haben sich in allen EU-Mitgliedstaaten zwischen Ende 2008

↘ TABELLE 24

Mindestkapitalanforderungen in der Europäischen Union ab dem Jahr 2019[1]

	Anforderung in %
Minimum ohne Puffer	4,5
+ Kapitalerhaltungspuffer	2,5
+ Systemrisikopuffer/Puffer für systemrelevante Banken[2]	0 – 5,0
= Hartes Kernkapital (CET 1)	7 – 12,0
+ Erweitertes Kernkapital (AT 1)	1,5
= Kernkapital (Tier 1)	8,5 – 13,5
+ Ergänzungskapital (Tier 2)	2,0
= Gesamtkapital	10,5 – 15,5
zusätzlich: Antizyklischer Puffer (in Form von CET 1) in Boomzeiten	0 – 2,5

1 – In % der risikogewichteten Aktiva. 2 – Bei den Puffern für systemrelevante Banken (A-SRI oder G-SRI) und dem Systemrisikopuffer findet grundsätzlich nur der höhere Puffer Anwendung. Wird der Systemrisikopuffer jedoch nur für Risikopositionen angeordnet, die in dem jeweils anordnenden Staat des Europäischen Wirtschaftsraums belegen sind, so ist dieser zusätzlich zu einem Puffer für systemrelevante Banken einzuhalten.

© Sachverständigenrat | 16-216

↘ ABBILDUNG 63
Eigenkapitalquoten von Banken in ausgewählten Mitgliedstaaten der Europäischen Union[1]

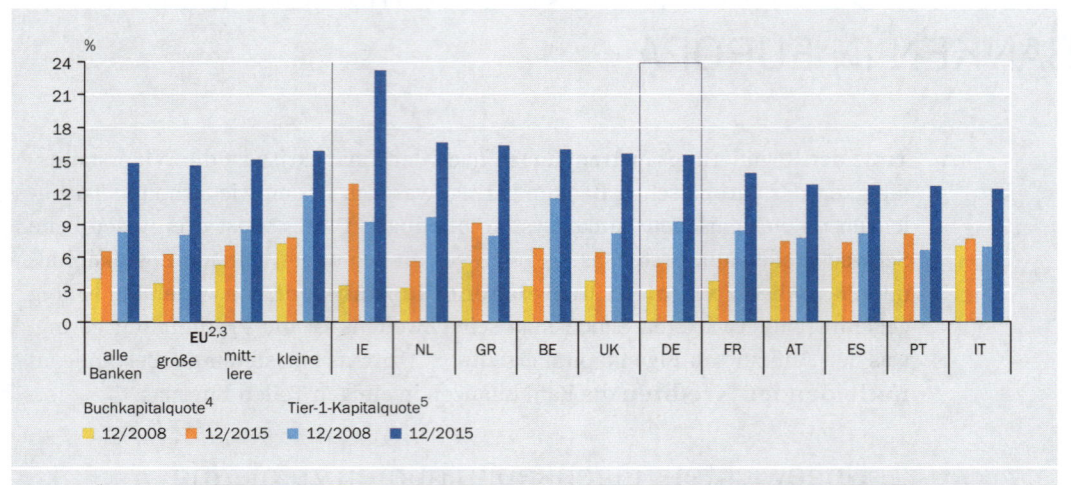

1 – AT-Österreich, BE-Belgien, DE-Deutschland, ES-Spanien, FR-Frankreich, GR-Griechenland, IE-Irland, IT-Italien, NL-Niederlande, PT-Portugal, UK-Vereinigtes Königreich. 2 – Ohne Tochtergesellschaften und Zweigstellen von Banken mit Sitz außerhalb der EU. 3 – Große Banken haben eine Bilanzsumme von mehr als 0,5 %, mittlere Banken zwischen 0,005 % und 0,5 % und kleine Banken weniger als 0,005 % der gesamten konsolidierten Vorjahresbilanzsumme der Banken in der EU. 4 – Bilanzielles Eigenkapital in Relation zur Bilanzsumme. 5 – Kernkapital (Tier 1) in Relation zu risikogewichteten Aktiva.

Quelle: EZB

und Ende 2015 im Schnitt **deutlich erhöht**. Die Tier-1-Kapitalquoten liegen im Aggregat oberhalb des angestrebten Niveaus und die Buchkapitalquoten weit über der avisierten Leverage Ratio. ↘ ABBILDUNG 63 Letztere unterscheidet sich allerdings von der Buchkapitalquote, weil sie sich nicht auf die Bilanzsumme, sondern auf das „Leverage Exposure" bezieht, das unter anderem zusätzlich außerbilanzielle Positionen berücksichtigt (BCBS, 2016a). Zudem sind zusätzliche Säule-2-Anforderungen sowie vom Markt geforderte Sicherheitsabstände zu den regulatorischen Anforderungen unberücksichtigt.

480. Angesichts der positiven Entwicklung der Eigenkapitalquoten wehren sich die Bankenverbände vehement gegen jegliche weitere Verschärfung der Eigenkapitalanforderungen, beispielsweise im Kontext der aktuellen Überprüfung der regulatorischen Behandlung interner Modelle („Basel IV", Bankenverband und BDI, 2016). Gleichzeitig setzt sich bei Politik und Aufsicht immer mehr die Einschätzung durch, dass die Banken inzwischen hinreichend kapitalisiert sind und dass im Bereich der Eigenkapitalregulierung **keine weitere Verschärfung** erforderlich ist (Carney, 2016; Dombrovskis, 2016; Nouy, 2016; Rat der Europäischen Union, 2016a). Lediglich vonseiten der Wissenschaft sind Stimmen zu vernehmen, welche die derzeitige **Kapitalisierung** der europäischen Banken noch immer für **unzureichend** halten (Admati und Hellwig, 2014; Acharya et al., 2016a; Admati, 2016).

481. Eine umfangreiche Literatur versucht, mit Hilfe verschiedener Ansätze die aus gesamtwirtschaftlicher Sicht **optimale Eigenkapitalquote** für das Bankensystem zu bestimmen, indem sie gesamtwirtschaftliche Kosten und Nutzen gegeneinander abwägt. ↘ KASTEN 15 Einerseits kann höheres Eigenkapital die Wahrscheinlichkeit und volkswirtschaftlichen Kosten von Bankenkrisen senken; an-

dererseits können die Finanzierungskosten der Banken steigen, was sich in höheren Kreditzinsen und einem geringeren Kreditvolumen niederschlagen kann.

Die Schätzungen sind mit **großer Unsicherheit** behaftet, sodass die Ergebnisse eher ein Indiz liefern, als harte empirische Evidenz für die optimale Quote darzustellen. Ferner sind die berechneten optimalen Quoten nicht institutsspezifisch, obwohl sich der Beitrag zum Systemrisiko über Banken hinweg unterscheiden dürfte. Zudem variieren die Quoten nicht über den Finanzzyklus.

482. Trotz der Unterschiede in Methoden und Ergebnissen fällt auf, dass keine der betrachteten Studien die unter Basel III festgelegten risikogewichteten Eigenkapitalquoten als zu hoch einschätzt. ↘ KASTEN 15 Ferner scheint eine **Leverage Ratio** von 3 %, wie sie vom Basler Ausschuss (BCBS, 2016a) avisiert und von der European Banking Authority (EBA, 2016a) für die EU empfohlen wurde, **unterhalb der optimalen Quoten** zu liegen. Allerdings versteht der Basler Ausschuss seine Kapitalanforderungen nicht als optimale Quoten, sondern als Mindeststandard für langfristig sichere und robuste Banken (Coen, 2016). Die Leverage Ratio wird hierbei als **Backstop** verstanden, der die risikogewichtete Eigenkapitalquote ergänzt (BCBS, 2016a). Aus Sicht der Literatur über optimale Eigenkapitalquoten erscheinen diese **Mindeststandards** vor allem im Hinblick auf die Leverage Ratio **ausgesprochen milde**. Im Vereinigten Königreich, den Vereinigten Staaten und der Schweiz wurden für systemrelevante Banken bereits höhere Leverage Ratios festgelegt (Fed et al., 2014; FinMa, 2015; PRA, 2015).

↘ KASTEN 15

Optimale Eigenkapitalquoten von Banken

Zur Ermittlung der aus gesamtwirtschaftlicher Sicht optimalen Eigenkapitalquoten von Banken müssen **gesamtwirtschaftliche Kosten und Nutzen** von Eigenkapital gegeneinander abgewogen werden. Der Nutzen höheren Eigenkapitals liegt in der Vermeidung volkswirtschaftlicher Kosten aufgrund von Bankenkrisen. Zur Quantifizierung müssen auf Basis historischer Erfahrungen der Rückgang der Wahrscheinlichkeit von Bankenkrisen aufgrund höheren Eigenkapitals sowie die realwirtschaftlichen Kosten einer Bankenkrise geschätzt werden. Außerdem hängen die volkswirtschaftlichen Kosten von der Effizienz des staatlichen Krisenmanagements ab, was die Schätzungen allerdings nicht abbilden.

Gesamtwirtschaftliche Kosten durch höheres Eigenkapital können aufgrund eines Anstiegs der gesamten Refinanzierungskosten der Bank entstehen, welche höhere Kreditkosten zur Folge haben können. Unter den Annahmen des **Modigliani-Miller-Theorems** würde dieser Transmissionskanal nicht existieren. Mehr Eigenkapital erhöht zwar zunächst die Refinanzierungskosten der Bank, da Eigenkapital teurer ist als Fremdkapital. Allerdings wird die Bank gleichzeitig sicherer, sodass Eigenkapital- und Fremdkapitalkosten sinken und die gesamten Refinanzierungskosten konstant bleiben (JG 2011 Abbildung 40). In der Realität dürften die Annahmen des Modigliani-Miller-Theorems jedoch verletzt sein, nicht zuletzt aufgrund der unterschiedlichen steuerlichen Behandlung von Fremd- und Eigenkapitalkosten. So deuten einige empirische Studien darauf hin, dass die gesamten Refinanzierungskosten mit höherem Eigenkapital steigen (vergleiche die Literatur in Brooke et al., 2015).

Ein direkter **Vergleich** der Ergebnisse der Studien, die optimale Kapitalquoten berechnen, ↘ TABELLE 25 ist **schwierig**, da diese unterschiedliche Definitionen für Zähler und Nenner der Eigenkapitalquote verwenden. Ferner ist ein Vergleich mit den Basel-III-Anforderungen mit Vorsicht zu genießen.

Zum einen sind die verwendeten Definitionen nicht deckungsgleich mit denen von Basel III. Zum anderen gibt Basel III eine Mindestanforderung vor, die der Risikolage entsprechend erhöht werden kann. Bei fast allen Studien ist die optimale Quote jedoch unabhängig von der Risikolage. Insofern stellt sich bei einem Vergleich die Frage nach dem korrekten Referenzpunkt.

↘ TABELLE 25
Optimale Eigenkapitalquoten in der Literatur

Studie	Betrachteter Länderkreis	Risikogewichtete Eigenkapitalquote (%)	Ungewichtete Eigenkapitalquote (%)[1]	Maß für Eigenkapital
BCBS (2010)	Welt	10 - 13[2]	6 - 8[3]	TCE[4] und Tier 1[5]
Yan et al. (2012)	Vereinigtes Königreich	9 - 11	x	TCE[4]
Miles et al. (2013)	Vereinigtes Königreich	16 - 20	7 - 9	CET 1
Brooke et al. (2015)	Vereinigtes Königreich	10 - 14	x	Tier 1
Fender und Lewrick (2015)	Welt	9,5 - 10,5	4 - 5	CET 1 und Tier 1[5]
BIZ (2016)	Welt	10,5 - 13,5	x	CET 1
Cline (2016)	Welt	12 - 14	7 - 8	TCE[4]
Dagher et al. (2016)	OECD	15 - 23	9 - 13	–[6]

1 – Implizite Berechnung auf Basis der in der Studie angegebenen Informationen. Für x keine Berechnung möglich. 2 – Bei BCBS (2010) handelt es sich um risikogewichtete Aktiva nach Basel II. 3 – Implizite Berechnung für Euro-Raum-Banken. 4 – Tangible Common Equity (TCE) ist kein eindeutig definiertes Maß für Eigenkapital. Es ist ein eng gefasstes Maß, das immaterielle Vermögenswerte (insbesondere Goodwill) ausschließt. Daher wird es beispielsweise von Cline (2016) als Proxy für das harte Kernkapital (CET 1) verwendet. 5 – Bei der risikogewichteten Eigenkapitalquote handelt es sich um TCE beziehungsweise CET 1, bei der ungewichteten Eigenkapitalquote um Tier 1. 6 – Nicht genauer spezifiziert („Verluste absorbierendes Kapital").

© Sachverständigenrat | 16-271

Mehrere Studien interpretieren ihr Ergebnis so, dass die **optimale risikogewichtete Quote über den Anforderungen nach Basel III** liegt (Yan et al., 2012; Miles et al., 2013; Rochet, 2014; Cline, 2016). Fender und Lewrick (2015) kommen zu demselben Ergebnis hinsichtlich einer Leverage Ratio von 3 %. Die Studie des Basler Ausschusses (BCBS, 2010) verwendet einen breiten Ansatz mit einer Vielzahl verschiedener Methoden und Modelle (sogenannter LEI-Ansatz). Sie kommt zum Schluss, dass die Kapitalanforderungen – ausgehend vom langfristigen Durchschnitt vor der Basel-III-Reform – noch erheblich erhöht werden können, ohne dass der Nettonutzen negativ wird. Eine Aktualisierung der Studie (BIZ, 2016) bestätigt dieses Ergebnis. Brooke et al. (2015) finden für das Vereinigte Königreich eine optimale Quote, die mit den Mindestanforderungen in Einklang steht. Dagher et al. (2016) berechnen auf Basis vergangener Krisen, welche Kapitalhöhe zur Vermeidung von Verlusten für Fremdkapitalgeber oder von staatlichen Rekapitalisierungen nötig gewesen wäre. Die berechnete Kapitalhöhe entspricht laut den Autoren den geltenden Mindestanforderungen, aber nur wenn zusätzlich der TLAC-Standard berücksichtigt wird.

Alle Studien geben **Bandbreiten für die optimale Quote** an. ↘ TABELLE 25 Bei BCBS (2010), Yan et al. (2012), Miles et al. (2013) und BIZ (2016) resultiert diese aus der Unterscheidung zwischen permanenten und nicht-permanenten Effekten von Krisen auf das Bruttoinlandsprodukt (BIP). Bei Fender und Lewrick (2015) basiert sie auf der Unterscheidung zwischen moderaten und hohen Kosten einer Bankenkrise. Bei Brooke et al. (2015) handelt es sich um die Grenzen eines 50 %-Konfidenzintervalls unter Einbezug der Parameterunsicherheit. Bei Cline (2016) sind es die Werte des Basisszenarios und eines konservativen Szenarios. Bei Dagher et al. (2016) kommt es im Bereich von 15 bis 23 % zu einem deutlichen Abfall des Grenznutzens.

Die betrachteten Studien – mit Ausnahme von Fender und Lewrick (2015) – konzentrieren sich auf die risikogewichtete Eigenkapitalquote. Manche Studien erlauben implizit eine Berechnung der **ungewichteten Eigenkapitalquote**. ↘ TABELLE 25 Allerdings ist diese Umrechnung mit großer Unsicherheit behaftet. Zum einen schwankt das Verhältnis von risikogewichteten Aktiva zur Bilanzsumme stark über Länder hinweg. Für das Jahr 2015 ergibt sich in Europa auf Basis von Daten der Europäischen Zentralbank (EZB) eine Spannbreite von 23 % bis 78 % (Median 50 %). Bei kleinen Banken liegt das Verhältnis im Schnitt bei 57 %, bei großen Banken bei 36 %. Zum anderen ist das relevante Maß für Eigenkapital bei der Leverage Ratio das Kernkapital (Tier 1), während fast alle Studien hartes Kernkapital (CET 1) oder ein nahes Substitut verwenden. Für das Jahr 2015 ergibt sich für CET 1 als Anteil von Tier 1 innerhalb Europas eine Spannbreite von 84 % bis 100 % (Median 98 %).

Schließlich ist zu beachten, dass die Studien **weitere Aspekte** vernachlässigen, die Einfluss auf die optimale Quote haben können. So senkt eine höhere Kapitalisierung die Volatilität des Konjunkturzyklus und wirkt dadurch nutzensteigernd. Schätzungen auf Basis von DSGE-Modellen deuten auf einen moderat dämpfenden Effekt hin, bei großer Heterogenität zwischen den verwendeten Modellen (Angelini et al., 2015). Außerdem werden die möglicherweise hohen **Kosten des Übergangs** zu höheren Eigenkapitalquoten vernachlässigt. Diese dürften umso höher sein, je kürzer die Übergangsphase dauert (Macroeconomic Assessment Group, 2010; Dagher et al., 2016). Es ist allerdings fraglich, inwiefern der Übergang sich zeitlich strecken lässt, wenn die Märkte unmittelbar die höheren Quoten einfordern.

483. Die beobachteten Eigenkapitalquoten liegen im Aggregat deutlich über den Mindestanforderungen und in der Nähe der optimalen Quoten. ↘ ABBILDUNG 63 Jedoch dürften die im Aggregat beobachteten Eigenkapitalquoten die **tatsächliche Kapitalisierung überzeichnen**. Erstens könnten unzureichende Wertberichtigungen auf Problemkredite das Eigenkapital als zu hoch erscheinen lassen. ↘ ZIFFERN 514 FF. Zweitens erfüllt das Tier-1-Kapital nicht bei allen Banken die härteren Qualitätsanforderungen unter vollständiger Anwendung von Basel III. Drittens verdecken die aggregierten Zahlen eine **erhebliche Heterogenität** über Banken hinweg. Für die Stabilität ist jedoch die Kapitalisierung der einzelnen Institute entscheidend, insbesondere der systemrelevanten.

484. Trotz der höheren regulatorischen Anforderungen sind **große Banken schwächer kapitalisiert** als kleine. ↘ ABBILDUNG 63 Eine Analyse der signifikanten Banken auf Basis der EBA-Stresstestdaten zeigt selbst innerhalb dieser Gruppe eine erhebliche Heterogenität: Rund 33 % der Banken haben bei Vollumsetzung der CRD IV-Anforderungen eine harte Kernkapitalquote von unter 12 %. 57 % der Banken haben eine Leverage Ratio von unter 5 %; 20 % sogar unter 4 %. ↘ ABBILDUNG 64 Eine **hinreichende Kapitalisierung** muss daher, insbesondere im Hinblick auf die ungewichtete Eigenkapitalquote, vor allem bei einigen großen Banken **bezweifelt** werden.

485. Die Kapitalisierung der Banken auf Basis **risikogewichteter Aktiva** wurde in den vergangenen Jahren zunehmend kritisiert. So kamen empirische Studien zu dem Schluss, dass eine ungewichtete Eigenkapitalquote eine bessere Prognosekraft für Bankenschieflagen besitzt als die vergleichsweise komplexe risikogewichtete Eigenkapitalquote unter Basel (IWF, 2009; Demirgüç-Kunt et al., 2013; Sun, 2011; Haldane und Madouros, 2012). Im Zentrum der Kritik stehen dabei die **internen Risikomodelle** (IRB-Ansatz), die Banken zur Bestimmung der risikogewichteten Aktiva einsetzen können.

Die vergleichsweise schwache Prognosekraft von risikogewichtetem Kapital lässt sich durch die **Komplexität** der Bankportfolios und die damit verbundenen

↘ ABBILDUNG 64
Verteilung der Eigenkapitalquoten von EU-Banken im Jahr 2016¹

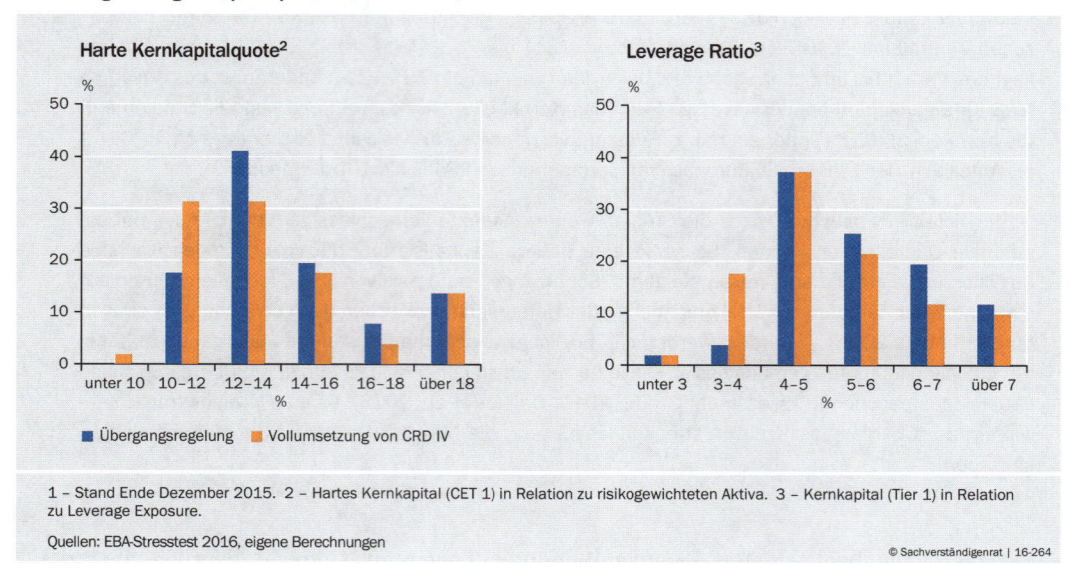

Harte Kernkapitalquote² / **Leverage Ratio³**

■ Übergangsregelung ■ Vollumsetzung von CRD IV

1 – Stand Ende Dezember 2015. 2 – Hartes Kernkapital (CET 1) in Relation zu risikogewichteten Aktiva. 3 – Kernkapital (Tier 1) in Relation zu Leverage Exposure.
Quellen: EBA-Stresstest 2016, eigene Berechnungen
© Sachverständigenrat | 16-264

Modellrisiken erklären (Haldane und Madouros, 2012; Haldane, 2013). Sie könnte darüber hinaus auf eine **taktische Unterschätzung** der risikogewichteten Aktiva zurückzuführen sein mit dem Ziel, die Eigenkapitalanforderungen zu senken (Blum, 2008; Behn et al., 2014; Mariathasan und Merouche, 2014).

486. Die alleinige Verwendung einer **ungewichteten Eigenkapitalquote** ist jedoch ebenso problematisch. Einerseits bietet sie ebenfalls Interpretationsspielräume, beispielsweise bei der Behandlung von außerbilanziellen Geschäften (Beccalli et al., 2015; Schäfer, 2016). Andererseits setzt sie für Banken den **Anreiz**, bei einer gegebenen Kapitalanforderung in **riskantere Aktiva** zu investieren, sofern die ungewichtete Eigenkapitalquote die bindende Restriktion ist. Vor diesem Hintergrund erscheint die Kombination einer risikogewichteten und einer ungewichteten regulatorischen Eigenkapitalquote sinnvoll.

487. Der Sachverständigenrat erneuert daher seine Forderung einer **Leverage Ratio von mindestens 5 %**. Hierbei sollte geprüft werden, ob analog zur risikogewichteten Eigenkapitalquote **nur hartes Kernkapital (CET 1)** und nicht das breitere Aggregat Tier 1 zu berücksichtigen ist. Laut EBA (2016) wären die Effekte bei einer Umstellung auf CET 1 derzeit moderat.

488. Zusätzlich sollte in Erwägung gezogen werden, die Leverage Ratio ebenso wie die risikogewichtete Eigenkapitalanforderung **makroprudenziell auszugestalten**, wie vom ESRB (2015) angeregt. Demnach würde sie mit den makroprudenziellen risikogewichteten Puffern (JG 2014 Tabelle 16) variieren. Ansonsten würde die Bindungswirkung der Leverage Ratio mit steigenden Puffern – also gerade in Zeiten steigenden systemischen Risikos – geringer. Außerdem wäre eine Bank mit niedrigem durchschnittlichem Risikogewicht von einer Erhöhung der makroprudenziellen Puffer sonst gar nicht betroffen (ESRB, 2015).

Bei einer Kernkapitalanforderung (Tier 1) von 8,5 % auf Basis risikogewichteter Aktiva und einer Leverage-Ratio-Anforderung von 3 % ist eine Bank mit einem durchschnittlichen Risikogewicht von unter 35 % (=3/8,5) von der Leverage-Ratio-Anforderung beschränkt. Dies dürfte für einige, vor allem große, Banken durchaus der Fall sein. ↘ KASTEN 15 Erhöht der Aufseher den Puffer für die Bank beispielsweise in einem Boom um 2,5 Prozentpunkte auf 11 %, sinkt das kritische Risikogewicht auf nur noch 27 %. Nur wenn die Bank ein durchschnittliches Risikogewicht von unter 27 % hat, ist sie von der Leverage Ratio beschränkt. Im Fall einer bindenden Leverage Ratio würde eine Erhöhung der makroprudenziellen (risikogewichteten) Puffer sich gar nicht auswirken.

489. Die **Ausgestaltung** könnte beispielsweise dem Modell folgen, das im Vereinigten Königreich Anwendung findet (PRA, 2015). Dort ist das Verhältnis von Leverage Ratio und risikogewichteter Eigenkapitalquote bei dem Wert ohne Puffer (3/8,5 = 0,35) fixiert. Demnach steigt die Leverage Ratio um 0,35 Prozentpunkte, wenn der antizyklische Puffer um einen Prozentpunkt erhöht wird. Gleiches gälte für den Puffer für systemrelevante Banken. Letzteres wurde bereits im Rahmen von Basel angedacht (BCBS, 2016a).

490. Eine makroprudenzielle Ausgestaltung würde sicherstellen, dass die Leverage Ratio **bei erhöhtem systemischem Risiko**, also in einem finanziellen Boom und für systemrelevante Institute, einen **wirksamen Backstop** bilden kann. Insbesondere ist dies einer weiteren Verkomplizierung des IRB-Ansatzes durch zusätzliche Untergrenzen für Risikogewichte vorzuziehen, wie sie im Basler Ausschuss derzeit unter dem Stichwort „Basel IV" diskutiert wird.

Allerdings fehlt derzeit noch eine umfassende wissenschaftliche Evaluierung der makroprudenziellen Instrumente. Dies erschwert das richtige Timing und die angemessene Dosierung insbesondere der antizyklischen Instrumente. Daher sollten diese Instrumente zunächst behutsam eingesetzt werden.

2. Niedrige Gewinne, hohe Dividenden

491. Zur Analyse der **Entwicklung der Eigenkapitalquoten** der Banken über die Zeit wird deren Veränderung von 2007 bis 2015 analog zu Cohen und Scatigna (2014) in die Wachstumsbeiträge der verschiedenen Komponenten zerlegt. Eine Erhöhung der **risikogewichteten Eigenkapitalquote** kann drei Ursachen haben: (1) einen Anstieg des Eigenkapitals, wenn mehr Gewinne einbehalten werden oder eine Kapitalerhöhung stattfindet; (2) ein Absinken der Bilanzsumme, wenn Aktiva abgebaut werden; sowie (3) eine Umschichtung der Aktiva, sodass das durchschnittliche Risikogewicht sinkt (beispielsweise durch eine Umschichtung von Unternehmenskrediten in Staatsanleihen).

492. Basierend auf einer Stichprobe von 65 großen Banken zeigt sich über Länder und Ländergruppen hinweg eine ähnlich starke Heterogenität wie beim Niveau der Eigenkapitalquoten. So spielte der **Aufbau von Eigenkapital** für die Veränderung der risikogewichteten Eigenkapitalquoten von Banken in den ehemaligen Krisenländern eine **untergeordnete Rolle**. ↘ ABBILDUNG 65 OBEN LINKS Statt-

dessen ging ein erheblicher Teil der Erhöhung der Eigenkapitalquoten auf **Portfolioumschichtungen** zurück, die zu einer Senkung der risikogewichteten Aktiva führten. Allerdings besteht zwischen den ehemaligen Krisenländern eine große Heterogenität. ↘ ABBILDUNG 65 UNTEN LINKS Während bei spanischen Banken der Eigenkapitalaufbau deutlich zur Verbesserung der Quote beigetragen hat, haben **italienische Banken** im betrachteten Zeitraum **Eigenkapital abgebaut** und ihre Eigenkapitalquote allein über Umschichtungen erhöht.

493. Die **Umschichtung in regulatorisch privilegierte Staatsanleihen** dürfte hierbei eine wesentliche Rolle gespielt haben (Acharya und Steffen, 2015). Demnach hätte sich die Kapitalisierung der Banken in den betroffenen Ländern im Verhältnis zu den eingegangenen Risiken weniger verbessert, als die risikogewichteten Quoten suggerieren, weil Staatsanleihen nicht risikofrei sind. In den meisten übrigen Mitgliedstaaten des Euro-Raums ist die Veränderung der Ei-

↘ ABBILDUNG 65
Beiträge zur Veränderung der Eigenkapitalquote von Banken im Zeitraum von 2007 bis 2015 für ausgewählte Länder und Ländergruppen[1]

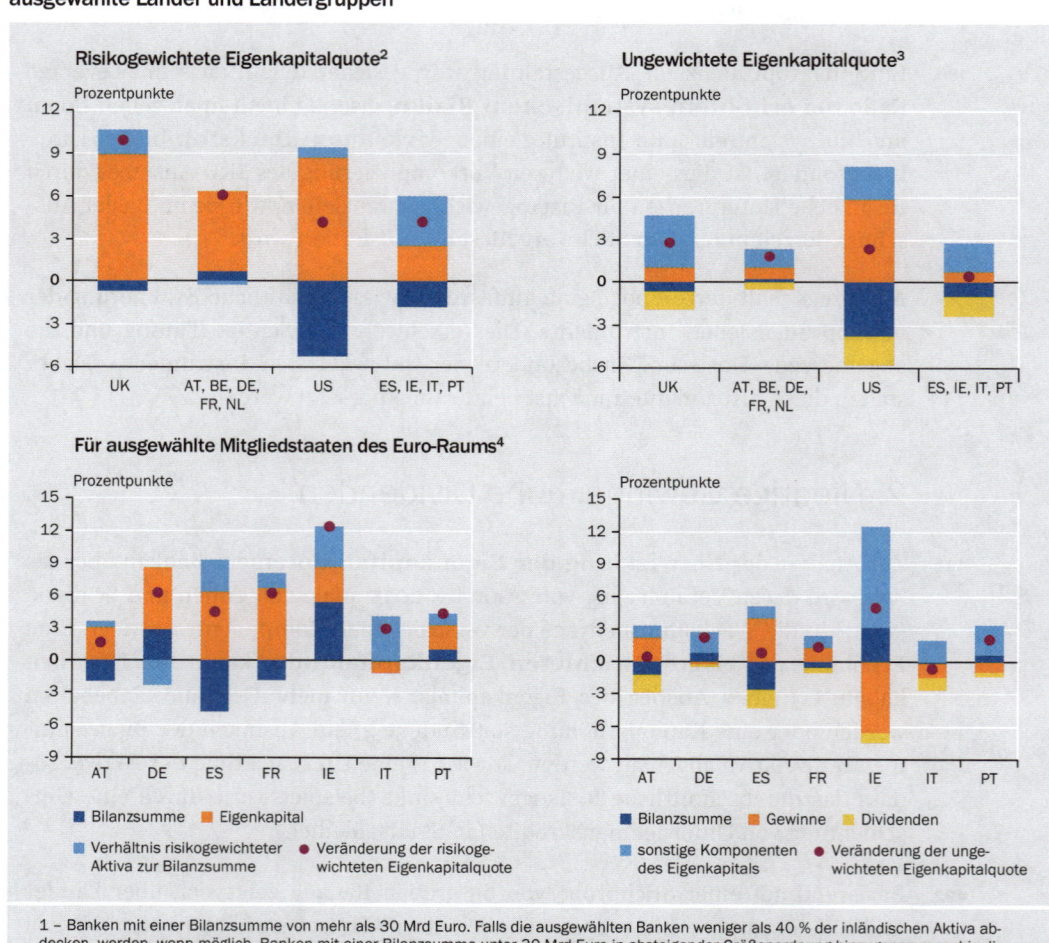

1 – Banken mit einer Bilanzsumme von mehr als 30 Mrd Euro. Falls die ausgewählten Banken weniger als 40 % der inländischen Aktiva abdecken, werden, wenn möglich, Banken mit einer Bilanzsumme unter 30 Mrd Euro in absteigender Größenordnung hinzugenommen, bis die Schwelle von 40 % der inländischen Aktiva erreicht ist; UK-Vereinigtes Königreich (6 Banken), AT-Österreich (2 Banken), BE-Belgien (1 Bank), DE-Deutschland (6 Banken), FR-Frankreich (3 Banken), NL-Niederlande (1 Bank), US-Vereinigte Staaten (13 Banken), ES-Spanien (5 Banken), IE-Irland (2 Banken), IT-Italien (11 Banken), PT-Portugal (2 Banken). 2 – Bilanzielles Eigenkapital in Relation zu risikogewichteten Aktiva. 3 – Bilanzielles Eigenkapital in Relation zur Bilanzsumme. 4 – Länder mit nur einer Bank werden nicht dargestellt.

Quellen: Worldscope, eigene Berechnungen analog zu Cohen und Scatigna (2014)

genkapitalquoten hingegen zu einem Großteil auf eine Erhöhung des Eigenkapitals zurückzuführen, insbesondere im Vorfeld der umfassenden Bankenprüfung durch die EZB im Jahr 2014 (JG 2014 Ziffer 311).

494. Analog lässt sich eine Erhöhung der **ungewichteten Eigenkapitalquote** durch (1) ein Absinken der Bilanzsumme oder (2) einen Anstieg des Eigenkapitals erklären. Letzterer kann aus einer Erhöhung der Gewinne, reduzierten Ausschüttungen oder sonstigen Veränderungen des Eigenkapitals resultieren.

495. Die Analyse zeigt, dass die europäischen Banken ihre Eigenkapitalbasis insgesamt **kaum durch Gewinne** gestärkt haben, ↘ ABBILDUNG 65 OBEN RECHTS wobei es wieder eine gewisse Heterogenität über Länder gibt. ↘ ABBILDUNG 65 UNTEN RECHTS Frappierend ist vor allem der Vergleich mit den US-amerikanischen Banken, die in erheblichem Umfang Eigenkapital durch Gewinne aufbauen konnten. Dennoch haben Banken in allen Ländern **Dividenden ausgeschüttet**, die den Anstieg der ungewichteten Eigenkapitalquoten merklich dämpften.

Dies legt nahe, dass die Kapitalisierung der Banken allein **durch geringere Ausschüttungen** hätte **spürbar verbessert** werden können. Dieses Ausschüttungsverhalten ist problematisch, wenn private und gesellschaftliche Interessen auseinanderfallen, sodass zu hohe Dividenden ausgeschüttet werden und das Bankensystem ineffizient niedrig kapitalisiert ist (Acharya et al., 2016b). Laut Shin (2016) besteht bei einem Kurs-Buchwert-Verhältnis von deutlich unter Eins ein Anreiz für Aktionäre, Gewinne auszuschütten. Dies generiert gegenüber dem Einbehalten von Gewinnen kurzfristig einen Mehrwert, schadet jedoch der langfristigen Stabilität der Bank.

3. Europäische Banken unter Stress

496. Die EBA hat die europäischen Banken im Jahr 2016 nach 2014 erneut einem **Stresstest** unterzogen (EBA, 2016b). Getestet wurden 51 Banken, die rund 70 % der gesamten Bankaktiva in der EU ausmachen. Ziel des Stresstests war es, Aufsehern und Marktteilnehmern einheitliche Informationen bereitzustellen und die Robustheit großer EU-Banken bei ungünstigen ökonomischen Entwicklungen zu beurteilen. Es wurden diesmal keine Durchfaller identifiziert, und die Ergebnisse haben **keine direkten Konsequenzen** für die Kapitalanforderungen. Stattdessen dient der Stresstest der Aufsicht als Basis für den anstehenden Supervisory Review Process (SREP), in dem die Kapitalanforderungen nach Säule 2 festgelegt werden.

Die Aufsicht hat die Möglichkeit, zusätzlich zu den festen Anforderungen eine weitere **Kapitalanforderung zu empfehlen** (Capital Guidance), um Risiken aus hypothetischen Stressszenarien abzudecken. Dies ist eine vergleichsweise milde Maßnahme. Die Aufsicht erwartet zwar, dass Banken diese Empfehlungen erfüllen. Sie sind jedoch **rechtlich nicht bindend** und ziehen insbesondere keine automatischen Ausschüttungssperren nach sich, wenn der Empfehlung nicht gefolgt wird (EBA, 2016c).

↘ ABBILDUNG 66

Verteilung der Eigenkapitalquoten für verschiedene Szenarien im Rahmen des EBA-Stresstests 2016[1]

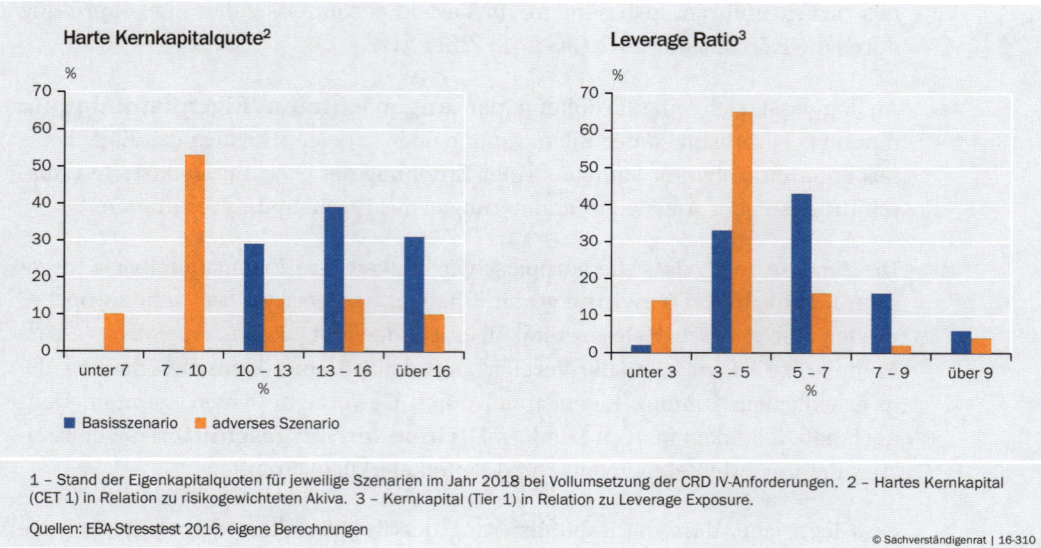

Harte Kernkapitalquote[2] **Leverage Ratio**[3]

■ Basisszenario ■ adverses Szenario

1 – Stand der Eigenkapitalquoten für jeweilige Szenarien im Jahr 2018 bei Vollumsetzung der CRD IV-Anforderungen. 2 – Hartes Kernkapital (CET 1) in Relation zu risikogewichteten Aktiva. 3 – Kernkapital (Tier 1) in Relation zu Leverage Exposure.

Quellen: EBA-Stresstest 2016, eigene Berechnungen

497. Im **adversen Szenario** des Stresstests zeigt sich, dass der Medianwert der harten Kernkapitalquote (bei Vollumsetzung der CRD IV-Anforderungen) von 2015 bis 2018 von 12,9 % auf 9,4 % fällt. Im Falle der Leverage Ratio ergibt sich ein Rückgang von 4,9 % auf 4,0 %. Dabei zeigt sich allerdings eine **große Heterogenität** zwischen den Banken. ↘ ABBILDUNG 66 Im adversen Szenario fallen rund 14 % der Banken unter eine Leverage Ratio von 3 %. Hierzu gehört eine Reihe deutscher Banken, die unterdurchschnittlich abgeschnitten haben.

498. EBA und EZB haben die Ergebnisse des Stresstests positiv kommentiert und auf die Widerstandsfähigkeit des europäischen Bankensystems hingewiesen. Acharya et al. (2016a) finden hingegen **erhebliche Kapitallücken** bei europäischen Banken, wenn sie als Schwellenwerte die Eigenkapitalanforderungen des US-amerikanischen Stresstests anlegen. Die identifizierten Lücken resultieren dabei allesamt aus dem Verfehlen der Anforderung bezüglich der Leverage Ratio.

499. Insgesamt erscheint es schwierig, aus den Ergebnissen des Stresstests Rückschlüsse auf die Widerstandsfähigkeit des europäischen Bankensystems zu ziehen. Die **Stressszenarien** bilden naturgemäß nur spezifische Risiken ab. Dadurch wird die **Aussagekraft eingeschränkt** (JG 2014 Ziffer 309). Insbesondere werden die Risiken aus dem Niedrigzinsumfeld (JG 2015 Ziffern 379 ff.) kaum berücksichtigt. Hierzu hätte im adversen Szenario eine langjährige Niedrigzinsphase gefolgt von einem raschen Zinsanstieg modelliert werden müssen. Aufgrund der begrenzten Aussagekraft des Stresstests geben die Ergebnisse **keinen Anlass zur Entwarnung** hinsichtlich der Kapitalisierung der Banken.

Letztlich erweist sich der Stresstest als **zahnloser Tiger**. Er hat keine direkten regulatorischen Auswirkungen, und es bleibt intransparent, ob und wie sich die Ergebnisse in regulatorische Kapitalanforderungen übersetzen werden.

4. Profitabilität der Banken zunehmend unter Druck

500. Die **Profitabilität** der europäischen Banken hat sich, gemessen an der Gesamtkapitalrendite, seit der globalen Finanzkrise **nicht erholt**. In den Vereinigten Staaten ist sie hingegen fast wieder auf dem Vorkrisenniveau angekommen. ↘ ABBILDUNG 67 LINKS Die Eigenkapitalrendite liegt in Europa ebenfalls deutlich unterhalb des Vorkrisenniveaus, was teilweise auf die höhere Kapitalisierung zurückgehen dürfte. ↘ ABBILDUNG 67 RECHTS Das Absinken der Kurs-Buchwert-Verhältnisse legt nahe, dass die Märkte für die nähere Zukunft keine Erholung der Profitabilität erwarten. ↘ ABBILDUNG 62 RECHTS Schätzungen zufolge sind die **Eigenkapitalkosten** von Banken in jüngerer Zeit zwar gesunken; sie liegen aber noch immer **oberhalb der Eigenkapitalrendite** (EZB, 2015a, 2016a).

501. Die niedrige Profitabilität der Banken im Euro-Raum ist kein neues Phänomen (Albertazzi und Gambacorta, 2009). Bereits vor der Finanzkrise war die Gesamtkapitalrendite der Banken im Euro-Raum geringer als in den Vereinigten Staaten oder dem Vereinigten Königreich. Dies deutet auf **strukturelle Ursachen** hin. Deutschland sticht durch eine besonders niedrige Profitabilität hervor. ↘ ABBILDUNG 67

502. Insbesondere in Deutschland dürfte eine **geringe Kosteneffizienz**, gemessen an der Aufwand-Ertrag-Relation, zu einer niedrigen Profitabilität beitragen. In anderen Mitgliedstaaten des Euro-Raums, insbesondere Spanien, stellt sich die Kosteneffizienz viel günstiger dar. ↘ ABBILDUNG 68 LINKS Dies lässt sich nicht durch die Zweigstellendichte (Zweigstellen je 100 000 Einwohner) erklären. Hier liegt Deutschland im europäischen Mittelfeld, während der spanische Bankensektor über besonders viele Zweigstellen verfügt. Gleichzeitig gibt es in Deutschland aber fast doppelt so viele Bankangestellte je 100 000 Einwohner wie in Spanien (EZB-Daten, Stand 2015).

503. Eine weitere mögliche Ursache für die geringe Profitabilität ist die **Intensität des Wettbewerbs**, insbesondere in Deutschland (Deutsche Bundesbank,

↘ ABBILDUNG 67
Profitabilität von Banken im internationalen Vergleich

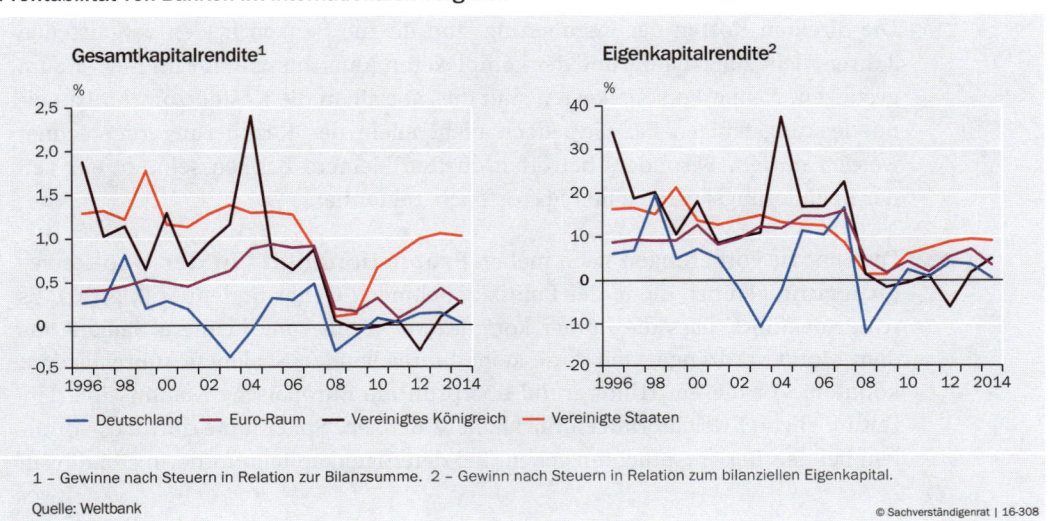

1 – Gewinne nach Steuern in Relation zur Bilanzsumme. 2 – Gewinn nach Steuern in Relation zum bilanziellen Eigenkapital.
Quelle: Weltbank

ABBILDUNG 68
Kosten und Konzentration im europäischen Bankensektor¹

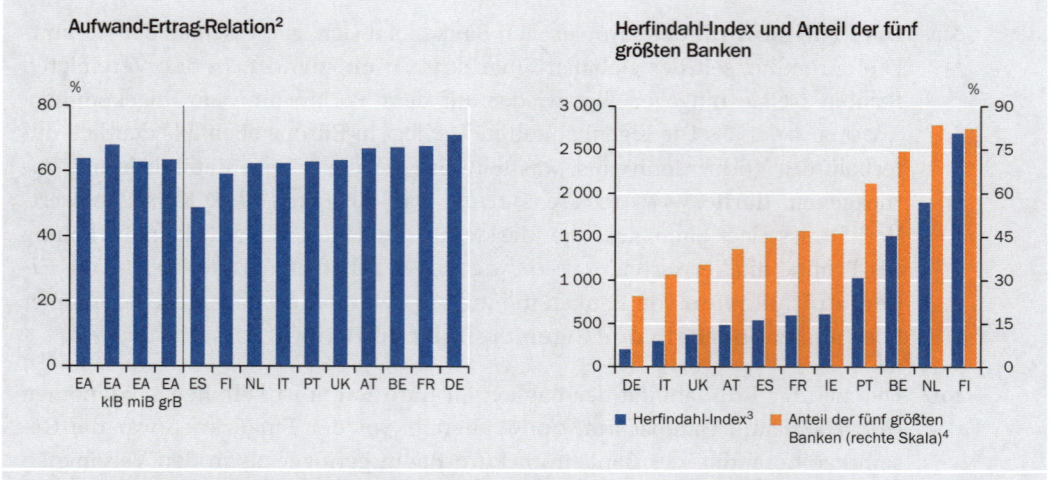

Aufwand-Ertrag-Relation² (Kategorien: EA kIB, EA miB, EA grB, ES, FI, NL, IT, PT, UK, AT, BE, FR, DE)

Herfindahl-Index und Anteil der fünf größten Banken (DE, IT, UK, AT, ES, FR, IE, PT, BE, NL, FI) — Herfindahl-Index³, Anteil der fünf größten Banken (rechte Skala)⁴

1 – AT-Österreich, BE-Belgien, DE-Deutschland, ES-Spanien, FI-Finnland, FR-Frankreich, IE-Irland, IT-Italien, NL-Niederlande, PT-Portugal, UK-Vereinigtes Königreich. 2 – Durchschnitt der Jahre 2009 bis 2015. EA-Euro-Raum, EA kIB-Euro-Raum kleine Banken, EA miB-Euro-Raum mittlere Banken, EA grB-Euro-Raum große Banken. 3 – Durchschnitt der Jahre 1997 bis 2015. Als generelle Regel zeigt ein Wert unter 1 000 geringe Konzentration, ein Wert über 1 800 hohe Konzentration im Bankensektor an (EZB, 2015b). 4 – Durchschnitt der Jahre 1997 bis 2015. Anteil der Aktiva der fünf größten Banken an den gesamten Bank-Aktiva eines Landes.

Quelle: EZB

2013). Deutschland weist eine geringere Konzentration auf als die anderen europäischen Länder. ↘ ABBILDUNG 68 RECHTS Dieser Indikator überzeichnet allerdings die Wettbewerbsintensität, da die deutschen Sparkassen und Genossenschaftsbanken mit Banken desselben Verbunds kaum im Wettbewerb stehen.

Durch die größere Preistransparenz infolge der Digitalisierung sowie den Markteintritt von Nichtbanken, beispielsweise Fintechs, Versicherungen oder Kreditfonds, dürfte der **Wettbewerb in Zukunft weiter zunehmen**. Gleichzeitig dürfte sich der Konsolidierungsprozess im Bankensektor fortsetzen, der seit Beginn der 1990er-Jahre zu beobachten ist (JG 2013 Ziffer 394).

504. Die **gestiegenen Regulierungskosten** infolge einer strengeren Regulierung nach der Finanzkrise dürften die Profitabilität der Banken ebenfalls belasten. Die direkten Kosten der Regulierung sind für die Banken in den vergangenen Jahren nicht zuletzt aufgrund der komplexeren Aufsichtsstruktur im Euro-Raum gestiegen. Neben Personalkosten sind dies vor allem die Kosten zum Aufbau einer leistungsfähigen IT, die jedoch nicht allein der Regulierung zugerechnet werden dürfen. Besonders betroffen dürften kleinere Banken sein, da ein Teil der Regulierungskosten einen Fixkostencharakter hat.

505. Dies hat zu Forderungen nach mehr **„Proportionalität" in der Bankenregulierung** geführt, die in der Politik zunehmend Gehör finden (Hill, 2016). Es wird angeführt, dass die immer komplexere Regulierung kleinere Banken aus dem Markt verdränge, weil diese keine hinreichenden Skaleneffekte realisieren könnten. Vor diesem Hintergrund überprüft die Europäische Kommission derzeit mögliche Erleichterungen für kleinere Banken. Spielräume dürfte es vor allem bei den Berichtspflichten geben. Bei den Eigenkapitalanforderungen dürfen

hingegen keine Abstriche gemacht werden. Vereinfachte Verfahren wie der Standardansatz sollten erhalten bleiben.

Generell ist zu überprüfen, ob die mit der **wachsenden Komplexität der Regulierung** verbundenen Nutzen deren Kosten übersteigen. Dies gilt auch für den Verbraucherschutz, der den Banken ebenfalls erhebliche Kosten verursacht, dessen Wirksamkeit aber bislang kaum evaluiert wurde.

506. Neben strukturellen Faktoren dürfte die **Niedrigzinsphase** eine wesentliche Determinante der Profitabilität der Banken sein, deren Einfluss in Zukunft zunehmen dürfte. Eine Abflachung der Zinsstrukturkurve senkt die Erträge aus der Fristentransformation. Eine Absenkung des Zinsniveaus verringert die Zinsmarge, wenn der Kreditzins stärker auf die Zinssenkung reagiert als der Einlagenzins. Dies gilt insbesondere bei sehr niedrigen Zinsen, weil die Einlagenzinsen nicht beliebig in den negativen Bereich gesenkt werden können. Denn Einleger könnten ansonsten auf Bargeld ausweichen. Tatsächlich liegen die Einlagenzinsen bereits sehr nahe bei Null, für Unternehmen teilweise schon im negativen Bereich. Die empirische Literatur bestätigt, dass niedrige Marktzinsen und eine Abflachung der Zinsstrukturkurve die **Zinsmargen der Banken spürbar verringern** dürften (Borio et al., 2015; EZB, 2015a; Claessens et al., 2016; Jobst und Lin, 2016)

507. Die zeitliche Entwicklung der Zinsmargen hängt wesentlich davon ab, ob vorwiegend **fest- oder variabel verzinsliche Kredite** vergeben werden (Jobst und Lin, 2016). So orientieren sich die Kreditzinsen bei variabel verzinsten Krediten stärker am kurzfristigen Zins, sodass der Effekt des Zinsniveaus hier besonders bedeutsam ist. Bei Banken mit festverzinslichen Krediten spielt die Steigung der Zinsstrukturkurve eine größere Rolle (EZB, 2015a). Der Effekt des Zinsniveaus tritt hier mit Verzögerung ein, da sich der durchschnittliche Kreditzins im Bestand nur allmählich ändert (JG 2015 Ziffer 383). ↘ ABBILDUNG 69 LINKS

So sieht man in Ländern mit Festzinskrediten wie Deutschland sogar einen Anstieg der Bruttozinsmarge, definiert als Differenz von Kredit- und Einlagenzins, in Reaktion auf die Senkung der kurzfristigen Zinsen in den Jahren 2008 und 2009. Die Senkung der kurzfristigen Zinsen ging mit einer deutlich steileren Zinsstrukturkurve einher. ↘ ABBILDUNG 69 RECHTS Mit der folgenden Abflachung der Zinsstruktur setzte ein **allmählicher, aber stetiger Rückgang der Zinsmargen** ein. In Ländern mit variabel verzinsten Krediten reduzierten sich die Zinsmargen tendenziell im Gleichschritt mit den kurzfristigen Zinsen. Eine ökonometrische Analyse der EZB (2015a) bestätigt diese Ergebnisse.

508. Bislang macht sich das anhaltende **Niedrigzinsumfeld** im Zinsergebnis der Banken im Euro-Raum allerdings **kaum bemerkbar**. Im Jahr 2015 verbesserte sich das Zinsergebnis in vielen Ländern sogar leicht. ↘ ABBILDUNG 70 RECHTS Insbesondere in den ehemaligen Krisenländern ist seit dem Jahr 2014 ein relativ stärkerer Rückgang der längerfristigen Einlagenzinsen zu beobachten. Im Zuge der Euro-Krise waren diese deutlich angestiegen. Der Rückgang dürfte eine Normalisierung vor dem Hintergrund der unkonventionellen geldpolitischen Maßnahmen darstellen (EZB, 2015c). So blieb die Bruttozinsmarge in den ehe-

↘ ABBILDUNG 69
Zinssätze für Kredite und Einlagen sowie Zinsniveau und Zinsstruktur

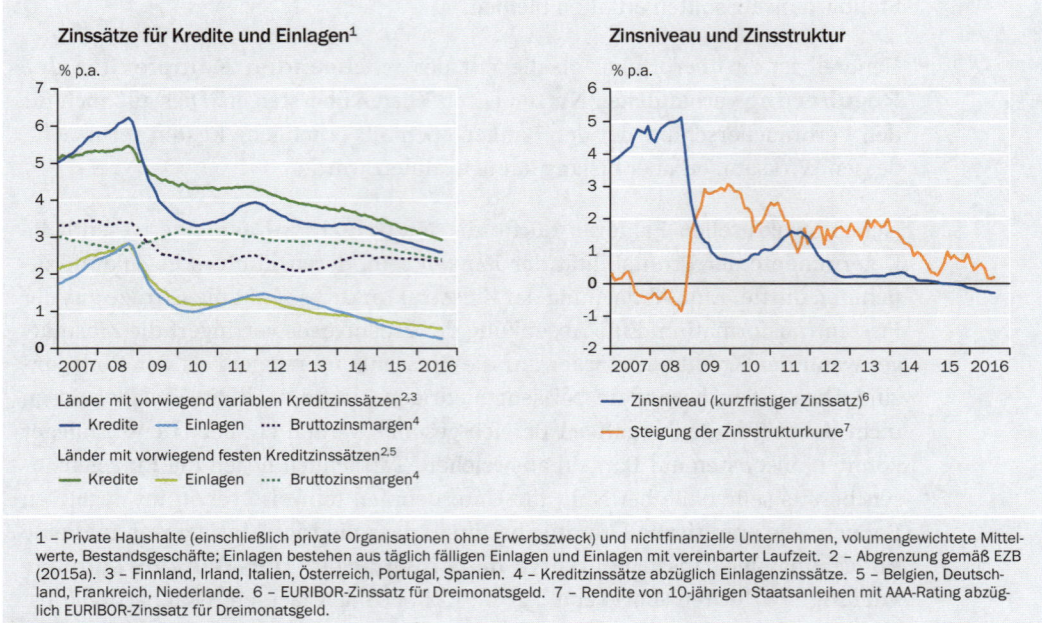

Zinssätze für Kredite und Einlagen[1]
% p.a.

Länder mit vorwiegend variablen Kreditzinssätzen[2,3]
— Kredite — Einlagen ···· Bruttozinsmargen[4]
Länder mit vorwiegend festen Kreditzinssätzen[2,5]
— Kredite — Einlagen ···· Bruttozinsmargen[4]

Zinsniveau und Zinsstruktur
% p.a.

— Zinsniveau (kurzfristiger Zinssatz)[6]
— Steigung der Zinsstrukturkurve[7]

1 – Private Haushalte (einschließlich private Organisationen ohne Erwerbszweck) und nichtfinanzielle Unternehmen, volumengewichtete Mittelwerte, Bestandsgeschäfte; Einlagen bestehen aus täglich fälligen Einlagen und Einlagen mit vereinbarter Laufzeit. 2 – Abgrenzung gemäß EZB (2015a). 3 – Finnland, Irland, Italien, Österreich, Portugal, Spanien. 4 – Kreditzinssätze abzüglich Einlagenzinssätze. 5 – Belgien, Deutschland, Frankreich, Niederlande. 6 – EURIBOR-Zinssatz für Dreimonatsgeld. 7 – Rendite von 10-jährigen Staatsanleihen mit AAA-Rating abzüglich EURIBOR-Zinssatz für Dreimonatsgeld.

Quellen: EZB, eigene Berechnungen
© Sachverständigenrat | 16-306

maligen Krisenländern, allesamt Länder mit vorwiegend variabler Verzinsung, in den vergangenen beiden Jahren annähernd konstant. ↘ ABBILDUNG 69 LINKS

509. Das Absinken der Marge dürfte teilweise durch einen Anstieg der Volumina kompensiert worden sein. Eine **verstärkte Fristentransformation** oder die Vergabe von Krediten an riskantere Schuldner kann sinkenden Zinsmargen ebenfalls entgegengewirkt haben. Für deutsche Banken dokumentiert die Deutsche Bundesbank (2016) in der Tat eine Ausweitung der Fristentransformation. Hierdurch **erhöhen sich die Zinsänderungsrisiken** im Bankensystem, wodurch dieses verletzlich wird gegenüber einem künftigen Zinsanstieg, der die Solvenz großer Teile des Bankensystems gefährden könnte (JG 2015 Ziffer 389).
↘ ZIFFER 421

510. Die Banken des Euro-Raums dürften unterschiedlich stark unter den Auswirkungen der Niedrigzinsphase leiden. Die Bedeutung des zinsabhängigen Geschäfts variiert über die Mitgliedstaaten des Euro-Raums und über Banken hinweg. Kleinere Banken dürften stärker betroffen sein. ↘ ABBILDUNG 70 LINKS Dies bestätigt die Studie der EZB (2015a), die zeigt, dass die **Sensitivität der Zinsmargen** gegenüber Änderungen des Zinsniveaus oder der Zinsstruktur **bei kleinen Banken deutlich stärker** ist als bei großen.

In Deutschland betrifft dies vor allem die deutschen Sparkassen und Kreditgenossenschaften, deren Erträge stark abhängig vom Zinsgeschäft sind (Deutsche Bundesbank, 2015). Bei Andauern der Niedrigzinsphase wird es **immer schwieriger** werden, ein auf dem Zinsgeschäft beruhendes **Geschäftsmodell** erfolgreich weiterzuführen, da mit einer deutlichen Verschärfung des Effekts der Niedrigzinsen auf die Zinsmargen zu rechnen ist (siehe hierzu die im Jahr 2015

↘ ABBILDUNG 70
Bedeutung von zinsabhängigen und zinsunabhängigen Geschäften von Banken im Euro-Raum[1]

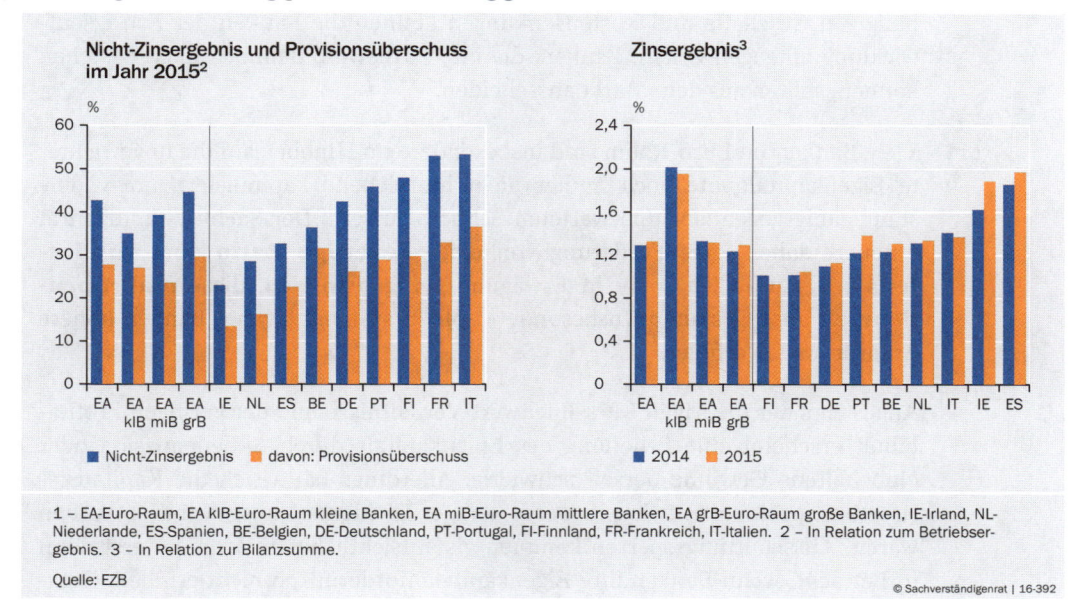

Nicht-Zinsergebnis und Provisionsüberschuss im Jahr 2015[2]

Zinsergebnis[3]

■ Nicht-Zinsergebnis ■ davon: Provisionsüberschuss

■ 2014 ■ 2015

1 – EA-Euro-Raum, EA klB-Euro-Raum kleine Banken, EA miB-Euro-Raum mittlere Banken, EA grB-Euro-Raum große Banken, IE-Irland, NL-Niederlande, ES-Spanien, BE-Belgien, DE-Deutschland, PT-Portugal, FI-Finnland, FR-Frankreich, IT-Italien. 2 – In Relation zum Betriebsergebnis. 3 – In Relation zur Bilanzsumme.
Quelle: EZB

© Sachverständigenrat | 16-392

durchgeführte Umfrage von BaFin und Bundesbank zu Ertragsprognosen kleinerer und mittlerer deutscher Banken; JG 2015 Ziffer 384).

Einen **positiven Effekt** dürfte die Niedrigzinsphase hingegen auf Banken mit hohen Kreditrisiken ausüben. Sie dürfte Kreditschuldnern die Bedienung ihrer Kredite erleichtern und das makroökonomische Umfeld verbessern. ↘ ZIFFERN 165 FF., 185 FF. Gerade zu Beginn der Niedrigzinsphase dürfte dieser positive Effekt sogar überwogen haben.

511. Die Spielräume zur Erhöhung der zinsunabhängigen Erträge sind angesichts des Wettbewerbs begrenzt. Daher dürfte der **Kostenseite** für die Kompensation der zu erwartenden Ertragsrückgänge die zentrale Rolle zukommen. Eine Möglichkeit für Kostensenkungen könnten **weitere Fusionen** im Bankenmarkt bieten. Eine übermäßige Reduzierung des Wettbewerbs muss hierbei ebenso vermieden werden wie das Entstehen systemrelevanter Finanzinstitute.

Gelingt es einigen Banken auf Dauer nicht, ihre Kapitalkosten zu verdienen, **müssen Marktaustritte möglich sein**. Dies würde gleichzeitig die Wettbewerbssituation entschärfen und damit die Profitabilität der verbleibenden Banken erhöhen. Ein Ausscheiden nicht überlebensfähiger Banken aus dem Markt sollte daher nicht verhindert werden.

5. Zwischenfazit: Eigenkapital weiter stärken

512. Zusammenfassend lässt sich feststellen, dass die **Profitabilität** der Banken im Euro-Raum aufgrund **struktureller Faktoren** bereits vor der Finanzkrise sehr niedrig war. Durch die Niedrigzinsphase werden die Banken zukünftig voraussichtlich noch stärker unter Druck geraten, vor allem wenn sich ihr Geschäfts-

modell auf das Zinsgeschäft konzentriert. Durch eine Stärkung des zinsunabhängigen Geschäfts und Kostensenkungen können die Banken der Ertragsentwicklung entgegenwirken. Banken, die im Wettbewerb dennoch nicht bestehen können, sollten aus dem Markt ausscheiden.

513. Viele Banken im Euro-Raum sind insbesondere im Hinblick auf die ungewichtete Eigenkapitalquote noch immer nicht hinreichend kapitalisiert, um widerstandsfähig gegenüber unerwarteten Schocks zu sein. Der Sachverständigenrat erneuert daher seine Forderung von einer **Leverage Ratio von mindestens 5 %**. Zusätzlich sollte in Erwägung gezogen werden, diese **makroprudenziell** auszugestalten. Insbesondere sollten systemrelevante Banken höhere Anforderungen erfüllen.

Angesichts der niedrigen Kurs-Buchwert-Verhältnisse und der geringen Profitabilität erscheint eine Erhöhung des Eigenkapitals durch Aktienemission oder einbehaltene Gewinne derzeit schwierig. Allerdings hätte sich die Kapitalisierung weit positiver entwickelt, wenn weniger Dividenden ausgeschüttet worden wären. Ausschüttungssperren kommen als aufsichtliches Instrument erst dann in Betracht, wenn Banken ihre Eigenkapitalanforderungen nicht erfüllen. Gerade vor diesem Hintergrund ist es **kritisch zu sehen**, dass Kapitalanforderungen in Form einer „Capital guidance", beispielsweise in Reaktion auf den EBA-Stresstest, **keinen Einfluss auf Ausschüttungen** haben. Dies beeinträchtigt den Kapitalaufbau der Banken und ist daher aus Sicht des Sachverständigenrates ein falsches Signal.

III. NOTLEIDENDE KREDITE BELASTEN BANKEN

514. In einigen europäischen Ländern belasten **hohe Bestände an notleidenden Krediten** (non-performing loans, NPL) das Bankensystem. Betroffen sind vor allem die ehemaligen Krisenstaaten. Während die notleidenden Kredite im Verhältnis zu den Gesamtkrediten in Irland und Spanien zurückgegangen sind, stiegen sie in Griechenland, Italien, Portugal und Zypern weiter an. ↘ ABBILDUNG 71 LINKS Der Anteil der Kreditrisikovorsorge an den notleidenden Krediten (Coverage ratio) lag im gewichteten EU-Durchschnitt im März 2016 bei rund 44 % (EBA, 2016d). Ob dies eine angemessene Risikovorsorge darstellt, lässt sich schwer beurteilen. Die Kurs-Buchwert-Verhältnisse der europäischen Banken sind jedenfalls ausgesprochen niedrig. ↘ ABBILDUNG 62 RECHTS SEITE 244 Ein Grund dafür könnten – neben der geringen Profitabilität – **Befürchtungen** einer nach wie vor bestehenden **Fehlbewertung der Kreditbestände** sein.

515. Ziel der **umfassenden Bankenprüfung** im Jahr 2014 zu Beginn der Bankenunion war es, Altlasten offenzulegen, sodass schwache Banken rekapitalisiert und das Vertrauen in das europäische Bankensystem wiederhergestellt werden konnten (JG 2014 Ziffern 308 ff.). Tatsächlich hat sich die **Transparenz** über die Höhe der NPL durch die erstmalige Harmonisierung der definitorischen Abgrenzung und die Überprüfung der Bewertungen im Rahmen der Asset Quality

↘ ABBILDUNG 71
Notleidende Kredite von Banken¹

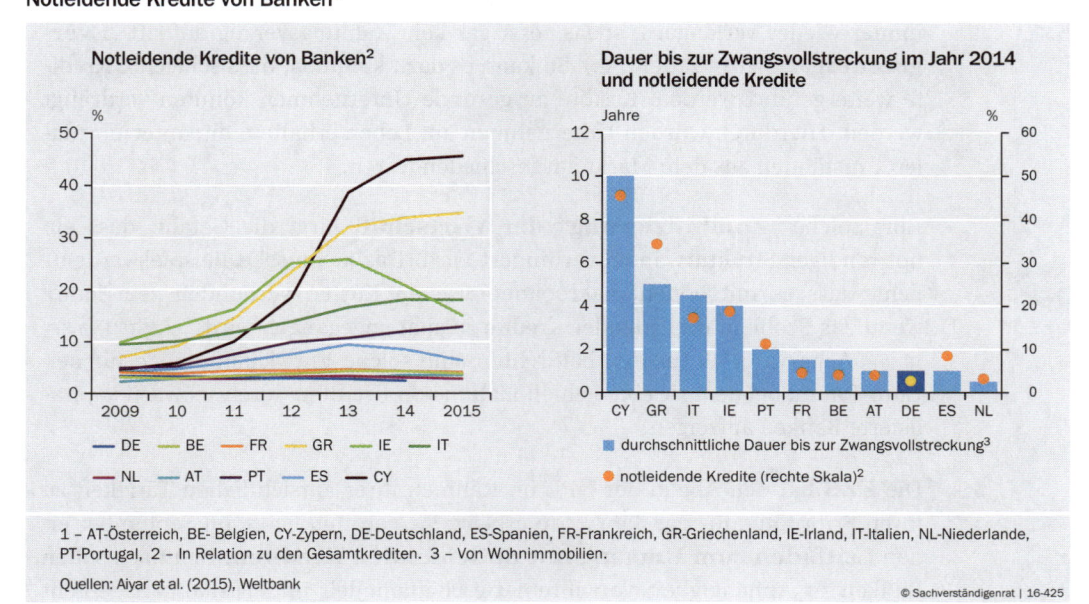

Notleidende Kredite von Banken²

Dauer bis zur Zwangsvollstreckung im Jahr 2014 und notleidende Kredite

1 – AT-Österreich, BE- Belgien, CY-Zypern, DE-Deutschland, ES-Spanien, FR-Frankreich, GR-Griechenland, IE-Irland, IT-Italien, NL-Niederlande, PT-Portugal. 2 – In Relation zu den Gesamtkrediten. 3 – Von Wohnimmobilien.
Quellen: Aiyar et al. (2015), Weltbank

Review als Teil der umfassenden Bankenprüfung **erhöht**. Zu einem flächendeckenden Abbau der Problemkredite kam es jedoch nicht.

Die hohen Bestände notleidender Kredite **belasten das europäische Bankensystem** auf verschiedene Weise: Erstens binden sie Eigenkapital und hemmen so möglicherweise die Kreditvergabe an profitablere Unternehmen. Zweitens erhöhen sie die Unsicherheit über den tatsächlichen Risikovorsorgebedarf. Drittens belasten sie die Profitabilität der Banken aufgrund geringer Zinserträge und höherer Refinanzierungskosten bei gleichzeitig hohen Verwaltungskosten.

516. In der Literatur wird die **Wechselwirkung zwischen der ökonomischen Entwicklung und der Kreditqualität** intensiv diskutiert. Einerseits führen schlechte makroökonomische Bedingungen zu einem Anstieg der Kreditausfall- und -abschreibungsraten (Hoggarth et al., 2005; Marcucci und Quagliariello, 2008). Auf der anderen Seite können notleidende Kredite einen negativen Einfluss auf die Realwirtschaft haben.

517. So gilt der hohe Anteil notleidender Kredite als wichtiger Grund für die **schleppende Kreditvergabe im Euro-Raum** (IWF, 2015; EZB, 2016a). Aiyar et al. (2015) zeigen, dass ein hohes Maß an notleidenden Krediten mit einer geringen Kapitalisierung, hohen Fremdkapitalkosten und einem geringen Kreditwachstum im Euro-Raum einhergeht. Bending et al. (2014) finden heraus, dass eine Erhöhung der NPL-Quote um einen Prozentpunkt im Schnitt zu einem Rückgang des Kreditwachstums in Höhe von 0,8 Prozentpunkten führt. Der Abbau notleidender Kredite dürfte also bedeutsam für die wirtschaftliche Erholung im Euro-Raum sein.

518. Zudem setzt sich die Erkenntnis durch, dass eine **rasche Bereinigung der Bankbilanzen**, also ein Abbau der notleidenden Kredite und eine angemessene Bewertung von Krediten, von großer Bedeutung für die weitere wirtschaftliche

Entwicklung ist (IWF, 2016). Zusätzlich besteht die Gefahr, dass Banken Kredite immer wieder verlängern, sodass erst gar kein Zahlungsverzug auftritt (**Evergreening**, JG 2015 Ziffer 455). So kann es dazu kommen, dass schlechte Kredite weitergeführt werden. Kredite an gesunde Unternehmen könnten verdrängt werden. Hierdurch würden Unternehmen am Leben erhalten, die unter normalen Umständen aus dem Markt ausgeschieden wären.

Eine solche **„Zombifizierung" der Wirtschaft** birgt die Gefahr, dass ein notwendiger Strukturwandel verhindert wird. Das japanische Beispiel verdeutlicht, dass es mit hohen makroökonomischen Kosten verbunden sein kann, wenn das Problem notleidender Kredite zu spät angegangen wird. ↘ KASTEN 16 SEITE 264 Acharya et al. (2016c) befürchten eine solche Entwicklung auch für den Euro-Raum, bei dem sie eine Fehlallokation von Krediten durch schwach kapitalisierte Banken aufzeigen.

519. Die **EZB** hat den Abbau der NPL im Rahmen ihrer aufsichtlichen Tätigkeit zu ihren Prioritäten für das Jahr 2016 erklärt. Sie veröffentlichte im September einen **Leitfaden zum Umgang mit notleidenden Krediten**. Demnach sollen Banken in Abhängigkeit von ihrem Geschäftsmodell und Risikomanagement Strategien und quantitative Ziele entwickeln, um den Bestand ihrer notleidenden Kredite zu reduzieren. Der Leitfaden enthält ferner Erläuterungen, wie Wertberichtigungen und Abschreibungen auf notleidende Kredite im Einklang mit internationalen Empfehlungen zu bemessen sind (EZB, 2016b).

Nach der Harmonisierung der definitorischen Abgrenzung im Jahr 2014 stellt der Leitfaden einen zweiten wichtigen Schritt zur Lösung des Problems notleidender Kredite dar. Allerdings hat der von der EZB veröffentlichte Leitfaden **keine bindende Wirkung**, wenngleich bei Nichteinhaltung mit weiteren aufsichtlichen Maßnahmen zu rechnen ist. Daher stellt sich die Frage, ob dies ausreichend ist, um die hohen Bestände an notleidenden Krediten wirksam und zeitnah zu reduzieren.

520. Zur Verbesserung der **Transparenz über notleidende Kredite** könnten sich – ähnlich wie in den Vereinigten Staaten (Aiyar et al., 2015) – stärker **regelgebundene Verfahren** als nützlich erweisen, bei denen Wertberichtigungen automatisch vorgenommen würden, wenn der Kredit einen bestimmten Verzugszeitraum überschreitet.

Die im Jahr 2018 in Kraft tretende neue Bilanzierungsvorschrift **IFRS 9** stellt durch den Übergang von einem vergangenheitsbezogenen („incurred loss model") zu einem zukunftsorientierten Ansatz („expected loss model") zudem eine **zeitnähere Anerkennung von erwarteten Verlusten** sicher. Allerdings ist ungewiss, in welchem Umfang die neue Regel auf das regulatorische Eigenkapital durchschlagen wird (BCBS, 2016b, 2016c).

521. Neben einer Erhöhung der Transparenz kommt dem Abbau der NPL eine wesentliche Rolle zu. Dieser scheitert jedoch häufig an ihrer **mangelhaften Verwertbarkeit** aufgrund der bestehenden Informations- und Anreizprobleme.

Dies liegt unter anderem an der **Dauer zur Ausführung von Zwangsvollstreckungen** in einigen Mitgliedstaaten des Euro-Raums. Laut Aiyar et al. (2015) bewegte sich im Jahr 2014 die durchschnittliche Dauer für Zwangsvollstreckungsverfahren in Europa in einem breiten Spektrum. ↘ ABBILDUNG 71 RECHTS Zypern weist mit gut zehn Jahren den höchsten Wert auf, während die Niederlande mit unter einem Jahr den geringsten Wert aufweisen. Selbst innerhalb der Länder scheint eine erhebliche Heterogenität vorzuliegen. In Italien variierte im Jahr 2007 die Dauer zur Ausführung einer Zwangsvollstreckung zwischen unter einem und sieben Jahren über die verschiedenen Regionen hinweg (Schiantarelli et al., 2016). Gleichzeitig zeigen Aiyar et al. (2015), dass Länder mit langen Zwangsvollstreckungsverfahren vergleichsweise hohe Bestände an NPL aufweisen. ↘ ABBILDUNG 71 RECHTS Eine Stärkung außergerichtlicher Verfahren könnte hier Abhilfe schaffen.

522. Zudem sind **europäische Märkte** für notleidende Kredite kaum entwickelt. Somit besteht keine Transparenz über den tatsächlichen Wert der notleidenden Kredite über Marktpreise. Eine Hürde ist die **fehlende Harmonisierung** der rechtlichen Rahmenbedingungen im Euro-Raum. Neben den Insolvenzverfahren betrifft dies beispielsweise die rechtlichen Grundlagen der Stellung von Sicherheiten. Funktionierende **Verbriefungsmärkte**, wie sie im Rahmen der Kapitalmarktunion angestrebt werden, könnten ebenfalls einen wichtigen Beitrag leisten (JG 2015 Ziffer 461).

Die Politik kann also wesentlich dazu beitragen, die Verwertbarkeit von NPL zu verbessern, indem sie die **Effizienz von Insolvenz- und Zwangsvollstreckungsverfahren** erhöht und Rahmenbedingungen für europäische Märkte für notleidende Kredite schafft.

523. Eine **rasche Lösung** des Problems notleidender Kredite sollte für die Aufsicht **hohe Priorität** besitzen. Dies würde die monetäre Transmission über den Bankenkanal verbessern und die Gefahr einer Zombifizierung der europäischen Wirtschaft abmildern. Die Erfahrungen in Japan einerseits und in Schweden und den Vereinigten Staaten andererseits belegen die Nachteile einer verschleppten beziehungsweise die Vorzüge einer raschen Lösung im Umgang mit notleidenden Krediten, wobei sich eine gleichzeitige umfassende Rekapitalisierung des Bankensystems als vorteilhaft erweist. ↘ KASTEN 16 Allerdings könnte die nationale Aufsicht aus politischen Gründen versucht sein, zu viel Nachsicht zu üben (**regulatory forbearance**). Daher kommt der europäischen Aufsicht (EZB und EBA) eine wichtige Rolle beim Umgang mit notleidenden Krediten zu.

Gleichzeitig muss die Aufsicht den zukünftigen **Aufbau neuer notleidender Kredite** im Auge behalten. Denn die Niedrigzinsphase birgt die Gefahr, dass Kredite vergeben werden, die bereits bei einem geringen Anstieg des Zinsniveaus notleidend werden könnten.

↘ KASTEN 16

Erfahrungen im Umgang mit notleidenden Krediten

Der Umgang mit notleidenden Krediten spielte in Bankenkrisen eine wichtige Rolle für die weitere volkswirtschaftliche Entwicklung. Im Folgenden werden die Erfahrungen von Schweden, Japan und den Vereinigten Staaten skizziert. Hierbei gelten Schweden und die Vereinigten Staaten als Positivbeispiele, weil sie den Bankensektor nach der Krise rasch wieder kapitalisierten und die Bestände an NPL deutlich senkten, während Japan nur zögerlich reagierte. Dies könnte dazu beigetragen haben, dass Schweden und die Vereinigten Staaten die Krisen relativ rasch überwinden konnten, Japan jedoch in eine jahrelange Stagnation rutschte.

In **Schweden** führte die Deregulierung des Bankensektors in den 1980er-Jahren einen Anstieg der Kreditvergabe und einen lang anhaltenden Immobilienboom herbei (Berglöf und Sjögren, 1998; Englund, 1999). Als die Vermögenspreise 1992 zu fallen begannen, gerieten viele Banken in Zahlungsschwierigkeiten. Angesichts der hohen systemischen Risiken für das Bankensystem ergriff die Regierung **entschiedene Maßnahmen** zur Bereinigung des Bankensystems (JG 2008 Kasten 6). Nicht tragfähige Banken wurden direkt abgewickelt. Schwache Banken, die mittelfristig profitabel erschienen, erhielten staatliche Unterstützung in Form von Garantien, Krediten und Eigenkapitalzuführungen bei umfassenden **Restrukturierungsauflagen**. Problembehaftete Kredite wurden in **Asset Management Companies** ausgelagert, wodurch es gelang, die Problemkredite schnell und mit verhältnismäßig geringen Verlusten zu veräußern. Die entschiedenen Maßnahmen der schwedischen Regierung führten dazu, dass die fiskalischen und realwirtschaftlichen Kosten begrenzt werden konnten. Nach einem kumulierten Rückgang des BIP zwischen 1991 und 1993 um 5,1 % kam es im Jahr 1994 wieder zu einer positiven Wachstumsrate (Englund, 1999; Österholm, 2010).

Zu Beginn der 1990er-Jahre führte das Platzen der Vermögenspreisblasen in **Japan** zum Verfall des Wertes von Kreditsicherheiten und zum Anstieg der notleidenden Kredite im Bankensektor (Hoshi und Kashyap, 2008; Fujii und Kawai, 2010). Zu optimistische Erwartungen hinsichtlich der Erholung der Immobilienpreise und der wirtschaftlichen Entwicklung sowie die **geringe Popularität staatlicher Stützungsmaßnahmen für den Finanzsektor** führten dazu, dass die japanische Regierung die Bereinigung des Bankensektors in den ersten sieben Krisenjahren unterließ und der Anteil notleidender Kredite im japanischen Bankensektor weiter anstieg (Fujii und Kawai, 2010). Erst nach Eintritt der systemischen Bankenkrise im Jahr 1997 entschied sich die Regierung, weitreichendere Maßnahmen zu ergreifen. Neben einer umfassenden Bankenrekapitalisierung wurde ein **straffer Zeitplan zum Abbau der notleidenden Kredite** implementiert. Die angestrebte Quote der notleidenden Kredite von rund 3 % wurde erst im Jahr 2005 erreicht, und die wirtschaftliche Erholung setzte nur langsam ein (Fujii und Kawai, 2010). Laeven und Valencia (2008) schätzen den Rückgang der Wirtschaftsleistung infolge der systemischen Bankenkrise von 1997 auf 18 % des japanischen BIP.

Ähnlich den beiden zuvor beschriebenen Krisen wurde die Subprime-Krise in den **Vereinigten Staaten** von 2007 bis 2009 durch einen Preisverfall im Immobiliensektor ausgelöst. Verglichen mit Japan trat die Krise in den Vereinigten Staaten jedoch abrupter auf und sprang rasch auf das globale Finanzsystem über. Vor dem Hintergrund der Erfahrungen in Japan reagierte die US-Regierung zeitnah auf die Probleme im Bankensektor. So wurden das **Troubled Asset Relief Programm (TARP)** zügig implementiert und **Bankenstresstests** durchgeführt, um Kapitallücken aufzudecken (Lipscy und Takinami, 2013). TARP umfasste ein Volumen von 700 Mrd US-Dollar, was in etwa 5 % des BIP der Vereinigten Staaten entsprach (Lipscy und Takinami, 2013). Neben dem Ankauf toxischer Wertpapiere sah es insbesondere die Rekapitalisierung des Bankensektors vor. Dadurch gelang es, die Eigenkapitalbasis der US-amerikanischen Banken spürbarer zu verbessern, als es bei europäischen Banken der Fall war (JG 2013 Ziffer 363).

IV. BAIL-IN: ERHÖHTE MARKTDISZIPLIN ODER VERSCHÄRFUNG VON KRISEN?

524. Das globale Finanzsystem konnte im Verlauf der Finanzkrise der Jahre 2007 bis 2009 nur durch weitreichende staatliche Stützungsmaßnahmen stabilisiert werden. Neben den direkten fiskalischen Kosten führten diese Maßnahmen zu einem Anstieg der Rettungserwartungen im Bankensektor, die mit einem Rückgang der Finanzierungskosten einhergingen (Ueda und Weder di Mauro, 2013; Acharya et al., 2014; Barth und Schnabel, 2014). Zu Beginn des Jahres 2016 sind die **neuen europäischen Abwicklungsregeln** unter dem Single Resolution Mechanism (SRM) in Kraft getreten, um die **Marktdisziplin** wiederherzustellen und die Rettungserwartungen zurückzuführen. Doch gleich zu Beginn gerieten die neuen Regeln in die Kritik.

1. Turbulenzen auf den Finanzmärkten

525. Im Februar 2016 kam es zu einem deutlichen Kursrutsch internationaler Bankaktien und einem **Anstieg der Risikoprämien von CoCo-Bonds** (Contigent Convertible Bonds). Dabei handelt es sich um nachrangige Verbindlichkeiten, die bei Eintritt eines bestimmten Ereignisses, etwa des Unterschreitens einer vorher definierten Eigenkapitalschwelle, in Eigenkapital umgewandelt oder abgeschrieben werden. Aus diesem Grund gelten CoCo-Bonds als Hybridkapital (JG 2011 Kasten 11); sie zählen großteils zum erweiterten Kernkapital (AT 1). Gleichzeitig werden sie aber steuerlich wie Fremdkapital behandelt. Damit ermöglichen sie den Banken, die regulatorischen Eigenkapitalanforderungen vergleichsweise günstig zu erfüllen.

526. Der Anstieg der Risikoprämien von CoCo-Bonds ging mit einem **Anstieg der Prämien für Kreditausfallversicherungen** (CDS-Spreads) für Banken einher. Dabei stiegen nicht nur die Spreads der vorrangigen Tranchen (Senior) spürbar an ↘ ABBILDUNG 72 LINKS, sondern auch diejenigen der Junior-Tranchen. In allen großen europäischen Ländern stiegen die CDS-Spreads der nachrangigen Tranchen in stärkerem Maße an, sodass sich die Differenz der Spreads der beiden Tranchen merklich vergrößerte und auf dem erhöhten Niveau stabilisierte. ↘ ABBILDUNG 72 RECHTS Bei den US-amerikanischen Banken fiel die Differenz hingegen wieder auf das vorherige Niveau zurück.

527. Als **Auslöser der Turbulenzen** wurden Befürchtungen vor einer globalen Rezession genannt, verbunden mit einer Wachstumsschwäche in China. Dies betraf den Bankensektor unmittelbar über einen möglichen Anstieg von Kreditausfällen. Hinzu kam die Erwartung, dass die EZB mit einer weiteren Lockerung der Geldpolitik reagieren und damit die Profitabilität der Banken erneut unter Druck setzen würde (Konjunkturupdate 2016 Ziffern 5 ff.).

↘ ABBILDUNG 72
Credit Default Swaps von Banken verschiedener Länder

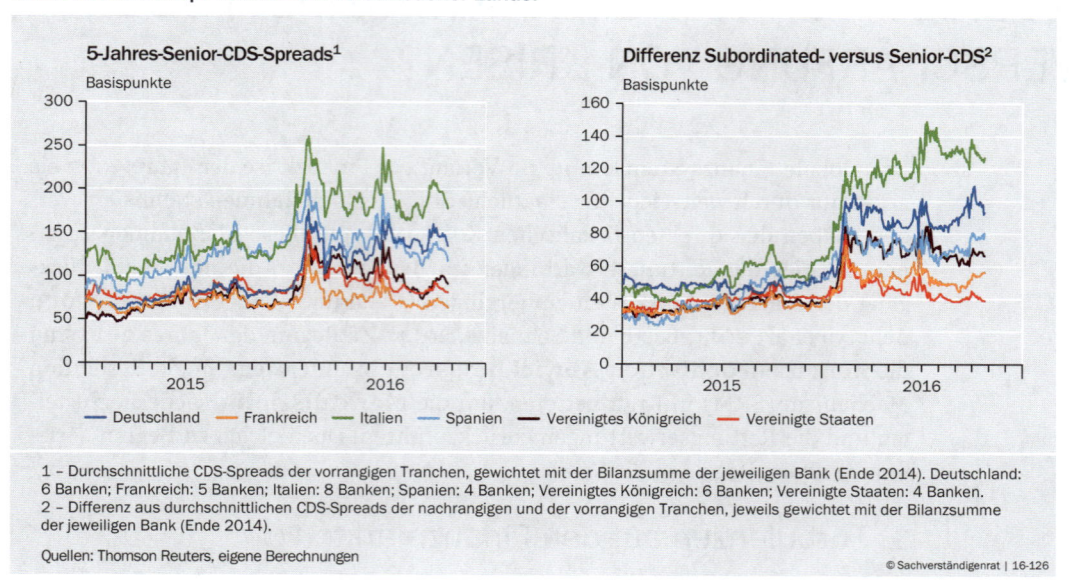

5-Jahres-Senior-CDS-Spreads¹ (Basispunkte)

Differenz Subordinated- versus Senior-CDS² (Basispunkte)

— Deutschland — Frankreich — Italien — Spanien — Vereinigtes Königreich — Vereinigte Staaten

1 – Durchschnittliche CDS-Spreads der vorrangigen Tranchen, gewichtet mit der Bilanzsumme der jeweiligen Bank (Ende 2014). Deutschland: 6 Banken; Frankreich: 5 Banken; Italien: 8 Banken; Spanien: 4 Banken; Vereinigtes Königreich: 6 Banken; Vereinigte Staaten: 4 Banken.
2 – Differenz aus durchschnittlichen CDS-Spreads der nachrangigen und der vorrangigen Tranchen, jeweils gewichtet mit der Bilanzsumme der jeweiligen Bank (Ende 2014).

Quellen: Thomson Reuters, eigene Berechnungen

© Sachverständigenrat | 16-126

Ein weiterer Grund für die Turbulenzen dürfte eine gestiegene Unsicherheit gewesen sein, ob Kuponzahlungen auf CoCo-Bonds geleistet würden. Diese müssen eingestellt werden, wenn sie zu einem Unterschreiten bestimmter Eigenkapitalanforderungen führen (Europäisches Parlament, 2016; Glover, 2016). Es wird ein **Maximum Distributable Amount** (MDA) errechnet, der sicherstellen soll, dass Ausschüttungen nicht zu einer Gefährdung der Kapitalbasis führen. Am 19. Februar 2016 stellte die EZB klar, dass Säule-II-Anforderungen ebenfalls in die Berechnung des MDA einfließen (Europäisches Parlament, 2016). Da diese nicht von der Aufsicht öffentlich gemacht werden, dürfte es aus Sicht der Märkte nicht transparent gewesen sein, bei welcher Bank ein Aussetzen der Kuponzahlungen auf CoCo-Bonds drohte.

528. Erneute Verwerfungen zeigten sich nach der Entscheidung der Briten für einen **Brexit**. Durch die wiederholten Turbulenzen geriet das neue europäische Abwicklungsregime zunehmend in die Kritik. Es wird befürchtet, dass die Möglichkeit eines **Bail-in destabilisierend** wirken könne (Goodhart und Avgouleas, 2014). Deshalb plädiert beispielsweise Italien für eine Abmilderung der Bail-in-Regeln.

2. Glaubwürdigkeit des Bail-in-Regimes

529. Die gestiegenen Risikoprämien und insbesondere deren Aufspreizung über Banken und Länder hinweg ↘ ABBILDUNG 72 RECHTS dürften jedoch zunächst einmal ein Zeichen **gestiegener Marktdisziplin** nach dem Inkrafttreten der europäischen Regeln zur Abwicklung von Banken sein.

Ein weiterer Indikator hierfür sind die Einschätzungen der Rating-Agenturen über die Wahrscheinlichkeit einer Bankenrettung (JG 2014 Ziffern 299 ff.). So stufte die Rating-Agentur Fitch bereits im Mai 2015 die **Support Ratings**, wel-

↘ ABBILDUNG 73
Unterstützungswahrscheinlichkeit von Banken mit Support Rating

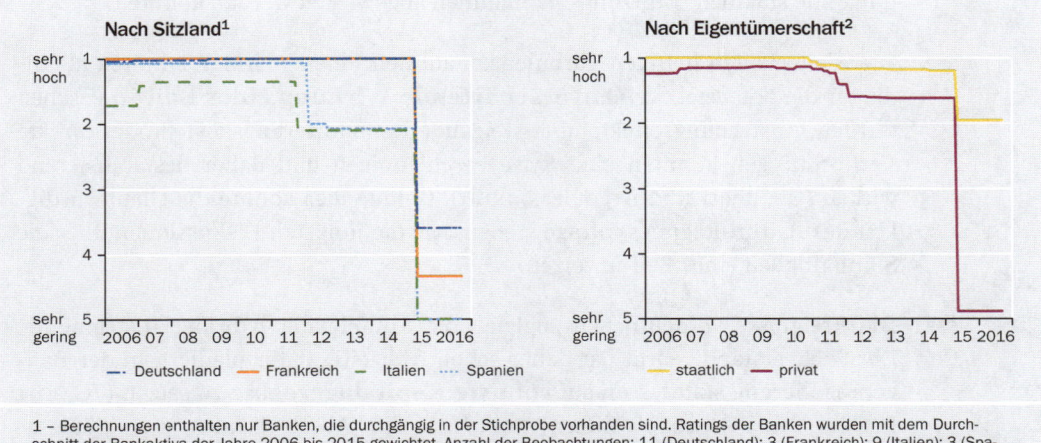

1 – Berechnungen enthalten nur Banken, die durchgängig in der Stichprobe vorhanden sind. Ratings der Banken wurden mit dem Durchschnitt der Bankaktiva der Jahre 2006 bis 2015 gewichtet. Anzahl der Beobachtungen: 11 (Deutschland); 3 (Frankreich); 9 (Italien); 3 (Spanien). 2 – Staatlich: Staat hält per Februar 2015 mehr als 50 % der Anteile. Berechnungen schließen nur Banken ein, bei denen eine Klassifizierung als „staatlich" oder „privat" auf Basis verfügbarer Informationen möglich ist und die durchgängig in der Stichprobe vorhanden sind. Ratings der Banken wurden mit dem Jahresdurchschnitt ihrer Aktiva der Jahre 2006 bis 2015 gewichtet. Anzahl der Beobachtungen: 15 (staatlich); 31 (privat).

Quellen: Fitch, eigene Berechnungen

che die Einschätzung der Wahrscheinlichkeit einer Rettung vorrangiger Gläubiger durch den Staat oder andere Marktteilnehmer angeben, massiv herab. Demnach schätzt Fitch die Unterstützungswahrscheinlichkeit für Banken in den großen Euro-Ländern heute als sehr gering ein. ↘ ABBILDUNG 73 LINKS Die länderspezifischen Unterschiede werden weitgehend vom Anteil der staatlichen Banken getrieben, die in Deutschland ein hohes Gewicht haben. Diese genießen gemäß Fitch weiterhin eine **hohe Unterstützungswahrscheinlichkeit**, was den Wettbewerb zugunsten staatlicher Banken verzerrt. ↘ ABBILDUNG 73 RECHTS

530. Die **Ermessensspielräume**, die im gemeinsamen Abwicklungsmechanismus und im Beihilferecht bei der Gläubigerverlustbeteiligung bestehen, geben allerdings Anlass zu der Befürchtung, dass in Zukunft staatliche Maßnahmen zur Rettung von Banken weiterhin zum Einsatz kommen könnten. Zudem beeinträchtigen komplexe Governance-Strukturen und fehlende nationale Backstops die Glaubwürdigkeit des SRM (JG 2014 Ziffern 323 ff.).

Zwar könnten **Ausnahmen von einer strengen Gläubigerbeteiligung** angezeigt sein, wenn die Stabilität des Finanzsystems ernsthaft bedroht wäre. Allerdings birgt dies die **Gefahr eines Missbrauchs**. So könnte eine Systemkrise vorgeschoben werden, um die Verlustbeteiligung heimischer Gläubiger zu vermeiden. Auf dieses Problem hat der Sachverständigenrat mehrfach hingewiesen. Als Lösungsansatz hat er ein streng regelgebundenes Verfahren mit hohen Hürden angeregt, ähnlich der Systemic Risk Exception in den Vereinigten Staaten (JG 2013 Ziffer 312; JG 2014 Ziffer 340).

531. Besonders große Unsicherheit besteht bezüglich der **Abwicklungsfähigkeit global agierender Banken**. Die Abwicklung von Banken, die mehreren Gerichtsständen unterliegen, stellt nach wie vor eine Herausforderung dar. Präzedenzfälle für den Einsatz des SRM oder der von den Großbanken zu entwickelnden Notfallpläne zur geordneten Abwicklung gibt es bislang nicht. Es ist zu be-

zweifeln, dass solche Banken ohne Gefahren für die Stabilität des Finanzsystems und ohne staatliche Stützungsmaßnahmen abgewickelt werden könnten.

532. Die wiederholten heftigen Turbulenzen auf den Finanzmärkten könnten als Indiz für die potenziell **krisenverschärfende Wirkung eines Bail-in** gesehen werden. Ansteckungseffekte über steigende Refinanzierungskosten oder direkte Verflechtungen könnten eine Krise beschleunigen und daher destabilisierend wirken (Goodhart und Avgouleas, 2014). Gerade dies könnte die Glaubwürdigkeit des Bail-in-Regimes infrage stellen, wie die jüngsten Diskussionen über die Sinnhaftigkeit eines Bail-in zeigen.

533. Die Ereignisse verdeutlichen zugleich die Komplexität hybrider Instrumente. Der Sachverständigenrat hat daher schon frühzeitig dafür plädiert, in der Bankenregulierung stattdessen auf **robuste Kapitalaggregate** zu setzen (JG 2011 Kasten 11; JG 2014 Ziffern 341 ff.). Die Abschwächung der Säule-2-Kapitalanforderungen und Erleichterung von Ausschüttungen (EBA, 2016c) ↘ ZIFFER 496 kann zwar kurzfristig Entspannung bringen. Eine höhere Kapitalisierung der Banken könnte die Wahrscheinlichkeit destabilisierender Effekte hingegen nachhaltig senken.

3. Nachrangige Schulden kein Ersatz für Eigenkapital

534. Statt auf mehr Eigenkapital setzt die Regulierung jedoch zunehmend auf bail-in-fähige Schuldtitel. Bei den Puffern **TLAC** (Total Loss Absorbing Capacity) und **MREL** (Minimum Requirement for Own Funds and Eligible Liabilities) handelt es sich um regulatorische Kapitalstandards, die sicherstellen sollen, dass Banken über eine hinreichende Verlustabsorptionsfähigkeit im Falle eines Bail-in verfügen.

Bail-in-fähige Schuldtitel: TLAC wurde vom Financial Stability Board (2015) und dem Basler Ausschuss für Bankenaufsicht als Kapitalstandard unter Säule 1 für die 30 größten systemisch relevanten Banken (G-SIBs) als Empfehlung veröffentlicht. Die Empfehlung ist rechtlich nicht bindend und muss in europäisches Recht umgesetzt werden. TLAC betrifft derzeit 13 Banken innerhalb der Europäischen Union. Ab dem Jahr 2019 werden die Zielbanken verpflichtet, TLAC in Höhe von 16 % der risikogewichteten Aktiva und 6 % des Leverage Exposures vorzuhalten. Die Anforderungen sollen bis zum Jahr 2022 auf 18 % beziehungsweise 6,75 % angehoben werden. MREL beruht auf der BRRD (Bank Resolution and Recovery Directive) und ist für alle EU-Banken rechtlich bindend. MREL soll sicherstellen, dass Gläubigerverlustbeteiligungen bei Bankenschieflagen unter dem Abwicklungsregime der Bankenunion reibungslos durchgeführt werden können. Im Gegensatz zu TLAC werden die Anforderungen von der zuständigen Abwicklungsbehörde unter Säule 2 bankindividuell und diskretionär festgesetzt.

535. **TLAC** kann einen Beitrag zur verbesserten Abwicklungsfähigkeit von systemrelevanten Banken leisten. Angesichts der Problematik risikogewichteter Aktiva ↘ ZIFFER 485 ist eine zusätzliche Vorgabe von TLAC auf Basis des Leverage Exposures zu befürworten. Ferner bestehen für G-SIBs und andere international tätige Banken Abzugspflichten von ihrem Ergänzungskapital (Tier 2) bei Investitio-

nen in TLAC-Verbindlichkeiten (BCBS, 2016d). Dies ist zu begrüßen, denn so wird die Gefahr einer gegenseitigen Ansteckung unter den Banken abgemildert. Die TLAC-Anforderungen gelten zusätzlich zu Kapitalpufferanforderungen, um eine Doppelverwendung von Eigenkapital zu vermeiden.

Ähnliche Regelungen bezüglich der verwendeten Basis, Abzugspflichten und Doppelverwendung sollten für **MREL** gelten. Außerdem sollten Kleinanleger beim Kauf nachrangiger Schuldtitel auf die damit verbundenen Risiken explizit hingewiesen werden. Zudem sollte die **steuerliche Privilegierung von nachrangigen Anleihen** und hybriden Instrumenten gegenüber Eigenkapital überdacht werden. Aus Finanzstabilitätssicht ist diese abzulehnen.

536. In der Gesamtschau lässt sich feststellen, dass nachrangige Schuldtitel grundsätzlich einen Beitrag zur besseren Abwicklungsfähigkeit von Banken leisten können. Allerdings könnten sie in Krisenzeiten destabilisierend wirken, was die Glaubwürdigkeit eines Bail-in infrage stellen könnte. Daher ist einer **ausreichenden Kapitalisierung auf Basis von Eigenkapital** der Vorzug zu geben. Durch die Einführung von TLAC und MREL wird der Regulierungsrahmen zudem noch komplexer. Der Sachverständigenrat hat daher schon zu Beginn der Diskussion die neuen Kapitalstandards eher kritisch beurteilt (JG 2014 Ziffer 356). Insbesondere sollten sie nicht als Ersatz für höhere Eigenkapitalanforderungen dienen.

V. STAATEN-BANKEN-NEXUS BESTEHT FORT

537. Ein wesentliches Ziel der Europäischen Bankenunion ist es, den **Risikoverbund zwischen Staaten und Banken** abzumildern. Tatsächlich hat sich dieser im Vergleich zum Jahr 2010 deutlich abgeschwächt. In den ehemaligen Krisenländern besteht jedoch nach wie vor eine enge Verbindung zwischen den Risiken von Banken und Staaten. Zudem hat sich der Risikoverbund in diesen Ländern in jüngerer Zeit **wieder verstärkt**. ↘ ABBILDUNG 74 LINKS Dies unterstreicht die Dringlichkeit weiterer Maßnahmen zur Lockerung des Risikoverbunds von Banken und Staaten.

538. In einer aktuellen Studie untersuchen Schnabel und Schüwer (2016) die **Einflussfaktoren des Staaten-Banken-Nexus** auf Basis der EBA-Stresstest-Daten seit 2011. ↘ ZIFFERN 557 FF. Die Ergebnisse zeigen, dass der **Home Bias** bei den Forderungen der Banken gegenüber staatlichen Schuldnern signifikant mit der Stärke des Nexus korreliert. ↘ ABBILDUNG 74 RECHTS Eine Erhöhung der Forderungen gegenüber Staaten ist hingegen nicht signifikant mit dem Nexus korreliert, wenn diese über Länder hinweg diversifiziert sind. Weitere Einflussfaktoren sind die Schuldenstandsquote des Sitzlandes, dessen Governance-Qualität sowie die Tier-1-Eigenkapitalquote der Bank. Selbst wenn diese Ergebnisse nicht als Kausaleffekte interpretiert werden dürfen, deuten sie darauf hin, dass neben den direkten Verflechtungen die **Solidität von Banken und Staaten** eine wichtige Rolle für die Stärke des Staaten-Banken-Nexus spielt.

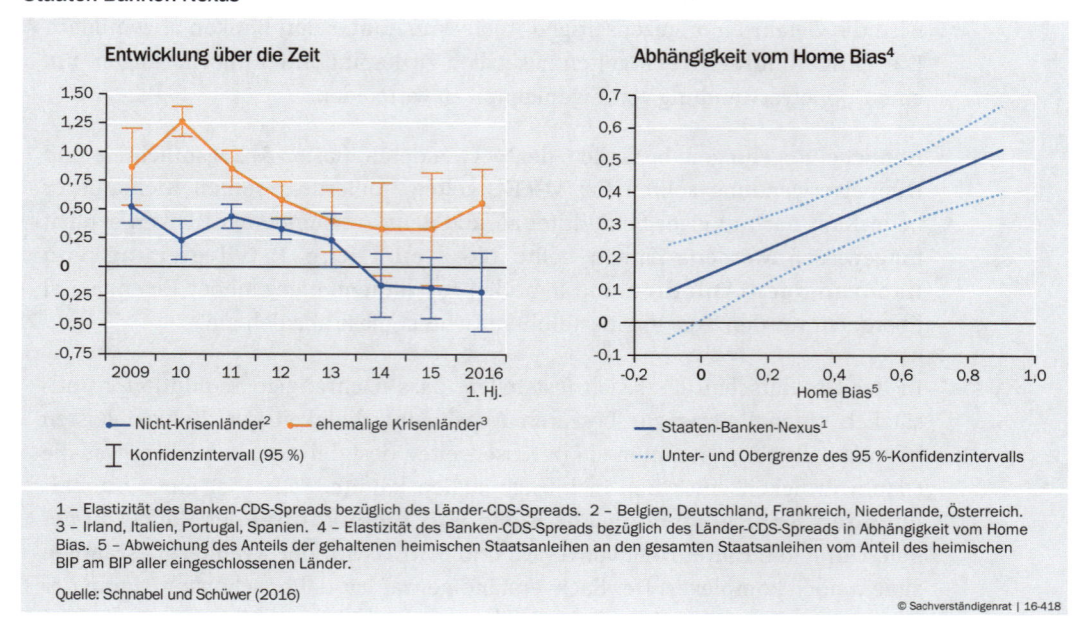

ABBILDUNG 74
Staaten-Banken-Nexus[1]

Entwicklung über die Zeit

- Nicht-Krisenländer[2]
- ehemalige Krisenländer[3]
- Konfidenzintervall (95 %)

Abhängigkeit vom Home Bias[4]

- Staaten-Banken-Nexus[1]
- Unter- und Obergrenze des 95 %-Konfidenzintervalls

1 – Elastizität des Banken-CDS-Spreads bezüglich des Länder-CDS-Spreads. 2 – Belgien, Deutschland, Frankreich, Niederlande, Österreich. 3 – Irland, Italien, Portugal, Spanien. 4 – Elastizität des Banken-CDS-Spreads bezüglich des Länder-CDS-Spreads in Abhängigkeit vom Home Bias. 5 – Abweichung des Anteils der gehaltenen heimischen Staatsanleihen an den gesamten Staatsanleihen vom Anteil des heimischen BIP am BIP aller eingeschlossenen Länder.

Quelle: Schnabel und Schüwer (2016)

© Sachverständigenrat | 16-418

1. Hohe Forderungen der Sparkassen gegenüber öffentlichen Haushalten

539. In seinem Jahresgutachten 2015/16 hat der Sachverständigenrat einen **Vorschlag zur regulatorischen Entprivilegierung** von Forderungen von Banken gegenüber Staaten unterbreitet (JG 2015 Ziffern 52 ff.). Der Vorschlag umfasst als zentrales Element **risikogemäße Großkreditgrenzen**, welche die Forderungen von Banken gegenüber staatlichen Schuldnern auf einen festen Prozentsatz der Eigenmittel begrenzen (25 % bis 100 %). Für Forderungen gegenüber deutschen öffentlichen Schuldnern würde derzeit der obere Grenzwert gelten. Der untere Grenzwert würde heute nur für Forderungen gegenüber dem griechischen Staat gelten. Ergänzend dazu sollen Banken Forderungen gegenüber Staaten entsprechend dem Ausfallrisiko mit **Eigenkapital** unterlegen.

540. Die **Folgen dieser Regelung** für die Umschichtung von Forderungen und den Eigenkapitalbedarf wurden anhand von Daten der EBA für **große Banken** illustriert (JG 2015 Ziffern 52 ff.). Dabei zeigte sich, dass Banken in erheblichem Umfang Forderungen gegenüber ihren Sitzstaaten abbauen müssten. Der zusätzliche Bedarf an Eigenkapital wäre dagegen gering. Die größten Volumina an abzubauenden Forderungen entfallen auf deutsche, italienische und spanische Banken. In Deutschland müssten vor allem die staatlichen Banken ihre Forderungen gegenüber inländischen öffentlichen Haushalten deutlich reduzieren (JG 2015 Ziffer 58). Berechnungen auf Grundlage einer aktualisierten Datenbasis bestätigen diese Ergebnisse (Andritzky et al., 2016).

541. Aktuelle Berechnungen auf Basis von Einzelbankdaten der Deutschen Bundesbank für kleine Banken in Deutschland zeigen, dass die **Sparkassen** substanzi-

↘ ABBILDUNG 75
Forderungen von Sparkassen gegenüber öffentlichen Haushalten[1]

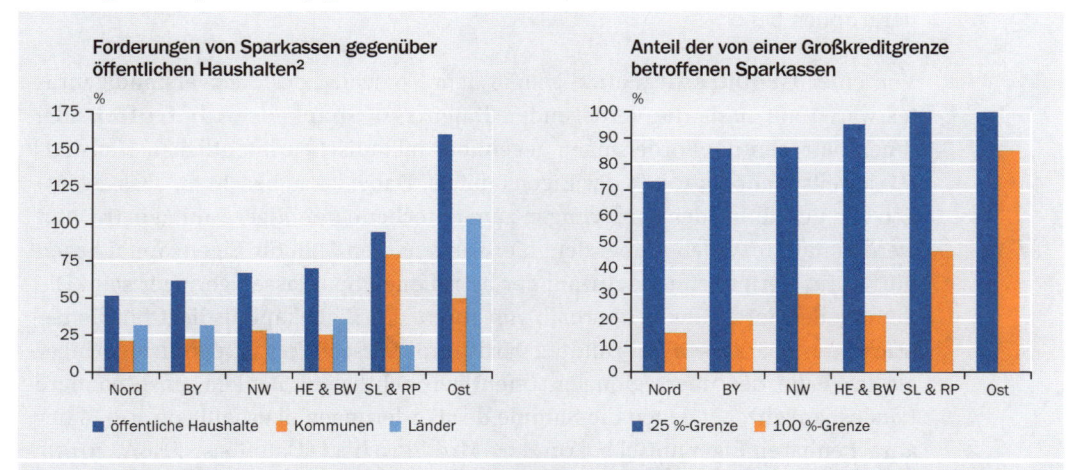

Forderungen von Sparkassen gegenüber öffentlichen Haushalten[2]
(Balkendiagramm mit Kategorien: Nord, BY, NW, HE & BW, SL & RP, Ost; Legende: öffentliche Haushalte, Kommunen, Länder)

Anteil der von einer Großkreditgrenze betroffenen Sparkassen
(Balkendiagramm mit Kategorien: Nord, BY, NW, HE & BW, SL & RP, Ost; Legende: 25 %-Grenze, 100 %-Grenze)

1 – Aus Datenschutzgründen wurden einzelne Bundesländer zusammengefasst. Nord (Schleswig-Holstein, Niedersachsen, Bremen, Hamburg), BY-Bayern, NW-Nordrhein-Westfalen, HE-Hessen, BW-Baden-Württemberg, SL-Saarland, RP-Rheinland-Pfalz, Ost (Brandenburg, Mecklenburg-Vorpommern, Sachsen, Sachsen-Anhalt, Thüringen). 2 – In Relation zum Eigenkapital (Median in %, bilanzielles Eigenkapital plus Rücklagen nach § 340g HGB).

Quellen: Forschungsdaten- und Servicezentrum (FDSZ) der Deutschen Bundesbank, Monatliche Bilanzstatistik (BISTA), Juni 2016, eigene Berechnungen
© Sachverständigenrat | 16-419

elle Forderungen gegenüber inländischen öffentlichen Haushalten besitzen. Bei der Hälfte der 412 untersuchten Sparkassen machen sie mehr als 72,8 % des Eigenkapitals (bilanzielles Eigenkapital plus Rücklagen nach § 340g HGB) aus, bei einem Viertel mehr als 120,5 %. Dagegen sind die Forderungen der Kreditgenossenschaften gegenüber dem Staat deutlich geringer. Sie machen im Median lediglich 11,8 % des Eigenkapitals aus.

542. Bei den Sparkassen zeigen sich erhebliche **Unterschiede zwischen den Ländern**. ↘ ABBILDUNG 75 LINKS Die Sparkassen in den ostdeutschen Ländern haben die mit Abstand höchsten Forderungen gegenüber dem deutschen Staat, wobei Mecklenburg-Vorpommern am stärksten betroffen ist. Es handelt sich in erster Linie um **Forderungen gegenüber den Ländern**. Eine Erklärung könnte sein, dass die Kreditnachfrage in strukturschwachen Regionen geringer ist, sodass die zufließenden Einlagen die vergebenen Kredite übersteigen. Überschüssige Einlagen werden häufig in Anleihen deutscher öffentlicher Emittenten investiert. Tatsächlich war im Jahr 2015 bei den ostdeutschen Sparkassen das Volumen der Einlagen von Nicht-Banken doppelt so hoch wie das der Kredite an Nicht-Banken (Ostdeutscher Bankenverband, 2016). Im gesamtdeutschen Aggregat der Sparkassen ist das Verhältnis in etwa ausgeglichen (DSGV, 2016). In den westdeutschen Ländern stechen die Sparkassen aus dem Saarland hervor, gefolgt von Hessen und Rheinland-Pfalz.

Hohe **Forderungen gegenüber den Kommunen** haben vor allem Sparkassen im Saarland und in Rheinland-Pfalz sowie in den ostdeutschen Ländern. Der Median liegt in der Ländergruppe Saarland und Rheinland-Pfalz bei rund 80 % und in den ostdeutschen Ländern bei rund 50 % des Eigenkapitals. Insgesamt zeigt sich, dass die Forderungen gegenüber Kommunen und Ländern den Großteil der Forderungen gegenüber dem Staat ausmachen. Der Medianwert der

Forderungen gegenüber dem Bund liegt in allen betrachteten Ländern und Ländergruppen bei 0 %.

543. Von einer **Großkreditgrenze** gemäß dem Vorschlag des Sachverständigenrates wären auf Basis der vorliegenden Daten **139 Sparkassen betroffen**. Bei ihnen betragen die Forderungen gegenüber inländischen öffentlichen Haushalten jeweils mehr als 100 % des Eigenkapitals. Dabei ist zu beachten, dass eigentlich das Verhältnis der Forderungen zum anrechenbaren Eigenkapital betrachtet werden müsste, welches über dem hier verwendeten Maß für Eigenkapital liegen dürfte. Insofern dürfte die Anzahl der betroffenen Sparkassen geringer sein. Die Summe der Forderungen oberhalb von 100 % des Eigenkapitals liegt für die betrachteten Sparkassen bei rund 22 Mrd Euro. Dieser Wert ist deutlich geringer als im Falle der überregionalen öffentlich-rechtlichen Banken (insbesondere Landesbanken), bei denen die Summe der Forderungen oberhalb von 100 % der anrechenbaren Eigenmittel bei rund 92 Mrd Euro liegt (Datenbasis: EBA, 2015).

Bei den untersuchten Kreditgenossenschaften überschreiten nur 28 von 1017 die Grenze. Bei niedrigeren Grenzen wären deutlich mehr Banken betroffen, nämlich 290 (368) Sparkassen und 104 (276) Kreditgenossenschaften bei einer Großkreditgrenze von 50 % (25 %). Hier zeigen sich ebenfalls starke Unterschiede zwischen den Ländern. ⭨ ABBILDUNG 75 RECHTS

544. Strebt man also eine Entflechtung von Banken und Staaten über eine Entprivilegierung von Forderungen von Banken gegenüber Staaten an, so spielen die Forderungen gegenüber **untergeordneten staatlichen Ebenen** ebenfalls eine wichtige Rolle. Selbst wenn die öffentlich-rechtlichen deutschen Banken ihrem öffentlichen Auftrag verpflichtet sind, darf dies ihre finanzielle Stabilität nicht bedrohen. Aus Gründen der Finanzstabilität ist daher ein gewisser **Abbau der Forderungen gegenüber öffentlichen Haushalten geboten**.

545. Allerdings deutet sich in der europäischen Debatte an, dass eine **Entprivilegierung** isoliert derzeit **politisch schwer durchsetzbar** ist. Gleichzeitig hat ein Vorschlag Rückenwind erhalten, der neben einer Entprivilegierung die Schaffung einer neuen europäischen sicheren Wertpapierklasse (**ESBies**) vorsieht. Dieser Vorschlag ist grundsätzlich kompatibel mit der vom Sachverständigenrat vorgeschlagenen Entprivilegierung. Er sollte aber nur dann in Betracht gezogen werden, wenn es gelingt, implizite Haftungsrisiken zu begrenzen. ⭨ KASTEN 17 Die Schaffung von ESBies ohne gleichzeitige Entprivilegierung ist abzulehnen.

> ⭨ KASTEN 17
>
> **Die Schaffung sicherer Wertpapiere durch European Safe Bonds (ESBies)**
>
> In den vergangenen Jahren hat eine Reihe von Ökonomen einen zunehmenden **Mangel an sicheren Wertpapieren** festgestellt, der sich in fallenden Realzinsen widerspiegele und für die zögerliche Entwicklung der Weltwirtschaft und des Euro-Raums mitverantwortlich sei (Brunnermeier et al., 2011; Caballero und Farhi, 2014). Zum einen habe sich die Nachfrage nach sicheren Wertpapieren durch eine zunehmende internationale Reservehaltung, durch Regulierungsvorgaben und aufgrund der demografischen Entwicklungen erhöht, während das Angebot – nicht zuletzt durch die globale Finanzkrise und die Krise im Euro-Raum – sogar zurückgegangen sei.

Sichere Wertpapiere zeichnen sich durch eine sehr geringe Ausfallwahrscheinlichkeit und eine große Liquidität aus. Dies trifft vor allem für Staatsanleihen zu, beispielsweise aus Ländern wie den Vereinigten Staaten, der Schweiz und Deutschland. Diese profitieren von einer **Prämie (safe haven premium)**. Die Kostenersparnis für US-amerikanische Treasuries wird über einen langen Zeitraum auf 73 Basispunkte geschätzt (Krishnamurthy und Vissing-Jorgensen, 2012). „Sicher" bezieht sich hierbei auf die Wahrscheinlichkeit einer nominalen Rückzahlung; diese kann dadurch gewährleistet werden, dass die Zentralbank die Staatsschulden monetisiert. Da dies nicht unbegrenzt möglich ist, ohne die Glaubwürdigkeit der Zentralbank zu beschädigen, wird die Schaffung sicherer Assets faktisch durch die fiskalische Kapazität eines Landes beschränkt. Somit führt eine Erhöhung öffentlicher Schulden nicht immer zu einer Erhöhung des Volumens sicherer Wertpapiere (Schuknecht, 2016).

Private Wertpapiere ohne staatliche Garantie können kaum eine vergleichbare Sicherheit erlangen wie öffentliche Wertpapiere. Aufgrund ihrer Anfälligkeit gegenüber Vertrauenskrisen können sie ihren Status als sichere Wertpapiere in Krisenzeiten abrupt verlieren. Gibt es jedoch einen Mangel an sicheren Wertpapieren, dienen private Wertpapiere als (unvollständiges) Substitut (zum Beispiel in Form von vorrangigen Tranchen von Verbriefungen).

Obwohl der Euro-Raum über eine einheitliche Währung verfügt, stellt er **kein europäisches sicheres Wertpapier** bereit. Stattdessen werden alle Staatsanleihen der Mitgliedstaaten regulatorisch als sicher behandelt, obwohl dies mit den Regeln des Maastricht-Vertrags, insbesondere der Nichtbeistandsklausel, nicht kompatibel ist. Das Fehlen eines sicheren Wertpapiers wird von einigen als wesentlicher Schwachpunkt der Architektur des Euro-Raums gesehen, weil es zu einem Teufelskreis zwischen Staaten und Banken sowie zu destabilisierenden Kapitalflüssen zwischen den Mitgliedstaaten insbesondere in Krisenzeiten führe (Brunnermeier et al., 2011).

Zur Lösung dieser Probleme wird die Schaffung von **European Safe Bonds (ESBies)** vorgeschlagen, die einerseits eine neue sichere Wertpapierklasse im Euro-Raum darstellen und andererseits das Problem der regulatorischen Privilegierung staatlicher Anleihen lösen sollen (Brunnermeier et al., 2011, 2016; vergleiche Corsetti et al., 2015, 2016). Der Vorschlag beruht auf zwei wesentlichen Prinzipien: **Diversifikation** und **Tranchierung**. So soll ein Korb von Staatsanleihen der Mitgliedstaaten des Euro-Raums mit Anteilen, die sich beispielsweise am BIP der Mitgliedstaaten orientieren, in zwei Tranchen geteilt werden. Die **obere Tranche (ESBies)** wird vorrangig bedient und trägt ein minimales Ausfallrisiko, während die **untere Tranche (European Junior Bonds)** für die ersten X % der Ausfälle herangezogen wird. X muss hierbei so gewählt werden, dass das Ausfallrisiko der oberen Tranche minimal ist, während gleichzeitig ein hinreichend großes Volumen an sicheren Wertpapieren bereitgestellt wird (siehe Brunnermeier et al., 2016, für beispielhafte Simulationen).

Um ESBies attraktiv zu machen, muss ihre Einführung von einer **regulatorischen Entprivilegierung von Staatsanleihen** begleitet werden, beispielsweise durch die Einführung von Großkreditgrenzen und risikoadäquater Eigenkapitalunterlegung. ESBies wären von der Regulierung ausgenommen und würden in den Refinanzierungsgeschäften der EZB bevorzugt. Die Juniortranchen unterlägen hingegen der normalen Regulierung gemäß ihrem Risiko. Während der ursprüngliche Vorschlag eine Emission über eine staatliche Agentur vorsah, obliegt dem Staat in dem jüngeren Vorschlag lediglich die Festsetzung der Ausgabebedingungen, während die Emission den Marktakteuren überlassen wird.

Der Hauptvorteil der ESBies liegt in der Schaffung einer sicheren europäischen Wertpapierklasse bei gleichzeitiger **Wahrung der Marktdisziplin** und **ohne explizite Vergemeinschaftung der Risiken**. Da die marginale Staatsanleihe bei angemessener Begrenzung des ESBies-Volumens nach wie vor am Markt verkauft werden muss, findet eine risikogerechte Bepreisung statt. Der Vorschlag ist also grundsätzlich verschieden von der Einführung von Eurobonds, bei denen eine gemeinschaftliche Haftung der Mitgliedstaaten bestünde. Im Falle einer Krise würde das Kapital idealtypisch nicht mehr in einzelne als sicher betrachtete Mitgliedstaaten fließen, sondern in die sichere Tranche, wodurch eine „Sudden-stop"-Dynamik in einzelnen Mitgliedstaaten vermieden werden könnte.

Es bestehen allerdings Risiken bei der Einführung von ESBies, die durch eine angemessene Ausgestaltung begrenzt werden müssten. Insbesondere müssten **implizite Haftungsrisiken** ausgeschlossen werden. Dies spricht für eine **private Emission** der Wertpapiere, da eine öffentliche Institution einem größeren Druck ausgesetzt wäre, im Krisenfall Haftungsrisiken zu übernehmen. Außerdem müssten die **Kriterien für die Ausgestaltung der ESBies** dem laufenden politischen Prozess weitgehend entzogen sein. Insbesondere sollten die Gewichte der Staatsanleihen anhand eines transparenten und nicht manipulierbaren Kriteriums strikt angewendet werden. Keinesfalls dürfen sich die Gewichte an der tatsächlichen Verschuldung orientieren, weil dies Anreize zur Verschuldung setzen würde. Die Grenze der Tranchierung sollte mit Hilfe einer Formel festgelegt werden, die sich in erster Linie am Risiko der vorrangigen Tranche orientiert. Eine kurzfristige diskretionäre Änderung der Bedingungen muss ausgeschlossen werden. Um den Staaten-Banken-Nexus wirksam abzuschwächen, sollten **Banken vom Halten der Junior-Tranchen ausgeschlossen** werden.

Aus deutscher Sicht geht die Einführung von ESBies möglicherweise mit einer **geringeren „Safehaven"-Prämie** einher. Dem stehen die Vorzüge eines **potenziell stabileren Euro-Raums** gegenüber. Unklar bleibt gleichwohl, ob die Einführung der ESBies die angestrebten Ziele tatsächlich erreichen kann. Vor allem stellt sich die Frage, ob die Junior-Tranchen in Krisenzeiten noch Käufer finden und ob eine Emission von ESBies dann überhaupt noch möglich ist. Es kann nicht ausgeschlossen werden, dass die EZB sich genötigt sähe, als Käufer der Junior-Tranchen aktiv zu werden. Eine vollständige Wiederherstellung der Marktdisziplin ist daher unwahrscheinlich. Schließlich hängt die Fähigkeit des Euro-Raums, sichere Wertpapiere zu schaffen, entscheidend von der fiskalischen Entwicklung ab. Durch Verbriefungsstrukturen kann das Risiko nur umverteilt, aber nicht reduziert werden. Wesentlich ist daher eine **Fortsetzung des Konsolidierungsprozesses**, was gleichzeitig das Volumen an sicheren Wertpapieren erhöhen würde.

2. Voraussetzungen für gemeinsame Einlagensicherung noch nicht erfüllt

546. Als weiteres Instrument zur Reduzierung des Risikoverbunds zwischen Staaten und Banken schlägt die Europäische Kommission eine **gemeinsame Einlagensicherung** (European Deposit Insurance Scheme, EDIS) als **dritte Säule der Bankenunion** vor (Europäische Kommission, 2015). Ergänzend zur gemeinsamen Bankenaufsicht (Single Supervisory Mechanism, SSM) und dem gemeinsamen Abwicklungsmechanismus für Banken (Single Resolution Mechanism, SRM) würden damit zentrale Kompetenzen für den Schutz von Bankeinlagen auf die europäische Ebene verlagert.

Neben dem konkreten Gesetzesvorschlag der Kommission zu EDIS stehen zwei weitere **Konzepte zur Diskussion** ↘ KASTEN 18: die verpflichtende Kreditvergabe zwischen nationalen Einlagensicherungssystemen (Rat der Europäischen Union, 2016b) und ein europäisches Rückversicherungssystem (Gros, 2013). Die Vorschläge unterscheiden sich im **Umfang**, in dem Entschädigungsrisiken länderübergreifend abgesichert werden, und im Ausmaß der **Zentralisierung** von Governance-Strukturen. Der Vorschlag der Kommission erreicht dabei den höchsten Grad an **Vergemeinschaftung und Zentralisierung**, der im Ministerrat den geringsten. Dazwischen ist der Vorschlag von Gros (2013) einzuordnen. Die Frage eines **Backstops**, der nötig werden könnte, falls die Beiträge der Banken nicht ausreichen, wird lediglich von Gros (2013) angesprochen, der auf den Europäischen Stabilitätsmechanismus (ESM) verweist.

> KASTEN 18

Vorschläge für eine gemeinsame Einlagensicherung

Ausgangspunkt von Vorschlägen für eine gemeinsame Einlagensicherung sind die nationalen Einlagensicherungssysteme (Deposit Guarantee Schemes, DGS). Diese richten sich nach der Einlagensicherungsrichtlinie (DGS-Richtlinie), die zum Juli 2015 in nationales Recht umgesetzt wurde (Deutsche Bundesbank, 2015). Die Richtlinie ist von dem Gedanken eines besseren Verbraucherschutzes sowie einer stärkeren Harmonisierung getragen. Sie legt einheitlich und verbindlich fest, dass Einlagen von 100 000 Euro je Einleger und Bank gesetzlich geschützt sind. Zudem schreibt sie eine einheitliche Ausstattung der nationalen DGS in Höhe von 0,8 % der gedeckten Einlagen vor, die durch risikoadjustierte Beiträge der Banken binnen zehn Jahren erreicht werden muss. Darüber hinaus können Banken zu Sonderbeiträgen verpflichtet werden, wenn die verfügbaren Finanzmittel der DGS nicht ausreichen. Ein expliziter fiskalischer Backstop existiert nicht. In Kanada und den Vereinigten Staaten wurden hingegen fiskalische Backstops eingerichtet (IWF, 2013a): Die Einlagensicherungen können sich bis zu 20 Mrd CAD (CDIC, 2016) beziehungsweise 500 Mrd US-Dollar (FDIC, 2009) beim Staat leihen. Dies entspricht rund 1,0 % beziehungsweise 2,8 % des BIP.

Mit **EDIS** strebt die Europäische Kommission bis zum Jahr 2024 ein gemeinsames Einlagensicherungssystem für sämtliche im gemeinsamen Aufsichtsmechanismus (SSM) beaufsichtigten Banken an. Es würde durch die gemeinsame Abwicklungsinstanz (Single Resolution Board, SRB) in Zusammenarbeit mit den nationalen DGS verwaltet. Die Zielausstattung des gemeinsamen Einlagensicherungsfonds (Deposit Insurance Fund, DIF) entspricht der Summe der nationalen Zielausstattungen gemäß DGS-Richtlinie. Da die Finanzkraft des DIF ausschließlich auf Beiträgen der Banken beruht, bleibt unklar, wie Einlegern in einer drohenden Systemkrise glaubwürdig vermittelt werden kann, dass ihre Einlagen sicher sind. Derzeit können weitreichende implizite staatliche Garantien für die heimischen DGS unterstellt werden. Es ist nicht absehbar, welche Erwartungen Einleger, Finanzmärkte und politische Akteure über die Absicherung des gemeinsamen Systems bilden würden.

Als Gegenentwurf zu einem vollständig vergemeinschafteten Einlagensicherungssystem wird im Ministerrat die **verpflichtende Kreditvergabe zwischen nationalen DGS** diskutiert (Rat der Europäischen Union, 2016b). Demnach könnte ein nationales DGS Kredite von anderen nationalen DGS in Anspruch nehmen, wenn seine Finanzmittel im Sicherungsfall nicht ausreichen. Sofern die Kredite voll rückzahlbar wären, wäre der Grad der Vergemeinschaftung geringer als unter EDIS. Kreditgebende Systeme würden das Risiko eines Kreditausfalls tragen. Es ist zu vermuten, dass ein System der wechselseitigen Kreditvergabe die bestehenden dezentralen Governance-Strukturen weitgehend erhalten würde. Die Frage des Backstops wurde offen gelassen. In der Tendenz ist davon auszugehen, dass es bei impliziten Garantien für das heimische DGS bliebe und sich keine starken Erwartungen über eine umfassende gemeinsame Absicherung der einzelnen DGS bilden würden.

Zwischen diesen beiden Positionen ist der Vorschlag von Gros (2013) für ein verpflichtendes **europäisches Rückversicherungssystem** einzuordnen. Danach fließt ein Teil der Beiträge zu den nationalen DGS in einen gemeinsamen Fonds. Dieser leistet Entschädigungszahlungen an Einleger, sofern die Zahlungen aus nationalen Mitteln bestimmte ex ante definierte Schwellenwerte überschreiten. Dabei sollen die nationalen DGS in der Lage sein, einzelne Entschädigungsfälle rein national operierender Banken abzudecken. Der Rückversicherungsfonds wäre bei einer neu zu schaffenden möglichst unabhängigen europäischen Instanz angesiedelt. Nach Gros (2013) könnte ein solches System selbst in einer systemweiten Krise eines Mitgliedstaats der Größe Spaniens die Entschädigung von Einlegern gewährleisten. Für größere Krisen, etwa systemweite Krisen in großen Mitgliedstaaten, wird ein Rückgriff auf den ESM als Backstop vorgeschlagen.

547. Die entscheidende Funktion von Einlagensicherungssystemen ist es, die **Finanzstabilität** zu wahren. Indem sie die Rückzahlung von Einlagen gewährleisten, halten sie Bankkunden davon ab, ihre Einlagen abzuziehen, wenn Zwei-

fel an der Solidität einer Bank aufkommen. Dabei hängt die stabilisierende Wirkung maßgeblich vom Vertrauen der Bankkunden in das Einlagensicherungssystem ab. Da große Entschädigungsrisiken nicht ausschließlich innerhalb des Bankensektors getragen werden können, ist von einem **impliziten Versprechen des Staates** auszugehen, gesetzliche Einlagensicherungssysteme zu stützen (impliziter Backstop).

Außerdem erfüllt die Zentralbank in ihrer Funktion als **Lender of Last Resort** eine wichtige Rolle zur Stabilisierung des Einlagensicherungssystems. Kommt es im Zuge einer systemischen Bankenkrise zu panikartigen Bank Runs, die selbst gesunde Banken erfassen, so verfügt letztlich nur die Zentralbank über die notwendige Liquidität, um das Vertrauen in den Bankensektor wiederherzustellen (Bordo, 1990).

548. Befürworter einer gemeinsamen europäischen Einlagensicherung betonen **Diversifikationsvorteile**, sodass Entschädigungsrisiken besser innerhalb des europäischen Bankensektors getragen werden können. Ein europäisches System könnte Schieflagen einzelner großer Banken oder lokale Bankenkrisen verarbeiten, die rein nationale Sicherungssysteme überfordern und in der Folge staatliche Interventionen nach sich ziehen würden. Das wäre ein weiterer Schritt zur Abmilderung des **Risikoverbunds zwischen Staaten und Banken** (Goyal et al., 2013; IWF, 2013b). Eine Entkopplung der nationalen Einlagensicherungssysteme von der Bonität der Mitgliedstaaten würde zudem zu einer Konvergenz der Einlagenzinsen in der Bankenunion führen und damit **Wettbewerbsnachteile** von Banken aus Ländern schwächerer Bonität reduzieren.

549. Es ist irreführend, wenn die Befürworter argumentieren, dass eine gemeinsame Einlagensicherung notwendig sei, um **Haftung und Kontrolle** in Einklang zu bringen (EZB, 2016c). Dieser Argumentation zufolge könnten Entscheidungen im Rahmen der Bankenaufsicht und -abwicklung, die auf europäischer Ebene getroffen werden, die nationalen Einlagensysteme belasten.

Der Sachverständigenrat betont hingegen, dass die Mitgliedstaaten mit ihrer Wirtschafts- und Fiskalpolitik in der Bankenunion die Risiken der nationalen Bankensektoren maßgeblich beeinflussen (JG 2014 Ziffern 349 ff.; Deutsche Bundesbank, 2014). Zum Beispiel könnten Mitgliedstaaten den Rahmen für die Zwangsvollstreckung in Immobilieneigentum im Nachhinein ändern. Wird kreditgebenden Banken die Verwertung von Immobiliensicherheiten erschwert, steigen die Kreditausfallrisiken. Eine mangelhaft ausgestaltete gemeinsame Einlagensicherung würde somit **Fehlanreize für Mitgliedstaaten** schaffen, Risiken auf die europäische Ebene zu verschieben. Gerade dann würde das Prinzip der Einheit von Haftung und Kontrolle durchbrochen.

550. Die auf politischer Ebene geführte Diskussion, die den Aspekt der staatlichen **Backstops bislang vollkommen ausblendet**, greift daher zu kurz. Es ist nicht auszuschließen, dass sich Erwartungen über eine gemeinsame Absicherung bilden. In einer drohenden Systemkrise könnten die Mitgliedstaaten solchen Erwartungen nicht mehr entgegenwirken, ohne Gefahr zu laufen, einen Ansturm auf die Banken auszulösen. Wird die Frage der Absicherung erst in einer drohenden Systemkrise politisch verhandelt, entstünde ausgerechnet dann

große **Unsicherheit**, wenn das Vertrauen der Einleger in die Sicherheit ihrer Einlagen besonders wichtig ist. Das Risiko eines Ansturms auf die Banken würde steigen.

551. Es wäre fahrlässig, ein gemeinsames System zu errichten, ohne zugleich Klarheit darüber zu schaffen, wie das Sicherungsversprechen im Falle einer Überforderung des gemeinsamen Systems glaubwürdig bleiben kann. Die Mitgliedstaaten sollten vielmehr **explizite Vereinbarungen über Backstops** treffen, welche die Unsicherheit in einer Systemkrise reduzieren. Vereinbarungen müssten so ausgestaltet sein, dass Anreize minimiert werden, im Krisenfall davon abzuweichen, und dass sich keine ausgeprägten Erwartungen über einen umfassenden gemeinsamen Backstop bilden.

552. Potenziellen Fehlanreizen für Mitgliedstaaten, die durch einen gemeinsamen, bankfinanzierten Sicherungsfonds begründet werden, muss ebenfalls entgegengewirkt werden. Daher sollte ein **Teil der Entschädigungskosten ausschließlich auf nationaler Ebene** getragen werden. Zum Beispiel könnte festgelegt werden, dass Auszahlungen aus dem Fonds überproportional von Banken desjenigen Mitgliedstaats getragen werden, in dem die vom Entschädigungsfall betroffene Bank oder Tochtergesellschaft ansässig ist. Dies kann erreicht werden, indem die dortigen Banken höhere Beiträge zur Wiederauffüllung des gemeinsamen Fonds entrichten. Alternativ kommt ein Rückversicherungssystem wie von Gros (2013) vorgeschlagen in Betracht. Weiterhin könnten Sanktionsverfahren Fehlanreize mindern. Ein Mitgliedstaat sollte mit Strafen belegt werden, wenn er Politikmaßnahmen ergreift, welche die Risiken für das gemeinsame System maßgeblich erhöhen. Als Ultima Ratio sollte er aus dem **gemeinsamen System ausgeschlossen** werden können.

553. Schließlich sollte die Schaffung einer gemeinsamen Einlagensicherung an bestimmte **Voraussetzungen** geknüpft werden: Erstens sollten **bereits erkennbare Risiken** vor Eintritt in das gemeinsame System **abgebaut** werden. Hierzu müssen Banken hinreichend kapitalisiert sein, insbesondere wenn ein ungewichtetes Eigenkapitalmaß angelegt wird. ↘ ZIFFERN 478 FF. Weiterhin sollten in Ländern mit hohen Beständen an notleidenden Forderungen die Bankbilanzen bereinigt werden. ↘ ZIFFERN 514 FF. Schließlich kann ein Teil der Entschädigungskosten nur dann glaubhaft auf nationaler Ebene getragen werden, wenn fiskalische Spielräume bestehen. Dies setzt eine Fortsetzung der Haushaltskonsolidierung voraus. Zweitens muss sichergestellt sein, dass **Aufsicht und Abwicklung** auf europäischer Ebene **effektiv** funktionieren. Derzeit befindet sich der gemeinsame Abwicklungsmechanismus noch im Aufbau, und die Glaubwürdigkeit des Bail-in ist noch mit Fragezeichen versehen. ↘ ZIFFERN 524 FF. Drittens sollte der direkte Einfluss von Staatenrisiken auf Banken durch eine **Entprivilegierung** von Forderungen gegenüber Staaten gemindert werden (JG 2015 Ziffern 52 ff.). ↘ ZIFFERN 537 FF.

554. Zusätzlich erscheint eine weitergehende **Harmonisierung** verschiedener Rechtsbereiche sinnvoll, die Einfluss auf das Bankensystem haben. Dazu gehören das Insolvenz- und das Zwangsvollstreckungsrecht. Dass es in sämtlichen maßgeblichen Bereichen eine umfassende Harmonisierung geben kann, ist je-

doch fraglich. Da die Rechtssysteme national gewachsen sind, würde dies Anpassungen nach sich ziehen, die politisch nicht gewollt und mit Blick auf die Passgenauigkeit nationaler Institutionen nicht sachgerecht sind. Darüber hinaus wird es souveränen Staaten immer möglich sein, durch gesetzliche Änderungen ex post die Positionen von Banken deutlich zu schwächen. Daher erscheint es umso wichtiger, dass bei einer gemeinsamen Einlagensicherung wirkungsvolle Sanktionsmöglichkeiten bestehen, welche die Politik abschrecken, diskretionäre Einzelmaßnahmen zu Lasten der Banken zu ergreifen.

VI. LEITLINIEN FÜR EIN STABILERES FINANZSYSTEM

555. Trotz der weitreichenden Reformen der Finanzmarktregulierung zeigt sich das europäische Bankensystem instabil und wenig widerstandsfähig. Das Niedrigzinsumfeld belastet die Profitabilität und erschwert den Eigenkapitalaufbau. Gleichzeitig leiden viele Banken unter hohen Beständen notleidender Kredite. Selbst verhältnismäßig kleine Schocks lösen erhebliche Turbulenzen auf den Finanzmärkten aus, was die Fragilität des Finanzsystems unterstreicht. Basierend auf der Analyse der aktuellen Situation lassen sich die folgenden **Leitlinien für ein stabileres Finanzsystem** in Europa entwickeln:

— Die Kapitalisierung der europäischen Banken sollte weiter gestärkt werden, insbesondere durch eine **Erhöhung und makroprudenzielle Ausgestaltung der ungewichteten Eigenkapitalanforderungen**, vor allem durch höhere Anforderungen für systemrelevante Banken. Bei unterkapitalisierten Banken sollten Ausschüttungsbegrenzungen konsequent angewandt werden.

— Das Problem **notleidender Kredite** sollte **rasch** angegangen werden, um eine Zombifizierung der europäischen Wirtschaft zu vermeiden und die Unsicherheit im Bankensystem zu reduzieren. Zusätzlich sollten die Voraussetzungen für einen funktionsfähigen europäischen Markt für Problemkredite geschaffen werden.

— **Marktaustritte schwacher Banken** sollten nicht verhindert werden, wenn eine Bank sich als nicht tragfähig erweist. Die **Glaubwürdigkeit des Bail-in** sollte gestärkt werden, indem die Hürden für Ausnahmeregelungen verschärft werden.

— Nachrangige Schuldtitel und Hybridkapital stellen keinen Ersatz für Eigenkapital dar. Denn diese könnten in Krisenzeiten **krisenverschärfend** wirken und so die Glaubwürdigkeit des Bail-in reduzieren.

— Die **Entflechtung von Staaten und Banken** ist nach wie vor sehr wichtig. Das wesentliche Element ist die regulatorische **Entprivilegierung** von Forderungen gegenüber Staaten. Daneben spielt die Solidität von Banken und Staaten eine wichtige Rolle.

– Eine **gemeinsame europäische Einlagensicherung** ist erst dann denkbar, wenn wesentliche Grundvoraussetzungen erfüllt sind. Außerdem muss die Frage der nationalen Backstops für das gemeinsame Einlagensicherungssystem bereits vor einem möglichen Inkrafttreten geklärt werden.

556. Dem **Druck** vonseiten der Banken, die neue Regulierung zurückzudrehen oder zumindest nicht weiter zu verschärfen, sollte die Politik **nicht nachgeben**, wenn dies der Wahrung der Systemstabilität zuwiderläuft. Statt die Regulierung immer komplizierter auszugestalten und die Regulierungskosten zu erhöhen, ist eine **deutliche Vereinfachung der Regulierung** anzustreben. Robuste Mechanismen sind einer immer komplexer werdenden Regulierung vorzuziehen.

ANHANG: EINFLUSSFAKTOREN DES STAATEN-BANKEN-NEXUS

557. Die Studie von Schnabel und Schüwer (2016) untersucht die Einflussfaktoren des Staaten-Banken-Nexus im Euro-Raum. Die Studie basiert auf den EBA-Stresstestdaten und schließt 31 große Banken aus dem Euro-Raum über den Zeitraum 2010 bis 2015 ein. Der Staaten-Banken-Nexus wird als **Elastizität des Banken-CDS-Spreads bezüglich des Länder-CDS-Spreads** im Rahmen eines Fixed-effects-Modells geschätzt. Durch Einfügung von Interaktionstermen wird überprüft, welche banken- und länderspezifischen Faktoren mit der Elastizität korrelieren. Es ergibt sich somit das folgende Schätzmodell:

$$\ln(Banken - CDS_{ijt}) = \beta_0 + \delta_j + \tau_y + \beta_1 \cdot \ln(Länder - CDS_{jt}) + \beta_2 \cdot Variable_{ijt} + \beta_3 \cdot \ln(Länder - CDS_{jt}) \cdot Variable_{ijt} + \epsilon_{ijt},$$

wobei die Koeffizienten δ_j Länder-Fixed-effects und τ_y Jahres-Fixed-effects bezeichnen. Es werden die folgenden Interaktionsvariablen verwendet:

– **Home bias** der Forderungen einer Bank gegenüber dem Sitzstaat im Vergleich zu einem Portfolio, dessen Anteil der Forderungen gegenüber dem Sitzstaat dem BIP-Anteil des Landes entspräche;

– gesamte Forderungen gegenüber Staaten relativ zum Eigenkapital der Bank;

– Tier-1-Eigenkapitalquote;

– Schuldenstandsquote des Sitzstaates;

– Governance-Qualität des Sitzstaates, gemessen durch den Indikator „Government effectiveness", der von der Weltbank bereitgestellt wird.

558. Der Koeffizient β_1 gibt die Elastizität des Banken-CDS-Spreads bezüglich des Länder-CDS-Spreads an, wenn die betrachtete Interaktionsvariable den Wert Null annimmt. Dies entspricht beim Home bias einem gemäß BIP-Anteilen diversifizierten Portfolio von Forderungen gegenüber Staaten, bei den anderen

Variablen dem Stichprobenmittelwert. Der Koeffizient β_3 zeigt, welchen Einfluss die Variable auf die Elastizität hat.

Die Regression ohne Einschluss weiterer Variablen zeigt eine durchschnittliche Elastizität von 0,52 (Spalte 1 in ↘ TABELLE 26). Also geht eine Erhöhung des Länder-CDS-Spreads um ein Prozent mit einer Erhöhung des Banken-CDS-Spreads von 0,52 % einher. In Spalte 2 zeigt sich im Koeffizienten des Interaktionsterms ein deutlich positiver Zusammenhang zwischen dem Home bias der Bank und der Elastizität. Eine Erhöhung der gesamten Forderungen gegenüber Staaten hat hier hingegen sogar einen negativen (allerdings insignifikanten) Zusammenhang mit der Elastizität, sofern für den Home bias kontrolliert wird. Eine höhere Tier-1-Eigenkapitalquote und eine bessere Governance-Qualität senken die Elastizität tendenziell, während eine höhere Schuldenstandsquote sie erhöht. Dessen ungeachtet bleibt der Interaktionseffekt des Home bias stets statistisch signifikant. Die Ergebnisse unterstreichen somit die **große Bedeutung des Home bias für den Staaten-Banken-Nexus**. Zusätzlich spielt die Solidität von Banken und Staaten eine wichtige Rolle.

↘ TABELLE 26
Einflussfaktoren des Staaten-Banken-Nexus[1]

	(1)	(2)	(3)	(4)	(5)
Abhängige Variable: ln (Banken-CDS)					
ln (Länder-CDS)	0,5245 ***	0,3318 ***	0,3951 ***	0,4261 ***	0,4218 ***
	(0,0000)	(0,0000)	(0,0000)	(0,0000)	(0,0000)
Home Bias[2]		0,3779 ***	0,3320 **	0,3775 **	0,3537 **
		(0,0090)	(0,0249)	(0,0111)	(0,0176)
Gesamte Forderungen gegenüber Staaten / Eigenkapital		0,0306	0,0103	0,0395	0,0365
		(0,3119)	(0,7152)	(0,1710)	(0,2325)
Tier-1-Eigenkapitalquote			−5,0207 ***		
			(0,0081)		
Staatliche Schuldenstandsquote				−1,1619 ***	
				(0,0001)	
Indikator „Government Effectiveness"[3]					0,1178
					(0,6020)
Interaktionen von ln (Länder-CDS) mit …					
Home Bias[2]		0,3226 ***	0,2340 **	0,2406 *	0,2026 *
		(0,0060)	(0,0251)	(0,0521)	(0,0888)
Gesamte Forderungen gegenüber Staaten / Eigenkapital		−0,0218	−0,0142	−0,0118	−0,0148
		(0,1722)	(0,3544)	(0,4341)	(0,3462)
Tier-1-Eigenkapitalquote			−1,3853 *		
			(0,0953)		
Staatliche Schuldenstandsquote				0,3053 **	
				(0,0324)	
Indikator „Government Effectiveness"[3]					−0,3169 ***
					(0,0001)
Konstante	4,8865 ***	4,6780 ***	4,5617 ***	4,5711 ***	4,6208 ***
	(0,0000)	(0,0000)	(0,0000)	(0,0000)	(0,0000)
Jahreseffekte	ja	ja	ja	ja	ja
Ländereffekte	ja	ja	ja	ja	ja
Anzahl der Banken	31	31	31	31	31
Anzahl der Beobachtungen	45 674	45 674	45 674	45 674	45 674
Korr. R²	0,7556	0,7837	0,7945	0,7951	0,7982

1 – Analyse auf Basis von 31 Banken aus Belgien, Deutschland, Frankreich, Irland, Italien, Niederlande, Österreich, Portugal, Spanien über den Zeitraum von 2010 bis 2015. 2 – Abweichung des Anteils der gehaltenen heimischen Staatsanleihen an den gesamten Staatsanleihen vom Anteil des heimischen BIP am BIP aller eingeschlossenen Länder. 3 – Quelle: Worldwide Governance Indicators (WGI), Projekt der Weltbank: „Government effectiveness captures perceptions of the quality of public services, the quality of the civil service and the degree of its independence from political pressures, the quality of policy formulation and implementation, and the credibility of the government's commitment to such policies".

Clustering der Standardfehler auf Bankenebene. p-Werte in Klammern.
***, ** und * entsprechen einer Signifikanz auf dem 1 %-, 5 %- beziehungsweise 10 %-Niveau.

© Sachverständigenrat | 16-435

LITERATUR

Acharya, V.V., D. Pierret und S. Steffen (2016a), *Introducing the "Leverage Ratio" in assessing the capital adequacy of European banks*, Arbeitspapier, mimeo.

Acharya, V.V., H. Le und H.S. Shin (2016b), *Bank capital and dividend externalities*, BIS Working Paper 580, Bank für Internationalen Zahlungsausgleich, Basel.

Acharya, V.V., T. Eisert, C. Eufinger und C.W. Hirsch (2016c), *Whatever it takes: The real effects of unconventional monetary policy*, Arbeitspapier, mimeo.

Acharya, V.V. und S. Steffen (2015), The "greatest" carry trade ever? Understanding eurozone bank risks, *Journal of Financial Economics* 115, 215–236.

Acharya, V.V., D. Anginer und A.J. Warburton (2014), *The end of market discipline? Investor expectations of implicit government guarantees*, Arbeitspapier, mimeo.

Admati, A. und M. Hellwig (2014), *Des Bankers neue Kleider: Was bei Banken wirklich schief läuft und was sich ändern muss*, FinanzBuch Verlag, München.

Admati, A.R. (2016), The missed opportunity and challenge of capital regulation, *National Institute Economic Review* 235, R4–R14.

Aiyar, S. et al. (2015), *A strategy for resolving Europe's problem loans*, IMF Staff Discussion Note SDN/15/19, Washington, DC.

Albertazzi, U. und L. Gambacorta (2009), Bank profitability and the business cycle, *Journal of Financial Stability* 5, 393–409.

Andritzky, J., N. Gadatsch, T. Körner, A. Schäfer und I. Schnabel (2016), Removing privileges for banks' sovereign exposures - A proposal, *European Economy* 2016.1, 139-152.

Angelini, P. et al. (2015), Basel III: Long-term impact on economic performance and fluctuations, *Manchester School* 83, 217–251.

Bankenverband und BDI (2016), *Basel IV setzt bewährte Unternehmensfinanzierung unter Druck*, Positionspapier des Bundesverbands deutscher Banken e. V. und des Bundesverbands der Deutschen Industrie e. V., Berlin.

Barth, A. und I. Schnabel (2014), *Der Abbau von impliziten Garantien im Bankensystem: Eine empirische Analyse auf Basis von CDS-Spreads*, Arbeitspapier 09/2014, Sachverständigenrat zur Begutachtung der gesamtwirtschaftlichen Entwicklung, Wiesbaden.

BCBS (2016a), *Revisions to the Basel III leverage ratio framework*, Consultative document, Basel Committee on Banking Supervision.

BCBS (2016b), *Regulatory treatment of accounting provisions*, Discussion Paper, Basel Committee on Banking Supervision.

BCBS (2016c), *Regulatory treatment of accounting provisions - interim approach and transitional arrangements*, Consultative document, Basel Committee on Banking Supervision.

BCBS (2016d), *Standard TLAC holdings - Amendments to the Basel III standard on the definition of capital*, Basel Committee on Banking Supervision.

BCBS (2010), *An assessment of the long-term economic impact of stronger capital and liquidity requirements*, Basel Committee on Banking Supervision.

Beccalli, E.A., A. Boitani und S.D. Giuliantonio (2015), Leverage procyclicality and securitization in US banking, *Journal of Financial Intermediation* 24, 200–230.

Behn, M., R. Haselmann und V. Vig (2014), *The limits of model-based regulation*, SAFE Working Paper 75, Center for Financial Studies und Goethe-Universität, Frankfurt am Main.

Bending, T. et al. (2014), *Unlocking lending in Europe*, Arbeitspapier, Europäische Investitionsbank, Luxemburg.

Berglöf, E. und H. Sjögren (1998), Combining arm's-length and control-oriented finance evidence from main bank relationships in Sweden, in: Hopt, K.J., H. Kanda, M.J. Roe, E. Wymeersch und

S. Prigge (Hrsg.): *Comparative corporate governance: The state of the art and emerging research*, Oxford University Press, 786–808.

BIZ (2016), *86. Jahresbericht – 1. April 2015-31. März 2016*, Bank für Internationalen Zahlungsausgleich, Basel.

Blum, J. (2008), Why Basel II may need a leverage ratio restriction?, *Journal of Banking & Finance* 32, 1699–1707.

Bordo, M.D. (1990), The lender of last resort: Alternative views and historical experience, *Economic Review*, 18–29.

Borio, C., L. Gambacorta und B. Hofmann (2015), *The influence of monetary policy on bank profitability*, BIS Working Paper 514, Bank für Internationalen Zahlungsausgleich, Basel.

Brooke, M. et al. (2015), *Measuring the macroeconomic costs and benefits of higher UK bank capital requirements*, Financial Stability Paper 35, Bank of England, London.

Brunnermeier, M.K. et al. (2011), *European safe bonds (ESBies)*, http://personal.lse.ac.uk/vayanos/Euronomics/ESBies.pdf, abgerufen am 25.10.2016.

Brunnermeier, M.K., S. Langfield, M. Pagano, R. Reis, S. Van Nieuwerburgh und D. Vayanos (2016), ESBies: Safety in the tranches, *Economic Policy*, im Erscheinen.

Caballero, R. und E. Farhi (2014), *On the role of safe asset shortages in secular stagnation*, VoxEU.org, 11. August.

Carney, M. (2016), *Redeeming an unforgiving world*, Rede, 8th Annual Institute of International Finance G20-Konferenz, Schanghai, 26. Februar.

CDIC (2016), *Annual report 2016*, Canada Deposit Insurance Corporation, Ottawa.

Claessens, S., N. Coleman und M. Donnelly (2016), *„Low-for-long" interest rates and net interest margins of banks in advanced foreign economies*, IFDP Notes, federalreserve.gov, 11. April.

Cline, W.R. (2016), *Benefits and costs of higher capital requirements for banks*, Working Paper 16–6, Peterson Institute for International Economics, Washington, DC.

Coen, W. (2016), *The global policy reform agenda: completing the job*, Rede, Konferenz „Australian Financial Review's Banking and Wealth Summit", Sydney, 5. April.

Cohen, B.H. und M. Scatigna (2014), *Banks and capital requirements: channels of adjustment*, BIS Working Paper 443, Bank für Internationalen Zahlungsausgleich, Basel.

Corsetti, G. et al. (2016), Reinforcing the Eurozone and protecting an open society, *Monitoring the Eurozone* 2.

Corsetti, G. et al. (2015), A new start for the Eurozone: Dealing with debt, *Monitoring the Eurozone* 1.

Dagher, J., G. Dell'Ariccia, L. Laeven, L. Ratnovski und H. Tong (2016), *Benefits and costs of bank capital*, IMF Staff Discussion Note SDN/16/04, Washington, DC.

Demirgüç-Kunt, A., E. Detragiache und O. Merrouche (2013),Bank capital: Lessons from the financial crisis, *Journal of Money, Credit and Banking* 45, 1147–1164.

Deutsche Bundesbank (2016), Die Ertragslage der deutschen Kreditinstitute im Jahr 2015, *Monatsbericht* September 2016, 63–97.

Deutsche Bundesbank (2015), Die Einlagensicherung in Deutschland, *Monatsbericht* Dezember 2015, 51–62.

Deutsche Bundesbank (2013), *Finanzstabilitätsbericht 2013*, Frankfurt am Main.

Dombrovskis, V. (2016), *Rede*, European Banking Federation Conference: Embracing Disruption, Brüssel, 29. September 2016.

DSGV (2016), *Finanzbericht 2015*, Deutscher Sparkassen- und Giroverband, Berlin.

EBA (2016a), *EBA report on the leverage ratio requirements under article 511 of the CRR*, EBA-Op-2016-13, Europäische Bankenaufsicht, London.

EBA (2016b), *2016 EU-wide stress test - Results*, Europäische Bankenaufsicht, London.

EBA (2016c), *EBA clarifies use of 2016 EU-wide stress test results in the SREP process*, Pressemitteilung, Europäische Bankenaufsicht, London, 1. Juli.

EBA (2016d), *Risk dashboard, data as of Q1 2016, part of the regular risk assessment conducted by the EBA*, Europäische Bankenaufsicht, London.

Englund, P. (1999), The Swedish banking crisis: Roots and consequences, *Oxford Review of Economic Policy* 15, 80–97.

ESRB (2015), *The ESRB handbook on operationalising macroprudential policy in the banking sector - Addendum: Macroprudential leverage ratios - June 2015*, European Systemic Risk Board, Frankfurt am Main.

Europäische Kommission (2015), *Vorschlag für eine Verordnung des Europäischen Parlaments und des Rates zur Änderung der Verordnung (EU) Nr. 806/2014 im Hinblick auf die Schaffung eines europäischen Einlagenversicherungssystems*, COM(2015) 586 final, 2015/0270 (COD), Straßburg.

Europäisches Parlament (2016), *What to do with profits when banks are undercapitalized: Maximum distributable amount*, CoCo bonds and volatile markets, Briefing, Brüssel.

EZB (2016a), *Financial stability review - May 2016*, Europäische Zentralbank, Frankfurt am Main.

EZB (2016b), *Draft guidance to banks on non-performing loans - September 2016*, Europäische Zentralbank - Bankenaufsicht, Frankfurt am Main.

EZB (2016c), *Stellungnahme zu einem Vorschlag für eine Verordnung des Europäischen Parlaments und des Rates zur Änderung der Verordnung (EU) Nr. 806/2014 im Hinblick auf die Schaffung eines europäischen Einlagenversicherungssystems*, CON/2016/26, 2016/C 252/01, Europäische Zentralbank, Frankfurt am Main.

EZB (2015a), *Financial stability review - November 2015*, Europäische Zentralbank, Frankfurt am Main.

EZB (2015b), *Report on financial structures - Oktober 2015*, Europäische Zentralbank, Frankfurt am Main.

EZB (2015c), *Financial integration in Europe - April 2015*, Europäische Zentralbank, Frankfurt am Main.

FDIC (2009), *FDIC-insured institutions lost $3.7 billion in the second quarter of 2009*, Pressemitteilung, Federal Deposit Insurance Corporation, Washington, DC, 27. August.

Fed, FDIC und OCC (2014), *Agencies adopt enhanced supplementary leverage ratio final rule and issue supplementary leverage ratio notice of proposed rulemaking*, Pressemitteilung, Board of Governors of the Federal Reserve System, Federal Deposit Insurance Corporation und Office of the Comptroller of the Currency, Washington, DC, 8. April.

Fender, I. und U. Lewrick (2015), Calibrating the leverage ratio, *BIS Quarterly Review* December 2015, 43-58.

Financial Stability Board (2015), *Principles on loss-absorbing and recapitalisation capacity of G-SIBs in resolution - Total loss-absorbing capacity (TLAC) term sheet*, Basel.

FinMa (2015), *Schweizer Too-big-to-fail-Regime entscheidend verstärkt*, Medienmitteilung, Eidgenössische Finanzmarktaufsicht, Bern, 21. Oktober.

Fujii, M. und M. Kawai (2010), *Lessons from Japan's banking crisis, 1991–2005*, ADBI Working Paper 222, Tokio.

Glover, J. (2016), *CoCo turmoil forces Europe to act on surprise coupon loss*, bloomberg.com, 11. März.

Goodhart, C. und E. Avgouleas (2014), *A critical evaluation of bail-in as a bank recapitalisation mechanism*, Discussion Paper Series 10065, Centre for Economic Policy Research, London.

Goyal, R. et al. (2013), *A banking union for the Euro Area*, IMF Staff Discussion Note 13/01, Washington, DC.

Gros, D. (2013), *Principles of a two-tier European deposit (re-)insurance system*, CEPS Policy Brief 287, Brüssel.

Haldane, A.G. (2013), *Constraining discretion in bank regulation*, Rede, Conference on "maintaining financial stability: Holding a tiger by the tail(s)", Atlanta, 9. April.

Haldane, A.G. und V. Madouros (2012), *The dog and the frisbee*, Rede, Federal Reserve Bank of Kansas City Economic Policy Symposium, Jackson Hole, 30. August – 1. September.

Hill, J. (2016), *Keynote speech*, Rede, Konferenz "The impact of the EU regulatory framework for financial services", Brüssel, 12. Juli.

Hoggarth, G., S. Sorensen und L. Zicchino (2005), *Stress tests of UK banks using a VAR approach*, Working Paper 282, Bank of England, London.

Hoshi, T. und A.K. Kashyap (2008), *Will the U.S. bank recapizalization succeed? Eight lessons from Japan*, NBER Working Paper 14401, Cambridge.

IWF (2016), *Euro Area policies: Article IV Consultation*, IMF Country Report 16/219, Washington, DC.

IWF (2015), *Vulnerabilities, legacies, and policy challenges - Risks rotating to emerging markets*, Global Financial Stability Report October 2015, Internationaler Währungsfonds, Washington, DC.

IWF (2013a), *Toward a fiscal union for the Euro Area: Technical background notes*, Internationaler Währungsfonds, Washington, DC.

IWF (2013b), *European Union: Publication of financial sector assessment program - Documentation - Technical note on deposit insurance*, IMF Country Report 13/66, Internationaler Währungsfonds, Washington, DC.

IWF (2009), *Responding to the Financial Crisis and Measuring Systemic Risks - Chapter 3*, Global Financial Stability Report September 2009, Internationaler Währungsfonds, Washington, DC.

Jobst, A. und H. Lin (2016), *Negative interest rate policy (NIRP): Implications for monetary transmission and bank profitability in the Euro Area*, IMF Working Paper 16/172, Washington, DC.

Krishnamurthy, A. und A. Vissing-Jorgensen (2012), The aggregate demand for treasury debt, *Journal of Political Economy* 120, 233–267.

Laeven, L. und F. Valencia (2008), *Systemic banking crises: A new database*, IMF Working Paper 08/224, Washington, DC.

Lipscy, P.Y. und H. Takinami (2013), The politics of financial crisis response in Japan and the United States, *Japanese Journal of Political Science* 14, 321–353.

Macroeconomic Assessment Group (2010), *Final report - Assessing the macroeconomic impact of the transition to stronger capital and liquidity requirements*, Basel.

Marcucci, J. und M. Quagliariello (2008), *Credit risk and business cycle over different regimes*, Working Paper No 670, Banca d'Italia, Rom.

Mariathasan, M. und O. Merouche (2014), The manipulation of Basel risk weights, *Journal of Financial Intermediation* 23, 300–321.

Miles, D., J. Yang und G. Marcheggiano (2013), Optimal bank capital, *Economic Journal* 123, 1–37.

Nouy, D. (2016), *Adjusting to new realities - Banking regulation and supervision in Europe*, Rede, Konferenz „European Banking Federation's SSM Forum", Frankfurt am Main, 6. April.

Ostdeutscher Bankenverband (2016), *Jahresbericht 2015*, Berlin.

Österholm, P. (2010), The effect on the Swedish real economy of the financial crisis, *Applied Financial Economics* 20, 265–274.

PRA (2015), *Implementing a UK leverage ratio framework*, Policy Statement 27/15, Prudential Regulation Authority, London.

Rat der Europäischen Union (2016a), *Outcome of the council meeting - 3480th council meeting - Economic and Financial Affairs*, Brüssel, 12. Juli.

Rat der Europäischen Union (2016b), *Bericht des Vorsitzes an die Delegationen*, Fortschrittsbericht, 2015/0270 (COD), Brüssel.

Rochet, J.-C. (2014), *The extra cost of Swiss banking regulation*, White Paper, Swiss Finance Institute, Genf und Zürich.

Schäfer, A. (2016), *Beating the black box of risk-weighted capital: Is a leverage ratio justified?*, Arbeitspapier, mimeo.

Schiantarelli, F., M. Stacchini und P.E. Strahan (2016), *Judicial efficiency and banks' fragility: Evidence from Italy*, VoxEU.org, 13. August.

Schnabel, I. und U. Schüwer (2016), What drives the relationship between bank and sovereign credit *risk?*, Arbeitspapier 07/2016, Sachverständigenrat zur Begutachtung der gesamtwirtschaftlichen Entwicklung, Wiesbaden.

Schuknecht, L. (2016), *The supply of „safe" assets and fiscal policy*, CFS Working Paper 532, Frankfurt am Main.

Shin, H.S. (2016), *Bank capital and monetary policy transmission*, Rede, Konferenz „The ECB and its Watchers XVII", Frankfurt am Main, 7. April 2016.

Sun, T. (2011), *Identifying vulnerabilities in systemically-important financial institutions in a macrofinancial linkages framework*, IMF Working Paper 11/111, Washington, DC.

Ueda, K. und B. Weder di Mauro (2013), Quantifying structural subsidy values for systemically important financial institutions, *Journal of Banking & Finance* 37, 3830–3842.

Yan, M., M.J.B. Hall und P. Turner (2012), A cost–benefit analysis of Basel III: Some evidence from the UK, *International Review of Financial Analysis* 25, 73–82.

ALTERSVORSORGE: DREI-SÄULEN-MODELL STÄRKEN

I. **Angst vor Altersarmut**

II. **Das Drei-Säulen-Modell**
   1. Umlageverfahren und Kapitaldeckung
   2. Der Übergang zum Drei-Säulen-Modell

III. **Reformbedarf in den drei Säulen**
   1. Gesetzliche Rentenversicherung
   2. Betriebsrenten
   3. Private Altersvorsorge: Die Riester-Rente

IV. **Fazit: Alle drei Säulen stärken**

Eine andere Meinung

Anhang: Die implizite Rendite der Gesetzlichen Rentenversicherung

Literatur

DAS WICHTIGSTE IN KÜRZE

Der mit den Reformen in den 2000er-Jahren eingeleitete **Übergang** zu einem auf **drei Säulen** basierenden Alterssicherungssystem hat sich als **richtiger und wichtiger Schritt** erwiesen. Er hat dazu beigetragen, die Gesetzliche Rentenversicherung (GRV) mittelfristig finanziell zu stabilisieren und das Absinken des Sicherungsniveaus in der GRV mit betrieblicher und privater Altersvorsorge abzufedern. Dies gilt selbst in Zeiten niedriger Zinsen. Anstatt die früheren Reformen zurückzunehmen und die Gewichte der einzelnen Säulen zugunsten der GRV zu verschieben, sollten vielmehr bestehende Probleme im Drei-Säulen-System durch dessen zielgerichtete Verbesserung angegangen werden.

Damit in der langen Frist ab dem Jahr 2030 der Beitragssatz weniger nach oben und das Sicherungsniveau weniger nach unten angepasst werden müssen, ist eine weitere Anhebung des gesetzlichen Renteneintrittsalters notwendig. Um ein stabileres Rentensystem zu schaffen, bietet sich **ab dem Jahr 2030 die Kopplung des gesetzlichen Renteneintrittsalters an die fernere Lebenserwartung** an. Im Jahr 2080 ergäben sich dadurch ein Sicherungsniveau von 42,1 % und ein Beitragssatz von 23,9 %. Eine Anhebung der Untergrenze für das Sicherungsniveau, etwa auf 45 %, würde höhere Beitragssätze ab dem Jahr 2040 erforderlich machen. Die Einbeziehung bislang nicht obligatorisch abgesicherter Selbstständiger in die GRV würde sich ebenfalls ungünstiger auswirken.

Darüber hinaus wäre eine Angleichung des Rentenrechts in West- und Ostdeutschland 25 Jahre nach der Wiedervereinigung angezeigt. Der Sachverständigenrat hält nach wie vor die im Jahresgutachten 2008/09 ausgeführte **besitzstandswahrende Umbasierung der rentenrechtlichen Größen auf gesamtdeutsche Werte** für die bestmögliche Variante einer Vereinheitlichung des Rentenrechts, da sie zum Umstellungszeitpunkt verteilungs- und kostenneutral ist.

Bei der betrieblichen Altersvorsorge (bAV) besteht Handlungsbedarf insbesondere bei kleinen und mittleren Unternehmen (KMU) und Geringverdienern. Um die bAV für Geringverdiener durch eine Zulagenförderung attraktiver zu machen, wäre die **Abschaffung der Doppelverbeitragung im Rahmen der Riester-Rente innerhalb der bAV** notwendig. Eine stärkere Verbreitung der bAV bei den KMU könnte durch eine Reduktion von Informationsbeschaffungs- und Verwaltungskosten erreicht werden. Dafür böte sich ein stärkeres Engagement der Unternehmensverbände an. Zudem könnten die Tarifvertragsparteien ein Standardprodukt anbieten.

In der privaten Altersvorsorge muss es darum gehen, den Verbreitungsgrad der Riester-Rente vor allem bei Geringverdienern zu erhöhen. Dabei dürften die Unkenntnis der Förderberechtigung, die (falsche) Annahme, später auf die Grundsicherung im Alter angewiesen zu sein, Marktintransparenz und fehlende finanzielle Bildung für den unzureichenden Verbreitungsgrad verantwortlich sein. Eine Verbesserung des Finanzwissens, eine allgemeine Förderberechtigung und mehr Transparenz wären daher sinnvoll. Ebenso sollten die Anlagevorschriften überarbeitet und dabei die Beschränkung der Aktienquote aufgehoben werden. Zudem sollten **Eigenleistungen zur staatlich geförderten Altersvorsorge**, etwa durch einen Freibetrag pauschaliert, **von der Anrechnung auf die Grundsicherung ausgenommen** werden. Schließlich könnte ein nicht staatlich angebotenes Standardprodukt für die Verbreitung förderlich sein.

Eine auf diesen drei Säulen basierende Altersvorsorge dürfte ausreichen, damit die bislang wenig verbreitete Altersarmut in Deutschland weiterhin kein gesamtgesellschaftliches Problem wird. Der beste Schutz vor Altersarmut ist dabei eine **durchgängige Erwerbsbiografie**.

I. ANGST VOR ALTERSARMUT

559. Das Thema Alterssicherung beschäftigt Politik und Öffentlichkeit von Wahlzyklus zu Wahlzyklus. Gleichwohl sind die **aktuellen Diskussionen von inakzeptablen Vereinfachungen geprägt**. So wurde von verschiedenen Seiten darauf hingewiesen, dass die bis zum Jahr 2007 durchgeführten Reformen zu niedrigeren Rentenzahlungen aus der Gesetzlichen Rentenversicherung (GRV) führen würden. Daraus wurde geschlossen, dass die Altersarmut erheblich ansteigen müsse. Gleichzeitig wurde die staatlich geförderte private Altersvorsorge, also die Riester-Rente, aufgrund ihres als nicht ausreichend angesehenen Verbreitungsgrades und des aktuellen Niedrigzinsumfelds für „gescheitert" erklärt. Vorschläge, wie diesen Problemen beizukommen ist, zielen im Wesentlichen darauf ab, die vergangenen Rentenreformen zu verwässern oder zurückzudrehen.

560. Doch werden nicht die tatsächlichen Rentenzahlungen, sondern das **Rentenniveau** (Sicherungsniveau) sinken. Dabei handelt es sich um eine **relative Größe**, die angibt, wie hoch die Rente in Relation zum Durchschnittseinkommen ausfällt, wenn man 45 Jahre lang das Durchschnittseinkommen verdient hat (Standardrentner). Das demografiebedingte Absinken des Sicherungsniveaus in der GRV bedeutet also nicht, dass die Renten absolut oder real sinken, sondern lediglich, dass sie langsamer wachsen als die Löhne. Da diese im Allgemeinen wesentlich stärker wachsen als die Verbraucherpreise, dürfte sich die **Kaufkraft der Renten** in Zukunft weiter erhöhen. Bei dieser Definition des Sicherungsniveaus wird zudem nicht berücksichtigt, dass die Lebensarbeitszeit durch die Erhöhung des gesetzlichen Renteneintrittsalters auf über 45 Jahre ansteigt und somit höhere Rentenansprüche erworben werden. Bei Berücksichtigung der höheren Lebensarbeitszeit würde das Sicherungsniveau weniger stark sinken.

561. Die betriebliche Altersvorsorge (bAV) und die Riester-Rente ergänzen als weitere Säulen der Alterssicherung die GRV. Bei diesen wird der Verbreitungsgrad schon seit Längerem als zu gering angesehen. So sah bereits der Koalitionsvertrag von CDU, CSU und SPD eine Stärkung der betrieblichen und privaten Altersvorsorge vor. Inzwischen sind Eckpunkte bekannt, mit denen die Bundesregierung den **Verbreitungsgrad der bAV erhöhen** will. Hinzu kommt, dass es aufgrund des aktuell niedrigen Zinsniveaus schwieriger wird, die bei Einführung der Förderung erwarteten Renditen der kapitalgedeckten Altersvorsorge zu erwirtschaften. Daraus wird abgeleitet, dass die durch die Reformen der GRV induzierte Rentenlücke nicht geschlossen werden könne, das Gesamtversorgungsniveau bestehend aus GRV- und Riester-Rente wesentlich zurückginge und die Altersarmut erheblich steigen müsse.

562. **Altersarmut** ist heute nicht weit verbreitet. Liegt der Zahlbetrag der GRV aktuell unterhalb von etwa 775 Euro und wird dieser nicht durch zusätzliche Einkommen oder Vermögen, etwa von anderen Familienmitgliedern, erhöht, besteht ein Anspruch auf Grundsicherung im Alter. Bei dieser handelt es sich um eine bedarfsorientierte Leistung des Staates, die existenzielle Armut verhindern soll. Da es sich bei der Armutsbekämpfung um eine gesamtgesellschaftliche Auf-

gabe handelt, wird die Grundsicherung im Alter sachgerecht aus Steuern finanziert. Dabei wird die finanzielle Lage des privaten Haushalts berücksichtigt.

Seit ihrer Einführung im Jahr 2003 hat sich die Anzahl der Empfänger von **Grundsicherung im Alter** in etwa verdoppelt und lag im Jahr 2015 bei rund 535 000 Personen, darunter überwiegend Frauen. Gleichwohl ist der Anteil der Empfänger dieser sozialen Leistung an allen 65-jährigen und Älteren mit 3,1 % im Jahr 2015 gering. Dies gilt vor allem im Vergleich zu den unter 15-jährigen: Von diesen bezogen 14,2 % im Jahr 2015 eine vergleichbare Sozialleistung.

563. In den kommenden Jahren ist zwar mit einer steigenden Anzahl der Empfänger von Grundsicherung im Alter zu rechnen. Für ein Szenario ohne Verhaltensanpassung und bei schlechter Arbeitsmarktintegration hat der Wissenschaftliche Beirat beim Bundesministerium für Wirtschaft und Technologie (2012) einen **Anstieg der Altersarmutsquote auf 5,4 % im Jahr 2029** ermittelt. Diese läge allerdings immer noch deutlich unter dem Anteil der unter 15-jährigen, die bereits heute auf die entsprechende Sozialleistung angewiesen sind. Vollkommen abwegig ist die in diesem Frühjahr in den Medien kursierende zu erwartende Altersarmutsquote von 50 % (Börsch-Supan und Bucher-Koenen, 2016).

564. Dabei ist der vom Wissenschaftlichen Beirat berechnete voraussichtliche Anstieg der Empfänger der Grundsicherung im Alter kaum auf die Reformen der GRV zurückzuführen. Vielmehr gab es in den vergangenen Dekaden weitere Entwicklungen, die das Risiko für eine geringe gesetzliche Rente erhöht haben (JG 2011 Ziffern 521 ff.). Dazu zählt insbesondere die **schlechtere Situation auf dem Arbeitsmarkt bis zum Jahr 2005**, die von einem Anstieg der Langzeitarbeitslosigkeit gekennzeichnet war und eine Veränderung der Erwerbstätigenstruktur zur Folge hatte. Hinzu kommt die Aufspreizung der Entlohnungsstruktur. ↘ ZIFFER 819 Ebenso haben Erwerbsminderungsrentner ein höheres Armuts- und damit Altersarmutsrisiko.

565. Es ist daher nicht hilfreich, die Reformen aufgrund des zu erwartenden Anstiegs der Altersarmut zurückzudrehen. Vielmehr müssen **weitere Schritte** unternommen werden, um die **GRV** über das Jahr 2030 hinaus zu **stabilisieren**. Um das sinkende Sicherungsniveau aus der GRV abzufedern, sollten die betriebliche und die private Altersvorsorge verbessert werden, da nur mit mehreren starken Säulen verschiedene Risiken wie der demografische Wandel und Schwankungen am Kapitalmarkt diversifiziert werden können.

566. Eine **solidarische Lebensleistungsrente**, wie sie im Koalitionsvertrag vorgesehen ist, ist ebenfalls nicht zielführend (JG 2013 Ziffern 700 ff.). Sie würde Altersarmut nicht präventiv, sondern kurativ behandeln, soweit sie zum Zeitpunkt des Renteneintritts den Bezug der Grundsicherung im Alter vermeidet (JG 2012 Ziffern 644 ff.; JG 2013 Ziffer 700). Eine Bedürftigkeitsprüfung soll gleichwohl nicht entfallen. Aufgrund der Anspruchsvoraussetzungen dürfte sie lediglich bei einer kleinen Gruppe von Versicherten Altersarmut verhindern. Dennoch würde die Lebensleistungsrente zu einer zusätzlichen Belastung der Beitragszahler führen, sobald sie zu einem Teil aus Beiträgen finanziert würde (Feld et al., 2013).

567. Um Altersarmut wirksam entgegenzuwirken, sind vielmehr **präventive Maßnahmen** notwendig, die zu einer guten Arbeitsmarktintegration führen. Hierfür ist bereits vor der Erwerbsphase anzusetzen. Schließlich eröffnen sich mit einer hohen schulischen und beruflichen Qualifikation die meisten Arbeitsmarktchancen, während das Arbeitslosigkeitsrisiko gleichzeitig am geringsten ist. Erforderlich ist also eine Bildungspolitik, die bei der vorschulischen Erziehung beginnt und bei einer Ausweitung der Weiterbildung endet (JG 2009 Ziffern 466 ff.). Dies verbessert die Beschäftigungschancen bildungsferner und damit eher von Arbeitslosigkeit bedrohter Personen. Zudem dürfte eine beschäftigungsorientierte Arbeitsmarktpolitik zur Reduktion des Altersarmutsrisikos beitragen.

568. Durch eine **Erwerbsminderung** werden die individuellen Möglichkeiten stark eingeschränkt, Rentenanwartschaften in der GRV zu erwerben und private Altersvorsorge zu betreiben. Das erhöht nicht zuletzt das Risiko für eine spätere Altersarmut. Dem Auftreten einer Erwerbsminderung können ein Ausbau der betrieblichen Gesundheitspolitik sowie individuelle Präventionsanstrengungen entgegenwirken. Zudem könnten die Abschläge bei der Rentenberechnung für Erwerbsgeminderte reduziert werden, um Armut dieser Personengruppe zu reduzieren. Derzeit dürfte die GRV etwa 3,7 Mrd Euro jährlich durch diese Abschläge einsparen.

II. DAS DREI-SÄULEN-MODELL

569. Das umlagefinanzierte System der GRV bildet den Kern der ersten Säule der Alterssicherung in Deutschland. Seit der Jahrtausendwende spiegelt die finanzielle Lage der GRV verstärkt den steigenden Druck des demografischen Wandels wider. Um die daraus erwachsende Belastung für die erste Säule zu begrenzen, wurde das Alterssicherungssystem durch zahlreiche **Maßnahmen** grundlegend umgebaut. Es basiert seitdem auf drei Säulen: den gesetzlichen Regelsystemen, den Betriebsrenten sowie der privaten Altersvorsorge. Ergänzend sichert die bedarfsorientierte Grundsicherung im Alter den Lebensunterhalt.

1. Umlageverfahren und Kapitaldeckung

570. Diese Maßnahmen verringerten das hohe Gewicht der umlagefinanzierten ersten Säule der Alterssicherung graduell (JG 2001 Ziffern 241 ff.). Seitdem werden die kapitalgedeckte betriebliche und private Altersvorsorge staatlich gefördert und als eigenständige Sicherungssäulen begriffen. Neben der finanziellen Entlastung der GRV war eine gleichmäßigere Lastenverteilung auf die Generationen das Ziel dieses **Nebeneinanders von Umlage- und Kapitaldeckungsverfahren** (BMGS, 2003). Zudem sollte verhindert werden, dass eine steigende Beitragsbelastung die Arbeitskosten weiter erhöhen und so die Wettbewerbsfähigkeit beeinträchtigen würde (Börsch-Supan et al., 2016b). Gleichzeitig federn die drei Säulen unterschiedliche Risiken ab. Während ein umlagefinanziertes System stärker vom demografischen Wandel betroffen ist, wirken sich niedrige Zinsen,

Kapitalmarktschwankungen und Inflation unmittelbar auf die kapitalgedeckten Vorsorgeformen aus (Börsch-Supan, 2001; Homburg, 2013).

571. Im **Umlageverfahren** werden die laufenden Rentenzahlungen direkt durch die aktuellen Beitragseinnahmen finanziert. Bei der Einführung ergeben sich Leistungen ohne Gegenleistung für die erste Rentnergeneration („Einführungsgewinn"). Dies war in Deutschland nach dem Zweiten Weltkrieg und im Zuge der Wiedervereinigung sinnvoll, da die Personen im Rentenalter nur geringe Ersparnisse besaßen. Die Belastung der Beitragszahler steigt allerdings bei einer Alterung und Schrumpfung der Bevölkerung. Das Umlageverfahren ist also stark von demografischen Veränderungen abhängig. Mittelfristig kann es in Deutschland nur funktionsfähig bleiben, wenn das Sicherungsniveau abgesenkt wird oder Beitragssatz, Lebensarbeitszeit oder Bundeszuschüsse angehoben werden. Eine Kombination verschiedener Maßnahmen ist möglich.

572. Bei der **kapitalgedeckten Altersvorsorge** baut der Versicherte während der Erwerbsphase einen Kapitalstock auf, der sich durch Verzinsung erhöht und im Alter aufgezehrt werden kann. Für den Versicherten ist das Kapitaldeckungsverfahren lohnender als ein umlagefinanziertes System, wenn die Rendite, die am Kapitalmarkt erzielt wird, die implizite Rendite des Umlageverfahrens übersteigt. Letztere ergibt sich durch das Wachstum der Lohnsumme (Homburg, 2013; Wellisch, 2014). Bei einem solchen Renditevergleich ist zu bedenken, dass die GRV neben der Langlebigkeit weitere Risiken, wie etwa die Erwerbsminderung absichert. Zudem wird das Konzept der impliziten Rendite vor allem für intergenerationale Verteilungsanalysen eingesetzt, bei denen der Standardrentner im Mittelpunkt steht. Individuell zu erzielende Renditen weichen häufig deutlich davon ab. ↘ ZIFFER 676 FF.

573. Die meisten Länder setzen auf ein Mischsystem. So zeigt ein **internationaler Vergleich** der Alterssicherungssysteme, dass in der Mehrzahl der OECD-Länder Elemente aus umlage- und kapitalgedeckter Finanzierung nebeneinanderstehen. ↘ KASTEN 19

↘ KASTEN 19

Internationaler Vergleich von Alterssicherungssystemen

Seit Mitte der 1990er-Jahre haben sich in den OECD-Ländern unterschiedliche **Mischsysteme** der Altersvorsorge gebildet. Diese basieren häufig auf einem Drei-Säulen-Modell aus zumeist umlagefinanzierter staatlicher (erste Säule) sowie kapitalgedeckter betrieblicher (zweite Säule) und privater Altersvorsorge (dritte Säule) (Grech, 2015; OECD, 2015a).

Beispiele für **ausgeprägte Drei-Säulen-Systeme** existieren in den Niederlanden, der Schweiz und in Schweden (Barr, 2006; Australian Centre for Financial Studies und Mercer, 2015; OECD, 2015a). In den **Niederlanden** wird eine staatliche Einheitsrente durch kapitalgedeckte betriebliche und private Rentenvorsorge komplettiert (Hinz, 2011). Die Einheitsrente liegt bei 70 % des Mindestlohns und ist umlagefinanziert. Dadurch beziehen ehemalige Geringverdiener einen größeren Anteil ihrer Altersbezüge aus dem umlagefinanzierten System. In Deutschland orientiert sich die Rentenzahlung der GRV hingegen an der früheren Einkommensposition des Versicherten, sodass die Nettoersatzquote für die Einkommensgruppen entsprechend dieses Äquivalenzprinzips nahezu identisch ist. ↘ ABBILDUNG 76 OBEN LINKS Das **Schweizer Modell** beinhaltet eine staatliche und umlagefinanzierte Minimal- und Maximalrente, die ebenfalls mit dem Äquivalenzprinzip bricht (Feld et al., 2012a, 2012b). In **Schweden** hängen die Rentenzahlungen von einem flexiblen Renteneintrittsalter, der durchschnittlichen Lebenserwartung der Alterskohorte und den Beitragszahlungen ab (Sundén, 2006). Dabei wird dem Umlageverfahren ein Teil der Rentenbeiträge entzogen und von staatlichen Rentenfonds am Kapitalmarkt investiert.

↘ ABBILDUNG 76
Rentensysteme im Vergleich

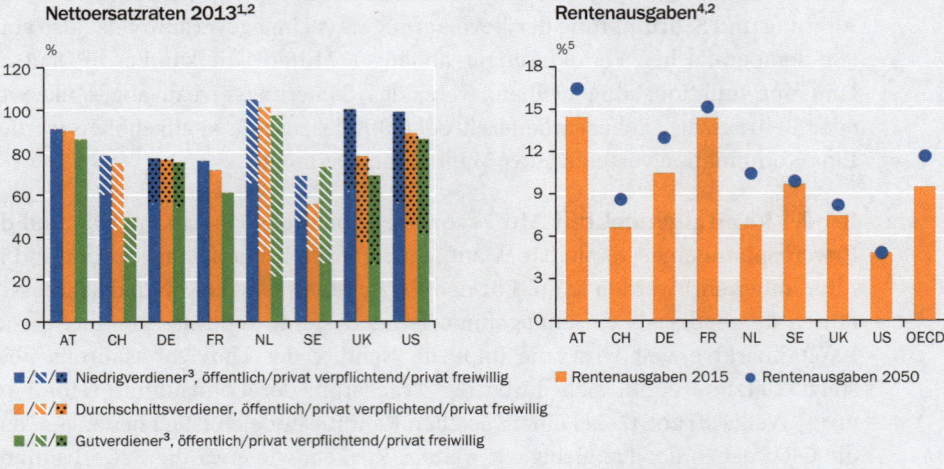

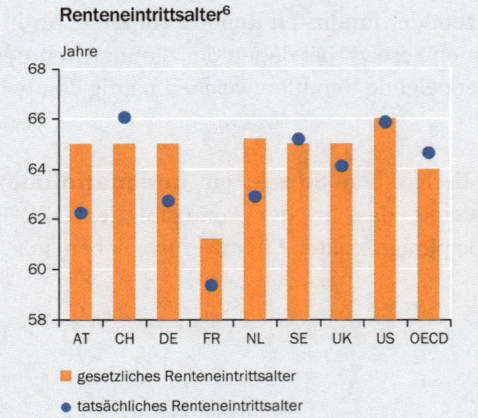

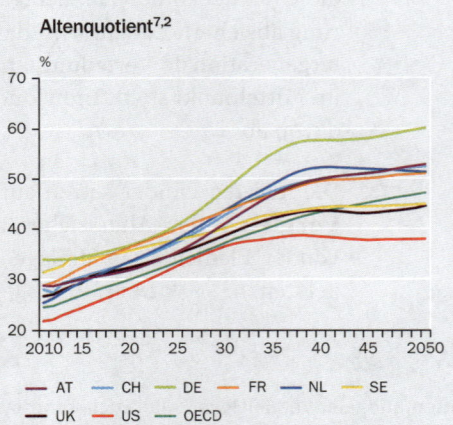

Nettoersatzraten 2013[1,2]

Rentenausgaben[4,2]

■/◩/▨ Niedrigverdiener[3], öffentlich/privat verpflichtend/privat freiwillig
■/◩/▨ Durchschnittsverdiener, öffentlich/privat verpflichtend/privat freiwillig
■/◩/▨ Gutverdiener[3], öffentlich/privat verpflichtend/privat freiwillig

● Rentenausgaben 2015   ● Rentenausgaben 2050

Renteneintrittsalter[6]

Altenquotient[7,2]

■ gesetzliches Renteneintrittsalter
● tatsächliches Renteneintrittsalter

— AT — CH — DE — FR — NL — SE
— UK — US — OECD

1 – Private und betriebliche Rentenleistungen sind aufgrund fehlender Daten für einzelne Länder nicht vollständig erfasst. 2 – AT-Österreich, CH-Schweiz, DE-Deutschland, FR-Frankreich, NL-Niederlande, SE-Schweden, UK-Vereinigtes Königreich, US-Vereinigte Staaten. 3 – Niedrig-(Hoch-)lohn entspricht dem 0,5-fachen (1,5-fachen) des Durchschnittslohns. 4 – Gemäß der Abgrenzung des European System of Integrated Social Protection Statistics (ESSPROS). Staatliche Ausgaben zur Förderung betrieblicher und privater Altersvorsorge sind nur teilweise erfasst. 5 – In Relation zum nominalen BIP. 6 – Werte für Männer. In Frankreich besteht ein voller Rentenanspruch nach (i) 41,25 Berufsjahren oder (ii) mit Erreichen des 65. Lebensjahres (67 Jahre bis 2022) bei Renteneintritt im Jahr 2015. Das Mindestrentenalter (60 Jahre) wird bis 2017 auf 62 Jahre erhöht. In Deutschland und im Vereinigten Königreich steigt das Eintrittsalter perspektivisch auf 67 Jahre. In Deutschland liegt es derzeit bei 65,4 Jahren. 7 – Verhältnis der über 65-jährigen zu den 20- bis 64-jährigen.

Quelle: OECD

© Sachverständigenrat | 16-208

Betriebsrenten bilden in diesen Ländern einen substanziellen Teil der Altersvorsorge. Sie sind entweder gesetzlich vorgeschrieben (Schweiz) oder werden durch die Sozialpartner in den Tarifverhandlungen ausgehandelt (Schweden, Niederlande). Zudem wird **private Vorsorge** staatlich gefördert. In Schweden wurde die steuerliche Förderung in diesem Jahr allerdings stark eingeschränkt. Weitere ausgeprägte Drei-Säulen-Modelle gibt es beispielsweise in Australien, Finnland, Norwegen und Dänemark sowie in vielen zentral- und osteuropäischen Ländern.

Allerdings gibt es noch immer Länder, die ihre Altersvorsorge **fast ausschließlich umlagefinanziert** organisieren. Dies spiegelt sich in der Höhe der Rentenausgaben in Relation zum Bruttoinlandsprodukt wider. ↘ ABBILDUNG 76 OBEN RECHTS Hierzu gehören Frankreich und Österreich. Deren Alterssicherungssysteme weisen aber regelmäßig Defizite aus, die aus Steuermitteln beglichen werden müssen. Da sich diese Länder, vor allem Österreich, ungünstigen demografischen Entwicklungen gegenübersehen, wird zunehmend Reformbedarf angemahnt (Australian Centre for Financial Studies und Mercer, 2015; Allianz, 2014). ↘ ABBILDUNG 76 UNTEN RECHTS Erste Schritte in diese Richtung wurden durch die Erhöhung des Renteneintrittsalters unternommen. Insbesondere in Frankreich sind jedoch das gesetzliche und tatsächliche Renteneintrittsalter relativ niedrig. ↘ ABBILDUNG 76 UNTEN LINKS

Im angelsächsischen Raum hat die **Kapitaldeckung** eine größere Bedeutung. Typisch sind geringe Basisrenten, wie dies in den Vereinigten Staaten, dem Vereinigten Königreich, Kanada und Australien der Fall ist. Diese werden üblicherweise durch kapitalgedeckte betriebliche oder private Altersvorsorgeformen ergänzt. Die bekanntesten Anlageformen dieser Art sind die 401(k)-Sparpläne aus den **Vereinigten Staaten**, die einen hohen Verbreitungsgrad haben (Hewitt Associates, 2009).

2. Der Übergang zum Drei-Säulen-Modell

574. Mit den **Reformen** in Deutschland wurde die Abkehr von einer am Rentenniveau orientierten Politik eingeleitet und der Anstieg des Beitragssatzes zur GRV begrenzt. ↘ ABBILDUNG 77 Eine solche Beitragssatzorientierung ist in einer alternden Gesellschaft, in der weniger Beitragszahler für die umlagefinanzierten Rentenzahlungen aufkommen, ohne weitere Maßnahmen mit einer Senkung des Sicherungsniveaus verbunden. Tatsächlich hat sich der Gesetzgeber für einen Mix aus Beitragssatzanstieg, Absenkung des Sicherungsniveaus und Erhöhung des gesetzlichen Renteneintrittsalters entschieden.

So steigt seit dem Jahr 2012 das gesetzliche Renteneintrittsalter bis zum Jahr 2029 graduell auf 67 Jahre an. Der Rückgang des Sicherungsniveaus soll über zusätzliche Altersvorsorge kompensiert werden. Daher werden die betriebliche und die private kapitalgedeckte Altersvorsorge staatlich gefördert. Außerdem werden Alterseinkünfte seit dem Jahr 2005 nachgelagert besteuert: Die Rentenzahlung wird besteuert, die Einzahlungen in der Erwerbsphase bleiben dagegen steuerfrei.

575. Zudem wurden zu Beginn des Jahrtausends die Hinterbliebenenversorgung beschnitten, das gesetzliche Renteneintrittsalter der Frauen dem fünf Jahre höheren der Männer angepasst und rentensteigernde Ausbildungszeiten abgebaut.

↘ ABBILDUNG 77
Wichtige rentenpolitische Änderungen seit dem Jahr 2000

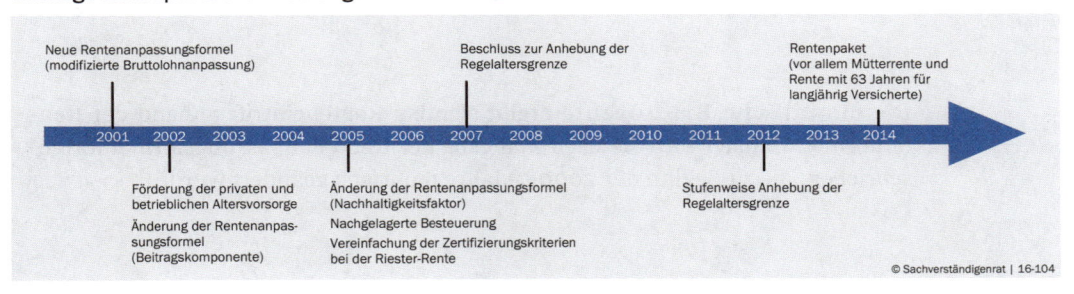

Die Maßnahmen des Rentenpakets aus dem Jahr 2014, insbesondere die Mütterrente und die Rente mit 63 Jahren für langjährig Versicherte, zielen als Leistungsausweitung dagegen in die entgegengesetzte Richtung (JG 2014 Ziffer 559; Feld et al., 2014; Kallweit und Kohlmeier, 2014). Vorschläge für einen **weiteren Ausbau der Mütterrente** dürften wahltaktisch motiviert sein. Sie gefährden aber die finanzielle Tragfähigkeit der GRV zusätzlich und sind daher **grundsätzlich abzulehnen**.

Gesetzliche Rentenversicherung

576. Die **erste Säule der Alterssicherung** umfasst in Deutschland die Regelsysteme, in denen die Mitglieder typischerweise pflichtversichert sind. Neben der GRV für alle sozialversicherungspflichtig Beschäftigten sind dies die Beamtenversorgung sowie Sondersysteme für bestimmte Gruppen von Selbstständigen. Das bedeutendste Element der ersten Säule sowie der Altersversorgung insgesamt bildet die **umlagefinanzierte GRV**.

Deren Ausgaben werden im Wesentlichen durch Beitragseinnahmen und Bundeszuschüsse gedeckt. Die Bundeszuschüsse rechtfertigen sich vor allem aus gesamtgesellschaftlichen Aufgaben, sogenannten versicherungsfremden Leistungen (JG 2005 Tabelle 38). Das Budget soll in jeder Periode nahezu ausgeglichen sein. Überschüsse fließen in die sogenannte Nachhaltigkeitsrücklage, mit der die Liquidität der GRV sichergestellt wird. Sinkt die Nachhaltigkeitsrücklage unter eine vorgegebene Schwelle, muss der Beitragssatz angehoben werden.

577. Seit dem Jahr 2004 sind eine **Obergrenze für den Beitragssatz** und eine **Untergrenze für das Sicherungsniveau** gesetzlich verankert (§ 154 SGB VI). Die Bundesregierung soll geeignete Maßnahmen vorschlagen, wenn Projektionen zeigen, dass (i) der Beitragssatz bis zum Jahr 2020 über 20 % oder bis zum Jahr 2030 über 22 % steigt oder (ii) das Sicherungsniveau vor Steuern bis zum Jahr 2020 unter 46 % oder bis zum Jahr 2030 unter 43 % fällt.

Das **Sicherungsniveau** ist als Verhältnis der Standardrente zum durchschnittlichen Einkommen der Beitragszahler definiert. Das Leistungsniveau der GRV wird also als **relatives Maß** angegeben. Die Standardrente erhält ein Beitragszahler, der in 45 Beitragsjahren jeweils das durchschnittliche Einkommen bezogen hat. Von dieser Standardrente werden Beiträge zur Kranken- und Pflegeversicherung abgezogen, vom durchschnittlichen Einkommen der Beitragszahler entsprechend die Sozialbeiträge sowie der durchschnittliche Aufwand zur zusätzlichen Altersvorsorge. Steuern bleiben bei beiden Referenzwerten unberücksichtigt. Ein Absinken des Sicherungsniveaus bezeichnet somit keine niedrigeren Rentenzahlungen, sondern einen im Vergleich zur Lohnentwicklung geringeren Anstieg der Renten.

578. Die **monatliche Bruttorente** ergibt sich bei Renteneintritt anhand der Rentenformel. Danach wird sie nach Maßgabe der Rentenanpassungsformel fortgeschrieben, die zu Beginn der 2000er-Jahre mehrfach geändert wurde. ↘ KASTEN 20

579. Durch eine Schutzklausel sind seit dem Jahr 2003 nominale Rentenkürzungen ausgeschlossen, die sich alleine durch den Riester-Faktor oder den Nachhaltigkeitsfaktor ergeben. Diese Schutzklausel wurde im Jahr 2009 auf Rentenkürzungen aufgrund sinkender Löhne ausgeweitet (**Rentengarantie**). Seit dem Jahr 2011 gilt ein Nachholfaktor. Bei unterbliebenen Absenkungen des Sicherungsniveaus wird der Ausgleichsbedarf in den Folgejahren abgeschmolzen. Aktuell besteht kein Ausgleichsbedarf mehr. Darüber hinaus gibt es seit dem Jahr 2004 die sogenannte „Schutzklausel Ost". Nach dieser muss der Aktuelle Rentenwert (Ost) mindestens mit dem Wert angehoben werden, mit dem der Aktuelle Rentenwert (West) steigt.

> **↘ KASTEN 20**
>
> **Zur Ermittlung der Rentenhöhe**
>
> Die individuelle monatliche Bruttorente ergibt sich aus der **Rentenformel**. Die monatliche Bruttorente R_t zum Zeitpunkt t errechnet sich, indem die persönlichen Entgeltpunkte (*EP*) mit dem Rentenartfaktor (*RF*), dem Zugangsfaktor (*ZF*) sowie dem Aktuellen Rentenwert zum Zeitpunkt t (AR_t) multipliziert werden:
>
> $$R_t = EP \times RF \times ZF \times AR_t.$$
>
> Zur Ermittlung der persönlichen **Entgeltpunkte** werden alle jährlich erworbenen Entgeltpunkte summiert. Die je Jahr erworbenen Entgeltpunkte werden ermittelt, indem das jährlich erzielte Entgelt des Versicherten durch das Durchschnittsentgelt des jeweiligen Jahres geteilt wird. Entspricht der Verdienst dem durchschnittlichen Verdienst aller Versicherten, wird ein Entgeltpunkt erworben. In Ostdeutschland bezogene Entgelte werden mit einem Umrechnungsfaktor erhöht (Feld und Kohlmeier, 2016). Weitere Entgeltpunkte können beispielsweise durch Kindererziehungszeiten erzielt werden.
>
> Der **Rentenartfaktor** gibt an, ob es sich um eine Alters-, Erwerbsminderungs- oder Hinterbliebenenrente handelt. Mit dem **Zugangsfaktor** wird ein vorzeitiger oder späterer Renteneintritt abgebildet. Er liegt bei 1,0, wenn der Rentenzugang entsprechend dem gesetzlichen Renteneintrittsalter erfolgt. Er reduziert sich um 0,003 für jeden Monat der vorzeitigen Inanspruchnahme und erhöht sich um 0,005 für jeden Monat der späteren Inanspruchnahme. Der **Aktuelle Rentenwert** (AR_t) entspricht demjenigen monatlichen Rentenbetrag, der sich durch einen Entgeltpunkt ergibt.
>
> Seit dem Jahr 2005 wird der Aktuelle Rentenwert anhand einer neuen **Rentenanpassungsformel** fortgeschrieben. Die Anpassung im Juli eines jeden Jahres ergibt sich seitdem aus
>
> (1) einer Lohnkomponente, die sich an der Entwicklung der beitragspflichtigen Einkommen der Versicherten orientiert,
>
> (2) einer Beitragskomponente, die (fiktive) Belastungsveränderungen der Beitragszahler widerspiegelt, sowie
>
> (3) einem Nachhaltigkeitsfaktor, der das Verhältnis von Beitragszahlern und Rentenbeziehern berücksichtigt und zwischen ihnen eine Lastenverteilung bewirkt (JG 2008 Kasten 11):
>
> $$AR_t = AR_{t-1} \times \underbrace{\frac{BE_{t-1}}{BE_{t-2}^{korrigiert}}}_{Lohnkomponente} \times \underbrace{\frac{1 - AVA_{t-1} - RVB_{t-1}}{1 - AVA_{t-2} - RVB_{t-2}}}_{Beitragskomponente} \times \underbrace{\left[\left(1 - \frac{RQ_{t-1}}{RQ_{t-2}}\right)\alpha + 1\right]}_{Nachhaltigkeitsfaktor}.$$
>
> Die **Lohnkomponente** wird getrennt für die alten und neuen Länder ermittelt. Sie bildet ab, wie sich die Bruttolöhne und -gehälter des durchschnittlichen Arbeitnehmers (*BE*) entwickelt haben. Dabei werden die durchschnittlichen Bruttoentgelte des vorvergangenen Kalenderjahres ($BE_{t-2}^{korrigiert}$) so

korrigiert, dass die Einkommensentwicklung der tatsächlichen Beitragszahler stärker berücksichtigt wird (JG 2008 Kasten 11). Die Orientierung an dieser Bruttolohnentwicklung gilt seit dem Jahr 2001.

Die **Beitragskomponente** bremst seit dem Jahr 2002 den Anstieg des Sicherungsniveaus. Um die erhöhte Belastung der Beitragszahler abzubilden, wird zum einen die Veränderung des Beitragssatzes (*RVB*) berücksichtigt, zum anderen ein fiktiver Altersvorsorgeanteil (*AVA*). Dieser „Riester-Faktor" wurde im Zeitraum von 2002 bis 2012 schrittweise auf 4 % angehoben, um den privaten Beitrag für die staatlich geförderte zusätzliche Altersvorsorge widerzuspiegeln. Er wird unabhängig davon angerechnet, in welcher Höhe tatsächlich privat vorgesorgt wird.

Der **Nachhaltigkeitsfaktor** wurde im Jahr 2005 neu in die Rentenanpassungsformel aufgenommen. Er wirkt bei einem Anstieg des Verhältnisses von Rentnern zu Beitragszahlern, dem Rentnerquotienten (*RQ*), dämpfend auf das Sicherungsniveau. Steigt die Anzahl der Rentner stärker als die Anzahl sozialversicherungspflichtig Beschäftigter, werden die Renten schwächer angepasst. Neben der demografischen Entwicklung schlagen sich die Arbeitsmarktsituation und das Rentenzugangsverhalten nieder. Da der Rentenquotient anhand von fiktiven, sogenannten „Äquivalenzbeitragszahlern" und „Äquivalenzrentnern" bestimmt wird, wirken sich das Beitragsvolumen, der Durchschnittslohn, das Rentenvolumen sowie die Standardrente aus. Der Faktor α steuert, wie stark der Nachhaltigkeitsfaktor bei der Rentenanpassung eingreift, wie also die Belastung auf Beitragszahler und Rentner verteilt wird. Seit Einführung des Nachhaltigkeitsfaktors beträgt der Faktor ein Viertel ($\alpha = 0{,}25$).

Betriebliche Altersvorsorge

580. Die bAV bildet die **zweite Säule der Alterssicherung**. Das Prinzip der Betriebsrente besteht darin, dass der Arbeitgeber einen Teil des Gehalts einbehält, um dem Angestellten nach der Erwerbsphase eine Rente zu zahlen. Diese kann er über Rückstellungen während der Erwerbsphase oder über die Anlage von Mitteln am Kapitalmarkt finanzieren. Im ersten Fall kann der Arbeitgeber eigene Investitionen mit den einbehaltenen Mitteln finanzieren und die Rendite für spätere Renten damit erwirtschaften.

Der **Vorteil von Betriebsrenten** besteht darin, dass vor allem größere Arbeitgeber aufgrund von Skalenerträgen eine höhere Rendite erzielen können als der einzelne Arbeitnehmer. Zudem erspart die bAV den Arbeitnehmern die Vermögensverwaltung mit den dazugehörenden Kosten, etwa zur Informationsbeschaffung (Clemens und Förstemann, 2015). Nicht zu vernachlässigen ist darüber hinaus der damit gesetzte Anreiz für Arbeitnehmer, zusätzlich privat vorzusorgen (Nudging).

581. Der Arbeitgeber bestimmt grundsätzlich, wie er die bAV ausgestaltet. Die zugesagten Leistungen können intern über den Arbeitgeber oder extern über Versorgungsträger finanziert werden. Insgesamt sind seit dem Jahr 2002 fünf **Durchführungswege** zur bAV zugelassen (Direktzusage, Unterstützungskasse, Direktversicherung, Pensionskasse, Pensionsfonds). Der gewählte Durchführungsweg hat einen Einfluss auf die steuer- und abgabenrechtliche Behandlung bei dem Unternehmen und dem Arbeitnehmer sowie auf die Regulierung. ⬎ ABBILDUNG 78

582. Seit dem Jahr 2002 haben alle Pflichtversicherten in der GRV einen Rechtsanspruch auf den Aufbau einer Betriebsrente. Allerdings müssen sie deren Finanzierung durch eine **Entgeltumwandlung** aus ihrem Bruttoeinkommen selbst übernehmen. Sie können auf einen Teil des Arbeitsentgelts verzichten, um damit eine wertgleiche Anwartschaft zu erhalten. Staatlich gefördert wird dies, indem Beiträge bis zu einer Obergrenze von Steuern und Sozialabgaben befreit sind. ↘ ABBILDUNG 78 Eine wesentliche Voraussetzung für die Förderung ist, dass eine Substanzgarantie bestehen muss, für die der Arbeitgeber einzustehen hat.

583. Die spätere Betriebsrente wird seit dem Jahr 2005 **nachgelagert besteuert**: Auf Einzahlungen werden keine Steuern erhoben, dafür sind Steuern auf die Rente zu entrichten (BMF, 2015). Bei konstanten Steuersätzen ist diese nachgelagerte Besteuerung äquivalent mit einer vorgelagerten Besteuerung ohne Belastung des Ertragsanteils. Die erwirtschaftete Rendite ist dann also steuerfrei. Fallen die Einkünfte in der Rentenphase geringer aus als in der Einzahlphase, ergibt sich aufgrund des progressiven Einkommensteuertarifs ein zusätzlicher Vorteil. Der individuelle Steuersatz ist dann im Alter niedriger. Da Niedrigeinkommensbezieher im Allgemeinen keine oder nur sehr geringe Steuern zahlen, fällt der Vorteil der nachgelagerten Besteuerung für sie nur geringfügig an.

584. Zudem werden Betriebsrenten **nachgelagert verbeitragt**. Während der Ansparphase werden keine Sozialabgaben fällig. Durch die Befreiung von Sozialab-

↘ ABBILDUNG 78
Durchführungswege der betrieblichen Altersversorgung

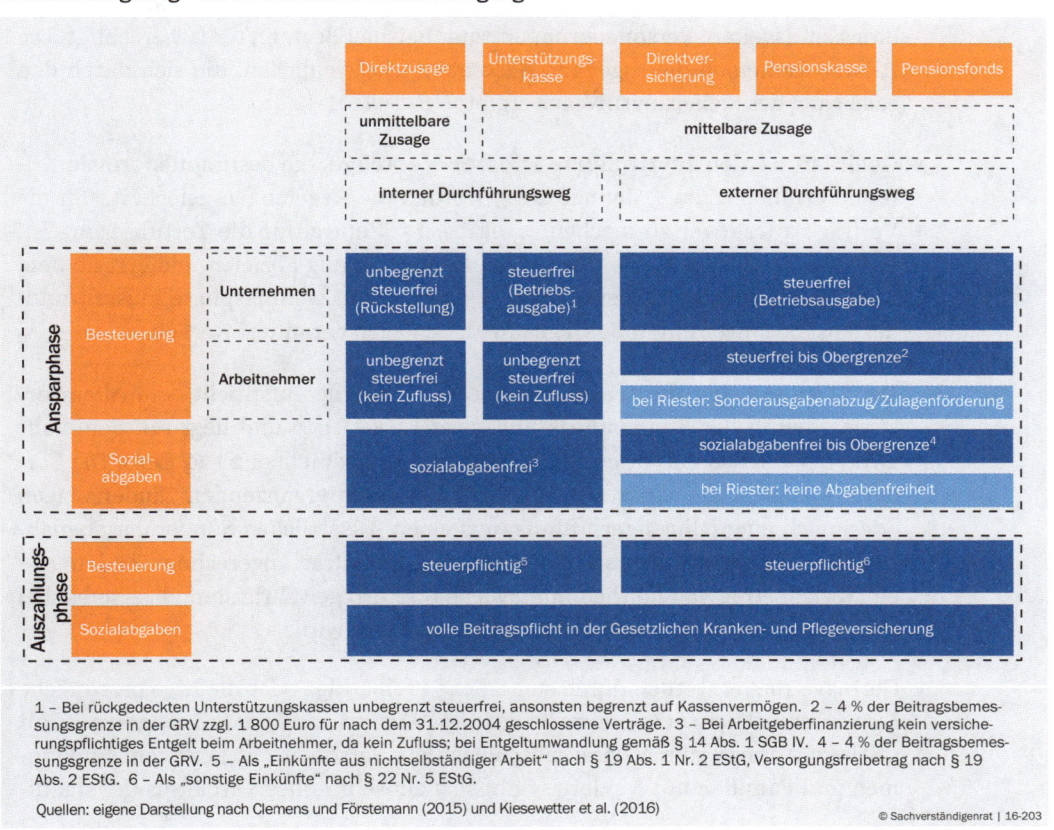

		Direktzusage	Unterstützungskasse	Direktversicherung	Pensionskasse	Pensionsfonds
		unmittelbare Zusage	mittelbare Zusage			
		interner Durchführungsweg	externer Durchführungsweg			
Ansparphase	Besteuerung Unternehmen	unbegrenzt steuerfrei (Rückstellung)	steuerfrei (Betriebsausgabe)[1]	steuerfrei (Betriebsausgabe)		
	Besteuerung Arbeitnehmer	unbegrenzt steuerfrei (kein Zufluss)	unbegrenzt steuerfrei (kein Zufluss)	steuerfrei bis Obergrenze[2]		
				bei Riester: Sonderausgabenabzug/Zulagenförderung		
	Sozialabgaben	sozialabgabenfrei[3]		sozialabgabenfrei bis Obergrenze[4]		
				bei Riester: keine Abgabenfreiheit		
Auszahlungsphase	Besteuerung	steuerpflichtig[5]		steuerpflichtig[6]		
	Sozialabgaben	volle Beitragspflicht in der Gesetzlichen Kranken- und Pflegeversicherung				

1 – Bei rückgedeckten Unterstützungskassen unbegrenzt steuerfrei, ansonsten begrenzt auf Kassenvermögen. 2 – 4 % der Beitragsbemessungsgrenze in der GRV zzgl. 1 800 Euro für nach dem 31.12.2004 geschlossene Verträge. 3 – Bei Arbeitgeberfinanzierung kein versicherungspflichtiges Entgelt beim Arbeitnehmer, da kein Zufluss; bei Entgeltumwandlung gemäß § 14 Abs. 1 SGB IV. 4 – 4 % der Beitragsbemessungsgrenze in der GRV. 5 – Als „Einkünfte aus nichtselbständiger Arbeit" nach § 19 Abs. 1 Nr. 2 EStG, Versorgungsfreibetrag nach § 19 Abs. 2 EStG. 6 – Als „sonstige Einkünfte" nach § 22 Nr. 5 EStG.

Quellen: eigene Darstellung nach Clemens und Förstemann (2015) und Kiesewetter et al. (2016)

gaben werden Arbeitgeber und Arbeitnehmer begünstigt (JG 2007 Ziffern 269 ff.). In der Auszahlungsphase müssen Arbeitnehmer hingegen Beiträge zur Kranken- und Pflegeversicherung zahlen. Daraus folgt, dass die Beiträge an die GRV und die Arbeitslosenversicherung komplett entfallen und geringere Ansprüche an die GRV als im Fall ohne Betriebsrente entstehen.

Zudem ist auf die Betriebsrente der volle Kranken- und Pflegeversicherungsbeitrag zu entrichten, nicht nur der Arbeitnehmeranteil. Bei der gesetzlichen Rente wird hingegen der ehemals vom Arbeitgeber zu tragende Anteil der Kranken- und Pflegeversicherungsbeiträge durch die Rentenversicherung übernommen.

Über externe Durchführungswege kann die staatliche Riester-Förderung ↘ ZIFFERN 585 FF. im Rahmen der bAV genutzt werden. Die eingezahlten Beiträge sind dann jedoch nicht von Sozialabgaben befreit. Bei der späteren Auszahlung werden ebenfalls Beiträge zur Pflege- und Krankenversicherung fällig. Gesetzlich Krankenversicherte sehen sich daher einer **doppelten Verbeitragung** ausgesetzt.

Private Altersvorsorge

585. Die staatlich geförderte private Altersvorsoge bildet die **dritte Säule der Alterssicherung**. Seit dem Jahr 2002 wird als Ergänzung zur gesetzlichen Rente insbesondere die **Riester-Rente** staatlich gefördert. Die freiwillige Zusatzversorgung zielt zwar auf diejenigen Personen ab, die von den Reformen in der GRV betroffen sind, also vor allem sozialversicherungspflichtig Beschäftigte. Allerdings sind weitere Personengruppen, zum Beispiel Beamte, förderberechtigt. Die Riester-Rente soll die sogenannte „Rentenlücke" schließen, die sich durch den Rückgang des Sicherungsniveaus ergibt. ↘ ZIFFERN 631 FF.

Gefördert werden **zertifizierte Riester-Verträge**, die bestimmte formale Kriterien erfüllen. Zum 1. Januar 2005 wurden die Regelungen gelockert, um die Verträge attraktiver zu machen. ↘ ABBILDUNG 77 Zentral für die Zertifizierung ist, dass die Verträge auf eine monatliche Rentenzahlung abzielen und erst ab dem Rentenalter ausgezahlt werden. Zu Beginn der Auszahlungsphase müssen mindestens die eingezahlten Beiträge und die Zulagen garantiert werden.

586. Der **Mindesteigenbeitrag** für die volle Förderung entspricht dem Altersvorsorgeanteil in der Rentenanpassungsformel ↘ KASTEN 20 und liegt seit dem Jahr 2008 bei 4 % des Vorjahreseinkommens, aber maximal bei 2 100 Euro. Die Förderung besteht aus einer festen Grundzulage und ergänzenden Kinderzulagen oder, nach einer Günstigerprüfung, aus einem zusätzlichen Sonderausgabenabzug. Die Zulagen werden auf den Mindesteigenbeitrag angerechnet. Zudem soll ein Sockelbetrag von jährlich mindestens 60 Euro gewährleisten, dass selbst bei geringem Einkommen eine Eigenleistung erbracht wird.

Geringverdiener werden durch steuerliche Freibeträge oder niedrige persönliche Einkommensteuersätze kaum begünstigt. Für sie setzt das **Zulagenmodell** stärkere Anreize zum Vertragsabschluss. Für Personen mit geringem Einkommen und Familien mit Kindern ergibt sich ein sehr hohes Verhältnis der staatlichen Förderung zum Sparbeitrag (Förderquote). Für alleinstehende Personen ohne Kinder wurden im Jahr 2015 Förderquoten von bis zu 70 % erreicht, für verheiratete Geringverdiener mit zwei Kindern von über 90 % (Börsch-Supan et al., 2016b).

587. Die **Basisrente** („Rürup-Rente") für Personen, die keine Riester-Förderung erhalten, richtet sich insbesondere an Selbstständige und Freiberufler. Private Vorsorge wird hier durch die Steuerfreiheit in der Ansparphase begünstigt, sofern es sich um zertifizierte Verträge handelt. Diese müssen eine lebenslange Rentenzahlung garantieren und lassen sich nicht vererben oder übertragen.

588. Beide staatlich geförderten privaten Vorsorgeformen werden wie bei der bAV **nachgelagert besteuert**. **Sozialabgaben** fallen aber anders als bei der bAV **vorgelagert** an. Einzahlungen in Riester-Verträge werden aus zuvor verbeitragten Einkommen geleistet, ausgezahlte Renten sind sozialversicherungsfrei.

589. Die **private Altersvorsorge** beschränkt sich jedoch nicht nur auf die Riester- oder Rürup-Rente. Vielmehr wird etwa durch den Abschluss von Lebensversicherungen oder den Immobilienkauf seit jeher für das Alter vorgesorgt. Während für vor dem Jahr 2005 abgeschlossene Lebensversicherungen meist nur auf den Ertragsteil Steuern erhoben wurden, gilt dies seither nur noch mit stärkeren Einschränkungen. Änderungen gab es schließlich bei der staatlichen Förderung des Wohneigentums: Die Bildung von selbstgenutztem Wohneigentum wurde bis zum Jahr 2006 durch die Eigenheimzulage gefördert. Als Ersatz für den Wegfall dieser Subventionierung können seit dem Jahr 2008 mit Riester-Rentenversicherungen Immobilien direkt gefördert werden („Wohn-Riester").

III. REFORMBEDARF IN DEN DREI SÄULEN

590. Die in diesem Jahr angestoßenen rentenpolitischen Diskussionen zielen zumindest teilweise darauf ab, die seit den 2000er-Jahren umgesetzten Reformen rückgängig zu machen. Dies würde die derzeitige Ausprägung des Drei-Säulen-Modells in der Alterssicherung zugunsten einer **erneuten Stärkung der ersten Säule** verändern. Aus Sicht des Sachverständigenrates ist das **nicht zielführend**.

1. Gesetzliche Rentenversicherung

Finanzlage noch entspannt

591. Die **Finanzlage der GRV** scheint entspannt. Bereits seit dem Jahr 2006 erzielt die GRV Überschüsse, die zu einer Senkung des Beitragssatzes von 19,9 % im Jahr 2007 auf derzeit 18,7 % geführt haben. Er liegt damit 1,6 Prozentpunkte unter dem Höchststand aus dem Jahr 1998. Ohne die Aufweichung der Reformen durch die zum 1. Juli 2014 in Kraft getretene Mütterrente und die Rente mit 63 Jahren für langjährig Versicherte wäre eine weitere Reduktion des Beitrags-

satzes möglich gewesen (JG 2014 Ziffer 562). Verantwortlich für die günstige Finanzlage sind die gute Situation auf dem Arbeitsmarkt sowie kurzfristig niedrigere Rentenzugangszahlen, da zwischen den Jahren 2007 und 2018 die weniger stark besetzten Kriegs- und Nachkriegsjahrgänge in den Ruhestand eintreten. Außerdem zeigen die bis zum Jahr 2007 beschlossenen Reformen ihre Wirkung.

592. Dennoch ist die Finanzierung der GRV nicht dauerhaft sichergestellt. Dies zeigt eine aktualisierte Tragfähigkeitsanalyse, mit der die langfristige Finanzierbarkeit der GRV beurteilt werden kann (Werding, 2016). Details zum Vorgehen und den getroffenen Annahmen finden sich in ↘ KASTEN 24 SEITE 351 Bei dieser Aktualisierung wurde der zuvor verwendete Projektionszeitraum (JG 2014 Ziffern 570 ff.) um 20 Jahre bis zum Jahr 2080 erweitert. Es ergibt sich eine **Tragfähigkeitslücke** von 4,2 %. Sie gibt an, wie viel Prozent des BIP der Gesamtstaat jährlich durch höhere Einnahmen oder geringere Ausgaben „einsparen" müsste, damit langfristig alle Schulden zurückgezahlt werden. Die Tragfähigkeitslücke zeigt, dass die öffentlichen Haushalte nach wie vor nicht tragfähig sind und ein unabweisbarer Handlungsbedarf besteht.

Durch die Erweiterung des Projektionszeitraums sind die Ergebnisse nicht direkt mit früheren Veröffentlichungen vergleichbar. Definitionsgemäß wird bei der Schätzung der Tragfähigkeitslücke angenommen, dass am Ende des Projektionszeitraums eine gleichgewichtige Situation erreicht wird. Aus heutiger Sicht ist dies bis zum Jahr 2060 jedoch nicht realistisch. So beeinflussen die erhöhte Flüchtlingsmigration (Aretz et al., 2016) und vor allem ein Echo-Effekt der Babyboomer durch deren Kinder die demografiesensitiven Ausgabenbereiche in den Jahren zwischen 2060 und 2080. Die demografischen Probleme treffen Deutschland also weiterhin nach dem Jahr 2060. Berechnungen, die lediglich bis zum Jahr 2060 reichen, unterschätzen daher die Tragfähigkeitslücke. Wird die Projektion ausgedehnt, um einen realistischeren Eindruck über den Handlungsbedarf zu gewinnen, steigt dementsprechend die ausgewiesene Tragfähigkeitslücke.

593. Neben der Tragfähigkeitslücke zeigt die entsprechende **Schuldenprojektion** bis zum Jahr 2080 den bestehenden Handlungsbedarf. Diese sind nicht als Prognosen zu verstehen, sondern geben lediglich an, wie sich die Staatsschulden in Abhängigkeit vom demografischen Wandel unter bestimmten Annahmen entwickeln würden, wenn die Politik an der derzeitigen Rechtslage nichts änderte. ↘ ZIFFER 698 Unter der unrealistischen Annahme, dass die heute geltenden Steuer- und Beitragssätze konstant blieben, ergäbe sich im Jahr 2080 eine Schuldenstandsquote von 540 %. ↘ ABBILDUNG 79 RECHTS Unter der ebenfalls unrealistischen Annahme, dass der Beitragssatz zur GRV wie im SGB VI grundsätzlich angelegt auf bis zu 22 % anstiege und alle anderen Sozialversicherungsbeitragssätze sowie die Steuerquote unverändert blieben, ergäbe sich im Jahr 2080 noch eine Schuldenstandsquote von knapp 400 %. ↘ ABBILDUNG 79 RECHTS

Beide Szenarien stellen rein hypothetische Entwicklungen dar. Die Werte zeigen jedoch, dass gehandelt werden muss, um einen zu starken Anstieg der Schuldenstandsquote zu verhindern. Allerdings dürften sich die Probleme erst um das Jahr 2030 verschärfen. Daraus darf aber nicht der falsche Schluss gezogen werden, dass es aktuell keinen Handlungsbedarf gäbe.

↘ ABBILDUNG 79
Handlungsbedarf in der Gesetzlichen Rentenversicherung

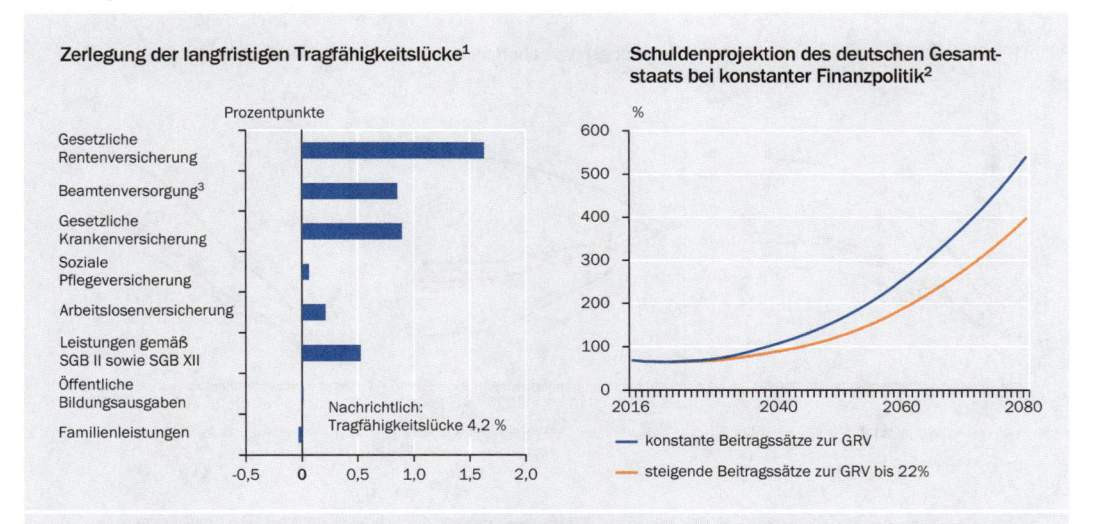

Zerlegung der langfristigen Tragfähigkeitslücke[1]

Prozentpunkte

- Gesetzliche Rentenversicherung
- Beamtenversorgung[3]
- Gesetzliche Krankenversicherung
- Soziale Pflegeversicherung
- Arbeitslosenversicherung
- Leistungen gemäß SGB II sowie SGB XII
- Öffentliche Bildungsausgaben
- Familienleistungen

Nachrichtlich: Tragfähigkeitslücke 4,2 %

Schuldenprojektion des deutschen Gesamtstaats bei konstanter Finanzpolitik[2]

%

— konstante Beitragssätze zur GRV
— steigende Beitragssätze zur GRV bis 22%

1 – Die Tragfähigkeitslücke gibt die notwendige, dauerhafte Erhöhung des Primärsaldos in Relation zum BIP an, die zur Einhaltung der intertemporalen Budgetbeschränkung notwendig ist. 2 – Bei der Berechnung der Tragfähigkeitslücke wird aus Gründen der Einfachheit und der internationalen Vergleichbarkeit stets eine konstante Einnahmequote in Relation zum BIP angenommen. Damit soll eine konstante Finanzpolitik modelliert werden. Das heißt, es wird implizit unterstellt, dass bei steigenden Beiträgen zur GRV eine Steuer- oder Abgabensenkung an anderer Stelle vorgenommen wird, damit die Belastung der Bevölkerung sich nicht ändert. In dieser Abbildung ergäbe sich unter dieser Annahme eine Schuldenprojektion, die gerade zwischen den beiden Kurven liegt. 3 – Einschließlich Beihilfe.

Quelle: Werding (2016)
© Sachverständigenrat | 16-173

594. Eine **Zerlegung der Tragfähigkeitslücke** zeigt, dass ihre Entstehung vor allem auf die GRV, die Gesetzliche Krankenversicherung und die Beamtenversorgung zurückzuführen ist. ↘ ABBILDUNG 79 LINKS Mit 1,6 Prozentpunkten trägt die GRV am stärksten zur Tragfähigkeitslücke bei. Demnach reichen die bisherigen Reformen in der GRV nicht aus, um diese ohne Beitragssatzerhöhungen nachhaltig zu finanzieren.

595. Die im Rahmen der Tragfähigkeitsanalyse notwendige Projektion der GRV-Ausgaben kann als Ausgangspunkt für eine tiefere Analyse verwendet werden. So können jeweils die Beitragssätze simuliert werden, die bei gegebenen Sicherungsniveaus und Bundeszuschüssen nötig wären, um das Budget der GRV auszugleichen. Rentenniveau und Bundeszuschüsse werden dabei im Basisszenario nach geltender Rechtslage fortgeschrieben. Bis zum Jahr 2080 müsste der Beitragssatz zur GRV bei einem Sicherungsniveau von 41,3 % auf 24,3 % ansteigen, damit die für die Tragfähigkeitsanalyse projizierten Rentenausgaben regelmäßig durch Beitragseinnahmen gedeckt wären. ↘ ABBILDUNG 80

Dies ist angesichts der bereits heute hohen Gesamtabgabenbelastung für Arbeitnehmer und den voraussichtlich steigenden Beitragssätzen in anderen Sozialversicherungen **ein problematischer Anstieg** (Werding, 2016). Eine stärkere Finanzierung über Bundeszuschüsse würde über höhere Staatsverschuldung oder Steuererhöhungen ebenfalls zu Lasten zukünftiger Generationen gehen.

596. Im Rahmen dieser Analyse zeigt sich, dass die bisherigen **Reformen** in der GRV ein **wichtiger Schritt in die richtige Richtung waren**, um die GRV und damit die öffentlichen Finanzen tragfähig zu machen. Bei einem hypothetischen Zurückdrehen der Reformen durch eine Abschaffung des Nachhaltigkeits-

↘ ABBILDUNG 80
Hypothetische Rentenbeitragssätze, Sicherungsniveaus und Bundeszuschüsse ohne Reformen

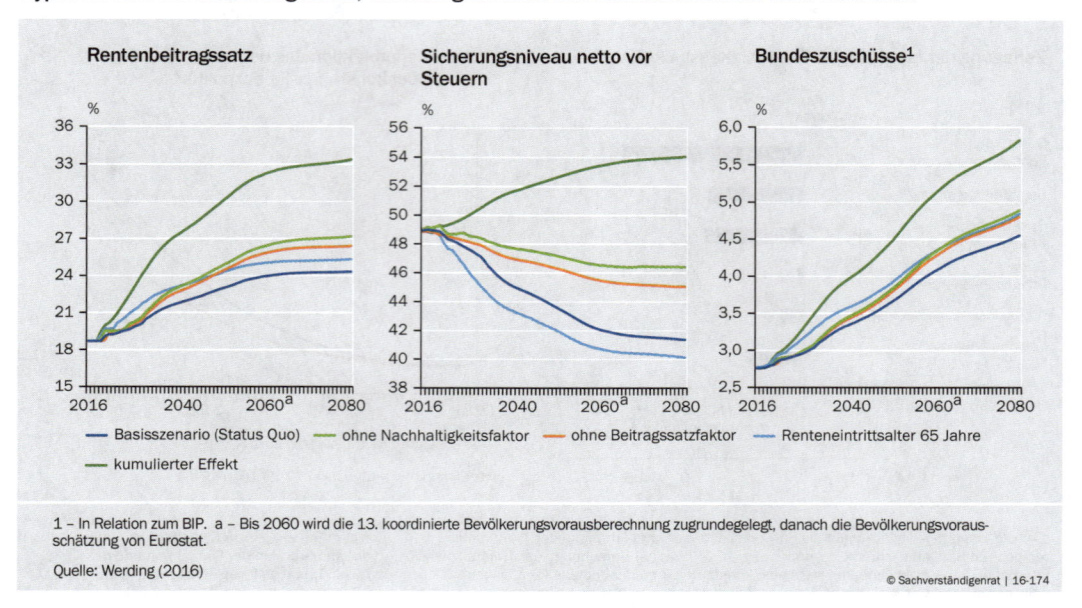

Rentenbeitragssatz — Sicherungsniveau netto vor Steuern — Bundeszuschüsse[1]

— Basisszenario (Status Quo)   — ohne Nachhaltigkeitsfaktor   — ohne Beitragssatzfaktor   — Renteneintrittsalter 65 Jahre
— kumulierter Effekt

1 – In Relation zum BIP. a – Bis 2060 wird die 13. koordinierte Bevölkerungsvorausberechnung zugrundegelegt, danach die Bevölkerungsvorausschätzung von Eurostat.

Quelle: Werding (2016)

faktors, des Beitragssatzfaktors oder durch eine Absenkung des Renteneintrittsalters auf 65 Jahre jeweils ab dem Jahr 2016 wären wesentlich höhere Beitragssätze zur Finanzierung der Rentenausgaben notwendig. ↘ ABBILDUNG 80 Damit zeigt sich, dass jede der drei Reformmaßnahmen einen wesentlichen Anteil an der Verbesserung der Tragfähigkeit hatte.

597. Mit der Erhöhung des Renteneintrittsalters auf 67 Jahre wurde erreicht, dass bereits heutige Beitragszahler entlastet werden und so mehr Spielraum für zusätzliche private Altersvorsorge haben. Ohne den Nachhaltigkeits- oder Beitragsfaktor würde das Sicherungsniveau zwar nicht so stark fallen, wie derzeit angelegt. Allerdings wären damit höhere Beitragssätze und Bundeszuschüsse verbunden. Insofern wäre der heutige **Handlungsbedarf ohne die zurückliegenden Reformen wesentlich höher und akuter**. Beim gleichzeitigen Zurückdrehen aller Reformelemente lägen der Beitragssatz im Jahr 2080 bei über 33,4 % und das Sicherungsniveau bei 54,0 %. ↘ ABBILDUNG 80

Weiterhin Handlungsbedarf im Hinblick auf die Tragfähigkeit

598. Um die Finanzierung der GRV langfristig mit moderateren als den bisher erwarteten Beitragssatzerhöhungen sicherzustellen, sind theoretisch drei Optionen denkbar: eine noch stärkere Absenkung des Sicherungsniveaus, eine Erhöhung der Fertilitätsrate oder eine Erhöhung des Renteneintrittsalters.

Da bereits heute die bisher angelegte Absenkung des Sicherungsniveaus vor Steuern auf 43 % im Jahr 2030 von vielen als höchst problematisch angesehen wird, ist eine weitere Absenkung des Sicherungsniveaus keine realistische Option. Sie ließe sich theoretisch durch eine Erhöhung des Faktors α im **Nachhaltigkeitsfaktor** der Rentenanpassungsformel umsetzen. ↘ KASTEN 20 Bereits eine Verdoppelung von α auf 0,5 würde zu einer deutlich stärkeren Absenkung des

↘ ABBILDUNG 81

Hypothetische Rentenbeitragssätze, Sicherungsniveaus und Bundeszuschüsse – Reformoptionen

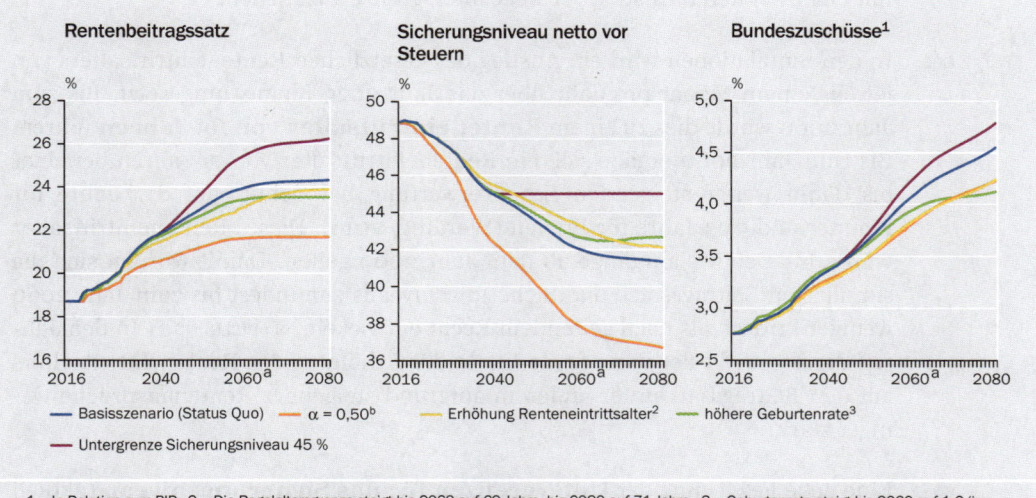

1 – In Relation zum BIP. 2 – Die Regelaltersgrenze steigt bis 2060 auf 69 Jahre, bis 2080 auf 71 Jahre. 3 – Geburtenrate steigt bis 2060 auf 1,6 (im Basisszenario bleibt sie bei 1,4). a – Bis 2060 wird die 13. koordinierte Bevölkerungsvorausberechnung zugrundegelegt, danach die Bevölkerungsvorausschätzung von Eurostat. b – Änderung des Faktors α im Nachhaltigkeitsfaktor der Rentenanpassungsformel (derzeit: 0,25).

Quelle: Werding (2016)

Sicherungsniveaus als im Basisszenario führen (36,7 % im Jahr 2080) und die Rentner entsprechend stärker belasten, während die Beitragszahler entlastet würden. Der Beitragssatz würde aber immer noch auf bis zu 21,7 % im Jahr 2080 steigen. ↘ ABBILDUNG 81

Perspektivisch würde sich zwar eine **höhere Fertilitätsrate** etwa ab dem Jahr 2045 günstig auf die Rentenfinanzen auswirken. Das Sicherungsniveau würde dann auf 42,6 % fallen, der Beitragssatz auf 23,5 % steigen. ↘ ABBILDUNG 81 Doch nicht nur ist eine explizite Steuerung abzulehnen, da ein Kinderwunsch zuallererst eine private Angelegenheit ist (JG 2013 Ziffer 758). Darüber hinaus ist es fraglich, ob es überhaupt gelingen könnte, durch staatliche Eingriffe eine erhebliche Erhöhung der Fertilitätsrate herbeizuführen. Aufgabe der Familienpolitik ist es vor allem, günstige Rahmenbedingungen für ein Leben mit Kindern zu schaffen.

599. Eine weitere **Erhöhung des Renteneintrittsalters** über das Jahr 2029 hinaus wäre die einzige sinnvolle Anpassung und würde sich in jedem Fall positiv auf die Finanzierung der GRV auswirken. Im Jahr 2080 ergäben sich ein Sicherungsniveau von 42,1 % und ein Beitragssatz von 23,9 %. ↘ ABBILDUNG 81 Sie ist daher **aus Sicht des Sachverständigenrates unabdingbar**. Sie sollte dabei idealerweise an die Entwicklung der ferneren Lebenserwartung gekoppelt werden, wie dies unter anderem der Sachverständigenrat schon in seiner Expertise im Jahr 2011 vorgeschlagen hat. Dies wäre insofern angemessen, als zunehmend mehr Lebensjahre bei guter Gesundheit verbracht werden.

Mit der Kopplung an die fernere Lebenserwartung würde die relative Rentenbezugsdauer langfristig trotz steigender (fernerer) Lebenserwartung konstant bleiben. Korrespondierend sollten alle an das gesetzliche Renteneintrittsalter gebundenen Regelungen entsprechend angepasst werden. Beispielsweise wäre die

Zurechnungszeit bei der Ermittlung der Höhe von Erwerbsminderungsrenten mit einem weiteren Anstieg der Regelaltersgrenze anzuheben.

600. In den Simulationen wird ein Anstieg des gesetzlichen Renteneintrittsalters von jeweils einem Monat pro Jahr über das Jahr 2029 hinaus umgesetzt. Bis zum Jahr 2060 würde dies zu einem **Renteneintrittsalter von 69 Jahren** führen. Bis zum Jahr 2080 ergäbe sich ein Renteneintrittsalter von 71 Jahren bei einer bis dahin weiter steigenden Lebenserwartung bei Geburt auf 87,7 Jahre für Männer und 91,3 Jahre für Frauen (Werding, 2016). Dieses Renteneintrittsalter würde für Geburtsjahrgänge ab dem Jahr 2009 gelten. Damit würden sich die simulierten Beitragssätze und Sicherungsniveaus zumindest bis zum Jahr 2060 weniger kritisch als nach geltendem Recht entwickeln. ↘ ABBILDUNG 81 In den Jahren danach wirkt der dämpfende Effekt der Erhöhung des Renteneintrittsalters auf den Beitragssatz unter anderem aufgrund steigender Rentenansprüche weniger stark.

601. Eine neue Festlegung der **Untergrenzen für das Sicherungsniveau** (aktuell 46 % bis 2020 und 43 % bis 2030) von beispielsweise 45 % würde hingegen die Tragfähigkeitsprobleme der GRV weiter erhöhen. In einem solchen Szenario würden die notwendigen Beitragssätze ab dem Jahr 2040 wesentlich stärker steigen als derzeit angelegt und im Jahr 2080 bei 26,2 % liegen. ↘ ABBILDUNG 81

Bei der Interpretation des Sicherungsniveaus ist zu beachten, dass hierbei der sogenannte Standardrentner mit 45 Beitragsjahren und Durchschnittsverdienst zugrunde gelegt wird. ↘ ZIFFER 560 Diese Betrachtungsweise führt allerdings dazu, dass die vorgesehene **Erhöhung des gesetzlichen Renteneintrittsalters auf 67 Jahre** bei der Betrachtung des Sicherungsniveaus unberücksichtigt bleibt. Das offizielle Sicherungsniveau unterschätzt somit die Entwicklung des tatsächlichen Sicherungsniveaus. Berechnungen, welche die Definition des **Sicherungsniveaus** an die geltende Rechtslage anpassen, kommen zu dem Ergebnis, dass dieses **etwa 4 % bis 8 % höher** liegen würde (Bachmann et al., 2013). Dies gilt dementsprechend beim Szenario mit einer weiteren Erhöhung des Renteneintrittsalters noch stärker. Daher müsste bei der Definition des Standardrentners die Anzahl der berücksichtigten Beitragsjahre weiter angepasst werden.

602. Aus verschiedenen Gründen, aktuell vor allem um das angelegte Absinken des Sicherungsniveaus zu verhindern, wird seit Jahren immer wieder die **Ausweitung des Versichertenkreises der GRV diskutiert**. So wird argumentiert, dass durch einen verbreiterten Versichertenkreis in den kommenden Jahren wesentlich mehr Beitragszahler zur Finanzierung der Renten desselben Bestands an Rentnern herangezogen werden könnten. Auf diese Weise, so wird ausgeführt, könnte der Beitragssatz sinken, während sich gleichzeitig das Sicherungsniveau signifikant erhöhen ließe.

Neben diesem Argument wird häufig angeführt, dass die Beiträge zur GRV in Zukunft für immer mehr Versicherte einen Steuercharakter haben, nämlich für solche, die aufgrund des sinkenden Sicherungsniveaus und fehlender zusätzlicher Vorsorge in die Grundsicherung im Alter rutschen könnten. Dies wird im Vergleich zu nicht in der GRV Pflichtversicherten als ungerecht empfunden. Diesen Personen, häufig nicht pflichtversicherte Selbstständige, die nicht privat vorgesorgt haben, steht trotz fehlender Einzahlungen in der Erwerbsphase ebenfalls die Grundsicherung im Alter zu. Wird dies bewusst in Kauf genommen, kann es zu **Trittbrettfahrerverhalten** kommen.

603. Eine Ausweitung des Versichertenkreises auf Selbstständige ist nichts anderes als eine Umverteilung von nicht Versicherten zu derzeit gesetzlich Versicherten (JG 2006 Kasten 17). Hiervon wären nicht nur diejenigen begünstigt, die potenziell von Altersarmut betroffen sind, sondern alle Versicherten, selbst diejenigen mit sehr hohen Renten. Die Ausweitung des Versichertenkreises leistet aber langfristig weder einen Beitrag zur Lösung des Tragfähigkeitsproblems der GRV, noch ist mit wesentlichen Einsparungen im Bereich der Grundsicherung im Alter zu rechnen. ↘ KASTEN 21 Tatsächlich würden insbesondere diejenigen Rentner bessergestellt, die auf absehbare Zeit die höchsten Renditen aus der GRV erhalten dürften (Werding, 2016). ↘ ABBILDUNG 88 SEITE 336

Trotzdem wäre eine **Versicherungspflicht für nicht obligatorisch abgesicherte Selbstständige sinnvoll**, um mögliches Trittbrettfahrerverhalten zu vermeiden. Ob diese Vorsorge aber im Rahmen der GRV oder einer verpflichtenden privaten Vorsorge erfolgt, ist für die Grundsicherung im Alter unerheblich (JG 2011 Ziffer 531).

↘ KASTEN 21

Effekte einer Ausweitung des Versichertenkreises

Der Hauptvorteil einer Ausweitung des Versichertenkreises auf Selbstständige bestünde darin, dass diese für das Alter vorsorgen müssten. Es wäre damit nicht mehr möglich, dass sie aufgrund von Nachlässigkeit oder **Trittbrettfahrerverhalten** auf die Grundsicherung im Alter angewiesen wären. Für den Staat könnten sich daraus geringere Ausgaben für die Grundsicherung ergeben.

Im Jahr 2012 erreichten Personen, die als letzte berufliche Stellung die Selbstständigkeit angaben, zwar ein höheres durchschnittliches Nettogesamteinkommen als ehemals abhängig Beschäftigte, jedoch waren sie zugleich etwa doppelt so häufig auf Grundsicherungsleistungen angewiesen (Bundesregierung, 2012). So bezogen 3,7 % der ehemals Selbstständigen diese Fürsorgeleistung und lediglich 1,8 % der abhängig Beschäftigten. Laut Alterssicherungsbericht 2012 waren 20 % der Bezieher von Grundsicherung im Alter vor Renteneintritt selbstständig. Jedoch fehlen Angaben zur Erwerbsbiographie. Die Gruppe der Selbstständigen ist zudem sehr heterogen. Mit gut drei Vierteln bezieht ein Großteil aller unmittelbar vor dem 65. Lebensjahr Selbstständigen zusätzlich Alterssicherungsleistungen aus der GRV, sodass davon auszugehen ist, dass die ehemals Selbstständigen nur einen (unter Umständen kleinen) Teil ihrer Erwerbsbiografie nicht abhängig beschäftigt waren.

Die möglichen **Einsparungen bei den Ausgaben für die Grundsicherung im Alter** lassen sich näherungsweise ermitteln: Im Dezember 2015 bezogen rund 540 000 Altersrentner Grundsicherungsleistungen. Durch angerechnete Einkommen lag der Nettobedarf für diese Empfänger monatlich bei durchschnittlich 410 Euro. Damit ergeben sich Ausgaben für die Grundsicherung im Alter für Personen oberhalb der Altersgrenze in Höhe von rund 2,7 Mrd Euro. Nimmt man an, dass der Anteil der Kosten, der durch ehemals Selbstständige verursacht wird, genauso hoch ist (doppelt so hoch/dreimal so hoch), wie der Anteil der Selbstständigen an der Erwerbsbevölkerung im Jahr 2012 (11 %), ergäben sich Ausgaben für Selbstständige in Höhe von 0,3 Mrd Euro (0,6 Mrd Euro/0,9 Mrd Euro). Selbst wenn ein Großteil dieser Ausgaben im Fall einer Altersvorsorgepflicht dieser Gruppe wegfiele, wäre das Einsparpotenzial durch eine solche Verpflichtung also überschaubar. Zudem wäre dieses Einsparpotenzial ebenso mit einer obligatorischen privaten Altersvorsorge zu erreichen.

Für die Ausweitung des Versichertenkreises der GRV stehen theoretisch **drei Optionen** zur Verfügung: die Einbeziehung (1) aller Selbstständigen und Beamten, (2) aller Selbstständigen und (3) lediglich der Selbstständigen ohne obligatorische Altersvorsorge. Darüber hinaus ist zu beachten, ob **Bestandsschutz** gewährt werden soll oder muss und der Versichertenkreis daher lediglich auf Personen ausgeweitet wird, die den jeweiligen Status neu erreichen. Einen Bestandsschutz zu gewähren, ist angemessen: Im Jahr 2013 waren etwa 20 % der Selbstständigen bereits obligatorisch in der GRV, in berufsständischen Versorgungswerken oder der Alterssicherung der Landwirte abgesichert. Die Versorgungswerke bauen teils auf umlagefinanzierte Elemente und sind daher auf Beitragszahlungen zukünftiger Versicherter angewiesen. Selbst ein Einbezug nur zukünftiger Selbstständiger in die GRV könnte daher zu Finanzierungsproblemen bei den Versorgungswerken führen. Die verbleibenden Personen haben unter Umständen andere Versorgungsverträge, die sich nicht einfach auflösen lassen. Für Beamte werden verstärkt Rückstellungen für die späteren Pensionen gebildet.

Die radikalste Variante wäre eine **Pflichtversicherung für alle Selbstständigen und Beamten**, mit der sich bei Gewährung eines Bestandsschutzes im Betrachtungszeitraum ein wesentlich höheres Sicherungsniveau und niedrigere simulierte Beitragssätze ergäben als ohne Ausweitung. ↘ ABBILDUNG 82 Bereits in dieser Variante zeigt sich, dass die Verbesserung nicht von Dauer ist. Gegen Ende des Betrachtungszeitraums liegt das Sicherungsniveau in demselben Bereich wie im Basisszenario (41,8 %). Der Beitragssatz (24,8 %) wäre sogar höher als ohne Ausweitung des Versichertenkreises, weil die zusätzlichen Versicherten Ansprüche erhalten, die später von relativ weniger Beitragszahlern finanziert werden müssen.

↘ ABBILDUNG 82

Hypothetische Rentenbeitragssätze, Sicherungsniveaus bei Ausweitung des Versichertenkreises

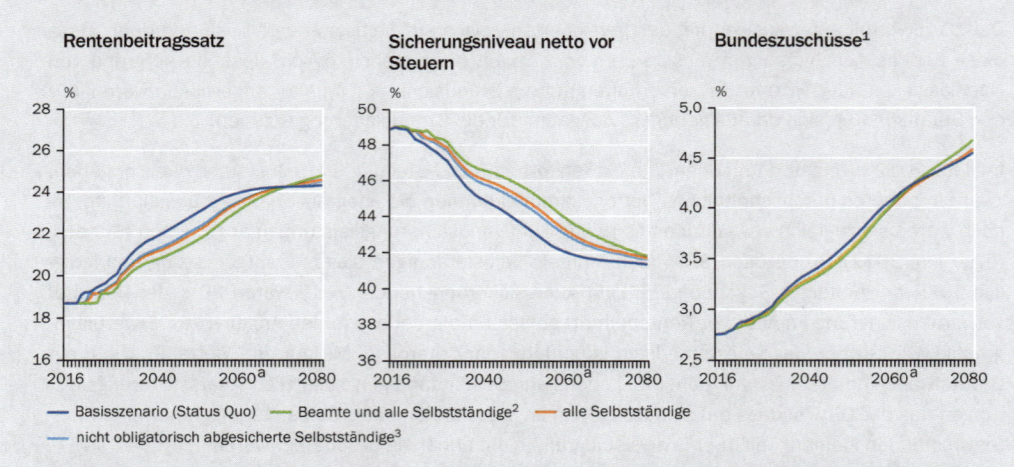

— Basisszenario (Status Quo) — Beamte und alle Selbstständige[2] — alle Selbstständige
— nicht obligatorisch abgesicherte Selbstständige[3]

1 – In Relation zum BIP. 2 – Es wird eine Ausweitung des Versichertenkreises auf neue Beamte und neue Selbstständige modelliert. 3 – Es wird eine Ausweitung des Versichertenkreises auf neue Selbstständige modelliert, die nicht bereits obligatorisch versichert sind. a – Bis 2060 wird die 13. koordinierte Bevölkerungsvorausberechnung zugrundegelegt, danach die Bevölkerungsvorausschätzung von Eurostat.

Quelle: Werding (2016)

© Sachverständigenrat | 16-187

Das **Tragfähigkeitsproblem der GRV** ergibt sich letztlich durch den demografischen Wandel. In der Zukunft müssen weniger Beitragszahler für mehr anspruchsberechtigte Rentner aufkommen. Eine Ausweitung des Versichertenkreises ändert daran nichts. Das Problem steigender Defizite wird dadurch nur teilweise in die Zukunft verlagert. Die Ausweitung des Versichertenkreises der GRV verbessert die Tragfähigkeit nicht.

Durch den **Einbezug der Beamten** könnte sich ein positiver Effekt für die öffentlichen Finanzen ergeben, da im derzeitigen Pensionssystem der Beamten kein Nachhaltigkeitsfaktor enthalten ist. Zudem bemisst sich die Höhe der Pensionen an den letzten Einkommen. Dadurch fallen die Pensionen im Allgemeinen höher aus als Renten der GRV. Es ist jedoch zu beachten, dass die Bezüge der Beamten unter den Bruttogehältern liegen, die für Angestellte im Öffentlichen Dienst oder in der Privatwirtschaft für vergleichbare Funktionen gezahlt werden. Diese bei den aktiven Beamten einbehaltenen versteckten Abzüge und daher impliziten Beiträge werden in keinen Versorgungsfonds abgeführt (JG 2001 Ziffer 257). Eine Einbeziehung der Beamten in die GRV müsste also gleichzeitig zu höheren Entgelten führen, was sich wiederum negativ auf die Staatsfinanzen auswirkte. Letztlich wäre ein Einbezug von Beamten in die GRV mit einem **Komplettumbau des Beamtensystems** verbunden: Dies ist **unrealistisch**.

Bezieht man als zweite Variante nur neue Selbstständige in die Projektion ein, wäre der Effekt geringer als unter Miteinbezug der Beamten. ↘ ABBILDUNG 82 Die realistischste Option wäre es, **nur neue Selbstständige** in die GRV einzubeziehen, die **nicht bereits heute obligatorisch abgesichert** sind. Unter diesen dürften sich zahlreiche Solo-Selbstständige mit relativ geringen Einkommen befinden. Bezieht man als dritte Variante nur diese in die GRV ein, ergibt sich der kleinste Effekt auf Beitragssatz und Sicherungsniveau. Sie lägen im Jahr 2080 bei 24,5 % beziehungsweise 41,6 %. Insbesondere in der langen Frist lässt sich kaum ein Unterschied zum Basisszenario feststellen. ↘ ABBILDUNG 82 Die Tragfähigkeitslücke wäre in diesem Szenario mit 4,6 % des BIP allerdings höher als im Basisszenario (4,2 %), während sie bei einer Erhöhung des Renteneintrittsalters auf 3,1 % des BIP sinken würde.

Flexiblen Renteneintritt erleichtern

604. Neben einer Erhöhung des Renteneintrittsalters kann ein **flexiblerer Renteneintritt** dazu dienen, die Potenziale älterer Arbeitnehmer zu heben. Die bisherigen Regelungen zur Teilrente, bei der Erwerbseinkommen und Renteneinkommen kombiniert werden, haben jedoch merkliche Schwächen. Die Hinzurechnungsregelungen zur Teilrente, die bisher als Ein-Drittel-, halbe oder Zwei-Drittel-Teilrente in Anspruch genommen werden konnte, sind derart starr, dass sie bisher kaum in Anspruch genommen wurden (Gasche und Krolage, 2012).

Zudem wird ein späterer Renteneintritt dadurch erschwert, dass (i) die meisten Arbeitsverträge mit dem Erreichen des Renteneintrittsalters auslaufen und (ii) die Arbeitgeber ihren Anteil zur Arbeitslosen- und Rentenversicherung zahlen müssen. Dies ist insofern problematisch, als ein Arbeitnehmer nach Erreichen des gesetzlichen Renteneintrittsalters per definitionem nicht mehr arbeitslos werden kann und aus dem Rentenversicherungsbeitrag keine weiteren Ansprüche erwachsen.

605. Am 21. Oktober 2016 hat der Deutsche Bundestag das **Flexi-Rentengesetz** beschlossen. Dieses soll das Arbeiten über das gesetzliche Renteneintrittsalter hinaus zukünftig erleichtern. Dazu wird der Arbeitgeberbeitrag zur Arbeitslosenversicherung entfallen und bei gleichzeitigen Beiträgen des Arbeitnehmers und des Arbeitgebers zur GRV ein zusätzlicher Rentenanspruch erwachsen. Damit sendet die Bundesregierung ein positives Signal an alle betroffenen Arbeitgeber und Arbeitnehmer, dass Arbeiten über das gesetzliche Renteneintrittsalter hinaus wünschenswert ist.

Darüber hinaus werden die starren Hinzuverdienstregelungen im Rahmen der **Teilrente** abgeschafft. Zukünftig können wie bisher 450 Euro monatlich ohne Folgen für die Rentenzahlung hinzuverdient werden. Von Beträgen, die darüber hinausgehen, werden zukünftig 40 % mit der Rentenzahlung verrechnet.

Rentenrecht vereinheitlichen

606. Neben der langfristigen finanziellen Stabilisierung der GRV steht die Angleichung des Rentenrechts auf der politischen Tagesordnung. Der Koalitionsvertrag sieht vor, dass die Aktuellen Rentenwerte bis zum Ende des Jahres 2019 vollständig angeglichen werden. Dazu hat das Bundesministerium für Arbeit und Soziales (BMAS) im Juli 2016 einen Referentenentwurf vorgelegt (Entwurf eines Gesetzes über den Abschluss der Rentenüberleitung, Stand 19. Juli 2016).

607. Noch immer werden die Renten in Ost- und Westdeutschland unterschiedlich ermittelt. So existieren **Sonderregelungen in Ostdeutschland** unter anderem für die Rentenberechnung und die Rentenanpassung (Feld und Kohlmeier, 2016). Zurückzuführen ist dies darauf, dass sich die Grunderwartung des Einigungsvertrages vom 31. August 1990 und des Rentenüberleitungsgesetzes vom 25. Juli 1991, nämlich die zügige Angleichung der Entlohnungsverhältnisse in Ostdeutschland an das westdeutsche Lohnniveau, bis heute nicht erfüllt hat.

608. Für eine schnelle Rechtsangleichung sprechen die folgenden Argumente:

 – Aktuell wird das **Ziel der Beitragsäquivalenz verletzt**, da ostdeutsche Versicherte für die gleiche Beitragszahlung einen höheren Rentenanspruch erwerben.

 – Über 25 Jahre nach der Deutschen Einheit sind die **Einkommensunterschiede** in West- und Ostdeutschland vermutlich **struktureller Natur**, so wie es in Westdeutschland prosperierende Regionen mit hohem Lohnniveau und Regionen mit Strukturproblemen und entsprechend niedrigerem Lohnniveau gibt, ohne dass dort Unterschiede bei der Rentenberechnung gemacht werden. ↘ ABBILDUNG 83

 – Aktuell werden bestimmte rentensteigernde Tatbestände, zum Beispiel Kindererziehungszeiten, in West- und Ostdeutschland unterschiedlich bewertet.

609. Im Jahr 2008 hat der Sachverständigenrat einen Vorschlag zur Angleichung des Rentenrechts zur Diskussion gestellt (JG 2008 Ziffern 624 ff.). Anders als der Vorschlag des BMAS, der eine Anhebung der ostdeutschen Rechengrößen auf Westniveau vorsieht, präferiert der Sachverständigenrat eine **besitzstandswahrende Umbasierung der rentenrechtlichen Größen auf gesamtdeutsche Werte**. Der Vorschlag des Sachverständigenrates wäre verfassungsrechtlich unbedenklich und zum Zeitpunkt der Umbasierung verteilungs- und kostenneutral. Der Referentenentwurf würde hingegen ostdeutsche Bestandsrentner begünstigen. Dadurch müsste er gegenfinanziert werden.

Nach dem Zeitpunkt der Umbasierung ergeben sich in Abhängigkeit von der jeweiligen Lohnentwicklung in West- und Ostdeutschland wie bei allen anderen

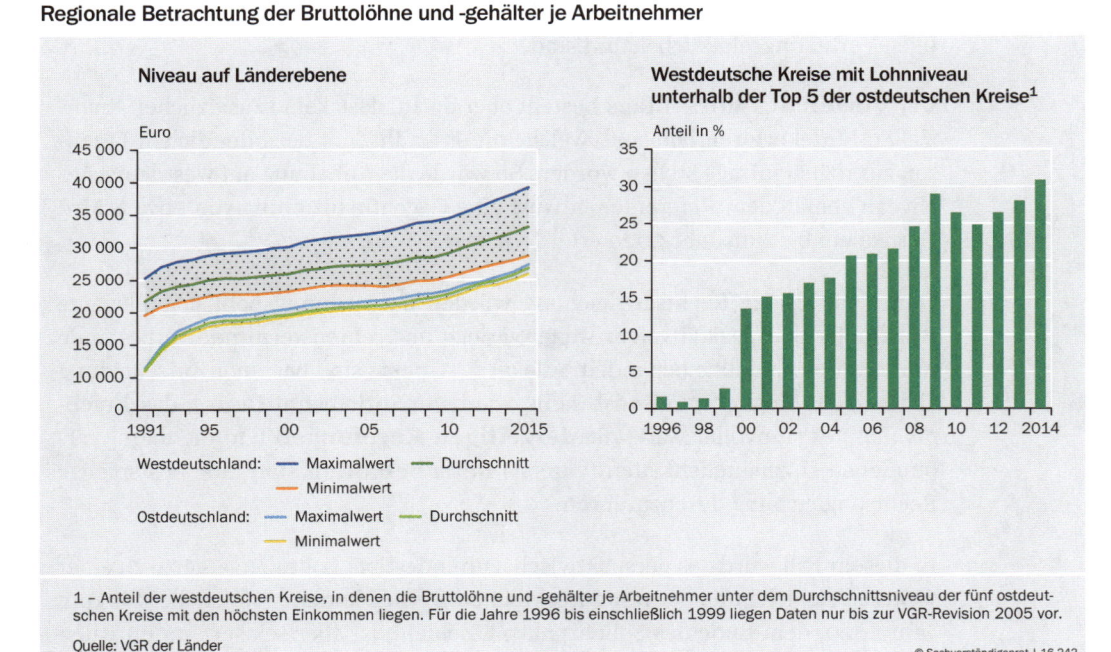

ABBILDUNG 83
Regionale Betrachtung der Bruttolöhne und -gehälter je Arbeitnehmer

Niveau auf Länderebene

Westdeutschland: Maximalwert, Durchschnitt, Minimalwert
Ostdeutschland: Maximalwert, Durchschnitt, Minimalwert

Westdeutsche Kreise mit Lohnniveau unterhalb der Top 5 der ostdeutschen Kreise[1]

1 – Anteil der westdeutschen Kreise, in denen die Bruttolöhne und -gehälter je Arbeitnehmer unter dem Durchschnittsniveau der fünf ostdeutschen Kreise mit den höchsten Einkommen liegen. Für die Jahre 1996 bis einschließlich 1999 liegen Daten nur bis zur VGR-Revision 2005 vor.

Quelle: VGR der Länder
© Sachverständigenrat | 16-242

Vorschlägen bei der besitzstandswahrenden Umbasierung Verteilungseffekte (Börsch-Supan et al., 2010; Feld und Kohlmeier, 2016).

610. Gemäß dem Vorschlag des Sachverständigenrates würden ab dem Umstellungszeitpunkt **die jährlich erworbenen Entgeltpunkte** der Versicherten nach einem einheitlichen Verfahren **auf Basis eines gesamtdeutschen Durchschnittsentgelts** ermittelt. Ebenso gäbe es nur noch einen – gesamtdeutschen – aktuellen Rentenwert, mit dem die erworbenen Entgeltpunkte bewertet werden. Fortgeschrieben würde der Aktuelle Rentenwert nach der Rentenformel, in die dann die gesamtdeutsche Lohnentwicklung einginge.

Zum Umstellungszeitpunkt bliebe der **Rentenzahlbetrag** für alle Bestandsrentner in Ost- wie in Westdeutschland **unverändert**. Bei den westdeutschen Bestandsrentnern müsste bei der Bewertung ihrer kumulierten Entgeltpunkte mit dem neuen, niedrigeren gesamtdeutschen Aktuellen Rentenwert einmalig die Zahl der angesammelten Entgeltpunkte nach oben korrigiert werden. Bei den ostdeutschen Bestandsrentnern würde die Korrektur spiegelbildlich dazu führen, dass die Entgeltpunkte niedriger ausfallen als zuvor. Diese werden jedoch mit dem gesamtdeutschen Aktuellen Rentenwert bewertet, der im Vergleich zum Aktuellen Rentenwert Ost höher ausfällt.

611. Die vom Sachverständigenrat vorgeschlagene Umbasierung rentenrechtlicher Größen erfordert politischen Mut, da dies zu in der Öffentlichkeit instrumentalisierbaren Missverständnissen führen kann. Denn der neue, gesamtdeutsche **Aktuelle Rentenwert** fällt **niedriger** aus als der Aktuelle Rentenwert West. Dies wird aber durch eine entsprechende Entgeltpunktekorrektur vollständig kompensiert, sodass sich Rentner und Versicherte in beiden Landesteilen zum Umstellungszeitraum nicht schlechter stellen. Zudem muss die Entscheidung getrof-

fen werden, ohne dass die tatsächliche Lohnentwicklung und damit die zukünftigen Verteilungseffekte bekannt sind.

Der **Vorteil des Vorschlags** besteht aber darin, dass keine zusätzlichen finanziellen Mittel erforderlich sind, welche die Tragfähigkeit der öffentlichen Finanzen zusätzlich infrage stellen würden. So würde die Anhebung auf westdeutsches Niveau gemäß dem Referentenentwurf eine Gegenfinanzierung von etwa 8 Mrd Euro allein bis zum Jahr 2020 erfordern.

612. Ohne eine zügige Rechtsangleichung würden das ordnungspolitisch relevante Prinzip der Beitragsäquivalenz weiter verletzt und rentensteigernde Tatbestände weiter unterschiedlich behandelt. Alle diese Aspekte sind bei einer Entscheidung abzuwägen. Möglicherweise ist dann, wie beim Sozialbeirat (2015), das Ergebnis, dass es sinnvoller wäre, die **derzeitigen Regelungen** und die damit verbundenen Unzulänglichkeiten (vorerst) **beizubehalten**, statt eine kostspielige Rechtsangleichung durchzuführen.

613. In diesem Fall würde es perspektivisch, zumindest bei Lohnkonvergenz, zu einer weiteren Angleichung der rentenrechtlichen Größen kommen. Dass dies bis zum Jahr 2020, dem Ende des Solidarpakts, geschieht, ist aber selbst dann unrealistisch, wenn sich der Angleichungsprozess mit der gleichen Dynamik wie in den vergangenen Jahren fortsetzt. Noch vor der Angleichung der Löhne wird der Aktuelle Rentenwert Ost aufgrund der Schutzklausel Ost das Niveau des Westwertes erreichen.

614. Spätestens zu diesem Zeitpunkt sollte ein **einheitliches Rentenrecht** eingeführt werden. Es sollte selbstverständlich sein, dass es dann nur noch einen Aktuellen Rentenwert in West- und Ostdeutschland gibt, der dann entsprechend der gesamtdeutschen Lohnentwicklung fortgeschrieben wird. Dies sollte zum Anlass genommen werden, die Entgeltpunktberechnung ebenfalls zu vereinheitlichen, indem die Hochwertung ostdeutscher Löhne und Gehälter eingestellt wird und die Berechnung auf gesamtdeutschen Werten basiert. Da sich in diesem Fall die Entgelte in West- und Ostdeutschland weiter angenähert haben werden, fallen die für die Versicherten **resultierenden Verteilungseffekte geringer** aus und es ist weniger politischer Mut zur Vereinheitlichung des Rentenrechts erforderlich.

2. Betriebsrenten

Verbreitung der betrieblichen Altersvorsorge ausbaufähig

615. Die **Verbreitung der bAV** hat seit der Reform des Jahres 2001 **zugenommen**. Während damals lediglich 38 % der Arbeitnehmer eine Anwartschaft in der bAV besaßen, waren es im Jahr 2011 schon 50 % (TNS Infratest Sozialforschung, 2012). Seit dem Jahr 2005 flacht dieser Verbreitungsgrad ab. ↘ ABBILDUNG 84 LINKS Dies wirft die Frage auf, inwiefern Handlungsbedarf besteht.

616. Eine aggregierte Betrachtung des Verbreitungsgrades sagt aus verschiedenen Gründen noch wenig aus. Erstens hängt der Verbreitungsgrad positiv von der

↘ ABBILDUNG 84
Verbreitung der betrieblichen Altersvorsorge[1]

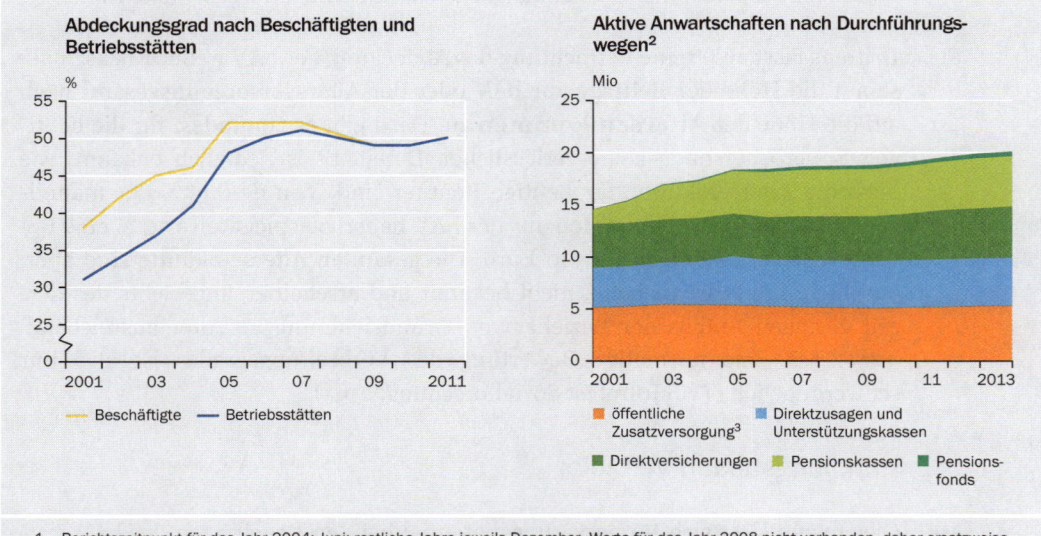

Abdeckungsgrad nach Beschäftigten und Betriebsstätten (%)
— Beschäftigte — Betriebsstätten (2001–2011)

Aktive Anwartschaften nach Durchführungswegen[2] (Mio, 2001–2013)
- öffentliche Zusatzversorgung[3]
- Direktzusagen und Unterstützungskassen
- Direktversicherungen
- Pensionskassen
- Pensionsfonds

1 – Berichtszeitpunkt für das Jahr 2004: Juni; restliche Jahre jeweils Dezember. Werte für das Jahr 2008 nicht vorhanden, daher ersatzweise Verwendung des Mittelwerts der Jahre 2007 und 2009. 2 – Einschließlich Mehrfachanwartschaften der aktiv Versicherten, die Anwartschaften in mehreren Durchführungswegen erwerben. 3 – Alle Beschäftigten des öffentlichen Dienstes sind über Tarifverträge in der Pensionskasse VBL pflichtversichert.

Quellen: TNS Infratest Sozialforschung (2008, 2012)
© Sachverständigenrat | 16-163

Betriebsgröße, dem Einkommen sowie dem Alter des Arbeitnehmers ab (Kiesewetter et al., 2016; Beznoska und Pimpertz, 2016). **Handlungsbedarf** könnte es demnach insbesondere bei **kleinen und mittleren Unternehmen** (KMU) sowie **Geringverdienern** geben. Die steigende Verbreitung mit dem Alter dürfte zum einen mit den ebenfalls mit dem Alter steigenden Einkommen zu tun haben oder auf einen Koholeffekt hindeuten. Zum anderen dürfte die Sparneigung bei jüngeren Erwerbspersonen niedriger sein, sei es aufgrund einer höheren Gegenwartspräferenz oder aufgrund der Finanzierung von Wohneigentum. Hier besteht für die Politik daher kein unmittelbarer Handlungsbedarf.

617. Zweitens existieren verschiedene Definitionen von Verbreitungsgraden mit Unterschieden bei Verlauf und Niveau. So setzte die Stagnation der Verbreitung bei einer Betrachtung nach Arbeitnehmern bereits im Jahr 2005, bei einer Betrachtung nach Betriebsstätten aber erst im Jahr 2007 ein. Zudem ist der Verbreitungsgrad bei Betrachtung der **Haushaltsebene** im Mittel 10 Prozentpunkte höher als bei Betrachtung der Personenebene (Beznoska und Pimpertz, 2016). Im Gegensatz zu den Angaben aus der Trägerbefragung ↘ ABBILDUNG 84 LINKS geben repräsentative Befragungsdaten einen geringeren Verbreitungsgrad an. Dies könnte daran liegen, dass einigen Befragten die Existenz eines Vertrages nicht bewusst ist (Beznoska und Pimpertz, 2016). Jedoch zeigt sich der Anstieg auch in diesen Daten. Im Jahr 2002 gaben 13 % der Haushalte an, über einen bAV-Vertrag zu verfügen. Im Jahr 2012 waren es 30 % (Börsch-Supan et al., 2016b).

Betrachtet man die Zahl der **Anwartschaften**, ist ein kontinuierlicher Anstieg zu verzeichnen. Die Zahl der aktiv Versicherten ist im Zeitraum von 2001 bis 2013 um 38 % gestiegen. ↘ ABBILDUNG 84 RECHTS Dabei zeigt sich, dass Direktzusagen und Direktversicherungen in den vergangenen Jahren den größten Teil der bAV-Verträge ausmachten. Die Bedeutung von Pensionskassen hat stark zugenommen. Pensionsfonds spielen nach wie vor nur eine untergeordnete Rolle.

618. Drittens lässt eine reine Betrachtung der Abdeckung der bAV weder Rückschlüsse auf die Höhe der Beiträge zur bAV oder der Altersvorsorge insgesamt noch auf die Höhe der **Alterseinkommen** zu. Dazu gibt es zumindest für die heutigen Erwerbspersonen keine verlässlichen Daten. Es ist lediglich bekannt, wie hoch die Alterseinkünfte für heutige Rentner sind. Von den 43 % der männlichen Bezieher von Altersrenten aus der bAV haben beispielsweise 70 % eine Betriebsrente von weniger als 500 Euro. Die gesamten Alterseinkünfte sind aber, vor allem für Paarhaushalte, nicht bekannt und erscheinen angesichts des derzeit geringen Anteils der Bezieher von Grundsicherung im Alter ausreichend. ↘ ZIFFER 562 Eine normative Bewertung des Verbreitungsgrades ist also nur schwer möglich (TNS Infratest Sozialforschung, 2011).

Handlungsbedarf verbleibt

619. Gleichwohl lässt sich Verbesserungspotential bei den Regelungen der bAV feststellen. So zeigt sich bei Geringverdienern und KMU ein geringerer Abdeckungsgrad. Dies legt eine Analyse der **Hemmnisse** für den Abschluss eines bAV-Vertrags durch den Arbeitnehmer beziehungsweise für das Angebot einer Vorsorgeform durch den Arbeitgeber nahe (Kiesewetter et al., 2016).

Dabei werden auf Arbeitnehmerseite die fehlende Kenntnis des Entgeltumwandlungsanspruchs sowie fehlende finanzielle Spielräume als die größten Hinderungsgründe für den **Abschluss eines bAV-Vertrags** gesehen. Allerdings geben 70 % der Arbeitnehmer, die ein Angebot ihres Arbeitgebers abgelehnt haben, an, dass sie anderweitig privat vorsorgen. Dabei werden vor allem die Riester-Rente und Lebensversicherungen genutzt. Zudem sehen sich 40 % derjenigen, die ein Angebot des Arbeitgebers ablehnen, als ausreichend versorgt an. Beides dürfte auf Geringverdiener nicht zutreffen. Auf Arbeitgeberseite, insbesondere bei KMU, dürften es vor allem die hohen Informationsbeschaffungskosten und der Verwaltungsaufwand sein, die ein Hemmnis für das Angebot einer bAV darstellen (Kiesewetter et al., 2016).

620. Ende September 2016 hat sich die Bundesregierung mit den Tarifvertragsparteien auf **Eckpunkte** verständigt, mit denen die bAV ausgebaut werden soll. Bekannt ist bisher, dass die doppelte Verbeitragung bei einem Riester-Vertrag innerhalb der bAV abgeschafft werden dürfte. Darüber hinaus sollen Arbeitgeber, wenn sie für Geringverdiener Beiträge von bis zu 480 Euro in eine bAV einzahlen, eine steuerliche Förderung von 30 % erhalten. Zudem dürften zukünftig Arbeitnehmerbeiträge in Höhe von 7 % der Beitragsbemessungsgrenze steuerfrei einem bAV-Vertrag zuführbar sein.

621. Diese Steuerfreiheit stellt einen **weiteren Übergang zur konsumorientierten Besteuerung** dar. Wie der Sachverständigenrat, zuletzt vor allem mit Bezug auf die Unternehmensbesteuerung, wiederholt dargelegt hat (JG 2015 Ziffern 725 ff.), ist dies aus Effizienzgesichtspunkten zu befürworten. Eine Anhebung des Betrags, der steuerfrei in eine bAV fließen kann, erscheint zudem fol-

gerichtig, wenn bedacht wird, dass in einer langanhaltenden Niedrigzinsphase eine Erhöhung der Ersparnis notwendig ist, um dieselbe Rentenhöhe zu erhalten. Dann wäre es aber konsequent, die Riester-Rente entsprechend zu behandeln sowie die Zulage entsprechend anzuheben. Zudem müsste über eine Erhöhung des Altersvorsorgeanteils in der Rentenanpassungsformel ↘ KASTEN 20 sowie die damit verbundenen Folgen, im Wesentlichen eine stärkere Absenkung des Sicherungsniveaus als bisher zu erwarten, nachgedacht werden. Mit der alleinigen Anhebung dieser Größe im Kontext der bAV wird dagegen eine bewusste Bevorzugung der bAV etabliert, die begründungsbedürftig ist.

So ist zu erwarten, dass mehr Personen, die von der steuerlichen Förderung begünstigt werden, zukünftig, möglicherweise durch Substitution eines Riester-Vertrages, auf die bAV setzen. Die eingezahlten Beiträge und damit die erwarteten Rentenzahlungen aus der bAV dürften ansteigen. Zudem sind Mitnahmeeffekte zu erwarten. Bereits heute gibt es Arbeitnehmer, die mehr als 4 % der Beitragsbemessungsgrenze in ihre bAV einzahlen.

622. Für Geringverdiener dürfte die bAV mit einer **Zulagenförderung** attraktiver werden. Durch die geplante Abschaffung der doppelten Verbeitragung bei einer Riester-Rente innerhalb der bAV wird eine Möglichkeit der Zulagenförderung innerhalb der bAV geschaffen. Dies korrigiert den Fehlanreiz, der bei einer Riester-Rente innerhalb der bAV aufgrund dieser Mehrbelastung im Vergleich zur privaten Riester-Vorsorge entsteht. ↘ ZIFFER 584 Das Problem der doppelten Verbeitragung bei der Riester-Vorsorge innerhalb der bAV spiegelt sich in der sehr geringen Anzahl von Anwartschaften wider, die Riester-Verträge mit der bAV verbinden. Der Anteil an Anwartschaften mit Riester-Förderung lag im Dezember 2013 je nach Durchführungsweg in der Privatwirtschaft zwischen 0,1 % bei Direktversicherungen und 3 % bei Pensionskassen (TNS Infratest Sozialforschung, 2015).

623. Ob Arbeitgeber, die bisher keine bAV anbieten (vor allem KMU), durch die steuerliche Förderung zu einem Angebot bewegt werden, ist unklar. Zumindest geben insbesondere Arbeitgeber von KMU mit bAV an, dass monetäre Anreize für sie nicht ausschlaggebend wären. Um die hohen Informationsbeschaffungskosten zu senken und den Verwaltungsaufwand zu reduzieren, sollte es den Arbeitgebern vielmehr wesentlich erleichtert werden, ihren Arbeitnehmern sinnvolle Betriebsrentenprodukte anzubieten.

Dazu stehen verschiedene Möglichkeiten zur Verfügung. So könnten Verbände, Innungen und Kammern angeregt werden, ihre Mitglieder stärker über die bAV zu **informieren** und eine **Vorauswahl** an bAV-Produkten zur Verfügung zu stellen. Noch einfacher wäre es für die Arbeitgeber, wenn die Tarifvertragsparteien standardisierte Produkte anböten. Würde im Rahmen der Riester-Rente ein standardisiertes Produkt geschaffen, könnte dieses ebenfalls von KMU im Rahmen der Entgeltumwandlung genutzt werden (Börsch-Supan et al., 2016b).

624. Neben den bisher diskutierten Veränderungen will die Bundesregierung außerdem Betriebsrenten ohne garantierte Leistungszusage erlauben, sofern dies tarifvertraglich vereinbart ist. Zudem sollen Arbeitnehmer in diesem Fall **automatisch versichert** sein, wenn sie sich nicht dagegen aussprechen (Default

Nudging). Bisher ist zumindest eine Leistung in Höhe der eingezahlten Beiträge zu garantieren. Die Bundesregierung sieht das **Haftungsrisiko** gerade bei KMU als wesentliches Verbreitungshemmnis an. Möglicherweise kommt jedoch ein kapitalgedecktes Altersvorsorgeprodukt ohne Leistungsgarantie bei den Vorsorgenden, die konservative Anlagestrategien bevorzugen, nicht gut an.

625. Die beabsichtige Begünstigung der bAV, insbesondere gegenüber Riester-Verträgen, lässt sich angesichts der genannten Probleme allenfalls mit einem solchen Nudging-Argument rechtfertigen. Die automatische Teilnahme an einer bAV mit Opt-out-Regel kann die private Altersvorsorge stärken. Aus Sicht des Sachverständigenrates geht dieser Eingriff allerdings sehr weit, wenn es bereits ausreichen könnte, die Informationsbeschaffungskosten für Arbeitgeber wesentlich zu verringern (Wissenschaftlicher Beirat beim BMWi, 2016). Eine alleinige Opt-out-Regelung wäre unter Umständen kritisch, wenn die Arbeitgeber mangels Kenntnissen keine lohnenden Produkte anbieten würden. ↘ KASTEN 22

↘ KASTEN 22

Opt-out und Standardprodukte

Im Zuge der Rentenreformdiskussion dieses Jahres wurde die Einführung einer sogenannten **Deutschland-Rente** vorgeschlagen (Al-Wazir et al., 2016; Wagner, 2016). Dabei handelt es sich um eine kapitalgedeckte Zusatzvorsorge, bei welcher der Arbeitgeber Beiträge in einen staatlich organisierten Rentenfonds abführt, wenn der Arbeitnehmer nicht aktiv widerspricht. Mit dieser Opt-out-Regel würde quasi automatisch eine ergänzende Vorsorge aufgebaut. Der Rentenfonds, der als Deutschlandfonds bezeichnet wird, soll zum Selbstkostenpreis arbeiten und in ein breit gestreutes Anlageportfolio mit höherem Aktienanteil investieren, um höhere Renditen zu erzielen. Hinzu kommt ein impliziter staatlicher Insolvenzschutz. Insgesamt soll ein einfaches, kostengünstiges Standardprodukt angeboten werden.

Erkenntnisse der **Verhaltensökonomik** sowie Daten aus Italien, Neuseeland, den Vereinigten Staaten und dem Vereinigten Königreich lassen den Schluss zu, dass die automatische Mitgliedschaft den Rentenversicherungsschutz erhöhen kann (OECD, 2014). In den Vereinigten Staaten hat die automatische Einzahlung in das 401(k)-System mit Opt-out die Beteiligung wesentlich erhöht und sich damit als effektiv erwiesen (Madrian und Shea, 2001; Choi et al., 2006). Allerdings wählt dort der Arbeitgeber die Standardoption aus. Solange in Deutschland die Informationsbeschaffungs- und Verwaltungskosten nicht gesenkt werden, besteht die Gefahr, dass Arbeitgeber unpassende Produkte auswählen. Zudem bedingt eine höhere Teilnahme an der bAV nicht zwangsläufig einen Wohlfahrtsgewinn. Es kann durch die automatische Ersparnis zur Substitution kommen, sodass Arbeitnehmer weniger privat sparen, obwohl sie auf diesem Weg eine für sie vorteilhaftere Ersparnisform wählen würden (Börsch-Supan et al., 2016c; Engen et al., 1994, 1996; Attanasio und DeLeire, 2002).

Mit einer Opt-out-Regelung bei der betrieblichen oder privaten Altersvorsorge stellt sich die Frage nach dem konkreten Standardprodukt. Die **Einführung eines Standardprodukts** für alle Arbeitgeber könnte grundsätzlich ohne Opt-out-Regelung Vorteile haben (Wissenschaftlicher Beirat beim BMWi, 2016). In anderen Ländern gibt es beispielsweise folgende Lösungen bei Opt-out-Modellen:

Schweden

Bei der obligatorischen Prämienrente in Schweden werden die Mittel von einem staatlichen Rentenversicherungsamt nur in Fonds investiert, die am Kapitalmarkt anlegen. Neben dem **staatlichen Standardprodukt Safa** (ausgewogene Balance zwischen Risiko und Sicherheit) gibt es drei Standard-Alternativen, die gewählt werden können, sofern man sich gegen Safa entscheidet und sein Portfolio nicht selbst aus individuellen Fonds auswählen möchte. Diese investieren mit unterschiedlichen festen Anteilen in Beteiligungsfonds und Rentenfonds und haben damit ein unterschiedliches Risiko. Insgesamt gibt es 850 behördlich zugelassene Fonds.

Vereinigtes Königreich

Der NEST Retirement Fund im Vereinigten Königreich investiert in Fonds von führenden Fonds-Managern. Es gibt etwa 50 **NEST Retirement Date Fonds** in der Default-Strategie, mit der Idee, je nach Alter eine andere Anlagestrategie zu verfolgen. Die verschiedenen Date Fonds lassen sich grob in drei Klassen unterteilen. Die Fonds der „foundation phase" konzentrieren sich auf einen Inflationsausgleich und eine Reduzierung der Wahrscheinlichkeit für einen extremen Schock. In der „growth phase" wird ein höheres Risiko eingegangen, um ein stetiges Wachstum zu erzeugen. In der „consolidation phase" soll zwar immer noch eine reale Rendite erwirtschaftet werden, es wird aber vermehrt auf eine Verringerung der Volatilität geachtet.

Vereinigte Staaten

Bei den **401(k)-Sparplänen** in den Vereinigten Staaten wählt der Arbeitgeber ein Standardprodukt für den Arbeitnehmer aus. Möchte er seine eigene Haftung reduzieren, kann er sich für sogenannte qualified default investment alternatives (QDIA) entscheiden. Dabei handelt es sich um Produkte, welche die Mittel in Abhängigkeit vom Alter, vom erwarteten Renteneintrittsalter oder von der Lebenserwartung des Arbeitnehmers investieren oder für eine Gruppe von Arbeitnehmern als Ganzes anlegen. Zudem dürfen Standardprodukte nicht im eigenen Unternehmen investieren.

Bei diesen Standardprodukten ist zu beachten, dass die Regulierung in den drei betrachteten Ländern relativ gering ist. Zudem gibt es keine staatlichen Garantien für die Altersvorsorge mit Standardprodukten.

In Deutschland wäre es theoretisch möglich, ein staatlich verwaltetes Produkt anzubieten, das niedrigere Gebühren und Verwaltungskosten erfordert. Schweden hat mit seinem staatlich verwalteten Vorsorgefonds gute Erfahrungen gemacht (Severinson und Stewart, 2012; OECD, 2013). **Das Management** dieses Fonds ist **streng von staatlichen Vorgaben abgeschirmt**, sodass eine effiziente Verwaltung möglich ist (Schraad-Tischler, 2014; Börsch-Supan et al., 2016b). ↘ ZIFFER 102 Mit Ausnahme Schwedens hat das Ausland allerdings eher schlechte Erfahrungen gemacht (Iglesias und Palacios, 2000; Palacios und Pallarés-Miralles, 2000; OECD, 2015b). Beispielsweise zweckentfremden Regierungen und Parlamente diese Fonds, um Engpässe in den öffentlichen Haushalten zu überwinden. Zudem verzerrt ein staatlich angebotenes Produkt den Wettbewerb aufgrund des impliziten Insolvenzschutzes. Schließlich sind die Renditen im Vergleich zu relevanten Indizes relativ niedrig. Besser wäre es daher, durch staatliche Regulierung ein Standardprodukt zu definieren, das von privaten Unternehmen angeboten werden kann, um damit den Wettbewerbsdruck im Markt zu erhöhen.

Bei der **Regulierung des Standardprodukts** ist darauf zu achten, dass die Zahl der angebotenen Produkte begrenzt bleibt. Derzeit gibt es zum Beispiel etwa 250 verschiedene Riester-Produkte, was die Entscheidung wesentlich erschwert. Zudem wäre eine **Einordnung in Risikokategorien** sinnvoll, wie es zum Beispiel in Schweden der Fall ist. Schließlich sollte ein **Kostendeckel** eingeführt werden. Ein solches Standardprodukt könnte sich für eine breitere staatliche Förderung empfehlen und diese nicht nur auf sozialversicherungspflichtig Beschäftigte konzentrieren.

626. Ein alternatives Mittel, um die Komplexität des Systems der bAV zu verringern, bestünde prinzipiell in einer **Angleichung der steuer- und abgabenrechtlichen Vorgaben**. Derzeit sind die Regelungen innerhalb der bAV im Vergleich zur Riester-Rente derart unterschiedlich, dass ein Optimierungskalkül schnell zum Optimierungsproblem wird.

Für einen Arbeitnehmer fällt der Vergleich, ob eine Riester-Rente oder eine Betriebsrente vorteilhaft ist, schwer, da Riester-Renten vorgelagert verbeitragt werden, Betriebsrenten aber nachgelagert. Für eine ebenfalls **vorgelagerte Verbeitragung der Betriebsrenten** spräche, dass die Arbeitnehmer höhere GRV-Ansprüche erwerben könnten und der GRV keine Beitragseinnahmen vorenthalten würden. Die höheren Sozialversicherungsabgaben dürften für die Arbeitgeber unkritisch sein, da diese Einsparung nicht als Anreiz gesehen wird, eine bAV-Option anzubieten (Kiesewetter et al., 2016). Darüber hinaus könnte die nachgelagerte Verbeitragung in der bAV derzeit ihre Attraktivität mindern, weil Arbeitnehmer in der Rentenphase die vollen Beiträge zur Kranken- und Pflegeversicherung inklusive Arbeitgeberanteil zahlen müssen. Zudem ist mit steigenden Kosten und damit Beitragssätzen im Gesundheits- und Pflegebereich zu rechnen, sodass die Belastung für den einzelnen Sparer durch eine vorgelagerte Verbeitragung geringer ausfallen dürfte.

Allerdings gibt es Gründe, die gegen eine vorgelagerte Verbeitragung sprechen: So würden Beitragszahlungen und Leistungsbezug auseinanderfallen. Dieses Argument gilt genauso für die derzeitige Regelung bei der Riester-Rente. Eine Veränderung der Regelungen im Bereich der bAV hätte zur Folge, dass die bisher eingeplanten Beiträge aus Betriebsrentenzahlungen in der Kranken- und Pflegeversicherung kompensiert werden müssten. Daraus dürften perspektivisch zusätzliche Beitragssatzsteigerungen resultieren, die in eine Zeit fallen, in der aufgrund der demografischen Veränderungen ohnehin mit Beitragssatzerhöhungen zu rechnen ist. Entscheidend dürfte sein, dass die **Steuer- und Sozialabgabenfreiheit der bAV als wichtige Ursache für die zunehmende Verbreitung der bAV** seit dem Jahr 2002 gesehen wird (Börsch-Supan et al., 2007). In einer Phase, in der es darum geht, den Verbreitungsgrad der bAV weiter zu erhöhen, diese Regelung abzuschaffen, ist folglich problematisch.

627. Im Hinblick auf die **steuerliche Behandlung** ergibt sich die Komplexität vor allem dadurch, dass die Art der Besteuerung vom Durchführungsweg und der Höhe der Sparleistung abhängt. ↘ ABBILDUNG 78 SEITE 299 Eine Vereinheitlichung ist derart denkbar, dass ein höherer Anteil der Zuführungen zu Betriebs- und Riester-Renten nachgelagert besteuert wird, so wie es die Bundesregierung jetzt vorsieht. Dies würde einen weiteren Übergang zur konsumorientierten Besteuerung darstellen und wäre aus Effizienzgesichtspunkten zu befürworten (JG 2015 Ziffern 725 ff.). Gleichwohl sind die genannten Anreizeffekte und Inkonsistenzen, die bei einer eindeutigen Bevorzugung der bAV entstehen, dagegen abzuwägen.
↘ ZIFFER 626

628. Die steuerliche Behandlung beim Arbeitgeber unterscheidet sich bei den verschiedenen Durchführungswegen ebenfalls. Wird der unmittelbare Durchführungsweg der Direktzusage gewählt, leistet der Arbeitgeber selbst die Betriebsrentenzahlungen. Dafür hat er in der Bilanz eine **Rückstellung** zu bilden, die entsprechend den Gewinn mindert und die Vermögenswerte bis zur Auszahlung im Unternehmen binden soll. Die Bewertungen in der Handels- und Steuerbilanz unterscheiden sich jedoch. Der Sachverständigenrat spricht sich für eine stärkere Anlehnung der steuerlichen an die handelsrechtliche Bewertung aus.
↘ KASTEN 23

↘ KASTEN 23

Auswirkungen der Niedrigzinsen auf die Pensionsrückstellungen und Handlungsbedarf

Unternehmen müssen für **zukünftige Zahlungsansprüche** aus einer Direktzusage Pensionsrückstellungen aufbauen. Die Unternehmen tragen dabei das **Zinsrisiko**. Wie hoch deshalb die Rückstellungen auszufallen haben, hängt maßgeblich vom zugrundeliegenden Rechnungszins ab. Mit diesem Diskontierungszinssatz wird der Barwert der Zusage ermittelt, also derjenige Wert, den die zukünftigen Rentenzahlungen heute haben. Bei einem niedrigen Zins müssen höhere Rückstellungen gebildet werden.

Seit dem Jahr 2009 müssen **Pensionsrückstellungen in der Handelsbilanz** zum einen mit ihrem Erfüllungsbetrag angesetzt werden. Dabei werden beispielsweise zukünftige Gehaltssteigerungen einbezogen. Zum anderen ist ein von der Deutschen Bundesbank ermittelter geglätteter Marktzinssatz verbindlich anzuwenden. Vereinfachend darf pauschal eine Restlaufzeit von 15 Jahren angenommen werden. Die so ermittelten Pensionsrückstellungen werden in der Gewinn- und Verlustrechnung als Personalaufwand gebucht und sind darüber erfolgswirksam. Sie verringern somit das handelsrechtliche Jahresergebnis und das Eigenkapital.

Die niedrigen Zinsen der vergangenen Jahre schlagen sich zunehmend im geglätteten Rechnungszins nieder. Während dieser im Jahr 2009 noch bei 5,3 % lag, sank er im November 2015 unter 4 %. Dies erhöht die notwendigen Pensionsrückstellungen. Schätzungen kommen zu dem Ergebnis, dass eine Zinsänderung um einen Prozentpunkt die Pensionsrückstellungen um 12 % bis 15 % verändert (Deutsche Bundesbank, 2015; Bundesregierung, 2015). Unternehmen befürchten durch die damit einhergehende geringere Eigenkapitalquote schlechtere Finanzierungskonditionen (Hentze, 2016). Die Bundesregierung hat daher den zur Ermittlung des geglätteten Marktzinssatzes verwendeten Betrachtungszeitraum in diesem Jahr von sieben auf zehn Jahre ausgeweitet. Dadurch liegt der Rechnungszins momentan wieder über 4 % und sinkt vorübergehend weniger stark. Dies schwächt die **Effekte der aktuellen Niedrigzinsphase** ab. Der Differenzbetrag, der sich aus der Bewertungsumstellung ergibt, darf jedoch nicht ausgeschüttet werden.

Inwiefern diese neue Regelung zu einer **realistischeren Abbildung** der zukünftigen Zahlungsverpflichtungen führt, ist fraglich. Die Durchschnittsbildung soll kurzfristige Schwankungen ausgleichen. Mit der stärkeren Glättung werden die Regeln aufgrund einer veränderten Marktsituation angepasst, sodass sich die aktuelle Niedrigzinsphase länger auf den Rechnungszins auswirkt. Es ist absehbar, dass die Unternehmen bei steigenden Marktzinsen wieder eine Verkürzung des Betrachtungszeitraums fordern werden. Mit der Anpassung weichen die deutschen Regelungen im Handelsrecht zudem stärker von **internationalen Standards** ab. Für kapitalmarktorientierte Unternehmen, die ihren Jahresabschluss nach den internationalen Rechnungslegungsvorschriften (IFRS) aufstellen, wurde ein Glättungsmechanismus sogar abgeschafft. Der für diese Unternehmen relevante Rechnungszins folgt dem Marktzinssatz und ist deswegen wesentlich volatiler (Deutsche Bundesbank, 2015).

Handlungsbedarf besteht hingegen bei der **steuerlichen Bewertung von Pensionsrückstellungen**, die als steuerlicher Aufwand geltend gemacht werden können. Die Bewertung zwischen der Steuerbilanz und der Handelsbilanz unterscheidet sich jedoch. Zum einen werden Trends der Rentenentwicklung steuerlich nicht berücksichtigt. Zum anderen wird ein fester Rechnungszins in Höhe von 6 % zugrunde gelegt. Damit weicht der steuerliche Diskontierungssatz zunehmend vom geglätteten Marktzinssatz ab. Aufgrund dieser Diskrepanz werden die Gewinne vor Steuern momentan tendenziell überschätzt. Bis zur Auflösung der Pensionsrückstellungen kommt es bei unverändertem Steuerrecht zwar über die Zeit insgesamt zu einer identischen Steuerzahlung, allerdings steht den Unternehmen momentan weniger Liquidität zur Verfügung (Hentze, 2016). Eine stärkere Anlehnung an die handelsrechtlichen Diskontierungssätze wie von der Deutschen Bundesbank (2015) vorgeschlagen, wäre daher ratsam.

629. Um die Rentenansprüche der Beschäftigten abzusichern, existiert ein **mehrstufiges Sicherungssystem**, das für die einzelnen Durchführungswege unterschiedlich greift (Clemens und Förstemann, 2015). Grundsätzlich haftet der Arbeitgeber für seine Zusagen. Bei Lebensversicherungen und einem Teil der Pensionskassen sichert jedoch Protektor, die Sicherungseinrichtung der Lebensversicherer, Ausfälle ab. Von einer Insolvenz des Arbeitgebers sind diese Durchführungswege nicht betroffen, da sie wirtschaftlich unabhängig sind. Ansprüche aus einer Direktzusage, einer Unterstützungskasse oder einem Pensionsfonds werden bei einer Insolvenz des Arbeitgebers über den Pensions-Sicherungs-Verein abgewickelt. Dieser legt die Kosten auf alle beteiligten Arbeitgeber um. Pensionskassen und Direktversicherungen sind hingegen nicht hierüber abgesichert.

Problematisch erscheinen bei der **Konstruktion des Pensions-Sicherungs-Vereins** die unabhängig von der Bonität zu entrichtenden Beiträge der Unternehmen und die beschränkten Reserven dieser gemeinsamen Einrichtung. Für den Arbeitgeber gehen mit diesen Regelungen unterschiedliche Haftungsrisiken einher, da er eine Einstandspflicht bei Durchführung über externe Versorgungsträger hat. Damit muss er im Zweifel mit „doppelten" Ausgaben für die bAV rechnen. Rechtsunsicherheiten können zudem ein Hemmnis darstellen, eine betriebliche Altersvorsorge anzubieten. Eine Absicherung für diejenigen Durchführungswege, die nicht über Protektor abgesichert sind, wie die Pensionsfonds, könnte diese Formen attraktiver machen.

3. Private Altersvorsorge: Die Riester-Rente

630. Die staatlich geförderte private Altersvorsorge bildet die dritte Säule des Alterssicherungssystems in Deutschland. Zu den staatlich geförderten Altersvorsorgeprodukten zählen die Riester-Rente und die Basisrente (Rürup-Rente). Da die Riester-Rente für alle unmittelbar von den Reformen im Alterssicherungssystem betroffenen sozialversicherungspflichtig Beschäftigten eingerichtet wurde, ist sie das dominierende Instrument in diesem Bereich. Aus diesem Grund konzentriert sich die Analyse der dritten Säule des Alterssicherungssystems auf die **Riester-Rente**. Dazu hat der Sachverständigenrat eine Expertise in Auftrag gegeben (Börsch-Supan et al., 2016b).

Fehlende Ersparnis führt zur Rentenlücke

631. Ein Ziel der Riester-Rente war es, durch zusätzliche private und kapitalgedeckte Altersvorsorge die **Rentenlücke** zu **schließen**. Diese ergibt sich dadurch, dass durch die Änderungen der Rentenanpassungsformel die gesetzlichen Renten perspektivisch weniger stark steigen als ohne diese Reformen und deshalb das Sicherungsniveau sinkt. Folglich gibt die Rentenlücke keinen absoluten Rückgang der gesetzlichen Rentenzahlungen an. Diese werden weiterhin steigen und an Kaufkraft gewinnen (Börsch-Supan et al., 2016b).

632. Die Rentenlücke und das Riester-Rentenniveau, das die Auszahlungen aus der Riester-Rente auf das Durchschnittseinkommen bezieht, werden für einen Standardrentner berechnet, der nach 45 Jahren Durchschnittsverdienst mit 65 Jah-

ren in den Ruhestand eintritt. ↘ ZIFFER 560 Die Rentenlücke ergibt sich, indem die Differenz aus Standardrentenniveau nach und vor den Reformen zum Zeitpunkt des Rentenzugangs gebildet wird. Sie gibt demnach an, wie viel Prozent des durchschnittlichen Bruttoeinkommens im Jahr des Rentenzugangs fehlen. Bis zum Jahr 2030 (2060) dürfte die Rentenlücke graduell auf 6 % (9,5 %) anwachsen (Börsch-Supan et al., 2016b). Bei einem dynamisierten Standardrentner, der erst nach 47 Beitragsjahren in Rente geht, fällt sie mit 4 % (8 %) allerdings geringer aus. Ein **Teil der Rentenlücke** kann also bereits **durch eine Verlängerung der Erwerbsphase geschlossen** werden.

633. Ob die Riester-Rente die Rentenlücke des Standardrentners mit 45 Beitragsjahren schließen kann, hängt von der zugrunde gelegten Verzinsung ab. Ursprünglich wurde mit einer nominalen Verzinsung von 4,5 % der gesparten Beträge gerechnet. Damit würde die Rentenlücke für alle Jahrgänge geschlossen. ↘ ABBILDUNG 85 LINKS Das Gesamtversorgungsniveau bestehend aus GRV und Riester-Rente würde dann auf dem heutigen Niveau bleiben und nach 2040 sogar auf über 50 % steigen (Börsch-Supan et al., 2016b).

Die Annahme eines Zinssatzes von 4,5 % ist aus heutiger Sicht unrealistisch. Inzwischen ist das **Zinsniveau wesentlich gefallen**. Bei dauerhaft niedrigen Zinsen kann die Rentenlücke für spätere Jahrgänge nicht vollständig geschlos-

↘ ABBILDUNG 85
Rentenlücke nach den Reformen und Beitrag der Riester-Rente zur Schließung

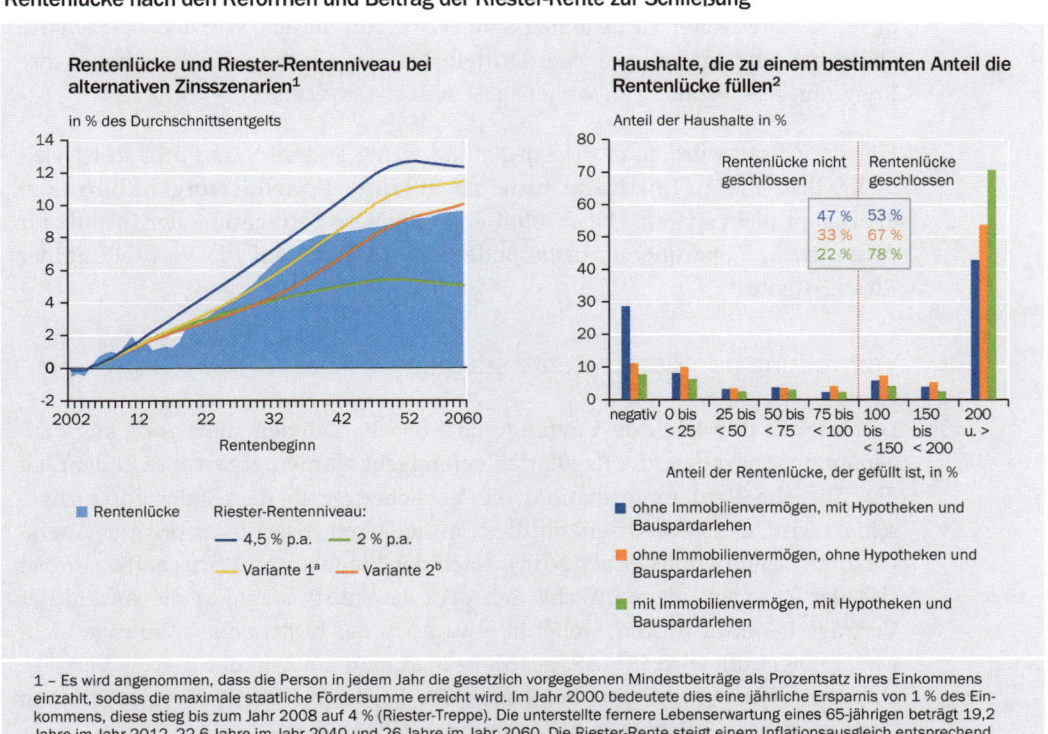

1 – Es wird angenommen, dass die Person in jedem Jahr die gesetzlich vorgegebenen Mindestbeiträge als Prozentsatz ihres Einkommens einzahlt, sodass die maximale staatliche Fördersumme erreicht wird. Im Jahr 2000 bedeutete dies eine jährliche Ersparnis von 1 % des Einkommens, diese stieg bis zum Jahr 2008 auf 4 % (Riester-Treppe). Die unterstellte fernere Lebenserwartung eines 65-jährigen beträgt 19,2 Jahre im Jahr 2012, 22,6 Jahre im Jahr 2040 und 26 Jahre im Jahr 2060. Die Riester-Rente steigt einem Inflationsausgleich entsprechend jährlich um 1,5 % an. Die Kosten der Riester-Rente betragen während der Ansparphase durchschnittlich 10 % der Sparrate pro Jahr, in der Rentenphase fallen keine Kosten an. 2 – Es wird angenommen, dass die Sparquote konstant bleibt und das angesparte Kapital mit nominal 2 % p.a. verzinst wird. a – Absinken des Zinssatzes auf 1,25 % p.a. bis zum Jahr 2018 und danach Anstieg auf 4,5 % p.a. bis zum Jahr 2040. b – Anstieg des Zinssatzes jeweils 10 Jahre später.

Quellen: Börsch-Supan et al. (2016a, 2016b)

© Sachverständigenrat | 16-370

sen werden. Dies trifft zum Beispiel bei 2 % nominaler Rendite auf Rentenzugänge ab dem Jahr 2023 zu (Börsch-Supan et al., 2016a). Bleibt das Zinsniveau vorübergehend niedrig, gilt dies nur für einige Jahrgänge in der Übergangsphase. ↘ ABBILDUNG 85 LINKS

634. Die tatsächliche **Schließung der Rentenlücke** hängt neben der Zinsannahme stark von zugrunde liegenden individuellen Charakteristika der Versicherten ab. Insbesondere eine unterbrochene Ansparphase wirkt sich negativ aus (Börsch-Supan et al., 2016a). Zudem sind Rentenbeginn, Sparquote und das Einkommensprofil entscheidend. Bei einer empirischen Überprüfung zeigt sich, dass die Haushalte in Deutschland die Rentenlücke im Durchschnitt mehr als schließen (Börsch-Supan et al., 2016a). Die zusätzliche Ersparnis aus der Riester-Rente überkompensiert demnach die langsamer steigenden Renten aus der GRV. Allerdings ist die Verteilung sehr heterogen. Letztlich sind es vor allem die Haushalte mit hohen Einkommen, die dieses Ergebnis herbeiführen.

Je nach unterstelltem Vermögensbegriff gelingt es 22 % bis 47 % der Haushalte nicht, ihre Rentenlücke vollständig zu schließen. Darüber hinaus werden diese Werte unter anderem je nach verwendeten Daten oder unterstellter Lebenserwartung variieren. Der hier ermittelte Wert von 47 % ergibt sich bei einem Vermögensbegriff, der den **Wert von Immobilien** außer Acht lässt, die damit häufig einhergehenden Hypotheken und Bauspardarlehen aber berücksichtigt. Diese Vermögensdefinition beschreibt also quasi ein Worst-Case-Szenario, in dem die Immobilie wertlos geworden ist, während die zur Finanzierung notwendigen Kredite weiter zu bedienen sind. Wird von diesem Worst-Case-Szenario abgesehen, gelingt es etwa zwei Dritteln bis drei Vierteln der Haushalte, ihre Rentenlücke vollständig zu schließen. ↘ ABBILDUNG 85 RECHTS

Höhere Zinsen würden an diesem Befund wenig ändern. Das Problem ist vielmehr, dass diese **Haushalte eine zu geringe Sparleistung haben** oder überhaupt nicht sparen. Daher lohnt eine genauere Betrachtung der Gründe für deren geringe Sparquoten, insbesondere im Hinblick auf die Verbreitung der Riester-Rente.

Verbreitung der Riester-Rente stagniert

635. Die **Anzahl der Riester-Verträge** hat vor allem ab dem Jahr 2005 stark zugenommen, nachdem die Regularien vereinfacht wurden. ↘ ZIFFER 585 Zudem hat die jährliche Renteninformation, die Versicherten ab dem Jahr 2004 zugeschickt wird, das Bewusstsein für die Notwendigkeit zusätzlicher privater Altersvorsorge erhöht (Dolls et al., 2016). Nach der Finanz- und Wirtschaftskrise hat sich der Zuwachs abgeschwächt. Seit dem Jahr 2013 stagniert die Anzahl der Verträge bei etwa 16 Mio, wobei in etwa 20 % der bestehenden Verträge nicht weiter eingezahlt wird (BMAS, 2016). Bezieht man die Zahl der Riester-Verträge auf den förderberechtigten Personenkreis, besitzen etwa 44 % einen solchen Vertrag, wobei ein Sparer mehrere Verträge haben kann.

Befragungsdaten zeigen, dass der Anteil der Haushalte mit mindestens einem Riester-Vertrag im Jahr 2012 ebenfalls bei 44 % lag. Der Abdeckungsgrad bei der betrieblichen Altersvorsorge lag auf Haushaltsebene hingegen nur bei 30 %. Insgesamt verzichteten im Jahr 2012 nur noch 39 % der Haushalte völlig auf ergänzende Altersvorsorge, im Jahr 2002 waren es noch 73 % (Börsch-Supan et al., 2015).

636. Wie bei der bAV nimmt der Abdeckungsgrad der Riester-Rente mit dem Haushaltseinkommen zu. ↘ ABBILDUNG 86 LINKS Während im unteren Einkommensquintil etwa ein Fünftel der Haushalte einen Riester-Vertrag hat, liegt dieser Anteil im oberen Quintil bei 59 %. Dies ist bemerkenswert, da die Förderquoten bei Niedrigeinkommensbeziehern am höchsten sind (Börsch-Supan et al., 2015). Allerdings ist die **Riester-Rente bei den unteren Einkommen wesentlich stärker verbreitet als andere Vorsorgeinstrumente** wie etwa die bAV oder die nicht staatlich geförderte Altersvorsorge.

637. Weiterhin zeigt sich, dass die Riester-Rente vor allem bei **Familien mit Kindern** stärker verbreitet ist als andere private Vorsorgeformen. ↘ ABBILDUNG 86 RECHTS Dies hängt mit den Kinderzulagen der Riester-Rente zusammen. Der Abdeckungsgrad bei Haushalten mit einem Kind lag im Jahr 2012 bei 49 %, mit zwei Kindern oder drei und mehr Kindern bei über 70 % (Börsch-Supan et al., 2016b).

638. Im Jahr 2012 verursachte die Förderung der Riesterrente **fiskalische Kosten** in Höhe von 3,2 Mrd Euro. Davon entfielen 2,3 Mrd Euro auf die Altersvorsorgezulage und 0,9 Mrd Euro auf die steuerliche Förderung. Bei den Zulagen entfielen jeweils 1,3 Mrd Euro auf die Grund- und die Kinderzulagen und 38 Mio Euro auf den Berufseinsteigerbonus (Börsch-Supan et al., 2016b).

639. Die **gesamtwirtschaftliche Sparquote** gemäß der Abgrenzung der Volkswirtschaftlichen Gesamtrechnungen hat sich nach der Einführung der Riester-Rente nicht merklich verändert. Sparten die privaten Haushalte im Jahr 2000

↘ ABBILDUNG 86
Verbreitung der Riester-Rente

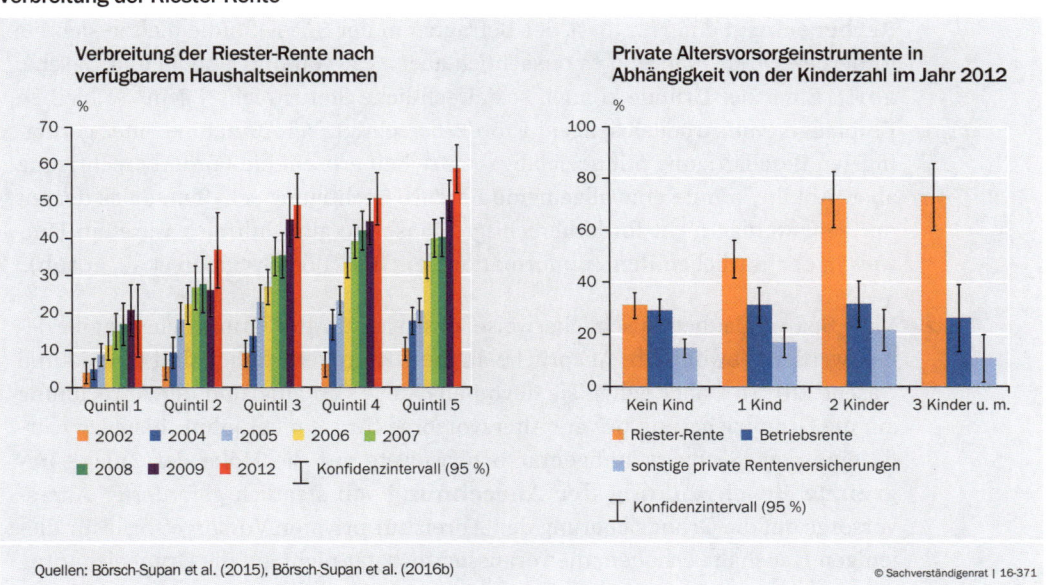

Quellen: Börsch-Supan et al. (2015), Börsch-Supan et al. (2016b)

vor der Einführung der Riester-Rente im Durchschnitt 9,0 % ihres verfügbaren Einkommens, waren es im Jahr 2008 zwar 10,5 %, im Jahr 2014 aber wieder 9,4 %. Selbst bei einer Aufteilung nach Einkommensklassen zeigt sich keine Erhöhung der Sparquoten. Allerdings sieht die Zusammensetzung der Vorsorgeportfolios inzwischen anders aus als vor den Reformen. Während vor dem Jahr 2002 vor allem sichere Anlagen wie Banksparpläne und Bundesanleihen sowie klassische Lebensversicherungen verbreitet waren, ist das Gewicht der bAV und der geförderten Riester-Produkte inzwischen wesentlich gestiegen.

Börsch-Supan et al. (2012) schätzen die Wirkung der Subventionen ab. Durch jeden Euro an staatlicher Förderung dürften zwischen 1,90 Euro und 2,20 Euro an neuer Ersparnis für das Alter entstanden sein. Insgesamt ist sich die empirische Literatur uneinig, ob durch die Riester-Rente andere Sparformen verdrängt wurden (Coppola und Reil-Held, 2009; Corneo et al., 2009; Börsch-Supan et al., 2016b).

Akzeptanz und Transparenz erhöhen

640. Die geringe Verbreitung bei einigen Haushalten dürfte mit **mangelnden Finanzkenntnissen und fehlender Finanzplanung** aufseiten der Haushalte zusammenhängen (Bucher-Koenen und Lusardi, 2011; Lusardi und Mitchell, 2011). Haushalte mit geringem Finanzwissen planen seltener für ihr Alter. Insofern wäre es nicht nur für die Altersvorsorgeplanung vorteilhaft, wenn der Aufbau von Finanzwissen, etwa während der Schulausbildung, erhöht würde. Zudem sind Maßnahmen vorteilhaft, die den Informationsstand über Riester-Produkte verbessern. Dazu gehört das ab dem Jahr 2017 verpflichtende Produktinformationsblatt zur Riester-Rente mit standardisierten Angaben zu Produkttyp, Förderart und einheitlicher Kostenziffer. Schließlich könnten Kosten der Garantie und das zugrunde liegende Zinsniveau ausgewiesen werden. Ein solches Informationsblatt könnte auch für Bestandskunden in Erwägung gezogen werden.

641. Zudem schätzen sich viele Geringverdiener **fälschlicherweise als nicht förderberechtigt** ein. Nur 49 % der Befragten in der SAVE-Studie hielten sich für förderberechtigt, während es tatsächlich aber 73 % waren (Coppola und Gasche, 2011). Einer der Gründe können sozialrechtliche Statuswechsel sein. So bleiben Empfänger von Arbeitslosengeld I förderberechtigt, bei Aufnahme einer geringfügigen Beschäftigung mit Sozialabgabenfreiheit erlischt die Förderberechtigung aber. Abhilfe könnte eine allgemeine Förderberechtigung schaffen, da es derzeit nur sehr wenige nicht förderberechtigte Haushalte gibt; hilfreich wäre ein Hinweis in der jährlichen Renteninformation der GRV (Börsch-Supan et al., 2016b).

642. Viele Sparer glauben fälschlicherweise, dass sie im Alter Grundsicherung beziehen werden, obwohl ihre Ansprüche an die GRV bereits höher sind (Lamla und Gasche, 2013). Daher gehen sie davon aus, dass sich aufgrund der Anrechnung auf die Grundsicherung private Altersvorsorge für sie nicht lohnt. Insofern würde eine vom Sachverständigenrat befürwortete auf die Höhe der Zulage **begrenzte Beschränkung der Anrechnung** von staatlich geförderter Altersvorsorge auf die Grundsicherung den Anreiz zur privaten Vorsorge sogar für diejenigen Haushalte erhöhen, die voraussichtlich gar nicht auf die Grundsicherung

im Alter angewiesen sein werden. Dies entspricht im Grundsatz dem Vorschlag der Bundesregierung, die Eigenleistung der Versicherten, mit einem Freibetrag pauschaliert, nicht mehr auf die Grundsicherung anzurechnen.

643. Die größten angebotsseitigen Hemmnisse bei der Entscheidung für eine Riester-Rente dürften die **Marktintransparenz** sowie die hohen Kosten der Riester-Produkte sein. Derzeit gibt es viele verschiedene Arten von Abschluss-, Vertriebs- und Verwaltungskosten. Zudem ist die Streuung der Kostenquoten enorm. Bei 36 untersuchten Verträgen lag die Spanne zwischen 2,5 % und 20 % (Gasche et al., 2013). Allerdings hatte keiner der untersuchten Verträge eine negative Rendite, sodass die Intransparenz das größte Manko sein dürfte.

644. Zudem wird in der Literatur die **schlechte Beratungsdienstleistung** herausgestellt (Bucher-Koenen und Koenen, 2015). Darüber hinaus gibt die Hälfte der Haushalte, die einen Riester-Vertrag kündigen oder stilllegten, produktspezifische Gründe an (Ziegelmeyer und Nick, 2013). Dieser Anteil ist signifikant höher als bei nicht-geförderten kapitalbildenden Lebensversicherungen.

645. Wird durch eine erhöhte Transparenz und eine verbesserte Beratung keine merkliche weitere Verbreitung der Riester-Rente erreicht, kann die Einführung eines Standardprodukts hilfreich sein. Ein solches könnte zu einem intensiveren Wettbewerb führen. Dieses Standardprodukt sollte jedoch nicht staatlich verwaltet werden, da dadurch erhebliche Marktverzerrungen entstehen würden. ↘ KASTEN 22 SEITE 316 Allerdings müsste dieses Standardprodukt regulatorisch definiert sein, zum Beispiel hinsichtlich Risikoklasse, Gebührenarten und Art der Auszahlung. Ein solches **Standardprodukt mittels Opt-out-Regelung zur automatischen Standardlösung zu erklären**, kann eine Option sein, soweit die damit einhergehende Erhöhung der Transparenz und des Wettbewerbs allein den Verbreitungsgrad der Riester-Rente nicht ausreichend erhöhen.

646. Eine Liberalisierung der Anlagevorschriften bei Riester-Verträgen sollte zwei gegenläufige Argumente abwägen. Vorschriften, die effektiv auf einen hohen Anteil von Staatsanleihen im Portfolio hinauslaufen, sind kontraproduktiv, weil dies zu niedrigeren Renditen führt. Zudem ist eine **Beschränkung der Aktienquote** bei gleichzeitiger Substanzgarantie **redundant**. Schon die Substanzgarantie führt zu Verzerrungen gegenüber alternativen Altersvorsorgeprodukten. Die Beschränkung der Aktienquote und die Substanzgarantie bringen niedrigere Renditen der entsprechenden Altersvorsorgeprodukte mit sich. Sie haben somit direkte Kosten für die Riester-Sparer.

Hingegen war das Hauptziel der staatlich geförderten Altersvorsorge bislang eine garantierte Rentenzahlung. Die **Substanzgarantie** ist bedeutsam, sofern allein mit der Riester-Rente das Absinken des Sicherungsniveaus in der GRV kompensiert werden soll. Vor allem erhöht die Substanzgarantie die Attraktivität der privaten Altersvorsorge gerade bei Niedrigverdienern, die zur Vermeidung von Altersarmut auf die Sicherheit der späteren Rentenzahlung angewiesen sind. Haushalte, die bereit sind, in ihrer Altersvorsorge mehr Risiko einzugehen, um bessere Chancen auf höhere Alterseinkommen zu haben, können sich für eine nicht staatlich geförderte Anlagestrategie entscheiden.

In Anbetracht dieser Argumente spricht sich der Sachverständigenrat dafür aus, die über die Substanzgarantie hinausgehenden Anlagevorschriften anzupassen und die **Beschränkung der Aktienquote** zumindest zu reduzieren, besser jedoch ganz **abzuschaffen**. Die Substanzgarantie sollte erhalten bleiben, um die Attraktivität der Riester-Verträge für Geringverdiener zu erhalten. In dem Maße, in dem die bAV ausgebaut wird und die Riester-Rente im Hinblick auf das Ziel der Kompensation des absinkenden Sicherungsniveaus ersetzt wird, könnte die Substanzgarantie infrage gestellt werden.

647. Darüber hinaus könnte ein höherer Anteil der Auszahlungen der Anwartschaft aus Riester-Verträgen zum Rentenbeginn deren Attraktivität steigern. Zurzeit besteht die Möglichkeit, sich bei der Riester-Rente bis zu 30 % der Anwartschaften bei Rentenbeginn auszahlen zu lassen und erst ab einem Alter von 85 Jahren eine Leibrente zu beziehen. Eine **Erhöhung des Auszahlungsanteils** würde bei gleichem Zahlbetrag im Gegenzug eine Erhöhung des Alters erforderlich machen, ab dem der Bezug der Leibrente beginnen könnte.

Dieses Vorgehen widerspräche jedoch der Idee der staatlich geförderten Altersvorsorge, die auf die Kompensation des sinkenden Sicherungsniveaus abzielt. Die Rente aus der GRV und die Leibrente aus einem Riester-Vertrag sollen in der Summe höher liegen als das Grundsicherungsniveau. Gerade wenn Versicherte ihre Lebenserwartung systematisch unterschätzen, sollte der Auszahlungsanteil zu Beginn des Ruhestands gering bleiben (Börsch-Supan et al., 2016b).

648. Seit der Einführung der Riester-Rente vor 15 Jahren wurden die Zulagen sowie die förderfähige Sparleistung nicht erhöht. Deshalb sollte über eine **Anpassung entsprechend der Inflationsentwicklung** nachgedacht werden. Insbesondere für Geringverdiener sollte die reale Förderhöhe erhalten bleiben.

IV. FAZIT: ALLE DREI SÄULEN STÄRKEN

649. Der Übergang zu einem **auf drei Säulen basierenden Alterssicherungssystem** hat sich als **richtiger und wichtiger Schritt** erwiesen. Er hat nicht nur dazu beigetragen, die GRV finanziell zu stabilisieren. Vielmehr ermöglicht das daraus resultierende – international übliche – Mischsystem aus Umlageverfahren und Kapitaldeckung, die aus dem demografischen Wandel erwachsenden Lasten gleichmäßiger auf die Generationen zu verteilen. Gleichzeitig ist **nicht von einem flächendeckenden Anstieg der Altersarmut auszugehen**.

Allerdings dürfte die GRV nur zusammen mit der betrieblichen und privaten Altersvorsorge für den Großteil der Bevölkerung eine dauerhaft stabile Alterssicherung ermöglichen. Das aktuell niedrige Zinsniveau ändert nichts an dieser Schlussfolgerung. Maßnahmen, die das Gewicht der ersten Säule erneut vergrößern, würden demnach einen Rückschritt darstellen. Gleichwohl besteht nach wie vor in der GRV sowie bei der bAV und der privaten geförderten Altersvorsorge Handlungsbedarf.

Obwohl die Reformen der Vergangenheit dazu beigetragen haben, die finanzielle Lage der GRV zumindest bis zum Jahr 2030 zu stabilisieren, wird es perspektivisch weiterhin zu einer Erhöhung des Beitragssatzes und einer Absenkung des Sicherungsniveaus kommen. Bis zum Jahr 2080 müsste der Beitragssatz zur GRV bei einem Sicherungsniveau von 41,3 % auf 24,3 % ansteigen, damit die Rentenausgaben regelmäßig durch Beitragseinnahmen gedeckt wären. Um beides zumindest abzuschwächen, hält der Sachverständigenrat eine **weitere Erhöhung des Renteneintrittsalters über das Jahr 2029 hinaus** für geboten. Idealerweise sollte diese durch eine Kopplung an die fernere Lebenserwartung umgesetzt werden, sodass die relative Rentenbezugsdauer konstant bleibt. Im Jahr 2080 ergäben sich dadurch ein Sicherungsniveau von 42,1 % und ein Beitragssatz von 23,9 %. Die Tragfähigkeitslücke würde damit auf 3,1 % sinken.

Durch eine neue Untergrenze für das Sicherungsniveau etwa von 45 % würden die notwendigen Beitragssätze ab dem Jahr 2040 wesentlich stärker steigen und im Jahr 2080 bei 26,2 % liegen. Werden bislang nicht obligatorisch abgesicherte Selbstständige in die GRV einbezogen, lägen Beitragssatz und Sicherungsniveau im Jahr 2080 bei 24,5 % beziehungsweise 41,6 %. Die Tragfähigkeitslücke läge dann bei 4,6 %.

650. Eine Stärkung der zweiten und dritten Säule ist somit für die Stabilität der Alterssicherung unabdingbar. Hier wurde bis heute einiges erreicht. So haben sich der **Abdeckungsgrad** der bAV und der Riester-Rente erhöht. Es ist jedoch davon auszugehen, dass nicht jeder GRV-Versicherte im notwendigen Umfang zusätzlich für das Alter vorsorgt. Im Bereich der bAV besteht insbesondere bei **Beschäftigten in KMU** sowie **Niedrigverdienern** Handlungsbedarf. Die hohen Informationsbeschaffungskosten und der Verwaltungsaufwand stellen ein zentrales Hemmnis für das Angebot einer bAV dar. Im Bereich der Riester-Rente sind es ebenfalls Niedrigeinkommensbezieher, bei denen der Verbreitungsgrad mit etwa 25 % vergleichsweise niedrig ist. Verantwortlich hierfür sind nicht zuletzt fehlendes Finanzwissen, Unkenntnis über die Förderberechtigung, die (falsche) Annahme, später auf die Grundsicherung im Alter angewiesen zu sein, und die fehlende Transparenz von Riester-Verträgen, die den Wettbewerb zwischen den Anbietern beeinträchtigt.

651. Um die **Transparenz bei der Riester-Rente** zu erhöhen, können die ab dem 1. Januar 2017 von den Anbietern zertifizierter Altersvorsorgeprodukte vorzuhaltenden Produktinformationsblätter einen Beitrag leisten. Außerdem wäre es hilfreich, wenige, nicht staatlich angebotene Standardprodukte zu etablieren. Zudem sollte die finanzielle Bildung in der Schulausbildung einen größeren Stellenwert erhalten. Schließlich sollten die Anlagevorschriften überarbeitet und dabei die Beschränkung der Aktienquote aufgehoben werden.

652. Im Bereich der bAV könnten Verbände, Innungen und Kammern angeregt werden, ihre Mitglieder stärker über die bAV zu informieren und eine Vorauswahl an bAV-Produkten zur Verfügung zu stellen. Noch einfacher für die Arbeitgeber wäre es, wenn die Tarifvertragsparteien Standardprodukte anbieten würden. In diesem Zusammenhang würden sich die im Kontext der Riester-Rente angesprochenen Standardprodukte als sinnvoll erweisen. Geringverdienern könnte

ein **Zulagenmodell in der bAV** ähnlich wie bei der privaten Riester-Vorsorge angeboten werden. Jedenfalls sollte die **doppelte Verbeitragung** bei der Wahl einer Riesterrente im Rahmen der bAV **abgeschafft werden**.

653. Zukünftig sollten Alterseinkommen aus staatlich geförderter Altersvorsorge zumindest teilweise von einer **Anrechnung auf die Grundsicherung im Alter** ausgenommen werden. Dafür könnte ein Freibetrag eingeführt werden. Damit kann verhindert werden, dass Personen, die im Rentenalter (fälschlicherweise) einen Anspruch auf die Grundsicherung im Alter erwarten, während der Erwerbsphase erst gar nicht vorsorgen.

654. Durch die genannten Maßnahmen im Bereich der zweiten und dritten Säule dürfte es möglich sein, eine weitere Verbreitung der ergänzenden Altersvorsorge – selbst bei Geringverdienern – zu erreichen, ohne dabei vom bewährten Drei-Säulen-Modell der Alterssicherung abzuweichen.

Eine andere Meinung

655. Ein Mitglied des Sachverständigenrates, Peter Bofinger, vertritt zu der in diesem Kapitel präsentierten Analyse des deutschen Alterssicherungssystems eine andere Meinung.

656. Die Mehrheit kommt zu dem Befund, der mit den Reformen in den 2000er-Jahren eingeleitete Übergang zu einem auf drei Säulen basierenden Alterssicherungssystem habe sich als „ein **richtiger und wichtiger Schritt** erwiesen". Er habe dazu beigetragen, die Gesetzliche Rentenversicherung (GRV) „**mittelfristig finanziell zu stabilisieren**" und das Absinken des Sicherungsniveaus in der GRV mit betrieblicher und privater Altersvorsorge abzufedern.

657. Wie Börsch-Supan et al. (2016b) feststellen, ist die **übergreifende Frage** zum Erfolg der Riester-Rente „die Frage danach, wie sich die Ersparnisbildung privater Haushalte insgesamt entwickelt hat." Generell lässt sich feststellen, dass es mit der breit angelegten Förderung des privaten Sparens durch die Riester-Rente und die betriebliche Altersvorsorge (bAV) nicht gelungen ist, das **Sparen der privaten Haushalte**, insbesondere im Bereich der niedrigen Einkommen zu stimulieren. Die Sparquote ist vielmehr vor allem bei niedrigen Einkommen deutlich zurückgegangen. ↘ TABELLE 27 Sie war zuletzt, das heißt im Jahr 2013, bis zu einem Haushaltsnettoeinkommen von 2 000 Euro sogar negativ. Im Jahr 1999, also vor Beginn der Sparförderung, lag die Grenze für die negative Sparquote noch bei 1 300 Euro. Die sinkenden Sparquoten bei unteren Einkommen dürften wesentlich mit dem Rückgang des mittleren Haushaltsnettoeinkommens um mehr als 10 % in der Phase der Jahre 2000 bis 2013 zu erklären sein. ↘ TABELLE 27 Der Befund einer negativen oder kaum positiven Sparneigung der Bezieher niedriger Einkommen deckt sich mit der Statistik zur Vermögensverteilung, wonach die untere Hälfte der privaten Haushalte nur über 3 % des gesamten Vermögens verfügt.

↘ TABELLE 27

Sparquote privater Haushalte von 1998 bis 2013 nach monatlichem Haushaltsnettoeinkommen[1]

Jahr	Haushalte insgesamt	Darunter nach dem monatlichen Haushaltsnettoeinkommen von ... bis unter ... Euro							
		900	900 bis 1 300	1 300 bis 1 500	1 500 bis 2 000	2 000 bis 2 600	2 600 bis 3 600	3 600 bis 5 000	5 000 bis 18 000
1998	11,9	- 9,6	- 1,5	2,0	3,0	6,6	10,3	14,5	25,7
2003	11,1	- 11,8	- 0,5	0,5	2,4	4,4	9,0	13,0	21,8
2008	10,5	- 22,7	- 3,9	- 1,7	1,7	2,0	7,5	12,1	22,0
2013	10,0	- 18,6	- 4,8	- 4,6	- 1,0	1,7	5,2	10,3	20,7

1 – Alle Angaben in %.

Quelle: Statistisches Bundesamt

© Sachverständigenrat | 16-427

658. Die unzureichende Sparfähigkeit ist besonders problematisch, wenn man berücksichtigt, dass es durch die Absenkung des Rentenniveaus immer schwieriger wird, einen Rentenanspruch zu erwerben, der über der Grundsicherung liegt. Nach Berechnung des Instituts Arbeit und Qualifikation (IAQ) muss ein Arbeitnehmer, der im Jahr 2030 in den Ruhestand geht und durchgängig ein Einkommen in Höhe von 70 % des Durchschnittseinkommens erzielt hat, 45,7 Beitragsjahre aufweisen, um gerade eine **Rente in Höhe der Grundsicherung** zu erzielen. ↘ ABBILDUNG 87 Derzeit beziehen 48,3 % der Arbeitnehmer einen Bruttolohn von unter 70 % des Durchschnittseinkommens. Daraus darf nicht geschlossen werden, dass die Altersarmut im Jahr einen entsprechenden Wert aufweisen wird. So nimmt das Einkommen in der Regel mit dem Alter zu und es besteht oft eine finanzielle Absicherung durch den Haushaltsverbund. Allerdings besteht auch das Risiko, längere Zeit arbeitslos zu sein und die Möglichkeit der Scheidung. Zudem wird die Einkommensverteilung zunehmend undurchlässiger (Spannagel, 2016). Insgesamt ist somit davon auszugehen, dass das **Problem der Altersarmut** zunehmend an Bedeutung gewinnen wird.

659. Für die Riester-Rente ergibt sich bei Annahme der vom Statistischen Bundesamt berechneten Kohorten-Lebenserwartung, dass 53 % der Haushalte nicht in der Lage sind, die durch das Absenken des Rentenniveaus entstandene **Rentenlücke** zu schließen (Börsch-Supan et al., 2016a). Diese Analyse lässt das oft nur wenig liquide Immobilienvermögen der Haushalte unberücksichtigt.

660. Die PHF-Studie (private Haushalte und ihre Finanzen) der Deutschen Bundesbank (2016) ermittelt für das Jahr 2014 eine **äußerst geringe Abdeckung** durch die **Riester- und Rürup-Rente** im Bereich niedriger Einkommen. Im untersten Quantil des Bruttoeinkommens verfügen nur 5 % der Haushalte über ein entsprechendes Altersvorsorgeprodukt. Im Quantil von 20 bis 40 % sind es 14 % und selbst im Quantil von 40 bis 60 % verfügt nur rund jeder Fünfte (21 %) über eine entsprechende Absicherung. Der bedingte Median des in dieser Form angesparten Vermögens ist äußerst gering. Er beträgt bei den Haushalten mit einem Bruttoeinkommen im Bereich von 0 bis 20 % des Bruttoeinkommens 1 300 Euro, im Bereich von 20 bis 40 % liegt er bei 1 900 Euro und selbst im höheren Bereich von 40 bis 60 % sind es nur 2 700 Euro.

661. Zudem weisen Börsch-Supan et al. (2016b) darauf hin, dass in der wissenschaftlichen Literatur der Effekt der Einführung subventionierter Sparprodukte auf

ABBILDUNG 87
Überschneidung von Grundsicherungsbedarf und Rente bei sinkendem Rentenniveau[1]

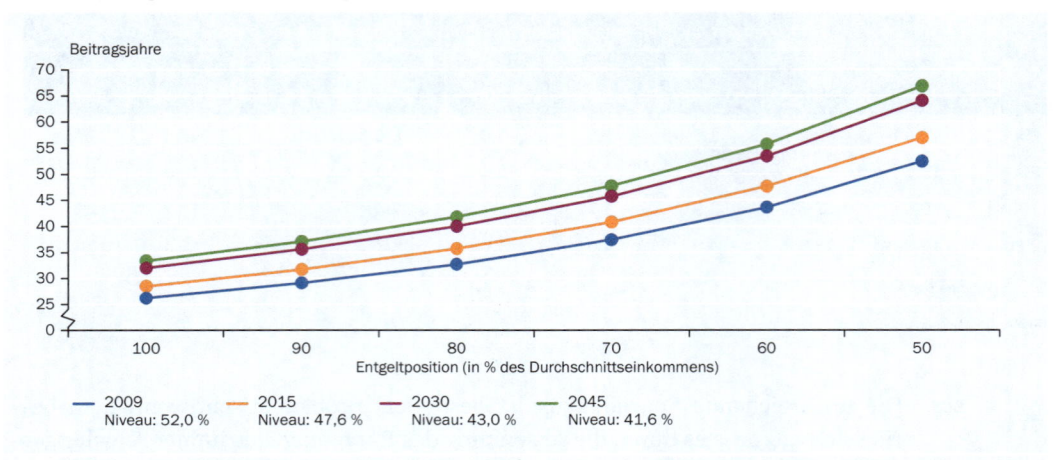

Beitragsjahre, Entgeltposition (in % des Durchschnittseinkommens)

- 2009 – Niveau: 52,0 %
- 2015 – Niveau: 47,6 %
- 2030 – Niveau: 43,0 %
- 2045 – Niveau: 41,6 %

1 – Lesehilfe: Ein Durchschnittsverdiener (Entgeltposition 100 %) braucht im Jahr 2015 (Rentenniveau 47,6 %) 28,5 Jahre, um eine Rente in Höhe der durchschnittlichen Grundsicherung von 747 Euro zu erhalten. Im Jahr 2025 (Rentenniveau 46 %) sind es 29,5 Jahre und 2045 (Rentenniveau 41,6 %) 33,4 Jahre. Ein Niedrigverdiener (Entgeltposition 50 %) braucht dafür im Jahr 2015 56,9 Jahre, 2025 58,9 Jahre und 2045 66,8 Jahre.

Quelle: IAQ

© Sachverständigenrat | 16-434

die gesamte Ersparnis keineswegs klar sei, da es zu **Mitnahmeeffekten** und Portfolioverschiebungen kommen könne. So können Corneo et al. (2009) sowie Pfarr und Schneider (2011) die Hypothese, dass die Riester-Rente alternative Sparformen verdrängt hat, nicht widerlegen.

662. Bei der Förderung der **betrieblichen Altersvorsorge** durch die Befreiung von der Sozialversicherungspflicht stellt sich zunächst das Problem, dass dadurch die Gesetzliche Rentenversicherung nicht stabilisiert, sondern **destabilisiert** wird. Dem System werden Beitragseinnahmen entzogen. Über den Nachhaltigkeitsfaktor kommt es so zu einer zusätzlichen Senkung des Rentenniveaus (JG 2007 Ziffer 271). In seinem Jahresgutachten 2007/08 sprach der Sachverständigenrat deshalb von **„problematischen Verteilungswirkungen"**. Er stellte dazu fest:

„Festzuhalten bleibt somit, dass die sozialabgabenfreie Entgeltumwandlung die Rendite der Gesetzlichen Rentenversicherung für einen sehr langen Übergangszeitraum senkt. Im Ergebnis bewirkt die Sozialabgabenfreiheit eine Umverteilung von den Älteren zu den Jüngeren. Dauerhaft benachteiligt werden diejenigen, die das Angebot der sozialabgabenfreien Entgeltumwandlung nicht annehmen wollen oder können." (JG 2007 Ziffer 278)

663. Zu den problematischen Verteilungswirkungen der bAV zählt zudem, dass damit den **Arbeitgebern** eine Einsparung von Sozialversicherungsbeiträgen ermöglicht wird, ohne dass hierfür eine spezifische Gegenleistung erbracht werden muss. Kiesewetter et al. (2016) empfehlen daher „eine gesetzliche Verpflichtung zu einem Arbeitgeberzuschuss bei Entgeltumwandlung (Neuzusagen) zu schaffen". Durch den Zuschuss würde der Arbeitnehmer vorab für seine Abgabenlast in der Leistungsphase entschädigt. Auch würden durch die Entgeltumwandlung reduzierte Ansprüche in der Rentenversicherung kompensiert. Dieser – bei Bei-

behaltung der Befreiung der bAV von der Sozialversicherung – sinnvolle Vorschlag wird von der Mehrheit nicht unterstützt.

664. In einem **globalen Niedrigzins-Umfeld** erscheint die Förderung der bAV durch eine Befreiung von Sozialabgaben besonders fragwürdig. In der GRV ist für Männer mit einer **Rendite von 3 % bis 3,5 %** zu rechnen, für Frauen sogar **von 3,5 % bis 4 %**. ⌥ ABBILDUNG 88 Bei dieser Berechnung werden die mit der GRV zusätzlich gewährten Erwerbsunfähigkeitsrenten, Hinterbliebenenrenten berücksichtigt sowie die Berufsunfähigkeitsrenten für die älteren Jahrgänge und die Rehabilitationsleistungen. Wenn Arbeitnehmer für ihre Leistungen zur bAV geringere Beiträge zur GRV leisten, verzichten sie somit auf eine relativ hohe Rendite, um Anlagen zu erwerben, die auf absehbare Zeit kaum noch eine positive Rendite erwirtschaften können.

665. Für eine Evaluierung der bAV im Sinne einer **evidenzbasierten Politikberatung** kommt erschwerend hinzu, dass es – wie von der Mehrheit erwähnt – keine verlässlichen Daten über die Höhe der Beiträge zur bAV, der Altersvorsorge insgesamt und der Höhe der Alterseinkommen gibt.

Eine **Ausweitung der Förderung** der bAV erscheint daher unter den gegebenen Rahmenbedingungen und angesichts des vermutlich länger anhaltenden Niedrigzinsumfelds völlig kontraproduktiv.

666. Die Mehrheit spricht sich für eine **Versicherungspflicht für nicht obligatorisch abgesicherte Selbstständige** aus. Sie lehnt jedoch eine verpflichtende Vorsorge im Rahmen der GRV ab. Damit stellt sie sich gegen eine Maßnahme, mit der es über Jahrzehnte hinweg möglich wäre, das Rentenniveau um rund einen Prozentpunkt zu erhöhen und den Beitragssatz um rund einen halben Prozentpunkt zu reduzieren. ⌥ ABBILDUNG 82 Erst „in der langen Frist", das heißt konkret ab dem Jahr 2070, lässt sich dann kaum noch ein Unterschied zum Basisszenario feststellen. ⌥ KASTEN 21

Das Grundproblem bei einem Verzicht auf eine verpflichtende Einbeziehung in die GRV wurde vom Sachverständigenrat in seinem Jahresgutachten 2006/07 wie folgt formuliert:

„Ob über diese Versicherungspflicht hinaus eine Einbeziehung in die Gesetzliche Rentenversicherung angezeigt ist, hängt vor allem davon ab, ob man dem Ziel einer Gleichbehandlung dieser Personengruppe mit den derzeitigen Versicherten in der Gesetzlichen Rentenversicherung und einer Entlastung der heutigen Beitragszahlergenerationen eine große Bedeutung beimisst." (JG 2006 Ziffer 358).

Es ist nicht zu erkennen und es wird auch von der Mehrheit nicht begründet, warum Selbstständige, die über keine Absicherung für das Alter verfügen, in der gesetzlichen Altersvorsorge grundsätzlich anders behandelt werden sollen als abhängig Beschäftigte. Zudem ist zu berücksichtigen, dass die Trennungslinie zwischen einer abhängigen und einer selbstständigen Tätigkeit in der Zukunft, nicht zuletzt aufgrund der Digitalisierung, immer schwerer zu ziehen sein dürfte. Der Verzicht auf eine Versicherungspflicht der Selbstständigen in der GRV untergräbt daher mittel- und langfristig die Stabilität der GRV.

ANHANG: DIE IMPLIZITE RENDITE DER GESETZLICHEN RENTENVERSICHERUNG

667. Im Zusammenhang mit der aktuellen Niedrigzinsphase wird in der öffentlichen Debatte darauf verwiesen, dass die Rendite der Gesetzlichen Rentenversicherung (GRV) derzeit höher sei als die Rendite einer Kapitalmarktanlage. Zur Einordnung dieser Aussage führt der vorliegende Anhang eine Aktualisierung der Berechnungen des Sachverständigenrates zur impliziten Rendite der GRV durch. Das ausgewiesene Niveau der Rendite hängt dabei stark von den zugrundeliegenden Annahmen ab. Das Konzept eignet sich daher in erster Linie dazu, um die intergenerativen Verteilungswirkungen von Rentenreformen zu untersuchen. ↘ ZIFFER 572 Ein Vergleich mit der Rendite anderer Anlageformen ist hingegen mit Vorsicht zu genießen.

1. Methodik und Annahmen

668. Die implizite Rendite der GRV ist derjenige Zinssatz, bei dem die Differenz der Barwerte aus den Einzahlungen in das Rentensystem (individuelle Beitragszahlungen) und den Auszahlungen aus dem Rentensystem (Rentenleistungen) gleich Null ist (JG 2003 Kasten 9). Die Idee hinter der Barwertrechnung ist, dass man bei einer bis zum Lebensende durchgeführten Anlage der eingesetzten und ausgezahlten Mittel am Kapitalmarkt denselben Endwert hätte wie bei einer Alternativanlage am Kapitalmarkt mit der errechneten Rendite. Damit wäre man indifferent zwischen beiden Vorsorgealternativen. Dabei beeinflussen verschiedene Aspekte die Beiträge und Leistungen:

– Die individuellen Beitragszahlungen bestimmen sich durch den Verdienst in der Erwerbsphase und die jeweils geltenden Beitragssätze.

– Die individuellen Rentenleistungen ergeben sich vor allem aus den durch die Einzahlungen erzielten Entgeltpunkten, dem Renteneintrittsalter, den Aktuellen Rentenwerten in der Rentenphase und der Lebensdauer. Zudem sind die Zuschüsse der GRV zur Krankenversicherung und Pflegeversicherung der Rentner relevant. Die GRV übernimmt derzeit die Hälfte der Beitragssätze. Bei der Krankenversicherung ist der kassenindividuelle Zusatzbeitrag jedoch allein vom Versicherten zu zahlen.

669. Über die Steuerzahlung leisten die Versicherten zudem Beiträge zur Finanzierung des Bundeszuschusses zur GRV. Diese Steuerzahlungen können bei der Renditeberechnung genauso wie Beitragszahlungen berücksichtigt werden. In der vorliegenden Analyse wird dies jedoch nicht modelliert, da dazu weitere Annahmen nötig wären. Solange sich der Bundeszuschuss und die Ausgaben für versicherungsfremde Leistungen nicht stark unterscheiden, kann der Bundeszuschuss bei der Renditeberechnung unberücksichtigt bleiben.

670. In der vorliegenden Analyse wird die implizite Rendite einer repräsentativen Person eines bestimmten Geburtsjahrgangs in Westdeutschland betrachtet. Da

sich die Lebenserwartung zwischen Frauen und Männern unterscheidet, wird die Rendite für beide Geschlechter getrennt ausgewiesen. Es wird angenommen, dass die repräsentative Person ab dem vollendeten zwanzigsten Lebensjahr erwerbstätig ist und bis zum gesetzlichen Renteneintrittsalter jährlich das durchschnittliche Bruttoentgelt verdient. Damit erwirbt die Person während ihrer Erwerbsphase je nach Geburtsjahrgang zwischen 45 und 47 Entgeltpunkte. Diese Definition der repräsentativen Person unterscheidet sich vom Standardrentner.
↘ ZIFFER 560

671. Die Rentenphase dauert vom gesetzlichen Renteneintrittsalter bis zum Tod. In der Analyse wird für die Berechnung dieses Zeitraums die fernere Lebenserwartung 65-jähriger aus der 13. koordinierten Bevölkerungsvorausberechnung zugrunde gelegt, wobei das jeweilige Renteneintrittsalter berücksichtigt wird. Für die Jahrgänge, die nach 2060 in Rente gehen, wird angenommen, dass sich die fernere Lebenserwartung wie bis zum Jahr 2060 weiterentwickelt und sukzessive alle elf Jahre um ein volles weiteres Jahr ansteigt.

672. Für die Beitragssätze der GRV, die Aktuellen Rentenwerte und die Durchschnittseinkommen bis zum Jahr 2080 werden die Projektionen aus Werding (2016) verwendet. Der Beitragssatz steigt demnach im Basisszenario bis zum Jahr 2080 auf 24,3 %. In den Szenarien „Reformen zurück" steigt er auf 33,4 %. Für die Jahre nach 2080 wird angenommen, dass die Bruttoentgelte sowie der Aktuelle Rentenwert jährlich um nominal 3 % steigen. Diese Jahre sind erstmals für die Rentenzahlungen des Geburtsjahrgangs 1993 relevant, ab dem Geburtsjahrgang 2013 bestimmen bei den Rentenzahlungen nur noch die Annahmen ab 2081 die Renditeberechnung. Der Beitragssatz zur GRV wird nach 2080 konstant fortgeschrieben.

Die Konstanz des Beitragssatzes sowie die Verwendung der Zuwachsrate der Bruttoentgelte für den Aktuellen Rentenwert ab 2081 lassen sich damit rechtfertigen, dass sich in den Projektionen von Werding (2016) Beitragssatz und Sicherungsniveau gegen Ende des Betrachtungszeitraums auf einem „gleichgewichtigen" Niveau einpendeln. ↘ ABBILDUNG 81

673. Dem Basisszenario liegt für die Berechnung der Renditen der aktuelle Rechtsstand zugrunde. Das heißt, das Renteneintrittsalter steigt für Geburtsjahrgänge zwischen 1947 und 1964 sukzessive von 65 auf 67 Jahre. Der Anstieg beträgt dabei zunächst einen Monat pro Geburtsjahrgang bis zum Jahrgang 1958 und anschließend jedes Jahr zwei Monate. Der Aktuelle Rentenwert wird entsprechend der Rentenanpassungsformel fortgeschrieben. ↘ KASTEN 20

674. Im Szenario „Reformen zurück, 45 Beitragsjahre" wird angenommen, dass der Nachhaltigkeitsfaktor und der Beitragssatzfaktor ab dem Jahr 2016 aus der Rentenanpassungsformel entfernt werden und das gesetzliche Renteneintrittsalter wieder auf 65 Jahre verringert wird. Für diese Berechnung der Rendite wird angenommen, dass die betrachtete Person unabhängig vom Geburtsjahr nur 45 Beitragsjahre aufbringt. Allerdings hat eine solche Person im Vergleich zum Basisszenario mit steigendem Renteneintrittsalter ein niedrigeres Lebenseinkommen und mehr Freizeit am Ende ihres Lebens.

Damit ist der Nutzen aus der Arbeitsangebotsentscheidung vollkommen anders als im Basisszenario und die Rendite hat für die Person einen anderen Nutzenwert. Daher wird alternativ eine Berechnung gezeigt, bei der die betrachtete Person dennoch gemäß der im Basisszenario geltenden Rechtslage später in Rente geht („Reformen zurück, gleiches Renteneintrittsalter mit Zuschlägen"). So ist ein Vergleich der Rendite für denselben Lebensentwurf zwischen verschiedenen Szenarien möglich.

Da das tatsächliche Renteneintrittsalter in diesem Fall höher ist als das gesetzliche, fallen Zuschläge an. Die Rente erhöht sich für jeden zusätzlich gearbeiteten Monat dauerhaft um 0,5 %. Um den Effekt der Zuschläge zu veranschaulichen, werden zusätzlich Renditen bei späterem Renteneintritt berechnet, die diese Zuschläge nicht berücksichtigen („Reform zurück, gleiches Renteneintrittsalter ohne Zuschläge").

675. Die GRV zahlt neben den Altersrenten zum Beispiel Erwerbsunfähigkeitsrenten, Hinterbliebenenrenten oder für die älteren Jahrgänge Berufsunfähigkeitsrenten und gewährt Rehabilitationsleistungen. Wollte man dies bei der Renditeberechnung berücksichtigen, würde man nur denjenigen Teil der Beiträge heranziehen, der für die Zahlung von Altersrenten verwendet wird. Relevant wird diese Korrektur vor allem, wenn die implizite Rendite der GRV mit Renditen von Anlagen am Kapitalmarkt verglichen werden soll.

Daher werden in alternativen Berechnungen die eingezahlten Beiträge mit einem Korrekturfaktor kleiner als eins multipliziert, der dem Anteil der Altersrenten (zuzüglich der anteiligen Verwaltungskosten) an den Gesamtausgaben der Rentenversicherung im jeweiligen Jahr entspricht. Die Rendite fällt dann höher aus, und ein Vergleich mit der Rendite einer kapitalgedeckten Rente ist eher möglich. Plausibel ist der Faktor 0,8, da rund 20 % der Beitragszahlung der Absicherung des Erwerbsminderungs- und des Todesfallrisikos dienen (JG 2004 Ziffer 321; Ohsmann und Stolz, 2004). Für einen Vergleich der hier berechneten Renditen mit denen anderer Altersvorsorgestrategien sollten die Szenarien mit dieser Korrektur betrachtet werden.

2. Vorsicht bei der Interpretation

676. Bei der Interpretation der hier dargestellten Zahlen ist zu beachten, dass diese die Renditen für einen konkreten Verlauf des Arbeitslebens wiedergeben. Bei anderen Erwerbsbiografien können die Renditen wesentlich abweichen (JG 2004 Ziffer 321). Beispielsweise ist es relativ unwahrscheinlich, dass ein „durchschnittlicher" Angestellter über seine komplette Erwerbsphase hinweg genau das Durchschnittseinkommen verdient. Realistischer ist es, dass der Verdienst in früheren Jahren niedriger und in späteren Jahren höher ist. Dies hätte für sich genommen einen positiven Effekt auf die Rendite, da die späteren, höheren Einzahlungen stärker diskontiert werden als die niedrigeren, früheren. Gleichzeitig ergäbe sich aber ein renditesenkender Effekt, wenn der Beitragssatz in späteren Jahren höher ausfällt und man deshalb einen größeren Anteil seines Einkommens mit hohem Beitragssatz verbeitragen muss.

Zudem leisten Frauen wesentlich seltener über eine so lange Zeit Beiträge an die GRV als Männer. Je nachdem, ob eine Frau eher am Anfang oder am Ende ihrer Erwerbsphase mehr verdient, fällt die Rendite niedriger oder höher aus.

677. Ein entscheidender Aspekt ist die Rentenbezugsdauer. In den vorliegenden Berechnungen wird die durchschnittliche fernere Lebenserwartung unterstellt. Die Varianz dieser Variable ist beträchtlich. Die Rendite für einen Versicherten, der weit über 90 Jahre alt wird, ist wesentlich höher als die dargestellten Werte, während ein Versicherter, der mit 67 Jahren stirbt, eine negative Rendite hat.

678. Für den Vergleich der Zahlen mit Kapitalmarktrenditen ist schließlich zu beachten, dass jeweils die Nachsteuerrendite relevant ist. Diese lässt sich für die GRV allerdings nicht pauschal bestimmen, da die Steuerbelastung von Renten über die Zeit steigt (schrittweise Einführung der nachgelagerten Besteuerung) und der Steuervorteil durch den Abzug der Rentenversicherungsbeiträge in der Erwerbsphase von weiteren individuellen Merkmalen abhängt, zum Beispiel der Höhe der sonstigen Einkünfte. In der vorliegenden Analyse sind Vorsteuerrenditen ausgewiesen.

3. Ergebnisse

679. Ausgangspunkt für die Betrachtung der Ergebnisse ist das Basisszenario: ↘ ABBILDUNG 88

- Die Renditen der GRV für Männer sind ohne Korrekturfaktor für alle betrachteten Jahrgänge größer als 2,4 %.

- Für Geburtsjahrgänge zwischen 1940 und 1954 sinkt die Rendite und bleibt bis zum Geburtsjahrgang 1964 annähernd konstant.

- Für die Jahrgänge zwischen 1964 und 1985 steigt die Rendite wieder. Ein starker Anstieg der Beitragssätze ist erst ab dem Jahr 2027 zu erwarten, sodass diese Kohorten während ihrer Erwerbsphase noch von relativ niedrigen Beitragssätzen begünstigt werden. Zudem werden die Jahrgänge ab dem Jahr 1965 durch die weiter steigende Lebenserwartung begünstigt, ohne dass das Renteneintrittsalter weiter angehoben wird.

- Der demografische Wandel macht sich verstärkt bei den Renditen der Geburtsjahrgänge ab dem Jahr 1987 bemerkbar. Ab diesem Jahrgang sinken die Renditen trotz weiter steigender Lebenserwartung.

- Mit Berücksichtigung des Korrekturfaktors für versicherungsfremde Leistungen fallen die Renditen grundsätzlich etwa 0,8 Prozentpunkte höher aus.

- Bei Frauen ergibt sich ein ähnliches Bild wie bei Männern. Sie haben grundsätzlich höhere Renditen, da sie eine höhere Lebenserwartung haben.

680. Die Ergebnisse des Basisszenarios, das auf dem geltenden Rechtsstand beruht, werden mit einem Alternativszenario verglichen, das die Annahme eines Zurückdrehens der Reformen umsetzt. Die zentralen Ergebnisse sind:

- Die Reformen seit dem Jahr 2001 haben die Rendite für fast alle Geburtsjahrgänge verringert. Insbesondere für die älteren Geburtsjahrgänge ist der Unterschied merklich. Dies liegt vor allem daran, dass sie bereits die nach den Reformen niedrigeren Aktuellen Rentenwerte hinnehmen müssen, aber keinen Vorteil durch niedrigere Beitragssätze haben. Erst für Jahrgänge ab dem Jahr 2022 steigt die Rendite im Vergleich zu einem Zurückdrehen der Reform leicht.

- Lässt man die Zuschläge für über das gesetzliche Renteneintrittsalter hinaus bestehende Beitragszahlungen außer Acht, zeigt sich der renditestabilisierende Effekt der Reformen für Geburtsjahrgänge ab dem Jahr 1990 stärker.

- Die Rendite ist beim Zurückdrehen der Reformen fast gleich, wenn man von einer Lebensarbeitszeit von bis zu 67 Jahren ausgeht und Zuschläge berücksichtigt oder aber von 45 Beitragsjahren für alle Geburtsjahrgänge ausgeht. Die Zuschläge scheinen damit ihren Zweck zu erfüllen, Indifferenz zwischen diesen beiden Handlungsalternativen herzustellen.

4. Vergleich mit anderen aktuellen Studien

681. Die Ergebnisse decken sich in der Höhe der errechneten Renditen mit anderen Veröffentlichungen. Eine Studie des Handelsblatt Research Institute mit Prog-

↘ ABBILDUNG 88
Implizite Renditen[1] der Gesetzlichen Rentenversicherung (GRV), Vergleich mit alter Rechtslage

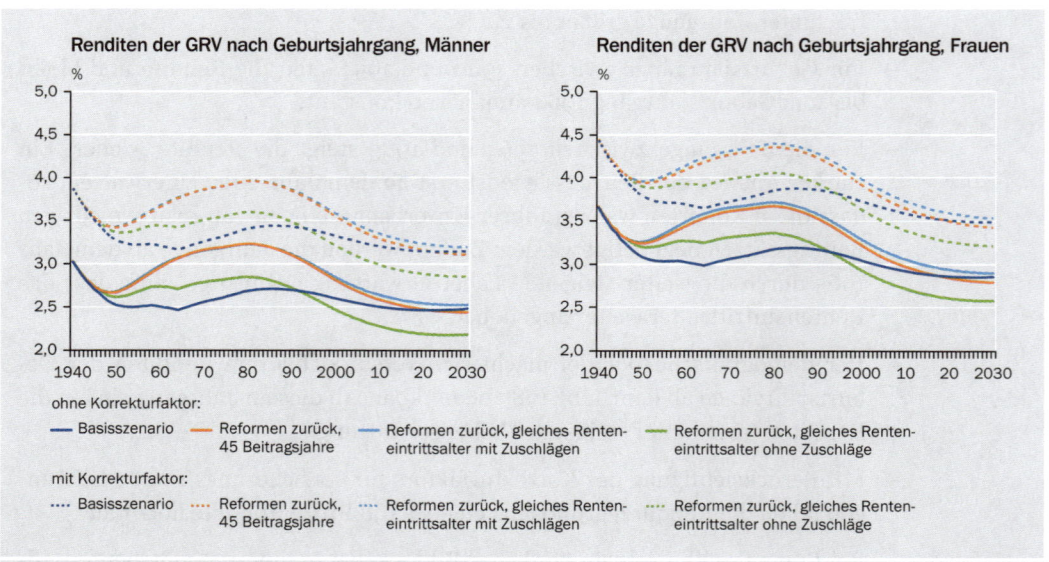

Renditen der GRV nach Geburtsjahrgang, Männer

Renditen der GRV nach Geburtsjahrgang, Frauen

ohne Korrekturfaktor:
— Basisszenario
— Reformen zurück, 45 Beitragsjahre
— Reformen zurück, gleiches Renteneintrittsalter mit Zuschlägen
— Reformen zurück, gleiches Renteneintrittsalter ohne Zuschläge

mit Korrekturfaktor:
···· Basisszenario
···· Reformen zurück, 45 Beitragsjahre
···· Reformen zurück, gleiches Renteneintrittsalter mit Zuschlägen
···· Reformen zurück, gleiches Renteneintrittsalter ohne Zuschläge

1 – Rendite für eine Person, die mit 20 Jahren anfängt, Beiträge an die GRV zu leisten und bis zum gesetzlichen Renteneintrittsalter arbeitet. Die Beitragszahlungen ergeben sich durch das Arbeitsentgelt und den fortgeschriebenen Beitragssatz (Werding, 2016). Das Arbeitsentgelt entspricht annahmegemäß durchgehend dem Durchschnittseinkommen. Die betrachtete Person erwirbt also je nach gesetzlichem Renteneintrittsalter zwischen 45 und 47 Entgeltpunkte. Bis zum Jahr 2080 werden die Fortschreibungen aus Werding (2016) genutzt, darüber hinaus wird mit einer Steigerungsrate von 3 % jährlich gerechnet. Anschließend erhält die Person bis zum Lebensende eine Rente aus der GRV gemäß ihrer Entgeltpunkte und dem fortgeschriebenen Aktuellen Rentenwert (Werding, 2016). Für die Fortschreibung ab dem Jahr 2081 wird ebenfalls von einer jährlichen Steigerung um 3 % ausgegangen. Die Lebenserwartung bestimmt sich durch die fernere Lebenserwartung von 65-jährigen aus der 13. koordinierten Bevölkerungsvorausberechnung. Ab dem Jahr 2061 wird von einer Erhöhung um ein Jahr alle 11 Jahre dieser ferneren Lebenserwartung ausgegangen. Bei den Berechnungen zur alten Rechtslage („Reformen zurück") wird ab dem Jahr 2016 der Nachhaltigkeitsfaktor sowie der Beitragssatzfaktor aus der Rentenformel entfernt und das gesetzliche Renteneintrittsalter auf 65 Jahre gesetzt.

Quellen: Deutsche Rentenversicherung, Werding (2016), eigene Berechnungen
© Sachverständigenrat | 16-353

nos (Rürup et al., 2014) errechnet eine Rendite für einen 20-jährigen Arbeitnehmer des Geburtsjahrgangs 1993 in Höhe von 2,8 %. Die Deutsche Rentenversicherung geht in ihren Modellrechnungen zur Rendite von einem Versicherten aus, der ab dem Jahr 1971 45 Jahre lang ein Durchschnittsentgelt verbeitragt hat. Die berechnete Rendite beträgt in diesem Modellfall etwa 3 % (Deutsche Rentenversicherung Bund, 2016). In einer separaten Veröffentlichung (Deutsche Rentenversicherung Bund, 2013) ist von Renditen je nach Geschlecht, Familienstand und Alter des Versicherten bei Rentenbeginn zwischen 3,2 % und 3,8 % die Rede. Für Rentenzugänge des Jahres 2040 liegt sie demnach zwischen 3,0 % und 3,4 %.

Dabei ist zu beachten, dass diesen Berechnungen üblicherweise die Projektionen der entsprechenden Rentenversicherungsberichte zugrunde liegen. Dort werden im Gegensatz zur vorliegenden Analyse jedoch Beitragssatz und Aktueller Rentenwert bislang nur bis zum Jahr 2029 fortgeschrieben. Somit sind belastbare Aussagen nur für Geburtsjahrgänge bis 1944 (Renteneintritt im Jahr 2009) möglich.

LITERATUR

Allianz (2014), *2014 pension sustainability index*, International Pension Papers 1/2014, Allianz, München.

Al-Wazir, T., S. Grüttner und T. Schäfer (2016), *Einfach, sicher, günstig: Die Deutschland-Rente*, www.hessen.de/einfach-sicher-guenstig-die-deutschland-rente, abgerufen am 26.10.2016.

Aretz, B., D.I. Christofzik, U. Scheuering und M. Werding (2016), *Auswirkungen der Flüchtlingsmigration auf die langfristige Tragfähigkeit der öffentlichen Finanzen*, Arbeitspapier 06/2016, Sachverständigenrat zur Begutachtung der gesamtwirtschaftlichen Entwicklung, Wiesbaden.

Attanasio, O.P. und T. DeLeire (2002), The effect of individual retirement accounts on household consumption and national saving, *Economic Journal* 112, 504–538.

Australian Centre for Financial Studies und Mercer (2015), *Melbourne Mercer global pension index*, Melbourne.

Bachmann, R., S. Braun und R. Schnabel (2013), *Demografie und Rente: Die Effekte einer höheren Erwerbstätigkeit Älterer auf die Beitragssätze zur Rentenversicherung - Endbericht Mai 2013, Projekt im Auftrag der Initiative Neue Soziale Marktwirtschaft (INSM)*, Rheinisch-Westfälisches Institut für Wirtschaftsforschung, Essen.

Barr, N. (2006), Pensions: Overview of the issues, *Oxford Review of Economic Policy* 22, 1–14.

Beznoska, M. und J. Pimpertz (2016), *Neue Empirie zur betrieblichen Altersvorsorge - Verbreitung besser als ihr Ruf*, IW-Trends 2.2016, Köln.

BMAS (2016), *Entwicklung der Riester-Verträge*, www.bmas.de/SharedDocs/Downloads/DE/Thema-Rente/riesterrente-l-2016.pdf?__blob=publicationFile&v=2, Bundesministerium für Arbeit und Soziales, abgerufen am 5.8.2016, Bundesministerium für Arbeit und Soziales, Berlin.

BMF (2015), *Besteuerung von Alterseinkünften*, Bundesministerium der Finanzen, Berlin.

BMGS (2003), *Nachhaltigkeit in der Finanzierung der Sozialen Sicherungssysteme - Bericht der Kommission*, Bundesministerium für Gesundheit und Soziale Sicherung, Berlin.

Börsch-Supan, A. (2001), Rentabilitätsvergleiche im Umlage- und Kapitaldeckungsverfahren: Konzepte, empirische Ergebnisse, sozialpolitische Konsequenzen, in: Theurl, E. (Hrsg.): *Der Sozialstaat an der Jahrtausendwende*, Physica-Verlag, Heidelberg, 207–233.

Börsch-Supan, A. und T. Bucher-Koenen (2016), *Altersarmut – eine Null zu viel*, Pressemitteilung, Rheinisch-Westfälisches Institut für Wirtschaftsforschung, Dortmund, Essen, Berlin, 26. August.

Börsch-Supan, A., T. Bucher-Koenen, I. Ferrari, V. Kutlu-Koc und J. Rausch (2016a), The development of the pension gap and German households' saving behavior, MEA Discussion Papers 02/2016, München.

Börsch-Supan, A., T. Bucher-Koenen, N. Goll und C. Maier (2016b), *15 Jahre Riester – Eine Bilanz*, Arbeitspapier 12/2016, Sachverständigenrat zur Begutachtung der gesamtwirtschaftlichen Entwicklung, Wiesbaden.

Börsch-Supan, A., K. Härtl und D.N. Leite (2016c), Social security and public insurance, in: Piggott, J. und A. Woodland (Hrsg.): *Handbook of the Economics of Polulation Aging*, Elsevier, Amsterdam, im Erscheinen.

Börsch-Supan, A., T. Bucher-Koenen, M. Coppola und B. Lamla (2015), Savings in times of demographic change: Lessons from the German experience, *Journal of Economic Surveys* 29, 807–829.

Börsch-Supan, A., M. Coppola und A. Reil-Held (2012), *Riester pensions in Germany: Design, dynamics, targetting success and crowding-in*, NBER Working Paper 18014, Cambridge.

Börsch-Supan, A., T. Bucher-Koenen, M. Gasche und C.B. Wilke (2010), Ein einheitliches Rentensystem für Ost- und Westdeutschland: Simulationsrechnungen zum Reformvorschlag des Sachverständigenrates, *Perspektiven der Wirtschaftspolitik* 11, 16–46.

Börsch-Supan, A., A. Reil-Held und C. Wilke (2007), *Zur Sozialversicherungsfreiheit der Entgeltumwandlung*, Arbeitspapier 117–2007, MEA, Mannheim.

Bucher-Koenen, T. und J. Koenen (2015), *Do seemingly smarter consumers get better advice?*, MEA Discussion Paper 01/2015, München.

Bucher-Koenen, T. und A. Lusardi (2011), Financial literacy and retirement planning in Germany, *Journal of Pension Economics and Finance* 10, 565–584.

Bundesregierung (2015), *Herausforderungen des aktuellen Niedrigzinsumfelds für die betriebliche Altersversorgung und Aufsichtstätigkeit der Bundesanstalt für Finanzdienstleistungsaufsicht*, Antwort auf eine Kleine Anfrage, Drucksache 18/5623, Deutscher Bundestag, Berlin, 22. Juli.

Bundesregierung (2012), *Ergänzender Bericht der Bundesregierung zum Rentenversicherungsbericht 2012 (Alterssicherungsbericht 2012) und Gutachten des Sozialbeirats zum Rentenversicherungsbericht 2012 und zum Alterssicherungsbericht 2012*, Drucksache 17/11741, Deutscher Bundestag, Berlin, 29. November.

Choi, J.J., D. Laibson, B.C. Madrian und A. Metrick (2006), Saving for retirement on the path of least resistance, in: McCaffrey, E.J. und J. Slemrod (Hrsg.): *Behavioral public finance: Toward a new agenda*, Russell Sage Foundation, New York, 304–351.

Clemens, J. und T. Förstemann (2015), Das System der betrieblichen Altersversorgung in Deutschland, *Wirtschaftsdienst* 95, 627–635.

Coppola, M. und M. Gasche (2011), Die Riester-Förderung - Mangelnde Information als Verbreitungshemmnis, *Wirtschaftsdienst* 91, 792–799.

Coppola, M. und A. Reil-Held (2009), *Dynamik der Riester-Rente: Ergebnisse aus SAVE 2003 bis 2008*, MEA Discussion Paper 195/2009, Mannheim.

Corneo, G., M. Keese und C. Schröder (2009), The Riester scheme and private savings: An empirical analysis based on the German SOEP, *Schmollers Jahrbuch* 129, 321–332.

Deutsche Bundesbank (2016), Vermögen und Finanzen privater Haushalte in Deutschland: Ergebnisse der Vermögensbefragung 2014, *Monatsbericht* März 2016, 61-86

Deutsche Bundesbank (2015), *Stellungnahme der Deutschen Bundesbank vom 18. August 2015 zur Entschließung des Deutschen Bundestages zum HGB-Rechnungszins für Pensionsrückstellungen*, Drucksache 18/5256, Deutscher Bundestag, Frankfurt am Main.

Deutsche Rentenversicherung Bund (2016), *Rendite in der Rentenversicherung deutlich positiv*, http://www.deutsche-rentenversicherung.de/Allgemein/de/Inhalt/5_Services/rententipp/2016_07-_19_rendite_in_rentenversicherung_deutlich_positiv.html, abgerufen am 26.10.2016.

Deutsche Rentenversicherung Bund (2013), *Rendite der gesetzlichen Rentenversicherung*, Berlin.

Dolls, M., P. Doerrenberg, A. Peichl und H. Stichnoth (2016), *Do savings increase in response to salient information about retirement and expected pensions?*, Discussion Paper 16–059, ZEW, Mannheim.

Engen, E., W. Gale und J.K. Scholz (1994), Do saving incentives work?, *Brookings Papers on Economic Activity* 1, 85-180.

Engen, E.M., W.G. Gale und J.K. Scholz (1996), The illusory effects of saving incentives on saving, *Journal of Economic Perspectives* 10, 113–138.

Feld, L.P. und A. Kohlmeier (2016), *Zur Vereinheitlichung des Rentenrechts*, Wirtschaftsdienst 96, 811-817.

Feld, L.P., A. Kohlmeier und C.M. Schmidt (2014), Das Rentenpaket: Die Bundesregierung auf Irrwegen, *Wirtschaftsdienst* 94, 553–559.

Feld, L.P., M. Kallweit und A. Kohlmeier (2013), *Maßnahmen zur Vermeidung von Altersarmut: Makroökonomische Folgen und Verteilungseffekte*, Arbeitspapier 03/2013, Sachverständigenrat zur Begutachtung der gesamtwirtschaftlichen Entwicklung, Wiesbaden.

Feld, L.P., C. Pfeil, C.A. Schaltegger und M. Weder (2012a), *Steuerungsmechanismen in der AHV*, Beiträge zur sozialen Sicherheit - Forschungsbericht 7/12, Bundesamt für Sozialversicherungen, Bern.

Feld, L.P., C.A. Schaltegger, C. Pfeil und M. Weder (2012b), *Soziale Sicherheit sichern - Plädoyer für eine Schuldenbremse*, Verlag Neue Zürcher Zeitung, Zürich.

Gasche, M., T. Bucher-Koenen, M. Haupt und S. Angstmann (2013), *Die Kosten der Riester-Rente im Vergleich*, MEA Discussion Paper 04-2013, München.

Gasche, M. und C. Krolage (2012), Gleitender Übergang in die Rente durch Flexibilisierung der Teilrente, *Sozialer Fortschritt* 7, 149–159.

Grech, A.G. (2015), *Pension reforms in the 1990s and during the financial crisis: More of the same?*, Discussion Paper 21/2015, Universität Vechta.

Hentze, T. (2016), *Effekte der Niedrigzinsen auf die betrieblichen Pensionsrückstellungen in Deutschland*, IW-Trends 3.2016, Köln.

Hewitt Associates (2009), *Trends and experience in 401(k) plans*, Research Highlight, Lincolnshire.

Hinz, R. (2011), *The World Bank's pension policy framework and the dutch pension system - A paradigm for the multi-pillar design?*, Netspar Discussion Paper 05/2011-043, Tilburg University.

Homburg, S. (2013), *Theorie der Alterssicherung*, Springer, Berlin.

Iglesias, A. und R.J. Palacios (2000), *Managing public pension reserves part I: Evidence from the international experience*, SP Discussion Paper 3, Weltbank, Washington, DC.

Kallweit, M. und A. Kohlmeier (2014), *Das Rentenpaket der Bundesregierung. Politökonomisch geschickt - ökonomisch falsch*, Arbeitspapier 02/2014, Sachverständigenrat zur Begutachtung der gesamtwirtschaftlichen Entwicklung, Wiesbaden, erscheint in: Jahrbücher für Nationalökonomie und Statistik.

Kiesewetter, D., M. Grom, M. Menzel und D. Tschinkl (2016), *Optimierungsmöglichkeiten bei den bestehenden steuer- und sozialversicherungsrechtlichen Förderregelungen der betrieblichen Altersversorgung*, Gutachten im Auftrag des Bundesministerium der Finanzen, Würzburg.

Lamla, B. und M. Gasche (2013), Erwarteter Bezug von Grundsicherung im Alter: Verhaltensunterschiede und Fehleinschätzungen, *Schmollers Jahrbuch* 133, 539–562.

Lusardi, A. und O.S. Mitchell (2011), *Financial literacy around the world: An overview*, NBER Working Paper 17107, Cambridge.

Madrian, B.C. und D.F. Shea (2001), The power of suggestion: Inertia in 401(k) participation and savings behavior, *Quarterly Journal of Economics* 116, 1149–1187.

OECD (2015a), *Pensions at a glance 2015: OECD and G20 indicators*, Organisation for Economic Co-operation and Development, Paris.

OECD (2015b), *Annual survey of large pension funds and public pension reserve funds - Report on pension funds' long-term investments*, Organisation for Economic Co-operation and Development, Paris.

OECD (2014), *OECD pensions outlook 2014*, Organisation for Economic Co-operation and Development, Paris.

OECD (2013), *Pensions at a glance 2013: OECD and G20 indicators*, Organisation for Economic Co-operation and Development, Paris.

Ohsmann, S. und U. Stolz (2004), Entwicklung der Rendite in der gesetzlichen Rentenversicherung – Betrachtungen zur Rendite der aktuellen und künftigen Altersrenten, *Die Angestelltenversicherung* 51, 56–62.

Palacios, R. und M. Pallarés-Miralles (2000), *International patterns of pension provision*, Social Protection Discussion Paper 9, Weltbank, Washington, DC.

Pfarr, C. und U. Schneider (2011), *Choosing between subsidized or unsubsidized private pension schemes: A parameters bivariate probit analysis*, Wirtschaftswissenschaftliche Diskussionspapiere 01–11, Universität Bayreuth.

Rürup, B., D. Huchzermeier, M. Böhmer und O. Ehrentraut (2014), *Die Zukunft der Altersvorsorge - Vor dem Hintergrund von Bevölkerungsalterung und Kapitalmarktentwicklungen*, Studie erstellt für Gesamtverband der Deutschen Versicherungswirtschaft e. V., Handelsblatt Research Institute und Prognos AG, Düsseldorf und Basel.

Schraad-Tischler, D. (2014), *Nachhaltiges Regieren in der OECD und EU - Wo steht Deutschland?*, Bertelsmann Stiftung, Gütersloh.

Severinson, C. und F. Stewart (2012), *Review of the swedish national pension funds*, OECD Working Papers on Finance, Insurance and Private Pensions 17, Paris.

Sozialbeirat (2015), *Gutachten des Sozialbeirats zum Rentenversicherungsbericht* 2015, Berlin.

Spannagel, D. (2016), *Soziale Mobilität nimmt weiter ab - WSI-Verteilungsbericht 2016*, WSI-Report Nr. 31, 10/2016, Düsseldorf.

Sundén, A. (2006), The Swedish experience with pension reform, *Oxford Review of Economic Policy* 22, 133–148.

TNS Infratest Sozialforschung (2015), *Trägerbefragung zur betrieblichen Altersversorgung (BAV 2013) - Endbericht*, Forschungsbericht 449/1, Bundesministerium für Arbeit und Soziales, Berlin.

TNS Infratest Sozialforschung (2012), *Situation und Entwicklung der betrieblichen Altersversorgung in Privatwirtschaft und öffentlichem Dienst (BAV 2011) - Endbericht*, Forschungsbericht 429, Bundesministerium für Arbeit und Soziales, Berlin.

TNS Infratest Sozialforschung (2011), *Alterssicherung in Deutschland 2011 (ASID 2011) - Zusammenfassender Bericht*, Forschungsbericht 431/Z, Bundesministerium für Arbeit und Soziales, Berlin.

TNS Infratest Sozialforschung (2008), *Situation und Entwicklung der betrieblichen Altersversorgung in Privatwirtschaft und öffentlichem Dienst 2001-2007 - Endbericht*. München.

Wagner, G.G. (2016), Deutschland-Rente aus Hessen, *Wirtschaftsdienst* 96, 154–155.

Wellisch, D. (2014), *Finanzwissenschaft III - Staatsverschuldung*, Verlag Franz Vahlen, München.

Werding, M. (2016), *Rentenfinanzierung im demographischen Wandel: Tragfähigkeitsprobleme und Handlungsoptionen*, Arbeitspapier 05/2016, Sachverständigenrat zur Begutachtung der gesamtwirtschaftlichen Entwicklung, Wiesbaden.

Wissenschaftlicher Beirat beim BMWi (2016), *Nachhaltigkeit in der sozialen Sicherung über 2030 hinaus*, Gutachten des Wissenschaftlichen Beirats beim Bundesministerium für Wirtschaft und Energie, Berlin.

Wissenschaftlicher Beirat beim BMWi (2012), *Altersarmut*, Gutachten des Wissenschaftlichen Beirats beim Bundesministerium für Wirtschaft und Technologie, Berlin.

Ziegelmeyer, M. und J. Nick (2013), Backing out of private pension provision: Lessons from Germany, *Empirica* 40, 505–539.

FLÜCHTLINGSMIGRATION: INTEGRATION ALS ZENTRALE HERAUSFORDERUNG

I. **Bestandsaufnahme**

II. **Auswirkungen auf die öffentlichen Finanzen**
   1. Kurzfristige Mehrausgaben tragbar
   2. Geringe Auswirkungen auf langfristige Tragfähigkeit

III. **Herausforderungen der Integration**
   1. Bildung fördern und fordern
   2. Wege in den Arbeitsmarkt
   3. Mobilitätsbeschränkungen und Integrationserfolg

IV. **Fazit: Fördern und fordern**

Literatur

DAS WICHTIGSTE IN KÜRZE

Die **asylbedingte Zuwanderung** nach Deutschland hatte vom Herbst 2015 bis in das Frühjahr 2016 hinein die wirtschafts- und gesellschaftspolitische Debatte dominiert. Doch die Anzahl der Neuankömmlinge hat mittlerweile **deutlich abgenommen**. Nach über 500 000 Registrierungen im vierten Quartal 2015 sind in den ersten drei Quartalen 2016 insgesamt zusätzlich 270 000 Asylsuchende zugewandert. Anzeichen für eine erneute Trendumkehr gibt es derzeit nicht. Der Sachverständigenrat geht in seinen Analysen der ökonomischen Folgen der Flüchtlingsmigration daher nicht von einem merklichen Wiederanstieg aus. Im Jahr 2015 wurden 1,1 Mio Registrierungen vorgenommen. Da in dieser Zahl Doppelregistrierungen und Weiterreisen enthalten sind, wird die tatsächliche Anzahl Asylsuchender auf 890 000 geschätzt. Für das laufende Jahr 2016 werden 350 000 Registrierungen und für die folgenden Jahre ein weiterer Rückgang unterstellt.

Unter diesen Annahmen sind die **kurzfristigen Mehrausgaben der öffentlichen Hand weiterhin tragbar**. Insgesamt schätzt der Sachverständigenrat die direkten Ausgaben durch die erhöhte Flüchtlingsmigration in den Jahren 2016 und 2017 auf rund 13 Mrd Euro beziehungsweise 10 Mrd Euro (0,4 % beziehungsweise 0,3 % in Relation zum BIP). Eine Analyse der **langfristigen Tragfähigkeit der öffentlichen Finanzen** zeigt für unterschiedliche Szenarien, dass die Flüchtlingsmigration das Problem der unzureichenden Tragfähigkeit der öffentlichen Haushalte, das vor allem durch den demografischen Wandel und die damit verbundenen Ausgaben der Sozialversicherungen verursacht wird, weder in nennenswertem Ausmaß mindern noch verschärfen dürfte.

Die entscheidende Voraussetzung dafür, dass die anerkannten Asylbewerber langfristig einen positiven Beitrag zu Wachstum und Wohlstand und damit zu den öffentlichen Finanzen in Deutschland leisten, ist ihre erfolgreiche **Arbeitsmarktintegration**. Die vergleichsweise geringe Qualifikation vieler Asylbewerber sowie die vielfach hohen sprachlichen und kulturellen Barrieren stellen dabei große Herausforderungen dar. Umso wichtiger ist es, die Anstrengungen zur Bereitstellung von Bildung und Qualifikation zu erhöhen und so die Grundlage für die Integration in den Arbeitsmarkt zu schaffen, selbst wenn sie erst nach einigen Jahren erreicht werden kann. Gleichzeitig gilt es, bei den Zuwanderern Überzeugungsarbeit zu leisten und die richtigen Anreize zu setzen, damit sie in ihre eigene wirtschaftliche Zukunft investieren. Zudem sind durch die Mindestlohnerhöhung sowie die Reformen der Zeitarbeit und Werkverträge die Eintrittsbarrieren in den Arbeitsmarkt weiter erhöht worden. Diese Hürden erschweren die Integration in den Arbeitsmarkt unnötig.

Seit jeher bilden Zuwanderer aus der gleichen Region an ihrem Zielort Netzwerke, um sich in vielfacher Hinsicht gegenseitig zu unterstützen. Die Wirtschaftspolitik in Deutschland steht damit in den kommenden Jahren vor dem Problem, dass in manchen Regionen ein **erhöhter Bedarf an Wohnraum** entstehen dürfte, der zum Teil durch die künftige Binnenmigration von anerkannten Asylbewerbern beeinflusst werden könnte. Die Einschränkung der Mobilität durch Wohnsitzregelungen kann als temporäre und streng begrenzte Maßnahme gerechtfertigt sein, um Kommunen vor Belastungsspitzen zu schützen und einer übermäßigen Segregation entgegenzuwirken. Dem stehen aber möglicherweise geringere Chancen der Arbeitsmarktintegration gegenüber.

I. BESTANDSAUFNAHME

682. Die asylbedingte Zuwanderung nach Europa hat im Jahr 2015 die wirtschaftspolitische Debatte beherrscht. In diesem Jahr sind jedoch aufgrund der erschwerten Einreise deutlich **weniger Menschen asylbedingt in die Europäische Union (EU) zugewandert**. So reagierten einige Mitgliedstaaten und Westbalkanländer auf die erhöhte Migration mit der Schließung ihrer Grenzen. Zudem haben das Abkommen mit der Türkei und eine verschärfte Asylpraxis in Bezug auf einige Herkunftsländer stark dämpfend auf die Zuwanderung gewirkt.

Bei den von der Europäischen Agentur für die operative Zusammenarbeit an den Außengrenzen der Mitgliedstaaten der Europäischen Union (Frontex) registrierten illegalen Grenzübertritten zeigen sich jedenfalls bislang kaum Verlagerungen auf andere Fluchtrouten. ↘ ABBILDUNG 89 OBEN LINKS Darüber hinaus wurden im Rahmen des Abkommens mit der Türkei bisher nur wenige Syrer auf die EU-Mitgliedstaaten verteilt.

683. Dies alles führt dazu, dass **in Deutschland mittlerweile deutlich weniger zusätzliche Asylsuchende** registriert werden. ↘ ABBILDUNG 89 OBEN RECHTS Im vergangenen Jahr wurden insgesamt 1,1 Mio Registrierungen vorgenommen, davon alleine 500 000 im vierten Quartal. Aufgrund von Mehrfacherfassungen und Weiterreisen schätzt das Bundesministerium des Innern, dass im vergangenen Jahr tatsächlich lediglich 890 000 Asylsuchende nach Deutschland gekommen sind. In den ersten drei Quartalen 2016 sind lediglich rund 270 000 Registrierungen hinzugekommen, davon ein Großteil im ersten Quartal. Diese Trendumkehr wird den in diesem Kapitel diskutierten Analysen der ökonomischen Folgen der Flüchtlingsmigration nach Deutschland zugrunde gelegt.

Diese Annahme ist jedoch keineswegs gleichbedeutend mit einer Aussage über die hier nicht weiter diskutierte langfristige globale Bedeutung des Phänomens. Vielmehr erwächst den reichen Volkswirtschaften aus den vielfältigen politischen Spannungen und weltweiten Konflikten schon aus eigenem Interesse erhebliche Verantwortung. Deshalb sollten sie vor Ort darauf hinwirken, dass Armut und Unterdrückung künftig als Wanderungsmotive an Bedeutung verlieren.

684. Das vielleicht bedeutsamste Hemmnis bei der administrativen und wirtschaftspolitischen Bewältigung der im vergangenen Jahr erlebten Zuwanderung ist deren schiere Größenordnung. Ein Großteil der eingereisten Asylsuchenden konnte aufgrund von **Kapazitätsengpässen** erst nach einigen Monaten einen Asylantrag stellen und befindet sich derzeit noch im Asylverfahren. So hatte das zuständige Bundesamt für Migration und Flüchtlinge (BAMF) zum Monatsende September 2016 über 580 000 Asylanträge noch nicht entschieden.

685. Im vergangenen Jahr und im ersten Halbjahr 2016 wurden rund **300 000 Asylverfahren positiv entschieden** (anerkannte Asylbewerber). Dies entspricht einer im historischen Vergleich hohen Gesamtschutzquote von 56 %. Mit einer positiven Entscheidung ist eine uneingeschränkte Arbeitserlaubnis verbunden. Die Dauer der Aufenthaltserlaubnis hängt jedoch vom Schutzstatus ab:

- **Rechtsstellung als Flüchtling**: Anerkannte Flüchtlinge nach der Genfer Flüchtlingskonvention (§ 3 AsylG) oder Asylberechtigte gemäß Grundgesetz (Artikel 16a) erhalten eine zunächst auf drei Jahre befristete Aufenthaltserlaubnis. In diese Gruppe fallen 91 % der positiven Entscheidungen im Zeitraum von Januar 2015 bis Juni 2016. Es besteht ein Anspruch auf privilegierten Familiennachzug für den Ehepartner und die minderjährigen Kinder. Wird der Antrag innerhalb von drei Monaten nach der Anerkennung gestellt, muss nicht nachgewiesen werden, dass der Lebensunterhalt gesichert ist und ausreichender Wohnraum zur Verfügung steht.

- **Gewährung von subsidiärem Schutz**: Personen, denen zwar nicht die Flüchtlingseigenschaft zuerkannt wird, denen im Herkunftsland aber ernsthafter Schaden droht, können nach § 4 AsylG diesen Schutzstatus erhalten. Die damit verbundene Aufenthaltserlaubnis besteht zunächst nur für ein Jahr. Mit dem Asylpaket II wurde für diese Gruppe der Familiennachzug für zwei Jahre ausgesetzt. Im genannten Zeitraum entfielen 8 % der positiven Entscheidungen auf diesen Schutzstatus. Dabei zeigt sich ein deutlicher Anstieg. Im dritten Quartal 2016 wurde bei über 55 % der positiven Entscheidungen lediglich subsidiärer Schutz gewährt.

- **Feststellung eines Abschiebungsverbots**: Personen, für die das BAMF nach § 60 Abs. 5 oder 7 AufenthG ein Abschiebungsverbot feststellt, erhalten in der Regel ebenfalls eine Aufenthaltserlaubnis für zunächst ein Jahr. Zwischen Januar 2015 und Juni 2016 wurde dieser Status bei 1 % der positiven Entscheidungen gewährt.

Nicht erfasst wird mit der Gesamtschutzquote eine durch die Länder erlassene vorübergehende Aussetzung der Abschiebung (**Duldung**) nach einem abgelehnten Asylantrag. Insgesamt lebten zum 31.12.2015 rund 150 000 Personen mit einer solchen Duldung in Deutschland.

686. Erhebungen des BAMF dokumentieren Eigenschaften der zwischen Januar 2015 und Juni 2016 anerkannten Asylbewerber:

- **Herkunft**: Über 75 % der anerkannten Asylbewerber stammen aus Syrien. ↘ ABBILDUNG 89 MITTE LINKS Auf Personen aus Syrien entfielen zwar nur 40 % der Asylanträge. Jedoch ist ihre Anerkennungsquote hoch, und ihre Anträge werden durchschnittlich schneller bearbeitet.

- **Alter und Geschlecht**: Von den anerkannten Asylbewerbern sind fast 70 % jünger als 30 Jahre und rund 70 % männlich. ↘ ABBILDUNG 89 MITTE RECHTS

687. Die Arbeitsmarktstatistik erfasst Personen aus ausgewählten nichteuropäischen Asylzugangsländern als Gruppe und dokumentiert daher die Integration der Asylbewerber in den Arbeitsmarkt: ↘ ABBILDUNG 89 UNTEN LINKS

- **Arbeitsuche und Arbeitslosigkeit**: Zwischen Dezember 2014 und September 2016 hat sich die Zahl arbeitsloser Personen aus nichteuropäischen Asylzugangsländern um rund 110 000 Personen erhöht. Noch stärker gestiegen ist für diesen Länderkreis in diesem Zeitraum mit etwa 280 000 Personen die Anzahl Arbeitsuchender, in der neben den Arbeitslosen unter anderem Personen enthalten sind, die an arbeitsmarktpolitischen Maßnahmen teilnehmen.

Kapitel 8 – Flüchtlingsmigration: Integration als zentrale Herausforderung

↘ ABBILDUNG 89
Flüchtlingsmigration: Bestandsaufnahme

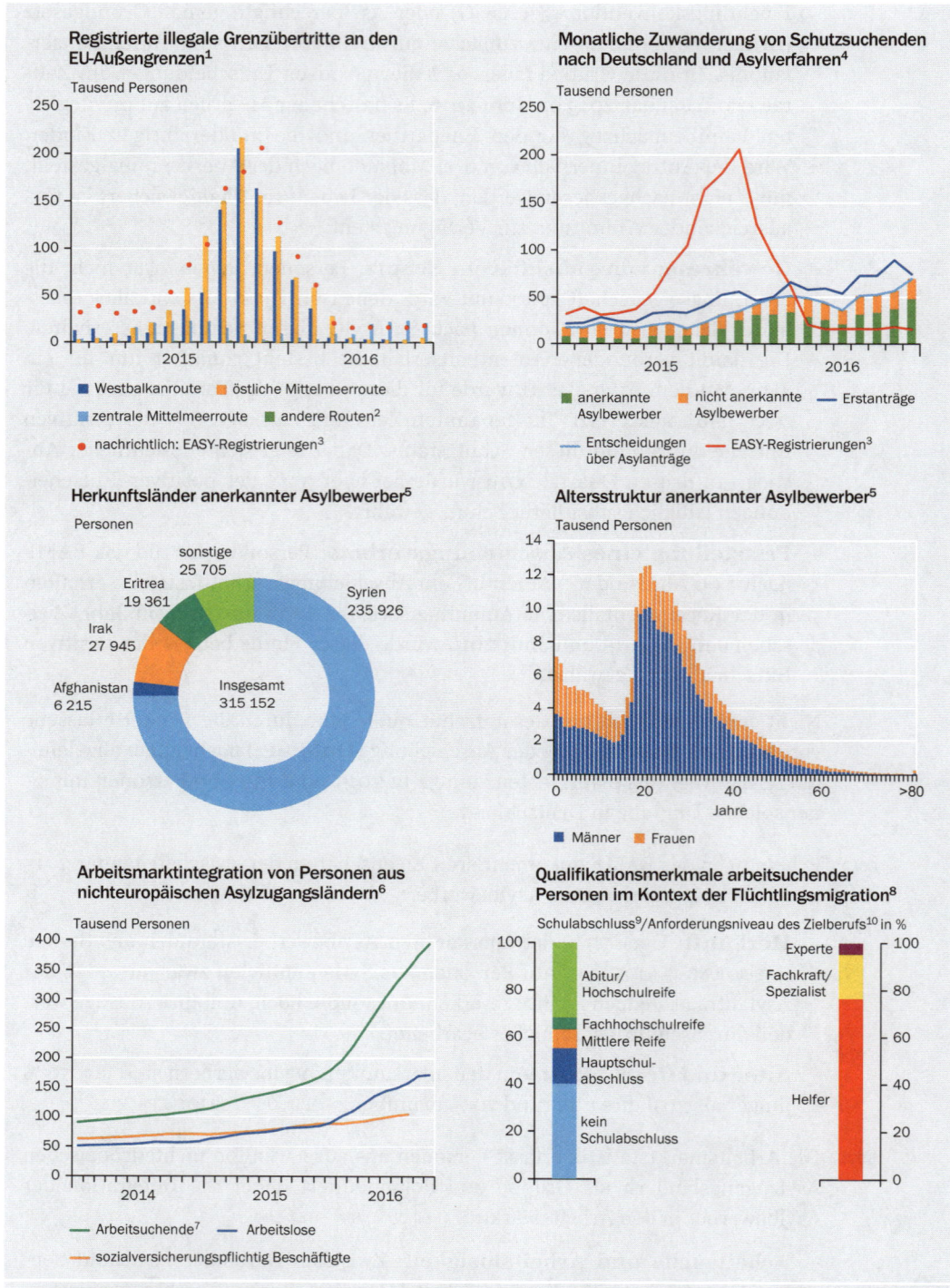

Registrierte illegale Grenzübertritte an den EU-Außengrenzen[1]

Kategorien: Westbalkanroute, östliche Mittelmeerroute, zentrale Mittelmeerroute, andere Routen[2], nachrichtlich: EASY-Registrierungen[3]

Monatliche Zuwanderung von Schutzsuchenden nach Deutschland und Asylverfahren[4]

Kategorien: anerkannte Asylbewerber, nicht anerkannte Asylbewerber, Erstanträge, Entscheidungen über Asylanträge, EASY-Registrierungen[3]

Herkunftsländer anerkannter Asylbewerber[5]

Personen:
- Syrien: 235 926
- Irak: 27 945
- Eritrea: 19 361
- Afghanistan: 6 215
- sonstige: 25 705
- Insgesamt: 315 152

Altersstruktur anerkannter Asylbewerber[5]

Tausend Personen nach Jahren (0 bis >80), Männer und Frauen

Arbeitsmarktintegration von Personen aus nichteuropäischen Asylzugangsländern[6]

Kategorien: Arbeitsuchende[7], Arbeitslose, sozialversicherungspflichtig Beschäftigte

Qualifikationsmerkmale arbeitsuchender Personen im Kontext der Flüchtlingsmigration[8]

Schulabschluss[9]/Anforderungsniveau des Zielberufs[10] in %

Schulabschluss: Abitur/Hochschulreife, Fachhochschulreife, Mittlere Reife, Hauptschulabschluss, kein Schulabschluss

Anforderungsniveau: Experte, Fachkraft/Spezialist, Helfer

---

1 – Mehrfacherfassungen von Personen an derselben oder einer anderen Außengrenze möglich; Quelle: Frontex. 2 – Westliche Mittelmeerroute, westafrikanische Route, zirkuläre Route von Albanien nach Griechenland, östliche Grenzroute. 3 – Erfassung von Asylbegehrenden in Deutschland; Quelle: BMI. 4 – Quelle: BAMF. 5 – Personen, deren Erst- oder Folgeanträge zwischen Januar 2015 und Juni 2016 mit folgenden Entscheidungen abgeschlossen wurden: Anerkennung als Asylberechtigter, Anerkennung als Flüchtling, Gewährung von subsidiärem Schutz oder Feststellung eines Abschiebungsverbots; Quelle: BAMF. 6 – Afghanistan, Eritrea, Irak, Iran, Nigeria, Pakistan, Somalia, Syrien. 7 – Darunter fallen u.a. Personen, die an arbeitsmarktpolitischen Maßnahmen teilnehmen. 8 – Asylbewerber, anerkannte Asylbewerber und geduldete Ausländer; Quelle: BA, Stand: September 2016, eigene Berechnung. 9 – Für 29 % der insgesamt 367 425 Personen liegen keine Angaben vor. 10 – Für 24 % der insgesamt 367 425 Personen liegen keine Angaben vor. Das Anforderungsniveau an den Zielberuf wird von der Bundesagentur für Arbeit beim Vermittlungs- und Beratungsgespräch festgelegt.

© Sachverständigenrat | 16-285

- **Beschäftigung**: Die sozialversicherungspflichtige Beschäftigung hat sich in dieser Gruppe seit Dezember 2014 um rund 35 000 Personen auf fast 105 000 Personen im Juli 2016 erhöht. Diese Zahlen spiegeln wider, dass nun vermehrt Personen anerkannt werden, die dem Arbeitsmarkt zur Verfügung stehen. Diese finden jedoch häufig erst verzögert eine Beschäftigung.

Seit Juni 2016 werden von der Bundesagentur für Arbeit Angaben zu arbeitsuchenden Personen im Kontext von Flüchtlingsmigration ausgewiesen. Dazu zählen Asylbewerber, anerkannte Asylbewerber sowie Geduldete. Von den rund 220 000 Personen, für die im September 2016 Angaben zu ihrer **Schulausbildung** vorlagen, hatten 38 % keinen Schulabschluss, 32 % verfügten über eine Hochschulreife. ↘ ABBILDUNG 89 UNTEN RECHTS

688. Der formale Abschluss ist jedoch nur ein unscharfer Indikator des Potenzials für eine erfolgreiche Arbeitsmarktintegration. Zum einen unterscheiden sich die **schulischen Standards**: Aus internationalen Schülervergleichstests leitet Wößmann (2016) ab, dass 65 % der syrischen, dagegen jedoch nur 16 % der deutschen Achtklässler nicht über die von der Organisation für wirtschaftliche Zusammenarbeit und Entwicklung (OECD) definierten Grundkompetenzen verfügen. Zum anderen ist für den Integrationserfolg entscheidend, inwiefern die in den Herkunftsländern erworbenen Qualifikationen auf die Anforderungen des deutschen Arbeitsmarkts übertragbar sind (Bauer, 2015).

Dabei ist zu berücksichtigen, dass die **sprachlichen und kulturellen Barrieren** bei den zuletzt zugewanderten Schutzsuchenden größer ausfallen dürften als bei früheren Zuwanderern (JG 2015 Ziffer 519). Dies spiegelt sich in dem von der Bundesagentur für Arbeit beim Vermittlungs- und Beratungsgespräch festgelegten **Anforderungsniveau an den Zielberuf** wider. Drei Viertel der erfassten Arbeitsuchenden werden für Helfer- und Anlerntätigkeiten vorgesehen, für die ein formaler beruflicher Bildungsabschluss nicht oder nur in Grundzügen vorausgesetzt wird. ↘ ABBILDUNG 89 UNTEN RECHTS

II. AUSWIRKUNGEN AUF DIE ÖFFENTLICHEN FINANZEN

689. Aufbauend auf dem Jahresgutachten 2015/16 (Ziffern 18 ff.) hat der Sachverständigenrat in seiner Konjunkturprognose für 2016 und 2017 im März 2016 die **direkten Ausgaben der öffentlichen Hand**, die zum Beispiel für Unterbringung, Verpflegung und Integrationsmaßnahmen entstehen, bis zum Jahr 2017 abgeschätzt und als tragfähig eingeordnet. Diese Schätzungen zu den **kurzfristigen Auswirkungen** der Flüchtlingsmigration werden im Folgenden auf Basis verringerter zukünftiger Zuwanderungszahlen aktualisiert.

Zusätzlich gibt eine **Tragfähigkeitsanalyse** Aufschluss über die zu erwartenden zusätzlichen Nettokosten in der **langen Frist**. Die Analyse zeigt für unterschiedliche Szenarien, dass die Integration in den Arbeitsmarkt die entscheidende Größe darstellt. Durchgehend erweist sich dabei, dass die Flüchtlingsmigration des vergangenen und der anstehenden Jahre aller Voraussicht nach keine erhebliche langfristige Zusatzbelastung für die öffentlichen Haushalte darstellt. Da diese Zuwanderung nur einen geringen Einfluss auf den demografischen Wandel hat, kann sie jedoch genauso wenig eine nennenswerte Minderung des Tragfähigkeitsproblems der öffentlichen Haushalte mit sich bringen.

1. Kurzfristige Mehrausgaben tragbar

690. Wie alle Simulationsrechnungen sind die hier vorgelegten Ergebnisse stark annahmegetrieben. Den Schätzungen liegen folgende Methodik und Annahmen zugrunde: ↘ TABELLE 28 SEITE 353

   — **Registrierungen und Anerkennungen**: Zunächst werden die Anzahl der Personen im Asylverfahren und die Anzahl der neu anerkannten oder abgelehnten Asylbewerber auf monatlicher Basis geschätzt. ↘ ABBILDUNG 90 LINKS Bis September wurden im laufenden Jahr 270 000 Asylsuchende in Deutschland registriert, allerdings mit deutlich sinkender Tendenz im Zeitablauf. Momentan zeichnet sich kein nennenswerter Wiederanstieg ab. Der Sachverständigenrat geht in seinen Projektionen von insgesamt 350 000 Personen im Jahr 2016 aus. Für das kommende Jahr wird ein weiteres Absinken auf 250 000 Asylsuchende unterstellt.

   — **Arbeitsmarktintegration**: In einem zweiten Schritt wird die Anzahl der anerkannten Asylbewerber mit Annahmen über die Partizipations- und Arbeitslosenquoten verknüpft. Der Sachverständigenrat geht auf der Basis bisheriger Integrationsverläufe (Brücker et al., 2015) davon aus, dass bis zum Ende dieses Jahres im Vergleich zum Jahresende 2014 zusätzlich etwa 220 000 anerkannte Asylbewerber dem Arbeitsmarkt zur Verfügung stehen werden, davon dürften 160 000 Personen registriert arbeitslos und 60 000 Personen erwerbstätig sein. ↘ ABBILDUNG 90 LINKS Im Jahr 2017 dürfte die Arbeitslosigkeit weiterhin deutlicher steigen als die Erwerbstätigkeit. Zum Jahresende 2017 werden von den anerkannten Asylbewerbern im Vergleich zum Jahresende 2014 voraussichtlich zusätzlich etwa 250 000 Personen registriert arbeitslos und 130 000 Personen erwerbstätig sein.

   — **Ausgaben**: Anschließend werden die ermittelten Personen im Asylverfahren und die Anzahl der neu anerkannten oder abgelehnten Asylbewerber mit den Ausgaben pro Person verknüpft. ↘ ABBILDUNG 90 RECHTS ↘ TABELLE 28

691. Unter der Annahme, dass die asylbedingte Zuwanderung nicht erneut ansteigt, bleiben die **kurzfristigen Mehrausgaben der öffentlichen Hand tragbar**. Insgesamt schätzt der Sachverständigenrat die direkten Ausgaben durch die Flüchtlingsmigration in den Jahren 2016 und 2017 in einem Basisszenario auf rund 12,8 Mrd Euro beziehungsweise 10,3 Mrd Euro (0,4 % beziehungsweise 0,3 % in Relation zum nominalen BIP). Das umfasst die Ausgaben für Asylbewerber, Personen, die noch keinen Asylantrag stellen konnten, und Geduldete. Mehrausgaben im Bereich SGB II und für Integrationsmaßnahmen für aner-

ABBILDUNG 90
Stufen der Arbeitsmarktintegration und Empfänger von sozialen Leistungen im Basisszenario (2015 - 2017)

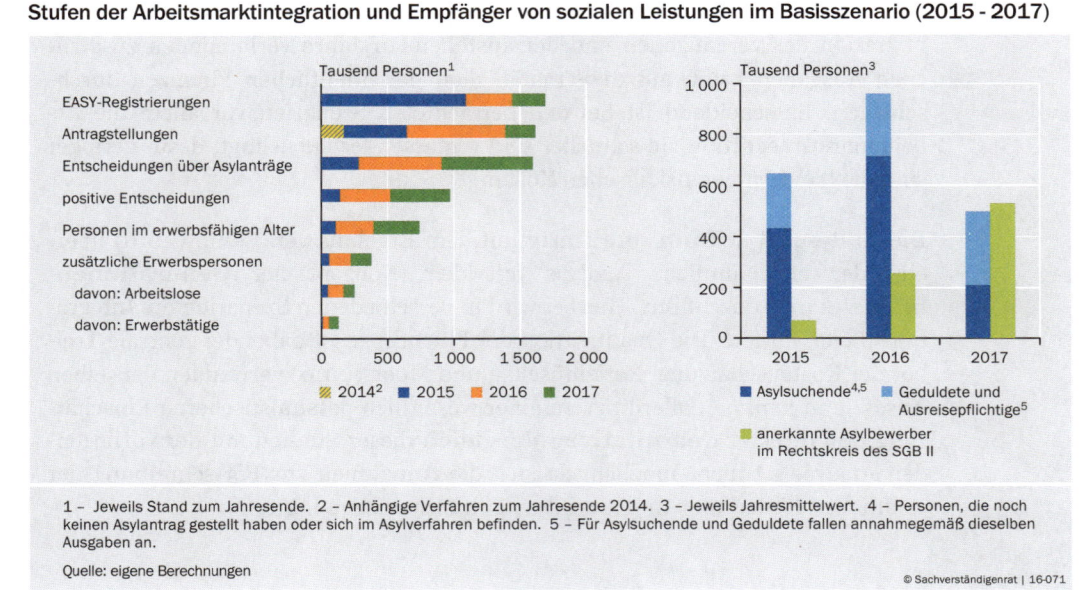

[Balkendiagramm links: Tausend Personen[1] – EASY-Registrierungen, Antragstellungen, Entscheidungen über Asylanträge, positive Entscheidungen, Personen im erwerbsfähigen Alter, zusätzliche Erwerbspersonen, davon: Arbeitslose, davon: Erwerbstätige; Kategorien 2014[2], 2015, 2016, 2017]

[Säulendiagramm rechts: Tausend Personen[3] für 2015, 2016, 2017 – Asylsuchende[4,5], Geduldete und Ausreisepflichtige[5], anerkannte Asylbewerber im Rechtskreis des SGB II]

1 – Jeweils Stand zum Jahresende. 2 – Anhängige Verfahren zum Jahresende 2014. 3 – Jeweils Jahresmittelwert. 4 – Personen, die noch keinen Asylantrag gestellt haben oder sich im Asylverfahren befinden. 5 – Für Asylsuchende und Geduldete fallen annahmegemäß dieselben Ausgaben an.

Quelle: eigene Berechnungen
© Sachverständigenrat | 16-071

kannte Asylbewerber sowie höhere Verwaltungskosten sind ebenfalls berücksichtigt. ↘ TABELLE 28

Nicht modelliert sind zusätzliche Ausgaben, die möglicherweise in den Bereichen Bildung, ↘ ZIFFERN 703 FF. innere Sicherheit oder öffentliche Investitionen anstehen. Bei höherer Zuwanderung oder einer Variation der Annahmen zum Integrationsprozess ergeben sich in der kurzen Frist kaum höhere Ausgaben. In vergangenen Veröffentlichungen hat der Sachverständigenrat höhere Kosten geschätzt, da mit einer stärkeren Zuwanderung gerechnet wurde (JG 2015 Ziffer 28; Konjunkturupdate 2016).

2. Geringe Auswirkungen auf langfristige Tragfähigkeit

692. Im Hinblick auf die langfristigen Auswirkungen der hohen Zuwanderungszahlen liegt ein breites Spektrum von Einschätzungen vor. Aussagen, welche die Flüchtlingsmigration als eine langfristig lohnende Investition einordnen (Fratzscher und Junker, 2015), stehen dabei der Aussage gegenüber, dass die fiskalische Dividende voraussichtlich negativ sei (Raffelhüschen und Moog, 2016).

Daher hat der Sachverständigenrat in Zusammenarbeit mit Martin Werding von der Ruhr-Universität Bochum eine eigene **Tragfähigkeitsanalyse** erstellt (Aretz et al., 2016). Dieser Ansatz ermittelt den möglichen dauerhaften Einfluss der asylbedingten Zuwanderung auf die öffentlichen Finanzen. Verschiedene Institutionen in Verwaltung und Wissenschaft nutzen ähnliche Modelle, um die Auswirkungen des demografischen Wandels auf die öffentlichen Finanzen zu evaluieren und gegebenenfalls einen Handlungsbedarf für die Finanzpolitik aufzuzeigen (BMF, 2016; Europäische Kommission, 2016; IWF, 2016).

693. Diese langfristig ausgerichtete Betrachtung zeigt, dass die mit der Flüchtlingsmigration des vergangenen und der anstehenden Jahre verbundenen zusätzlichen Ausgaben kaum auf die Tragfähigkeit der öffentlichen Finanzen durchschlagen. Entscheidend ist bei den betrachteten Szenarien vor allem die Arbeitsmarktintegration. Je schneller und umfassender sie gelingt, desto geringer sind die langfristigen fiskalischen Kosten.

Dieses Resultat **stimmt qualitativ** mit dem Ergebnis von Bonin (2016) überein, der eine ähnliche Analyse mit dem Konzept der **Generationenbilanzierung** durchführt. Hierbei wird in verschiedenen Szenarien die Integrationsdauer variiert. Die Qualifikation der Flüchtlinge ist dabei der zentrale Treiber der Kostenschätzung. Raffelhüschen und Moog (2016) verwenden denselben Ansatz und kommen allerdings zu einer wesentlich pessimistischeren Einschätzung. Ein direkter **quantitativer Vergleich** dieser Studien mit der vorliegenden Analyse ist nicht möglich, da sich die Annahmen zur Fortschreibung der staatlichen Einnahmen und Ausgaben unterscheiden. ↘ KASTEN 24

+

Grundsätzlich ist die Berechnung von Tragfähigkeitslücken mit dem vom Sachverständigenrat genutzten Verfahren und der Generationenbilanzierung äquivalent. Allerdings werden unterschiedliche Annahmen getroffen. Bei der vom Sachverständigenrat durchgeführten **Tragfähigkeitsanalyse** werden die altersspezifischen Staatsausgaben in Abhängigkeit von der demografischen Entwicklung meist etwa 50 bis 60 Jahre in die Zukunft fortgeschrieben. Dabei handelt es sich um Ausgaben in den Bereichen Alterssicherung, Gesundheit und Pflege, Arbeitsmarkt und Grundsicherung sowie Bildung und Familie. Alle weiteren Ausgaben werden als konstante Quoten in Relation zum BIP fortgeschrieben. Damit steigen zum Beispiel die Ausgaben für Verteidigung oder die öffentliche Verwaltung per Annahme genauso schnell wie die Einkommen. Die Staatseinnahmen werden ebenfalls als konstante BIP-Quoten fortgeschrieben. Die Idee dahinter ist, die Einnahmepolitik über die Zeit fortzuschreiben und durch eine Projektion der Staatsausgaben somit den Handlungsbedarf aufzuzeigen. Bei der **Generationenbilanzierung** werden hingegen die heutigen Einnahmen und Ausgaben den einzelnen Alterskohorten zugerechnet und anschließend in Abhängigkeit von der demografischen Entwicklung über mehr als 100 Jahre fortgeschrieben. Dieser Vorgehensweise liegt zum Beispiel die Annahme zugrunde, dass die Kosten für alle öffentlichen Güter jeweils von der Zahl der Nutzer abhängen. Bei der Zurechnung gibt es aber Ermessensspielraum, etwa bei den Bildungsausgaben, den Ausgaben für Verwaltung, Verteidigung, Infrastruktur oder den indirekten Steuern. Zum Teil werden bestimmte Posten nicht zugerechnet und verbleiben als Staatskonsum. Welche der beiden Annahmen plausibler ist, lässt sich nicht abschließend beurteilen.

694. Ein wesentlich **positiveres Bild** zeichnet nur die Studie von Fratzscher und Junker (2015). Die veröffentlichten Ergebnisse wurden insbesondere kritisiert, weil angebots- und nachfrageseitige Effekte doppelt berücksichtigt wurden (van Suntum und Schultewolter, 2016). In der Tat zeigt sich, dass sich bei korrekter Behandlung der verwendeten Zahlen die veröffentlichten Ergebnisse qualitativ in ihr Gegenteil verkehren, sie ergeben also eine negative fiskalische Bilanz.

695. Die Ergebnisse der Tragfähigkeitsanalyse können zu **verschiedenen Kennzahlen verdichtet** werden, beispielsweise in die über den Projektionszeitraum bis zum Jahr 2080 ermittelte Entwicklung der **Schuldenstandsquote** für den

Gesamtstaat. Da die Analyse darauf ausgerichtet ist, den Handlungsbedarf bei der Gestaltung von Einnahmen und Ausgaben der öffentlichen Haushalte aufzuzeigen, der aus den aktuellen gesetzlichen Weichenstellungen und den zu erwartenden demografischen Entwicklungen erwächst, handelt es sich dabei nicht um eine langfristige Prognose der Schuldenstandsquote, sondern um eine Projektion, bei der alternative Szenarien betrachtet werden.

Wirtschaftspolitische Maßnahmen, die von der Politik in der Realität bei einer solchen Entwicklung über kurz oder lang angestrengt werden müssten, um dieser entgegenzuwirken, gehen bewusst nicht in die Berechnung ein: Die **Abschätzung der Größenordnung**, welche diese Maßnahmen aufweisen müssten, stellt ja gerade ein Ziel der Analyse dar. Von noch größerer Bedeutung ist die **Sensitivität der Größenordnung** im Hinblick auf einzelne Annahmen zu Zuwanderung und Integration sowie auf Veränderungen der aktuellen wirtschaftspolitischen Weichenstellungen. Sie kann wichtige Anhaltspunkte für das wirtschaftspolitische Handeln geben.

696. Der mit dieser hypothetischen Entwicklung verbundene Handlungsbedarf lässt sich durch den Ausweis der **Tragfähigkeitslücke** anschaulicher darstellen. Diese gibt an, um welchen Anteil des BIP die öffentlichen Haushalte im Vergleich zum Status quo jährlich und dauerhaft über Einnahmeerhöhungen oder Ausgabenkürzungen konsolidiert werden müssten, um langfristig die Budgetbeschränkung des Staates einzuhalten. Dies könnte nur gelingen, wenn langfristig die Primärsalden ausreichten, um die Staatsschulden zu tilgen. Veränderungen der ausgewiesenen Tragfähigkeitslücke stellen darüber hinaus dar, welche aktuellen wirtschaftspolitischen Weichenstellungen mehr oder weniger geeignet sind, um das langfristige Problem der Tragfähigkeit zu mindern.

697. In das Modell fließen vom Sachverständigenrat geschätzte **Ausgaben** für Asylsuchende vor und während des Verfahrens ein. Zudem berücksichtigt es eine **schrittweise Arbeitsmarktintegration** anerkannter Asylbewerber. Ausgangspunkt für die Analyse ist ein **Basisszenario**, das die aktuelle Flüchtlingsmigration berücksichtigt und in die Zukunft fortschreibt. Die Annahmen sind in ↘ KASTEN 24 zusammengefasst. Weitere Details zur Modellierung und den Annahmen finden sich in vergangenen Publikationen des Sachverständigenrates (zuletzt JG 2014; Expertise 2011) sowie im Arbeitspapier zu der vorliegenden Analyse (Aretz et al., 2016).

↘ KASTEN 24

Methodik und Annahmen zur Tragfähigkeitsanalyse für die Flüchtlingsmigration

Die Entwicklung des **BIP** folgt in der hier vorgelegten Tragfähigkeitsanalyse einem einfachen neoklassischen Wachstumsmodell, das um den Faktor Humankapital ergänzt wird. Diejenigen **Posten des Primärsaldos**, also des um Zinsausgaben bereinigten Finanzierungssaldos, die von der demografischen Struktur unbeeinflusst sind, werden in der Analyse um konjunkturelle Effekte bereinigt und als konstante Quoten am BIP fortgeschrieben. Die Annahme dahinter ist, dass die Staats- und Einnahmequoten bei konstanten politischen Präferenzen ungefähr konstant bleiben dürften.

Entwicklungspfade der altersspezifischen Ausgaben werden unter Annahmen zu Geburten- und Sterbeziffern gemäß einer **Fortschreibung der Demografiestruktur** berechnet. Dadurch ergibt sich bei einer alternden Bevölkerung zum Beispiel eine steigende Quote der Rentenausgaben am BIP. Die **Zinsausgaben** werden unter Annahme eines Refinanzierungszinssatzes anhand der fortgeschriebenen Schuldenstandsentwicklung geschätzt. Der Realzins auf langfristige Staatsschuldtitel wird, ausgehend von aktuell niedrigeren Ist-Daten nach einem kurzen Anpassungszeitraum bis zum Jahr 2020, vereinfachend durch einen konstanten Aufschlag in Höhe von 1,5 Prozentpunkten auf die Wachstumsrate der Arbeitsproduktivität bestimmt. Die zur Ermittlung des Nominalzinses erforderliche Inflationsrate wird auf 2,0 % p.a. gesetzt. In Bezug auf die hier analysierten Sensitivitäten spielt der Zinssatz jedoch keine wesentliche Rolle. Insbesondere bei der Tragfähigkeitslücke heben sich ein positiver Effekt auf die Zinsausgaben und ein negativer Effekt über die stärkere Diskontierung zukünftiger Finanzierungssalden nahezu auf (Aretz et al., 2016).

Für die Flüchtlingsmigration wird im Basisszenario davon ausgegangen, dass die Zuwanderungszahlen bis zum Jahr 2021 auf die Werte des Jahres 2013 zurückgehen. Es wird also eine **erhöhte Zuwanderung** über den Zeitraum von sieben Jahren modelliert. Nach ihrer Anerkennung verbleiben per Annahme alle Asylbewerber dauerhaft im Land. Für die sonstige Migration werden die Zahlen der 1. Variante der 13. koordinierten Bevölkerungsvorausberechnung genutzt. Diese werden jedoch um die darin eingestellte Anzahl der Asylsuchenden bereinigt, da deren Anzahl über die monatliche Modellierung des Sachverständigenrates separat geschätzt wird.

Die Ausgaben für die Asylbewerber sind vor allem kurzfristig relevant. Der langfristige **fiskalische Effekt** der Flüchtlingszuwanderung hängt von weiteren Annahmen ab: ↘ TABELLE 28

- **Anerkannte Asylbewerber:** Zunächst wird ermittelt, wie viele der anerkannten Asylbewerber dem Arbeitsmarkt pro Jahr zusätzlich zur Verfügung stehen. Der Sachverständigenrat nutzt dazu ein Modell, in dem abhängig von der Anzahl der monatlichen Zuwanderer und der Bearbeitungskapazitäten beim BAMF die durchschnittliche Dauer bis zur Anerkennung geschätzt wird. Begrenzte Kapazitäten haben im Verlauf des Jahres 2015 zu einem erheblichen **Bearbeitungsstau** geführt. Danach müssen Asylsuchende, die bis zum Frühjahr 2016 ankamen, je nach Szenario mit einer durchschnittlichen Verfahrensdauer von bis zu 19 Monaten rechnen. ↘ ABBILDUNG 91 LINKS Zudem hängt die Zahl der Personen, die dem Arbeitsmarkt zusätzlich zur Verfügung stehen, von der Schutzquote ab, also dem Anteil positiv entschiedener Asylverfahren.

- **Geschwindigkeit der Arbeitsmarktintegration:** Im Basisszenario werden nach der Anerkennung der Asylbewerber ein Anstieg der Erwerbsquoten und ein Rückgang der Arbeitslosenquoten unterstellt. Der zeitliche Verlauf dieser Größen stimmt mit der Erfahrung früherer Flüchtlingsmigration überein, wenngleich sich die aktuelle Zusammensetzung nach Herkunftsländern von der früheren unterscheidet (Brücker et al., 2015). Demnach ändern sich die Quoten zunächst sehr schnell, über die Zeit nimmt die „Integrationsgeschwindigkeit" aber ab. Nach 13 Jahren stellen sich annahmegemäß die durchschnittlichen geschlechtsspezifischen Erwerbs- und Arbeitslosenquoten ein, die sich im Jahr 2014 für Ausländer in Deutschland ergaben. ↘ ABBILDUNG 91 RECHTS

- **Arbeitslosigkeit und Bevölkerungsstruktur:** Anerkannte Asylbewerber, die nicht für ihren Lebensunterhalt aufkommen können und leistungsberechtigt sind, erhalten **Leistungen nach dem SGB II**. Damit haben die Annahmen über deren durchschnittliche Kosten ebenfalls einen Einfluss auf die Staatsfinanzen. Zudem beeinflusst der **Frauenanteil** unter den anerkannten Asylbewerbern die Schuldenprojektion, da die Erwerbsbeteiligung von Frauen aus Asylherkunftsländern im Allgemeinen wesentlich geringer als die der Männer ist. Die **Annahmen zur Alters- und Geschlechtsstruktur** lehnen sich an Daten des BAMF zu im Jahr 2015 und im ersten Halbjahr 2016 anerkannten Asylbewerbern an.

TABELLE 28
Annahmen zur Flüchtlingsmigration

Zuwanderung (Z)	Basisszenario	Sensitivitätsanalysen
EASY-Registrierungen 2016	350 000	
EASY-Registrierungen 2017 - 2020, jährlich	250 000	Z1: 500 000
EASY-Registrierungen 2021 - 2025, jährlich[1]	wie 2013	Z3: 250 000
Asylantragsteller ab März 2016[2]	90 %	
Anteil der Anerkennungen (Schutzquote 2016 - 2020)[1,3]	60 %	Z4: 80 %
Frauenanteil	30 %	Z2: 50 %
Erhöhung der Kapazitätsgrenzen bei der Antragstellung und der Entscheidung ab September 2016 um monatlich jeweils[4]	3 %	
Anzahl Monate bis zur Ausreise abgelehnter Asylbewerber	4	
Anzahl zusätzlicher Duldungsmonate für 5 % der abgelehnten Asylbewerber[5]	20	
Geburtenziffer anerkannter Asylbewerber (restliche Bevölkerung: 1,4)	1,8	
Kosten (K)		
Monatliche Ausgaben im Verfahren einschließlich Pauschale für Verwaltungsausgaben[6]	900 Euro	K1: 1 400 Euro
Jährliche Integrationsausgaben im 1. Jahr nach Anerkennung[7]	2 000 Euro	
Jährliche Integrationsausgaben im 2. Jahr nach Anerkennung[7]	1 000 Euro	
Durchschnittliche Ausgaben für Ausreisende	500 Euro	
Monatliche Ausgaben im Jahr 2016[8] für SGB II-Leistungen für alle Leistungsbezieher	550 Euro	K2: +5 %
Arbeitsmarkt (A)		
Differenz der Erwerbsquote/Arbeitslosenquote im Vergleich zum Basisszenario	–	A1: –10 %/+10 %
Verlauf der Arbeitsmarktintegration	konkav	A2: linear
Angleichungszeitraum Erwerbsquote und Arbeitslosenquote an Durchschnitt[9]	13 Jahre	A3: 25 Jahre
Qualifikation: Faktor in niedrigster Stufe, das x-fache der einheimischen Bevölkerung[10]	3	
Qualifikation: Faktor in höchster Stufe, das x-fache der einheimischen Bevölkerung[10]	0,5	
Qualifikation und Erwerbsquoten folgender Generationen	wie sonstige Migranten	

1 – Für den Zeitraum ab 2026 wie im Jahr 2013. 2 – Der korrigierte Anteil spiegelt den Abschlag aufgrund von Rück- oder Weiterreisen und Doppelzählungen wider. Von Januar 2015 bis Februar 2016 80 %. 3 – Bezogen auf den Zeitpunkt der Ankunft. In den Jahren 2014 und 2015 wird die Gesamtschutzquote ebenfalls geschätzt. Sie steigt annahmegemäß bis zum angegebenen Wert. Für Szenario Z3 erhöhte Schutzquote bis 2025. 4 – Die Kapazitätsgrenze bei der Antragstellung/Entscheidung ergibt sich aus dem Mittelwert der Anträge/Entscheidungen der vergangenen drei Monate. Diese Grenze wird monatlich um den angegebenen Prozentsatz bis zu einer Kapazitätsgrenze von 85 000 monatlichen Antragstellungen ausgeweitet. Die Mindestbearbeitungszeit des Asylantrags beträgt zwei Monate. 5 – Monatlich reisen 0,1 % der vor dem Jahr 2015 geduldeten Personen aus. Die Ergebnisse der Analyse sind wenig sensitiv im Hinblick auf die Duldungsdauer. 6 – Für die Zeit der Duldung fallen monatliche Ausgaben in Höhe der Bruttoausgaben im Verfahren an. Geduldete nehmen nicht am Arbeitsmarkt teil. 7 – Für Qualifizierungsmaßnahmen etc. 8 – Die durchschnittlichen Ausgaben werden gemäß eines Mischindex aus der Wachstumsrate der Arbeitsproduktivität (70 %) und der Inflationsrate (30 %) fortgeschrieben. 9 – Durchschnittliche Arbeitslosenquote und durchschnittliche geschlechtsspezifische Erwerbsquote für Ausländer in Deutschland im Jahr 2014. 10 – Im Modell gibt es fünf Qualifikationsstufen. Es wird angenommen, dass sich unter den anerkannten Asylbewerbern ein niedrigerer Anteil in der höchsten und ein höherer Anteil in der niedrigsten Stufe befindet. Dazu werden die Anteile der bereits in Deutschland Lebenden so mit Faktoren multipliziert, dass sich etwa ein Prozentsatz von 60 % in der niedrigsten und 10 % in der höchsten Stufe ergibt (Wößmann, 2016).

© Sachverständigenrat | 16-290

Das **Qualifikationsniveau** spielt im vorliegenden Modell nur eine Rolle für die Höhe der jeweiligen Einkommen im Falle einer Erwerbsbeteiligung. Es ist dabei rein rechnerisch von untergeordneter Bedeutung, da mit steigendem (durchschnittlichen) Einkommen per Annahme die Ausgaben und Einnahmen des Staates steigen und die Quoten am BIP daher annähernd unverändert bleiben. Ein

Zusammenhang zwischen dem Qualifikationsniveau und den Erwerbs- und Arbeitslosenquoten wird in diesem einfachen Modell hingegen nicht erfasst. Doch ist der Effekt dieser Quoten auf die Schuldenprojektion bei der Übertragung des Modells auf die Realität letztlich als ein Qualifikationseffekt interpretierbar: Denn je besser die Qualifikation der anerkannten Asylbewerber ist, desto niedriger dürfte deren Arbeitslosenquote ausfallen. Somit kann die geringere Tragfähigkeitslücke, die sich in der vorliegenden Analyse in Szenarien mit niedrigeren Arbeitslosenquoten ergibt, durchaus als Effekt einer besseren oder passgenaueren Qualifikation der anerkannten Asylbewerber interpretiert werden.

↘ ABBILDUNG 91
Annahmen zur Verfahrensdauer und Arbeitsmarktintegration von anerkannten Asylbewerbern[1]

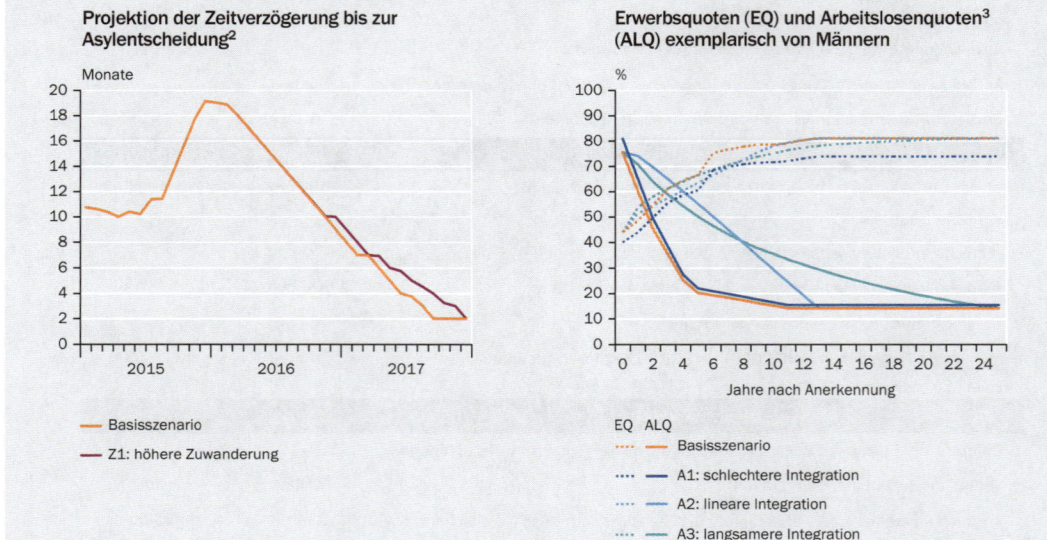

1 – Zu den Annahmen in den einzelnen Szenarien siehe Tabelle 28. 2 – Angegeben ist jeweils die durchschnittliche Zeitverzögerung für Personen, die in dem jeweiligen Monat ankommen. Die Gesamtdauer ergibt sich durch die Dauer von der Ankunft bis zur Antragstellung sowie die Dauer von der Antragstellung bis zur Entscheidung über den Asylantrag. 3 – Die ALQ von Ausländern lag im Jahr 2014 laut Bundesagentur für Arbeit bei 14 %, die geschlechtsspezifische EQ ausländischer Männer (Frauen) zwischen 15 und 65 Jahren betrug laut Mikrozensus 81 % (58 %). Die altersgruppenspezifischen ALQ werden bei 99 % zensiert, die altersgruppenspezifischen EQ bei 95 %. Da Asylbewerber teilweise bereits während des Asylverfahrens am Arbeitsmarkt partizipieren, wird für das Jahr 2016 eine erhöhte EQ von 55 % angenommen, mit entsprechend geringerer Steigerung der EQ in den Folgejahren.

Quellen: Aretz et al. (2016), Brücker et al. (2015)
© Sachverständigenrat | 16-160

698. In einem ersten Schritt werden die Ergebnisse des Basisszenarios mit einem Referenzszenario verglichen, bei dem die Flüchtlingsmigration ab dem Jahr 2013 konstant bleibt. Dabei zeigt sich, dass sich **durch die zusätzliche Zuwanderung kaum Unterschiede** ergeben: ↘ ABBILDUNG 92 LINKS

– Die **Tragfähigkeitslücke** beläuft sich für das Basisszenario im Jahr 2080 auf 4,2 %, im Referenzszenario auf 4,1 % des BIP. Dies bedeutet, dass die Flüchtlingsmigration dauerhaft einen um 0,1 Prozentpunkte höheren Budgetsaldo bedingt, um langfristig alle Staatsschulden zurückzahlen zu können. Dies lässt sich beispielsweise durch einen Vergleich mit dem Rentenpaket 2014 einordnen, das ebenfalls zu einer Erhöhung der Tragfähigkeitslücke um 0,1 Prozentpunkte geführt hat (Werding, 2016). Wird die Projektion der staatlichen Einnahmen und Ausgaben nur bis zum Jahr 2060 durchgeführt, sodass die Wirkungen des demografischen Wandels nach dem Jahr 2060 un-

↘ ABBILDUNG 92
Ergebnis der Tragfähigkeitsanalyse zur Flüchtlingsmigration

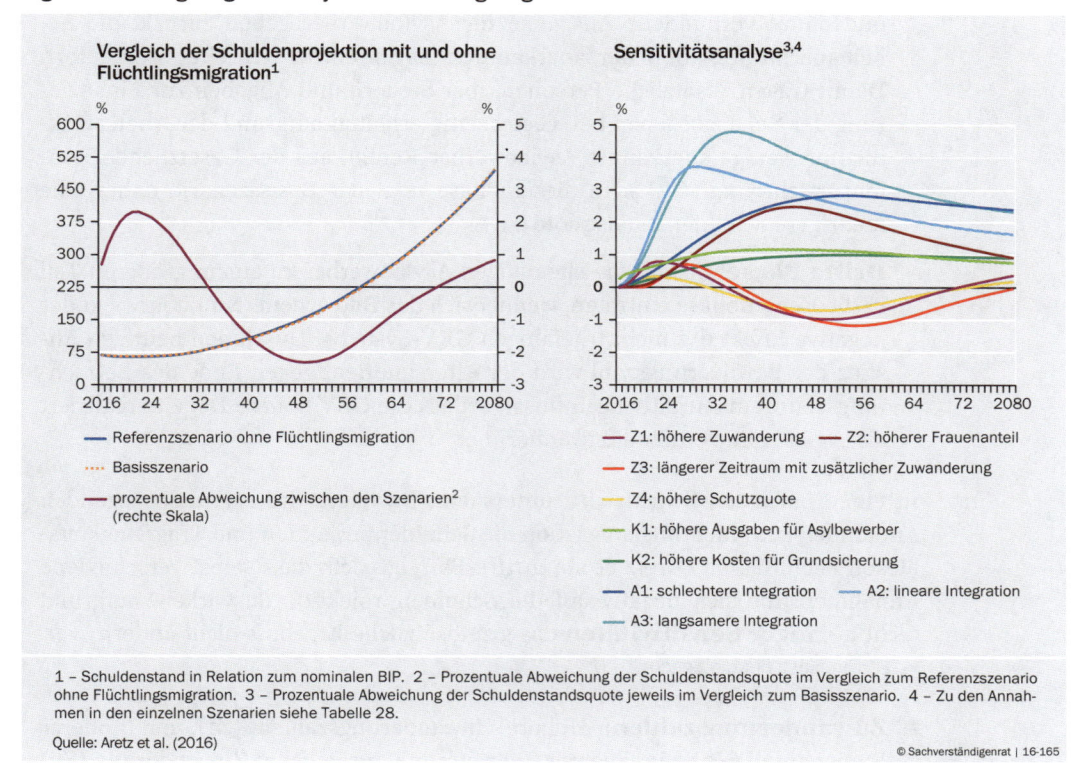

Vergleich der Schuldenprojektion mit und ohne Flüchtlingsmigration[1]

— Referenzszenario ohne Flüchtlingsmigration
⋯ Basisszenario
— prozentuale Abweichung zwischen den Szenarien[2] (rechte Skala)

Sensitivitätsanalyse[3,4]

— Z1: höhere Zuwanderung   — Z2: höherer Frauenanteil
— Z3: längerer Zeitraum mit zusätzlicher Zuwanderung
— Z4: höhere Schutzquote
— K1: höhere Ausgaben für Asylbewerber
— K2: höhere Kosten für Grundsicherung
— A1: schlechtere Integration   — A2: lineare Integration
— A3: langsamere Integration

1 – Schuldenstand in Relation zum nominalen BIP. 2 – Prozentuale Abweichung der Schuldenstandsquote im Vergleich zum Referenzszenario ohne Flüchtlingsmigration. 3 – Prozentuale Abweichung der Schuldenstandsquote jeweils im Vergleich zum Basisszenario. 4 – Zu den Annahmen in den einzelnen Szenarien siehe Tabelle 28.

Quelle: Aretz et al. (2016)
© Sachverständigenrat | 16-165

berücksichtigt bleiben, beläuft sich die Tragfähigkeitslücke auf 3,6 % im Basis- und im Referenzszenario.

– Die **Schuldenprojektion** verläuft annähernd identisch und resultiert im Jahr 2080 in einer hypothetischen Schuldenstandsquote von knapp unter 500 % in Relation zum BIP. Diese Zahl ist – wie bereits ausgeführt – nicht als Prognose zu interpretieren, sondern zeigt plastisch den Handlungsbedarf mit Blick auf die Demografiefestigkeit der sozialen Sicherungssysteme (Expertise 2011 Ziffern 252 ff.; JG 2014 Ziffern 578 ff.; Werding, 2011, 2014, 2016; ↘ ZIFFER 593). Im Vergleich zum Referenzszenario ohne Flüchtlingsmigration ist die Schuldenstandsquote am Ende des Betrachtungszeitraums 4,1 Prozentpunkte oder 0,8 % höher. In absoluten Zahlen ist die Schuldenprojektion im Basisszenario nominal 1,9 Billionen Euro höher. Bei einer Diskontrate von 4 % entspricht dies einer Mehrbelastung von rund 156 Mrd Euro im Jahr 2016 oder, verteilt auf 64 Jahre, 2,4 Mrd Euro im Jahr. Das sind jährlich etwa 30 Euro je Einwohner.

699. Betrachtet man die prozentuale Abweichung der **Schuldenstandsquote im Vergleich** zum Referenzszenario ohne Flüchtlingsmigration, ergibt sich ein über die Zeit verändertes Bild. Es lässt sich grob in drei Phasen gliedern:

– **Erste Phase**: Zunächst ist die Schuldenprojektion im Basisszenario mit Flüchtlingen höher. Dies liegt zum einen an den Ausgaben für Asylbewerber im Verfahren. Zum anderen werden die meisten anerkannten Asylbewerber per Annahme zunächst keine Arbeit finden und daher Transfers erhalten.

– **Zweite Phase**: Nach einiger Zeit wendet sich das Bild. Die Zuwanderung und damit verbundene Ausgaben für Asylbewerber gehen zurück, die Arbeitsmarktintegration der anerkannten Asylbewerber schreitet weiter fort. Damit tragen zusätzliche Personen über Steuern und Abgaben zur Finanzierung der Staatsausgaben bei. Gleichzeitig erhalten aufgrund der Altersstruktur nur wenige anerkannte Asylbewerber Renten aus der Gesetzlichen Rentenversicherung (GRV). In dieser Phase zeigt das Basisszenario daher eine niedrigere Schuldenstandsquote an.

– **Dritte Phase**: Sobald die ehemaligen Asylbewerber zu einem größeren Teil in die Rentenphase eintreten, wendet sich das Bild erneut. Nun überwiegt der negative Effekt des nicht tragfähigen GRV-Systems. Durch den heutigen Anstieg der Bevölkerungszahl wird der Altersquotient gegen Ende des Betrachtungszeitraums negativ beeinflusst, sodass die GRV höhere Defizite realisiert als im Fall ohne erhöhte Zuwanderung.

700. In einem nächsten Schritt wird untersucht, inwiefern die zugrunde liegenden Annahmen zur Flüchtlingsmigration die Schuldenprojektion und Tragfähigkeitslücken beeinflussen (Aretz et al., 2016). Es zeigt sich, dass selbst verschiedene Annahmen, die sich negativ auf die Schuldenprojektion auswirken, aufgrund recht **geringer Sensitivitäten** das grundsätzliche Ergebnis nicht ändern. ↘ TABELLE 29 ↘ ABBILDUNG 92 RECHTS

– **Zuwanderungszahlen**: Höhere Zuwanderungszahlen (Z1), ein höherer Frauenanteil (Z2), ein längerer Zeitraum mit zusätzlicher Zuwanderung (Z3) oder eine höhere Schutzquote (Z4) erhöhen langfristig die Schuldenstandsquote um weniger als 1 % im Vergleich zum Basisszenario. Die Tragfähigkeitslücke bleibt nahezu unverändert. Die Gründe sind zum einen die oben beschriebenen gegenläufigen Effekte ↘ ZIFFER 699, zum anderen ist die Anzahl der anerkannten Asylbewerber im Vergleich zur Gesamtbevölkerung gering.

– **Kosten**: Geänderte Annahmen zu den Kosten, wie höhere Ausgaben für Personen im Asylverfahren (K1) oder für die Grundsicherung (K2) führen zu ähnlich geringen Unterschieden. Dies ist wiederum auf den relativ kleinen Anteil der anerkannten Asylbewerber an der Gesamtbevölkerung zurückzuführen. Bei einer höheren Schutzquote, also höheren Anerkennungszahlen, oder höherer Zuwanderung verstärkt sich sogar der zwischenzeitlich positive Effekt, da dann jeweils mehr Menschen dem Arbeitsmarkt zur Verfügung stehen.

– **Arbeitsmarktintegration**: Mittelfristig hätten wesentlich pessimistischere Annahmen zur Arbeitsmarktintegration etwas stärkere Effekte. Werden in jedem Jahr der Projektion 10 % niedrigere Erwerbsquoten und 10 % höhere Arbeitslosenquoten bei den anerkannten Asylbewerbern unterstellt (A1), steigt die Schuldenprojektion im Vergleich zum Basisszenario sukzessive um bis zu 11,9 Prozentpunkte oder 2,4 % im Jahr 2080. Der Grund ist vor allem ein niedrigeres Wirtschaftswachstum aufgrund der geringeren Erwerbstätigenzahl. Zudem steigen die Transferleistungen. Variiert man die Integration ausgehend vom Basisszenario so, dass sich die Quoten linear an ihr langfristiges Gleichgewicht annähern (A2), also zunächst langsamer und später

↘ TABELLE 29
Vergleich der Tragfähigkeitslücke mit derjenigen im Basisszenario

Szenario	Änderung der Tragfähigkeitslücke: Projektionszeitraum bis ... in Prozentpunkten	
	2060	2080
Z1: höhere Zuwanderung	0,01	0,03
Z2: höherer Frauenanteil	0,04	0,03
Z3: längerer Zeitraum mit zusätzlicher Zuwanderung	– 0,02	0,03
Z4: höhere Schutzquote	0,00	0,02
K1: höhere Ausgaben für Asylbewerber	0,03	0,02
K2: höhere Kosten für Grundsicherung	0,03	0,03
A1: schlechtere Integration	0,09	0,09
A2: lineare Integration	0,05	0,05
A3: langsamere Integration	0,07	0,07

© Sachverständigenrat | 16-251

schneller als im Basisszenario, ergibt sich hier im Vergleich zum Basisszenario eine um 1,6 % erhöhte Schuldenprojektion im Jahr 2080.

Nimmt man an, dass sich die Integration der anerkannten Asylbewerber zwar gemäß dem an Brücker et al. (2015) angelehnten konkaven Verlauf entwickelt, die Dauer bis zum langfristigen Gleichgewicht aber 25 statt 13 Jahre beträgt (A3), steigt die Schuldenprojektion bis zum Jahr 2080 ähnlich stark wie im Szenario mit höheren Arbeitslosen- und niedrigeren Erwerbsquoten (A1). Der Anstieg der Schuldenprojektion fällt im Vergleich zum Basisszenario zu Beginn wegen der höheren Kosten durch die zunächst langsamere Integration höher aus. Langfristig nähert es sich dem Szenario mit höheren Arbeitslosen- und niedrigeren Erwerbsquoten an.

701. Insgesamt dürfte die erhöhte Flüchtlingsmigration unter den getroffenen Annahmen das **Tragfähigkeitsproblem** insbesondere bei den Sozialversicherungen nicht spürbar vermindern und schon gar nicht weitgehend lösen. Vielmehr entsteht eine **langfristige Zusatzbelastung** für die öffentlichen Finanzen, die jedoch aller Voraussicht nach nicht besonders hoch sein dürfte. Die Tragfähigkeit der öffentlichen Finanzen verschlechtert sich langfristig nicht, wenn die Arbeitsmarktintegration gelingt. Mittelfristig könnte der Druck auf die öffentlichen Finanzen sogar etwas geringer sein. Ein schlechterer Verlauf der Arbeitsmarktintegration führt hingegen bereits mittelfristig zu einer höheren Belastung.

Daher ist aus fiskalischer Sicht eine langfristig angelegte, große **Integrationsanstrengung** nicht nur gerechtfertigt, sondern **notwendig**. Dies wird noch deutlicher, wenn man sich vor Augen führt, dass hohe Arbeitslosigkeit, vor allem unter jungen Menschen, bereits vorhandene Potenziale brachliegen lässt und an ihnen zehrt, und dass sie verhindert, dass neue Potenziale erschlossen werden. Bei einer dauerhaft schlechten Arbeitsmarktintegration dürfte daher mit weiteren gesamtgesellschaftlichen Kosten zu rechnen sein, die in einer Analyse der fiskalischen Kosten nicht erfasst werden können.

III. HERAUSFORDERUNGEN DER INTEGRATION

702. Die Integration der anerkannten Asylbewerber in die Gesellschaft und den Arbeitsmarkt ist eine große Herausforderung. Die Bundesregierung hat in diesem Jahr mit dem **Integrationsgesetz** ↘ KASTEN 25 und weiteren Maßnahmen auf die hohe Flüchtlingszuwanderung reagiert. Im Folgenden werden diese Maßnahmen vorausschauend bewertet und weiterer Handlungsbedarf in den Bereichen des Wohnungsmarkts sowie der Bildungs- und Arbeitsmarktpolitik aufgezeigt, soweit dieser bereits erkennbar ist. Politik und Verwaltung sind darüber hinaus aufgefordert, umfassende Anstrengungen zur Erfassung und Bereitstellung von Daten für die wissenschaftliche Evaluation der Integrationsmaßnahmen zu unternehmen. Nur so werden sich wirksame Maßnahmen identifizieren lassen (JG 2013 Kasten 16).

↘ KASTEN 25

Fördern und Fordern – Das Integrationsgesetz im Überblick

Im Mai 2016 hat die Bundesregierung ein **Integrationsgesetz** beschlossen, das am 7. Juli vom Deutschen Bundestag verabschiedet wurde. Der Fokus des Gesetzes liegt auf der Integration von Flüchtlingen in den Ausbildungs- und Arbeitsmarkt sowie im Bereich des Spracherwerbs. Darüber hinaus sollen bürokratische Hürden beseitigt werden.

Die Arbeitsmarktintegration wird durch vier Maßnahmen unterstützt: Erstens sollen **Berufsausbildungen für Geduldete gefördert** werden, indem die Altersgrenze für den Beginn einer Ausbildung aufgehoben wird. Zweitens soll **Rechtssicherheit bezüglich des Aufenthaltsstatus für Auszubildende** geschaffen werden. Auszubildenden wird ein sicherer Aufenthaltsstatus gewährt, der bei erfolgreichem Abschluss und Aufnahme einer ausbildungsadäquaten Beschäftigung um zwei Jahre verlängert wird. Drittens sollen Flüchtlingsintegrationsmaßnahmen zu einer **niedrigschwelligen Heranführung an den Arbeitsmarkt** beitragen. Hierfür sollen 100 000 Arbeitsgelegenheiten geschaffen werden. Viertens soll die **Vorrangprüfung**, mit der insbesondere geprüft wird, ob ein weiterer geeigneter Bewerber aus Deutschland oder der Europäischen Union zur Verfügung steht, in den meisten Regionen für drei Jahre ausgesetzt werden. Damit wird auch die Tätigkeit in Leiharbeit ermöglicht.

Zusätzlich sollen **Integrations- und Sprachangebote erweitert** werden. Konkret werden die Integrationskurse von 60 auf 100 Unterrichtseinheiten aufgestockt, wobei die Wertevermittlung einen höheren Stellenwert erhält. Außerdem soll die Wartezeit für Integrationskurse von drei Monaten auf sechs Wochen verkürzt werden. Kursanbieter werden verpflichtet, mehr Transparenz durch die Veröffentlichung freier Kursplätze zu schaffen.

Durch die Möglichkeit einer **befristeten Wohnsitzzuweisung für anerkannte Asylbewerber** soll die Integration in die Gesellschaft erleichtert werden. Dies bedeutet, dass anerkannte Asylbewerber in den ersten drei Jahren in dem Bundesland bleiben müssen, dem sie nach ihrer Ankunft zugewiesen wurden. Die Entscheidung, eine Wohnsitzzuweisung zu erteilen, liegt bei den Ländern, ebenso wie die kommunale Verteilung der anerkannten Asylbewerber. Zudem wurde eine **Zuzugssperre** in gewisse Gebiete angelegt. Ausnahmen bestehen für anerkannte Asylbewerber, die im Umfang von 15 Wochenstunden einer Ausbildung oder sozialversicherungspflichtigen Beschäftigung nachgehen und deren Einkommen über einem Betrag von aktuell 712 Euro im Monat liegt. Des Weiteren gilt eine **Pflicht zur Mitarbeit bei angebotenen Integrationsmaßnahmen und Integrations- oder Sprachkursen**. Bei einer Verweigerung sollen die Asylbewerberleistungen gekürzt werden.

> Das Integrationsgesetz fordert von anerkannten Asylbewerbern, die eine **Niederlassungserlaubnis** anstreben, die Integration in die deutsche Gesellschaft. Wenn sie die deutsche Sprache (Sprachniveau C1) beherrschen und ihren Lebensunterhalt eigenständig sichern, kann eine unbefristete Aufenthaltserlaubnis bereits nach drei Jahren erteilt werden. Können sie zumindest Sprachkenntnisse auf dem Niveau A2 vorweisen und ihren Lebensunterhalt zumindest teilweise sichern, kann nach fünf Jahren ebenfalls eine Niederlassungserlaubnis erteilt werden.

1. Bildung fördern und fordern

703. Der Integrationserfolg hängt davon ab, welches nutzbare Humanvermögen Zuwanderer mitbringen und welche weiteren Kenntnisse und Fertigkeiten sie am Zielort aufbauen. Im Mittelpunkt steht dabei zunächst die Sprache, denn die Aneignung beruflicher und fachlicher Qualifikation ist ohne entsprechende Sprachkompetenzen nur schwer zu realisieren. Es steht daher außer Frage, dass **erhebliche Investitionen in Bildung und Qualifikation** die Grundlage bilden müssen, um die produktive Kapazität der Flüchtlinge zu heben und sie in den Arbeitsmarkt und die Gesellschaft zu integrieren.

Entsprechend sollte die Bundesregierung der Förderung von Anstrengungen der Zugewanderten beim Erwerb von Bildung und Qualifikation eine **hohe Priorität** einräumen. Dabei darf sie sich nicht davon abschrecken lassen, wenn diese Bemühungen erst in einigen Jahren ihre volle Wirkung entfalten. Diese Förderung wird umso wirksamer sein, je besser sie mit den bereits bestehenden Angeboten von Betrieben, Sozialpartnern und Bürgerinitiativen verzahnt wird. Nicht zuletzt dürften große Anstrengungen erforderlich sein, die jungen Zugewanderten davon zu überzeugen, dass sich die Investition in Bildung und Qualifikation und die damit verbundenen Opportunitätskosten durch entgangenen Arbeitslohn langfristig auszahlen.

704. Die **Verfügbarkeit und Qualität von Sprach- und Integrationskursen**, verbunden mit den Anreizen des Integrationsgesetzes, legen dazu die Basis. Für Asylsuchende mit guter Bleibeperspektive ist ein verpflichtender Sprach- und Integrationskurs schon während des Asylverfahrens wichtig. Das gilt insbesondere angesichts der langen Verfahrensdauern und des Umstands, dass Asylsuchende bei ihrer Ankunft in Deutschland meist nicht über Deutschkenntnisse verfügen. Wie im Integrationsgesetz vorgesehen, sollte die Nutzung der Bildungsangebote gefördert und gefordert werden (SVR Migration, 2016a). Es sind bereits vermehrt Programme in Gang gesetzt worden, um die Kenntnisse und Fertigkeiten von Asylsuchenden frühzeitig zu erfassen (Martín et al., 2016).

705. Die **berufliche Ausbildung** eröffnet in Deutschland den Zugang zu vielen Bereichen des Arbeitsmarkts. Dies ist in den Herkunftsländern der Asylsuchenden oft anders. Um anerkannten Asylbewerbern ihrer Qualifikation und ihrem Potenzial entsprechende Chancen zu geben, sollten daher Eingangsprüfungen und teilqualifizierende Ausbildungen genutzt werden:

- **Zugangsbedingungen**: Der Nachweis formaler Abschlüsse sollte für den Zugang zu weiteren Bildungsmöglichkeiten eine nachgeordnete Bedeutung haben. Vielmehr sollten in Deutschland geeignete Eingangsprüfungen genutzt werden. Zum einen unterscheiden sich die schulischen Standards. ↘ ZIFFER 688 Zum anderen haben viele Asylbewerber nicht die Möglichkeit, die erforderlichen Nachweise zu erbringen. Darüber hinaus läuft die Anerkennung ausländischer Berufsabschlüsse mit rund 15 000 abgeschlossenen Verfahren im Jahr 2014 eher schleppend (Autorengruppe Bildungsberichterstattung, 2016).

- **Teilqualifizierende Ausbildungen**: Mit teilqualifizierenden Ausbildungen lassen sich Anreize zur weiteren Qualifizierung setzen. Das System der beruflichen Ausbildung umfasst bereits ein berufliches Übergangssystem mit Bildungsgängen, die zu keinem anerkannten Ausbildungsabschluss führen, aber auf eine anschließende Ausbildung als erstes Jahr angerechnet werden können (Beicht, 2009; Autorengruppe Bildungsberichterstattung, 2016).

706. Ein Anteil von 27 % der zwischen Januar 2015 und Juni 2016 anerkannten Asylbewerber war minderjährig. Daher sollte der **frühkindlichen und schulischen Bildung** ebenfalls eine hohe Bedeutung eingeräumt werden. Je früher Bildung ansetzt, desto vielversprechender sind die Beschäftigungsaussichten in der langen Frist (Cunha und Heckman, 2007; Pfeiffer, 2016). Frühkindliche Bildungsinvestitionen sind gerade bei Kindern aus sozial schwächerem Umfeld und Kindern mit Migrationshintergrund wichtig (Ruhm und Waldfogel, 2011; OECD, 2016a; Schneeweis, 2011).

707. Diese erweiterten Bildungsangebote werden zu entsprechenden Ausgaben der öffentlichen Hand führen. So werden zum Teil sehr hohe **Finanzbedarfe** zwischen 2,2 Mrd Euro und 3,2 Mrd Euro jährlich alleine für die Integration der im Jahr 2015 zugewanderten Asylsuchenden in das **Bildungssystem** angegeben. Davon entfällt ein Großteil auf einen zusätzlichen Personalbedarf (Klemm, 2016; Autorengruppe Bildungsberichterstattung, 2016).

Der Sachverständigenrat schätzt anhand der Annahmen in seinem Basisszenario im Vergleich dazu einen deutlich geringeren Finanzbedarf für zusätzliche Lehrer und Erzieher. Dafür wurde basierend auf der Altersstruktur der zuletzt anerkannten Asylbewerber und durchschnittlicher Betreuungsrelationen der Personalbedarf für die Kinder und Jugendlichen zwischen drei und 21 Jahren ermittelt. ↘ ABBILDUNG 93 Vernachlässigt man die ansonsten rückläufigen Schülerzahlen, würde demzufolge im Bereich der frühkindlichen Bildung bei einer Kind-Betreuer-Relation von acht und im schulischen Bereich bei einer Schüler-Lehrer-Relation von 15 insgesamt ein zusätzlicher Finanzbedarf von jährlich durchschnittlich 1,4 Mrd Euro für die Jahre 2015 bis 2020 entstehen. Davon würden 350 Mio Euro auf den Kindergartenbereich entfallen.

Diese Berechnungen dürften einen guten Anhaltspunkt für den tatsächlichen Finanzbedarf darstellen. Denn die **Schülerzahlen** sinken zwar seit Jahren deutlich, die **Ausgaben je Schüler** steigen aber im Gegenzug. So ist die Schülerzahl an allgemeinbildenden öffentlichen Schulen zwischen 2008 und 2013 um rund 7 % zurückgegangen, die Ausgaben je Schüler sind in demselben Zeitraum je-

↘ ABBILDUNG 93
Asylsuchende Kinder und Jugendliche im Basisszenario[1]

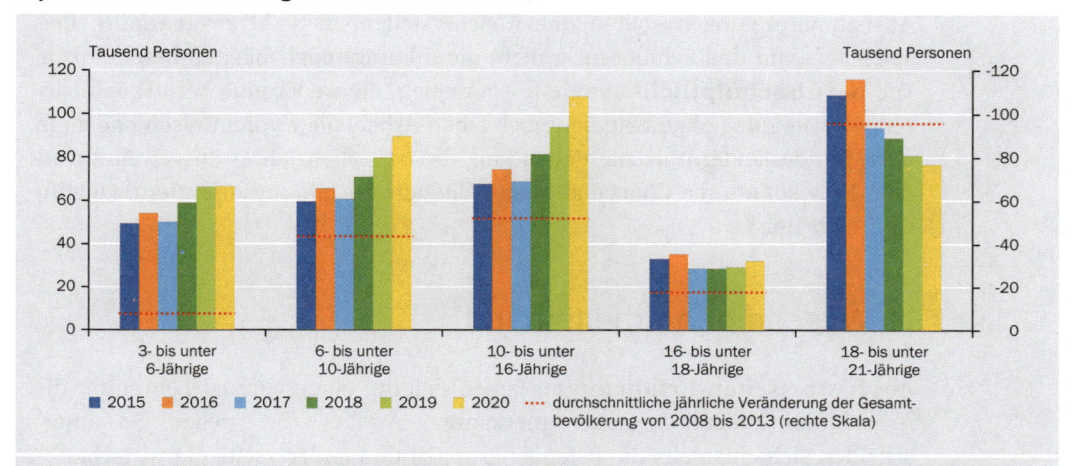

1 – Die Altersstruktur entspricht derjenigen der Asylbewerber, die zwischen Januar 2015 und Juni 2016 anerkannt wurden. Für die Schätzung des Personalbedarfs wird unterstellt, dass alle Kinder zwischen 6 und 18 Jahren, die sich entweder noch im Asylverfahren befinden, anerkannt wurden oder geduldet werden, eine Schule besuchen. Zudem wird bei den 3- bis unter 6-Jährigen eine Betreuungsquote von 85 % angenommen, die der von Kindern mit Migrationshintergrund entspricht. Bei den 18- bis unter 21-Jährigen wird unterstellt, dass ein Anteil von 50 % schulische Bildungsangebote wahrnimmt. Im vorschulischen Bereich wird eine Kind-Betreuer-Relation von 8 angenommen, im schulischen Bereich eine Schüler-Lehrer-Relation von 15. Für die Lehrkräfte werden je Vollzeitäquivalent 70 000 Euro jährlich angesetzt, für Erzieher 55 000 Euro.

Quelle: eigene Berechnungen

doch preisbereinigt um 17 % gestiegen. Sowohl bei den öffentlichen Grund-, Haupt- und Realschulen als auch bei den Gymnasien und den Berufsschulen gingen sinkende Schülerzahlen mit steigenden Ausgaben je Schüler einher. Gründe können ein erhöhter Betreuungsaufwand durch die Umsetzung der Inklusion, Veränderungen der Schulstrukturen, etwa durch den Ausbau der Ganztagsbetreuung, sowie geringere Klassengrößen sein.

In den einzelnen Altersgruppen ist die Anzahl der Kinder und Jugendlichen zwischen den Jahren 2008 und 2013, also vor der erhöhten Zuwanderung, jährlich im Durchschnitt um 7 000 bis 96 000 Personen zurückgegangen. ↘ ABBILDUNG 93 Insgesamt ist die Anzahl der Kinder und Jugendlichen zwischen drei und 21 Jahren in diesem Zeitraum um über eine Million gesunken. Durch die Flüchtlingsmigration dürfte die Anzahl der Kinder und Jugendlichen im Jahr 2015 um rund 315 000 angestiegen sein. Der demografisch bedingte Rückgang sowie der zuwanderungsbedingte Anstieg betreffen die Altersgruppen jedoch nicht in gleicher Weise. In der Altersgruppe der 18- bis unter 21-Jährigen entspricht der Zuwachs nahezu dem durchschnittlichen jährlichen Rückgang in der Zeit zuvor, im Kindergartenalter sank die Kinderzahl zuvor weniger stark. Zudem können sich diese beiden gegenläufigen Effekte regional stark unterscheiden.

708. Ein regulärer Klassenverband und der beständige sprachliche Austausch mit einheimischen Kindern sind dazu geeignet, die sprachliche und kulturelle Integration zu beschleunigen (Aktionsrat Bildung, 2016). **Übergangsklassen** für Flüchtlingskinder sind daher nur dann temporär sinnvoll, wenn nicht vermieden werden kann, dass sehr viele zu integrierende Kinder in einzelne Schulen kommen. Klassen mit einem hohen Ausländeranteil können die Integration erschweren und negative Folgen auf die Schulleistungen haben (Borgna und Contini, 2014; de Paola und Brunello, 2016; Wößmann, 2016).

709. Viele der Asylbewerber treten erst spät in das deutsche Bildungssystem ein. Ausnahmeregelungen sollten daher sicherstellen, dass **Altersgrenzen**, beispielsweise für den Schulbesuch, nicht die Bildungsmöglichkeiten beschränken. Die **Berufsschulpflicht** könnte für Personen, die weder eine berufsqualifizierende Ausbildung abgeschlossen noch einen Arbeitsplatz vorzuweisen haben, in allen Bundesländern bis zur Vollendung des 21. Lebensjahres ausgeweitet werden. Dies könnte die Chance auf eine adäquate ausbildungsorientierte Qualifizierung bieten.

2. Wege in den Arbeitsmarkt

710. Aus **historischen Erfahrungen** lassen sich nur eingeschränkt Lehren für die Arbeitsmarktintegration neuer anerkannter Asylbewerber ziehen. So unterscheiden sich einerseits die Personengruppen und andererseits die wirtschaftlichen Umstände und politischen Zielsetzungen im Vergleich zu früheren Perioden hoher Zuwanderung. Zwar zeigt sich beispielsweise, dass die Arbeitsmarktintegration bei etwa drei Viertel der (Spät-) Aussiedler, die eine Erwerbstätigkeit anstrebten, in den ersten drei Jahren nach der Einreise gelungen war. Dabei erreichten (Spät-) Aussiedler an Orten mit besserer Ausgangslage auf dem Arbeitsmarkt eine bessere Arbeitsmarktintegration (Haug und Sauer, 2007). Vielfach waren diesen Zuwanderern die deutsche Sprache und Kultur jedoch bereits vertrauter, als dies für aktuelle Zuwanderer der Fall sein dürfte.

711. Auswertungen des Sachverständigenrates auf Basis des Mikrozensus für das Jahr 2015 legen nahe, dass sich die Arbeitsmarktergebnisse von Zugewanderten an die einheimische Bevölkerung nur langsam annähern. Korrigiert um Alterseffekte erzielt die jüngere **zweite Generation etwas bessere Arbeitsmarktergebnisse** als Personen mit eigener Migrationserfahrung. Dies ist vor allem auf eine höhere Erwerbsquote und eine niedrigere Erwerbslosenquote von Frauen der zweiten Migrantengeneration zurückzuführen. Im Vergleich zur einheimischen Bevölkerung ist jedoch gerade für Frauen die Erwerbsquote weiterhin deutlich niedriger und die Erwerbslosenquote höher.

712. Asylsuchende nehmen in Deutschland später eine Erwerbstätigkeit auf als andere Zuwanderer (Brücker et al., 2015; Salikutluk et al., 2016). Bis das Beschäftigungsniveau von Inländern erreicht ist, dauert es für anerkannte Asylbewerber bis zu 20 Jahre (Europäische Kommission und OECD, 2016). Damit die Arbeitsmarktintegration anerkannter Asylbewerber zukünftig zügiger gelingt als in der Vergangenheit, sind **große Integrationsanstrengungen** nötig. In den vergangenen Jahren haben sich die Strukturen und die Integrationspolitik beispielsweise durch die frühzeitige Kompetenzerfassung und Reformen im Bereich der Sprachkurse und des Arbeitsmarktzugangs bereits verbessert (OECD, 2016b). Damit dürfte Deutschland auf die Integration von Flüchtlingen besser vorbereitet sein als in der Vergangenheit (Liebig, 2016).

713. Ziel sollte eine **nachhaltige Integration** von anerkannten Asylbewerbern in den Arbeitsmarkt sein. Abzuwägen ist dabei zwischen einer raschen Arbeitsaufnahme und einer eingehenderen Qualifizierung, die zunächst die Verdienst-

möglichkeiten reduziert. Grundlegende Sprachkenntnisse sind dabei für die Arbeitsmarktintegration und die Teilhabe am gesellschaftlichen Leben der entscheidende Faktor (Europäische Kommission und OECD, 2016; Liebau und Schacht, 2016). Darüber hinaus gilt es, das gesamte Spektrum integrationspolitischer Weichenstellungen bestmöglich zu nutzen: Gute Integrationspolitik erschöpft sich nicht in aktiven Maßnahmen, sondern sorgt zusätzlich für rasche und verlässliche Asylverfahren, geringe Integrationshemmnisse vor und nach den Verfahren und allgemein für einen funktionierenden Arbeitsmarkt (Bauer, 2015).

714. Klarheit über den Aufenthaltsstatus ist für Asylsuchende und mögliche Arbeitgeber wichtig. Aus diesem Grund ist die durch das Integrationsgesetz **gestärkte Rechtssicherheit** während und nach erfolgreich abgeschlossener Berufsausbildung grundsätzlich positiv zu bewerten. So kann bereits während der verzögerten Asylverfahren eine Berufsausbildung begonnen werden. Allerdings soll die Regelung auch für Geduldete gelten. Dies ist kritisch zu beurteilen, da es die Grenzen zwischen Erwerbsmigration und Flüchtlingsmigration verwischt.

715. Eine höhere Sicherheit über den Aufenthaltsstatus kann die Anreize zur Integration und Qualifikation stärken. Daher ist die Regelung im Integrationsgesetz sinnvoll, die Niederlassungserlaubnis an erbrachte Integrationsleistungen zu koppeln und bei einer besonders gelungenen Integration bereits nach drei Jahren eine **unbefristete Niederlassungserlaubnis** erteilen zu können. ↘ KASTEN 25 Jedoch könnte hierbei nicht nur an die Sprachkenntnisse und das reine Bestreiten des Lebensunterhalts angeknüpft werden, sondern auch an einen anerkannten beruflichen Abschluss, der in dieser Zeitspanne erworben wurde. So würden Anreize zur beruflichen Qualifizierung geschaffen. Für vollziehbar Ausreisepflichtige ohne Duldung sollte die Abschiebung weiter beschleunigt werden.

716. Bei der Integration der Flüchtlinge in den Arbeitsmarkt kommt den Arbeitsagenturen und Jobcentern eine besondere Bedeutung zu. Obwohl für Asylsuchende und Geduldete die Arbeitsagenturen zuständig sind, für anerkannte Asylbewerber jedoch die kommunalen Jobcenter, muss eine kontinuierliche Betreuung gewährleistet sein. Fördermaßnahmen, wie **Lohnkostenzuschüsse** an Arbeitgeber, haben sich für Migranten zumindest in der kurzen Frist als erfolgsversprechend erwiesen (Butschek und Walter, 2014), wenngleich wenig über indirekte unbeabsichtigte Effekte von Lohnkostenzuschüssen bekannt ist.
↘ KASTEN 26 SEITE 378

Die komplizierte und administrativ aufwändige **Vorrangprüfung** sollte dauerhaft abgeschafft und nicht nur in bestimmten Regionen ausgesetzt werden. Eine frühzeitige Arbeitsmarktintegration hat sich in anderen Ländern bereits bewährt (Martín et al., 2016).

717. Bei **arbeitsmarktpolitischen Maßnahmen** sollten Migranten keine Privilegien gegenüber anderen Arbeitsmarktteilnehmern eingeräumt werden, nicht zuletzt aus Gründen der breiten gesellschaftlichen Akzeptanz. Allerdings sollten sie nicht schlechter gestellt werden. Vielmehr setzt der Arbeitsmarkteintritt von anerkannten Asylbewerbern voraus, dass für Arbeitskräfte mit niedriger oder nicht passgenauer Qualifikation ein ausreichendes Arbeitsangebot besteht.

Zwar wurde den Arbeitsgelegenheiten als aktive arbeitsmarktpolitische Maßnahme in der Vergangenheit ein schlechtes Zeugnis ausgestellt. Die geplanten zusätzlichen 100 000 **Arbeitsgelegenheiten** („Ein-Euro-Jobs") für eine „sinnvolle und gemeinnützige Betätigung" können während der langen Asylverfahren aber Asylbewerber an den deutschen Arbeitsmarkt heranführen, wenn dadurch der Spracherwerb und eine mögliche Qualifizierung nicht gefährdet werden (SVR Migration, 2016a).

718. Das steigende Arbeitsangebot im niedrigproduktiven Bereich benötigt einen hinreichend flexiblen Arbeitsmarkt, um erfolgreich aufgenommen werden zu können. ↘ ZIFFERN 769 FF. Die **Erhöhung des Mindestlohns** auf 8,84 Euro zum 1. Januar 2017 dürfte die Hürde für den Eintritt in den Arbeitsmarkt weiter erhöhen. Eine Lösung wäre nach wie vor der Vorschlag des Sachverständigenrates, arbeitsuchende anerkannte Asylbewerber von Beginn an als langzeitarbeitslos zu betrachten und so vorübergehend vom Mindestlohn auszunehmen. Praktika sollten aufgrund ihrer Einstiegs- und Bildungsfunktion bis zu einer Dauer von zwölf Monaten vom Mindestlohn ausgenommen werden.

719. Des Weiteren können **flexible Beschäftigungsmöglichkeiten** die Arbeitsmarktintegration erleichtern. Die kürzlich verabschiedeten Reformen der Zeitarbeit und Werkverträge stehen dazu jedoch im Widerspruch. Selbstständige Arbeit, auch in neuen Geschäftsformen, bietet darüber hinaus ein Beschäftigungsfeld mit niedrigen Eintrittsbarrieren, welches von Migranten bereits überdurchschnittlich genutzt wird (Metzger, 2016). Ein erleichterter Zugang in geschützte Dienstleistungsbereiche, etwa die Abschaffung des Meisterzwangs bei nicht gefahrgeneigten Berufen, könnte die Selbstständigkeit fördern, unter anderem bei den Handwerksberufen.

3. Mobilitätsbeschränkungen und Integrationserfolg

720. Viele anerkannte Asylbewerber streben in Ballungsgebiete. Dies kann zu Problemen führen, wenn der Zuzug in sehr kurzer Zeit erfolgt. Deswegen wurden im Integrationsgesetz Wohnsitzbeschränkungen angelegt. Damit sollen eine Segregation verhindert, eine bessere Integration ermöglicht und die Belastungen der Verwaltungen und der kommunalen Haushalte begrenzt werden. Bei einer **Beschränkung der Mobilität** müssen jedoch mehrere negative Effekte beachtet werden, wenngleich diese durch die bestehenden Ausnahmen für Personen, die einer Arbeit nachgehen, sowie durch die Möglichkeit zur regionalen Ausdifferenzierung abgemildert werden dürften.

721. Da Zuwanderer oft in ein Umfeld ziehen, in dem bereits andere Migranten derselben ethnischen Herkunft wohnen (Bartel, 1989; Edin et al., 2004; Glitz, 2012), kann es zu geografischen Siedlungsschwerpunkten kommen. Damit ist das **Risiko einer Segregation** verbunden. Von den Merkmalen des sozialen und ethnischen Umfelds hängt jedoch ab, wie erfolgreich die Arbeitsmarktintegration verläuft und wie groß der Lohnabstand zur einheimischen Bevölkerung ausfällt. Ethnische Netzwerke mit hohem Bildungsniveau können dabei die Anreize für Aus- und Weiterbildung stimulieren, ethnische Netzwerke mit geringe-

rem Bildungsniveau die Bildungs- und Beschäftigungschancen senken (Romiti et al., 2015; Borjas, 1995; Damm, 2009).

722. Siedlungskonzentrationen können die **Divergenz zwischen wachsenden und schrumpfenden Regionen** verstärken, wenn die Zuwanderer in Ballungsgebiete streben (Altemeyer-Bartscher et al., 2016). Da die meisten anerkannten Asylbewerber zunächst auf soziale Leistungen angewiesen sein werden, entsteht bei Siedlungskonzentrationen zudem eine ungleiche Verteilung der Kosten auf die Kommunen, die nur teilweise durch den bestehenden Finanzausgleich abgefedert werden. Die regionale Verteilung der Asylsuchenden auf die Kommunen obliegt dem jeweiligen Bundesland.

723. Eine durch die Flüchtlingsmigration bedingte stärkere Nachfrage nach Wohnraum in bestimmten Gegenden kann die schon heute zu beobachtende **Knappheit an Wohnraum** in diesen Regionen verschärfen (Aiyar et al., 2016). Zwar ist die jährliche Bautätigkeit von 150 000 auf etwa 250 000 Wohnungen im Zeitraum zwischen dem Jahr 2010 und dem Jahr 2015 gestiegen, doch die derzeitige Bautätigkeit kann den mittelfristigen Wohnraumbedarf voraussichtlich nicht decken. ↘ KASTEN 3 SEITE 31 Ähnliche Erfahrungen wurden bereits in früheren Zeiten hoher Zuwanderung gemacht (Glitz, 2012). Bei Zuwanderung der (Spät-) Aussiedler wurden Übergangswohnheime geschaffen, die teils nach mehreren Jahren noch benötigt wurden (Koller, 1997).

724. Schätzungen gehen für die Jahre 2015 bis 2020 ohne die erhöhte Flüchtlingsmigration von einem Bedarf von 270 000 Wohneinheiten jährlich aus (Henger et al., 2015). Eigene Berechnungen basierend auf Annahmen für durchschnittliche Wohnflächen schätzen den zusätzlichen Bedarf für anerkannte Asylbewerber auf insgesamt 340 000 Wohneinheiten bis zum Jahr 2020 (Andritzky et al., 2016). Dem Bedarf steht ein erheblicher **Leerstand** von 1,7 Mio Wohnungen gegenüber, der jedoch regional stark variiert. ↘ ABBILDUNG 94 LINKS Oft geht ein hoher Wohnungsleerstand mit geringeren Beschäftigungsaussichten und einer hohen Arbeitslosigkeit in diesen Regionen einher. ↘ ABBILDUNG 94 RECHTS

725. Evidenz aus Dänemark und Schweden legt nahe, dass Flüchtlinge, die anhand des Leerstands anstelle von beschäftigungsbezogenen Kriterien auf Gebiete verteilt wurden, geringere Beschäftigungserfolge aufwiesen (Damm und Rosholm, 2005; Edin et al., 2004). Die OECD (2016c) empfiehlt daher, bei der Verteilung die **Beschäftigungsaussichten zu berücksichtigen**.

Bereits zwischen 1996 und 2009 galt in Verbindung mit dem Bezug von Sozialhilfe ein **Wohnortzuweisungsgesetz für Spätaussiedler** mit dem Ziel, eine ausgewogenere Verteilung von Spätaussiedlern zu erreichen. Zwar sind trotz der Steuerung durch die bundesweite Wohnortzuweisung in den Kommunen, unter anderem bedingt durch den sozialen Wohnungsbau, innerstädtische Ballungsgebiete und soziale Brennpunkte entstanden. Doch die geringe räumliche Mobilität der Spätaussiedler deutet darauf hin, dass die Wohnortzuweisung nachhaltig gewirkt hat (Haug und Sauer, 2007).

726. Schließlich ist fraglich, inwiefern die Ausgestaltung der Wohnsitzregelung im Integrationsgesetz geeignet ist, negative Segregation zu verhindern. Als kurzfristi-

ABBILDUNG 94
Beschäftigungsaussichten und freier Wohnraum im regionalen Vergleich

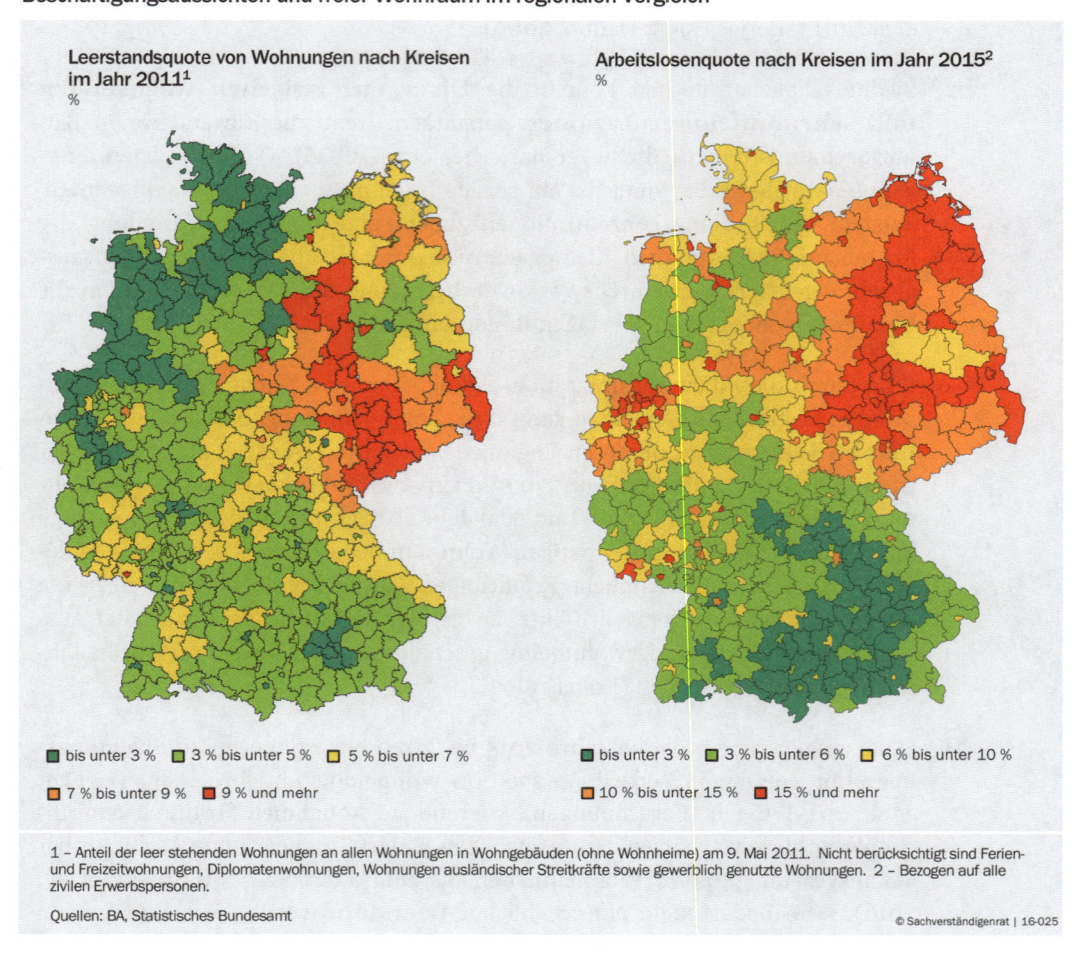

Leerstandsquote von Wohnungen nach Kreisen im Jahr 2011[1]
%

Arbeitslosenquote nach Kreisen im Jahr 2015[2]
%

- bis unter 3 %
- 3 % bis unter 5 %
- 5 % bis unter 7 %
- 7 % bis unter 9 %
- 9 % und mehr

- bis unter 3 %
- 3 % bis unter 6 %
- 6 % bis unter 10 %
- 10 % bis unter 15 %
- 15 % und mehr

1 – Anteil der leer stehenden Wohnungen an allen Wohnungen in Wohngebäuden (ohne Wohnheime) am 9. Mai 2011. Nicht berücksichtigt sind Ferien- und Freizeitwohnungen, Diplomatenwohnungen, Wohnungen ausländischer Streitkräfte sowie gewerblich genutzte Wohnungen. 2 – Bezogen auf alle zivilen Erwerbspersonen.

Quellen: BA, Statistisches Bundesamt

© Sachverständigenrat | 16-025

ge Maßnahme können **Mobilitätsbeschränkungen** vorteilhaft sein. Dabei sind insbesondere die Möglichkeit zur regionalen Ausdifferenzierung sowie die Ausnahmeregelungen sinnvoll (SVR Migration, 2016b). Jedoch könnten sich längerfristig eine höhere Arbeitslosigkeit und schlechtere Verdienstaussichten ergeben. Von zeitlich ausgedehnten Mobilitätsbeschränkungen sollte daher Abstand genommen werden.

IV. FAZIT: FÖRDERN UND FORDERN

727. Der Sachverständigenrat sieht eine **erfolgreiche und nachhaltige Arbeitsmarktintegration** als **unabdingbar** für die Integration der anerkannten Asylbewerber in die Gesellschaft an. Deswegen sollten bestehende Hemmnisse für die Arbeitsaufnahme früh beseitigt werden. Das Integrationsgesetz stellt hierzu einen wichtigen ersten Schritt dar und stärkt die Anreize zur Integration und Qualifikation. Dies wird über viele Jahre hohen Einsatz verlangen.

728. Die langen Asylverfahren sollten bereits für den Spracherwerb und eine niedrigschwellige Heranführung an den Arbeitsmarkt genutzt werden. Dafür ist es wichtig, die Qualifikationen und Sprachkenntnisse früh zu erfassen. Die Nutzung dieser **Bildungsangebote** sollte **gefördert und gefordert** werden. Anreize zur Qualifikation können dazu beitragen, das Potenzial der Asylsuchenden zu heben. Um den Zugang zu Bildungsangeboten nicht zu erschweren, sollten Eingangsprüfungen zum Einsatz kommen und starre Altersgrenzen aufgehoben werden. Zudem können teilqualifizierende Ausbildungen den Übergang in die Berufsausbildung erleichtern.

729. Für einen erleichterten Übergang in den Arbeitsmarkt sollte die Vorrangprüfung komplett abgeschafft werden. Lohnkostenzuschüsse haben sich in der Vergangenheit für Migranten in der kurzen Frist als erfolgreich erwiesen. Allerdings sollten Asylbewerbern bei **arbeitsmarktpolitischen Maßnahmen** keine Privilegien eingeräumt werden. Vielmehr sollte der Arbeitsmarkt generell flexibel ausgestaltet werden. Schließlich sollten bei Erwägungen über Mobilitätsbeschränkungen, wenngleich diese kurzfristig angesichts der stark gestiegenen Flüchtlingsmigration sinnvoll sein können, die negativen Wirkungen auf die Arbeitsmarktchancen nicht aus dem Blick verloren werden.

LITERATUR

Aiyar, S. et al. (2016), *The refugee surge in Europe: Economic challenges*, IMF Staff Discussion Note 16/02, Washington, DC.

Aktionsrat Bildung (2016), *Integration durch Bildung. Migranten und Flüchtlinge in Deutschland*, Waxmann Verlag, Münster.

Altemeyer-Bartscher, M., O. Holtemöller und M. Wieschemeyer (2016), Zur räumlichen Verteilung von Flüchtlingen im Föderalstaat, *ifo Schnelldienst* 4/2016, 43–49.

Andritzky, J., B. Aretz, D.I. Christofzik und C.M. Schmidt (2016), *Influx of refugees to Germany: Integration as a key challenge*, Arbeitspapier 09/2016, Sachverständigenrat zur Begutachtung der gesamtwirtschaftlichen Entwicklung, Wiesbaden, im Erscheinen.

Aretz, B., D.I. Christofzik, U. Scheuering und M. Werding (2016), *Auswirkungen der Flüchtlingsmigration auf die langfristige Tragfähigkeit der öffentlichen Finanzen*, Arbeitspapier 06/2016, Sachverständigenrat zur Begutachtung der gesamtwirtschaftlichen Entwicklung, Wiesbaden.

Autorengruppe Bildungsberichterstattung (2016), *Bildung in Deutschland 2016*, W. Bertelsmann Verlag, Bielefeld.

Bartel, A.P. (1989), Where do the new U.S. immigrants live?, *Journal of Labor Economics* 7, 371–391.

Bauer, T.K. (2015), Schnelle Arbeitsmarktintegration von Asylbewerbern – Was ist zu tun?, *Zeitschrift für Wirtschaftspolitik* 64, 305–313.

Beicht, U. (2009), *Verbesserung der Ausbildungschancen oder sinnlose Warteschleife? Zur Bedeutung und Wirksamkeit von Bildungsgängen am Übergang Schule - Berufsausbildung*, BiBB Report 11/09, Bonn.

BMF (2016), *Vierter Bericht zur Tragfähigkeit der öffentlichen Finanzen*, Bundesministerium der Finanzen, Berlin.

Bonin, H. (2016), *Gewinne der Integration - Berufliche Qualifikation und Integrationstempo entscheiden über die langfristigen fiskalischen Kosten der Aufnahme Geflüchteter*, böll.brief 1, Heinrich Böll Stiftung, Berlin.

Borgna, C. und D. Contini (2014), Migrant achievement penalties in Western Europe: Do educational systems matter?, *European Sociological Review* 30, 670–683.

Borjas, G.J. (1995), Ethnicity, neighborhoods, and human-capital externalities, *American Economic Review* 85, 365–90.

Brücker, H., A. Hauptmann und E. Vallizadeh (2015), *Flüchtlinge und andere Migranten am deutschen Arbeitsmarkt: Der Stand im September 2015*, Aktuelle Berichte 14/2015, Institut für Arbeitsmarkt und Berufsforschung, Nürnberg.

Butschek, S. und T. Walter (2014), What active labour market programmes work for immigrants in Europe? A meta-analysis of the evaluation literature, *IZA Journal of Migration* 3:48.

Cunha, F. und J. Heckman (2007), The technology of skill formation, *American Economic Review* 97, 31–47.

Damm, A.P. (2009), Ethnic enclaves and immigrant labor market outcomes: Quasi-experimental evidence, *Journal of Labor Economics* 27, 281–314.

Damm, A.P. und M. Rosholm (2005), *Employment effects of spatial dispersal of refugees*, Arbeitspapier 2005-3, Københavns Universitet, Kopenhagen.

Edin, P.-A., P. Fredriksson und O. Åslund (2004), Settlement policies and the economic success of immigrants, *Journal of Population Economics* 17, 133–155.

Europäische Kommission (2016), *Fiscal sustainability report 2015*, European Economy - Institutional Paper 18, Generaldirektion Wirtschaft und Finanzen, Brüssel.

Europäische Kommission und OECD (2016), *How are refugees faring on the labour market in Europe? - A first evaluation based on the 2014 EU Labour Force Survey ad hoc module*, Joint Working Paper, Brüssel.

Fratzscher, M. und S. Junker (2015), Integration von Flüchtlingen: eine langfristig lohnende Investition, *DIW Wochenbericht* 45/2015, 1083–1088.

Glitz, A. (2012), The labor market impact of immigration: A quasi-experiment exploiting immigrant location rules in Germany, *Journal of Labor Economics* 30, 175–213.

Haug, S. und L. Sauer (2007), *Zuwanderung und Integration von (Spät-)Aussiedlern - Ermittlung und Bewertung der Auswirkungen des Wohnortzuweisungsgesetzes - Abschlussbericht*, Forschungsbericht 3, Bundesamt für Migration und Flüchtlinge, Nürnberg.

Henger, R., M. Schier und M. Voigtländer (2015), Baubedarfe: Stadt und Land fallen auseinander, *Wirtschaftsdienst* 11, 716–718.

IWF (2016), *Acting now, acting together*, Fiscal Monitor, Internationaler Währungsfonds, Washington, DC.

Klemm, K. (2016), *Schülerinnen und Schüler aus Flüchtlingsfamilien: Eine Expertise zum Personalbedarf*, Expertise für den nationalen Bildungsbericht 2016, Essen.

Koller, B. (1997), Aussiedler der großen Zuwanderungswellen - was ist aus ihnen geworden?, *Mitteilungen aus der Arbeitsmarkt- und Berufsforschung* 30, 766–789.

Liebau, E. und D. Schacht (2016), Spracherwerb: Geflüchtete schließen zu anderen MigrantInnen nahezu auf, *DIW Wochenbericht* 35/2016, 741–748.

Liebig, T. (2016), Präsentation „OECD Internationaler Migrationsausblick und Herausforderungen der Flüchtlingskrise" vom 22. September, http://www.oecd.org/berlin/publikationen/international-migration-outlook-2015.htm, abgerufen am 17.10.2016.

Martín, I. et al. (2016), *From refugees to workers: Mapping labour-market integration support measures for asylum seekers and refugees in EU member states - Volume I: Comparative analysis and policy findings*, Bertelsmann Stiftung, Gütersloh.

Metzger, G. (2016), *Migranten überdurchschnittlich gründungsaktiv - Arbeitsmarkt spielt große Rolle*, Fokus Volkswirtschaft Nr. 115, Kreditanstalt für Wiederaufbau, Frankfurt am Main.

OECD (2016a), *What are the benefits from early childhood education?*, Education Indicators In Focus 42, Organisation for Economic Co-operation and Development, Paris.

OECD (2016b), *International migration outlook*, Organisation for Economic Co-operation and Development, Paris.

OECD (2016c), *Making integration work: Refugees and others in need of protection*, Organisation for Economic Co-operation and Development, Paris.

de Paola, M. und G. Brunello (2016), *Education as a tool for the economic integration of migrants*, IZA Discussion Paper 9836, Bonn.

Pfeiffer, F. (2016), Ein Plädoyer für mehr optimale öffentliche Bildungsinvestitionen, *Wirtschaftsdienst* 96, 467–470.

Raffelhüschen, B. und S. Moog (2016), Zur fiskalischen Dividende der Flüchtlingskrise: Eine Generationenbilanz, *ifo Schnelldienst* 4/2016, 24–29.

Romiti, A., P. Trübswetter und E. Vallizadeh (2015), *Das soziale Umfeld gibt die Richtung vor*, IAB-Kurzbericht 25/2015, Nürnberg.

Ruhm, C. und J. Waldfogel (2011), *Long-term effects of early childhood care and education*, IZA Discussion Paper 6149, Bonn.

Salikutluk, Z., J. Giesecke und M. Kroh (2016), Geflüchtete nahmen in Deutschland später eine Erwerbstätigkeit auf als andere MigrantInnen, *DIW Wochenbericht* 35/2016, 749–756.

Schneeweis, N. (2011), Educational institutions and the integration of migrants, *Journal of Population Economics* 24, 1281–1308.

van Suntum, U. und D. Schultewolter (2016), Das costa fast gar nix? Das costa ganz viel!, *ifo Schnelldienst* 4/2016, 30–38.

SVR Migration (2016a), *SVR zum Integrationsgesetz: Frühe Integrationsförderung und Eingliederung in Regelsysteme konsequent ausweiten*, Pressemitteilung, Sachverständigenrat deutscher Stiftungen für Integration und Migration, Berlin, 19. Mai.

SVR Migration (2016b), *SVR nennt Kriterien für eine etwaige Wohnsitzauflage für anerkannte Flüchtlinge: Integrationsperspektive muss Vorrang haben*, Pressemitteilung, Sachverständigenrat deutscher Stiftungen für Integration und Migration, Berlin, 16. Februar.

Werding, M. (2016), *Rentenfinanzierung im demographischen Wandel: Tragfähigkeitsprobleme und Handlungsoptionen*, Arbeitspapier 05/2016, Sachverständigenrat zur Begutachtung der gesamtwirtschaftlichen Entwicklung, Wiesbaden.

Werding, M. (2014), *Demographischer Wandel und öffentliche Finanzen. Langfrist-Projektion 2014-2060 unter besonderer Berücksichtigung des Rentenreform-Pakets der Bundesregierung*, Arbeitspapier 01/2014, Sachverständigenrat zur Begutachtung der gesamtwirtschaftlichen Entwicklung, Wiesbaden.

Werding, M. (2011), *Demographie und öffentliche Haushalte - Simulationen zur langfristigen Tragfähigkeit der gesamtstaatlichen Finanzpolitik in Deutschland*, Arbeitspapier 03/2011, Sachverständigenrat zur Begutachtung der gesamtwirtschaftlichen Entwicklung, Wiesbaden.

Wößmann, L. (2016), Bildung als Schlüssel zur Integration: Nur eine realistische Flüchtlingspolitik wird Erfolg haben, *ifo Schnelldienst* 1/2016, 21–24.

KEINE KAPITULATION VOR DER VERFESTIGTEN ARBEITSLOSIGKEIT

I. Licht und Schatten am Arbeitsmarkt
 1. Erfolge bei der Reduktion der Arbeitslosigkeit
 2. Verfestigung der Langzeitarbeitslosigkeit
 3. Grenzen der Arbeitsmarktpolitik

II. Der Niedriglohnsektor vor einer Bewährungsprobe
 1. Begrenzte Aufstiegschancen im Niedriglohnsektor
 2. Beschäftigungsdynamik als Schlüssel
 3. Auswirkungen des Mindestlohns

III. Fazit: Langzeitarbeitslose nicht zurücklassen

Literatur

DAS WICHTIGSTE IN KÜRZE

Aktuell ist die **Beschäftigung** in Deutschland auf einem **historischen Höchststand** und die **Arbeitslosigkeit** auf dem **niedrigsten Niveau** seit der Wiedervereinigung. Entscheidende Gründe für die Wende zum Besseren dürften die marktorientierten Arbeitsmarktreformen der Agenda 2010 und die Lohnzurückhaltung bis Mitte des vergangenen Jahrzehnts gewesen sein. Das Beschäftigungswachstum und die sinkende Arbeitslosigkeit haben zu einer **binnengetriebenen Wachstumsdynamik** beigetragen, die im internationalen Vergleich bemerkenswert ist.

Dennoch steht die Arbeitsmarktpolitik vor Herausforderungen. Es gilt, die stark verfestigte (Langzeit-)Arbeitslosigkeit zu reduzieren und Zuwanderer in den Arbeitsmarkt zu integrieren. Arbeitslose in der Grundsicherung und insbesondere Langzeitarbeitslose konnten in den vergangenen Jahren trotz der guten wirtschaftlichen Lage kaum Arbeitsplätze finden. Die **hohe verfestigte Arbeitslosigkeit** lässt sich unter anderem darauf zurückführen, dass die Betroffenen häufig eine ungünstige Kombination von für den Arbeitsmarkterfolg bedeutsamen Eigenschaften aufweisen. **Arbeitsmarktpolitische Maßnahmen** dürften beim Abbau der verfestigten Arbeitslosigkeit nur eine geringe Wirksamkeit aufweisen.

Daher bleibt für viele niedrigproduktive Arbeitnehmer der Zugang zu einem **Niedriglohnsektor** entscheidend, der hinreichend Aufstiegsmöglichkeiten bietet. Eine verstärkte **Regulierung des Arbeitsmarkts** und die Erhöhung des Mindestlohns wirken sich tendenziell negativ auf die Aufnahmefähigkeit des Niedriglohnsektors aus.

Im internationalen Vergleich hat Deutschland einen **großen Niedriglohnsektor**. Er hat in den vergangenen Jahren dazu beigetragen, die zunehmende Erwerbsbeteiligung von Frauen und die gestiegene Zuwanderung zu absorbieren. Allerdings erweisen sich bislang die **Aufstiegschancen** in Arbeitsstellen mit höherer Bezahlung als relativ gering. Das steigende Durchschnittsalter der Beschäftigten im Niedriglohnsektor verstärkt diese Entwicklung. Denn das Risiko, im Niedriglohnsektor zu verbleiben, steigt mit dem Alter. Es sollte daher das Ziel der Arbeitsmarktpolitik sein, den Zugang zu anspruchsvolleren und besser entlohnten Tätigkeiten nicht durch eine weitere Zunahme der Regulierung des Arbeitsmarkts zu verbauen.

I. LICHT UND SCHATTEN AM ARBEITSMARKT

730. Die Arbeitsmarktlage in Deutschland ist anhaltend gut. Im August 2016 gab es mit 43,6 Millionen Personen **so viele Erwerbstätige in Deutschland wie nie zuvor**. In den vergangenen zehn Jahren ist die Arbeitslosigkeit um etwa zwei Millionen Personen zurückgegangen. Zudem trägt der hohe Beschäftigungsstand dazu bei, einen weiteren Anstieg der Einkommensungleichheit zu verhindern. ↘ ZIFFER 821 Dies hängt nicht zuletzt mit dem Wandel der Arbeitsmarktpolitik im Zuge der **Agenda 2010** zusammen. In einigen Branchen deuten Fachkräfteengpässe mittlerweile bereits auf einen Nachfrageüberschuss nach qualifizierten Arbeitskräften hin, der in den kommenden Jahren infolge des demografischen Wandels noch zunehmen dürfte.

731. Jedoch waren im August 2016 **immer noch 2,6 Millionen Personen arbeitslos**. Insbesondere eine große Anzahl Langzeitarbeitsloser nimmt am Beschäftigungsaufschwung nicht teil. Vor diesem Hintergrund und angesichts der Aufgabe, eine Vielzahl von anerkannten Asylbewerbern in den Arbeitsmarkt zu integrieren ↘ ZIFFERN 702 FF., ist die **Aufnahmefähigkeit des Niedriglohnsektors** von großer Bedeutung. Sie wird allerdings durch strukturelle Beschäftigungshemmnisse eingeschränkt, etwa den restriktiven Kündigungsschutz, eine hohe Lohnersatzrate oder ein hohes Verhältnis des Mindestlohns zum Medianlohn. In der kommenden Legislaturperiode sollte die Bundesregierung Weichenstellungen vornehmen, welche die Beschäftigungschancen für niedrigproduktive Arbeitskräfte verbessern.

1. Erfolge bei der Reduktion der Arbeitslosigkeit

732. Die Arbeitslosigkeit ist seit den Hartz-Reformen zunächst stark, nach einem kurzzeitigen Anstieg infolge der großen Rezession 2008/09 weiter leicht zurückgegangen. Die Anzahl der registriert Arbeitslosen hat sich in diesen zehn Jahren von fünf auf unter drei Millionen verringert. Die **Arbeitslosenquote** erreichte mit 5,9 % im September 2016 den **niedrigsten Stand seit der Wiedervereinigung**. Die Arbeitslosigkeit bei Jugendlichen ist noch stärker zurückgegangen. Lediglich 240 000 Personen unter 25 Jahren waren im Jahr 2015 arbeitslos. Mit 5,3 % liegt die Quote auf einem international sehr niedrigen Niveau.

733. Im Zeitraum von 2005 bis 2015 **sank** vor allem die **Anzahl der Personen in der Arbeitslosenversicherung** (Rechtskreis Sozialgesetzbuch (SGB) III). Dabei ging die Anzahl der Arbeitslosen im SGB III, die weniger als zwölf Monate arbeitslos waren, verstärkt zu Beginn dieses Zeitraums zurück. Die Anzahl der Langzeitarbeitslosen in der Arbeitslosenversicherung sank kontinuierlich. ↘ ABBILDUNG 95 LINKS Der Rückgang der Personen in der Grundsicherung für Arbeitsuchende (Rechtskreis SGB II) verlief deutlich weniger dynamisch. In der Folge hat sich der Anteil der Personen in der Grundsicherung für Arbeitsuchende an allen Arbeitslosen von 57 % auf knapp 70 % spürbar erhöht.

↘ ABBILDUNG 95
Arbeitslosigkeit nach Rechtskreisen[1]

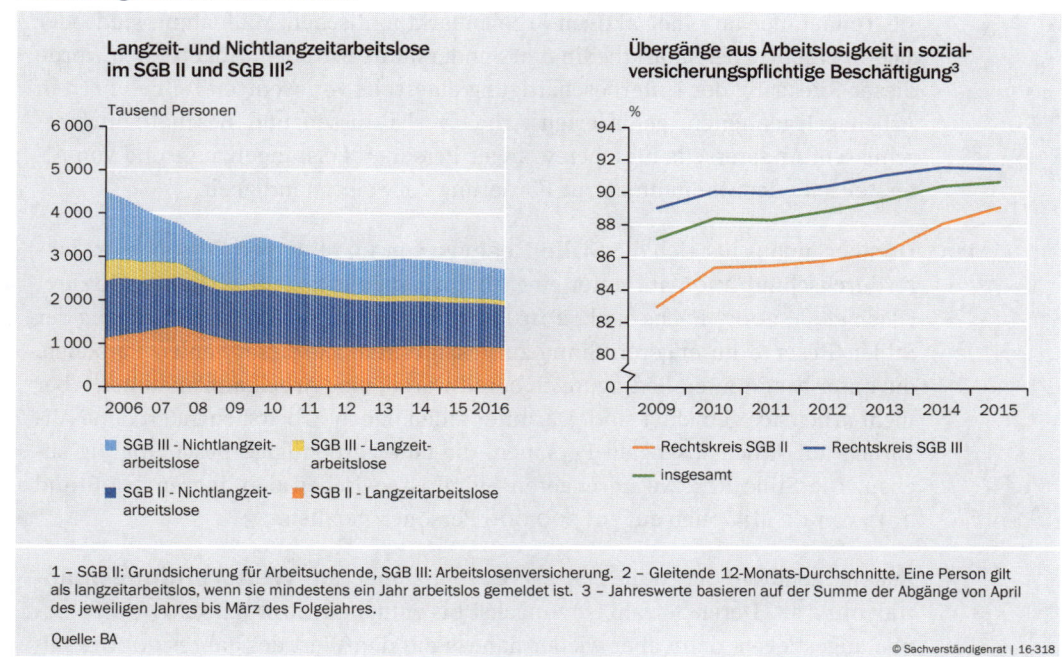

Langzeit- und Nichtlangzeitarbeitslose im SGB II und SGB III[2]

Übergänge aus Arbeitslosigkeit in sozialversicherungspflichtige Beschäftigung[3]

1 – SGB II: Grundsicherung für Arbeitsuchende, SGB III: Arbeitslosenversicherung. 2 – Gleitende 12-Monats-Durchschnitte. Eine Person gilt als langzeitarbeitslos, wenn sie mindestens ein Jahr arbeitslos gemeldet ist. 3 – Jahreswerte basieren auf der Summe der Abgänge von April des jeweiligen Jahres bis März des Folgejahres.

Quelle: BA

© Sachverständigenrat | 16-318

734. Die ökonomische Literatur hat für den **starken Rückgang der Arbeitslosigkeit** verschiedene Ursachen herausgearbeitet. Dazu gehören vor allem die Hartz-Reformen (JG 2014 Ziffer 535; Krebs und Scheffel, 2013) und die im vergangenen Jahrzehnt zu beobachtende Lohnzurückhaltung der Arbeitnehmer. Letztere trug entscheidend dazu bei, die Lohnstückkosten zu reduzieren, dadurch die Wettbewerbsfähigkeit der Unternehmen zu steigern und eine Beschäftigungsausweitung zu ermöglichen (Dustmann et al., 2014). Eine wesentliche Rolle spielte zudem die Flexibilisierung der Arbeitszeit, vor allem die zunehmende Verbreitung von Teilzeitarbeit (Burda und Seele, 2016). Die in diesen Veränderungen zum Ausdruck kommende **Priorisierung des Beschäftigungswachstums** ging allerdings mit einem relativ niedrigen durchschnittlichen Wachstum der Löhne einher.

735. Schritthaltend mit dieser Beschäftigungsdynamik hat sich die **Integration von Arbeitslosen** in den Arbeitsmarkt **zunehmend verbessert**. Wechselten im Zeitraum von April 2009 bis März 2010 noch lediglich 83 % der Arbeitslosen aus der Grundsicherung des Rechtskreises SGB II in eine sozialversicherungspflichtige Beschäftigung, stieg der Anteil in den folgenden sechs Jahren kontinuierlich auf knapp 90 %. Damit hat er sich dem Niveau der jährlichen Übergangsraten von Personen, die aus der Arbeitslosenversicherung des Rechtskreises SGB III in eine sozialversicherungspflichtige Beschäftigung wechseln, fast angeglichen.
↘ ABBILDUNG 95 RECHTS

736. Mit dem Rückgang der Arbeitslosigkeit hat sich die **Unterbeschäftigung** (einschließlich Kurzarbeit) von durchschnittlich 5,8 Millionen Personen im Jahr 2006 auf 3,7 Millionen Personen im Jahr 2015 **merklich verringert**. In der Unterbeschäftigung werden zusätzlich zu den registriert Arbeitslosen solche

Personen erfasst, die nicht als arbeitslos im Sinne des § 16 SGB III gelten, weil sie Teilnehmer an einer aktiven arbeitsmarktpolitischen Maßnahme sind oder sich in einem arbeitsmarktbedingten Sonderstatus befinden. Angetrieben wurde dieser Rückgang der Unterbeschäftigung einerseits von weniger Teilnehmern in Arbeitsgelegenheiten, geförderten Arbeitsverhältnissen und Beschäftigungszuschüssen. Andererseits beziehen weniger Personen Leistungen aufgrund von Altersteilzeit oder Maßnahmen zur Förderung der Selbstständigkeit.

737. Darüber hinaus hat sich die **Stille Reserve** von 1,9 Millionen Personen im Jahresdurchschnitt 2006 auf unter eine Million im Jahr 2015 **deutlich reduziert** (Bach et al., 2007; Fuchs et al., 2016). Dies ist vor allem auf einen Rückgang der Stillen Reserve im engeren Sinne zurückzuführen. Zu dieser zählen Personen, die unter bestimmten Bedingungen bereit wären, eine Arbeit aufzunehmen, aber nicht arbeitslos gemeldet sind. Darunter fallen neben Arbeitsuchenden ohne Anspruch auf Arbeitslosengeld Personen, die eine geringfügige Beschäftigung suchen. Die Stille Reserve im engeren Sinne ist zwischen den Jahren 2006 und 2015 von 1,2 Millionen auf gut 300 000 Personen gefallen.

Zudem gehören der Stillen Reserve Teilnehmer an **Weiterbildungsmaßnahmen** an. Deren Anzahl ist zunächst bis zum Jahr 2010 auf 920 000 Personen angestiegen, dann aber wieder nahezu auf den Wert des Jahres 2006 gefallen (680 000 Personen im Jahr 2015). Die **gestiegene Erwerbstätigkeit von Frauen** hat in nennenswertem Maße den Rückgang der Stillen Reserve bewirkt (Fuchs und Weber, 2010).

2. Verfestigung der Langzeitarbeitslosigkeit

738. Trotz der sichtbaren Erfolge und trotz der Vielzahl an arbeitsmarktpolitischen Maßnahmen bleibt eine **stark verfestigte Arbeitslosigkeit** bestehen. Sie zeigt sich hauptsächlich in der hohen Anzahl der Langzeitarbeitslosen, also von Personen, die mindestens ein Jahr arbeitslos gemeldet sind. Zwar ist zwischen den Jahren 2007 und 2015 der Anteil der **Langzeitarbeitslosen** an allen Arbeitslosen von 46 % auf 37 % gefallen. Damit ist Deutschland das einzige EU-Land, in dem die Langzeitarbeitslosigkeit seit dem Beginn der Finanz- und Wirtschaftskrise deutlich gesunken ist. Jedoch liegt die Anzahl der Langzeitarbeitslosen in der Grundsicherung (SGB II) seit dem Jahr 2009 nahezu unverändert auf einem Niveau von fast einer Million Personen.

Langzeitarbeitslosigkeit ist zudem in einzelnen **Regionen** in Deutschland konzentriert. So ist der Anteil der Langzeitarbeitslosen an allen Arbeitslosen mit bis zu 60 % in einigen Städten in Nordrhein-Westfalen und in ländlichen Gebieten Ostdeutschlands besonders hoch (IAB, 2016).

739. Wie verfestigt diese Arbeitslosigkeit ist, zeigt zudem eine Betrachtung der Eigenschaften der arbeitslosen Bevölkerung. So weisen viele Arbeitslose **multiple Vermittlungshemmnisse** auf. Dazu zählen neben einer langen Dauer des Leistungsbezugs ein hohes Alter, eine geringe Qualifikation, sprachliche Barrieren und gesundheitliche Einschränkungen. Für einen Arbeitslosen halbiert sich

die Wahrscheinlichkeit dafür, innerhalb eines vorgegebenen Zeitraums eine Beschäftigung zu finden, nahezu mit jedem zusätzlichen Risiko (Achatz und Trappmann, 2011). Eine häufig auftretende Kombination sind gesundheitliche Einschränkungen, ein höheres Lebensalter und bereits lang andauernder Bezug von Leistungen aus der Grundsicherung nach SGB II.

740. Im europäischen Vergleich sind Langzeitarbeitslose in Deutschland relativ alt und besonders lange ohne Arbeit. Mehr als jeder vierte deutsche Langzeitarbeitslose ist **älter als 55 Jahre**, während im EU-Durchschnitt nur 13 % in diese Altersklasse fallen. Zwei Drittel der deutschen Langzeitarbeitslosen sind bereits seit **mehr als zwei Jahren ohne Arbeit**. Dass Länder wie Schweden und Österreich hierbei deutlich niedrigere Anteile aufweisen, liegt unter anderem daran, dass dort für nicht erwerbstätige Personen schwächere Anspruchsvoraussetzungen zum Bezug von Früh- oder Erwerbsminderungsrenten bestehen (Duell et al., 2016). In Deutschland befinden sie sich hingegen häufig in ausgeweiteten Integrationsmaßnahmen zur Wiedereingliederung in den Arbeitsmarkt (Konle-Seidl, 2016).

741. Diese Strukturmerkmale und die trotz aller Erfolge der vergangenen Jahre gering gebliebenen Vermittlungsraten von Langzeitarbeitslosen legen somit nahe, dass eine weitere Reduzierung der Langzeitarbeitslosigkeit alles andere als eine leichte Aufgabe darstellt. Im Zuge des **anstehenden digitalen Wandels** am Arbeitsmarkt könnten für diese Langzeitarbeitslosen sogar noch zusätzliche Beschäftigungshürden entstehen. Denn die Digitalisierung der Arbeitswelt wird hohe Anforderungen an die Arbeitnehmer stellen, ihre Kompetenzen laufend anzupassen und zu erweitern (JG 2015 Ziffern 545 ff.). Die Nachfrage nach Arbeitnehmern mit entwerteter oder gar ohne jegliche Qualifikation dürfte daher weiter schrumpfen.

742. Häufig treten zudem Vermittlungshemmnisse im Zusammenhang mit der **Zusammensetzung des Haushalts** auf, wenn beispielsweise die Pflege Angehöriger eine Arbeitsaufnahme beeinträchtigt. Kinder erschweren tendenziell die Arbeitsmarktbeteiligung von Müttern. Hingegen werden offenbar Väter in Partner-Bedarfsgemeinschaften stärker motiviert, aus der Grundsicherung in den Arbeitsmarkt zu wechseln (Achatz und Trappmann, 2011).

Die **soziodemografische Struktur** von Haushalten in der **Grundsicherung** hat sich in den vergangenen Jahren gewandelt. Die gesunkene Anzahl der Bedarfsgemeinschaften seit dem Jahr 2007 ist auf einen Rückgang der Partner-Bedarfsgemeinschaften zurückzuführen. ↘ ABBILDUNG 96 LINKS Dennoch ist die Anzahl an Partner-Bedarfsgemeinschaften mit drei oder mehr Kindern seit dem Jahr 2012 wieder angestiegen. ↘ ABBILDUNG 96 RECHTS Diese Entwicklung läuft dem Trend zu weniger Familien mit drei oder mehr Kindern in der Gesamtbevölkerung entgegen. In Bedarfsgemeinschaften mit drei oder mehr Kindern sind besonders viele Menschen von Mindestsicherungsleistungen betroffen.

743. Die sozialpolitischen Konsequenzen der verfestigten Kernarbeitslosigkeit sind dramatisch: Etwa 6,2 Millionen Menschen in Bedarfsgemeinschaften der Grundsicherung nach SGB II konnten im September 2016 trotz der guten Lage am Arbeitsmarkt nicht für ihr soziokulturelles Existenzminimum aufkommen.

↘ ABBILDUNG 96
Bedarfsgemeinschaften im Rechtskreis des SGB II nach Familientypen und Anzahl der Kinder

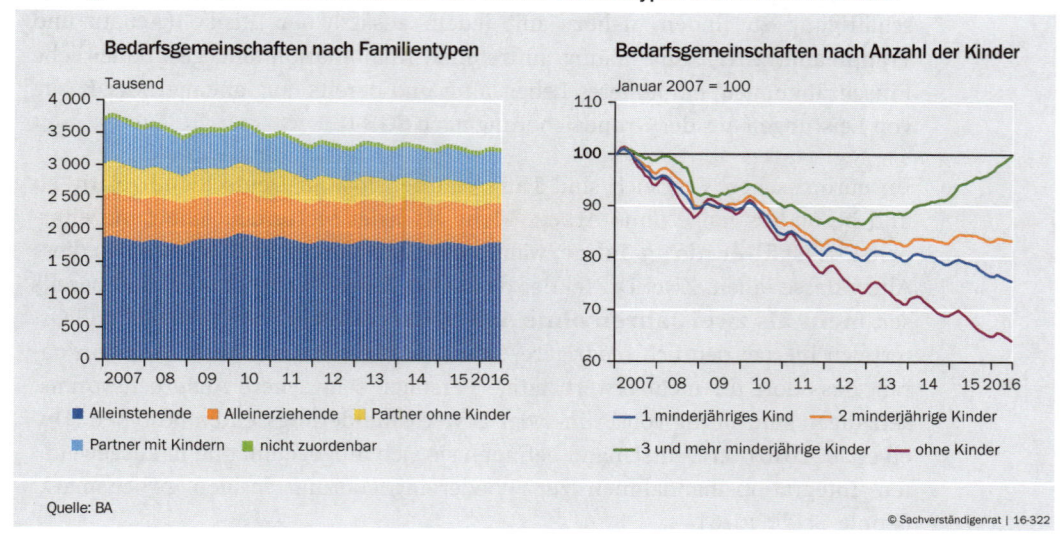

Bedarfsgemeinschaften nach Familientypen (Tausend)
- Alleinstehende
- Alleinerziehende
- Partner ohne Kinder
- Partner mit Kindern
- nicht zuordnbar

Bedarfsgemeinschaften nach Anzahl der Kinder (Januar 2007 = 100)
- 1 minderjähriges Kind
- 2 minderjährige Kinder
- 3 und mehr minderjährige Kinder
- ohne Kinder

Quelle: BA

Gerade nichterwerbsfähige Leistungsbezieher – wie Ehepartner und Kinder – können nur schwer dem Leistungsbezug entkommen und sind entsprechend häufig **Langzeitleistungsbezieher**. Laut Statistik der Bundesagentur für Arbeit (BA) bezogen Ende 2015 knapp 2,6 Millionen Menschen länger als vier Jahre Grundsicherungsleistungen.

744. Die hier angesprochenen Probleme werden aufgrund der jüngsten Entwicklungen bei der **Zuwanderung** tendenziell noch zunehmen. So war die vielleicht auffälligste Veränderung bei der Zusammensetzung der arbeitslosen Bevölkerung in den vergangenen drei Jahren der gestiegene Anteil von Leistungsberechtigten nichtdeutscher Nationalität an den erwerbsfähigen Leistungsberechtigten des SGB II. Bis zum Jahr 2013 lag dieser Anteil relativ stabil bei rund 20 %, ist aber bis April 2016 auf 28 % angestiegen. Die hohe Zuwanderung der vergangenen Jahre dürfte nicht unwesentlich dazu beigetragen haben.

Mit der großen Anzahl an anerkannten Asylbewerbern wird die Arbeitslosigkeit aller Voraussicht nach in der näheren Zukunft leicht steigen. ↘ ZIFFERN 262 F. Bis Ende des Jahres 2017 könnten knapp 10 % der Arbeitslosen anerkannte Asylbewerber sein. Diese weitere Veränderung der Zusammensetzung der Arbeitslosen könnte andere arbeitsmarktpolitische Maßnahmen erforderlich machen. Vor allem dürfte die **Unterstützung bei der Arbeitssuche** an Bedeutung gewinnen.

3. Grenzen der Arbeitsmarktpolitik

745. Viele Ursachen sind im Zusammenspiel dafür verantwortlich, dass Langzeitarbeitslose bei der Arbeitssuche erfolglos bleiben. Die jeweils zutreffende Konstellation variiert dabei stark von Fall zu Fall. Für viele Langzeitarbeitslose dürfte der **Lohnabstand** zwischen den Leistungen der Grundsicherung zuzüglich

Kosten der Unterkunft und dem von ihnen potenziell zu erzielenden Marktlohn zu gering sein, um einen Anreiz zur Aufnahme einer Beschäftigung darzustellen.

Das **Niveau der Grundsicherung** spiegelt die sozialpolitische Vorstellung der Gesellschaft über ein finanzielles Existenzminimum wider und ist daher an die Zusammensetzung der jeweiligen Bedarfsgemeinschaft gebunden. So lag der durchschnittliche Grundsicherungsbedarf von Alleinstehenden einschließlich Kosten der Unterkunft im Juni 2013 laut BA bei 683 Euro je Monat. Für Ehepaare mit einem oder zwei Kindern lag er bei 1 537 Euro beziehungsweise 1 871 Euro. Dagegen bezogen im Jahr 2013 nach eigener Berechnung auf Grundlage des Sozioökonomischen Panels (SOEP) 20 % aller Vollzeiterwerbstätigen weniger als 1 163 Euro Nettolohn je Monat. Es sollte daher nicht überraschen, wenn manche Arbeitslose in einer Bedarfsgemeinschaft mit Kindern die Grundsicherungsleistung einem Arbeitsplatz mit geringer Bezahlung vorziehen.

746. Der durchschnittliche Grundsicherungsbedarf von Alleinerziehenden lag im Juni 2013 bei 1 277 Euro. Die Anteile Alleinerziehender an allen Bedarfsgemeinschaften (6 % im Jahr 2015) und an allen Haushalten (12 %) blieben in den vergangenen fünf Jahren nahezu unverändert. Für **Alleinerziehende** gilt eine abgestufte Arbeitspflicht: Mit Kindern unter drei Jahren oder mehreren Kindern zwischen drei und sechs Jahren sind sie **nicht zur Aufnahme einer Beschäftigung verpflichtet**. Durch eine lange Abwesenheit vom Arbeitsmarkt dürften sich die Chancen auf einen Arbeitsplatz jedoch verringern. Eine teilweise Rückführung dieser Ausnahmen von der Arbeitspflicht könnte diesem Problem entgegenwirken.

747. Im Sinne einer Wiedereingliederung von Arbeitslosen in den Arbeitsmarkt könnten Kürzungen der Unterstützungsleistung für den Fall erwogen werden, dass Arbeitslose ihre nachweislich vorliegenden Beschäftigungschancen nicht wahrnehmen. Verschiedene Studien haben daher untersucht, wie das Anreizproblem eines geringen Lohnabstands durch die **Sanktionierung arbeitsloser Leistungsberechtigter** gemildert werden kann. Sie zeigen, dass eine zeitweise Leistungskürzung den Übergang in Beschäftigung beschleunigen kann (Müller und Steiner, 2008; Hofmann, 2012). Ein glaubwürdiges System aus sorgfältiger Überprüfung der Anforderungen an Arbeitslose und gegebenenfalls deren Sanktionierung erhöht somit die Wahrscheinlichkeit, dass Arbeitslose eine sozialversicherungspflichtige Beschäftigung aufnehmen (Lalive et al., 2005).

Im Jahr 2015 ging eine Sanktion nach SGB II mit einer Leistungskürzung von durchschnittlich 19 % einher. Dabei war in 77 % aller Fälle ein Meldeversäumnis ausschlaggebend. Mit 4 % der knapp zwei Millionen Arbeitslosen im Rechtskreis SGB II ist der Anteil der tatsächlich sanktionierten arbeitslosen erwerbsfähigen Leistungsberechtigten jedoch gering.

748. Doch die Ankündigung und Verhängung von Sanktionen können unerwünschte Wirkungen haben: Die schnellere Arbeitsaufnahme führt tendenziell zu einer schlechteren Passgenauigkeit und somit zu **instabileren Arbeitsverhältnissen** (Hofmann, 2012, für Sanktionen nach SGB III; Arni et al., 2013, für die Schweiz; Van den Berg und Vikström, 2014, für Schweden). Eine harte Sankti-

onspolitik für Arbeitslose in der Grundsicherung dürfte daher nicht entscheidend dazu beitragen, langfristige Teilhabe am Arbeitsmarkt zu gewährleisten.

749. Sie würde darüber hinaus zu kurz greifen, weil sie das Problem der geringen am Markt potenziell zu erzielenden Löhne nicht anspricht. So dürfte die deutliche Reduzierung der Arbeitslosigkeit in den vergangenen Jahren zu einer ungünstigeren **Zusammensetzung der arbeitslosen Bevölkerung** geführt haben. Die individuellen (Wieder-)Beschäftigungschancen hängen neben statistisch leicht zu erfassenden Eigenschaften wie Alter und Berufsabschluss ebenso von einer Reihe von Eigenschaften ab, die in der Statistik nicht erfasst werden, wie Motivation, Durchhaltevermögen oder Selbstwirksamkeit.

Erfolgreich in die Beschäftigung zurückgekehrt sind in den vergangenen Jahren tendenziell vor allem solche Arbeitnehmer, die eine vergleichsweise günstige Kombination dieser für den Arbeitsmarkt bedeutsamen Eigenschaften aufweisen. Hingegen sind vermehrt solche Arbeitnehmer arbeitslos geblieben, für die diese Kombination eher ungünstig ausfällt und deren potenzieller Marktlohn somit gering ist. Der dadurch geschrumpfte Abstand zwischen den Grundsicherungsleistungen und den Marktlöhnen dürfte die Arbeitslosigkeit weiter verfestigt haben.

750. Eine Möglichkeit, die potenziellen Marktlöhne anzuheben, könnte in gezielten arbeitsmarktpolitischen Maßnahmen bestehen. Schließlich wurde der in den vergangenen Jahren so erfolgreiche Abbau der Arbeitslosigkeit teilweise vom Einsatz von Maßnahmen der **aktiven Arbeitsmarktpolitik** getragen. Gerade in Phasen hoher Arbeitslosigkeit (Lechner und Wunsch, 2009) und bei der Vermittlung kurzfristig Arbeitsloser (Kluve, 2010) zeigen sich deren positive Effekte. Der effektivste und kosteneffizienteste Maßnahmentyp besteht in der Unterstützung der Arbeitsuche, die sich vorrangig an „neue" Arbeitslose richtet.

Jedoch kann die aktive Arbeitsmarktpolitik bei der **Verringerung verfestigter Arbeitslosigkeit** nach heutigem Kenntnisstand nur eine **untergeordnete Rolle** spielen. Insbesondere zeigt sich, dass Maßnahmen der aktiven Arbeitsmarktpolitik zum Abbau der Langzeitarbeitslosigkeit nur wenig beitragen können (Kluve, 2013). Diese ernüchternde Einsicht spiegelt sich in sinkenden Teilnehmerzahlen und Ausgaben für verschiedene arbeitsmarktpolitische Maßnahmen der BA wider: Der Zugang an Teilnehmern in arbeitsmarktpolitische Maßnahmen hat sich seit dem Jahr 2009 im Vergleich zur Arbeitslosigkeit überproportional verringert. ↘ KASTEN 26

↘ KASTEN 26

Aktive arbeitsmarktpolitische Maßnahmen

Maßnahmen der aktiven Arbeitsmarktpolitik lassen sich **vier verschiedenen Typen** zuordnen. ↘ TABELLE 30 Maßnahmen, Ziele und Wirkungen wurden in einer Expertise für den Sachverständigenrat detailliert dargestellt und diskutiert (Kluve, 2013). Der erste Typ umfasst **Maßnahmen zur Unterstützung bei der Arbeitsuche**. Diese weisen häufig, insbesondere kurzfristig, positive Effekte auf den Übergang in reguläre Beschäftigung auf (Jozwiak und Wolff, 2007). Die Zugänge in diesen Maßnahmetyp sind zwischen den Jahren 2006 und 2015 um eine Million Personen gesunken. Bei den neuen

Maßnahmen zur Aktivierung und beruflichen Eingliederung sind die Kosten je Teilnehmer höher als bei den abgeschafften Trainingsmaßnahmen.

↘ TABELLE 30
Übersicht über verschiedene Typen der aktiven arbeitsmarktpolitischen Maßnahmen

Typ	Maßnahmen (Beispiel)	Zugänge 2006[1]	Zugänge 2015	Kosten 2006[1]	Kosten 2015
		Tausend Personen	Tausend Personen	Mio Euro	Mio Euro
Unterstützung bei der Arbeitsuche	Maßnahmen zur Aktivierung und beruflichen Eingliederung	3 606	2 569	839	929
Fortbildungs- und Qualifikationsmaßnahmen	Förderung der beruflichen Weiterbildung	165	315	1 061	1 693
Beschäftigung im privaten Sektor	Eingliederungszuschuss, Einstiegsgeld	490	238	3 576	952
Beschäftigung im öffentlichen Sektor	Arbeitsgelegenheiten	824	233	2 047	338

1 – Ohne zugelassene kommunale Träger.

Quelle: BA

© Sachverständigenrat | 16-210

Fortbildungs- und Qualifikationsmaßnahmen verzeichnen typischerweise zunächst nur geringe Effekte, die erst mittelfristig positiv werden (Biewen et al., 2014; Bernhard und Kruppe, 2012; Wunsch und Lechner, 2008). Nach Abschluss der Maßnahmeteilnahme dauert es also eine gewisse Zeit, bis die Investition in die lange Maßnahmenphase in verbesserten Beschäftigungschancen wirksam werden kann. Der Zugang zu Fortbildungs- und Qualifikationsmaßnahmen ist seit dem Jahr 2006 von 165 000 auf 315 000 Personen gestiegen.

Aktive Arbeitsmarktpolitik fördert Beschäftigung im privaten Sektor vorwiegend in Form von **Lohnsubventionen**, die entweder an den Arbeitgeber oder direkt an den Arbeitnehmer ausgezahlt werden. Die direkten Effekte solcher Maßnahmen scheinen großteils positiv zu sein (Jaenichen und Stephan, 2011; Boockmann et al., 2012). Dies gilt nicht zuletzt für Migranten als Maßnahmeteilnehmer (Butschek und Walter, 2014). Jedoch ist nur wenig über indirekte, unbeabsichtigte Effekte bekannt. So bergen Lohnsubventionen die Gefahr von Mitnahmeeffekten bei Arbeitgebern, welche die betroffene Person sowieso eingestellt hätten. Selbst bei positiven Beschäftigungseffekten können Lohnsubventionen ineffektiv für die Beschäftigung insgesamt sein, indem sie die Beschäftigungschancen nicht subventionierter Personen verringern (Bell et al., 1999; Blundell et al., 2004).

Die Teilnehmerzahl an diesen Maßnahmen hat sich in den vergangenen Jahren stark verringert. Besonders die Aufnahme einer Selbstständigkeit wurde weniger gefördert, was die Kosten stark gesenkt hat. Mittels Lohnsubventionen sollen in den kommenden Jahren 23 000 Langzeitarbeitslose in den Arbeitsmarkt integriert werden (BMAS, 2016). Dabei soll ein **Coaching-Konzept** zentraler Bestandteil sein, demzufolge Langzeitarbeitslose nach der Aufnahme einer Beschäftigung mit dem Ziel betreut werden, das Beschäftigungsverhältnis zu stabilisieren.

Der vierte Typ umfasst die Beschäftigung im öffentlichen Sektor, wozu **Arbeitsgelegenheiten** zählen. Diese Maßnahmen, unter anderem die Bereitstellung von Ein-Euro-Jobs, sollen Arbeitslosen des Rechtskreises SGB II über eine temporäre, zusätzlich geschaffene Beschäftigung den Wiedereinstieg in den ersten Arbeitsmarkt vereinfachen. Solche Maßnahmen weisen in der Regel keine, in vielen Fällen sogar negative Beschäftigungseffekte auf (Hohmeyer und Wolff, 2012): Die Teilnehmer verschlechtern durch die Maßnahmeteilnahme ihre Beschäftigungschancen im Vergleich zur Situation ohne Maßnahmeteilnahme. Eine Erklärung dafür könnte sein, dass Teilnehmer an solchen Maßnahmen häufig stigmatisiert werden. Allerdings können diejenigen Teilnehmer, die zuvor über drei Jahre arbeitslos waren, ihre sehr geringen Beschäftigungschancen durch Arbeitsgelegenheiten verbessern (Wolff und Hohmeyer, 2008). Die subjektive Zufriedenheit der Maßnahmeteilnehmer ist zudem höher als bei Arbeitslosen (Knabe et al., 2016).

> Der Einsatz dieses Maßnahmetyps durch die BA ist in den vergangenen Jahren stark zurückgegangen, und zwar von 824 000 auf 233 000 neue Teilnehmer. Durch die Aussetzung der teuren Arbeitsbeschaffungsmaßnahmen haben sich die Kosten je Teilnehmer stark verringert.

751. Somit wird in den kommenden Jahren eine **verbesserte Integration** niedrigproduktiver Arbeitskräfte und Langzeitarbeitsloser in den Arbeitsmarkt nur gelingen können, wenn **hinreichend viele Arbeitsstellen im Niedriglohnsektor** zur Verfügung stehen. Bisherige Erfahrungen stützen die Erwartung, dass über einen Einstieg in den Niedriglohnsektor der Weg aus der Langzeitarbeitslosigkeit gelingen kann. So haben in den vergangenen Jahren viele Arbeitslose, die unterdurchschnittlich produktiv sind, im Niedriglohnsektor eine neue Arbeitsstelle gefunden (JG 2015 Ziffer 600).

Zudem zeigt sich, dass eine – häufig niedrig entlohnte – geringfügige Beschäftigung von bis zu 15 Wochenstunden Arbeitslosen ermöglicht, eine gewisse **Nähe zum Arbeitsmarkt** zu halten, bis sie eine umfangreichere Tätigkeit finden. Tatsächlich haben Langzeitarbeitslose, die einer geringfügigen Beschäftigung nachgehen, eine höhere Übergangswahrscheinlichkeit in reguläre Beschäftigung als Langzeitarbeitslose ohne geringfügige Beschäftigung. Außerdem ist das Beschäftigungsverhältnis stabiler (Caliendo et al., 2016). Ein ähnlicher Effekt zeigt sich für die Zeitarbeit. So finden Arbeitslose nichtdeutscher Nationalität aus einer Beschäftigung in der Zeitarbeitsbranche heraus relativ häufig eine andere Beschäftigung (Jahn, 2016).

II. DER NIEDRIGLOHNSEKTOR VOR EINER BEWÄHRUNGSPROBE

752. Der Niedriglohnsektor steht in den kommenden Jahren in mehrfacher Hinsicht vor einer **Bewährungsprobe**. Zum einen könnte er für viele Langzeitarbeitslose und Zugewanderte der Weg in die Beschäftigung sein, der ihnen ansonsten angesichts ihrer vielfältigen Vermittlungshemmnisse verwehrt bliebe. Nicht zuletzt hat er in den vergangenen Jahren erfolgreich dazu beigetragen, die zunehmende Erwerbsbeteiligung von Frauen und die gestiegene Zuwanderung zu absorbieren. Zum anderen stellt er für viele Arbeitnehmer nicht wie arbeitsmarktpolitisch gewünscht ein **Sprungbrett** in andere Tätigkeiten, sondern eine **Sackgasse** dar. Die Arbeitsmarktpolitik ist daher gefordert, den Zugang zu anspruchsvolleren und besser entlohnten Arbeitsstellen nicht durch eine weitere Zunahme der Regulierung des Arbeitsmarkts zu verbauen.

1. Begrenzte Aufstiegschancen im Niedriglohnsektor

753. Nach der Definition der Organisation für wirtschaftliche Zusammenarbeit und Entwicklung (OECD) liegt Niedriglohnbeschäftigung vor, wenn der Lohn die **Niedriglohnschwelle von zwei Dritteln des Medianlohns** unterschreitet.

Im Jahr 2013 lag der Medianlohn nach Daten des SOEP in Deutschland bei 14 Euro je Stunde. Somit fielen alle Personen, deren **Bruttostundenlohn weniger als 9,30 Euro** betrug, in den Niedriglohnbereich. Im Jahr 2013 verdienten 8,1 Millionen Personen und damit 24,4 % aller Beschäftigten in Deutschland einen Lohn unterhalb dieser Schwelle (Kalina und Weinkopf, 2015). Besonders verbreitet ist die Niedriglohnbeschäftigung im Dienstleistungsbereich, in der Landwirtschaft, in privaten Haushalten und im Gastgewerbe. In diesen Sektoren verdienten Ende des Jahres 2015 laut BA mehr als ein Drittel der Beschäftigten einen Lohn unterhalb der Niedriglohnschwelle.

Einige Analysen dieses Kapitels werden anhand von Prozessdaten der BA durchgeführt. Die **Stichprobe der Integrierten Arbeitsmarktbiografien (SIAB)** ist eine 2 %-Stichprobe aus der Grundgesamtheit der Integrierten Erwerbsbiografien (IEB) des Instituts für Arbeitsmarkt- und Berufsforschung (IAB), also aller sozialversicherungspflichtigen und geringfügigen Beschäftigungsverhältnisse einschließlich Perioden der Arbeitslosigkeit. Die Besonderheit der IEB ist die tagesgenaue Beobachtung von Erwerbs- und Erwerbslosigkeitszeiten. Da allerdings die genaue Arbeitszeit in den SIAB-Daten nicht erfasst ist, können Stundenlöhne nicht exakt berechnet werden, und Studien zum Niedriglohnsektor mit SIAB-Daten konzentrieren sich üblicherweise auf sozialversicherungspflichtige Vollzeitbeschäftigte. Die SIAB-Daten liegen für den Zeitraum von 1975 bis 2014 vor, für Ostdeutschland ab 1992. Die **Linked-Employer-Employee-Daten des IAB (LIAB)** basieren auf der jährlichen Befragung durch das Betriebspanel, verknüpft mit sämtlichen Beschäftigten im Beobachtungszeitraum 1993 bis 2010. Zum Einsatz kommt das Längsschnittmodell, bei dem sich auch Personalwechsel zwischen den Befragungszeitpunkten der Betriebe nachvollziehen lassen (LIAB LM 9310).

---

754. Nach stabilen Anteilen von etwa 15 % bis Mitte der 1990er-Jahre wuchs der Niedriglohnsektor zunächst kontinuierlich. Im Wesentlichen war der **Anstieg der Niedriglohnbeschäftigung ein westdeutsches Phänomen**. Seit dem Jahr 2007 stagniert dieser Anteil. In Ostdeutschland, wo aufgrund des niedrigeren Lohnniveaus der Anteil der Niedriglohnbeschäftigten deutlich höher ist, schwankt der Anteil seit der Wiedervereinigung um etwa 40 % (Kalina und Weinkopf, 2015). ↘ ABBILDUNG 97 LINKS

    Sozialversicherungspflichtige Vollzeitarbeitskräfte sind laut Berechnungen des Sachverständigenrates mit den SIAB-Daten seltener im Niedriglohnsektor als Teilzeit- oder geringfügig Beschäftigte. Jedoch ist der Anstieg der Niedriglohnbeschäftigten in der Gruppe der Vollzeitbeschäftigten in Deutschland ähnlich verlaufen wie der aller Beschäftigten. ↘ ABBILDUNG 97 LINKS In den vergangenen Jahren ist der Niedriglohnsektor unter Vollzeitbeschäftigten etwas geschrumpft.

755. Im **internationalen Vergleich** hat Deutschland jedoch einen großen Niedriglohnsektor. Nur das Vereinigte Königreich und Irland weisen in Westeuropa im Jahr 2010 einen ähnlich hohen Anteil an Niedriglohnbeschäftigten aus. In Frankreich, Belgien und in den skandinavischen Ländern betrug der Anteil der Niedriglohnbeschäftigten weniger als 10 %. Zwischen der Größe des Niedriglohnsektors und der Arbeitslosenquote besteht kein offensichtlicher länderübergreifender Zusammenhang. Dasselbe gilt für das Medianeinkommen. ↘ ABBILDUNG 97 RECHTS

ABBILDUNG 97
Ausmaß des Niedriglohnsektors in Deutschland und Westeuropa

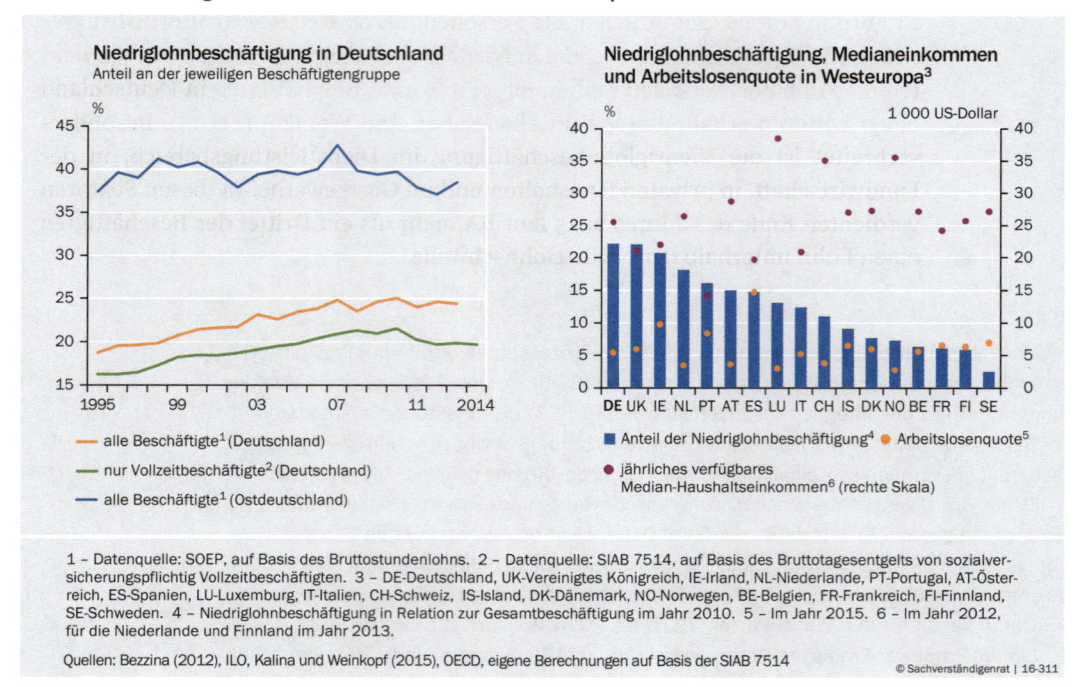

Niedriglohnbeschäftigung in Deutschland
Anteil an der jeweiligen Beschäftigtengruppe

- alle Beschäftigte[1] (Deutschland)
- nur Vollzeitbeschäftigte[2] (Deutschland)
- alle Beschäftigte[1] (Ostdeutschland)

Niedriglohnbeschäftigung, Medianeinkommen und Arbeitslosenquote in Westeuropa[3]

- Anteil der Niedriglohnbeschäftigung[4]
- Arbeitslosenquote[5]
- jährliches verfügbares Median-Haushaltseinkommen[6] (rechte Skala)

1 – Datenquelle: SOEP, auf Basis des Bruttostundenlohns. 2 – Datenquelle: SIAB 7514, auf Basis des Bruttotagesentgelts von sozialversicherungspflichtig Vollzeitbeschäftigten. 3 – DE-Deutschland, UK-Vereinigtes Königreich, IE-Irland, NL-Niederlande, PT-Portugal, AT-Österreich, ES-Spanien, LU-Luxemburg, IT-Italien, CH-Schweiz, IS-Island, DK-Dänemark, NO-Norwegen, BE-Belgien, FR-Frankreich, FI-Finnland, SE-Schweden. 4 – Niedriglohnbeschäftigung in Relation zur Gesamtbeschäftigung im Jahr 2010. 5 – Im Jahr 2015. 6 – Im Jahr 2012, für die Niederlande und Finnland im Jahr 2013.

Quellen: Bezzina (2012), ILO, Kalina und Weinkopf (2015), OECD, eigene Berechnungen auf Basis der SIAB 7514
© Sachverständigenrat | 16-311

756. In den vergangenen Jahren haben viele vormals Arbeitslose eine Beschäftigung im Niedriglohnbereich gefunden. Die zunehmende Erwerbsbeteiligung von Frauen, die gestiegene Zuwanderung und die Alterung der Gesellschaft verändern die Struktur der Erwerbsbevölkerung und damit auch die Struktur des Niedriglohnsektors:

- **Erwerbsform**: War noch im Jahr 1995 mehr als jede zweite Person vollzeitbeschäftigt, sank der Anteil bis zum Jahr 2013 auf 41 %. Im selben Zeitraum ist der Anteil der geringfügig Beschäftigten von 28 % auf 39 % angestiegen (Kalina und Weinkopf, 2015). Zugleich hat sich in diesem Beobachtungszeitraum der Anteil der befristeten Beschäftigungsverhältnisse von 11 % auf 22 % verdoppelt. ↘ ABBILDUNG 98 OBEN LINKS

- **Herkunft**: Der Anteil ausländischer Personen hat sich zwischen den Jahren 1995 und 2013 von 9 % auf 13 % erhöht. Etwa jede dritte ausländische Person hatte im Jahr 2013 einen Verdienst unterhalb der Niedriglohnschwelle, fast doppelt so viele wie im Jahr 1995 (Kalina und Weinkopf, 2015).

- **Altersstruktur**: Waren im Jahr 1984 in Westdeutschland noch über 40 % aller vollzeitbeschäftigten Personen im Niedriglohnsektor unter 25 Jahre alt, hat sich dieser Anteil bis zum Jahr 2014 mehr als halbiert. In der Folge ist das Durchschnittsalter von Vollzeitbeschäftigten im Niedriglohnsektor zwischen den Jahren 1984 und 2014 von 32 auf 39 Jahre stärker gestiegen als das der Gesamtbevölkerung von 38 auf 42 Jahre. ↘ ABBILDUNG 98 OBEN RECHTS

757. Die **Alterung** im Niedriglohnsektor wirkt sich negativ auf die durchschnittlichen Aufstiegschancen in höhere Bezahlung aus. Junge Beschäftigte sind mit höherer Wahrscheinlichkeit niedrig entlohnt, haben aber gute Aussichten auf einen Aufstieg. Ältere Beschäftigte verdienen hingegen seltener einen Niedriglohn, verbleiben dann jedoch eher auf dem niedrigen Lohnniveau. Laut Berechnungen des Sachverständigenrates für das Jahr 2009 verblieb fast jeder zweite Niedrigverdienende unter 25 Jahren, der fünf Jahre später weiterhin vollzeitbeschäftigt war, im Niedriglohnsektor. Für über 55-Jährige betrug dieser Anteil jedoch 86 %. ↘ ABBILDUNG 98 UNTEN LINKS

↘ ABBILDUNG 98
Entwicklungen im Niedriglohnsektor in Deutschland

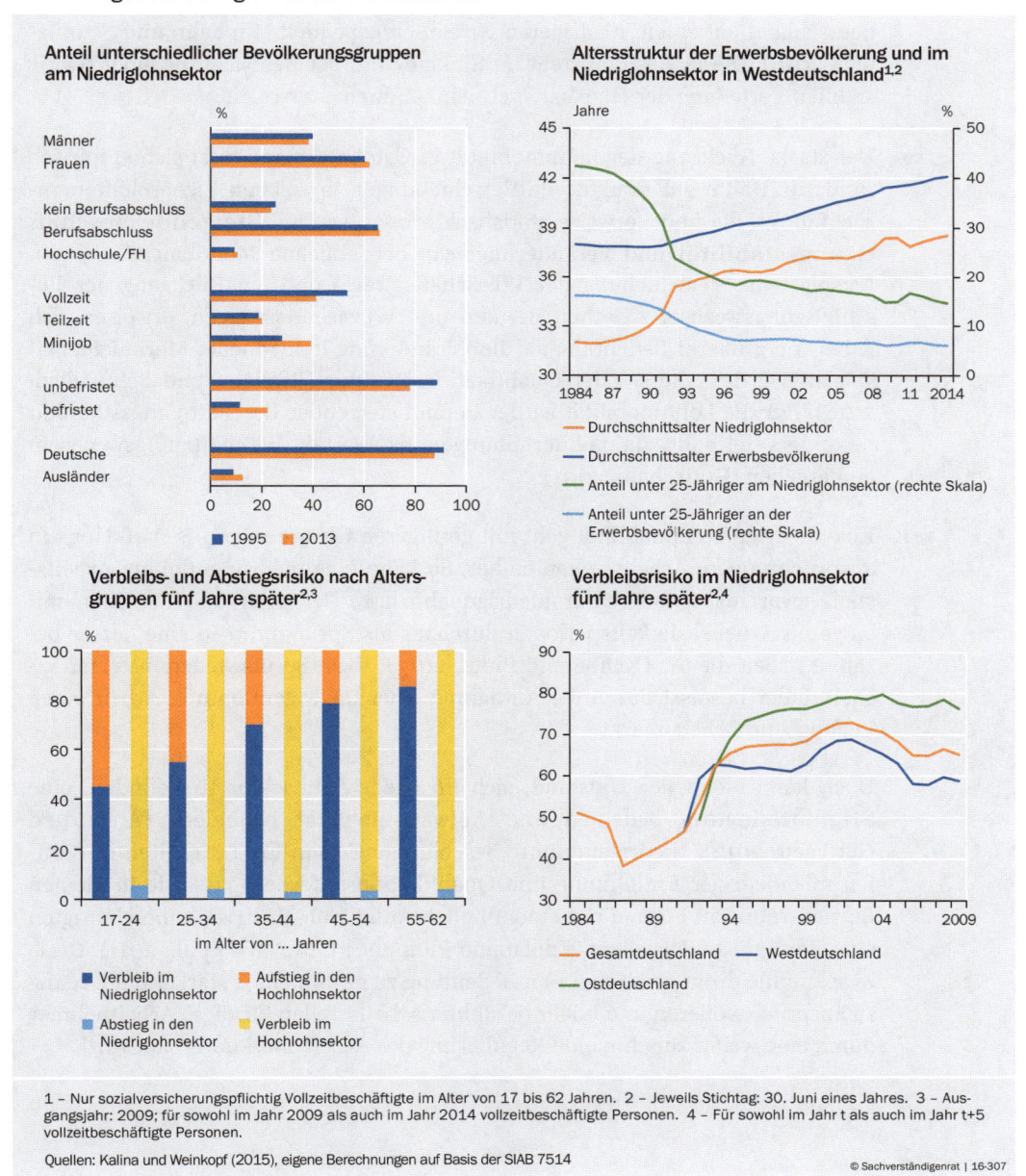

1 – Nur sozialversicherungspflichtig Vollzeitbeschäftigte im Alter von 17 bis 62 Jahren. 2 – Jeweils Stichtag: 30. Juni eines Jahres. 3 – Ausgangsjahr: 2009; für sowohl im Jahr 2009 als auch im Jahr 2014 vollzeitbeschäftigte Personen. 4 – Für sowohl im Jahr t als auch im Jahr t+5 vollzeitbeschäftigte Personen.

Quellen: Kalina und Weinkopf (2015), eigene Berechnungen auf Basis der SIAB 7514

758. Das **Verbleibsrisiko im Niedriglohnsektor** zeigt die Entwicklung der Lohnmobilität in einer zusammenfassenden Kennzahl. Es ist über die Zeit angestiegen, war in den vergangenen Jahren aber wieder rückläufig. Hatten Ende der 1980er-Jahre noch 40 % der Vollzeitbeschäftigten fünf Jahre später weiterhin einen niedrigen Lohn, erreichte dieser Anteil im Jahr 2002 seinen Höchststand mit über 70 %. ↘ ABBILDUNG 98 UNTEN RECHTS In Westdeutschland und in noch größerem Ausmaß in Ostdeutschland ist vor allem in den Jahren nach der Wiedervereinigung das Verbleibsrisiko im Niedriglohnsektor deutlich angestiegen.

Entsprechend sank in West- und vor allem in Ostdeutschland die **Lohnmobilität** in den 1990er-Jahren deutlich. Die Wahrscheinlichkeit eines Übergangs in ein anderes Lohnquintil vier Jahre später sank zwischen den Jahren 1992 und 2006 von 50 % auf 30 %. Seither hat sich die Lohnmobilität in Ost- und Westdeutschland auf einem niedrigeren Niveau eingependelt (Riphahn und Schnitzlein, 2016). Dieses Resultat steht im Einklang mit der Beobachtung einer relativ stabilen Verteilung der Haushaltsnettoeinkommen. ↘ ZIFFER 815

759. Der starke Rückgang der Lohnmobilität in Ostdeutschland lässt sich empirisch rund zur Hälfte auf strukturelle Verschiebungen in solchen Eigenschaften zurückführen, die üblicherweise statistisch erfasst werden. **Steigende Beschäftigungsstabilität** und Veränderungen in betrieblichen Merkmalen, wie zum Beispiel eine Verschiebung der Wirtschaftszweige und ein Rückgang der Beschäftigungswechsel zwischen Berufen und Wirtschaftszweigen, erweisen sich dabei von größerer Bedeutung als die Veränderung individueller Merkmale, beispielsweise der Alters- oder Qualifikationsstruktur (Riphahn und Schnitzlein, 2016). Für die Lohnmobilität ist der Befund steigender Beschäftigungsstabilität besonders relevant, da Lohnerhöhungen häufig mit Beschäftigungswechseln einhergehen (Gottschalk, 2001).

760. Eine niedrige Lohnmobilität geht mit geringeren **Chancen eines Aufstiegs** in anspruchsvollere Arbeitsstellen einher. So kann eine niedrig entlohnte Arbeitsstelle zwar insbesondere für niedrigqualifizierte Personen und Personen mit längeren Arbeitslosigkeitsperioden durchaus als Sprungbrett in eine besser bezahlte Arbeit dienen (Knabe und Plum, 2013). Viele Berufswiedereinsteiger suchen daher bewusst durch die Aufnahme einer niedrigentlohnten Arbeit einen Zugang zum Arbeitsmarkt.

Doch kann allein der Umstand, sich im Niedriglohnsektor zu befinden, eine **Stigmatisierung** bedeuten und Aufwärtsmobilität behindern (Aretz und Gürtzgen, 2012). Niedrigentlohnte Beschäftigung kann für Tätigkeiten in Berufen mit niedriger Entlohnung und Qualifikationsanforderung sowie in kleinen Betrieben und in Firmen mit einem hohen Anteil von Niedriglohnbeschäftigten eine **Sackgasse** darstellen (Knabe und Plum, 2013; Mosthaf et al., 2011). Diese Zwickmühle droht umso mehr an Bedeutung zu gewinnen, je stärker der Zugang zu anspruchsvolleren und höher bezahlten Arbeitsstellen für diese Arbeitnehmer durch eine weiter zunehmende Regulierung des Arbeitsmarkts verbaut wird.

2. Beschäftigungsdynamik als Schlüssel

761. Für den Abbau der verfestigten Arbeitslosigkeit ist jedoch weniger die Chance zum Aufstieg in höhere Bezahlung als vor allem der Übergang zwischen Arbeitslosigkeit und Beschäftigung relevant. Dabei stellt sich zum einen die Frage, wie aufnahmefähig der Niedriglohnsektor für zuvor Arbeitslose ist, zum anderen ist bedeutsam, wie stabil ihre neuen Beschäftigungsverhältnisse sind. Denn ein andauernder Wechsel zwischen Niedriglohnbeschäftigung und Arbeitslosigkeit („**no pay low pay cycle**") würde nicht die erhoffte Beschäftigungsstabilität mit sich bringen (Uhlendorff, 2006; Mosthaf et al., 2014).

762. Die **Beschäftigungschancen** für Arbeitslose, insbesondere Langzeitarbeitslose und Arbeitslose aus Asylzugangsländern, hängen eng mit der branchenspezifischen Aufnahmefähigkeit des Niedriglohnsektors zusammen. Der Beschäftigungserfolg hängt somit stark von der Dynamik des Arbeitsmarkts ab und wird nicht nur durch die Ausbildung und Qualifikation der Arbeitslosen bestimmt. Eine hohe **Beschäftigungsdynamik** begünstigt einen schnellen Übergang aus der Arbeitslosigkeit in Beschäftigung, insbesondere für die Gruppen der Langzeitarbeitslosen und Arbeitslosen aus nichteuropäischen Asylzugangsländern.

763. Bedeutsam für die **Aufnahmefähigkeit des Niedriglohnsektors** ist insbesondere, welche Branchen, Berufe und Regionen eine hohe Beschäftigungsdynamik aufweisen. Diese Dynamik lässt sich anhand der neu geschaffenen und der abgebauten Stellen darstellen und beschreibt so die Wahrscheinlichkeit, dass Betriebe Beschäftigte einstellen oder entlassen. Die durchschnittlichen Raten des Stellenauf- und -abbaus bei betrieblichen Belegschaften sind im Zeitverlauf sehr stabil und liegen laut eigenen Berechnungen auf Basis des LIAB jeweils bei etwa 2,4 % je Monat. ↘ ABBILDUNG 99 LINKS

764. Zwischen den Wirtschaftsbereichen bestehen dabei große Unterschiede. Eine niedrige Beschäftigungsdynamik spiegelt sich in einer längeren **Dauer der Beschäftigungsverhältnisse** wider. Im Zeitraum der Jahre 2000 bis 2010 zeigt sich eine vergleichsweise hohe durchschnittliche Beschäftigungsdynamik – und damit verbunden eine geringe durchschnittliche Beschäftigungsdauer – bei der Erbringung von Dienstleistungen (4,8 % neue Stellen je Monat) und sonstigen Dienstleistungen (3 %). Eine besonders geringe Beschäftigungsdynamik und lange durchschnittliche Beschäftigungsdauern weisen das Baugewerbe (1,6 %), der Handel (1,6 %) und das Verarbeitende Gewerbe (1,9 %) auf.

765. **Wirtschaftsbereiche mit hoher Beschäftigungsdynamik** sind oft erste Anlaufstellen für Arbeitslose. Fast jeder Fünfte wechselt aus der Arbeitslosigkeit in die Arbeitnehmerüberlassung. Weitere bedeutende Zielbranchen stellen das Verarbeitende Gewerbe, der Handel und das Baugewerbe dar, die jedoch eine geringere Dynamik aufweisen. Für Langzeitarbeitslose ergibt sich ein etwas anderes Bild. Sie finden überproportional häufig im Handel und im Gastgewerbe Beschäftigung, jedoch weniger häufig im Verarbeitenden Gewerbe und im Baugewerbe. Der dynamischste Wirtschaftsbereich, die Erbringung von freiberuflichen, wissenschaftlichen und technischen Dienstleistungen, ist allerdings kaum durch Übergänge aus der Arbeitslosigkeit geprägt. ↘ ABBILDUNG 99 RECHTS

↘ ABBILDUNG 99
Beschäftigungsdynamik und Übergangswahrscheinlichkeiten nach ausgewählten Wirtschaftsabschnitten¹

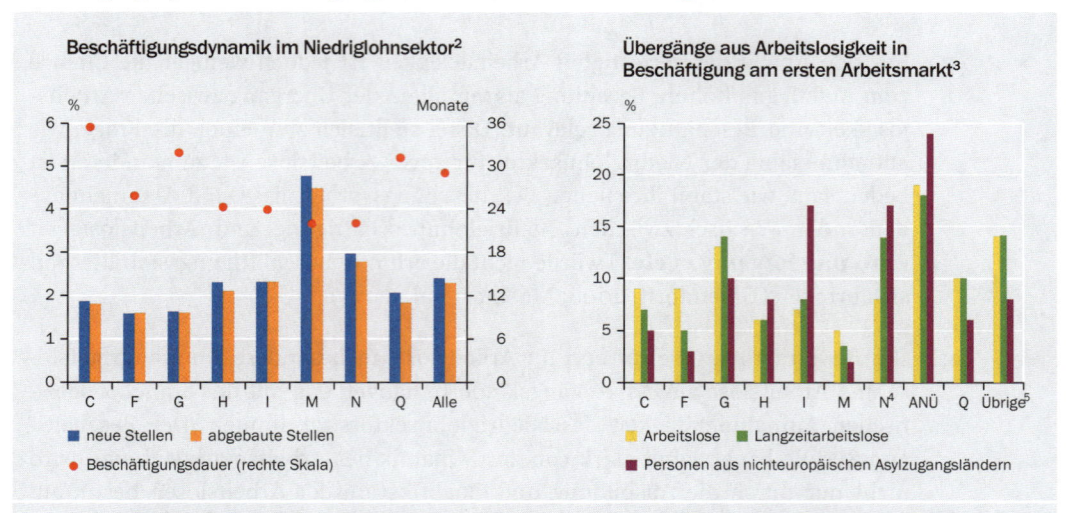

Beschäftigungsdynamik im Niedriglohnsektor²

Übergänge aus Arbeitslosigkeit in Beschäftigung am ersten Arbeitsmarkt³

■ neue Stellen ■ abgebaute Stellen
● Beschäftigungsdauer (rechte Skala)

■ Arbeitslose ■ Langzeitarbeitslose
■ Personen aus nichteuropäischen Asylzugangsländern

1 – C-Verarbeitendes Gewerbe, F-Baugewerbe, G-Handel, Instandhaltung und Reparatur von Kraftfahrzeugen, H-Verkehr und Lagerei, I-Gastgewerbe, M-Erbringung von freiberuflichen, wissenschaftlichen und technischen Dienstleistungen, N-Erbringung von sonstigen wirtschaftlichen Dienstleistungen, Q-Gesundheits- und Sozialwesen, ANÜ-Arbeitnehmerüberlassung. 2 – Durchschnittliche Beschäftigungsdynamik der Jahre 2000 bis 2010 unter sozialversicherungspflichtig Beschäftigten. 3 – Übergänge August 2015 bis Juli 2016. Beschäftigung dauert mindestens sechs Monate an. 4 – Ohne Arbeitnehmerüberlassung. 5 – A-Land- und Forstwirtschaft, Fischerei, B-Bergbau und Gewinnung von Steinen und Erden, D-Energieversorgung, E-Wasserversorgung; Abwasser- und Abfallentsorgung und Beseitigung von Umweltverschmutzungen, J-Information und Kommunikation, K-Erbringung von Finanz- und Versicherungsdienstleistungen, L-Grundstücks- und Wohnungswesen, O-Öffentliche Verwaltung, Verteidigung; Sozialversicherung, P-Erziehung und Unterricht, R-Kunst, Unterhaltung und Erholung, S-Erbringung von sonstigen Dienstleistungen anderweitig nicht genannt, T-Private Haushalte mit Hauspersonal, U-Exterritoriale Organisationen und Körperschaften.

Quellen: BA, eigene Berechnungen auf Basis von LIAB LM 9310

766. Personen aus den acht nichteuropäischen **Asylzugangsländern** Afghanistan, Eritrea, Irak, Iran, Nigeria, Pakistan, Somalia und Syrien finden in ähnlichen Wirtschaftsbereichen Arbeit wie andere Arbeitslose. Der mit 24 % größte Anteil findet nach der Arbeitslosigkeit Beschäftigung in der Arbeitnehmerüberlassung (Weißbrodt, 2016). Personen aus nichteuropäischen Asylzugangsländern finden zudem mit je 17 % überproportional häufig Beschäftigung im Gastgewerbe und in sonstigen wirtschaftlichen Dienstleistungen. ↘ ABBILDUNG 99 RECHTS

767. Mit der erhöhten Zuwanderung befürchten viele Arbeitslose und Geringqualifizierte einen größeren Wettbewerbsdruck. Es gibt jedoch **keine eindeutige Evidenz** für **langfristige Verdrängungseffekte** von einheimischen Beschäftigten durch Migranten. Zwar deuten quasi-experimentelle Studien kurzfristig auf negative Beschäftigungseffekte hin (Glitz, 2012; Dustmann et al., 2016). Andere empirische Studien können jedoch keine starken Verdrängungseffekte auf dem Arbeitsmarkt nachweisen (Dustmann et al., 2013; Kerr und Kerr, 2011).

Ein exogener Angebotsschock durch Migration kann zudem positive Verdrängungseffekte bewirken. Für Dänemark untersuchen Foged und Peri (2016), wie sich eine Zunahme von Flüchtlingen mit geringem Bildungsniveau, die vorwiegend manuelle Tätigkeiten ausüben, auf die Beschäftigung geringqualifizierter Einheimischer auswirkt. Dabei zeigt sich eine **Aufwärtsbewegung in der Tätigkeitsstruktur**: Einheimische Arbeitnehmer gehen von manuellen zu komplexeren Tätigkeiten über und können dadurch höhere Löhne erzielen.

768. Eine Studie zu den Erfahrungen der Europäischen Union im Zuge der Balkankriege schließt darauf, dass eine Erhöhung des Ausländeranteils um 10 % eine

Reduktion der Erwerbsquote von Einheimischen um 0,2 bis 0,7 Prozentpunkte auslöst. Die geschätzten Verdrängungseffekte fallen in EU-Mitgliedstaaten deutlicher aus, die von **rigiden Arbeitsmarktinstitutionen**, unter anderem restriktivem Kündigungsschutz, hoher Lohnersatzrate oder einem hohen Verhältnis des Mindestlohns zum Medianlohn, geprägt sind (Angrist und Kugler, 2003).

Institutionen, die dazu führen, dass weniger neue Stellen geschaffen werden, und somit die Arbeitsmarktdynamik gering halten, erschweren die Integration von Migranten, selbst wenn durch die Zuwanderung keine bereits Beschäftigten verdrängt werden. Trotz einschneidender Arbeitsmarktreformen zählt der **deutsche Arbeitsmarkt** zu den am stärksten regulierten der Welt (JG 2013 Ziffer 452), was durch die Einführung des Mindestlohns noch verstärkt wurde.

3. Auswirkungen des Mindestlohns

769. Die Einführung des flächendeckenden Mindestlohns stellte im Jahr 2015 eine Zäsur im Niedriglohnbereich dar. Im Juni ist die Bundesregierung der Empfehlung der **Mindestlohnkommission** gefolgt, den Mindestlohn zum 1. Januar 2017 von 8,50 Euro auf 8,84 Euro zu erhöhen. Im Vereinigten Königreich hatte sich die Politik über mehr als ein Jahrzehnt ebenfalls eng an die Empfehlungen der dortigen Mindestlohnkommission angelehnt. Davon ist sie allerdings jüngst deutlich nach oben abgerückt. ↘ KASTEN 27

770. Die Auswirkungen eines Mindestlohns können theoretisch zwar nicht eindeutig bestimmt werden, da sie unter anderem von der Produktivität der Erwerbspersonen und der Marktmacht der Arbeitgeber abhängen. Aber nicht zuletzt deswegen sollte die insgesamt sehr positive Arbeitsmarktentwicklung nicht zu der Schlussfolgerung verleiten, es gebe keine Beschäftigungseffekte des Mindestlohns. Durch den Mindestlohn wird der **Lohnbildungsprozess im Niedriglohnsektor wesentlich eingeschränkt**.

↘ KASTEN 27

Erfahrungen mit der Mindestlohnkommission im Vereinigten Königreich

Im Rahmen der Mindestlohneinführung wurde im Vereinigten Königreich im Jahr 1999 eine Mindestlohnkommission eingerichtet, in der neben Arbeitgebern und Arbeitnehmern – anders als in Deutschland – auch Wissenschaftler Stimmrecht haben. Ähnlich wie nun in Deutschland unterbreitet die **Kommission als unabhängige Institution** jährlich Vorschläge für Mindestlohnerhöhungen, denen die Regierung üblicherweise folgt.

Im Vereinigten Königreich ist der Mindestlohn bis zum Alter von 21 Jahren gestaffelt. Damit wird gewährleistet, dass die Einstiegshürden für den Arbeitsmarkt gerade für junge Erwachsene nicht zu hoch sind. Bei Einführung entsprach der **Mindestlohn** für Erwachsene mit 3,60 Britischen Pfund je Stunde rund **40 % des Medianlohns im Vereinigten Königreich**. In Deutschland waren es bei Einführung rund 50 % des Medianlohns. Von einem niedrigen Niveau ausgehend verzeichnete das Vereinigte Königreich von allen west- und südeuropäischen Staaten zwischen 2001 und 2012 jährlich die höchsten realen Mindestlohnerhöhungen (Schulten, 2014). Damit reiht sich das Vereinigte Königreich beim Kaitz-Index, dem Verhältnis von Mindest- zu Medianlohn, mittlerweile im Mittelfeld ein.

↘ ABBILDUNG 100 LINKS

Mit dem im April 2016 eingeführten **National Living Wage** für über 25-Jährige und Ältere hat sich die Regierung nun von den Vorschlägen der Mindestlohnkommission abgewandt. Bis zum Jahr 2020 soll der neue Mindestlohn für Personen ab 25 Jahren von derzeit 7,20 Britischen Pfund je Stunde auf bis zu über neun Britische Pfund steigen. Dann soll der Mindestlohn 60 % des Medianlohns entsprechen (Low Pay Commission, 2016). ↘ ABBILDUNG 100 RECHTS Nur in Frankreich und der Türkei ist diese Quote derzeit höher. Damit würde der Niedriglohnsektor im Vereinigten Königreich, dem ähnlich wie in Deutschland jeder vierte bis fünfte Beschäftigte angehört, für Erwachsene de facto abgeschafft.

Mit diesem mittelfristigen Ziel weicht die Regierung zum einen von der Strategie ab, den Mindestlohn jährlich anzupassen. Zum anderen entspricht der geplante Lohnanstieg bis zum Jahr 2020 einer durchschnittlichen jährlichen Erhöhung um über 40 Britische Pence. Dies geht **weit über die üblicherweise geforderten Lohnanpassungen der Mindestlohnkommission hinaus** (Low Pay Commission, 2016). Der Brexit hat den Kritikern des National Living Wage zuletzt Auftrieb gegeben (FT, 2016). Insgesamt verdeutlicht die Einführung des National Living Wage, dass politische Entscheidungsträger sich oftmals ökonomischen Argumenten verschließen.

↘ ABBILDUNG 100
Mindestlohnentwicklung im Vereinigten Königreich und Westeuropa

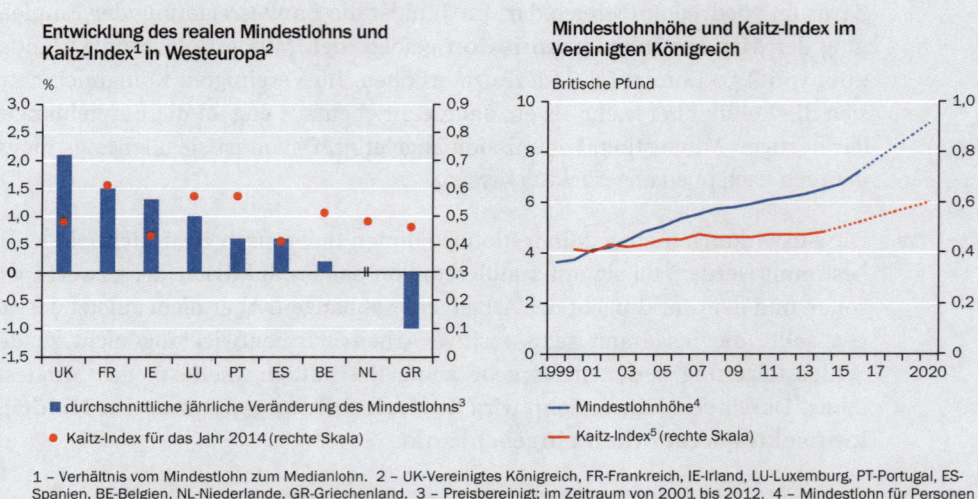

1 – Verhältnis vom Mindestlohn zum Medianlohn. 2 – UK-Vereinigtes Königreich, FR-Frankreich, IE-Irland, LU-Luxemburg, PT-Portugal, ES-Spanien, BE-Belgien, NL-Niederlande, GR-Griechenland. 3 – Preisbereinigt; im Zeitraum von 2001 bis 2012. 4 – Mindestlohn für Personen mit einem Alter von 25 Jahren und älter. Für die Jahre 2017 bis 2020 laut Schätzung in Low Pay Commission Report (2016); ab 2017 lineare Fortschreibung. 5 – Kaitz-Index von 0,6 im Jahr 2020: Zielwert der britischen Regierung; lineare Fortschreibung ab 2014.

Quellen: Low Pay Commission Report (2016), OECD, Schulten (2014)

771. Kurz vor Einführung des gesetzlichen Mindestlohns gab es in Deutschland laut Verdienststrukturerhebung im April 2014 etwa 5,5 Millionen Beschäftigungsverhältnisse, die geringer bezahlt wurden als 8,50 Euro. Davon galten für 1,5 Millionen Arbeitsplätze gesetzliche Ausnahmen vom Mindestlohn, vor allem für Auszubildende, Praktikanten und Personen, die jünger als 18 Jahre sind. Die restlichen **4 Millionen Arbeitsplätze** fielen unter das Mindestlohngesetz. Somit waren etwa 11 % aller Arbeitsplätze vom Mindestlohn betroffen.

In Ostdeutschland fiel der Anteil mit 22 % deutlich höher aus als in Westdeutschland mit rund 9 %. Von den vom Mindestlohn betroffenen Arbeitsplätzen waren **55 % geringfügige Beschäftigungsverhältnisse**, während sich die übrigen Anteile zu gleichen Teilen auf Voll- und Teilzeitstellen verteilten.

772. In der Gastronomie, im Spiel-, Wett- und Lotteriewesen und in der Taxibranche bezieht mehr als jeder zweite Beschäftigte den Mindestlohn. In den 20 **Branchen mit der höchsten Betroffenheit** stiegen die Stundenverdienste vor allem in Ostdeutschland im Jahr 2015 mit durchschnittlich 7,2 % gegenüber dem jeweiligen Vorjahresquartal deutlich stärker als in den Vorjahren und als in den übrigen Branchen (Mindestlohnkommission, 2016).

773. Der durchschnittliche Bruttostundenverdienst für vom Mindestlohn betroffene Arbeitsplätze lag im April 2014 vor der Mindestlohneinführung bei 7,20 Euro, die durchschnittliche Arbeitszeit je Woche bei 19,2 Stunden. Eine Überschlagsrechnung führt so zu **Bruttolohnsteigerungen** aufgrund der Einführung des Mindestlohns von insgesamt 431 Mio Euro je Monat ohne Berücksichtigung zusätzlicher Arbeitskosten (Statistisches Bundesamt, 2016).

Dieser Berechnung liegen die Annahmen zugrunde, dass erstens für alle Arbeitsplätze der Mindestlohn tatsächlich gezahlt wird und es zweitens keine Beschäftigungsverluste oder etwaige Anpassungen, beispielsweise bei den Arbeitszeiten, aufgrund des Mindestlohns gibt. Allerdings deuten erste Auswertungen darauf hin, dass zur Wahrung der Lohnhierarchie über dem Mindestlohn liegende Löhne ebenfalls erhöht wurden (Mindestlohnkommission, 2016).

774. Für bestimmte Beschäftigtengruppen haben sich zudem die **Arbeitszeiten verringert**. So arbeiteten ostdeutsche Teilzeitbeschäftigte im ersten Quartal 2015 durchschnittlich 37 Minuten in der Woche weniger als im Vorjahresquartal, westdeutsche durchschnittlich neun Minuten weniger (Mindestlohnkommission, 2016). Dies kann unter anderem darauf zurückzuführen sein, dass Beschäftigte für ihr Gehalt aufgrund des Mindestlohns weniger als zuvor arbeiten müssen. Ein anderer Erklärungsansatz besteht in einer stärkeren Durchsetzung der Arbeitszeitordnung. Die Reduzierung der Arbeitszeit oder Arbeitsverdichtung wird von Betrieben als häufigste Reaktion auf den Mindestlohn genannt (Bellmann et al., 2016).

775. Mindestlohnbedingte Anpassungen wurden ebenfalls bei den Verbraucherpreisen festgestellt. So stiegen diese in den vom Mindestlohn stark betroffenen Branchen überdurchschnittlich an, am deutlichsten im Taxigewerbe mit 12 % (Mindestlohnkommission, 2016). Jedoch spiegeln sich diese **Preiserhöhungen** nicht notwendigerweise in höheren Löhnen für die Beschäftigten wider, wenn Betriebe ihre Gewinnmargen vergrößern oder den Mindestlohn umgehen. Möglichkeiten, den Mindestlohn zu umgehen, bestehen beispielsweise durch unbezahlte Mehrarbeit oder die Verringerung zusätzlicher Lohnkomponenten.

776. Noch im April 2015 wurden rund eine Million Arbeitsplätze, also 2,7 % aller Beschäftigungsverhältnisse, unterhalb des gesetzlichen Mindestlohns vergütet. Bedeutsam ist also die **Kontrolle der Umsetzung des gesetzlichen Mindestlohns**; sie obliegt den Zollbehörden. Zwar wurden dafür vom Deutschen Bundestag 1 600 neue Planstellen bewilligt. Angesichts der Flüchtlingszuwanderung wurden diese Personen jedoch größtenteils zum Bundesamt für Migration und Flüchtlinge (BAMF) und zur Bundespolizei abgeordnet (Mindestlohnkommission, 2016). Die im Jahr 2015 mit weniger als 3 000 relativ geringe Zahl an Ermittlungsverfahren mit Bezug zum gesetzlichen Mindestlohn ist darauf zurück-

zuführen, dass in dessen Einführungsphase Verstöße nicht geahndet, sondern Aufklärungsarbeit geleistet wurde.

777. Strukturelle Anpassungen, die auf die Einführung des Mindestlohns zurückgeführt werden können, sind bereits sichtbar. Saisonbereinigt sank die Zahl der ausschließlich geringfügig Beschäftigten im Januar 2015 im Vergleich zum Vormonat mit 94 000 Personen um knapp 2 %. Der **Rückgang der geringfügigen Beschäftigung** dürfte insgesamt noch etwas größer ausgefallen sein. So wurden mindestlohnbedingte betriebliche Anpassungen aufgrund von Erwartungseffekten teilweise schon vor der Mindestlohneinführung beobachtet (Bellmann et al., 2015; Kubis et al., 2015).

Etwas mehr als die Hälfte des Rückgangs kann dadurch erklärt werden, dass die betroffenen Personen direkt in sozialversicherungspflichtige Beschäftigung übergingen. Weitere 40 % der Personen verließen den Arbeitsmarkt, wobei nicht näher bestimmbar ist, inwiefern sich diese Personen beispielsweise selbstständig gemacht, ein Studium aufgenommen haben oder in die Schwarzarbeit gewechselt sind. Bei dieser Beschäftigungsgruppe wurde offenbar nicht primär die Arbeitszeit reduziert. Übergänge in die Arbeitslosigkeit dürften ebenfalls nur eine untergeordnete Rolle gespielt haben (vom Berge et al., 2016a).

778. Die gängigste Methode, **kausale Auswirkungen des Mindestlohns** abzuschätzen, ist der Differenz-von-Differenzen-Ansatz (JG 2015 Kasten 18). Durch die Einführung des flächendeckenden gesetzlichen Mindestlohns wurde die Anwendbarkeit dieser Methode jedoch eingeschränkt, da kaum eine nicht vom Mindestlohn betroffene Vergleichsgruppe mehr existiert. Neue Studien stützen sich auf eine unterschiedlich starke Mindestlohnbetroffenheit in Regionen, Branchen oder Betrieben. Beispielsweise unterscheidet sich die Betroffenheit vom Mindestlohn über die Arbeitsmarktregionen hinweg deutlich.

779. Der Mindestlohn ist relativ zum Durchschnittslohn in vielen Arbeitsmarktregionen Ostdeutschlands hoch, selbst wenn regionale Mietpreisunterschiede berücksichtigt werden. ↘ ABBILDUNG 101 Indem er die unterschiedliche regionale Betroffenheit durch den Mindestlohn heranzieht, gelangt Garloff (2016) mit einem Differenz-von-Differenzen-Ansatz zu der Schlussfolgerung, dass der Mindestlohn bislang **weder zu geringerer Gesamtbeschäftigung noch zu gestiegener Arbeitslosigkeit** geführt hat. Hierbei werden jedoch lediglich Personen zwischen 30 und 54 Jahren betrachtet, die unterdurchschnittlich oft vom Mindestlohn betroffen sind.

780. Die Variation in der Mindestlohnbetroffenheit kann auch auf betrieblicher Ebene ausgenutzt werden. So ermitteln Bossler und Gerner (2016) mit einem Differenz-von-Differenzen-Ansatz für vom Mindestlohn betroffene Betriebe einen Anstieg der durchschnittlichen Löhne um 4,8 % und einen **leichten Beschäftigungsrückgang** um 1,9 %. Sie schlussfolgern, dass ohne den Mindestlohn hochgerechnet 60 000 zusätzliche Arbeitsplätze hätten entstehen können.

Der Rückgang ist hauptsächlich einer **Zurückhaltung bei den Einstellungen** geschuldet. Zudem hat sich die Beschäftigungsfluktuation verringert. Wäh-

↘ ABBILDUNG 101

Relative Höhe des Mindestlohns[1] unter Berücksichtigung der regionalen Mietpreise nach Arbeitsmarktregionen[2] im Jahr 2014
%

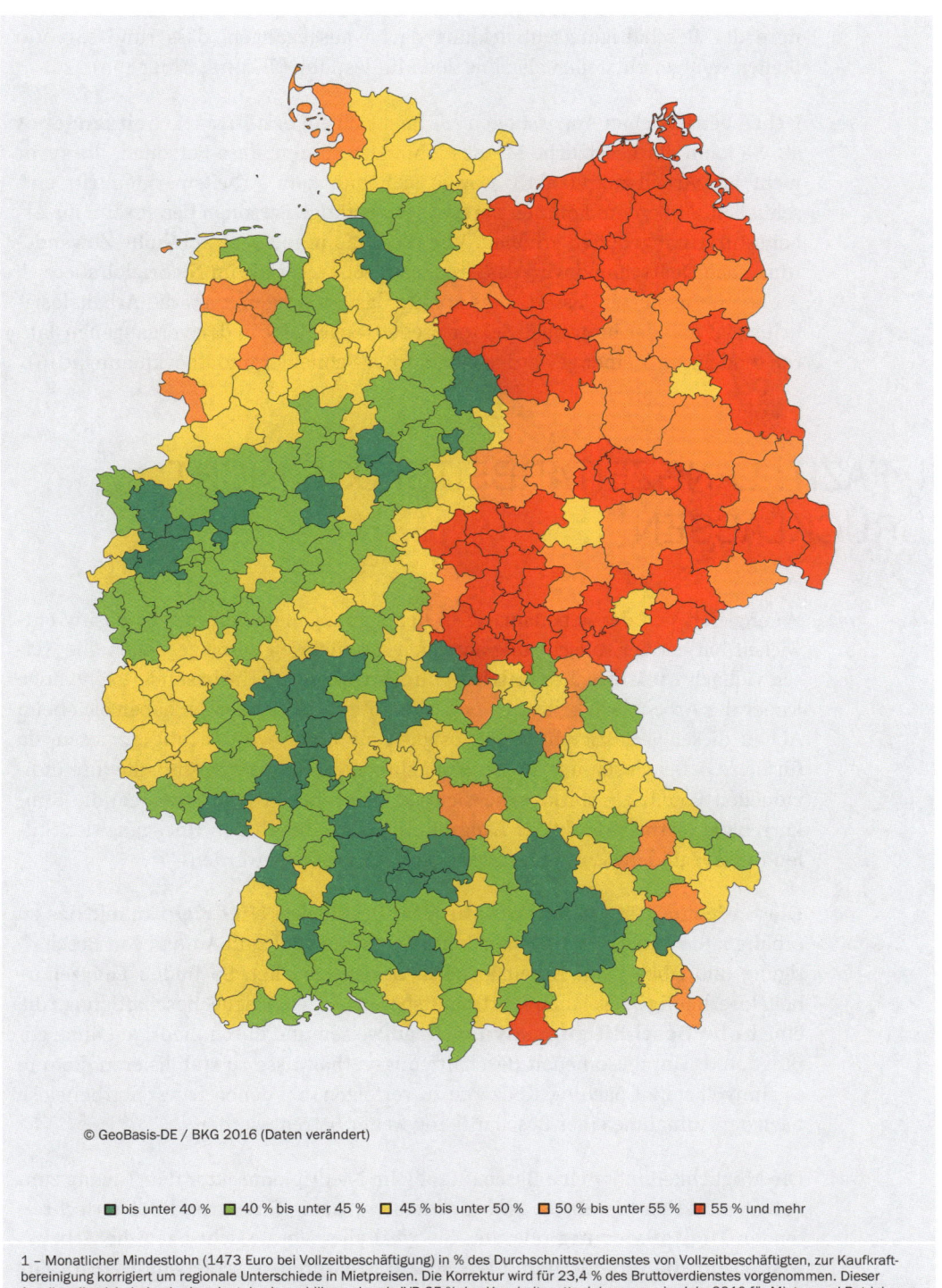

© GeoBasis-DE / BKG 2016 (Daten verändert)

■ bis unter 40 %   ■ 40 % bis unter 45 %   ■ 45 % bis unter 50 %   ■ 50 % bis unter 55 %   ■ 55 % und mehr

1 – Monatlicher Mindestlohn (1473 Euro bei Vollzeitbeschäftigung) in % des Durchschnittsverdienstes von Vollzeitbeschäftigten, zur Kaufkraftbereinigung korrigiert um regionale Unterschiede in Mietpreisen. Die Korrektur wird für 23,4 % des Bruttoverdienstes vorgenommen. Dieser Anteil ergibt sich dadurch, dass laut des Immobilienverbands IVD 35 % des Haushaltsnettoeinkommens im Jahr 2010 für Mieten und Betriebskosten aufgewendet wurden (SZ, 2010) und der Nettoverdienst laut OECD (2015) 66,9 % des Bruttoverdienstes entspricht. Die regionalen Angebotsmieten (nettokalt) für das Jahr 2014 stammen aus der Wohnungsmarktbeobachtung des Bundesinstituts für Bau-, Stadt- und Raumforschung. 2 – Die Bruttomonatsverdienste enthalten keine Daten des öffentlichen Dienstes der Wirtschaftszweige „Öffentliche Verwaltung, Verteidigung; Sozialversicherung" und „Erziehung und Unterricht", da eine regionale Zuordnung unterhalb der Länderebene nicht möglich war.

Quellen: IVD, OECD, Statistisches Bundesamt

© Sachverständigenrat | 16-365

rend dies aus der Sicht der Beschäftigten begrüßenswert ist, verringern sich potenziell die Chancen der Nichtbeschäftigten, einen Arbeitsplatz zu finden. Im Jahresgutachten 2014/15 war der Sachverständigenrat im Rahmen seiner Prognose der Beschäftigungsentwicklung davon ausgegangen, dass rund 140 000 Stellen weniger entstehen als ohne den Mindestlohn (JG 2014 Ziffer 192).

781. Neben betrieblichen Anpassungen zeichnet sich ein **erhöhtes Arbeitsangebot** ab. So kann der gesetzliche Mindestlohn dazu führen, dass Personen, die zuvor nicht am Arbeitsmarkt aktiv waren, sich nun zum Arbeitsmarkteintritt entschließen. Außerdem könnten bereits erwerbstätige Personen bereit sein, ihr Arbeitsstundenangebot zu erhöhen. Vor allem die in jüngster Zeit hohe Zuwanderung nach Deutschland wird das Arbeitsangebot – gerade im Niedriglohnbereich – ohnehin ansteigen lassen. Dies könnte dazu beitragen, dass die Arbeitslosigkeit steigt und der informelle Sektor wieder wächst, der in den vergangenen Jahren tendenziell kleiner geworden sein dürfte (Schneider und Boockmann, 2016).

III. FAZIT: LANGZEITARBEITSLOSE NICHT ZURÜCKLASSEN

782. Wenngleich sich der Arbeitsmarkt in den vergangenen Jahren sehr positiv entwickelt hat, ist der Aufschwung an vielen Arbeitslosen vorbeigegangen. Sie weisen vielfach **multiple Vermittlungshemmnisse** auf, insbesondere eine hohe Dauer der Arbeitslosigkeit. Arbeitsmarktpolitische Maßnahmen haben sich beim Abbau dieser verfestigten Arbeitslosigkeit als wenig wirkmächtig erwiesen, da für diese Arbeitslosen nur solche Maßnahmen aussichtsreich sind, die ihre individuellen Potenziale stark berücksichtigen. In jüngster Zeit ist zudem die Konkurrenz am Arbeitsmarkt für Langzeitarbeitslose durch den Rückgang der Stillen Reserve und die Zuwanderung sogar noch größer geworden.

783. Umso wichtiger ist es, die **Aufnahmefähigkeit des Niedriglohnsektors** zu erhalten, die in den vergangenen Jahren entscheidend zum Aufbau von Beschäftigung und Abbau von Arbeitslosigkeit beigetragen hat. So finden Langzeitarbeitslose häufig in solchen Wirtschaftsbereichen eine neue Beschäftigung, die eine **hohe Beschäftigungsdynamik** aufweisen und durch niedrige Löhne geprägt sind. Um diese neuen Beschäftigungsverhältnisse zu stabilisieren, könnte es sinnvoll sein, Coaching-Konzepte zu verfolgen, bei denen Langzeitarbeitslose nach der Aufnahme einer Beschäftigung weiter betreut werden.

784. Die Möglichkeit, über eine Beschäftigung im Niedriglohnsektor den Zugang zum Arbeitsmarkt zu bewahren, ist besonders vor dem Hintergrund der fortschreitenden **Digitalisierung** relevant. Sie wird aller Voraussicht nach die Arbeitswelt nachhaltig verändern und Wirtschaftsstrukturen verschieben (JG 2015 Ziffern 545 ff.). Zwar sind durch diese Wandlungen weder wesentliche Beschäftigungsverluste noch eine substanziell höhere strukturelle Arbeitslosigkeit zu erwarten (Wolter et al., 2015; Eichhorst, 2015). Doch um den Anschluss an die

digitalisierte Arbeitswelt nicht zu verpassen, ist die betriebliche Praxis gerade für die älteren Arbeitnehmer und jene am unteren Ende der Qualifikationsskala von entscheidender Bedeutung.

785. Langfristig wird der Niedriglohnsektor seine Aufgabe allerdings nur erfüllen können, wenn er nicht nur in der Lage ist, diese Personen aufzunehmen, sondern ihnen darüber hinaus angemessene **Aufstiegsmöglichkeiten** eröffnet. Bislang erweisen sich die Aufstiegschancen aus dem Niedriglohnsektor in höhere Bezahlung aber als **relativ gering**. Die Arbeitsmarktpolitik sollte daher davon absehen, für Beschäftigte im Niedriglohnbereich den Aufstieg in anspruchsvollere und besser bezahlte Tätigkeiten durch eine weitere Regulierung des Arbeitsmarkts zu erschweren.

786. Der Arbeitsmarkt in Deutschland ist im internationalen Vergleich ohnehin recht **stark reguliert** (JG 2013 Ziffern 452 f.). Dies hat sich durch die Einführung des gesetzlichen Mindestlohns noch verstärkt. Die in diesem Jahr beschlossenen Reformen der Zeitarbeit und Werkverträge setzen diese eingeschlagene Politikrichtung weiter fort. Sie bringen tendenziell denjenigen Beschäftigten Vorteile, die ohnehin vergleichsweise erfolgreich sind, tragen aber damit dazu bei, die Arbeitnehmer in verfestigter Arbeitslosigkeit weiter auszugrenzen. Die im Gesetzentwurf zur Lohngleichheit vorgesehenen Lohnauskunfts- und Ausweispflichten würden zu zusätzlichem Verwaltungsaufwand führen. Ob auf diese Weise das Ziel des Gesetzes erreicht wird, Lohngleichheit zwischen den Geschlechtern herzustellen, ist angesichts der großen Vielfalt der Arbeitsbeziehungen fraglich.

787. Aus dieser Perspektive stellt der **Mindestlohn** eine wesentliche Hürde für die Aufnahmefähigkeit des Arbeitsmarkts dar, da er die Entstehung von Arbeitsplätzen für Niedrigproduktive behindert. Die beschlossene Erhöhung des Mindestlohns von 8,50 Euro auf 8,84 Euro zum 1. Januar 2017 ist zwar moderat. Durch den Einbezug von jüngeren, höheren Tarifabschlüssen wich die Mindestlohnkommission aber bereits bei ihrer ersten Entscheidung vom vormals vereinbarten Lohnindex ab.

Die **Ausnahmen vom Mindestlohn** für Langzeitarbeitslose in den ersten sechs Monaten einer neuen Beschäftigung sind als Versicherungselement sinnvoll. Sie sollten daher nicht nur erhalten, sondern auf zwölf Monate ausgeweitet werden. Aus dem Umstand, dass die Ausnahmeregelung bislang nicht stark zur Anwendung gekommen ist (vom Berge et al., 2016b), darf nicht gefolgert werden, dass sie in schlechten konjunkturellen Zeiten nicht zum Rettungsanker für Langzeitarbeitslose werden könnte.

LITERATUR

Achatz, J. und M. Trappmann (2011), *Arbeitsmarktvermittelte Abgänge aus der Grundsicherung: Der Einfluss von personen- und haushaltsgebundenen Arbeitsmarktbarrieren*, IAB-Discussion Paper 2/2011, Nürnberg.

Angrist, J. D. und A.D. Kugler (2003), Protective or counter-productive? Labour market institutions and the effect of immigration on EU natives, *Economic Journal* 113, F302-F331.

Aretz, B. und N. Gürtzgen (2012), Was erklärt die zunehmende Persistenz von Niedriglohnbeschäftigung in Deutschland?, *ZEW Wachstums-und Konjunkturanalysen* 15, 8-9.

Arni, P., R. Lalive und J.C. Van Ours (2013), How effective are unemployment benefit sanctions? Looking beyond unemployment exit, *Journal of Applied Econometrics* 28, 1153-1178.

Bach, H.-U., H. Gartner, S. Klinger, T. Rothe und E. Spitznagel (2007), *Ein robuster Aufschwung mit freundlichem Gesicht*, IAB-Kurzbericht 15/2007, Nürnberg.

Bell, B., R. Blundell und J. van Reenen (1999), Getting the unemployed back to work: The role of targeted wage subsidies, *International Tax and Public Finance* 6, 339-360.

Bellmann, L., M. Bossler, M. Dütsch, H.D. Gerner und C. Ohlert (2016), *Betriebe reagieren nur selten mit Entlassungen*, IAB-Kurzbericht 18/2016, Nürnberg.

Bellmann, L., M. Bossler, H.D. Gerner und O. Hübler (2015), *Reichweite des Mindestlohns in deutschen Betrieben*, IAB-Kurzbericht 6/2015, Nürnberg.

Bernhard, S. und T. Kruppe (2012), Effectiveness of further vocational training in Germany: Empirical findings for persons receiving means-tested unemployment benefits, *Schmollers Jahrbuch* 132, 501-526.

Bezzina, E. (2012), *Population and social conditions: In 2010, 17 % of employees in the EU were low-wage earners*, Statistics in Focus 48/2012, Eurostat, Europäische Kommission, Brüssel.

Biewen, M., B. Fitzenberger, A. Osikominu und M. Paul (2014), The effectiveness of public-sponsored training revisited: The importance of data and methodological choices, *Journal of Labor Economics* 32, 837-897.

Blundell, R., M. Costa Dias, C. Meghir und J. Van Reenen (2004), Evaluating the employment impact of a mandatory job search program, *Journal of the European Economic Association* 2, 596–606.

BMAS (2016), *Programm zum Abbau von Langzeitarbeitslosigkeit*, http://www.bmas.de/DE/Themen/Arbeitsmarkt/Modellprogramme/esf-programm-abbau-langzeitarbeitslosigkeit.html, abgerufen am 29.08.2016, Bundesministerium für Arbeit und Soziales, Berlin.

Boockmann, B., T. Zwick, A. Ammermüller und M. Maier (2012), Do hiring subsidies reduce unemployment among older workers? Evidence from two natural experiments, *Journal of the European Economic Association* 10, 735-764.

Bossler, M.C. und H.D. Gerner (2016), *Employment effects of the new German minimum wage: Evidence from establishment-level micro data*, IAB-Discussion Paper No. 10/2016, Nürnberg.

Burda, M. und S. Seele (2016), *No role for the Hartz reforms? Demand and supply factors in the German labor market, 1993-2014*, SFB 649 Discussion Paper 2016-010, Berlin.

Butschek, S. und T. Walter (2014), What active labour market programmes work for immigrants in Europe? A meta-analysis of the evaluation literature. *IZA Journal of Migration* 3:48.

Caliendo, M., S. Künn und A. Uhlendorff (2016), Earnings exemptions for unemployed workers: The relationship between marginal employment, unemployment duration and job quality, *Labour Economics* 42, 177-193.

Duell, N., L. Thurau und T. Vetter (2016), *Long-term unemployment in the EU: Trends and policies*, Economix Research & Consulting, Bertelsmann Stiftung, Gütersloh.

Dustmann, C., B. Fitzenberger, U. Schönberg und A. Spitz-Oener (2014), From sick man of Europe to economic superstar: Germany's resurgent economy, *Journal of Economic Perspectives* 28, 167-188.

Dustmann, C., T. Frattini und I.P. Preston (2013), The effect of immigration along the distribution of wages, *Review of Economic Studies* 80, 145-173.

Dustmann, C., U. Schönberg und J. Stuhler (2016), *Labor supply shocks, native wages, and the adjustment of local employment,* CEPR Discussion Paper No. DP11436, London.

Eichhorst, W. (2015), *Do we have to be afraid of the future world of work?*, IZA Policy Paper No. 102, Bonn.

Foged, M. und G. Peri (2016), Immigrants' effect on native workers: New analysis on longitudinal data, *American Economic Journal: Applied Economics* 8, 1-34.

FT (2016), Business pushes back on national living wage, *Financial Times*, London, 8. August.

Fuchs, J. et al. (2016), *Beschäftigung und Arbeitskräfteangebot so hoch wie nie*, IAB-Kurzbericht 6/2016, Nürnberg.

Fuchs, J. und B. Weber (2010), *Umfang und Struktur der westdeutschen Stillen Reserve. Aktualisierte Schätzungen*, IAB-Forschungsbericht 11/2010, Nürnberg.

Garloff, A. (2016), *Side effects of the new German minimum wage on (un-)employment: First evidence from regional data*, IAB-Discussion Paper 31/2016, Nürnberg.

Glitz, A. (2012), The labor market impact of immigration: A quasi-experiment exploiting immigrant location rules in Germany, *Journal of Labor Economics* 30, 175-213.

Gottschalk, P. (2001), *Wage mobility within and between jobs*, LoWER Working Papers wp1, Amsterdam Institute for Advanced Labour Studies.

Hofmann, B. (2012), Short- and long-term ex-post effects of unemployment insurance sanctions – evidence from West Germany, *Journal of Economics and Statistics* 232, S. 31-60.

Hohmeyer, K. und J. Wolff (2012), A fistful of Euros: Is the German one-Euro job workfare scheme effective for participants?, *International Journal of Social Welfare* 21, 174-185.

IAB (2016), *Hürdenlauf*, IAB-Forum 1/2016, Nürnberg.

Jaenichen, U. und G. Stephan (2011), The effectiveness of targeted wage subsidies for hard-to-place workers, *Applied Economics* 43, 1209-1225.

Jahn, E. (2016), *Brückeneffekte für Ausländer am Arbeitsmarkt: Zeitarbeit kann Perspektiven eröffnen*, IAB-Kurzbericht 19/2016, Nürnberg.

Jozwiak, E. und J. Wolff (2007), *Wirkungsanalyse: Kurz und bündig - Trainingsmaßnahmen im SGB II*, IAB-Kurzbericht 24/2007, Nürnberg.

Kalina, T. und C. Weinkopf (2015), *Niedriglohnbeschäftigung 2013: Stagnation auf hohem Niveau*, IAQ-Report 03/2015, Duisburg.

Kerr, S.P. und W.R. Kerr (2011), Economic impacts of immigration: A survey, *Finnish Economic Papers* 24, 1-32.

Kluve, J. (2010), The effectiveness of European active labor market programs, *Labour Economics* 17, 904-918.

Kluve, J. (2013), *Aktive Arbeitsmarktpolitik: Maßnahmen, Zielsetzungen, Wirkungen*, Sachverständigenrat zur Begutachtung der gesamtwirtschaftlichen Entwicklung, Arbeitspapier 07/2013, Wiesbaden.

Knabe, A., R. Schöb und J. Weimann (2016), The subjective well-being of workfare participants: Insights from a day reconstruction survey, *Applied Economics*, im Erscheinen..

Knabe, A. und A. Plum (2013), Low-wage jobs – springboard to high-paid ones?, *Labour* 27, 310-330.

Konle-Seidl, R. (2016), *Kein Patentrezept in Sicht*, IAB-Kurzbericht 1/2016, Nürnberg.

Krebs, T. und M. Scheffel (2013), Macroeconomic evaluation of labor market reform in Germany, *IMF Economic Review* 61, 664-701.

Kubis, A., M. Rebien und E. Weber (2015), *Neueinstellungen im Jahr 2014: Mindestlohn spielt schon im Vorfeld eine Rolle*, IAB-Kurzbericht 12/2015, Nürnberg.

Lalive, R., J.C. Ours und J. Zweimüller (2005), The effect of benefit sanctions on the duration of unemployment, *Journal of the European Economic Association* 3, 1386-1417.

Lechner, M. und C. Wunsch (2009), Are training programs more effective when unemployment is high?, *Journal of Labor Economics* 27, 653-692.

Low Pay Commission (2016), *National Minimum Wage: Low Pay Commission Report Spring 2016*, Her Majesty's Stationery Office, London.

Mindestlohnkommission (2016), *Erster Bericht zu den Auswirkungen des gesetzlichen Mindestlohns. Bericht der Mindestlohnkommission an die Bundesregierung nach § 9 Abs. 4 Mindestlohngesetz*, Berlin.

Mosthaf, A., T. Schank und C. Schnabel (2014), Low-wage employment versus unemployment: Which one provides better prospects for women?, *IZA Journal of European Labor Studies* 3:21, 1-17.

Mosthaf, A., C. Schnabel und J. Stephani (2011), Low-wage careers: Are there dead-end firms and dead-end jobs?, *Journal for Labour Market Research* 43, 231-249.

Müller, K.-U. und V. Steiner (2008), *Imposed benefit sanctions and the unemployment-to-employment transition: The German experience*, DIW Discussion Paper No. 792, Berlin.

OECD (2015), Taxing wages 2015, Organisation for Economic Co-operation and Development, Paris.

Riphahn, R. T. und D. Schnitzlein (2016), Wage mobility in East and West Germany, *Labour Economics* 39, 11-34.

Schneider, F. und B. Boockmann (2016), *Die Größe der Schattenwirtschaft – Methodik und Berechnungen für das Jahr 2016*, Johannes Kepler University Linz und Institut für Angewandte Wirtschaftsforschung an der Universität Tübingen.

Schulten, T. (2014), *WSI-Mindestlohnbericht 2014–stagnierende Mindestlöhne*, WSI-Mitteilungen 02/2014, 132-139.

Statistisches Bundesamt (2016), *4 Millionen Jobs vom Mindestlohn betroffen*, Pressemitteilung Nr. 121, Wiesbaden, 6. April.

SZ (2010), *Ein Drittel vom Einkommen*, Süddeutsche Zeitung online, 17. Mai, http://www.sueddeutsche.de/geld/miete-ein-drittel-vom-einkommen-1.359997, abgerufen am 07.10.2016.

Uhlendorff, A. (2006), *From no pay to low pay and back again? A multi-state model of low pay dynamics*, IZA Discussion Paper Series, DP No. 2482, Bonn.

Van den Berg, G.J. und J. Vikström (2014), Monitoring job offer decisions, punishments, exit to work, and job quality, *The Scandinavian Journal of Economics* 116, 284-334.

vom Berge, P., et al. (2016a), *Arbeitsmarktspiegel: Entwicklungen nach Einführung des Mindestlohns (Ausgabe 1)*, IAB-Forschungsbericht 1/2016, Nürnberg.

vom Berge, P., I. Klingert, S. Becker, J. Lenhart, S. Trenkle und M. Umkehrer (2016b), *Mindestlohnbegleitforschung – Überprüfung der Ausnahmeregelung für Langzeitarbeitslose*, IAB-Forschungsbericht 8/2016, Nürnberg.

Weißbrodt, T. (2016), *Teilhabe zugewanderter Menschen am Arbeitsmarkt*, Wissenschaftliche Tagung Arbeitsmarkt und Migration, Wiesbaden, 31. Mai.

Wolff, J. und K. Hohmeyer (2008), *Wirkungen von Ein-Euro-Jobs: Für ein paar Euro mehr*, IAB-Kurzbericht 2/2008, Nürnberg.

Wolter, M.I., et al. (2015), *Industrie 4.0 und die Folgen für Arbeitsmarkt und Wirtschaft*, IAB-Forschungsbericht 8/2015, Nürnberg.

Wunsch, C. und M. Lechner (2008), What did all the money do? On the general ineffectiveness of recent West German labour market programmes, *Kyklos* 61, 134-174.

STARKE UMVERTEILUNG, GERINGE MOBILITÄT

I. Einleitung

II. Starke Umverteilung der Einkommen
   1. Funktionale und personelle Einkommensverteilung
   2. Verteilung der Einkommen
   3. Verteilung der Löhne

III. Vermögensbildung und -verteilung
   1. Vermögen der privaten Haushalte
   2. Vermögen im internationalen Vergleich

IV. Herausforderung Einkommens- und Vermögensmobilität

Eine andere Meinung

Literatur

DAS WICHTIGSTE IN KÜRZE

Seinem gesetzlichen Auftrag entsprechend legt der Sachverständigenrat regelmäßig auf Basis von Haushaltsbefragungen eine aktualisierte Analyse der Verteilung von Einkommen und Vermögen vor. Deutschland ist im internationalen Vergleich eines der Länder mit **mäßiger Ungleichheit der Haushaltsnettoeinkommen**. Bis zum Jahr 2005 ist es zu einem merklichen Anstieg der Ungleichheit gekommen, bei dem insbesondere Haushalte mit niedrigen Einkommen relative Einbußen erlitten. Danach ist die Ungleichheit zunächst leicht gefallen und bis zum letzten verfügbaren Beobachtungsjahr 2013 wieder leicht gestiegen.

Die Vermögen sind deutlich ungleicher verteilt als die Einkommen. Allerdings ist die Einordnung des Ausmaßes im internationalen Vergleich schwer, weil die Daten unter anderem durch die fehlende Berücksichtigung von Anwartschaften aus staatlichen Altersvorsorgesystemen verzerrt sind. Dass in Deutschland **niedrigere private Nettovermögen** aufgebaut werden als in den meisten europäischen Ländern, hat verschiedene Gründe. So reduziert beispielsweise das bereits umfangreiche Steuer- und Sozialversicherungssystem gerade für einkommensschwächere Haushalte die Anreize und Möglichkeiten zur privaten Vermögensbildung.

Das **Steuer- und Transfersystem** verteilt in erheblichem Maße Einkommen um und trägt damit zum sozialen Ausgleich bei. Die ungleich verteilten Markteinkommen werden so in sehr viel weniger ungleich verteilte Nettoeinkommen übersetzt. Wollte man der Vermögenskonzentration dadurch entgegenwirken, dass die Intensität der Umverteilung der Einkommen erhöht wird, könnte sich dies als kontraproduktiv erweisen. Denn dies dürfte die Anreize schwächen, durch Qualifikationserwerb und Leistungsbereitschaft überhaupt erst hohe Einkommen zu erzielen.

Aufgrund der verminderten Anreize, zu investieren und Risiken zu übernehmen, ist es nicht ratsam, die **Vermögensteuer** wiederzubeleben. Ohne Ausnahmen für Betriebsvermögen ließe sie sich kaum realisieren. Eine solche Verschonung ist bereits bei der Erbschaftsteuer problematisch. Bei vererbten Vermögen hält der Sachverständigenrat im Gegensatz zum kürzlich gefundenen Kompromiss, der Unternehmen übermäßig verschont, weiterhin eine **Erbschaftsteuer** mit einer breiten Bemessungsgrundlage, aber mit niedrigen Sätzen für den richtigen Weg.

Ein besserer Ansatzpunkt zur Abwendung einer verfestigten Vermögenskonzentration dürfte in der **Erhöhung der Einkommensmobilität** bestehen. Beim Versuch, die Chancengerechtigkeit und damit die Möglichkeiten zum sozialen Aufstieg zu verbessern, sollte das Augenmerk vor allem der frühkindlichen Bildung gelten. Neben dem Ausbau von Betreuungsplätzen geht es dabei darum, dass die Betreuungsangebote tatsächlich angenommen werden. Weiterhin sollte das Bildungssystem durchlässiger gestaltet werden.

I. EINLEITUNG

788. Die Diskussion über die Verteilung von Einkommen und Vermögen hat die globale Agenda erobert. In das Abschlussdokument des G20-Gipfels in China wurde das Ziel einer Reduzierung von Ungleichheit aufgenommen. Aus der Sicht der reicheren Volkswirtschaften steht bei dieser Diskussion meist im Mittelpunkt, dass sich die **Ungleichheit von Löhnen, Einkommen und Vermögen** innerhalb vieler Länder über die vergangenen Jahrzehnte erhöht hat. Doch die zunehmende Ungleichheit hat je nach Entwicklungsstand eines Landes eine unterschiedliche Bedeutung und sollte nicht isoliert von der Entwicklung des Einkommensniveaus betrachtet werden.

Denn die Erhöhung der Ungleichheit in den Schwellenländern und weniger entwickelten Staaten ist mit einem wirtschaftlichen Aufholprozess hin zu den entwickelten Volkswirtschaften einhergegangen. Dadurch sind hohe Zuwachsraten der Einkommen in der Mitte der globalen Einkommensverteilung zu verzeichnen. Über alle Länder der Welt hinweg hat sich dadurch die **globale Einkommensungleichheit verringert** (Lakner und Milanovic, 2016).

789. Während in vielen Industrieländern die Einkommensungleichheit zugenommen hat, zeigt sich in **Deutschland** eine **vergleichsweise stabile Entwicklung**. Zwischen den Jahren 1999 und 2005 ist die Einkommensungleichheit gestiegen. Seither schwankt sie geringfügig und hat sich bis zum Jahr 2013 kaum weiter erhöht. Innerhalb Deutschlands haben sich die regionalen Unterschiede der verfügbaren Einkommen zwischen den Jahren 1995 und 2012 verringert (OECD, 2016). Hierzu dürfte unter anderem die Lohnangleichung in Ostdeutschland in Richtung des Westniveaus beigetragen haben. ↘ ABBILDUNG 83

Im internationalen Vergleich weist Deutschland eine mäßige Ungleichheit der Einkommen auf. Vor Steuern und Transferleistungen ist die Einkommensungleichheit etwas höher, nach Steuern und Transferleistungen etwas niedriger als der OECD-Durchschnitt. Dies belegt ein vergleichsweise **hohes Ausmaß an Umverteilung** in Deutschland. Das deutsche Steuer-Transfer-System zählte im Jahr 2011 zu den am stärksten umverteilenden Sozialsystemen in der OECD (OECD, 2015).

790. Die Verteilung der privaten Vermögen ist im internationalen Vergleich dagegen auffälliger. Zum einen gehört Deutschland zu den Ländern mit der stärksten Vermögensungleichheit. Zum anderen fallen die geschätzten **privaten Nettovermögen vergleichsweise gering** aus. Dabei könnten allerdings Schwierigkeiten bei der Datenerhebung eine Rolle spielen. Außerdem erschweren die unterschiedlichen staatenspezifischen Sozialversicherungssysteme den internationalen Vergleich von Vermögenswerten. Werden die Ansprüche aus Rentenanwartschaften bei der Vermögensbildung berücksichtigt, erhöhen sich die Vermögen der Deutschen deutlich, und die Vermögensungleichheit geht zurück (Bönke et al., 2016).

791. Inwiefern eine zunehmende Ungleichheit das Wirtschaftswachstum steigert oder hemmt, wird derzeit stark diskutiert (JG 2015 Ziffern 498 ff.). Einerseits ist mit einer ungleichen Verteilung von Einkommen und Vermögen ein hoher **Anreiz für individuelle Anstrengungen** verbunden. Andererseits können **Verteilungskonflikte** zu gesellschaftlicher und politischer Instabilität beitragen. Dies dürfte vor allem dann der Fall sein, wenn Teile der Bevölkerung ex ante kaum Aussichten auf Erfolg haben, beispielsweise durch beschränkten Zugang zum Bildungssystem oder unterlassene Investitionen aufgrund finanzieller Restriktionen (Benabou, 1996; Perotti, 1996). Empirisch ist der **Zusammenhang** zwischen Ungleichheit und Wirtschaftswachstum jedenfalls **nicht eindeutig**, sodass einzelne empirische Ergebnisse mit erheblicher Vorsicht interpretiert werden sollten (JG 2015 Kasten 17).

792. Ob die bestehenden Einkommens- und Vermögensunterschiede in einer Gesellschaft akzeptabel sind, ist eine **normative Frage**, die hier nicht weiter diskutiert werden kann. Eine wissenschaftliche Analyse der Verteilung und Umverteilung von Einkommen und Vermögen kann jedoch ermitteln, welche Einflussfaktoren die Einkommens- und Vermögensungleichheit vermutlich erhöht oder gemindert haben und welche wirtschafts- und finanzpolitischen Maßnahmen sich in welcher Weise auf die Ungleichheit auswirken dürften. Da sich beim Einsatz dieser Instrumente oftmals Zielkonflikte ergeben, kann die wissenschaftliche Analyse zudem Abwägungen verdeutlichen.

II. STARKE UMVERTEILUNG DER EINKOMMEN

793. In der Diskussion um die Einkommensverteilung werden verschiedene Ansatzpunkte verwendet, die im Folgenden diskutiert werden. Zunächst wird gezeigt, dass die Abkopplung des Wachstums der Haushaltseinkommen von der Entwicklung des BIP nicht notwendigerweise einen Anhaltspunkt für höhere Ungleichheit bietet. Der zeitliche Verlauf der Verteilung von Haushaltseinkommen vor und nach Abgaben, Steuern und Transfers auf Basis von Umfragedaten weist **keine merkliche Erhöhung der Ungleichheit** über das letzte Jahrzehnt auf. Dies trifft ebenfalls auf die Verteilung der Löhne zu, die eine wesentliche Einkommenskomponente vieler Haushalte darstellen.

1. Funktionale und personelle Einkommensverteilung

794. Auf gesamtwirtschaftlicher Ebene stellt die **funktionale Aufteilung der Einkommen** zwischen Arbeitnehmern und Kapitaleignern den Ausgangspunkt dar, um die Entwicklung von Einkommen zu analysieren (JG 2012 Ziffern 548 ff.). Dabei zeigt die gesamtwirtschaftliche Lohnquote den Anteil der Arbeitseinkommen am Gesamteinkommen an. Für die Verteilung des Wohlstands in einer Gesellschaft ist die funktionale Einkommensverteilung allerdings kein geeigneter Maßstab. So können beispielsweise Spreizungen innerhalb der Lohnverteilung nicht abgebildet werden.

795. Die **Aussagekraft der Lohnquote** hinsichtlich des Wohlstands der Arbeitnehmer ist **begrenzt**, da sie Kapitaleinkommen der Arbeitnehmer nicht einschließt. Außerdem werden die schwer erfassbaren Arbeitseinkommen Selbstständiger durch das durchschnittliche Arbeitseinkommen abhängig beschäftigter Arbeitnehmer approximiert (JG 2012 Kasten 20). Die in der Öffentlichkeit geführte Debatte über Verteilungsgerechtigkeit wird unter anderem von der Tatsache gestützt, dass die Kapitaleinkommen im Vergleich zu den Arbeitseinkommen überproportional gestiegen sind. Ein Rückgang der Lohnquote hat jedoch im Hinblick auf die Lohnergebnisse einer bestimmten Gruppe von Arbeitnehmern, etwa derjenigen im unteren Lohnsegment, keine Aussagekraft. Nachdem Mitte des vergangenen Jahrzehnts die Lohnquote deutlich abgenommen hatte, ist sie nach der Finanzkrise im Jahr 2008 jedoch wieder spürbar gestiegen und liegt seit dem Jahr 2009 stabil bei etwa 63 %. ↘ ABBILDUNG 102 LINKS

796. Im Mittelpunkt von Einkommensanalysen steht mittlerweile die Untersuchung von Daten auf Personen- und Haushaltsebene. Dabei rückt die **personelle Einkommensverteilung** auf Basis von Befragungen in den Vordergrund. Mit Hochrechnungsfaktoren lassen sich aus der Befragungsstichprobe repräsentative Ergebnisse auf die Gesamtbevölkerung ableiten. Einschränkungen der Aussagefähigkeit ergeben sich jedoch aus der Freiwilligkeit der Teilnahme an der Befragung und dem persönlichen Befragungsgegenstand. Gerade die Bezieher hoher Einkommen sind dabei nicht repräsentativ erfasst.

↘ ABBILDUNG 102
Gesamtwirtschaftliche einkommensbezogene Entwicklungen

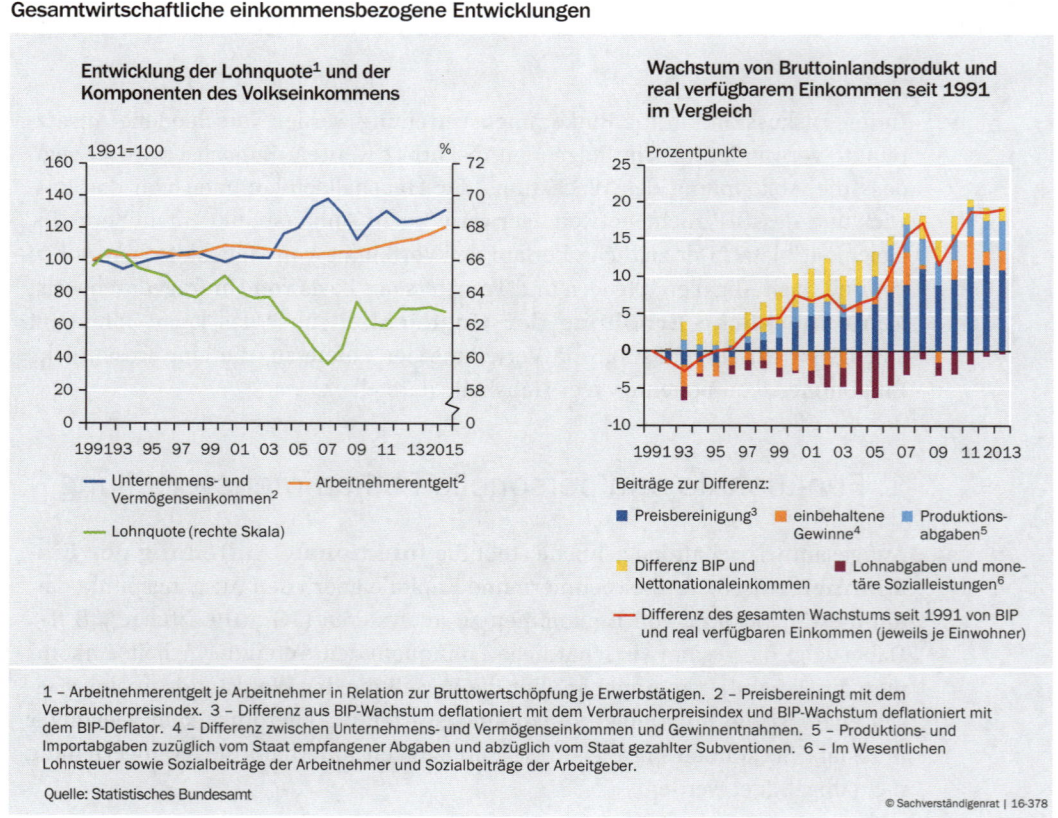

Entwicklung der Lohnquote[1] und der Komponenten des Volkseinkommens
— Unternehmens- und Vermögenseinkommen[2]
— Arbeitnehmerentgelt[2]
— Lohnquote (rechte Skala)

Wachstum von Bruttoinlandsprodukt und real verfügbarem Einkommen seit 1991 im Vergleich
Beiträge zur Differenz:
■ Preisbereinigung[3] ■ einbehaltene Gewinne[4] ■ Produktionsabgaben[5]
■ Differenz BIP und Nettonationaleinkommen ■ Lohnabgaben und monetäre Sozialleistungen[6]
— Differenz des gesamten Wachstums seit 1991 von BIP und real verfügbaren Einkommen (jeweils je Einwohner)

1 – Arbeitnehmerentgelt je Arbeitnehmer in Relation zur Bruttowertschöpfung je Erwerbstätigen. 2 – Preisbereinigt mit dem Verbraucherpreisindex. 3 – Differenz aus BIP-Wachstum deflationiert mit dem Verbraucherpreisindex und BIP-Wachstum deflationiert mit dem BIP-Deflator. 4 – Differenz zwischen Unternehmens- und Vermögenseinkommen und Gewinnentnahmen. 5 – Produktions- und Importabgaben zuzüglich vom Staat empfangener Abgaben und abzüglich vom Staat gezahlter Subventionen. 6 – Im Wesentlichen Lohnsteuer sowie Sozialbeiträge der Arbeitnehmer und Sozialbeiträge der Arbeitgeber.

Quelle: Statistisches Bundesamt
© Sachverständigenrat | 16-378

797. Der Sachverständigenrat greift in seinen regelmäßigen Analysen vor allem auf die Daten des **Sozio-oekonomischen Panels (SOEP)** zurück. Dies ist eine repräsentative, freiwillige Wiederholungbefragung von Haushalten, die seit mehr als drei Jahrzehnten im jährlichen Rhythmus stattfindet. Das SOEP enthält mit einer zeitlichen Verzögerung umfassende Daten zu den individuellen Einkommen. Da die Einkommensdaten retrospektiv erhoben und anschließend aufbereitet werden, sind sie momentan nur bis zum Jahr 2013 verfügbar.

Für die Analyse von Einkommen stehen verschiedene Befragungsdatensätze zur Verfügung. Generell können durch die Freiwilligkeit der Auskunft mögliche Verzerrungen bei den Angaben auftreten. Im **SOEP** sind bestimmte soziale Gruppen durch Zusatzerhebungen umfassender repräsentiert. Die jährliche Panelstruktur in Verbindung mit der hohen Qualität der persönlichen Interviews ist ein Alleinstellungsmerkmal des SOEP. Im **Mikrozensus**, einer Befragung von etwa 1 % aller privaten Haushalte in Deutschland, ist die Stichprobe zwar deutlich größer. Die Panelbefragung der Dauerstichprobe findet jedoch im Gegensatz zum SOEP schriftlich statt. Der Einsatz schriftlicher Fragebögen ist dabei negativ mit dem Anwerbeerfolg für die Dauerstichprobe befragungsbereiter Haushalte korreliert (Nimmergut et al., 2004) und kann so Verzerrungen verursachen. Die **Einkommens- und Verbraucherstichprobe** (EVS) ist eine freiwillige und schriftliche Befragung privater Haushalte in Deutschland. Alle fünf Jahre werden Daten zur Einkommens-, Vermögens-, Konsum- und Wohnsituation sowie zur Ausstattung mit Gebrauchsgütern erhoben. Die in der EVS befragten Haushalte lassen sich zudem nicht über die einzelnen Wellen hinweg verfolgen. Für internationale Vergleiche stehen unter anderem der EU-SILC-Datensatz, der für Deutschland Informationen aus dem Mikrozensus nutzt, und die Luxembourg Income Study, die auf die Daten des SOEP zurückgreift, zur Verfügung. Internationale Vergleiche weisen jedoch naturgemäß erhebliche Probleme auf, weil die Vergleichbarkeit der Daten nicht gegeben ist und sich die institutionellen Rahmenbedingungen von Land zu Land stark unterscheiden. Grundlegend unterschiedliche Ergebnisse liefern die beiden Datensätze jedoch nicht.

798. Für diese Analyse der Einkommensverteilung wird auf zwei verschiedene Einkommenskonzepte zurückgegriffen. Der erste Blick gilt den **Marktäquivalenzeinkommen**. Dieses Konzept umfasst die Einkommen der Haushaltsmitglieder aus selbstständiger und abhängiger Erwerbstätigkeit, aus Vermögen und selbstgenutztem Wohneigentum sowie privaten Transferleistungen (JG 2014 Ziffer 689). Um eine personenbasierte Analyse der auf Haushaltsebene erhobenen Einkommen zu ermöglichen, wird eine **Äquivalenzgewichtung** vorgenommen (Goebel et al., 2015). Die üblicherweise genutzte modifizierte OECD-Skala weist hierfür dem Haushaltsvorstand ein Gewicht von 1, allen weiteren Haushaltsmitgliedern ab einem Alter von 15 Jahren ein Gewicht von 0,5 und Kindern unter 15 Jahren ein Gewicht von 0,3 zu. Damit werden die Skaleneffekte gemeinsamer Haushaltsführung berücksichtigt. Der eigentliche Analysegegenstand ist letztlich die fiktive individualisierte Verteilung dieser Einkommen.

799. Die Markteinkommen eines Haushalts bilden die Grundlage für die Berechnung der **Haushaltsnettoeinkommen**. Zu den Markteinkommen werden dafür die Renten aus der Gesetzlichen Rentenversicherung und staatliche Transferleistungen addiert, die Einkommensteuer und der Arbeitnehmeranteil der Pflichtbeiträge zu den Sozialversicherungen hingegen davon abgezogen. Die Haushaltsnettoeinkommen werden ebenfalls äquivalenzgewichtet. Wiederum ist da-

her der eigentliche Analysegegenstand die fiktive individualisierte Verteilung der Haushaltsnettoeinkommen. Der Vergleich von Markteinkommen und Haushaltsnettoeinkommen zeigt die Intensität der Umverteilung durch das Steuer- und Transfersystem auf.

800. Bei jeder Analyse anhand von Mikrodaten aus Haushaltsbefragungen wie dem SOEP stellt sich die Frage, wie gut sie die **Entwicklung auf aggregierter Ebene** – repräsentiert durch die Angaben der Volkswirtschaftlichen Gesamtrechnungen (VGR) des Statistischen Bundesamts – **nachbilden** kann. So fällt bei den Einkommensdaten des SOEP auf, dass sich die Entwicklung des preisbereinigten durchschnittlichen Haushaltsnettoeinkommens deutlich von der des preisbereinigten BIP je Einwohner unterscheidet.

Während die letztgenannte Größe im Zeitraum der Jahre 1991 bis 2013 insgesamt um 28,7 % anstieg, war für das durchschnittliche Haushaltsnettoeinkommen lediglich ein Anstieg von 12,0 % zu verzeichnen. In der Verteilungsdiskussion wird die Tatsache, dass das BIP je Einwohner deutlich stärker steigt als die Haushaltsnettoeinkommen, häufig als Zeichen steigender Ungleichheit interpretiert (Nolan et al., 2016).

801. Neben der Problematik verschiedener Datenquellen ist zu beachten, dass das BIP je Einwohner und das durchschnittliche Haushaltsnettoeinkommen im Grunde nicht miteinander zu vergleichen sind. So beinhaltet das BIP etwa Komponenten wie Steuern oder Abschreibungen, die in den Haushaltsnettoeinkommen nicht enthalten sind. Eine passendere Vergleichsgröße für das Haushaltsnettoeinkommen des SOEP stellt das ebenfalls durch die VGR ausgewiesene **real verfügbare Einkommen** des Sektors der privaten Haushalte dar.

802. Selbst diese Größe ist konzeptionell nicht identisch mit den Angaben aus Haushaltsbefragungen. So werden in den VGR die in Privathaushalten lebende Bevölkerung, die in Gemeinschaftsunterkünften lebenden Personen und private Organisationen ohne Erwerbszweck, zum Beispiel Kirchen oder Vereine, berücksichtigt. Weitere **Unterschiede** betreffen die Einkommen aus selbstgenutztem Wohneigentum und Teile der Vermögenseinkommen (Schwahn und Schwarz, 2012). Die Zuwachsrate des realen verfügbaren Einkommens je Einwohner laut VGR liegt für den Zeitraum zwischen 1991 und 2013 bei 9,7 % und damit deutlich unter derjenigen des BIP je Einwohner. Sie liegt damit zudem unter der Zuwachsrate des durchschnittlichen Haushaltsnettoeinkommens von 12,0 % aus dem SOEP. ↘ ABBILDUNG 103

803. Für einen angemessenen Vergleich der Zuwachsraten muss zunächst berücksichtigt werden, dass die Haushaltsnettoeinkommen im SOEP anhand einer **Äquivalenzgewichtung** bestimmt werden. Rechnet man im SOEP-Datensatz die Äquivalenzgewichtung heraus und betrachtet die Einkommensentwicklung je Einwohner, steigt die Zuwachsrate des durchschnittlichen Nettoeinkommens im untersuchten Zeitraum von 12,0 % auf 17,1 %. Zu diesem Befund dürfte beigetragen haben, dass die durchschnittliche Haushaltsgröße kleiner geworden ist (Peichl et al., 2012).

↘ ABBILDUNG 103
Darstellung unterschiedlicher Wachstumsraten verschiedener Einkommenskonzepte von 1991 bis 2013

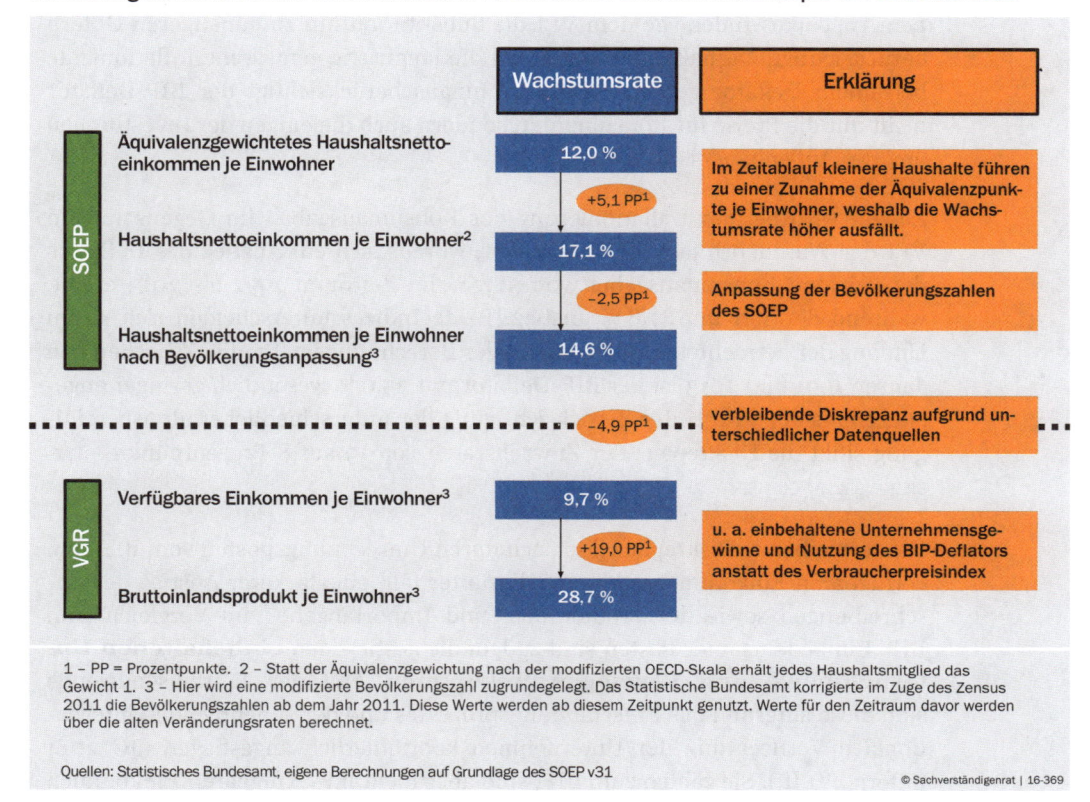

Quelle	Einkommenskonzept	Wachstumsrate	Erklärung
SOEP	Äquivalenzgewichtetes Haushaltsnettoeinkommen je Einwohner	12,0 %	
	↓ +5,1 PP[1]		Im Zeitablauf kleinere Haushalte führen zu einer Zunahme der Äquivalenzpunkte je Einwohner, weshalb die Wachstumsrate höher ausfällt.
SOEP	Haushaltsnettoeinkommen je Einwohner[2]	17,1 %	
	↓ −2,5 PP[1]		Anpassung der Bevölkerungszahlen des SOEP
SOEP	Haushaltsnettoeinkommen je Einwohner nach Bevölkerungsanpassung[3]	14,6 %	
	↓ −4,9 PP[1]		verbleibende Diskrepanz aufgrund unterschiedlicher Datenquellen
VGR	Verfügbares Einkommen je Einwohner[3]	9,7 %	
	↓ +19,0 PP[1]		u. a. einbehaltene Unternehmensgewinne und Nutzung des BIP-Deflators anstatt des Verbraucherpreisindex
VGR	Bruttoinlandsprodukt je Einwohner[3]	28,7 %	

1 – PP = Prozentpunkte. 2 – Statt der Äquivalenzgewichtung nach der modifizierten OECD-Skala erhält jedes Haushaltsmitglied das Gewicht 1. 3 – Hier wird eine modifizierte Bevölkerungszahl zugrundegelegt. Das Statistische Bundesamt korrigierte im Zuge des Zensus 2011 die Bevölkerungszahlen ab dem Jahr 2011. Diese Werte werden ab diesem Zeitpunkt genutzt. Werte für den Zeitraum davor werden über die alten Veränderungsraten berechnet.

Quellen: Statistisches Bundesamt, eigene Berechnungen auf Grundlage des SOEP v31
© Sachverständigenrat | 16-369

Ferner stimmt nach Hochrechnung der SOEP-Daten auf aggregierter Ebene die **Bevölkerungszahl** nicht exakt mit den vom Statistischen Bundesamt veröffentlichten Werten überein. Unter Berücksichtigung dieses Effekts sinkt die Zuwachsrate des durchschnittlichen Nettoeinkommens je Einwohner zwischen den Jahren von 1991 bis 2013 auf 14,6 %.

804. Nach der Bereinigung um diese Effekte verbleibt zwischen dem Anstieg des durchschnittlichen Haushaltsnettoeinkommens und dem Anstieg des realen verfügbaren Einkommens somit eine **Diskrepanz** von 4,9 Prozentpunkten. Angesichts der Länge des betrachteten Zeitraums und der konzeptionellen Unterschiede ist diese als **relativ klein** einzuschätzen. Sie entspricht einer durchschnittlichen jährlichen Abweichung der Zuwachsrate von 0,15 Prozentpunkten. Die anhand der Haushaltsdaten des SOEP als verhalten gemessene Entwicklung der verfügbaren Einkommen spiegelt sich in ähnlicher Größenordnung somit in den aggregierten Zahlen der VGR wider, wenn statt des BIP je Einwohner das real verfügbare Einkommen je Einwohner den Vergleichsmaßstab bildet.

805. Die innerhalb der VGR auftretende Differenz zwischen dem Wachstum des preisbereinigten BIP und des realen verfügbaren Einkommens je Einwohner von 19 Prozentpunkten hat verschiedene Gründe. Ein wesentlicher Grund liegt in **unterschiedlichen Preisentwicklungen**. Im Fall des verfügbaren Einkommens der privaten Haushalte wird der amtliche Verbraucherpreisindex (VPI) zur Preisbereinigung herangezogen, der jedoch vom impliziten Deflator des BIP

deutlich abweicht. Der Deflator ist ein Paasche-Index, der im Gegensatz zu einem Laspeyres-Index wie dem VPI die Substitution hin zu günstigeren Gütern berücksichtigt. Deshalb ist in der Regel die langfristig gemessene Inflationsrate bei einem Deflator geringer. Darüber hinaus berücksichtigt der BIP-Deflator nicht nur die Preise für Konsumgüter, sondern auch diejenigen der Investitionen und des Außenhandels.

Zudem wird bei der Deflationierung der Konsumausgaben im Gegensatz zum VPI der Warenkorb jährlich aktualisiert, woraus sich ein Anstieg des Deflators der privaten Konsumausgaben von 38,7 % im Zeitraum 1991 bis 2013 ergibt, während der VPI um 47,8 % anstieg. Beide Indizes unterscheiden sich so im Umfang der betrachteten Güter und in der Berechnungsmethodik. Zwischen den Jahren 1991 und 2013 ist der BIP-Deflator mit 35,0 % wesentlich geringer angestiegen als der VPI. Unter Berücksichtigung der unterschiedlichen Preisbereinigung sinkt die Diskrepanz der Zuwachsraten von 19 auf 8 Prozentpunkte. ↘ ABBILDUNG 102 RECHTS

806. Die verbleibende Diskrepanz lässt sich durch Umrechnungsposten vom BIP zum verfügbaren Einkommen erklären. Hierunter fällt ein stärkerer Anstieg der Abschreibungen sowie der Produktions- und Importabgaben im Vergleich zum BIP. Ein bedeutsamer Posten sind zudem die gestiegenen **einbehaltenen Unternehmens- und Vermögenseinkommen**. Seit der Jahrtausendwende sind diese aufgrund des Entschuldungsprozesses und der zunehmenden internationalen Verflechtung der Unternehmen kontinuierlich angestiegen (JG 2014 Ziffern 421 ff.). Sie zählen zum BIP, sind aber nicht im verfügbaren Einkommen privater Haushalte enthalten. Von den verbliebenen 8 Prozentpunkten können sie 2,7 Prozentpunkte erklären.

2. Verteilung der Einkommen

807. Laut den SOEP-Daten betrug der Durchschnitt des Marktäquivalenzeinkommens, das im Folgenden vereinfachend **Markteinkommen** genannt wird, im Jahr 2013 rund 24 500 Euro, der Median etwa 19 700 Euro in Preisen von 2010. In Westdeutschland lag das durchschnittliche Markteinkommen weiterhin deutlich höher als in Ostdeutschland. ↘ TABELLE 31 Bei der Betrachtung der Verteilung der Einkommen werden typischerweise Quantile betrachtet. Dabei stellt ein Einkommensdezil (-perzentil) denjenigen Einkommenswert dar, der ein Zehntel (Hundertstel) der Bevölkerung im Hinblick auf das Einkommen vom nächsten Zehntel (Hundertstel) der Bevölkerung mit höheren Einkommen abgrenzt. Somit liegen jeweils 50 % über und unter dem Median.

Das Markteinkommen am neunten Dezil, also das derjenigen Person, die über mehr Einkommen verfügt als 90 % der Bevölkerung, betrug im Jahr 2013 fast das 50-fache des Einkommens am ersten Dezil (90/10-Verhältnis). Dieser große Unterschied spiegelt sich in einem hohen **Gini-Koeffizienten** von 0,49 wider. Der Gini-Koeffizient ist ein normiertes Ungleichheitsmaß und nimmt Werte zwischen 0 (völlige Gleichverteilung) und 1 (extreme Ungleichheit) an.

↘ TABELLE 31
Einkommen[1] im Jahr 2013 auf Grundlage des SOEP

	Markteinkommen			Nettoeinkommen		
	Deutschland	Westdeutschland	Ostdeutschland	Deutschland	Westdeutschland	Ostdeutschland
Personen in allen Haushalten						
Mittelwert	24 543	25 900	18 169	22 577	23 417	18 630
Median	19 687	20 788	14 234	19 597	20 290	17 073
Gini-Koeffizient	0,494	0,485	0,526	0,292	0,295	0,259
90/10-Verhältnis	49,1	33,2	415,1	3,6	3,6	3,3
Personen in Haushalten mit mindestens einem erwerbsfähigen Mitglied[2]						
Mittelwert	28 747	30 118	22 206	23 043	23 874	19 077
Median	24 156	25 386	19 868	20 074	20 612	17 679
Gini-Koeffizient	0,426	0,422	0,432	0,299	0,300	0,273
90/10-Verhältnis	16,1	13,9	36,6	3,7	3,7	3,6

1 – In Euro und in Preisen von 2010. 2 – Als erwerbsfähig gelten Personen im Alter zwischen 15 und 64 Jahren.

Quelle: eigene Berechnungen auf Grundlage des SOEP v31

© Sachverständigenrat | 16-356

808. Viele Haushalte beziehen nur sehr geringe Markteinkommen. Dabei ist zu berücksichtigen, dass das Markteinkommen unter anderem **keine Bezüge aus der Gesetzlichen Rentenversicherung oder Betriebsrenten** einschließt. So gehören zu den Personen mit den 10 % niedrigsten Markteinkommen überproportional viele Personen ab 65 Jahre. Die Betrachtung aller Haushalte vernachlässigt bei der Analyse der Markteinkommen somit, dass in vielen Haushalten keine Arbeitseinkommen erzielt werden.

Daher betrachtet der Sachverständigenrat hier zusätzlich Personen in **Haushalten mit mindestens einem erwerbsfähigen Mitglied**, in denen sich also mindestens eine Person im erwerbsfähigen Alter zwischen 15 und 64 Jahren befindet. Diese Personen beziehen mit durchschnittlich 29 000 Euro im Vergleich zur Betrachtung der Gesamtheit aller Haushalte deutlich höhere Markteinkommen. Zudem fällt das Markteinkommen am ersten Dezil spürbar höher aus. Daher ist das 90/10-Verhältnis mit 16,1 im Vergleich zur Gesamtbevölkerung wesentlich kleiner.

809. Die **realen Markteinkommen** in Haushalten mit mindestens einem erwerbsfähigen Haushaltsmitglied haben sich **innerhalb der Einkommensverteilung unterschiedlich entwickelt**. ↘ ABBILDUNG 104 LINKS Während diese am 90. und 95. Perzentil im Zeitraum zwischen 1991 und 2013 um 20 % beziehungsweise 26 % stiegen, blieb der Median der Markteinkommen nahezu unverändert. Die Markteinkommen am ersten Dezil gingen bis zum Jahr 2005 um etwa 60 % zurück. Seither ist das Einkommen des jeweils untersten Dezils wieder leicht angestiegen.

810. Berechnungen des Sachverständigenrates zeigen, dass dieser Rückgang der Einkommen bis zum Jahr 2005 mit einem vergleichbar starken **Rückgang der geleisteten Arbeitsstunden** einherging. So lag die Anzahl der geleisteten Arbeitsstunden der einkommensschwächsten 10 % der Personen in Haushalten

ABBILDUNG 104
Reale Einkommensentwicklung[1] für Personen in Haushalten mit mindestens einem erwerbsfähigen Mitglied

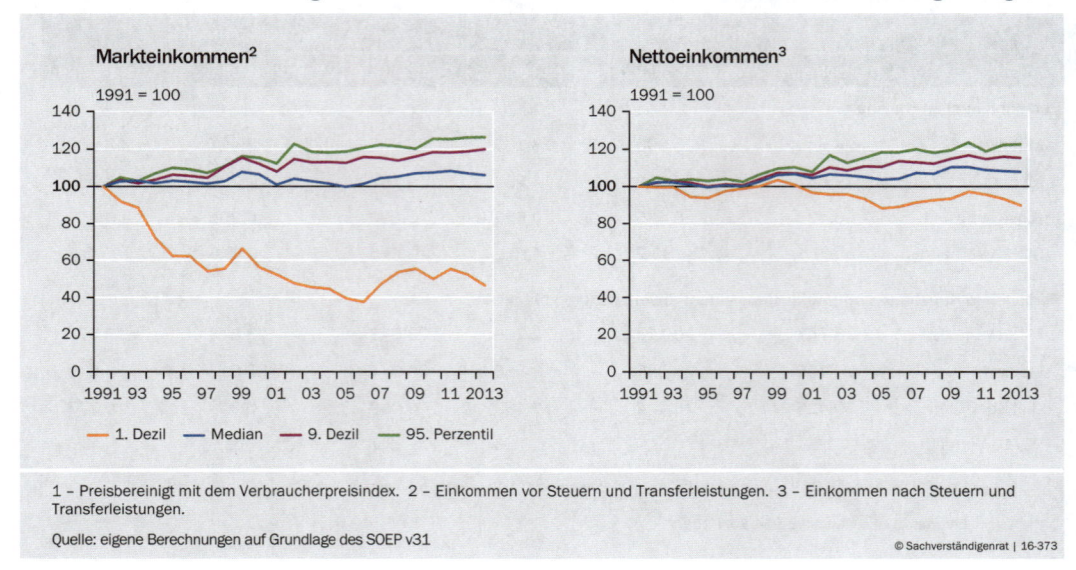

[Abbildung: Zwei Liniendiagramme – links "Markteinkommen[2]" (1991 = 100), rechts "Nettoeinkommen[3]" (1991 = 100), jeweils für die Jahre 1991 bis 2013. Dargestellt sind 1. Dezil, Median, 9. Dezil und 95. Perzentil.]

1 – Preisbereinigt mit dem Verbraucherpreisindex. 2 – Einkommen vor Steuern und Transferleistungen. 3 – Einkommen nach Steuern und Transferleistungen.
Quelle: eigene Berechnungen auf Grundlage des SOEP v31

mit mindestens einem erwerbsfähigen Mitglied im Jahr 2005 etwa 55 % unterhalb des Niveaus des Jahres 1991. Ein Grund für diesen Rückgang dürfte in der veränderten Beschäftigungsstruktur im untersten Einkommenszehntel liegen.

Dies zeigt eine Betrachtung der Haushaltsvorstände. Waren im Jahr 1991 noch 9 % der Haushaltsvorstände in diesen Haushalten im untersten Einkommenszehntel vollzeitbeschäftigt, sank dieser Anteil bis zum Jahr 2005 auf 3 %. Entsprechend stieg der Anteil der teilzeitbeschäftigten Haushaltsvorstände in dieser Gruppe von 8 % auf 14 %. Die anderen Haushaltsvorstände im untersten Einkommenszehntel waren in den Jahren 1991 und 2005 zum überwiegenden Teil nicht beschäftigt. Ein Großteil von ihnen dürfte überwiegend Sozialleistungen erhalten haben.

811. Aufgrund der **erheblichen Umverteilung** ist die Spreizung der **Haushaltsnettoeinkommen** deutlich niedriger als diejenige der Markteinkommen. Im Folgenden werden die individualisierten Haushaltsnettoeinkommen vereinfacht als Nettoeinkommen bezeichnet. Im Durchschnitt lagen sie im Jahr 2013 bei etwa 22 600 Euro, das mittlere Nettoeinkommen bei rund 19 600 Euro. ↘ TABELLE 31 Das 90/10-Verhältnis bei den Nettoeinkommen betrug lediglich 3,6. Bei den Ungleichheitsmaßen besteht kein wesentlicher Unterschied zwischen der Gesamtpopulation an Haushalten und der Teilmenge von Haushalten mit mindestens einem erwerbsfähigen Mitglied.

Die Umverteilung gleicht die im Vergleich zu Westdeutschland stärkere Spreizung der Markteinkommen in **Ostdeutschland** aus. Ein Grund dafür können die höheren Bezüge von Sozialtransfers in Ostdeutschland aufgrund der dort höheren Arbeitslosigkeit und die vergleichsweise höheren Bezüge gesetzlicher Renten sein. Diese Sozialtransfers werden lediglich bei der Ermittlung der Nettoeinkommen, nicht aber bei den Markteinkommen berücksichtigt.

Die oberen Dezile der Nettoeinkommen sind seit dem Jahr 2000 stärker gestiegen als diejenigen der Markteinkommen. Die **Umverteilungsintensität** hat sich also im Vergleich zu früheren Jahren verringert. Diese Beobachtung ändert jedoch nichts daran, dass das deutsche Steuer- und Transfersystem zu jedem Zeitpunkt in den vergangenen zweieinhalb Jahrzehnten eine erhebliche Umverteilung bewirkt hat. Es ist ohnehin schwierig, Dezile von Netto- und Markteinkommen zu vergleichen, da es sich jeweils um andere Personen handelt. Eine solche Verteilungsanalyse eignet sich daher nicht, um die Auswirkungen von Steuerreformen oder anderen Weichenstellungen quantitativ zu bewerten.

812. Beschränkt man die Analyse auf Haushalte mit mindestens einem erwerbsfähigen Haushaltsmitglied, hat das reale Nettoeinkommen am ersten Dezil zwischen den Jahren 1991 und 2013 um rund 10 % abgenommen. ↘ ABBILDUNG 104 RECHTS Der Median der Nettoeinkommen ist ebenso wie die obersten Dezile in demselben Zeitraum real angestiegen.

Die **Erhöhung der Einkommensungleichheit** in den vergangenen 25 Jahren ist vor allem durch die Periode von 1999 bis 2005 getrieben. In diesem Zeitraum stieg der Gini-Koeffizient der Nettoeinkommen von 0,25 auf 0,29. Danach sank der Gini-Koeffizient bis zum Jahr 2009 leicht auf 0,28 und stieg zuletzt wieder auf 0,29 im Jahr 2013. ↘ ABBILDUNG 105 LINKS

813. Eine **Zerlegung des Gini-Koeffizienten** ermöglicht Aussagen darüber, welche Einkommensgruppen zum Anstieg der Einkommensungleichheit wesentlich beigetragen haben. ↘ ABBILDUNG 105 RECHTS Für den Zeitraum von 1999 bis 2005 kann knapp die Hälfte des beobachteten Anstiegs des Gini-Koeffizienten der Nettoeinkommen in Haushalten mit mindestens einem erwerbsfähigen Mitglied auf die verschlechterte Einkommenssituation der unteren Einkommenshälfte zurückgeführt werden. Die einkommensstärksten 5 % der Personen in diesen Haushalten sind ebenfalls für nahezu die Hälfte des Anstiegs der Ungleichheit verantwortlich.

Der geringe Rückgang der Einkommensungleichheit in den Jahren 2005 bis 2009 kann vor allem auf die leicht gesunkenen Einkommen der 5 % einkommensstärksten Personen zurückgeführt werden. Zwischen den Jahren 2009 und 2013 hat die Ungleichheit wieder etwas zugenommen, wozu ebenfalls die Personen mit den 5 % höchsten Einkommen wesentlich beigetragen haben. Zurückzuführen ist dieser Anstieg unter anderem auf die gestiegene Ungleichheit der Kapitaleinkommen (Grabka und Goebel, 2013).

814. Die persönliche **Einkommenslage erweist sich als verfestigt**, wenn für den Zeitraum der Ausgangsjahre von 1991 bis 2010 die Übergangswahrscheinlichkeiten zwischen zehn gleich großen Einkommensklassen über jeweils die folgenden drei Jahre geschätzt werden: Etwa jede dritte Person findet sich in der gleichen Klasse des Nettoeinkommens wieder, etwa zwei Drittel der Personen steigen höchstens um eine Kategorie ab oder auf. ↘ ABBILDUNG 106 RECHTS Diese Anteile sind im Zeitverlauf etwas angestiegen, was auf eine stärkere Verfestigung der Nettoeinkommen hinweist. Die vergleichsweise großen Abstiegsrisiken um die Mitte des vergangenen Jahrzehnts haben sich seither zugunsten besserer Aufstiegs-

Kapitel 10 – Starke Umverteilung, geringe Mobilität

↘ ABBILDUNG 105
Entwicklung der Einkommensungleichheit

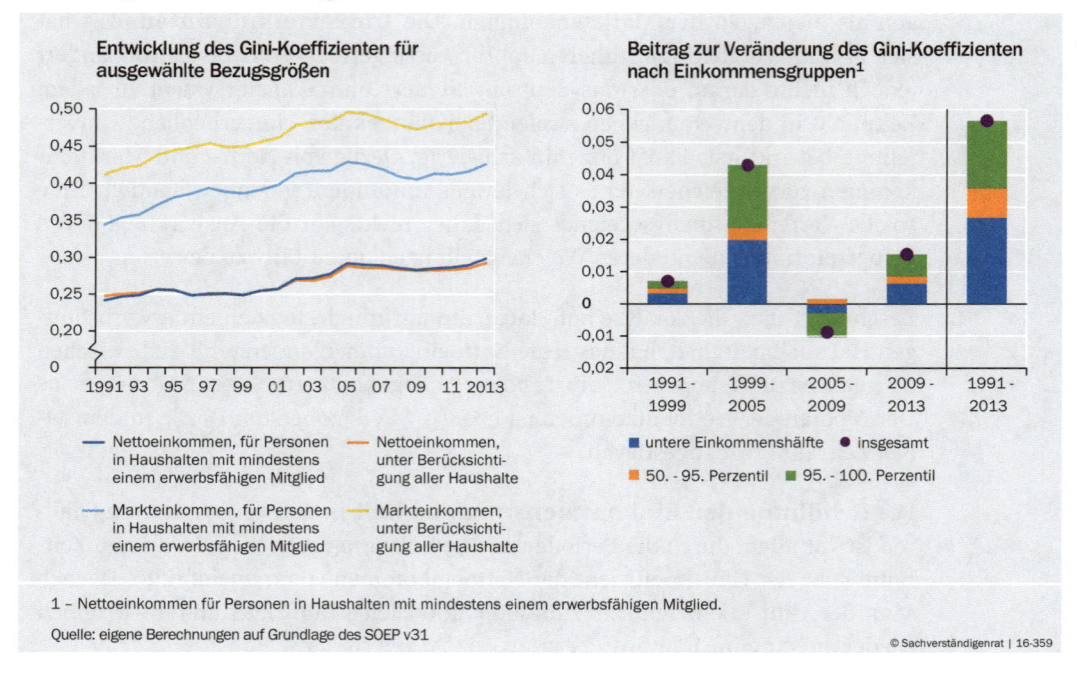

Entwicklung des Gini-Koeffizienten für ausgewählte Bezugsgrößen

Beitrag zur Veränderung des Gini-Koeffizienten nach Einkommensgruppen[1]

— Nettoeinkommen, für Personen in Haushalten mit mindestens einem erwerbsfähigen Mitglied
— Nettoeinkommen, unter Berücksichtigung aller Haushalte
— Markteinkommen, für Personen in Haushalten mit mindestens einem erwerbsfähigen Mitglied
— Markteinkommen, unter Berücksichtigung aller Haushalte

■ untere Einkommenshälfte ● insgesamt
■ 50. - 95. Perzentil ■ 95. - 100. Perzentil

1 – Nettoeinkommen für Personen in Haushalten mit mindestens einem erwerbsfähigen Mitglied.
Quelle: eigene Berechnungen auf Grundlage des SOEP v31

chancen verringert. Aus der Entwicklung der Einkommensmobilität lässt sich ableiten, dass die Nettoeinkommen relativ stabil sind.

815. Dies spiegelt sich in der **Entwicklung der mittleren Einkommen** wider. Diese vielfach als Mittelschicht bezeichnete Einkommensgruppe wird typischerweise als die Bevölkerungsgruppe definiert, die über ein Nettoeinkommen zwischen 67 % und 200 % des Mediannettoeinkommens verfügt (Grabka et al., 2016). In Westdeutschland hat sich der Anteil der Personen mit mittleren Einkommen zwischen den Jahren 1993 und 2013 zugunsten eines Zuwachses der einkommensstarken Personen marginal verringert. ↘ ABBILDUNG 106 LINKS Da in Ostdeutschland mehr einkommensschwache Haushalte existieren, ist dort der Anteil der Personen mit mittleren Einkommen allgemein kleiner als in Westdeutschland, im Zeitverlauf aber ähnlich stabil. Damit verläuft die **Entwicklung der Mittelschicht unspektakulär**.

816. Eng verbunden mit der zeitlichen Veränderung der Ungleichheit der Nettoeinkommen ist die Entwicklung des **Armutsrisikos** (Cremer, 2016). Die Armutsrisikoquote wird nach Konvention des Europäischen Rates als Anteil derjenigen Personen bezeichnet, deren Nettoeinkommen niedriger ist als 60 % des Mediannettoeinkommens. Zwischen den Jahren 1998 und 2005 ist die Armutsrisikoquote laut Daten des Mikrozensus von 10 % auf 14 % stark angestiegen. Seit dem Jahr 2005 hat sie sich weiter leicht erhöht, während der Anteil der Empfänger von Mindestsicherungsleistungen in den vergangenen Jahren rückläufig war (JG 2015 Ziffer 495). Die Beobachtung eines gewachsenen Niedriglohnsektors spiegelt diese Entwicklung wider. ↘ ZIFFERN 752 FF.

↘ ABBILDUNG 106
Entwicklung der mittleren Einkommen und der Einkommensmobilität[1]

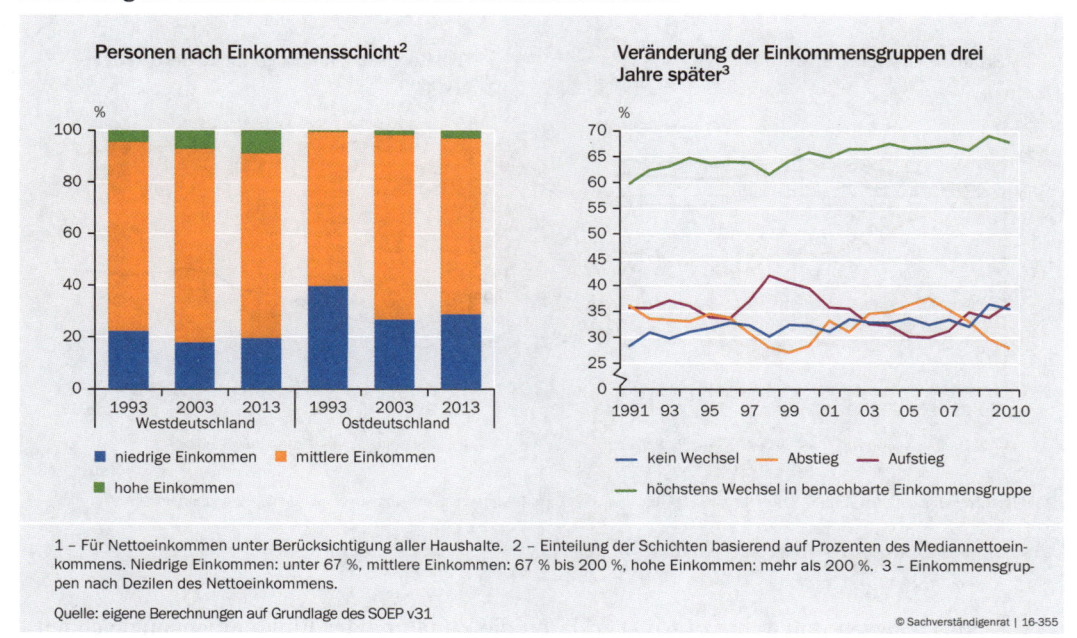

Personen nach Einkommensschicht[2]

Veränderung der Einkommensgruppen drei Jahre später[3]

- niedrige Einkommen
- mittlere Einkommen
- hohe Einkommen
- kein Wechsel
- Abstieg
- Aufstieg
- höchstens Wechsel in benachbarte Einkommensgruppe

1 – Für Nettoeinkommen unter Berücksichtigung aller Haushalte. 2 – Einteilung der Schichten basierend auf Prozenten des Mediannettoeinkommens. Niedrige Einkommen: unter 67 %, mittlere Einkommen: 67 % bis 200 %, hohe Einkommen: mehr als 200 %. 3 – Einkommensgruppen nach Dezilen des Nettoeinkommens.
Quelle: eigene Berechnungen auf Grundlage des SOEP v31

Dabei ist es kein Zufall, dass die zeitliche Entwicklung der Armutsrisikoquote parallel zu derjenigen der Ungleichheitsmaße der Einkommen verläuft. Die **Armutsrisikoquote** ist wie der Gini-Koeffizient ein **Verteilungsmaß** und kann somit keine von der Einkommensverteilung losgelöste Einschätzung der Armut in Deutschland liefern.

3. Verteilung der Löhne

817. Ein Großteil der Einkommen wird auf dem Arbeitsmarkt erwirtschaftet. Im Jahr 2014 entfielen rund 62 % des Bruttoeinkommens auf **Einkünfte aus Erwerbstätigkeit** (Statistisches Bundesamt, 2016a). Um den Einfluss der Entwicklungen auf dem Arbeitsmarkt auf die Einkommensungleichheit zu erfassen, bietet sich eine Betrachtung der Lohnverteilung und der Lohnungleichheit an. Im Gegensatz zur Analyse der Einkommen, welche die Haushaltssituation berücksichtigen, werden hierbei die Löhne individueller Arbeitnehmer, genauer die Bruttoarbeitseinkommen, betrachtet.

818. Der Median der **realen Bruttoarbeitseinkommen** lag im Jahr 2013 unterhalb des Niveaus von 1991. Vor allem zwischen den Jahren 1999 bis 2005 sank der Medianlohn. Das oberste Dezil der Lohnverteilung stieg bis zum Jahr 2002 an und blieb seither unverändert. Das unterste Dezil der realen Bruttolöhne ist bis zum Jahr 2007 zunächst deutlich um 40 % gesunken, bevor eine Trendumkehr einsetzte. ↘ ABBILDUNG 107 LINKS Eine Erklärung für den zunächst starken Rückgang dürfte der deutliche Rückgang der geleisteten Arbeitsstunden am unteren Ende der Einkommensverteilung im betrachteten Zeitraum sein. ↘ ZIFFER 810

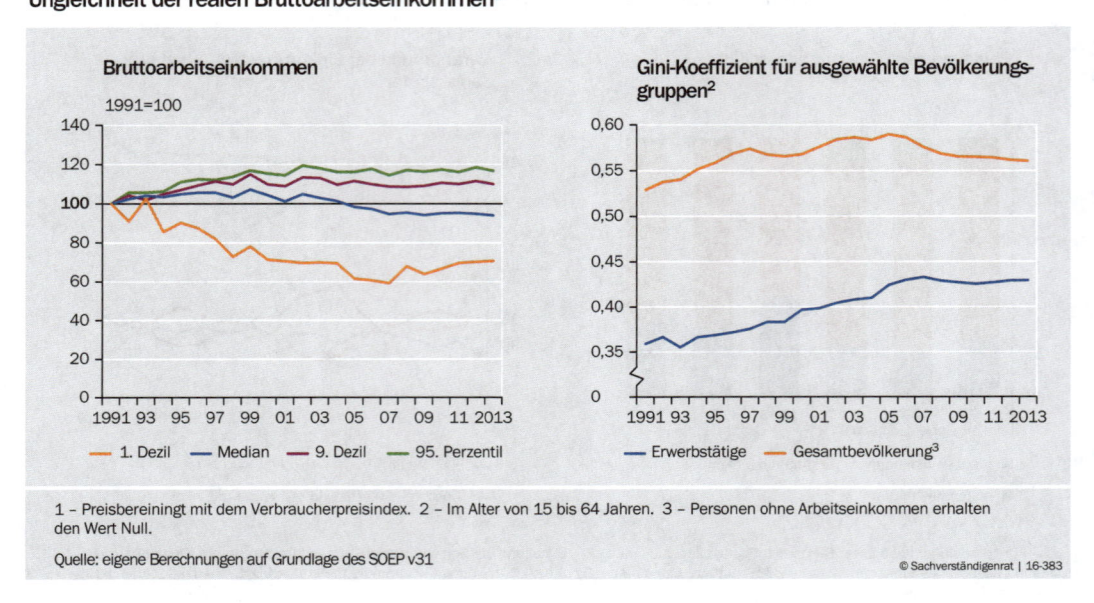

↘ ABBILDUNG 107
Ungleichheit der realen Bruttoarbeitseinkommen[1]

Bruttoarbeitseinkommen
1991=100

— 1. Dezil   — Median   — 9. Dezil   — 95. Perzentil

Gini-Koeffizient für ausgewählte Bevölkerungsgruppen[2]

— Erwerbstätige   — Gesamtbevölkerung[3]

1 – Preisbereinigt mit dem Verbraucherpreisindex. 2 – Im Alter von 15 bis 64 Jahren. 3 – Personen ohne Arbeitseinkommen erhalten den Wert Null.
Quelle: eigene Berechnungen auf Grundlage des SOEP v31

819. Biewen und Juhasz (2012) erklären die Zunahme der Einkommensungleichheit bis Mitte des vergangenen Jahrzehnts hauptsächlich mit der bis dahin gestiegenen Ungleichheit der Löhne. Seitdem weist die **Entwicklung der Lohnungleichheit** unter den Erwerbstätigen auf keine weitere Erhöhung der Ungleichheit hin (Möller, 2016; Felbermayr et al., 2016). ↘ ABBILDUNG 107 RECHTS Gleichzeitig ist die Lohnungleichheit unter der Gesamtbevölkerung im erwerbsfähigen Alter nach dem Jahr 2005 leicht zurückgegangen. Das Statistische Bundesamt stellt auf Basis der Verdienststrukturerhebung zuletzt ebenfalls ein Ende steigender Lohnungleichheit fest (Statistisches Bundesamt, 2016b). So ist der Verdienstabstand zwischen Gering- und Besserverdienern zwischen den Jahren 2010 und 2014 nahezu konstant geblieben. Diese Entwicklung kann nicht auf den gesetzlichen Mindestlohn zurückgeführt werden, da dieser erst zum Jahresanfang 2015 eingeführt wurde.

820. Der **Anstieg der Lohnungleichheit im Zeitraum zwischen den Jahren 1999 und 2005** in der oberen Hälfte der Lohnverteilung wird nicht zuletzt durch technologischen Fortschritt erklärt, der hochqualifizierte Arbeitnehmer überproportional bessergestellt hat als geringqualifizierte Arbeitnehmer (Antonczyk et al., 2010). Hochqualifizierte wechseln zudem tendenziell in Unternehmen, die überdurchschnittlich hohe Löhne zahlen. Diese Unterschiede dürften die Lohnungleichheit noch weiter verstärkt haben (Card et al., 2013).

Zum Anstieg der Lohnungleichheit in der unteren Einkommenshälfte werden das steigende Arbeitsangebot und die gesunkenen Mitgliederzahlen in den Gewerkschaften angeführt. Durch diesen Rückgang wurden Lohnverhandlungen vermehrt von der Branchen- auf die Betriebsebene verschoben und dadurch dezentralisiert (Dustmann et al., 2009; Antonczyk et al., 2010). Zudem dürfte die potenzielle Produktionsverlagerung nach Osteuropa den Lohndruck insbesondere für niedrige Einkommensgruppen erhöht haben (Dustmann et al., 2014).

821. Seit dem Jahr 2005 ist infolge des **Beschäftigungsaufbaus** nach den Arbeitsmarktreformen der Agenda 2010 der Anteil der Bevölkerung, der kein Arbeitseinkommen bezieht, zurückgegangen. ↘ ZIFFERN 736 F. Diese große Personengruppe hat überwiegend Teilzeitbeschäftigung zu relativ niedrigen Löhnen aufgenommen (Burda und Seele, 2016). Dadurch ist die bis zum Jahr 2006 stetig angestiegene Lohnungleichheit unter den Erwerbstätigen zum Stillstand gekommen, während die Lohnungleichheit in der Gesamtbevölkerung abnahm (Felbermayr et al., 2016; Grabka et al., 2012; Schmid und Stein, 2013).

822. Zudem vernachlässigt ein bloßer Vergleich der Lohnungleichheit zwischen zwei Zeitpunkten, dass sich die **Zusammensetzung der Personengruppen** innerhalb der Lohnverteilung über die Zeit verändern kann. Durch die Änderung der Alters- und Qualifikationsstruktur der Erwerbstätigen können rund 25 % der Veränderung der Lohnungleichheit erklärt werden (JG 2014 Ziffer 522). Stärkeren Einfluss hat dabei das steigende Durchschnittsalter, das allein 12 % der veränderten Lohnungleichheit erklärt.

III. VERMÖGENSBILDUNG UND -VERTEILUNG

823. In Deutschland verfügen private Haushalte typischerweise über ein im internationalen Vergleich **relativ geringes Vermögen**, der Median liegt bei 60 000 Euro in Preisen von 2010. Die Privatvermögen sind zudem vergleichsweise ungleich verteilt. Vermögens- und Einkommensposition hängen eng miteinander zusammen. Zum größeren Teil werden Vermögen aus angesparten Einkommen aufgebaut. Erbschaften spielen eine geringere Rolle. Dabei sind die Chancen auf einen Aufstieg in höhere Vermögenspositionen gering.

1. Vermögen der privaten Haushalte

824. Die Erfassung von Vermögenskomponenten ist wesentlich aufwändiger und problembehafteter als die von Einkommenskomponenten. Erstens sind viele **Vermögensgegenstände**, wie Betriebs- oder Immobilienvermögen, **schwer zu bewerten**. Zweitens ist die Erfassung privater Vermögenstitel problematisch, wenn die Befragten darüber keine Auskunft geben können oder möchten. Daher dürften durch Befragungen erhobene Vermögenssummen tendenziell unterbewertet sein. So wird das aggregierte Bruttogeldvermögen in allen Vermögensbefragungen systematisch unterschätzt (Grabka und Westermeier, 2014). Drittens werden Anwartschaften beispielsweise aus dem umlagefinanzierten Rentensystem oder Betriebsrenten üblicherweise nicht zum Vermögen hinzugerechnet.

825. Für die Analyse der Vermögensentwicklung hat der Sachverständigenrat in der Vergangenheit bereits auf Schwerpunkterhebungen des SOEP zurückgegriffen, die inzwischen für die drei Erhebungsjahre 2002, 2007 und 2012 vorliegen (JG 2014; Grabka und Westermeier, 2014). Mit der zweiten Welle der **Panel-**

studie „**private Haushalte und ihre Finanzen**" **(PHF)** der Deutschen Bundesbank wurde in diesem Jahr ein weiterer Befragungsdatensatz veröffentlicht. Er erfasst die Vermögensbilanzen von privaten Haushalten weit detaillierter als das SOEP, allerdings ist die Stichprobe kleiner.

> Die Panelstudie **private Haushalte und ihre Finanzen (PHF)** ist eine Haushaltsbefragung zur Finanzsituation privater Haushalte in Deutschland im Rahmen des Euro-System Household Finance and Consumption Survey (HFCS) der Europäischen Zentralbank. Die Befragung wird von der Deutschen Bundesbank durchgeführt. Bisher liegen zwei Wellen (2010 und 2014) vor. Im PHF werden die Vermögenspositionen mit über 30 Fragen deutlich detaillierter erfasst als im SOEP mit acht Fragen. Es werden einzelne Spar- oder Anlagekonten erhoben sowie Vermögenspositionen, die im SOEP unberücksichtigt bleiben, wie zum Beispiel Kraftfahrzeuge. Verträge zur betrieblichen Altersvorsorge, stille Beteiligungen und geleistete Bürgschaften werden genauso wie Anwartschaften an die Gesetzliche Rentenversicherung hingegen nicht mit zum Vermögen gezählt. Die Stichprobe des PHF hat mit 3 565 Haushalten mit 7 084 Personen (Welle 1) und 4 461 Haushalten mit 9 256 Personen (Welle 2) nur etwa ein Drittel der Stichprobengröße des SOEP. Dennoch können mithilfe von Hochrechnungsfaktoren repräsentative Ergebnisse für die Gesamtbevölkerung Deutschlands ermittelt werden. Um dies zu gewährleisten, wird eine Zusatzerhebung sehr vermögender Haushalte durchgeführt. Das SOEP trägt durch eine zusätzliche Teilstichprobe „Einkommensstarke Haushalte" diesem Effekt ebenfalls Rechnung. Verlässliche Statistiken zum Ausmaß der Unterschätzung hoher Vermögen liegen in Deutschland nicht vor. Die Antwortbereitschaft bei der Erhebung des PHF ist besonders bei den Einkommensfragen hoch; Fragen zu privaten Pensionsbezügen und Einkommen aus Finanzanlagen werden aber relativ häufig verweigert (Zhu und Eisele, 2013).

826. Die genauere Erfassung der Vermögenskomponenten trägt dazu bei, dass die **Nettovermögen der Haushalte in den PHF-Daten** höher sind als im SOEP (Grabka und Westermeier, 2014). So besaß der Medianhaushalt in der PHF-Stichprobe ein Nettovermögen von knapp 60 000 Euro im Jahr 2014 in Preisen von 2010, während Berechnungen des SOEP aus dem Jahr 2012 ein Nettovermögen für den Median von 46 000 Euro ergeben. ↘ TABELLE 32 Wer ein höheres Nettovermögen hat als 90 % der Bevölkerung, verfügt laut PHF über 450 000 Euro; wer gar 99 % der Bevölkerung hinter sich lässt, verfügt über mehr als 2 Mio Euro.

827. In der **gesamtwirtschaftlichen Vermögensbilanz** der VGR ermittelt das Statistische Bundesamt das sektorale Nettovermögen, wobei private Haushalte zusammen mit privaten Organisationen ohne Erwerbszweck ausgewiesen werden. In dieser Abgrenzung besaßen die privaten Haushalte im Jahr 2010 ein Nettovermögen in Höhe von 9,1 Billionen Euro, in den Jahren 2012 und 2014 waren es in Preisen von 2010 9,4 beziehungsweise 10,0 Billionen Euro. Dabei werden einzelne Vermögensaggregate abweichend definiert (Deutsche Bundesbank, 2013, S. 28 f). Insbesondere bei Unternehmensbeteiligungen im Besitz von Haushalten wird das buchhalterische Eigenkapital und nicht der typischerweise höhere Marktwert berücksichtigt.

In der ersten Welle des Jahres 2010 erreichte das auf die Bevölkerung hochgerechnete Nettovermögen aus dem PHF eine **Abdeckung** von 89 % im Vergleich

↘ TABELLE 32
Entwicklung der Nettovermögen in Deutschland über alle Haushalte

	SOEP[1]			PHF	
	2002	2007	2012	2010	2014
in Euro (in Preisen von 2010)					
Mittelwert	164 677	158 018	147 501	199 171	204 165
Median	42 616	41 768	45 720	53 646	59 625
9. Dezil	413 317	397 124	372 909	451 364	445 681
99. Perzentil	1 455 594	1 465 325	1 321 881	1 960 100	2 148 021
SOEP: 2002=100, PHF: 2010=100					
Mittelwert	100	96,0	89,6	100	102,5
Median	100	98,0	107,3	100	111,1
9. Dezil	100	96,1	90,2	100	98,7
99. Perzentil	100	100,7	90,8	100	109,6
Verteilungsmaße					
Gini-Koeffizient	0,750	0,755	0,741	0,753	0,758
90/50-Verhältnis	9,7	9,5	8,2	8,4	7,5

1 – Um Vergleiche über die Zeit hinweg robust gegen Ausreißer zu gestalten, werden die oberen 0,1 % aller Ausprägungen zensiert.

Quelle: eigene Berechnungen auf Grundlage des PHF und SOEP v31

© Sachverständigenrat | 16-214

zur gesamtwirtschaftlichen Vermögensbilanz für private Haushalte und private Organisationen ohne Erwerbszweck, in der zweiten Welle im Jahr 2014 waren es 86 %. Das SOEP erreichte bei der Erhebung im Jahr 2002 eine Abdeckung von 90 %, im Jahr 2012 aber nur noch 64 % der Vermögensbilanz, was in erster Linie auf eine gesunkene Erfassungsquote bei Immobilien zurückgeführt wird (Grabka und Westermeier, 2014). Diese hohen Schwankungen schränken die statistische Validität des SOEP ein.

828. Laut dem SOEP verfügt ein gutes Fünftel der Haushalte über **kein oder ein negatives Nettovermögen**, das heißt die Schulden übersteigen das Bruttovermögen. Dies trifft allerdings nur auf 9 % der Haushalte im PHF zu, bei dem allerdings mit den Kraftfahrzeugen im Gegensatz zum SOEP eine wichtige Komponente des Vermögens erfasst wird. Führte man die Analyse auf der Ebene von Personen durch, wäre zu vermuten, dass die ausgewiesene Vermögensungleichheit höher ausfiele. Denn in vielen Fällen kann eine Nettoverschuldung von Personen durch andere Haushaltsmitglieder abgefedert werden.

829. Die ausgewiesene Verteilung der Nettovermögen offenbart, dass sich die große Masse der Vermögen auf relativ wenige Haushalte konzentriert. Insgesamt sind die **Nettovermögen deutlich ungleicher** verteilt als die Nettoeinkommen. Im Jahr 2014 verfügten die reichsten 10 % der Haushalte in Deutschland über 60 % des gesamten Nettovermögens. Dagegen besaß die untere Hälfte lediglich 3 % des Nettovermögens (Deutsche Bundesbank, 2016a). Die Dezile des Nettovermögens stellen die genauere Entwicklung der Vermögensverteilung dar. ↘ ABBILDUNG 108 LINKS Die unteren 20 % der Haushalte besitzen kaum Nettovermögen. Zwischen den Jahren 2010 und 2014 konnten lediglich in der Mitte der Verteilung reale Vermögenszuwächse verbucht werden.

↘ ABBILDUNG 108
Verteilung der Nettovermögen von privaten Haushalten[1]

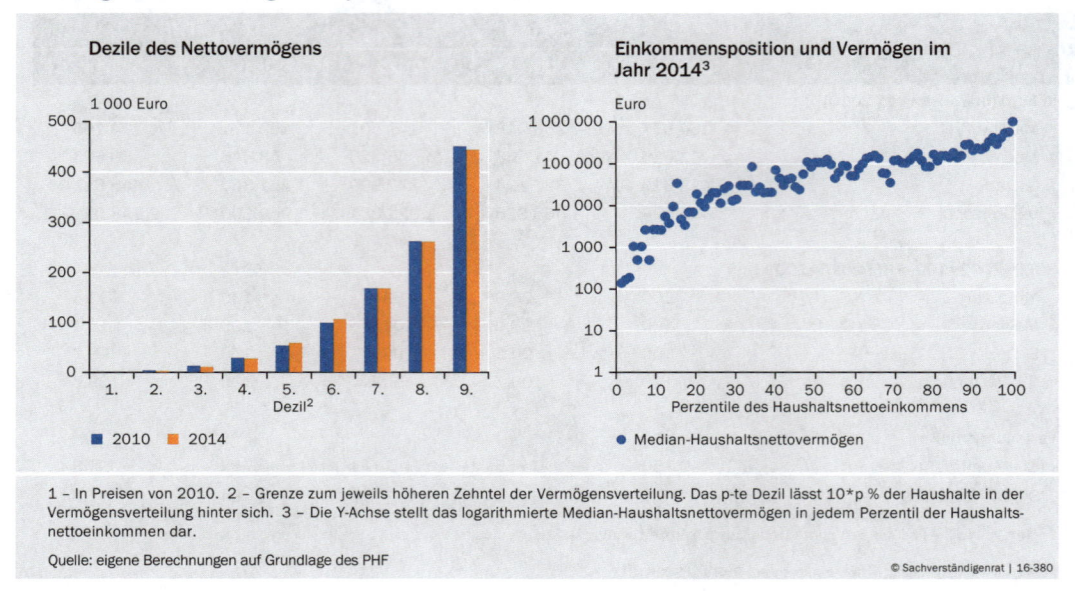

Dezile des Nettovermögens

Einkommensposition und Vermögen im Jahr 2014[3]

■ 2010   ■ 2014

● Median-Haushaltsnettovermögen

1 – In Preisen von 2010. 2 – Grenze zum jeweils höheren Zehntel der Vermögensverteilung. Das p-te Dezil lässt 10*p % der Haushalte in der Vermögensverteilung hinter sich. 3 – Die Y-Achse stellt das logarithmierte Median-Haushaltsnettovermögen in jedem Perzentil der Haushaltsnettoeinkommen dar.

Quelle: eigene Berechnungen auf Grundlage des PHF

© Sachverständigenrat | 16-380

830. Wie bei der Einkommensverteilung zeigt sich eine **hohe Persistenz der Vermögenspositionen**. Zur Analyse der Mobilität in den PHF-Daten werden zehn gleich große Vermögensklassen gebildet. Zwischen den Jahren 2010 und 2014 verblieben 38 % der Haushalte in der gleichen Vermögensklasse, 78 % stiegen höchstens eine Klasse auf oder ab. Tendenziell ist der Aufstieg in eine höhere Vermögensklasse mit 37 % etwas höher als die Abstiegswahrscheinlichkeit (25 %).

Einkommen und Vermögen sind stark korreliert. Haushalte, die am unteren Ende der Einkommensverteilung liegen, verfügen über relativ niedrige Vermögen, und Haushalte um den Median der Einkommensverteilung liegen in der Nähe des Medians der Vermögensverteilung. ↘ ABBILDUNG 108 RECHTS Die einkommensstärksten 10 % der Haushalte verfügen über 37 % der Gesamtvermögen. Die einkommensärmere Hälfte der Haushalte besaß im Jahr 2014 rund 23 % des gesamten Nettovermögens in Deutschland (Deutsche Bundesbank, 2016a).

Dieser Zusammenhang deutet darauf hin, dass höhere Einkommen, die wiederum mit Qualifikation und beruflicher Stellung eng verknüpft sind, den Vermögensaufbau erleichtern. Dabei dürfte die Beitragspflicht zur Gesetzlichen Rentenversicherung die private Vermögensbildung verdrängen (Attanasio und Rohwedder, 2003; Engelhardt und Kumar, 2011; Hurd et al., 2012). Rund zwei Drittel der Vermögen werden durch Einkommen generiert, während Erbschaften rund ein Drittel ausmachen (Bönke et al., 2016). Allerdings besteht Einkommen nicht nur aus Arbeitseinkommen, sondern auch aus Kapitaleinkommen, das mit bereits vorhandenem Vermögen erzielt wird.

831. Zwischen **Ost- und Westdeutschland** besteht ein deutlicher Unterschied in den Nettovermögen. ↘ ABBILDUNG 109 LINKS Das mittlere Haushaltsnettovermögen lag im Jahr 2014 in Westdeutschland bei 236 000 Euro, in Ostdeutschland hin-

↘ ABBILDUNG 109
Nettovermögen und -einkommen privater Haushalte in Deutschland nach Altersgruppen im Jahr 2014¹

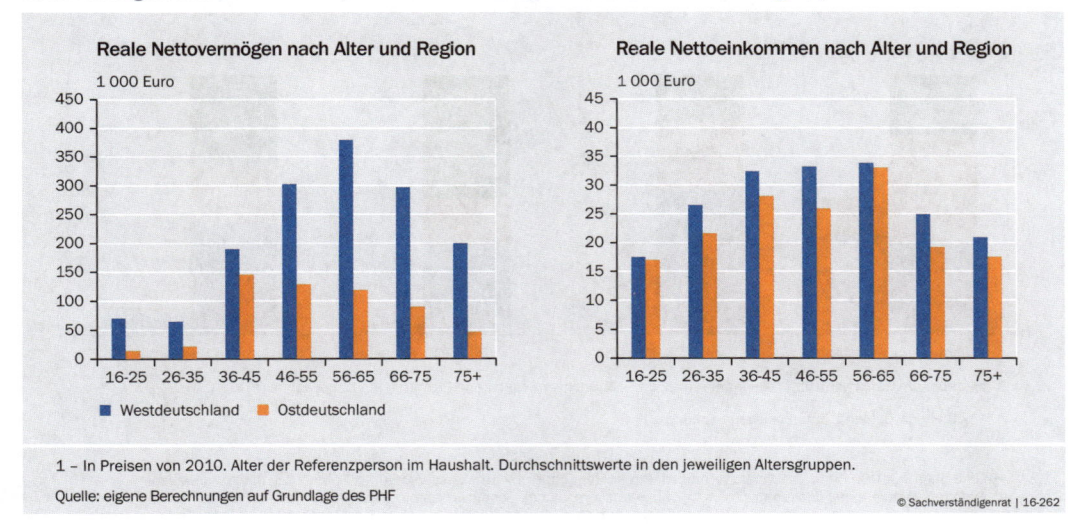

Reale Nettovermögen nach Alter und Region (1 000 Euro), Altersgruppen 16-25, 26-35, 36-45, 46-55, 56-65, 66-75, 75+, Westdeutschland und Ostdeutschland.

Reale Nettoeinkommen nach Alter und Region (1 000 Euro), Altersgruppen 16-25, 26-35, 36-45, 46-55, 56-65, 66-75, 75+, Westdeutschland und Ostdeutschland.

1 – In Preisen von 2010. Alter der Referenzperson im Haushalt. Durchschnittswerte in den jeweiligen Altersgruppen.
Quelle: eigene Berechnungen auf Grundlage des PHF

gegen bei nur 85 000 Euro. Der Unterschied kann auf eine Pfadabhängigkeit zurückzuführen sein, da der Vermögensaufbau in Ostdeutschland im Wesentlichen auf der Nachwendezeit beruht. Die Ungleichheit der Nettovermögen fällt in Ostdeutschland höher aus als in Westdeutschland. Jedoch gibt es Anzeichen für einen **nachhaltigen Aufholprozess**: Zwischen den Jahren 2010 und 2014 sind die durchschnittlichen Nettovermögen der Haushalte in Ostdeutschland um 23 % gestiegen, während sie in Westdeutschland nahezu stagnierten.

Für ältere Personen sind die Nettovermögen zwischen Ost- und Westdeutschland besonders ungleich verteilt. Dies ist vorrangig auf die Teilung Deutschlands zurückzuführen, da westdeutsche Haushalte 40 Jahre lang über bessere Möglichkeiten zum Vermögensaufbau verfügten.

832. Die Verteilung von Nettovermögen und Nettoeinkommen nach Alterskohorten deutet auf ein **Lebenszyklusmuster** hin. Während der Ausbildung und im Ruhestand ist üblicherweise weniger Nettovermögen vorhanden, während die Menschen die Phase des Berufslebens nutzen, um den Vermögensbestand bis zum späteren Erwachsenenalter hin zu erhöhen. Einkommen und Vermögen erreichen ein Maximum im Alter von 56 bis 65 Jahren und nehmen danach wieder ab. ↘ ABBILDUNG 109

Über die Generationen hinweg ist die **Einkommensungleichheit** in den vergangenen Jahrzehnten angestiegen. In den 1960er-Jahren geborene westdeutsche Männer sind im Verlauf ihres Lebens mit einer um 85 % höheren Ungleichheit konfrontiert als ihre Väter (Bönke et al., 2015).

833. Ein besseres Verständnis der Verteilungskennzahlen lässt sich durch die Betrachtung der **Portfoliostruktur der Haushalte** gewinnen. Das selbstgenutzte Wohneigentum stellt laut den PHF-Daten mit einem Anteil von gut 40 % am gesamten Bruttovermögen die bedeutendste Vermögenskomponente dar. ↘ ABBILDUNG 110 Sonstiger Immobilienbesitz, Sachvermögen, Betriebsvermögen sowie Fahrzeuge und Wertgegenstände waren im Jahr 2014 mit knapp 40 % ebenfalls

Kapitel 10 – Starke Umverteilung, geringe Mobilität

↘ ABBILDUNG 110
Portfoliostruktur des Haushaltsvermögens nach Perzentilgruppen im Jahr 2014[1]

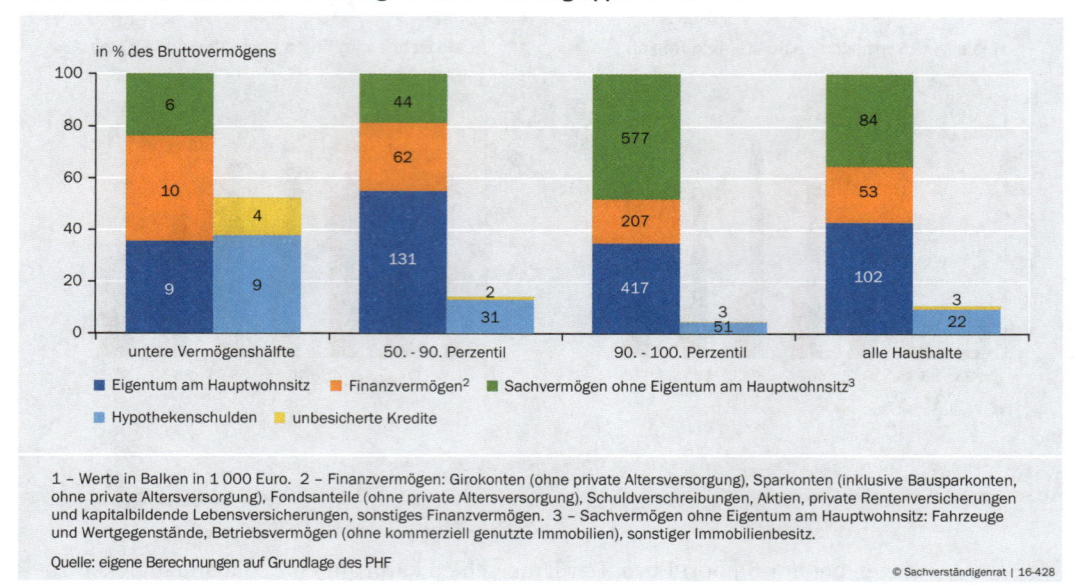

in % des Bruttovermögens

	untere Vermögenshälfte	50. - 90. Perzentil	90. - 100. Perzentil	alle Haushalte
Eigentum am Hauptwohnsitz	9	131	417	102
Finanzvermögen[2]	10	62	207	53
Sachvermögen ohne Eigentum am Hauptwohnsitz[3]	6	44	577	84
Hypothekenschulden	9	31	51	22
unbesicherte Kredite	4	2	3	3

1 – Werte in Balken in 1 000 Euro. 2 – Finanzvermögen: Girokonten (ohne private Altersversorgung), Sparkonten (inklusive Bausparkonten, ohne private Altersversorgung), Fondsanteile (ohne private Altersversorgung), Schuldverschreibungen, Aktien, private Rentenversicherungen und kapitalbildende Lebensversicherungen, sonstiges Finanzvermögen. 3 – Sachvermögen ohne Eigentum am Hauptwohnsitz: Fahrzeuge und Wertgegenstände, Betriebsvermögen (ohne kommerziell genutzte Immobilien), sonstiger Immobilienbesitz.

Quelle: eigene Berechnungen auf Grundlage des PHF
© Sachverständigenrat | 16-428

ein bedeutsamer Teil der Bruttovermögen. Die Verschuldung der privaten Haushalte macht etwa 10 % des gesamten Bruttovermögens aus. Der wichtigste Grund für Verschuldung ist eine Hypothek am Hauptwohnsitz. Qualitativ zeigen sich keine bedeutenden Unterschiede zwischen den Daten aus PHF und SOEP (JG 2014 Tabelle 27).

834. Die Portfoliostruktur verschiedener Haushaltstypen zeigt die **Heterogenität der Vermögenskomponenten** auf. So sticht hervor, dass das Finanzvermögen – hauptsächlich Spar- und Girokonten – bei Haushalten der unteren Vermögenshälfte mit etwa 40 % einen relativ hohen Anteil des Bruttovermögens ausmacht. Für Haushalte, die in der Vermögensverteilung zwischen dem Median und unterhalb des neunten Dezils liegen, spielt das Immobilienvermögen eine größere Rolle, wobei der Beleihungsgrad mit Hypothekarkrediten geringer als bei ärmeren Haushalten ist. Die 10 % reichsten Haushalte unterscheiden sich durch einen hohen Anteil an Betriebsvermögen und eine relativ geringe Verschuldung. Absolut ist ihr Immobilienvermögen am höchsten (Deutsche Bundesbank, 2016a).

835. Das anhaltende **Niedrigzinsumfeld** dürfte Auswirkungen auf die Vermögen der privaten Haushalte haben. Geringere Zinseinnahmen auf die privaten Ersparnisse stehen geringeren Zinsausgaben bei der Verschuldung gegenüber. Über den Konjunkturzyklus hinweg erwartet die Deutsche Bundesbank keine nennenswerten Verteilungswirkungen durch niedrige Leitzinsen. Jedoch sind die Auswirkungen mangels kontrafaktischer Situationen sehr schwer abzuschätzen (Deutsche Bundesbank, 2016b).

836. Allerdings können Vermögenspreisanstiege im Zuge **außergewöhnlicher geldpolitischer Maßnahmen** kurzfristig verteilungswirksam sein, wie die Studie von Adam und Tzamourani (2016) analysiert. Ein hypothetischer Haus-

preisanstieg wirkt sich in Staaten mit hohen Wohneigentumsquoten ungleichheitslindernd auf die Nettovermögen aus; in Deutschland würde sich die Ungleichheit dadurch nur leicht verringern.

Ein Anstieg der Aktienpreise kann die Vermögensungleichheit hingegen erhöhen. Steigende Anleihepreise haben in Deutschland und im Euro-Raum durchschnittlich keine Auswirkung auf die Vermögensungleichheit. Während im derzeitigen Niedrigzinsumfeld verschuldete Haushalte eventuell eine Zinsersparnis realisieren können, sind Haushalte mit niedrigem Vermögen von steigenden Vermögenspreisen oftmals weniger positiv beeinflusst als Haushalte mit bereits hohen Vermögen. Dabei spielt die in Deutschland stark verbreitete Anlage in Spar- und Sichteinlagen eine Rolle, die derzeit nahezu keine Renditen bietet.

2. Vermögen im internationalen Vergleich

837. Haushalte in Deutschland weisen im Vergleich zu anderen Ländern ein geringes Nettovermögen auf. Dieses Ergebnis geht auf die europaweite Erhebung des Household Finance and Consumption Surveys (HFCS) zurück, der von der Europäischen Zentralbank durchgeführt wurde (EZB, 2013). Deutschland gehört zudem zu den Staaten mit einer **starken Vermögensungleichheit**. Eine Studie der Credit Suisse (2015) kommt qualitativ zu den gleichen Ergebnissen, weist aber zusätzlich Vermögenswerte für die skandinavischen Länder aus. ↘ ABBILDUNG 111

838. Die Organisation der Alterssicherung erschwert dabei den internationalen Vergleich von Vermögensverteilungen erheblich, weil die **Ansprüche gegenüber staatlichen Rentenversicherungen** im Vergleich meist unberücksichtigt bleiben, wie dies ebenfalls im HFCS der Fall ist (Tiefensee und Grabka, 2016). Wechselt man bei der Analyse auf die Ebene von Personen, lassen sich die Rentenanwartschaften hinzurechnen. Im Ergebnis verdoppelt sich das durchschnittliche Nettovermögen je Person. ↘ ABBILDUNG 112 LINKS

↘ ABBILDUNG 111
Vermögensverteilung in ausgewählten Ländern im Jahr 2015¹

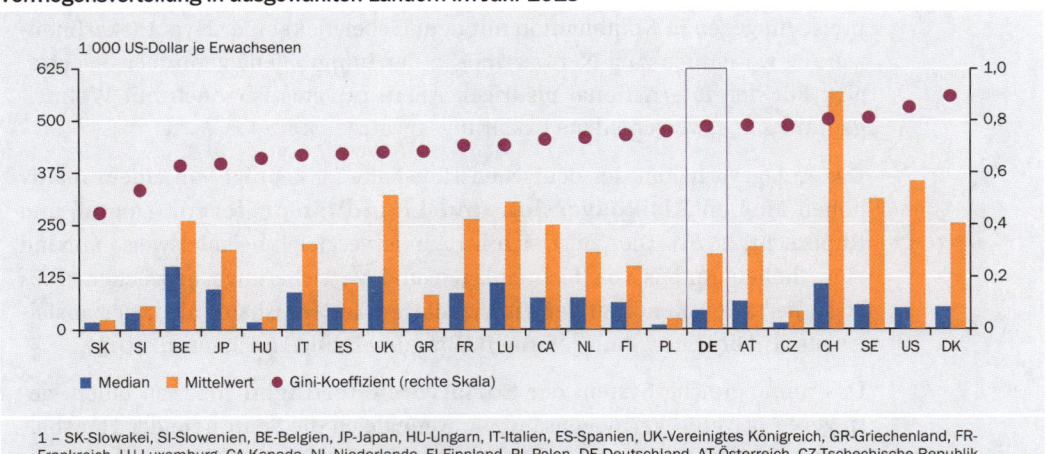

1 – SK-Slowakei, SI-Slowenien, BE-Belgien, JP-Japan, HU-Ungarn, IT-Italien, ES-Spanien, UK-Vereinigtes Königreich, GR-Griechenland, FR-Frankreich, LU-Luxemburg, CA-Kanada, NL-Niederlande, FI-Finnland, PL-Polen, DE-Deutschland, AT-Österreich, CZ-Tschechische Republik, CH-Schweiz, SE-Schweden, US-Vereinigte Staaten, DK-Dänemark.

Quelle: Credit Suisse (2015)

ABBILDUNG 112
Verteilung der Nettovermögen und Rentenanwartschaften auf Personenebene im Jahr 2012

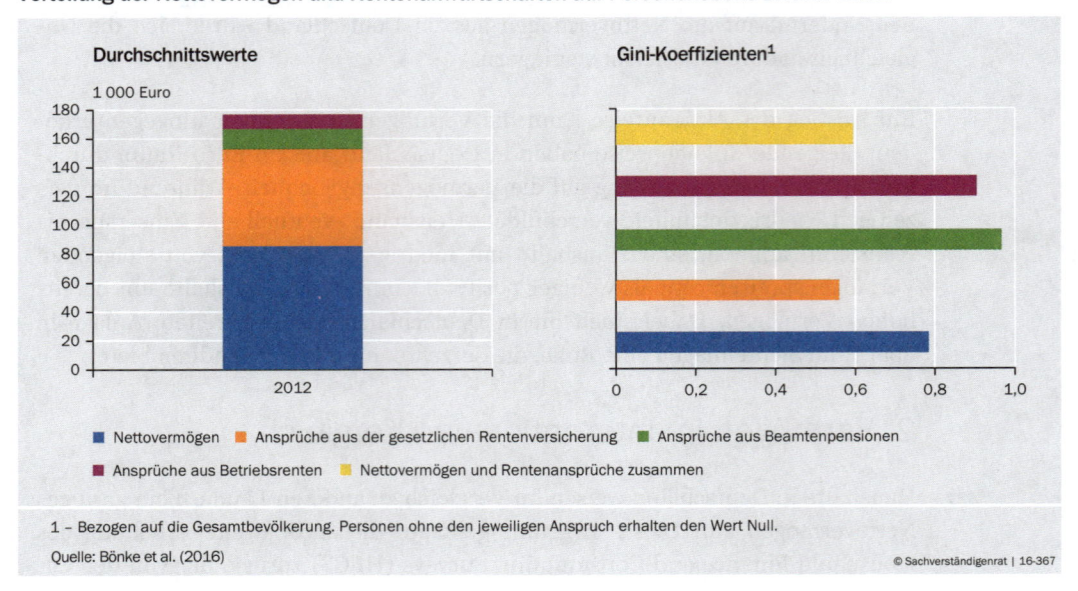

Durchschnittswerte (1 000 Euro)

Gini-Koeffizienten[1]

Legende:
- Nettovermögen
- Ansprüche aus der gesetzlichen Rentenversicherung
- Ansprüche aus Beamtenpensionen
- Ansprüche aus Betriebsrenten
- Nettovermögen und Rentenansprüche zusammen

1 – Bezogen auf die Gesamtbevölkerung. Personen ohne den jeweiligen Anspruch erhalten den Wert Null.
Quelle: Bönke et al. (2016)

Insbesondere zeigt sich, dass die Vermögensungleichheit unter Berücksichtigung von Rentenanwartschaften **um etwa ein Viertel geringer** ausfällt (Bönke et al., 2016). Dabei wirkt die Hinzurechnung von Ansprüchen aus der Gesetzlichen Rentenversicherung stark ungleichheitsmindernd, während der geringere Abdeckungsgrad von Betriebsrenten und Beamtenpensionen eine Erhöhung des Gini-Koeffizienten bewirkt. ↘ ABBILDUNG 112 RECHTS Lediglich 6 % der Gesamtbevölkerung haben Anspruch auf eine Beamtenpension, was den hohen Gini-Koeffizienten in diesem Bereich erklärt.

839. Deutschland weist **niedrigere private** Nettovermögen als die meisten europäischen Länder aus. Als Erklärung werden die folgenden Punkte angeführt:

– Das **Eigentum an selbstgenutzten Immobilien** fällt im internationalen Vergleich gering aus, und die **Immobilienpreise** stagnierten bis vor einigen Jahren. ↘ ZIFFER 398 In vielen anderen Ländern haben steigende Immobilienpreise hingegen in Kombination mit dem Hebeleffekt einer Hypothekarfinanzierung wesentlich zum Nettovermögen der Immobilieneigentümer beigetragen. Für den international niedrigen Anteil privater Personen mit Wohneigentum gibt es verschiedene Erklärungsansätze. ↘ KASTEN 28

– Das Anlageverhalten der deutschen Haushalte ist geprägt von einem relativ hohen Maß an **Risikoaversion und Liquiditätspräferenz** (Annuß und Rupprecht, 2016). Dies zeigt sich im Ländervergleich beispielsweise anhand eines hohen Anteils von Sichteinlagen und Versicherungsansprüchen. Dies lässt die realen Renditen der Finanzanlagen der Haushalte niedriger ausfallen als risikoreichere Anlageformen (Brandmeir und Holzhausen, 2015).

– Das umfangreiche System der **Sozialversicherungen** führt zu einem geringeren privaten Vermögensaufbau, wenngleich die Sparquote der Haushalte auf hohem Niveau liegt (Börsch-Supan et al., 2001; Kim und Klump, 2010). Neben der spezifischen Organisation der Alterssicherung dürfte die

Altersstruktur der Bevölkerung in Deutschland zur geringeren Akkumulation von Haushaltsvermögen beitragen, da die Bereitschaft zu riskanteren Anlageformen mit dem Alter abnimmt (Le Blanc et al., 2014).

↘ KASTEN 28

Warum gibt es in Deutschland so wenig selbstgenutztes Wohneigentum?

Mit 52 % fällt der Anteil der privaten Haushalte, die in den eigenen vier Wänden wohnen, international gering aus. ↘ ABBILDUNG 113 LINKS Allerdings befinden sich über drei Viertel aller Wohnungen in Privateigentum. ↘ ABBILDUNG 113 RECHTS Der **Anteil des selbstgenutzten Wohneigentums** ist insbesondere in Ballungsräumen und in Ostdeutschland gering (Lerbs und Oberst, 2014).

Der hohe Anteil von in Mietwohnungen lebenden Haushalten kann teilweise auf **historische Gründe** zurückgeführt werden. Im Zweiten Weltkrieg wurden über vier Millionen Wohnungen zerstört oder beschädigt, und der Wohnungsbestand reduzierte sich um 20 %. Zusätzlich waren circa zwölf Millionen Menschen von Flucht oder Vertreibung betroffen und hatten etwaiges Wohneigentum verloren. Das entsprach rund 20 % der Bevölkerung Westdeutschlands. Um den Wohnungsnotstand zu lindern, wurde im Jahr 1950 mit dem Ersten Wohnungsbaugesetz eine umfangreiche Förderung sozialen Wohnungsbaus initiiert (Voigtländer, 2009).

↘ ABBILDUNG 113
Wohneigentum nach ausgewählten Ländern und Eigentumsformen in Deutschland

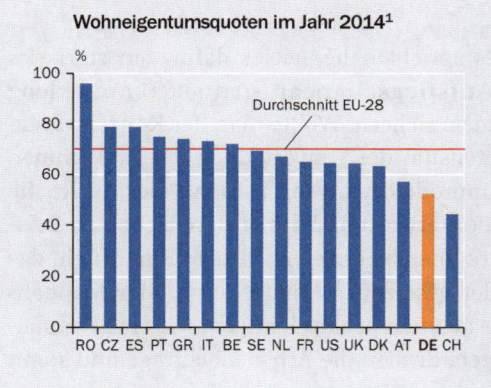

Wohneigentumsquoten im Jahr 2014[1]

Eigentumsformen von Wohnungen[2]

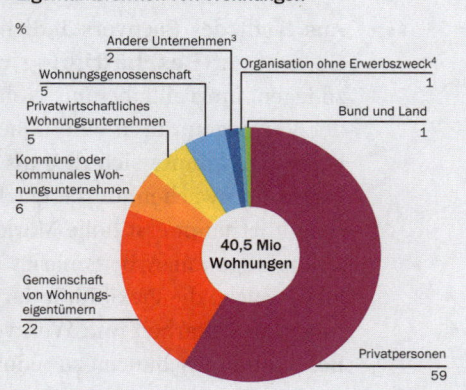

1 – Anteil der Haushalte mit selbstgenutztem Wohneigentum. RO-Rumänien, CZ-Tschechische Republik, ES-Spanien, PT-Portugal, GR-Griechenland, IT-Italien, BE-Belgien, SE-Schweden, NL-Niederlande, FR-Frankreich, US-Vereinigte Staaten, UK-Vereinigtes Königreich, DK-Dänemark, AT-Österreich, DE-Deutschland, CH-Schweiz. 2 – Anteil an allen Wohnungen. Abweichungen in den Summen rundungsbedingt. Ohne Diplomatenwohnungen, Wohnungen ausländischer Streitkräfte und gewerblich genutzte Wohnungen. 3 – Privatwirtschaftliche. 4 – Zum Beispiel Kirche.

Quellen: Eurostat, Statistisches Bundesamt, U.S. Census Bureau, Zensus 2011

© Sachverständigenrat | 16-363

Mit einer umfassenden Mietpreisregulierung wurde der Grundstein für den in Deutschland stark regulierten, **mieterfreundlichen Mietwohnungsmarkt** gelegt. Daraus hat sich ein vergleichsweise großer und hochqualitativer Sektor an Sozialwohnungen entwickelt. Obwohl die Mietpreise später in vielen Teilen Deutschlands dereguliert wurden, lassen der große Mietwohnungsmarkt, die immer noch recht mieterfreundliche Regulierung sowie teilweise noch niedrige Bestandsmieten die Miete im Vergleich zum Immobilienkauf attraktiver erscheinen.

Weiterhin wird Wohneigentum im internationalen Vergleich wenig gefördert. So können Hypothekarzinsen bei selbstgenutztem Wohneigentum in Deutschland im Gegensatz zu vielen Ländern nicht steuerlich in Abzug gebracht werden. Im Jahr 2005 wurden außerdem die Eigenheimzulage ausgesetzt und die degressive Abschreibung für Mietwohnbauten abgeschafft. Allerdings besteht kein klarer Zusammenhang zwischen **Eigentumsförderung** und Eigentumsquoten.

IV. HERAUSFORDERUNG EINKOMMENS- UND VERMÖGENSMOBILITÄT

840. Nachdem die Einkommensungleichheit im Zuge der ungünstigen Lage am Arbeitsmarkt bis ins Jahr 2005 zugenommen hatte, ist sie bis zum Jahr 2009 zurückgegangen. Seither ist sie wieder leicht angestiegen. Das Steuer-Transfer-System hat über diesen gesamten Zeitraum in beträchtlichem Maße einen **sozialen Ausgleich** herbeigeführt, indem es dafür gesorgt hat, dass die Ungleichheit der Nettoeinkommen wesentlich geringer ist als die der Markteinkommen.

841. Die marktorientierten **Arbeitsmarktreformen der Agenda 2010** sowie die Lohnzurückhaltung der Arbeitnehmer haben sich als zielführend erwiesen, um Wachstum und Beschäftigung sicherzustellen. Sie verhalfen mehr Menschen zu Arbeitseinkünften und dürften so dazu beigetragen haben, dass die vormals zunehmende Einkommensungleichheit nicht weiter anstieg. Denn Arbeitslosigkeit, gerade bei jungen Erwerbstätigen, bewirkt eine Verschlechterung der Verdienstaussichten über das gesamte Erwerbsleben. Daher ist die **Vermeidung von Arbeitslosigkeit** und des damit verbundenen Verlustes an Humankapital besonders wichtig.

842. Aus Sicht des Sachverständigenrates spricht daher vieles dafür, ein stärkeres Gewicht auf **Beschäftigung und Aufstiegschancen** statt auf Umverteilung zu legen, um Teilhabe und Wohlstand zu sichern. Wollte man der Konzentration der Vermögen durch eine höhere Intensität der Umverteilung der Einkommen begegnen, könnte sich dies als kontraproduktiv erweisen. Denn dies dürfte die Anreize schwächen, durch Qualifikationserwerb und durch Bereitschaft zu Leistung überhaupt erst hohe Markteinkommen zu erzielen. Direkte Eingriffe in das Lohngefüge am Arbeitsmarkt, wie der gesetzliche Mindestlohn, oder Maßnahmen, welche die Flexibilität der Unternehmen beeinträchtigen, wie eine Regulierung von Zeitarbeit und Werkverträgen, drohen die Arbeitsnachfrage und somit Beschäftigungschancen zu reduzieren.

843. Eine wesentliche Herausforderung für die Wirtschafts-, Finanz- und Sozialpolitik liegt in der **Einkommensmobilität**. Die beobachtete Stabilität der Einkommensklassen verdeutlicht, dass Einkommens- und Vermögenspositionen verfestigt sind. Dies ist allerdings nicht zuletzt ein Spiegelbild des stabilen und hohen Anteils der Haushalte, die mittlerweile in der Einkommensverteilung zur Mittelschicht gezählt werden können. In früheren Jahrzehnten vollzogen sich Bildungsaufstieg und die damit verbundene Einkommensmobilität auf der Basis einer gänzlich anderen Ausgangsverteilung der Bildung in der Elterngeneration. Eine ähnlich starke Expansion des Bildungssektors wie in den Jahrzehnten der Nachkriegszeit wird sich nicht wiederholen lassen.

Angesichts der Bildungsexpansion ist es nicht überraschend, dass die Präferenz für eine im Hinblick auf die Bildung gleichrangige Partnerwahl in den vergangenen Jahrzehnten gestiegen ist: Insbesondere steht in der jüngeren Generation gut ausgebildeten Männern mittlerweile eine ebenso große Zahl gut ausgebildeter Frauen gegenüber (Grave und Schmidt, 2012). Tendenziell erhöht sich damit die Einkommensungleichheit, ohne dass sich daraus politischer Handlungsbedarf ergibt.

844. Bildung ist ein wesentlicher Bestimmungsfaktor für die Beschäftigungs- und Verdienstaussichten. Jedoch bleibt der Bildungsstand des Elternhauses für den Bildungserfolg der Kinder wesentlich (Heckman, 2006; Hanushek und Woessmann, 2011). Die **Bildungspolitik** sollte daher anstreben, verbleibende Defizite bei der **Chancengerechtigkeit** abzubauen und die Durchlässigkeit des Bildungssystems, also den Wechsel zwischen unterschiedlichen Bildungswegen, in den Vordergrund zu stellen. Eine verbesserte Chancengerechtigkeit könnte langfristig die Einkommensmobilität erhöhen. Dies könnte, muss aber nicht notwendigerweise zu einer Reduktion der Einkommensungleichheit führen.

845. Für eine Stärkung der Chancengerechtigkeit sollten die öffentlichen Mittel stärker auf den **Beginn des Bildungslebenszyklus** ausgerichtet werden, da die gesellschaftliche Bildungsrendite dann besonders groß ausfallen dürfte. Die Ausweitung frühkindlicher Betreuungsangebote in den vergangenen Jahren ist in diesem Licht positiv zu bewerten und sollte weiter vorangetrieben werden. Dies würde den Betreuungsbedarf gerade für Kinder unter zwei Jahren besser decken und so die engere Einbindung von Müttern in den Arbeitsmarkt ermöglichen (JG 2013 Ziffern 743 f.). Erfolgversprechend für den weiteren Bildungsverlauf sind möglicherweise die Nutzung einer **kontinuierlichen Betreuung bis zum Schuleintritt** sowie der Zugang zu Ganztagsschulen (JG 2013 Ziffer 765).

Ein gesteigertes Betreuungsangebot kann nur dann die gewünschte Wirkung entfalten, wenn es qualitätsorientiert umgesetzt und in hinreichendem Umfang angenommen wird. Noch immer beteiligen sich verhältnismäßig wenige **Familien mit Migrationshintergrund oder mit niedrigem Bildungsstand** am frühkindlichen Betreuungsangebot, wenngleich die Kinder aus diesen Familien dadurch besonders gefördert würden. Diesem Problem könnte mit der Einführung eines verpflichtenden, kostenfreien Vorschuljahres begegnet werden (JG 2013 Ziffer 584; JG 2009 Ziffern 454 ff.).

846. Im Vergleich zu den Einkommen sind die **Vermögen deutlich ungleicher verteilt**. private Haushalte in Deutschland verfügen zudem über geringere Vermögen als in vielen europäischen Staaten. Allerdings berücksichtigt der internationale Vergleich nicht die umfangreichen Anwartschaften auf Alterseinkünfte aus öffentlichen Systemen und Betriebsrenten, welche zentral für die Vermögensbildung sind und ungleichheitsmildernd wirken. Wenn Bürger durch eine gut funktionierende staatlich organisierte Alterssicherung zur Vorsorge veranlasst werden, kann dies den **Anreiz zur privaten Vermögensbildung** reduzieren. Des Weiteren steht aufgrund der vergleichsweise hohen Rentenbeiträge weniger Einkommen zur eigenen Vermögensbildung zur Verfügung.

Es sprechen gewichtige Argumente dagegen, der Vermögensungleichheit durch die Erhebung einer **Vermögensteuer** zu begegnen. Sie hemmt insbesondere die Investitionstätigkeit von Unternehmen (Spengel et al., 2013; Wissenschaftlicher Beirat beim BMF, 2013). Aus diesem Grund wurden Betriebsvermögen vor der Aussetzung der Vermögensteuer im Jahr 1997 in einem gewissen Ausmaß verschont. Diese Ungleichbehandlung von Vermögen führte zur Verfassungswidrigkeit der Vermögensteuer. Hinzu kommt, dass die Erhebungs- und Entrichtungskosten der Vermögensteuer vergleichsweise hoch sind.

847. Bei vererbten Vermögen bekräftigt der Sachverständigenrat hingegen seine Einschätzung, dass vieles für die Erhebung einer proportionalen **Erbschaftsteuer** auf alle Vermögensarten spricht (JG 2015 Ziffern 807 ff.). Die derzeit bestehenden Verschonungsregeln für Betriebs- und Immobilienvermögen könnten dann gestrichen werden. Angemessene Freibeträge und großzügige Stundungsregeln würden Liquiditätsprobleme beim Übergang von Betriebsvermögen vermeiden. Dies wäre eine deutlich bessere Lösung als der kürzlich gefundene Kompromiss zur Erbschaftsteuer, der Unternehmen zu weitgehend verschont.

Eine andere Meinung

848. Ein Mitglied des Rates, Peter Bofinger, kann sich nicht der Einschätzung der Mehrheit anschließen, wonach sich in Deutschland „**eine vergleichsweise stabile Entwicklung der Einkommensungleichheit**" zeige.

849. Bei der Entwicklung der Nettoeinkommen von Personen in Haushalten mit mindestens einem erwerbsfähigen Haushaltsmitglied hat sich seit dem Jahr 1999 eine **deutliche Schere** herausgebildet. Dies steht in einem **auffälligen Kontrast** zur Phase der Jahre von 1991 bis 1999, in der sich die Nettoeinkommen aller Einkommensgruppen – trotz eines recht divergenten Verlaufs der Markteinkommen – nahezu identisch entwickelt haben. ↘ ABBILDUNG 114 Seit dem Jahr 1999 sind die Nettoeinkommen im höheren Bereich um rund 10 % gestiegen, im Niedrigeinkommensbereich um 10 % gefallen. Dass sich diese Entwicklung besonders akzentuiert im Jahr 2005 herausgebildet hat, ist auf die damals – nicht zuletzt konjunkturell bedingt – sehr hohe Arbeitslosigkeit zurückzuführen. Auffällig ist, dass es trotz der seither eingetretenen deutlichen Verbesserung der Beschäftigungslage bis zuletzt nicht mehr zu einer günstigeren Einkommensentwicklung für die Personen im unteren Fünftel der Verteilung gekommen ist.

850. Bei der hohen Unsicherheit über die zugrundeliegende Statistik erscheint es ohnehin sinnvoller, bei der Beurteilung der Einkommensentwicklung die **längerfristigen Trends** zu betrachten und nicht einzelne Jahre, wie das Jahr 2005, herauszugreifen, die zudem durch konjunkturelle Effekte ein überzeichnetes Bild der längerfristigen Entwicklung vermitteln.

851. Durch diese Phaseneinteilung wird auch deutlich, dass die zunehmende Ungleichheit der Markteinkommen vom **Steuersystem** nach dem Jahr 1999 nicht mehr kompensiert werden konnte. Bei den Haushalten im höheren Einkommensbereich sind die Nettoeinkommen sogar deutlich stärker gestiegen als die Markteinkommen. ↘ ABBILDUNG 115 Dies könnte zumindest teilweise auf die im Jahr 2000 einsetzenden Effekte der **Steuerreform 2000** zurückzuführen sein,

↘ ABBILDUNG 114
Entwicklung der Nettoeinkommen für Personen in Haushalten mit mindestens einem erwerbsfähigen Mitglied

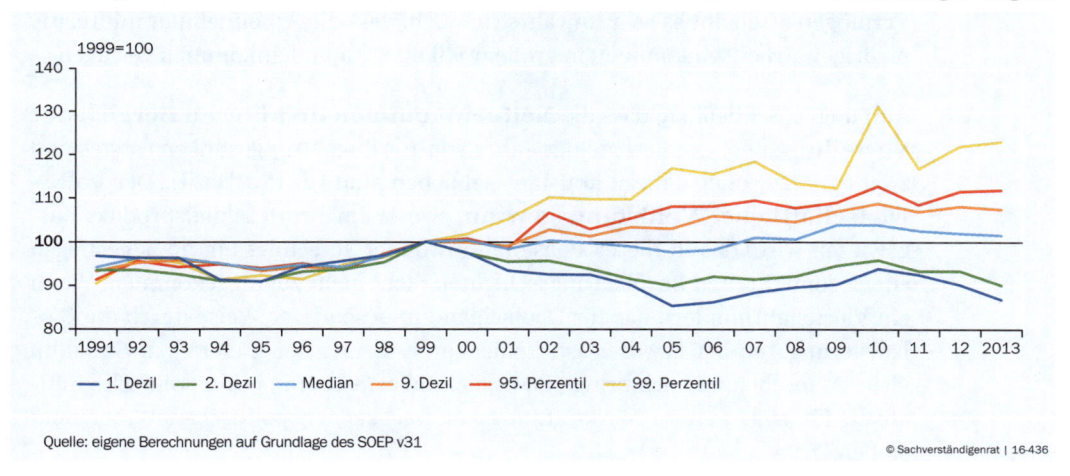

Quelle: eigene Berechnungen auf Grundlage des SOEP v31

die zu einer deutlichen Verminderung des Spitzensteuersatzes der Einkommensteuer von 53 % im Jahr 1999 auf 42 % im Jahr 2005 geführt hat.

852. Das Bild einer Schere in der Einkommensverteilung, die sich im vergangenen Jahrzehnt herausgebildet hat, vermittelt auch die **funktionale Einkommensverteilung.** ↘ ABBILDUNG 116 Die Einkommen aus Unternehmertätigkeit und Vermögen, die sich bis zum Jahr 2003 nahezu parallel zu den Einkommen aus Arbeitnehmerentgelten entwickelt haben, sind danach um 16 Prozentpunkte stärker gestiegen. Wiederum geht es dabei nicht um den Vergleich einzelner Jahre, die durch konjunkturelle Effekte überzeichnet sind, sondern um den längerfristigen Trend.

853. Die Mehrheit stellt fest, die **Aussagekraft der Lohnquote** hinsichtlich des Wohlstands der Arbeitnehmer sei begrenzt, da Arbeitnehmer nicht nur Arbeits-, sondern auch Kapitaleinkommen beziehen. In Anbetracht der sehr ungleichen

↘ ABBILDUNG 115
Markteinkommen und Nettoeinkommen im oberen Einkommensbereich[1]

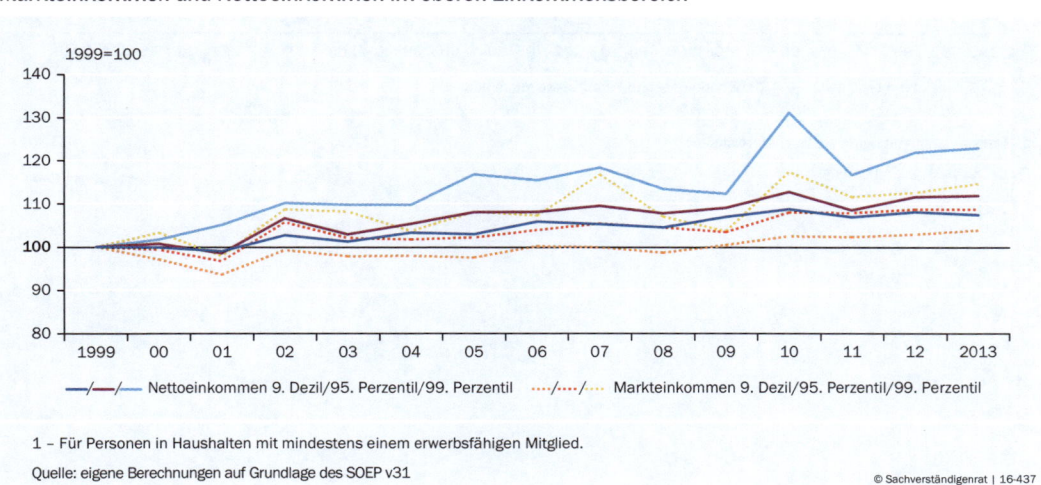

1 – Für Personen in Haushalten mit mindestens einem erwerbsfähigen Mitglied.
Quelle: eigene Berechnungen auf Grundlage des SOEP v31

Vermögensverteilung und der hohen Korrelation zwischen Einkommen und Vermögen erscheint es sehr unwahrscheinlich, dass die Arbeitnehmer mit relativ niedrigen Arbeitseinkommen in großem Stil über Kapitaleinkommen verfügen.

854. Auffällig ist schließlich, dass die **Nettoeinkommen im unteren Bereich der Verteilung** über die Periode der Jahre von 1991 bis 2013 gesunken (erstes und zweites Dezil) oder nahezu konstant geblieben sind (drittes Dezil). Der **volkswirtschaftliche Wohlstandsgewinn**, wie er im Bruttoinlandsprodukt ausgewiesen wird, das in dieser Phase je Einwohner gerechnet um 29 % gestiegen ist, ist somit breiten Bevölkerungsschichten nicht mehr zugutegekommen. Wenn ein Vierteljahrhundert, das für Deutschland in besonderer Weise durch die Globalisierung geprägt gewesen ist, keine Verbesserung der materiellen Situation vieler Menschen mit sich bringt, ist es nicht überraschend, wenn politische Initiativen für eine weitere Marktöffnung auf wachsenden politischen Widerstand stoßen.

855. Die Mehrheit verweist zur Relativierung der im internationalen Vergleich hohen Konzentration der Vermögensverteilung darauf, dass die **unterschiedlichen staatenspezifischen Sozialversicherungssysteme** den internationalen Vergleich von Vermögenswerten erschwerten. Dabei ist jedoch für Deutschland laut Eurostat für das Jahr 2012 festzustellen, dass die staatlichen Ausgaben für die Rentenversicherung in Relation zum Bruttoinlandsprodukt unter dem Durchschnitt des Euro-Raums wie auch der EU-28 liegen.

↘ ABBILDUNG 116

Entwicklung der funktionalen Einkommensverteilung[1]

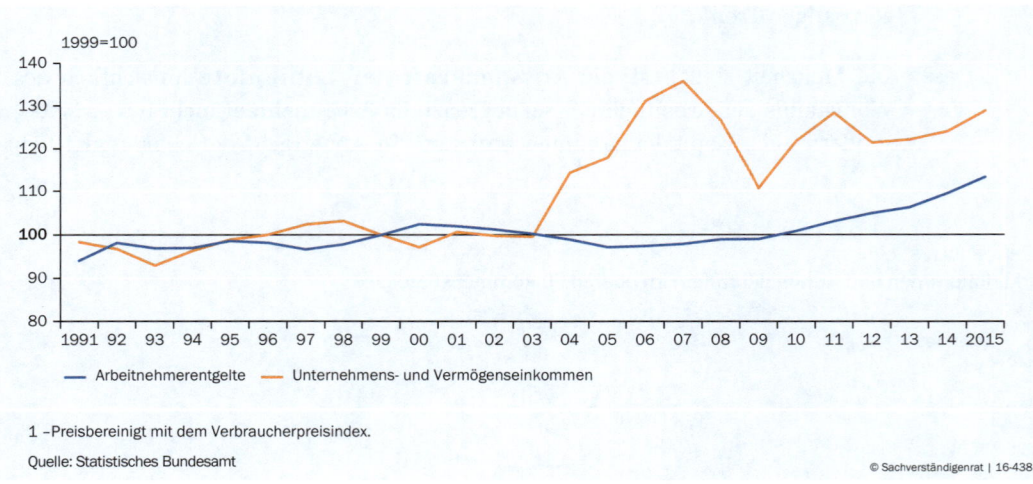

1 – Preisbereinigt mit dem Verbraucherpreisindex.
Quelle: Statistisches Bundesamt

LITERATUR

Adam, K. und P. Tzamourani (2016), Distributional consequences of asset price inflation in the Euro Area, *European Economic Review* 89, 172–192.

Annuß, C. und M. Rupprecht (2016), Anlageverhalten privater Haushalte in Deutschland: Die Rolle der realen Renditen, *Vierteljahrshefte zur Wirtschaftsforschung* 85, 95–109.

Antonczyk, D., T. DeLeire und B. Fitzenberger (2010), Polarization and rising wage inequality: Comparing the U.S. and Germany, ZEW Discussion Paper 10-015, Mannheim.

Attanasio, O.P. und S. Rohwedder (2003), Pension wealth and household saving: Evidence from pension reforms in the United Kingdom, *American Economic Review* 93, 1499–1521.

Benabou, R. (1996), *Inequality and growth*, NBER Working Paper 5658, Cambridge.

Biewen, M. und A. Juhasz (2012), Understanding Rising Inequality in Germany, 1999/2000–2005/06, *Review of Income and Wealth*, 58 .622–647.

Bönke, T., G. Corneo und H. Lüthen (2015), Lifetime earnings inequality in Germany, *Journal of Labor Economics* 33, 171–208.

Bönke, T., M.M. Grabka, C. Schröder, E.N. Wolff und L. Zyska (2016), *The joint distribution of net worth and pension wealth in Germany*, SOEPpapers on Multidisciplinary Panel Data Research 853, The German Socio-Economic Panel (SOEP), DIW Berlin.

Börsch-Supan, A., A. Reil-Held, R. Rodepeter, R. Schnabel und J. Winter (2001), The German savings puzzle, *Research in Economics* 55, 15–38.

Brandmeir, K. und A. Holzhausen (2015), *Die Rendite der privaten Geldvermögen – Deutschland im internationalen Vergleich*, Allianz Economic Research Working Paper 195, München.

Burda, M.C. und S. Seele (2016), *No role for the Hartz reforms? Demand and supply factors in the German labor Market, 1993-2014*, SFB 649 Discussion Papers, Sonderforschungsbereich 649, Humboldt-Universität zu Berlin.

Card, D., J. Heining und P. Kline (2013), Workplace heterogeneity and the rise of West German wage inequality, *The Quarterly Journal of Economics* 128, 967–1015.

Credit Suisse (2015), *Global Wealth Databook 2015*, Credit Suisse Research Institute, Zürich.

Cremer, G. (2016), *Armut in Deutschland: Wer ist arm? Was läuft schief? Wie können wir handeln?*, C.H. Beck, München.

Deutsche Bundesbank (2016a), Vermögen und Finanzen privater Haushalte in Deutschland: Ergebnisse der Vermögensbefragung 2014, *Monatsbericht* März 2016, 61-86.

Deutsche Bundesbank (2016b), Verteilungseffekt der Geldpolitik, *Monatsbericht* September 2016, 15-38.

Deutsche Bundesbank (2013), Vermögen und Finanzen privater Haushalte in Deutschland: Ergebnisse der Bundesbankstudie, *Monatsbericht* Juni 2013, 25-52.

Dustmann, C., B. Fitzenberger, U. Schönberg und A. Spitz-Oener (2014), From sick man of Europe to economic superstar: Germany's resurgent economy, *Journal of Economic Perspectives* 28, 167–188.

Dustmann, C., J. Ludsteck und U. Schönberg (2009), Revisiting the German wage structure, *The Quarterly Journal of Economics* 124, 843–881.

EZB (2013), *The Eurosystem household finance and consumption survey. Results from the first wave*, Statistics Paper 2/April 2013, Europäische Zentralbank, Frankfurt am Main.

Engelhardt, G.V. und A. Kumar (2011), Pensions and household wealth accumulation, *Journal of Human Resources* 46, 203–236.

Felbermayr, G., M. Battisti und S. Lehwald (2016), Einkommensungleichheit in Deutschland, Teil 1: Gibt es eine Trendumkehr?, *Ifo Schnelldienst* 69, 28–37.

Goebel, J., M.M. Grabka und C. Schröder (2015), Einkommensungleichheit in Deutschland bleibt weiterhin hoch: junge Alleinlebende und Berufseinsteiger sind zunehmend von Armut bedroht, *DIW Wochenbericht* 82, 571–586.

Grabka, M.M. und J. Goebel (2013), Rückgang der Einkommensungleichheit stockt, *DIW Wochenbericht* 80, 13–23.

Grabka, M.M., J. Goebel, C. Schröder und J. Schupp (2016), Schrumpfender Anteil an BezieherInnen mittlerer Einkommen in den USA und Deutschland, *DIW Wochenbericht* 83, 391–402.

Grabka, M.M., J. Goebel und J. Schupp (2012), Has income inequality spiked in Germany?, *DIW Economic Bulletin* 2, 3–14.

Grabka, M.M. und C. Westermeier (2014), Anhaltend hohe Vermögensungleichheit in Deutschland, *DIW Wochenbericht* 81, 151–164.

Grave, B.S. und C.M. Schmidt (2012), The dynamics of assortative mating in Germany, Ruhr Economic Papers 346, RWI Essen.

Hanushek, E.A. und L. Woessmann (2011), The economics of international differences in educational achievement, in: Hanushek, E.A., S. Machin und L. Woessmann (Hrsg.): *Handbook of the Economics of Education, Bd. 3*, Elsevier, 89–200.

Heckman, J.J. (2006), Skill formation and the economics of investing in disadvantaged children, *Science* 312, 1900–1902.

Hurd, M., P.-C. Michaud und S. Rohwedder (2012), The displacement effect of public pensions on the accumulation of financial assets, *Fiscal Studies* 33, 107–128.

Kim, S. und R. Klump (2010), The effects of public pensions on private wealth: Evidence on the German savings puzzle, *Applied Economics* 42, 1917–1926.

Lakner, C. und B. Milanovic (2016), Global income distribution: From the fall of the Berlin wall to the Great Recession, *World Bank Economic Review* 30, 203–232.

Le Blanc, J., A. Porpiglia, F. Teppa, J. Zhu und M. Ziegelmeyer (2014), *Household saving behavior and credit constraints in the Euro Area*, Discussion Paper 16/2014, Deutsche Bundesbank, Frankfurt am Main.

Lerbs, O.W. und C. A. Oberst (2014), Explaining the spatial bariation in homeownership rates: Results for german regions, *Regional Studies* 48, 844–865.

Möller, J. (2016), *Lohnungleichheit – gibt es eine Trendwende?*, IAB Discussion Paper 9/2016, Nürnberg.

Nimmergut, A., I. Meyer und T. Körner (2004), *Haushalte Heute 2003. Pilotstudie zur Umsetzbarkeit einer Dauerstichprobe befragungsbereiter Haushalte in der amtlichen Statistik 2001–2003*, Statistisches Bundesamt, Wiesbaden.

Nolan, B., M. Roser und S. Thewissen (2016), *Stagnating median incomes despite economic growth: Explaining the divergence in 27 OECD countries*, VoxEU.org, 16. September.

OECD (2016), *OECD Regions at a Glance 2016*, OECD, Paris.

OECD (2015), Redistribution of income, in: OECD (Hrsg.): *Government at a Glance 2015*, OECD Publishing, 158–159, Paris.

Peichl, A., N. Pestel und H. Schneider (2012), Does size matter? The impact of changes in household structure on income distribution in Germany, *Review of Income and Wealth* 58, 118–141.

Perotti, R. (1996), Growth, income distribution, and democracy: What the data say, *Journal of Economic Growth* 1, 149–187.

Schmid, K.D. und U. Stein (2013), *Explaining rising income inequality in Germany, 1991-2010*, SOEPpapers on Multidisciplinary Panel Data Research 592, DIW Berlin.

Schwahn, F. und N. Schwarz (2012), *Einkommensverteilung als Baustein der Wohlfahrtsmessung. Ein Beitrag der Volkswirtschaftlichen Gesamtrechnungen*, Wirtschaft und Statistik Oktober 2012, 829-842.

Spengel, C., L. Evers, U. Scheuering und F. Streif (2013), *Die Folgen von Substanzsteuern für Familienunternehmen, Staat und Gesellschaft*, Gutachten im Auftrag der Stiftung Familienunternehmen, München.

Statistisches Bundesamt (2016a), *62% des Bruttoeinkommens stammen aus Erwerbstätigkeit. Laufende Wirtschaftsrechnungen 2014*, destatis.de, 14.10.2016.

Statistisches Bundesamt (2016b), *Trend gestoppt: Lohnspreizung nicht weiter gewachsen*, Pressemitteilung Nr. 322, Wiesbaden.

Tiefensee, A. und M.M. Grabka (2016), Comparing wealth – Data quality of the HFCS, *Survey Research Methods* 10, 119–142.

Voigtländer, M. (2009), Why is the German homeownership rate so low?, *Housing Studies* 24, 355–372.

Wissenschaftlicher Beirat beim BMF (2013), *Besteuerung von Vermögen – Eine finanzwissenschaftliche Analyse*, Gutachten 02/2013 des Wissenschaftlichen Beirats beim Bundesministerium der Finanzen, Berlin.

Zhu, J. und M. Eisele (2013), *Multiple imputation in a complex house hold survey - the German Panel on Household Finances (PHF): Challenges and solutions*, Working Paper, Deutsche Bundesbank, Frankfurt am Main.

ENERGIEWENDE: UMSTEUERN ZU EINER GLOBALEN KLIMAPOLITIK

I. Die klimapolitische Aufgabe

II. Zwischenbilanz der Energiewende
1. Ziele des Energiekonzepts 2010
2. Großteil der Ziele nicht erreicht
3. Klimapolitische Einordnung

III. Lehren aus dem Strommarkt
1. Technologiemix bei der Stromerzeugung
2. EEG-Novelle: Kosten immer noch zu hoch
3. Potenziale der Sektorkopplung

IV. Fazit: Mehr Arbeitsteilung anstreben

Eine andere Meinung

Literatur

DAS WICHTIGSTE IN KÜRZE

Beim Klimagipfel von Paris haben sich 195 Staaten auf **ambitionierte Klimaziele** verständigt und bis zum Ende des Jahrhunderts netto einen Emissionsausstoß von Null („Emissionsneutralität") für alle Sektoren in allen Ländern vereinbart. Dies bestätigt Deutschland zwar in seinem eigenen Bemühen um den Übergang zu einem nachhaltigen System der Energieversorgung. Doch eine Energiewende, die primär dem Klimaschutz dienen soll, kann nicht sinnvoll im Alleingang einer einzelnen Volkswirtschaft betrieben werden. Ohne die Einführung eines globalen Emissionshandels oder einer globalen CO_2-Steuer würde eine glaubwürdige und volkswirtschaftlich effiziente Strategie fehlen, um die vereinbarten globalen Ziele tatsächlich zu erreichen.

Diese **globale Strategie** wäre glaubwürdig, da die Teilnahme an einem globalen System eine weit größere Bindungswirkung entfalten würde als das bloße Versprechen, nationale Emissionsziele zu erreichen. Sie wäre volkswirtschaftlich effizient, da sie im Gegensatz zu einer getrennten Vorgehensweise die Vorzüge der internationalen Arbeitsteilung bei der Emissionsvermeidung nutzen kann. Stattdessen jeweils mit getrennter Anstrengung nationale oder gar regional noch kleinteiligere Emissionsziele zu verfolgen, vergeudet hingegen volkswirtschaftliche Ressourcen. Damit der Klimagipfel von Paris tatsächlich als Startpunkt für die Einführung eines globalen Emissionshandels dienen kann, müsste es gelingen, das mit einer effizienten globalen Strategie verbundene Verteilungsproblem auf dem Verhandlungswege zu lösen.

Die deutsche Energie- und Klimapolitik konzentriert sich bislang hingegen auf die eigene **Energiewende**. Diese basiert auf dem „Energiekonzept 2010" und dem nach der Reaktorkatastrophe von Fukushima beschlossenen Energiewende-Paket, das auf unterschiedlichen Ebenen eine Vielzahl an Zielvorgaben formuliert, die bis zum Jahr 2050 erreicht werden sollen. Nach heutigem Stand ist allerdings davon auszugehen, dass ein Großteil dieser Ziele nicht erreicht werden wird. Dies betrifft insbesondere das Hauptziel der Verringerung der Treibhausgasemissionen um 40 % im Jahr 2020 im Vergleich zum Bezugsjahr 1990.

Die Bundesregierung hat auf diese absehbaren Zielverfehlungen in **planwirtschaftlicher Ausrichtung** mit verschiedenen Aktionsprogrammen und -plänen mit über 100 Einzelmaßnahmen reagiert, welche die Energiewende zwangsläufig immer mehr verteuern werden. Anstelle dieser Feinsteuerung sollte in den kommenden Jahren die internationale Dimension der Energiewende in den Vordergrund rücken, verbunden mit einem klaren Bekenntnis der Bundesregierung zum **Europäischen Emissionshandelssystem (EU-ETS)** als Leitinstrument. Insbesondere sollte darauf hingewirkt werden, den Zertifikatehandel auf den Verkehrssektor, die Privathaushalte und die bisher ausgenommenen Industrien zu erweitern. Nationale Förderinstrumente und zahlreiche Subventionstatbestände würden dadurch überflüssig.

Die deutsche Energiepolitik konzentriert sich bislang vornehmlich auf den **Strommarkt**, in dem der Anteil der Stromerzeugung aus erneuerbaren Energien auf rund 29 % angestiegen ist. Damit wird in diesem spezifischen Bereich das 35 %-Ziel für das Jahr 2020 aller Voraussicht nach übererfüllt werden. Zur Eindämmung der daraus resultierenden Kostensteigerung hat die Bundesregierung mit dem EEG 2014 Ausbaukorridore für einzelne Technologien festgelegt und mit dem EEG 2017 technologiespezifische Ausschreibungen eingeführt. Allerdings fehlt nach wie vor der entscheidende Schritt zur Eindämmung der Kosten, die Umstellung auf ein **technologieneutral** ausgestaltetes Förderregime.

I. DIE KLIMAPOLITISCHE AUFGABE

856. Im Dezember 2015 konnten sich 195 Staaten beim **Klimagipfel von Paris** auf ein gemeinsames Abkommen einigen. Dessen ehrgeiziges Ziel ist es, bis zum Ende dieses Jahrhunderts die **Nettotreibhausgasemissionen auf Null („Emissionsneutralität")** zu reduzieren und auf diese Weise die Erderwärmung auf deutlich unter zwei Grad Celsius zu begrenzen. Emissionsneutralität herrscht dann, wenn nur noch so viele Treibhausgasemissionen ausgestoßen werden, wie durch natürliche (beispielsweise Wälder und Ozeane) oder künstliche Senken (etwa chemische Verfahren) wieder aus der Atmosphäre herausgenommen werden. Die gemeinsame Zielsetzung von Paris geht dabei unter anderem auf das Konzept der planetaren Leitplanken zurück, das im Jahr 2009 von einem interdisziplinären Team von 28 Wissenschaftlern entwickelt wurde (Röckstrom et al., 2009). Diese Leitplanken beziffern für insgesamt zehn Dimensionen Belastungsgrenzen für den Planeten, deren Überschreitung zu irreversiblen und plötzlichen Umweltveränderungen führen könnte.

Mehrere dieser Grenzen sind bereits überschritten. Eine davon betrifft die CO_2-Konzentration in der Atmosphäre und den damit einhergehenden Klimawandel. Das Klimaabkommen von Paris widmet sich ebenso wie dieses Kapitel durch seine Konzentration auf die Emission von Treibhausgasen (in CO_2-Äquivalenten) vor allem dieser Dimension. Andere Bereiche wie die Biodiversität, Land- und Bodendegradation oder anthropogene Schadstoffe, die ebenfalls wirtschaftspolitischen Handlungsbedarf rechtfertigen können, werden hier hingegen nicht näher betrachtet.

857. Grundsätzlich kann dem Klimawandel auf zwei Arten begegnet werden. Zum einen kann versucht werden, den Klimawandel durch Reduktion der Emissionen aufzuhalten („**Mitigation**"). Zum anderen können Staaten und Individuen versuchen, die vom Klimawandel her drohenden Schäden und Beeinträchtigungen durch Gegenmaßnahmen und Anpassungen zu begrenzen (**„Adaptation"**). Diese Strategien schließen sich nicht unbedingt gegenseitig aus, sondern können einander ergänzen. Beide erfordern den Einsatz volkswirtschaftlicher Ressourcen, sodass ein Abwägungsproblem entsteht, bei dem die Grenzerträge und Grenzkosten einzelner Maßnahmen gegeneinander abgewogen werden müssen.

Allerdings fallen die Nutzer und Kostenträger bei Maßnahmen zur Anpassung zusammen, sodass deren Ausgestaltung und Intensität weitgehend dezentralen staatlichen oder privatwirtschaftlichen Prozessen überlassen werden kann (Wissenschaftlicher Beirat beim BMF, 2010). Bei Maßnahmen zur Begrenzung der Erderwärmung stimmen die Gruppen der Nutzer und Kostenträger jedoch typischerweise nicht überein, was einen staatlichen Eingriff und **weltweite Koordination** notwendig macht. Das Klimaabkommen von Paris konzentriert sich dementsprechend vor allem auf Maßnahmen zur Emissionsvermeidung, nicht zur Anpassung an die negativen Folgen der Erderwärmung.

858. Inwieweit das Klimaabkommen von Paris einen Beitrag zur Verlangsamung des Klimawandels leisten kann, wird sich erst in den kommenden Jahren zeigen.

Das Abkommen basiert auf **nationalen Klimaplänen**, die ab dem Jahr 2023 durch unabhängige Experten alle fünf Jahre überprüft werden sollen. Die Staaten haben hierbei ein gemeinsames System von Berichtspflichten und Transparenzregeln vereinbart. Die jüngsten Erfahrungen mit internationalen Abkommen, wie etwa dem Europäischen Stabilitäts- und Wachstumspakt, zeigen jedoch, wie schwierig es ist, vereinbarte Ziele ohne wirksame **Sanktionsinstrumente** in der Praxis durchzusetzen. Nicht zuletzt ergeben sich komplexe Probleme der strategischen Interaktion, die aus der Möglichkeit erwachsen, sich unter Verweis auf zeitweise auftretende konjunkturelle und andere Hemmnisse als **Trittbrettfahrer** auf die Aktivitäten der anderen Vertragspartner zu verlassen.

859. Darüber hinaus ist es volkswirtschaftlich ineffizient, zunächst die globalen Klimaziele auf nationaler Ebene aufzuteilen und dann mit nicht international abgestimmten Maßnahmen umzusetzen. Sinnvoller wäre es stattdessen, die Verpflichtung zur Lastenteilung von der Frage zu trennen, an welchem Ort und in welchem Sektor die Emissionen mehr oder weniger stark zurückgeführt werden. Für die letztgenannte Frage liegen seit Langem überzeugende Lösungskonzepte vor. So könnte die Einführung eines **globalen Emissionshandels** oder einer **globalen Steuer** auf Schadstoffemissionen (CO_2-Steuer) dazu beitragen, den Ausstoß an Treibhausgasen dort zu senken, wo dadurch die geringsten volkswirtschaftlichen Kosten entstehen. Die auf diese Weise eingesparten volkswirtschaftlichen Ressourcen stünden dann für andere Verwendungszwecke zur Verfügung, um die Wohlfahrt zu steigern. ↘ KASTEN 29 SEITE 436

860. Der Emissionshandel oder die CO_2-Steuer würden deshalb zu einer volkswirtschaftlich effizienten Lösung führen, weil sie dem Ausstoß von Treibhausgasen unabhängig von ihrem Entstehungsort einen einheitlichen – im Idealfall global gültigen – Preis zuweisen. Der damit verbundene Anstieg der Energiekosten gibt den Unternehmen und Haushalten den Anreiz, ihre **Produktionsprozesse und Verhaltensweisen** anzupassen und weniger Schadstoffe zu emittieren. Sie werden diesem Anreiz tendenziell immer dann folgen, wenn für sie die Kosten der Anpassung geringer sind als der Preis, und ansonsten bei unverändertem Verhalten den Preis in Kauf nehmen. Daher würden die kostengünstigsten Vermeidungsoptionen zuerst umgesetzt, während die politisch vereinbarte Obergrenze als Nebenbedingung zwingend eingehalten wird.

Verhaltensänderungen dieser Art gehören zu den alltäglichen empirischen Erfahrungen bei allen Wirtschaftsprozessen. Ähnliche Anpassungen wurden beispielsweise durch die zwei Ölpreiskrisen in den 1970er-Jahren und Anfang der 1980er-Jahre ausgelöst (Frondel und Schmidt, 2006). Zum Beispiel stellte die deutsche Wirtschaft ihre Produktion auf eine geringere Energieintensität um. Die Klimapolitik sollte stärker auf solche dezentralen Mechanismen setzen.

861. Fraglos werden durch das Setzen eines Preises für Treibhausgasemissionen die Produktion und der Konsum in allen betroffenen Volkswirtschaften teurer, da die **Umweltbelastung** im Gegensatz zur früheren Rahmensetzung für den Verursacher **mit Kosten verbunden** ist. Noch dazu wird diese Belastung allen Beteiligten völlig transparent. Das politische Werben um eine Minderung des Klimaproblems muss sich bei dieser Vorgehensweise daher offen dazu beken-

nen, dass Klimaschutz zunächst volkswirtschaftliche Kosten mit sich bringt, um das Klimaproblem langfristig zu bewältigen.

Doch auf die marktwirtschaftliche Umsetzung von Klimazielen zu verzichten und die Kosten des Klimaschutzes hinter einer Vielzahl planwirtschaftlicher Eingriffe zu verbergen, ist eine weit schlechtere Lösung. Im Zweifelsfall ergeben sich dadurch **weit höhere Belastungen** für alle Beteiligten, wie die bisherige deutsche Klimapolitik deutlich zeigt. Dies gilt in besonderem Maße für die Bürger derjenigen Industriestaaten, die sich zu besonders hohen Minderungsanteilen verpflichten, da für sie die Grenzkosten der Vermeidung aufgrund der bisherigen Anstrengungen tendenziell besonders hoch sind.

862. In den Vereinbarungen von Paris hätte daher das Augenmerk auf den nationalen Anteilen an den Gesamtkosten und nicht auf den nationalen Anteilen an den Emissionsminderungen liegen sollen. Die **Frage der Effizienz** – wie und wo kann die nächste Tonne an Treibhausgasemissionen am günstigsten eingespart werden – sollte von der **Frage der Verteilung** der dabei entstehenden finanziellen Lasten getrennt werden. Die Entscheidung für eine aus globaler Sicht volkswirtschaftlich effiziente Lösung nähme die Verteilung der aus den Anstrengungen zur Emissionsvermeidung entstehenden Lasten nicht vorweg. Insbesondere würde sie diese Lasten keineswegs zwingend einseitig den ärmeren Volkswirtschaften aufbürden.

Denn nichts würde die reicheren Volkswirtschaften daran hindern, einen Löwenanteil dieser Kosten zu tragen. Sie würden umso mehr von diesen Kosten tragen, je geringer ihre **Anteile an der Anfangsausstattung** mit Treibhausgaszertifikaten ausfielen. Bei einer Verhandlung um diese Anfangsausstattung könnten nicht zuletzt die nationalen Klimapläne als Startpunkt dienen, da sie bereits unter dem Gesichtspunkt der Lastenteilung verhandelt wurden – wenngleich nicht mit Blick auf einen globalen Umsetzungsmechanismus.

863. Der Klimagipfel von Paris kann trotzdem als weiterer Schritt in die richtige Richtung verstanden werden. Es ist dabei als großer Erfolg zu werten, dass der Beitrag der **Entwicklungs- und Schwellenländer** zum globalen Klimawandel zunehmend in den Fokus gerückt wurde. Diese Volkswirtschaften tragen aufgrund ihres ökonomischen Aufholprozesses mittlerweile spürbar zum Anstieg der weltweiten Treibhausgase bei. ↙ ABBILDUNG 117 Selbst eine sehr ambitionierte Reduktion der deutschen oder europäischen Treibhausgasemissionen könnte dem nichts entgegensetzen. Dies gilt unabhängig davon, ob die Verpflichtungen zur Einsparung von Emissionen durch die Entwicklungs- und Schwellenländer tatsächlich vollständig eingehalten werden.

Die größte Aufgabe für die Energie- und Umweltpolitik der kommenden Jahre besteht demnach darin, mit großer Entschiedenheit darauf hinzuwirken, alle Länder zum Beitritt in einen **globalen Emissionshandel** zu bewegen oder – ebenfalls in Verbindung mit einem Konzept für eine entsprechende Lastenteilung – eine globale CO_2-Steuer einzuführen.

864. Deutschland hätte dabei als Gastgeber des G20-Gipfels im nächsten Jahr die Gelegenheit, auf eine derartige Einigung hinzuwirken. Die **Grundvoraussetzun-**

↘ ABBILDUNG 117
Globale CO$_2$-Emissionen

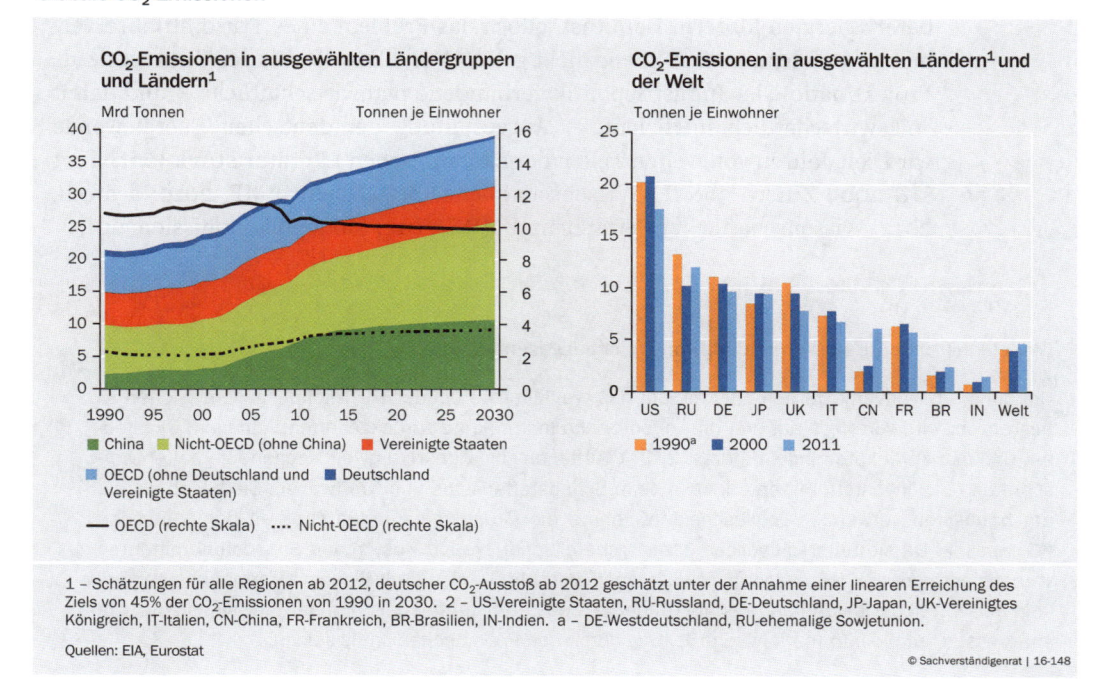

CO$_2$-Emissionen in ausgewählten Ländergruppen und Ländern[1]

- China
- Nicht-OECD (ohne China)
- Vereinigte Staaten
- OECD (ohne Deutschland und Vereinigte Staaten)
- Deutschland
- OECD (rechte Skala)
- Nicht-OECD (rechte Skala)

CO$_2$-Emissionen in ausgewählten Ländern[1] und der Welt

- 1990[a]
- 2000
- 2011

1 – Schätzungen für alle Regionen ab 2012, deutscher CO$_2$-Ausstoß ab 2012 geschätzt unter der Annahme einer linearen Erreichung des Ziels von 45% der CO$_2$-Emissionen von 1990 in 2030. 2 – US-Vereinigte Staaten, RU-Russland, DE-Deutschland, JP-Japan, UK-Vereinigtes Königreich, IT-Italien, CN-China, FR-Frankreich, BR-Brasilien, IN-Indien. a – DE-Westdeutschland, RU-ehemalige Sowjetunion.

Quellen: EIA, Eurostat

© Sachverständigenrat | 16-148

gen für eine erfolgreiche **Überzeugungsarbeit** dürften aber darin liegen, dass die deutsche Energie- und Umweltpolitik

(a) sich dazu bekennt, dass der **globale Klimaschutz** – und nicht die nationale Industriepolitik – ihr prioritäres Ziel darstellt,

(b) die **internationale Arbeitsteilung** als Instrument zur Eindämmung der globalen Gesamtkosten volkswirtschaftlich effizient nutzt und

(c) dazu bereit ist, durch eine Diskussion über die **globale Lastenteilung** die Kosten des Klimaschutzes im politischen Diskurs transparent zu machen.

865. Stattdessen wurde die **deutsche Energiewende** als **nationales Projekt** eingeleitet und umgesetzt, um durch die nationale Minderung von Treibhausgasemissionen eine **internationale Vorreiterrolle** einzunehmen. Damit verband sich die Hoffnung, zeigen zu können, dass eine große Volkswirtschaft in der Lage ist, eine starke Reduktion der Treibhausgasemissionen kosteneffizient und gesellschaftlich verträglich zu gestalten.

Die Energiewende definiert sich durch die Festlegung einer Vielzahl klimapolitischer Ziele im **Energiekonzept 2010** der Bundesregierung und deren fortschreitender Überarbeitung. Ihre Einhaltung erzwingt über die kommenden Jahrzehnte eine radikale Umstellung des Systems der Energieversorgung. Nach dem Atomunfall im japanischen Fukushima im Jahr 2011 wurde diese Umstellung noch weiter beschleunigt, indem der Ausstieg aus der Stromerzeugung durch Kernenergie erneut vorgezogen wurde.

866. Mittlerweile gibt es zwar weltweit viele andere Länder, die den Ausbau erneuerbarer Energien fördern. Damit ist jedoch das Problem eines Trittbrettfahrerverhaltens auf der globalen Ebene nicht gelöst. Vor allem die mit der Umsetzung als Projekt nationaler Industriepolitik verbundene planwirtschaftliche – und damit volkswirtschaftlich ineffiziente – Ausgestaltung der deutschen Energiewende wird seit Jahren von weiten Teilen der ökonomischen Literatur **stark kritisiert** (JG 2009 Ziffern 366 ff.; Wissenschaftlicher Beirat beim BMF, 2010; acatech, 2012; Wissenschaftlicher Beirat beim BMWi, 2012; Monopolkommission, 2013).

> **↘ KASTEN 29**
>
> **Globale Instrumente zur Vermeidung von Treibhausgasemissionen**
>
> Um die mit negativen externen Effekten auf das Weltklima verbundenen Treibhausgasemissionen zu begrenzen, wird vorrangig auf drei umweltpolitische Instrumente zurückgegriffen: Auflagen, Ökosteuern und den Zertifikatehandel (Endres, 2007). **Auflagen** sind direkte umweltbezogene Verhaltensvorschriften für Schadstoffemittenten, etwa beim Schadstoffausstoß von Kraftwagen. Sie bilden als die am häufigsten verwendete politische Maßnahme die Grundlage für den Großteil der deutschen Klimapolitik. Da sie unterschiedliche Zahlungsbereitschaften und Kosten von Schadstoffemittenten vernachlässigen, sind sie jedoch nicht kosteneffizient. Im Umgang mit diesem Informationsproblem liegt der Vorteil der beiden anderen Instrumente, des Zertifikatehandels und der Emissionsteuer, die stattdessen auf die Informationsverarbeitung durch den Preismechanismus setzen.
>
> Die Idee beim **Zertifikatehandel** besteht darin, durch die Ausgabe von handelbaren Emissionsrechten neue Eigentumsrechte zu schaffen. Diese erlauben, einen definierten Teil der Atmosphäre zur Lagerung von CO_2 zu verwenden. Der dadurch entstehende Tauschmarkt führt dazu, dass Treibhausgase zu den geringstmöglichen Kosten reduziert werden. Ein hoher Zertifikatspreis schafft Anreize, in Vermeidungstechnologien zu investieren, und fördert den technologischen Fortschritt. Die Grundlage für die **Emissionsteuer** (Pigou-Steuer) besteht darin, dem Ausstoß je einer Einheit Schadstoff direkt und einheitlich einen Preis zuzuordnen. Jedoch wird in der Praxis nicht direkt der Schadstoffausstoß besteuert, sondern vielmehr andere Bemessungsgrundlagen, wie die verbrauchte Rohstoffmenge, etwa ein Liter Benzin. Die Emissionsteuer und der Zertifikatehandel (bei anfänglicher Zertifikateversteigerung) können öffentliche Gewinne erzeugen.
>
> Jedoch führen der Zertifikatehandel und die Emissionsteuer bei einer regionalen Anwendung, wie beim EU-Emissionshandel (EU-ETS), und einem preissensitiven Rohstoffangebot nur bedingt zu einer **globalen Treibhausgasreduktion**. So dürfte die durch diese Instrumente bedingte geringere Nachfrage zu einem geringeren globalen Rohstoffpreis führen und hierüber die Nachfrage im verbleibenden Teil der Welt erhöhen. Zudem könnten die Rohstoffproduzenten einen Großteil ihrer Reserven schon heute auf den Markt werfen, um späteren Nachfrageeinbußen infolge verstärkter Bemühungen der Emissionsvermeidung entgegenzuwirken. Die hierüber fallenden Rohstoffpreise würden die Nachfrage im verbleibenden Teil der Welt zusätzlich erhöhen (Grünes Paradoxon; Sinn, 2008).
>
> Ein erheblicher Unterschied zwischen dem Zertifikatehandel und der Emissionsteuer liegt darin, dass der Zertifikatehandel direkt die **Emissionsmenge** begrenzt, während der Zertifikatspreis sich als eine Ergebnisgröße einstellt. Die Senkung der Treibhausgasemissionen wird unabhängig von der Zertifikatspreisentwicklung eingehalten, das vorgegebene Ziel wird dabei unter geringstem Aufwand erreicht (ökonomisches Prinzip). Ein niedriger **Zertifikatspreis** zeigt an, dass der aktuelle technologische Stand ausreicht, um den vorgegebenen Rückgang der Emissionen zu erreichen, setzt aber nur begrenzt Anreize für Innovationen. Die Anreize ließen sich bei der Versteigerung von Zertifikaten durch eine Festlegung von Preiskorridoren erhöhen (acatech et al., 2015a) oder dadurch, dass der vorgegebene Emissionsrückgang nachträglich verschärft wird (Andor et al., 2016b). Jedoch verringert dies die Planungssicherheit der Unternehmen.

Zwischen dem Zertifikatehandel, dessen Emissionsgrenzen Jahre im Voraus festgelegt wurden, und der danach intensivierten öffentlichen Förderung von bestimmten Technologien besteht ein **unvermeidliches Zusammenspiel**. So untergräbt die Förderung erneuerbarer Energien bei der Stromerzeugung durch das Erneuerbare-Energien-Gesetz (EEG) die Anreizwirkung des Zertifikatehandels (Wissenschaftlicher Beirat beim BMWA, 2004; Frondel et al., 2007; EFI, 2013; JG 2015 Ziffern 323 ff.). Wenn der vom EEG geförderte Strom fossile Energie ersetzt, führt dies zu einem fallenden Zertifikatspreis und hierüber zu geringeren Innovationsanreizen. Es wäre daher konsequent, wenn die Bundesregierung begleitend zur Subventionierung der erneuerbaren Energien durch das EEG die entsprechende Menge von Emissionszertifikaten aufkaufen und aus dem Markt nehmen würde (Löschel, 2016). Das EEG verzerrt darüber hinaus die privaten Entscheidungen der Vermeidungsanstrengungen, da es Technologien fördert, die nicht mit den geringsten Grenzvermeidungskosten einhergehen.

Ein Argument für die Kombination des EU-ETS mit der Förderung erneuerbarer Energien durch das EEG wird zwar in **Markteintrittsbarrieren** für mögliche Produzenten in den Strommarkt gesehen (Lehmann und Gawel, 2013; Sonnenschein, 2016). Insgesamt unterscheiden sich alle dort aufgeführten Punkte nicht vom Marktversagen in anderen oligopolistischen Märkten. Es hat sich jedoch bewährt, dem Marktversagen mit einer geeigneten Regulierung sowie Aufsicht der Wettbewerbsbehörden zu begegnen, beispielsweise im Telekommunikations- oder Postmarkt in Deutschland, und nicht mit einer Subventionslösung.

Durch eine Emissionsteuer können prinzipiell die gleichen Ergebnisse wie beim Emissionshandel erzielt werden. Jedoch tritt hierbei das Problem auf, im Einklang mit der Größe des externen Effekts die **optimale Höhe der Steuer** festzusetzen. Daher muss die Steuer im Zeitverlauf schritthaltend mit dem technologischen Fortschritt angepasst werden, da der externe Effekt sich aus Grenznutzen und Grenzschaden der Schadstoffemissionen ergibt. Bei einer weltweiten Emissionsteuer kann im Gegensatz zum globalen Zertifikatehandel das Grüne Paradoxon auftreten. Außerdem ist die weltweite Einführung einer solchen Steuer in der Praxis problematisch (Marron und Toder, 2014). Die nationalen Steuersysteme und potenziellen Bemessungsgrundlagen sind weltweit äußerst unterschiedlich. Diese müssten also entweder weltweit angeglichen werden, oder die Höhe der Steuer würde regional variieren. Die Schwierigkeit einer solchen Harmonisierung zeigt sich beispielsweise schon im Streit über eine gemeinsame Bemessungsgrundlage der Körperschaftsteuer innerhalb der EU. Des Weiteren bräuchte es eine weltweite Festlegung der Höhe sowie eine Überwachung der Eintreibung der Steuer inklusive Sanktionsmöglichkeiten.

Erfahrungen mit dem EU-ETS

Das EU-ETS ist der erste grenzüberschreitende und **weltweit größte Emissionsrechtehandel** (Europäische Kommission, 2013). Der Zertifikatehandel umfasst 11 000 Energie- und Industrieanlagen in 31 Ländern (EU-28, Schweiz, Norwegen, Liechtenstein). Das EU-ETS beruht darauf, dass die erfassten Unternehmen für jede Tonne emittiertes Treibhausgas ein handelbares Zertifikat kaufen müssen. Jedes Jahr wird nur eine begrenzte Menge an neuen Zertifikaten herausgegeben. Bei Verstoß ist mit empfindlichen Strafen zu rechnen. Die Anzahl der neuen Zertifikate wird von Jahr zu Jahr verringert.

Erfasst werden Anlagen mit einer Leistung über 20 MW aus der Stromerzeugung und mehreren Wirtschaftsbereichen, wie der Zement- und Kalkherstellung, der chemischen Industrie, der Metallherstellung und dem Flugverkehr. Insgesamt werden damit **etwa 45 % der gesamten Emissionen in der EU** erfasst. Über den Mechanismus für umweltverträgliche Entwicklung (Clean Development Mechanism, CDM) können Unternehmen Zertifikate erwerben, indem sie in Emissionsminderungsmaßnahmen außerhalb Europas investieren. Der Emissionsrechtehandel wird in mehrjährigen Handelsperioden organisiert, um Schwankungen infolge von extremen Wetterlagen auszugleichen.

ABBILDUNG 118
EU-ETS: Preis für EU-Emissionsberechtigungen

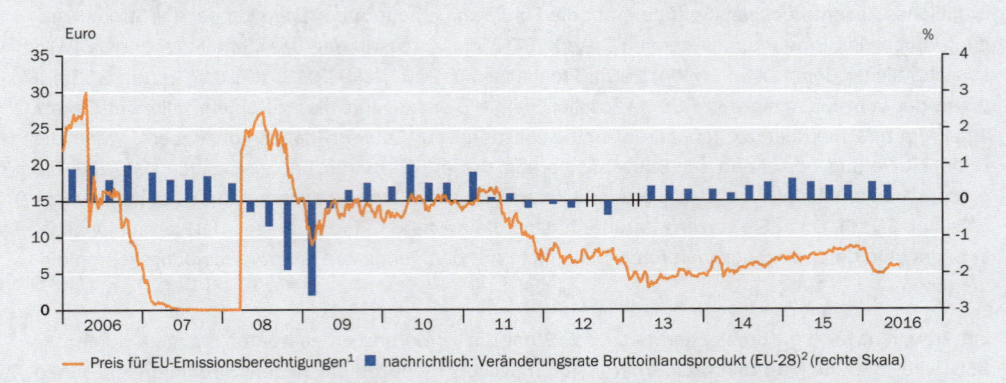

— Preis für EU-Emissionsberechtigungen[1]   ■ nachrichtlich: Veränderungsrate Bruttoinlandsprodukt (EU-28)[2] (rechte Skala)

1 – Euro je Emisssionsberechtigung für eine Tonne CO_2; Wochendurchschnitte. 2 – Bruttoinlandsprodukt (real); Quartale, saison- und arbeitstäglich bereinigt; Veränderung gegenüber Vorquartal.

Quelle: Eurostat, Thomson Reuters Datastream

Phase 1 (2005-2007)

Der Zeitraum von 2005 bis 2007 wurde als eine **Testphase** angesehen. Sie war durch eine massive Überallokation an Berechtigungen gekennzeichnet. Die Ausgabe der Zertifikate sollte sich an den Emissionen orientieren, die ohne Inkrafttreten des EU-ETS zu erwarten gewesen wären. Allerdings führte die schlechte Datenlage zu einem Überangebot (Ellerman et al., 2016). Die Unternehmen deckten sich am Anfang der ersten Handelsperiode mit Zertifikaten ein, da sie von einer knappen Ausstattung ausgingen. Als jedoch im April 2006 erste Meldungen darüber veröffentlicht wurden, dass die ETS-Emissionen deutlich unter der Gesamtzuteilung im Jahr 2005 lagen, brach der Preis der Emissionshandelszertifikate von 30 Euro auf 9 Euro ein. ↘ ABBILDUNG 118 Der zu beobachtende Preisverfall auf den Wert Null zum Jahresende 2007 basiert darauf, dass die Zertifikate nicht in die nächste Handelsperiode mitgenommen werden konnten.

Phase 2 (2008-2012)

Die Zuteilung der Zertifikate wurde danach deutlich gekürzt. Aufgrund der knapperen Zuteilung erreichte der Zertifikatspreis bis Jahresmitte 2008 wieder Preise über 27 Euro. Jedoch sorgten die politische Unsicherheit über den Fortbestand eines starken EU-ETS (Koch et al., 2014), die **schwache Konjunktur** sowie der deutliche Anstieg der erneuerbaren Energien dafür, dass der Zertifikatspreis zum Jahresende 2011 unter 10 Euro fiel und im Jahresverlauf 2011 dort verharrte.

Phase 3 (2013-2020)

In der dritten Phase wurden wesentliche Veränderungen im Zertifikatehandel durchgeführt. Zum einen wurden Zertifikate nun verstärkt durch **Versteigerung** vergeben. Um die Zertifikatspreise zu stabilisieren, hat die Europäische Kommission im Jahr 2015 eine sogenannte „**Backloading**"-Maßnahme durchgeführt. Hierbei hat sie die Versteigerung von 300 Millionen Zertifikaten auf die Jahre 2019 und 2020 verschoben (acatech et al., 2015a; Andor et al., 2016b).

Aktuell werden die Rahmenbedingungen für die vierte Handelsperiode des EU-ETS diskutiert. Der Vorschlag der Europäischen Kommission (2015) sieht vor, dass sich die Gesamtzahl der Zertifikate jährlich stärker verringert (2,2 % pro Jahr statt bisher 1,7 %). Die Zuteilung der freien Zertifikate soll zudem zielgerichteter werden. Darüber hinaus wird diskutiert, zwei neue Fonds zur Unterstützung einzuführen, um zum einen Innovation für neue Umwelttechnologien und zum anderen Mitgliedstaaten mit niedrigen durchschnittlichen Einkommen zu fördern.

II. ZWISCHENBILANZ DER ENERGIEWENDE

867. Im Nachgang zum Klimaabkommen von Paris und angesichts der bevorstehenden Verfehlung der bereits früher gesetzten eigenen nationalen Klimaziele diskutiert die Bundesregierung derzeit ein radikales Maßnahmenpaket zum Umbau der deutschen (Industrie-)Gesellschaft, den **Klimaschutzplan 2050**. Dieser sieht eine Vielzahl von Maßnahmen und Eingriffen in die Volkswirtschaft vor, die durch Initiativen teilweise in kleinerem Umfang bereits in den vergangenen Jahren eingeführt wurden. Gut fünf Jahre nach Verkünden der beschleunigten Energiewende ist es daher Zeit, eine Zwischenbilanz zu ziehen und den Erfolg der bisher eingesetzten Maßnahmen zu beurteilen.

1. Ziele des Energiekonzepts 2010

868. Im September 2010 hat die damalige Bundesregierung aus CDU/CSU und FDP das **Energiekonzept** beschlossen, das die Umrisse der Energiewende beschreibt. Das Energiekonzept besteht aus einer Reihe von klimapolitischen Zielvorgaben und Ausbauzielen für die erneuerbaren Energien. Ein Kernbestandteil dieses Energiekonzepts war ursprünglich die Verlängerung der Laufzeiten der Atomkraftwerke (Kernenergie als Brückentechnologie). Jedoch änderte sich die Situation abrupt infolge des Reaktorunglücks in Fukushima im Frühjahr 2011. Die Bundesregierung beschloss unter dem Eindruck dieses Ereignisses, die Verlängerung der Nutzung der Kernkraftwerke aus dem Jahr 2010 wieder rückgängig zu machen und den Atomausstieg sogar zu beschleunigen (beschleunigte Energiewende). Die Erreichung der ambitionierten Zielvorgaben des Energiekonzepts wird dadurch naturgemäß erschwert.

869. Das Energiekonzept unterscheidet zwischen mehreren Zielebenen. ↘ ABBILDUNG 119 Auf der obersten Ebene stehen die **politischen Ziele** (BMWi, 2015a). Sie umfassen die Klimaziele, einschließlich der Senkung der Treibhausgasemissionen, den Ausstieg aus der Nutzung der Kernenergie zur Stromerzeugung sowie die Sicherstellung von Wettbewerbsfähigkeit und Versorgungssicherheit.

Auf der zweiten Zielebene des Energiekonzepts werden die **Kernziele** genannt. Sie sollen die zentralen Strategien definieren, mit denen die Energiewende vorangebracht werden soll. Insbesondere handelt es sich um den Ausbau der erneuerbaren Energien und die Senkung des Primärenergieverbrauchs. Beide Ziele dienen dem übergeordneten Ziel der Senkung der Treibhausgasemissionen.

Auf der letzten Stufe werden **Steuerungsziele** benannt. Mit Hilfe von zugehörigen Maßnahmen sollen sie dazu beitragen, dass die übergeordneten Ziele zuverlässig und kostengünstig erreicht werden. Ein Großteil der Steuerungsziele entfällt auf den Stromsektor. Hier wird beispielsweise versucht, mit einer technologiespezifischen Förderung im Rahmen des Erneuerbare-Energien-Gesetzes (EEG) den Anteil der erneuerbaren Energien am Bruttostromverbrauch bis zum Jahr 2020 auf 35 % anzuheben. Daneben umfasst der Zielkatalog noch andere Bereiche wie Verkehr oder Wärme mit konkreten Zielvorgaben. Im Verkehrssek-

↘ ABBILDUNG 119
Energiekonzept der Bundesregierung – Zwischenziele für das Jahr 2020

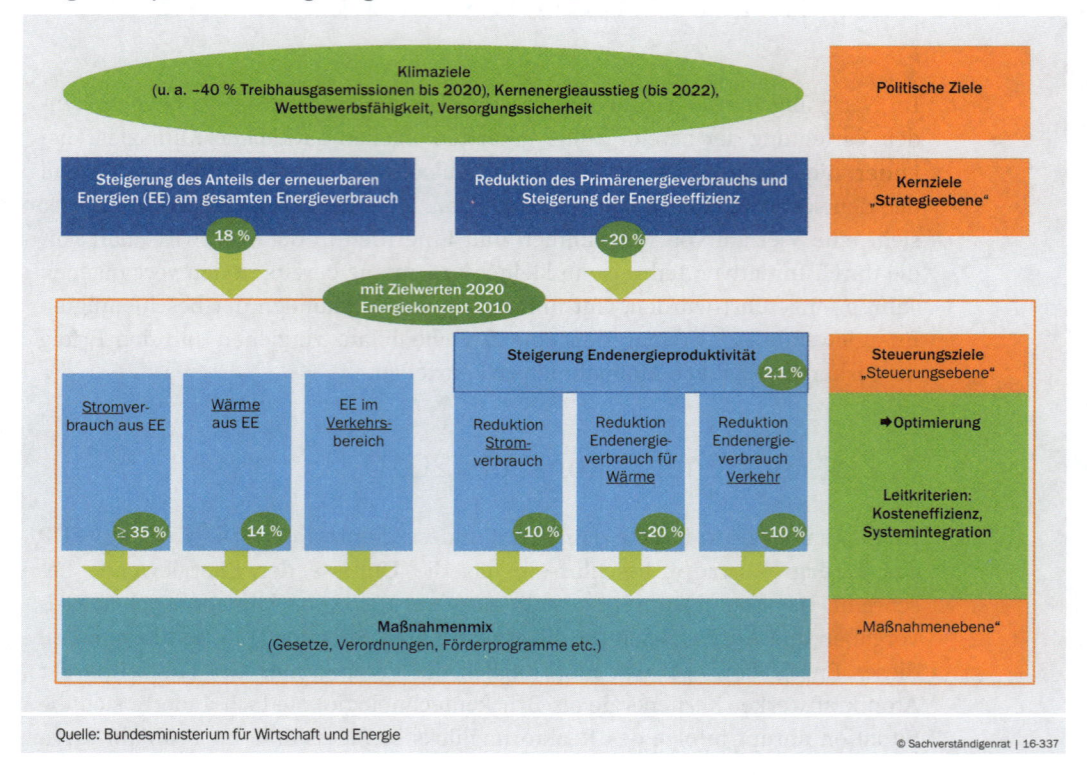

Klimaziele
(u. a. –40 % Treibhausgasemissionen bis 2020), Kernenergieausstieg (bis 2022),
Wettbewerbsfähigkeit, Versorgungssicherheit

Politische Ziele

Steigerung des Anteils der erneuerbaren Energien (EE) am gesamten Energieverbrauch: 18 %

Reduktion des Primärenergieverbrauchs und Steigerung der Energieeffizienz: –20 %

Kernziele „Strategieebene"

mit Zielwerten 2020 Energiekonzept 2010

Stromverbrauch aus EE: ≥ 35 %
Wärme aus EE: 14 %
EE im Verkehrsbereich:

Steigerung Endenergieproduktivität: 2,1 %
Reduktion Stromverbrauch: –10 %
Reduktion Endenergieverbrauch für Wärme: –20 %
Reduktion Endenergieverbrauch Verkehr: –10 %

Steuerungsziele „Steuerungsebene"
➡ Optimierung
Leitkriterien: Kosteneffizienz, Systemintegration

Maßnahmenmix
(Gesetze, Verordnungen, Förderprogramme etc.)

„Maßnahmenebene"

Quelle: Bundesministerium für Wirtschaft und Energie
© Sachverständigenrat | 16-337

tor etwa soll der Endenergieverbrauch im Jahr 2020 im Vergleich zum Jahr 2008 um 10 % niedriger ausfallen.

870. Am Ende des Transformationsprozesses stünden alle Ziele – eine emissionsarme Wirtschaft, die Energie effizient einsetzt und durch einen hohen Anteil von erneuerbaren Energietechnologien geprägt ist – grundsätzlich miteinander im Einklang. Das **eigentliche Problem** liegt allerdings in der **Gestaltung der Transformation** des Systems. Leider hat die Politik bislang eine tiefere Diskussion der Behandlung von auf diesem Weg entstehenden Zielkonflikten oder gar den Versuch einer Priorisierung der Ziele verweigert (Umbach, 2015). Die Umsetzung hat sich zudem weitestgehend auf den Sektor der Stromerzeugung konzentriert und sich in der massiven Förderung erneuerbarer Energien in diesem Bereich erschöpft.

2. Großteil der Ziele nicht erreicht

871. Trotz erheblicher Fortschritte zeichnet sich heute schon ab, dass ein Großteil der Zielvorgaben des Energiekonzepts für das Jahr 2020 nicht vollständig zu erreichen sein wird. Dies trifft insbesondere auf das Hauptziel der **Verringerung der Treibhausgasemissionen** um 40 % im Vergleich zum Bezugsjahr 1990 zu. Bis zum Jahr 2001 lag der Emissionsrückgang durch den wirtschaftlichen Umbruch in den neuen Ländern noch innerhalb des vorgegebenen Ziels. Dies lag

im Umstieg von Kohle auf emissionsärmere Energieträger und die Stilllegung alter Anlagen begründet.

Danach wurde der Zielpfad nur noch im Jahr 2009 erreicht, dies war jedoch die Folge der tiefen Rezession nach der globalen Finanzkrise. ↘ ABBILDUNG 120 OBEN LINKS Insgesamt betrug der Emissionsrückgang zum Jahr 2015 etwas mehr als 27 %. Die Zielvorgabe wurde damit um 6 Prozentpunkte unterschritten.

872. Der größte Teil der **Treibhausgasemissionen** im Jahr 2015 wurde mit etwa 38 % vom Energiesektor verursacht. Hier betrug der Beitrag zum Rückgang der

↘ ABBILDUNG 120
Klima- und energiepolitische Ziele des Energiekonzepts 2010

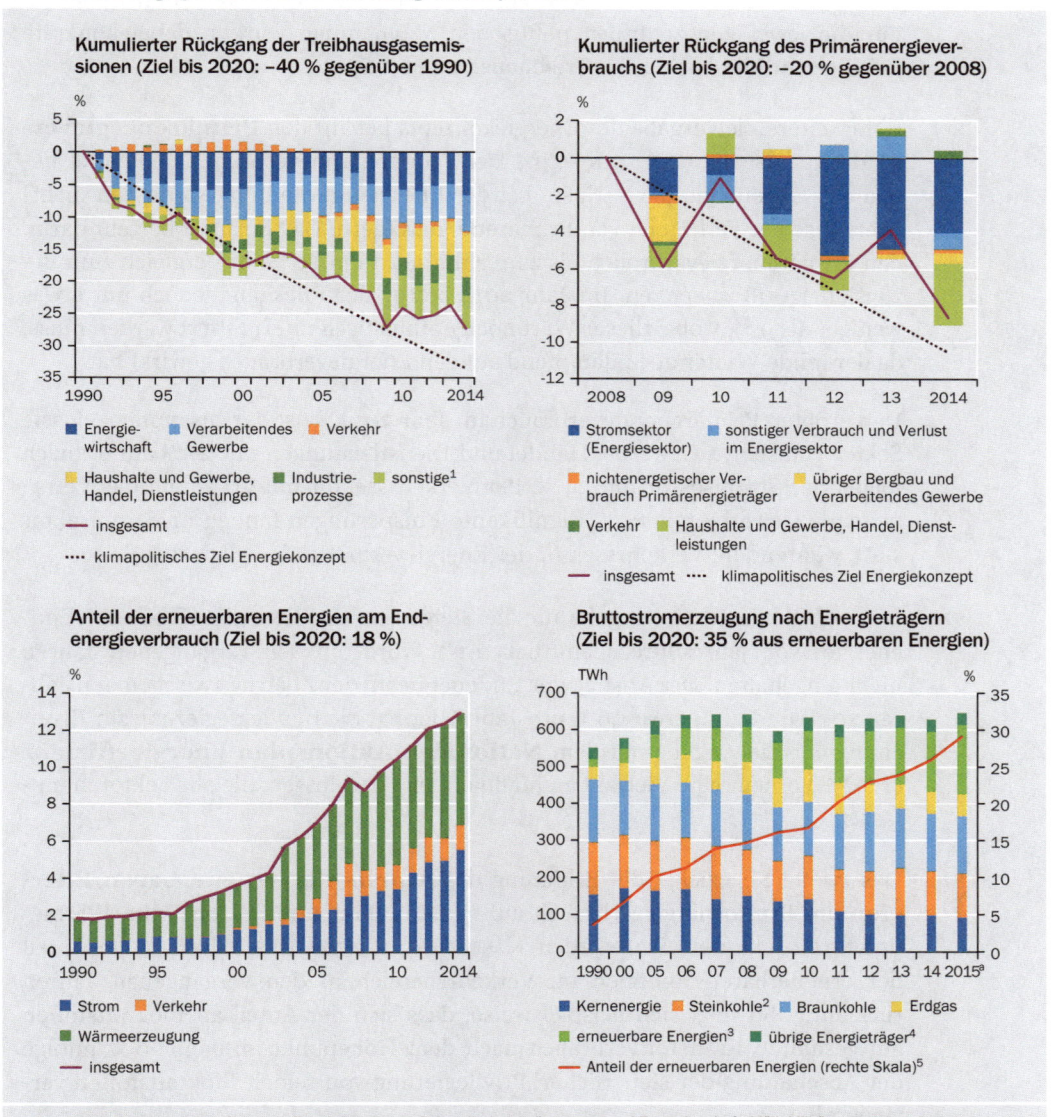

1 – Diffuse Emissionen aus Brennstoffen; Landwirtschaft, Landnutzungsänderung und Forstwirtschaft; Müll; Militär und weitere kleinere Quellen. 2 – In 2013 im Gegensatz zur amtlichen Statistik um 5,6 TWh höher. Nachträgliche Korrektur 2015 wurde in der amtlichen Statistik für 2013 nicht mehr berücksichtigt. 3 – Wasserkraft, Windkraft, Biomasse, Photovoltaik, Geothermie (Erdwärme), Hausmüll. 4 – Einschließlich Mineralölprodukte. 5 – In Relation zur gesamten Bruttostromerzeugung. a – Vorläufige Angaben, zum Teil geschätzt; Stand: August 2016.

Quellen: AGEB, AGEE, BMU, BMWi, Bundesregierung, UBA

gesamten Treibhausgase seit dem Jahr 1990 etwa 7 Prozentpunkte, doch seit dem Jahr 1999 stagniert die Entwicklung. An zweiter Stelle folgt bei den Treibhausgasemissionen mit 18 % der Verkehrssektor. Trotz großer Steuerbelastungen und Abgasvorschriften für Autohersteller konnte hier seit dem Jahr 1990 kein Rückgang verzeichnet werden. Weitere bedeutende Schadstoffemittenten sind das Verarbeitende Gewerbe sowie private Haushalte und der zusammengefasste Sektor Gewerbe, Handel, Dienstleistungen mit jeweils 14 %. Hier konnte der Treibhausgasausstoß spürbar zurückgefahren werden.

873. Als Folge der zu erwartenden Zielverfehlung (Klimaschutzlücke) hat die Bundesregierung mit dem **Aktionsprogramm Klimaschutz 2020** im Dezember 2014 zusätzliche Maßnahmen beschlossen. Es handelt sich hierbei um mehr als 100 Einzelmaßnahmen, die sich auf die unterschiedlichen Sektoren beziehen. Für die jeweiligen zentralen politischen Maßnahmen wurden dabei konkrete Beiträge zur Minderung von Treibhausgasen bestimmt.

874. Eine weitere Zielvorgabe des Energiekonzepts betrifft den **Primärenergieverbrauch**. ↘ ABBILDUNG 120 OBEN RECHTS Der Primärenergieverbrauch beinhaltet neben der Endenergie die Verluste bei der Energieumwandlung sowie den nichtenergetischen Verbrauch von Primärenergieträgern. Das Kernziel besteht darin, den Primärenergieverbrauch bis zum Jahr 2020 um 20 % im Vergleich zum Bezugsjahr 2008 zu senken. Im Jahr 2014 betrug der Rückgang jedoch nur etwas weniger als 9 %, wobei dieser Wert noch optimistisch interpretiert werden muss, da der milde Winter 2014 dämpfend auf den Energieverbrauch gewirkt hat.

Den größten Primärenergieverbrauch im Jahr 2014 weist der zusammengefasste Sektor Haushalte, Gewerbe, Handel und Dienstleistungen mit 27 % auf. Danach folgen der Stromsektor mit 24 %, der Verkehrssektor mit 20 % und das Verarbeitende Gewerbe mit 19 %. Signifikante Einsparungen fanden im Stromsektor statt, während im Verkehrssektor der Energieverbrauch lediglich stagnierte.

875. Die ambitionierte Zielvorgabe für die Steigerung der **Energieeffizienz** (Endenergie) von jahresdurchschnittlich 2,1 % wurde in den vergangenen Jahren nicht eingehalten. Der Anstieg der Endenergieeffizienz betrug zwischen den Jahren 2008 und 2014 etwa 1,6 % pro Jahr. Hier hat die Bundesregierung zur Erreichung der Zielvorgabe mit dem **Nationalen Aktionsplan Energieeffizienz (NAPE)** erneut eine Vielzahl an Maßnahmen beschlossen, die alle Sektoren umfassen.

876. Das zweite Kernziel – die Erhöhung des **Anteils der erneuerbaren Energien** am Bruttoenergieverbrauch auf 18 % im Jahr 2020 – dürfte im Wärme- und Stromsektor erreicht werden. ↘ ABBILDUNG 120 UNTEN LINKS Jedoch ist der Anteil der erneuerbaren Energien im Verkehrsbereich in den vergangenen Jahren rückläufig. So zeigt sich beispielsweise, dass sich der Anteil an Biokraftstoffen am gesamten Kraftstoffverbrauch nach dem Höhepunkt im Jahr 2007 infolge der Abschaffung der steuerlichen Privilegierung von reinen Biokraftstoffen verringert hat.

Das untergeordnete Ziel der Erhöhung des **Anteils der Stromerzeugung aus erneuerbaren Energien** am Bruttostromverbrauch wird voraussichtlich deutlich übererfüllt. ↘ ABBILDUNG 120 UNTEN RECHTS Jedoch ist dies mit einem starken Anstieg der Stromkosten sowie mit einer fehlenden Integration in die Stromnetze, stark zunehmender Volatilität und Regionalität erkauft worden. In Abschnitt III werden daher die jüngsten Entwicklungen auf dem Strommarkt genauer diskutiert.

3. Klimapolitische Einordnung

877. Zwar sollen die konkreten Zielvorgaben des Energiekonzepts lediglich eine langfristige Orientierung für die Wirtschaft darstellen. Jedoch hat die jüngste Vergangenheit immer wieder gezeigt, dass die Bundesregierung bei voraussichtlichen Zielverfehlungen durchaus gewillt ist, Maßnahmen zur Gegensteuerung zu ergreifen (JG 2015 Ziffer 87). Der Zielkatalog ist daher mit der Gefahr der **wirtschaftlichen Feinsteuerung** verbunden und erzeugt erhebliche regulatorische Unsicherheit insbesondere im Stromerzeugungssektor.

878. Insgesamt weist das Energiekonzept zusammen mit den nationalen Aktionsplänen deutliche Züge einer **Planwirtschaft** auf. Es wird versucht, mit vornehmlich technologiespezifischen Maßnahmen in unterschiedlichen Bereichen eine Vielzahl an Einzelzielen zu erreichen. Diese politische Feinsteuerung beruht offenbar auf der Annahme, dass sich das Verhalten der Marktakteure durch die Auswahl einzelner Instrumente sehr genau planen ließe. Im derzeit diskutierten Klimaschutzplan 2050 sollen beispielsweise die Heizsysteme der Wohnungen, die Wahl der Antriebsform für Verkehrsmittel, sogar die Essgewohnheiten der Bürger und vieles mehr gezielt umgestellt werden.

Die Kritik des Sachverständigenrates bezieht sich explizit nicht auf die auf der obersten Ebene angesiedelten politischen Ziele, insbesondere die Notwendigkeit einer Verringerung des Treibhausgasausstoßes infolge des fortschreitenden Klimawandels. Der Ausstieg aus der Kernenergie ist gleichermaßen Ausgangspunkt der Analyse. Jedoch **erschließt sich** aus ökonomischer Sicht **der Sinn der Steuerungsziele nicht**. Sie befrachten die Energiewende mit zusätzlichen Nebenbedingungen und verteuern sie unnötig.

879. Die Vielzahl an Maßnahmen und der mit ihnen einhergehende starke Kostenanstieg **schaden der Akzeptanz** dieses gesamtgesellschaftlichen Projekts in der Bevölkerung. Dies bestätigt eine Studie des RWI (Andor et al., 2016a), die in einer repräsentativen Befragung herausfindet, dass zwar 88 % der Bevölkerung die Förderung erneuerbarer Energien befürworten, die Zahlungsbereitschaft dafür jedoch gesunken ist. Zudem dürften sich die Maßnahmen negativ auf die Investitions- und Produktionstätigkeit energieintensiver Unternehmen ausgewirkt haben. ↘ KASTEN 30 Ohne Umstellung des Systems werden die Ziele des Energiekonzepts 2010 nur dadurch zu erreichen sein, dass wiederum neue Subventionen geschaffen werden. Dies verteuert die Energiewende noch weiter und kann über das ständige wirtschaftspolitische Eingreifen in Marktprozesse zu einer Gefährdung des Wirtschaftsstandorts Deutschlands führen.

Zudem basiert die Feinsteuerung durch die Bundesregierung auf der Fehleinschätzung, dass alle Sektoren zwingend einen erheblichen Beitrag zur Einsparung von Treibhausgasen leisten müssen. Da stattdessen die jeweiligen Kosten der Schadstoffvermeidung berücksichtigt werden sollten, spricht sich der Sachverständigenrat **gegen eine sektor- und technologiespezifische Klimapolitik** und für eine ganzheitliche Betrachtung aller Technologien und Sektoren aus.

880. Ein besonderes Beispiel für die Fehleinschätzungen, die damit verbunden sind, wenn die **Wechselwirkungen** der entsprechenden klimapolitischen Maßnahmen nicht berücksichtigt werden, stellt die Berichterstattung der Schadstoffvermeidung durch erneuerbare Energien dar. Das Bundesministerium für Wirtschaft und Energie beziffert die Vermeidung des Schadstoffausstoßes durch erneuerbare Energien im Jahr 2015 auf etwa 167,5 Mio Tonnen CO_2-Äquivalente (BMWi, 2015b). Gut 122,1 Mio Tonnen entfallen hierbei auf den Stromsektor (rund 37 % des gesamten Ausstoßes an Treibhausgasen im Stromsektor im Jahr 2015). Der vermeintlich hohe Effekt der Schadstoffvermeidung relativiert sich jedoch angesichts der Tatsache, dass die Treibhausgasemissionen des Energiesektors europaweit durch das EU-ETS gedeckelt sind.

Dies führt am Ende zu zwei Effekten. Zum einen wurden die 122,1 Mio Tonnen CO_2-Äquivalente nicht an CO_2-Emissionen eingespart, da der EU-ETS-Zertifikatspreis im Jahr 2015 nicht bei Null lag und die Zertifikate daher für andere CO_2-reiche Verwendungszwecke genutzt wurden. Zum anderen hatten die erneuerbaren Energien einen dämpfenden Effekt auf den EU-ETS-Zertifikatspreis und trugen gemeinsam mit den seit dem Jahr 2011 gefallenen Weltmarktpreisen für fossile Energieträger wie Kohle oder Erdgas dazu bei, dass diese wieder sehr rentabel geworden sind.

↘ KASTEN 30

Bedeutung der Energiekosten für die Produktions- und Investitionstätigkeit

Der Einfluss der Energiekosten auf die deutsche Wirtschaft wird in der Öffentlichkeit kontrovers diskutiert. Während Vertreter der Industrie in den aktuellen Energiepreisen eine Gefahr für den Wirtschaftsstandort Deutschland sehen, hält der Sachverständigenrat für Umweltfragen diese Position für überzogen (SRU, 2016). Die **internationale Wettbewerbsfähigkeit** in Bezug auf die Energiekosten wird durch mehrere Faktoren bestimmt. Zum einen wird prominent die Rolle der Stromkosten für die deutsche Industrie diskutiert. Hier wurden im Zuge des EEG Ausnahmeregelungen für besonders stromintensive Unternehmen getroffen, die sich im internationalen Wettbewerb befinden. Die Ausnahmeregelungen haben voraussichtlich sogar ermöglicht, dass die betroffenen Unternehmen in den Genuss eines Rückgangs ihrer Stromkosten kamen, da der Börsenpreis für Strom aufgrund der zunehmend steigenden Einspeisung von erneuerbaren Energien gefallen ist und die EEG-Umlage für die stromintensiven Unternehmen weitgehend entfällt. ↘ ABBILDUNG 123 RECHTS Jedoch besteht eine erhebliche Regulierungsunsicherheit für die stromintensiven Unternehmen, da der Bestand dieser Ausnahmeregelungen immer wieder infrage gestellt wird.

Zum anderen umfassen die Energiekosten Kosten für andere Energieträger wie Erdgas, Stein- und Braunkohle oder Mineralöl. Die **internationale Entwicklung der Rohstoffpreise** spielt daher eine große Rolle für die Unternehmen. So hat der Schiefergasboom in den Vereinigten Staaten die Standortbedingungen für die US-amerikanischen energieintensiven Unternehmen erheblich verbessert. Ferner tritt das Problem des Carbon Leakage auf (Aichele und Felbermayr, 2011, 2015; Martin et al., 2014). Wenn Länder unterschiedliche klimapolitische Anstrengungen unternehmen (zum Beispiel

Teilnahme an einem Zertifikatehandel), kann dies über den internationalen Handel zu Emissionsverlagerungen von CO_2 führen. Letztlich hat dies zur Folge, dass energieintensive Produktionsbereiche ins Land mit geringeren Klimavorschriften ausgelagert werden.

Auf den ersten Blick scheinen die Energiekosten in der deutschen Industrie eher eine geringe Rolle für die Produktions- und Investitionsentscheidungen im **Verarbeitenden Gewerbe** zu spielen. So betrug der Anteil der Energiekosten am Bruttoproduktionswert (Energiekostenanteil) im Jahr 2013 lediglich 2 %. ↘ ABBILDUNG 121 OBEN LINKS Es handelt sich hierbei um die direkten Energiekosten. Indirekte Energiekosten, die in den Vorleistungsgütern enthalten sind, werden nicht berücksichtigt. In Bezug auf diesen Punkt zeigen Löschel et al. (2015), dass die Bedeutung der indirekten im Vergleich zu den direkten Energiekosten seit Mitte der 2000er-Jahre zugenommen hat. Der Bruttoproduktionswert entspricht im Wesentlichen dem Umsatz der Unternehmen. Jedoch darf der geringe Anteil der direkten Energiekosten nicht darüber hinwegtäuschen, dass eine hohe Heterogenität zwischen den einzelnen Wirtschaftsbereichen und Unternehmen besteht. Diese Heterogenität gilt ebenso für den Energiemix der einzelnen Wirtschaftsbereiche. ↘ ABBILDUNG 121 MITTE LINKS

In einer aggregierten Betrachtung fallen die Energiekosten im Jahr 2013 in der **chemischen Industrie** mit einem Anteil von 4,6 % deutlich höher aus als etwa im Maschinen- und Fahrzeugbau mit Werten von 1,0 % beziehungsweise 0,8 %. Zudem ist der Energiekostenanteil in der chemischen Industrie seit dem Jahr 2000 um zwei Prozentpunkte gestiegen. Inwieweit der Kostenanstieg durch höhere Stromkosten oder andere Energieträger bedingt wurde, kann aufgrund der Datenlage nicht ermittelt werden. Weitere energieintensive Branchen sind die Metallerzeugung, das Papiergewerbe, der Bergbau sowie das Glasgewerbe samt Verarbeitung von Steinen und Erden.

Die Betrachtung auf aggregierter Ebene offenbart jedoch die Schwäche, dass alle Unternehmen einer jeweiligen Branche als gleich energieintensiv angesehen werden. Jedoch können innerhalb der Wirtschaftsbereiche große Unterschiede vorherrschen. Anhand von Mikrodaten aus der Kostenstruktur- und Investitionserhebung im Verarbeitenden Gewerbe kann eine genauere **Analyse mithilfe von Unternehmensdaten** durchgeführt werden. Insgesamt handelt es sich um Mikrodaten von gut 41 000 Unternehmen. Es liegen hierbei Informationen für die gesamten Energiekosten, die Anlageinvestitionen, die Bruttowertschöpfung sowie den Produktionswert für den Zeitraum der Jahre 2001 bis 2013 vor. Diese ermöglichen eine Unterscheidung zwischen energie- und weniger energieintensiven Unternehmen. Die Aufteilung erfolgt hierbei über den Anteil der Energiekosten am Produktionswert. Nach Bestimmung dieser Größe kann für jedes Unternehmen der durchschnittliche Energiekostenanteil über die Zeit bestimmt werden.

Die Energiekosten sind ein bedeutender Standortfaktor. Es zeigt sich, dass die 10 % energieintensivsten Unternehmen im Verarbeitenden Gewerbe mindestens 4,8 % ihres Produktionswerts für Energie ausgeben. Die Energiekosten haben im Durchschnitt aller Unternehmen des Verarbeitenden Gewerbes einen größeren Anteil an den Gesamtkosten als die Fremdkapitalzinsen. Dies gilt für alle Jahre zwischen 2001 und 2013. Die energieintensiven Unternehmen werden im Folgenden dadurch definiert, dass sie einen durchschnittlichen Energiekostenanteil von mindestens 2,3 % aufweisen. Dieser Wert entspricht dem Mittelwert über alle Unternehmen. Bei den weniger energieintensiven Unternehmen betrugen die Energiekosten im Jahr 2013 durchschnittlich weniger als 1 % des Produktionswerts und waren weitgehend konstant. Bei den energieintensiven Unternehmen lagen die Kosten durchschnittlich bei etwa 6,5 % und sind seit dem Jahr 2001 um 1,5 Prozentpunkte angestiegen. ↘ ABBILDUNG 121 MITTE RECHTS

Als Reaktion auf die höheren Energiekosten können die Unternehmen versuchen, Maßnahmen zu ergreifen, um ihre Energieeffizienz (Energieproduktivität) zu erhöhen. Jedoch zeigt sich auf aggregierter Ebene, dass die energieintensiven Wirtschaftsbereiche ihren Energieverbrauch in Relation zur Wertschöpfung nur unterdurchschnittlich gesenkt haben. ↘ ABBILDUNG 121 OBEN RECHTS Während die Energieeffizienz des Verarbeitenden Gewerbes sowie des Bergbaus und der Gewinnung von Steinen

Kapitel 11 – Energiewende: Umsteuern zu einer globalen Klimapolitik

↘ ABBILDUNG 121
Analyse der Energiekostenentwicklung

Energiekosten[1]

(Balkendiagramm nach Branchen, Vergleich 2000 und 2013, in %)
- Bergbau und Gewinnung von Steinen und Erden
- Ernährung und Tabak
- Papiergewerbe
- Chemische Industrie
- Gummi- u. Kunststoffwaren
- Glasgewerbe, Keramik
- Metallerzeugung
- Metallerzeugnisse
- Maschinenbau
- Fahrzeugbau
- sonstige Wirtschaftszweige
- Insgesamt[2]

■ 2000 ■ 2013

Energieeffizienz (2000 - 2014)[3]

(Balkendiagramm nach Branchen, in %)

■ Bruttowertschöpfung (real)
■ Endenergieverbrauch
■ Energieeffizienz

Energieträger (2014)[4]

(Gestapeltes Balkendiagramm, in %)

■ Strom ■ Gas ■ Steinkohle ■ Braunkohle ■ Mineralöle
■ Fernwärme ■ erneuerbare Energien ■ sonstige Energieträger

Energiekosten[1]

(Liniendiagramm 2001–2013, in %)
— nicht energieintensive Unternehmen
— energieintensive Unternehmen[5]

Nettoinvestitionen[6]

(Liniendiagramm 2001–2013)
— nicht energieintensive Unternehmen
— energieintensive Unternehmen[5]

Fertigungstiefe[7]

(Liniendiagramm 2001–2013, in %)

1 – Anteil am Bruttoproduktionswert. 2 – Bergbau und Gewinnung von Steinen und Erden, Verarbeitendes Gewerbe. 3 – Gibt die Relation von realer Bruttowertschöpfung zum Endenergieverbrauch an; jahresdurchschnittliche Veränderung. 4 – Anteil am Endenergieverbrauch. 5 – Unternehmen mit einem durchschnittlichen Anteil der Energiekosten am Bruttoproduktionswert von mindestens 2,3 %. 6 – Relation der Bruttoinvestitionen zu den Abschreibungen. 7 – Anteil der Bruttowertschöpfung am Produktionswert ohne Energiekosten.

Quelle: BMWI, Energiebilanzen, Investitions- und Kostenstrukturerhebung der Unternehmen im Verarbeitenden Gewerbe

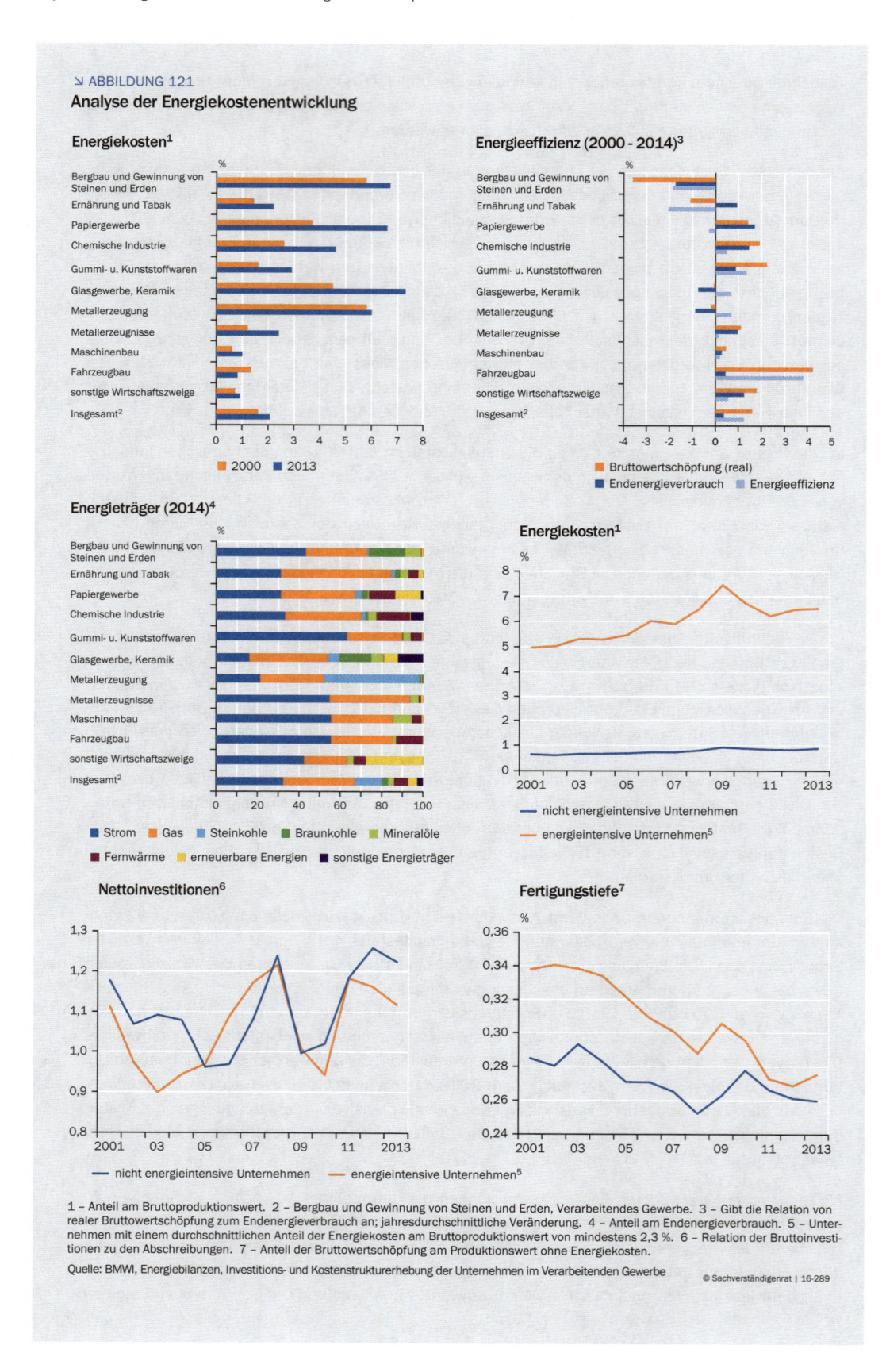

© Sachverständigenrat | 16-289

und Erden im Zeitraum zwischen 2000 und 2014 um jahresdurchschnittlich etwas mehr als 1 % anstieg, fielen die Verbesserungen in den energieintensiven Wirtschaftsbereichen geringer aus. Im Gegensatz hierzu sticht der Fahrzeugbau hervor, der eine Verbesserung der Energieeffizienz von jahresdurchschnittlich 3,8 % vorzeigen kann.

Die energieintensiven Unternehmen scheinen vielmehr einen anderen Weg gefunden zu haben, um die Energiekostenbelastung zu senken. So ist anhand der Unternehmensdaten in den vergangenen Jahren eine deutliche Verringerung der Fertigungstiefe im Vergleich zu den weniger energieintensiven Unternehmen zu beobachten. ↘ ABBILDUNG 121 UNTEN RECHTS Hierbei könnte eine Verlagerung der energieintensiven Produktionsstufen ins Ausland eine Rolle gespielt haben. Einhergehend mit der abnehmenden Fertigungstiefe ist die Investitionstätigkeit der energieintensiven Unternehmen im Vergleich zu den anderen Unternehmen in den Jahren 2001 bis 2013 geringer ausgefallen. Für den genannten Zeitraum lagen die Bruttoinvestitionen durchschnittlich um 6 % über den Abschreibungen. Für die weniger energieintensiven Unternehmen betrug der Wert 10 %. ↘ ABBILDUNG 121 UNTEN LINKS Es handelt sich dabei jedoch um eine deskriptive Analyse, die keine Kausalaussagen zulässt. Nichtsdestotrotz liefern die Ergebnisse Hinweise darauf, dass die steigenden Energiekosten der vergangenen Jahre einen dämpfenden Einfluss auf die Investitions- und Produktionstätigkeit der deutschen Wirtschaft hatten.

881. Anstatt diese Feinsteuerungsziele zu verfolgen, sollte die Bundesregierung die internationale Dimension der Klimapolitik in den Vordergrund rücken und ein langfristiges Bekenntnis zum **EU-ETS als Leitinstrument** abgeben. Bisher berücksichtigt das EU-ETS lediglich etwa die Hälfte der Emissionen von Treibhausgasen der teilnehmenden Länder. Für einen effektiven Rückgang sollte es zudem auf den Verkehrssektor, die Privathaushalte und die bisher ausgenommenen Industrien ausgeweitet werden. Auf nationale Förderinstrumente und Subventionen könnte hingegen verzichtet werden.

Die Vielzahl an Instrumenten zur Erreichung der Steuerungsziele setzt ein **enormes Wissen seitens der Politik** voraus. Sie muss wissen, in welchen Sektoren die geringsten Kosten zur Treibhausgasvermeidung anfallen. Sie muss langfristige Prognosen erstellen und zudem die Ausweichreaktionen auf spezielle Maßnahmen berücksichtigen. Jedoch dürften die einzelnen Wirtschaftsakteure keinen Anreiz haben, diese Informationen zur Verfügung zu stellen. Der Vorteil des EU-ETS oder einer CO_2-Steuer besteht darin, dass mit diesen Instrumenten die Ziele ohne dieses Wissen erreicht werden können. Sie überlassen somit den Haushalten und Unternehmen die Entscheidung, in welchen Bereichen sie Energie oder Treibhausgase einsparen wollen.

III. LEHREN AUS DEM STROMMARKT

882. Die Umsetzung der Energiewende war bislang nahezu gleichbedeutend mit einer Förderung von erneuerbaren Energien bei der Stromerzeugung durch das EEG. Wie die Gesamtschau der Ziele des Energiekonzepts und ihrer Verwirklichung in den vergangenen fünf Jahren gezeigt hat, war dieses Förderinstrument in der Tat **sehr effektiv**: Es hat zu einem ehedem ungeahnten Ausbau der Stromer-

zeugungskapazitäten durch die Nutzung von Wind- und Sonnenenergie geführt. Es war aber ebenso **spektakulär ineffizient**, da die mit dieser Förderung verbundenen Kosten förmlich explodiert sind, ohne dass der Stromsektor einen großen Beitrag zur Einsparung von Treibhausgasemissionen geleistet hätte.

An den Entwicklungen am Strommarkt lässt sich ablesen, wie falsch es wäre, die energiepolitische Gestaltungsaufgabe in eine „Stromwende", „Mobilitätswende" und „Wärmewende" aufzuteilen und diese jeweils mit kleinteiligen sektor- und technologiespezifischen Maßnahmen zu verfolgen. Stattdessen sollte die Energiewende ganzheitlich ansetzen und die Vorzüge der Arbeitsteilung nutzen.

1. Technologiemix bei der Stromerzeugung

883. Der Schwerpunkt des Energiekonzepts der Bundesregierung bezieht sich auf den Strommarkt und hier insbesondere auf den Ausbau der **Stromerzeugung** aus erneuerbaren Energien. Deren Anteil am Bruttostromverbrauch ist in den vergangenen fünf Jahren deutlich um 14,6 Prozentpunkte auf 31,6 % angestiegen; das im Energiekonzept formulierte Ziel von 35 % bis 2020 wird somit voraussichtlich übererfüllt werden. ↘ ABBILDUNG 120 UNTEN RECHTS Um die Geschwindigkeit dieser Entwicklung zu vermindern, hat die Bundesregierung mit dem EEG 2014 Ausbaukorridore für einzelne Technologien eingeführt.

884. Aus Sicht des Sachverständigenrates ist das primäre Problem jedoch nicht die Übererfüllung des übergreifenden Ziels, sondern die industriepolitisch motivierte **technologiespezifische Förderung**, etwa diejenige der Photovoltaik. Die direkte Förderung einzelner erneuerbarer Technologien lässt sich zwar in der Frühphase ihrer Entwicklung ökonomisch als Förderung des technischen Fortschritts begründen, der durch öffentliche Lernkurveneffekte (Spillover-Effekte) erzeugt werden soll. Wenn jedoch bereits ein Drittel der Stromerzeugung durch erneuerbare Energien getragen wird, kann man bei den dabei eingesetzten Technologien bereits seit Längerem nicht mehr von einem Nischendasein sprechen. Sie müssten sich vielmehr bereits ohne technologiespezifische Förderung dem Wettbewerb stellen.

885. Sollte dennoch in der Hoffnung auf weitere Lernkurveneffekte an der direkten Förderung erneuerbarer Technologien festgehalten werden, so würde eine optimale Förderung, die lediglich in Höhe der Externalität gewährt werden sollte, auf die **installierte Kapazität** dieser Technologien abzielen und nicht auf deren Stromproduktion (Andor und Voss, 2016). Denn der technologische Fortschritt bezieht sich lediglich auf die Produktion und Installation der Kapazitäten. Zudem ist die Förderung der Stromerzeugung durch fixe Einspeisevergütungen aus Anreizgesichtspunkten ebenfalls der falsche Ansatzpunkt, denn mit diesen kann die Erzeugung selbst bei negativen Strompreisen attraktiv sein. Im Einklang mit diesen Argumenten weisen Studien zu den Einspeisevergütungen des EEG in Deutschland darauf hin, dass diese keine eindeutige generelle Innovationswirkung auslösen (Wangler, 2013; Böhringer et al., 2014; EFI, 2014).

886. Der starke Ausbau der Stromerzeugung durch erneuerbare Energien geht mit unzureichenden Fortschritten bei der **Netz- und Speicherinfrastruktur** einher. Insbesondere der Transport von Windstrom aus Nord- nach Süddeutschland ist durch Engpässe begrenzt. Gerade im Süden wird jedoch der aus anderen Regionen zu befriedigende Strombedarf signifikant zunehmen. Bis Ende 2019 wird dort der Rückbau der Stromerzeugungskapazitäten aus erwarteten Stilllegungen den Kapazitätsaufbau von im Bau befindlichen Anlagen um 2,4 GW übertreffen (Bundesnetzagentur, 2016a).

Der Ausbau der Netze verzögert sich jedoch immer wieder durch komplexe Genehmigungsverfahren und den lokalen Widerstand der Bevölkerung. Auf eine Erdverkabelung auszuweichen ist sehr kostspielig und verteuert die Netzentgelte zusätzlich.

887. Durch den **Anstieg der volatilen Stromerzeugung** aus erneuerbaren Energien sowie den geplanten Rückbau von grundlastfähigen Kraftwerken gewinnen eine flexible Stromnachfrage, die beispielsweise auf das volatile Stromangebot reagiert, und bessere Speicherkapazitäten an Bedeutung (acatech et al., 2015b; Elsner et al., 2015). Das EEG 2017 schafft zwar die doppelte EEG-Umlage für gespeicherten Strom größtenteils ab. Solange jedoch die Marktteilnehmer nicht direkt mit dem stark schwankenden Strompreis konfrontiert sind, werden die Investitionen in Speicher niedrig ausfallen. Eine Alternative zur Stromspeicherung ist eine höhere Flexibilität der Stromnachfrage durch Smart Grids. ↘ KASTEN 31

888. Ohne eine flexiblere Stromnachfrage und bessere Speicherkapazitäten ist zu erwarten, dass in den kommenden Jahren die Phasen, in denen es zu einer Überschussproduktion an Strom kommt, vermehrt auftreten werden. So gehen Prognosen davon aus, dass bis zum Jahr 2022 die Anzahl an Stunden mit **negativen Strompreisen** auf über 1 000 je Jahr ansteigen könnte (Götz et al., 2014). Eine höhere EEG-Umlage wäre die Folge.

Zudem kommt es zu der volkswirtschaftlich ineffizienten Situation, dass in Zeiten von negativen Strompreisen die Kraftwerke für erneuerbare Energien mit Grenzkosten von Null vom Netz genommen werden, während die teurere Produktion mit konventionellen Kraftwerken aufgrund der hohen An- und Abfahrkosten weiterbetrieben wird. Die Weitergabe von aktuellen Strommarktpreisen an den Endkunden würde anhand von Preisausschlägen die Erzeugungsvolatilität widerspiegeln und dadurch Marktanreize für ein flexibleres Nachfrage-, Speicher- und Lastmanagement schaffen.

↘ KASTEN 31

Intelligente Netze (Smart Grids)

Da Strom bislang noch nicht in großem Umfang gespeichert werden kann, besteht ein Hauptmerkmal des Strommarkts darin, dass die Stromproduktion zu jedem Zeitpunkt auf eine entsprechende Stromnachfrage treffen muss. Für Gütermärkte muss dies in der Regel nicht der Fall sein. Die Stromerzeugung insbesondere aus Wind- und Sonnenenergie ist **naturbedingt volatil** und fällt nur selten mit den Nachfragespitzen zusammen. Die physikalisch notwendige Balance von Stromerzeugung und -verbrauch wird also mit zunehmender Marktdurchdringung der erneuerbaren Energien immer komplexer. Intelligenten Netzen („Smart Grids") kann daher bei der Energiewende eine zentrale Bedeutung zukommen.

Intuitiv kann unter einem **Smart Grid** ein Mechanismus verstanden werden, der die Stromnachfrage, -produktion und -speicherung mehrerer privater Haushalte (oder Unternehmen) effizient aneinander anpasst. Dies geschieht durch Auswertung einer Vielzahl an Informationen anhand von Informations- und Kommunikationstechnologien. Smart Grids sollen damit die räumlichen und zeitlichen Differenzen in der Erzeugung und dem Verbrauch in Einklang bringen. Sie könnten dazu beitragen, den Bedarf an Netzausbau und Speichern zu verringern (Alipour, 2016), da die ansonsten üblichen Nachfragespitzen vielfach vermieden werden können. Aufgrund der auf Schwankungen der Produktion flexibel reagierenden Stromnachfrage werden geringere Kapazitäten für die Stromerzeugung zu Zeiten von Nachfragespitzen und geringere Netzkapazitäten für Transportspitzen benötigt.

Um Smart Grids zu ermöglichen, bedarf es umfangreicher Mess-, Kommunikations- und Steuerungssysteme mit entsprechender IT-Unterstützung. Zuerst dienen Messsysteme dazu, Daten über das Nutzungsverhalten zu ermitteln. Diese werden dann ausgewertet und an das Steuerungssystem kommuniziert, das entsprechende Anpassungen der Stromnachfrage und des Speicherungsbedarf eines Haushalts regelt. Im Juni 2016 hat die Bundesregierung das **Gesetz zur Digitalisierung der Energiewende** beschlossen und damit den stufenweisen Einbau intelligenter Messsysteme („Smart Meter") festgelegt. Im Gegensatz zu den meisten EU-Mitgliedstaaten wird in Deutschland nicht für alle Stromverbraucher ein Smart Meter vorgeschrieben, sondern zunächst nur für größere Verbraucher und Erzeugungsanlagen.

Das Investitionsvolumen in Smart-Grid-Technologien verdreifachte sich im Zeitraum von 2010 bis 2014 bereits auf 3 Mrd Euro (Covrig et al., 2014). Im Rahmen von fünf großflächigen **Smart-Grid-Demonstrationsprojekten** mit über 200 Unternehmen (SINTEG-Programm des BMWi) werden in Deutschland ab dem Jahr 2017 vier Jahre lang Blaupausen für eine breite Umsetzung entwickelt werden. Die Projekte belaufen sich auf ein Gesamtvolumen von etwa 600 Mio Euro und decken mit „C/sells" in Baden-Württemberg, Bayern und Hessen, „Designetz" in Nordrhein-Westfalen, Rheinland-Pfalz und dem Saarland, „enera" in Niedersachen, „NEW 4.0" in Hamburg und Schleswig-Holstein und „WindNODE" in Ostdeutschland und Berlin einen Großteil der Fläche Deutschlands ab. Die Hürden für die flächendeckende Einführung von Smart Grids liegen aber weniger im Umbau des Netzes, sondern vielmehr in der Umrüstung von Haushalten und Unternehmen auf geeignete Anlagen.

889. Parallel zum Anstieg des Anteils der erneuerbaren Energien an der Bruttostromerzeugung sind die Anteile von Kernenergie (minus acht Prozentpunkte) und Erdgas (minus fünf Prozentpunkte) gefallen. Der Anteil von **Braun- und Steinkohle** blieb jedoch mit zusammen ungefähr 42 % gleich. ↘ ABBILDUNG 120 UNTEN RECHTS Der Anteil der Kohlekraftwerke bleibt vor allem deswegen hoch, weil Kohle aufgrund des geringen CO_2-Preises (EU-ETS-Zertifikatspreises) derzeit die günstigste Technologie ist. Der weiterhin hohe Anteil an Kohle ist einer der Hauptgründe dafür, dass seit dem Jahr 2009 die Treibhausgasemissionen der Energiewirtschaft nicht weiter zurückgegangen sind. ↘ ABBILDUNG 120 OBEN LINKS

890. Um die Ziele der Energiewende, insbesondere die Reduktion des Treibhausgasausstoßes, doch noch zu erreichen, wird mittlerweile öffentlich der **Kohleausstieg** diskutiert. Der Sachverständigenrat plädiert jedoch dafür, nicht erneut industriepolitisch in die Energiewirtschaft einzugreifen, sondern die Technologien innerhalb des europäischen Zertifikatehandels in den Wettbewerb miteinander zu stellen (acatech et al., 2015a). Dann wäre es eine Folge der Marktsignale, wel-

che Kraftwerke als erstes stillgelegt werden sollten. Im Rahmen des EU-ETS ist es klimapolitisch unerheblich, ob dies Kohlekraftwerke wären oder nicht.

Der ebenfalls viel diskutierte Erhalt oder sogar Ausbau von **Reservekapazitäten** zum Ausgleich von Produktionsschwankungen der Kraftwerke mit erneuerbaren Technologien ist nicht notwendig. Ein solcher Ausgleich kann durch eine bessere Integration des europäischen Strommarkts, den Ausbau von intelligenten Netzen und Fortschritte in der Erforschung neuer Technologien geschaffen werden. ↘ ZIFFERN 887 FF. Der Sachverständigenrat erneuert seine ablehnende Haltung in Bezug auf die Einführung von Kapazitätsmärkten (JG 2014 Ziffer 38; JG 2013 Ziffer 798).

2. EEG-Novelle: Kosten immer noch zu hoch

891. Die **Gesamtvergütungszahlungen aus dem EEG** an die Stromerzeuger von erneuerbaren Energien sind im Jahr 2015 auf 27,3 Mrd Euro angestiegen. ↘ ABBILDUNG 122 OBEN LINKS Jedoch wird nicht der gesamte Betrag als EEG-Umlage durch die Stromversorger an die zahlungspflichtigen Verbraucher und Unternehmen weitergegeben, denn vorab wird der Marktwert des durch das EEG geförderten Stroms abgezogen. Insgesamt betragen diese Differenzkosten im Jahr 2015 etwa 22 Mrd Euro (BMWi, 2016). Die durchschnittliche Vergütung aus dem EEG für eine produzierte Einheit Strom stieg von 8,5 Cent/kWh im Jahr 2000 auf 17 Cent/kWh im Jahr 2015.

Ein Hauptgrund für diesen Vergütungsanstieg ist die Veränderung des geförderten Technologiemixes der erneuerbaren Energien im Zeitverlauf. ↘ ABBILDUNG 122 OBEN RECHTS So hat sich etwa der Anteil der Photovoltaik an den gesamten erneuerbaren Energien deutlich erhöht. Die Förderung dieser Technologie ging mit einem hohen garantierten Vergütungssatz einher. ↘ ABBILDUNG 122 UNTEN RECHTS

892. Die Politik hatte zu spät mit einer **Senkung der Vergütung** auf die Kostensteigerungen reagiert, die sich durch den starken Anstieg der Investitionen in Photovoltaikanlagen rund um das Jahr 2010 ergeben hatten. ↘ ABBILDUNG 122 UNTEN LINKS Nun besteht die Gefahr einer ähnlich späten Reaktion bezüglich Wind auf See. Die Stromerzeugung durch Wind auf See hat sich in den vergangenen drei Jahren von 0,9 TWh auf 8,3 TWh fast verneunfacht. Bereits im Jahr 2015 war Wind auf See bei einem Stromerzeugungsanteil von lediglich 1,3 % für 8 % der Differenzkosten verantwortlich.

893. Die **Strompreise** für Privathaushalte und die Industrie sind seit dem Jahr 2013 nicht mehr angestiegen. ↘ ABBILDUNG 123 Dies ist auf zwei Effekte zurückzuführen. Zum einen standen einem weiteren Strompreisanstieg der Verfall der Rohstoffpreise sowie die steigende Strommenge aus erneuerbaren Energien entgegen. So werden erneuerbare Energien auf dem Strommarkt zu geringen Grenzkosten angeboten und verdrängen damit konventionelle Stromerzeuger mit einem höheren Preis (Merit-Order-Effekt). Zum anderen hat einem Strompreisrückgang – infolge des gesunkenen Börsenpreises für Strom – der erneute Anstieg der EEG-Umlage entgegengewirkt.

Kapitel 11 – Energiewende: Umsteuern zu einer globalen Klimapolitik

↘ ABBILDUNG 122
Strommarkt und erneuerbare Energien in Deutschland

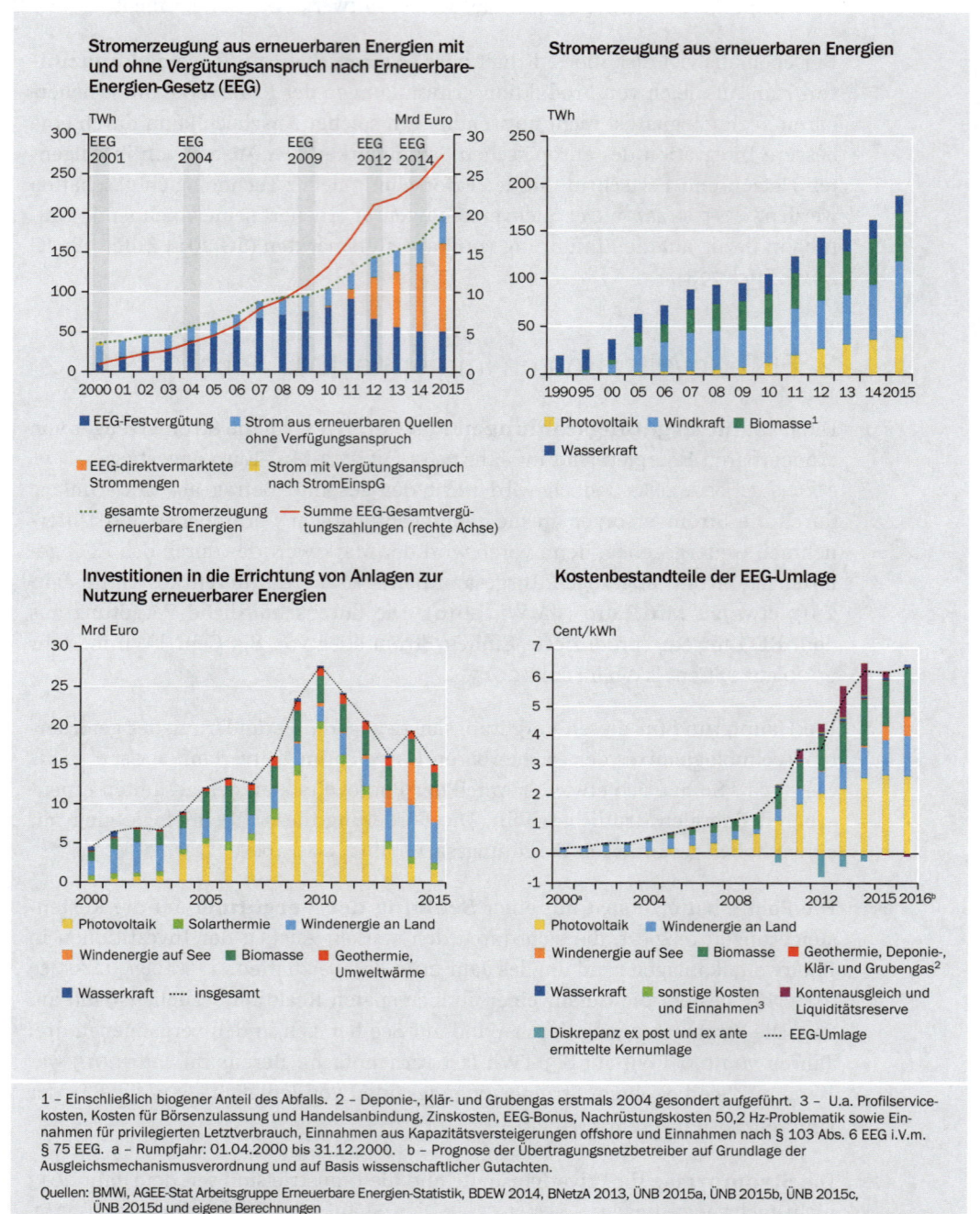

Stromerzeugung aus erneuerbaren Energien mit und ohne Vergütungsanspruch nach Erneuerbare-Energien-Gesetz (EEG)

- EEG-Festvergütung
- Strom aus erneuerbaren Quellen ohne Verfügungsanspruch
- EEG-direktvermarktete Strommengen
- Strom mit Vergütungsanspruch nach StromEinspG
- gesamte Stromerzeugung erneuerbare Energien
- Summe EEG-Gesamtvergütungszahlungen (rechte Achse)

Stromerzeugung aus erneuerbaren Energien

- Photovoltaik
- Windkraft
- Biomasse[1]
- Wasserkraft

Investitionen in die Errichtung von Anlagen zur Nutzung erneuerbarer Energien

- Photovoltaik
- Solarthermie
- Windenergie an Land
- Windenergie auf See
- Biomasse
- Geothermie, Umweltwärme
- Wasserkraft
- insgesamt

Kostenbestandteile der EEG-Umlage

- Photovoltaik
- Windenergie an Land
- Windenergie auf See
- Biomasse
- Geothermie, Deponie-, Klär- und Grubengas[2]
- Wasserkraft
- sonstige Kosten und Einnahmen[3]
- Kontenausgleich und Liquiditätsreserve
- Diskrepanz ex post und ex ante ermittelte Kernumlage
- EEG-Umlage

1 – Einschließlich biogener Anteil des Abfalls. 2 – Deponie-, Klär- und Grubengas erstmals 2004 gesondert aufgeführt. 3 – U.a. Profilservicekosten, Kosten für Börsenzulassung und Handelsanbindung, Zinskosten, EEG-Bonus, Nachrüstungskosten 50,2 Hz-Problematik sowie Einnahmen für privilegierten Letztverbrauch, Einnahmen aus Kapazitätsversteigerungen offshore und Einnahmen nach § 103 Abs. 6 EEG i.V.m. § 75 EEG. a – Rumpfjahr: 01.04.2000 bis 31.12.2000. b – Prognose der Übertragungsnetzbetreiber auf Grundlage der Ausgleichsmechanismusverordnung und auf Basis wissenschaftlicher Gutachten.

Quellen: BMWi, AGEE-Stat Arbeitsgruppe Erneuerbare Energien-Statistik, BDEW 2014, BNetzA 2013, ÜNB 2015a, ÜNB 2015b, ÜNB 2015c, ÜNB 2015d und eigene Berechnungen

© Sachverständigenrat | 16-147

894. Für die Zukunft ist ein weiterer Anstieg der Strompreise zu erwarten. Dies liegt daran, dass bei einer Beibehaltung der aktuellen Politik eine Erhöhung der Netzentgelte durch die Stromnetzbetreiber zu erwarten ist. Hierbei scheinen immer mehr die Probleme der Netzinfrastruktur im Zusammenhang mit der volatilen Stromproduktion durch die erneuerbaren Energien durch. Die steigen-

↘ ABBILDUNG 123
Strompreise für Privathaushalte und Industriekunden

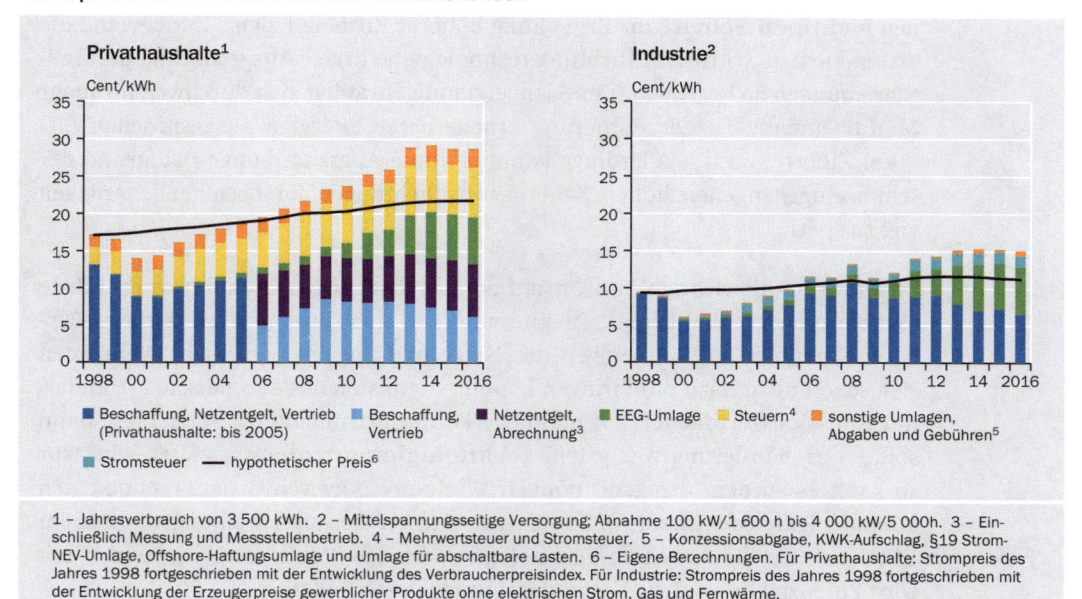

Privathaushalte¹ (Cent/kWh)

Industrie² (Cent/kWh)

- Beschaffung, Netzentgelt, Vertrieb (Privathaushalte: bis 2005)
- Beschaffung, Vertrieb
- Netzentgelt, Abrechnung³
- EEG-Umlage
- Steuern⁴
- sonstige Umlagen, Abgaben und Gebühren⁵
- Stromsteuer
- hypothetischer Preis⁶

1 – Jahresverbrauch von 3 500 kWh. 2 – Mittelspannungsseitige Versorgung; Abnahme 100 kW/1 600 h bis 4 000 kW/5 000h. 3 – Einschließlich Messung und Messstellenbetrieb. 4 – Mehrwertsteuer und Stromsteuer. 5 – Konzessionsabgabe, KWK-Aufschlag, §19 Strom-NEV-Umlage, Offshore-Haftungsumlage und Umlage für abschaltbare Lasten. 6 – Eigene Berechnungen. Für Privathaushalte: Strompreis des Jahres 1998 fortgeschrieben mit der Entwicklung des Verbraucherpreisindex. Für Industrie: Strompreis des Jahres 1998 fortgeschrieben mit der Entwicklung der Erzeugerpreise gewerblicher Produkte ohne elektrischen Strom, Gas und Fernwärme.

Quelle: BDEW

© Sachverständigenrat | 16-144

den Kosten drücken zum einen aus, dass Anlagen für erneuerbare Energien zukünftig sogar ungenutzt bezahlt werden, da Erzeugungsspitzen nicht zwangsläufig auf eine gleich hohe Nachfrage treffen. Darin schlagen sich etwa Verzögerungen des Netzausbaus zwischen Nord- und Süddeutschland und eingeschränkte Exportmöglichkeiten in Nachbarländer wie Österreich und Polen nieder.

Insgesamt ist festzustellen, dass eine hohe Anzahl an Eingriffen in die Erzeugungsleistung von Kraftwerken nötig ist, um die Stromnetze vor einer Überlastung zu schützen (Redispatch-Maßnahmen). Zum anderen führen die Kosten der zusätzlichen Investitionen in den Ausbau der Stromnetze zu einem Anstieg der Netzentgelte, wenn auch in deutlich geringerem Ausmaß als die Redispatch-Maßnahmen (TenneT, 2016).

895. Mit der **EEG-Novelle 2017** werden Ausschreibungen und Versteigerungen für die geförderten Mengen von Wind an Land und See sowie Photovoltaik und Biomasse eingeführt. ↘ KASTEN 32 Diese Ausschreibungen sollen die Kosten der Förderung der erneuerbaren Energien merklich reduzieren. In den Jahren 2015 und 2016 fanden erste Pilotversuche für Ausschreibungsrunden für Photovoltaik statt. Im vergangenen und im laufenden Jahr wurden insgesamt 500 MW beziehungsweise 125 MW mit mittleren Zuschlagswerten von 9,17 Cent/kWh (15. April 2015), 8,49 Cent/kWh (1. August 2015), 8 Cent/kWh (1. Dezember 2015), 7,41 Cent/kWh (1. April 2016) und 7,25 Cent/kWh (1. August 2016) versteigert.

Diese Werte lagen unter den bisherigen Fördersätzen von 9,02 Cent/kWh (Bundesnetzagentur, 2016b). Das Vorhandensein möglicher Potenziale für eine Kostensenkung wird durch internationale Erfahrungen gestützt. So hat die Einführung von Ausschreibungen beispielsweise in Brasilien, China, dem Vereinigten Königreich und Italien zu deutlich niedrigeren Vergütungssätzen geführt.

896. Der Sachverständigenrat sieht die Einführung der Ausschreibungen zwar als einen **richtigen Schritt** zur Erreichung höherer Kosteneffizienz. Zudem sind die ersten kleinen Schritte in Richtung technologieneutraler Ausgestaltung der Ausschreibungen zu begrüßen. Der Sachverständigenrat hat sich durchweg für mehr Marktelemente bei der Förderung erneuerbarer Energien ausgesprochen (JG 2009 Ziffern 366 ff.). Allerdings kommen diese Ausschreibungen aufgrund der schon eingegangenen hohen Zahlungsverpflichtungen für bestehende Anlagen viel zu spät.

Zudem wäre die richtige Antwort auf die mit dem EEG seit Jahren verbundene Kostenexplosion eine bessere Abstimmung des Ausbautempos bei den erneuerbaren Energien mit demjenigen der Netze und Speicher gewesen. Wenn man sich schon nicht dazu durchringen konnte, zugunsten des europäischen Handels mit Emissionszertifikaten auf nationale Förderinstrumente zu verzichten, dann sollte diese Förderung wenigstens **technologieneutral** ausgestaltet sein. Nur so kann es zu dem dringend nötigen Wettbewerb zwischen den Technologien kommen (JG 2014 Ziffer 36). Stattdessen werden die Ausschreibungsmengen im EEG 2017 für die einzelnen Technologien von der Politik festgelegt und somit wird Potenzial für weitere Kostendämpfungen verschenkt.

↘ KASTEN 32

Grundzüge der EEG-Novelle 2017 (EEG 2017)

Durch das EEG 2017 wird die Förderung der erneuerbaren Technologien Wind an Land, Wind auf See, Photovoltaik und Biomasse auf ein **technologiespezifisches Ausschreibungsverfahren** umgestellt. Die übrigen Technologien (Wasserkraft, Geothermie) sowie bestimmte Anlagen verbleiben im System fixierter Vergütungssätze. So gelten insbesondere für kleine Photovoltaikanlagen unter 750 kW, die in den vergangenen drei Jahren bis zu 60 % der bestehenden Kapazitäten dieser Technologie ausmachten, oder kleine Biomasseanlagen unter 150 kW weiterhin die Regelungen des „atmenden Deckels". Unter dem atmenden Deckel wird vereinfacht verstanden, dass die Vergütungssätze der jeweiligen Technologien für Neuanlagen nach unten angepasst werden, wenn bestimmte Ausbauziele überschritten werden (JG 2014 Kasten 4).

Die **Ausschreibungsmengen** sind im EEG 2017 im Vorhinein festgelegt und der Ausbaupfad entspricht ungefähr dem bisherigen des EEG 2014. Um den Pfad einzuhalten, werden die Ausschreibungsmengen jährlich so angepasst, dass bei Über-(Unter-)erfüllung des Ausbauplans im Vorjahr die Menge des aktuellen Jahres verringert (vergrößert) wird. Dies kann beispielsweise passieren, wenn in den Ausschreibungen zugesagte Projekte nicht realisiert werden oder wenn der Ausbau der nicht über ein Ausschreibungsverfahren geförderten Technologien, etwa kleine Photovoltaikanlagen, zu hoch war. Für die Jahre 2018 bis 2020 sieht das EEG 2017 für einen kleinen Teil der Ausschreibungsmenge (rund 12 %) zudem gemeinsame Ausschreibungen für Wind an Land und Photovoltaik sowie technologieneutrale Innovationsausschreibungen für Pilotprojekte vor.

Um die Kosten im Zusammenhang mit **Netzengpässen** zu verringern, wird die Bundesnetzagentur Gebiete mit Netzengpässen (Netzausbaugebiete) definieren. In diesen Gebieten wird die erlaubte Zubaumenge für Wind an Land begrenzt. Außerdem werden erste Schritte in Richtung Sektorkopplung unternommen. Bei Überlastung der Netze können nicht wie bisher nur Erzeugungsanlagen abgestellt werden (Redispatch), sondern der überschüssige Strom im Wärmebereich, beispielsweise über Power-to-Heat-Anlagen, genutzt werden. Die Anlagenbetreiber werden dafür entschädigt.

Seit Einführung des EEG wird für Wind an Land die Höhe der Einspeisevergütung mit dem Standort differenziert. Das sogenannte **Referenzertragsmodell** versucht, vergleichbare Wettbewerbsbedingungen in ganz Deutschland zu schaffen. Die grundsätzliche Absicht ist dabei, die bisher unzureichende Netzinfrastruktur zu entlasten, indem an günstigen (weniger günstigen) Standorten Strom aus Windanlagen weniger (mehr) gefördert wird. Das EEG 2017 vereinfacht das Referenzertragsmodell, aber behält es im Wesentlichen bei. Die Anlagenbetreiber erhalten dabei 20 Jahre lang einen konstanten Vergütungssatz, welcher von der Standortqualität abhängt. Die Akteure bieten auf den Vergütungssatz für einen 100 % Referenzstandort. Je nach Standortqualität wird der Vergütungssatz anschließend mit einem Korrekturfaktor zwischen 0,79 (über 150 % der Güte des Referenzstandorts) und 1,29 (unter 70 %) multipliziert. Anlagen an windreicheren Standorten bekommen damit einen niedrigeren Vergütungssatz als solche an weniger windreichen.

Der Sachverständigenrat hält das Referenzertragsmodell für **ineffizient**. Es sollten vielmehr die eigentlichen Probleme des Netzausbaus wie politische Auseinandersetzungen (Nord-Süd-Stromtrasse) und lange Genehmigungsverfahren angegangen werden.

897. Das EEG 2017 hält am Ausbaupfad für erneuerbare Energien fest, und eine zukünftige Übererfüllung des Anteils erneuerbarer Energien an der Bruttostromerzeugung wird nicht verhindert. ↘ KASTEN 32 Mit dem vom Sachverständigenrat präferierten **Quotenmodell** oder mit technologieneutralen Ausschreibungen wäre eine ähnliche Steigerung des Anteils der erneuerbaren Energien an der Stromerzeugung möglich gewesen, doch aufgrund der Bevorzugung der jeweils effizientesten Technologien zu niedrigeren Kosten (JG 2011 Ziffern 435 ff.; JG 2012 Ziffer 502; JG 2014 Ziffer 36).

So wäre zu erwarten, dass bei einer technologieneutralen Ausgestaltung keine Photovoltaik oder Windenergie auf See gefördert würden. Die Förderung beider Technologien durch das EEG 2017 ist letztlich vor allem Industriepolitik. Eine tiefer greifende Reform des EEG war jedoch aufgrund des starken Drucks diverser Lobbygruppen und Begünstigten des derzeitigen Systems nicht zu erwarten.

3. Potenziale der Sektorkopplung

898. Seit kurzem wurden die Bemühungen dahingehend verstärkt, Strom aus erneuerbaren Energien zur Deckung des Energiebedarfs in anderen Sektoren – wie der Industrie, dem Verkehr oder bei den Haushalten – einzusetzen. Diese **Sektorkopplung** soll zum einen neue Möglichkeiten schaffen, der zunehmend volatilen Stromerzeugung zu begegnen, beispielsweise anhand von neuen Speichertechnologien und Smart Grids. ↘ KASTEN 31 Zum anderen soll es durch den Einsatz neuer Technologien gelingen, die aus fossilen Energieträgern wie Kohle oder Öl gewonnene Leistung durch Strom aus erneuerbaren Energien zu ersetzen. Dies gilt insbesondere für den Verkehr, der bislang primär auf fossile Energieträger angewiesen ist.

899. Das ehrgeizige Ziel einer Reduktion der Treibhausgasemissionen um 80 % bis 95 % bis zum Jahr 2050 macht es in der Tat erforderlich, andere Sektoren einzubeziehen. Eine Fokussierung nur auf die Energiewirtschaft wäre nicht ausreichend, da diese im Jahr 2014 für lediglich 45 % aller Treibhausgasemissionen verantwortlich war. Die **Energiepolitik** in Deutschland hat bisher jedoch die einzelnen Sektoren Strom, Wärme und Verkehr unabhängig voneinander be-

trachtet und jeweils eine Vielzahl an separaten Maßnahmen, insbesondere Auflagen, beschlossen.

900. Es existieren schon heute mehrere Beispiele, welche die Funktionsweise und das **Potenzial der Sektorkopplung** verdeutlichen. Neben dem Einsatz von Elektroautos, die durch Strom aus erneuerbaren Energien betrieben werden, handelt es sich dabei vielfach um Möglichkeiten der Energieumwandlung von Strom in andere Energieträger durch Power-to-X-Technologien. Diese umfassen die Umwandlung von Strom

– in Wärme (Power-to-Heat),

– in Wasserstoff oder Methan (Power-to-Gas)

– oder in flüssige Kraftstoffe (Power-to-Liquid).

Die aus der Stromumwandlung entstehenden Energieträger können jeweils wiederum in eine direkte Anwendung münden oder gespeichert werden. Somit können Power-to-X-Technologien zusätzlich zur Flexibilisierung des Energieangebots beitragen. Darüber hinaus könnten verschiedene Anwendungen miteinander verbunden werden. So könnten beispielsweise Elektroautos gleichermaßen als Fortbewegungsmittel und in Zeiten, in denen sie nicht genutzt werden, als Stromspeicher dienen (Vehicle-to-Grid). ⇘ KASTEN 31 Allerdings hat ein Großteil der Ideen der Sektorkopplung noch **nicht die Reife** für eine **Massenproduktion** erreicht. So weisen die Power-to-X-Technologien einen sehr hohen Energieverlust bei der Stromumwandlung aus.

Zusätzlich gibt es aktuell wenige ökonomische Anreize im Wärme- und Verkehrssektor, von fossilen Brennstoffen auf Strom umzusteigen. Hier zeigt sich, welche zum Teil **unerwünschten Nebenwirkungen** eine sektorspezifische Förderung auf andere Sektoren haben kann. Da der Strompreis durch die EEG-Umlage, Netzentgelte und eine Strom-/Energiesteuer erhöht wird, ist der Betrieb einer elektrischen Wärmepumpe deutlich teurer als die Wärmeproduktion mit Erdgas und Heizöl, die im Wesentlichen nicht durch diese Kostenbestandteile belastet werden. Nach wie vor ist die Nutzung eines Elektroautos wesentlich kostspieliger als die Verwendung eines Autos, das mit Diesel oder Benzin betrieben wird (Fraunhofer IWES und Fraunhofer IBP, 2015).

901. Es stellt sich somit für die Wirtschaftspolitik die Frage, wie eine effiziente Förderung dieser neuen Technologien aussehen könnte. Die Politik greift dabei erfahrungsgemäß gerne auf **Subventionslösungen** zurück. So hat die Bundesregierung zur Elektrifizierung des Verkehrssektors im Jahr 2016 eine Kaufprämie (Umweltbonus) für Hybrid- und Elektro-Autos (bis zu einem Listenpreis von 60 000 Euro) in Höhe von bis zu 4 000 Euro sowie einen Steuerbonus für Elektroautos beschlossen. Die Förderung soll den Kauf von insgesamt mindestens 300 000 zusätzlichen Elektroautos bewirken. In den ersten drei Monaten der Förderung (1. Juli bis 30. September 2016) gingen lediglich 4 451 Anträge ein (BAFA, 2016).

902. Der Sachverständigenrat ist hingegen der Meinung, dass eine **direkte Forschungsförderung** in der Regel einer Subventionslösung vorzuziehen ist.

Zwar können Erfahrungskurven und sinkende Durchschnittskosten als Folge einer höheren Nachfrage als Innovationsmotiv für eine Förderung dieser Technologien durch Subventionen genannt werden. Jedoch treten politökonomisch die gleichen Probleme auf wie bei der Förderung der erneuerbaren Energien durch das EEG: Wenn sich ein industriepolitisch motivierter Fördermechanismus erst einmal etabliert hat, ist es äußerst schwer, wieder davon loszukommen.

Es ist zudem zu bezweifeln, ob der Umweltbonus tatsächlich den deutschen Autoherstellern, die hierfür sehr stark geworben haben, hilft, ihre Konkurrenzfähigkeit auf dem Feld der Elektroautos zu verbessern. Zweifel daran werden nicht zuletzt dadurch genährt, dass 47 % der Anträge von Juli bis September 2016 auf den Umweltbonus für Hybrid- und Elektroautos mit ausländischen Herstellern beantragt wurden (BAFA, 2016).

903. Vor allem stellt sich erneut das Problem, dass die Politik nicht verlässlich voraussehen kann, welche Technologien am meisten zur Treibhausgasreduktion beitragen können. Die beste Möglichkeit zur Lösung dieses **Informationsproblems** besteht wiederum darin, die Entscheidung dem Markt zu überlassen und alle Sektoren gemeinsam den technologieneutralen Anreizeffekten des Zertifikatehandels auszusetzen.

Auf diese Weise könnte nicht nur die Elektrifizierung anderer Sektoren zur Treibhausgasreduktion beitragen, sondern eine **Sektorkopplung im weiteren Sinne** verfolgt werden. Nicht zuletzt können private Akteure durch Verhaltensänderungen beispielsweise bei der Mobilität eine Reduktion des Endenergieverbrauchs (Energieeffizienz) erreichen. Bislang bleibt dieses Potenzial zur preisgetriebenen Verhaltensänderung weitgehend ungenutzt.

IV. FAZIT: MEHR ARBEITSTEILUNG ANSTREBEN

904. Der Klimagipfel von Paris könnte einen Meilenstein für das Bemühen darstellen, dem globalen Klimawandel durch eine **global koordinierte Klimapolitik** zu begegnen. Die Bundesregierung hat mit ihrem im kommenden Jahr 2017 anstehenden **G20-Vorsitz** die Gelegenheit, darauf hinzuwirken, dass den nationalen Verpflichtungen zur Minderung der Emission von Treibhausgasen eine Vereinbarung über einen effizienten Umsetzungsmechanismus folgt. Im Grundsatz stehen zwei Lösungsansätze zur Verfügung, die dazu dienen können, diese Minderung mit möglichst geringen globalen Wertschöpfungsverlusten umzusetzen: ein globaler Emissionshandel und eine globale Emissionsteuer.

Die Aufgabe, den Klimawandel durch eine effektive Rückführung der Treibhausgasemissionen zu begrenzen, ist gewaltig. Es wäre töricht und aller Voraussicht nach nicht von Erfolg gekrönt, anstelle eines solchen global koordinierten Ansatzes, der auf die Vorzüge der **internationalen Arbeitsteilung** und auf die Lösung von Informationsproblemen durch Marktsignale setzt, kleinteiligere nationale oder gar regionale Ansätze zu verfolgen.

905. Das Ziel, eine globale Allianz für die Einführung eines derartigen globalen Lösungsansatzes zu schmieden, steht in Konflikt zum starken Wunsch nach wirtschaftlicher Entwicklung in den Schwellen- und Entwicklungsländern. Es wird sich daher nur dann erreichen lassen, wenn gleichzeitig eine Vereinbarung zur **globalen Lastenteilung** getroffen wird, die für diese Länder hinreichend attraktiv ist. Der globale Emissionshandel oder die globale Emissionsteuer lassen sich in diesem Sinne ergänzen. Dies könnte durch eine entsprechende Zuteilung bei der Anfangsausstattung an Emissionszertifikaten beziehungsweise durch entsprechende Regelungen beim Zugang zu den Mitteln des bereits verabredeten globalen Klimaschutzfonds geschehen.

Die Probleme der Effizienz bei der Emissionsminderung und der Verteilung der daraus entstehenden Lasten können also gedanklich voneinander getrennt gelöst werden. Es gibt daher langfristig keine klimapolitische Rechtfertigung für eine Beschränkung auf rein nationale Ansätze der Energiewende: Die beste Gelegenheit, den globalen Klimaschutz neu auszurichten, besteht jetzt.

906. Die derzeit von der deutschen Politik gestaltete nationale Energiewende ist hingegen **teuer und ineffizient**, da sie primär auf Subventionen und Auflagen und nicht auf Marktmechanismen setzt. Zudem ist nicht ohne Weiteres erkennbar, wie sie in einem global koordinierten Ansatz der Klimapolitik aufgehen soll. Wenn tatsächlich der deutsche Beitrag zum globalen Klimaschutz das primäre Ziel der Energiewende sein und nicht vor allem der Umbau der deutschen (Industrie-)Gesellschaft als eigenständiges Ziel verfolgt werden soll, dann gibt es gegenüber dem bisherigen Vorgehen deutlich überlegene Umsetzungswege.

Dabei soll zwar das übergreifende Ziel einer konsequenten und erheblichen Rückführung der Treibhausgasemissionen nicht infrage gestellt werden. Aber analog zu den Überlegungen bezüglich der globalen Ebene sollte eine volkswirtschaftlich effiziente nationale Klimapolitik auf die Vorzüge der Arbeitsteilung und auf die Lösung von Informationsproblemen durch Marktsignale setzen.

907. Die beste Lösung nach Ansicht des Sachverständigenrates wäre es, neben der Energiewirtschaft **alle Sektoren** des Endenergieverbrauchs **in den EU-Zertifikatehandel** einzubeziehen und seine Funktionsfähigkeit auf Basis der bisherigen Erfahrungen zu verbessern. Dann würde der Zertifikatehandel sicherstellen, dass zumindest in Europa die Emissionen dort reduziert würden, wo die Kosten der Treibhausgasvermeidung am geringsten ausfallen.

Zudem sollten im Idealfall alle technologie- und sektorspezifischen sowie regional abgegrenzten Fördermaßnahmen (inklusive der Förderung erneuerbarer Energien) abgeschafft werden. Dies dürfte sich jedoch aufgrund massiver Widerstände der Begünstigten des jetzigen Systems in Deutschland als schwer erweisen. Daher sollte **zumindest angestrebt** werden, eine **technologie- und sektorneutrale** sowie **regionenübergreifende Förderung** der erneuerbaren Energien an die Stelle der aktuellen Förderpolitik zu setzen.

Eine andere Meinung

908. Ein Mitglied des Sachverständigenrates, Peter Bofinger, vertritt zu der in diesem Kapitel präsentierten Analyse eine andere Meinung.

909. Die Mehrheit stellt fest, dass das EEG „**spektakulär ineffizient**" sei, „da die mit dieser Förderung verbundenen Kosten förmlich explodiert sind, ohne dass der Stromsektor einen großen Beitrag zur Einsparung von Treibhausgasemissionen geleistet hätte."

Sie begründet dies damit, dass die durch die erneuerbaren Energien erzielte Vermeidung von Schadstoffemissionen zu negativen Rückwirkungen auf den ETS-Markt führe.

„Zum einen wurden die 122,1 Mio Tonnen CO_2-Äquivalente nicht an CO_2-Emissionen eingespart, da der EU-ETS-Zertifikatspreis im Jahr 2015 nicht bei Null lag und die Zertifikate daher für andere CO_2-reiche Verwendungszwecke genutzt wurden. Zum anderen hatten die erneuerbaren Energien einen dämpfenden Effekt auf den EU-ETS-Zertifikatspreis und trugen gemeinsam mit den seit dem Jahr 2011 gefallenen Weltmarktpreisen für fossile Energieträger wie Kohle oder Erdgas dazu bei, dass diese wieder sehr rentabel geworden sind."

910. Diese Argumentation übersieht, dass das EU-ETS ohnehin durch ein **erhebliches Überangebot an Zertifikaten** gekennzeichnet ist. Die Europäische Kommission (2016) schätzt dieses auf rund 2 Billionen CO_2-Äquivalente. Als wesentliche Ursachen dieser Entwicklung sieht sie die ungünstige konjunkturelle Entwicklung sowie die Möglichkeit, Zertifikate durch Investitionen in Energie in Schwellen- und Entwicklungsländern zu generieren. So gesehen ist der Einfluss der Minderung der CO_2-Nachfrage durch die deutsche Klimapolitik vergleichsweise gering. Zudem hat die Europäische Kommission durch die Politik des **Backloading** in den Jahren 2014 bis 2016 die Obergrenze um 900 Millionen Zertifikate reduziert. Man könnte also argumentieren, dass damit auch die deutsche Vermeidungsmenge aus dem Markt genommen worden ist.

Die Mehrheit spricht sich selbst dafür aus, durch einen Eingriff zur Reduktion überschüssiger Zertifikate das vom Emissionshandel ausgehende Preissignal zu stabilisieren. ↘ ZIFFERN 33 FF.

911. Generell besteht – anders als von der Mehrheit behauptet – **keine Inkompatibilität** zwischen dem EU-ETS und der Förderung von erneuerbaren Energien durch das EEG. Die mit dem EEG und in anderen Ländern praktizierten Fördermaßnahmen sowie die von der Europäischen Kommission selbst formulierten Ziele für den Ausbau der erneuerbaren Energien werden schon jetzt bei der Festlegung der im Zeitablauf deutlich sinkenden Zielobergrenzen des EU-ETS berücksichtigt.

Probleme des Zusammenwirkens der beiden Instrumente ergeben sich somit nur dann, wenn es zu einer **nicht antizipierten Ausweitung** der Förderung durch Einspeisevergütungen kommt. Dieses Problem sollte mit der zunehmenden Verwendung von Auktionsverfahren in Zukunft keine größere Rolle spielen. Somit kann die Kommission jederzeit die deutsche Vermeidungsleistung in voller Höhe bei der Zielvorgabe berücksichtigen. Wenn das nicht angemessen geschehen sollte, wäre das kein Beleg für die Ineffizienz des EEG, sondern für die Ineffizienz des EU-ETS.

912. Die Beurteilung der Effizienz des EEG sollte zudem in einem größeren Zielkontext gesehen werden. Es besteht ein weitgehender Konsens, dass es bis zur Mitte dieses Jahrhunderts zu einer **weitgehenden Dekarbonisierung** kommen soll. Im Hinblick auf dieses Ziel ist es dem EEG gelungen, eine starke Ausweitung der Energieerzeugung durch erneuerbare Energien zu realisieren und dabei eine spektakuläre Kostenreduktion bei der Stromerzeugung. In Anbetracht des weltweiten Erfolgs der erneuerbaren Energien kann man dabei der deutschen Politik durchaus attestieren, dass sie vielleicht nicht über ein **„enormes Wissen"** aber ein angemessenes Wissen verfügte, als sie sich für eine massive Förderung der erneuerbaren Energien entschied.

913. Es gibt ohnehin wenig Evidenz für die Feststellung, dass es allein durch Investitionsentscheidungen der Marktakteure zu fundamentalen Änderungen in der Energiepolitik eines Landes kommt. So wurde beispielsweise die Atomenergie nur durch massive staatliche Förderung wettbewerbsfähig.

Hätte man auf das EEG verzichtet und sich lediglich auf das EU-ETS verlassen, wäre es in Anbetracht des enormen Überangebots an Zertifikaten, das auch dann bestanden hätte, wenn die Minderungen durch erneuerbaren Energien entfallen wären, und des dementsprechend niedrigen Zertifikatspreises nicht zu vergleichbaren Investitionen in erneuerbare Energien gekommen.

914. Ohnehin ist selbst bei einem deutlich höheren Zertifikatspreis nicht gewährleistet, dass es zu ausreichenden Investitionsanreizen kommt. Sonnenschein (2016) sieht folgende Probleme bei einer Energiepolitik, die sich ausschließlich auf das ETS stützt:

- Es ist nicht in der Lage, **positiven Externalitäten** Rechnung zu tragen, die sich daraus ergeben, dass die gesellschaftlichen Erträge von Forschung und Entwicklung bei erneuerbaren Energien höher sind als die privaten Erträge. Die Investitionen in erneuerbare Energien fallen daher zu gering aus.

- Häufig sind die Energiemärkte nicht vollständig liberalisiert und es bestehen Eintrittsbarrieren durch **Oligopolstrukturen** bei der Energieerzeugung und -verteilung.

- Es kommen primär Technologien mit den geringsten Vermeidungskosten zum Tragen. Damit wird die Kostendegression von Technologien verhindert, die mit höheren Kosten verbunden sind, aber zur Erreichung langfristiger Energieziele erforderlich sind. Die Verzögerung des Einsatzes solcher Technologien führt längerfristig zu höheren Kosten.

- Es besteht **eine hohe Unsicherheit für Investoren** durch starke Fluktuationen der Zertifikatspreise sowie durch periodische Änderungen der

Obergrenze für die Menge der Zertifikate. Dies ist bei den hohen Fixkosten und der sehr langen Investitionsperiode von erneuerbaren Energien besonders problematisch. Die von der Mehrheit geforderten „eindeutige(n) und langfristig verlässliche(n) Anreize" für Marktakteure werden somit nicht durch das EU-ETS, sondern durch das EEG gesetzt.

– Die Emissionsmenge (Cap) ist in hohem Maße eine **politische Variable**. Deshalb sind die Preissignale durch CO_2-Zertifikate bisher viel zu gering, um Investitionen in erneuerbare Energien attraktiv zu machen.

915. Der Befund, dass die **Preise in Emissionshandelssystemen** in der Regel zu gering sind, um Investitionsanreize für erneuerbare Energien auszulösen, wird durch eine aktuelle Studie der OECD (2016) bestätigt. Sie untersucht die Erfahrungen von 41 Ländern, die entweder über CO_2-Handelssysteme verfügen oder Steuern auf CO_2 erheben. Die OECD ermittelt dabei eine Preislücke zwischen dem effektiven CO_2-Preis und dem aus ökologischer Sicht für erforderlich gehaltenen Mindestpreis von 30 Euro je Tonne CO_2. Bei einem CO_2 Preis von 30 Euro ist die Lücke gleich Null, bei einem Preis von Null ist sie 100 %. Die tatsächliche Lücke liegt bei 80 %.

916. Für die Feststellung der Mehrheit, dass mit dem vom Sachverständigenrat präferierten **Quotenmodell** oder mit technologieneutralen Ausschreibungen eine ähnliche Steigerung des Anteils der erneuerbaren Energien an der Stromerzeugung möglich gewesen wäre, doch aufgrund der Bevorzugung der jeweils effizientesten Technologien zu niedrigeren Kosten, fehlt jegliche Evidenz. Die Erfahrungen des Vereinigten Königreichs mit dem Quotenmodell („renewables standard") in den Jahren 2002 bis 2009 zeigen jedenfalls, dass es damit nicht gelungen ist, die angestrebten Mengenziele zu erreichen (Bofinger, 2013).

917. Nicht geteilt werden kann schließlich die Forderung, dass sich die deutsche Energie- und Umweltpolitik dazu bekennen solle, dass der globale Klimaschutz – und nicht die nationale Industriepolitik – ihr prioritäres Ziel darstelle. Hier zeigt sich erneut das grundlegende Missverständnis des Zusammenwirkens von EEG und EU-ETS.

LITERATUR

acatech (2012), *Die Energiewende finanzierbar gestalten: Effiziente Ordnungspolitik für das Energiesystem der Zukunft,* Springer, Heidelberg.

acatech, Leopoldina und Union der deutschen Akademien der Wissenschaften (2015a), *Die Energiewende europäisch integrieren. Neue Gestaltungsmöglichkeiten für die gemeinsame Energie- und Klimapolitik,* München.

acatech, Leopoldina und Union der deutschen Akademien der Wissenschaften (2015b), *Flexibilitätskonzepte für die Stromversorgung 2050. Stabilität im Zeitalter der erneuerbaren Energien,* München.

Aichele, R. und G. Felbermayr (2015), Kyoto and carbon leakage: An empirical analysis of the carbon content of bilateral trade, *Review of Economics and Statistics* 97, 104–115.

Aichele, R. und G. Felbermayr (2011), Internationaler Handel und Carbon Leakage, *ifo Schnelldienst* 23/2011, 26–30.

Alipour, J.-V. (2016), Kurz zum Klima: Smart Grids und Smart Markets – Das Stromsystem der Zukunft, *ifo Schnelldienst* 13/2016, 60–64.

Andor, M.A., M. Frondel, M. Guseva und S. Sommer (2016a), *Zahlungsbereitschaft für grünen Strom: Zunehmende Kluft zwischen Wunsch und Wirklichkeit,* RWI Materialien 105, Essen.

Andor, M.A., M. Frondel und S. Sommer (2016b), Reforming the EU Emissions Trading System: An alternative to the market stability reserve, *Intereconomics* 51, 87–93.

Andor, M.A. und A. Voss (2016), Optimal renewable-energy promotion: Capacity subsidies vs. generation subsidies, *Resource and Energy Economics* 45, 144–158.

BAFA (2016), *Elektromobilität (Umweltbonus) – Zwischenbilanz zum Antragsstand vom 30. September 2016,* Bundesamt für Wirtschaft und Ausfuhrkontrolle, Eschborn.

BMWi (2016), *Erneuerbare Energien auf einen Blick,* http://www.bmwi.de/DE/Themen/Energie/Erneuerbare-Energien/erneuerbare-energien-auf-einen-blick.html, abgerufen am 25.10.2016.

BMWi (2015a), *Ein gutes Stück Arbeit: Die Energie der Zukunft* – Vierter Monitoring-Bericht zur Energiewende, Bundesministerium für Wirtschaft und Energie, Berlin.

BMWi (2015b), *Erneuerbare Energien in Zahlen – Nationale und internationale Entwicklung im Jahr 2014,* Bundesministerium für Wirtschaft und Energie, Berlin.

Bofinger, P. (2013), *Förderung Erneuerbarer Energien: Gibt es einen dritten Weg?,* Gutachten im Rahmen des Projekts „Stromsystem – Eckpfeiler eines zukünftigen Regenerativwirtschaftsgesetzes", Auftraggeber: Baden-Württemberg Stiftung gGmbH unter Federführung der IZES gGmbH (Institut für ZukunftsEnergieSysteme), Würzburg.

Böhringer, C., A. Cuntz, D. Harhoff und E.A. Otoo (2014), *The impacts of feed-in tariffs on innovation: Empirical evidence from Germany,* CESifo Working Paper 4680, München.

Bundesnetzagentur (2016a), *Kraftwerksliste,* http://www.bundesnetzagentur.de/DE/Sachgebiete/ElektrizitaetundGas/Unternehmen_Institutionen/Versorgungssicherheit/Erzeugungskapazitaeten/Kraftwerksliste/kraftwerksliste-node.html, abgerufen am 25.10.2016.

Bundesnetzagentur (2016b), *Ergebnisse der fünften Ausschreibungsrunde für Photovoltaik (PV)-Freiflächenanlagen vom 01. August 2016,* Bonn.

Covrig, C.F., M. Ardelean, J. Vasiljevska, A. Mengolini, G. Fulli und E. Amoiralis (2014), *Smart grid projects outlook 2014,* Europäische Kommission - Joint Research Centre, Petten.

EFI (2014), *Gutachten 2014,* Gutachten zu Forschung, Innovation und technologischer Leistungsfähigkeit Deutschlands, Expertenkommission Forschung und Innovation, Berlin.

EFI (2013), *Gutachten 2013,* Gutachten zu Forschung, Innovation und technologischer Leistungsfähigkeit Deutschlands, Expertenkommission Forschung und Innovation, Berlin.

Ellerman, D.A., C. Marcantonini und A. Zaklan (2016), The European Union Emissions Trading System: Ten years and counting, *Review of Environmental Economics and Policy* 10, 89–107.

Elsner, P., B. Erlach, M. Fischedick, B. Lunz und D.U. Sauer (2015), *Flexibilitätskonzepte für die Stromversorgung 2050,* Schriftenreihe Energiesysteme der Zukunft, Nationale Akademie der Wissenschaften Leopoldina, acatech - Deutsche Akademie der Technikwissenschaften, Union der deutschen Akademien der Wissenschaften, München.

Endres, A. (2007), *Umweltökonomie,* Kohlhammer, Stuttgart.

Europäische Kommission (2016), *Structural reform of the ETS*, http://ec.europa.eu/clima/policies/ets/reform/index_en.htm, abgerufen am 14.10.2016.

Europäische Kommission (2015), *Prosposal for a directive of the European Parliament and of the Council amending directive 2003/87/EC to enhance cost-effective emission reductions and low-carbon investments*, COM(2015) 337 final, Brüssel.

Europäische Kommission (2013), *Das Emissionshandelssystem der EU (EU-ETS)*, Brüssel.

Fraunhofer IWES und Fraunhofer IBP (2015), *Interaktion EE-Strom, Wärme und Verkehr - Endbericht*, Fraunhofer-Institut für Windenergie und Energiesystemtechnik und Fraunhofer-Institut für Bauphysik, München.

Frondel, M., N. Ritter und C.M. Schmidt (2007), *Photovoltaik: Wo viel Licht ist, ist auch viel Schatten*, RWI Position 18, Essen.

Frondel, M. und C.M. Schmidt (2006), The empirical assessment of technology differences: Comparing the comparable, *Review of Economics and Statistics* 88, 186–192.

Götz, P., J. Henkel, T. Lenck und K. Lenz (2014), *Negative Strompreise: Ursachen und Wirkungen*, Analyse, Agora Energiewende, Berlin.

Koch, N., S. Fuss, G. Grosjean und O. Edenhofer (2014), Causes of the EU ETS price drop: Recession, CDM, renewable policies or a bit of everything? - New evidence, *Energy Policy* 73, 676–685.

Lehmann, P. und E. Gawel (2013), Why should support schemes for renewable electricity complement the EU emissions trading scheme?, *Energy Policy* 52, 597–607.

Löschel, A. (2016), *An den Grenzen der Energiewende*, http://www.sueddeutsche.de/politik/aussenansicht-anden-grenzen-der-energiewende-1.3060897, abgerufen am 25.10.2016.

Löschel, A., G. Erdmann, F. Staiß und H.-J. Ziesing (2015), *Stellungnahme zum vierten Monitoring-Bericht der Bundesregierung für das Berichtsjahr 2014*, Expertenkommission zum Monitoring-Prozess „Energie der Zukunft", Berlin.

Marron, D.B. und E.J. Toder (2014), Tax policy issues in designing a carbon tax, *American Economic Review* 104, 563–568.

Martin, R., M. Muûls, L.B. de Preux und U.J. Wagner (2014), On the empirical content of carbon leakage criteria in the EU Emissions Trading Scheme, *Ecological Economics* 105, 78–88.

Monopolkommission (2013), *Energie 2013: Wettbewerb in Zeiten der Energiewende*, Sondergutachten 65, Nomos, Baden-Baden.

OECD (2016), *Effective carbon rates: Pricing CO_2 through taxes and emissions trading systems*, Organisation for Economic Co-operation and Development, Paris.

REN21 (2015), *Renewables 2015 global status report*, Renewable Energy Policy Network for the 21st Century, Paris.

Rockström, J. et al. (2009), A safe operating space for humanity, *Nature* 461, 472–475.

Sinn, H.-W. (2008), Das grüne Paradoxon: Warum man das Angebot bei der Klimapolitik nicht vergessen darf, *Perspektiven der Wirtschaftspolitik* 9, 109–142.

Sonnenschein, J. (2016), Conditions for the cost effective combination of emissions trading and renewable energy support policies, *Energy Procedia* 88, 133–138.

SRU (2016), *Umweltgutachten 2016 - Impulse für eine integrative Umweltpolitik, Kurzfassung des Gutachtens*, Sachverständigenrat für Umweltfragen, Berlin.

TenneT (2016), *EEG-Novelle ist Schritt in richtige Richtung*, Pressemitteilung, Bayreuth, 8. Juli.

Umbach, E. (2015), *Priorisierung der Ziele – Zur Lösung des Konflikts zwischen Zielen und Maßnahmen der Energiewende, Schriftenreihe Energiesysteme der Zukunft*, Deutsche Akademie der Technikwissenschaften, München.

Wangler, L.U. (2013), Renewables and innovation: Did policy induced structural change in the energy sector effect innovation in green technologies?, *Journal of Environmental Planning and Management* 56, 211–237.

Wissenschaftlicher Beirat beim BMF (2010), *Klimapolitik zwischen Emissionsvermeidung und Anpassung*, Gutachten, Wissenschaftlicher Beirat beim Bundesministerium der Finanzen, Berlin.

Wissenschaftlicher Beirat beim BMWA (2004), *Zur Förderung erneuerbarer Energien*, Dokumentation 534, Wissenschaftlicher Beirat beim Bundesministerium für Wirtschaft und Arbeit, Berlin.

Wissenschaftlicher Beirat beim BMWi (2012), *Wege zu einer wirksamen Klimapolitik*, Gutachten, Wissenschaftlicher Beirat beim Bundesministerium für Wirtschaft und Technologie, Berlin.

TRANSFORMATION IN CHINA BIRGT RISIKEN

I. Schwieriger Transformationsprozess
  1. Wirtschaftswachstum mit Schattenseiten
  2. Bisheriges Wachstumsmodell nicht zukunftsfähig
  3. Kann die Transformation gelingen?
  4. Risiken für die Weltwirtschaft

II. Implikationen für die deutsche Wirtschaft
  1. Exportmarkt China: Nachlassende Dynamik
  2. China als Standort für Produktion und Vertrieb
  3. Konkurrenz für Deutschland auf internationalen Märkten
  4. China als Investor

III. Fazit

Eine andere Meinung

Literatur

DAS WICHTIGSTE IN KÜRZE

China hat sich seit der Jahrtausendwende zu einem der **wichtigsten Handelspartner** der deutschen Wirtschaft entwickelt. Zugleich ist das Land zu einem bedeutenden Produktionsstandort für heimische Unternehmen, vor allem der Automobilindustrie, geworden. Seit einiger Zeit machen sich zudem chinesische Investoren als Käufer von inländischen Kapitalgesellschaften bemerkbar. China steht vor einem **schwierigen Transformationsprozess**. Das Wirtschaftswachstum, das über Jahre hinweg zweistellig ausgefallen war, hat sich deutlich verlangsamt. In wichtigen Branchen der Industrie sind große Überkapazitäten entstanden. Das Wachstum der privaten Investitionen ist seit Jahren rückläufig. Der Außenhandel ist im Jahr 2015 geschrumpft, für dieses Jahr sind nur geringe Zuwachsraten zu erwarten. Die Verschuldung vor allem des Unternehmenssektors ist bedenklich.

Die chinesische Wirtschaftspolitik scheint bestrebt zu sein, ihre Wachstumsziele um jeden Preis einzuhalten. Angesichts der starken Rolle des Staates dürfte dies zumindest kurzfristig realisierbar sein. Wie im laufenden Jahr zu beobachten ist, werden zur Stabilisierung des Wachstums wieder vermehrt öffentliche Investitionen durchgeführt, und das Kreditvolumen steigt stärker als das Bruttoinlandsprodukt. Damit nehmen allerdings die **Risiken für das Finanzsystem** zu. Allgemein wird davon ausgegangen, dass der Staat den Finanzsektor im Krisenfall unterstützen wird. Aufgrund der geringen Auslandsverschuldung dürfte er dazu grundsätzlich in der Lage sein. Doch selbst bei einem weitgehenden Bail-out kann es zu hohen realwirtschaftlichen Kosten kommen.

Mittelfristig stellt sich für China das Problem, dass durch die aktuelle Politik die Transformation zu einem stärker vom privaten Verbrauch und von Dienstleistungen getragenen Wachstum verzögert wird. Zugleich steht das Land vor der grundsätzlichen Frage, welche Rolle der Staat im Wirtschaftsprozess spielen soll. Derzeit scheint die chinesische Führung wieder stärker auf Staatsunternehmen zu setzen, für Infrastrukturinvestitionen ebenso wie für **industriepolitische Zielsetzungen**. Nicht zuletzt in Anbetracht der Einschränkungen bürgerlicher Freiheiten ist fraglich, ob sich China mittelfristig als wettbewerbsfähiger Standort auf dem Weltmarkt behaupten kann.

Die Transformation in China macht sich für die deutsche Wirtschaft bemerkbar. Nach einem sehr starken Wachstum in den Jahren 2008 bis 2012 sind die **deutschen Exporte nach China** kaum noch gestiegen. Darin spiegelt sich neben dem weniger importintensiven Wachstum in China die zunehmende Bedeutung der Fertigung von Automobilen deutscher Marken in China wider. Dabei geht der Einfluss auf die deutsche Wirtschaft deutlich über den Anteil der Exporte nach China an der Gesamtausfuhr hinaus, der seit einigen Jahren bei rund 6 % liegt.

Die zunehmenden Aktivitäten chinesischer Investoren als Käufer von deutschen Unternehmen werden vielfach mit Skepsis betrachtet. Ein freier Kapitalverkehr ist grundsätzlich vorteilhaft für alle Beteiligten. Doch selbst wenn es an Reziprozität fehlt und ein Land sich protektionistisch verhält, bleibt der Vorteil für das offene Kapitalimportland bestehen. Deutschland ist daher gut beraten, sein **liberales Regime bei ausländischen Direktinvestitionen einseitig beizubehalten**, selbst wenn China eine Volkswirtschaft mit restriktiven Bedingungen für den Unternehmenserwerb und den Marktzugang durch Ausländer bleibt.

I. SCHWIERIGER TRANSFORMATIONSPROZESS

918. China hat sich seit der Jahrtausendwende zu einem der wichtigsten Handelspartner der deutschen Wirtschaft entwickelt. Zugleich ist das Land zu einem bedeutenden Produktionsstandort für heimische Unternehmen, vor allem der Automobilindustrie, geworden. Seit einiger Zeit sind zudem chinesische Investoren als Käufer von inländischen Kapitalgesellschaften aktiv. Angesichts dieser wachsenden **wirtschaftlichen Verflechtung** geben aktuell in China zu beobachtende wirtschaftliche Probleme den Anlass für eine ausführlichere Analyse.

919. Zahlreiche Indikatoren lassen erkennen, dass sich das Land in einem **schwierigen Transformationsprozess** befindet. Das Wirtschaftswachstum – über Jahre hinweg zweistellig – hat sich ebenso wie der Produktivitätsfortschritt deutlich verlangsamt. In wichtigen Branchen der Industrie sind hohe Überkapazitäten entstanden. Im Unternehmenssektor hat sich zudem eine im Vergleich zur Wirtschaftsleistung bedenklich hohe Verschuldung aufgebaut. Darüber hinaus hat sich das Wachstum der privaten Investitionen in der ersten Hälfte des Jahres 2016 deutlich abgeschwächt, und der Außenhandel (in US-Dollar) schrumpft. Der Finanzsektor ist von einem wachsenden Schattenbankensystem geprägt. Die Börsenkurse sind zeitweise stark eingebrochen, und die Devisenreserven der chinesischen Notenbank sind gegenüber dem Höchststand vom Juni 2014 um ein Fünftel gesunken.

Insgesamt bringt Chinas staatlich kontrollierter Übergang auf ein „**new normal**", wie der chinesische Präsident Xi Jinping die aktuelle Phase mit einem deutlich geringeren Wachstum bezeichnet, fundamentale Strukturbrüche mit sich, die mit größeren negativen Rückwirkungen für die globale Wirtschaft und damit für Deutschland verbunden sein könnten.

1. Wirtschaftswachstum mit Schattenseiten

920. China ist mit rund 1,4 Milliarden Menschen oder 19 % der Weltbevölkerung das bevölkerungsreichste Land der Erde. Ausgehend von einem der weltweit niedrigsten Pro-Kopf-Einkommen in den 1980er-Jahren ist die Wirtschaft des Landes in den vergangenen 25 Jahren durchschnittlich um 10 % gewachsen. China wurde so zu einem immer wichtigeren **Motor der Weltwirtschaft**. In den vergangenen zehn Jahren trug das Land rund dreimal so viel zum weltweiten Wirtschaftswachstum bei wie die Europäische Union (EU) und die Vereinigten Staaten zusammen. ↘ ABBILDUNG 124 LINKS Heute ist China gemessen an dem in US-Dollar ausgedrückten Bruttoinlandsprodukt (BIP) nach den Vereinigten Staaten die zweitgrößte Volkswirtschaft der Welt. Gemessen an Kaufkraftparitäten übertrifft China die Vereinigten Staaten sogar.

921. Das anhaltend hohe Wachstum führte zu einem starken **Rückgang der Armut** und war daher für das Erreichen des ersten weltweiten Millenniums-Entwicklungsziels der Vereinten Nationen maßgeblich. Während im Jahr 1990 zwei Drittel der chinesischen Bevölkerung weniger als 1,90 US-Dollar (auf Basis der

↘ ABBILDUNG 124
Beitrag zum weltweiten Bruttoinlandsprodukt und Emissionsausstoß in China

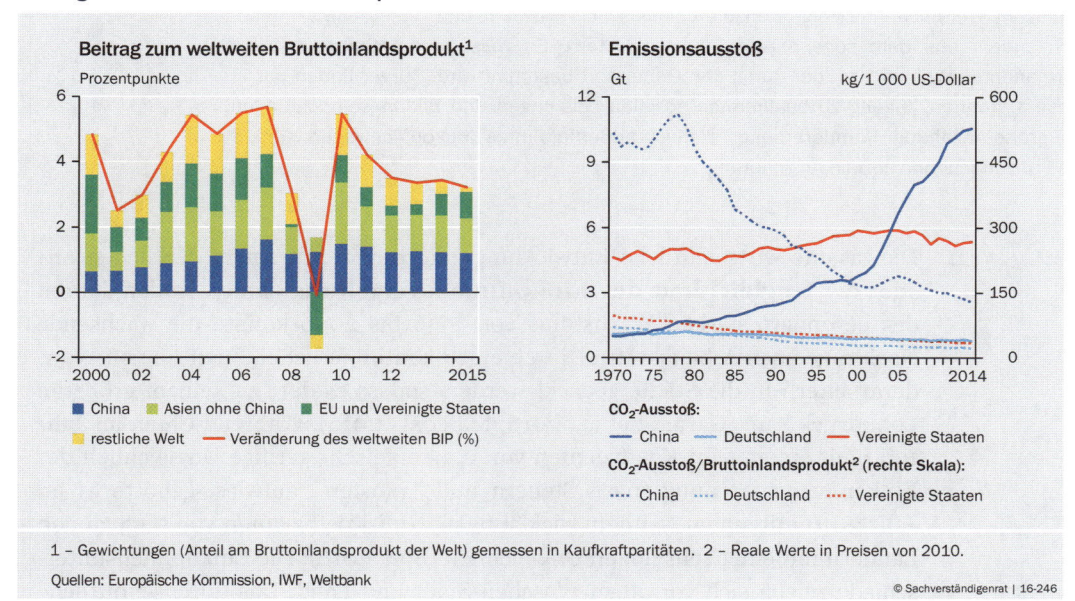

Beitrag zum weltweiten Bruttoinlandsprodukt[1]
Prozentpunkte

Emissionsausstoß
Gt — kg/1 000 US-Dollar

■ China ■ Asien ohne China ■ EU und Vereinigte Staaten
■ restliche Welt — Veränderung des weltweiten BIP (%)

CO_2-Ausstoß: — China — Deutschland — Vereinigte Staaten
CO_2-Ausstoß/Bruttoinlandsprodukt[2] (rechte Skala):
··· China ··· Deutschland ··· Vereinigte Staaten

1 – Gewichtungen (Anteil am Bruttoinlandsprodukt der Welt) gemessen in Kaufkraftparitäten. 2 – Reale Werte in Preisen von 2010.
Quellen: Europäische Kommission, IWF, Weltbank
© Sachverständigenrat | 16-246

Kaufkraftparitäten im Jahr 2011) pro Tag zur Verfügung hatten, waren es 2010 nur noch 11 % der Bevölkerung, das heißt 600 Millionen Menschen weniger. Dies trug wesentlich zu einer Reduktion der weltweiten Ungleichheit bei. ↘ ZIFFER 788

Im Jahr 2015 lag das chinesische **Pro-Kopf-Einkommen** gemessen in US-Dollar zwischen demjenigen in den EU-Ländern Bulgarien und Rumänien. Allerdings bestehen noch erhebliche Unterschiede zwischen den Regionen Chinas (JG 2015 Ziffer 152). So verzeichnete die reichste Region Tianjin im Jahr 2015 ein Pro-Kopf-Einkommen von ungefähr 17 300 US-Dollar und die ärmste Region Gansu eines von ungefähr 4 200 US-Dollar.

922. Dem eindrucksvollen Wirtschaftswachstum stehen **gravierende Probleme** gegenüber. So fehlt es dem gesamten politischen System an demokratischer Legitimation und parlamentarischer Kontrolle. Die damit einhergehende Intransparenz der politischen Prozesse und die wichtige Rolle, die Staatsunternehmen und öffentliche Verwaltungen in der Wirtschaft spielen, gehen mit einem hohen Maß an **Korruption** im Staatsapparat einher. Beim weit anerkannten Ranking der politischen und bürgerlichen Freiheiten von 195 Ländern (Freedom House, 2015) befindet sich China im letzten Zehntel. In seinem World Report 2016 bezeichnet zudem Human Rights Watch China als einen autoritären Staat, der systematisch Menschenrechte einschränkt, vor allem die Meinungsfreiheit, die Vereinigungs- und Versammlungsfreiheit sowie die Freiheit der Religionsausübung.

Ein Beispiel für einen sehr weitreichenden Eingriff in die Freiheit der Bürger ist die **Ein-Kind-Politik**. Dieser Versuch, das Bevölkerungswachstum zu kontrollieren, führt zusammen mit dem demografischen Wandel zu einer Vielzahl von Problemen. Choukhmane et al. (2013) zeigen anhand von Mikrodaten, dass die Ein-Kind-Politik 30 % bis 50 % des Anstiegs der im internationalen Vergleich sehr hohen Sparquote der Haushalte im Zeitraum von 1983 bis

2011 erklären kann. In den vergangenen Jahren wurde die Ein-Kind-Politik schrittweise gelockert. Weitreichende Folgen für die chinesische Wirtschaft und Gesellschaft ergeben sich zudem aus dem sogenannten „hukou"-System. Es weist jedem Chinesen einen permanenten Wohnsitz zu, der durch den Geburtsort bestimmt wird. Bürger haben nur an diesem Wohnort Zugang zu bestimmten sozialen Leistungen und Bildungseinrichtungen. Die große Anzahl der Wanderarbeiter, die sich außerhalb ihres „hukou" bewegen, genießt eine unzureichende soziale Absicherung.

923. Die rasante wirtschaftliche Entwicklung ging zudem mit einem deutlichen Anstieg der **Ungleichheit der Einkommensverteilung** einher. In den Jahren des besonders starken Wachstums von 1996 bis 2006 konnte die wachsende Nachfrage nach Arbeitskräften durch einen kontinuierlichen Zustrom von Wanderarbeitern in die Städte gedeckt werden, sodass es dort zu keinem größeren Lohndruck kam (Garnaut et al., 2016; Ma et al., 2016). Während China im Jahr 1990 mit einem Gini-Koeffizienten von 0,33 eine sehr geringe Ungleichheit der Einkommensverteilung (nach Steuern und Transfers) aufwies, gehörte es im Jahr 2010 mit einem, seitdem rückläufigen, Gini-Koeffizienten von 0,54 zu den Ländern mit einer sehr hohen Ungleichheit (Solt, 2016). Die Einkommensunterschiede zeigen sich vor allem zwischen Stadt und Land. Das durchschnittliche Einkommen in der Stadt war im Jahr 2015 das 2,9-fache des durchschnittlichen Einkommens auf dem Land (im Gegensatz zum 1,8-fachen im Jahr 1983).

924. Zu den besonders großen Hypotheken, die in den Jahren des hohen Wachstums aufgebaut wurden, zählen **gravierende Umweltschäden**. Heute ist China der mit Abstand größte Emittent von CO_2. ↘ ABBILDUNG 124 RECHTS Die Luftqualität ist – gemessen an der durchschnittlichen Feinstaubbelastung – die schlechteste in der Welt. Dies gilt insbesondere für die großen Städte. Die Werte liegen im jährlichen Durchschnitt beim Zwei- bis Zehnfachen und im 24-Stunden-Durchschnitt beim Zehn- bis Zwanzigfachen des WHO-Standards (US State Department, 2016). Zudem werden erhebliche Probleme bei der Qualität des Grundwassers berichtet. Die unzureichenden Umweltschutzauflagen gewährten in der Vergangenheit chinesischen Unternehmen weitgehende Freiheiten und boten ausländischen Unternehmen die Möglichkeit, strengere Regulierungen in ihren Heimatländern zu umgehen.

2. Bisheriges Wachstumsmodell nicht zukunftsfähig

925. In der jüngeren Vergangenheit hat sich das **Wirtschaftswachstum** in China deutlich abgeschwächt. Während die chinesische Wirtschaft zu Beginn dieser Dekade noch um rund 10 % jährlich gewachsen ist, wird für das Jahr 2016 nur noch mit einem Zuwachs von rund 6,5 % gerechnet. Diese Verlangsamung ist Ausdruck **tieferliegender Transformationsprozesse**:

– Die Wachstumsstrategie der chinesischen Führung zielt seit einigen Jahren darauf ab, die **Struktur des Wachstums** zu verändern. Auf der Nachfrageseite geht es darum, das hohe Gewicht der Investitionen zugunsten des privaten Verbrauchs zu reduzieren. Auf der Entstehungsseite spiegelt sich dieser

- Prozess in einem rückläufigen Anteil des Verarbeitenden Gewerbes und einem steigenden Anteil der Dienstleistungen wider.

- Das im Vergleich zur Wirtschaftsleistung außerordentlich stark **gestiegene Kreditvolumen** gefährdet die Stabilität des Finanzsystems.

- Zudem wirken sich die zunehmenden Anstrengungen zur **Reduktion der Umweltbelastung** nachteilig auf das Wirtschaftswachstum aus.

Ein genauer Blick auf die offiziellen **volkswirtschaftlichen Statistiken** Chinas lässt Zweifel an deren Glaubwürdigkeit und Genauigkeit aufkommen. Die Wachstumsraten des BIP befinden sich auffällig nahe an den in den Fünfjahresplänen vorgegebenen Zielwerten. Der statistisch ausgewiesene Verlauf des Wachstums ist sehr wenig volatil und folgt nicht dem Verlauf anderer ökonomischer Kennzahlen, wie zum Beispiel des Stromverbrauchs, des Frachtvolumens oder der Kreditvergabe. Eine alternative Annäherung an das BIP Chinas, der sogenannte **Li-Keqiang-Index**, kombiniert diese drei Kennzahlen. Der Index zeigte bis Ende 2012 einen nahezu identischen Verlauf wie das offiziell ausgewiesene BIP. Doch selbst dieser Index spiegelt aufgrund der wachsenden Bedeutung von Dienstleistungen, die weitaus weniger Ressourcen verbrauchen als die Industrieproduktion, die aktuelle Wirtschaftsleistung nicht mehr wider. Der Sachverständigenrat verwendet wie ein Großteil der Literatur die offiziellen chinesischen Zahlen. Es wird davon ausgegangen, dass die Zahlen zwar nicht die Niveauwerte, aber die Dynamik ausreichend wiedergeben. Dennoch sollten die offiziellen Daten, speziell bei Niveauvergleichen, mit einer gewissen Vorsicht verwendet werden.

926. Die „Große Rezession" der Jahre 2008/09 und die sich daran anschließende Nachfrageschwäche in den fortgeschrittenen Volkswirtschaften erforderten von China eine Umorientierung von einem stark exportgetriebenen auf ein primär **binnenwirtschaftliches Wachstum**. ↘ ABBILDUNG 125 LINKS Getragen wurde es von einer sehr starken Ausweitung der **Investitionen**, vor allem im Bereich der Grundstoffindustrie, des Wohnungsbaus und der Infrastruktur. Die ohnehin schon hohe Investitionsquote des Landes ist damit noch weiter angestiegen. Sie liegt derzeit trotz eines leichten Rückgangs seit dem Jahr 2013 mit 43 % auf einem im internationalen Vergleich sehr hohen Niveau. ↘ ABBILDUNG 125 RECHTS Dies gilt ebenso, wenn man die Investitionsquote mit Werten vergleicht, die andere Länder in früheren Stadien ihrer Wachstumsprozesse erreicht hatten.

927. Das hohe Wachstum der Investitionen vor allem im Immobilienbereich und in der Grundstoffindustrie hat in den vergangenen Jahren dazu geführt, dass die **Effizienz** der chinesischen Wirtschaft erheblich gelitten hat. Während im Jahr 2007 drei Renmimbi an Investitionen erforderlich waren, um das BIP um einen zusätzlichen Renmimbi zu erhöhen, waren es im Jahr 2015 sechs Renmimbi an Investitionen; die ICOR (Incremental Capital Output Ratio) ist also deutlich gestiegen. Dementsprechend ist der Beitrag der Totalen Faktorproduktivität (TFP) zum Wachstum gesunken. Für die Jahre 2013 und 2014 ist überhaupt kein Anstieg der TFP mehr zu beobachten (Garnaut, 2016).

928. Ausdruck der Probleme des sehr stark investitionsgetriebenen Wachstums sind erhebliche **Überkapazitäten** in wichtigen Bereichen der Industrie. Diese sind in der Stahlindustrie (Rohstahl) besonders ausgeprägt, deren Produktionskapa-

↘ ABBILDUNG 125
Komponenten des Bruttoinlandsprodukts und Investitionsquoten im Ländervergleich

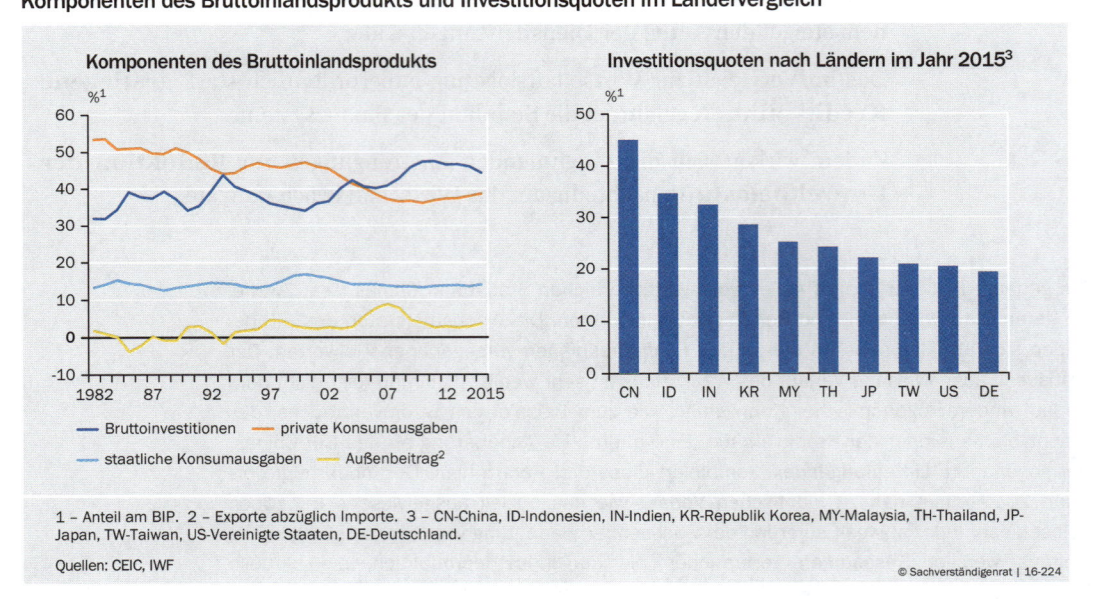

Komponenten des Bruttoinlandsprodukts (%^{1}, 1982–2015): Bruttoinvestitionen, private Konsumausgaben, staatliche Konsumausgaben, Außenbeitrag^2

Investitionsquoten nach Ländern im Jahr 2015^3 (%^{1}): CN, ID, IN, KR, MY, TH, JP, TW, US, DE

1 – Anteil am BIP. 2 – Exporte abzüglich Importe. 3 – CN-China, ID-Indonesien, IN-Indien, KR-Republik Korea, MY-Malaysia, TH-Thailand, JP-Japan, TW-Taiwan, US-Vereinigte Staaten, DE-Deutschland.

Quellen: CEIC, IWF

© Sachverständigenrat | 16-224

zitäten im Zeitraum von 2008 bis 2014 um 77 % ausgeweitet wurden (European Union Chamber of Commerce in China, 2016b). Erhebliche Probleme zeigen sich insbesondere im **Immobilienbereich**. Während in Peking oder Shanghai weiterhin eine lebhafte Nachfrage nach Wohnraum besteht, hat sich in den wirtschaftlich schwächeren Städten („Tier-III"- und „Tier-IV"-Städte) ein großer Bestand an unverkauften Objekten herausgebildet. ↘ ABBILDUNG 126 LINKS

929. Der **Anteil des privaten Verbrauchs** an der Gesamtnachfrage ist ungewöhnlich niedrig. Bei einer im internationalen Vergleich sehr hohen Sparquote der privaten Haushalte ist der Anstieg der Konsumausgaben in den Boomjahren hinter dem allgemeinen Wirtschaftswachstum zurückgeblieben. Ihr Anteil am BIP, der in den 1990er-Jahren noch rund 45 % betragen hatte, ist im vergangenen Jahrzehnt deutlich gesunken. Mit zuletzt rund 37 % liegt er weit hinter den Werten anderer Schwellenländer und fast aller hoch entwickelten Volkswirtschaften. ↘ ABBILDUNG 126 RECHTS Die geringe Konsumquote spiegelt sich in einem im Vergleich zu anderen Schwellenländern geringen Anteil der Dienstleistungen an der gesamtwirtschaftlichen Wertschöpfung wider.

930. Neben der einseitigen Ausrichtung auf Investitionen ist das Wachstum in China durch ein im internationalen Vergleich **ungewöhnlich hohes Kreditwachstum** geprägt. ↘ ABBILDUNG 127 LINKS Mit einer Gesamtverschuldung von rund 250 % des BIP gehört China damit zu den besonders hoch verschuldeten Ländern im Vergleich zu Ländern mit ähnlichem Entwicklungsstand. ↘ ABBILDUNG 127 RECHTS Die von der Bank für Internationalen Zahlungsausgleich (2016) errechnete „Lücke zwischen Krediten und BIP" („**Credit-to-GDP-Gap**") liegt mit einem Wert von 30,1 deutlich über dem als Frühwarnindikator für Finanzkrisen verwendeten Schwellenwert von 10.

Die Verschuldung des Privatsektors ist vor allem gegenüber den **Schattenbanken** gestiegen. Diese wurden überwiegend von Banken mit dem Ziel errichtet,

ABBILDUNG 126
Leerstände bei Immobilien in China und privater Konsum in ausgewählten Ländern

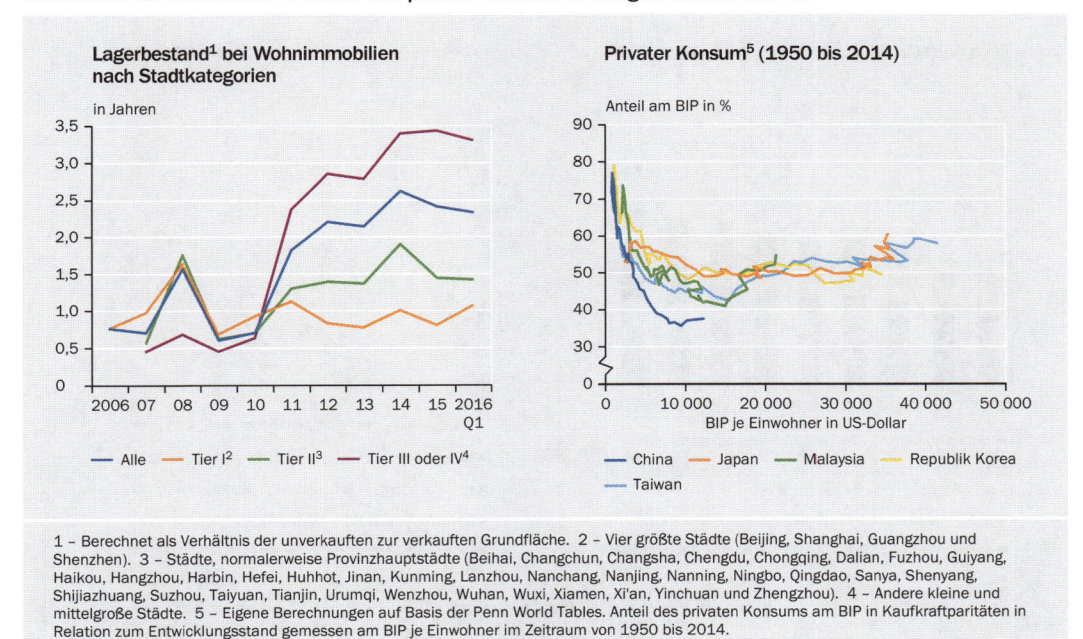

Lagerbestand¹ bei Wohnimmobilien nach Stadtkategorien (in Jahren, 2006–2016 Q1)
— Alle — Tier I² — Tier II³ — Tier III oder IV⁴

Privater Konsum⁵ (1950 bis 2014) (Anteil am BIP in %, BIP je Einwohner in US-Dollar)
— China — Japan — Malaysia — Republik Korea — Taiwan

1 – Berechnet als Verhältnis der unverkauften zur verkauften Grundfläche. 2 – Vier größte Städte (Beijing, Shanghai, Guangzhou und Shenzhen). 3 – Städte, normalerweise Provinzhauptstädte (Beihai, Changchun, Changsha, Chengdu, Chongqing, Dalian, Fuzhou, Guiyang, Haikou, Hangzhou, Harbin, Hefei, Huhhot, Jinan, Kunming, Lanzhou, Nanchang, Nanjing, Nanning, Ningbo, Qingdao, Sanya, Shenyang, Shijiazhuang, Suzhou, Taiyuan, Tianjin, Urumqi, Wenzhou, Wuhan, Wuxi, Xiamen, Xi'an, Yinchuan und Zhengzhou). 4 – Andere kleine und mittelgroße Städte. 5 – Eigene Berechnungen auf Basis der Penn World Tables. Anteil des privaten Konsums am BIP in Kaufkraftparitäten in Relation zum Entwicklungsstand gemessen am BIP je Einwohner im Zeitraum von 1950 bis 2014.

Quellen: IWF, Local Housing Administrative Bureau (Fangguanju), Penn World Tables (Feenstra et al., 2015), Wigram Capital Advisors
© Sachverständigenrat | 16-244

Obergrenzen für Einlagenzinsen und regulatorische Anforderungen zu umgehen. Das Vertrauen der Investoren in die Produkte der Schattenbanken dürfte vor allem davon getragen sein, dass die staatseigenen Großbanken in diesem Bereich sehr aktiv sind und somit im Krisenfall mit einem Bail-out durch den Staat gerechnet wird (Dang et al., 2015).

931. Die Schattenbanken sind wiederum eine wichtige Finanzierungsquelle für Zweckgesellschaften (**Local Government Financing Vehicles**, LGFV), mit denen die Lokalregierungen die ihnen vorgegebenen Verschuldungsgrenzen umgehen können. Das starke Wachstum dieser Form der Verschuldung ist auf die Strategie der chinesischen Führung nach dem Einbruch der Weltkonjunktur im Jahr 2008 zurückzuführen. Sie versuchte, im Prinzip durchaus erfolgreich, die globale Rezession und die sich daran anschließende weltwirtschaftliche Schwächephase durch vermehrte öffentliche Investitionen zu überwinden. Allerdings war die Zentralregierung nicht bereit, solche Projekte überwiegend in eigener Regie durchzuführen und sie dementsprechend über Anleihen zu finanzieren. Stattdessen wurde die Ausführung den Lokalregierungen überlassen, die sich nur über Zweckgesellschaften mit Krediten und Wertpapieremissionen finanzieren konnten. Seit dem Jahr 2014 bemüht sich die chinesische Regierung, die Finanzierung der lokalen Gebietskörperschaften zu reformieren.

932. Zu den weiteren Schwachstellen der chinesischen Wirtschaft zählt der nach wie vor hohe Anteil **staatseigener Unternehmen**, welche rund 20 % der Umsätze in der Industrie erwirtschaften. Staatliche Konglomerate bilden 45 der 50 umsatzstärksten Unternehmen. Staatsunternehmen sind vor allem im Dienstleistungsbereich dominant. Bei der Post und der Telekommunikation sowie bei Ar-

ABBILDUNG 127
Verschuldung und Bankeinlagen in China

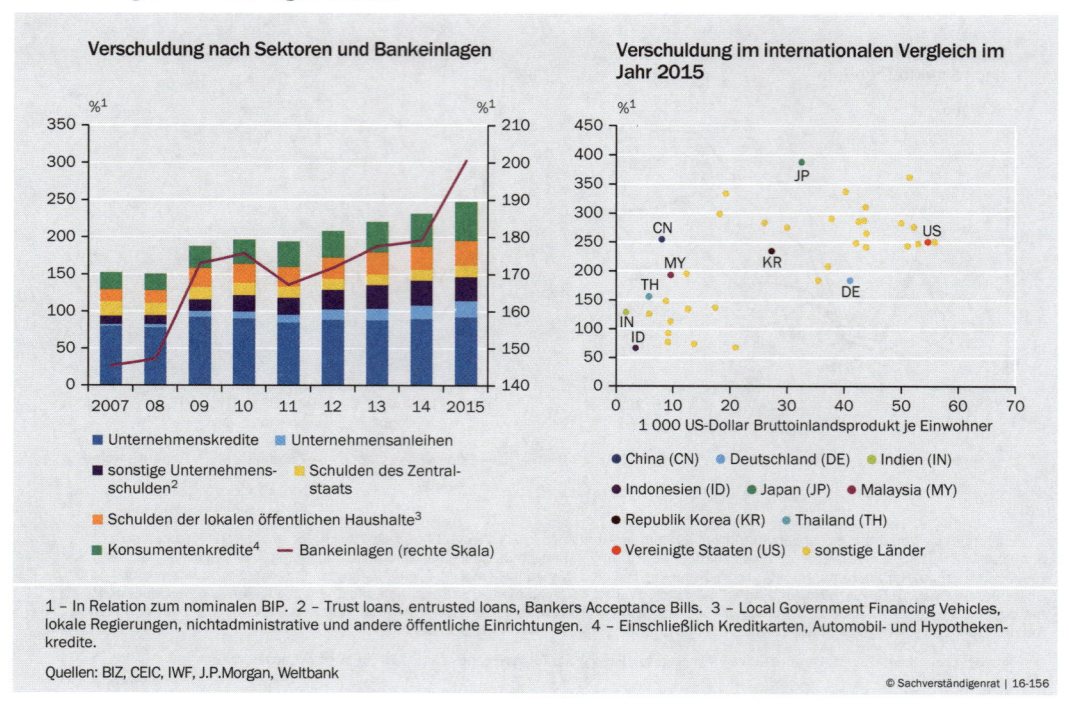

Verschuldung nach Sektoren und Bankeinlagen

- Unternehmenskredite
- Unternehmensanleihen
- sonstige Unternehmensschulden[2]
- Schulden des Zentralstaats
- Schulden der lokalen öffentlichen Haushalte[3]
- Konsumentenkredite[4]
- Bankeinlagen (rechte Skala)

Verschuldung im internationalen Vergleich im Jahr 2015

- China (CN)
- Deutschland (DE)
- Indien (IN)
- Indonesien (ID)
- Japan (JP)
- Malaysia (MY)
- Republik Korea (KR)
- Thailand (TH)
- Vereinigte Staaten (US)
- sonstige Länder

1 – In Relation zum nominalen BIP. 2 – Trust loans, entrusted loans, Bankers Acceptance Bills. 3 – Local Government Financing Vehicles, lokale Regierungen, nichtadministrative und andere öffentliche Einrichtungen. 4 – Einschließlich Kreditkarten, Automobil- und Hypothekenkredite.

Quellen: BIZ, CEIC, IWF, J.P.Morgan, Weltbank

© Sachverständigenrat | 16-156

chitektur- und Ingenieursdienstleistungen erzielen sie Umsatzanteile von über 60 %. Wettbewerbsbeschränkungen schützen zahlreiche Wirtschaftsbereiche und ermöglichen Monopol- oder Oligopolrenten (OECD, 2015).

Besonders ausgeprägt ist der **Staatseinfluss im Finanzsektor**. Die vier größten Banken, die zugleich zu den größten Finanzinstituten weltweit zählen, befinden sich im Mehrheitsbesitz des Staates. Hinzu kommt eine Vielzahl von lokalen staatseigenen Banken, die in den vergangenen Jahren im Kreditgeschäft besonders aktiv waren (Jones, 2016).

933. Die Staatsunternehmen sind im Durchschnitt **weniger profitabel** als die privaten Unternehmen und gleichzeitig höher verschuldet. ↘ ABBILDUNG 128 Nach Berechnungen auf Basis von rund 18 000 Staatsunternehmen und 335 000 Privatunternehmen des Unirule Institute of Economics (2015) ist die Gesamtkapitalrendite dieser Unternehmen bei Herausrechnung staatlicher Subventionen seit Jahren durchweg negativ. Eine Ursache für die geringe Rentabilität dürfte in mangelndem Wettbewerb und schlechter Governance dieser Unternehmen liegen. Hinzu kommen die Bereitstellung von öffentlichen Gütern und sozialen Leistungen.

934. Kennzeichnend für die chinesische Wirtschaft ist ein **starker Einfluss des Staates** auf wirtschaftliche Prozesse im Sinne einer massiv eingreifenden staatlichen Industriepolitik. Dies zeigt sich in ganz besonderem Maße an der hohen politischen Bedeutung der Fünfjahrespläne. Diese sind zwar nicht mehr als Pläne im Sinne einer planwirtschaftlichen Produktionssteuerung zu verstehen. Der im März 2016 offiziell veröffentlichte 13. Fünfjahresplan für den Zeitraum von 2016 bis 2020 enthält jedoch sehr konkrete und detaillierte Projekte in den Be-

↘ ABBILDUNG 128
Rentabilität und Verschuldungsquote von Industrieunternehmen in China

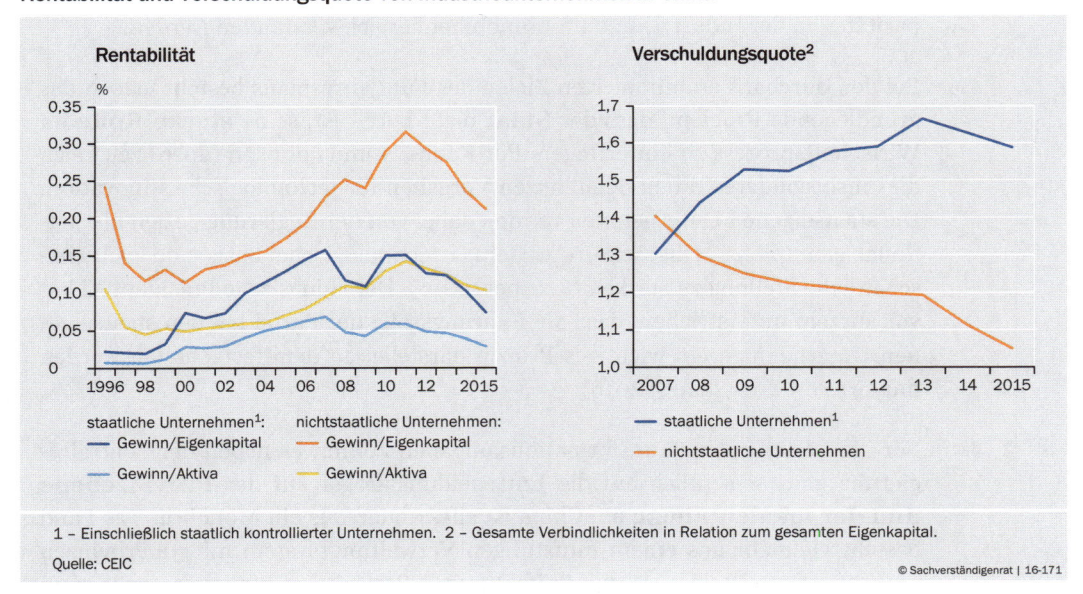

Rentabilität (%)

staatliche Unternehmen[1]:
— Gewinn/Eigenkapital
— Gewinn/Aktiva

nichtstaatliche Unternehmen:
— Gewinn/Eigenkapital
— Gewinn/Aktiva

Verschuldungsquote[2]

— staatliche Unternehmen[1]
— nichtstaatliche Unternehmen

1 – Einschließlich staatlich kontrollierter Unternehmen. 2 – Gesamte Verbindlichkeiten in Relation zum gesamten Eigenkapital.
Quelle: CEIC
© Sachverständigenrat | 16-171

reichen der Infrastruktur und der technologischen Innovation. So umfasst der Plan nicht weniger als 75 prioritäre Technologiefelder, für die wiederum spezifische Technologien und Produkte benannt werden. Zur Umsetzung dieser Ziele verfügt China über 780 mit dem Staat verbundene Investmentfonds, allein 300 solcher Fonds sind im Jahr 2015 gegründet worden.

Die ausgeprägte Rolle des Staates im Wirtschaftsprozess ist vor dem Hintergrund eines politischen Systems zu sehen, das von der **Kommunistischen Partei** dominiert wird. Es fehlt somit an einer demokratischen Legitimation und Kontrolle der politischen Entscheidungsprozesse. Shambaugh (2016) bezeichnet das derzeitige politische Modell Chinas als „Hard Authoritarianism". In diesem Umfeld kommt es für staatseigene wie für private Unternehmen gleichermaßen darauf an, über gute Beziehungen zum Staatsapparat in den Genuss staatlich generierter Renten zu gelangen. Der Einfluss des Staates geht somit weit über den Bereich der staatseigenen Unternehmen hinaus (Milhaupt und Zheng, 2016).

3. Kann die Transformation gelingen?

935. Die Notwendigkeit einer Transformation der chinesischen Wirtschaft wird seit Längerem diskutiert. Schon im Jahr 2007 hatte der damalige Premierminister Wen Jiabao das Wachstum der chinesischen Volkswirtschaft als „unstable, unbalanced, uncoordinated and unsustainable" bezeichnet. Im Herbst 2013 wurden auf dem 3. Plenum des 18. Zentralkomitees der Kommunistischen Partei marktorientierte Wirtschaftsreformen gefordert. Der im März 2016 veröffentlichte 13. Fünfjahresplan ist erneut geprägt von dem Bestreben, die Bedeutung der Schwerindustrie und der Investitionen zu reduzieren und dafür Dienstleistungen, Innovationen, den Umweltschutz und das soziale Sicherungsnetz zu fördern. Eine wichtige Bedeutung wird dabei der **„Angebotspolitik"** beigemessen,

worunter in China jedoch in erster Linie Maßnahmen zum Abbau von Überkapazitäten in der Industrie und im Immobilienbereich verstanden werden.

936. Bei den durchaus ambitionierten Zielen des Fünfjahresplans besteht jedoch das grundlegende Problem, dass der **Staat** nicht bereit ist, seine **starke Rolle** im Wirtschaftsprozess zu hinterfragen. Für Kennedy und Johnson (2016) zeigt sich dies insbesondere an den detaillierten Vorgaben für technologische Innovation. Die staatseigenen Unternehmen werden dabei von der Regierung gezielt als „national champions" eingesetzt, um Chinas technologische Basis und weltwirtschaftliche Stellung zu stärken (Kroeber, 2016). Der chinesische Präsident Xi hat vor kurzem unterstrichen, dass die Führungsrolle der Partei bei den staatseigenen Unternehmen ein wichtiges Prinzip darstelle, an dem festgehalten werden müsse (New York Times, 2016).

937. Für die anstehenden Transformationsaufgaben kommt es neben der Zentralregierung ganz wesentlich auf die Entscheidungsträger auf der **Provinzebene und der lokalen Ebene** an. China ist alles andere als ein Monolith. Das Land besteht vielmehr aus einem fünfstufigen Verwaltungssystem mit 31 Provinzen und autonomen Regionen, 334 Präfekturen, 2 852 lokalen Einheiten sowie rund 47 000 Städten und Gemeinden.

Die lokalen Regierungen erweisen sich als ein wesentliches Hemmnis für umfassendere Reformen. Sie kontrollieren die staatlichen Unternehmen auf dieser Ebene und verfügen über staatseigene lokale Banken. Sie sehen sich dem grundsätzlichen Problem gegenüber, dass sie für die ihnen übertragenen Aufgaben völlig **unterfinanziert** sind. Sie leisten 80 % der öffentlichen Ausgaben, erhalten aber nur 40 % der Steuereinnahmen (Lo, 2015).

Nach Berechnungen des Internationalen Währungsfonds (IWF) weisen die Lokalregierungen seit Jahren einen laufenden **Fehlbetrag** in Höhe von rund 5 % des BIP auf. ↘ ABBILDUNG 129 LINKS Diesen haben sie bisher entweder durch eine indirekte Kreditaufnahme über Zweckgesellschaften finanziert oder durch Erlöse aus der Verpachtung von Land. In den vergangenen Jahren stammte rund ein Fünftel der Einnahmen der lokalen Regierungen aus dieser Quelle. Bei den regulären Einnahmen stellt sich für die lokale Ebene das Problem, dass diese zu einem großen Anteil aus Steuern der lokalen Unternehmen bestehen. Die Einnahmen aus Mehrwertsteuer und Einkommensteuer sind deutlich geringer.

938. Vor allem aufgrund der unzureichenden Finanzierung der lokalen Regierungen hat sich auf dieser Ebene ein erheblicher **Widerstand gegen grundlegende Reformen** herausgebildet. Angesichts der hohen Abhängigkeit von Einnahmen aus der Landverpachtung sind die lokalen Regierungen bestrebt, den Bau und Erwerb von Immobilien weiterhin stark zu fördern. Zudem führt die große Bedeutung von Einnahmen aus der Besteuerung der lokalen Unternehmen dazu, dass die lokalen Regierungen alles tun, um staatliche Unternehmen am Leben zu erhalten. Ein wichtiges Instrument hierfür sind die staatseigenen lokalen Banken, die den lokalen Unternehmen eine **weiche Budgetrestriktion** (Soft Budget Constraint) gewähren, wie sie in den Zeiten der Planwirtschaft beobachtet werden konnte. Woo (2016) sieht darin eine wichtige Erklärung für die hohen Überkapazitäten in der Schwerindustrie.

Die mangelnde Bereitschaft der lokalen Regierungen, unprofitable Unternehmen zu schließen, erklärt sich nicht zuletzt daraus, dass die Führungspersönlichkeiten nach Maßgabe des in ihrer Region erwirtschafteten Wachstums beurteilt werden, was sich oft am einfachsten über kreditfinanzierte Investitionen erreichen lässt. Die Qualität des Wachstums ist dabei von sekundärer Bedeutung (Milhaupt und Zheng, 2016).

939. Diese Anreizmechanismen und die unzureichende Finanzausstattung der Lokalregierungen führen zudem zu einem **lokalen Protektionismus** (European Union Chamber of Commerce, 2016a). Die Europäische Handelskammer in China stellt daher fest, dass es sich bei China nicht um einen echten Binnenmarkt handle, sondern vielmehr um einen Flickenteppich regionaler Märkte mit ganz spezifischen und vielfach informellen Handels- und Investitionsschranken.

940. Neben dem Problem, Strukturreformen in einem quasi-föderalen System umzusetzen, stellt sich die Frage, inwieweit der Konsum überhaupt einen Rückgang der Investitionsquote kompensieren kann, ohne dass es zu einem merklichen Einbruch beim Wachstum kommt. Eine nennenswerte Reduzierung der Investitionsquote setzt ein **überproportionales Wachstum des privaten und staatlichen Konsums** voraus. Wenn das von der Regierung bis zum Jahr 2020 angestrebte Wachstumsziel von jährlich mehr als 6,5 % erreicht werden soll, würde ein hypothetischer Rückgang des Anteils der Bruttoinvestitionen am BIP auf 40 % rein rechnerisch einen Anstieg der Konsumquote auf rund 57 % im Jahr 2020 erfordern. Der Konsum müsste daher in den kommenden Jahren

↘ ABBILDUNG 129
Erweitertes Staatsdefizit in China und Monatslohn im internationalen Vergleich

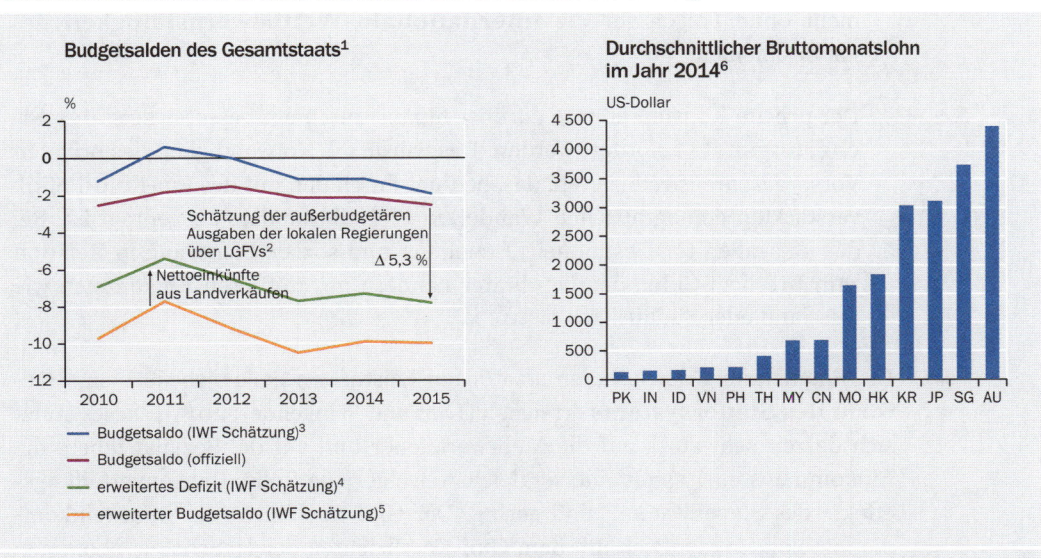

1 – In % des BIP. Einschließlich staatlich verwaltetem Vermögen der Staatsunternehmen (SOE) und Sozialversicherungen. 2 – Local Government Financing Vehicles. 3 – Einnahmen: offizielle Angaben + Beiträge zu Sozialversicherungen + Transfers von staatlich geführten SOE-Fonds – Auszahlungen von Stabilisierungsfonds; Ausgaben: offizielle Angaben + Einnahmen von Sozialversicherungen + Transfers an staatlich geführte SOE-Fonds + Berichtigung um die Ausgaben von lokalen Regierungen (geschätzt nach Anleiheemission) – Beiträge zu Stabilisierungsfonds. 4 – Budgetsaldo (IWF Schätzung) abzüglich Ausgaben der lokalen Regierungen (geschätzt nach Landverkäufen) und Schätzung von Ausgaben der lokalen Regierungen für Infrastruktur über LGFVs. 5 – Erweiterter Budgetsaldo (IWF Schätzung) zuzüglich Nettoeinnahmen von Landverkäufen. 6 – Für Indien: 2013; PK-Pakistan, IN-Indien, ID-Indonesien, VN-Vietnam, PH-Philippinen, TH-Thailand, MY-Malaysia, CN-China, MO-Macau (China), HK-Hongkong (China), KR-Republik Korea, JP-Japan, SG-Singapur, AU-Australien.

Quellen: ILO, IWF

↘ TABELLE 33

Ausgaben des Staates in ausgewählten Ländern im Jahr 2013

in % des nominalen BIP

	China	Länder mit mittlerem Einkommen[1]		Indonesien	Russland	Südafrika
		obere	untere			
Insgesamt	29,3	33,1	36,1	19,6	42,2	57,3
Sozialausgaben	12,4	16,2	15,4	4,4	20,6	17,4
Gesundheit	0,9	3,3	3,1	0,9	3,4	4,8
Erziehung	3,9	3,9	5,4	3,2	4,2	7,6
soziale Sicherung	7,6	9,0	6,9	0,3	12,9	5,1
sonstige Ausgaben	16,9	16,9	20,7	15,2	21,6	39,9

1 – Nach Definition der Weltbank.

Quellen: IWF, Lam und Wingender (2015)

© Sachverständigenrat | 16-221

rund 9 % pro Jahr wachsen, während die Investitionen jährlich nur noch um rund 3,5 % ansteigen dürften (Wang und Zhou, 2016). Eine solche Ausweitung des privaten Verbrauchs setzt eine Kombination aus sehr starken Lohnerhöhungen und einer Reduzierung der Sparquote der privaten Haushalte voraus:

– Die Reallöhne in China sind in den vergangenen Jahren im internationalen Vergleich sehr stark angestiegen. Damit liegt das Lohnniveau in China bereits deutlich über dem in anderen Schwellenländern Asiens und des pazifischen Raums. ↘ ABBILDUNG 129 RECHTS Der Versuch, den privaten Konsum über deutliche Lohnerhöhungen noch stärker expandieren zu lassen als das BIP, dürfte nicht ohne Folgen für die **internationale Wettbewerbsfähigkeit** des Landes bleiben.

– Der private Konsum könnte darüber hinaus durch ein besseres **soziales Sicherungsnetz** gefördert werden. Das würde die Notwendigkeit des privaten Vorsorgesparens reduzieren, das, bedingt durch den mit der Ein-Kind-Politik verstärkten demografischen Wandel, in China besonders ausgeprägt ist. Bei den Ausgaben für Gesundheit, Erziehung und soziale Sicherung in Relation zum BIP liegt China deutlich hinter Ländern mit mittleren Einkommen wie Russland oder Südafrika. ↘ TABELLE 33

941. Die Finanzierung der höheren staatlichen Leistungen ließe sich über eine **Reform des Steuersystems** erreichen (Lam und Wingender, 2015). Dieses stützt sich derzeit sehr stark auf die Mehrwertsteuer und auf die Sozialabgaben, die Einkommensteuer spielt eine vergleichsweise geringe Rolle. Die Umverteilungseffekte des Steuersystems sind gering. Der Gini-Koeffizient der Markteinkommen ist nahezu identisch mit dem Gini-Koeffizienten der Haushaltseinkommen (Zhang, 2016). Durch eine stärker progressive Ausgestaltung der Einkommensteuer, eine Einbeziehung von Dienstleistungen in die Mehrwertsteuer, eine Grundsteuer sowie eine Ökosteuer ließen sich nach Lam und Wingender (2015) erhebliche Einnahmen für höhere staatlichen Leistungen erzielen.

↘ ABBILDUNG 130
Wachstum der Anlageinvestitionen und der Kredite in China

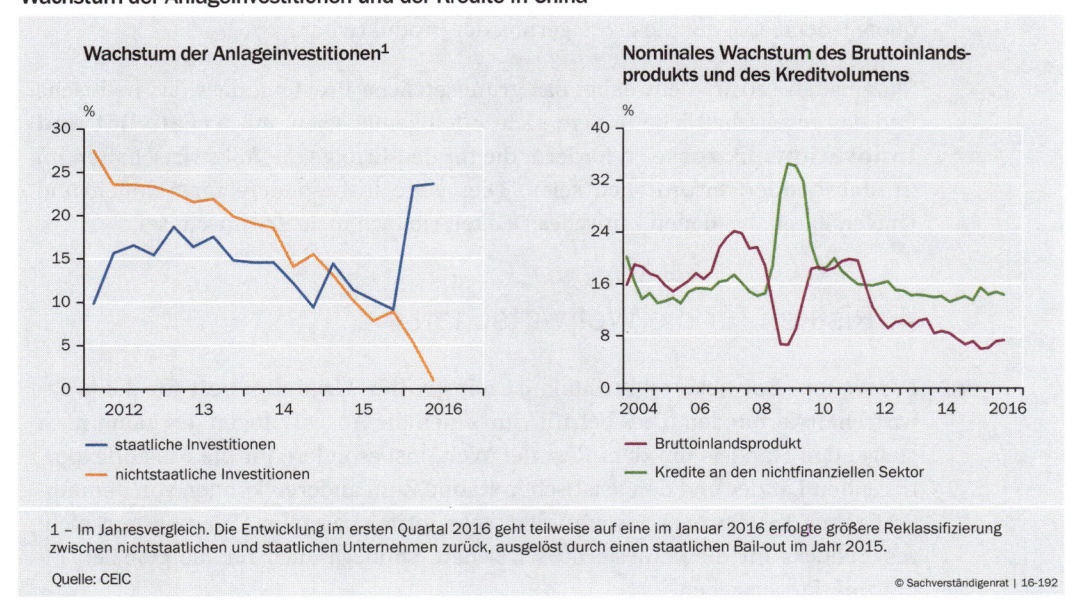

Wachstum der Anlageinvestitionen¹

Nominales Wachstum des Bruttoinlandsprodukts und des Kreditvolumens

— staatliche Investitionen
— nichtstaatliche Investitionen

— Bruttoinlandsprodukt
— Kredite an den nichtfinanziellen Sektor

1 – Im Jahresvergleich. Die Entwicklung im ersten Quartal 2016 geht teilweise auf eine im Januar 2016 erfolgte größere Reklassifizierung zwischen nichtstaatlichen und staatlichen Unternehmen zurück, ausgelöst durch einen staatlichen Bail-out im Jahr 2015.
Quelle: CEIC

942. Nach den bisherigen Erfahrungen dürfte sich die **Transformation der chinesischen Wirtschaft** sehr langwierig gestalten. Naughton (2016) kommt zu dem Befund, dass es mit den im November 2013 angekündigten Wirtschaftsreformen nicht gelungen sei, das Land stärker marktwirtschaftlich auszurichten. Die Furcht vor negativen kurzfristigen Effekten auf das Wirtschaftswachstum habe die Implementierung entscheidender Reformen blockiert und zudem die Einflussnahme des Staates auf die Wirtschaft noch erhöht.

943. Dieser Befund wird durch die **Entwicklungen in diesem Jahr** erhärtet. Der Anstieg der privaten Investitionen fiel in den ersten acht Monaten des Jahres 2016 ungewöhnlich schwach aus, was eine hohe Verunsicherung über die wirtschaftlichen Perspektiven des Landes widerspiegeln dürfte. Gleichsam als Reaktion darauf wurden die **öffentlichen Investitionen** abrupt ausgeweitet. Der Anstieg stellt vor allem eine Ausweitung von Infrastrukturprojekten und öffentlich-privaten Partnerschaften der lokalen und zentralen Regierungen dar, geht jedoch zusätzlich auf eine im Januar 2016 durchgeführte Reklassifizierung von nichtstaatlichen in staatliche Unternehmen zurück. ↘ ABBILDUNG 130 LINKS

Wiederum wurde die zusätzliche staatliche Nachfrage kreditfinanziert. Somit ist das Kreditvolumen erneut stärker gestiegen als das nominale BIP. ↘ ABBILDUNG 130 RECHTS Es zeigt sich also, dass im Bestreben, die Wachstumsziele um jeden Preis zu erreichen, die grundlegenden Probleme der chinesischen Wirtschaft nicht gelöst, sondern weiterhin vertagt werden.

944. Die chinesische Wirtschaft befindet sich somit auf einer schwierigen **Gratwanderung**. Bis zum Jahr 2020 strebt die Regierung ein Wachstumsziel von jährlich mehr als 6,5 % an. Bei einer unverändert hohen Spar- und Investitionsquote ist damit zu rechnen, dass das Missverhältnis zwischen den Produktionskapazitäten und der Konsumnachfrage weiter zunimmt und sich die Produktivität noch ungünstiger als bisher entwickelt (Wang und Zhou, 2016). Wenn weiterhin hohe

Wachstumsraten erzielt werden sollen, erfordert eine rückläufige Investitionsquote jedoch eine deutliche Steigerung der Produktivität.

Shambaugh (2016) sieht dabei das grundsätzliche Problem, dass das politische und das gesellschaftliche System nicht offen genug seien, um **Kreativität und Innovationsprozesse** zu fördern, die für den Erfolg von Volkswirtschaften im 21. Jahrhundert erforderlich seien. Dies gelte insbesondere für Schulen und Universitäten, bei denen kritisches Denken vielfach nicht erwünscht sei.

4. Risiken für die Weltwirtschaft

945. Die weitere Entwicklung in China ist mit **großer Unsicherheit** für die Weltwirtschaft verbunden. Dies betrifft zum einen die Auswirkungen des kaum noch steigenden Handels mit dem Rest der Welt, insbesondere für die rohstoffexportierenden Länder und den asiatischen Raum. Zum anderen können von dem ungezügelten Kreditwachstum und dem sehr intransparenten Finanzsystem nicht nur Schocks für die chinesische Wirtschaft, sondern auch für die globalen Finanzmärkte ausgehen.

Entkopplung des Handels vom Wirtschaftswachstum

946. Realwirtschaftlich hat sich die Entwicklung Chinas für die Weltwirtschaft vor allem im ausgeprägten Rückgang des chinesischen **Leistungsbilanzsaldos** bemerkbar gemacht, der durch den starken Einbruch der Exporte im Jahr 2009 eingeleitet worden war. Während im Jahr 2007 ein Rekordüberschuss von 10,0 % des BIP erzielt worden war, ergab sich für das Jahr 2015 nur noch ein Saldo von 2,7 %. Dies spiegelt den Übergang von einem bis dahin stark vom Export zu einem von der Binnenwirtschaft getragenen Wachstum wider.

Allerdings sind die von diesem Anpassungsprozess auf die Weltwirtschaft ausgehenden Nachfrageimpulse im Lauf der Zeit immer geringer geworden. Das Wachstum der realen Exporte und Importe von Waren und Dienstleistungen ist in den beiden vergangenen Jahren deutlich hinter dem Wachstum der chinesischen Wirtschaft zurückgeblieben. Im Jahr 2015 war die Exportentwicklung sogar rückläufig. Es ist somit zu einer **Entkopplung** des Außenhandels vom Wirtschaftswachstum in China gekommen. Hiervon sind vor allem Länder im asiatischen Raum und Rohstoffexporteure betroffen. ↘ ABBILDUNG 131 LINKS

947. Die im Vergleich zum Wirtschaftswachstum schwache Außenhandelsentwicklung dürfte teilweise auf den Rückgang des Anteils der Industrie an der Wertschöpfung und den gleichzeitigen Anstieg des Anteils des Dienstleistungsbereichs zurückzuführen sein. Die **Importintensität**, also der Importanteil der Endnachfrage, ist für den privaten Konsum mit 15 % geringer als für die Bruttoinvestitionen (24 %) oder die Exporte (23 %). ↘ ABBILDUNG 132 LINKS

Eine andere Erklärung könnte darin bestehen, dass China bestrebt ist, verstärkt eigene Vorleistungen bei der Produktion einzusetzen. Berechnungen der Organisation für wirtschaftliche Zusammenarbeit und Entwicklung (OECD, 2016) zei-

↘ ABBILDUNG 131
Außenhandel und Wirtschaftswachstum in China

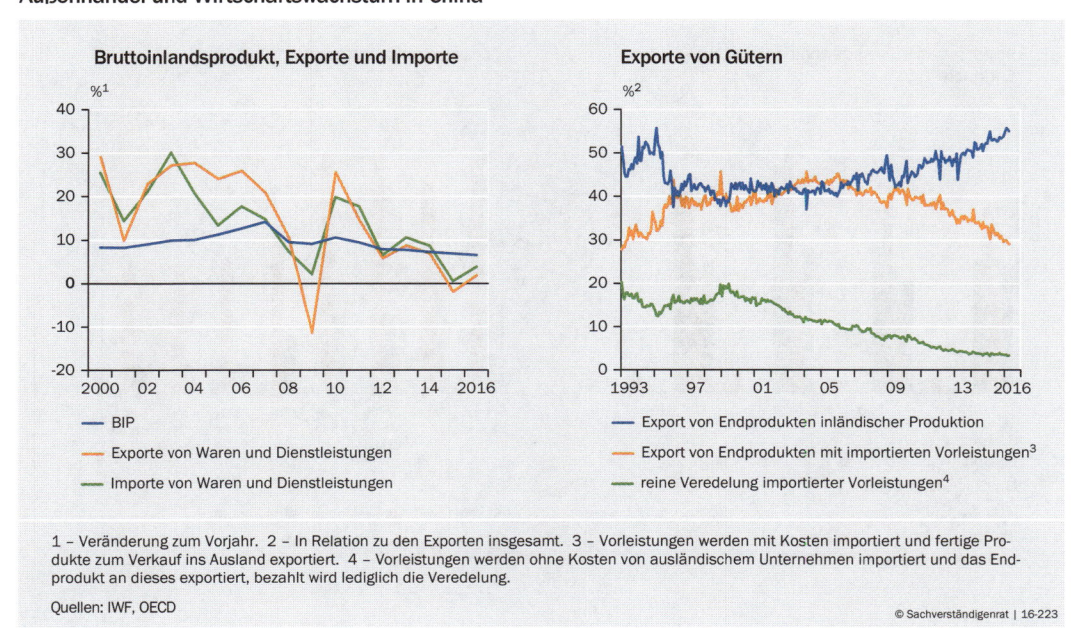

Bruttoinlandsprodukt, Exporte und Importe

%[1]

— BIP
— Exporte von Waren und Dienstleistungen
— Importe von Waren und Dienstleistungen

Exporte von Gütern

%[2]

— Export von Endprodukten inländischer Produktion
— Export von Endprodukten mit importierten Vorleistungen[3]
— reine Veredelung importierter Vorleistungen[4]

1 – Veränderung zum Vorjahr. 2 – In Relation zu den Exporten insgesamt. 3 – Vorleistungen werden mit Kosten importiert und fertige Produkte zum Verkauf ins Ausland exportiert. 4 – Vorleistungen werden ohne Kosten von ausländischem Unternehmen importiert und das Endprodukt an dieses exportiert, bezahlt wird lediglich die Veredelung.

Quellen: IWF, OECD

© Sachverständigenrat | 16-223

gen, dass bei den chinesischen Exporten seit dem Jahr 2005 der Anteil importierter Vorleistungen zurückgegangen ist. ↘ ABBILDUNG 131 RECHTS Es findet somit eine **Renationalisierung der Wertschöpfung** und ein Aufstieg in der Wertschöpfungskette statt.

948. Darüber hinaus bestehen für den Export nach China weiterhin **signifikante Barrieren.** Durchschnittlich erhebt China Zölle von ungefähr 10 % auf deutsche Produkte. Für einzelne Produktkategorien können diese jedoch wesentlich höher ausfallen. ↘ ABBILDUNG 132 RECHTS So liegen die Zölle auf Autos und deren Nebenprodukten zwischen 19 % und 25 % und auf Lebensmitteln (Wein, Weizen) bei bis zu 65 %. Neben den tarifären Handelshemmnissen sind staatliche Regulierungen und rechtliche Unsicherheit ein großes Hemmnis für den Außenhandel mit China. Nach einer Umfrage der Deutschen Handelskammer in China (2015) stufen ungefähr 60 % der europäischen Unternehmen in China Protektionismus und rechtliche Unsicherheit als wichtigste Risiken in China ein.

949. Es trifft also nur bedingt zu, dass China die wichtigste **Lokomotive der Weltwirtschaft** ist. Zwar trägt China nach wie vor sehr viel zum globalen Wachstum bei. Doch bei einem Rückgang des Export- und Importvolumen im Jahr 2015 und nur geringen Zuwachsraten im laufenden Jahr gehen von dem noch immer hohen Wachstum in China nur noch verhalten positive Effekte auf seine Handelspartner aus.

Risiken für das Finanzsystem

950. Das **chinesische Finanzsystem** ist im Vergleich zur Wirtschaftsleistung überproportional gewachsen, sehr intransparent geworden, und die Verflechtungen zwischen den Akteuren sind gestiegen. Die Konzentration der Kredit-

↘ ABBILDUNG 132
Chinesische Importintensitäten und Zollsätze

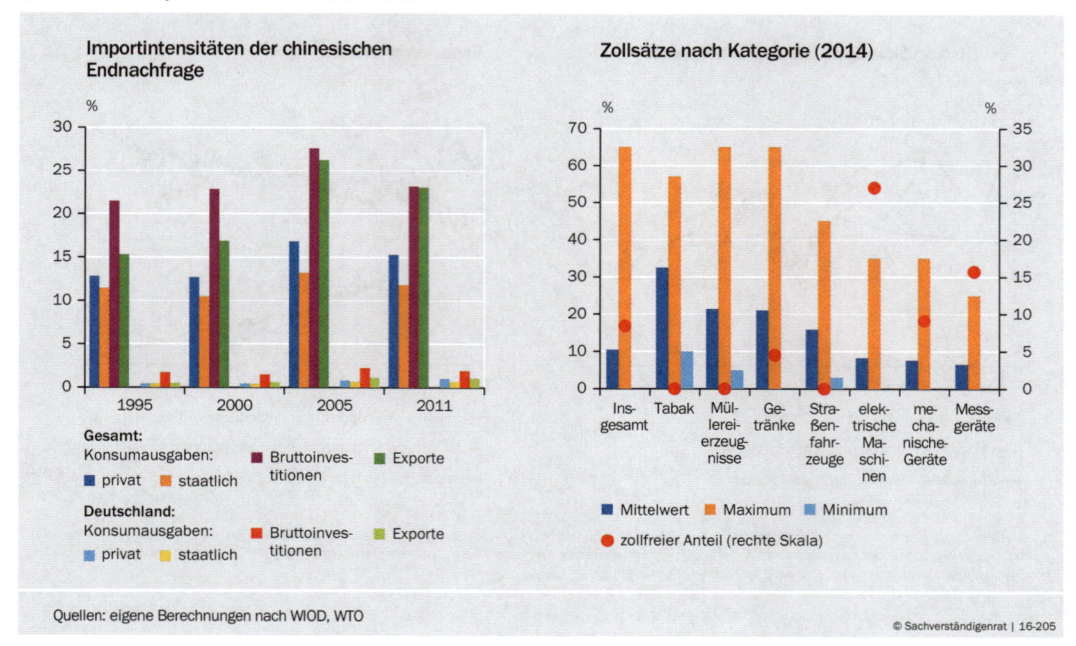

Importintensitäten der chinesischen Endnachfrage

Gesamt:
Konsumausgaben:
- privat
- staatlich
- Bruttoinvestitionen
- Exporte

Deutschland:
Konsumausgaben:
- privat
- staatlich
- Bruttoinvestitionen
- Exporte

Zollsätze nach Kategorie (2014)

- Mittelwert
- Maximum
- Minimum
- zollfreier Anteil (rechte Skala)

Quellen: eigene Berechnungen nach WIOD, WTO
© Sachverständigenrat | 16-205

vergabe auf den Immobiliensektor und die Auslagerung von Bankkrediten in Zweckgesellschaften lassen Parallelen zur Situation vor der globalen Finanzkrise des Jahres 2007/08 erkennen.

Der Umfang der **notleidenden Kredite** von Banken ist in den vergangenen Jahren auf über 4,7 Billionen Renmimbi zwar stark angestiegen, der Anteil liegt nach den ersten zwei Quartalen 2016 jedoch bei lediglich 5,8 % (inklusive Special Mention Loans) des Kreditvolumens. Der von der Weltbank errechnete globale Durchschnittswert ohne Special Mention Loans (in China 1,8 %) lag Ende 2015 bei 4,3 %. Allerdings sind die Bestimmungen für die Klassifikation notleidender Kredite in China nicht sehr restriktiv. So kann trotz ausbleibender Zahlungen eine entsprechende Einstufung vermieden werden, wenn die Bank davon ausgehen kann, dass ihr aus dem Kredit keine Verluste entstehen (PWC, 2015). Zudem sind die Banken bestrebt, notleidende Kredite in Zweckgesellschaften auszulagern (Zhu, 2016).

951. Die größte Schwachstelle im Finanzsystem sind die **Schattenbanken,** über deren Kreditqualität kaum Informationen vorliegen. Die hohen Zinsen, die für Anlagen bei diesen Institutionen gezahlt werden, sprechen jedenfalls dafür, dass es sich um sehr riskante Anlagen handelt (IWF, 2016). Das Volumen der Produkte dieses Sektors ist stark gestiegen und es belief sich im Jahr 2015 auf 58 % des BIP. Da die Banken selbst in hohem Umfang in diese Produkte investieren, resultiert daraus eine starke Verflechtung zwischen dem regulären Bankensektor und dem Schattenbanksystem.

Die große Beliebtheit dieser Produkte geht darauf zurück, dass sie wesentlich höhere Renditen versprechen als klassische Bankeinlagen. Da die Schattenbanken häufig von Banken errichtet wurden, um **regulatorische Bestimmungen** wie Zinsobergrenzen, Eigenkapitalvorschriften und eine vorgeschriebene Relation von Krediten zu Einlagen in Höhe von 75 % zu umgehen, dürften die Investoren eine **implizite Garantie** durch die staatseigenen Banken voraussetzen (Zhu, 2016).

952. Grundsätzlich dürfte es dem chinesischen Staat möglich sein, im Fall eines **gravierenden Schocks** das chinesische Finanzsystem in ähnlicher Weise zu stabilisieren, wie das von den Vereinigten Staaten und den europäischen Staaten nach der Insolvenz von Lehman Brothers praktiziert wurde. Der chinesische Staat hat bereits gezeigt, dass er gewillt ist, stützend in den Finanzmarkt einzugreifen. Beispielsweise wurde nach dem Börseneinbruch im Sommer 2015 ein spezieller Fonds gegründet, um gemeinsam mit Banken, Versicherern und Pensionsfonds unter Staatseinfluss direkt Aktien aufzukaufen. Im Schattenbankenmarkt gibt es laut Anderlini und Wildau (2014) mehr als 60 dokumentierte Fälle staatlicher Bail-outs. Die Dunkelziffer ist vermutlich weitaus höher.

953. Allerdings verdeutlichen die Erfahrungen aus Finanzkrisen, dass es selbst bei einem umfassenden Bail-out der Gläubiger zu gravierenden **realwirtschaftlichen Folgen** kommen kann, die auf Jahre hinweg zu einer Unterauslastung der Kapazitäten führen können. Das größte Risikopotenzial ergibt sich aus dem **Immobilienmarkt**, der zumindest in einzelnen Regionen Chinas bereits durch erhebliche Überkapazitäten gekennzeichnet ist. Der Anteil der Wohnbauinvestitionen am BIP lag mit 10,4 % im Jahr 2015 deutlich über den Höchstwerten, die in der Vergangenheit in vielen Ländern mit einem Immobilienboom erzielt worden waren (IWF, 2015). Bei der hohen Bedeutung von Immobilien als Wertspeicher für private Haushalte hätte ein massiver Einbruch der Immobilienpreise erhebliche Rückwirkungen auf den privaten Verbrauch.

954. Hilfreich für die Fähigkeit der chinesischen Behörden, das Finanzsystem in einem möglichen Krisenfall zu stabilisieren, ist die Tatsache, dass die **Auslandsverschuldung** Chinas gering ist und dass kaum Kredite in ausländischer Währung aufgenommen wurden. Hierin besteht ein wesentlicher Unterschied zur Asienkrise in den Jahren 1997/98.

    Im Falle einer Vertrauenskrise im Bankensystem könnten die Anleger bestrebt sein, ihre hohen liquiden Mittel ins Ausland zu verlagern. Bei dem nach wie vor umfangreichen Bestand an Währungsreserven kann die Regierung einer sich selbstverstärkenden Abwertung entgegenwirken. Zudem besteht die Möglichkeit, eine Kapitalflucht notfalls durch zusätzliche **Kapitalverkehrskontrollen** zu stoppen. Eine Währungskrise, das heißt eine massive Abwertung der Landeswährung, wie sie bei den von der Asienkrise betroffenen Ländern in den Jahren 1997/98 zu beobachten gewesen war, ist somit eher nicht zu erwarten.

955. Inwiefern krisenhafte Entwicklungen im chinesischen Finanzsystem globale Auswirkungen haben können, ist nur sehr schwer zu beurteilen. China ist finanziell noch kaum in das globale Finanzsystem integriert, sodass die direkten finanziellen Risiken für die meisten Länder vergleichsweise begrenzt sein dürften (AFS, 2016). So erscheinen die Risiken aus **direkten finanziellen Verbindungen** im Falle von Deutschland nicht hoch. Forderungen des deutschen Bankensystems gegenüber China betrugen Ende 2015 rund 30,9 Mrd Euro. Dies

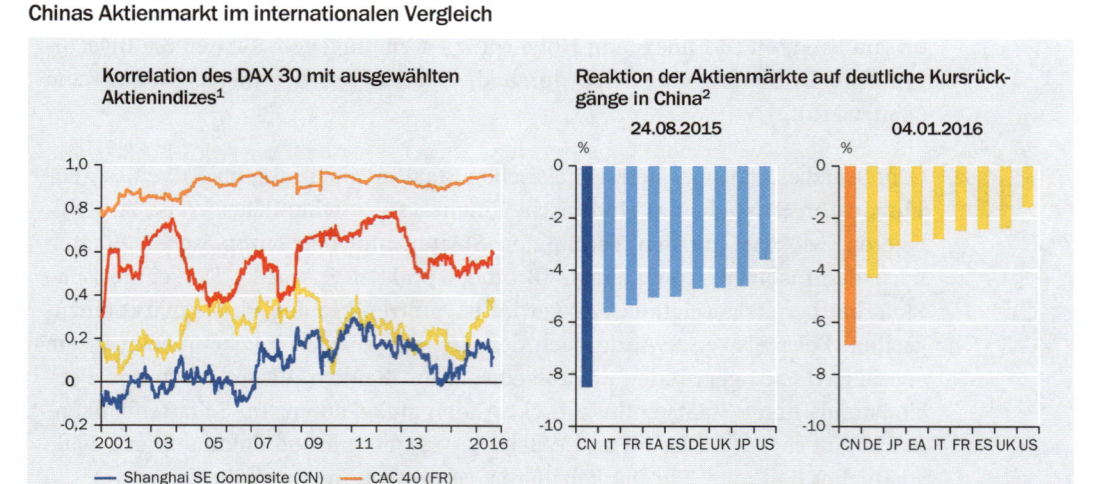

ABBILDUNG 133
Chinas Aktienmarkt im internationalen Vergleich

Korrelation des DAX 30 mit ausgewählten Aktienindizes[1]
— Shanghai SE Composite (CN) — CAC 40 (FR)
— NIKKEI 225 (JP) — Dow Jones Industrial (US)

Reaktion der Aktienmärkte auf deutliche Kursrückgänge in China[2]
24.08.2015 — CN IT FR EA ES DE UK JP US
04.01.2016 — CN DE JP EA IT FR ES UK US

1 – Rollierende Korrelation basierend auf 250 Handelstagen. 2 – Jeweils Veränderung. CN-China, DE-Deutschland, EA-Euro-Raum, ES-Spanien, FR-Frankreich, IT-Italien, JP-Japan, UK-Vereinigtes Königreich, US-Vereinigte Staaten.

Quellen: nationale Börsen, Thomson Reuters, eigene Berechnungen
© Sachverständigenrat | 16-349

entspricht 8 % des bilanziellen Eigenkapitals. Zusätzliche Risiken über Zweitrundeneffekte durch Forderungen gegenüber anderen Ländern sind jedoch nicht auszuschließen (AFS, 2016).

Indirekte finanzielle Verbindungen über Vermögenspreise erscheinen ebenfalls begrenzt. Die rollierende Korrelation von chinesischen und deutschen Aktienindizes auf Basis von 250 Handelstagen war in der Vergangenheit gering. Dies gilt insbesondere im Vergleich zu den Aktienmärkten in Europa und den Vereinigten Staaten. ↘ ABBILDUNG 133 LINKS

956. Die Ansteckungseffekte dürften jedoch bei **abrupten Kursveränderungen** deutlich ausgeprägter sein. So gingen die scharfen Kursrückgänge in China im August 2015 und Januar 2016 weltweit mit Aktienmarktturbulenzen einher. ↘ ABBILDUNG 133 RECHTS ↘ ZIFFER 527 Der IWF (2016) hat in einer Studie systematisch untersucht, wie die Aktienmärkte des asiatischen Raums auf signifikante chinesische Kursausschläge reagieren. Dafür werden Kursveränderungen des chinesischen Aktienmarkts von mehr als 5 % identifiziert, die ihren Ursprung in China haben. Dabei zeigt sich, dass die Aktienmärkte des asiatischen Raums insbesondere seit Juni 2015 stärker auf signifikante chinesische Kursveränderungen reagieren. Allerdings ist zu beachten, dass mit 30 identifizierten Tagen die Anzahl der Beobachtungen sehr gering ist.

Eine Replikation der Analyse für Deutschland, Frankreich, Italien, Spanien, Vereinigtes Königreich, Vereinigte Staaten und Japan weist ebenfalls auf einen Anstieg der Sensitivität gegenüber signifikanten chinesischen Kursrückgängen hin. Ob daraus auf ein grundsätzlich höheres Ansteckungspotenzial geschlossen werden kann, ist jedoch fraglich. Aufgrund der geringen Anzahl an Beobachtungen ist das Ergebnis fast ausschließlich auf die beiden Turbulenzen im August 2015 und Januar 2016 zurückzuführen.

957. Gleichwohl kann nicht ausgeschlossen werden, dass China angesichts von **Schieflagen im Immobiliensektor und im (Schatten-) Bankensystem** in eine Finanzkrise gerät. Gerade wegen der zentralen wirtschaftspolitischen Steuerung im chinesischen Staat können Fehler in der Wirtschaftspolitik weit größere negative Folgen haben. Fehler dieser Art mögen zwar eine geringe Wahrscheinlichkeit haben. Umso stärker getroffen wäre die Weltwirtschaft daher, wenn die chinesische Regierung es nicht schaffen würde, eine Finanzkrise effektiv einzugrenzen. Die Folgen wären angesichts der geringen internationalen Verflechtung wohl eher indirekt. Die zurzeit bereits hohe Unsicherheit, die von vielen Investoren moniert wird, würde voraussichtlich deutlich ansteigen, der Welthandel würde zurückgehen. Davon wäre Deutschland relativ stärker getroffen als andere Länder.

II. IMPLIKATIONEN FÜR DIE DEUTSCHE WIRTSCHAFT

958. Die deutsche Wirtschaft ist **mit China in unterschiedlicher Weise verflochten**: Das Land ist ein wichtiger und dynamischer Absatzmarkt für deutsche Unternehmen und zugleich ein bedeutender Produktionsstandort, insbesondere der Automobilindustrie. Chinesische Unternehmen entwickeln sich zunehmend zu einem Konkurrenten Deutschlands auf den internationalen Märkten. In jüngster Zeit sind chinesische Investoren zudem als Käufer von deutschen Unternehmen in Erscheinung getreten.

1. Exportmarkt China: Nachlassende Dynamik

959. Als zweitgrößte Volkswirtschaft und bevölkerungsreichstes Land der Welt hat China der deutschen Wirtschaft über viele Jahre hinweg einen stark wachsenden Absatzmarkt eröffnet. In den vergangenen Jahren hat sich die Dynamik jedoch merklich abgeschwächt. Im Jahr 2015 waren die deutschen Exporte nach China erstmals rückläufig. Die auf der globalen Ebene zu beobachtende **Abkopplung** des chinesischen Wirtschaftswachstums von der Außenhandelsentwicklung macht sich somit für Deutschland bemerkbar.

Chinas investitionsgetriebenes Wirtschaftswachstum und der wachsende Wohlstand haben den deutschen Export in besonderer Weise begünstigt: Im Jahr 2014 machten Straßenfahrzeuge, verschiedene Arten von Maschinen sowie Mess-, Prüf- und Kontrollinstrumente über zwei Drittel der deutschen Warenexporte nach China aus. ↘ ABBILDUNG 134 Seit einigen Jahren wächst jedoch der chinesische Import von **Konsumgütern** fast doppelt so stark wie der von Kapitalgütern. Der Dienstleistungsexport von Deutschland nach China spielt eine geringere Rolle. Sein Anteil an den deutschen Gesamtexporten nach China betrug im Jahr 2014 lediglich rund 10 %.

Kapitel 12 – Transformation in China birgt Risiken

↘ ABBILDUNG 134
Wichtige deutsche Warenexporte nach China in den Jahren 1995 und 2015

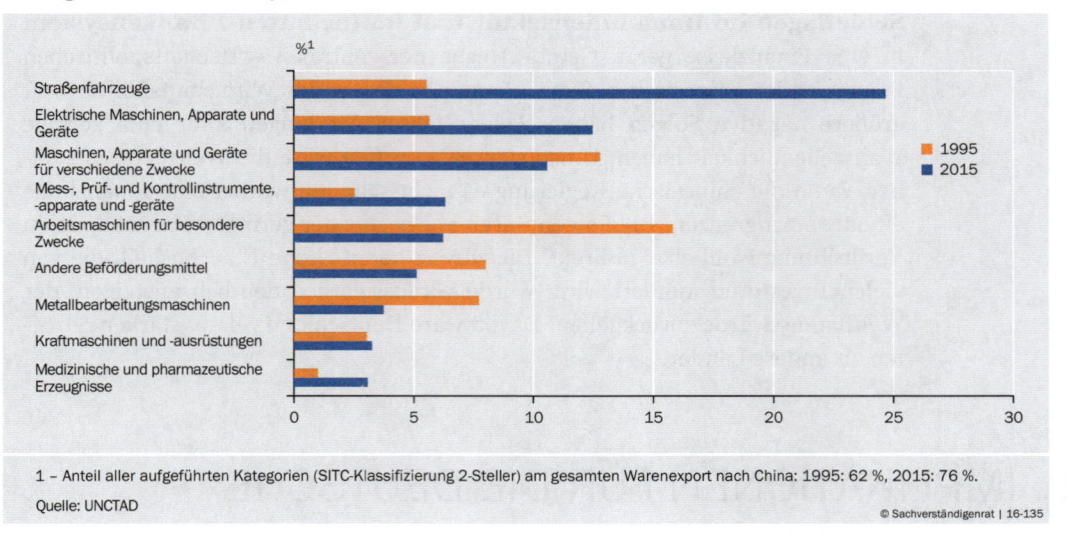

[Balkendiagramm mit folgenden Kategorien: Straßenfahrzeuge; Elektrische Maschinen, Apparate und Geräte; Maschinen, Apparate und Geräte für verschiedene Zwecke; Mess-, Prüf- und Kontrollinstrumente, -apparate und -geräte; Arbeitsmaschinen für besondere Zwecke; Andere Beförderungsmittel; Metallbearbeitungsmaschinen; Kraftmaschinen und -ausrüstungen; Medizinische und pharmazeutische Erzeugnisse. Werte für 1995 und 2015 in %.]

1 – Anteil aller aufgeführten Kategorien (SITC-Klassifizierung 2-Steller) am gesamten Warenexport nach China: 1995: 62 %, 2015: 76 %.
Quelle: UNCTAD
© Sachverständigenrat | 16-135

960. Bei den **Importintensitäten** der chinesischen Endnachfrage (inklusive der indirekten Effekte über Zwischenprodukte) zeigt sich, dass Bruttoinvestitionen und Exporte einen höheren Anteil an Importen beinhalten als der private und staatliche Konsum. ↘ ABBILDUNG 132 LINKS Die Auswertung von Input-Output-Tabellen aus dem Jahr 2011 ergibt, dass der chinesische Konsum insgesamt rund 15 % weltweite und 1 % deutsche Importe beinhaltet. Bei Bruttoinvestitionen ist der Anteil jedoch mit 24 % und 2 % signifikant höher. Eine Veränderung des chinesischen Wachstumsmodells zu Lasten der Investitionen und zugunsten des privaten Konsums hat also bei gleichbleibender Struktur negative Effekte auf die deutschen Exporte.

Dabei ist die Importintensität von Investitionen für einzelne Bereiche wie Maschinenbau (0,7 %) oder Herstellung von Datenverarbeitungsgeräten, elektrische und optische Erzeugnisse sowie Fahrzeugbau (jeweils 0,4 %) höher als zum Beispiel bei der Herstellung von Textilien, Bekleidung, Lederwaren und Schuhen (0,002 %) oder im Baugewerbe (0,01 %).

961. Die Importintensitäten geben jedoch lediglich Auskunft über die **direkten Handelseffekte** einer Veränderung der chinesischen Nachfrage inklusive der Effekte über die Handelspartner. Eine solche Veränderung hätte weltweite **Folgereaktionen**, da sich die Nachfrage anderer Länder verändern würde. Solche Folgeeffekte können mit verschiedenen Modellen abgeschätzt werden, welche sich grob in die folgenden Klassen einteilen lassen: ökonometrische Modelle, allgemeine Gleichgewichtsmodelle und Input-Output-Modelle.

962. Die **ökonometrischen Modelle** analysieren Abhängigkeiten zwischen makroökonomischen Zeitreihen wie BIP, Inflation oder Wechselkurs. Auf Basis einer Panelregression mit 63 Ländern finden Duval et al. (2014), dass ein temporärer Wachstumsrückgang in China um einen Prozentpunkt mit einem Wachstumsrückgang von 0,3 Prozentpunkten in asiatischen und 0,15 Prozentpunkten in nicht-asiatischen Ländern einhergeht. Ein ähnliches Ergebnis erhalten Ahuja und Nabar (2012) auf Basis eines erweiterten vektorautoregressiven Modells

(VAR-Modell), das bei einem temporären Rückgang der Investitionen in China um 1 % einen Rückgang des deutschen BIP zwischen 0,11 % und 0,24 % feststellt. Cesa-Bianchi et al. (2011) und Cashin et al. (2016) schätzen jeweils Globale VAR-Modelle (GVAR). Ein permanenter Rückgang des chinesischen BIP um 1 % führt in diesen Modellen in der Spitze zu einem Rückgang des BIP von 0,06 % bis 0,23 % im Euro-Raum.

963. Eine zweite Klasse an Schätzungen basiert auf **allgemeinen Gleichgewichtsmodellen**, welche die makroökonomische Transmission mikrobasiert modellieren. Zhai und Morgan (2016) schätzen auf Basis eines Modells der Weltbank, dass ein permanenter Rückgang der chinesischen Investitionen um 3 % innerhalb von vier Jahren zu einem Rückgang des BIP um 0,19 % für die EU und 0,42 % für die Welt führt. Dizoli et al. (2016) schätzen auf Basis eines Modells des IWF, dass ein permanenter Rückgang der Investitionen in China um 1 % kurzfristig das BIP in Malaysia um 0,38 % und weltweit (ohne China) um 0,1 % reduziert.

964. **Input-Output-Modelle** analysieren die Handelsverflechtungen mittels Daten für Wareneinsätze und Produktionsergebnisse auf Länder- und Sektorenebene. Kireyev und Leonidov (2015, 2016) stellen ein Input-Output-Modell basierend auf globalen Export- und Importdaten auf und schätzen, dass bei einem permanenten Rückgang der Exporte von Deutschland nach China um 10 % im Vergleich zum Basisszenario über einen Horizont von vier Jahren das deutsche BIP um 4,8 % fällt. Simola (2015) errechnet bei einem vollständigen Erliegen des Wachstums in China, also einem Wachstumsrückgang um acht Prozentpunkte, und einem Anstieg der Konsumquote von 50 % auf 55 % einen Rückgang des BIP im Euro-Raum um knapp 5 %.

Diese Input-Output-Analysen beziehen sich entweder nur auf aggregierte Exporte und Importe, oder sie lassen **indirekte Effekte** über Zweitrundeneffekte auf die weltweite Nachfrage außer Acht. Um diese Effekte zu quantifizieren, identifizieren Berechnungen des Sachverständigenrates die indirekten Effekte anhand von weltweiten Input-Output-Daten für 40 Länder mit je 35 Wirtschaftsbereichen (Andritzky et al., 2016). Anhand dieser Daten lassen sich indirekte Effekte über Handelsbeziehungen Chinas mit anderen Handelspartnern Deutschlands einbeziehen. Diese Berechnungen berücksichtigen, dass eine Wachstumsverlangsamung in China sich zusätzlich über eine Veränderung der Nachfrage anderer Länder auf die deutsche Wirtschaft überträgt.

Jedoch sollten die Grenzen des Ansatzes bei der Interpretation berücksichtigt werden. Das Modell analysiert lediglich den Handelskanal und bezieht keine anderen Anpassungseffekte ein. Im Vergleich mit ökonometrischen und Gleichgewichtsmodellen zeigen Input-Output Modelle durch das Fehlen von Anpassungen und Ausgleichshandlungen der Wirtschaftsakteure generell einen weitaus stärkeren Effekt an.

965. Im Rahmen dieses Modells werden für verschiedene Szenarien die direkten und indirekten Effekte einer Veränderung der chinesischen Nachfrage auf Deutschland berechnet. Bei einem **Rückgang der Nachfrage** in China sind die indirekten Effekte für Deutschland 9- bis 14-mal so groß wie die direkten Effekte.

Kapitel 12 – Transformation in China birgt Risiken

↘ ABBILDUNG 135

Indirekte Effekte einer Veränderung der chinesischen Nachfrage auf Deutschland

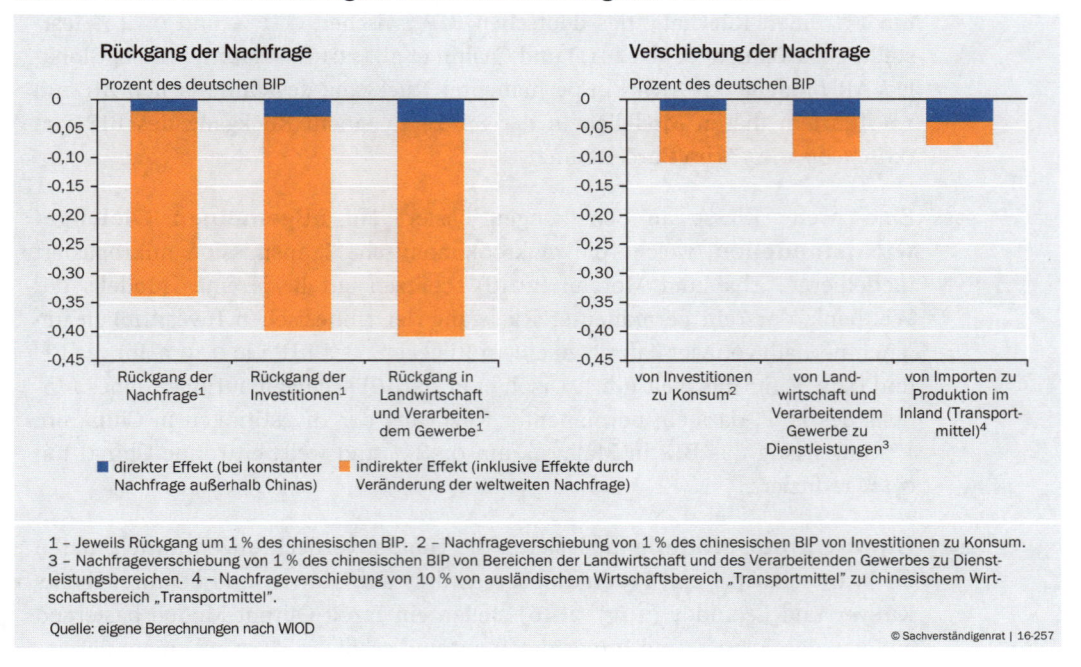

Rückgang der Nachfrage (Prozent des deutschen BIP)

- Rückgang der Nachfrage[1]
- Rückgang der Investitionen[1]
- Rückgang in Landwirtschaft und Verarbeitendem Gewerbe[1]

Verschiebung der Nachfrage (Prozent des deutschen BIP)

- von Investitionen zu Konsum[2]
- von Landwirtschaft und Verarbeitendem Gewerbe zu Dienstleistungen[3]
- von Importen zu Produktion im Inland (Transportmittel)[4]

■ direkter Effekt (bei konstanter Nachfrage außerhalb Chinas)   ■ indirekter Effekt (inklusive Effekte durch Veränderung der weltweiten Nachfrage)

1 – Jeweils Rückgang um 1 % des chinesischen BIP. 2 – Nachfrageverschiebung von 1 % des chinesischen BIP von Investitionen zu Konsum. 3 – Nachfrageverschiebung von 1 % des chinesischen BIP von Bereichen der Landwirtschaft und des Verarbeitenden Gewerbes zu Dienstleistungsbereichen. 4 – Nachfrageverschiebung von 10 % von ausländischem Wirtschaftsbereich „Transportmittel" zu chinesischem Wirtschaftsbereich „Transportmittel".

Quelle: eigene Berechnungen nach WIOD

© Sachverständigenrat | 16-257

Das liegt daran, dass der Anteil der Exporte nach China nur relativ klein ist, China jedoch einen **großen Einfluss auf die Weltkonjunktur** hat. Daher reduziert sich die Nachfrage aller deutschen Handelspartner.

Bei einem über alle Wirtschaftsbereiche gleich verteilten Rückgang der chinesischen Nachfrage um 1 % des chinesischen BIP würde unter Berücksichtigung der indirekten Effekte das deutsche BIP um 0,34 % zurückgehen. Aufgrund der Linearität des Modells kann dies gleichgesetzt werden mit einem um 1 % geringeren Wachstum als erwartet. Fände der Rückgang in gleicher Größenordnung nur bei den Investitionsausgaben oder nur in den Landwirtschafts- und Industriebereichen Chinas statt, so würde dies zu einem etwas stärkeren Rückgang des deutschen BIP um 0,40 % beziehungsweise 0,41 % führen. ↘ ABBILDUNG 135 LINKS

966. Bei einer konstanten chinesischen Nachfrage kann eine **Veränderung ihrer Struktur** ebenfalls direkte und indirekte Effekte auf die deutsche Volkswirtschaft haben, wenngleich diese weitaus geringer ausfallen würden. ↘ ABBILDUNG 135 RECHTS Verschiebt sich ein Volumen von 1 % des chinesischen BIP von den Investitions- zu den Konsumausgaben, so würde dies zu einem Rückgang von 0,11 % des deutschen BIP führen. Eine Verschiebung der chinesischen Nachfrage vom primären und sekundären hin zum tertiären Sektor würde einen ähnlichen Effekt auf die deutsche Volkswirtschaft haben. Bei einer Substitution von Importen durch eigene Produktion, beispielsweise durch die Verdrängung des Absatzes deutscher Automobilhersteller durch chinesische Konkurrenten, wären die direkten Effekte für Deutschland relativ hoch, die indirekten Effekte über die Weltwirtschaft hingegen relativ gering.

2. China als Standort für Produktion und Vertrieb

967. In der Vergangenheit verdankte China seine Attraktivität als Wirtschaftsstandort vor allem den niedrigen Arbeitskosten und einer vergleichsweise guten Infrastruktur. Bei dem mittlerweile deutlich gestiegenen Lohnniveau besteht der Anreiz für eine Produktion in China vor allem in den **Absatzmöglichkeiten** auf den nach wie vor stark wachsenden chinesischen Märkten. Nur noch ein Drittel der deutschen Unternehmen in China gibt niedrige Produktionskosten als Grund für ihre Präsenz in China an (Deutsche Handelskammer in China, 2015). Darin spiegeln sich die steigenden Kosten durch höhere Energiepreise wider. Der durchschnittliche Strompreis ist im Zeitraum von 2001 bis 2011 um ungefähr 40 % (in einheimischer Währung) angestiegen (China Energy Group, 2014) und dürfte in Zukunft aufgrund der Umweltprobleme noch weiter steigen. Der Kostenindex der BCG (2015) deutet auf einen Verlust an internationaler Wettbewerbsfähigkeit aufgrund gestiegener Kosten hin. ↘ ABBILDUNG 136 UNTEN RECHTS

Während ungelernte Arbeiter in China noch wesentlich geringere Löhne erzielen als solche in Europa, liegt das **Lohnniveau** für Facharbeiter und Manager zumindest in den chinesischen Metropolen bereits auf einer mit Europa vergleichbaren Höhe. Im Vergleich mit anderen asiatischen Ländern sind die Löhne in China relativ zur Produktivität stark gestiegen. ↘ ABBILDUNG 136 UNTEN LINKS Dies erklärt die Abwanderung der arbeitsintensiven Produktion in andere südostasiatische Länder. Innerhalb Chinas gibt es starke regionale Lohnunterschiede. ↘ ZIFFER 921 Daher verlagern einige Unternehmen ihre Produktion weiter ins Landesinnere, wo jedoch die Produktivität aufgrund schlechterer Infrastruktur und niedrigerem Bildungsniveau geringer ausfällt.

968. Bei steigenden Produktionskosten stellt sich für den Standort China das grundsätzliche Problem, dass die **regulatorischen Rahmenbedingungen** (Ease of doing business) für Unternehmen in China trotz mancher Verbesserungen noch immer sehr ungünstig sind. Im entsprechenden Ranking der Weltbank nimmt China den 84. Platz von insgesamt 189 Ländern ein. Besonders ungünstig werden dabei der Schutz von Minderheitsaktionären und die Möglichkeiten der Unternehmensgründung bewertet.

969. Die allgemeine Unsicherheit über die Perspektiven der chinesischen Wirtschaft hat sich spürbar auf die **Erwartungen** europäischer Unternehmen über deren Wachstumschancen und Gewinnaussichten niedergeschlagen. Waren im Jahr 2011 noch fast 80 % der befragten Unternehmen optimistisch bezüglich ihrer Erwartungen für das Wachstum ihrer Wirtschaftsbereiche in China, gilt dies im Jahr 2016 für nur noch knapp die Hälfte. ↘ ABBILDUNG 136 OBEN LINKS UND RECHTS Mehr als die Hälfte der befragten europäischen Unternehmen beklagte sich darüber, dass sie in China im Vergleich zu einheimischen Wettbewerbern benachteiligt werden.

970. Eine **verhaltenere Einschätzung der Chancen in China** spiegelt sich auch in den Direktinvestitionen deutscher Unternehmen wider. Nach einer starken Expansion in den beiden vergangenen Jahrzehnten ist es in der jüngeren Vergangenheit zu einer Stagnation gekommen. Auf China entfällt mit 4,4 % nur ein

Kapitel 12 – Transformation in China birgt Risiken

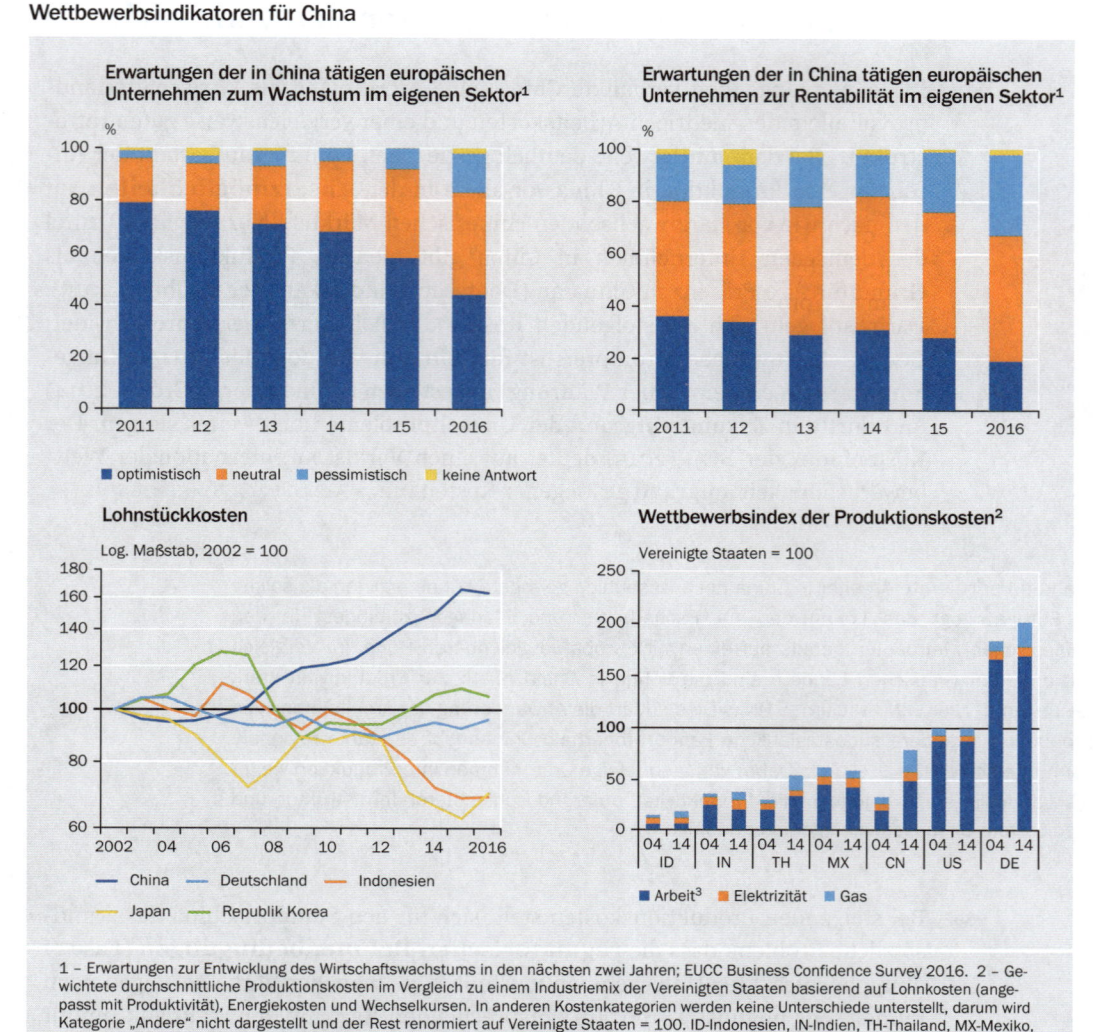

↘ ABBILDUNG 136
Wettbewerbsindikatoren für China

Erwartungen der in China tätigen europäischen Unternehmen zum Wachstum im eigenen Sektor[1]

Erwartungen der in China tätigen europäischen Unternehmen zur Rentabilität im eigenen Sektor[1]

■ optimistisch ■ neutral ■ pessimistisch ■ keine Antwort

Lohnstückkosten
Log. Maßstab, 2002 = 100

— China — Deutschland — Indonesien — Japan — Republik Korea

Wettbewerbsindex der Produktionskosten[2]
Vereinigte Staaten = 100

ID IN TH MX CN US DE

■ Arbeit[3] ■ Elektrizität ■ Gas

1 – Erwartungen zur Entwicklung des Wirtschaftswachstums in den nächsten zwei Jahren; EUCC Business Confidence Survey 2016. 2 – Gewichtete durchschnittliche Produktionskosten im Vergleich zu einem Industriemix der Vereinigten Staaten basierend auf Lohnkosten (angepasst mit Produktivität), Energiekosten und Wechselkursen. In anderen Kostenkategorien werden keine Unterschiede unterstellt, darum wird Kategorie „Andere" nicht dargestellt und der Rest renormiert auf Vereinigte Staaten = 100. ID-Indonesien, IN-Indien, TH-Thailand, MX-Mexiko, CN-China, US-Vereinigte Staaten und DE-Deutschland. 3 – Produktivitätsbereinigt.

Quellen: BCG, EUCC, OECD
© Sachverständigenrat | 16-186

relativ kleiner Teil der deutschen Direktinvestitionen im Ausland. Dabei dürfte ein großer Anteil der Investitionen deutscher Unternehmen aus reinvestierten Gewinnen des bestehenden Chinageschäfts stammen.

971. Aufgrund von Investitionsbeschränkungen müssen in vielen Bereichen Gemeinschaftsunternehmen (**Joint Ventures**) gegründet werden, bei denen der ausländische Kapitalanteil 50 % nicht überschreiten darf. Eine wesentliche Voraussetzung für den Markteintritt ist dabei der Zugang zu ausländischer Technologie („quid pro quo"; Holmes et al., 2015). Ein erhebliches Problem von Joint Ventures wird deshalb darin gesehen, dass es in China keinen ausreichenden **Schutz von intellektuellem Eigentum** gibt (Bosshard et al., 2010). Im Ranking des International Property Rights Index 2016 steht China bei den „Intellectual Property Rights" auf Rang 56 von 128 Ländern, wobei der Patentschutz besonders ungünstig beurteilt wird.

Von „Made in China" zu „Created in China"

972. Schon heute ist zu erkennen, dass China in Zukunft einen immer größeren Anteil der Wertschöpfung selbst produzieren wird. Damit wird das Land in der Wertschöpfungskette weiter nach oben steigen. Statt „Made in China" ist **„Created in China"** das Leitmotiv. ↘ ZIFFER 947

Wie die Abschwächung der deutschen Exporte nach China schon jetzt erkennen lässt, dürften vom Aufstieg Chinas in der globalen **Wertschöpfungskette** vor allem Endprodukte aus Deutschland betroffen sein, die ungefähr die Hälfte der deutschen Exporte nach China ausmachen. Gerade in den Wirtschaftsbereichen Fahrzeugbau, Herstellung pharmazeutischer Erzeugnisse und Herstellung von Gummi- und Kunststoffwaren werden noch viele Endprodukte exportiert.

973. Im **Automobilbereich** sind diese Prozesse gut zu beobachten. ↘ KASTEN 33 Der Anteil von fertigen Personenkraftwagen an den deutschen Exporten nach China ist im Zeitraum von 2010 bis 2015 von 17 % auf 14 % gesunken, während in demselben Zeitraum der Anteil von Teilen und Zubehör für diesen Wirtschaftsbereich von 7 % auf 11 % gestiegen ist. Dazu trägt wesentlich das hohe Wachstum der lokalen Produktion der deutschen Automobilhersteller bei. Teilweise geht dies laut Verband der Automobilindustrie (VDA) aber auf die Nachfrage chinesischer Automobilhersteller zurück, die zunehmend qualitativ höherwertige Komponenten deutscher Hersteller beziehen.

↘ KASTEN 33

Automarkt China

China ist der **größte und am schnellsten wachsende Automarkt**, zugleich ist das Land der bedeutendste Hersteller von Kraftfahrzeugen. Im Zeitraum von 2005 bis 2015 hat sich die Zahl verkaufter Personenkraftwagen in China mehr als versechsfacht (EY, 2016b). Nach wie vor ist das Wachstumspotenzial groß: Während in Deutschland 552 Autos auf 1 000 Einwohner kommen, sind es in China nur 103 Autos (Statistisches Bundesamt, CEIC). Im Jahr 2016 wird laut VDA ein Absatz von 21 Mio Neuwagen erwartet. ↘ ABBILDUNG 137 LINKS Für die deutschen Automobilhersteller ist China zum wichtigsten Absatzmarkt geworden. Im Jahr 2015 entfielen auf China für BMW und Mercedes-Benz rund 20 % und für Volkswagen sogar rund 35 % des weltweiten Absatzes. Der Marktanteil deutscher Automobile in China ist lange Zeit kontinuierlich gestiegen. Bei einer langsameren Absatzentwicklung im Jahr 2015 ist er jedoch von 20 % auf 18,9 % zurückgegangen. ↘ ABBILDUNG 138 LINKS

Seit Jahren sind Straßenfahrzeuge sowie Teile und Zubehör für diese mit einem Anteil von konstant etwa 25 % die bei Weitem wichtigste Produktgruppe der deutschen Exporte nach China. Die deutschen Exporte von Autos sind jedoch aufgrund der noch stärkeren **Verlagerung der Fahrzeugproduktion** nach China seit mehreren Jahren rückläufig. ↘ ABBILDUNG 137 RECHTS

Aufgrund gesetzlicher Regulierungen können die deutschen Hersteller in China nur in Joint Ventures mit chinesischen Unternehmen tätig sein. Mit Local Content Requirements versucht die Regierung, den **inländischen Anteil an der Produktion** weiter zu erhöhen. Im Jahr 2015 wurden laut CEIC bereits 98,7 % der in China verkauften Autos dort produziert. Dabei konzentrieren sich die Produktion in China meist auf Kleinwagen und der Import auf Mittelklasse- und Luxusfahrzeuge sowie SUVs. Der Absatz der Premiumhersteller wird besonders durch Importzölle und Steuern belastet.

Kapitel 12 – Transformation in China birgt Risiken

↘ ABBILDUNG 137
PKW-Verkäufe und Produktion in China

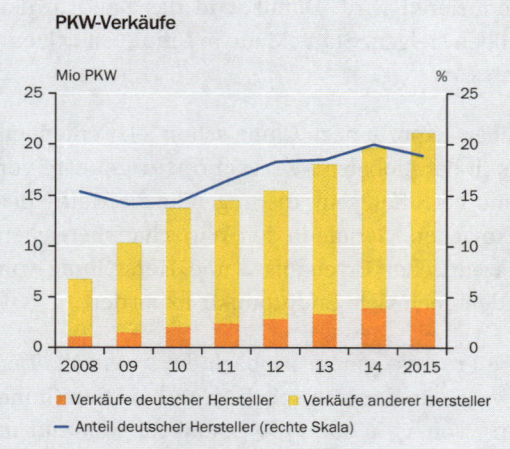

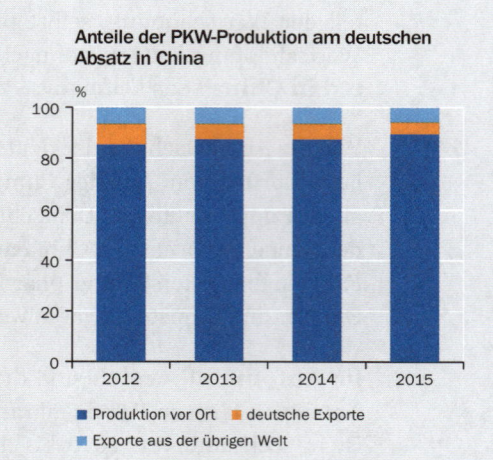

PKW-Verkäufe

■ Verkäufe deutscher Hersteller   ■ Verkäufe anderer Hersteller
— Anteil deutscher Hersteller (rechte Skala)

Quellen: CEIC (CAAM), VDA

Anteile der PKW-Produktion am deutschen Absatz in China

■ Produktion vor Ort   ■ deutsche Exporte
■ Exporte aus der übrigen Welt

© Sachverständigenrat | 16-202

In den vergangenen Jahren hat die chinesische Regierung der Förderung des Automarkts eine hohe Priorität beigemessen. Dabei spielt die **Elektromobilität** eine besondere Rolle. Bis zum Jahr 2020 wird ein jährlicher Absatz von fünf Mio Elektroautos (etwa ein Fünftel des gesamten Absatzes in China im Jahr 2015) angestrebt. ↘ ABBILDUNG 138 RECHTS In diesem Marktsegment ist der Wissensvorsprung ausländischer Produzenten vergleichsweise gering, sodass sich daraus negative Effekte für die Absatzchancen deutscher Hersteller ergeben könnten.

↘ ABBILDUNG 138
PKW-Verkäufe deutscher Hersteller und die Anteile der Antriebsarten in China

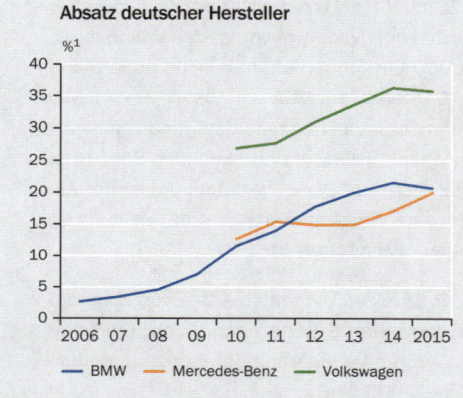

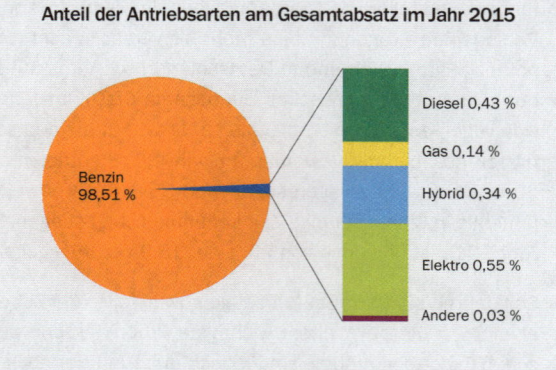

Absatz deutscher Hersteller

%[1]

— BMW   — Mercedes-Benz   — Volkswagen

Anteil der Antriebsarten am Gesamtabsatz im Jahr 2015

Benzin 98,51 %

Diesel 0,43 %
Gas 0,14 %
Hybrid 0,34 %
Elektro 0,55 %
Andere 0,03 %

1 – Anteil der in China verkauften PKW an allen weltweit verkauften PKW der deutschen Hersteller.
Quellen: BMW, CEIC, Daimler, VW

© Sachverständigenrat | 16-206

3. Konkurrenz für Deutschland auf internationalen Märkten

974. Durch seine wirtschaftliche Größe, die erhebliche Skalenerträge ermöglicht, konnte sich China zunehmend als Wettbewerber auf den globalen Märkten etablieren. Der **Marktanteil Chinas** am weltweiten Export ist von 3 % im Jahr 1995 auf 14 % im Jahr 2015 gestiegen. Eine Verdrängung ist vor allem bei den Exporten von asiatischen Hochlohnländern zu beobachten (Athukorala, 2009). In einigen Güterkategorien machen Chinas Exporte mittlerweile den Großteil der weltweiten Exporte aus. ↘ ABBILDUNG 139 LINKS

975. Während der komparative Vorteil Chinas früher bei arbeitsintensiven Produkten lag, ist es durch die hohe Investitionstätigkeit zu einer Verschiebung zu **kapitalintensiven Produkten** gekommen. Der Anteil arbeitsintensiver Produktkategorien am Export ist in den vergangenen 20 Jahren um 20 Prozentpunkte zurückgegangen, während forschungsintensive Produkte stark an Bedeutung gewonnen haben. Zugleich hat sich die Qualität der chinesischen Produkte verbessert und an diejenigen der Mitbewerber angenähert (Pula und Santabarbara, 2011). Die Exporte Chinas haben sich dabei in Richtung **höherwertiger Kategorien** wie Maschinen, Telekommunikationsgeräten und Transportmitteln entwickelt. ↘ ABBILDUNG 139 RECHTS China exportiert somit zunehmend Produkte, die in die führenden Exportkategorien Deutschlands fallen. Dies sollte die deutsche Wirtschaft nicht beunruhigen. Ihre hohe Wettbewerbsfähigkeit kann sie am ehesten im Wettbewerb erhalten.

976. In manchen Wirtschaftsbereichen stehen chinesische Unternehmen in einem **aggressiven Preiswettbewerb** mit Konkurrenten aus anderen Ländern. Vor allem durch Überkapazitäten, ↘ ZIFFER 928 etwa in der Schwerindustrie, ist in

↘ ABBILDUNG 139
Weltmarktanteile und Zusammensetzung der chinesischen Gesamtexporte

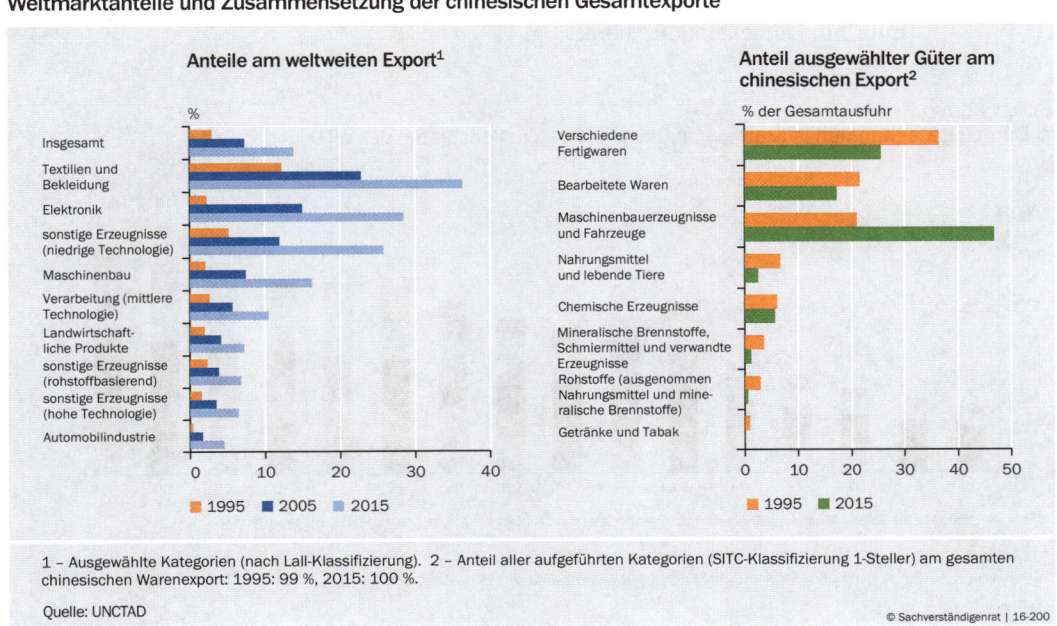

1 – Ausgewählte Kategorien (nach Lall-Klassifizierung). 2 – Anteil aller aufgeführten Kategorien (SITC-Klassifizierung 1-Steller) am gesamten chinesischen Warenexport: 1995: 99 %, 2015: 100 %.

Quelle: UNCTAD

manchen Wirtschaftsbereichen ein Preisverfall zu beobachten. Da die chinesische **Stahlproduktion** ungefähr das Doppelte der gesamten europäischen Produktion beträgt (European Union Chamber of Commerce in China, 2016b; World Steel Association, 2016) und die Gefahr des Dumpings besteht, wurde die Europäische Kommission aktiv. Seit Juli 2016 haben die Europäische Kommission und China eine sogenannte Stahl-Plattform vereinbart, unter welcher die EU die vereinbarte Reduktion der Überkapazitäten, die Reform der Staatsunternehmen und den Zugang der europäischen Unternehmen in diesem Wirtschaftsbereich beobachtet.

977. Im Beitrittsabkommen Chinas zur Welthandelsorganisation (WTO) wurde festgeschrieben, dass die WTO-Mitgliedstaaten bei der Berechnung des Vergleichswerts zur Festlegung von **Anti-Dumping-Maßnahmen** China nicht als Marktwirtschaft ansehen müssen. Diese Regelung läuft jedoch 15 Jahre nach dem Beitritt Chinas zur WTO und damit Ende des Jahres 2016 aus. Damit werden die Möglichkeiten der anderen WTO-Länder zur Erhebung von Strafzöllen gegen Preisdumping stark eingeschränkt. Die EU macht jedoch bisher nur sehr beschränkt von diesem Instrument Gebrauch.

978. Die Anzahl der Anti-Dumping-Maßnahmen gegen China hat im Jahr 2015 weltweit zum ersten Mal die Zahl von 500 überschritten, wobei die meisten Maßnahmen in Asien und Nordamerika beschlossen wurden und nur 52 in der EU. ↘ ABBILDUNG 140 Um die **Größenordnung von Strafzöllen** vergleichen zu können, eignet sich ein Vergleich der Wertzölle (Ad Valorem). Von den im Jahr 2015 in der EU bestehenden Anti-Dumping-Maßnahmen gegen China beinhalten 42 Wertzölle. Hierbei betrug der Durchschnittszollsatz 44 %. Dieser Wert ist weitaus geringer als der durchschnittliche Zoll der Vereinigten Staaten mit 141 % oder Kanadas mit 104 %. Die Republik Korea hingegen liegt mit durchschnittlich 20 % unter dem Wert der EU (Bown, 2016). Gleichwohl belegt dies den sparsamen Umgang der EU mit diesem Instrument. Dies ist angesichts des Vorteils, den die europäische Wirtschaft selbst im Fall von Preisdumping aus dem Handel mit China erzielen kann, berechtigt.

↘ ABBILDUNG 140
Anti-Dumping-Maßnahmen in Kraft gegen China in den Mitgliedstaaten der WTO[1]

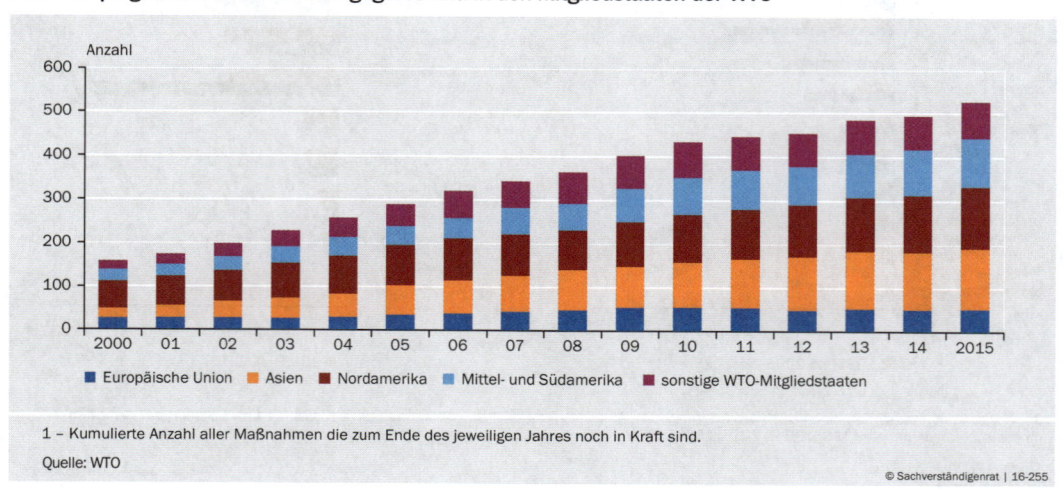

1 – Kumulierte Anzahl aller Maßnahmen die zum Ende des jeweiligen Jahres noch in Kraft sind.
Quelle: WTO

4. China als Investor

979. Chinesische Unternehmen haben ihre **Direktinvestitionen** im Ausland stark ausgeweitet. ↘ ABBILDUNG 141 RECHTS Sie zählen in manchen Staaten Afrikas und Asiens bereits zu den wichtigsten Auslandsinvestoren. In der jüngeren Vergangenheit sind größere Engagements in der EU und in den Vereinigten Staaten zu beobachten. Bisher ist ihr Anteil an dem gesamten Bestand an Direktinvestitionen dieser Regionen allerdings sehr gering.

980. China unterstützt die Aktivitäten seiner Unternehmen im Ausland in großem Ausmaß durch **staatliche Förderbanken**. Die Export-Import-Bank und die China Development Bank betreuen zusammen ein Kreditvolumen von 550 Mrd US-Dollar, was ungefähr dem vierfachen Kreditvolumen der Weltbank (etwa 150 Mrd US-Dollar) entspricht. Die Banken vergeben verstärkt direkt Kredite an Regierungen und Unternehmen in Entwicklungsländern, um die chinesische Position zu stärken. Selbst Ländern in Krisen, zum Beispiel in Lateinamerika, wird mit Hilfe der Entwicklungsbanken geholfen.

981. Den größten Anteil an Direktinvestitionen hat China in Asien (rund 10 %), gefolgt von Lateinamerika (6 %) und Afrika (5 %). Gerade in Bezug auf **Afrika** wird immer wieder darauf hingewiesen, dass China sich durch Direktinvestitionen Zugang zu wichtigen Ressourcen sichern möchte (Buckley et al., 2007; Cheng und Ma, 2007). Es gibt jedoch andere Einschätzungen. Zum einen ist der Anteil Chinas an den gesamten Direktinvestitionen zwar wachsend, aber dennoch sehr klein. Die chinesischen Direktinvestitionen werden dabei stark von einigen wenigen großen Übernahmen durch Staatsunternehmen im Zusammenhang mit natürlichen Ressourcen dominiert. Zum anderen zeigen Chen et al. (2015), dass sich das chinesische Investitionsverhalten in Afrika in Bezug auf Ressourcen nicht von dem westlicher Länder unterscheidet. Im Zeitraum von

↘ ABBILDUNG 141
FDI Regulatory Restrictiveness Index im Jahr 2015 und chinesische Direktinvestitionen im Ausland

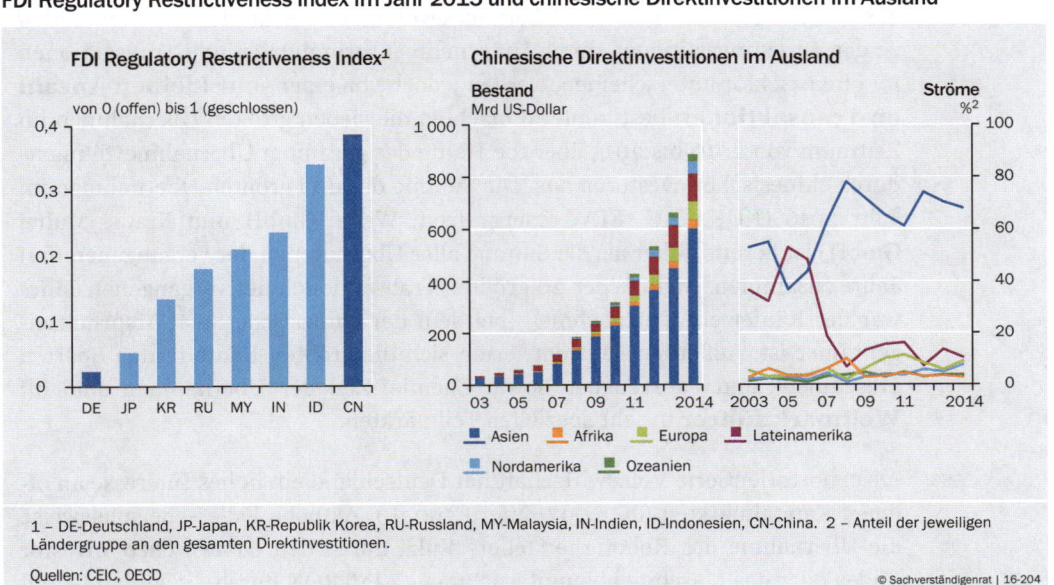

1 – DE-Deutschland, JP-Japan, KR-Republik Korea, RU-Russland, MY-Malaysia, IN-Indien, ID-Indonesien, CN-China. 2 – Anteil der jeweiligen Ländergruppe an den gesamten Direktinvestitionen.

Quellen: CEIC, OECD

2012 bis 2015 ist der Anteil der chinesischen Unternehmensübernahmen in den Wirtschaftsbereichen „Bergbau und Mineralien" und „Öl und Gas" weltweit von fast 50 % auf ungefähr 10 % gesunken (EY, 2016a). Stattdessen haben die Bereiche IKT, Auto und Transport sowie Finanzdienstleistungen stark zugenommen.

982. In der **EU** hielt China im Jahr 2014 laut MOFCOM (Ministry of Commerce China) den höchsten Bestand an Direktinvestitionen in Luxemburg (16 Mrd US-Dollar), dem Vereinigten Königreich (13 Mrd US-Dollar) und Frankreich (8 Mrd US-Dollar). Dementsprechend sind die höchsten Bestände in den Wirtschaftsbereichen Leasing, Commercial Services und Finanzintermediation zu finden. Erst an dritter Stelle kommt das Verarbeitende Gewerbe mit einem Bestand von 9 Mrd US-Dollar im Jahr 2014.

983. Die chinesischen **Direktinvestitionen in Deutschland** beliefen sich im Jahr 2015 auf etwa 2 Mrd Euro, was jedoch im Vergleich zu den Investitionen aus anderen Regionen mit 4,7 % wiederum nur einen kleinen Teil der gesamten ausländischen Netto-Direktinvestitionen in Deutschland ausmacht. Im Vergleich belaufen sich die Direktinvestitionen der Schweiz auf 14,4 %, die EU28 kommt auf 60,8 % und die Vereinigten Staaten auf 28,1 %.

984. In den Medien sind aufgrund der chinesischen Übernahme des Roboterherstellers Kuka in diesem Jahr Übernahmen einheimischer Unternehmen durch chinesische Investoren in den Fokus geraten. Es wird diskutiert, inwiefern es eine Gefahr darstellt, wenn der chinesische Staat versucht, sich über staatseigene Unternehmen zentrale Technologien und Know-how aus entwickelten Ländern zu beschaffen. In der Tat sind 74 % der 50 Unternehmen Chinas mit dem größten Bestand an Investitionen im Ausland vom Staat kontrollierte Unternehmen (MOFCOM, 2015).

985. Außerdem ist die Anzahl der chinesischen Unternehmensübernahmen im Zeitraum von 2010 bis einschließlich des 3. Quartals 2016 in Deutschland von 5 auf 41 angestiegen. Das Volumen hat sich im Jahr 2016 sprunghaft erhöht. ↘ ABBILDUNG 142 Die Statistiken zu den Übernahmevolumen, welche sich von den Zahlen zu den Direktinvestitionen durch Unternehmensgründungen und Transaktionen im Finanzsektor unterscheiden, werden jedoch von einer **sehr kleinen Anzahl an Transaktionen** bestimmt. So machten die sieben größten Übernahmen im Zeitraum von 2010 bis 2015 über die Hälfte des gesamten Übernahmevolumens durch chinesische Investoren aus. Die Summe der drei größten Übernahmen im Jahr 2016 (KUKA AG, EEW Energy from Waste GmbH und Krauss-Maffei GmbH) ist bereits höher als die Summe aller Übernahmen der vergangenen fünf Jahre zusammen. In 70 % der 20 größten Transaktionen der vergangenen Jahre war der Käufer ein Unternehmen, bei dem der chinesische Staat Mehrheitseigentümer ist. Außerdem konzentrierten sich die größten Käufe in den Sparten Maschinen- und Fahrzeugbau sowie Chemie. Ziel der Übernahmen sind oft **Weltmarktführer** in sehr speziellen Teilmärkten.

986. Als exportorientierte Volkswirtschaft hat Deutschland ein hohes Interesse an offenen Kapitalmärkten (JG 2007 Ziffern 590 ff.). Aktuelle Fälle – beispielsweise die Übernahme des Roboterherstellers Kuka durch den chinesischen Investor Midea oder des Maschinenbauunternehmens AIXTRON durch die Fujian Grand

↘ ABBILDUNG 142
Übernahmen von deutschen Unternehmen durch chinesische Investoren
Transaktionen zu ganzen oder teilweisen Übernahmen deutscher Unternehmen, für die Übernahmepreise publik wurden

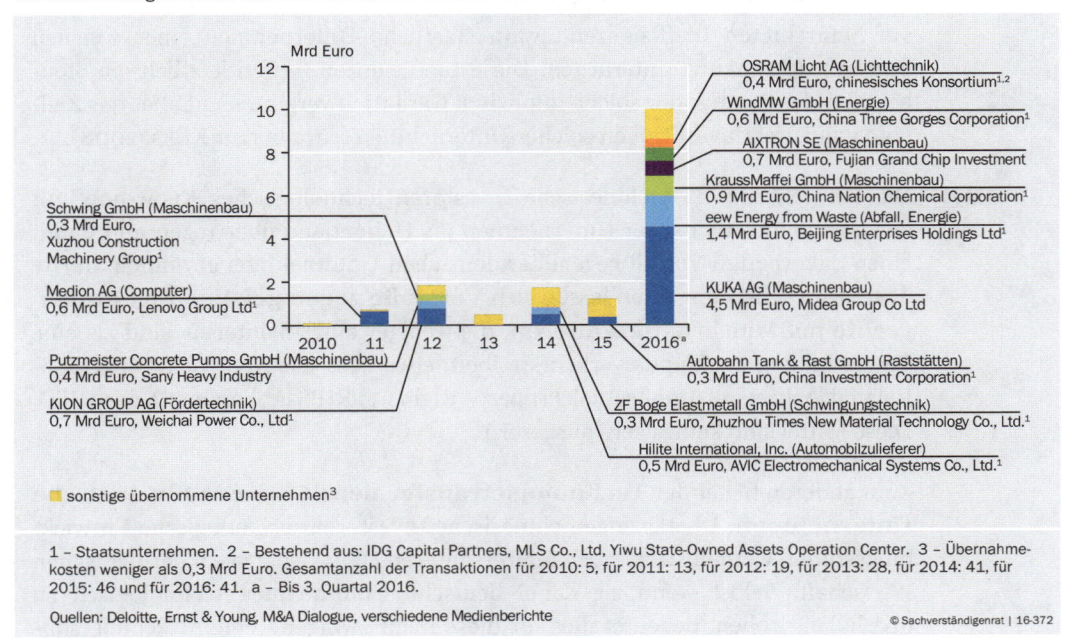

Mrd Euro

OSRAM Licht AG (Lichttechnik)
0,4 Mrd Euro, chinesisches Konsortium[1,2]

WindMW GmbH (Energie)
0,6 Mrd Euro, China Three Gorges Corporation[1]

AIXTRON SE (Maschinenbau)
0,7 Mrd Euro, Fujian Grand Chip Investment

KraussMaffei GmbH (Maschinenbau)
0,9 Mrd Euro, China Nation Chemical Corporation[1]

eew Energy from Waste (Abfall, Energie)
1,4 Mrd Euro, Beijing Enterprises Holdings Ltd[1]

Schwing GmbH (Maschinenbau)
0,3 Mrd Euro, Xuzhou Construction Machinery Group[1]

Medion AG (Computer)
0,6 Mrd Euro, Lenovo Group Ltd[1]

KUKA AG (Maschinenbau)
4,5 Mrd Euro, Midea Group Co Ltd

Putzmeister Concrete Pumps GmbH (Maschinenbau)
0,4 Mrd Euro, Sany Heavy Industry

Autobahn Tank & Rast GmbH (Raststätten)
0,3 Mrd Euro, China Investment Corporation[1]

KION GROUP AG (Fördertechnik)
0,7 Mrd Euro, Weichai Power Co., Ltd[1]

ZF Boge Elastmetall GmbH (Schwingungstechnik)
0,3 Mrd Euro, Zhuzhou Times New Material Technology Co., Ltd.[1]

Hilite International, Inc. (Automobilzulieferer)
0,5 Mrd Euro, AVIC Electromechanical Systems Co., Ltd.[1]

■ sonstige übernommene Unternehmen[3]

2010 11 12 13 14 15 2016[a]

1 – Staatsunternehmen. 2 – Bestehend aus: IDG Capital Partners, MLS Co., Ltd, Yiwu State-Owned Assets Operation Center. 3 – Übernahmekosten weniger als 0,3 Mrd Euro. Gesamtanzahl der Transaktionen für 2010: 5, für 2011: 13, für 2012: 19, für 2013: 28, für 2014: 41, für 2015: 46 und für 2016: 41. a – Bis 3. Quartal 2016.

Quellen: Deloitte, Ernst & Young, M&A Dialogue, verschiedene Medienberichte

© Sachverständigenrat | 16-372

Chip Investment – haben Forderungen nach einer Überprüfung oder eines Verbots von ausländischen Übernahmen hervorgerufen. Eine **allgemeine Genehmigungspflicht** ist jedoch nicht europarechtskonform, es sei denn, dies dient der eng auszulegenden Wahrung der öffentlichen Ordnung und Sicherheit, wie etwa im Rüstungsbereich (JG 2007 Ziffern 608 ff.). Rein wirtschaftliche Belange oder Ziele der Wirtschaftspolitik fallen nicht darunter. Ein Ansatz wie in den Vereinigten Staaten, wo Prüfgegenstand und -kriterien nur vage vorgegeben sind und fast beliebig erweitert werden können, wäre inkompatibel mit EU-Recht und könnte in eine allgemeine Beschränkung der Kapitalverkehrsfreiheit münden.

987. Die von der Europäischen Handelskammer in China (European Union Chamber of Commerce in China, 2016a) befragten Unternehmen sehen im **Mangel an Reziprozität** bei den Direktinvestitionen ein gravierendes Problem. Ausländischen Unternehmen wird der Zugang zum chinesischen Markt enorm erschwert. Sie können häufig nur noch eine Lizenz an ein chinesisches Unternehmen vergeben, ein Joint Venture mit einem chinesischen Partner gründen oder sich von einem chinesischen Investor kaufen lassen. In Bezug auf Restriktionen bei Direktinvestitionen befindet sich Deutschland auf den vorderen Rängen, China auf dem letzten. ↘ ABBILDUNG 141 LINKS

988. Trotz der fehlenden Reziprozität sollte Deutschland an seiner **Offenheit** gegenüber chinesischen Investoren **selbst einseitig festhalten**. Die internationale Kapitalverkehrsfreiheit trägt in erheblichem Maße zum deutschen Wohlstand bei. Sie ermöglicht eine effiziente Nutzung von Kapital und fördert die internationale Arbeitsteilung. Dabei spielt es keine Rolle, ob Direktinvestitionen von privaten oder staatlichen Investoren unternommen werden oder aus welchen Län-

dern sie stammen. Zwar kann staatliches Eigentum an Unternehmen aus ordnungspolitischen Gründen schädlich sein. Dieses Urteil basiert aber vor allem auf befürchteten Ineffizienzen, wenn staatliche Unternehmen einer weichen Budgetbeschränkung unterliegen. Diese Ineffizienzen treffen letztlich die Steuerzahler des Staates, der solche impliziten Garantien vergibt, nicht aber das Zielland von Direktinvestitionen solcher Unternehmen (Kronberger Kreis, 2008).

989. Die Befürchtung, dass chinesische Investoren technologisches Know-how mit der Übernahme deutscher Unternehmen ins Heimatland übertragen und damit einen dauerhaften Vorteil gegenüber deutschen Unternehmen gewinnen, dürfte überzogen sein. Zum einen lassen sich **Verstöße gegen geistige Eigentumsrechte** mit Mitteln **sanktionieren**, die weniger eingriffsintensiv sind als eine Beschränkung der Kapitalverkehrsfreiheit, etwa über das Agreement on Trade-Related Aspects of Intellectual Property Rights (TRIPS-Abkommen) der WTO. Diese Mittel sind keineswegs ausgereizt.

Zum anderen bietet der **Technologietransfer neue Chancen für deutsche Unternehmen**. Überspringen chinesische Investoren technologische Entwicklungsstufen, werden sie zu noch interessanteren Handelspartnern der deutschen Wirtschaft. Selbst wenn sie dabei deutsche Unternehmen technologisch zu überholen drohen, bedeutet dies für diese nicht zwingend einen Nachteil, sondern gibt ihnen den Anreiz, als technologisch führendes Unternehmen die neuen Entwicklungen nicht zu verschlafen (Brezis et al., 1993). Technologieführerschaft erfordert rasche Anpassungen an den technologischen Fortschritt mit und ohne den Prozess des Technologietransfers, der aufgrund chinesischer Direktinvestitionen von vielen befürchtet wird.

990. Das Prinzip der **Reziprozität** entspricht zwar gängigen Fairness-Einschätzungen. Aus einer weltwirtschaftlichen Sicht ist die Kapitalverkehrsfreiheit zudem im Interesse aller beteiligten Staaten, weil dadurch ein Ausgleich der Faktorpreise weltweit zustande kommt. Reziprozität führt aber nicht zwangsläufig zu mehr Kapitalverkehrsfreiheit. Aus der Sicht eines einzelnen Landes **zahlt sich Marktoffenheit unilateral aus** (in Analogie zum Free Trade for One Theorem, Siebert, 2007). Die Kapitalausstattung im offenen Kapitalimportland vergrößert sich, und die Produktion wird kapitalintensiver. Kapital ist dann im Inland weniger knapp. Dadurch steigen die Arbeitsproduktivität und in der Folge die Löhne.

Insbesondere **für deutsche Arbeitnehmer** dürfte **die unilaterale Offenheit** gegenüber chinesischen Direktinvestitionen somit **vorteilhaft** sein. Es ist zwar richtig und im Sinne eines freien Welthandels lobenswert, wenn die Bundesregierung auf eine Öffnung des chinesischen Marktes für ausländische Direktinvestitionen drängt. Das Reziprozitätsprinzip als tragende Säule der deutschen Außenwirtschaftspolitik auszugestalten, wäre jedoch nicht sinnvoll – weder für China noch für andere Länder.

III. FAZIT

991. Die chinesische Wirtschaft befindet sich in einer schwierigen **Transformationsphase**. Der unvermeidliche Übergang von einem durch stark kreditfinanzierte Investitionen zu einem durch den privaten Verbrauch und Dienstleistungen getragenen Wachstum geht nicht ohne Friktionen vonstatten. Für die Weltwirtschaft zeigt sich dies in einer deutlichen Abschwächung der Exporte und Importe Chinas. Bei weiterhin relativ hohen Wachstumsraten der chinesischen Volkswirtschaft ist es somit zu einer Entkopplung des chinesischen Außenhandels gekommen. Trotz hoher Überkapazitäten in der Industrie wie im Bausektor und einer immer weiter ansteigenden Verschuldung in Relation zur Wirtschaftsleistung ist ein abrupter Wirtschaftseinbruch allerdings wenig wahrscheinlich, wenngleich ein gewisses Risiko für eine Finanzkrise bestehen bleibt.

992. Nach wie vor ist die Bereitschaft der chinesischen Regierung hoch, mit einer ausgeprägten Nachfragesteuerung die reduzierten, aber immer noch ambitionierten Wachstumsziele um jeden Preis zu erreichen. Bei dem großen direkten wie indirekten **Einfluss des Staates auf die Wirtschaft** und das Finanzsystem dürfte dies grundsätzlich weiterhin möglich sein. Allerdings kann das Festhalten an einem von kreditfinanzierten überwiegend staatlichen Investitionen getragenen Wachstum zu Lasten einer grundlegenden Transformation des wirtschaftlichen Systems gehen. Bei der eher noch zunehmenden Einschränkung grundlegender bürgerlicher Freiheiten ist es fraglich, ob es China gelingen wird, mittel- und längerfristig seine Wettbewerbsfähigkeit auf den internationalen Märkten zu behaupten.

993. Die Auswirkungen der Transformation in China machen sich insbesondere für die deutsche Wirtschaft bemerkbar. Nach einem starken Wachstum in den Jahren 2008 bis 2012 sind die deutschen Exporte nach China zuletzt kaum noch gestiegen. Seit Ende des Jahres 2014 weisen sie sogar eine negative Tendenz auf. Darin spiegelt sich neben dem **weniger importintensiven Wachstum** die zunehmende Bedeutung der Fertigung von Automobilen deutscher Marken in China wider. Negativ wirken sich zudem die Überkapazitäten der chinesischen Stahlerzeuger auf deutsche Anbieter aus. Insgesamt geht die Bedeutung Chinas für die deutsche Wirtschaft deutlich über den Anteil der Exporte nach China an der Gesamtausfuhr hinaus, der seit einigen Jahren bei rund 6 % liegt.

994. Mit Skepsis werden die zunehmenden Aktivitäten chinesischer Unternehmen als Käufer von ausländischen Unternehmen gesehen. Grundsätzlich ist ein freier Kapitalverkehr vorteilhaft für alle Beteiligten. Dies gilt selbst unilateral, wenn ein Land liberal und das andere protektionistisch eingestellt ist. Durch den Kapitalimport dürften Produktivität und Löhne im Inland ansteigen. Bei einem Technologietransfer nach China werden dortige Handelspartner für die deutsche Wirtschaft noch interessanter als heute. Deutschland sollte daher an seiner **Offenheit gegenüber chinesischen Investoren festhalten**.

Die EU und China verhandeln derzeit ein Investitionsabkommen, das die 27 nationalen Investitionsabkommen der EU28 ablösen soll. Der Sachverständigenrat plädiert dafür, dass sich die Bundesregierung für einen **offenen Marktzugang** einsetzt, weil dies die internationale Arbeitsteilung über die genannten einseitigen Vorteile hinaus weiter verbessert.

Eine andere Meinung

995. Ein Mitglied des Rates, Peter Bofinger, kann sich der Einschätzung der Mehrheit zur Reziprozität bei ausländischen Direktinvestitionen nicht anschließen.

996. Die Mehrheit sieht keine Notwendigkeit für die von vielen Seiten, nicht zuletzt der Bundeskanzlerin bei ihrem jüngsten Besuch in China, geforderte **Reziprozität bei Direktinvestitionen**. Bei einem Verzicht auf diese Forderung werden jedoch deutsche Investoren auf Dauer schlechter gestellt als chinesische Investoren. Dies ist besonders problematisch, da damit deutschen Firmen die Möglichkeit genommen wird, sich durch den Erwerb chinesischer Unternehmen einen Zugang zu den nach außen stark abgeschotteten chinesischen Märkten zu verschaffen. Bei dem großen Interesse Chinas am Erwerb deutscher Unternehmen gäbe Deutschland mit einem Verzicht auf die Forderung nach Reziprozität ohne Not ein wichtiges strategisches Instrument aus der Hand.

997. Die Mehrheit begründet ihr Plädoyer für eine einseitige Offenheit mit einem **güterwirtschaftlichen Modell** des Außenhandels. Die Kapitalausstattung im offenen Kapitalimportland vergrößere sich, und die Produktion werde kapitalintensiver. Kapital sei dann im Inland weniger knapp. Dadurch steige die Arbeitsproduktivität, und in der Folge würden auch die Löhne steigen. Insbesondere für deutsche Arbeitnehmer sei die unilaterale Offenheit gegenüber chinesischen Direktinvestitionen somit vorteilhaft.

In der Realität kommt es – anders als in der Modellwelt der realen Außenwirtschaftstheorie – durch den Erwerb von deutschen Unternehmen durch chinesische Investoren nicht dazu, dass das Realkapital in Deutschland steigt. Es fließen also keine Kapitalgüter von China nach Deutschland, sondern Finanzaktiva. Es erhöht sich daher nicht der Kapitalstock, sondern das Netto-Finanzvermögen Deutschlands. Bei der geringen Investitionsneigung der deutschen Wirtschaft und den hohen finanziellen Reserven vieler Unternehmen ist es sehr unwahrscheinlich, dass es dadurch zu mehr Investitionen in Deutschland und zu einem höheren Kapitalstock kommt. Und dann ändert sich weder etwas an der Arbeitsproduktivität noch an den Löhnen der deutschen Arbeitnehmer.

998. Erstaunlich ist, dass gerade Ökonomen, die einer **aktiven Rolle des Staates** im Wirtschaftsprozess ausgesprochen skeptisch gegenüberstehen, keine Bedenken haben, wenn technologisch führende deutsche Unternehmen von chinesischen Investoren erworben werden. Auch wenn es sich dabei um Unternehmen handelt, die sich im Privatbesitz befinden, ist es bei der unklaren Trennungslinie zwischen Staat und Wirtschaft, insbesondere im Finanzbereich, durchaus möglich, dass dabei der chinesische Staat im Hintergrund aktiv ist.

Das Problem besteht dabei nicht darin, dass es nicht der deutsche, sondern der chinesische Staat ist, der bei einem Missmanagement und daraus resultierenden Verlusten das Nachsehen hat. Für den Industriestandort Deutschland wäre es fatal, wenn technologische Spitzenunternehmen aufgrund eines schlechten Managements durch die chinesischen Eigentümer auf mittlere und längere Sicht ihre weltweite Führungsrolle einbüßen würden.

999. Es ist auch nicht nachzuvollziehen, wieso die Mehrheit zu der Einschätzung kommt, dass die Befürchtung eines **Transfers von technologischem Knowhow** durch die Übernahme deutscher Unternehmen überzogen sei. Beim Erwerb von technologisch führenden Unternehmen würde es sich ja gerade nicht um einen Verstoß gegen geistige Eigentumsrechte handeln. Und dass der Technologietransfer neue Chancen für deutsche Unternehmen biete, ist alles andere als sicher.

1000. Aus diesen Gründen ist es zu begrüßen, wenn jetzt der Bundesminister für Wirtschaft und Energie **„Eckpunkte für einen Vorschlag zur Investitionsprüfung auf EU-Ebene"** formuliert hat. Diese gehen in die richtige Richtung: Sie fordern zum einen das Prinzip der Reziprozität ein, und zum anderen sehen sie eine besondere Prüfung im Fall von Investoren vor, die eine staatliche Subventionierung erhalten oder ein staatliches oder teilweise staatliches Unternehmen darstellen.

LITERATUR

AFS (2016), *Dritter Bericht an den Deutschen Bundestag zur Finanzstabilität in Deutschland*, Ausschuss für Finanzstabilität, Berlin.

Ahuja, A. und M. Nabar (2012), *Investment-led growth in China: Global spillovers*, IMF Working Paper 12/267, Washington, DC.

Anderlini, J. und G. Wildau (2014), *China's bad bank clean-up crew*, Financial Times, ft.com, 31. August.

Andritzky, J., B. Kassner und W.H. Reuter (2016), *The propagation of changes in demand through international trade: Case study China*, Arbeitspapier 10/2016, Sachverständigenrat zur Begutachtung der gesamtwirtschaftlichen Entwicklung, Wiesbaden, im Erscheinen.

Athukorala, P. (2007), *The rise of China and East Asian export performance: Is the crowding-out fear warranted?*, Working Papers in Trade and Development 2007/10, Australian National University, Canberra.

Bank für Internationalen Zahlungsausgleich (2016), International banking and financial market developments, *BIS Quarterly Review* September 2016, Basel.

BCG (2015), *The BCG global manufacturing cost-competitiveness index*, Boston Consulting Group, New York.

Bosshard, S., T. Luedi und E. Wang (2010), *Past Lessons for China's New Joint Ventures*, McKinsey & Company, New York.

Bown, C.P. (2016), *Global antidumping database*, Weltbank, Washington, DC.

Brezis, E., P. Krugman und D. Tsiddon (1993), Leapfrogging in international competition: A theory of cycles in national technological leadership, *American Economic Review* 83, 1211-1219.

Buckley, P.J., L.J. Clegg, A.R. Cross, X. Liu, H. Voss und P. Zheng (2007), The determinants of Chinese outward foreign direct investment, *Journal of International Business Studies* 38, 499-518.

Cashin, P., K. Mohaddes und M. Raissi (2016), *China's slowdown and global financial market volatility: Is world growth losing out?*, IMF Working Paper 16/63, Washington, DC.

Cesa-Bianchi, A., M.H. Pesaran, A. Rebucci und T. Xu (2011*), China's emergence in the world economy and business cycles in Latin America*, IDB Working Paper 266, Inter-American Development Bank, Washington, DC.

Chen, W., D. Dollar und H. Tang (2015), *Why is China investing in Africa? Evidence from the firm level*, CESifo Working Paper Series 5940, München.

Cheng, L.K., und Ma, Z. (2007), *China's outward FDI: Past and future*, Working paper 2007706001E, School of Economics, Renmin University.

China Energy Group (2014), *Key China energy statistics 2014*, Lawrence Berkeley National Laboratory.

Choukhmane, T., N. Coeurdacier und K. Jin (2013), *The one-child policy and household savings*, Discussion Paper 9688, CEPR, London.

Dang, T.V., H. Wang und A. Yao (2015), *Shadow banking modes: The Chinese versus US system*, HKIMR Working Paper 22, Hong Kong Institute for Monetary Research.

Deutsche Handelskammer in China (2015), *Business confidence survey 2015*, Peking.

Dizioli, A., J. Guajardo, V. Klyuev, R. Mano und M. Raissi (2016), *Spillovers from China's growth slowdown and rebalancing to the ASEAN-5 Economies*, IMF Working Paper 16/170, Washington, DC.

Duval, R., K. Cheng, K.H. Oh, R. Saraf und D. Seneviratne (2014), *Trade integration and business cycle synchronization: A reappraisal with focus on Asia*, IMF Working Paper 14/52, Washington, DC.

European Union Chamber of Commerce in China (2016a), *European business in China – Business confidence survey*, Peking.

European Union Chamber of Commerce in China (2016b), *Overcapacity in China – An impediment to the party's reform agenda*, Peking.

EY (2016a), *Going out – The global dream of a manufacturing power*, 2016 China outbound investment outlook, Ernst & Young, Peking.

EY (2016b), *Der Pkw-Absatzmarkt China 2009 bis 2015 - Analyse der Bedeutung Chinas für die deutsche Automobilindustrie*, Ernst & Young, Eschborn.

Feenstra, R. C., R. Inklaar und M. P. Timmer (2015), The next generation of the Penn World Table, *American Economic Review* 105(10), 3150-3182.

Freedom House (2015), *Freedom in the world 2015*, Washington, DC.

Garnaut, R. (2016), Mostly slow progress on the new model of growth, in: Song, L., R. Garnaut, C. Fang und L. Johnsten (Hrsg.): *China's new sources of economic growth: Reform, resources and climate change*, Volume I, ANU Press, Canberra, 23-42.

Garnaut, R., L. Song, C. Fang und L. Johnsten (2016), China's new sources of economic growth: A supply-side perspective, in: Garnaut, R., L. Song, C. Fang und L. Johnsten (Hrsg.): *China's new sources of economic growth: Reform, resources and climate change*, Volume I, ANU Press, Canberra, 1-20.

Holmes, T., E.R. McGrattan und E.C. Prescott (2015), *Quid Pro Quo: Technology capital transfers for market access in China*, Research Department Staff Report 486, Federal Reserve Bank of Minneapolis.

Human Rights Watch (2016), *World report 2016*, New York.

IWF (2016), *Building on Asia's strengths during turbulent times*, Regional economic outlook: Asia and Pacific, Internationaler Währungsfonds, Washington, DC.

IWF (2015), Global Housing Watch 2015, Internationaler Währungsfonds, Washington, DC.

Jones, R. (2016), Präsentation, International Conference of Councils on Economic Policy, Berlin, 24. Juni.

Kennedy, S. und C.K. Johnson (2016), *Perfecting China, Inc. – The 13th five-year-plan*, Rowman & Littlefield, Lanham.

Kireyev, A. und A. Leonidov (2016), *China's imports slowdown: Spillovers, spillins, and spillbacks*, IMF Working Paper 16/51, Washington, DC.

Kireyev, A. und A. Leonidov (2015), *Network effects of international shocks and spillovers*, IMF Working Paper 15/149, Washington, DC.

Kronberger Kreis (2008), *Staatsfonds: Muss Deutschland sich schützen?*, Kronberger Kreis-Studien Nr. 48, Stiftung Marktwirtschaft, Berlin.

Kroeber, A. (2016), *China's economy – What everyone needs to know*, Oxford University Press, New York.

Lam, W.R. und P. Wingender (2015), *China: How can revenue reforms contribute to inclusive and sustainable growth?*, IMF Working Paper 15/66, Washington, DC.

Lo, C. (2015), *China's impossible trinity*, Palgrave Macmillan, London.

Ma, G., I. Roberts und G. Kelly (2016), *A rebalancing chinese economy: Challenges and international implications*, Reserve Bank of Australia, Arbeitspapier, mimeo.

Milhaupt, C.J. und W. Zheng (2016), *Why mixed-ownership reforms cannot fix China's state sector*, Paulson Policy Memorandum, Paulson Institute, Chicago.

MOFCOM (2015), *Statistical bulletin of China's outward foreign direct investment*, Ministry of Commerce of the People's Republic of China, Peking.

Naughton, C. (2016), *Rebalancing, restructuring and reform: China 2016*, Konferenzpapier, Reserve Bank of Australia Annual Conference 2016 „Structural change in China: Implications for Australia and the world", Sydney, 17.-18. März.

New York Times (2016), *Xi Jinping reminds China's state companies of who's the boss*, New York, 13. Oktober.

OECD (2015), *OECD economic surveys: China – March 2015*, Organisation for Economic Co-operation and Development, Paris.

OECD (2016), *Economic outlook – June 2016*, Organisation for Economic Co-operation and Development, Paris.

Pula, G. und D. Santabárbara (2011), *Is China climbing up the quality ladder? Estimating cross country differences in product quality using Eurostat's comext trade database*, Working Paper 1310, Europäische Zentralbank, Frankfurt am Main.

PWC (2015), *China's non-performing loans are rising fast - Are there now opportunities for investors?*, Spectrum - December 2015, Business Recovery Services, PricewaterhouseCoopers, Hong Kong.

Shambaugh, D. (2016), *China's future*, Polity Press, Cambridge.

Simola, H. (2015), *Rebalancing of demand in China - Illustrating possible effects with an input-output analysis*, BOFIT Policy Brief 9, Bank of Finland, Helsinki.

Siebert, H. (2007), *Außenwirtschaft*, UTB, Stuttgart.

Solt, F. (2016), *The standardized world income inequality database*. Social science quarterly 97. SWIID Version 5.1, July 2016.

Unirule Institute of Economics (2015), *The Nature, Performance, and Reform of the State-Owned Enterprises*, english.unirule.org.cn, 14. September.

U.S. State Department (2016), *State Air Quality Monitoring Program*, http://www.stateair.net/web/mission/1/, abgerufen am 25.10.2016.

Wang, X. und Y. Zhou (2016), Forecasting China's economic growth by 2020 and 2030, in: Song, L., R. Garnaut, C. Fang und L. Johnsten (Hrsg.): *China's new sources of economic growth: Reform, resources and climate change*, Volume I, ANU Press, Canberra, 65–87.

Woo, W.T. (2016), The necessary demand-side supplement to China's supply-side structural reform: Termination of the soft budget constraint, in: Song, L., R. Garnaut, C. Fang und L. Johnsten (Hrsg.): *China's new sources of economic growth: Reform, resources and climate change*, Volume I, ANU Press, Canberra, 139–158.

Zhai, F. und P. Morgan (2016), *Impact of the People's Republic of China's growth slowdown on emerging Asia: A general equilibrium analysis*, ADBI Working Paper 560, Asian Development Bank Institute, Tokio.

Zhang, L. (2016), *Rebalancing in China - Progress and prospects*, IMF Working Paper 16/183, Washington, DC.

Zhu (2016) Understanding China's Growth: Past, Present, and Future, *Journal of Economic Perspectives* 26, 103–124.

ANHANG

I. Sachverständigenratsgesetz

II. Stabilitäts- und Wachstumsgesetz

III. Übersicht zu Gutachten und Expertisen des Sachverständigenrates

I. SACHVERSTÄNDIGENRATSGESETZ

Gesetz über die Bildung eines Sachverständigenrates zur Begutachtung der gesamtwirtschaftlichen Entwicklung vom 14. August 1963 in der im Bundesgesetzblatt Teil III, Gliederungsnummer 700-2, veröffentlichten bereinigten Fassung, zuletzt geändert durch Artikel 249 der Verordnung vom 31. August 2015 (BGBl. I S. 1474)

Der Bundestag hat das folgende Gesetz beschlossen:

§ 1

(1) Zur periodischen Begutachtung der gesamtwirtschaftlichen Entwicklung in der Bundesrepublik Deutschland und zur Erleichterung der Urteilsbildung bei allen wirtschaftspolitisch verantwortlichen Instanzen sowie in der Öffentlichkeit wird ein Rat von unabhängigen Sachverständigen gebildet.

(2) Der Sachverständigenrat besteht aus fünf Mitgliedern, die über besondere wirtschaftswissenschaftliche Kenntnisse und volkswirtschaftliche Erfahrungen verfügen müssen.

(3) Die Mitglieder des Sachverständigenrates dürfen weder der Regierung oder einer gesetzgebenden Körperschaft des Bundes oder eines Landes noch dem öffentlichen Dienst des Bundes, eines Landes oder einer sonstigen juristischen Person des öffentlichen Rechts, es sei denn als Hochschullehrer oder als Mitarbeiter eines wirtschafts- oder sozialwissenschaftlichen Institutes, angehören. Sie dürfen ferner nicht Repräsentant eines Wirtschaftsverbandes oder einer Organisation der Arbeitgeber oder Arbeitnehmer sein oder zu diesen in einem ständigen Dienst- oder Geschäftsbesorgungsverhältnis stehen. Sie dürfen auch nicht während des letzten Jahres vor der Berufung zum Mitglied des Sachverständigenrates eine derartige Stellung innegehabt haben.

§ 2

Der Sachverständigenrat soll in seinen Gutachten die jeweilige gesamtwirtschaftliche Lage und deren absehbare Entwicklung darstellen. Dabei soll er untersuchen, wie im Rahmen der marktwirtschaftlichen Ordnung gleichzeitig Stabilität des Preisniveaus, hoher Beschäftigungsstand und außenwirtschaftliches Gleichgewicht bei stetigem und angemessenem Wachstum gewährleistet werden können.

In die Untersuchung sollen auch die Bildung und die Verteilung von Einkommen und Vermögen einbezogen werden. Insbesondere soll der Sachverständigenrat die Ursachen von aktuellen und möglichen Spannungen zwischen der gesamtwirtschaftlichen Nachfrage und dem gesamtwirtschaftlichen Angebot aufzeigen, welche die in Satz 2 genannten Ziele gefährden. Bei der Untersuchung sollen jeweils verschiedene Annahmen zugrunde gelegt und deren unterschiedliche Wirkungen dargestellt und beurteilt werden. Der Sachverständigenrat soll Fehlentwicklungen und Möglichkeiten zu deren Vermeidung oder deren Beseitigung aufzeigen, jedoch keine Empfehlungen für bestimmte wirtschafts- und sozialpolitische Maßnahmen aussprechen.

§ 3

(1) Der Sachverständigenrat ist nur an den durch dieses Gesetz begründeten Auftrag gebunden und in seiner Tätigkeit unabhängig.

(2) Vertritt eine Minderheit bei der Abfassung der Gutachten zu einzelnen Fragen eine abweichende Auffassung, so hat sie die Möglichkeit, diese in den Gutachten zum Ausdruck zu bringen.

§ 4

Der Sachverständigenrat kann vor Abfassung seiner Gutachten ihm geeignet erscheinenden Personen, insbesondere Vertretern von Organisationen des wirtschaftlichen und sozialen Lebens, Gelegenheit geben, zu wesentlichen sich aus seinem Auftrag ergebenden Fragen Stellung zu nehmen.

§ 5

(1) Der Sachverständigenrat kann, soweit er es zur Durchführung seines Auftrages für erforderlich hält, die fachlich zuständigen Bundesministerien und den Präsidenten der Deutschen Bundesbank hören.

(2) Die fachlich zuständigen Bundesministerien und der Präsident der Deutschen Bundesbank sind auf ihr Verlangen zu hören.

(3) Die Behörden des Bundes und der Länder leisten dem Sachverständigenrat Amtshilfe.

§ 6

(1) Der Sachverständigenrat erstattet jährlich ein Gutachten (Jahresgutachten) und leitet es der Bundesregierung bis zum 15. November zu. Das Jahresgutachten wird den gesetzgebenden Körperschaften von der Bundesregierung unverzüglich vorgelegt und zum gleichen Zeitpunkt vom Sachverständigenrat veröffentlicht. Spätestens acht Wochen nach der Vorlage nimmt die Bundesregierung gegenüber den gesetzgebenden Körperschaften zu dem Jahresgutachten Stellung. In der Stellungnahme sind insbesondere die wirtschaftspolitischen Schlussfolgerungen, die die Bundesregierung aus dem Gutachten zieht, darzulegen.

(2) Der Sachverständigenrat hat ein zusätzliches Gutachten zu erstatten, wenn auf einzelnen Gebieten Entwicklungen erkennbar werden, welche die in § 2 Satz 2 genannten Ziele gefährden. Die Bundesregierung kann den Sachverständigenrat mit der Erstattung weiterer Gutachten beauftragen. Der Sachverständigenrat leitet Gutachten nach Satz 1 und 2 der Bundesregierung zu und veröffentlicht sie; hinsichtlich des Zeitpunktes der Veröffentlichung führt er das Einvernehmen mit dem Bundesministerium für Wirtschaft und Technologie herbei.

§ 7

(1) Die Mitglieder des Sachverständigenrates werden auf Vorschlag der Bundesregierung durch den Bundespräsidenten berufen. Zum 1. März eines jeden Jahres – erstmals nach Ablauf des dritten Jahres nach Erstattung des ersten Gutachtens gemäß § 6 Abs. 1 Satz 1 – scheidet ein Mitglied aus. Die Reihenfolge des Ausscheidens wird in der ersten Sitzung des Sachverständigenrates durch das Los bestimmt.

(2) Der Bundespräsident beruft auf Vorschlag der Bundesregierung jeweils ein neues Mitglied für die Dauer von fünf Jahren. Wiederberufungen sind zulässig. Die Bundesregierung hört die Mitglieder des Sachverständigenrates an, bevor sie ein neues Mitglied vorschlägt.

(3) Die Mitglieder sind berechtigt, ihr Amt durch Erklärung gegenüber dem Bundespräsidenten niederzulegen.

(4) Scheidet ein Mitglied vorzeitig aus, so wird ein neues Mitglied für die Dauer der Amtszeit des ausgeschiedenen Mitglieds berufen; Absatz 2 gilt entsprechend.

§ 8

(1) Die Beschlüsse des Sachverständigenrates bedürfen der Zustimmung von mindestens drei Mitgliedern.

(2) Der Sachverständigenrat wählt aus seiner Mitte einen Vorsitzenden für die Dauer von drei Jahren.

(3) Der Sachverständigenrat gibt sich eine Geschäftsordnung.

§ 9

Das Statistische Bundesamt nimmt die Aufgaben einer Geschäftsstelle des Sachverständigenrates wahr. Die Tätigkeit der Geschäftsstelle besteht in der Vermittlung und Zusammenstellung von Quellenmaterial, der technischen Vorbereitung der Sitzungen des Sachverständigenrates, dem Druck und der Veröffentlichung der Gutachten sowie der Erledigung der sonst anfallenden Verwaltungsaufgaben.

§ 10

Die Mitglieder des Sachverständigenrates und die Angehörigen der Geschäftsstelle sind zur Verschwiegenheit über die Beratungen und die vom Sachverständigenrat als vertraulich bezeichneten Beratungsunterlagen verpflichtet. Die Pflicht zur Verschwiegenheit bezieht sich auch auf Informationen, die dem Sachverständigenrat gegeben und als vertraulich bezeichnet werden.

§ 11

(1) Die Mitglieder des Sachverständigenrates erhalten eine pauschale Entschädigung sowie Ersatz ihrer Reisekosten. Diese werden vom Bundesministerium für Wirtschaft und Technologie im Einvernehmen mit dem Bundesministerium des Innern festgesetzt.

(2) Die Kosten des Sachverständigenrates trägt der Bund.

§ 12

Dieses Gesetz gilt nach Maßgabe des § 13 Abs. 1 des Dritten Überleitungsgesetzes vom 4. Januar 1952 (Bundesgesetzbl. I S. 1) auch im Land Berlin.

§ 13

Dieses Gesetz tritt am Tage nach seiner Verkündigung in Kraft.

II. STABILITÄTS- UND WACHSTUMSGESETZ

Gesetz zur Förderung der Stabilität und des Wachstums der Wirtschaft vom 8. Juni 1967, veröffentlicht im Bundesgesetzblatt, Jahrgang 1967, Teil I S. 582, zuletzt geändert durch Artikel 267 der Verordnung vom 31. August 2015 (BGBl. I S. 1474)

– Auszug –

Der Bundestag hat mit Zustimmung des Bundesrates das folgende Gesetz beschlossen:

§ 1

Bund und Länder haben bei ihren wirtschafts- und finanzpolitischen Maßnahmen die Erfordernisse des gesamtwirtschaftlichen Gleichgewichts zu beachten. Die Maßnahmen sind so zu treffen, dass sie im Rahmen der marktwirtschaftlichen Ordnung gleichzeitig zur Stabilität des Preisniveaus, zu einem hohen Beschäftigungsstand und außenwirtschaftlichem Gleichgewicht bei stetigem und angemessenem Wirtschaftswachstum beitragen.

§ 2

(1) Die Bundesregierung legt im Januar eines jeden Jahres dem Bundestag und dem Bundesrat einen Jahreswirtschaftsbericht vor. Der Jahreswirtschaftsbericht enthält:

1. die Stellungnahme zu dem Jahresgutachten des Sachverständigenrates auf Grund des § 6 Abs. 1 Satz 3 des Gesetzes über die Bildung eines Sachverständigenrates zur Begutachtung der gesamtwirtschaftlichen Entwicklung vom 14. August 1963 (Bundesgesetzbl. I S. 685) in der Fassung des Gesetzes vom 8. November 1966 (Bundesgesetzbl. I S. 633);

2. eine Darlegung der für das laufende Jahr von der Bundesregierung angestrebten wirtschafts- und finanzpolitischen Ziele (Jahresprojektion); die Jahresprojektion bedient sich der Mittel und der Form der volkswirtschaftlichen Gesamtrechnung, gegebenenfalls mit Alternativrechnung;

3. eine Darlegung der für das laufende Jahr geplanten Wirtschafts- und Finanzpolitik.

(2) Maßnahmen nach § 6 Abs. 2 und 3 und nach den §§ 15 und 19 dieses Gesetzes sowie nach § 51 Abs. 3 des Einkommensteuer-gesetzes und nach § 19c des Körperschaftsteuergesetzes dürfen nur getroffen werden, wenn die Bundesregierung gleichzeitig gegenüber dem Bundestag und dem Bundesrat begründet, dass diese Maßnahmen erforderlich sind, um eine Gefährdung der Ziele des § 1 zu verhindern.

§ 3

(1) Im Falle der Gefährdung eines der Ziele des § 1 stellt die Bundesregierung Orientierungsdaten für ein gleichzeitiges aufeinander abgestimmtes Verhalten (konzertierte Aktion) der Gebietskörperschaften, Gewerkschaften und Unternehmensverbände zur Erreichung der Ziele des § 1 zur Verfügung. Diese Orientierungsdaten enthalten insbesondere eine Darstellung der gesamtwirtschaftlichen Zusammenhänge im Hinblick auf die gegebene Situation.

(2) Der Bundesminister für Wirtschaft und Technologie hat die Orientierungsdaten auf Verlangen eines Beteiligten zu erläutern.

§ 4

...

III. GUTACHTEN UND EXPERTISEN DES SACHVERSTÄNDIGENRATES

Jahres- und Sondergutachten

1964/65	Stabiles Geld – Wachstum
1965/66	Stabilisierung ohne Stagnation
1966/67	Expansion und Stabilität
1967/68	Stabilität im Wachstum; darin enthalten: Sondergutachten vom März 1967 „Zur Konjunkturlage im Frühjahr 1967"
1968/69	Alternativen außenwirtschaftlicher Anpassung
1969/70	Im Sog des Booms; darin enthalten: Sondergutachten vom 30. Juni 1969 und 3. Juli 1968 „Binnenwirtschaftliche Stabilität und außenwirtschaftliches Gleichgewicht"; Sondergutachten vom 25. September 1969 „Zur lohn- und preispolitischen Situation Ende September 1969"; Sondergutachten vom 4. Oktober 1969 „Zur währungspolitischen Situation Anfang Oktober 1969"
1970/71	Konjunktur im Umbruch – Risiken und Chancen; darin enthalten: Sondergutachten vom 9. Mai 1970 „Zur Konjunkturlage im Frühjahr 1970"
1971/72	Währung, Geldwert, Wettbewerb – Entscheidungen für morgen; darin enthalten: Sondergutachten vom 24. Mai 1971 „Zur konjunktur- und währungspolitischen Lage im Mai 1971"
1972/73	Gleicher Rang für den Geldwert; darin enthalten: Sondergutachten vom 3. Juli 1972 „Zur währungspolitischen Lage im Juli 1972"
1973/74	Mut zur Stabilisierung; darin enthalten: Sondergutachten vom 4. Mai 1973 „Zur konjunkturpolitischen Lage im Mai 1973"
1974/75	Vollbeschäftigung für morgen; darin enthalten: Sondergutachten vom 17. Dezember 1973 „Zu den gesamtwirtschaftlichen Auswirkungen der Ölkrise"
1975/76	Vor dem Aufschwung; darin enthalten: Sondergutachten vom 17. August 1975 „Zur konjunkturpolitischen Lage im August 1975"
1976/77	Zeit zum Investieren
1977/78	Mehr Wachstum – Mehr Beschäftigung
1978/79	Wachstum und Währung; darin enthalten: Sondergutachten vom 19. Juni 1978 „Zur wirtschaftlichen Lage im Juni 1978"
1979/80	Herausforderung von außen
1980/81	Unter Anpassungszwang
1981/82	Investieren für mehr Beschäftigung; darin enthalten: Sondergutachten vom 4. Juli 1981 „Vor Kurskorrekturen – Zur finanzpolitischen und währungspolitischen Situation im Sommer 1981"
1982/83	Gegen Pessimismus; darin enthalten: Sondergutachten vom 9. Oktober 1982 „Zur wirtschaftlichen Lage im Oktober 1982"
1983/84	Ein Schritt voran
1984/85	Chancen für einen langen Aufschwung

1985/86	Auf dem Weg zu mehr Beschäftigung; darin enthalten: Sondergutachten vom 23. Juni 1985 „Wirtschaftspolitische Entscheidungen im Sommer 1985"
1986/87	Weiter auf Wachstumskurs
1987/88	Vorrang für die Wachstumspolitik
1988/89	Arbeitsplätze im Wettbewerb
1989/90	Weichenstellungen für die neunziger Jahre
1990/91	Auf dem Wege zur wirtschaftlichen Einheit Deutschlands; darin enthalten: Sondergutachten vom 20. Januar 1990 „Zur Unterstützung der Wirtschaftsreform in der DDR: Voraussetzungen und Möglichkeiten" und Brief des Sachverständigenrates vom 9. Februar 1990 „Zur Frage einer Währungsunion zwischen der Bundesrepublik Deutschland und der DDR"
1991/92	Die wirtschaftliche Integration in Deutschland. Perspektiven – Wege – Risiken; darin enthalten: Sondergutachten vom 13. April 1991 „Marktwirtschaftlichen Kurs halten. Zur Wirtschaftspolitik für die neuen Bundesländer"
1992/93	Für Wachstumsorientierung – Gegen lähmenden Verteilungsstreit
1993/94	Zeit zum Handeln – Antriebskräfte stärken
1994/95	Den Aufschwung sichern – Arbeitsplätze schaffen; darin enthalten: Sondergutachten vom 18. März 1994 „Zur aktuellen Diskussion um die Pflegeversicherung"
1995/96	Im Standortwettbewerb; darin enthalten: Sondergutachten vom 2. Juli 1995 „Zur Kompensation in der Pflegeversicherung"
1996/97	Reformen voranbringen; darin enthalten: Sondergutachten vom 27. April 1996 „Zum wirtschaftspolitischen Handlungsbedarf im Frühjahr 1996"
1997/98	Wachstum, Beschäftigung, Währungsunion – Orientierungen für die Zukunft; darin enthalten: Brief des Sachverständigenrates vom 23. Mai 1997 „Fehlentwicklungen bei den öffentlichen Finanzen beheben"
1998/99	Vor weitreichenden Entscheidungen
1999/00	Wirtschaftspolitik unter Reformdruck
2000/01	Chancen auf einen höheren Wachstumspfad
2001/02	Für Stetigkeit – Gegen Aktionismus
2002/03	Zwanzig Punkte für Beschäftigung und Wachstum
2003/04	Staatsfinanzen konsolidieren – Steuersystem reformieren
2004/05	Erfolge im Ausland – Herausforderungen im Inland
2005/06	Die Chance nutzen – Reformen mutig voranbringen
2006/07	Widerstreitende Interessen – Ungenutzte Chancen
2007/08	Das Erreichte nicht verspielen
2008/09	Die Finanzkrise meistern – Wachstumskräfte stärken
2009/10	Die Zukunft nicht aufs Spiel setzen
2010/11	Chancen für einen stabilen Aufschwung
2011/12	Verantwortung für Europa wahrnehmen

2012/13	Stabile Architektur für Europa – Handlungsbedarf im Inland; darin enthalten: Sondergutachten vom 5. Juli 2012 „Nach dem EU-Gipfel: Zeit für langfristige Lösungen nutzen"
2013/14	Gegen eine rückwärtsgewandte Wirtschaftspolitik
2014/15	Mehr Vertrauen in Marktprozesse
2015	Sondergutachten: Konsequenzen aus der Griechenland-Krise für einen stabileren Euro-Raum
2015/16	Zukunftsfähigkeit in den Mittelpunkt

Expertisen

2006a	Reform der Einkommens- und Unternehmensbesteuerung durch die Duale Einkommensteuer (April 2006) verfasst unter Mitwirkung des Max-Planck-Instituts für Geistiges Eigentum, Wettbewerbs- und Steuerrecht und des Zentrums für Europäische Wirtschaftsforschung, Schriftenreihe des Bundesministeriums der Finanzen, Band 79
2006b	Arbeitslosengeld II reformieren: Ein zielgerichtetes Kombilohnmodell
2007	Staatsverschuldung wirksam begrenzen
2008	Das deutsche Finanzsystem: Effizienz steigern – Stabilität erhöhen
2009	Deutschland im internationalen Konjunkturzusammenhang
2010	Wirtschaftsleistung, Lebensqualität und Nachhaltigkeit: Ein umfassendes Indikatorsystem
2011	Herausforderungen des demografischen Wandels

Die Jahresgutachten ab dem Jahrgang 2012/13 sowie die Expertise „Herausforderungen des demografischen Wandels" können als Buchausgabe über den Buchhandel oder direkt über die IBRo Versandservice GmbH bezogen werden. Die Jahresgutachten bis 2011/12 sowie die Expertisen bis 2010 sind inzwischen vergriffen. Die Gutachten bis zum Jahrgang 2011/12 können jedoch als Nachdruck bezogen werden bei der Schmidt Periodicals GmbH. Außerdem sind die Jahresgutachten als Bundestags-Drucksache erschienen und über den Verlag Bundesanzeiger Verlagsgesellschaft mbH erhältlich. Alle Jahresgutachten und Expertisen stehen auch zum Download unter www.sachverstaendigenrat-wirtschaft.de zur Verfügung.